Probabilidade e estatística para engenharia e ciências

Dados Internacionais de Catalogação na Publicação (CIP)
(Câmara Brasileira do Livro, SP, Brasil)

Devore, Jay L.
Probabilidade e estatística para engenharia e ciências / Jay L. Devore; [tradução EZ2Translate; revisão técnica Marcos Tadeu Andrade Cordeiro]. - São Paulo: Cengage Learning, 2016.

Título original: Probability and statistics for engineering and the sciences.
8. ed. americana.
3. reimpr. da 2. ed. brasileira de 2014.
ISBN 978-85-221-1183-1

1. Engenharia 2. Estatística matemática 3. Probabilidades I. Título.

13-13853 CDD-519.2

Índice para catálogo sistemático:

1. Probabilidade e estatística matemática 519.2

Probabilidade e estatística para engenharia e ciências

Tradução da 8ª edição norte-americana

Jay L. Devore

Universidade Estadual Politécnica da Califórnia, San Luis Obispo

Tradução
Ez2Translate

Revisão técnica
Marcos Tadeu Andrade Cordeiro
Bacharel em Estatística pela Universidade Federal do Paraná (UFPR). Mestre em Métodos Numéricos em Engenharia pela UFPR. Professor auxiliar de Estatística na Universidade Tecnológica Federal do Paraná (UTFPR) – Campus Ponta Grossa.

CENGAGE Learning®

Austrália • Brasil • Japão • Coreia • México • Cingapura • Espanha • Reino Unido • Estados Unidos

CENGAGE Learning®

Probabilidade e estatística para engenharia e ciências – Tradução da 8ª edição norte-americana
Jay L. Devore

Gerente editorial: Noelma Brocanelli

Supervisora de produção gráfica: Fabiana Alencar Albuquerque

Editora de desenvolvimento: Viviane Akemi Uemura

Título original: Probability and Statistics for Engineering and the Sciences – 8th edition
ISBN-13: 978-0-8400-6827-9
ISBN-10: 0-8400-6827-1

Tradução: Ez2Translate

Revisão técnica: Marcos Tadeu Andrade Cordeiro

Copidesque: Daniel Plascak

Revisão: Luicy Caetano de Oliveira, Raquel Benchimol Rosenthal e Cristiane Mayumi Morinaga

Editora de direitos de aquisição e iconografia: Vivian Rosa

Analista de conteúdo e pesquisa: Javier Muniain

Diagramação: Cia. Editorial

Capa: MSDE/Manu Santos Desing

Imagem de capa: Alexaldo/Photos.com

Impresso no Brasil.
Printed in Brazil.
1 2 3 16 15 14

ISBN-13: 978-85-221-1183-1
ISBN-10: 85-221-1183-9

Cengage Learning
Condomínio E-Business Park
Rua Werner Siemens, 111 – Prédio 11 – Torre A – Conjunto 12
Lapa de Baixo – CEP 05069-900
São Paulo – SP
Tel.: (11) 3665-9900 – Fax: (11) 3665-9901
SAC: 0800 11 19 39

Para suas soluções de curso e aprendizado, visite
www.cengage.com.br

Para meu neto Philip, que é muito importante estatisticamente.

Sumário

Prefácio

Finalidade

O uso de modelos probabilísticos e métodos estatísticos para a análise de dados tem se tornado uma prática comum em praticamente todas as disciplinas científicas. Este livro tenciona oferecer uma introdução abrangente àqueles modelos e métodos com maior probabilidade de serem encontrados e usados por estudantes em suas carreiras em engenharia e ciências naturais. Embora os exemplos e exercícios tenham sido desenvolvidos com cientistas e engenheiros em mente, a maior parte dos métodos compreendidos é fundamental a análises estatísticas em muitas outras disciplinas, de modo que estudantes de administração e ciências sociais também se beneficiarão com a leitura do livro.

Abordagem

Estudantes em um curso de estatística desenvolvido para atender a outras áreas profissionais podem ficar céticos no início em relação ao valor e à relevância do tema em questão, porém, minha experiência é de que o interesse em estatística *pode* ser despertado nos estudantes por meio do uso de bons exemplos e exercícios que combinam suas experiências diárias com seus interesses científicos. Consequentemente, trabalhei com afinco para encontrar exemplos de dados reais, em vez de artificiais – dados que alguém pensou valer a pena coletar e analisar. Muitos dos métodos apresentados, especialmente nos capítulos mais adiante sobre inferência estatística, são ilustrados por meio da análise de dados obtidos a partir de fontes publicadas e muitos dos exercícios também envolvem o trabalho com esses dados. Por vezes, o leitor pode não estar familiarizado com o contexto de um problema em particular (como eu, de fato, muitas vezes ficava), mas constatei que os estudantes sentem-se mais atraídos por problemas reais com um contexto um tanto desconhecido do que por problemas patentemente artificiais em um contexto familiar.

Nível matemático

A exposição é relativamente simples em termos de desenvolvimento matemático. O uso substancial do cálculo é feito apenas no Capítulo 4 e em partes dos Capítulos 5 e 6. Em particular, com exceção de uma observação ou aparte ocasional, os cálculos aparecem apenas na parte de inferências do livro – na segunda seção do Capítulo 6. Álgebra matricial não é usada, em absoluto. Portanto, quase toda a exposição deve ser acessível àqueles cujo histórico matemático inclui um semestre ou dois trimestres de cálculo diferencial e integral.

Conteúdo

O Capítulo 1 tem início com alguns conceitos e terminologia básicos – população, amostra, estatística descritiva e inferencial, estudos enumerativos *versus* analíticos e assim por diante – e continua com um levantamento de importantes métodos descritivos gráficos e numéricos. Um desenvolvimento bastante tradicional de probabilidade é fornecido no Capítulo 2, seguido por distribuições de probabilidade de variáveis aleatórias discretas e contínuas nos Capítulos 3 e 4, respectivamente. Distribuições conjuntas e suas propriedades são discutidas na primeira parte do Capítulo 5. A última parte desse capítulo introduz a estatística e suas distribuições de amostragem, que formam uma ponte entre probabilidade e inferência. Os três capítulos seguintes abordam a estimativa pontual, intervalos estatísticos e testes de hipótese baseando-se em uma única amostra. Métodos de inferência envolvendo duas amostras independentes e dados pareados são apresentados no Capítulo 9. A análise de variância é o tema dos Capítulos 10 e 11 (fator único e multifatorial, respectivamente). A regressão aparece pela primeira vez no Capítulo 12 (o modelo de regressão linear simples e correlação) e retorna de forma extensiva no Capítulo 13. Os três últimos capítulos desenvolvem métodos qui-quadrado, procedimentos livres de distribuição (não paramétricos) e técnicas de controle de qualidade estatístico.

Ajudando os estudantes a aprender

Embora o nível matemático do livro deva oferecer à maioria dos estudantes de ciências e engenharia pouca dificuldade, trabalhar em busca de uma compreensão dos conceitos e obter uma apreciação para o desenvolvimento lógico da metodologia pode, às vezes, exigir um esforço substancial. A fim de ajudar os estudantes a obter essa compreensão e apreciação, ofereci uma série de exercícios que variam no que diz respeito à dificuldade, desde muitos que envolvem a aplicação de rotina de materiais do livro até alguns que pedem que o leitor estenda os conceitos discutidos no livro a situações relativamente novas. Há muito mais exercícios do que a maioria dos instrutores desejaria passar durante um curso em particular, porém, recomendo que se solicite que os estudantes trabalhem com um número substancial deles; em uma disciplina de resolução de problemas, o ativo envolvimento deste tipo é a maneira mais garantida de identificar e preencher as lacunas que inevitavelmente surgem na compreensão. Respostas para a maioria dos exercícios ímpares aparecem na seção de respostas na parte traseira do livro. Além disso, um Manual de Resoluções do Estudante, consistindo em resoluções trabalhadas para praticamente todos os exercícios ímpares, está disponível.

Novidades desta edição

- Um Glossário de símbolos/abreviações aparece no fim do livro (o autor pede desculpas por sua preguiça em não ter reunido este material para as edições anteriores!).
- Vários novos exemplos e exercícios, quase todos com base em dados ou problemas reais. Alguns desses são menos técnicos ou com escopo mais amplo do que aqueles que foram incluídos em edições anteriores – por exemplo, pesos de jogadores de futebol americano (para ilustrar multimodalidade), despesa de arrecadação de fundos para organizações beneficentes e a comparação de notas médias para aulas ministradas por professores em meio período com aquelas para aulas ministradas por professores em período integral.
- O material sobre valores-*P* foi substancialmente reescrito. O valor-*P* é, agora, definido inicialmente como uma probabilidade em vez de como o menor nível de significância no qual a hipótese nula pode ser rejeitada. Um experimento de simulação é apresentado para ilustrar o comportamento dos valores-*P*.
- O Capítulo 1 contém uma nova subseção sobre "O escopo da estatística moderna" para indicar como os estatísticos continuam a desenvolver novas metodologias enquanto trabalham com problemas em um amplo espectro de disciplinas.
- Sempre que possível, a exposição foi polida a fim de ajudar os estudantes a obter uma compreensão intuitiva de diversos conceitos. Por exemplo, a função de distribuição acumulada é mais deliberadamente introduzida no Capítulo 3, o primeiro exemplo de probabilidade máxima na Seção 6.2 contém uma discussão mais cuidadosa de probabilidade, mais atenção é dada ao poder e a probabilidades de erro tipo II na Seção 8.3 e o material sobre resíduos e somas de quadrados na regressão múltipla é apresentado mais explicitamente na Seção 13.4.

Agradecimentos

A meus colegas da Cal Poly, que me deram um apoio inestimável e feedback ao longo dos anos. Também sou grato aos muitos usuários de edições anteriores que fizeram sugestões para melhorias (e que, ocasionalmente, identificaram erros). Uma nota de agradecimento especial vai para Matt Carlton, por seu trabalho nos dois manuais de resoluções, um para instrutores e o outro para estudantes.

O generoso feedback fornecido pelos seguintes revisores desta edição e das anteriores foi de grande benefício para aprimorar o livro: Robert L. Armacost, University of Central Florida; Bill Bade, Lincoln Land Community College; Douglas M. Bates, University of Wisconsin–Madison; Michael Berry, West Virginia Wesleyan College; Brian Bowman, Auburn University; Linda Boyle, University of Iowa; Ralph Bravaco, Stonehill College; Linfield C. Brown, Tufts University; Karen M. Bursic, University of Pittsburgh; Lynne Butler, Haverford College; Raj S. Chhikara, University of Houston–Clear Lake; Edwin Chong, Colorado State University; David Clark, California State Polytechnic University em Pomona; Ken Constantine, Taylor University; David M. Cresap, University of Portland; Savas Dayanik,

Princeton University; Don E. Deal, University of Houston; Annjanette M. Dodd, Humboldt State University; Jimmy Doi, California Polytechnic State University–San Luis Obispo; Charles E. Donaghey, University of Houston; Patrick J. Driscoll, U.S. Military Academy; Mark Duva, University of Virginia; Nassir Eltinay, Lincoln Land Community College; Thomas English, College of the Mainland; Nasser S. Fard, Northeastern University; Ronald Fricker, Naval Postgraduate School; Steven T. Garren, James Madison University; Mark Gebert, University of Kentucky; Harland Glaz, University of Maryland; Ken Grace, Anoka-Ramsey Community College; Celso Grebogi, University of Maryland; Veronica Webster Griffis, Michigan Technological University; Jose Guardiola, Texas A&M University–Corpus Christi; K. L. D. Gunawardena, University of Wisconsin–Oshkosh; James J. Halavin, Rochester Institute of Technology; James Hartman, Marymount University; Tyler Haynes, Saginaw Valley State University; Jennifer Hoeting, Colorado State University; Wei-Min Huang, Lehigh University; Aridaman Jain, New Jersey Institute of Technology; Roger W. Johnson, South Dakota School of Mines & Technology; Chihwa Kao, Syracuse University; Saleem A. Kassam, University of Pennsylvania; Mohammad T. Khasawneh, State University of New York–Binghamton; Stephen Kokoska, Colgate University; Hillel J. Kumin, University of Oklahoma; Sarah Lam, Binghamton University; M. Louise Lawson, Kennesaw State University; Jialiang Li, University of Wisconsin–Madison; Wooi K. Lim, William Paterson University; Aquila Lipscomb, The Citadel; Manuel Lladser, University of Colorado em Boulder; Graham Lord, University of California–Los Angeles; Joseph L. Macaluso, DeSales University; Ranjan Maitra, Iowa State University; David Mathiason, Rochester Institute of Technology; Arnold R. Miller, University of Denver; John J. Millson, University of Maryland; Pamela Kay Miltenberger, West Virginia Wesleyan College; Monica Molsee, Portland State University; Thomas Moore, Naval Postgraduate School; Robert M. Norton, College of Charleston; Steven Pilnick, Naval Postgraduate School; Robi Polikar, Rowan University; Ernest Pyle, Houston Baptist University; Steve Rein, California Polytechnic State University–San Luis Obispo; Tony Richardson, University of Evansville; Don Ridgeway, North Carolina State University; Larry J. Ringer, Texas A&M University; Robert M. Schumacher, Cedarville University; Ron Schwartz, Florida Atlantic University; Kevan Shafizadeh, California State University–Sacramento; Mohammed Shayib, Prairie View A&M; Robert K. Smidt, California Polytechnic State University–San Luis Obispo; Alice E. Smith, Auburn University; James MacGregor Smith, University of Massachusetts; Paul J. Smith, University of Maryland; Richard M. Soland, The George Washington University; Clifford Spiegelman, Texas A&M University; Jery Stedinger, Cornell University; David Steinberg, Tel Aviv University; William Thistleton, State University of New York Institute of Technology; G. Geoffrey Vining, University of Florida; Bhutan Wadhwa, Cleveland State University; Gary Wasserman, Wayne State University; Elaine Wenderholm, State University of New York–Oswego; Samuel P. Wilcock, Messiah College; Michael G. Zabetakis, University of Pittsburgh; e Maria Zack, Point Loma Nazarene University.

Danielle Urban, da Elm Street Publishing Services, fez um trabalho maravilhoso na supervisão da produção do livro. Mais uma vez, sinto-me obrigado a expressar minha gratidão a todos aqueles da Cengage que fizerem importantes contribuições ao longo de minha carreira como escritor de livros didáticos. Para esta edição mais recente, agradeço especialmente a Jay Campbell (por seu feedback oportuno e esclarecido durante todo o projeto), Molly Taylor, Shaylin Walsh, Ashley Pickering, Cathy Brooks e Andrew Coppola. Também sou extremamente grato pelo brilhante trabalho de todos os representantes de vendas da Cengage Learning que esforçaram-se para tornar meus livros mais visíveis à comunidade estatística. E por último, mas não menos importante, um agradecimento de coração a minha esposa Carol, pelas décadas de apoio, e às minhas filhas, por me inspirarem por meio de suas próprias realizações.

Jay Devore

1 Visão geral e estatística descritiva

"Eu não costumo me arrepender, então, pensei sobre isto por um tempo. Deveria ter aprendido muito mais sobre estatísticaca na faculdade, eu acho."

Max Levchin, cofundador do Paypal, fundador da Slide. Frase da semana do website da American Statistical Association, 23 nov. 2010

"Sempre digo que os empregos mais atraentes dos próximos 10 anos envolverão estatística, e eu não estou brincando."

Hal Varian, economista-chefe do Google, 6 ago. 2009, *The New York Times*

Introdução

Os conceitos e métodos estatísticos não são apenas úteis, como também indispensáveis na compreensão do mundo ao nosso redor. Eles fornecem meios de obtenção de novas percepções no que diz respeito ao comportamento de diversos fenômenos que você encontrará em seu campo de especialização em engenharia ou ciência.

A disciplina de estatística nos ensina a fazer julgamentos inteligentes e a tomar decisões na presença de incertezas e variações. Sem incertezas ou variações, haveria pouca necessidade de estatísticos ou métodos estatísticos. Se cada componente de determinado tipo tivesse exatamente o mesmo tempo de vida, se todos os resistores produzidos por um determinado fabricante tivessem o mesmo valor de resistência, se as determinações de pH de espécimes de solo de um local determinado fornecessem resultados idênticos, e assim por diante, então, uma única observação revelaria todas as informações desejadas.

Uma manifestação interessante de variações surge ao longo da realização de testes de emissões em veículos automotivos. Os requisitos de custos e tempo do Procedimento de Teste Federal (FTP, sigla em inglês) impedem seu uso generalizado em programas de inspeção veicular. Como resultado, muitas agências desenvolveram testes mais rápidos e baratos, que, espera-se, reproduzam os resultados do FTP. De acordo com o artigo de periódico "Motor vehicle emissions variability" (*J. of the Air and Waste Mgmt. Assoc.*, 1996: 667-675), a aceitação do FTP como um padrão universal leva à crença de que medidas repetidas no mesmo veículo terão resultados idênticos (ou quase idênticos). Os autores do artigo aplicaram o FTP a sete veículos caracterizados como "altos emissores". Seguem os resultados de um dos veículos:

HC (gm/milha)	13,8	18,3	32,2	32,5
CO (gm/milha)	118	149	232	236

A variação substancial nas medidas de HC e CO lança dúvidas consideráveis sobre a sabedoria popular e dificulta a elaboração de avaliações precisas sobre níveis de emissões.

Como as técnicas estatísticas podem ser usadas para obter informações e tirar conclusões? Suponha, por exemplo, que um engenheiro de materiais tenha desenvolvido um revestimento para retardar a corrosão em tubulações de metal sob circunstâncias específicas. Se esse revestimento for aplicado a diferentes segmentos do tubo, variações nas condições ambientais e nos próprios segmentos resultarão em uma corrosão maior em alguns segmentos do que em outros. Os métodos de análise estatística podem ser usados nos dados de um experimento como esse para decidir se a quantidade *média* de corrosão excede um limite superior específico de algum tipo ou para prever a quantidade de corrosão que ocorrerá num único tubo.

Como alternativa, suponha que o engenheiro tenha desenvolvido tal revestimento acreditando que ele será superior àquele usado atualmente. Um experimento comparativo pode ser efetuado para investigar essa questão, aplicando-se o revestimento atual a alguns segmentos do tubo e o novo a outros. Isso deve ser feito com cuidado, para que não surja uma conclusão errada. Por exemplo: talvez a quantidade média de corrosão seja idêntica para os dois revestimentos. Entretanto, o novo revestimento pode ter sido aplicado a segmentos que possuem uma capacidade superior de resistência à corrosão e sob condições ambientais menos severas, se comparados aos segmentos e condições do revestimento atual. O investigador provavelmente observaria, então, uma diferença causada não pelos próprios revestimentos, mas por variações externas. A estatística oferece métodos não somente para análise dos resultados de experimentos depois que foram executados, como também sugestões de como os experimentos devem ser executados de forma eficiente a fim de diminuir os efeitos das variações e ter melhores chances de produzir conclusões corretas.

1.1 Populações, amostras e processos

Engenheiros e cientistas estão constantemente expostos a conjuntos de fatos ou **dados**, tanto em suas carreiras como em suas atividades diárias. A disciplina de estatística fornece métodos para organizar e sintetizar os dados e tirar conclusões com base em informações contidas nos dados.

Uma investigação frequentemente se concentra em uma coleção bem definida de objetos que constituem uma **população** de interesse. Em um estudo, a população pode consistir em todas as cápsulas de gelatina de determinado tipo produzidas durante um período específico. Outra investigação pode envolver a população que consiste em todos os indivíduos que receberam um diploma de engenharia durante o ano acadêmico mais recente. Quando as informações desejadas estiverem disponíveis para todos os objetos da população, temos o que é denominado **censo**. Restrições de tempo, dinheiro e outros recursos escassos geralmente tornam um censo impraticável ou inviável. Em vez disso, um subconjunto da população – **uma amostra** – é selecionado de uma forma prescrita. Dessa maneira, podemos obter uma amostra de mancais de determinada produção como base de investigação da conformidade dos mancais com as especificações do fabricante, ou podemos selecionar uma amostra dos formandos em engenharia do ano anterior para obter um retorno sobre a qualidade dos currículos.

Nós estamos geralmente interessados apenas em determinadas características dos objetos em uma população: o número de falhas na superfície de cada invólucro, a espessura de cada parede da cápsula, o sexo de um formando em engenharia, a idade com que um indivíduo se formou etc. Uma característica pode ser categórica, como sexo ou tipo de defeito, ou pode ter natureza numérica. No primeiro caso, o *valor* da característica é uma categoria (por exemplo, feminino ou solda insuficiente), enquanto no último caso, o valor é um número (por exemplo, idade = 23 anos ou diâmetro = 0,502 cm). Uma **variável** é qualquer característica cujo valor pode mudar de um objeto para outro na população. Inicialmente, devemos identificar as variáveis com letras minúsculas do final do nosso alfabeto. Exemplos incluem:

x = marca da calculadora de um estudante

y = número de visitas a um website em particular durante um período específico

z = distância de frenagem de um automóvel sob condições específicas

Os dados resultam da observação de uma variável ou de duas ou mais variáveis simultaneamente. Um conjunto de dados **univariado** consiste em observações sobre uma única variável. Por exemplo, podemos determinar o tipo de transmissão, automática (A) ou manual (M), de cada um dentre dez automóveis recentemente comprados em determinada concessionária, resultando em um conjunto de dados categóricos

M A A A M A A M A A

A amostra a seguir de vida útil (horas) de baterias da marca D colocadas em determinado uso é um conjunto numérico de dados univariados:

5,6 5,1 6,2 6,0 5,8 6,5 5,8 5,5

Temos dados **bivariados** quando as observações são feitas em cada uma de duas variáveis. Nosso conjunto de dados pode consistir em um par (altura, peso) de cada jogador de basquete de um time, com a primeira observação como (72, 168), a segunda como (75, 212) e assim por diante. Se um engenheiro determinar o valor de x = vida útil do componente e y = razão para a falha do componente, o conjunto de dados resultante será bivariado, com uma variável numérica e outra categórica. Os dados **multivariados** surgem quando são feitas observações sobre mais que uma variável (logo, os bivariados são um caso especial de dados multivariados). Por exemplo, um médico pesquisador pode determinar a pressão sanguínea sistólica, a pressão sanguínea diastólica e o nível de colesterol sérico de cada paciente participante de um estudo. Cada observação seria um trio de números, como (120, 80, 146). Em muitos conjuntos de dados multivariados, algumas variáveis são numéricas e outras são categóricas. Dessa forma, a edição automotiva anual de *Consumer Reports* fornece valores de tais variáveis, como tipo do veículo (pequeno, esportivo, compacto, médio, grande), consumo de combustível na cidade (milhas/galão), consumo de combustível na estrada (milhas/galão), tipo de tração (traseira, dianteira, nas quatro rodas) e assim por diante.

Ramos da estatística

Um investigador que coletou dados pode simplesmente desejar resumir e descrever suas características importantes. Isto implica utilizar métodos de **estatística descritiva**. Alguns destes métodos são de natureza gráfica; os principais exemplos incluem a construção de histogramas, gráficos *boxplots* e gráficos de dispersão. Outros métodos descritivos envolvem o cálculo de medidas numéricas, como médias, desvios-padrão e coeficientes de correlação. A ampla disponibilidade de pacotes de softwares estatísticos facilitou bastante essas tarefas. Os computadores são muito mais eficientes que os seres humanos no cálculo e na criação de imagens (depois de terem recebido as instruções corretas do usuário). Isso significa que o investigador não tem de perder muito tempo com "trabalho braçal" e terá mais tempo para estudar os dados e extrair mensagens importantes. Neste livro, serão apresentados resultados de vários pacotes, como Minitab, SAS, S-Plus e R. O software R pode ser baixado gratuitamente pelo site http://www.r-project.org.

Exemplo 1.1

A caridade é um negócio sério nos Estados Unidos. O site charitynavigator.com oferece informações sobre aproximadamente 5 500 organizações beneficentes e muitas organizações menores que não recebem tanta atenção. Algumas instituições de caridade trabalham de forma muito eficiente, com arrecadação de fundos e administração das despesas, que representam apenas uma porcentagem pequena dos gastos totais, enquanto outras gastam uma alta porcentagem de seus fundos em tais atividades. Aqui estão os dados das despesas para arrecadação de recursos como uma porcentagem das despesas totais de uma amostra aleatória com 60 instituições de caridade:

6,1	12,6	34,7	1,6	18,8	2,2	3,0	2,2	5,6	3,8
2,2	3,1	1,3	1,1	14,1	4,0	21,0	6,1	1,3	20,4
7,5	3,9	10,1	8,1	19,5	5,2	12,0	15,8	10,4	5,2
6,4	10,8	83,1	3,6	6,2	6,3	16,3	12,7	1,3	0,8
8,8	5,1	3,7	26,3	6,0	48,0	8,2	11,7	7,2	3,9
15,3	16,6	8,8	12,0	4,7	14,7	6,4	17,0	2,5	16,2

Sem nenhuma organização, é difícil ter noção das características mais proeminentes dos dados – o que pode ser um valor usual (isto é, representativo), se os valores estão altamente concentrados em torno de um ponto

```
Diagrama de Ramo e Folhas
da Arrecadação de Fundos   N = 60
Unidade Folha = 1,0
   0 | 0111112222333333344
   0 | 55556666666778888
   1 | 0001222244
   1 | 55666789
   2 | 01
   2 | 6
   3 | 4
   3 |
   4 |
   4 | 8
   5 |
   5 |
   6 |
   6 |
   7 |
   7 |
   8 | 3
```

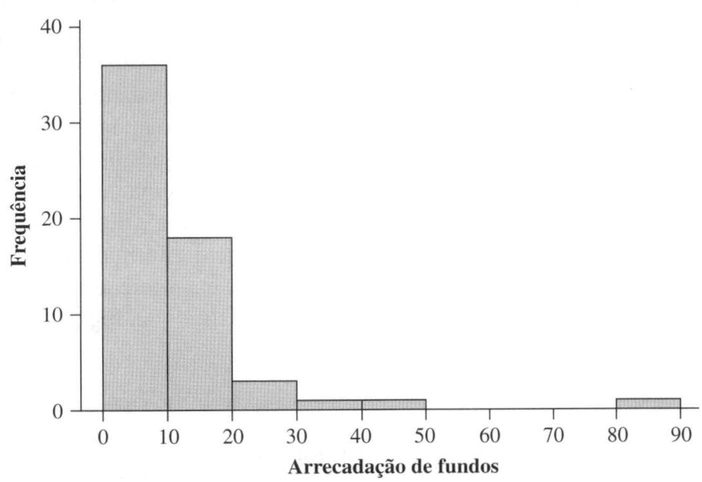

Figura 1.1 Um diagrama de ramo e folhas no Minitab (dígitos decimais truncados) e histograma para os dados do percentual de arrecadação de fundos.

ou se estão dispersos, se há lacunas nos dados, que fração dos valores está abaixo de 20% e assim por diante. A Figura 1.1 mostra o que chamamos de *diagrama de ramo e folhas*, assim como um *histograma*. Na Seção 1.2, discutiremos a construção e interpretação do resumo desses dados. No momento, esperamos que entenda como as porcentagens são distribuídas entre os possíveis valores de 0 a 100. É evidente que a grande maioria das instituições de caridade da amostra gasta menos de 20% na captação de recursos e somente algumas porcentagens podem ser vistas como além dos limites da prática sensata. ■

Com uma amostra da população, um investigador frequentemente usaria essas informações para tirar algum tipo de conclusão (fazer uma inferência de algum tipo) sobre a população. Ou seja, a amostra é um meio para chegar a um fim e não o fim em si. As técnicas de generalização de uma amostra para uma população são agrupadas no ramo da nossa disciplina denominado **inferência estatística**.

Exemplo 1.2

As investigações de resistência de materiais fornecem um campo fértil para a aplicação de métodos estatísticos. O artigo "Effects of aggregates and microfillers on the flexural properties of concrete" (*Magazine of Concrete Research*, 1997: 81-98) relatou um estudo de propriedades de resistência de concreto de alto desempenho obtidas pela utilização de superplásticos e determinados adesivos. A resistência à compressão desse concreto foi investigada anteriormente, mas não se sabe muito sobre a resistência à flexão (uma medida da capacidade de resistência a falhas decorrentes de flexão). Os dados a seguir sobre resistência à flexão (em MegaPascal, MPa, onde 1 Pa (Pascal) = $1{,}45 \times 10^{-4}$ psi) foram exibidos no artigo citado:

5,9 7,2 7,3 6,3 8,1 6,8 7,0 7,6 6,8 6,5 7,0 6,3 7,9 9,0
8,2 8,7 7,8 9,7 7,4 7,7 9,7 7,8 7,7 11,6 11,3 11,8 10,7

Suponha que busquemos uma *estimativa* do valor médio da resistência à flexão de todas as vigas que podem ser feitas dessa forma (se conceituarmos a população de todas as vigas, estaremos tentando estimar a média da população). Pode-se mostrar que, com alto nível de confiança, a resistência média da população está entre 7,48 MPa e 8,80 MPa; isso é denominado *intervalo de confiança* ou *estimativa por intervalo*. De forma alternativa, esses dados podem ser usados para prever uma resistência à flexão de uma *única* viga desse tipo. Com alto nível de confiança, a resistência de determinada viga excederá 7,35 MPa; este número é denominado *limite inferior de previsão*. ■

Este livro enfoca principalmente os métodos de apresentação e ilustração de inferência estatística úteis ao trabalho científico. Os tipos mais importantes de procedimentos inferenciais (estimativa por pontos, teste de hipóteses e estimativa por intervalos de confiança) são apresentados nos Capítulos 6-8 e usados em configurações mais avançadas nos Capítulos 9-16. O restante deste capítulo apresenta os métodos de estatística descritiva mais usados no desenvolvimento da inferência.

Os Capítulos 2-5 apresentam material da disciplina de probabilidade. Esse material, em suma, faz uma ponte entre as técnicas descritiva e inferencial. O domínio da probabilidade leva à melhor compreensão de como os procedimentos inferenciais são desenvolvidos e usados, como as conclusões estatísticas podem ser traduzidas para a linguagem do dia a dia e interpretadas e quando e onde podem ocorrer armadilhas na aplicação dos métodos. A probabilidade e a estatística lidam com questões que envolvem populações e amostras, mas o fazem de "maneira inversa" uma em relação à outra.

Em um problema de probabilidade, as propriedades da população, que são objeto de estudo, são assumidas como conhecidas (por exemplo, em uma população numérica, uma distribuição específica dos valores da população pode ser assumida) e as questões relativas a uma amostra proveniente da população são propostas e respondidas. Em um problema de estatística, as características de uma amostra estão disponíveis ao investigador e permitem que ele tire conclusões sobre a população. A relação entre as duas disciplinas pode ser resumida da seguinte forma: a probabilidade faz suas considerações da população para a amostra (raciocínio dedutivo) e a inferência estatística faz considerações da amostra para a população (raciocínio indutivo). Isso é ilustrado na Figura 1.2.

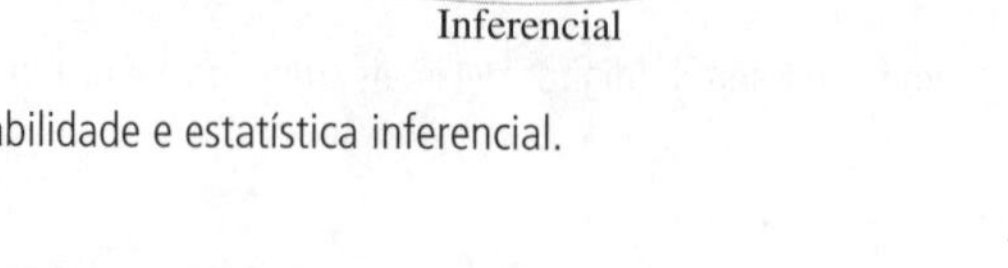

Figura 1.2 A relação entre probabilidade e estatística inferencial.

Antes de podermos entender o que determinada amostra pode nos dizer sobre a população, devemos primeiro entender a incerteza associada à tomada da amostra de uma dada população. É por isso que estudamos probabilidade antes de estatística.

Exemplo 1.3

Como exemplo do contraste entre os focos da probabilidade e da inferência estatística, considere o uso de cintos de segurança manuais subabdominais em carros equipados com cintos de segurança automáticos diagonais (O artigo "Automobile seat belts: usage patterns in automatic belt systems", *Human Factors*, 1998: 126-135, resume os dados utilizados). Na probabilidade, poderíamos supor que 50% de todos os motoristas de carros equipados desta forma em determinada área metropolitana usam regularmente o seu cinto de segurança subabdominal (uma suposição sobre a população); então, poderíamos perguntar: "Qual é a probabilidade de que, em uma amostra de 100 motoristas, pelo menos 70 utilizem regularmente o seu cinto de segurança subabdominal?" ou "Quantos motoristas em uma amostra de 100 pessoas usam regularmente o seu cinto de segurança subabdominal?". Por outro lado, em inferência estatística temos as informações da amostra disponíveis. Por exemplo, uma amostra de 100 motoristas de tais carros revelou que 65 usam o cinto subabdominal regularmente. Podemos perguntar, então: "Isso fornece evidências suficientes para a conclusão de que mais de 50% de todos os motoristas nessa área usam regularmente o cinto subabdominal?". Nesse último cenário, tentamos usar as informações da amostra para responder a uma pergunta sobre a estrutura de toda a população a partir da qual a amostra foi selecionada. ■

No exemplo anterior sobre o cinto de segurança subabdominal, a população é bem definida e concreta: todos os motoristas com carros equipados de certa forma em uma área metropolitana em particular. No Exemplo 1.2, entretanto, as medições de força vieram de uma amostra de protótipos de vigas que não tinham sido selecionadas a partir de uma população existente. Em vez disso, é conveniente pensarmos na população como consistindo em todas as medidas possíveis de força que podem ser feitas em condições experimentais similares. Tal população é denominada **população conceitual** ou **hipotética**. Há diversas situações de problemas nas quais encaixamos questões na estrutura de inferência estatística pela conceitualização de uma população.

O escopo da estatística moderna

Atualmente, a metodologia estatística é empregada por pesquisadores em basicamente todas as disciplinas, incluindo áreas como

- biologia molecular (análise dos dados de microarranjo);
- ecologia (descrever quantitativamente como os indivíduos em várias populações de animais e plantas são espacialmente distribuídos);
- engenharia de materiais (estudar a propriedade de vários tratamentos que retardam a corrosão);
- marketing (desenvolver pesquisas de marketing e estratégias para novos produtos);
- saúde pública (identificar fontes de doenças e formas de tratá-las);
- engenharia civil (avaliar os efeitos do estresse em elementos estruturais e seus impactos nos fluxos de tráfego de comunidades).

Conforme avançar na leitura deste livro, você encontrará uma gama de diferentes cenários em exemplos e exercícios que ilustram a aplicação de técnicas de probabilidade e estatística. Muitos desses cenários envolvem dados ou outros materiais extraídos de artigos de revistas científicas sobre engenharia e ciência. Os métodos presentes aqui foram estabelecidos e tornaram-se ferramentas confiáveis no arsenal daqueles que trabalham com dados. Enquanto isso, os estatísticos continuam a desenvolver novos modelos para descrever a aleatoriedade, incerteza e nova metodologia de análise de dados. Como evidência dos contínuos esforços criativos na comunidade estatística, aqui estão alguns títulos e uma breve descrição de alguns artigos que apareceram recentemente em revistas estatísticas (*Journal of the American Statistical Association* abrevia-se *JASA* e *AAS* é a abreviação de *Annals of Applied Statistics*, duas das revistas mais importantes nesta diciplina):

- "Modeling spatiotemporal forest health monitoring data" (*JASA*, 2009: 899-911): Sistemas de monitoramento da saúde das florestas foram criados em toda a Europa na década de 1980 em resposta às preocupações sobre a poluição aérea relacionada com a morte das florestas; têm um funcionamento contínuo com um foco mais recente nas ameaças de mudança climática e aumento dos níveis de ozônio. Os autores desenvolvem uma descrição quantitativa do desfolhamento da copa das árvores, um indicador da saúde da árvore.

- "Active learning through sequential design, with applications to the detection of money laundering" (*JASA*, 2009: 969-981): A lavagem de dinheiro envolve dissimular a origem de recursos obtidos por meio de atividades ilegais. O grande número de transações que ocorrem diariamente em instituições financeiras torna a detecção da lavagem de dinheiro difícil. A abordagem-padrão é extrair várias quantidades resumidas do histórico de transações e conduzir uma longa investigação sobre as atividades suspeitas. O artigo propõe um método estatístico mais eficiente e ilustra seu uso em um estudo de caso.
- "Robust internal benchmarking and false discovery rates for detecting racial bias in police stops" (*JASA*, 2009: 661-668): Alegações de que as ações policiais são atribuídas pelo menos em parte a preconceitos raciais tornaram-se preocupantes em muitas comunidades. Este artigo propõe um novo método designado para reduzir o risco de sinalização de números substanciais de "falsos positivos" (indivíduos falsamente identificados como uma manifestação do preconceito). O método foi aplicado a dados com base em 500 000 abordagens de pedestres em Nova Iorque, em 2006; dos 3 000 policiais que habitualmente trabalham próximos a abordagens de pedestres, 15 foram identificados como tendo parado uma fração substancialmente maior de pessoas negras e hispânicas do que seria previsto se não houvesse preconceito.
- "Records in athletics through extreme value theory" (*JASA*, 2008: 1382-1391): O foco aqui é sobre a modelagem de extremos relacionados com recordes mundiais no atletismo. Os autores começam com duas perguntas: (1) Qual é o maior recorde mundial em um evento em particular (por exemplo, salto em altura feminino)? e (2) Quão "bom" é o recorde mundial atual e como a qualidade dos recordes mundiais atuais pode ser comparada através de diferentes eventos? Um total de 28 eventos (8 corridas, 3 lançamentos e 3 saltos, tanto para homens quanto para mulheres) foi considerado. Por exemplo, uma conclusão é que somente 20 segundos separam o recordista atual da maratona masculina dos demais, mas a recordista atual da maratona feminina apresenta uma diferença de 5 minutos do recorde de tempo que pode ser atingido. A metodologia também tem aplicações em questões como assegurar que as pistas de pouso dos aeroportos sejam suficientemente longas e que os diques holandeses sejam suficientemente altos.
- "Analysis of episodic data with application to recurrent pulmonary exacerbations in cystic fibrosis patients" (*JASA*, 2008: 498-510): A análise de casos médicos recorrentes como enxaquecas deve ser considerada não somente quando o evento ocorre pela primeira vez, mas também a sua duração – o tempo dos episódios pode conter informações importantes sobre a gravidade da doença ou mal-estar, associado com custos médicos e a qualidade de vida. Este artigo propõe uma técnica que resume a frequência e a duração dos episódios e permite que os efeitos das características causadoras dos episódios variem com o tempo. A técnica é aplicada em pacientes com fibrose cística (a fibrose cística é uma doença genética grave que afeta a glândula sudorípara e outras).
- "Prediction of remaining life of power transformers based on left truncated and right censored lifetime data" (*AAS*, 2009: 857-879): Existem aproximadamente 150 000 transformadores de transmissão de energia de alta tensão nos Estados Unidos. Falhas inesperadas podem causar perdas econômicas substanciais, por isso é importante haver previsões para a vida útil restante. Dados relevantes podem ser complicados porque os tempos de vida útil de alguns transformadores se estendem por várias décadas, durante as quais os registros não eram necessariamente completos. Em particular, os autores do artigo usam dados de certa companhia elétrica que começou a manter registros de forma cuidadosa a partir de 1980. No entanto, alguns transformadores haviam sido instalados antes de 1º de janeiro de 1980, e ainda estavam em funcionamento após essa data (dados "mantidos truncados"), enquanto outras unidades ainda estavam em funcionamento no momento da investigação, logo, seu tempo de vida útil completo não está disponível (dados "censurados"). O artigo descreve diversos procedimentos para se obterem valores plausíveis (um *intervalo de previsão*) para a vida útil restante e para o número acumulado de falhas durante um período de tempo específico.
- "The BARISTA: A model for bid arrivals in online auctions" (*AAS*, 2007: 412-441): Leilões on-line como os do eBay e uBid muitas vezes têm características que os diferenciam de leilões convencionais. Uma diferença particularmente importante é que o número de participantes no início de muitos leilões tradicionais é fixo, enquanto em leilões on-line, o número inicial e final de participantes não é predeterminado. O artigo propõe um novo modelo de BARISTA (do inglês Bid ARrivals In STAges, ou Entrada das Propostas em Etapas) para descrever as formas como as propostas ficam on-line. O modelo permite uma intensidade maior de lances do início ao fim do leilão. Várias propriedades do modelo são inves-

tigadas e, então, validadas utilizando dados do eBay.com em leilões para produtos da Palm M515, jogos do Microsoft Xbox e relógios Cartier.

- "Statistical challenges in the analysis of cosmic microwave background radiation" (*AAS*, 2009: 61--95): A radiação cósmica de fundo em micro-ondas (CMB, sigla em inglês) é uma fonte significativa de informações sobre o início da história do universo. Seu nível de radiação é uniforme, por isso foram criados instrumentos extremamente delicados para medir suas flutuações. Os autores fornecem uma revisão de questões estatísticas com análise de dados CMB; eles também fornecem exemplos da aplicação de processos estatísticos para os dados obtidos da missão recente do satélite da NASA, a *Wilkinson Microwave Anisotropy Probe*.

Informações estatísticas agora surgem com uma frequência crescente na mídia popular e, eventualmente, o foco é até mesmo voltado para os estatísticos. Por exemplo, em 23 de novembro de 2009, o *New York Times* publicou em um artigo, "Behind cancer guidelines, quest for data", que a nova ciência investigativa para o câncer e métodos mais sofisticados para a análise de dados estimulou a força-tarefa do U.S. Preventive Services a examinar novamente as diretrizes para a frequência da mamografia em mulheres na meia idade. O grupo separou seis grupos independentes para o modelo estatístico. O resultado foi um novo conjunto de conclusões, incluindo a afirmação de que a mamografia a cada dois anos é quase tão benéfica para as pacientes quanto as mamografias anuais, porém, contêm apenas metade do risco. Donald Berry, um bioestatístico muito proeminente, afirmou estar agradavelmente surpreso por a força-tarefa ter levado em conta a nova pesquisa ao fazer suas recomendações. Os relatórios da força-tarefa geraram muita controvérsia entre organizações para o tratamento do câncer, políticos e as próprias mulheres.

Esperamos que você se convença sobre a importância e relevância da disciplina de estatística conforme avançar mais neste livro e neste assunto. Esperamos também que se interesse pela disciplina, continuando seus estudos sobre estatística mesmo depois do seu curso atual.

Estudos enumerativos *versus* analíticos

W. E. Deming, um influente estatístico norte-americano, força motriz na revolução de qualidade do Japão nos anos 1950 e 1960, apresentou a distinção entre *estudos enumerativos* e *estudos analíticos*. No primeiro, o interesse enfoca uma coleção finita, identificável e imutável de indivíduos ou objetos que formam uma população. Uma *estrutura de amostragem*, isto é, uma listagem de todos os indivíduos ou objetos a fazerem parte da amostra está disponível a um investigador ou pode ser construída. Por exemplo, a estrutura pode ser constituída por todas as assinaturas em uma petição para qualificação de determinada iniciativa de voto secreto em uma próxima eleição; uma amostra geralmente é selecionada para apurar se o número de assinaturas *válidas* excede um valor específico. Como outro exemplo, a estrutura pode conter números de série de todos os fornos fabricados por determinada empresa durante certo período de tempo; uma amostra pode ser selecionada para inferir algo sobre a vida útil média dessas unidades. A utilização de métodos inferenciais a ser desenvolvida neste livro é razoavelmente não controversa nesse cenário (apesar de os estatísticos ainda poderem discutir sobre métodos em particular que devem ser usados).

Um estudo analítico é definido, de modo geral, como aquele que não é de natureza enumerativa. Esses estudos são geralmente executados com o objetivo de melhorar um produto futuro por meio da ação em um processo de algum tipo (por exemplo, recalibragem de equipamentos ou ajuste do nível de algum insumo, como a quantidade de um catalisador). Frequentemente, os dados podem ser obtidos apenas em um processo existente, que pode diferir do processo futuro em aspectos importantes. Dessa forma, não há uma estrutura de amostragem que relacione os indivíduos ou objetos de interesse. Por exemplo, uma amostra de cinco turbinas com um novo design pode ser fabricada e testada em caráter experimental para investigar sua eficiência. Essas cinco turbinas podem ser vistas como uma amostra da população conceitual de todos os protótipos que podem ser fabricados em condições similares, mas *não* necessariamente como representantes da população de unidades fabricadas depois que a produção for iniciada. Os métodos de utilização de informações de amostras para obtenção de conclusões sobre a produção futura podem ser problemáticos. Alguém com experiência na área de projetos e engenharia de turbinas (ou de qualquer outra área relevante para a disciplina) deve ser chamado para julgar se essa extrapolação é sensata. Uma boa exposição dessas questões está no artigo "Assumptions for statistical inference", de Gerald Hahn e William Meeker (*The American Statistician*, 1993: 1-11).

Coletando dados

A estatística lida não somente com a organização e análise de dados depois de sua coleta, como também com o desenvolvimento de técnicas de coleta. Se os dados não são coletados de forma correta, um investigador pode não ter condições de responder às perguntas em consideração com um nível de confiança razoável. Um problema comum é que a população-alvo – a respeito da qual serão tiradas conclusões – pode ser diferente da população da qual se obteve a amostra. Por exemplo: publicitários podem desejar diversos tipos de informações sobre os hábitos televisivos de clientes potenciais. As informações mais sistemáticas desse tipo são provenientes de dispositivos de monitoramento locais em um pequeno número de lares nos Estados Unidos. Já se presumiu que a colocação em si desses dispositivos afeta o comportamento dos telespectadores, de forma que as características da amostra podem ser diferentes daquelas da população-alvo.

Quando a coleta de dados exige a seleção de indivíduos ou objetos a partir de uma estrutura, o método mais simples de assegurar uma seleção representativa é obter uma *amostra aleatória simples*. Trata-se de uma amostra em que qualquer subconjunto de tamanho específico (como uma amostra de tamanho 100) tem a mesma chance de ser selecionada. Por exemplo, se a estrutura consistir em 1 000 000 de números de série, os números 1, 2, ..., até 1 000 000 podem ser colocados em tiras idênticas de papel. Após colocá-las em uma caixa e mexer bastante, elas podem ser retiradas uma a uma, até que a amostra de tamanho requerido seja obtida. De forma alternativa (e usualmente preferida), uma tabela de números aleatórios ou um gerador de números aleatórios pode ser usado.

Algumas vezes, métodos de amostragem alternativos podem ser usados para facilitar o processo de seleção, para obter informações extras ou para aumentar o nível de confiança das conclusões. Um desses métodos, a *amostragem estratificada*, exige a separação das unidades da população em grupos não passíveis de sobreposição e a tomada de uma amostra de cada um. Por exemplo, um fabricante de DVD players pode desejar informações sobre a satisfação dos clientes com as unidades produzidas no ano anterior. Se forem fabricados e vendidos três modelos diferentes, pode ser selecionada uma amostra de cada um dos três modelos correspondentes, o que resultaria em informações sobre todos os modelos e asseguraria que nenhum deles teve mais ou menos representatividade na amostra inteira.

Frequentemente, uma amostra de "conveniência" é obtida pela seleção de indivíduos ou objetos sem aleatoriedade sistemática. Como exemplo, um grupo de tijolos pode ser empilhado de forma que seja extremamente difícil selecionar as peças centrais. Se os tijolos do topo e das laterais forem de, alguma forma, diferentes dos demais, os dados resultantes da amostra não serão representativos da população. Um investigador irá supor, com frequência, que essa amostra de conveniência se aproxima de uma amostra aleatória. Nesse caso, o repertório de métodos inferenciais do estatístico pode ser usado, o que é, entretanto, de julgamento do profissional. A maioria dos métodos discutidos daqui em diante é baseada em variações da amostragem aleatória simples, descritas no Capítulo 5.

Engenheiros e cientistas frequentemente coletam dados executando algum tipo de experimento, o que pode envolver a decisão de como alocar diferentes tratamentos (como fertilizantes ou revestimentos para proteção de corrosão) às diversas unidades experimentais (lotes de terra ou segmentos de tubo). Além disso, um investigador pode variar sistematicamente os níveis ou categorias de determinados fatores (como pressão ou tipo de material isolante) e observar o efeito em alguma variável resposta (como o resultado de um processo de produção).

Exemplo 1.4

Um artigo no *New York Times* (27 de janeiro de 1987) informou que o risco de ataques cardíacos pode ser reduzido pela ingestão de aspirina. Essa conclusão foi baseada em um experimento planejado que envolveu um grupo de controle de indivíduos que tomaram um placebo com aparência de aspirina, mas reconhecidamente inócuo, e outro que tomou aspirina de acordo com um regime específico. Os indivíduos foram atribuídos aleatoriamente aos grupos para evitar desvios, tornando possível a utilização de métodos probabilísticos para análise dos dados. Dos 11 034 componentes do grupo de controle, 189 tiveram ataques cardíacos posteriormente, enquanto apenas 104 dos 11 037 indivíduos do grupo da aspirina tiveram o problema. A taxa de incidência de ataques cardíacos no grupo de tratamento foi cerca de metade da taxa do grupo de controle. Uma explicação possível para esse resultado é a variação devida ao acaso: que a aspirina não tem o efeito desejado e que a diferença observada é uma variação típica, da mesma forma que jogar duas moedas idênticas geralmente produziria números diferentes de caras. Entretanto, nesse caso, os métodos inferenciais sugerem que a variação devida ao acaso em si não pode explicar adequadamente a magnitude da diferença observada. ■

Exemplo 1.5

Um engenheiro deseja investigar os efeitos de um tipo de adesivo e de um material condutor na resistência do contato ao montar um circuito integrado (CI) em determinada base. Dois tipos de adesivo e dois materiais condutores estão sendo considerados. Duas observações são feitas para cada combinação – tipo de adesivo/material condutor –, resultando nos dados a seguir:

Tipo de adesivo	Material condutor	Resistência do contato observada	Média
1	1	82; 77	79,5
1	2	75; 87	81,0
2	1	84; 80	82,0
2	2	78; 90	84,0

As resistências de contato médias são ilustradas na Figura 1.3. Parece que o tipo de adesivo 2 melhora a resistência do contato se comparado ao tipo 1 mais ou menos no mesmo valor, não importando o material condutor usado, com a combinação 2; 2 sendo a melhor. Os métodos inferenciais podem novamente ser usados para julgar se esses efeitos são reais ou simplesmente consequência da variância devida ao acaso.

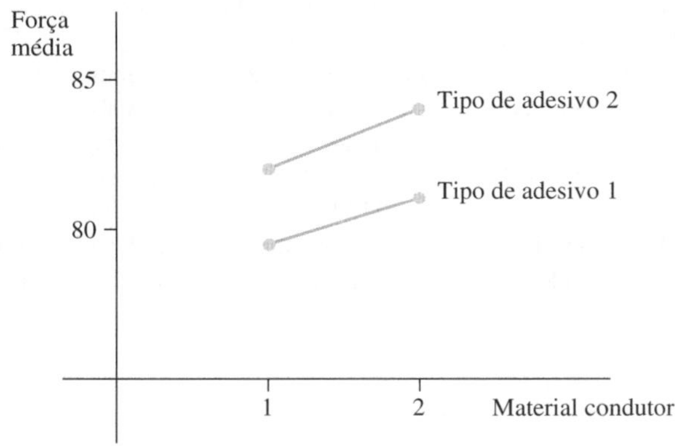

Figura 1.3 Resistências de contato médias no Exemplo 1.5.

Suponha, adicionalmente, que haja dois períodos de cura em consideração e também dois tipos de circuito integrado após o revestimento. Há, portanto, 2.2.2.2 = 16 combinações desses quatro fatores e nosso engenheiro não possui recursos suficientes nem mesmo para fazer uma única observação para cada uma dessas combinações. No Capítulo 11, veremos como a seleção cuidadosa de uma fração dessas possibilidades geralmente fornecerá as informações desejadas. ■

EXERCÍCIOS Seção 1.1 (1–9)

1. Diversas universidades e faculdades instituíram programas de Instrução Suplementar (SI, sigla em inglês), em que um monitor se encontra regularmente com um grupo de estudantes matriculados em um curso para promover discussões sobre o material desse curso e melhorar o domínio da disciplina. Suponha que os estudantes de um grande curso de estatística (o que mais poderia ser?) são aleatoriamente divididos em um grupo de controle que não participará da SI e um grupo de tratamento que participará. No final do período, é determinada a pontuação total de cada estudante no curso.

a. As pontuações do grupo de SI são uma amostra da população existente? Caso seja, qual é? Caso contrário, qual é a população conceitual relevante?

b. Qual você acha que é a vantagem de dividir aleatoriamente os estudantes em dois grupos em vez de deixar cada estudante escolher o grupo do qual participará?

c. Por que os investigadores não colocaram todos os estudantes no grupo de tratamento? *Observação*: O artigo "Supplemental instruction: an effective component of student affairs programming" (*J. of College Student Devel.*, 1997: 577-586) discute a análise de dados de diversos programas de SI.

2. Para cada uma das populações hipotéticas a seguir, forneça uma amostra plausível de tamanho 4:

a. Todas as distâncias que podem resultar quando uma bola de futebol americano é lançada.

b. O tamanho das páginas dos livros publicados em cinco anos a partir de agora.

c. Todas as medidas de intensidade de terremotos (escala Richter) que podem ser registradas na Califórnia durante o próximo ano.

d. Todos os possíveis rendimentos (em gramas) de determinada reação química feita em um laboratório.

3. Considere a população que consiste em todos os computadores de determinada marca e modelo e enfoque se um computador precisa de manutenção durante o período de garantia.

a. Formule diversas questões sobre probabilidade baseadas em uma amostra de 100 desses computadores.

b. Qual questão sobre inferência estatística pode ser respondida ao determinar o número de computadores que precisam de serviço de garantia em uma amostra de tamanho 100?

4. **a.** Dê três exemplos diferentes de populações concretas e três exemplos diferentes de populações hipotéticas.

b. Para cada uma de suas populações hipotéticas e concretas, dê um exemplo de uma pergunta sobre probabilidade e um exemplo de uma pergunta sobre estatística inferencial.

5. Forneça uma amostra possível, de tamanho 4, de cada uma das populações a seguir:

a. Todos os jornais diários publicados nos Estados Unidos.

b. Todas as empresas listadas na New York Stock Exchange.

c. Todos os alunos de sua universidade ou faculdade.

d. Todas as médias, em pontos, dos alunos de sua universidade ou faculdade.

6. O sistema da CSU (California State University) consiste em 23 *campi*, de San Diego State, no sul, até Humboldt State, perto da fronteira com Oregon. Um administrador da CSU deseja fazer uma inferência sobre a distância média entre as cidades natais de seus alunos e seus *campi*. Descreva e discuta diversos métodos de amostragem que podem ser empregados. Esse estudo seria enumerativo ou analítico? Explique seu raciocínio.

7. Certa cidade é dividida naturalmente em 10 bairros. Como um avaliador imobiliário deve selecionar uma amostra de casas de famílias pequenas que pode ser usada como base para o desenvolvimento de uma equação para previsão do valor avaliado a partir de características como idade, tamanho, número de banheiros, distância até a escola mais próxima e assim por diante? Esse estudo é enumerativo ou analítico?

8. A quantidade de fluxo que passa através de uma válvula solenoide em um sistema de controle de poluição de um automóvel é uma característica importante. Um experimento foi conduzido para estudar como a taxa de fluxo depende de três fatores: o comprimento da armadura, carga da mola e profundidade da bobina. Foram escolhidos dois níveis diferentes (alto e baixo) de cada fator e foi feita uma única observação sobre o fluxo para cada combinação de níveis.

a. O conjunto de dados resultante consistiu em quantas observações?

b. Esse estudo é enumerativo ou analítico? Explique seu raciocínio.

9. Em um famoso experimento executado em 1882, Michelson e Newcomb fizeram 66 observações do tempo levado pela luz para percorrer a distância entre dois locais em Washington, D.C. Algumas das medidas (codificadas de certa forma) foram 31, 23, 32, 36, –2, 26, 27 e 31.

a. Por que essas medidas não são idênticas?

b. Esse estudo é enumerativo ou analítico? Por quê?

1.2 Métodos tabular e gráfico em estatística descritiva

A estatística descritiva pode ser dividida em duas áreas gerais. Nesta seção, consideramos representar a primeira dessas áreas, um conjunto de dados usando técnicas visuais. Nas Seções 1.3 e 1.4, desenvolveremos algumas medidas numéricas simples para conjuntos de dados. Muitas técnicas visuais podem ser conhecidas: tabelas de frequência, folhas de contagem, histogramas, gráficos de pizza, gráficos de barras, digramas de dispersão e afins. Aqui, enfocamos algumas dessas técnicas, que são mais úteis e relevantes para a probabilidade e inferência estatística.

Notações

Algumas notações gerais facilitarão a aplicação de nossos métodos e fórmulas a uma ampla gama de problemas práticos. O número de valores em uma única amostra, isto é, o *tamanho da amostra*, usualmente será representado por n, de forma que $n = 4$ para a amostra de universidades {Stanford, Iowa State, Wyoming, Rochester} e também para a amostra de medidas de pH {6,3; 6,2; 5,9; 6,5}. Se duas amostras estão simultaneamente em consideração, tanto m e n ou n_1 e n_2 podem ser usados para denotar o número dos valores. Logo, se {29,7; 31,6; 30,9} e {28,7; 29,5; 29,4; 30,3} são medidas de deficência térmica para dois tipos diferentes de motores a diesel, então $m = 3$ e $n = 4$.

Dado um conjunto de dados que consiste em n observações de uma variável x, as observações individuais serão representadas por $x_1, x_2, x_3, \ldots, x_n$. O índice não tem nenhuma relação com a magnitude de determinada observação. Dessa forma, x_1, em geral, não será a menor observação do conjunto e x_n usualmente não será a maior. Em diversas aplicações, x_1 será a primeira observação coletada pelo investigador, x_2 será a segunda e assim por diante. A i-ésima observação do conjunto de dados será representada por x_i.

Diagramas de ramo e folhas

Considere um conjunto numérico de dados $x_1, x_2, \ldots, x_n$ no qual cada x_i consiste em, pelo menos, dois dígitos. Uma forma rápida de obter uma representação visual informativa do conjunto de dados é construir um *diagrama de ramo e folhas*.

Construção de um diagrama de ramo e folhas

1. Selecione um ou mais primeiros dígitos para formarem o ramo. Os dígitos à direita serão as folhas.
2. Relacione os valores de ramo possíveis em uma coluna vertical.
3. Registre a folha de toda observação ao lado do ramo correspondente.
4. Indique as unidades dos ramos e das folhas em algum lugar do diagrama.

Se o conjunto de dados consistir em notas de provas, cada uma entre 0 e 100, a pontuação de 83 terá ramo 8 e folha 3. Para um conjunto de dados de consumo de combustível de automóveis (milhas/galão), todos entre 8,1 e 47,8, podemos usar as dezenas como ramo, de forma que 32,6 teria uma folha de 2,6. Em geral, recomenda-se que o diagrama tenha entre 5 e 20 ramos.

Exemplo 1.6

O consumo de álcool por alunos de faculdades causa grande preocupação, não apenas para os membros da comunidade acadêmica, como também pelas consequências potenciais à saúde e à segurança da sociedade em geral. O artigo "Health and behavioral consequences of binge drinking in college" (*J. of the Amer. Med. Assoc.*, 1994: 1672-1677) relatou um abrangente estudo de consumo excessivo de álcool em diversos *campi* nos Estados Unidos. Um episódio de bebedeira foi definido como cinco ou mais bebidas em sequência para os homens e quatro ou mais para as mulheres. A Figura 1.4 mostra um diagrama de ramos e folhas de 140 valores, x = o percentual de estudantes universitários com esse tipo de comportamento. (Esses valores não foram fornecidos no artigo citado, mas nosso diagrama apresenta-se de acordo com a ilustração exibida dos dados.)

Ramo	Folhas	
0	4	
1	1345678889	
2	1223456666777889999	Ramo: dezenas
3	0112233344555666677777888899999	Folha: unidades
4	111222223344445566666677788888999	
5	00111222223345566666677777888899	
6	01111244455666778	

Figura 1.4 Diagrama de ramo e folhas de percentual de alunos que se embriagam em cada uma de 140 faculdades.

A primeira folha na linha do ramo 2 é 1, o que nos informa que 21% dos alunos de uma das faculdades da amostra se embriagavam. Sem a identificação dos dígitos do ramo e das folhas no diagrama, não saberíamos se a observação do ramo 2, folha 1, devia ser lida como 21%, 2,1% ou 0,21%.

Ao criar um diagrama à mão, a organização das folhas da menor para a maior em cada linha pode tomar muito tempo, e essa organização usualmente contribui pouco ou quase nada para informações extras. Suponha que as observações tenham sido listadas em ordem alfabética pelo nome da escola, como

16% 33% 64% 37% 31% . . .

Então, colocar esses valores no diagrama nesta ordem iria resultar em 1 linha de ramo com o número 6 como a primeira folha e o começo da linha 3 do ramo seria

3 | 371 . . .

O diagrama sugere que um valor típico ou representativo está na linha do ramo 4, talvez na metade da faixa de 40%. As observações não estão altamente concentradas em torno desse valor típico, como estariam se todos os valores estivessem entre 20% e 49%. O diagrama cresce para um único pico, quando nos movemos para baixo e, então, declina: não há lacunas no diagrama. Seu formato não é perfeitamente simétrico, parece aumentar mais na direção das folhas inferiores do que na direção das folhas superiores. Por último, não há observações distantes da parte principal dos dados (sem valores fora da curva ou *outliers*), ou seja, pontos fora da curva, como aconteceria se um dos valores fosse 86% em vez de 26%. A característica mais surpreendente dos dados é que, na maior parte das faculdades, pelo menos um quarto dos alunos se embriaga. O problema do consumo excessivo de álcool nos *campi* é muito mais difundido do que muitos haviam suspeitado. ■

Um diagrama de ramo e folha transmite informações sobre os seguintes aspectos dos dados:

- identificação de um valor típico ou representativo;
- extensão da dispersão ao redor do valor típico;
- presença de lacunas nos dados;
- extensão da simetria na distribuição de valores;
- número e localização dos picos;
- presença de valores fora da curva.

Exemplo 1.7

A Figura 1.5 apresenta diagramas de ramo e folhas para uma amostra aleatória de comprimentos de campos de golfe (jardas) que foram designados pela *Golf Magazine* entre os mais desafiadores dos Estados Unidos. Entre a amostra de 40 campos, o mais curto tem 6 433 jardas de comprimento e o mais longo, 7 280. Os comprimentos parecem estar distribuídos de forma aproximadamente uniforme acima da faixa de valores da amostra. Observe que, aqui, uma escolha de ramo de um único dígito (6 ou 7) ou de três dígitos (643, ..., 728) resultaria em diagramas não informativos, no primeiro caso porque não haveria ramos suficientes, no segundo, porque haveria ramos demais.

Pacotes de softwares de estatística geralmente não produzem diagramas com ramos de dígitos múltiplos. O diagrama do Minitab na Figura 1.5(b) resulta do *truncamento* de cada observação pela eliminação dos dígitos unitários.

```
64 | 35 64 33 70          Ramo: Milhares e centenas
65 | 26 27 06 83          Folha: Dezenas e unidades
66 | 05 94 14
67 | 90 70 00 98 70 45 13
68 | 90 70 73 50
69 | 00 27 36 04
70 | 51 05 11 40 50 22
71 | 31 69 68 05 13 65
72 | 80 09
```

(a)

```
Ramo e folha de
comprimento em jardas N = 40
Unidade Folha = 10
   4    64  3367
   8    65  0228
  11    66  019
  18    67  0147799
  (4)   68  5779
  18    69  0023
  14    70  012455
   8    71  013666
   2    72  08
```

(b)

Figura 1.5 Diagramas de ramo e folhas para distâncias do campo de golfe: (a) folhas de dois dígitos; (b) diagrama de Minitab com folhas unitárias truncadas. ■

Gráfico de pontos

Um gráfico de pontos é um resumo atrativo dos dados numéricos quando esse conjunto é razoavelmente pequeno ou possui relativamente poucos valores de dados distintos. Cada observação é representada por um ponto sobre o local correspondente em uma escala de medida horizontal. Quando um valor ocorre mais de uma vez, há um ponto para cada ocorrência e esses pontos são empilhados verticalmente. Como ocorre com o diagrama de ramo e folhas, um gráfico de pontos fornece informações sobre localização, dispersão, extremos e lacunas.

Exemplo 1.8

Aqui estão dados sobre apropriações estaduais para o ensino superior como uma porcentagem das receitas fiscais locais e do Estado para os anos de 2006-2007 (do *Statistical Abstract of the United States*); os valores foram listados pelas abreviações dos Estados (começando com AL e terminando com WY):

10,8	6,9	8,0	8,8	7,3	3,6	4,1	6,0	4,4	8,3
8,1	8,0	5,9	5,9	7,6	8,9	8,5	8,1	4,2	5,7
4,0	6,7	5,8	9,9	5,6	5,8	9,3	6,2	2,5	4,5
12,8	3,5	10,0	9,1	5,0	8,1	5,3	3,9	4,0	8,0
7,4	7,5	8,4	8,3	2,6	5,1	6,0	7,0	6,5	10,3

A Figura 1.6 mostra um gráfico de pontos dos dados. A característica mais notável é a variabilidade substancial entre os Estados. O maior valor (Novo México) e os dois menores valores (New Hampshire e Vermont) estão um tanto separados da maior parte dos dados, embora talvez não o suficiente para serem considerados *outliers*.

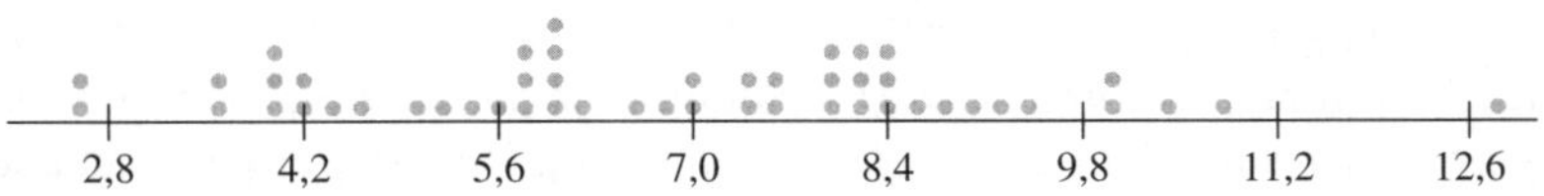

Figura 1.6 Um gráfico de pontos dos dados do Exemplo 1.8. ■

Se o número de observações de resistência à compressão no Exemplo 1.2 for muito maior que o $n = 27$ obtido efetivamente, será bastante complicado criar um gráfico de pontos. Nossa próxima técnica é mais bem adaptável a tais situações.

Histogramas

Alguns dados numéricos são obtidos pela contagem para determinar o valor de uma variável (o número de autuações que uma pessoa recebeu durante o ano passado, o número de clientes chegando a determinado estabelecimento em certo período de tempo), enquanto outros dados são obtidos por medições (o peso de um indivíduo, tempo de uma reação a determinado estímulo). As diretrizes para montar um histograma geralmente são diferentes nesses dois casos.

Definição

Uma variável numérica é **discreta** se o seu conjunto de valores possíveis for finito ou puder ser relacionado em uma sequência infinita (em que haja um primeiro número, um segundo e assim por diante). Uma variável numérica é **contínua** se os seus valores possíveis consistirem em um intervalo completo na reta real.

Uma variável discreta x quase sempre é resultante de contagem e, nesse caso, 0, 1, 2, 3... ou algum subconjunto desses inteiros são valores possíveis. Variáveis contínuas surgem da tomada de medidas. Por exemplo, se x é o pH de uma substância química, em teoria, x pode ser qualquer número entre 0 e 14: 7,0, 7,03, 7,32 e assim por diante. Claro que, na prática, há limitações no que diz respeito ao grau de precisão de qualquer instrumento de medida, de forma que podemos não ser capazes de determinar pH, tempo de reação, altura e concentração com um número arbitrariamente grande de casas decimais. Entretanto, do ponto de vista da criação de modelos matemáticos para a distribuição dos dados, é útil imaginar um intervalo contínuo de valores possíveis.

Considere os dados constituídos de observações de uma variável discreta x. A **frequência** de qualquer valor particular de x é o número de vezes que esse valor ocorre naquele conjunto. A **frequência relativa** de um valor é a fração ou proporção de vezes que o valor ocorre:

$$\text{frequência relativa de um valor} = \frac{\text{número de vezes que o valor ocorre}}{\text{número de observações no conjunto de dados}}$$

Suponha que, por exemplo, nossos dados consistam em 200 observações de x = o número de cursos que um estudante universitário faz durante esse semestre. Se 70 desses valores x forem 3, então

$$\text{frequência do valor } x = 3\text{:} \quad 70$$

$$\text{frequência relativa do valor } x = 3\text{:} \quad \frac{70}{200} = 0{,}35$$

Multiplicar a frequência relativa por 100 resulta em uma porcentagem; no exemplo dos cursos universitários, 35% dos estudantes na amostra estão frequentando três cursos. As frequências relativas, ou porcentagens, em geral interessam mais do que as frequências em si. Teoricamente, as frequências relativas deveriam somar 1, mas, na prática, a soma pode ser ligeiramente diferente por causa do arredondamento. Uma **distribuição de frequência** é uma tabulação das frequências e/ou frequências relativas.

Construção de um histograma para dados discretos

Primeiro, determine a frequência e a frequência relativa de cada valor de x. Depois, marque os valores possíveis de x em uma escala horizontal. Acima de cada valor, desenhe um retângulo cuja altura seja a frequência relativa (ou a frequência, como alternativa) daquele valor.

Essa construção assegura que a *área* de cada retângulo seja proporcional à frequência relativa do valor. Assim, se as frequências relativas de $x = 1$ e $x = 5$ são 0,35 e 0,07, respectivamente, a área do retângulo acima de 1 será cinco vezes a área do retângulo acima de 5.

Exemplo 1.9

Quão incomum é um jogador que não atinge a bola ou a atinge uma única vez em um jogo de beisebol da *major league* e com que frequência um time consegue atingir a bola mais de 10, 15 ou mesmo 20 vezes? A Tabela 1.1 é uma distribuição de frequência do número de acertos por equipe, por partida, para todos os jogos de nove *innings* entre 1989 e 1993.

Tabela 1.1 Distribuição de frequência de acertos em jogos de nove *innings*

Acertos/ jogo	Número de jogos	Frequência relativa	Acertos/ jogo	Número de jogos	Frequência relativa
0	20	0,0010	14	569	0,0294
1	72	0,0037	15	393	0,0203
2	209	0,0108	16	253	0,0131
3	527	0,0272	17	171	0,0088
4	1 048	0,0541	18	97	0,0050
5	1 457	0,0752	19	53	0,0027
6	1 988	0,1026	20	31	0,0016
7	2 256	0,1164	21	19	0,0010
8	2 403	0,1240	22	13	0,0007
9	2 256	0,1164	23	5	0,0003
10	1 967	0,1015	24	1	0,0001
11	1 509	0,0779	25	0	0,0000
12	1 230	0,0635	26	1	0,0001
13	834	0,0430	27	1	0,0001
				19 383	1,0005

O histograma correspondente da Figura 1.7 tem um leve aclive para um único pico e depois tem um declive. O histograma se estende um pouco mais do lado direito (em direção aos valores maiores) do que para o lado esquerdo – uma inclinação ligeiramente "positiva".

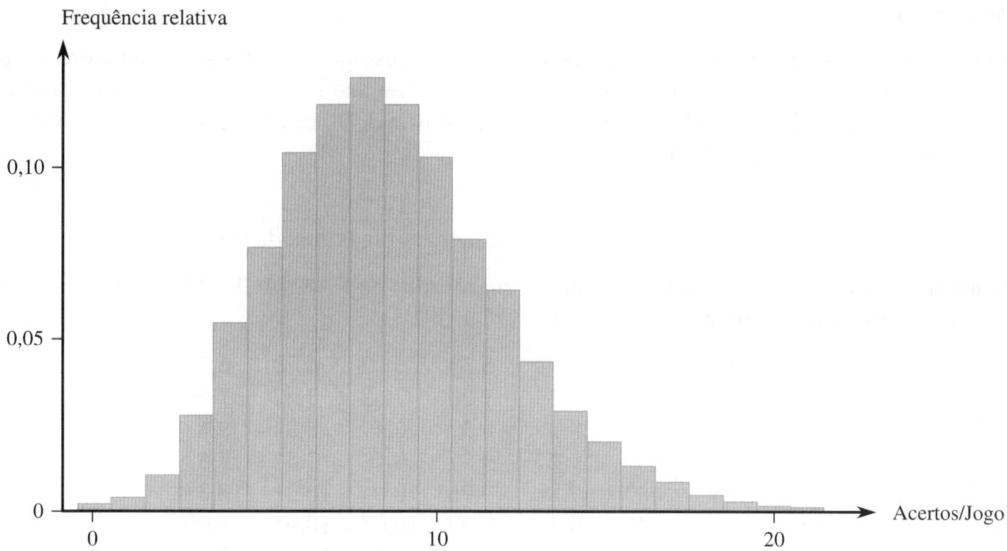

Figura 1.7 Histograma do número de acertos por jogo de nove *innings*.

A partir das informações tabuladas ou do histograma em si, podemos determinar o seguinte:

$$\begin{aligned}\text{proporção de jogos com dois acertos no máximo} &= \begin{matrix}\text{frequência}\\ \text{relativa}\\ \text{para } x=0\end{matrix} + \begin{matrix}\text{frequência}\\ \text{relativa}\\ \text{para } x=1\end{matrix} + \begin{matrix}\text{frequência}\\ \text{relativa}\\ \text{para } x=2\end{matrix}\\ &= 0{,}0010 + 0{,}0037 + 0{,}0108 = 0{,}0155\end{aligned}$$

Similarmente, a

$$\text{proporção de jogos com 5 e 10 acertos (inclusivos)} = 0{,}0752 + 0{,}1026 + \cdots + 0{,}1015 = 0{,}6361$$

Isto é, aproximadamente 64% de todos os jogos resultaram entre 5 a 10 acertos (inclusivos). ■

A construção de um histograma de dados contínuos (medidas) exige que o eixo das medidas seja subdividido em um número aceitável de **intervalos de classe** ou **classes**, de forma que cada observação esteja contida exatamente em uma classe. Suponha, por exemplo, que tenhamos 50 observações em x = eficiência do combustível de um automóvel (milhas/galão), sendo o menor deles 27,8 e o maior, 31,4. Podemos, então, usar os limites de classe 27,5; 28,0; 28,5; ... e 31,5, conforme mostrado abaixo:

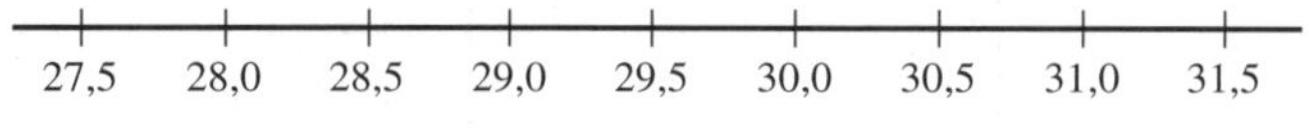

Uma dificuldade potencial é que, ocasionalmente, uma observação fica exatamente sobre um dos limites de classe, não estando necessariamente em apenas um intervalo, por exemplo, 29,0. Uma forma de lidar com esse problema é usar limites como 27,55; 28,05; . . .; 31,55. A adição do dígito de centésimos aos limites de classe evita que as observações estejam exatamente sobre os limites resultantes. Outra abordagem é o uso de classes. 27,5 ⊢28,5, 28,0 ⊢28,5, . . ., 31,0 ⊢31,5. Então, 29,0 se encaixa na classe 29,0 ⊢29,5, em vez de na classe 28,5 ⊢29,0. Em outras palavras, com esta convenção, uma observação em um limite é colocada no intervalo à *direita* do limite. Essa é a maneira como o Minitab constrói um histograma.

Construindo um histograma para dados contínuos: larguras de classes iguais

Determine a frequência e a frequência relativa de cada classe. Marque os limites de classe em um eixo de medida horizontal. Acima de cada intervalo de classe, desenhe um retângulo cuja altura seja a frequência relativa correspondente (ou a frequência).

Exemplo 1.10

As empresas de energia necessitam de informações sobre o consumo de seus clientes para obterem previsões precisas da demanda. Investigadores da Wisconsin Power and Light determinaram o consumo de energia (BTUs) durante determinado período para uma amostra de 90 residências aquecidas a gás. O valor de consumo ajustado foi calculado conforme segue:

$$\text{consumo ajustado} = \frac{\text{consumo}}{(\text{clima, em graus-dias})(\text{área da casa})}$$

Isto resultou nos dados a seguir (parte dos dados armazenados no FURNACE.MTW disponível no Minitab), que são apresentadas em ordem crescente.

2,97	4,00	5,20	5,56	5,94	5,98	6,35	6,62	6,72	6,78
6,80	6,85	6,94	7,15	7,16	7,23	7,29	7,62	7,62	7,69
7,73	7,87	7,93	8,00	8,26	8,29	8,37	8,47	8,54	8,58
8,61	8,67	8,69	8,81	9,07	9,27	9,37	9,43	9,52	9,58
9,60	9,76	9,82	9,83	9,83	9,84	9,96	10,04	10,21	10,28
10,28	10,30	10,35	10,36	10,40	10,49	10,50	10,64	10,95	11,09
11,12	11,21	11,29	11,43	11,62	11,70	11,70	12,16	12,19	12,28
12,31	12,62	12,69	12,71	12,91	12,92	13,11	13,38	13,42	13,43
13,47	13,60	13,96	14,24	14,35	15,12	15,24	16,06	16,90	18,26

Deixamos o Minitab selecionar os intervalos de classe. A característica mais impressionante do histograma da Figura 1.8 é sua semelhança com uma curva em forma de sino (portanto, simétrica), com o ponto de simetria próximo a 10.

Classe	1 ⊢3	3 ⊢5	5 ⊢7	7 ⊢9	9 ⊢11	11 ⊢13	13 ⊢15	15 ⊢17	17 ⊢19
Frequência	1	1	11	21	25	17	9	4	1
Frequência relativa	0,011	0,011	0,122	0,233	0,278	0,189	0,100	0,044	0,011

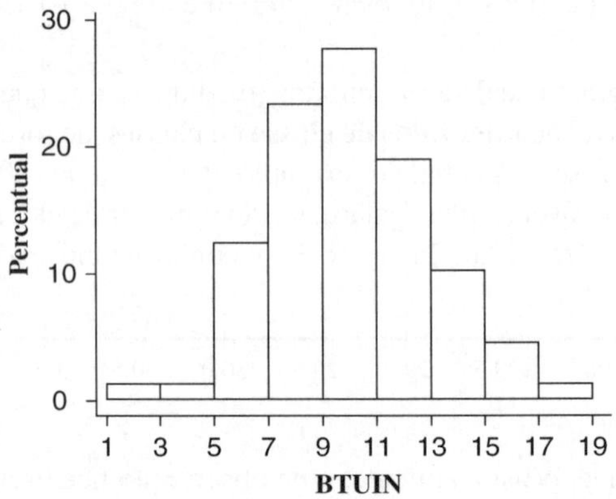

Figura 1.8 Histograma dos dados do consumo de energia do Exemplo 1.10.

Do histograma, proporção de observações menor que 9 $\approx 0{,}01 + 0{,}01 + 0{,}12 + 0{,}23 = 0{,}37$ (valor exato $= \dfrac{34}{90} = 0{,}378$)

A frequência relativa da classe 9 ⊢11 é cerca de 0,27, então, podemos estimar que aproximadamente metade disso ou 0,135 fica entre 9 e 10. Logo,

a proporção de observações menor que 10 $\approx 0{,}37 + 0{,}135 = 0{,}505$ (um pouco maior que 50%)

O valor exato desta proporção é 47/90 = 0,522. ■

Não há regras invariáveis a respeito do número de classes ou escolha das classes em si. Entre 5 e 20 classes serão satisfatórias para a maior parte dos conjuntos de dados. Geralmente, quanto maior o número de observações em um conjunto de dados, mais classes devem ser usadas. Uma regra prática razoável é

$$\text{números de classes} \approx \sqrt{\text{números de observações}}$$

Classes de amplitudes iguais podem não ser a melhor escolha se existem algumas regiões da escala de medição que têm uma elevada concentração de valores de dados e outras partes em que os dados são muito esparsos. A Figura 1.9 mostra um gráfico de pontos de tal conjunto de dados; existe uma alta concentração no meio e relativamente poucas observações espalhadas em ambos os lados. Usar um número pequeno de classes de mesma amplitude resulta em quase todas as observações estarem em apenas uma ou duas classes. Se um grande número de classes de mesma amplitude for usado, muitas classes terão frequência zero. Uma opção melhor é usar alguns intervalos mais amplos próximos às observações dos extremos e intervalos mais estreitos na região de alta concentração.

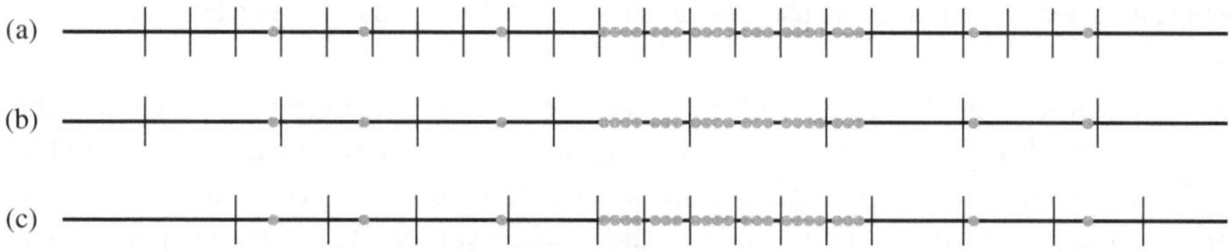

Figura 1.9 Selecionar os dados dos intervalos de classes para a "variação de densidade": (a) muitos intervalos estreitos de mesma amplitude; (b) poucos intervalos mais amplos; (c) intervalos de amplitudes diferentes.

Construindo um histograma para dados contínuos: larguras de classes desiguais

Após determinar as frequências e as frequências relativas, calcule a altura de cada retângulo, usando a fórmula

$$\text{altura do retângulo} = \frac{\text{frequência relativa da classe}}{\text{amplitude da classe}}$$

As alturas resultantes dos retângulos frequentemente são denominadas *densidades* e a escala vertical é a **escala de densidade**. Essa recomendação também funcionará quando as amplitudes das classes forem iguais.

Exemplo 1.11

A corrosão das barras de aço da armação é um problema sério em estruturas de concreto localizadas em ambientes afetados por condições climáticas extremas. Por esse motivo, pesquisadores têm investigado a utilização de barras de reforço feitas de material composto. Um estudo foi executado para desenvolver diretrizes sobre a aderência de barras plásticas reforçadas com fibra de vidro ao concreto ("Design recommendations for bond of GFRP rebars to concrete", *J. of Structural Engr.*, 1996: 247-254). Considere as 48 observações da resistência da aderência medida:

11,5	12,1	9,9	9,3	7,8	6,2	6,6	7,0	13,4	17,1	9,3	5,6
5,7	5,4	5,2	5,1	4,9	10,7	15,2	8,5	4,2	4,0	3,9	3,8
3,6	3,4	20,6	25,5	13,8	12,6	13,1	8,9	8,2	10,7	14,2	7,6
5,2	5,5	5,1	5,0	5,2	4,8	4,1	3,8	3,7	3,6	3,6	3,6

Classe	2 ⊢ 4	4 ⊢ 6	6 ⊢ 8	8 ⊢ 12	12 ⊢ 20	20 ⊢ 30
Frequência	9	15	5	9	8	2
Frequência relativa	0,1875	0,3125	0,1042	0,1875	0,1667	0,0417
Densidade	0,094	0,156	0,052	0,047	0,021	0,004

O histograma resultante é exibido na Figura 1.10. A cauda direita ou superior se estende muito além da esquerda ou inferior – um desvio substancial da simetria.

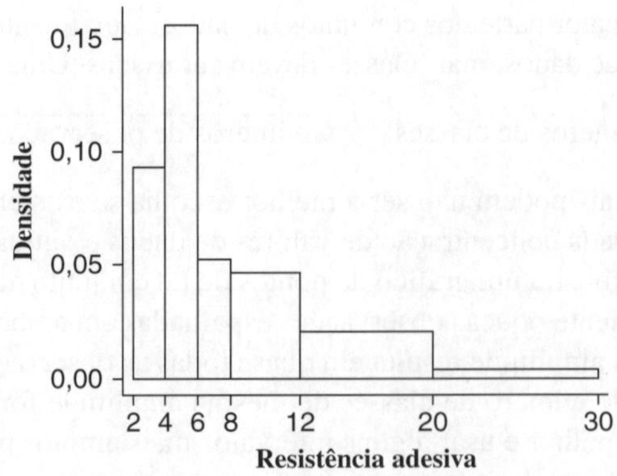

Figura 1.10 Um histograma de densidade em Minitab dos dados de resistência à aderência do Exemplo 1.11. ■

Quando as amplitudes de classe são diferentes, deixar de usar uma escala de densidade gera um gráfico com áreas distorcidas. Para classes de larguras iguais, o divisor é o mesmo em cada cálculo de densidade e o cálculo adicional é simplesmente uma nova escala do eixo vertical (ou seja, os histogramas que usam frequência relativa e os que usam densidade terão exatamente a mesma aparência). Um histograma de densidade possui uma propriedade interessante. Ao multiplicar os dois lados da fórmula pela largura da classe, teremos

$$\begin{aligned}\text{frequência relativa} = (\text{largura da classe})(\text{densidade}) &= (\text{largura do retângulo})(\text{altura do retângulo})\\ &= \text{área do retângulo}\end{aligned}$$

Isto é, *a área de cada retângulo é a frequência relativa da classe correspondente*. Além disso, uma vez que a soma das frequências relativas deve ser 1, *a área total de todos os retângulos em um histograma de densidade é* 1. Sempre é possível desenhar um histograma de forma que a área seja igual à frequência relativa (isso também é verdade para um histograma de dados discretos). É só usar a escala de densidade. Essa propriedade terá um papel importante na criação de modelos de distribuições no Capítulo 4.

Formatos de histogramas

Os histogramas podem ter diversos formatos. Um histograma **unimodal** é aquele que possui um aclive para um único pico e depois um declive. Um histograma **bimodal** possui dois picos diferentes. A bimodalidade pode ocorrer quando o conjunto de dados consistir em observações sobre dois tipos muito diferentes de indivíduos ou objetos. Por exemplo, considere um grande conjunto de dados formado por tempos de viagem de automóveis entre San Luis Obispo, Califórnia e Monterey, Califórnia (excluindo tempo de parada para apreciar a vista, comer etc.). Esse histograma mostraria dois picos: um para os carros que tomaram a rota do interior (cerca de 2,5 horas) e outro para os carros que foram pelo litoral (3,5–4 horas). A bimodalidade, entretanto, não acontece automaticamente nessas situações. A bimodalidade ocorrerá no histograma de dados combinados somente se os dois histogramas separados estiverem "distantes" em relação às suas dispersões. Assim, um grande conjunto de dados consistindo em alturas de alunos de faculdades não deve resultar em um histograma bimodal porque a altura típica dos homens, cerca de 69 polegadas, não está suficientemente distante da altura típica das mulheres, cerca de 64-65 polegadas. Um histograma com mais de dois picos é denominado **multimodal**. Claro que o número de picos pode depender da escolha dos intervalos de classe, particularmente com um pequeno número de observações. Quanto maior o número de classes, maior é a probabilidade de a bimodalidade ou de a multimodalidade se manifestar.

Exemplo 1.12

A Figura 1.11(a) mostra um histograma Minitab dos pesos (lb) dos 124 jogadores listados nas escalações do San Francisco 49ers e New England Patriots (times que o autor gostaria de ver em uma partida no Super Bowl) em 20 de novembro de 2009.

A Figura 1.11(b) é um histograma suavizado (na verdade, o que é chamado de uma *densidade estimada*) dos dados do software R. Tanto o histograma quanto o histograma suavizado mostram três picos distintos: o da direita é para a linha dos bloqueadores, o pico do meio corresponde ao peso dos *linebackers*, e o pico da esquerda é para todos os outros jogadores *wide receivers*, ou *quarterbacks* etc.)

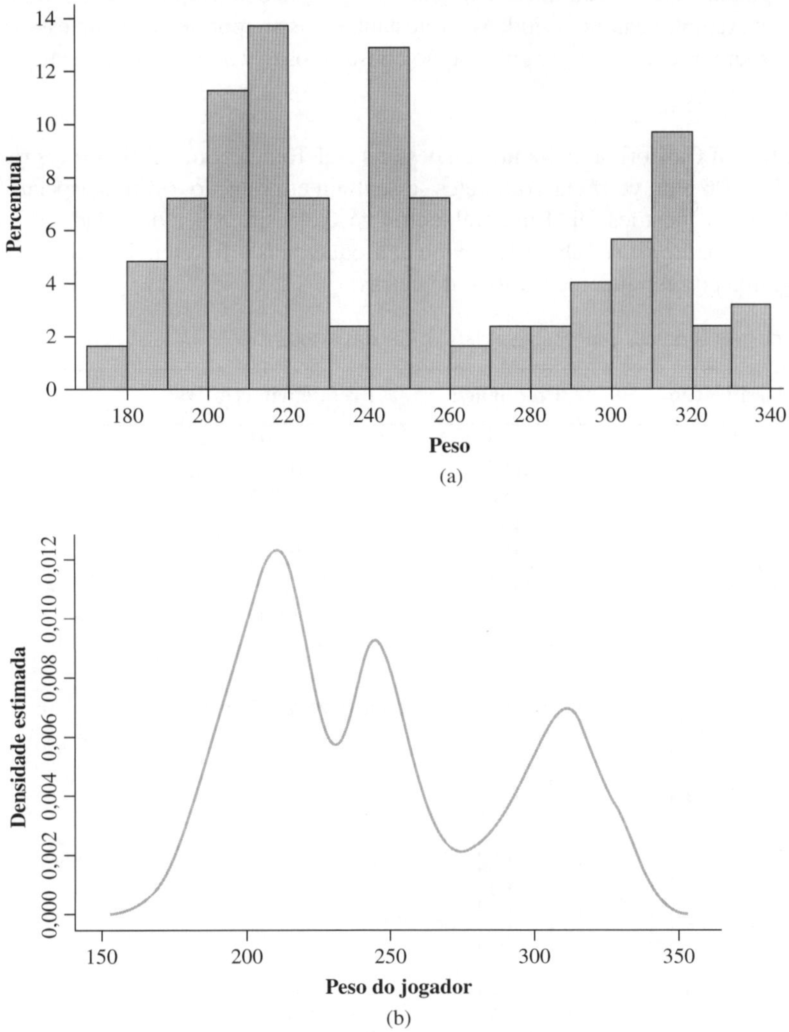

Figura 1.11 Peso dos jogadores da NFL (a) histograma; (b) histograma suavizado. ■

Um histograma é **simétrico** se a metade esquerda for uma imagem refletida da metade direita. Um histograma unimodal tem **inclinação positiva** se a cauda direita ou superior for estendida em comparação à cauda esquerda ou inferior e **inclinação negativa** se desviar-se para a esquerda. A Figura 1.12 exibe histogramas "suavizados", obtidos pela sobreposição de uma curva ajustada sobre os retângulos, que ilustram as diversas possibilidades.

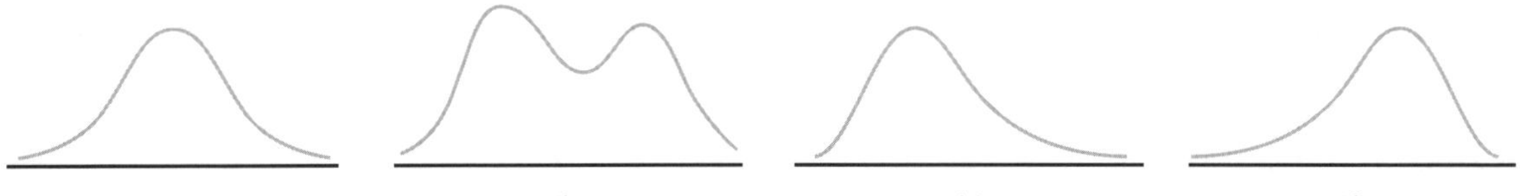

Figura 1.12 Histogramas suavizados: (a) simétrico unimodal; (b) bimodal; (c) inclinação positiva; e (d) inclinação negativa.

Dados qualitativos

Tanto uma distribuição de frequência como um histograma podem ser construídos quando o conjunto de dados for de natureza *qualitativa* (categórica). Em alguns casos, haverá uma ordem natural das classes, por exemplo: calouros, segundanistas, terceiranistas, veteranos e graduandos, enquanto em outros casos a ordem será arbitrária, por exemplo: católicos, judeus, protestantes e assim por diante. Com esses dados categóricos, os intervalos sobre os quais os retângulos serão construídos devem ter a mesma largura.

Exemplo 1.13

O Public Policy Institute of California realizou uma pesquisa telefônica com 2 501 adultos residentes na Califórnia em abril de 2006 para verificar como eles se sentiam em relação a vários aspectos da educação pública K-12. Uma das questões foi "Em geral, como você classificaria a qualidade das escolas públicas no seu bairro atualmente?". A Tabela 1.2 exibe as frequências e frequências relativas e a Figura 1.13 mostra o histograma correspondente (gráfico de barras).

Tabela 1.2 Distribuição de frequência dos dados sobre a classificação das escolas

Classificação	Frequência	Frequência relativa
A	478	0,191
B	893	0,357
C	680	0,272
D	178	0,071
F	100	0,040
Não sabe	172	0,069
	2501	1,000

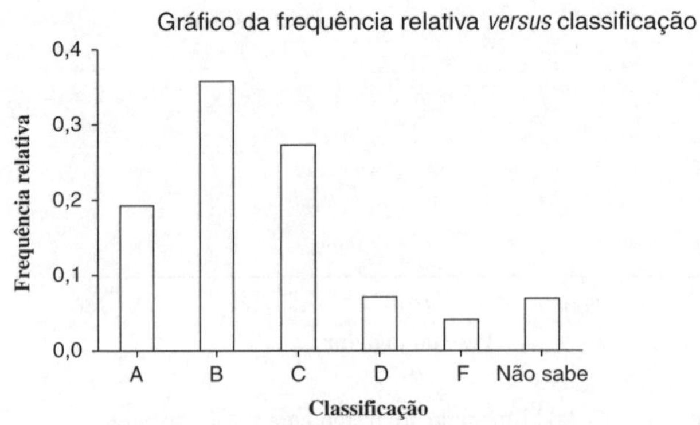

Figura 1.13 Histograma dos dados sobre a classificação das escolas pelo Minitab.

Mais de metade dos participantes atribuíram uma classificação A ou B e apenas um pouco mais de 10% deram uma nota D ou F. As porcentagens para os pais de crianças em escolas públicas foram um pouco mais favoráveis para as escolas: 24%, 40%, 24%, 6%, 4% e 2%. ■

Dados multivariados

Dados multivariados são geralmente muito difíceis de descrever visualmente. Vários métodos para essa descrição aparecerão em capítulos posteriores, especialmente os gráficos de dispersão bivariados para dados numéricos.

EXERCÍCIOS Seção 1.2 (10–32)

10. Considere os dados de resistência de vigas fornecidos no Exemplo 1.2.

a. Construa um diagrama de ramo e folhas dos dados. O que parece ser um valor de resistência representativo? As observações parecem estar concentradas ao redor do valor representativo ou dispersas?

b. O diagrama parece ser razoavelmente simétrico sobre o valor representativo ou você descreveria essa forma de outro modo?

c. Parece haver valores atípicos de resistência?

d. Qual é a proporção de observações de resistência nessa amostra que excedem 10 MPa?

11. Todas as pontuações no lote seguinte em exames nas décadas de 1960, 1970, 1980 ou 1990. Um diagrama de ramos e folhas com somente quatro ramos de 6, 7, 8 e 9 não resultaria em uma descrição detalhada da distribuição das pontuações. Nessas situações, é desejável usarmos ramos repetidos. Aqui podemos repetir o ramo 6 duas vezes, usando 6L para pontuações na parte inferior da dezena dos 60 (folhas 0, 1, 2, 3 e 4) e 6H para as pontuações na parte superior da dezena dos 60 (folhas 5, 6, 7, 8 e 9). De forma similar, os outros ramos podem ser repetidos duas vezes para obtermos um diagrama consistindo em oito linhas. Construa esse diagrama para as pontuações fornecidas. Que característica dos dados é realçada por ele?

74 89 80 93 64 67 72 70 66 85 89 81 81
71 74 82 85 63 72 81 81 95 84 81 80 70
69 66 60 83 85 98 84 68 90 82 69 72 87
88

12. Os valores seguintes de densidade para diversos tipos de madeira usados em construções foram informados no artigo "Bolted connection design values based on european yield model" (*J. of Structural Engr.*, 1993: 2169-2186):

0,31 0,35 0,36 0,36 0,37 0,38 0,40 0,40 0,40
0,41 0,41 0,42 0,42 0,42 0,42 0,42 0,43 0,44
0,45 0,46 0,46 0,47 0,48 0,48 0,48 0,51 0,54
0,54 0,55 0,58 0,62 0,66 0,66 0,67 0,68 0,75

Construa um diagrama de ramo e folhas usando ramos repetidos (consulte o exercício anterior) e comente a respeito de quaisquer características interessantes do diagrama.

13. A transformação de valores de dados por meio de uma função matemática, como $\sqrt{x}$ ou $1/x$, usualmente resulta em um conjunto de números com "melhores" propriedades estatísticas do que os dados originais. Em particular, é possível encontrar uma função para a qual o histograma dos valores transformados seja mais simétrico (ou, melhor ainda, mais próximo de uma curva normal) do que os dados originais. Como exemplo, o artigo "Time lapse cinematographic analysis of beryllium-lung fibroblast interactions" (*Environ. Research*, 1983: 34-43) informou os resultados de experimentos projetados para estudar o comportamento de algumas células que foram expostas ao berílio. Uma característica importante de tal célula individual é seu tempo de interdivisão (IDT, sigla em inglês). Os IDTs foram determinados para um grande número de células em condições de exposição (tratamento) e não exposição (controle). Os autores do artigo usaram uma transformação logarítmica, isto é, valor transformado = log (valor original). Considere os seguintes dados representativos de IDT:

IDT	$\log_{10}$(IDT)	IDT	$\log_{10}$(IDT)	IDT	$\log_{10}$(IDT)
28,1	1,45	60,1	1,78	21,0	1,32
31,2	1,49	23,7	1,37	22,3	1,35
13,7	1,14	18,6	1,27	15,5	1,19
46,0	1,66	21,4	1,33	36,3	1,56
25,8	1,41	26,6	1,42	19,1	1,28
16,8	1,23	26,2	1,42	38,4	1,58
34,8	1,54	32,0	1,51	72,8	1,86
62,3	1,79	43,5	1,64	48,9	1,69
28,0	1,45	17,4	1,24	21,4	1,33
17,9	1,25	38,8	1,59	20,7	1,32
19,5	1,29	30,6	1,49	57,3	1,76
21,1	1,32	55,6	1,75	40,9	1,61
31,9	1,50	25,5	1,41		
28,9	1,46	52,1	1,72		

Use intervalos de classe $10 \vdash 20$, $20 \vdash 30$, . . . para construir um histograma dos dados originais. Use intervalos $1{,}1 \vdash 1{,}2$, $1{,}2 \vdash 1{,}3$, . . . para fazer o mesmo com os dados modificados. Qual é o efeito da transformação?

14. O conjunto de dados a seguir consiste em observações da taxa de vazão de chuveiros (L/min) de uma amostra de n = 129 residências em Perth, Austrália ("An application of bayes methodology to the analysis of diary records in a water use study", *J. Amer. Stat. Assoc.*, 1987: 705-711):

4,6 12,3 7,1 7,0 4,0 9,2 6,7 6,9 11,5 5,1
11,2 10,5 14,3 8,0 8,8 6,4 5,1 5,6 9,6 7,5
7,5 6,2 5,8 2,3 3,4 10,4 9,8 6,6 3,7 6,4
8,3 6,5 7,6 9,3 9,2 7,3 5,0 6,3 13,8 6,2
5,4 4,8 7,5 6,0 6,9 10,8 7,5 6,6 5,0 3,3
7,6 3,9 11,9 2,2 15,0 7,2 6,1 15,3 18,9 7,2
5,4 5,5 4,3 9,0 12,7 11,3 7,4 5,0 3,5 8,2
8,4 7,3 10,3 11,9 6,0 5,6 9,5 9,3 10,4 9,7
5,1 6,7 10,2 6,2 8,4 7,0 4,8 5,6 10,5 14,6
10,8 15,5 7,5 6,4 3,4 5,5 6,6 5,9 15,0 9,6
7,8 7,0 6,9 4,1 3,6 11,9 3,7 5,7 6,8 11,3
9,3 9,6 10,4 9,3 6,9 9,8 9,1 10,6 4,5 6,2
8,3 3,2 4,9 5,0 6,0 8,2 6,3 3,8 6,0

a. Construa um diagrama de ramo e folhas dos dados.
b. Qual taxa de vazão é considerada típica ou representativa?
c. O diagrama parece ser altamente concentrado ou difuso?
d. A distribuição dos valores parece razoavelmente simétrica? Em caso negativo, como você descreveria o desvio da simetria?
e. Você descreveria alguma observação como distante do restante dos dados (um *outlier*)?

15. Os tempos de filmagem de filmes americanos diferem do tempo de filmagem dos filmes franceses? O autor investigou a questão selecionando aleatoriamente 25 filmes recentes de cada gênero, resultando nos seguintes tempos de filmagem:

Am: 94 90 95 93 128 95 125 91 104 116 162 102 90
110 92 113 116 90 97 103 95 120 109 91 138
Fr: 123 116 90 158 122 119 125 90 96 94 137 102 105
106 95 125 122 103 96 111 81 113 128 93 92

Construa um diagrama de ramo e folhas *comparativo*, relacionando ramos na parte central da página e, então, exibindo as folhas de Am à direita e as de Fr à esquerda. Comente, então, sobre algumas características interessantes do diagrama.

16. O artigo citado no Exemplo 1.2 também forneceu as observações a seguir de resistência para cilindros:

6,1 5,8 7,8 7,1 7,2 9,2 6,6 8,3 7,0 8,3
7,8 8,1 7,4 8,5 8,9 9,8 9,7 14,1 12,6 11,2

a. Construa um diagrama de ramo e folhas comparativo (veja o exercício anterior) dos dados de vigas e cilindros e, então, responda às questões nas partes (b)-(d) do Exercício 10 para as observações sobre os cilindros.
b. De que formas os dois lados do diagrama são similares? Há diferenças óbvias entre as observações sobre vigas e cilindros?
c. Construa um gráfico de pontos com os dados dos cilindros.

17. As propriedades mecânicas permissíveis para projetos estruturais de veículos aeroespaciais metálicos exigem um método aprovado para análise estatística de dados de testes empíricos. O artigo "Establishing mechanical property allowables for metals" (*J. of Testing and Evaluation*, 1998: 293-299) usou os dados de resistência à tração (ksi) como base para definir as dificuldades de desenvolvimento do método.

122,2	124,2	124,3	125,6	126,3	126,5	126,5	127,2	127,3
127,5	127,9	128,6	128,8	129,0	129,2	129,4	129,6	130,2
130,4	130,8	131,3	131,4	131,4	131,5	131,6	131,6	131,8
131,8	132,3	132,4	132,4	132,5	132,5	132,5	132,5	132,6
132,7	132,9	133,0	133,1	133,1	133,1	133,1	133,2	133,2
133,2	133,3	133,3	133,5	133,5	133,5	133,8	133,9	134,0
134,0	134,0	134,0	134,1	134,2	134,3	134,4	134,4	134,6
134,7	134,7	134,7	134,8	134,8	134,8	134,9	134,9	135,2
135,2	135,2	135,3	135,3	135,4	135,5	135,5	135,6	135,6
135,7	135,8	135,8	135,8	135,8	135,8	135,9	135,9	135,9
135,9	136,0	136,0	136,1	136,2	136,2	136,3	136,4	136,4
136,6	136,8	136,9	136,9	137,0	137,1	137,2	137,6	137,6
137,8	137,8	137,8	137,9	137,9	138,2	138,2	138,3	138,3
138,4	138,4	138,4	138,5	138,5	138,6	138,7	138,7	139,0
139,1	139,5	139,6	139,8	139,8	140,0	140,0	140,7	140,7
140,9	140,9	141,2	141,4	141,5	141,6	142,9	143,4	143,5
143,6	143,8	143,8	143,9	144,1	144,5	144,5	147,7	147,7

a. Construa um diagrama de ramo e folhas dos dados excluindo (truncando) inicialmente os dígitos decimais e depois repetindo cada ramo cinco vezes (uma vez para as folhas 1 e 2, uma segunda vez para as folhas 3 e 4 etc.). Por que é relativamente fácil identificar um valor de resistência representativo?

b. Construa um histograma usando classes de mesma amplitude em que a primeira classe possua um limite inferior de 122 e um limite superior de 124. Comente, então, características interessantes do histograma.

18. Em um estudo de produtividade literária ("Lotka's test", *Collection Mgmt.*, 1982: 111-118), um grande número de autores foi classificado de acordo com o número de artigos que tinham publicado durante certo período. Os resultados foram apresentados na distribuição de frequência a seguir:

Número de papéis	1	2	3	4	5	6	7	8	
Frequência	784	204	127	50	33	28	19	19	
Número de papéis	9	10	11	12	13	14	15	16	17
Frequência	6	7	6	7	4	4	5	3	3

a. Construa um histograma correspondente a essa distribuição de frequência. Qual é a característica mais interessante do formato da distribuição?

b. Que proporção desses autores publicou no mínimo cinco artigos? No mínimo 10? Mais de 10?

c. Suponha que os cinco que publicaram 15 artigos, os três que publicaram 16 e os três que publicaram 17 tenham sido agrupados em uma única categoria exibida como "≥ 15". Você pode construir um histograma? Explique.

d. Suponha que, em vez de os valores 15, 16 e 17 serem relacionados separadamente, eles tenham sido combinados em uma categoria 15-17 com frequência 11. Você pode construir um histograma? Explique.

19. O número de partículas de contaminação de uma pastilha de silício antes de certo processo de limpeza foi determinado para cada pastilha em uma amostra de tamanho 100, resultando nas frequências a seguir:

Número de partículas	0	1	2	3	4	5	6	7
Frequência	1	2	3	12	11	15	18	10
Número de partículas	8	9	10	11	12	13	14	
Frequência	12	4	5	3	1	2	1	

a. Que proporção das pastilhas da amostra tinha ao menos uma partícula? Ao menos cinco partículas?

b. Que proporção das pastilhas da amostra tinha entre cinco e dez partículas (inclusive)? Estritamente entre cinco e dez partículas?

c. Desenhe um histograma usando a frequência relativa no eixo vertical. Como você descreveria o formato do histograma?

20. O artigo "Determination of most representative subdivision" (*J. of Energy Engr.*, 1993: 43-55) forneceu dados sobre diversas características de subdivisões que podiam ser usadas na decisão de fornecimento de energia via linhas subterrâneas ou aéreas. Seguem os valores da variável x = comprimento total das ruas dentro de uma subdivisão:

1 280	5 320	4 390	2 100	1 240	3 060	4 770
1 050	360	3 330	3 380	340	1 000	960
1 320	530	3 350	540	3 870	1 250	2 400
960	1 120	2 120	450	2 250	2 320	2 400
3 150	5 700	5 220	500	1 850	2 460	5 850
2 700	2 730	1 670	100	5 770	3 150	1 890
510	240	396	1 419	2 109		

a. Construa um diagrama de ramo e folhas, usando o dígito de milhares como ramo e o de centenas como folha e comente suas características.

b. Construa um histograma usando os limites de classe 0, 1 000, 2 000, 3 000, 4 000, 5 000 e 6 000. Qual proporção de subdivisões tem o comprimento total menor que 2 000? Entre 2 000 e 4 000? Como você descreveria o formato do histograma?

21. O artigo citado no Exercício 20 também forneceu os seguintes valores das variáveis: y = números de ruas sem saída e z = número de interseções:

y	1	0	1	0	0	2	0	1	1	1	2	1	0	0	1	1	0	1	1
z	1	8	6	1	1	5	3	0	0	4	4	0	0	1	2	1	4	0	4
y	1	1	0	0	0	1	1	2	0	1	2	2	1	1	0	2	1	1	0
z	0	3	0	1	1	0	1	3	2	4	6	6	0	1	1	8	3	3	5
y	1	5	0	3	0	1	1	0	0										
z	0	5	2	3	1	0	0	0	3										

a. Construa um histograma dos dados de y. Que proporção dessas subdivisões não possuía ruas sem saída? Ao menos uma rua sem saída?

b. Construa um histograma dos dados de z. Qual proporção destas subdivisões tem, no máximo, cinco intersecções? Menos de cinco intersecções?

22. Como varia a velocidade de um corredor no curso de uma maratona (uma distância de 42,195 km)? Considere a determinação do tempo de corrida dos cinco primeiros quilômetros e o tempo de corrida entre os pontos dos quilômetros 35 e 40; subtraia o primeiro tempo do último. Um valor positivo dessa diferença corresponde a um corredor que diminui seu ritmo no final da corrida. O histograma a seguir (veja na página seguinte) se baseia nos tempos de corredores que participaram de diversas maratonas diferentes no Japão ("Factors affecting runners' marathon performance," *Chance*, Outono, 1993: 24-30). Que características são interessantes nesse histograma? Qual é um valor típico da diferença? Grosso modo, que proporção dos maratonistas correu a última etapa mais rápido que a primeira?

23. Considere os dados a seguir sobre os tipos de queixas de saúde (A = inchaço nas articulações, F = fadiga, D = dor nas costas, M = fadiga muscular, T = tosse, N = irritação nasal/coriza, O = outros) feitas por agricultores. Obtenha as frequências e as frequências relativas das diversas categorias e desenhe um histograma. (Os dados são consistentes com as porcentagens for-

Histograma do Exercício 22

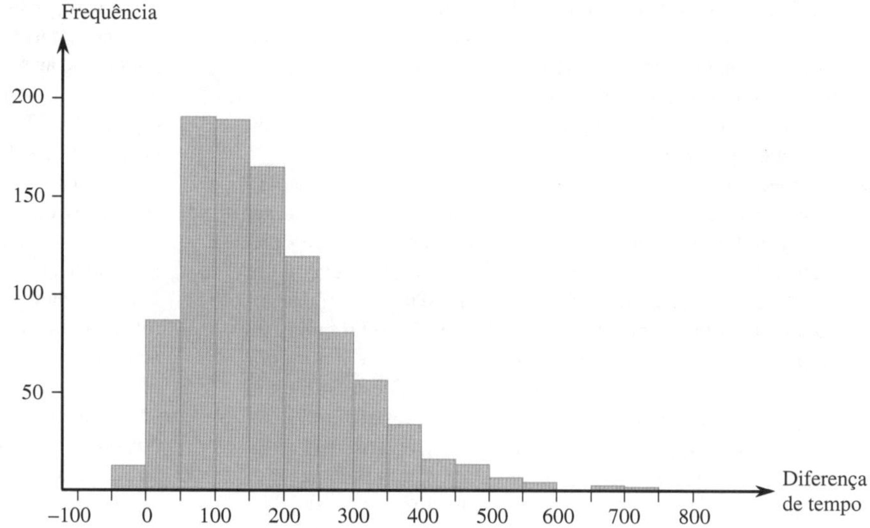

necidas no artigo "Physiological effects of work stress and pesticide exposure in tree planting by British Columbia silviculture workers", *Ergonomics*, 1993: 951-961.)

O O N A T F D D F O A O O M
O F F O O N O N A F A D O T
A O A A F N O D M O A M O D
O F A O O D N T O O O M D F
A O F N

24. O conjunto de dados anexo consiste em observações da resistência de corte (lb) de soldas de ponto ultrassônicas feitas sobre um determinado tipo de chapa de Alclad. Construa um histograma de frequência relativa com base em 10 classes de mesma amplitude com limites 4 000, 4 200, ... [O histograma coincide com o mostrado em "Comparison of properties of joints prepared by ultrasonic welding and other means" (*J. of Aircraft*, 1983: 552-556).] Comente as características.

5 434	4 948	4 521	4 570	4 990	5 702	5 241
5 112	5 015	4 659	4 806	4 637	5 670	4 381
4 820	5 043	4 886	4 599	5 288	5 299	4 848
5 378	5 260	5 055	5 828	5 218	4 859	4 780
5 027	5 008	4 609	4 772	5 133	5 095	4 618
4 848	5 089	5 518	5 333	5 164	5 342	5 069
4 755	4 925	5 001	4 803	4 951	5 679	5 256
5 207	5 621	4 918	5 138	4 786	4 500	5 461
5 049	4 974	4 592	4 173	5 296	4 965	5 170
4 740	5 173	4 568	5 653	5 078	4 900	4 968
5 248	5 245	4 723	5 275	5 419	5 205	4 452
5 227	5 555	5 388	5 498	4 681	5 076	4 774
4 931	4 493	5 309	5 582	4 308	4 823	4 417
5 364	5 640	5 069	5 188	5 764	5 273	5 042
5 189	4 986					

25. Transdutores de temperatura de um determinado tipo são enviados em lotes de 50. Uma amostra de 60 lotes foi selecionada e o número de transdutores fora das especificações em cada lote foi determinado, resultando nos dados a seguir:

2 1 2 4 0 1 3 2 0 5 3 3 1 3 2 4 7 0 2 3
0 4 2 1 3 1 1 3 4 1 2 3 2 2 8 4 5 1 3 1
5 0 2 3 2 1 0 6 4 2 1 6 0 3 3 3 6 1 2 3

a. Determine as frequências e frequências relativas dos valores observados de x = número de transdutores fora das especificações em um lote.

b. Que proporção de lotes na amostra possui, no máximo, cinco transdutores fora das especificações? Que proporção tem menos de cinco? Que proporção possui no mínimo cinco unidades fora das especificações?

c. Desenhe um histograma dos dados, usando a frequência relativa na escala vertical e comente suas características.

26. A difração automatizada de elétrons retroespalhados já está sendo utilizada no estudo de fenômenos de fratura. As seguintes informações sobre a desorientação de ângulos (graus) foi extraída a partir do artigo "Observations on the faceted initiation site in the dwell-fatigue tested Ti-6242 Alloy: crystallographic orientation and size effects" (*Metallurgical and Materials Trans*., 2006: 1507-1518).

Classe:	0 ⊢5	5 ⊢10	10 ⊢15	15 ⊢20
Freq. rel.:	0,177	0,166	0,175	0,136
Classe:	20 ⊢30	30 ⊢40	40 ⊢60	60 ⊢90
Freq. rel:	0,194	0,078	0,044	0,030

a. É verdade que mais que 50% dos ângulos de amostra são menores que 15°, como afirmado neste artigo?

b. Qual proporção de ângulos de amostra é de pelo menos 30°?

c. Aproximadamente qual a proporção de ângulos entre 10° e 25°?

d. Construa um histograma de frequência relativa e comente as características interessantes.

27. O artigo "Study on the life distribution of microdrills" (*J. of Engr. Manufacture*, 2002: 301-305) informou as observações a seguir, relacionadas em ordem crescente, da vida útil das brocas (número de furos que uma broca faz antes de quebrar), quando os furos são feitos em determinada liga de bronze.

11	14	20	23	31	36	39	44	47	50
59	61	65	67	68	71	74	76	78	79
81	84	85	89	91	93	96	99	101	104
105	105	112	118	123	136	139	141	148	158
161	168	184	206	248	263	289	322	388	513

a. Por que uma distribuição de frequência não pode ter por base os intervalos de classe 0-50, 50-100, 100-150 e assim por diante?

b. Construa uma distribuição de frequência e um histograma dos dados usando limites de classes 0, 50,100, ... e, então, faça comentários sobre as características interessantes.

c. Construa uma distribuição de frequência e um histograma dos logaritmos naturais relacionados às observações de vida útil e comente as características interessantes.

d. Que proporção das observações de vida útil dessa amostra é inferior a 100? Que proporção das observações é igual ou maior que 200?

28. As medições em seres humanos oferecem uma área rica para a aplicação de métodos estatísticos. O artigo "A longitudinal study of the development of elementary school children's private speech" (*Merrill-Palmer Q.*, 1990: 443-463) relatou um estudo com crianças que conversam consigo mesmas (fala egocêntrica). A fala egocêntrica está relacionada ao QI, pois este supostamente mede a maturidade mental e tende a diminuir com o desenvolvimento escolar da criança. O estudo incluiu o QI de 33 estudantes da pré-escola mostrados abaixo:

82	96	99	102	103	103	106	107	108	108	108	108
109	110	110	111	113	113	113	113	115	115	118	118
119	121	122	122	127	132	136	140	146			

Descreva os dados e comente sobre algumas características interessantes.

29. O artigo "Statistical modeling of the time course of tantrum anger" (*Annals of Applied Stats*, 2009: 1013-1034) discutiu como a intensidade dos acessos de raiva infantis pode estar relacionada com a duração, bem como com os indicadores comportamentais, tais como gritar, estapear e empurrar ou puxar. Foi determinada a seguinte distribuição de frequência (e também o histograma correspondente):

0 ⊢2:	136	2 ⊢4:	92	4 ⊢11:	71
11 ⊢20:	26	20 ⊢30:	7	30 ⊢40:	3

Crie o histograma e comente suas características interessantes.

30. Um **diagrama de Pareto** é uma variação de um histograma para dados categóricos resultantes de um estudo de controle de qualidade. Cada categoria representa um tipo diferente de não conformidade de produto ou problema de produção. As categorias são ordenadas de forma que aquela com maior frequência seja exibida na extremidade esquerda, seguida pela categoria com a segunda maior frequência e assim por diante. Suponha que as informações a seguir tenham sido obtidas sobre não conformidades em pacotes de circuitos: componentes com falha, 126; componentes incorretos, 210; soldas insuficientes, 67; soldas em excesso, 54; falta de componentes, 131. Construa um diagrama de Pareto.

31. A **frequência acumulada** e a frequência relativa acumulada de determinado intervalo de classe são a soma das frequências e frequências relativas, respectivamente, desse intervalo e de todos os intervalos abaixo dele. Se, por exemplo, houver quatro intervalos com frequências 9, 16, 13 e 12, as frequências acumuladas serão 9, 25, 38 e 50 e as frequências relativas acumuladas serão 0,18, 0,50, 0,76 e 1,00. Calcule as frequências acumuladas e as frequências relativas acumuladas para os dados do Exercício 24.

32. Uma carga de incêndio (MJ/m^2) é a energia térmica que pode ser liberada por metro quadrado de área de piso pela combustão de seu conteúdo e da estrutura em si. O artigo "Fire loads in office buildings" (*J. of Structural Engr.*, 1997, p. 365-368) forneceu as seguintes porcentagens acumuladas (lidas de um gráfico) relativas a cargas de incêndio em uma amostra de 388 salas:

Valor	0	150	300	450	600
% acumulada	0	19,3	37,6	62,7	77,5
Valor	750	900	1 050	1 200	1 350
% acumulada	87,2	93,8	95,7	98,6	99,1
Valor	1 500	1 650	1 800	1 950	
% acumulada	99,5	99,6	99,8	100,0	

a. Construa um histograma de frequência relativa e comente as características interessantes.

b. Que proporção das cargas de incêndio é inferior a 600? Maior ou igual a 1 200?

c. Que proporção das cargas está entre 600 e 1 200?

1.3 Medidas de localização

Os resumos visuais de dados são excelentes ferramentas para obter impressões e ideias iniciais. Uma análise mais formal de dados frequentemente exige o cálculo e a interpretação de medidas de resumo numéricas simples. Isto é, a partir dos dados, tentamos extrair diversos números simples, que servem para caracterizar o conjunto de dados e indicar algumas informações consideráveis. Nossa preocupação principal será com os dados numéricos. Alguns comentários sobre dados categóricos serão apresentados no final da seção.

Suponha, então, que nosso conjunto de dados seja do formato $x_1, x_2, ..., x_n$, no qual cada x_i seja um número. Que características de tal conjunto de números são de maior interesse e merecem ênfase? Uma característica importante de um conjunto de números é sua localização e, em particular, seu centro. Esta seção apresenta métodos de descrição da localização de um conjunto de dados. Na Seção 1.4, apresentaremos os métodos de medida da dispersão de um conjunto de números.

A média

Para determinado conjunto de números $x_1, x_2, ..., x_n$, a medida de centro mais familiar e útil é a *média*, ou média aritmética do conjunto. Como quase sempre temos os x_i constituindo uma amostra, frequentemente chamaremos a média aritmética de *média amostral* e a representaremos por $\bar{x}$.

Definição

A **média amostral** $\bar{x}$ das observações $x_1, x_2, \ldots, x_n$ é dada por

$$\bar{x} = \frac{x_1 + x_2 + \cdots + x_n}{n} = \frac{\sum_{i=1}^{n} x_i}{n}$$

O numerador de $\bar{x}$ pode ser escrito mais informalmente como $\sum x_i$, em que a soma se dá sobre todas as observações da amostra.

Para informar $\bar{x}$, recomendamos o uso de precisão decimal de um dígito a mais do que a precisão dos x_i. Assim, se as observações são as distâncias de parada com $x_1 = 125$, $x_2 = 131$ e assim por diante, podemos ter $\bar{x} = 127{,}3$ pés.

Exemplo 1.14

As trincas em aço e ferro causadas por fadiga de corrosão cáustica foram estudadas em decorrência de falhas em rebites de caldeiras de aço e em rotores a vapor. Considere as observações a seguir sobre x = comprimento da trinca (μm) como resultado de testes de fadiga por corrosão devido a cargas constantes em amostras de barras de tração lisas durante um período de tempo fixo. (Os dados são consistentes com um histograma e as quantidades-resumo do artigo "On the roleof phosphorus in the caustic stress corrosion cracking of low alloy steels", *Corrosion Science*, 1989: 53-68.)

$x_1 = 16{,}1$ $\quad x_2 = 9{,}6$ $\quad x_3 = 24{,}9$ $\quad x_4 = 20{,}4$ $\quad x_5 = 12{,}7$ $\quad x_6 = 21{,}2$ $\quad x_7 = 30{,}2$
$x_8 = 25{,}8$ $\quad x_9 = 18{,}5$ $\quad x_{10} = 10{,}3$ $\quad x_{11} = 25{,}3$ $\quad x_{12} = 14{,}0$ $\quad x_{13} = 27{,}1$ $\quad x_{14} = 45{,}0$
$x_{15} = 23{,}3$ $\quad x_{16} = 24{,}2$ $\quad x_{17} = 14{,}6$ $\quad x_{18} = 8{,}9$ $\quad x_{19} = 32{,}4$ $\quad x_{20} = 11{,}8$ $\quad x_{21} = 28{,}5$

A Figura 1.14 mostra um diagrama de ramo e folhas dos dados. Um comprimento de trinca no início da faixa dos 20 parece ser "típica".

Ramo	Folhas
0H	96 89
1L	27 03 40 46 18
1H	61 85
2L	49 04 12 33 42
2H	58 53 71 85
3L	02 24
3H	
4L	
4H	50

Ramo: dezenas
Folha: unidade e dígitos decimais

Figura 1.14 Um diagrama de ramo e folha dos dados dos comprimentos de trincas.

Com $\sum x_i = 444{,}8$, a média amostral é

$$\bar{x} = \frac{444{,}8}{21} = 21{,}18$$

um valor consistente com a informação transmitida pelo diagrama de ramo e folhas. ■

Uma interpretação física de $\bar{x}$ demonstra como ela mede a localização (centro) de uma amostra. Imagine desenhar e definir a escala em um eixo horizontal e depois represente cada observação da amostra por um peso de uma libra colocado no ponto correspondente no eixo. O único ponto em que pode ser colocado um apoio para equilibrar o sistema de pesos é o correspondente ao valor de $\bar{x}$ (veja a Figura 1.15).

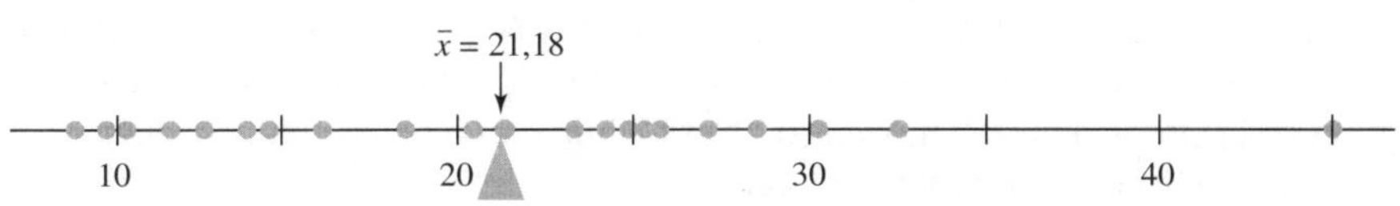

Figura 1.15 A média como ponto de equilíbrio de um sistema de pesos.

Da mesma forma que $\bar{x}$ representa o valor médio das observações de uma amostra, a média de todos os valores da população pode ser calculada. Esta média é chamada **média populacional** e é denotada pela letra grega μ. Quando existem N valores na população (uma população finita), então μ = (soma dos valores N da população)/N. Nos Capítulos 3 e 4, forneceremos uma definição mais geral de μ que se aplica a populações finitas e (conceitualmente) infinitas. Da mesma forma que $\bar{x}$ é uma medida de localização de amostra importante e interessante, μ é uma característica interessante e importante (frequentemente a mais importante) de uma população. Nos capítulos sobre inferência estatística, apresentaremos métodos com base na média amostral para obtenção de conclusões sobre uma média populacional. Por exemplo: podemos usar a média amostral $\bar{x} = 21{,}18$ calculada no Exemplo 1.14 como uma *estimativa pontual* (um único número que é o "melhor" palpite) de μ, o comprimento médio verdadeiro de todas as amostras tratadas como descrito.

A média sofre de uma deficiência que a torna uma medida de centro inadequada sob algumas circunstâncias: seu valor pode ser bastante afetado pela presença de um único *outlier* (uma observação incomumente grande ou pequena). No Exemplo 1.14, o valor $x_{14} = 45{,}0$ obviamente é um *outlier*. Sem esta observação, $\bar{x} = 399{,}8/20 = 19{,}99$, o *outlier* aumenta a média em mais de 1 μm. Se a observação 45,0 μm fosse substituída pelo valor catastrófico de 295,0 μm, um *outlier* realmente extremo, então, $\bar{x} = 694{,}8/21 = 33{,}09$, que é maior que todas as observações, exceto uma!

Uma amostra de salários frequentemente produz alguns poucos valores atípicos (dos sortudos que possuem um salário astronômico) e o uso do salário médio como medida de localização frequentemente será ilusório. Esses exemplos sugerem que procuremos uma medida menos sensível a valores fora da faixa que $\bar{x}$, assim, proporemos uma momentaneamente. Entretanto, apesar de $\bar{x}$ ter essa falha potencial, ele ainda é a medida mais usada, em grande parte porque há muitas populações para as quais um *outlier* extremo na amostra seria altamente improvável. Ao obter uma amostra de tal população (a população normal, ou em forma de sino, é o exemplo mais importante), a média amostral tenderá a ser estável e muito representativa.

A mediana

A palavra *mediana* é sinônimo de "meio" e a mediana amostral é realmente o valor do meio quando as observações são ordenadas da menor para a maior. Quando as observações são indicadas por $x_1, ..., x_n$, utiliza-se o símbolo $\tilde{x}$ para representar a mediana amostral.

Definição

A **mediana amostral** é obtida pela ordenação das n observações da menor para a maior (com os valores repetidos incluídos, de forma que cada observação da amostra seja exibida na lista ordenada). Então,

$$\tilde{x} = \begin{cases} \text{O único valor médio se } n \text{ for ímpar.} & = \left(\dfrac{n+1}{2}\right)^{\text{o}} \text{ valor ordenado} \\ \text{A média de dois valores centrais, se } n \text{ for par.} & = \text{média de } \left(\dfrac{n}{2}\right)^{\text{o}} \text{ e } \left(\dfrac{n}{2}+1\right)^{\text{o}} \text{ valores ordenados} \end{cases}$$

Exemplo 1.15

Pessoas não familiarizadas com a música clássica podem acreditar que as instruções de um compositor para tocar uma determinada peça são tão específicas que a duração não depende de forma alguma do artista. Entretanto, usualmente há muito espaço para interpretação, e maestros e músicos da orquestra tiram o máximo proveito disto. O autor visitou o website ArkivMusic.com e selecionou uma amostra com 12 gravações da nona sinfonia de Beethoven (o "Coral", uma obra belíssima), produzindo as seguintes durações (em minutos) listadas em ordem crescente:

62,3 62,8 63,6 65,2 65,7 66,4 67,4 68,4 68,8 70,8 75,7 79,0

Aqui está um gráfico de pontos dos dados:

Figura 1.16 Um gráfico de pontos dos dados do Exemplo 1.15.

Como $n = 12$ é par, a mediana amostral é a média do $n/2 = 6^o$ e $(n/2 + 1) = 7^o$ valores da lista ordenada:

$$\tilde{x} = \frac{66,4 + 67,4}{2} = 66,90$$

Note que se a maior observação, 79,0, não tivesse sido incluída na amostra, a mediana amostral resultante para $n = 11$ observações restantes seria um único valor central de 66,4 (o $[n + 1]/2 = 6^o$ valor ordenado, isto é, o 6° valor em cada extremidade da lista ordenada). A média amostral é $\bar{x} = \sum x_i = 816,1/12 = 68,01$, um pouco mais que um minuto a mais que a mediana. A média excede a mediana porque a amostra "estende-se" um pouco mais para a extremidade superior do que para a inferior. ■

Os dados no Exemplo 1.15 ilustram uma propriedade importante de $\tilde{x}$ no contraste com $\bar{x}$. A mediana amostral é muito insensível a *outliers*. Se, por exemplo, aumentássemos os dois maiores x_i de 75,7 e 79 para 85,7 e 89, respectivamente, $\tilde{x}$ não seria afetado. Dessa forma, no tratamento de valores de dados fora da faixa, $\bar{x}$ e $\tilde{x}$ são extremidades opostas de um espectro. Ambas as quantidades descrevem o local onde os dados são centralizados, mas eles não vão, em geral, ser iguais, porque se concentram em diferentes aspectos da amostra.

De forma análoga, $\tilde{x}$ como valor central na amostra é o valor central da população, a **mediana populacional**, representada por $\tilde{\mu}$. Como acontece com $\bar{x}$ e μ, podemos considerar o uso da mediana amostral $\tilde{x}$ para fazer inferências de $\tilde{\mu}$. No Exemplo 1.15, podemos usar $\tilde{x} = 66,90$ como uma estimativa do tempo médio para a população de todas as gravações. Uma mediana é frequentemente usada para descrever dados de salários ou rendimentos (porque ela não é influenciada por alguns salários altos). Se a mediana de uma amostra dos salários de engenheiros fosse $\tilde{x} = \$ 66.416,00$, poderíamos usá-la como base para concluir que o salário mediano dos engenheiros excede \$ 60.000,00.

A média da população μ e a mediana $\tilde{\mu}$ geralmente não serão idênticas. Se a distribuição da população tiver desvio positivo ou negativo, conforme ilustrado na Figura 1.16, então $\mu \neq \tilde{\mu}$. Quando esse for o caso, ao fazer inferências, devemos primeiro decidir quais características das populações são de maior interesse e então proceder de acordo.

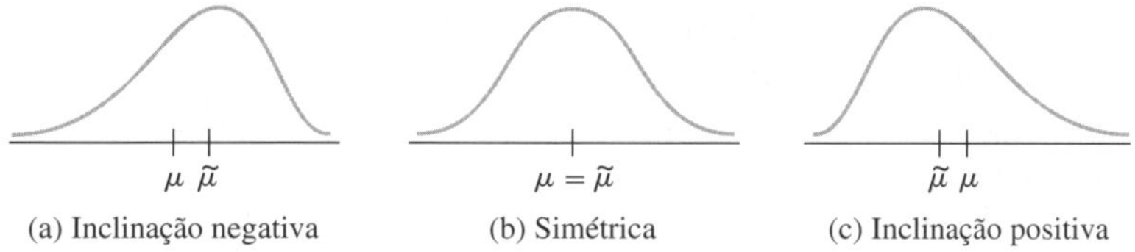

Figura 1.17 Três formas diferentes para uma distribuição de população.

Outras medidas de localização: quartis, percentis e médias aparadas

A mediana (populacional ou amostral) divide o conjunto de dados em duas partes de mesmo tamanho. Para obter melhores medidas de localização, podemos dividir os dados em mais de duas partes. *Grosso modo*, os quartis dividem o conjunto de dados em quatro partes iguais, sendo que as observações acima do terceiro quartil constituem o quarto superior do conjunto de dados, o segundo quartil é idêntico à mediana e o primeiro quartil separa o quarto inferior dos três quartos superiores. De forma similar, um conjunto de dados (amostra ou população) pode ser dividido mais detalhadamente usando percentis; o 99°

percentil separa o 1% superior dos 99% inferiores e assim por diante. A menos que o número de observações seja um múltiplo de 100, recomenda-se cuidado na utilização de percentis. Usaremos percentis no Capítulo 4 com alguns modelos de populações infinitas, de forma que adiaremos a discussão até lá.

A média é bastante sensível a um *outlier* único, enquanto a mediana é insensível a muitos *outliers*. Como o comportamento extremo dos dois valores é indesejável, consideraremos medidas alternativas que não sejam tão sensíveis quanto $\bar{x}$ e nem tão insensíveis como $\tilde{x}$. Para determinar essas alternativas, observe que $\bar{x}$ e $\tilde{x}$ são extremidades opostas da mesma "família" de medidas. A média é a média de todos os dados, enquanto a mediana resulta da eliminação de todos, com exceção do valor do meio ou dois valores, então, no cálculo da média. Parafraseando, a média envolve desprezar 0% de cada extremidade da amostra, enquanto, para a mediana, o máximo possível é desprezado de cada extremidade. Uma **média aparada** é algo intermediário entre $\bar{x}$ e $\tilde{x}$. Uma média aparada de 10%, por exemplo, seria calculada eliminando-se os 10% superiores e os 10% inferiores da amostra, obtendo-se, então, a média do restante.

Exemplo 1.16

A produção de Bidri é uma arte tradicional da Índia. Os produtos de Bidri (tigelas, vasos etc.) são fundidos a partir de uma liga contendo principalmente zinco juntamente com uma certa quantidade de cobre. Considere as seguintes observações sobre o teor de cobre (%) de uma amostra de artefatos de Bidri no London's Victoria and Albert Museum ("Enigmas of Bidri", *SurfaceEngr.*, 2005: 333-339), listadas em ordem crescente:

2,0 2,4 2,5 2,6 2,6 2,7 2,7 2,8 3,0 3,1 3,2 3,3 3,3
3,4 3,4 3,6 3,6 3,6 3,6 3,7 4,4 4,6 4,7 4,8 5,3 10,1

A Figura 1.18 é um gráfico de pontos dos dados. Uma característica importante é o *outlier* único na extremidade superior; a distribuição é um pouco mais espaçada na região dos valores maiores do que para os valores menores. A média amostral e a mediana são 3,65 e 3,35, respectivamente. Uma média aparada com uma porcentagem de corte de 100(2/26) = 7,7%, resultado da eliminação das duas observações menores e maiores, resulta em: $\bar{x}_{tr(7,7)} = 3{,}42$. O corte aqui elimina o maior *outlier* e, assim, aproxima a média aparada da mediana.

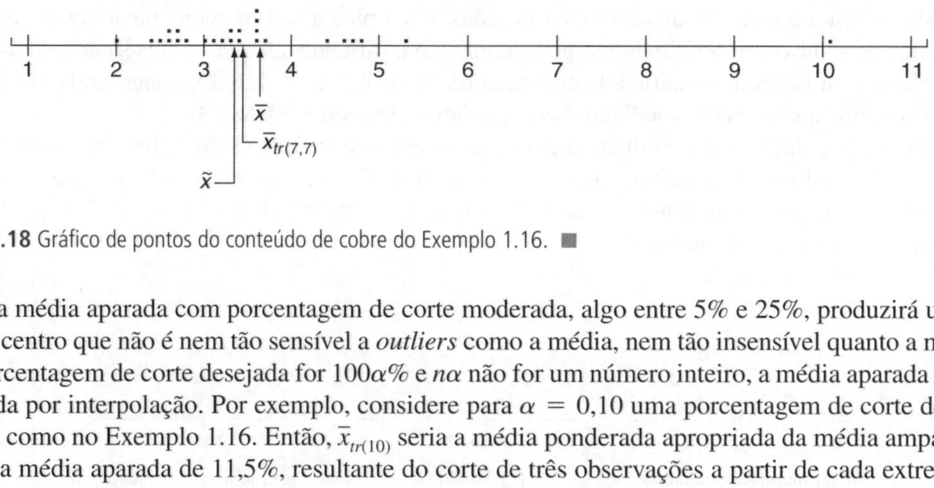

Figura 1.18 Gráfico de pontos do conteúdo de cobre do Exemplo 1.16. ■

Uma média aparada com porcentagem de corte moderada, algo entre 5% e 25%, produzirá uma medida de centro que não é nem tão sensível a *outliers* como a média, nem tão insensível quanto a mediana. Se a porcentagem de corte desejada for $100\alpha\%$ e $n\alpha$ não for um número inteiro, a média aparada deve ser calculada por interpolação. Por exemplo, considere para $\alpha = 0{,}10$ uma porcentagem de corte de 10% e $n = 26$, como no Exemplo 1.16. Então, $\bar{x}_{tr(10)}$ seria a média ponderada apropriada da média amparada de 7,7% e a média aparada de 11,5%, resultante do corte de três observações a partir de cada extremidade.

Dados categóricos e proporções de amostras

Quando os dados são categóricos, uma distribuição de frequência ou distribuição de frequência relativa fornece um resumo tabular eficiente dos dados. Os indicadores numéricos naturais são, nessa situação, as frequências individuais e as frequências relativas. Por exemplo: se for feita uma pesquisa com indivíduos que possuem câmeras digitais para estudar a preferência de marca, cada indivíduo da amostra identificará a marca da câmera que possui. A partir disso, poderíamos contar as pessoas que possuem aparelhos Canon, Sony, Kodak, e assim por diante. Considere a obtenção de uma amostra de uma população dicotômica, isto é, que consista em apenas duas categorias (votou ou não votou na eleição passada ou possui ou não uma câmera digital etc.). Se representarmos por x o número de amostras que se encaixam na categoria 1, então, o número na categoria 2 é $n - x$. A frequência relativa ou *proporção amostral* na categoria 1 é x/n e a proporção amostral na categoria 2 é $1 - x/n$. Vamos representar uma resposta da categoria 1 por 1 e uma resposta da categoria 2 por 0. Uma amostra de tamanho $n = 10$ pode, então, resultar em 1, l, 0, 1, 1, 1, 0, 0, 1, 1. A média dessa amostra numérica é (já que o número de ocorrências do número $1 = x = 7$)

$$\frac{x_1 + \cdots + x_n}{n} = \frac{1 + 1 + 0 + \cdots + 1 + 1}{10} = \frac{7}{10} = \frac{x}{n} = \text{proporção amostral}$$

Mais geralmente, *concentrar a atenção sobre uma determinada categoria e código de amostra resulta de modo que um* 1 *é registrado para uma observação na categoria e um* 0, *para uma observação que não esteja na categoria. Em seguida, a proporção amostral de observações na categoria é a média da amostra da sequência de* 1 *e* 0. Assim, uma média amostral pode ser usada para resumir os resultados de uma amostra categórica. Essas observações também se aplicam a situações em que as categorias são definidas por valores agrupados em uma amostra ou população numérica (por exemplo, podemos querer saber se os indivíduos possuem seu automóvel atual há pelo menos cinco anos em vez de estudarmos o tempo exato de posse).

De forma análoga à proporção amostral x/n de indivíduos ou objetos que estão em determinada categoria, representemos por p a proporção dos indivíduos da população inteira que pertencem à categoria. Como acontece com x/n, p é uma quantidade entre 0 e 1 e, enquanto x/n é uma característica da amostra, p é uma característica da população. A relação entre os dois é semelhante à relação entre $\tilde{x}$ e $\tilde{\mu}$ e entre $\bar{x}$ e μ. Em particular, usaremos x/n para fazer inferências sobre p. Se, por exemplo, uma amostra de 100 proprietários de carros revelar que 22 possuem seus carros há pelo menos 5 anos, podemos usar 22/100 = 0,22 como uma estimativa pontual da proporção de todos os proprietários que possuem o carro há pelo menos 5 anos. Com k categorias ($k > 2$), podemos usar as proporções amostrais de k para responder a perguntas sobre as proporções da população $p_1, \ldots, p_k$.

EXERCÍCIOS Seção 1.3 (33–43)

33. A edição de 1º de maio de 2009 da *The Montclarian* informou a seguinte quantidade de vendas de casa para uma amostra de residências em Alameda, CA, que foram vendidas no mês passado (milhares de dólares):

590 815 575 608 350 1285 408 540 555 679

a. Calcule e interprete a média e a mediana amostrais.

b. Suponha que o 6º valor seja 985 em vez de 1 285. Como a média e a mediana mudariam?

c. Calcule uma média aparada de 20% cortando primeiramente os dois valores menores e os dois maiores.

d. Calcule uma média aparada de 15%.

34. A exposição a produtos microbianos, especialmente a endotoxina, pode ter um impacto sobre a vulnerabilidade a doenças alérgicas. O artigo "Dust sampling methods for endotoxin – An essential, but underestimated issue" (*Indoor Air*, 2006: 20-27) considerou várias questões associadas com a determinação da concentração de endotoxinas. Os seguintes dados sobre a concentração de poeira (UE/mg) de uma amostra de domicílios urbanos e outra amostra de casas em áreas rurais foram gentilmente cedidos pelos autores do artigo citado.

U: 6,0 5,0 11,0 33,0 4,0 5,0 80,0 18,0 35,0 17,0 23,0
R: 4,0 14,0 11,0 9,0 9,0 8,0 4,0 20,0 5,0 8,9 21,0 9,2 3,0 2,0 0,3

a. Determine a média amostral para cada amostra. Como elas podem ser comparadas?

b. Determine a mediana amostral para cada amostra. Como elas podem ser comparadas? Por que a mediana para a amostra urbana é tão diferente da média para a amostra?

c. Calcule a média aparada para cada amostra excluindo o valor menor e o maior. Quais são as porcentagens de corte correspondentes? Como os valores dessas médias aparadas comparam-se às médias e medianas correspondentes?

35. Um experimento para estudar a vida útil (em horas) de certo tipo de componente consiste em colocar dez componentes em operação e observá-los por 100 horas. Oito dos componentes apresentaram falhas nesse período e esses valores de vida útil foram registrados. Considere os tempos de vida útil dos dois componentes que ainda funcionam após 100 horas por 100+. Os valores resultantes foram

48 79 100+ 35 92 86 57 100+ 17 29

Que medidas de tendência central discutidas nesta seção podem ser calculadas e quais são os valores dessas medidas? [*Observação*: os dados deste experimento são "censurados à direita".]

36. Vinte e seis trabalhadores de plataformas de petróleo *offshore* participaram de um exercício de fuga simulado, resultando nos dados a seguir (em segundos) para concluir a fuga ("Oxygen consumption and ventilation during escape from an offshore platform", *Ergonomics*, 1997: 281-292):

389 356 359 363 375 424 325 394 402
373 373 370 364 366 364 325 339 393
392 369 374 359 356 403 334 397

a. Construa um diagrama de ramo e folhas dos dados. Como ele sugere que a média e a mediana serão comparadas?

b. Calcule os valores da média e da mediana amostrais. [*Dica*: $\sum x_i = 9\,638$.]

c. Em quanto o maior tempo, atualmente 424, pode ser aumentado sem afetar o valor da mediana amostral? Em quanto esse valor pode ser diminuído sem afetar o valor da mediana amostral?

d. Quais são os valores de $\bar{x}$ e $\tilde{x}$ quando os valores são expressos novamente em minutos?

37. O artigo "Snow cover and temperature relationships in North America and Eurasia" (*J. Climate and Applied Meteorology*, 1983: 460-469) usou técnicas estatísticas para relacionar a quantidade de cobertura de neve em cada continente com a temperatura média continental. Os dados apresentados incluíram os 10 valores a seguir sobre a cobertura de neve, em outubro, na Eurásia, durante os anos de 1970 a 1979 (em milhões de km^2):

6,5 12,0 14,9 10,0 10,7 7,9 21,9 12,5 14,5 9,2

O que você descreveria como valor característico ou representativo da cobertura de neve em outubro para esse período e o que o levou a essa escolha?

38. Os valores de pressão sanguínea frequentemente são informados com aproximação de 5 mmHg (100, 105, 110 etc.). Suponha que os valores reais (sem aproximação) de pressão sanguínea de nove indivíduos selecionados aleatoriamente sejam

118,6 127,4 138,4 130,0 113,7 122,0 108,3 131,5 133,2

a. Qual é a mediana dos valores de pressão sanguínea *informados*?

b. Suponha que a pressão sanguínea do segundo indivíduo seja 127,6 em vez de 127,4 (uma pequena alteração em um único valor). Como isso afeta a mediana dos valores informados? O que isso diz sobre a sensibilidade da mediana ao arredondamento ou agrupamento dos dados?

39. A pressão mínima de injeção (psi) em amostras de moldagem por injeção de milho de alta amilose foi determinada para oito amostras diferentes (pressões mais altas correspondem a maior dificuldade de processamento), resultando nas observações a seguir (de "Thermoplastic starch blends with a polyethylene-co-vinyl alcohol: processability and physical properties", *Polymer Engr. and Science*, 1994: 17-23):

15,0 13,0 18,0 14,5 12,0 11,0 8,9 8,0

a. Determine os valores da média amostral, mediana amostral e média aparada de 12,5% e compare-os.

b. Em quanto a menor observação da amostra, atualmente 8,0, pode ser aumentada sem afetar o valor da mediana amostral?

c. Suponha que desejemos que os valores da média e da mediana amostrais sejam expressados em quilogramas por polegada quadrada (ksi) em vez de psi. É necessário mudar as unidades de cada observação ou os valores calculados na parte (a) podem ser usados diretamente? [*Dica*: 1 kg = 2,2 libras.]

40. Calcule a mediana amostral, a média aparada de 25%, a média aparada de 10% e a média amostral para os dados de vida útil fornecidos no Exercício 27 e compare essas medidas.

41. Uma amostra de $n = 10$ automóveis foi selecionada e cada um deles foi submetido a um teste de colisão a 5 mph. Representando um carro sem danos visíveis por S (de sucesso) e um carro com danos por F, os resultados são os seguintes:

S S F S S S F F S S

a. Qual é o valor da proporção amostral de sucessos x/n?

b. Substitua cada S por 1 e cada F por 0. Calcule, então, $\bar{x}$ para essa amostra codificada numericamente. Como $\bar{x}$ pode ser comparado a x/n?

c. Suponha que se decidiu incluir mais 15 carros no experimento. Quantos deles teriam de ser S para fornecer $x/n = 0{,}80$ para a amostra de 25 carros?

42. a. Se uma constante c é adicionada a cada x_i de uma amostra, resultando $y_i = x_i + c$, como a média e a mediana amostrais dos y_i se relacionam com a média e a mediana dos x_i? Verifique suas hipóteses.

b. Se cada x_i é multiplicado por uma constante c, resultando em, $y_i = cx_i$, responda à pergunta da parte (a). Verifique novamente suas hipóteses.

43. A propagação de trincas por fadiga em diversas peças de aeronaves tem sido objeto de muitos estudos nos últimos anos. Os dados a seguir consistem nos tempos de propagação (horas de voo/10^4) para atingir determinado tamanho de trinca em furos de fixadores propostos para uso em aeronaves militares ("Statistical crack propagation in fastener holes under spectrum loading", *J. Aircraft*, 1983: 1028-1032):

0,736 0,863 0,865 0,913 0,915 0,937 0,983 1,007
1,011 1,064 1,109 1,132 1,140 1,153 1,253 1,394

a. Calcule e compare os valores da média e da mediana amostrais.

b. Em quanto a maior observação da amostra pode ser diminuída sem afetar o valor da mediana?

1.4 Medidas de dispersão

Informar uma medida de tendência central fornece apenas informações parciais sobre um conjunto de dados ou uma distribuição. Diferentes amostras ou populações podem ter medidas de tendência central idênticas e apresentar diferenças entre si em outros aspectos importantes. A Figura 1.19 apresenta gráficos de pontos de três amostras com a mesma média e a mesma mediana, mas com dispersões diferentes ao redor do centro. A primeira amostra é a que apresenta maior dispersão, a terceira, a menor e a segunda é intermediária em relação a elas.

Figura 1.19 Amostras com medidas centrais idênticas, mas com dispersões diferentes.

Medidas de dispersão para dados amostrais

A medida de dispersão mais simples de uma amostra é a **amplitude**, a diferença entre o maior e o menor valores da amostra. Observe que o valor da amplitude da amostra 1 da Figura 1.19 é muito maior que o da amostra 3, o que reflete maior dispersão na primeira amostra que na terceira. Um defeito da amplitude, entretanto, é que ela depende apenas das duas observações mais extremas e não considera as posições dos $n - 2$ valores restantes. As amostras 1 e 2 na Figura 1.19 possuem amplitudes idênticas, mas, se levarmos em conta as observações entre os dois extremos, há muito menos dispersão na segunda amostra que na primeira.

Nossas principais medidas de dispersão envolvem **os desvios em relação à média**, $x_1 - \bar{x}$, $x_2 - \bar{x}, \ldots, x_n - \bar{x}$. Ou seja, os desvios da média são obtidos pela subtração de $\bar{x}$ de cada uma das n observações da amostra. Um desvio será positivo se a observação for maior que a média (à direita da média no eixo das medidas) e negativo se a observação for menor que a média. Se todos os desvios forem pequenos em magnitude, todos os x_i estarão próximos à média e haverá pouca dispersão. Por outro lado, se alguns desvios forem grandes, alguns x_i estarão distantes de $\bar{x}$, indicando maior dispersão. Uma forma simples de combinar os desvios em uma única quantidade é calcular a sua média. Infelizmente, é uma péssima ideia:

$$\text{soma dos desvios} = \sum_{i=1}^{n}(x_i - \bar{x}) = 0$$

de forma que o desvio médio será sempre zero. A demonstração usa diversas propriedades de somatória e o fato de que $\sum\bar{x} = \bar{x} + \bar{x} + \cdots + \bar{x} = n\bar{x}$:

$$\sum(x_i - \bar{x}) = \sum x_i - \sum\bar{x} = \sum x_i - n\bar{x} = \sum x_i - n\left(\frac{1}{n}\sum x_i\right) = 0$$

Como podemos evitar desvios negativos e positivos ao neutralizar um ao outro quando eles são combinados? Uma possibilidade é trabalhar com os valores absolutos e calcular o desvio médio absoluto $\sum|x_i - \bar{x}|/n$. Como a operação em valor absoluto conduz a diversas dificuldades teóricas, considere os quadrados dos desvios $(x_1 - \bar{x})^2, (x_2 - \bar{x})^2, \ldots, (x_n - \bar{x})^2$. Em vez de usar a média do quadrado dos desvios $\sum(x_i - \bar{x})^2/n$, por diversos motivos, dividiremos a soma dos quadrados dos desvios por $n - 1$ em vez de n.

Definição

A **variância amostral**, denotada por s^2, é dada por

$$s^2 = \frac{\sum(x_i - \bar{x})^2}{n - 1} = \frac{S_{xx}}{n - 1}$$

O **desvio-padrão amostral**, denotado por s, é a raiz quadrada (positiva) da variância:

$$s = \sqrt{s^2}$$

Observe que s^2 e s são ambos não negativos. A unidade s é a mesma para cada x_i. Se, por exemplo, as observações forem consumo de combustível em milhas por galão, podemos ter $s = 2{,}0$ milhas/galão. Uma interpretação grosseira do desvio-padrão da amostra é que ele é o tamanho de um desvio típico ou representativo da média amostral para a amostra selecionada. Dessa forma, se $s = 2{,}0$ milhas/galão, então, alguns x_i da amostra estão mais próximos que 2,0 em relação a $\bar{x}$ enquanto outros estão mais distantes; 2,0 é um desvio representativo (ou "padrão") do consumo médio de combustível. Se $s = 3{,}0$ para uma segunda amostra de carros de outro tipo, um desvio típico dessa amostra é cerca de 1,5 vez maior do que na primeira amostra, indicando maior dispersão da segunda.

Exemplo 1.17

O site www.fueleconomy.gov contém muitas informações sobre características dos combustíveis de vários veículos. Além de avaliações de consumo da EPA, há muitos veículos para os quais os usuários relataram seus próprios valores de consumo (milhas por galão). Considere a seguinte amostra de $n = 11$ consumos para os FordFocus 2009 equipados com uma transmissão automática (para este modelo, a EPA relata uma avaliação global de 27-24 milhas por galão para dirigir na cidade e 33 milhas por galão para condução em rodovias):

Carro	x_i	$x_i - \bar{x}$	$(x_i - \bar{x})^2$	
1	27,3	−5,96	35,522	
2	27,9	−5,36	28,730	
3	32,9	−0,36	0,130	
4	35,2	1,94	3,764	
5	44,9	11,64	135,490	
6	39,9	6,64	44,090	
7	30,0	−3,26	10,628	
8	29,7	−3,56	12,674	
9	28,5	−4,76	22,658	
10	32,0	−1,26	1,588	
11	37,6	4,34	18,836	
	$\sum x_i = 365{,}9$	$\sum(x_i - \bar{x}) = 0{,}04$	$\sum(x_i - \bar{x})^2 = 314{,}106$	$\bar{x} = 33{,}26$

Consequências do arredondamento influenciam para a soma dos desvios não ser exatamente nula. O numerador de s^2 é $S_{xx} = 314{,}106$, pelo qual

$$s^2 = \frac{S_{xx}}{n-1} = \frac{314{,}106}{11-1} = 31{,}41, \quad s = 5{,}60$$

O tamanho de um desvio típico ou representativo da média amostral 33,26 é aproximadamente 5,6 milhas por galão. Observação: das nove pessoas que também relataram o comportamento de condução, apenas três conduziram mais de 80% do tempo em rodovias; você pode imaginar quais carros elas dirigiam. Não há indício da razão de todos os 11 valores reportados excederem os valores da EPA, talvez apenas motoristas com uma eficiência de combustível realmente boa comunicam seus resultados. ■

Motivação de s^2

Para explicar a razão para o divisor $n - 1$ em s^2, observe primeiro que, enquanto s^2 mede a dispersão da amostra, há uma medida de dispersão da população denominada *variância populacional*. Usaremos σ^2 (o quadrado da letra grega minúscula sigma) para representar a variância populacional e σ para representar o desvio-padrão populacional (a raiz quadrada de σ^2). Quando a população é finita e consiste em N valores,

$$\sigma^2 = \sum_{i=1}^{N}(x_i - \mu)^2/N$$

que é a média de todos os quadrados dos desvios em relação à média populacional (no caso de população, o divisor é N e não $N - 1$). Definições mais gerais de σ^2 serão apresentadas nos Capítulos 3 e 4.

Da mesma forma que $\bar{x}$ será usado para fazer inferências sobre a média da população, devemos definir a variância da amostra de maneira que possa ser usada para fazer inferências sobre σ^2. Observe que σ^2 envolve os quadrados dos desvios em torno da média da população μ. Se conhecêssemos o valor real de μ, poderíamos, então, definir a variância da amostra como o quadrado do desvio médio da amostra x_i em torno de μ. Entretanto, o valor de μ quase nunca é conhecido, de modo que deve ser usada a soma dos quadrados dos desvios em torno de $\bar{x}$. Todavia, *os x_i tendem a estar mais próximos de sua média $\bar{x}$ do que da média da população μ, assim, para compensar tal fato, é usado o divisor $n - 1$ em vez de n.* Em outras palavras, se usássemos o divisor n na fórmula da variância da amostra, a quantidade resultante tenderia a subestimar σ^2 (gerar valores na média muito pequenos para a estimativa), enquanto a divisão pelo valor, ligeiramente menor, $n - 1$ corrige a subestimativa.

É habitual se referir a s^2 como base de $n - 1$ **graus de liberdade** (gl). Esta terminologia reflete o fato de que mesmo que s^2 seja baseada nas quantidades $x_1 - \bar{x}, x_2 - \bar{x}, \ldots, x_n - \bar{x}$, sua soma é nula, então especificar os valores de qualquer $n - 1$ das quantidades determina o valor restante. Por exemplo, se $n = 4$ e $x_1 - \bar{x} = 8$, $x_2 - \bar{x} = -6$ e $x_4 - \bar{x} = -4$, automaticamente $x_3 - \bar{x} = 2$, de forma que apenas três dos quatro valores de $x_i - \bar{x}$ serão determinados livremente (3 gl).

Uma fórmula para o cálculo de s^2

É melhor obter s^2 a partir de software estatístico ou, então, usar uma calculadora que permita inserir dados na memória e depois ver s^2 pressionando-se uma única tecla. Caso sua calculadora não apresente essa função, existe uma fórmula alternativa para S_{xx} que evita o cálculo dos desvios. A fórmula envolve $(\sum x_i)^2$, soma e depois obtenção dos quadrados, e $\sum x_i^2$, obtenção dos quadrados e depois soma.

> Uma expressão alternativa para o numerador de s^2 é
> $$S_{xx} = \sum(x_i - \bar{x})^2 = \sum x_i^2 - \frac{(\sum x_i)^2}{n}$$

Demonstração Pelo fato de $\bar{x} = \sum x_i/n$, $n\bar{x}^2 = (\sum x_i)^2/n$. Então,

$$\sum(x_i - \bar{x})^2 = \sum(x_i^2 - 2\bar{x} \cdot x_i + \bar{x}^2) = \sum x_i^2 - 2\bar{x}\sum x_i + \sum(\bar{x})^2$$
$$= \sum x_i^2 - 2\bar{x} \cdot n\bar{x} + n(\bar{x})^2 = \sum x_i^2 - n(\bar{x})^2$$

Exemplo 1.18

A luxação traumática do joelho muitas vezes requer uma cirurgia para reparar os ligamentos rompidos. Uma medida de recuperação é a amplitude de movimento (ângulo formado medido quando, começando com a perna esticada, o joelho é dobrado o quanto for possível). Os dados sobre a amplitude de movimento pós-cirúrgica foi citada no artigo "Reconstruction of the anterior and posterior cruciate ligaments after knee dislocation" (*Amer. J. Sports Med.*, 1999: 189-197):

154 142 137 133 122 126 135 135 108 120 127 134 122

A soma da observação das 13 amostras é $\sum x_i = 1\,695$ e a soma de seus quadrados é

$$\sum x_i^2 = (154)^2 + (142)^2 + \cdots + (122)^2 = 222\,581$$

Assim, o numerador da variância amostral é

$$S_{xx} = \sum x_i^2 - [(\sum x_i)^2]/n = 222\,581 - (1\,695)^2/13 = 1\,579{,}0769$$

a partir do qual $s^2 = 1\,579{,}0769/12 = 131{,}59$ e $s = 11{,}47$. ■

A fórmula de definição e a fórmula computacional para s^2 podem ser sensíveis ao arredondamento, assim, o máximo de precisão decimal possível deve ser utilizada em cálculos intermediários.

Várias outras propriedades de s^2 podem melhorar a compreensão e facilitar o cálculo.

> **Proposição**
>
> Sendo $x_1, x_2, \ldots, x_n$ uma amostra e c qualquer constante que não seja zero.
>
> **1.** Se $y_1 = x_1 + c, y_2 = x_2 + c, \ldots, y_n = x_n + c$, então $s_y^2 = s_x^2$, e
>
> **2.** Se $y_1 = cx_1, \ldots, y_n = cx_n$, então $s_y^2 = c^2 s_x^2$, $s_y = |c|s_x$
>
> quando s_x^2 é a variância amostral de x e s_y^2 é a variância amostral de y.

Em palavras, o resultado 1 informa que, se uma constante c for adicionada a (ou subtraída de) cada valor dos dados, a variância não será alterada. Isso é intuitivo, já que a adição ou a subtração de c altera a localização do conjunto de dados, mas mantém as distâncias entre os valores inalteradas. De acordo com o resultado 2, a multiplicação de cada x_i por c resulta em s^2 sendo multiplicado por um fator de c^2. Essas propriedades podem ser demonstradas pela observação de que $\bar{y} = \bar{x} + c$ no resultado 1 e de que $\bar{y} = c\bar{x}$ no resultado 2.

Boxplots

Diagramas de ramo e folhas e histogramas conduzem a impressões gerais sobre um conjunto de dados, enquanto um único valor como a média ou o desvio-padrão enfoca apenas um aspecto dos dados. Nos últimos anos, um resumo esquemático denominado *boxplot* vem sendo usado para descrever as características mais proeminentes de conjuntos de dados. Essas características incluem (1) centro, (2) dispersão, (3) a extensão e a natureza de qualquer desvio em relação à simetria e (4) a identificação de *outliers*, observações que frequentemente estão distantes da maior parte dos dados. Como apenas um único *outlier* pode afetar drasticamente os valores de $\bar{x}$ e s, um *boxplot* é baseado em medidas "resistentes" à presença de alguns *outliers*: a mediana e uma medida de dispersão denominada *dispersão entre os quartos*.

Definição

Ordene as n observações da menor para a maior e, então, separe a metade menor da maior. A mediana $\tilde{x}$ estará incluída em ambas as partes se n for ímpar. Então, o **quarto inferior** será a mediana da metade menor e o **quarto superior** será a mediana da metade maior. Uma medida de dispersão resistente a *outliers* é a **dispersão entre os quartos** f_s, dada por

$$f_s = \text{quarto superior} - \text{quarto inferior}$$

Grosso modo, a dispersão entre os quartos não será alterada pelas posições das observações nos menores 25% ou nos maiores 25% dos dados. Portanto, ela é resistente a *outliers*. O *boxplot* mais simples tem base no seguinte resumo de cinco números:

x_i mínimo quarto inferior mediana quarto superior x_i máximo

Primeiro, desenhe um eixo de medida horizontal. Então, coloque um retângulo sobre o eixo; a extremidade esquerda do retângulo estará no quarto inferior e a extremidade direita estará no quarto superior (de forma que a largura da caixa = f_s). Trace um segmento de reta vertical ou outro símbolo dentro do retângulo na posição da mediana. A posição do símbolo da mediana em relação às duas extremidades indica informações sobre a assimetria nos 50% centrais dos dados. Por fim, desenhe "bigodes" saindo de cada extremidade do retângulo para as observações maior e menor. Um *boxplot* com uma orientação vertical também pode ser desenhado, fazendo-se modificações óbvias no processo de construção.

Exemplo 1.19

O ultrassom foi usado para obter informações sobre dados de corrosão na espessura da chapa do assoalho de um reservatório elevado usado para armazenar óleo bruto ("Statistical analysis of UT corrosion data from floor plates of a crude oil aboveground storage tank", *Materials Eval.*, 1994: 846-849); cada observação é a maior profundidade do orifício na placa, expressa em milipolegadas.

$$\underbrace{40\ 52\ 55\ 60\ 70\ 75\ 85\ 85\ 90\ 90}\ \ \overbrace{90\ 92\ 94\ 94\ 95\ 98\ 100\ 115\ 125\ 125}$$

O resumo de cinco números é como se segue:

x_i mínimo = 40 quarto inferior = 72,5 $\tilde{x}$ = 90 quarto superior = 96,5 x_i máximo = 125

A Figura 1.20 exibe o *boxplot* resultante. A extremidade direita da caixa está muito mais próxima da mediana do que a esquerda, indicando um desvio substancial na parte central dos dados. A largura da caixa (f_s) também é relativamente grande em relação à amplitude dos dados (distância entre as pontas dos bigodes).

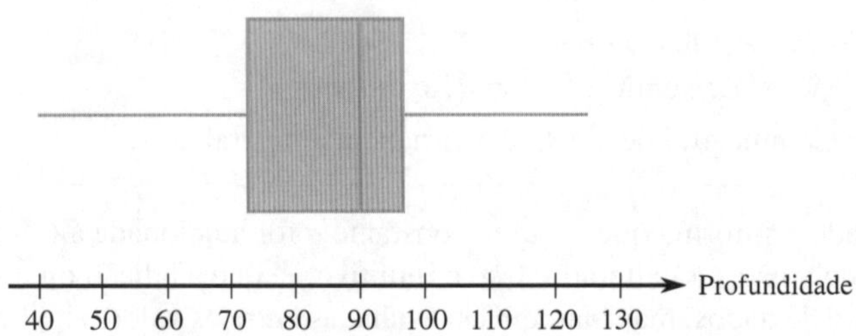

Figura 1.20 Um *boxplot* dos dados de corrosão.

A Figura 1.21 mostra o resultado do Minitab de uma solicitação de descrição dos dados de corrosão. Q1 e Q3 são os 1º e 3º quartis, respectivamente. Eles são similares aos quartos, mas calculados de uma forma ligeiramente diferente. O erro padrão da média é $s/\sqrt{n}$, quantidade que será importante no trabalho subsequente em inferências de μ.

```
Variável profundidade      N     Média    Mediana   MédiaApa    DesvPad EP da média
                          19     86,32      90,00      86,76      23,32        5,35

Variável profundidade  Mínimo    Máximo         Q1         Q3
                        40,00    125,00      70,00      98,00
```

Figura 1.21 Descrição em Minitab dos dados de profundidade do orifício. ■

Boxplots que apresentam *outliers*

Um *boxplot* pode ser formatado para indicar explicitamente a presença de *outliers*. Muitos procedimentos inferenciais são baseados no pressuposto de que a distribuição da população é normal (certo tipo de curva de sino). Mesmo um único *outlier* extremo na amostra avisa o investigador de que tais procedimentos podem não ser confiáveis e a presença de diversos *outliers* moderados transmite a mesma mensagem.

Definição

Qualquer observação mais distante do que $1{,}5f_s$ do quarto mais próximo é um ***outlier***. Um *outlier* é **extremo** se estiver a mais de $3f_s$ do quarto mais próximo, caso contrário, é **moderado**.

Modifiquemos agora nossa construção anterior de um *boxplot*, desenhando um "bigode" em cada extremidade da caixa, para que a menor e a maior observações *não* sejam *outliers*. Cada *outlier* moderado é representado por um círculo cheio e cada *outlier* extremo é representado por um círculo vazio. Alguns softwares estatísticos não fazem distinções entre *outliers* extremos e moderados.

Exemplo 1.20

O Clean Water Act e suas alterações posteriores exigem que todas as águas nos Estados Unidos passem por metas específicas de redução de poluição para garantir que a água esteja propícia à pesca e à balneabilidade. O artigo "Spurious correlation in the USEPA rating curve method for estimating pollutant loads" (*J. of Environ. Engr.*, 2008: 610-618) investigou várias técnicas para estimar as cargas poluentes em bacias hidrográficas; os autores "discutem a necessidade imperiosa de usar métodos estatísticos sólidos" para esta finalidade. Entre os dados considerados está o exemplo a seguir de cargas de nitrogênio total (kg N/dia) a partir de determinado local na Baía de Chesapeake, apresentadas aqui em ordem crescente.

9,69	13,16	17,09	18,12	23,70	24,07	24,29	26,43
30,75	31,54	35,07	36,99	40,32	42,51	45,64	48,22
49,98	50,06	55,02	57,00	58,41	61,31	64,25	65,24
66,14	67,68	81,40	90,80	92,17	92,42	100,82	101,94
103,61	106,28	106,80	108,69	114,61	120,86	124,54	143,27
143,75	149,64	167,79	182,50	192,55	193,53	271,57	292,61
312,45	352,09	371,47	444,68	460,86	563,92	690,11	826,54
1 529,35							

As medidas de resumo relevantes são

$$\tilde{x} = 92{,}17 \quad 4° \text{ inferior} = 45{,}64 \quad 4° \text{ superior} = 167{,}79$$

$$f_s = 122{,}15 \quad 1{,}5f_s = 183{,}225 \quad 3f_s = 366{,}45$$

Subtraindo $1{,}5f_s$ do menor quarto resulta em um número negativo e nenhuma das observações são negativas, logo, não existem *outliers* na parte inferior dos dados. Entretanto,

$$4° \text{ superior} + 1{,}5f_s = 351{,}015 \quad 4° \text{ superior} + 3f_s = 534{,}24$$

Assim, as quatro maiores observações de 563,92; 690,11; 826,54 e 1 529,35 são *outliers* extremos, e 352,09; 371,47; 444,68 e 460,86 são *outliers* moderados.

Os "bigodes" no *boxplot* na Figura 1.22 estendem-se para fora da menor observação, 9,69, na extremidade inferior, e 312,45, a maior observação, que não é um *outlier*, na extremidade superior. Há certa inclinação positiva na metade dos dados (a linha mediana é um pouco mais próxima da borda esquerda da caixa que da borda direita) e há uma grande inclinação positiva geral.

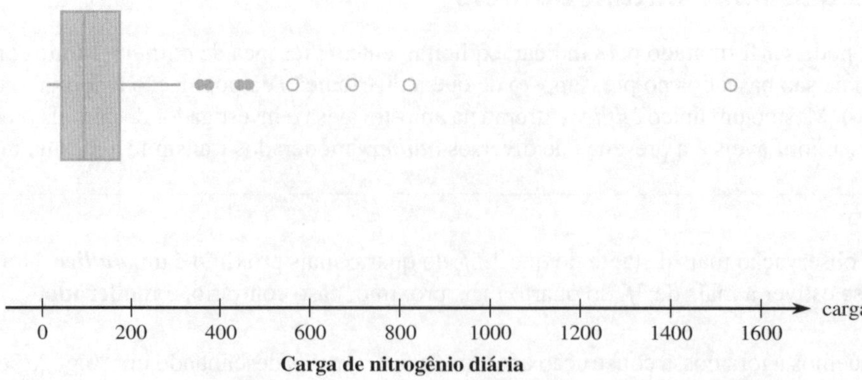

Figura 1.22 Um *boxplot* dos dados de carga de nitrogênio que exibem *outliers* extremos e moderados. ■

Boxplots comparativos

Um *boxplot* comparativo ou lado a lado é uma forma muito eficiente de revelar semelhanças e diferenças entre dois ou mais conjuntos de dados, consistindo em observações da mesma variável – observações de eficiência de combustíveis para quatro tipos diferentes de automóveis, as colheitas de três variedades diferentes e assim por diante.

Exemplo 1.21

Nos últimos anos, algumas evidências sugerem que a alta concentração de radônio em ambientes fechados pode estar ligada ao desenvolvimento de cânceres infantis, mas muitos profissionais da saúde não estão convencidos. Um artigo recente ("Indoor radon and childhood cancer", *The Lancet*, 1991: 1537-1538) apresentou os seguintes dados sobre a concentração de radônio (Bq/m^3) em duas amostras diferentes de casas. A primeira amostra consistia em casas em que havia residido uma criança com diagnóstico de câncer. As casas da segunda amostra não possuíam casos registrados de câncer infantil. A Figura 1.23 apresenta um diagrama de ramo e folhas dos dados.

1. Com câncer		2. Sem câncer
9683795	0	95768397678993
86071815066815233150	1	12271713114
12302731	2	99494191
8349	3	839
5	4	
7	5	55
	6	
	7	Ramo: Dezenas
HI: 210	8	5 Folha: Unidades

Figura 1.23 Diagrama de ramo e folhas do Exemplo 1.21.

As quantidades de resumo numérico são as seguintes:

	$\bar{x}$	$\tilde{x}$	s	f_s
Com câncer	22,8	16,0	31,7	11,0
Sem câncer	19,2	12,0	17,0	18,0

Os valores da média e da mediana sugerem que a amostra de câncer está centrada um pouco à direita da amostra de ausência de câncer na escala de medida. A média, entretanto, exagera a grandeza do desvio, principalmente devido ao valor 210 na amostra de câncer. Os valores de s sugerem dispersão maior na amostra de câncer do que na amostra de ausência de câncer, mas essa impressão é contrariada pela amplitude quartílica. Novamente, a observação 210, um *outlier* extremo, é a culpada. A Figura 1.24 mostra um *boxplot* comparativo do pacote de software S-Plus. A caixa dos indivíduos sem câncer é mais extensa se comparada à caixa de câncer (f_s = 18 *versus* f_s = 11), além disso, as posições das retas das medianas mostram desvio maior na metade da amostra de ausência de câncer do que na amostra de câncer. Os *outliers* são representados por segmentos de reta horizontais e não há distinção entre *outliers* moderados e extremos.

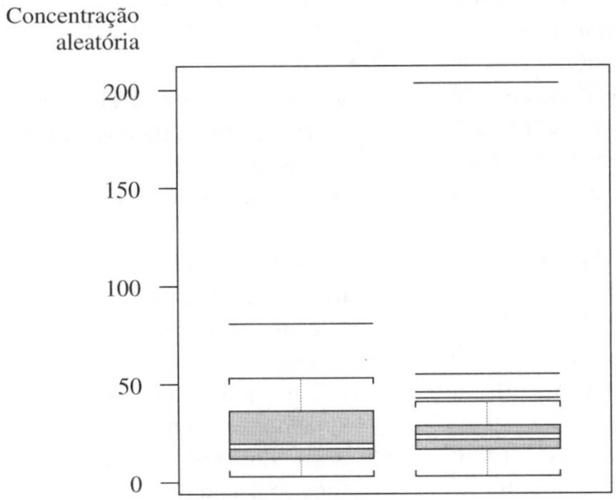

Figura 1.24 Um *boxplot* dos dados do Exemplo 1.21, no S-Plus. ■

EXERCÍCIOS Seção 1.4 (44–61)

44. O artigo "Oxygen consumption during fire suppression: error of heart rate estimation" (*Ergonomics*, 1991: 1469-1474) informou os dados a seguir sobre consumo de oxigênio (mL/kg/min) para uma amostra de 10 bombeiros em uma simulação de supressão de incêndio:

29,5 49,3 30,6 28,2 28,0 26,3 33,9 29,4 23,5 31,6

Calcule o seguinte:

a. A amplitude amostral.

b. A variância amostral s^2 pela definição (ou seja, primeiro calculando os desvios e depois obtendo os quadrados etc.).

c. O desvio-padrão amostral.

d. s^2 usando o método alternativo.

45. O artigo "A thin-film oxygen uptake test for the evaluation of automotive crankcase lubricants" (*Lubric. Engr.*, 1984: 75-83) informou os seguintes dados sobre tempo de oxidação-indução (min) para diversos óleos comerciais:

87 103 130 160 180 195 132 145 211 105 145
153 152 138 87 99 93 119 129

a. Calcule a variância e o desvio-padrão amostrais.

b. Se as observações fossem especificadas em horas, quais seriam os valores resultantes para a variância e para o desvio-padrão amostrais? Responda sem reescrever os valores.

46. As observações a seguir da viscosidade estabilizada (cP) para amostras de certo tipo de asfalto com 18% de borracha adicionada são do artigo "Viscosity characteristics of rubber-modified asphalts" (*J. of Materials in Civil Engr.*,1996: 153-156):

2 781 2 900 3 013 2 856 2 888

a. Quais são os valores da média amostral e da mediana amostral?

b. Calcule a variância amostral usando a fórmula. [*Dica*: Primeiro subtraia um valor conveniente de cada observação.]

47. Calcule e interprete os valores da mediana amostral, da média amostral e do desvio-padrão amostral das observações a seguir da resistência à ruptura (MPa, lido de um gráfico em "Heat-resistant active brazing of silicon nitride: mechanical evaluation of braze joints", *Welding J.*, ago. 1997):

87 93 96 98 105 114 128 131 142 168

48. O Exercício 34 apresenta os seguintes dados sobre a concentração de endotoxina na poeira em amostras de domicílios urbanos e rurais:

U: 6,0 5,0 11,0 33,0 4,0 5,0 80,0 18,0 35,0 17,0 23,0
R: 4,0 14,0 11,0 9,0 9,0 8,0 4,0 20,0 5,0 8,9 21,0
9,2 3,0 2,0 0,3

a. Determine o valor do desvio-padrão para cada amostra, interprete estes valores e, em seguida, a variabilidade de contraste nas duas amostras. [*Dica:* $\sum x_i = 237{,}0$ para a amostra urbana e 128,4 para a amostra rural e $\sum x_i^2 = 10\,079$ para a amostra urbana e 1 617,94 para a rural.]

b. Calcule a dispersão entre os quartos para cada amostra e compare. A dispersão dos quartos transmite a mesma mensagem sobre a variabilidade que os desvios-padrão? Explique.

c. Os autores citados no artigo também forneceram concentrações de endotoxina na poeira de filtros de aspirador de pó:

U: 34,0 49,0 13,0 33,0 24,0 24,0 35,0 104,0 34,0 40,0 38,0 1,0
R: 2,0 64,0 6,0 17,0 35,0 11,0 17,0 13,0 5,0 27,0 23,0
28,0 10,0 13,0 0,2

Construa um *boxplot* comparativo e use-o como base para comparar e destacar as diferenças das quatro amostras.

49. Um estudo da relação entre idade e diversas funções visuais (como precisão e percepção de profundidade) informou as seguintes observações da área de lâmina escleral (mm²) das cabeças do nervo ótico humano ("Morphometry of nerve fiber bundle pores in the optic nerve head of the human", *Experimental Eye Research*, 1988: 559-568):

2,75 2,62 2,74 3,85 2,34 2,74 3,93 4,21 3,88
4,33 3,46 4,52 2,43 3,65 2,78 3,56 3,01

a. Calcule $\sum x_i$ e $\sum x_i^2$.

b. Use os valores calculados no item (a) para obter a variância amostral s^2 e o desvio-padrão amostral s.

50. Em 1997, uma mulher processou um fabricante de teclados de computadores, sob a acusação de lesões por esforços repetitivos causados pelo teclado (*Genessy vs. Digital Equipment Corp.*). O pleito era de cerca de 3,5 milhões de dólares por danos físicos, mas a corte negou esse valor, pois julgou a indenização exagerada. Ao fazer essa determinação, a corte identificou um grupo "normativo" de 27 casos similares e especificou como razoável uma indenização limitada por dois desvios-padrão em relação à média das indenizações dos 27 casos. As 27 indenizações foram (em milhares de dólares) 37, 60, 75, 115, 135, 140, 149, 150, 238, 290, 340, 410, 600, 750, 750, 750, 1 050, 1 100, 1 139, 1 150, 1 200, 1 200, 1 250, 1 576, 1 700, 1 825 e 2 000, das quais $\sum x_i = 20\,179$, $\sum x_i^2 = 24\,657\,511$. Qual é o valor máximo que pode ser indenizado pela regra de dois desvios-padrão?

51. Uma amostra de 20 garrafas de certo tipo de vidro foi selecionada e a resistência à pressão interna de cada uma foi determinada. Considere as seguintes informações parciais da amostra:

mediana = 202,2 quarto inferior = 196,0
quarto superior = 216,8

Três menores valores	125,8	188,1	193,7
Três maiores valores	221,3	230,5	250,2

a. Há algum *outlier* na amostra? Algum *outlier* extremo?

b. Construa um *boxplot* que mostre *outliers* e comente suas características interessantes.

52. Os primeiros quatro desvios em relação à média de uma amostra de $n = 5$ tempos de reação foram 0,3; 0,9; 1,0 e 1,3. Qual é o quinto desvio em relação à média? Forneça uma amostra para a qual esses são os cinco desvios em relação à média.

53. Um **fundo mútuo** é um regime de investimento gerenciado profissionalmente que reúne dinheiro de muitos investidores e investe em uma variedade de títulos. Os fundos de crescimento se concentram principalmente no aumento do valor dos investimentos, enquanto os fundos mistos buscam equilíbrio entre a renda atual e o crescimento. Aqui estão os dados sobre a relação de despesa (despesas como porcentagem dos ativos, a partir do site www.morningstar.com) para amostras de 20 fundos de grandes capitais equilibrados e 20 fundos de crescimento de grandes capitais ("grandes capitais" referem-se aos tamanhos das empresas nas quais os fundos investem; o tamanho das populações são 825 e 762, respectivamente):

Mistos	1,03	1,23	1,10	1,64	1,30
	1,27	1,25	0,78	1,05	0,64
	0,94	2,86	1,05	0,75	0,09
	0,79	1,61	1,26	0,93	0,84
Crescimento	0,52	1,06	1,26	2,17	1,55
	0,99	1,10	1,07	1,81	2,05
	0,91	0,79	1,39	0,62	1,52
	1,02	1,10	1,78	1,01	1,15

a. Calcule e compare os valores de $\bar{x}$, $\tilde{x}$ e s para os dois tipos de fundos.

b. Construa um *boxplot* comparativo para os dois tipos de fundos e comente as características interessantes.

54. A aderência é aplicada para produzir as forças de superfície normais que comprimem o objeto a ser contido. Exemplos incluem duas pessoas apertando as mãos ou uma enfermeira apertando o antebraço de um paciente para conter um sangramento. O artigo "Investigation of grip force, normal force, contact area, hand size, and handle size for cylindrical handles" (*Human Factors*, 2008: 734-744) inclui os seguintes dados da força de preensão (N) de uma amostra com 42 pessoas:

16 18 18 26 33 41 54 56 66 68 87 91 95
98 106 109 111 118 127 127 135 145 147 149 151 168
172 183 189 190 200 210 220 229 230 233 238 244 259
294 329 403

a. Construa um diagrama de ramo e folhas com base no valor de cada ramo repetido duas vezes e comente as características interessantes.

b. Calcule o valor e a dispersão dos quartos.

c. Construa um *boxplot* com base no resumo de cinco números e comente suas características.

d. Quão grande ou pequena deve ser uma observação para se qualificar como um *outlier*? Um *outlier* extremo? Há algum *outlier*?

e. Em quanto o valor 403, atualmente o maior, pode ser diminuído sem afetar f_s?

55. Segue um diagrama de ramo e folha dos dados de tempos de fuga apresentados no Exercício 36 deste capítulo.

32	55
33	49
34	
35	6699
36	34469
37	03345
38	9
39	2347
40	23
41	
42	4

a. Calcule o valor da dispersão entre os quartos.

b. Há algum *outlier* na amostra? Algum *outlier* extremo?

c. Construa um *boxplot* e comente suas características.

d. Em quanto o maior valor, atualmente 424, pode ser diminuído sem afetar o valor da dispersão entre os quartos?

56. Os seguintes dados sobre o teor de álcool destilado (%) para uma amostra de 35 vinhos do porto foram extraídos a partir do artigo "A method for the estimation of alcohol in fortified wines using hydrometer baumé and refractometer Brix" (*Amer.J. Enol. Vitic.*, 2006: 486-490). Cada valor é a média de duas medições duplicadas.

16,35 18,85 16,20 17,75 19,58 17,73 22,75 23,78 23,25
19,08 19,62 19,20 20,05 17,85 19,17 19,48 20,00 19,97
17,48 17,15 19,07 19,90 18,68 18,82 19,03 19,45 19,37
19,20 18,00 19,60 19,33 21,22 19,50 15,30 22,25

Use métodos deste capítulo, incluindo um *boxplot* que mostra *outliers*, para descrever e resumir os dados.

57. O valor do módulo de Young (GPa) foi determinado para chapas fundidas feitas de algumas substâncias metálicas, resultando nas observações a seguir ("Strength and modulus of a molybdenum-coated Ti-25A1-10Nb-3U- lMo Intermetallic", *J. of Materials Engr. and Performance*, 1997: 46-50):

116,4 115,9 114,6 115,2 115,8

a. Calcule $\bar{x}$ e os desvios em relação à média.

b. Use os desvios calculados no item (a) para obter a variância amostral e o desvio-padrão amostral.

c. Calcule s^2 usando a fórmula do numerador S_{xx}.

d. Subtraia 100 de cada observação para obter uma amostra de valores transformados. Agora, calcule a variância amostral desses valores transformados e a compare ao s^2 dos dados originais.

58. Uma empresa usa duas máquinas diferentes para fabricar certo tipo de peça. Durante um turno, uma amostra de $n = 20$ peças produzidas por cada máquina é selecionada e o valor de uma importante dimensão de cada peça é determinado. O *boxplot* comparativo desta página foi construído a partir dos dados resultantes. Compare e destaque as diferenças entre as duas amostras.

59. A concentração de cocaína no sangue (mg/L) foi determinada para uma amostra de indivíduos que morreram de delírio induzido por cocaína (ED, sigla em inglês) e para uma amostra de indivíduos que morreram de overdose da droga sem delírio. O tempo de sobrevida das pessoas em ambos os grupos foi de, no máximo, 6 horas. Os dados a seguir foram obtidos de um *boxplot* comparativo do artigo "Fatal excited delirium following cocaine use" (*J. of Forensic Sciences*, 1997: 25-31).

ED 0 0 0 0 0,1 0,1 0,1 0,1 0,2 0,2 0,3 0,3
0,3 0,4 0,5 0,7 0,8 1,0 1,5 2,7 2,8
3,5 4,0 8,9 9,2 11,7 21,0

Não ED 0 0 0 0 0 0,1 0,1 0,1 0,1 0,2 0,2 0,2
0,3 0,3 0,3 0,4 0,5 0,5 0,6 0,8 0,9 1,0
1,2 1,4 1,5 1,7 2,0 3,2 3,5 4,1
4,3 4,8 5,0 5,6 5,9 6,0 6,4 7,9
8,3 8,7 9,1 9,6 9,9 11,0 11,5
12,2 12,7 14,0 16,6 17,8

a. Determine as medianas, quartos e quartas dispersões das duas amostras.

b. Há algum *outlier* nas amostras? Algum *outlier* extremo?

***Boxplot* comparativo do Exercício 58**

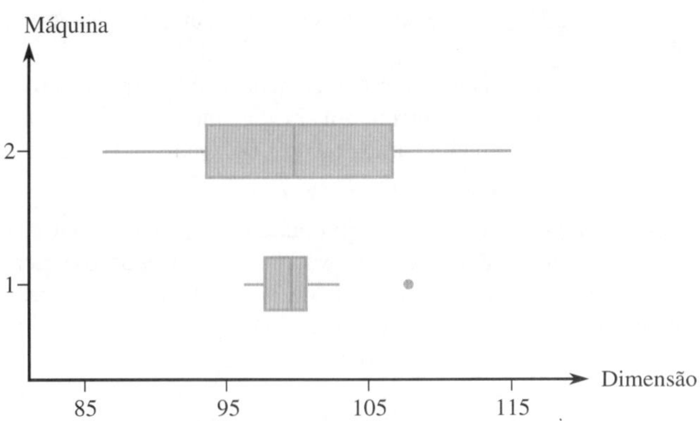

c. Construa um *boxplot* comparativo e use-o como base para comparar e destacar as diferenças das amostras ED e não ED.

60. Foram obtidas observações sobre a resistência à explosão (lb/in²) de soldas de fechamento de bocais de teste e soldas de bocais de canísteres de produção ("Proper procedures are the key to welding radioactive waste cannisters", *Welding J.*, ago. 1997: 61-67).

Teste	7 200	6 100	7 300	7 300	8 000	7 400
	7 300	7 300	8 000	6 700	8 300	
Canísteres	5 250	5 625	5 900	5 900	5 700	6 050
	5 800	6 000	5 875	6 100	5 850	6 600

Construa um *boxplot* comparativo e faça comentários sobre os aspectos interessantes (o artigo citado não inclui a figura, mas os autores comentaram que ela foi vista).

61. O seguinte *boxplot* comparativo sobre coeficientes de vapor de gasolina para veículos em Detroit foi exibido no artigo "Receptor modeling approach to VOC emission inventory validation" (*J. of Envir. Engr.*, 1995: 483-490). Comente quaisquer características interessantes.

***Boxplot* comparativo do Exercício 61**

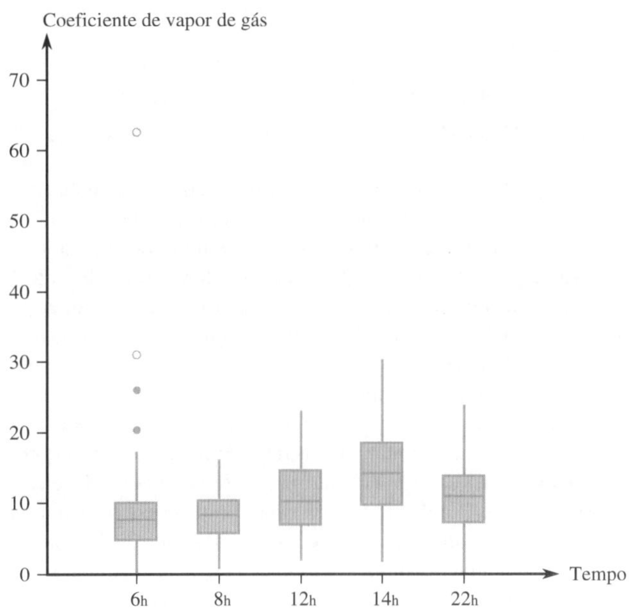

Exercícios Complementares (62–83)

62. Considere as seguintes informações do limite de resistência à tração (lb/in) de uma amostra de $n = 4$ espécimes de fio rígido de cobre e zircônio (de "Characterization methods for fine copper wire", *Wire J. Intl.*, ago. 1997: 74-80):

$\bar{x} = 76\,831$ $s = 180$ x_i mínimo $= 76\,683$
x_i máximo $= 77\,048$

Determine os valores das duas observações da metade da amostra (e não o faça adivinhando!).

63. Uma amostra de 77 indivíduos trabalhando em certo escritório foi selecionada e o nível de ruído (dBA) experimentado por cada indivíduo foi determinado, resultando nos seguintes dados ("Acceptable noise levels for construction site offices", *Building Serv. Engr. Research and Technology*, 2009: 87-94).

55,3 55,3 55,3 55,9 55,9 55,9 55,9 56,1 56,1 56,1 56,1
56,1 56,1 56,8 56,8 57,0 57,0 57,0 57,8 57,8 57,8 57,9
57,9 57,9 58,8 58,8 58,8 59,8 59,8 59,8 62,2 62,2 63,8
63,8 63,8 63,9 63,9 63,9 64,7 64,7 64,7 65,1 65,1 65,1
65,3 65,3 65,3 65,3 67,4 67,4 67,4 67,4 68,7 68,7 68,7
68,7 69,0 70,4 70,4 71,2 71,2 71,2 73,0 73,0 73,1 73,1
74,6 74,6 74,6 74,6 79,3 79,3 79,3 79,3 83,0 83,0 83,0

Utilize as várias técnicas apresentadas neste capítulo para organizar, resumir e descrever os dados.

64. A fricção, ou *fretting*, é um processo de desgaste que resulta de movimentos tangenciais oscilatórios de pequena amplitude em peças da máquina. O artigo "Grease effect on fretting wear of mild steel" (*Industrial Lubrication and Tribology*, 2008: 67-78) incluiu os seguintes dados sobre a quantidade de processos ($10^{-4}mm^3$) para óleos-base com quatro viscosidades diferentes.

Viscosidade	Desgaste					
20,4	58,8	30,8	27,3	29,9	17,7	76,5
30,2	44,5	47,1	48,7	41,6	32,8	18,3
89,4	73,3	57,1	66,0	93,8	133,2	81,1
252,6	30,6	24,2	16,6	38,9	28,7	23,6

a. O *coeficiente de variação amostral* $100s/\bar{x}$ avalia o tamanho da variabilidade relativa para a média (especificamente, o desvio-padrão com um percentual da média). Calcule o coeficiente de variação da amostra de viscosidade. Então, compare os resultados e comente.

b. Construa um *boxplot* comparativo para os dados e comente as características interessantes.

65. Representemos por $\bar{x}_n$ e s_n^2 a média e a variância amostrais para a amostra $x_1, \ldots, x_n$ e represente por $\bar{x}_{n+1}$ e s_{n+1}^2 essas quantidades quando uma observação adicional x_{n+1} é acrescentada à amostra.

a. Mostre como $\bar{x}_{n+1}$ pode ser calculado a partir de $\bar{x}_n$ e x_{n+1}.

b. Mostre que

$$ns_{n+1}^2 = (n-1)s_n^2 + \frac{n}{n+1}(x_{n+1} - \bar{x}_n)^2$$

de forma que s_{n+1}^2 possa ser calculado a partir de x_{n+1}, $\bar{x}_n$ e s_n^2.

c. Suponha que uma amostra de 15 fios de tapeçaria tenha uma média de alongamento de 12,58 mm e um desvio-padrão amostral de 0,512 mm. O 16º fio resulta em um valor de alongamento de 11,8. Quais são os valores da média amostral e do desvio-padrão das 16 observações de alongamento?

66. Uma deficiência do elemento traço selênio na dieta pode afetar negativamente o crescimento, a imunidade, as funções muscular e neuromuscular e a fertilidade. A introdução de suplementos de selênio para vacas leiteiras é justificada quando as pastagens apresentam níveis de selênio baixos. Os autores do artigo "Effects of short-term supplementation with selenised yeast on milk production and composition of lactating cows" (*Australian J. of Dairy Tech.*, 2004: 199-203) forneceram os seguintes dados sobre a concentração de selênio no leite (mg/L) para um amostra de vacas que consumiram suplemento de selênio e uma amostra de controle na qual nenhuma vaca consumiu o suplemento, ambas inicialmente e após um período de nove dias.

Obs.	Selênio (SE) inicial	Contagem inicial	Selênio (SE) final	Contagem final
1	11,4	9,1	138,3	9,3
2	9,6	8,7	104,0	8,8
3	10,1	9,7	96,4	8,8
4	8,5	10,8	89,0	10,1
5	10,3	10,9	88,0	9,6
6	10,6	10,6	103,8	8,6
7	11,8	10,1	147,3	10,4
8	9,8	12,3	97,1	12,4
9	10,9	8,8	172,6	9,3
10	10,3	10,4	146,3	9,5
11	10,2	10,9	99,0	8,4
12	11,4	10,4	122,3	8,7
13	9,2	11,6	103,0	12,5
14	10,6	10,9	117,8	9,1
15	10,8		121,5	
16	8,2		93,0	

a. As concentrações iniciais de Se para a amostra que consumiu suplementos e a amostra de controle são similares? Utilize várias técnicas deste capítulo para resumir os dados e responder à questão proposta.

b. Utilize novamente os métodos deste capítulo para resumir os dados e, então, descreva como os valores de concentração final de Se no grupo de tratamento diferem dos valores do grupo de controle.

67. *Estenose aórtica* refere-se a um estreitamento da válvula aórtica no coração. O artigo "Correlation analysis of stenotic aortic valve flow patterns using phase contrast MRI" (*Annals of Biomed. Engr.*, 2005: 878-887) fornece os seguintes dados do diâmetro da raiz aórtica (cm) e o sexo para uma amostra de pacientes com vários graus de estenose aórtica:

M: 3,7 3,4 3,7 4,0 3,9 3,8 3,4 3,6 3,1 4,0 3,4 3,8 3,5

F: 3,8 2,6 3,2 3,0 4,3 3,5 3,1 3,1 3,2 3,0

a. Compare e diferencie os valores de diâmetro para os dois sexos.

b. Calcule uma média aparada de 10% para as duas amostras e compare com as outras medidas centrais (para a amostra masculina, o método de interpolação na Seção 1.3 deve ser utilizado).

68. a. Para qual valor de c a quantidade $\sum(x_i - c)^2$ é minimizada? [*Dica*: Utilize a derivada com relação a c, igual a 0, e resolva.]

b. Utilizando o resultado do item (a), qual das duas quantidades, $\sum(x_i - \bar{x})^2$ e $\sum(x_i - \mu)^2$, será menor que a outra (supondo que $\bar{x} \neq \mu$)?

69. a. Mantenha a e b constantes e represente $y_i = ax_i + b$ para $i = 1, 2, \ldots, n$. Quais são as relações entre $\bar{x}$ e $\bar{y}$ e entre s_x^2 e s_y^2?

b. Uma amostra de temperaturas iniciais de determinada reação química resultou em uma média amostral (°C) de 87,3 e um desvio-padrão amostral de 1,04. Quais são a média e o desvio-padrão em °F? [*Dica*: $F = \frac{9}{5}C + 32$.]

70. O elevado consumo de energia durante o exercício continua após o fim do treino. Como as calorias queimadas após o exercício contribuem para a perda de peso e têm outras consequências, é importante entender esse processo. O estudo "Effect of weight training exercise and treadmill exercise on post-exercise oxygen consumption" (*Medicine and Science in Sports and Exercise*, 1998: 518-522) informou os dados a seguir de um estudo em que o consumo de oxigênio (litros) foi medido continuamente por 30 minutos para cada um dos 15 indivíduos após um exercício de levantamento de peso e após um exercício em esteira.

Indivíduo	1	2	3	4	5	6	7	
Peso (x)	14,6	14,4	19,5	24,3	16,3	22,1	23,0	
Esteira (y)	11,3	5,3	9,1	15,2	10,1	19,6	20,8	
Indivíduo	8	9	10	11	12	13	14	15
Peso (x)	18,7	19,0	17,0	19,1	19,6	23,2	18,5	15,9
Esteira (y)	10,3	10,3	2,6	16,6	22,4	23,6	12,6	4,4

a. Construa um *boxplot* comparativo das observações de levantamento de peso e de esteira e comente as características encontradas.

b. Como os dados estão na forma de pares (x, y), com as medidas x e y da mesma variável em duas condições diferentes, é natural enfocar as diferenças entre os pares:

$d_1 = x_1 - y_1, \ldots, d_n = x_n - y_n$. Construa um *boxplot* das diferenças das amostras. O que ele sugere?

71. A distribuição de frequência a seguir de observações sobre resistência à ruptura (MPa) de barras cerâmicas tratadas em determinado forno foi informada no artigo "Evaluating tunnel kiln performance" (*Amer. Ceramic Soc. Bull.*, ago. 1997: 59-63).

Classe	81 ⊢83	83 ⊢85	85 ⊢87	87 ⊢89	89 ⊢91
Frequência	6	7	17	30	43
Classe	91 ⊢93	93 ⊢95	95 ⊢97	97 ⊢99	
Frequência	28	22	13	3	

a. Construa um histograma com base nas frequências relativas e comente as características interessantes.
b. Que proporção das observações de resistência é igual ou maior que 85? E menor que 95?
c. *Grosso modo*, que proporção das observações é inferior a 90?

72. Distúrbios causados por ansiedade e seus sintomas frequentemente podem ser tratados com medicamentos à base de benzodiazepina. É sabido que animais expostos a estresse apresentam redução da capacidade de absorção de receptores de benzodiazepina no córtex frontal. O artigo "Decreased benzodiazepine receptor binding in prefrontal cortex in combat-related posttraumatic stress disorder" (*Amer. J. of Psychiatry*, 2000: 1120-1126) descreveu o primeiro estudo sobre a capacidade de absorção de receptores de benzodiazepina em indivíduos que sofriam de TEPT. Os dados a seguir, relacionados a uma medida da capacidade de absorção (distribuição ajustada do volume), foram tirados de um gráfico do artigo.

TEPT: 10, 20, 25, 28, 31, 35, 37, 38, 38, 39, 39, 42, 46
Saudáveis: 23, 39, 40, 41, 43, 47, 51, 58, 63, 66, 67, 69, 72

Utilize os diversos métodos deste capítulo para descrever e resumir os dados.

73. O artigo "Can we really walk straight?" (*Amer. J. of Physical Anthropology*, 1992: 19-27) relatou um experimento em que cada um de 20 homens saudáveis foi solicitado a caminhar da forma mais reta possível até um alvo a 60 m de distância com velocidade normal. Considere as observações a seguir sobre a cadência (número de passos por segundo):

0,95 0,85 0,92 0,95 0,93 0,86 1,00 0,92 0,85 0,81
0,78 0,93 0,93 1,05 0,93 1,06 1,06 0,96 0,81 0,96

Use os métodos deste capítulo para resumir os dados; inclua uma interpretação ou discussão sempre que apropriado. [*Observação*: o autor deste artigo usou um método de análise estatística um tanto quanto sofisticado para concluir que as pessoas não podem andar em linha reta e sugeriu várias explicações para tal fato.]

74. A **moda** de um conjunto de dados numéricos é o valor que ocorre mais frequentemente no conjunto.
a. Determine a moda dos dados de cadência fornecidos no Exercício 73.
b. Para uma amostra categórica, como você definiria a categoria modal?

75. Foram selecionadas amostras de três tipos de corda e o limite de fadiga (MPa) foi determinado para cada amostra, resultando nos dados a seguir:

Tipo 1	350	350	350	358	370	370	370	371
	371	372	372	384	391	391	392	
Tipo 2	350	354	359	363	365	368	369	371
	373	374	376	380	383	388	392	
Tipo 3	350	361	362	364	364	365	366	371
	377	377	377	379	380	380	392	

a. Construa um *boxplot* comparativo e comente sobre as semelhanças e diferenças.
b. Construa um gráfico de pontos (*dotplot*) comparativo (um *dotplot* para cada amostra com uma escala comum). Comente as semelhanças e diferenças.
c. O *boxplot* comparativo do item (a) fornece uma avaliação informativa das semelhanças e diferenças? Explique seu raciocínio.

76. As três medidas de tendência central apresentadas neste capítulo são a média, a mediana e a média aparada. Duas medidas de tendência central adicionais, usadas ocasionalmente, são o *centro da amplitude*, que é a média entre a menor e a maior observações, e o *centro* dos que são a média dos dois quartos. Quais destas cinco medidas de tendência central são indiferentes aos efeitos de *outliers* e quais não são? Explique seu raciocínio.

77. Os autores do artigo "Predictive model for pitting corrosion in buried oil and gas pipelines" (*Corrosion*, 2009: 332-342) forneceram os dados nos quais basearam sua investigação.
a. Considere as seguintes amostras sobre a profundidade máxima do orifício (mm) do oleoduto enterrado em solo argiloso.

***Boxplot* comparativo do Exercício 77**

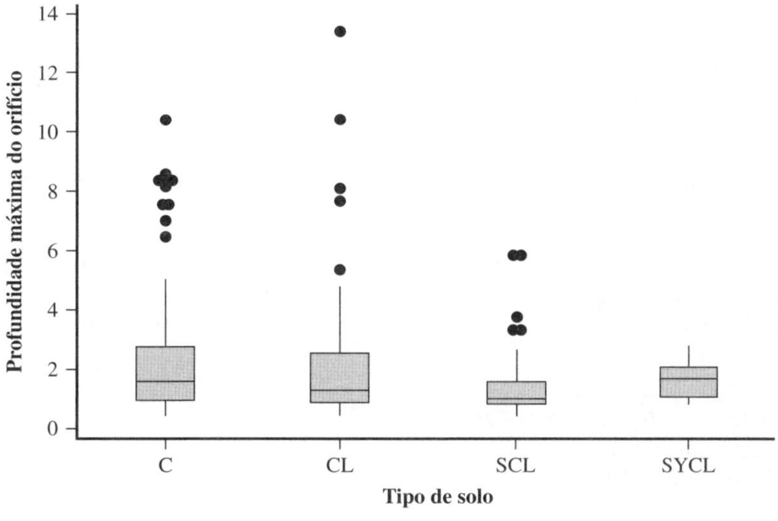

0,41	0,41	0,41	0,41	0,43	0,43	0,43	0,48	0,48
0,58	0,79	0,79	0,81	0,81	0,81	0,91	0,94	0,94
1,02	1,04	1,04	1,17	1,17	1,17	1,17	1,17	1,17
1,17	1,19	1,19	1,27	1,40	1,40	1,59	1,59	1,60
1,68	1,91	1,96	1,96	1,96	2,10	2,21	2,31	2,46
2,49	2,57	2,74	3,10	3,18	3,30	3,58	3,58	4,15
4,75	5,33	7,65	7,70	8,13	10,41	13,44		

Construa um diagrama de ramo e folhas em que os dois maiores valores sejam exibidos separadamente em uma linha denominada HI.

b. Volte ao item (a) e crie um histograma com base em oito classes com 0 como o menor limite da primeira classe e amplitudes das classes de 0,5; 0,5; 0,5; 0,5; 1; 2; 5 e 5, respectivamente.

c. O anexo no artigo *boxplot* comparativo do Minitab mostra gráficos de profundidade dos orifícios para quatro tipos diferentes de solo. Descreva as características importantes.

78. Considere uma amostra $x_1, x_2, \ldots, x_n$ e suponha que os valores de $\bar{x}$, s^2 e s tenham sido calculados.

a. Represente $y_i = x_i - \bar{x}$ para $i = 1, \ldots, n$. Como os valores de s^2 e s para os y_i se comparam aos valores correspondentes dos x_i? Explique.

b. Represente $z_i = (x_i - \bar{x})/s$ para $i = 1, \ldots, n$. Quais são os valores da variância amostral e do desvio-padrão amostral dos z_i?

79. Segue uma descrição do Minitab dos dados de resistência fornecidos no Exercício 17.

```
Variável N  Média  Mediana MédiaApa DesvPad EPda Média
força   153 135,39  135,40   135,41    4,59       0,37
Variável       Mínimo       Máximo       Q1         Q3
força          122,20       147,70   132,95     138,25
```

a. Comente as características interessantes (os quartis e quartos são praticamente idênticos aqui).

b. Construa um *boxplot* dos dados com base nos quartis e comente suas características.

80. As distâncias das rotas de ônibus em qualquer sistema de trânsito frequentemente variam de um trajeto para outro. O artigo "Planning of city bus routes" (*J. of the Institution of Engineers*, 1995: 211-215) fornece as informações a seguir sobre as distâncias (km) de determinado sistema:

Distância	6 ⊢8	8 ⊢10	10 ⊢12	12 ⊢14	14 ⊢16
Frequência	6	23	30	35	32
Distância	16 ⊢18	18 ⊢20	20 ⊢22	22 ⊢24	24 ⊢26
Frequência	48	42	40	28	27
Distância	26 ⊢28	28 ⊢30	30 ⊢35	35 ⊢40	40 ⊢45
Frequência	26	14	27	11	2

a. Desenhe um histograma correspondente a essas frequências.

b. Que proporção dessas distâncias de rota é inferior a 20? Que proporção destas rotas tem distâncias de pelo menos 30?

c. *Grosso modo*, qual é o valor do 90º percentil da distribuição de distâncias de rotas?

d. Grosso modo, qual é a mediana da distância de rota?

81. Um estudo realizado para investigar a distribuição do tempo total de frenagem (tempo de reação, mais tempo do movimento entre acelerador e freio, em ms) em condições reais de dirigibilidade a 60 km/h forneceu as informações resumidas sobre a distribuição dos tempos ("A field study on braking responses during driving", *Ergonomics*, 1995: 1903-1910):

média = 535 mediana = 500 moda = 500
desvio-padrão = 96 mínimo = 220 máximo = 925
5º percentil = 400 10º percentil = 430
90º percentil = 640 95º percentil = 720

O que você pode concluir sobre o formato do histograma desses dados? Explique seu raciocínio.

82. Os dados da amostra $x_1, x_2, \ldots, x_n$ muitas vezes representam **séries temporais**, em que x_t = o valor observado de uma resposta variável x no tempo t. Muitas vezes, a série observada mostra uma grande quantidade de variação aleatória, o que torna difícil estudar o comportamento a longo prazo. Nessas situações, é desejável produzir uma versão suavizada das séries. Uma das técnicas usadas é a **suavização exponencial**. O valor de uma constante de suavização é escolhido ($0 < \alpha < 1$). Então, com o valor suavizado $\bar{x}_t$ = no tempo t, definimos $\bar{x}_1 = x_1$ e para $t = 2, 3, \ldots, n$, $\bar{x}_t = \alpha x_t + (1 - \alpha)\bar{x}_{t-1}$.

a. Considere a seguinte série de tempo em que x_t = temperatura (°F) de efluente em uma estação de tratamento de esgoto no dia t: 47, 54, 53, 50, 46, 46, 47, 50, 51, 50, 46, 52, 50, 50. Plote cada coordenada x_t em relação a t em um sistema bidimensional (um gráfico da série temporal). Parece haver algum padrão?

b. Calcule os $\bar{x}_t$ usando $\alpha = 0{,}1$. Repita utilizando $\alpha = 0{,}5$. Que valor de α fornece uma série $\bar{x}_t$ mais suavizada?

c. Substitua $\bar{x}_{t-1} = \alpha x_{t-1} + (1 - \alpha)\bar{x}_{t-2}$ no lado direito da expressão de $\bar{x}_t$ e, então, substitua $\bar{x}_{t-2}$ em termos de x_{t-2} e $\bar{x}_{t-3}$ e assim por diante. De quantos valores $x_t, x_{t-1}, \ldots, x_1$ depende $\bar{x}_t$? O que acontece ao coeficiente de x_{t-k} quando k aumenta?

d. Consulte o item (c). Se t for grande, qual é a sensibilidade de $\bar{x}_t$ em relação ao valor inicial $\bar{x}_1 = x_1$? Explique.

[*Observação*: uma referência relevante é o artigo "Simple statistics for interpreting environmental data", *Water Pollution Control Fed. J.*, 1981: 167-175.]

83. Considere os valores numéricos $x_1, \ldots, x_n$. Frequentemente é de interesse saber se os x_i estão (ao menos aproximadamente) distribuídos simetricamente ao redor de algum valor. Se n for pelo menos moderadamente grande, a extensão da simetria pode ser avaliada por meio de um diagrama de ramo e folhas ou de um histograma. Entretanto, se n não for muito grande, esses gráficos não serão muito informativos. Considere a alternativa a seguir: represente por y_1 o menor x_i, y_2 o segundo menor x_i e assim por diante. Faça então o gráfico dos seguintes pares como pontos em um sistema de coordenadas bidimensional: $(y_n - \tilde{x}, \tilde{x} - y_1)$, $(y_{n-1} - \tilde{x}, \tilde{x} - y_2)$, $(y_{n-2} - \tilde{x}, \tilde{x} - y_3), \ldots$ Aqui estão $n/2$ pontos quando n é par e $(n - 1)/2$ quando n é ímpar.

a. Qual é a aparência do gráfico quando há simetria perfeita dos dados? Qual sua aparência quando os valores se estendem mais acima do que abaixo da mediana (uma cauda superior longa)?

b. Os dados a seguir sobre precipitação (acre-pé) de 26 nuvens esparsas foram obtidos a partir do artigo "A bayesian analysis of a multiplicative treatment effect in weather modification" (*Technometrics*, 1975: 161-166). Construa o gráfico e comente sobre a extensão da simetria ou a natureza do seu desvio.

4,1	7,7	17,5	31,4	32,7	40,6	92,4
115,3	118,3	119,0	129,6	198,6	200,7	242,5
255,0	274,7	274,7	302,8	334,1	430,0	489,1
703,4	978,0	1 656,0	1 697,8	2 745,6		

Bibliografia

CHAMBERS, J.; CLEVELAND, W.; KLEINER, B. E TUKEY, P. *Graphical methods for data analysis*. Pacific Grove, CA: Brooks/Cole, 1983. Uma apresentação altamente recomendada de diversas metodologias gráficas e pictóricas em estatística.

CLEVELAND, W. *Visualizing data*. Summit, NJ: Hobart Press, 1993. Um passeio divertido por técnicas pictóricas.

FREEDMAN, D.; PISANI, R. E PURVES, R. *Statistics*. 4, ed. New York: Norton, 2007. Um excelente levantamento não matemático de raciocínio estatístico básico e metodologia.

HOAGLIN, D.; MOSTELLER, F. E TUKEY, J. *Understanding robust and exploratory data analysis*. New York: Wiley, 1983. Discute por que e também como os métodos exploratórios devem ser empregados. É bom no que diz respeito aos detalhes de diagramas de ramo e folhas e *boxplots*.

MOORE, D. E NOTZ, W. *Statistics: Concepts and controversies*. 7. ed. San Francisco: Freeman, 2009. Um livro de bolso extremamente agradável e divertido que contém uma discussão intuitiva de problemas ligados à amostragem e experimentos desenvolvidos.

PECK, R. ET AL. (Eds.). *Statistics: a guide to the unknown*. 4. ed. Belmont, CA: Thomson Brooks/Cole, 2006. Contém muitos artigos breves não técnicos descrevendo diversas aplicações da estatística.

PECK, R. E DEVORE, J. *Statistics: the exploration and analysis of data*. 6. ed. Belmont, CA: Thomson Brooks/Cole, 2008. Os primeiros capítulos fornecem um levantamento não matemático de métodos para a descrição e resumo de dados.

VERZANI, J. *Using R for introductory Statistics*. Boca Raton, FL: Chapman and Hall/CRC, 2005. Uma introdução muito boa ao pacote de software R.

2 Probabilidade

Introdução

O termo **probabilidade** se refere ao estudo da aleatoriedade e da incerteza. Em qualquer situação em que ocorrem diversos resultados, a disciplina da probabilidade oferece métodos de quantificação das chances ou possibilidades de ocorrência associadas aos diversos resultados. A linguagem da probabilidade é constantemente usada de maneira informal em contextos escritos e falados. Exemplos incluem declarações como "é provável que o índice DowJones suba no final do ano", "há 50% de chance de o titular do cargo buscar a reeleição", "provavelmente pelo menos uma parte deste curso será oferecida no ano que vem", "as chances favorecem um acordo rápido para o fim da greve" e "espera-se que pelo menos 20 mil ingressos sejam vendidos para o show". Neste capítulo, apresentaremos alguns conceitos básicos de probabilidade, indicaremos como as probabilidades podem ser interpretadas e como suas regras podem ser aplicadas para calcular as possibilidades de ocorrência de muitos eventos. A metodologia da probabilidade permitirá que expressemos, em linguagem precisa, declarações informais como as fornecidas anteriormente.

O estudo da probabilidade como ramo da matemática data de mais de 300 anos e teve sua gênese relacionada a questões que envolviam jogos de azar. Muitos livros se dedicam exclusivamente à probabilidade, entretanto, nosso objetivo é cobrir apenas a parte do assunto que aborda mais diretamente os problemas da inferência estatística.

2.1 Espaços amostrais e eventos

Um **experimento** é qualquer atividade ou processo cujo resultado está sujeito à incerteza. Apesar de o termo *experimento* geralmente sugerir uma situação altamente controlada de teste em laboratório, aqui será usado em um sentido muito mais amplo. Dessa forma, os experimentos que são de interesse incluem jogar uma moeda uma ou diversas vezes, selecionar uma ou várias cartas de um baralho, pesar um pedaço de pão, determinar o tempo de viagem de casa ao trabalho em uma dada manhã, obter tipos sanguíneos de um grupo de indivíduos ou medir as resistências à compressão de diversas vigas metálicas.

O espaço amostral de um experimento

Definição

O **espaço amostral** de um experimento, representado por $\mathcal{S}$, é o conjunto de todos os resultados possíveis desse experimento.

Exemplo 2.1

O experimento mais simples no qual a probabilidade se aplica é aquele com dois resultados finais possíveis. Um exemplo de experimento desse tipo é examinar um único fusível para ver se funciona. O espaço amostral desse experimento é expresso como $\mathcal{S} = \{N, D\}$, em que N representa sem defeito, D representa com defeito e as chaves são usadas para englobar os elementos do conjunto. Outro experimento desse tipo envolve jogar um percevejo e observar se sua ponta cai para cima (C) ou para baixo (B), com o espaço amostral $\mathcal{S} = \{C, B\}$, e um terceiro consiste em observar o sexo da próxima criança nascida no hospital local, com $\mathcal{S} = \{M, F\}$. ■

Exemplo 2.2

Se examinarmos três fusíveis em sequência e anotarmos o resultado de cada exame, o resultado do experimento é qualquer sequência de N e D de 3 elementos, de forma que

$$\mathcal{S} = \{NNN, NND, NDN, NDD, DNN, DND, DDN, DDD\}$$

Se tivéssemos jogado um percevejo três vezes, o espaço amostral seria obtido substituindo N por C (cima) no $\mathcal{S}$ acima, e com uma alteração similar na notação do espaço amostral para o experimento em que o sexo de três crianças recém-nascidas é observado. ■

Exemplo 2.3

Dois postos de gasolina estão localizados em um determinado cruzamento. Cada um possui seis bombas. Considere o experimento em que o número de bombas em uso em determinada hora do dia é determinado para cada posto. Um resultado experimental especifica quantas bombas estão em uso no primeiro posto e quantas são usadas no segundo. Um resultado possível é (2, 2), outro é (4, 1) e outro ainda é (1, 4). Os 49 resultados em $\mathcal{S}$ são exibidos na tabela a seguir. O espaço amostral do experimento em que um dado de seis lados é lançado duas vezes é obtido excluindo a linha 0 e a coluna 0 da tabela, fornecendo 36 resultados.

		Segundo posto						
		0	**1**	**2**	**3**	**4**	**5**	**6**
	0	(0, 0)	(0, 1)	(0, 2)	(0, 3)	(0, 4)	(0, 5)	(0, 6)
	1	(1, 0)	(1, 1)	(1, 2)	(1, 3)	(1, 4)	(1, 5)	(1, 6)
	2	(2, 0)	(2, 1)	(2, 2)	(2, 3)	(2, 4)	(2, 5)	(2, 6)
Primeiro posto	**3**	(3, 0)	(3, 1)	(3, 2)	(3, 3)	(3, 4)	(3, 5)	(3, 6)
	4	(4, 0)	(4, 1)	(4, 2)	(4, 3)	(4, 4)	(4, 5)	(4, 6)
	5	(5, 0)	(5, 1)	(5, 2)	(5, 3)	(5, 4)	(5, 5)	(5, 6)
	6	(6, 0)	(6, 1)	(6, 2)	(6, 3)	(6, 4)	(6, 5)	(6, 6)

■

Exemplo 2.4

Uma porcentagem razoavelmente grande de programas escritos em C++ em determinada empresa compilam na primeira execução, mas alguns não (um *compilador* é um programa que traduz o código-fonte, neste caso, programas em C++, para linguagem de máquina para que os programas possam ser executados). Suponha que um experimento consista em selecionar e compilar programas em C++ nesta empresa, um por um, até encontrar um programa que compile na primeira execução. Represente um programa que compile na primeira execução por S (para sucesso) e um que não o faça por F (para falha). Embora possa não ser muito provável, um possível resultado deste experimento é que os 5 primeiros (ou 10 ou 20 ou ...) sejam F e que o próximo seja um S. Isto é, para qualquer n inteiro positivo, podemos ter de examinar n programas antes de vermos o primeiro S. O espaço amostral é $\mathcal{S} = \{S, FS, FFS, FFFS, \ldots\}$, que contém um número infinito de resultados possíveis. A mesma forma abreviada de espaço amostral é apropriada para um experimento em que é registrado o sexo de cada criança recém-nascida, em um horário especificado, até que seja observado o nascimento de uma criança do sexo masculino. ■

Eventos

No estudo de probabilidade, estaremos interessados não apenas nos resultados individuais de $\mathcal{S}$, como também em qualquer grupo de resultados de $\mathcal{S}$.

> **Definição**
>
> Um **evento** é qualquer grupo (subconjunto) de resultados contidos no espaço amostral $\mathcal{S}$. Um evento é **simples** se ele consistir exatamente em um único resultado e **composto** se ele consistir em mais de um resultado.

Quando um experimento é realizado, determinado evento A ocorre se o resultado experimental estiver contido em A. Em geral, ocorrerá exatamente um evento simples, contudo diversos eventos compostos também podem ocorrer simultaneamente.

Exemplo 2.5

Considere um experimento em que cada um de três veículos que trafegam em uma determinada estrada siga pela saída à esquerda (*E*) ou à direita (*D*) no final da rampa de saída. Os oito resultados possíveis que compõem o espaço amostral são: *EEE*, *DEE*, *EDE*, *EED*, *EDD*, *DED*, *DDE* e *DDD*. Dessa forma, há oito eventos simples, dentre os quais estão $E_1 = \{EEE\}$ e $E_5 = \{EDD\}$. Alguns eventos compostos incluem

$A = \{DEE, EDE, EED\}$ = o evento em que exatamente um dos três veículos vira à direita;
$B = \{EEE, DEE, EDE, EED\}$ = o evento em que no máximo um dos veículos vira à direita;
$C = \{EEE, DDD\}$ = o evento em que os três veículos viram na mesma direção.

Suponha que, quando o experimento é executado, o resultado seja *EEE*. Então, o evento simples E_1 terá ocorrido, da mesma forma que os eventos *B* e *C* (mas não *A*). ■

Exemplo 2.6 (continuação do Exemplo 2.3)

Quando o número de bombas em uso em cada um dos dois postos de seis bombas for observado, haverá 49 resultados possíveis, de forma que haverá 49 eventos simples: $E_1 = \{(0, 0)\}$, $E_2 = \{(0, 1)\}$, ... $E_{49} = \{(6, 6)\}$. Exemplos de eventos compostos são

$A = \{(0, 0), (1, 1), (2, 2), (3, 3), (4, 4), (5, 5), (6, 6)\}$ = o evento em que o número de bombas em uso é o mesmo nos dois postos;
$B = \{(0, 4), (1, 3), (2, 2), (3, 1), (4, 0)\}$ = o evento em que o número total de bombas em uso é quatro;
$C = \{(0, 0), (0, 1), (1, 0), (1, 1)\}$ = o evento em que no máximo uma bomba está em uso em cada posto. ■

Exemplo 2.7 (continuação do Exemplo 2.4)

O espaço amostral do experimento de compilação dos programas contém um número infinito de resultados, portanto, há um número infinito de eventos simples. Os eventos compostos incluem

$A = \{S, FS, FFS\}$ = o evento em que no máximo três programas são examinados;
$E = \{FS, FFFS, FFFFFS, \ldots\}$ = o evento em que um número par de programas é examinado. ■

Algumas relações sobre a teoria dos conjuntos

Um evento é essencialmente um conjunto, de forma que as relações e resultados da teoria elementar dos conjuntos podem ser usados para o estudo dos eventos. As operações a seguir serão usadas para a criação de novos eventos, a partir de eventos conhecidos.

Definição

1. O **complemento** de um evento *A*, representado por A'[1], é o conjunto de todos os resultados em $\mathcal{S}$ que não estão contidos em *A*.
2. A **união** de dois eventos *A* e *B*, representada por $A \cup B$ e lida "*A união B*", é o evento que consiste em todos os resultados que estão no *evento A ou no B* ou em ambos (de forma que a união inclui resultados em que ocorram *A* e *B*, bem como aqueles em que exatamente um ocorre), isto é, todos os resultados em ao menos um dos eventos.
3. A **interseção** dos dois eventos *A* e *B*, representada por $A \cap B$ e lida "*A interseção B*", é o evento que consiste em todos os resultados que estão *simultaneamente em A e B*.

Exemplo 2.8 (continuação do Exemplo 2.3)

Para o experimento em que é observado o número de bombas em uso em um posto de gasolina de seis bombas, considere: $A = \{0, 1, 2, 3, 4\}$, $B = \{3, 4, 5, 6\}$ e $C = \{1, 3, 5\}$. Então:

$$A' = \{5, 6\}, \quad A \cup B = \{0, 1, 2, 3, 4, 5, 6\} = \mathcal{S}, \quad A \cup C = \{0, 1, 2, 3, 4, 5\},$$
$$A \cap B = \{3, 4\}, \quad A \cap C = \{1, 3\}, \quad (A \cap C)' = \{0, 2, 4, 5, 6\}$$ ■

[1] Alguns livros representam A′ (A complementar) como A^c, ou também $\overline{A}$.

Exemplo 2.9 (continuação do Exemplo 2.4)

No experimento da compilação dos programas, defina A, B e C por:

$$A = \{S, FS, FFS\}, B = \{S, FFS, FFFFS\}, C = \{FS, FFFS, FFFFFS, \ldots\}$$

Então:

$$A' = \{FFFS, FFFFS, FFFFFS, \ldots\}, \quad C' = \{S, FFS, FFFFS, \ldots\}$$
$$A \cup B = \{S, FS, FFS, FFFFS\}, \quad A \cap B = \{S, FFS\} \;\blacksquare$$

Às vezes, A e B não possuem resultados em comum, de modo que a interseção de A e B não contém resultados.

Definição

Suponha que $\varnothing$ represente o *evento impossível* (o evento que consiste em nenhum resultado de qualquer natureza). Quando se diz que $A \cap B = \varnothing$, A e B são eventos **mutuamente exclusivos** ou **disjuntos**.

Exemplo 2.10

Uma pequena cidade tem três concessionárias de automóveis: uma concessionária GM que vende Chevrolets e Buicks; uma concessionária Ford que vende Fords e Lincolns; e uma concessionária Toyota. Se um experimento consistir em observar a marca do próximo carro vendido, então, os eventos $A = \{$Chevrolet, Buick$\}$ e $B = \{$Ford, Lincoln$\}$ são mutuamente exclusivos em função de o último carro vendido não poder ser tanto um produto da GM quanto um produto da Ford (pelo menos até as duas empresas fundirem!). ■

As operações de união e interseção podem ser estendidas a mais de dois eventos. Para quaisquer três eventos A, B e C, o evento $A \cup B \cup C$ é o conjunto de resultados contidos em no mínimo um dos três eventos, enquanto $A \cap B \cap C$ é o conjunto de resultados contidos nos três eventos. Dados os eventos $A_1, A_2, A_3, \ldots$, eles serão denominados mutuamente exclusivos (ou disjuntos em pares) se dois deles não tiverem resultados em comum.

Uma representação gráfica de eventos e manipulações de eventos é obtida pelo uso de diagramas de Venn. Para construir um diagrama de Venn, desenhe um retângulo cujo interior representará o espaço amostral $\mathcal{S}$. Então, qualquer evento A é representado como o interior de uma curva fechada (geralmente um círculo) contida em $\mathcal{S}$. A Figura 2.1 mostra exemplos de diagramas de Venn.

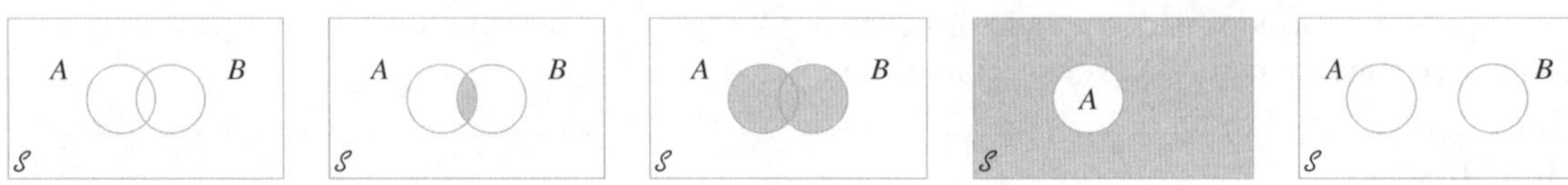

(a) Diagrama de Venn dos eventos A e B (b) Área sombreada é $A \cap B$ (c) Área sombreada é $A \cup B$ (d) Área sombreada é A' (e) Eventos mutuamente exclusivos

Figura 2.1 Diagramas de Venn.

EXERCÍCIOS Seção 2.1 (1–10)

1. Quatro universidades – 1, 2, 3 e 4 – estão participando de um torneio de basquete. Na primeira etapa, 1 jogará com 2, e 3, com 4. Os dois vencedores disputarão o título e os dois perdedores também jogarão. Um resultado possível pode ser representado por 1324 (1 ganha de 2 e 3 ganha de 4 nos jogos da primeira etapa e 1 ganha de 3 e 2 ganha de 4).

a. Relacione todos os resultados em $\mathcal{S}$.

b. Represente por A o evento em que 1 ganha o torneio. Relacione os resultados de A.

c. Represente por B o evento em que 2 seja um dos finalistas do campeonato. Relacione os resultados em B.

d. Quais são os resultados de $A \cup B$ e de $A \cap B$? Quais são os resultados de A'?

2. Suponha que os veículos que trafegam em uma determinada estrada possam tomar uma saída à direita (D), à esquerda (E) ou ir em frente (F). Observe a direção de cada um dos três veículos sucessivamente.

a. Relacione todos os resultados do evento A em que os três veículos seguem na mesma direção.

b. Relacione todos os resultados do evento B em que os três veículos tomam diferentes direções.

c. Relacione os resultados do evento C em que exatamente dois dos três veículos viram à direita.

d. Relacione todos os resultados do evento D em que exatamente dois veículos seguem na mesma direção.

e. Relacione os resultados em D', $C \cup D$ e $C \cap D$.

3. Utilize diagramas de Venn para comprovar as duas relações a seguir para quaisquer eventos A e B (denominadas leis de De Morgan):

a. $(A \cup B)' = A' \cap B'$

b. $(A \cap B)' = A' \cup B'$

[*Dica*: em cada parte, desenhe um diagrama correspondente ao lado esquerdo e outro correspondente ao lado direito.]

4. Cada item de uma amostra de quatro hipotecas está classificado como taxa fixa (F) ou taxa variável (V).

a. Quais são os 16 resultados em $\mathcal{S}$?

b. Que resultados correspondem ao evento que possui exatamente três hipotecas de taxa fixa?

c. Que resultados correspondem ao evento no qual as quatro hipotecas são do mesmo tipo?

d. Que resultados pertencem ao evento em que, no máximo, uma das quatro é hipoteca de taxa variável?

e. Qual é a união dos eventos dos itens (c) e (d) e qual a interseção desses dois eventos?

f. Quais são a união e a interseção dos dois eventos dos itens (b) e (c)?

5. Uma família de três pessoas – A, B e C – vai a uma clínica médica que sempre possui um médico em cada posto 1, 2 e 3. Durante determinada semana, cada membro da família vai à clínica uma vez e é designada aleatoriamente a um posto. O experimento consiste em registrar o número do posto para cada membro. Um resultado é (1, 2, 1) para A no posto 1, B no posto 2 e C no posto 1.

a. Relacione os 27 resultados do espaço amostral.

b. Relacione todos os resultados do evento em que os três membros seguem para o mesmo posto.

c. Relacione todos os resultados do evento em que todos os membros seguem para postos diferentes.

d. Relacione todos os resultados do evento em que ninguém segue para o posto 2.

6. A biblioteca de uma faculdade possui cinco exemplares de certo livro-texto do acervo. Duas cópias (1 e 2) são primeiras impressões e as outras três (3, 4 e 5) são segundas impressões. Um aluno examina esses livros em ordem aleatória, parando apenas quando uma segunda impressão é selecionada. Um resultado possível é 5 e outro é 213.

a. Relacione os resultados em $\mathcal{S}$.

b. Represente por A o evento em que exatamente um livro deve ser examinado. Quais são os resultados de A?

c. Represente por B o evento em que o livro 5 é o selecionado. Quais são os resultados de B?

d. Represente por C o evento em que o livro 1 não é examinado. Quais são os resultados de C?

7. Um departamento acadêmico terminou a votação secreta para sua chefia. A urna contém quatro cédulas com votos para o candidato A e três com votos para o candidato B. Suponha que essas cédulas sejam removidas da urna uma a uma.

a. Relacione todos os resultados possíveis.

b. Suponha que uma contagem seja feita conforme as cédulas são removidas. Para que resultados A se mantém na frente de B na contagem?

8. Uma empresa de engenharia civil está trabalhando atualmente em usinas de energia em três locais diferentes. Represente por A_i o evento em que a usina no local i é completada na data do contrato. Use as operações de união, interseção e complemento para descrever cada um dos eventos a seguir nos termos de A_1, A_2 e A_3, desenhe um diagrama de Venn e sombreie a região correspondente a cada uma.

a. Ao menos uma usina é concluída até a data do contrato.

b. Todas as usinas são concluídas até a data do contrato.

c. Apenas a usina do local 1 é concluída até a data do contrato.

d. Exatamente uma usina é concluída até a data do contrato.

e. Apenas a usina do local 1 ou as duas outras são concluídas até a data do contrato.

9. Três componentes estão conectados para formar um sistema conforme exibido no diagrama a seguir. Como os componentes no subsistema 2-3 estão conectados em paralelo, esse subsistema funcionará se ao menos um dos dois componentes individuais funcionar. Para que todo o sistema funcione, o componente 1 deve funcionar, bem como o subsistema 2-3.

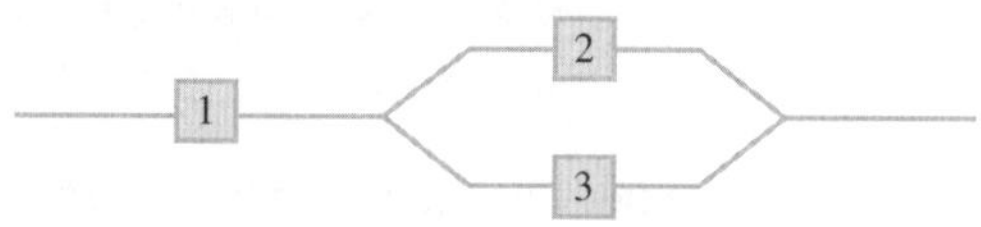

O experimento consiste em determinar a condição de cada componente [S (sucesso) para um componente que funciona bem e F (falha) para um componente que não funciona].

a. Que resultados estão contidos no evento A no qual exatamente dois dos três componentes funcionem?

b. Que resultados estão contidos no evento B no qual ao menos dois componentes funcionem?

c. Que resultados estão contidos no evento C no qual o sistema funcione?

d. Relacione os resultados em C', $A \cup C$, $A \cap C$, $B \cup C$ e $B \cap C$.

10. a. No Exemplo 2.10, identifique três eventos que são mutuamente exclusivos.

b. Suponha que não haja um resultado comum a todos os três eventos A, B e C. Esses eventos são necessariamente mutuamente exclusivos? Se sua resposta for sim, explique. Se for não, dê um contraexemplo, usando o experimento do Exemplo 2.10.

2.2 Axiomas, interpretações e propriedades da probabilidade

Dado um experimento e um espaço amostral $\mathcal{S}$, *o objetivo da probabilidade é atribuir a cada evento A um número P*(A), *chamada a probabilidade do evento A, que dará uma medida precisa da chance de A ocorrer.* Para garantir que as atribuições de probabilidade sejam consistentes com nossas noções intuitivas de probabilidade, todas as atribuições devem satisfazer os seguintes axiomas (propriedades básicas) de probabilidade.

Axioma 1 Para qualquer evento A, $P(A) \geq 0$.

Axioma 2 $P(\mathcal{S}) = 1$.

Axioma 3 Se $A_1, A_2, A_3, \ldots$ é um grupo infinito de eventos disjuntos, então:

$$P(A_1 \cup A_2 \cup A_3 \cup \cdots) = \sum_{i=1}^{\infty} P(A_i).$$

Você pode se perguntar por que o terceiro axioma não contém referência a um grupo *finito* de eventos disjuntos. Isso ocorre porque a propriedade correspondente para um grupo finito pode ser derivada de nossos três axiomas. Queremos que nossa lista de axiomas seja a mais curta possível e não contenha qualquer propriedade que possa ser derivada de outras na lista. O Axioma 1 reflete a noção intuitiva de que a chance de ocorrência de A não deve ser negativa. O espaço amostral é por definição o evento que deve ocorrer quando o experimento é realizado ($\mathcal{S}$ contém todos os resultados possíveis), então, o Axioma 2 diz que a probabilidade máxima possível de ser atribuída a $\mathcal{S}$ é 1. O terceiro axioma formaliza a ideia de que, se desejarmos que a probabilidade de ao menos um de diversos eventos ocorra e que dois eventos quaisquer, dentre os diversos considerados, não ocorram simultaneamente, a chance de pelo menos um ocorrer será a soma das chances dos eventos individuais.

Proposição

$P(\emptyset) = 0$, em que $\emptyset$ é o evento impossível (o evento que não contém resultados de qualquer natureza). Isto, por sua vez, implica que a propriedade contida no Axioma 3 é válida para um grupo *finito* de eventos disjuntos.

Demonstração Primeiramente, considere o grupo infinito $A_1 = \emptyset, A_2 = \emptyset, A_3 = \emptyset, \ldots$. Desde que $\emptyset \cap \emptyset = \emptyset$, os eventos neste grupo serão disjuntos e $\cup A_i = \emptyset$. O terceiro axioma, então, fornece:

$$P(\emptyset) = \sum P(\emptyset)$$

Isso pode acontecer apenas se $P(\emptyset) = 0$.

Agora suponha que $A_1, A_2, \ldots, A_k$ sejam eventos disjuntos e acrescente a eles o grupo infinito $A_{k+1} = \emptyset, A_{k+2} = \emptyset, A_{k+3} = \emptyset, \ldots$ Invocando mais uma vez o terceiro axioma,

$$P\left(\bigcup_{i=1}^{k} A_i\right) = P\left(\bigcup_{i=1}^{\infty} A_i\right) = \sum_{i=1}^{\infty} P(A_i) = \sum_{i=1}^{k} P(A_i)$$

conforme desejado. ■

Exemplo 2.11

Considere jogar um percevejo no ar. Quando ele cai no chão, sua ponta ficará virada para cima (o resultado C) ou para baixo (o resultado B). O espaço amostral para este evento é, portanto, $\mathcal{S} = \{C, B\}$. Os axiomas especificam $P(\mathcal{S}) = 1$, então, a atribuição da probabilidade será concluída determinando-se $P(C)$ e $P(B)$. Uma vez que C e B são disjuntos e sua união é $\mathcal{S}$, a proposição acima mencionada implica que

$$1 = P(\mathcal{S}) = P(C) + P(B)$$

Segue que $P(B) = 1 - P(C)$. Uma possível atribuição de probabilidades é $P(C) = 0{,}5$, $P(B) = 0{,}5$, enquanto outra atribuição possível é $P(C) = 0{,}75$, $P(B) = 0{,}25$. De fato, p representando qualquer número fixo entre 0 e 1, $P(C) = p$, $P(B) = 1 - p$ é uma atribuição consistente com os axiomas. ■

Exemplo 2.12

Considere testar baterias que saem de uma linha de montagem, uma por uma, até ser encontrada uma que tenha uma voltagem dentro dos limites prescritos. Os eventos simples são $E_1 = \{S\}$, $E_2 = \{FS\}$, $E_3 = \{FFS\}$, $E_4 = \{FFFS\}, \ldots$. Suponha que a probabilidade de qualquer bateria particular ser satisfatória seja 0,99. Então, pode-se mostrar que $P(E_1) = 0{,}99$, $P(E_2) = (0{,}01)(0{,}99)$, $P(E_3) = (0{,}01)^2(0{,}99), \ldots$ é uma atribuição de probabilidades aos eventos simples que satisfazem os axiomas. Em particular, pelo fato de os E_i serem disjuntos e $\mathcal{S} = E_1 \cup E_2 \cup E_3 \cup \ldots$, deve ser o caso de que

$$1 = P(\mathcal{S}) = P(E_1) + P(E_2) + P(E_3) + \cdots$$
$$= 0{,}99[1 + 0{,}01 + (0{,}01)^2 + (0{,}01)^3 + \cdots]$$

Aqui, usamos a fórmula para a soma de uma série geométrica[2]:

$$a + ar + ar^2 + ar^3 + \cdots = \frac{a}{1 - r}$$

Entretanto, outra atribuição de probabilidade legítima (de acordo com os axiomas) do mesmo tipo "geométrico" é obtida pela substituição de 0,99 por qualquer número p entre 0 e 1 (e 0,01 por $1 - p$). ■

Interpretando probabilidade

Os Exemplos 2.11 e 2.12 mostram que os axiomas não determinam completamente uma atribuição de probabilidades a eventos. Os axiomas servem apenas para descartar atribuições inconsistentes com as noções intuitivas de probabilidade. No experimento de lançamento de um percevejo do Exemplo 2.11, duas atribuições particulares foram sugeridas. A atribuição correta ou apropriada depende da natureza do percevejo e também da interpretação da probabilidade. A interpretação usada com mais frequência e mais compreendida baseia-se na noção de frequências relativas.

Considere um experimento que pode ser executado repetidamente de uma forma idêntica e independente e represente por A um evento que consista em um conjunto fixo de resultados do experimento. Exemplos simples de experimentos passíveis de repetição incluem o lançamento de dados e percevejos discutidos anteriormente. Se o experimento for executado n vezes, em algumas delas o evento A ocorrerá (o resultado será o conjunto A) e, em outras, não. Seja $n(A)$ o número de repetições em que A ocorre. A relação $n(A)/n$ é denominada *frequência relativa* de ocorrência do evento A na sequência de n repetições.

Por exemplo, considere A o evento em que uma encomenda enviada dentro do Estado da Califórnia para entrega no 2° dia, na verdade, chegue dentro de um dia. Os resultados do envio de 10 dessas encomendas (as 10 primeiras réplicas) são:

Número da encomenda	1	2	3	4	5	6	7	8	9	10
O evento A ocorreu?	N	S	S	S	N	N	S	S	N	N
Frequência relativa de A	0	0,5	0,667	0,75	0,6	0,5	0,571	0,625	0,556	0,5

A Figura 2.2(a) mostra como a frequência relativa $n(A)/n$ flutua substancialmente sobre o curso das 50 primeiras réplicas. Porém, conforme o número de réplicas continua a aumentar, a Figura 2.2(b) ilustra como a frequência relativa se estabiliza.

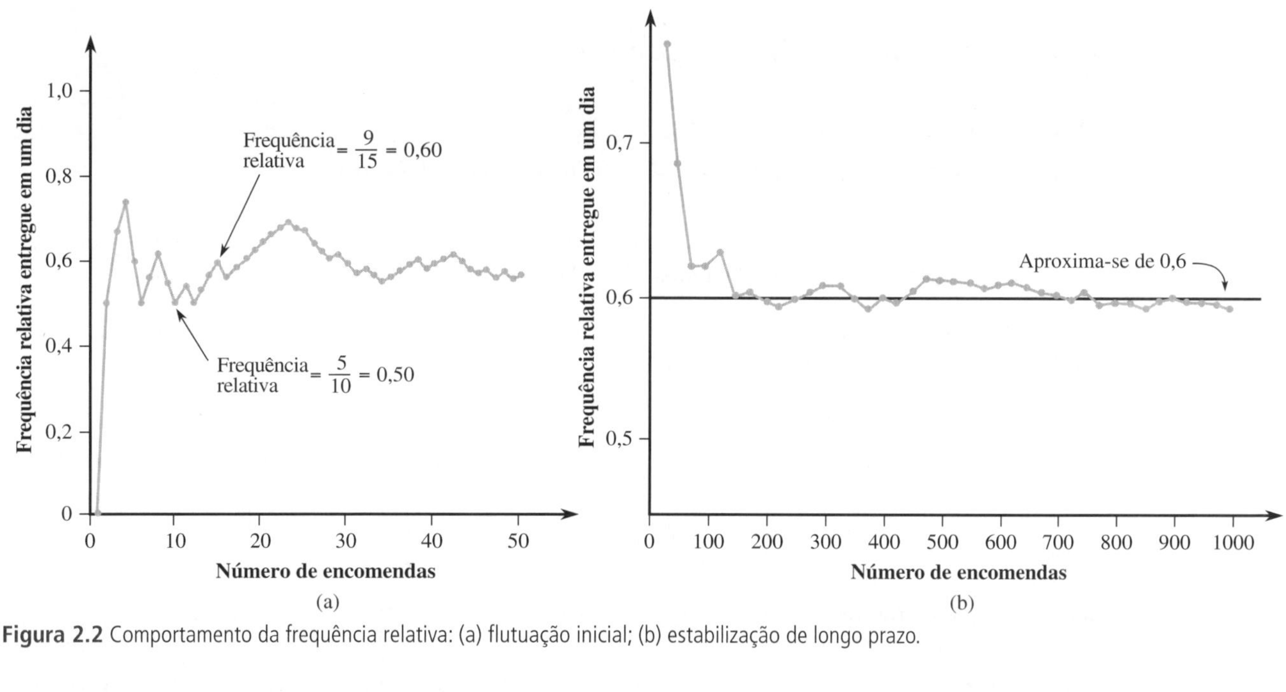

Figura 2.2 Comportamento da frequência relativa: (a) flutuação inicial; (b) estabilização de longo prazo.

[2] Progressão geométrica.

De forma mais geral, evidências empíricas, embasadas nos resultados de muitos desses experimentos passíveis de repetição, indicam que qualquer frequência relativa desse tipo se estabilizará conforme o número de réplicas n aumentar. Isto é, se n fica arbitrariamente grande, $n(A)/n$ aproxima-se de um valor-limite denominado *frequência relativa limite* ou de *longo prazo* do evento A. A *interpretação objetiva de probabilidade* identifica essa frequência relativa limite com $P(A)$. Suponha que as probabilidades sejam atribuídas a eventos de acordo com suas frequências relativas limite. Então, uma declaração como "a probabilidade de uma encomenda ser entregue dentro de um dia de envio é 0,6" significa que um grande número de encomendas enviadas, cerca de 60%, chegará dentro de um dia. Similarmente, se B é o evento de que um aparelho de determinado tipo precisará de conserto no período de garantia, então, $P(B) = 0,1$ é interpretado significando que, no longo prazo, 10% desses aparelhos precisarão do serviço de garantia. Isto não significa que exatamente 1 de 10 precisará de conserto, ou que exatamente 10 de 100 precisarão de conserto, porque 10 e 100 não são o longo prazo.

A interpretação de frequência relativa da probabilidade é tida como objetiva porque toma como base uma propriedade do experimento, em vez de qualquer indivíduo relacionado com o experimento. Por exemplo: dois observadores de uma sequência de lançamentos de moeda devem usar as mesmas atribuições de probabilidade, já que eles não influenciam a frequência relativa limite. Na prática, essa interpretação não é tão objetiva quanto parece, já que a frequência relativa limite de um evento não será conhecida. Portanto, temos de atribuir probabilidades com base em nossa crença sobre a frequência relativa limite dos eventos em estudo. Felizmente, há muitos experimentos para os quais há consenso no que diz respeito a atribuições de probabilidade. Quando falamos de uma moeda honesta, queremos dizer que $P(cara) = P(coroa) = 0,5$, e um dado honesto é aquele em que as frequências relativas limite dos seis resultados são todas $\frac{1}{6}$, sugerindo atribuições de probabilidade $P(\{1\}) = \cdots = P(\{6\}) = \frac{1}{6}$.

Como a interpretação objetiva da probabilidade se baseia na noção de frequência-limite, sua aplicabilidade é limitada a situações experimentais que podem ser repetidas. Ainda assim, a linguagem de probabilidade é normalmente usada em relação a situações que não podem ser repetidas. Exemplos incluem: "há boas chances de um acordo de paz", "provavelmente nossa empresa fechará o contrato" e "como o melhor *quarterback* deles está machucado, espero que eles não marquem mais de 10 pontos contra nós". Nessas situações, desejamos, como antes, atribuir probabilidades numéricas a diversos resultados e eventos (por exemplo, a probabilidade de fecharmos o contrato é de 0,9). Devemos, portanto, adotar uma interpretação alternativa dessas probabilidades. Como diferentes observadores podem ter diversas informações prévias e opiniões a respeito de situações experimentais, as atribuições de probabilidade podem ser diferentes de indivíduo para indivíduo. As interpretações nestas situações são denominadas *subjetivas*. O livro de Robert Winkler relacionado nas referências do capítulo fornece uma boa pesquisa sobre diversas interpretações subjetivas.

Mais propriedades da probabilidade

Proposição

Para qualquer evento A, $P(A) + P(A') = 1$, do qual $P(A) = 1 - P(A')$.

Demonstração No Axioma 3, considere $k = 2$, $A_1 = A$ e $A_2 = A'$. Dado que por definição de A', $A \cup A' = \mathcal{S}$ enquanto A e A' são disjuntos, $1 = P(\mathcal{S}) = P(A \cup A') = P(A) + P(A')$. ■

Essa proposição é surpreendentemente útil, porque há várias situações em que $P(A')$ é mais facilmente obtida pelos métodos diretos do que $P(A)$.

Exemplo 2.13

Considere um sistema de cinco componentes idênticos ligados em série, conforme ilustrado na Figura 2.3.

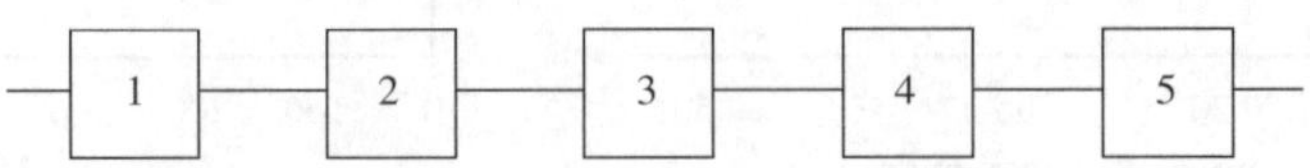

Figura 2.3 Um sistema de cinco componentes ligados em série.

Representamos um componente que falha por F e o que não falha por S (de sucesso). Representamos por A o evento em que o *sistema* falha. Para que A ocorra, ao menos um dos componentes individuais deve falhar. Os resultados de A incluem *SSFSS* (1, 2, 4 e 5 funcionam, mas 3 não), *FFSSS* e assim por diante. Há, de fato, 31 resultados diferentes em A. Entretanto, A', o evento em que o sistema funciona, consiste em um único resultado *SSSSS*. Veremos na Seção 2.5 que, se 90% de todos esses componentes não falharem e componentes diferentes falharem independentemente um do outro, então, $P(A') = P(SSSSS) = 0{,}9^5 = 0{,}59$. Portanto, $P(A) = 1 - 0{,}59 = 0{,}41$; então, entre um grande número desses sistemas, cerca de 41% falharão. ■

Em geral, a proposição acima mencionada é útil quando o evento de interesse puder ser expressado como "pelo menos...", desde que, então, o complemento "menos que..." possa ser mais fácil de se trabalhar (em alguns problemas, "mais que..." é mais fácil de lidar do que "no máximo..."). Se você tiver dificuldade para calcular $P(A)$ diretamente, pense em determinar $P(A')$.

Proposição

Para qualquer evento A, $P(A) \leq 1$.

Isso se dá porque $1 = P(A) + P(A') \geq P(A)$, já que $P(A') \geq 0$.

Quando os eventos A e B são mutuamente exclusivos (ou disjuntos), $P(A \cup B) = P(A) + P(B)$. Para eventos que não são mutuamente exclusivos, acrescentar $P(A)$ e $P(B)$ leva a resultados de "contagem dupla" na interseção. O próximo resultado mostra como corrigir isso.

Proposição

Para quaisquer dois eventos A e B,

$$P(A \cup B) = P(A) + P(B) - P(A \cap B)$$

Demonstração Perceba, primeiramente, que $A \cup B$ pode ser decomposto em dois eventos *disjuntos*, A e $B \cap A'$; o último é a parte de B que fica fora de A (observe a Figura 2.4). Além disso, B em si é a união dos dois eventos disjuntos $A \cap B$ e $A' \cap B$, então $P(B) = P(A \cap B) + P(A' \cap B)$. Dessa forma,

$$\begin{aligned} P(A \cup B) &= P(A) + P(B \cap A') = P(A) + [P(B) - P(A \cap B)] \\ &= P(A) + P(B) - P(A \cap B) \end{aligned}$$

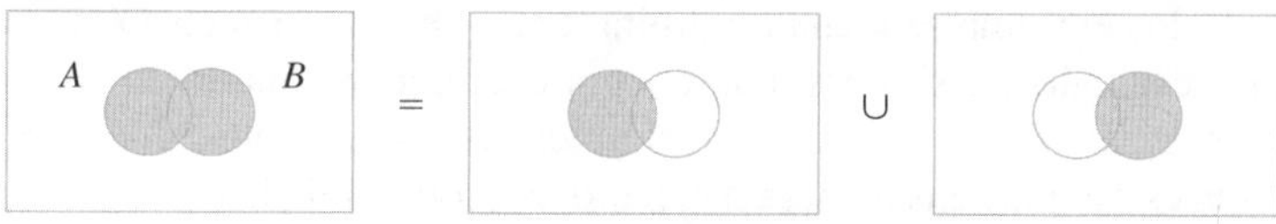

Figura 2.4 Representação de $A \cup B$ como união de eventos disjuntos (ou mutuamente exclusivos). ■

Exemplo 2.14

Em certo subúrbio residencial, 60% de todas as residências recebem o serviço de Internet da companhia a cabo local, 80% recebem o serviço de televisão desta companhia e 50% recebem ambos os serviços. Se uma residência for selecionada aleatoriamente, qual é a probabilidade de ela receber ao menos um desses dois serviços da companhia e qual é a probabilidade de ela receber exatamente um destes serviços da companhia?

Com $A = \{\text{recebe serviço de Internet}\}$ e $B = \{\text{recebe serviço de TV}\}$, as informações dadas implicam que $P(A) = 0{,}6$, $P(B) = 0{,}8$ e $P(A \cap B) = 0{,}5$. A proposição acima mencionada agora produz

P (assinatura de ao menos um dos dois serviços)

$$= P(A \cup B) = P(A) + P(B) - P(A \cap B) = 0{,}6 + 0{,}8 - 0{,}5 = 0{,}9$$

O evento de que uma residência tenha assinatura apenas do serviço de TV pode ser escrito como $A' \cap B$ [(não Internet) e TV]. A Figura 2.5 implica que

$$0{,}9 = P(A \cup B) = P(A) + P(A' \cap B) = 0{,}6 + P(A' \cap B)$$

de que $P(A' \cap B) = 0{,}3$. De forma análoga, $P(A \cap B') = P(A \cup B) - P(B) = 0{,}1$. Isto é ilustrado na Figura 2.5, a partir da qual vemos que

$$P(\text{exatamente um}) = P(A \cap B') + P(A' \cap B) = 0{,}1 + 0{,}3 = 0{,}4$$

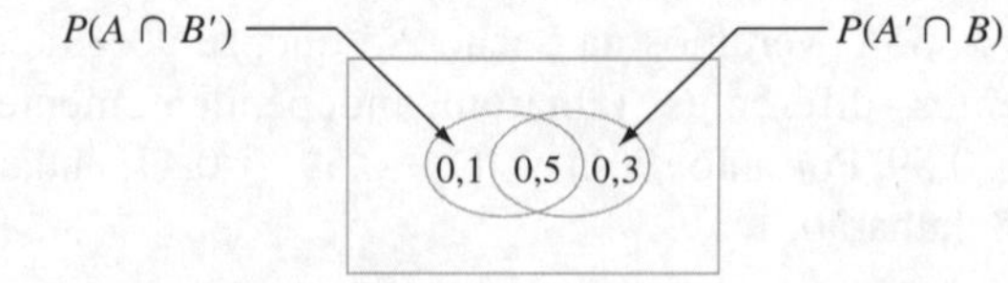

Figura 2.5 Probabilidades do Exemplo 2.14. ■

A probabilidade de uma união de mais de dois eventos pode ser calculada de forma análoga.

Para quaisquer três eventos A, B e C,

$$P(A \cup B \cup C) = P(A) + P(B) + P(C) - P(A \cap B) - P(A \cap C) - P(B \cap C) + P(A \cap B \cap C)$$

Isso pode ser verificado examinando um diagrama de Venn de $A \cup B \cup C$, que é mostrado na Figura 2.6. Quando $P(A)$, $P(B)$ e $P(C)$ são adicionados, certas interseções são contadas duas vezes, de forma que elas devem ser subtraídas; todavia, isso resulta em $P(A \cap B \cap C)$ sendo subtraídos uma vez com muita frequência.

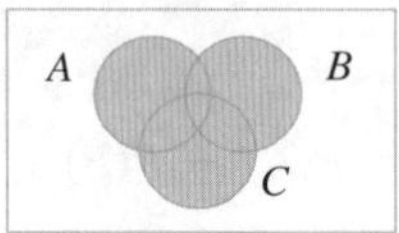

Figura 2.6 $A \cup B \cup C$.

Determinando probabilidades sistematicamente

Considere um espaço amostral que seja finito ou "infinito enumerável" (o último significa que os resultados podem ser listados em uma sequência infinita, então, há um primeiro resultado, um segundo resultado, um terceiro resultado e assim por diante – por exemplo, o cenário do teste de bateria do Exemplo 2.12). Considere $E_1, E_2, E_3, \ldots$ os eventos simples correspondentes, cada um consistindo em um único resultado. Uma estratégia sensata para o cálculo da probabilidade é primeiro determinar cada probabilidade de evento simples, com a exigência de que $\sum P(E_i) = 1$. Então, a probabilidade de qualquer evento composto A é calculada somando as $P(E_i)$ para todos os E_i em A:

$$P(A) = \sum_{\text{Todos } E_i \text{ em } A} P(E_i)$$

Exemplo 2.15

Durante as horas fora do horário de pico, um trem de passageiros possui cinco vagões. Suponha que um passageiro tenha o dobro da probabilidade de escolher o vagão do meio (n° 3) do que de escolher um vagão adjacente (n° 2 ou 4) e tenha o dobro da probabilidade de escolher um vagão adjacente do que escolher um vagão da extremidade (n° 1 ou 5). Considere $p_i = P(\text{vagão } i \text{ é escolhido}) = P(E_i)$. Então, temos $p_3 = 2p_2 = 2p_4$ e $p_2 = 2p_1 = 2p_5 = p_4$. Isso dá

$$1 = \sum P(E_i) = p_1 + 2p_1 + 4p_1 + 2p_1 + p_1 = 10p_1$$

implicando $p_1 = p_5 = 0{,}1$, $p_2 = p_4 = 0{,}2$, $p_3 = 0{,}4$. A probabilidade de que um dos três vagões do meio seja escolhido (um evento composto) é, então, $p_2 + p_3 + p_4 = 0{,}8$. ■

Resultados equiprováveis

Em muitos experimentos que consistem em N resultados, é razoável atribuir probabilidades iguais a todos os N eventos simples. Tais eventos incluem exemplos óbvios, como lançamento de uma moeda; ou um dado não viciado uma ou duas vezes (ou qualquer número fixo de vezes); ou selecionar uma ou diversas cartas de um baralho de 52 cartas bem embaralhado. Com $p = P(E_i)$ para cada i,

$$1 = \sum_{i=1}^{N} P(E_i) = \sum_{i=1}^{N} p = p \cdot N, \text{ portanto, } p = \frac{1}{N}$$

Ou seja, se houver N resultados equiprováveis (igualmente prováveis), a probabilidade para cada é $1/N$.

Agora, considere um evento A, com $N(A)$ representando o número de resultados contidos em A. Então,

$$P(A) = \sum_{E_i \text{ em } A} P(E_i) = \sum_{E_i \text{ em } A} \frac{1}{N} = \frac{N(A)}{N}$$

Portanto, quando os resultados são igualmente prováveis, calcular as probabilidades se reduz à contagem: determine o número dos resultados $N(A)$ em A e o número de resultados N em $\mathcal{S}$ e forme sua razão.

Exemplo 2.16

Você tem seis livros de mistério não lidos em sua estante de livros e seis livros de ficção científica não lidos. Os três primeiros de cada tipo têm capa dura e os três últimos têm capa simples. Considere selecionar aleatoriamente um dos seis livros de mistério e, então, selecionar aleatoriamente um dos seis livros de ficção científica para fazer uma viagem pós-provas finais para Acapulco (afinal, você precisa de algo para ler na praia). Numere os livros de mistério 1, 2,..., 6 e faça o mesmo com os livros de ficção científica. Então, cada resultado é um par de números como (4, 1) e há $N = 36$ resultados possíveis (para uma visualização desta situação, consulte a tabela no Exemplo 2.3 e exclua a primeira fileira e a primeira coluna). Com uma seleção aleatória conforme foi descrito, os 36 resultados são igualmente prováveis. Nove desses resultados são tais que ambos os livros selecionados são de capa simples (aqueles no canto inferior direito da tabela mencionada): (4,4), (4,5),..., (6,6). Então, a probabilidade do evento A de que ambos os livros escolhidos sejam de capa simples é

$$P(A) = \frac{N(A)}{N} = \frac{9}{36} = 0{,}25 \ \blacksquare$$

EXERCÍCIOS Seção 2.2 (11–28)

11. Uma companhia de fundos mútuos oferece a seus clientes uma variedade de fundos: um de mercado financeiro, três de títulos diferentes (curto, médio e longo prazos), dois fundos de ações (moderado e de alto risco) e um misto. Dentre os usuários que possuem cotas em apenas um fundo, seguem as porcentagens de clientes nos diferentes fundos.

Dinheiro-mercado 20%	Ação de alto risco 18%
Título de curto prazo 15%	Ação de risco moderado 25%
Título de médio prazo 10%	Misto 7%
Título de longo prazo 5%	

Um cliente que possui cotas em apenas um fundo é selecionado aleatoriamente.

a. Qual é a probabilidade de o indivíduo selecionado possuir cotas do fundo misto?

b. Qual é a probabilidade de o indivíduo selecionado possuir cotas em um fundo de títulos?

c. Qual é a probabilidade de o indivíduo selecionado não possuir cotas em um fundo de ações?

12. Selecione aleatoriamente um estudante em determinada universidade e represente por A o evento de ele possuir um cartão de crédito Visa e por B o evento análogo para um MasterCard. Suponha que $P(A) = 0{,}5$, $P(B) = 0{,}4$ e $P(A \cap B) = 0{,}25$.

a. Calcule a probabilidade de que o indivíduo selecionado tenha pelo menos um dos dois tipos de cartão (ou seja, a probabilidade do evento $A \cup B$).

b. Qual é a probabilidade de o indivíduo selecionado não ter nenhum dos tipos de cartão?

c. Descreva, em termos de A e B, o evento em que o estudante selecionado possui um cartão Visa, mas não um MasterCard. Calcule a probabilidade desse evento.

13. Uma empresa de consultoria em informática apresenta suas propostas de três projetos. Represente por A_i = {projeto escolhido i}, para i = 1, 2, 3 e suponha que $P(A_1) = 0{,}22$, $P(A_2) = 0{,}28$, $P(A_1 \cap A_2) = 0{,}11$, $P(A_1 \cap A_3) = 0{,}05$, $P(A_2 \cap A_3) = 0{,}07$, $P(A_1 \cap A_2 \cap A_3) = 0{,}01$. Expresse em palavras cada um dos eventos a seguir e calcule a probabilidade de cada evento:

a. $A_1 \cup A_2$

b. $A_1' \cap A_2'$ [*Dica*: $(A_1 \cup A_2)' = A_1' \cap A_2'$]

c. $A_1 \cup A_2 \cup A_3$

d. $A_1' \cap A_2' \cap A_3'$

e. $A_1' \cap A_2' \cap A_3$

f. $(A_1' \cap A_2') \cup A_3$

14. Suponha que 55% de todos os adultos consumam regularmente café, 45% consumam regularmente bebida gaseificada e 70% consumam regularmente ao menos um desses dois produtos.

a. Qual é a probabilidade de um adulto selecionado aleatoriamente consumir regularmente café e bebida gaseificada?

b. Qual é a probabilidade de um adulto selecionado aleatoriamente não consumir regularmente ao menos um desses dois produtos?

15. Os três principais itens opcionais de certo tipo de carro novo são GPS embutido (A), teto solar (B) e transmissão automática (C). Se 40% de todos os compradores pedirem A, 55% pedirem B, 70% pedirem C, 63% pedirem A ou B, 77% pedirem A ou C, 80% pedirem B ou C e 85% pedirem A ou B ou C, determine as probabilidades dos eventos a seguir. [*Dica*: "A ou B" é o evento em que ao menos uma das duas opções é pedida; tente criar um diagrama de Venn e identificar todas as regiões.]

a. O comprador seguinte solicita um dos três opcionais.
b. O comprador seguinte não solicita nenhum opcional.
c. O comprador seguinte solicita apenas transmissão automática e nenhum dos outros dois opcionais.
d. O comprador seguinte solicita exatamente um opcional.

16. São apresentados a um indivíduo três copos de refrigerante de cola identificados como C, D e P. Solicita-se que ele prove os três e, então, liste-os em ordem de preferência. Suponha que o mesmo refrigerante tenha sido colocado nos três copos.

a. Quais são os eventos simples nesse experimento de classificação e qual probabilidade você atribuiria a cada um deles?
b. Qual é a probabilidade de C ser classificado como o primeiro?
c. Qual é a probabilidade de C ser classificado como o primeiro e D como o último?

17. Represente por A o evento de que a próxima solicitação de assistência de um consultor de um software estatístico seja relacionada ao pacote SPSS e por B o evento de a próxima solicitação de ajuda ser relacionada ao pacote SAS. Suponha que $P(A) = 0{,}30$ e $P(B) = 0{,}50$.

a. Por que este não é o caso de que $P(A) + P(B) = 1$?
b. Calcule $P(A')$.
c. Calcule $P(A \cup B)$.
d. Calcule $P(A' \cap B')$.

18. Uma caixa contém seis lâmpadas de 40W, cinco de 60W e quatro de 75W. Se as lâmpadas forem selecionadas uma a uma em ordem aleatória, qual é a probabilidade de ao menos duas serem selecionadas para se obter uma de 75W?

19. Uma empresa de seguros oferece quatro níveis de dedução – nenhum, baixo, médio e alto – para os possuidores de apólices de seguros residenciais e três níveis diferentes – baixo, médio e alto – para os possuidores de suas apólices de seguros de automóveis. A tabela a seguir fornece as proporções das diversas categorias de segurados que possuem ambos os tipos de seguros. Por exemplo, a proporção de indivíduos com baixa dedução de seguro residencial e baixa dedução de seguro de automóvel é 0,06 (6% de todos os indivíduos).

	Proprietários de residências			
Automóveis	**N**	**B**	**M**	**A**
B	0,04	0,06	0,05	0,03
M	0,07	0,10	0,20	0,10
A	0,02	0,03	0,15	0,15

Suponha que um indivíduo que possui ambos os tipos de apólices seja selecionado aleatoriamente.

a. Qual é a probabilidade de que o indivíduo tenha dedução média de automóvel e alta de residência?
b. Qual é a probabilidade de que o indivíduo tenha uma dedução baixa de automóvel? E uma dedução baixa de residência?
c. Qual é a probabilidade de que um indivíduo esteja na mesma categoria para deduções de automóvel e residência?
d. Com base na resposta do item (c), qual é a probabilidade de que as duas categorias sejam diferentes?
e. Qual é a probabilidade de que o indivíduo tenha ao menos um nível baixo de dedução?
f. Usando a resposta do item (e), qual é a probabilidade de que nenhum nível dedutível seja baixo?

20. Determinada fábrica opera em três turnos diferentes. No ano anterior, ocorreram 200 acidentes na fábrica. Alguns deles podem ser atribuídos em parte a condições de trabalho inseguras, enquanto os outros não estão relacionados a condições de trabalho. A tabela a seguir fornece as porcentagens de acidentes que se encaixam em cada categoria de turno de trabalho.

		Condições inseguras	**Não relacionadas a condições**
	Diurno	10%	35%
Turno	***Vespertino***	8%	20%
	Noturno	5%	22%

Suponha que um dos 200 relatórios de acidente seja selecionado aleatoriamente de um arquivo de relatórios e sejam determinados o tipo de acidente e o turno.

a. Quais são os eventos simples?
b. Qual é a probabilidade de que o acidente selecionado seja atribuído a condições inseguras?
c. Qual é a probabilidade de que o acidente selecionado não tenha ocorrido no turno diurno?

21. Considere o tipo de secadora de roupas (a gás ou elétrica) comprada por cinco clientes diferentes em uma loja.

a. Se a probabilidade de, no máximo, um desses clientes fazer uma compra de uma secadora elétrica for de 0,428, qual será a probabilidade de ao menos dois clientes comprarem uma secadora elétrica?
b. Se P (os cinco comprarem a gás) $= 0{,}116$ e P (os cinco comprarem elétricas) $= 0{,}005$, qual será a probabilidade de haver uma compra de ao menos uma de cada tipo?

22. A rota usada por um motorista que vai ao trabalho tem dois cruzamentos com semáforos. A probabilidade de que ele tenha de parar no primeiro semáforo é 0,4, a probabilidade análoga para o segundo semáforo é 0,5 e a probabilidade de que ele tenha de parar em pelo menos um dos dois semáforos é 0,6. Qual é a probabilidade de ele ter de parar:

a. Nos dois semáforos?
b. No primeiro semáforo, mas não no segundo?
c. Em exatamente um semáforo?

23. Os computadores de seis membros do corpo docente de um determinado departamento serão substituídos. Dois deles escolheram laptops e os outros quatro, desktops. Suponha que apenas duas configurações possam ser feitas em determinado dia e que os dois computadores a serem configurados sejam selecionados aleatoriamente entre os seis (implicando 15 resultados igualmente prováveis se os computadores estiverem numerados 1, 2,…, 6, de forma que um resultado consistirá nos computadores 1 e 2, outro nos computadores 1 e 3 e assim por diante).

a. Qual é a probabilidade de que as duas configurações selecionadas sejam de laptops?

b. Qual é a probabilidade de que as configurações selecionadas sejam de desktops?

c. Qual é a probabilidade de que ao menos uma das configurações selecionadas seja de um computador desktop?

d. Qual é a probabilidade de que ao menos um computador de cada tipo seja escolhido para a configuração?

24. Mostre que se um evento A estiver contido em outro evento B (isto é, A é um subconjunto de B), então, $P(A) \leq P(B)$. [*Dica*: para esse A e B, A e $B \cap A'$ são disjuntos e $B = A \cup (B \cap A')$, como pode ser visto em um diagrama de Venn.] Para A e B em geral, o que isso implica a respeito da relação entre $P(A \cap B)$, $P(A)$ e $P(A \cup B)$?

25. A inspeção visual de juntas de solda em placas de circuitos impressos pode ser bastante subjetiva. Parte do problema se origina dos diversos tipos de defeitos de soldas (por exemplo, falta solda em pontos variados) e até da quantidade de um ou mais desses defeitos. Consequentemente, até mesmo inspetores altamente treinados podem discordar sobre a disposição de uma junta. Em um lote de 10 000 juntas, o inspetor A encontrou 724 que julgou defeituosas, o inspetor B encontrou 751 e 1 159 foram encontradas por ao menos um dos inspetores. Suponha que uma dessas 10 000 juntas seja selecionada aleatoriamente.

a. Qual é a probabilidade de que a junta selecionada não seja julgada defeituosa por nenhum dos dois inspetores?

b. Qual é a probabilidade de que a junta selecionada seja julgada defeituosa pelo inspetor B, mas não pelo inspetor A?

26. Determinado sistema pode ter três tipos diferentes de defeitos. Represente por A_i ($i = 1,2,3$) o evento em que o sistema apresenta um defeito do tipo i. Suponha que

$$P(A_1) = 0{,}12 \quad P(A_2) = 0{,}07 \quad P(A_3) = 0{,}05$$
$$P(A_1 \cup A_2) = 0{,}13 \quad P(A_1 \cup A_3) = 0{,}14$$
$$P(A_2 \cup A_3) = 0{,}10 \quad P(A_1 \cap A_2 \cap A_3) = 0{,}01$$

a. Qual é a probabilidade de o sistema não ter um defeito do tipo 1?

b. Qual é a probabilidade de o sistema ter defeitos dos tipos 1 e 2?

c. Qual é a probabilidade de o sistema ter defeitos dos tipos 1 e 2, mas não do tipo 3?

d. Qual é a probabilidade de o sistema ter no máximo dois desses defeitos?

27. Um departamento acadêmico com cinco membros do corpo docente – Anderson, Box, Cox, Cramer e Fisher – deve selecionar dois deles para servir a um comitê de avaliação de pessoal. Como o trabalho levará muito tempo, ninguém deseja servir, de forma que foi decidido que os representantes serão selecionados por sorteio, colocando-se os nomes em pedaços de papel idênticos e, então, selecionando aleatoriamente dois deles.

a. Qual é a probabilidade de Anderson e Box serem selecionados? [*Dica*: relacione os resultados igualmente proporcionais.]

b. Qual é a probabilidade de que pelo menos um dos dois membros cujos nomes iniciam por C seja selecionado?

c. Se os cinco membros tiverem 3, 6, 7, 10 e 14 anos de ensino na universidade, respectivamente, qual é a probabilidade de que os dois representantes escolhidos tenham no mínimo 15 anos de ensino ali (tempos de ensino somados)?

28. No Exercício 5, suponha que qualquer indivíduo tenha possibilidade igualmente provável de ser designado para qualquer um dos três postos, independentemente de para onde os outros sejam designados. Qual é a probabilidade de:

a. Os três membros da família serem enviados ao mesmo posto?

b. No máximo dois membros da família serem enviados ao mesmo posto?

c. Cada membro da família ser enviado a um posto diferente?

2.3 Técnicas de contagem

Quando os diversos resultados de um experimento são equiprováveis (a mesma probabilidade é atribuída a cada evento simples), a tarefa de calcular probabilidades se reduz a uma contagem. Representando por N o número de resultados em um espaço amostral e representando por $N(A)$ o número de resultados contidos em um evento A,

$$P(A) = \frac{N(A)}{N} \tag{2.1}$$

Se uma lista de resultados for facilmente obtida e N for pequeno, então, N e $N(A)$ podem ser determinados sem o benefício de quaisquer princípios de contagem geral.

Há, entretanto, muitos experimentos para os quais o esforço despendido na elaboração de tal lista é proibitivo, porque N é muito grande. Explorando algumas regras gerais de contagem, é possível calcular probabilidades da forma (2.1) sem relacionar os resultados. Essas regras também são úteis em vários problemas que envolvem resultados que não sejam igualmente prováveis. Várias das regras desenvolvidas aqui serão usadas no estudo das distribuições de probabilidades no próximo capítulo.

A regra do produto para pares ordenados

Nossa primeira regra se aplica a qualquer situação em que um conjunto (evento) consiste em pares ordenados de objetos e desejamos contar o número desses pares. Entendemos por par ordenado que, se O_1 e O_2 forem objetos, o par (O_1, O_2) será diferente do par (O_2, O_1). Por exemplo, se um indivíduo seleciona uma linha aérea para uma viagem de Los Angeles a Chicago e (após fazer negócios em Chicago) uma segunda linha para seguir até Nova York, uma possibilidade é (American, United), outra é (United, American) e outra, (United, United).

Proposição[3]

Se o primeiro elemento ou objeto de um par ordenado puder ser selecionado de n_1 formas e para cada uma dessas n_1 formas o segundo elemento do par puder ser selecionado de n_2 formas, então, o número de pares é n_1n_2.

Uma interpretação alternativa envolve a execução de uma operação que consiste em dois estágios. Se o primeiro estágio puder ser realizado em qualquer uma das n_1 formas e para cada forma dessas houver n_2 formas de realizar o segundo estágio, então, n_1n_2 é o número de formas de executar os dois estágios em sequência.

Exemplo 2.17

O proprietário de uma casa em reforma solicita os serviços de um encanador e de um eletricista. Se houver 12 empreiteiros de encanamento e 9 empreiteiros eletricistas disponíveis na área, de quantas formas os empreiteiros podem ser contratados? Se representarmos os encanadores por $P_1,\ldots, P_{12}$ e os eletricistas por $Q_1,\ldots, Q_9$, então, desejamos o número de pares da forma (P_i, Q_j). Com $n_1 = 12$ e $n_2 = 9$, a regra do produto fornece $N = (12)(9) = 108$ formas possíveis de escolher dois tipos de empreiteiros. ■

No Exemplo 2.17, a escolha do segundo elemento do par não depende de o primeiro ter sido escolhido ou ter ocorrido. Enquanto houver o mesmo número de escolhas do segundo elemento para cada primeiro, a regra do produto será válida, mesmo quando o conjunto de segundos elementos possíveis depender do primeiro.

Exemplo 2.18

Uma família se mudou para uma cidade e precisa dos serviços de um obstetra e de um pediatra. Há duas clínicas de fácil acesso e cada uma tem dois obstetras e três pediatras. A família obterá benefícios máximos de seguro de saúde se escolher uma clínica e selecionar dois de seus especialistas. De quantas formas isso pode ser feito? Represente os obstetras por O_1, O_2, O_3 e O_4 e os pediatras por $P_1,\ldots, P_6$. Desejamos, então, determinar o número de pares (O_i, P_j) para os quais O_i e P_j estão associados à mesma clínica. Como há quatro obstetras, $n_1 = 4$, e para cada um há três escolhas de pediatra, $n_2 = 3$, a aplicação da regra do produto fornece $N = n_1n_2 = 12$ escolhas possíveis. ■

Em diversos problemas de contagem e probabilidade, uma configuração denominada **diagrama de árvore** pode ser usada para representar graficamente todas as possibilidades. O diagrama de árvore associado ao Exemplo 2.18 é exibido na Figura 2.7. Partindo de um ponto do lado esquerdo do diagrama, para cada primeiro elemento possível de um par origina-se um segmento de reta direcionado para a direita. Cada uma dessas retas é denominada ramo de 1ª geração. Para cada ramo de 1ª geração criamos outro segmento de reta originando-se na extremidade do ramo, para cada escolha possível do segundo elemento do par. Cada segmento de reta é um ramo de 2ª geração. Como há quatro obstetras, há quatro ramos de 1ª geração e três pediatras para cada obstetra resultam em três ramos de 2ª geração originando-se de cada ramo de 1ª geração.

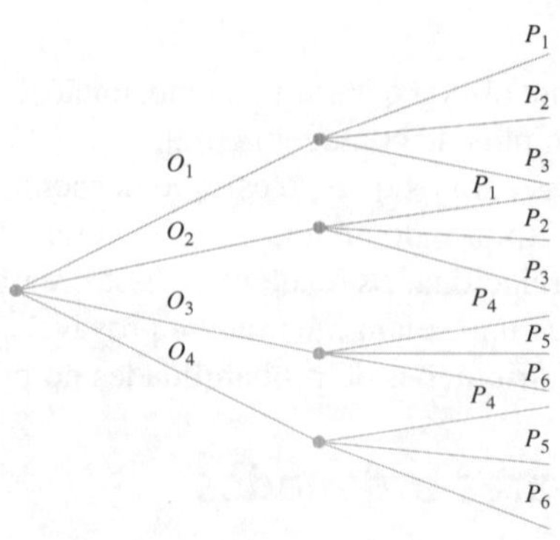

Figura 2.7 Diagrama de árvore do Exemplo 2.18.

[3] Esta proposição é um caso particular do princípio fundamental da contagem.

Suponha que, genericamente, haja n_1 ramos de 1ª geração e que para cada um deles haja n_2 ramos de segunda geração. O número total de ramos de segunda geração será, então, n_1n_2. Já que a extremidade de cada ramo de 2ª geração corresponde a exatamente um par possível (escolher um primeiro elemento e, então, um segundo nos coloca exatamente na extremidade de um ramo de 2ª geração), há pares n_1n_2, o que comprova a regra do produto.

A construção de um diagrama de árvore não depende de se ter o mesmo número de ramos de 2ª geração originando-se de cada ramo de 1ª geração. Se a segunda clínica tivesse quatro pediatras, haveria apenas três ramos partindo de dois dos ramos de 1ª geração e quatro partindo de cada um dos dois outros ramos de 1ª geração. Um diagrama de árvore pode, então, ser usado para representar graficamente experimentos diferentes daqueles a que se aplica a regra do produto.

Uma regra do produto mais abrangente

Se um dado de seis lados é lançado cinco vezes consecutivas em vez de apenas duas, cada resultado possível é um conjunto de cinco números como (1, 3, 1, 2, 4) ou (6, 5, 2, 2, 2). Denominaremos um conjunto ordenado de k objetos como uma ***k*-tupla** (assim, um par é uma 2-tupla e um trio é uma 3-tupla). Cada resultado de experimento de lançamento de dados é uma 5-tupla.

Regra do produto para k-tuplas[4]

Suponha que um conjunto consista em conjuntos ordenados de k elementos (k-tuplas) e que haja n_1 escolhas possíveis para o primeiro elemento. Para cada escolha do primeiro elemento, há n_2 escolhas possíveis do segundo elemento; ...; para cada escolha possível dos primeiros $k - 1$ elementos, há n_k escolhas do k-ésimo elemento. Então, há $n_1n_2 \cdot \ldots \cdot n_k$ k-tuplas possíveis.

Uma interpretação alternativa envolve a execução de uma operação em k estágios. Se o primeiro estágio pode ser realizado em qualquer uma das n_1 formas e para cada forma dessas houver n_2 formas de realizar o segundo estágio, e para cada forma de realizar os dois primeiros estágios houver n_3 formas de realizar o terceiro estágio e assim por diante, então, $n_1n_2 \cdot \ldots \cdot n_k$ é o número de formas de executar toda a operação do k estágio em sequência. Esta regra mais geral também pode ser visualizada com um diagrama de árvore. Para o caso $k = 3$, simplesmente adicione um número apropriado de ramos de 3ª geração à extremidade de cada ramo de 2ª geração. Se, por exemplo, uma cidade universitária possui quatro pizzarias, um complexo de cinema com seis telas e três locais para ir dançar, então, haveria quatro ramos de 1ª geração, seis ramos de 2ª geração emanando da extremidade de cada ramo de 1ª geração e três ramos de 3ª geração conduzindo cada ramo de 2ª geração. Cada 3-tupla possível corresponde à extremidade de um ramo de 3ª geração.

Exemplo 2.19 (continuação do Exemplo 2.17)

Suponha que o trabalho de reforma da casa envolva a compra de diversos utensílios de cozinha. Eles serão comprados do mesmo fornecedor e há cinco deles disponíveis na área. Com os fornecedores representados por $D_1,\ldots, D_5$, há $N = n_1n_2n_3 = (5)(12)(9) = 540$ tuplas da forma (D_i, P_j, Q_k), havendo 540 formas de escolher primeiro um fornecedor de eletrodomésticos, depois um encanador e, por fim, um eletricista. ■

Exemplo 2.20 (continuação do Exemplo 2.18)

Se cada clínica tiver três especialistas em medicina interna e dois cirurgiões gerais, haverá $n_1n_2n_3n_4 = (4)(3)(3)(2) = 72$ formas de selecionar um médico de cada tipo, de maneira que todos os médicos sejam da mesma clínica. ■

Arranjos e combinações

Considere um grupo de n indivíduos ou objetos distintos ("distinto" significa que há alguma característica que diferencia qualquer indivíduo ou objeto em particular de qualquer outro). Há quantas maneiras de selecionar um subconjunto de tamanho k do grupo? Por exemplo, se um time da Little League (beisebol) tiver 15 jogadores em sua escalação, há quantas maneiras de selecionar nove jogadores para montar uma formação titular? Ou se a livraria de uma universidade vender dez laptops diferentes, porém tiver espaço para expor apenas três deles, de quantas maneiras os três podem ser escolhidos?

[4] Este resultado é conhecido como princípio fundamental da contagem.

Uma resposta para a pergunta geral proposta requer que façamos uma distinção entre dois casos. Em algumas situações, como o cenário do beisebol, a ordem de seleção é importante. Por exemplo, Angela sendo a arremessadora e Ben, o apanhador, dá uma formação diferente daquela na qual Angela é a apanhadora e Ben o arremessador. Geralmente, porém, a ordem não é importante e nos interessamos apenas por quais indivíduos ou objetos são selecionados, como seria o caso no cenário da exposição do laptop.

Definição

Um subconjunto ordenado é chamado **arranjo**. O número de arranjos de tamanho k que pode ser criado a partir dos n indivíduos ou objetos em um grupo será representado por $P_{k,n}$. Um subconjunto desordenado é chamado de **combinação**. Uma forma de representar o número de combinações é $C_{k,n}$, mas, em vez disso, devemos usar a notação que é bastante comum em livros de probabilidade: $\binom{n}{k}$, em que se lê "n tomados k a k".

O número de arranjos pode ser determinado usando nossa regra de contagem anterior para k-tuplas. Suponha, por exemplo, que uma faculdade de engenharia possua sete departamentos, os quais representamos por a, b, c, d, e, f e g. Cada departamento possui um representante no conselho estudantil da faculdade. Dentre esses sete representantes, devem-se escolher um presidente, um vice-presidente e um secretário. Há quantas formas de se escolherem essas três pessoas? Isto é, quantos arranjos de tamanho 3 podem ser formados a partir dos 7 representantes? Para responder a esta pergunta, pense em formar um trio (3--tupla) no qual o primeiro elemento seja o presidente, o segundo seja o vice-presidente e o terceiro seja o secretário. Um desses trios é (a, g, b), outro é (b, g, a) e outro ainda é (d, f, b). Agora, o presidente pode ser selecionado em qualquer uma das $n_1 = 7$ formas. Para cada forma de selecionar o presidente, há $n_2 = 6$ formas de selecionar o vice-presidente e, por esse motivo, $7 \times 6 = 42$ (presidente, vice-presidente) pares. Por fim, para cada forma de selecionar um presidente e um vice-presidente, há $n_3 = 5$ formas de escolher o secretário. Isso dá

$$P_{3,7} = (7)(6)(5) = 210$$

como o número de arranjos de tamanho 3 que podem ser formados a partir de 7 indivíduos distintos. Uma representação de diagrama de árvore mostraria três gerações de ramos.

A expressão para $P_{3,7}$ pode ser reescrita com o auxílio de uma *notação fatorial*. Lembre-se de que 7! (lê-se "7 fatorial") é uma notação compacta para o produto decrescente de inteiros (7)(6)(5)(4)(3)(2)(1). Mais geralmente, para qualquer inteiro positivo m, $m! = m(m - 1)(m - 2) \cdot \ldots \cdot (2)(1)$. Isso dá $1! = 1$ e nós também definimos $0! = 1$. Então,

$$P_{3,7} = (7)(6)(5) = \frac{(7)(6)(5)(4!)}{(4!)} = \frac{7!}{4!}$$

De forma mais geral,

$$P_{k,n} = n(n - 1)(n - 2) \cdot \ldots \cdot (n - (k - 2))(n - (k - 1))$$

Multiplicar e dividir isso por $(n - k)!$ dá uma expressão compacta para o número de arranjos.

Proposição

$$P_{k,n} = \frac{n!}{(n - k)!}$$

Exemplo 2.21

Há 10 assistentes de professores disponíveis para correção de provas em um curso de cálculo de uma grande universidade. O primeiro exame consiste em quatro questões e o professor deseja selecionar um assistente diferente para corrigir cada uma (apenas um assistente por questão). De quantas formas diferentes os assistentes podem ser escolhidos para a correção? Aqui, n = tamanho do grupo = 10 e k = tamanho do subconjunto = 4. O número de arranjos é

$$P_{4,10} = \frac{10!}{(10 - 4)!} = \frac{10!}{6!} = 10(9)(8)(7) = 5\,040$$

Isto é, o professor poderia dar 5 040 exames de quatro questões diferentes sem usar a mesma atribuição de alunos às questões, momento em que todos os assistentes de professores teriam esperançosamente concluído seus cursos de graduação! ■

Agora, vamos passar para as combinações (isto é, subconjuntos desordenados). Novamente, volte ao cenário do conselho estudantil e suponha que três dos sete representantes devam ser selecionados para participar de uma convenção estadual. A ordem de seleção não é importante: tudo o que importa é quais são os três selecionados. Então, estamos procurando $\binom{7}{3}$, o número de combinações de tamanho 3 que pode ser formado a partir dos 7 indivíduos. Considere por um momento a combinação a, c, g. Esses três indivíduos podem ser ordenados em $3! = 6$ formas de produzir arranjos:

$$a, c, g \quad a, g, c \quad c, a, g \quad c, g, a \quad g, a, c \quad g, c, a$$

Similarmente, há $3! = 6$ formas de se ordenar a combinação b, c, e para produzir arranjos e de fato 3! formas de ordenar qualquer combinação particular de tamanho 3 para produzir arranjos. Isso implica a seguinte relação entre o número de combinações e o número de arranjos:

$$P_{3,7} = (3!)\cdot\binom{7}{3} \Rightarrow \binom{7}{3} = \frac{P_{3,7}}{3!} = \frac{7!}{(3!)(4!)} = \frac{(7)(6)(5)}{(3)(2)(1)} = 35$$

Não seria difícil listar as 35 combinações, mas não há a necessidade de fazê-lo se estivermos interessados apenas em quantas são. Observe que o número de arranjos 210 excede em muito o número de combinações. O primeiro é maior que o último por um fator de 3!, já que consiste em quantas formas cada combinação pode ser ordenada.

Generalizando, a linha de raciocínio precedente dá uma relação simples entre o número de arranjos e o número de combinações que produz uma expressão concisa para a última quantidade.

Proposição

$$\binom{n}{k} = \frac{P_{k,n}}{k!} = \frac{n!}{k!(n-k)!}$$

Observe que $\binom{n}{n} = 1$ e $\binom{n}{0} = 1$, já que há apenas uma forma de escolhermos um conjunto de (todos) n elementos ou de nenhum elemento, e $\binom{n}{1} = n$, já que há n subconjuntos de tamanho 1.

Exemplo 2.22

A lista de reprodução de determinado iPod contém 100 músicas, 10 das quais são dos Beatles. Suponha que o recurso *shuffle* seja usado para tocar as músicas em ordem aleatória [a aleatoriedade do processo de embaralhamento é investigada em "Seu iPod *realmente* toca as favoritas?" (*The Amer. Statistician*, 2009: 263-268)]. Qual é a probabilidade de que a primeira música ouvida dos Beatles seja a quinta música tocada?

A fim de esse evento ocorrer, este deve ser o caso em que as primeiras quatro músicas tocadas não sejam dos Beatles (NBs) e que a quinta música seja dos Beatles (B). O número de formas de selecionar as cinco primeiras músicas é 100(99)(98)(97)(96). O número de formas de selecionar essas cinco músicas de maneira que as primeiras quatro sejam NBs e a próxima seja B é (89)(88)(87)(10). A suposição é de que o embaralhamento aleatório implique que qualquer conjunto em particular de 5 músicas entre as 100 tenha a mesma chance de ser selecionado como as cinco primeiras músicas tocadas que qualquer outro conjunto de cinco músicas. Cada resultado é igualmente proporcional. Portanto, a probabilidade desejada é a proporção do número de resultados para que o evento de interesse ocorra para o número de resultados possíveis:

$$P(1^{\text{a}}\text{ B é a }5^{\text{a}}\text{ música tocada}) = \frac{90\cdot 89\cdot 88\cdot 87\cdot 10}{100\cdot 99\cdot 98\cdot 97\cdot 96} = \frac{P_{4,90}\cdot(10)}{P_{5,100}} = 0{,}0679$$

Aqui está uma linha alternativa de raciocínio envolvendo combinações. Em vez de concentrar-se em selecionar apenas as primeiras cinco músicas, pense em tocar as 100 músicas em ordem aleatória. O número de formas de escolher 10 dessas músicas que sejam Bs (independentemente da ordem na qual elas são, então, tocadas) é $\binom{100}{10}$. Agora, se escolhermos 9 das últimas 95 músicas que sejam Bs, o que pode ser feito de $\binom{95}{9}$ formas, isto deixa quatro NBs e uma B para as cinco primeiras músicas. Há apenas mais uma forma para que essas cinco comecem com quatro NBs e, então, continuem com uma B (lembre-se de que estamos considerando subconjuntos *desordenados*). Dessa forma,

$$P(1^{\text{a}} \text{ B é a } 5^{\text{a}} \text{ música tocada}) = \frac{\binom{95}{9}}{\binom{100}{10}}$$

Verifica-se facilmente que esta última expressão é, de fato, idêntica à primeira expressão para a probabilidade desejada, então, o resultado numérico é novamente 0,0679.

A probabilidade de que uma das cinco primeiras músicas tocadas seja dos Beatles é

$$P(1^{\text{a}} \text{ B é a } 1^{\text{a}} \text{ ou } 2^{\text{a}} \text{ ou } 3^{\text{a}} \text{ ou } 4^{\text{a}} \text{ ou } 5^{\text{a}} \text{ música tocada})$$

$$= \frac{\binom{99}{9}}{\binom{100}{10}} + \frac{\binom{98}{9}}{\binom{100}{10}} + \frac{\binom{97}{9}}{\binom{100}{10}} + \frac{\binom{96}{9}}{\binom{100}{10}} + \frac{\binom{95}{9}}{\binom{100}{10}} = 0{,}4162$$

É, portanto, bastante provável que uma música dos Beatles seja uma das cinco primeiras músicas tocadas. Tal "coincidência" não é tão surpreendente como pode parecer o caso à primeira vista. ■

Exemplo 2.23

Um armazém de uma universidade recebeu uma entrega de 25 impressoras, das quais 10 são impressoras a laser e 15 são modelos a jato de tinta. Se 6 das 25 forem selecionadas aleatoriamente para serem verificadas por um técnico, qual será a probabilidade de que exatamente 3 delas sejam a laser (sendo as outras 3 a jato de tinta)?

Seja $D_3 = \{$exatamente 3 das 6 selecionadas são impressoras a jato de tinta$\}$. Supondo que qualquer conjunto específico de 6 impressoras tenha a mesma chance de ser escolhido em relação a qualquer outro conjunto de 6, temos resultados igualmente prováveis, de forma que $P(D_3) = N(D_3)/N$, em que N é o número de formas de escolha das 6 impressoras dentre as 25 e $N(D_3)$ é o número de formas de seleção de 3 impressoras a laser e 3 a jato de tinta. Portanto, $N = \binom{25}{6}$. Para obter $N(D_3)$, pense em primeiro escolher 3 dos 15 modelos a jato de tinta e, então, 3 impressoras a laser. Há $\binom{15}{3}$ formas de escolha de 3 modelos a jato de tinta e $\binom{10}{3}$ formas de escolha de 3 impressoras a laser. Nesse caso, $N(D_3)$ é o produto desses dois números (visualize um diagrama de árvore – estamos realmente usando a regra do produto), de forma que

$$P(D_3) = \frac{N(D_3)}{N} = \frac{\binom{15}{3}\binom{10}{3}}{\binom{25}{6}} = \frac{\frac{15!}{3!12!} \cdot \frac{10!}{3!7!}}{\frac{25!}{6!19!}} = 0{,}3083$$

Seja $D_4 = \{$exatamente 4 das 6 impressoras selecionadas são modelos a jato de tinta$\}$ e defina D_5 e D_6 de forma análoga. Então, a probabilidade de ao menos 3 impressoras a jato de tinta serem selecionadas é

$$P(D_3 \cup D_4 \cup D_5 \cup D_6) = P(D_3) + P(D_4) + P(D_5) + P(D_6)$$

$$= \frac{\binom{15}{3}\binom{10}{3}}{\binom{25}{6}} + \frac{\binom{15}{4}\binom{10}{2}}{\binom{25}{6}} + \frac{\binom{15}{5}\binom{10}{1}}{\binom{25}{6}} + \frac{\binom{15}{6}\binom{10}{0}}{\binom{25}{6}} = 0{,}8530 \ ■$$

EXERCÍCIOS Seção 2.3 (29–44)

29. Em abril de 2006, cerca de 50 milhões de nomes de domínios .com da web foram registrados (por exemplo, yahoo.com).

a. Quantos nomes de domínios consistindo em apenas duas letras em sequência podem ser formados? Quantos nomes de domínios de dois caracteres existem se dígitos e letras forem permitidos? [*Observação*: um comprimento de três caracteres ou mais é agora obrigatório.]

b. Quantos nomes de domínio existem consistindo em três letras em sequência? Quantos existem deste tamanho se letras ou dígitos forem permitidos? [*Observação*: todos são atualmente usados.]

c. Responda às perguntas apresentadas em (b) para sequências de quatro caracteres.

d. Em abril de 2006, 97 786 das sequências de quatro caracteres usando letras ou dígitos ainda não tinham sido reivindicadas. Se um nome com quatro caracteres for selecionado aleatoriamente, qual é a probabilidade de que ele já seja usado?

30. Um amigo meu vai oferecer um jantar. Sua adega inclui 8 garrafas de zinfandel, 10 de merlot e 12 de cabernet (ele só toma vinho tinto), todos de vinícolas diferentes.

a. Se ele quiser servir 3 garrafas de zinfandel e a ordem para servir for importante, de quantas formas pode fazê-lo?

b. Se forem selecionadas 6 garrafas de vinho aleatoriamente entre as 30 disponíveis para servir, quantas formas há de selecioná-las?

c. Se forem selecionadas 6 garrafas aleatoriamente, de quantas formas será possível selecionar duas garrafas de cada variedade?

d. Se forem selecionadas 6 garrafas aleatoriamente, qual a probabilidade de serem escolhidas duas garrafas de cada variedade?

e. Se forem selecionadas 6 garrafas aleatoriamente, qual a probabilidade de todas serem do mesmo tipo?

31. No pôquer de cinco cartas, um *straight* consiste em cinco cartas com denominações adjacentes (por exemplo, 9 de paus, 10 de copas, valete de copas, dama de espadas e rei de paus). Supondo que os ases possam ficar nas duas pontas, se você receber um jogo de cinco cartas, qual é a probabilidade de que ele será um *straight* com a carta 10 alta? Qual é a probabilidade de se receber um *straight*? Qual é a probabilidade de ser um *straight flush* (todas as cartas do mesmo naipe)?

32. Uma loja de aparelhos de som oferece um preço especial para o conjunto completo de componentes (*receiver*, CD-player, alto-falantes, toca-disco). O comprador tem a seguinte opção de fabricante para cada componente:

Receiver: Kenwood, Onkyo, Pioneer, Sony, Sherwood
CD-player: Onkyo, Pioneer, Sony, Technics
Alto-falantes: Boston, Infinity, Polk
Toca-disco: Onkyo, Sony, Teac, Technics

Um painel de ligação da loja permite ao cliente conectar qualquer seleção de componentes (um de cada tipo). Use a regra do produto para responder às seguintes perguntas:

a. De quantas formas um componente de cada tipo pode ser selecionado?

b. De quantas formas os componentes podem ser selecionados se o *receiver* e o CD-player forem Sony?

c. De quantas formas os componentes podem ser selecionados se nenhum for Sony?

d. De quantas formas pode ser feita uma seleção se ao menos um componente Sony for incluído?

e. Se os interruptores forem ligados de forma totalmente aleatória, qual será a probabilidade de o sistema selecionado conter ao menos um componente Sony? E exatamente um componente Sony?

33. Novamente, considere um time da Little League que tenha 15 jogadores em sua escalação.

a. Há quantas formas de selecionar 9 jogadores para a formação titular?

b. Há quantas formas de selecionar 9 jogadores para a formação titular e uma ordem de rebatedores para os 9 titulares?

c. Suponha que 5 dos 15 jogadores sejam canhotos. Existem quantas formas de selecionar 3 jogadores de campo externo canhotos e ter todas as 6 demais posições ocupadas por jogadores destros?

34. Falhas no teclado do computador podem ser atribuídas a defeitos elétricos ou defeitos mecânicos. Um estabelecimento de assistência técnica possui 25 teclados com defeito, 6 dos quais têm defeitos elétricos e 19 têm defeitos mecânicos.

a. Há quantas formas de selecionar aleatoriamente 5 desses teclados para uma inspeção completa (independentemente da ordem)?

b. De quantas formas uma amostra de 5 teclados pode ser selecionada de forma a exatamente dois terem um defeito elétrico?

c. Se uma amostra de 5 teclados for selecionada aleatoriamente, qual é a probabilidade de que ao menos 4 desses tenham um defeito mecânico?

35. Uma instalação de produção emprega 20 operários no turno diurno, 15 operários no noturno e 10 operários no da madrugada. Um consultor de controle de qualidade deve selecionar 6 desses operários para entrevistas detalhadas. Suponha que a seleção seja feita de tal forma que qualquer grupo específico de 6 operários tenha a mesma possibilidade de ser selecionado que qualquer outro grupo (escolha de 6 nomes sem reposição entre 45).

a. Quantas escolhas contêm 6 operários do turno diurno? Qual é a probabilidade de os 6 operários selecionados serem do turno diurno?

b. Qual é a probabilidade de os 6 operários selecionados serem do mesmo turno?

c. Qual é a probabilidade de pelo menos dois turnos diferentes terem representantes entre os operários selecionados?

d. Qual é a probabilidade de pelo menos um dos turnos não ter representante na amostra de operários?

36. Um departamento acadêmico com cinco membros docentes restringiu sua escolha para chefe do departamento ao candidato *A* ou candidato *B*. Cada membro, então, votou em um dos candidatos em uma cédula. Suponha que haja, na verdade, três votos para o candidato *A* e dois para o candidato *B*. Se as cédulas forem selecionadas para contagem em ordem aleatória, qual é a probabilidade de *A* se manter à frente de *B* na contagem dos votos (por exemplo: esse evento ocorre se a ordem selecionada for *AABAB*, mas não se for *ABBAA*)?

37. a. Beethoven escreveu 9 sinfonias e Mozart escreveu 27 concertos para piano. Se a estação de rádio de uma universidade desejar tocar primeiro uma sinfonia de Beethoven e depois um concerto de Mozart, de quantas formas pode ser feita a escolha?

b. O gerente da rádio decide que em cada noite sucessiva (7 dias por semana) será tocada uma sinfonia de Beethoven, seguida por um concerto de piano de Mozart, seguido por um quarteto de cordas de Schubert (de um total de 15). Por cerca de quantos anos essa política pode continuar, antes que exatamente o mesmo programa seja repetido?

38. Uma caixa em um depósito contém quatro lâmpadas de 40W, cinco de 60W e seis de 75W. Suponha que três lâmpadas sejam selecionadas aleatoriamente.

a. Qual a probabilidade de que exatamente duas das lâmpadas selecionadas sejam de 75W?

b. Qual a probabilidade de que as três lâmpadas selecionadas tenham a mesma potência?

c. Qual a probabilidade de que uma lâmpada de cada tipo seja selecionada?

d. Suponha que as lâmpadas sejam selecionadas uma a uma até que seja encontrada uma de 75W. Qual a probabilidade de que seja necessário examinar pelo menos seis lâmpadas?

39. Foram recebidos quinze telefones em uma assistência técnica autorizada. Cinco deles são celulares, cinco são sem fio e os outros cinco são telefones com fio. Suponha que a esses componentes sejam designados os números 1, 2,..., 15 para estabelecer a ordem na qual eles serão consertados.

a. Qual é a probabilidade de que todos os telefones sem fio estejam entre os primeiros 10 a serem consertados?

b. Qual é a probabilidade de que, após consertar 10 telefones, somente dois dos três tipos ainda estejam com conserto pendente?

c. Qual é a probabilidade de que dois telefones de cada tipo estejam entre os primeiros seis a serem consertados?

40. Três moléculas do tipo *A*, três do tipo *B*, três do tipo *C* e três do tipo *D* serão vinculadas uma à outra para formar uma cadeia molecular. Uma molécula desse tipo é *ABCDABCDABCD* e outra é *BCDDAAABDBCC*.

a. Quantas dessas cadeias moleculares existem? [*Dica*: se as três moléculas *A* fossem distinguíveis uma da outra – A_1, A_2, A_3 – e as moléculas *B*, *C* e *D* também fossem, haveria quantas moléculas? Como esse número será reduzido se não houver distinção entre as moléculas *A*?]

b. Suponha que uma molécula composta do tipo descrito seja selecionada aleatoriamente. Qual é a probabilidade de que todas as moléculas de cada tipo estejam juntas (como em *BBBAAADDDCCC*)?

41. O número de identificação pessoal (PIN, sigla em inglês) de um caixa eletrônico consiste em quatro dígitos, cada um 0, 1, 2,... 8 ou 9, sucessivamente.

a. Quantos PINs diferentes possíveis existem se não houver restrições na escolha dos dígitos?

b. De acordo com um representante da agência local do autor do Chase Bank, há, de fato, restrições na escolha dos dígitos. As escolhas a seguir são proibidas: (i) quatro dígitos idênticos (ii), sequências de dígitos consecutivos ascendentes ou descendentes, como 6 543, (iii) qualquer sequência começando com 19 (anos de nascimento são muito fáceis de adivinhar). Então, se um dos PINs do item (a) for selecionado aleatoriamente, qual é a probabilidade de ele ser um PIN legítimo (isto é, não ser uma das sequências proibidas)?

c. Alguém roubou um cartão bancário e sabe que o primeiro e o último dígitos do PIN são 8 e 1, respectivamente. Ele tem três tentativas antes de o cartão ser retido pelo caixa eletrônico (mas não sabe disso). Assim, essa pessoa seleciona o 2° e o 3° dígitos para a primeira tentativa, então, seleciona aleatoriamente um par diferente de dígitos para a segunda tentativa e ainda outro par de dígitos selecionado aleatoriamente para a terceira tentativa (o indivíduo sabe a respeito das restrições descritas em (b), então, seleciona apenas a partir das possibilidades legítimas). Qual é a probabilidade de o indivíduo conseguir acessar a conta?

d. Recalcule a probabilidade em (c) se o primeiro e o último dígitos forem 1 e 1, respectivamente.

42. Uma formação titular de um time de basquete consiste em dois armadores, dois alas e um pivô.

a. Um time de uma faculdade tem em sua escalação três pivôs, quatro armadores, quatro alas e um indivíduo (X) que pode jogar como armador ou ala. Quantas formações titulares diferentes podem ser criadas? [*Dica*: considere formações sem o X, formações com o X como armador e, então, formações com o X como ala.]

b. Agora suponha que a escalação possua 5 armadores, 5 alas, 3 pivôs e 2 "jogadores alternantes" (X e Y) que podem jogar como armadores ou alas. Se 5 dos 15 jogadores forem selecionados aleatoriamente, qual é a probabilidade de eles constituírem uma formação titular legítima?

43. Um pesquisador está estudando os efeitos da temperatura, da pressão e do tipo de catalisador no resultado de certa reação química. Três temperaturas diferentes, quatro pressões diferentes e cinco catalisadores diferentes são considerados.

a. Se cada teste envolver a utilização de uma única temperatura, pressão e catalisador, quantos testes serão possíveis?

b. Quantos testes envolvem o uso da menor temperatura e de duas menores pressões?

c. Suponha que cinco testes diferentes sejam feitos no primeiro dia de experiência. Se os cinco forem selecionados aleatoriamente dentre todas as possibilidades, de forma que qualquer grupo de cinco tenha a mesma probabilidade de escolha, qual a probabilidade de que um catalisador diferente seja usado em cada teste?

44. Mostre que $\binom{n}{k} = \binom{n}{n-k}$. Forneça uma interpretação envolvendo subconjuntos.

2.4 Probabilidade condicional

As probabilidades atribuídas a diversos eventos dependem do que seja conhecido sobre a situação experimental quando a atribuição é feita. Depois da atribuição inicial, informações parciais relevantes para o resultado do experimento podem estar disponíveis. Essas informações podem fazer com que revisemos algumas atribuições de probabilidade. Para determinado evento A, usamos $P(A)$ para representar a probabilidade atribuída a A. Agora, interpretamos $P(A)$ como a probabilidade original ou incondicional do evento A.

Nesta seção, examinamos como a informação "um evento B ocorreu" afeta a probabilidade atribuída a A. Por exemplo, A pode referir-se a um indivíduo com determinada doença na presença de certos sintomas. Se for feito um exame de sangue no indivíduo e o resultado for negativo (B = exame de sangue negativo), então, a probabilidade de ter a doença será alterada (ela deve diminuir, mas normalmente não para zero, já que os exames de sangue não são infalíveis). Usaremos a notação $P(A|B)$ para representar a **probabilidade condicional de A dado que ocorreu o evento B**. B é o "evento condicionante".

Por exemplo, considere o evento A, em que um estudante selecionado aleatoriamente em sua universidade obteve todas as aulas desejadas durante o ciclo de matrículas do semestre anterior. Presumivelmente $P(A)$ não é muito grande. No entanto, suponha que o estudante selecionado seja um atleta que obtenha uma prioridade de matrícula especial (o evento B). Então, $P(A|B)$ deve ser substancialmente maior que $P(A)$, apesar de, talvez, ainda não próximo de 1.

Exemplo 2.24

Componentes complexos são montados em uma fábrica que usa duas linhas de montagem diferentes: A e A'. A linha A usa equipamentos mais antigos que A', de forma que é mais lenta e um pouco menos confiável. Suponha que, em determinado dia, a linha A tenha montado 8 componentes, dos quais 2 foram identificados como defeituosos (B) e 6 como não defeituosos (B'), ao passo que a linha A' produziu 1 defeituoso e 9 não defeituosos. Essas informações estão resumidas na tabela a seguir.

		Condição	
		B	***B'***
Linha	***A***	2	6
	A'	1	9

Não tendo essas informações, o gerente de vendas seleciona aleatoriamente 1 desses 18 componentes para uma demonstração. Antes da demonstração

$$P(\text{componente selecionado da linha } A) = P(A) = \frac{N(A)}{N} = \frac{8}{18} = 0{,}44$$

Entretanto, se o componente escolhido tiver defeito, o evento B terá ocorrido, de forma que o componente deve ser 1 dos 3 na coluna B da tabela. Como esses 3 componentes são igualmente prováveis entre si após a ocorrência de B,

$$P(A\,|\,B) = \frac{2}{3} = \frac{2/18}{3/18} = \frac{P(A \cap B)}{P(B)} \tag{2.2}$$ ■

Na Equação (2.2), a probabilidade condicional é expressa como uma proporção de probabilidades incondicionais: o numerador é a probabilidade da interseção dos dois eventos, enquanto o denominador é a probabilidade do evento condicionante B. Um diagrama de Venn ilumina esta relação (Figura 2.8).

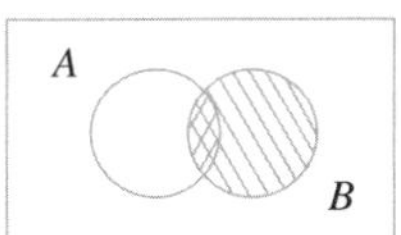

Figura 2.8 Demonstração da definição de probabilidade condicional.

Dado que B ocorreu, o espaço amostral relevante não é mais S, contudo, consiste em resultados contidos em B; A ocorreu se, e somente se, um dos resultados da interseção tiver ocorrido, de forma que a probabilidade condicional de A dado B é proporcional a $P(A \cap B)$. A proporção constante $1/P(B)$ é utilizada para assegurar que a probabilidade $P(B|B)$ do novo espaço amostral de B seja igual a 1.

Definição de probabilidade condicional

O Exemplo 2.24 demonstra que, quando os resultados são igualmente prováveis, o cálculo de probabilidades condicionais pode se basear na intuição. Quando os experimentos são mais complicados, a intuição pode nos enganar, portanto, é necessária uma definição geral de probabilidade condicional que forneça respostas intuitivas em problemas simples. O diagrama de Venn e a Equação (2.2) sugerem como proceder.

Definição

Para quaisquer dois eventos A e B com $P(B) > 0$, a **probabilidade condicional de *A* dado que ocorreu *B*** é definida por

$$P(A|B) = \frac{P(A \cap B)}{P(B)} \tag{2.3}$$

Exemplo 2.25

Suponha que, de todos os indivíduos que compram determinada câmera digital, 60% incluem um cartão de memória opcional na compra, 40% incluem uma bateria extra e 30% incluem um cartão e uma bateria. Considere a seleção aleatória de um comprador e sejam A = {compra de cartão de memória} e B = {compra de bateria}. Então, $P(A) = 0{,}60$, $P(B) = 0{,}40$ e $P(\text{compra de ambos}) = P(A \cap B) = 0{,}30$. Dado que o indivíduo selecionado comprou uma bateria extra, a probabilidade de compra de um cartão opcional é

$$P(A|B) = \frac{P(A \cap B)}{P(B)} = \frac{0{,}30}{0{,}40} = 0{,}75$$

Isto é, de todos os que compraram uma bateria extra, 75% compraram um cartão de memória extra. De forma análoga,

$$P(\text{bateria} \mid \text{cartão de memória}) = P(B|A) = \frac{P(A \cap B)}{P(A)} = \frac{0{,}30}{0{,}60} = 0{,}50$$

Perceba que $P(A|B) \neq P(A)$ e $P(B|A) \neq P(B)$. ■

O evento cuja probabilidade é desejada pode ser uma união ou interseção de outros eventos e o mesmo pode ser verdadeiro para o evento condicionante.

Exemplo 2.26

Uma revista publica três colunas, intituladas "Arte" (A), "Livros" (B) e "Cinema" (C). Os hábitos de leitura de um leitor selecionado aleatoriamente em relação a essas colunas são:

Lê regularmente	A	B	C	$A \cap B$	$A \cap C$	$B \cap C$	$A \cap B \cap C$
Probabilidade	0,14	0,23	0,37	0,08	0,09	0,13	0,05

A Figura 2.9 ilustra probabilidades relevantes.

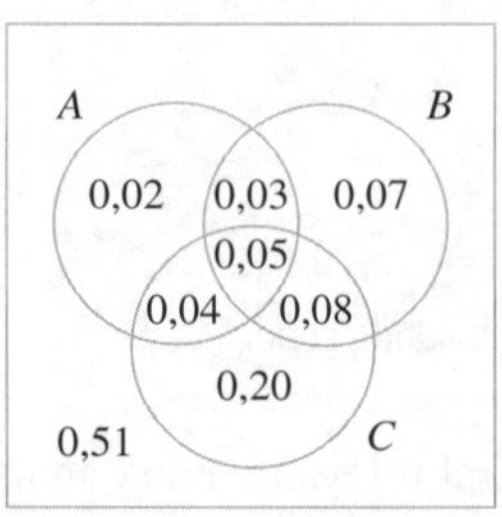

Figura 2.9 Diagrama de Venn do Exemplo 2.26.

Assim, temos

$$P(A|B) = \frac{P(A \cap B)}{P(B)} = \frac{0{,}08}{0{,}23} = 0{,}348$$

$$P(A|B \cup C) = \frac{P(A \cap (B \cup C))}{P(B \cup C)} = \frac{0{,}04 + 0{,}05 + 0{,}03}{0{,}47} = \frac{0{,}12}{0{,}47} = 0{,}255$$

$$P(A|\text{lê ao menos um}) = P(A|A \cup B \cup C) = \frac{P(A \cap (A \cup B \cup C))}{P(A \cup B \cup C)}$$

$$= \frac{P(A)}{P(A \cup B \cup C)} = \frac{0{,}14}{0{,}49} = 0{,}286$$

e

$$P(A \cup B|C) = \frac{P((A \cup B) \cap C)}{P(C)} = \frac{0{,}04 + 0{,}05 + 0{,}08}{0{,}37} = 0{,}459 \blacksquare$$

A regra da multiplicação para $P(A \cap B)$

A definição de probabilidade condicional fornece o resultado a seguir, obtido pela multiplicação de ambos os lados da equação (2.3) por $P(B)$.

> A regra da multiplicação
>
> $$P(A \cap B) = P(A|B) \cdot P(B)$$

Essa regra é importante porque frequentemente se deseja $P(A \cap B)$, ao passo que $P(B)$ e $P(A|B)$ podem ser especificados pela descrição do problema. Considerando $P(B|A)$, temos $P(A \cap B) = P(B|A) \cdot P(A)$.

Exemplo 2.27

Quatro indivíduos responderam a uma solicitação de um banco de sangue para doação. Nenhum deles doou sangue antes, de forma que seus tipos sanguíneos são desconhecidos. Suponha que apenas o tipo O+ seja desejado e apenas um dos quatro indivíduos tenha esse tipo sanguíneo. Se os doadores potenciais forem selecionados em ordem aleatória para determinação do tipo sanguíneo, qual será a probabilidade de que pelo menos três indivíduos tenham de ser testados para obtenção do tipo desejado?

Fazendo a identificação $B = \{\text{primeiro tipo não O+}\}$ e $A = \{\text{segundo tipo não O+}\}$, $P(B) = \frac{3}{4}$. Dado que o primeiro tipo não é O+, dois dos três indivíduos restantes não serão O+, de forma que $P(A|B) = \frac{2}{3}$. A regra de multiplicação agora fornece:

$$\begin{aligned} P(\text{pelo menos três individuos foram testados}) &= P(A \cap B) \\ &= P(A|B) \cdot P(B) \\ &= \frac{2}{3} \cdot \frac{3}{4} = \frac{6}{12} \\ &= 0{,}5 \blacksquare \end{aligned}$$

A regra da multiplicação é mais útil quando o experimento consiste em diversas etapas consecutivas. O evento condicional B, então, descreve o resultado da primeira etapa e A descreve o resultado da segunda, de forma que $P(A|B)$ – condicionado ao que ocorre primeiro – normalmente é conhecida. A regra é facilmente estendida a experimentos que envolvem mais de duas etapas. Por exemplo:

$$\begin{aligned} P(A_1 \cap A_2 \cap A_3) &= P(A_3|A_1 \cap A_2) \cdot P(A_1 \cap A_2) \\ &= P(A_3|A_1 \cap A_2) \cdot P(A_2|A_1) \cdot P(A_1) \qquad (2.4) \end{aligned}$$

em que A_1 ocorre primeiro, seguido por A_2 e finalmente por A_3.

Exemplo 2.28

Para o experimento de definição de tipo sanguíneo do Exemplo 2.27,

$$\begin{aligned} P(\text{o tipo do terceiro é O+}) &= P(\text{terceiro é} \mid \text{primeiro não é} \cap \text{segundo não é}) \\ &\quad \cdot P(\text{segundo não é} \mid \text{primeiro não é}) \cdot P(\text{primeiro não é}) \\ &= \frac{1}{2} \cdot \frac{2}{3} \cdot \frac{3}{4} = \frac{1}{4} = 0{,}25 \ \blacksquare \end{aligned}$$

Quando o experimento consistir em uma sequência de diversas etapas, é conveniente representá-las em um diagrama de árvore. Depois que tivermos um diagrama de árvore apropriado, as probabilidades e as probabilidades condicionais são inseridas nos diversos ramos; isso fará com que o uso repetido da regra de multiplicação fique mais claro.

Exemplo 2.29

Uma cadeia de lojas de vídeo vende três marcas diferentes de DVD players. Dessas vendas, 50% são da marca 1 (a mais barata), 30% são da marca 2 e 20% são da marca 3. Cada fabricante oferece um ano de garantia para peças e mão de obra. É sabido que 25% dos DVD players da marca l necessitam de reparos de garantia, enquanto os percentuais correspondentes para as marcas 2 e 3 são 20% e 10%, respectivamente.

1. Qual é a probabilidade de que um comprador selecionado aleatoriamente compre um DVD player da marca 1 que precise de reparo durante a garantia?
2. Qual é a probabilidade de que um comprador selecionado aleatoriamente possua um aparelho que necessite de reparos durante a garantia?
3. Se um cliente voltar à loja com um DVD player que precise de reparos em garantia, qual é a probabilidade de ele ser da marca 1? De ele ser da marca 2? De ele ser da marca 3?

O primeiro estágio do problema envolve um cliente selecionando uma das três marcas de DVD player. Considere $A_i = \{\text{marca } i \text{ é comprada}\}$, $i = 1, 2$ e 3. Então, $P(A_1) = 0{,}50$, $P(A_2) = 0{,}30$ e $P(A_3) = 0{,}20$. Uma vez que uma marca de DVD player é selecionada, o segundo estágio envolve observar se o DVD player selecionado precisa de reparo dentro da garantia. Com $B = \{\text{precisa de reparo}\}$ e $B' = \{\text{não precisa de reparo}\}$, as informações dadas implicam que $P(B \mid A_1) = 0{,}25$, $P(B \mid A_2) = 0{,}20$ e $P(B \mid A_3) = 0{,}10$.

O diagrama de árvore que representa essa situação experimental é exibido na Figura 2.10. Os ramos iniciais correspondem a marcas diferentes de DVD players. Há dois ramos de 2ª geração emanando da extremidade de cada ramo inicial, um para "precisa de reparo" e o outro para "não precisa de reparo". A probabilidade $P(A_i)$ surge no enésimo ramo inicial, enquanto as probabilidades condicionais $P(B \mid A_i)$ e $P(B' \mid A_i)$ surgem nos ramos de 2ª geração. À direita de cada ramo de 2ª geração correspondente à ocorrência de B, exibimos o produto das probabilidades nos ramos que levam a esse ponto. Isso é simplesmente a regra de multiplicação em ação. A resposta à pergunta proposta em 1, portanto, é $P(A_1 \cap B) = P(B \mid A_1) \cdot P(A_1) = 0{,}125$. A resposta para a pergunta 2 é

$$\begin{aligned} P(B) &= P[(\text{marca 1 e reparo}) \text{ ou } (\text{marca 2 e reparo}) \text{ ou } (\text{marca 3 e reparo})] \\ &= P(A_1 \cap B) + P(A_2 \cap B) + P(A_3 \cap B) \\ &= 0{,}125 + 0{,}060 + 0{,}020 = 0{,}205 \end{aligned}$$

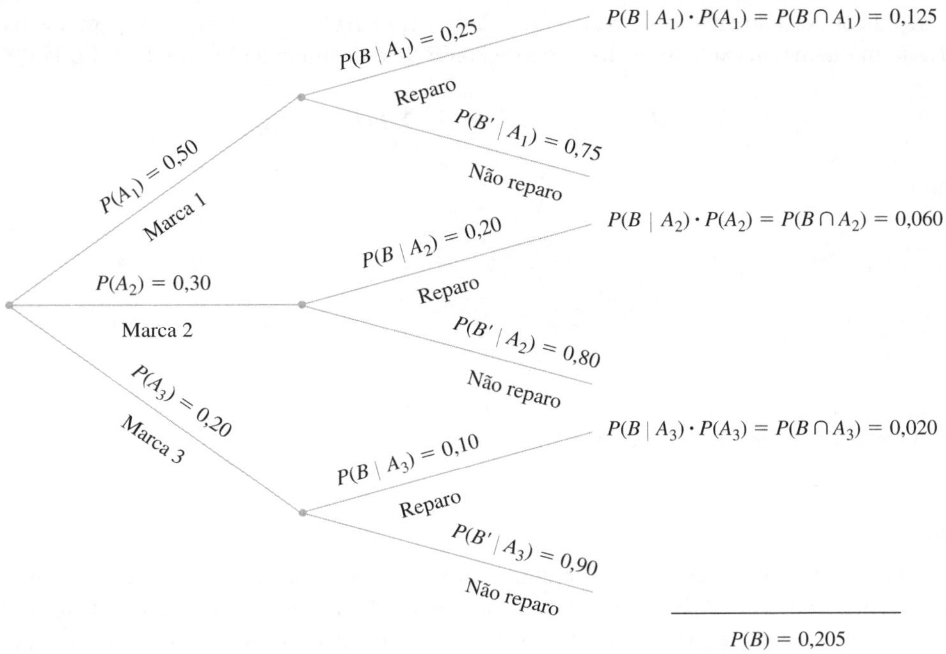

Figura 2.10 Diagrama de árvore do Exemplo 2.29.

Por fim,

$$P(A_1|B) = \frac{P(A_1 \cap B)}{P(B)} = \frac{0{,}125}{0{,}205} = 0{,}61$$

$$P(A_2|B) = \frac{P(A_2 \cap B)}{P(B)} = \frac{0{,}060}{0{,}205} = 0{,}29$$

e

$$P(A_3|B) = 1 - P(A_1|B) - P(A_2|B) = 0{,}10$$

A *probabilidade a priori* ou inicial da marca 1 é 0,50. Uma vez que é sabido que o DVD player selecionado precisa de reparo, a *probabilidade a posteriori* da marca 1 aumenta para 0,61. Isto se dá porque DVD players da marca 1 são mais propensos a precisar de reparo dentro da garantia do que as outras marcas. A probabilidade *a posteriori* da marca 3 é $P(A_3|B) = 0{,}10$, muito menor que a probabilidade anterior $P(A_3) = 0{,}20$. ■

Teorema de Bayes

O cálculo de uma probabilidade *a posteriori* $P(A_j|B)$ a partir de probabilidades *a priori* dadas $P(A_i)$ e das probabilidades condicionais $P(B|A_i)$ ocupa uma posição central em teoria elementar de probabilidade. A regra geral desses cálculos, que, na verdade, são uma aplicação simples da regra de multiplicação, remete ao reverendo Thomas Bayes, que viveu no século XVIII. Para expressá-la, precisamos de outro resultado. Lembre-se de que os eventos $A_1,\ldots, A_k$ são mutuamente exclusivos se nenhum par deles tiver resultados comuns. Os eventos são *exaustivos* se um A_i tiver de ocorrer para que $A_1 \cup \ldots \cup A_k = \mathcal{S}$.

Teorema da probabilidade total

Represente por $A_1,\ldots, A_k$ eventos mutuamente exclusivos e exaustivos. Então, para qualquer outro evento B,

$$\begin{aligned} P(B) &= P(B|A_1)P(A_1) + \cdots + P(B|A_k)P(A_k) \\ &= \sum_{i=1}^{k} P(B|A_i)P(A_i) \end{aligned} \tag{2.5}$$

Demonstração Em função de os A_i serem mutuamente exclusivos e exaustivos, se B ocorre, ele deve estar em conjunção com exatamente um dos A_i. Isto é, $B = (A_1 \cap B) \cup \ldots \cup (A_k \cap B)$, em que os eventos $(A_i \cap B)$ são mutuamente exclusivos. Essa "partição de B" é ilustrada na Figura 2.11. Portanto,

$$P(B) = \sum_{i=1}^{k} P(A_i \cap B) = \sum_{i=1}^{k} P(B|A_i)P(A_i)$$

é desejado.

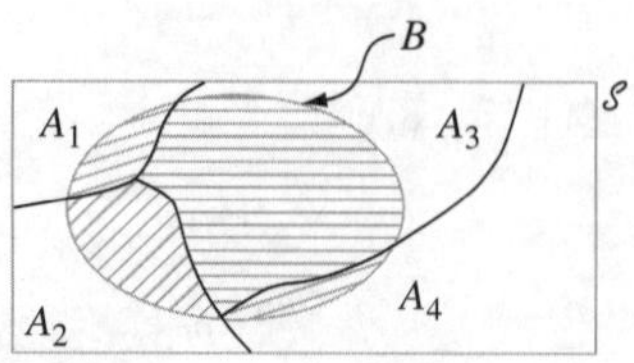

Figura 2.11 Partição de B pelos A_i mutuamente exclusivos e exaustivos. ■

Exemplo 2.30

Um indivíduo possui 3 contas de e-mail diferentes. A maioria das suas mensagens, mais exatamente 70%, chega à conta n° 1, enquanto 20% chegam à conta n° 2 e os 10% restantes chegam à conta nº 3. Das mensagens que chegam à conta n° 1, apenas 1% é spam, enquanto as porcentagens correspondentes para as contas n° 2 e n° 3 são 2% e 5%, respectivamente. Qual a probabilidade de uma mensagem selecionada aleatoriamente ser spam?

Para responder a esta pergunta, vamos, primeiramente, estabelecer uma notação:

$$A_i = \{\text{mensagem é da conta n° } i\} \text{ para } i = 1, 2, 3, B = \{\text{mensagem é spam}\}$$

Então, as porcentagens dadas implicam que

$$P(A_1) = 0{,}70,\ P(A_2) = 0{,}20,\ P(A_3) = 0{,}10$$
$$P(B|A_1) = 0{,}01,\ P(B|A_2) = 0{,}02,\ P(B|A_3) = 0{,}05$$

Agora, trata-se simplesmente de uma questão de substituir a equação pela lei da probabilidade total:

$$P(B) = (0{,}01)(0{,}70) + (0{,}02)(0{,}20) + (0{,}05)(0{,}10) = 0{,}016$$

No longo prazo, 1,6% das mensagens do indivíduo serão spam. ■

Teorema de Bayes

Considere $A_1, A_2, \ldots, A_k$ uma coleção de k eventos mutuamente exclusivos e exaustivos com probabilidades *a priori* $P(A_i)$ $(i = 1, \ldots, k)$. Então, para qualquer outro evento B para o qual $P(B) > 0$, a probabilidade *a posteriori* de A_j, dado que B ocorreu, é

$$P(A_j|B) = \frac{P(A_j \cap B)}{P(B)} = \frac{P(B|A_j)P(A_j)}{\sum_{i=1}^{k} P(B|A_i) \cdot P(A_i)} \quad j = 1, \ldots, k \qquad (2.6)$$

A transição da segunda para a terceira expressão em (2.6) baseia-se na aplicação da regra da multiplicação no numerador e do teorema da probabilidade total no denominador. A proliferação de eventos e índices na expressão (2.6) pode intimidar usuários com pouca experiência em probabilidade. Desde que haja relativamente poucos eventos na partição, pode-se usar um gráfico de árvore (como no Exemplo 2.29) como base para calcular as probabilidades *a posteriori* sem referência explícita ao teorema de Bayes.

Exemplo 2.31

Incidência de doença rara. Apenas 1 em 1 000 adultos é acometido por uma doença rara para a qual foi desenvolvido um teste de diagnóstico. O teste funciona de tal forma que, se o indivíduo tiver a doença, o resultado do teste será positivo em 99% das vezes e, se não a tiver, será positivo em apenas 2% das vezes. Se um indivíduo selecionado aleatoriamente for testado e o resultado for positivo, qual é a probabilidade de ele ter a doença?

Para usar o teorema de Bayes, considere A_1 = indivíduo tem a doença, A_2 = indivíduo não tem a doença e B = {resultado do teste positivo}. Então, $P(A_1) = 0{,}001$, $P(A_2) = 0{,}999$, $P(B|A_1) = 0{,}99$ e $P(B|A_2) = 0{,}02$. O diagrama de árvore para este problema está na Figura 2.12.

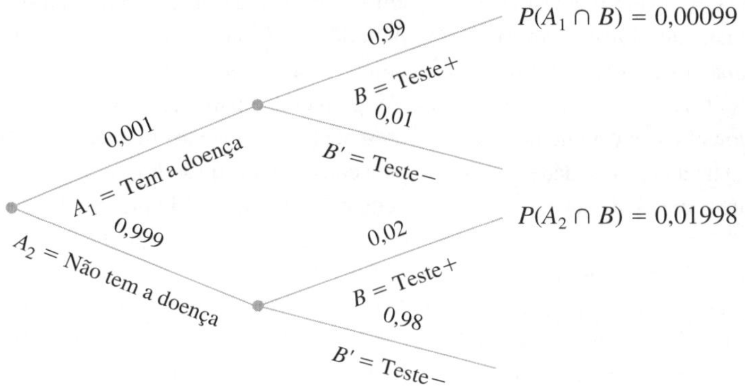

Figura 2.12 Diagrama de árvore para o problema da doença rara.

Próximo a cada ramo correspondente a um resultado positivo, a regra de multiplicação indica as probabilidades registradas. Portanto, $P(B) = 0{,}0009 + 0{,}01998 = 0{,}02097$, do qual temos

$$P(A_1|B) = \frac{P(A_1 \cap B)}{P(B)} = \frac{0{,}00099}{0{,}02097} = 0{,}047$$

O resultado é, aparentemente, não intuitivo. O resultado do teste parece tão preciso que esperamos que alguém com um resultado positivo tenha alta probabilidade de ter a doença, enquanto a probabilidade condicional calculada é de apenas 0,047. Entretanto, como a doença é rara e o teste é moderadamente confiável, a maior parte dos resultados positivos dos testes provém de erros e não de indivíduos doentes. A probabilidade de ter a doença foi aumentada por um fator multiplicativo 47 (da probabilidade *a priori* 0,001 para *a posteriori*, 0,047); mas, para se obter maior aumento na probabilidade *a posteriori*, é necessário um teste de diagnóstico com menores taxas de erros. ■

EXERCÍCIOS Seção 2.4 (45–69)

45. A população de um país consiste em três grupos étnicos. Cada indivíduo pertence a um de quatro grupos sanguíneos principais. A *tabela de probabilidade conjunta* fornece as proporções de indivíduos nas diversas combinações de grupos étnicos – grupos sanguíneos.

		Grupo sanguíneo			
		O	**A**	**B**	**AB**
	1	0,082	0,106	0,008	0,004
Grupo étnico	**2**	0,135	0,141	0,018	0,006
	3	0,215	0,200	0,065	0,020

Suponha que um indivíduo seja selecionado aleatoriamente da população e defina os eventos A = {tipo A selecionado}, B = {tipo B selecionado} e C = {grupo étnico 3 selecionado}.

a. Calcule $P(A)$, $P(C)$ e $P(A \cap C)$.

b. Calcule $P(A|C)$ e $P(C|A)$ e explique, no contexto, o que significa cada uma dessas probabilidades.

c. Se o indivíduo selecionado não tiver o tipo sanguíneo B, qual é a probabilidade de que ele ou ela seja do grupo étnico 1?

46. Suponha que um indivíduo seja selecionado aleatoriamente da população de todos os homens adultos que vivem nos Estados Unidos. Sejam A o evento em que o indivíduo selecionado tem mais de 1,80 m de altura e B o evento em que o indivíduo selecionado é um jogador profissional de basquete. Qual você pensa ser maior, $P(A|B)$ ou $P(B|A)$? Por quê?

47. Retorne ao cenário do cartão de crédito do Exercício 12 (Seção 2.2), em que A = {Visa}, B = {MasterCard}, $P(A) = 0{,}5$, $P(B) = 0{,}4$ e $P(A \cap B) = 0{,}25$. Calcule e interprete cada uma das probabilidades a seguir (um diagrama de Venn pode ajudar).

a. $P(B|A)$ **b.** $P(B'|A)$

c. $P(A|B)$ **d.** $P(A'|B)$

e. Dado que o indivíduo selecionado tem ao menos um cartão de crédito, qual é a probabilidade de ele ter um cartão Visa?

48. Reconsidere a situação de defeitos descrita no Exercício 26 (Seção 2.2).

a. Dado que o sistema tem um defeito do tipo 1, qual é a probabilidade de ele ter um defeito do tipo 2?

b. Dado que o sistema tem um defeito do tipo 1, qual é a probabilidade de ele ter os três tipos de defeitos?

c. Dado que o sistema tem ao menos um tipo de defeito, qual é a probabilidade de ele ter exatamente um tipo de defeito?

d. Dado que o sistema tem os dois primeiros tipos de defeitos, qual é a probabilidade de ele não ter o terceiro tipo de defeito?

49. Uma grande imobiliária de casas de veraneio solicita que qualquer pessoa interessada em fazer uma compra primeiro vá ao local de interesse. Dados históricos indicam que 20% de todos os compradores potenciais escolhem ir durante o dia, 50% escolhem visitas de uma noite e 30% optam por visitas de duas noites. Além disso, 10% dos visitantes diurnos fazem uma compra, 30% dos visitantes de uma noite compram uma unidade e 20% dos visitantes de duas noites decidem comprar. Suponha que um visitante seja selecionado aleatoriamente e constate-se que ele fez uma compra. Qual a probabilidade de esta pessoa ter feito uma visita durante o dia? Uma visita de uma noite? Uma visita de duas noites?

50. Uma loja de departamentos vende camisas esportivas em três tamanhos (pequeno, médio e grande), três padrões (xadrez, estampado e listrado) e dois comprimentos de manga (curta e longa). As tabelas a seguir fornecem as proporções de camisas vendidas nas diversas combinações de categorias.

Manga curta

	Padrão		
Tamanho	X	E	L
P	0,04	0,02	0,05
M	0,08	0,07	0,12
G	0,03	0,07	0,08

Manga longa

	Padrão		
Tamanho	X	E	L
P	0,03	0,02	0,03
M	0,10	0,05	0,07
G	0,04	0,02	0,08

a. Qual é a probabilidade de a próxima camisa vendida ser média, de mangas longas e estampada?

b. Qual é a probabilidade de a próxima camisa vendida ser uma camisa média, estampada?

c. Qual é a probabilidade de a próxima camisa vendida ser de mangas curtas? E de mangas longas?

d. Qual é a probabilidade de a próxima camisa vendida ser média? E de ser estampada?

e. Dado que a última camisa vendida foi uma xadrez de mangas curtas, qual é a probabilidade de o tamanho ser médio?

f. Dado que a última camisa vendida foi uma média e xadrez, qual é a probabilidade de as mangas serem curtas? E de serem longas?

51. Uma caixa contém seis bolas vermelhas e quatro verdes e uma segunda caixa contém sete bolas vermelhas e três verdes. Uma bola é retirada da primeira caixa e colocada na segunda. Então, uma bola é retirada da segunda caixa e colocada na primeira.

a. Qual é a probabilidade de uma bola vermelha ser selecionada na primeira caixa e outra bola vermelha na segunda?

b. No fim do processo de seleção, qual é a probabilidade de o número de bolas vermelhas e verdes da primeira e da segunda caixas ser idêntico ao do início?

52. Um sistema consiste em duas bombas idênticas, n° 1 e n° 2. Se uma bomba falha, o sistema continua em operação. Entretanto, em decorrência do esforço adicional, a bomba restante passa a estar mais suscetível a falhas do que originalmente. Isto é, $r = P(\text{n° 2 falha} \mid \text{n° 1 falha}) > P(\text{n° 2 falha}) = q$. Se pelo menos uma das bombas falhar durante a vida útil do sistema em 7% das vezes e ambas as bombas falharem durante aquele período em apenas 1% das vezes, qual é a probabilidade de a bomba n° 1 falhar durante a vida útil do sistema?

53. Certa loja faz reparos em componentes de áudio e vídeo. Represente por A o evento em que o próximo componente trazido para conserto seja de áudio e por B o evento em que o próximo componente seja um CD-player (de forma que o evento B está contido em A). Suponha que $P(A) = 0{,}6$ e $P(B) = 0{,}05$. Qual é $P(B \mid A)$?

54. No Exercício 13 (Seção 2.2), $A_i = \{\text{projeto escolhido } i\}$, para $i = 1, 2, 3$. Use as probabilidades fornecidas para calcular as probabilidades a seguir e explique em palavras o significado de cada uma.

a. $P(A_2 \mid A_1)$ **b.** $P(A_2 \cap A_3 \mid A_1)$

c. $P(A_2 \cup A_3 \mid A_1)$ **d.** $P(A_1 \cap A_2 \cap A_3 \mid A_1 \cup A_2 \cup A_3)$

55. Para clientes comprando um refrigerador em determinada loja de eletrodomésticos, represente por A o evento em que o refrigerador foi fabricado nos Estados Unidos, por B o evento em que o refrigerador tinha uma máquina de gelo e por C o evento em que o cliente comprou uma garantia estendida. Probabilidades relevantes são

$P(A) = 0{,}75 \quad P(B \mid A) = 0{,}9 \quad P(B \mid A') = 0{,}8$

$P(C \mid A \cap B) = 0{,}8 \quad P(C \mid A \cap B') = 0{,}6$

$P(C \mid A' \cap B) = 0{,}7 \quad P(C \mid A' \cap B') = 0{,}3$

a. Construa um diagrama de árvore formado por ramos de 1ª, 2ª e 3ª gerações, identifique cada evento e a probabilidade apropriada próximos a cada ramo.

b. Calcule $P(A \cap B \cap C)$.

c. Calcule $P(B \cap C)$.

d. Calcule $P(C)$.

e. Calcule $P(A \mid B \cap C)$, a probabilidade da compra de um refrigerador dos Estados Unidos, dado que uma máquina de gelo e uma garantia estendida também foram compradas.

56. Para quaisquer eventos A e B com $P(B) > 0$, mostre que $P(A \mid B) + P(A' \mid B) = 1$.

57. Se $P(B \mid A) > P(B)$, mostre que $P(B' \mid A) < P(B')$. [*Dica*: adicione $P(B' \mid A)$ aos dois lados da inequação fornecida e, então, use o resultado do Exercício 56.]

58. Mostre que para quaisquer três eventos A, B e C com $P(C) > 0$, $P(A \cup B \mid C) = P(A \mid C) + P(B \mid C) - P(A \cap B \mid C)$.

59. Em certo posto de gasolina, 40% dos clientes usam gasolina comum (A_1), 35% usam gasolina aditivada (A_2) e 25% usam gasolina premium (A_3). Dos clientes que usam gasolina comum, apenas 30% enchem seus tanques (evento B). Dos clientes que usam gasolina aditivada, 60% enchem o tanque, enquanto, dentre os que usam premium, 50% enchem o tanque.

a. Qual é a probabilidade de o próximo cliente pedir gasolina aditivada e encher o tanque ($A_2 \cap B$)?

b. Qual é a probabilidade de o próximo cliente encher o tanque?

c. Se o próximo cliente encher o tanque, qual é a probabilidade de pedir gasolina comum? E aditivada? E premium?

60. Setenta por cento das aeronaves leves que desaparecem em voo em certo país são localizadas posteriormente. Das aeronaves localizadas, 60% possuem localizador de emergência, enquanto 90% das aeronaves não localizadas não possuem esse dispositivo. Suponha que uma aeronave leve tenha desaparecido.

a. Se ela tiver localizador de emergência, qual é a probabilidade de não ser localizada?

b. Se ela não tiver localizador de emergência, qual é a probabilidade de ser localizada?

61. Carrapatos de veado podem ser transmissores da doença de Lyme ou da erliquiose granulocítica humana (EGH). Com base em um estudo recente, suponha que 16% de todos os carrapatos em determinada localização sejam transmissores da doença de Lyme, 10% sejam transmissores da EGH e 10% dos carrapatos transmissores de pelo menos uma das doenças, de fato, sejam transmissores de ambas. Se for constatado que um carrapato selecionado aleatoriamente tenha sido transmissor da EGH, qual é a probabilidade de o carrapato selecionado também ser transmissor da doença de Lyme?

62. Uma empresa que fabrica câmeras de vídeo produz um modelo básico e um modelo luxo. No ano passado, 40% das câmeras vendidas foram do modelo básico. Dos clientes que compraram o modelo básico, 30% compraram uma garantia estendida, enquanto 50% dos compradores do modelo luxo a compraram. Se você souber que um cliente selecionado aleatoriamente possui uma garantia estendida, qual a probabilidade de ele ter o modelo básico?

63. No Exercício 59, considere as informações adicionais a seguir sobre a utilização de cartões de crédito:

70% de todos os clientes da gasolina comum que enchem o tanque usam um cartão de crédito.

50% de todos os clientes da gasolina comum que não enchem o tanque usam um cartão de crédito.

60% de todos os clientes da gasolina aditivada que enchem o tanque usam um cartão de crédito.

50% de todos os clientes da gasolina aditivada que não enchem o tanque usam um cartão de crédito.

50% de todos os clientes da gasolina premium que enchem o tanque usam um cartão de crédito.

40% de todos os clientes da gasolina premium que não enchem o tanque usam um cartão de crédito.

Calcule a probabilidade de cada um dos eventos a seguir para o próximo cliente a ser atendido (um diagrama de árvore pode ajudar).

a. {aditivada, tanque cheio e cartão de crédito}

b. {premium, tanque não cheio e cartão de crédito}

c. {premium e cartão de crédito}

d. {tanque cheio e cartão de crédito}

e. {cartão de crédito}

f. Se o próximo cliente usar cartão de crédito, qual a probabilidade de que seja pedida a gasolina premium?

64. O editor de resenhas para determinado periódico científico decide se a resenha para qualquer livro em particular deve ser curta (1-2 páginas), média (3-4 páginas) ou longa (5-6 páginas). Dados de resenhas recentes indicam que 60% delas são curtas, 30% são médias e 10% são longas. As resenhas são feitas no Word ou no LaTeX. Oitenta por cento das resenhas curtas, 50% das resenhas médias e 30% das resenhas longas são feitas no Word. Suponha que uma resenha recente seja selecionada aleatoriamente.

a. Qual é a probabilidade de a resenha selecionada ter sido apresentada no formato Word?

b. Se a resenha selecionada tiver sido apresentada no formato Word, quais são as probabilidades *a posteriori* de ela ser curta, média ou longa?

65. A tabela a seguir fornece informações sobre o tipo de café escolhido por alguém comprando uma única xícara em determinado quiosque de um aeroporto.

	Pequena	Média	Grande
Normal	14%	20%	26%
Descafeinado	20%	10%	10%

Considere selecionar aleatoriamente esse comprador de café.

a. Qual é a probabilidade de o indivíduo ter comprado uma xícara pequena? Uma xícara de café descafeinado?

b. Se soubermos que o indivíduo selecionado comprou uma xícara pequena, agora, qual é a probabilidade de que ele tenha escolhido café descafeinado e como você interpretaria esta probabilidade?

c. Se soubermos que o indivíduo selecionado comprou café descafeinado, agora, qual é a probabilidade de que um tamanho pequeno tenha sido selecionado e como isto se compara à probabilidade incondicional correspondente de (a)?

66. Considere as informações a seguir sobre viajantes de férias (com base parcialmente em uma recente pesquisa da Travelocity): 40% checam o e-mail do trabalho, 30% usam um celular para manterem-se conectados ao trabalho, 25% levam um laptop consigo, 23% checam o e-mail do trabalho e usam um celular para manterem-se conectados e 51% não checam o e-mail do trabalho, não usam um celular para manterem-se conectados, nem levam um laptop consigo. Além disso, 88 de cada 100 que levam um laptop também checam o e-mail do trabalho e 70 de cada 100 que usam um celular para manterem-se conectados também levam um laptop.

a. Qual é a probabilidade de um viajante selecionado aleatoriamente que cheque o e-mail do trabalho também usar um celular para manter-se conectado?

b. Qual é a probabilidade de alguém que leva um laptop durante as férias usar um celular para manter-se conectado?

c. Se o viajante selecionado aleatoriamente checou o e-mail do trabalho e levou um laptop, qual é a probabilidade de que ele use um celular para manter-se conectado?

67. Houve uma grande controvérsia durante os últimos anos a respeito de quais tipos de vigilância são apropriados para impedir o terrorismo. Suponha que um sistema de vigilância particular tenha 99% de chance de identificar corretamente um futuro terrorista e 99,9% de chance de identificar corretamente alguém que não se trata de um futuro terrorista. Se houver 1 000 futuros terroristas em uma população de 300 milhões e um destes 300 milhões for selecionado aleatoriamente, examinado pelo sistema e identificado como um futuro terrorista, qual é a probabilidade de que ele(a) seja realmente um(a) futuro(a) terrorista? O valor desta probabilidade o deixa desconfortável ao usar o sistema de vigilância? Explique.

68. Uma amiga que vive em Los Angeles faz viagens frequentes de consultoria para Washington, D.C. Cinquenta por cento das vezes ela viaja pela companhia aérea n° 1, 30% das vezes pela n° 2 e os 20% restantes das vezes pela n° 3. Na companhia n° 1, os voos para Washington atrasam 30% das vezes e, para L.A., 10% das vezes. Na companhia aérea n° 2, essas porcentagens são 25% e 20%, enquanto na companhia aérea n° 3 são 40% e 25%. Se soubermos que em determinada viagem ela chegou atrasada em exatamente um dos dois destinos, quais são as probabilidades *a posteriori* de ela ter voado nas companhias aéreas n° 1, n° 2 e n° 3? Suponha que a chance de se chegar atrasada em L.A. não seja afetada pelo que acontece no voo para D.C. [*Dica*: da extremidade de cada ramo de 1ª geração em um diagrama de árvore, faça três ramos de 2ª geração identificados, respectivamente, 0 atrasado, 1 atrasado e 2 atrasado.]

69. Componentes de certo tipo são enviados para um fornecedor em lotes de dez. Suponha que 50% desses lotes não contenham componentes defeituosos, 30% contenham um componente defeituoso e 20% contenham dois componentes defeituosos. Dois componentes de um lote são selecionados aleatoriamente e testados. Quais são as probabilidades associadas a 0, 1 e 2 componentes defeituosos de estarem no lote em cada uma das condições a seguir?

a. Nenhum componente testado apresenta defeito.

b. Um dos dois componentes testados apresenta defeito. [*Dica*: desenhe um diagrama de árvore com três ramos de primeira geração para os três tipos diferentes de lotes.]

2.5 Independência

A definição de probabilidade condicional nos permite revisar a probabilidade $P(A)$ originalmente atribuída a A quando somos informados posteriormente da ocorrência de outro evento B. A nova probabilidade de A é $P(A \mid B)$. Em nossos exemplos, ocorria frequentemente o caso em que $P(A \mid B)$ diferia da probabilidade incondicional $P(A)$, indicando que a informação "B ocorreu" resultou em uma mudança na chance de A ocorrer. Em muitos casos, a chance de A ocorrer ou ter ocorrido não é afetada pelo conhecimento de que B ocorreu, de modo que $P(A \mid B) = P(A)$. É natural, então, pensar em A e B como eventos independentes, indicando que a ocorrência ou não ocorrência desses eventos não afeta a possibilidade de ocorrer o outro evento.

Definição

Dois eventos A e B são **independentes** se $P(A \mid B) = P(A)$ e **dependentes** em caso contrário.

A definição de independência pode parecer "assimétrica" porque não se exige também que $P(B \mid A) = P(B)$. Entretanto, usando a definição de probabilidade condicional e a regra da multiplicação,

$$P(B \mid A) = \frac{P(A \cap B)}{P(A)} = \frac{P(A \mid B)P(B)}{P(A)} \qquad (2.7)$$

O lado direito da Equação (2.7) é $P(B)$ se, e somente se, $P(A \mid B) = P(A)$ (independência), de forma que a igualdade da definição implica outra igualdade (e vice-versa). Também é fácil demonstrar que, se A e B forem independentes, os seguintes pares de eventos também o serão: (1) A' e B, (2) A e B' e (3) A' e B'.

Exemplo 2.32

Considere um posto de gasolina com seis bombas numeradas 1, 2,..., 6, sendo E_i o evento simples em que um cliente selecionado aleatoriamente usa bomba i ($i = 1, \ldots, 6$). Suponha que

$$P(E_1) = P(E_6) = 0{,}10, \quad P(E_2) = P(E_5) = 0{,}15, \quad P(E_3) = P(E_4) = 0{,}25$$

Defina os eventos A, B e C por

$$A = \{2, 4, 6\}, B = \{1, 2, 3\}, C = \{2, 3, 4, 5\}$$

Temos, então, $P(A) = 0{,}50$, $P(A \mid B) = 0{,}30$ e $P(A \mid C) = 0{,}50$. Isto é, os eventos A e B são dependentes, enquanto os eventos A e C são independentes. Intuitivamente, A e C são independentes porque a divisão relativa da probabilidade entre bombas pares e ímpares é a mesma entre as bombas 2, 3, 4, 5 e entre todas as seis bombas. ■

Exemplo 2.33

Sejam A e B dois eventos mutuamente exclusivos com $P(A) > 0$. Por exemplo, para um automóvel escolhido aleatoriamente, seja A = {o carro possui um motor de quatro cilindros} e B = {o carro possui um motor de seis cilindros}. Como os eventos são mutuamente exclusivos, se B ocorrer, A não pode ter ocorrido, de forma que $P(A \mid B) = 0 \neq P(A)$. A mensagem aqui é: *se dois eventos forem mutuamente exclusivos, não podem ser independentes*. Quando A e B são mutuamente exclusivos, a informação da ocorrência de A indica algo sobre B (não pode ter ocorrido), de forma que a independência é excluída. ■

A regra da multiplicação para $P(A \cap B)$

Frequentemente, a natureza de um experimento indica que dois eventos A e B devem ser considerados independentes. Este é o caso, por exemplo, de um fabricante que recebe uma placa de circuito de cada um de dois fornecedores diferentes; cada placa é testada em sua chegada e $A = \{$a primeira tem defeito$\}$ e $B = \{$a segunda tem defeito$\}$. Se $P(A) = 0{,}1$, também deve ser o caso de $P(A \mid B) = 0{,}1$, sabendo que a condição da segunda placa não fornece informações sobre as condições da primeira. A probabilidade de que ambos os eventos ocorram é facilmente calculada a partir das probabilidades do evento individual quando os eventos são independentes.

Proposição

A e B são independentes se, e somente se,

$$P(A \cap B) = P(A) \cdot P(B) \tag{2.8}$$

A verificação desta regra de multiplicação é:

$$P(A \cap B) = P(A \mid B) \cdot P(B) = P(A) \cdot P(B) \tag{2.9}$$

em que a segunda igualdade da Equação (2.9) é válida se, e somente se, A e B forem independentes. A equivalência de independência e a Equação (2.8) implicam que a última pode ser usada como uma definição de independência.

Exemplo 2.34

Sabe-se que 30% das lavadoras de roupa de determinada empresa requerem manutenção enquanto estiverem na garantia e somente 10% das secadoras de roupa precisam de manutenção. Se alguém comprar uma lavadora e uma secadora de roupas feitas por essa empresa, qual é a probabilidade de que ambas as máquinas precisem de conserto?

Seja A o evento em que a lavadora precisa de manutenção em garantia e B o evento análogo para a secadora. Então, $P(A) = 0{,}30$ e $P(B) = 0{,}10$. Supondo que as máquinas funcionem de forma independente uma da outra, a probabilidade desejada será

$$P(A \cap B) = P(A) \cdot P(B) = (0{,}30)(0{,}10) = 0{,}03 \quad ■$$

É fácil demonstrar que A e B são independentes se, e somente se, A' e B forem independentes, A e B' forem independentes e A' e B' forem independentes. Portanto, no Exemplo 2.34, a probabilidade de que nenhuma máquina precise de conserto é

$$P(A' \cap B') = P(A') \cdot P(B') = (0{,}70)(0{,}90) = 0{,}63$$

Exemplo 2.35

Cada dia, de segunda a sexta-feira, chega à determinada instalação de inspeção um lote de componentes enviado por um fornecedor. Duas vezes por semana, chega um lote de um segundo fornecedor. Oitenta por cento de todos os lotes do fornecedor 1 passam na inspeção, assim como 90% dos lotes do fornecedor 2. Qual é a probabilidade de, em um dia selecionado aleatoriamente, dois lotes passarem na inspeção? Responderemos a essa questão supondo que, em dias em que os dois lotes são testados, os fatos de o primeiro ou de o segundo lote passarem ou não na inspeção são independentes. A Figura 2.13 exibe as informações relevantes.

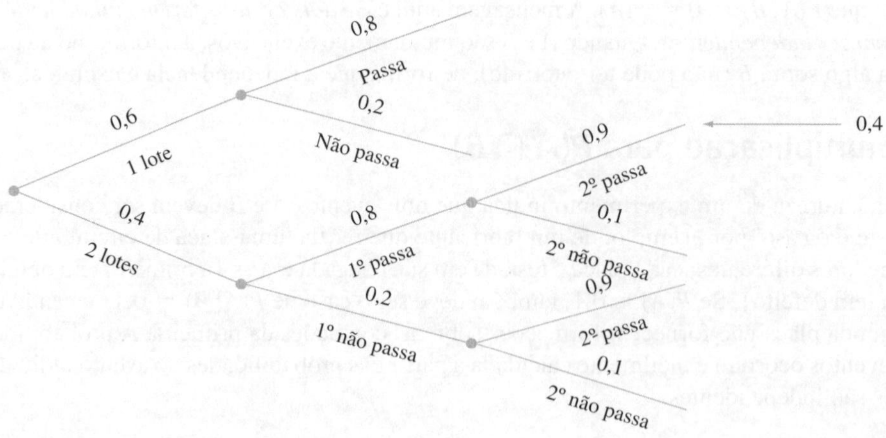

Figura 2.13 Diagrama de árvore do Exemplo 2.35.

$$\begin{aligned} P(\text{ambos passam}) &= P(\text{dois recebidos} \cap \text{ambos passam}) \\ &= P(\text{ambos passam} \mid \text{dois recebidos}) \cdot P(\text{dois recebidos}) \\ &= [(0{,}8)(0{,}9)](0{,}4) = 0{,}288 \ \blacksquare \end{aligned}$$

Independência de mais de dois eventos

A noção de independência de dois eventos pode ser estendida para coleções de mais de dois eventos. Apesar de ser possível estender a definição para dois eventos independentes trabalhando em termos de probabilidades condicionais e não condicionais, é mais direto e menos trabalhoso seguir a linha da última proposição.

> **Definição**
>
> Os eventos $A_1, \ldots, A_n$ são **mutuamente independentes** se para cada k ($k = 2, 3, \ldots, n$) e cada subconjunto de índices $i_1, i_2, \ldots, i_k$
>
> $$P(A_{i_1} \cap A_{i_2} \cap \ldots \cap A_{i_k}) = P(A_{i_1}) \cdot P(A_{i_2}) \cdot \ldots \cdot P(A_{i_k})$$

Parafraseando a definição, os eventos serão mutuamente independentes se a probabilidade da interseção de qualquer subconjunto dos n eventos for igual ao produto das probabilidades individuais. Ao usar a propriedade da multiplicação para mais de dois eventos independentes, é legítimo substituir um ou mais dos A_i por seus complementos (por exemplo, se A_1, A_2 e A_3 são eventos independentes, então, são A_1', A_2' e A_3'). Como foi o caso de dois eventos, frequentemente especificamos a independência de certos eventos no início do problema. A probabilidade de uma interseção pode, então, ser calculada por meio da multiplicação.

Exemplo 2.36

O artigo "Reliability evaluation of solar photovoltaic arrays" (*Solar Energy*, 2002: 129-141) apresenta diversas configurações de matrizes fotovoltaicas solares formadas por células solares de silício cristalino. Considere o sistema ilustrado na Figura 2.14(a).

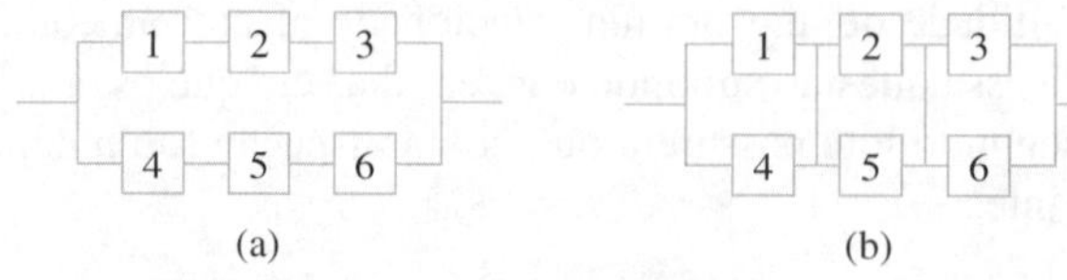

Figura 2.14 Configurações do sistema para o Exemplo 2.36: (a) série-paralelo; (b) sistema cruzado.

Há dois subsistemas ligados em paralelo, cada um com três células. Para que o sistema funcione, pelo menos dois subsistemas paralelos devem funcionar. Em cada subsistema, as três células estão ligadas em série, de forma que um subsistema só funciona se todas as suas células estiverem funcionando. Considere a vida útil t_0 e suponha que se queira determinar a probabilidade de a vida útil do sistema exceder t_0. Seja A_i o evento no qual a vida útil da célula i excede t_0 ($i = 1, 2, \ldots, 6$). Supomos que os eventos A_i' sejam independentes (se alguma célula específica durar mais de t_0 horas, não tem nenhuma relação com a duração das outras células) e que $P(A_i) = 0{,}9$ para cada i, já que as células são idênticas. Então

$$\begin{aligned} P(\text{vida útil do sistema excede } t_0) &= P[(A_1 \cap A_2 \cap A_3) \cup (A_4 \cap A_5 \cap A_6)] \\ &= P(A_1 \cap A_2 \cap A_3) + P(A_4 \cap A_5 \cap A_6) \\ &\quad - P[(A_1 \cap A_2 \cap A_3) \cap (A_4 \cap A_5 \cap A_6)] \\ &= (0{,}9)(0{,}9)(0{,}9) + (0{,}9)(0{,}9)(0{,}9) - (0{,}9)(0{,}9)(0{,}9)(0{,}9)(0{,}9)(0{,}9) = 0{,}927 \end{aligned}$$

De forma alternativa,

$$\begin{aligned} P(\text{vida útil do sistema excede } t_0) &= 1 - P(\text{vidas úteis de ambos os sistemas são} \leq t_0) \\ &= 1 - [P(\text{vida útil do subsistema é} \leq t_0)]^2 \\ &= 1 - [1 - P(\text{vida útil do subsistema é} > t_0)]^2 \\ &= 1 - [1 - (0{,}9)^3]^2 = 0{,}927 \end{aligned}$$

Em seguida, considere o sistema cruzado da Figura 2.14(b), obtido do arranjo série-paralelo pela ligação das colunas de junção. Agora, o sistema falhará se houver falha de uma coluna e a vida útil do sistema excederá t_0 apenas se a vida útil de cada coluna também exceder t_0. Para esta configuração,

$$\begin{aligned} P(\text{vida útil do sistema é no mínimo } t_0) &= [P(\text{vida útil da coluna excede } t_0)]^3 \\ &= [1 - P(\text{vida útil da coluna é} \leq t_0)]^3 \\ &= [1 - P(\text{ambas as células da coluna têm vida útil} \leq t_0)]^3 \\ &= [1 - (1 - 0{,}9)^2]^3 = 0{,}970 \ \blacksquare \end{aligned}$$

EXERCÍCIOS Seção 2.5 (70–89)

70. Reconsidere o cenário de cartões de crédito do Exercício 47 (Seção 2.4) e mostre que A e B são dependentes, primeiro usando a definição de independência e depois demonstrando que não se aplica a regra da multiplicação.

71. Uma empresa de exploração de petróleo possui dois projetos ativos, um na Ásia e outro na Europa. Considere A o evento em que o projeto da Ásia tem sucesso e B o evento em que o projeto da Europa tem sucesso. Suponha que A e B sejam eventos independentes com $P(A) = 0{,}4$ e $P(B) = 0{,}7$.

a. Se o projeto da Ásia não obtiver sucesso, qual é a probabilidade de o projeto da Europa também não obtê-lo? Explique seu raciocínio.

b. Qual é a probabilidade de pelo menos um dos dois projetos ter sucesso?

c. Dado que pelo menos um dos dois projetos obteve sucesso, qual é a probabilidade de apenas o projeto da Ásia ter sucesso?

72. No Exercício 13, há algum A_i independente de qualquer outro A_j? Responda usando a propriedade da multiplicação para eventos independentes.

73. Suponha que etiquetas idênticas tenham sido colocadas na orelha direita e na esquerda de uma raposa. A raposa é libertada por um período de tempo. Considere os dois eventos C_1 = {etiqueta da orelha esquerda é perdida} e C_2 = {etiqueta da orelha direita é perdida}. Seja $\pi = P(C_1) = P(C_2)$ e suponha C_1 e C_2 como eventos independentes. Deduza uma expressão (envolvendo π) para a probabilidade de exatamente uma etiqueta ser perdida, dado que, no máximo, uma seja perdida ("Ear tag loss in red foxes", *J. Wildlife Mgmt.*, 1976: 164-167). [*Dica*: desenhe um diagrama de árvore em que os dois ramos iniciais refiram-se ao evento etiqueta da orelha esquerda é perdida.]

74. As proporções de fenótipos sanguíneos na população norte-americana são as seguintes:

A	B	AB	O
0,40	0,11	0,04	0,45

Supondo que os fenótipos de dois indivíduos selecionados aleatoriamente sejam independentes um do outro, qual é a probabilidade de que ambos os fenótipos sejam O? Qual é a probabilidade de que os fenótipos de dois indivíduos selecionados aleatoriamente sejam iguais?

75. Uma das hipóteses básicas da teoria de gráficos de controle (consulte o Capítulo 16) é que pontos plotados sucessivamente sejam independentes uns dos outros. Cada ponto plotado indica que o processo de fabricação está operando corretamente ou que há algum tipo de problema. Mesmo quando o processo está funcionando bem, há uma pequena probabilidade de que determinado ponto indique um problema no processo. Suponha que essa probabilidade seja 0,05. Qual é a probabilidade de que pelo menos um de 10 pontos sucessivos indique um problema quando na verdade o processo opera corretamente? Responda a esta pergunta para 25 pontos sucessivos.

76. Em outubro de 1994, descobriu-se que uma falha em determinado chip Pentium instalado em computadores poderia resultar em uma resposta errada ao executar uma divisão. O fabricante inicialmente alegou que a chance de qualquer divisão em particular ser incorreta era de apenas 1 em 9 bilhões, de forma que levaria milhares de anos antes que um usuário típico encontrasse um erro. No entanto, estatísticos não são usuários típicos. Algumas técnicas estatísticas modernas são tão computacionalmente intensivas que um bilhão de divisões durante um curto período não estão fora do campo de possibilidade. Supondo que os valores 1 em 9 bilhões estejam corretos e que os resultados de diferentes divisões sejam independentes um do outro, qual é a probabilidade de que ao menos um erro ocorra em um bilhão de divisões com esse chip?

77. Um inspetor de controle de qualidade pesquisa defeitos em itens produzidos. O inspetor pesquisa as falhas do item numa série de fixações independentes, cada uma com duração fixa. Dado que existe uma falha, seja p a probabilidade de a falha ser detectada durante qualquer fixação (esse modelo é discutido em "Human performance in sampling inspection", *Human Factors*, 1979: 99-105).

a. Supondo que um item tenha uma falha, qual é a probabilidade de ele ser detectado até o final da segunda fixação (depois da detecção de uma falha, as fixações são interrompidas)?

b. Forneça uma expressão da probabilidade de que uma falha será detectada até o final da n-ésima fixação.

c. Se, quando uma falha não for detectada em três fixações, o item passar, qual será a probabilidade de que um item com falha passe na inspeção?

d. Suponha que 10% de todos os itens contenham uma falha [P(item escolhido aleatoriamente apresenta falha) $= 0{,}1$]. Com a suposição do item (c), qual é a probabilidade de um item com falha passar na inspeção (ele passará automaticamente se não tiver falha, mas também pode passar se tiver)?

e. Dado que um item passou na inspeção (nenhuma falha em três fixações), qual é a probabilidade de ele possuir uma falha? Calcule para $p = 0{,}5$.

78. Uma caldeira tem cinco válvulas de escape idênticas. A probabilidade de uma válvula específica ser aberta sob demanda é de 0,95. Supondo operação independente das válvulas, calcule P(pelo menos uma válvula é aberta) e P(pelo menos uma válvula tem falha ao abrir).

79. Se A e B são eventos independentes, mostre que A' e B também são independentes. [*Dica*: primeiro estabeleça uma relação entre $P(A' \cap B)$, $P(B)$ e $P(A \cap B)$.]

80. Considere o sistema de componentes ligados como na figura a seguir. Os componentes 1 e 2 estão ligados em paralelo, de forma que o subsistema funciona se, e somente se, 1 ou 2 funcionar. Como 3 e 4 estão ligados em série, o subsistema funcionará se, e somente se, 3 e 4 funcionarem. Se os componentes funcionarem independentemente um do outro e P(componente funciona) $= 0{,}9$, calcule P(sistema funciona).

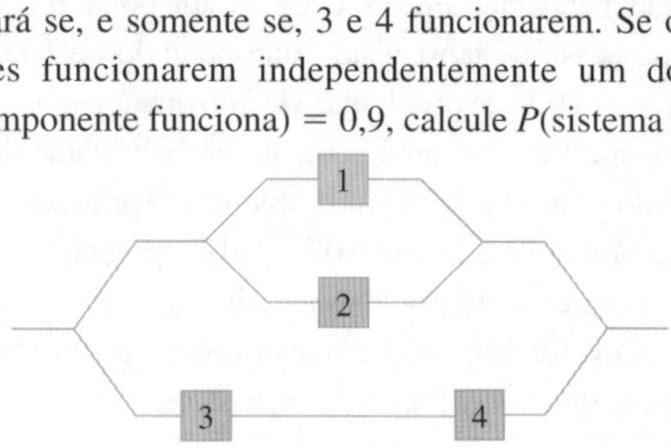

81. Consulte a configuração de sistema série-paralelo apresentada no Exemplo 2.36 e suponha que haja apenas duas células em vez de três em cada subsistema paralelo [na Figura 2.14(a), elimine as células 3 e 6 e renumere as células 4 e 5 como 3 e 4]. Usando $P(A_i) = 0{,}9$, a probabilidade de que a vida útil do sistema exceda t_0 é facilmente vista sendo 0,9639. Para que valor 0,9 tem de ser alterado a fim de aumentar a confiabilidade da vida útil do sistema de 0,9639 para 0,99? [*Dica*: sendo $P(A_i) = p$, expresse a confiabilidade do sistema em termos de p e, então, seja $x = p^2$.]

82. Considere o lançamento independente de dois dados, um verde e um vermelho. Sejam A o evento em que o dado vermelho mostra 3 pontos, B o evento em que o dado verde mostra 4 pontos e C o evento em que o número total de pontos mostrados nos dois dados é 7. Esses eventos são independentes aos pares (ou seja, A e B são eventos independentes, A e C também, bem como B e C)? Os três eventos são mutuamente independentes?

83. Os componentes que chegam a um distribuidor são verificados em busca de defeitos por dois inspetores diferentes (cada componente é verificado por ambos os inspetores). O primeiro inspetor detecta 90% de todos os componentes defeituosos, assim como o segundo inspetor. Pelo menos um inspetor não detecta 20% de todos os componentes defeituosos. Qual é a probabilidade de ocorrência dos itens a seguir?

a. Um componente com defeito ser detectado apenas pelo primeiro inspetor? Por exatamente um dos inspetores?

b. Os três componentes defeituosos de um lote passarem pelos dois inspetores sem detecção de defeito (supondo que as inspeções de diferentes componentes sejam independentes uma da outra)?

84. Setenta por cento de todos os veículos inspecionados em determinado posto de inspeção de emissões passam na inspeção. Supondo que veículos sucessivos passam ou não passam independentemente um do outro, calcule as seguintes probabilidades:

a. P(os três próximos veículos inspecionados passam).

b. P(pelo menos um dos três próximos veículos inspecionados não passa).

c. P(exatamente um dos três próximos veículos inspecionados passa).

d. P(no máximo um dos três próximos veículos passa).

e. Dado que ao menos um dos três próximos veículos passa na inspeção, qual é a probabilidade de que todos os três passem (uma probabilidade condicional)?

85. Duas bombas ligadas em paralelo falham independentemente uma da outra em determinado dia. A probabilidade de que apenas a bomba mais antiga falhe é de 0,10 e a probabilidade de que apenas a bomba mais nova falhe é de 0,05. Qual é a probabilidade de que o sistema de bombeamento falhe em qualquer dia em particular (o que acontece se as duas bombas falharem)?

86. a. Uma serraria recebe um lote de 10 000 tábuas 2 × 4. Suponha que 20% dessas tábuas (2 000), na verdade, estejam muito verdes para serem usadas em construção de primeira qualidade. Duas tábuas são selecionadas aleatoriamente, uma após a outra. Sejam $A = \{$a primeira tábua está verde$\}$ e $B = \{$a segunda tábua está verde$\}$. Calcule $P(A)$, $P(B)$ e

$P(A \cap B)$ (um diagrama de árvore é útil). A e B são independentes?

b. Com A e B independentes e $P(A) = P(B) = 0{,}2$, qual é $P(A \cap B)$? Qual é a diferença entre essa resposta e $P(A \cap B)$ no item (a)? Para fins de cálculo de $P(A \cap B)$, podemos supor que A e B do item (a) sejam independentes para obter unicamente a probabilidade correta?

c. Suponha que o lote consista em 10 tábuas, das quais duas estão verdes. A hipótese de independência agora apresenta aproximadamente a resposta correta para $P(A \cap B)$? Qual é a principal diferença entre a situação descrita aqui e a do item (a)? Quando você considera que a hipótese de independência seria válida para a obtenção de uma resposta aproximadamente correta para $P(A \cap B)$?

87. Considere selecionar aleatoriamente um único indivíduo e fazê-lo testar três veículos diferentes. Defina os eventos A_1, A_2 e A_3 por

A_1 = gosta do veículo nº 1
A_2 = gosta do veículo nº 2
A_3 = gosta do veículo nº 3

Suponha que $P(A_1) = 0{,}55$, $P(A_2) = 0{,}65$, $P(A_3) = 0{,}70$, $P(A_1 \cup A_2) = 0{,}80$, $P(A_2 \cap A_3) = 0{,}40$, e $P(A_1 \cup A_2 \cup A_3) = 0{,}88$.

a. Qual é a probabilidade de o indivíduo gostar tanto do veículo nº 1 quanto do veículo nº 2?

b. Determine e interprete $P(A_2 | A_3)$.

c. Os eventos A_2 e A_3 são independentes? Responda de duas maneiras diferentes.

d. Se você souber que o indivíduo não gostou do veículo nº 1, agora, qual é a probabilidade de ele ter gostar de, ao menos, um dos outros dois veículos?

88. O professor Stan der Deviation pode usar uma de duas rotas em seu caminho de volta do trabalho para casa. Na primeira rota, há quatro cruzamentos com ferrovias. A probabilidade de ele ter de parar em qualquer um dos cruzamentos é 0,1 e os trens operam de forma independente nos quatro cruzamentos. A outra rota é mais longa, mas tem apenas dois cruzamentos, independentes um do outro, com a mesma probabilidade de parada da primeira rota. Um dia, o professor Deviation tem um compromisso em casa com hora marcada. Em qualquer rota ele estima que chegará atrasado se for parado por trens em pelo menos metade dos cruzamentos encontrados.

a. Que rota ele deve seguir para minimizar a probabilidade de chegar atrasado?

b. Se jogar uma moeda para decidir que rota tomar e chegar atrasado, qual será a probabilidade de ele ter usado a rota com quatro cruzamentos?

89. A junta de uma aeronave requer 25 rebites. A junta terá de ser refeita se qualquer um dos rebites estiver defeituoso. Suponha que os defeitos dos rebites sejam independentes um do outro e tenham a mesma probabilidade.

a. Se 20% de todas as juntas tiverem de ser refeitas, qual será a probabilidade de um rebite ter defeito?

b. Quão pequena deve ser a probabilidade de um rebite ter defeito para garantir que apenas 10% das juntas tenham de ser refeitas?

Exercícios complementares (90–114)

90. Uma pequena empresa de fabricação começará a operar no turno da noite. Há 20 maquinistas empregados.

a. Se o turno da noite tiver 3 maquinistas, quantas equipes podem ser formadas?

b. Se os maquinistas forem classificados de 1, 2,..., 20 em ordem de competência, quantas equipes não teriam o melhor maquinista?

c. Quantas equipes teriam pelo menos um dos 10 melhores maquinistas?

d. Se uma dessas equipes for selecionada aleatoriamente para trabalhar em determinada noite, qual é a probabilidade de que o melhor maquinista não trabalhará à noite?

91. Os fixadores usados na fabricação de aviões são ligeiramente tortos para evitar afrouxarem com a vibração. Suponha que 95% de todos os fixadores passem na inspeção inicial. Dos 5% com falhas, 20% possuem defeitos tão sérios que devem ser sucateados. Os fixadores restantes são enviados para retrabalho, dos quais 40% não podem ser salvos e são descartados. Os outros 60% são corrigidos pelo processo de ondulação e, depois, passam na inspeção.

a. Qual é a probabilidade de um fixador selecionado aleatoriamente passar na inspeção inicialmente ou após o retrabalho?

b. Dado que um fixador tenha passado na inspeção, qual é a probabilidade de ele ter passado na inspeção inicial e não ter precisado de retrabalho?

92. Um funcionário do escritório de registros de uma universidade possui 10 formulários em sua mesa esperando processamento. Seis deles são petições de saída e os outros quatro são solicitações de substituição de curso.

a. Se ele selecionar aleatoriamente seis formulários para entregar a um subordinado, qual é a probabilidade de apenas um dos dois tipos de formulários permanecer na mesa?

b. Suponha que ele tenha tempo para processar apenas quatro desses formulários até o fim do dia. Se esses quatro forem selecionados aleatoriamente um a um, qual é a probabilidade de que cada formulário sucessivo seja de um tipo diferente de seu predecessor?

93. Um satélite tem seu lançamento previsto do cabo Canaveral, na Flórida, e o outro da Base Aérea de Vandenberg, na Califórnia. Sejam A o evento do lançamento de Vandenberg ser feito na data e B o evento análogo do cabo Canaveral. Se A e B são eventos independentes com $P(A) > P(B)$, $P(A \cup B) = 0{,}626$, e $P(A \cap B) = 0{,}144$, determine os valores de $P(A)$ e $P(B)$.

94. Um transmissor está enviando uma mensagem usando um código binário, isto é, uma sequência de 0 e 1. Cada bit transmitido (0 ou 1) deve passar por três relés para alcançar o receptor. Em cada relé há uma probabilidade de 0,20 de que o bit enviado seja feito de forma diferente do bit recebido (uma reversão). Suponha que os relés operem de forma independente um do outro.

Transmissor → Relé 1 → Relé 2 → Relé 3 → Receptor

a. Se um 1 for enviado pelo transmissor, qual será a probabilidade de um 1 ser enviado por todos os relés?

b. Se um 1 for enviado pelo transmissor, qual é a probabilidade de um 1 ser recebido pelo receptor? [*Dica*: os oito resultados experimentais podem ser exibidos em um diagrama de árvore com três gerações de ramos, uma geração para cada relé.]

c. Suponha que 70% de todos os bits enviados do transmissor sejam 1. Se um 1 for recebido pelo receptor, qual é a probabilidade de um 1 ter sido enviado?

95. O indivíduo A tem um círculo de cinco amigos íntimos (B, C, D, E e F). A ouviu um boato de fora do círculo e convidou os cinco amigos para uma festa para transmitir o boato. Para iniciar, A seleciona um dos cinco aleatoriamente e conta o boato para ele. Esse indivíduo, então, seleciona um dos quatro restantes e repete o que ouviu. Continuando, uma nova pessoa é selecionada dentre os que não ouviram o boato e assim sucessivamente, até que todos saibam.

a. Qual é a probabilidade de o boato ser repetido na ordem B, C, D, E e F?

b. Qual é a probabilidade de F ser a terceira pessoa a saber do boato?

c. Qual é a probabilidade de F ser a última pessoa a ouvir o boato?

d. Se em cada etapa a pessoa que "tem" o boato no momento não souber quem já ouviu e selecionar o próximo receptor aleatoriamente dentre as cinco possibilidades, qual é a probabilidade de F ainda não ter ouvido o boato depois de este ter sido contado 10 vezes na festa?

96. De acordo com o artigo "Optimization of distribution parameters for estimating probability of crack detection" (*J. of Aircraft*, 2009: 2090-2097), a seguinte equação de "Palmberg" é comumente usada para determinar a probabilidade $P_d(c)$ de se detectar uma rachadura de tamanho c na estrutura de uma aeronave:

$$P_d(c) = \frac{(c/c^*)^\beta}{1 + (c/c^*)^\beta}$$

em que c^* é o tamanho da rachadura que corresponde a uma probabilidade de detecção de 0,5 (e, portanto, é uma avaliação da qualidade do processo de inspeção).

a. Verifique que $P_d(c^*) = 0{,}5$.

b. Qual é $P_d(2c^*)$ quando $\beta = 4$?

c. Suponha que um inspetor inspecione dois painéis diferentes, um com um tamanho de rachadura de c^* e o outro com um tamanho de rachadura de $2c^*$. Novamente, supondo que $\beta = 4$ e também que os resultados das duas inspeções sejam independentes um do outro, qual é a probabilidade de exatamente uma das duas rachaduras ser detectada?

d. O que acontece a $P_d(c)$ quando $\beta \to \infty$?

97. Um engenheiro químico está interessado em determinar se traços de certa impureza estão presentes em um produto. Um experimento tem probabilidade 0,80 de detectar a presença da impureza. A probabilidade de não se detectar a impureza se ela estiver ausente é de 0,90. As probabilidades anteriores de a impureza estar presente e estar ausente são de 0,40 e 0,60, respectivamente. Três experimentos separados resultam em apenas duas detecções. Qual é a probabilidade *a posteriori* de a impureza estar presente?

98. Cada competidor de um programa de perguntas e respostas é solicitado a especificar uma de seis possíveis categorias que servirão de tema para as perguntas feitas. Suponha que P (competidor escolhe a categoria i) $= \frac{1}{6}$ e os competidores sucessivos escolham suas categorias independentemente um do outro. Se houver três competidores em cada programa e os três escolherem categorias diferentes, qual é a probabilidade de que exatamente um tenha selecionado a categoria 1?

99. Uma empresa usa três linhas de produção para fabricar latas de certo tipo. A tabela fornece as porcentagens de latas fora da conformidade, categorizadas por tipo de não conformidade, para cada uma das três linhas durante um período de tempo.

	Linha 1	Linha 2	Linha 3
Mancha	15	12	20
Trinca	50	44	40
Problema no anel	21	28	24
Defeito na superfície	10	8	15
Outro	4	8	2

Durante esse período, a linha 1 produziu 500 latas fora de conformidade, a linha 2 produziu 400 e a linha 3, 600. Suponha que uma dessas 1 500 latas seja selecionada aleatoriamente.

a. Qual é a probabilidade de ela ter sido produzida pela linha 1? E de que o motivo da não conformidade seja uma trinca?

b. Se a lata selecionada tiver vindo da linha 1, qual é a probabilidade de ela ter uma mancha?

c. Dado que a lata selecionada tinha um defeito na superfície, qual é a probabilidade de ela ter vindo da linha 1?

100. Um por cento de todos os indivíduos de certa população são portadores de determinada doença. Um teste de diagnóstico para essa doença tem taxa de detecção de 90% para portadores e 5% para não portadores. Suponha que o teste seja aplicado independentemente a duas amostras de sangue do mesmo indivíduo selecionado aleatoriamente.

a. Qual é a probabilidade de ambos os testes terem o mesmo resultado?

b. Se ambos os testes forem positivos, qual será a probabilidade de o indivíduo selecionado ser um portador?

101. Um sistema consiste em dois componentes. A probabilidade de o segundo componente funcionar de forma satisfatória durante a vida útil do projeto é 0,9, a probabilidade de pelo menos um dos dois componentes funcionar é 0,96 e a de ambos os componentes funcionarem é 0,75. Dado que o primeiro componente funciona de forma satisfatória por toda a vida útil do projeto, qual é a probabilidade de o segundo também funcionar?

102. Certa empresa envia 40% de sua correspondência expressa noturna pelo serviço expresso E_1. Dessas remessas, 2% chegam após a hora de entrega garantida (represente o evento "entrega atrasada" por L). Se um registro de um envio expresso noturno for selecionado aleatoriamente no arquivo da empresa, qual será a probabilidade de a remessa ter sido enviada via E_1 e estar atrasada?

103. Uma caixa contém as seguintes quatro tiras de papel, cada uma tendo exatamente as mesmas dimensões: (1) ganha o prêmio 1; (2) ganha o prêmio 2; (3) ganha o prêmio 3; (4) ganha o prêmio 1, 2 e 3. Uma tira será selecionada aleatoriamente. Seja A_1 = {ganha o prêmio 1}, A_2 = {ganha o prêmio 2} e A_3 = {ganha o prêmio 3}. Mostre que A_1 e A_2 são independentes, que A_1 e A_3 são independentes, assim como A_2 e A_3 (independência *aos pares*). Mostre, entretanto, que $P(A_1 \cap A_2 \cap A_3) \neq P(A_1) \cdot P(A_2) \cdot P(A_3)$, de forma que esses eventos *não* sejam mutuamente independentes.

104. Uma empresa usa três linhas de montagem diferentes A_1, A_2 e A_3 para fabricar certo componente. Dos componentes fabricados pela linha A_1, 5% exigem retrabalho para corrigir um defeito, enquanto 8% dos componentes da linha A_2 exigem retrabalho, assim como 10% de A_3. Suponha que 50% de todos os componentes sejam produzidos pela linha A_1, 30% por A_2 e 20% por A_3. Se um componente selecionado aleatoriamente exigir retrabalho, qual será a probabilidade de ele ser proveniente da linha A_1? Da linha A_2? Da linha A_3?

105. Desprezando a possibilidade de aniversário no dia 29 de fevereiro, suponha que um indivíduo selecionado aleatoriamente tenha iguais probabilidades de ter nascido em qualquer um dos outros 365 dias do ano.

a. Se 10 pessoas forem selecionadas aleatoriamente, qual será a probabilidade de todas terem datas de aniversário diferentes? Que ao menos duas tenham a mesma data de aniversário?

b. Com *k* no lugar de 10 no item (a), qual é o menor *k* para o qual há possibilidade de 50% de duas ou mais pessoas terem a mesma data de aniversário?

c. Se 10 pessoas forem selecionadas aleatoriamente, qual será a probabilidade de que pelo menos duas tenham a mesma data de aniversário ou que pelo menos duas tenham os mesmos três últimos dígitos do número de seguro social (ao todo são 9 dígitos)? [*Observação*: o artigo "Methods for studying coincidences" (F. Mosteller e P. Diaconis, *J. Amer. Stat. Assoc.*, 1989: 853-861) discute problemas deste tipo.]

106. Um método usado para distinguir rochas graníticas (*G*) e basálticas (*B*) é examinar uma parte do espectro infravermelho da energia solar refletida na superfície da rocha. Sejam R_1, R_2 e R_3 as intensidades de espectro medidas em três diferentes comprimentos de onda. Normalmente, para granito $R_1 < R_2 < R_3$, enquanto para basalto $R_3 < R_1 < R_2$. Quando as medidas são feitas de forma remota (usando aeronaves), podem surgir diversas ordenações de R_i, se a rocha for basalto ou granito. Voos sobre regiões de composição conhecida resultaram nas seguintes informações:

	Granito	Basalto
$R_1 < R_2 < R_3$	60%	10%
$R_1 < R_3 < R_2$	25%	20%
$R_3 < R_1 < R_2$	15%	70%

Suponha que, para uma rocha selecionada aleatoriamente em determinada região, *P*(granito) = 0,25 e *P*(basalto) = 0,75.

a. Mostre que $P(\text{granito} \mid R_1 < R_2 < R_3) > P(\text{basalto} \mid R_1 < R_2 < R_3)$. Se as medidas fornecerem $R_1 < R_2 < R_3$, você classificaria a rocha como granito ou como basalto?

b. Se as medidas fornecerem $R_1 < R_3 < R_2$, como você classificaria a rocha? Responda à mesma questão para $R_3 < R_1 < R_2$.

c. Usando as regras de classificação indicadas nos itens (a) e (b), ao selecionar uma rocha dessa região, qual é a probabilidade de uma classificação errada? [*Dica*: qualquer *G* poderia ser classificado como *B* ou *B* como *G* e *P*(*B*) e *P*(*G*) são conhecidos.]

d. Se *P*(granito) = *p* em vez de 0,25, há valores de *p* (diferentes de 1) para os quais uma pessoa sempre classificaria uma rocha como granito?

107. Uma sequência de lampejos é fornecida para que um alvo possa ser detectado. Seja G_i = {o alvo é detectado no *n*-ésimo lampejo}, com $p_i = P(G_i)$. Suponha que G_i sejam eventos independentes e escreva uma expressão para a probabilidade de que o alvo tenha sido detectado no fim do *n*-ésimo lampejo. [*Observação*: este modelo é discutido em "Predicting aircraft detectability", *Human Factors*, 1979: 277-291.]

108. Num jogo de beisebol da Little League, o lançador do time A lança *strikes* em 50% das vezes e lança *ball* (bolas ruins) 50% das vezes, os arremessos são independentes uns dos outros e o lançador nunca elimina o rebatedor. Sabendo disso, o treinador do time B instruiu o rebatedor para não tentar rebater nenhnuma bola.

Calcule a probabilidade de

a. O rebatedor ganhar a base no quarto arremesso (4 *balls* consecutivos).

b. O rebatedor ganhar a base no sexto arremesso (de forma que dois dos cinco primeiros devem ter sido *strikes*) usando um argumento de contagem ou construindo um diagrama de árvore.

c. O rebatedor ganhar a base (4 *balls* antes de 3 *strikes*).

d. O primeiro rebatedor marcar sem ninguém ter sido eliminado (assumindo que cada rebatedor use a estratégia de não rebater).

109. Consulte o Exercício 102. Suponha que 50% das encomendas expressas sejam enviadas via serviço expresso E_2 e as 10% restantes sejam enviadas por E_3. Dos enviados por E_2, apenas 1% chega com atraso, enquanto 5% das encomendas enviadas por E_3 chegam com atraso.

a. Qual é a probabilidade de uma encomenda selecionada aleatoriamente chegar com atraso?

b. Se uma encomenda selecionada aleatoriamente chegar no horário, qual será a probabilidade de ela não ter sido enviada por E_1?

110. Uma companhia aérea em particular tem voos às 10 da manhã de Chicago para Nova Iorque, Atlanta e Los Angeles. Seja *A* o evento em que o voo para Nova Iorque está cheio, defina os eventos *B* e *C* de forma análoga para os outros voos. Suponha que *P*(*A*) = 0,6, *P*(*B*) = 0,5, *P*(*C*) = 0,4 e que os três eventos sejam independentes. Qual é a probabilidade de:

a. Os três voos estarem cheios? Ao menos um dos voos não estar cheio?

b. Apenas o voo para Nova Iorque estar cheio? Exatamente um dos três voos estar cheio?

111. Um gerente de pessoal entrevistará quatro candidatos a um cargo. Eles estão classificados como 1, 2, 3 e 4, em ordem de preferência, e serão entrevistados em ordem aleatória. Entretanto, no final de cada entrevista, o gerente saberá apenas como o candidato atual se compara em relação aos candidatos já entrevistados. Por exemplo, a ordem de entrevistas 3, 4, 1, 2 não fornece informações após a primeira entrevista, mostra que o segundo candidato é pior que o primeiro e que o terceiro é melhor que os dois primeiros. Entretanto, a ordem 3, 4, 2, 1 geraria as mesmas informações após cada uma das três primeiras entrevistas. O gerente deseja contratar o melhor candidato, mas deve tomar uma decisão irrevogável após cada entrevista. Considere a seguinte estratégia: rejeitar automaticamente os primeiros s candidatos e, então, contratar o primeiro candidato subsequente que é o melhor dentre os entrevistados (se não houver tal candidato, contratar o último entrevistado).

Por exemplo, com $s = 2$, a ordem 3, 4, 1, 2 resultaria na contratação do melhor candidato, enquanto a ordem 3, 1, 2, 4 não o faria. Dos quatro valores s possíveis (0, 1, 2 e 3), qual maximiza P (melhor é contratado)? [*Dica*: escreva as 24 ordens de entrevistas de igual probabilidade: $s = 0$ significa que o primeiro candidato é automaticamente contratado.]

112. Considere quatro eventos independentes A_1, A_2, A_3 e A_4 e que seja $p_i = P(A_i)$ para $i = 1, 2, 3, 4$. Expresse a probabilidade de que pelo menos um desses quatro eventos ocorra em termos dos p_i e faça o mesmo para a probabilidade de que pelo menos dois eventos ocorram.

113. Quatro engenheiros, A, B, C e D, foram agendados para entrevistas de trabalho às 10 da manhã na sexta-feira, 13 de janeiro, na Random Sampling, Inc. O gerente de recursos humanos agendou os quatro para as salas de entrevista 1, 2, 3 e 4, respectivamente. Entretanto, a secretária do gerente não sabe disso e os manda às quatro salas, de forma totalmente aleatória (o que mais poderia ser!). Qual é a probabilidade de:

a. Os quatro acabarem nas salas certas?

b. Nenhum dos quatro ir para a sala certa?

114. Mostre que, se A_1, A_2 e A_3 forem eventos independentes, então, $P(A_1 \mid A_2 \cap A_3) = P(A_1)$.

Bibliografia

DURRETT, R. *Elementary probability for applications*. Londres: Cambridge University Press, 2009. Uma apresentação concisa, porém compreensível, em um nível ligeiramente superior ao deste livro.

MOSTELLER, F.; ROURKE, R. E THOMAS, G. *Probability with statistical applications*. 2. ed. Reading, MA: Addison-Wesley, 1970. Uma introdução pré-cálculo à probabilidade muito boa, com muitos exemplos divertidos. Especialmente bom para regras de contagem e sua aplicação.

OLKIN, I.; DERMAN, C. E GLESER, L. *Probability models and application*. 2. ed. New York: Macmillan, 1994. Uma introdução abrangente à probabilidade, escrita em um nível matemático ligeiramente superior ao deste livro, porém, contendo muitos exemplos bons.

ROSS, S. *A first course in probability*. 8. ed. New York: Macmillan, 2009. É mais compacto e mais matematicamente sofisticado que este livro, mas contém uma infinidade de exemplos e exercícios interessantes.

WINKLER, R. *Introduction to bayesian inference and decision*. New York: Holt, Rinehart & Winston, 1972. Uma introdução muito boa à probabilidade subjetiva.

3 Variáveis aleatórias discretas e distribuições de probabilidade

INTRODUÇÃO

Independentemente de um experimento gerar resultados quantitativos ou qualitativos, os métodos de análise estatística requerem que sejam enfocados certos aspectos numéricos dos dados (como proporção de amostra *x*/*n*, média *x* ou desvio padrão). O conceito de variável aleatória nos permite passar dos resultados do experimento propriamente ditos para uma função numérica dos resultados. Há dois tipos fundamentalmente diferentes de variáveis aleatórias: variáveis aleatórias discretas e variáveis aleatórias contínuas. Neste capítulo, examinaremos as propriedades básicas e discutiremos os exemplos mais importantes das variáveis discretas. O Capítulo 4 enfocará as variáveis aleatórias contínuas.

3.1 Variáveis aleatórias

Em qualquer experimento, há diversas características que podem ser observadas ou medidas, mas, na maioria dos casos, o experimento focará um ou alguns aspectos específicos da amostra. Por exemplo, em um estudo de padrões de transporte de uma área metropolitana, cada indivíduo pode ser consultado sobre distância, sobre o número de pessoas que usam o mesmo veículo, mas não sobre o QI, renda, tamanho da família e outras características desse tipo. Como alternativa, um pesquisador pode testar uma amostra de componentes e registrar apenas quantos apresentaram falhas dentro de mil horas, em vez de manter o registro das falhas individuais.

Em geral, cada resultado de um experimento é associado a um número, especificando-se uma regra de associação (por exemplo, a quantidade de componentes que apresentam falha em um período de mil horas em uma amostra de 10 componentes ou o peso total de bagagem para uma amostra de 25 passageiros de uma companhia aérea). Tal regra de associação é denominada **variável aleatória**. Variável porque é possível obter diferentes valores numéricos, e aleatória porque o valor observado depende de qual dos resultados possíveis do experimento é obtido (Figura 3.1).

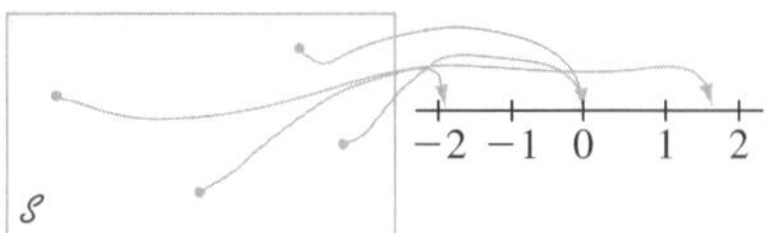

Figura 3.1 Uma variável aleatória.

> **Definição**
>
> Para determinado espaço amostral $\mathcal{S}$ de algum experimento, a **variável aleatória (v.a.)** é qualquer regra que associa um número com qualquer resultado em $\mathcal{S}$. Em linguagem matemática, a variável aleatória é uma função cujo domínio é o espaço amostral e cuja variação é o conjunto de números reais.

As variáveis aleatórias usualmente são representadas por letras maiúsculas, como X e Y, próximas ao final do alfabeto. Em contraste com a utilização anterior de uma letra maiúscula, como X, para representar uma variável, usaremos letras minúsculas para representar um valor específico da variável aleatória correspondente. A notação $X(s) = x$ significa que x é o valor associado ao resultado s pela v.a. X.

Exemplo 3.1

Quando um aluno liga para o *help desk* da faculdade em busca de suporte técnico, ele poderá falar com alguém imediatamente (S, para sucesso) ou ficar aguardando (F, para fracasso). Com $\mathcal{S} = \{S, F\}$, considere a v.a. X por

$$X(S) = 1 \quad X(F) = 0$$

A v.a. X indica se o aluno pode (1) ou não (0) falar com alguém de imediato. ■

No Exemplo 3.1, a v.a. X foi especificada, relacionando-se explicitamente cada elemento de $\mathcal{S}$ e o número associado. Esta listagem torna-se entediante caso $\mathcal{S}$ contenha mais que alguns poucos resultados, mas frequentemente pode ser evitada.

Exemplo 3.2

Considere o experimento em que um número de telefone em um determinado código de área é discado por meio de discador aleatório (dispositivos muito usados por empresas de pesquisa) e considere uma v.a. Y como

$$Y = \begin{cases} 1 & \text{se o número selecionado não está na lista telefônica} \\ 0 & \text{se o número selecionado está na lista telefônica} \end{cases}$$

Por exemplo, se 528-2966 estiver na lista telefônica, $Y(5282966) = 0$, enquanto $Y(7727350) = 1$ nos diz que o número 772-7350 não está na lista. A descrição desse tipo de evento em palavras é mais econômica do que uma listagem completa, de forma que a usaremos sempre que possível. ■

Nos Exemplos 3.1 e 3.2, os únicos valores possíveis da variável aleatória eram 0 e 1. Tais variáveis aleatórias aparecem tão frequentemente que receberam um nome especial em homenagem ao primeiro indivíduo que as estudou.

> **Definição**
>
> Qualquer variável aleatória cujos únicos valores possíveis são 0 e 1 é denominada **variável aleatória de Bernoulli**.

Às vezes, precisamos definir e estudar diversas variáveis aleatórias diferentes do mesmo espaço amostral.

Exemplo 3.3

O Exemplo 2.3 descreveu um experimento no qual foi determinado o número de bombas em uso em dois postos de gasolina com seis bombas cada. Considere as v.a. X, Y e U como

X = o número total de bombas em uso nos dois postos
Y = a diferença entre o número de bombas em uso no posto 1 e o número em uso no posto 2
U = o máximo de bombas em uso nos dois postos

Se este experimento for realizado e resultar em $s = (2,3)$, então $X((2, 3)) = 2 + 3 = 5$, de modo que dizemos que o valor observado de X foi $x = 5$. De forma semelhante, o valor de Y observado seria $y = 2 - 3 = -1$ e o valor de U observado seria $u = \text{máx}\ (2, 3) = 3$. ■

Cada variável aleatória dos Exemplos 3.1–3.3 pode assumir apenas um número finito de valores possíveis. Esse não é obrigatoriamente o caso.

Exemplo 3.4

Considere um experimento no qual pilhas de 9 volts são testadas até obter-se uma com uma voltagem aceitável (S). O espaço amostral é $\mathcal{S} = \{S, FS, FFS, \ldots\}$. Considere um v.a. X como

$$X = \text{a quantidade de pilhas testadas antes do término do experimento}$$

Depois, $X(S) = 1$, $X(FS) = 2$, $X(FFS) = 3$, ..., $X(FFFFFFS) = 7$ etc. Qualquer inteiro positivo é um valor possível de X, de modo que o conjunto de valores possíveis é infinito. ■

Exemplo 3.5

Suponha que um local (latitude e longitude) nos Estados Unidos continental seja selecionado de forma aleatória. Considere uma v.a. Y como

$$Y = \text{a altura acima do nível do mar do local selecionado}$$

Por exemplo, se a localidade selecionada for (39°50'N, 98°35'O), então, podemos ter Y((39°50'N, 98°35'O)) = 1 748,26 pés. O maior valor possível de Y é 14 494 (monte Whitney) e o menor valor possível é −282 (Vale da Morte). O conjunto de todos os valores possíveis de Y é o conjunto de todos os números no intervalo entre −282 e 14 494, ou seja,

$$\{y : y \text{ é um número}, -282 \leq y \leq 14\,494\}$$

e há um número infinito de valores nesse intervalo. ■

Dois tipos de variáveis aleatórias

Na Seção 1.2, distinguimos os dados resultantes de observações em uma variável contável e os dados obtidos durante a observação de valores de uma variável mensurável. Uma ligeira distinção mais formal caracteriza os dois tipos diferentes de variáveis aleatórias.

Definição

Uma variável aleatória **discreta** é uma v.a. cujos valores possíveis constituem um conjunto finito ou podem ser relacionados em uma sequência infinita na qual haja um primeiro elemento, um segundo elemento e assim por diante (infinito "contável").

Uma variável aleatória é **contínua** se *ambos* os casos a seguir se aplicarem:

1. o conjunto de valores possíveis consiste em todos os números de um único intervalo na reta real (possivelmente infinito em sua extensão, por exemplo, de $-\infty$ a ∞) ou de todos os números de uma união disjunta de tais intervalos (p. ex., $[0, 10] \cup [20, 30]$);
2. nenhum valor possível da variável tem probabilidade positiva, ou seja, $P(X = c) = 0$ para qualquer valor de c possível.

Apesar de qualquer intervalo da reta real conter um número infinito de valores, podemos demonstrar que não há uma forma de criarmos uma lista infinita de todos esses valores, pois há muitos deles. A segunda condição que descreve uma variável aleatória contínua é, talvez, não intuitiva, pois parece implicar uma probabilidade total de zero para todos os valores positivos. Mas veremos no Capítulo 4 que os *intervalos* de valores possuem probabilidade positiva; a probabilidade de um intervalo tende a zero à medida que o tamanho deste intervalo se reduz a zero.

Exemplo 3.6

Todas as variáveis aleatórias dos Exemplos 3.1 a 3.4 são discretas. Como outro exemplo, suponha que selecionemos casais aleatoriamente e façamos um teste sanguíneo em cada pessoa, até encontrarmos um marido e mulher com o mesmo fator Rh. Com X = número de testes a ser realizado, os possíveis valores de X são D = {2, 4, 6, 8, ...}. Visto que os possíveis valores foram listados em sequência, X é uma v.a. discreta. ■

Para estudar as propriedades básicas das v.a. discretas, são requeridas apenas as ferramentas da matemática discreta: soma e subtração. O estudo das variáveis contínuas requer a matemática contínua do cálculo: integrais e derivadas.

EXERCÍCIOS Seção 3.1 (1–10)

1. Para cada variável aleatória definida a seguir, descreva o conjunto de valores possíveis da variável e diga se é discreta.
   a. X = número de ovos não quebrados em uma caixa de ovos padrão selecionada aleatoriamente.
   b. Y = número de alunos ausentes no primeiro dia de aula em uma lista de chamada de um determinado curso.
   c. U = número de vezes que um jogador move o taco de golfe antes de atingir a bola.
   d. X = comprimento de uma cascavel selecionada aleatoriamente.
   e. Z = quantia ganha em *royalties* pela venda de uma primeira edição de 10 000 livros-texto.

f. Y = pH de uma amostra de solo selecionada aleatoriamente.

g. X = tensão (psi) no encordoamento de uma raquete de tênis selecionada aleatoriamente.

h. X = número total de lançamentos de moeda exigidos para que três indivíduos obtenham resultados iguais (*cara, cara, cara* ou *coroa, coroa, coroa*).

2. Dê três exemplos de v.a. de Bernoulli (diferentes dos do livro).

3. Usando o experimento do Exemplo 3.3, defina mais duas variáveis aleatórias e relacione os valores possíveis de cada uma.

4. Seja X = número de dígitos não nulos de um CEP selecionado aleatoriamente. Quais são os valores possíveis de X? Forneça três resultados possíveis e seus valores X associados.

5. Se o espaço amostral = $\mathcal{S}$ é um conjunto infinito, implica necessariamente que qualquer v.a. X definida em $\mathcal{S}$ terá um conjunto infinito de valores possíveis? Caso a resposta seja sim, explique o porquê. Caso contrário, dê um exemplo.

6. A partir de certo horário fixo, cada carro que cruza uma interseção é observado para obtenção de sua direção: à esquerda (E), à direita (D) ou segue em frente (F). O experimento termina assim que um carro vira à esquerda. Seja X = o número de carros observados. Quais são os valores possíveis de X? Relacione cinco resultados e seus valores X associados.

7. Uma viga de concreto pode sofrer fratura tanto por cisalhamento (C) quanto por flexão (F). Suponha que três vigas com defeito sejam selecionadas aleatoriamente e o tipo de fratura seja determinado para cada uma delas. Seja X = número de vigas entre as três selecionadas que sofreram fratura por cisalhamento. Relacione cada resultado no espaço amostral juntamente com o valor de X associado.

8. Cada vez que um componente é testado, o teste resulta em sucesso (S) ou falha (F). Suponha que o componente seja testado repetidamente até que ocorra sucesso em três tentativas *consecutivas*. Seja Y o número de tentativas necessárias para atingir esse objetivo. Relacione todos os resultados correspondentes aos cinco menores valores de Y e diga que valor de Y está associado a cada um.

9. Um indivíduo chamado Claudius está localizado no ponto 0 do diagrama a seguir.

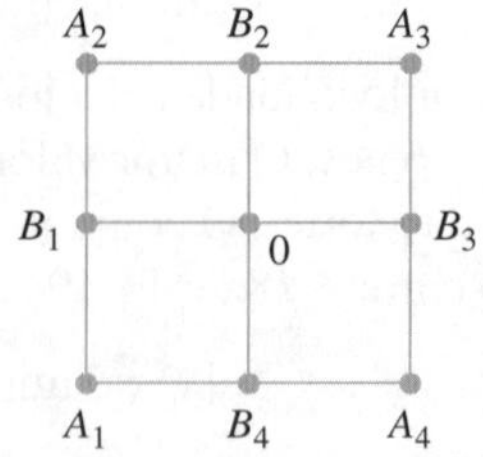

Usando um dispositivo de aleatoriedade adequado (como um dado tetraédrico, com quatro lados), Claudius primeiro vai para um dos quatro locais B_1, B_2, B_3, B_4. Depois de estar em um desses locais, outro dispositivo de aleatoriedade é usado para decidir se ele deve retornar a 0 ou visitar um dos dois outros pontos adjacentes. O processo continua; após cada movimento, outro movimento para um dos (novos) pontos adjacentes é determinado pelo lançamento de dado ou moeda apropriado.

a. Seja X = número de movimentos que Claudius faz antes de retornar a 0. Quais são os valores possíveis de X? X é discreta ou contínua?

b. Se forem permitidos movimentos ao longo da diagonal ligando 0 a A_1, A_2, A_3 e A_4, respectivamente, responda às perguntas do item (a).

10. O número de bombas em uso em dois postos de gasolina, um com seis bombas e outro com quatro, será determinado. Forneça os valores possíveis de cada uma das variáveis aleatórias a seguir:

a. T = número total de bombas em uso.

b. X = diferença entre as quantidades em uso nos postos 1 e 2.

c. U = número máximo de bombas em uso em cada posto.

d. Z = número de postos com exatamente duas bombas em uso.

3.2 Distribuições de probabilidade para variáveis aleatórias discretas

Probabilidades relacionadas a vários resultados em $\mathcal{S}$ resultam em determinadas probabilidades associadas com os valores de qualquer caso específico de v.a. X. A *distribuição da probabilidade de* X mostra como a probabilidade total de 1 é distribuída entre os vários valores possíveis de X. Por exemplo, vamos supor que uma empresa tenha acabado de comprar quatro impressoras a laser. Defina que X seja o número de impressoras que necessitam de reparos durante o período de garantia. Portanto, os valores possíveis de X são 0, 1, 2, 3 e 4. A distribuição da probabilidade nos dirá como a probabilidade de 1 é subdividida entre esses cinco valores possíveis – o quanto da probabilidade está associada ao X valor 0, quanto da probabilidade foi atribuída a X valor 1 etc. Vamos usar as seguintes notações para as probabilidades de distribuição:

$$p(0) = \text{probabilidade de } X \text{ valer } 0 = P(X = 0)$$
$$p(1) = \text{probabilidade de } X \text{ valer } 1 = P(X = 1)$$

e assim por diante. Em geral, $p(x)$ denota a probabilidade determinada ao valor x.

Exemplo 3.7

O Departamento de Estatísticas Cal Poly tem um laboratório com seis computadores reservados para os *experts* em estatística. Seja X o número de computadores que estão em uso em determinado momento do dia. Suponha que a distribuição da probabilidade de X seja conforme a tabela a seguir. A primeira linha da tabela lista os possíveis valores de X e a segunda fileira mostra a probabilidade de tal valor.

x	0	1	2	3	4	5	6
$p(x)$	0,05	0,10	0,15	0,25	0,20	0,15	0,10

Agora, podemos usar as propriedades elementares de probabilidade para calcular outras probabilidades de interesse. Por exemplo, a probabilidade de no máximo 2 computadores estarem em uso é de

$$P(X \leq 2) = P(X = 0 \text{ ou } 1 \text{ ou } 2) = p(0) + p(1) + p(2) = 0{,}05 + 0{,}10 + 0{,}15 = 0{,}30$$

Considerando que o evento *pelo menos 3 computadores em uso* é complementar a *no máximo 2 computadores estarem em uso*,

$$P(X \geq 3) = 1 - P(X \leq 2) = 1 - 0{,}30 = 0{,}70$$

que pode, certamente, ser obtido adicionando as probabilidades dos valores 3, 4, 5 e 6. A probabilidade de ter entre 2 e 5 (*inclusive*) computadores em uso é de

$$P(2 \leq X \leq 5) = P(X = 2, 3, 4 \text{ ou } 5) = 0{,}15 + 0{,}25 + 0{,}20 + 0{,}15 = 0{,}75$$

enquanto a probabilidade do número de computadores em uso ser *estritamente entre* 2 e 5 é de

$$P(2 < X < 5) = P(X = 3 \text{ ou } 4) = 0{,}25 + 0{,}20 = 0{,}45 \blacksquare$$

Definição

A **distribuição de probabilidade** ou **função de probabilidade** (f.p.) de uma v.a. discreta é definida para todos os números x, assim: $p(x) = P(X = x) = P(\text{todos } s \in \mathcal{S}: X(s) = x)$.

Expondo em palavras, para cada valor possível x da variável aleatória, a f.p. especifica a probabilidade de observar aquele valor quando o experimento for realizado. As condições $p(x) \geq 0$ e $\sum_{\text{todos possíveis } x} p(x) = 1$ são necessárias para todas as f.p.

A f.p. de X no exemplo anterior foi simplesmente dada na descrição do problema. Agora, considere vários exemplos nos quais as várias propriedades de probabilidade são exploradas para obter a distribuição desejada.

Exemplo 3.8

Seis lotes de componentes estão prontos para serem entregues por um fornecedor. O número de componentes com defeito em cada lote é mostrado a seguir:

Lote	1	2	3	4	5	6
Quantidade de componentes com defeito	0	2	0	1	2	0

Um desses lotes será selecionado aleatoriamente para entrega a um cliente específico. Seja X o número de peças com defeito no lote selecionado. Os três valores possíveis de X são 0, 1 e 2. Dos seis eventos igualmente simples, três resultam em $X = 0$, um em $X = 1$ e outros dois em $X = 2$. Então,

$$p(0) = P(X = 0) = P(\text{se lote 1 ou 3 ou 6 é enviado}) = \frac{3}{6} = 0{,}500$$

$$p(1) = P(X = 1) = P(\text{se lote 4 é enviado}) = \frac{1}{6} = 0{,}167$$

$$p(2) = P(X = 2) = P(\text{se lote 2 ou 5 é enviado}) = \frac{2}{6} = 0{,}333$$

Ou seja, a probabilidade de 0,500 é atribuída a X valor 0, a probabilidade de 0,167 é atribuída a X valor 1 e o restante da probabilidade, 0,333, está associada ao X valor 2. Os valores de X, juntamente com suas probabilidades, especificam, coletivamente, a f.p. Se este experimento for repetido várias vezes, a longo prazo $X = 0$ ocorreria metade das vezes, $X = 1$, um sexto das vezes e $X = 2$, um terço das vezes. ■

Exemplo 3.9

Vamos considerar se a próxima pessoa a comprar um computador em determinada loja de eletrônicos adquire um notebook ou um desktop. Seja

$$X = \begin{cases} 1 & \text{se o cliente compra um desktop} \\ 0 & \text{se o cliente compra um notebook} \end{cases}$$

Se 20% de todas as compras da semana optam por um desktop, a f.p. de X é

$$p(0) = P(X = 0) = P\,(\text{próximo cliente compra um notebook}) = 0{,}8$$
$$p(1) = P(X = 1) = P(\text{próximo cliente compra um desktop}) = 0{,}2$$
$$p(x) = P(X = x) = 0 \text{ para } x \neq 0 \text{ ou } 1$$

Uma descrição equivalente é

$$p(x) = \begin{cases} 0{,}8 & \text{se } x = 0 \\ 0{,}2 & \text{se } x = 1 \\ 0 & \text{se } x \neq 0 \text{ ou } 1 \end{cases}$$

A Figura 3.2 é uma ilustração dessa f.p., denominada *gráfico de linhas*. Obviamente, o X é uma v.a. de Bernoulli e $p(x)$ é uma f.p. de Bernoulli.

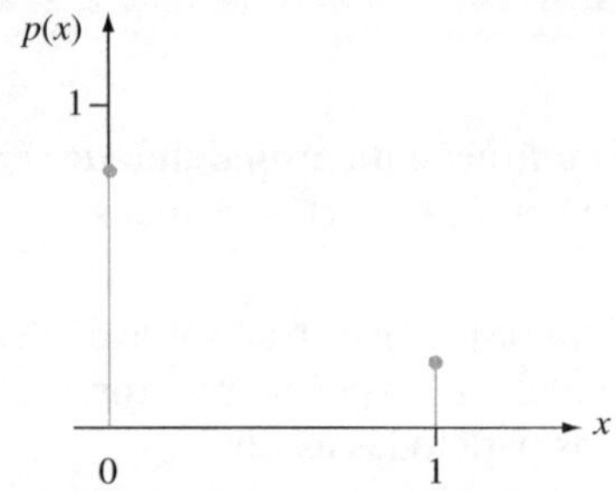

Figura 3.2 O gráfico de linhas da f.p. do Exemplo 3.9. ■

Exemplo 3.10

Considere um grupo de cinco doadores de sangue potenciais: a, b, c, d e e. Desses, apenas a e b possuem o tipo O+. Cinco amostras de sangue, uma de cada indivíduo, serão testadas em ordem aleatória até que seja identificado um indivíduo O+. Seja a v.a. dos tipos necessária para identificar um indivíduo. Então, a f.p. de Y é

$$p(1) = P(Y = 1) = P(a \text{ ou } b \text{ testado primeiro}) = \frac{2}{5} = 0{,}4$$

$$\begin{aligned} p(2) &= P(Y = 2) = P(c, d \text{ ou } e, \text{ primeiro e, depois, } a \text{ ou } b) \\ &= P(c, d \text{ ou } e \text{ primeiro}) \cdot P(a \text{ ou } b \text{ a seguir} \mid c, d \text{ ou } e \text{ primeiro}) = \frac{3}{5} \cdot \frac{2}{4} = 0{,}3 \end{aligned}$$

$$\begin{aligned} p(3) &= P(Y = 3) = P(c, d \text{ ou } e, \text{ primeiro e segundo e, depois, } a \text{ ou } b) \\ &= \left(\frac{3}{5}\right)\left(\frac{2}{4}\right)\left(\frac{2}{3}\right) = 0{,}2 \end{aligned}$$

$$p(4) = P(Y = 4) = P(c, d \text{ e } e, \text{ tudo feito primeiro}) = \left(\frac{3}{5}\right)\left(\frac{2}{4}\right)\left(\frac{1}{3}\right) = 0{,}1$$

$$p(y) = 0, \text{ se } y \neq 1, 2, 3, 4$$

Na forma de tabela, a f.p. é

y	1	2	3	4
$p(y)$	0,4	0,3	0,2	0,1

em que qualquer valor y não relacionado recebe probabilidade zero. A Figura 3.3 mostra um gráfico de linhas da f.p.

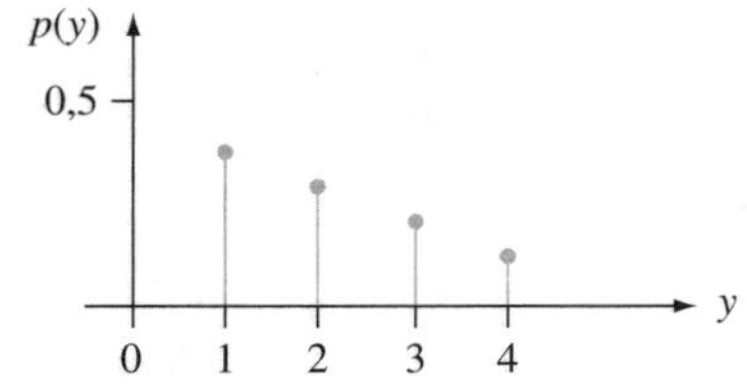

Figura 3.3 O gráfico de linhas da f.p. do Exemplo 3.10. ■

O nome "função de probabilidade" é sugerido por um modelo usado na Física para um sistema de "pontos de massa". Nesse modelo, as massas são distribuídas nos diversos locais x ao longo de um eixo unidimensional. Nossa f.p. descreve como o total da massa de probabilidade igual a 1 é distribuída nos diversos pontos ao longo dos eixos dos possíveis valores da variável aleatória (onde e quanto de massa em cada x).

Outra representação ilustrativa útil de uma f.p., denominada **histograma de probabilidades**, é semelhante ao histograma descrito no Capítulo 1. Acima de cada y com $p(y) > 0$, construa um retângulo centrado em y. A altura de cada retângulo é proporcional a $p(y)$ e a base é a mesma para todos os retângulos. Quando os valores possíveis estão igualmente espaçados, a base é frequentemente escolhida como distância entre os valores sucessivos de y (apesar de poder ser menor). A Figura 3.4 mostra dois histogramas de probabilidades.

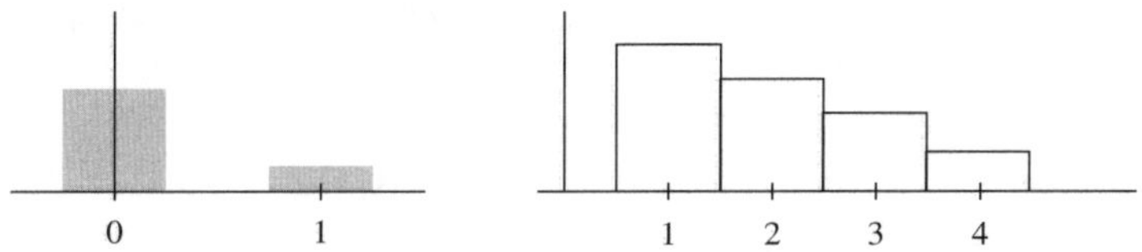

Figura 3.4 Histogramas de probabilidades: (a) Exemplo 3.9; (b) Exemplo 3.10.

Frequentemente torna-se útil imaginar a f.p. como especificação de um modelo matemático para uma população discreta.

Exemplo 3.11

Considere a escolha aleatória de um aluno entre os 15 000 matriculados no semestre corrente na Mega University. Seja X = número de cursos em que o aluno selecionado está matriculado e suponha que X tenha a f.p. mostrada a seguir:

x	1	2	3	4	5	6	7
$p(x)$	0,01	0,03	0,13	0,25	0,39	0,17	0,02

Uma forma de interpretar tal situação é imaginar a população formada por 15 000 indivíduos, cada um com seu próprio valor X. A proporção de cada valor X é dada por $p(x)$. Um ponto de vista alternativo é esquecer dos alunos e pensar na população em si como formada pelos valores X: há alguns 1 na população, alguns 2, ... e, finalmente, alguns 7. A população, então, consiste nos números 1, 2, ..., 7 (portanto, é discreta) e $p(x)$ fornece um modelo da distribuição dos valores da população. ■

Uma vez definido o modelo da população, podemos usá-lo para calcular os valores das características da população (por exemplo, a média μ) e fazer inferências sobre tais características.

Parâmetro de uma distribuição de probabilidades

A f.p. da v.a. de Bernoulli X, no Exemplo 3.9, era $p(0) = 0{,}8$ e $p(1) = 0{,}2$, pois 20% de todos os compradores selecionaram um desktop. Em outra loja, pode ser que $p(0) = 0{,}9$ e $p(1) = 0{,}1$. De forma mais geral, a f.p. de qualquer v.a. de Bernoulli pode ser expressa na forma $p(1) = \alpha$ e $p(0) = 1 - \alpha$, em que

$0 < \alpha < 1$. Como a f.p. depende do valor específico de α, usualmente escrevemos $p(x; \alpha)$ em vez de simplesmente $p(x)$.

$$p(x; \alpha) = \begin{cases} 1 - \alpha & \text{se } x = 0 \\ \alpha & \text{se } x = 1 \\ 0 & \text{caso contrário} \end{cases} \tag{3.1}$$

Cada escolha de α na Expressão (3.1) resulta em uma f.p. diferente.

Definição

Suponha que $p(x)$ dependa de uma quantidade que pode ser atribuída a qualquer um dos diversos valores possíveis, em que cada valor diferente define uma distribuição de probabilidade diferente. Tal quantidade é denominada **parâmetro** da distribuição. O conjunto de todas as distribuições de probabilidade dos diferentes valores do parâmetro é denominada uma **família** de distribuições de probabilidade.

A quantidade α da Expressão (3.1) é um parâmetro. Cada número diferente α entre 0 e 1 determina um membro diferente de uma família Bernoulli de distribuições.

Exemplo 3.12

Iniciando em um horário fixo, observamos o sexo de cada criança nascida em um determinado hospital até que nasça um menino (B). Seja $p = P(B)$, presuma que nascimentos sucessivos sejam independentes e considere a v.a. de X como x = número de nascimentos observados. Então,

$$p(1) = P(X = 1) = P(B) = p$$
$$p(2) = P(X = 2) = P(GB) = P(G) \cdot P(B) = (1 - p)p$$

e

$$p(3) = P(X = 3) = P(GGB) = P(G) \cdot P(G) \cdot P(B) = (1 - p)^2 p$$

Continuando dessa forma, define-se a fórmula geral:

$$p(x) = \begin{cases} (1 - p)^{x-1} p & x = 1, 2, 3, \ldots \\ 0 & \text{caso contrário} \end{cases} \tag{3.2}$$

O parâmetro p pode assumir qualquer valor entre 0 e 1. A Expressão (3.2) descreve a família de distribuições *geométrica*. No exemplo do sexo das crianças, $p = 0{,}51$ pode ser apropriado, mas, se estivermos buscando a primeira criança com sangue com fator Rh positivo, poderíamos ter $p = 0{,}85$. ■

Função distribuição acumulada

Para um valor fixo x, frequentemente desejamos calcular a probabilidade de o valor observado de X ser no máximo x. Por exemplo, a f.p. do Exemplo 3.8 foi

$$p(x) = \begin{cases} 0{,}500 & x = 0 \\ 0{,}167 & x = 1 \\ 0{,}333 & x = 2 \\ 0 & \text{caso contrário} \end{cases}$$

A probabilidade de X ser no máximo 1 é, então,

$$P(X \leq 1) = p(0) + p(1) = 0{,}500 + 0{,}167 = 0{,}667$$

Neste exemplo, $X \leq 1{,}5$ se, e somente se, $X \leq 1$, então,

$$P(X \leq 1{,}5) = P(X \leq 1) = 0{,}667$$

De forma análoga,

$$P(X \leq 0) = P(X = 0) = 0{,}5, \quad P(X \leq 0{,}75) = 0{,}5$$

E, na verdade, para qualquer x que satisfaça $0 \leq x < 1$, $P(X \leq x) = 0{,}5$. O maior valor possível para X é 2, então,

$$P(X \leq 2) = 1, \; P(X \leq 3{,}7) = 1, \; P(X \leq 20{,}5) = 1$$

e assim por diante. Observe que $P(X < 1) < P(X \leq 1)$, desde que o último inclua a probabilidade do X valor 1, enquanto o anterior não. De forma mais geral, quando X é discreta e x é um valor possível da variável, $P(X < x) < P(X \leq x)$.

Definição

A **função distribuição acumulada** (f.d.) $F(x)$ de uma v.a. discreta X com f.p. $p(x)$ é definida para todos os números x como

$$F(x) = P(X \leq x) = \sum_{y:y \leq x} p(y) \quad (3.3)$$

Para qualquer valor x, $F(x)$ é a probabilidade de o valor X observado ser no máximo x.

Exemplo 3.13

Uma loja vende pendrives de 1 GB, 2 GB, 4 GB, 8 GB e 16 GB de memória. A tabela a seguir mostra a distribuição de Y = quantidade de memória de um pendrive adquirido:

y	1	2	4	8	16
$p(y)$	0,05	0,10	0,35	0,40	0,10

Primeiro, vamos determinar $F(y)$ para cada um dos cinco valores possíveis de Y:

$$\begin{aligned}
F(1) &= P(Y \leq 1) = P(Y = 1) = p(1) = 0{,}05 \\
F(2) &= P(Y \leq 2) = P(Y = 1 \text{ ou } 2) = p(1) + p(2) = 0{,}15 \\
F(4) &= P(Y \leq 4) = P(Y = 1 \text{ ou } 2 \text{ ou } 4) = p(1) + p(2) + p(4) = 0{,}50 \\
F(8) &= P(Y \leq 8) = p(1) + p(2) + p(4) + p(8) = 0{,}90 \\
F(16) &= P(Y \leq 16) = 1
\end{aligned}$$

Agora, para qualquer outro número y, $F(y)$ será igual ao valor de F no valor mais próximo possível de Y à esquerda de y. Por exemplo,

$$\begin{aligned}
F(2{,}7) &= P(Y \leq 2{,}7) = P(Y \leq 2) = F(2) = 0{,}15 \\
F(7{,}999) &= P(Y \leq 7{,}999) = P(Y \leq 4) = F(4) = 0{,}50
\end{aligned}$$

Se y for inferior a 1, $F(y) = 0$ [p. ex., $F(0{,}58) = 0$] e se y for pelo menos 16, $F(y) = 1$ [p. ex., $F(25) = 1$]. Assim, a f.d. é

$$F(y) = \begin{cases} 0 & y < 1 \\ 0{,}05 & 1 \leq y < 2 \\ 0{,}15 & 2 \leq y < 4 \\ 0{,}50 & 4 \leq y < 8 \\ 0{,}90 & 8 \leq y < 16 \\ 1 & 16 \leq y \end{cases}$$

O gráfico desta f.d. está ilustrado na Figura 3.5.

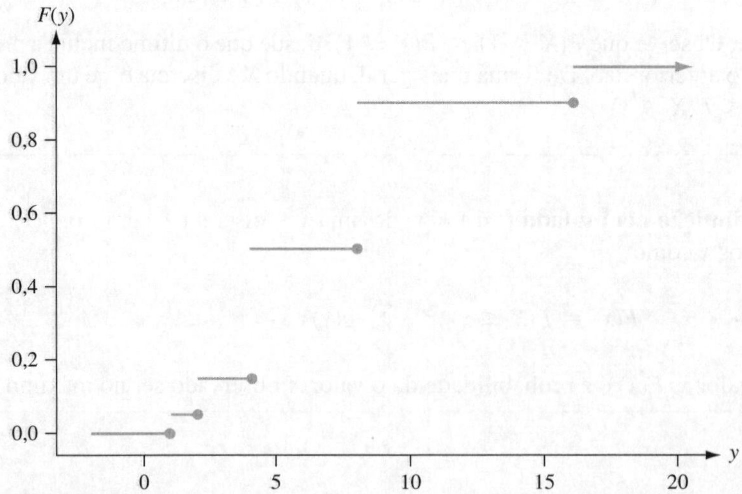

Figura 3.5 O gráfico da f.d. do Exemplo 3.13. ■

Para uma v.a. discreta X, o gráfico de $F(x)$ terá um salto em cada valor possível de X e será uma reta entre os valores possíveis. Esse gráfico é denominado **função escada**.

Exemplo 3.14 (continuação do Exemplo 3.12)

A f.d. de X = *quantidade de nascimentos* tinha a forma

$$p(x) = \begin{cases} (1-p)^{x-1}p & x = 1, 2, 3, \ldots \\ 0 & \text{caso contrário} \end{cases}$$

Para qualquer inteiro positivo x,

$$F(x) = \sum_{y \le x} p(y) = \sum_{y=1}^{x} (1-p)^{y-1} p = p \sum_{y=0}^{x-1} (1-p)^y \tag{3.4}$$

Para calcular essa soma, lembre-se de que a soma parcial de uma série geométrica é

$$\sum_{y=0}^{k} a^y = \frac{1 - a^{k+1}}{1-a}$$

Usando isso na Equação (3.4), com $a = 1 - p$ e $k = x - 1$, temos

$$F(x) = p \cdot \frac{1-(1-p)^x}{1-(1-p)} = 1 - (1-p)^x, \quad \text{sendo } x \text{ um número inteiro positivo}$$

Como F é constante entre inteiros positivos,

$$F(x) = \begin{cases} 0 & x < 1 \\ 1 - (1-p)^{[x]} & x \ge 1 \end{cases} \tag{3.5}$$

em que $[x]$ é o maior número inteiro positivo $\le x$ (p. ex., $[2,7] = 2$). Portanto, se $p = 0,51$, como no exemplo dos nascimentos, a probabilidade de se ter de examinar no máximo cinco nascimentos para se ver o primeiro menino é de $F(5) = 1 - (0,49)^5 = 1 - 0,0282 = 0,9718$, enquanto $F(10) \approx 1,0000$. Esta f.d. está ilustrada na Figura 3.6.

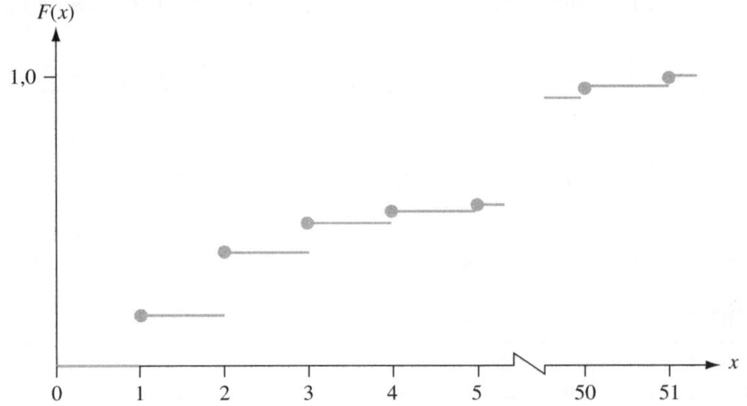

Figura 3.6 Gráfico de $F(x)$ do Exemplo 3.14. ■

Nos exemplos até agora, a f.d. origina-se da f.p. Tal processo pode ser revertido para se obter a f.p. da f.d. sempre que esta última função estiver disponível. Por exemplo, vamos considerar novamente a v.a. do Exemplo 3.7 (quantidade de computadores em uso no laboratório); os valores possíveis de X são 0, 1, ..., 6. Então,

$$\begin{aligned} p(3) &= P(X = 3) \\ &= [p(0) + p(1) + p(2) + p(3)] - [p(0) + p(1) + p(2)] \\ &= P(X \le 3) - P(X \le 2) \\ &= F(3) - F(2) \end{aligned}$$

De forma mais geral, a probabilidade de X estar em um intervalo especificado é obtida facilmente a partir da f.d. Por exemplo,

$$\begin{aligned} P(2 \le X \le 4) &= p(2) + p(3) + p(4) \\ &= [p(0) + \cdots + p(4)] - [p(0) + p(1)] \\ &= P(X \le 4) - P(X \le 1) \\ &= F(4) - F(1) \end{aligned}$$

Observe que $P(2 \le X \le 4) \ne F(4) - F(2)$. Isto porque o X valor 2 está incluído em $2 \le X \le 4$, de modo que não queremos desprezar essa probabilidade. Entretanto, $P(2 < X \le 4) = F(4) - F(2)$, porque $X = 2$ não faz parte do intervalo $2 < X \le 4$.

Proposição

Para quaisquer dois números a e b com $a \le b$,

$$P(a \le X \le b) = F(b) - F(a-)$$

em que "$a-$" representa o maior valor possível de X necessariamente inferior a a. Em particular, se os únicos valores possíveis são números inteiros e se a e b são números inteiros, então

$$\begin{aligned} P(a \le X \le b) &= P(X = a \text{ ou } a + 1 \text{ ou}, \ldots \text{ ou } b) \\ &= F(b) - F(a - 1) \end{aligned}$$

Considerando $a = b$, resulta em $P(X = a) = F(a) - F(a - 1)$ neste caso.

A razão para subtrair $F(a-)$ em vez de $F(a)$ é que queremos incluir $P(X = a)$; $F(b) - F(a)$ dá $P(a < X \le b)$. Essa proposição será usada extensivamente no cálculo da probabilidade binomial e de Poisson nas Seções 3.4 e 3.6.

Exemplo 3.15

Seja X = o número de dias de licença por doença de um funcionário de uma grande empresa, selecionado aleatoriamente em certo ano. Se o número máximo de dias permitidos por ano for 14, os valores possíveis de X são 0, 1, ..., 14. Com $F(0) = 0,58$, $F(1) = 0,72$, $F(2) = 0,76$, $F(3) = 0,81$, $F(4) = 0,88$ e $F(5) = 0,94$,

$$P(2 \leq X \leq 5) = P(X = 2, 3, 4, \text{ ou } 5) = F(5) - F(1) = 0,22$$

e

$$P(X = 3) = F(3) - F(2) = 0,05 \blacksquare$$

EXERCÍCIOS Seção 3.2 (11–28)

11. Uma biblioteca assina duas revistas semanais diferentes que supostamente chegam na correspondência de quarta-feira. Na verdade, elas podem chegar na quarta, quinta, sexta ou sábado. Suponha que a chegada das duas revistas seja independente uma da outra e que, para cada uma, *P*(*qua*) = 0,3, *P*(*qui*) = 0,4, *P*(*sex*) = 0,2 e *P*(*sáb*) = 0,1. Seja Y = número de dias, depois da quarta-feira, que leva para ambas as revistas chegarem (então, os valores possíveis de Y são 0, 1, 2 ou 3). Calcule a f.p. de Y [*Dica*: há 16 resultados possíveis; *Y*(*qua, qua*) = 0 *Y*(*sex, qui*) = 2 e assim por diante.]

12. As companhias aéreas algumas vezes fazem *overbooking* de voos. Suponha que, para um avião de 50 lugares, tenham sido vendidas 55 passagens. Defina a variável aleatória Y como o número de passageiros com passagens que compareceram ao voo. A função de probabilidade de Y é exibida na tabela a seguir.

y	45	46	47	48	49	50	51	52	53	54	55
$p(y)$	0,05	0,10	0,12	0,14	0,25	0,17	0,06	0,05	0,03	0,02	0,01

a. Qual é a probabilidade de que o voo acomode todos os passageiros que comparecerem?

b. Qual é a probabilidade de nem todos os passageiros que comparecerem serem acomodados?

c. Se você for a primeira pessoa da lista de espera (o que significa que será o primeiro a subir no avião, se houver assentos disponíveis após todos os passageiros que compraram passagens terem sido acomodados), qual será a probabilidade de estar no voo? Qual é a probabilidade, se você for a terceira pessoa da lista de espera?

13. Uma empresa que fornece computadores pelo correio tem seis linhas telefônicas. Seja X o número de linhas em uso em determinado horário. Suponha que a f.p. de X seja conforme a tabela a seguir.

x	0	1	2	3	4	5	6
$p(x)$	0,10	0,15	0,20	0,25	0,20	0,06	0,04

Calcule a probabilidade de cada um dos seguintes eventos.

a. {no máximo três linhas estão em uso}

b. {menos de três linhas estão em uso}

c. {pelo menos três linhas estão em uso}

d. {entre duas e cinco linhas, inclusive, estão em uso}

e. {entre duas e quatro linhas, inclusive, não estão em uso}

f. {pelo menos quatro linhas não estão em uso}

14. O departamento de planejamento de uma cidade pede que o empreiteiro envie um, dois, três, quatro ou cinco formulários (dependendo da natureza do projeto) quando solicitar um alvará de construção. Seja Y = o número de formulários requeridos do próximo empreiteiro. A probabilidade de y formulários serem solicitados é proporcional a y (ou seja, $p(y) = ky$ para $y = 1, \ldots, 5$).

a. Qual é o valor de k? [*Dica*: $\sum_{y=1}^{5} p(y) = 1$.]

b. Qual é a probabilidade de no máximo três formulários serem exigidos?

c. Qual é a probabilidade de serem requeridos entre dois e quatro formulários (inclusive)?

d. É possível que $p(y) = y^2/50$ para $y = 1, \ldots, 5$ seja a f.p. de Y?

15. Muitos fabricantes possuem programas de controle de qualidade que incluem a inspeção de defeitos no recebimento dos materiais. Suponha que um fabricante de computadores receba placas em lotes de cinco. São selecionadas duas placas em cada lote para inspeção. Podemos representar os resultados possíveis do processo de seleção por pares. Por exemplo, o par (1, 2) representa a seleção das placas 1 e 2 para inspeção.

a. Relacione os 10 resultados diferentes possíveis.

b. Suponha que as placas 1 e 2 sejam as únicas com defeito em um lote de cinco. Duas placas serão escolhidas aleatoriamente. Defina X como o número observado de placas com defeito entre as inspecionadas. Determine a distribuição de probabilidades de X.

c. Considere que $F(x)$ denote a f.d. de X. Primeiro, determine $F(0) = P(X \leq 0)$, $F(1)$ e $F(2)$; depois, obtenha $F(x)$ para todos os outros x.

16. Algumas áreas da Califórnia são extremamente propensas a terremotos. Suponha que, em uma área metropolitana, 25% de todos os proprietários de imóveis tenham seguro contra danos causados por terremotos. Quatro moradores são selecionados aleatoriamente; seja X o número dos que possuem seguro contra danos por terremotos dentre os quatro.

a. Encontre a distribuição de probabilidade de X. [*Dica*: seja *S* o morador que tem seguro e *I* o morador que não tem seguro. Então, um resultado possível é *SISS*, com probabilidade (0,25)(0,75)(0,25)(0,25) e X de valor 3 associado. Há outros 15 resultados possíveis.]

b. Desenhe o histograma de probabilidade correspondente.

c. Qual é o valor mais provável de X?

d. Qual é a probabilidade de que ao menos dois dos quatro moradores selecionados tenham seguro?

17. A voltagem de uma pilha nova pode ser aceitável (A) ou inaceitável (U). Uma lanterna específica exige duas pilhas, que serão selecionadas e testadas independentemente até que sejam encontradas duas aceitáveis. Suponha que 90% de todas as pilhas tenham voltagem aceitável. Seja Y o número de pilhas que devem ser testadas.

a. Qual é o valor de $p(2)$, isto é, $P(Y = 2)$?

b. Qual é o valor de $p(3)$? [*Dica*: há dois resultados diferentes que produzem $Y = 3$.]

c. Para ter $Y = 5$, o que deve ser verdadeiro para a quinta pilha selecionada? Relacione os quatro resultados possíveis para os quais $Y = 5$ e depois determine $p(5)$.

d. Use o padrão de suas respostas para os itens (a)-(c) para obter a fórmula geral de $p(y)$.

18. Dois dados de seis lados são lançados independentemente. Seja M = o máximo dos dois lançamentos (então, $M(1, 5) = 5$, $M(3, 3) = 3$ etc.).

a. Qual é a f.p. de M? [*Dica*: primeiro, determine $p(1)$, depois $p(2)$ e assim por diante.]

b. Determine a f.d. de M e desenhe o gráfico.

19. Depois que todos os alunos saíram da sala de aula, um professor de estatística observou que quatro cópias do livro foram deixadas sob as mesas. No começo da próxima aula, o professor distribuiu os quatro livros de forma completamente aleatória para cada um de quatro alunos (1, 2, 3 e 4) que diziam ter esquecido os livros. Um resultado possível é que o aluno 1 receba o livro de 2, o 2 receba o livro de 4, o 3 receba o seu livro e o 4 receba o livro de 1. Esse resultado pode ser abreviado como (2, 4, 3, 1).

a. Relacione os outros 23 resultados possíveis.

b. Seja X o número de alunos que recebem o próprio livro. Determine a f.p. de X.

20. Três casais e duas pessoas solteiras foram convidados para participar de um seminário sobre investimentos e concordaram em participar. Suponha que a probabilidade de qualquer casal ou pessoa chegar atrasada é 0,4 (um casal se desloca junto no mesmo veículo, então, ambas as pessoas estarão atrasadas ou chegarão na hora marcada). Presuma que casais diferentes e pessoas diferentes estejam atrasados ou cheguem na hora, independentemente um do outro. Seja X = quantidade de pessoas que chegam tarde ao seminário.

a. Determine a função de probabilidade de X. [*Dica*: chame os três casais de 1, 2 e 3 e as duas pessoas de 4 e 5.]

b. Obtenha a função de distribuição acumulada de X e utilize-a para calcular $P(2 \le X \le 6)$.

21. Suponha que você tenha lido as publicações deste ano do jornal *New York Times* e registrado os números que aparecem em um artigo – a renda de um CEO, a quantidade de vinho produzida por uma vinícola, o valor total de doação de um político durante o ano fiscal anterior, a idade de uma celebridade etc. Agora, foque no primeiro dígito de cada número, que pode ser 1, 2, ..., 8 ou 9. Seu primeiro pensamento deve ser o de que o primeiro dígito X de um número selecionado aleatoriamente teria a mesma probabilidade de ser uma das nove possibilidades (uma distribuição uniforme discreta). Entretanto, muitas evidências empíricas, bem como alguns argumentos teóricos, sugerem uma distribuição de probabilidades alternativa, chamada *lei de Benford*:

$$p(x) = P(1^\circ \text{ digito é } x) = \log_{10}\left(\frac{x+1}{x}\right) \quad x = 1, 2, ..., 9$$

a. Sem calcular as probabilidades individuais desta fórmula, mostre que ela especifica uma f.p. legítima.

b. Agora, calcule as probabilidades individuais e compare-as com a distribuição uniforme discreta correspondente.

c. Obtenha a f.d. de X.

d. Usando a f.d., qual é a probabilidade de o primeiro dígito ser no máximo 3? No máximo 5? [*Observação*: a lei de Benford é a base de alguns processos de auditoria utilizados para detectar fraudes em relatórios financeiros – por exemplo, através da Receita Federal.]

22. Observe o Exercício 13 e calcule e faça o gráfico da f.d. $F(x)$. Depois, use-a para calcular as probabilidades dos eventos apresentados nos itens (a)-(d) do problema.

23. Uma organização de consumidores que avalia automóveis novos relata costumeiramente o número de defeitos graves em cada carro examinado. Seja X o número de defeitos graves em um carro de determinado tipo selecionado aleatoriamente. A f.d. de X é como segue:

$$F(x) = \begin{cases} 0 & x < 0 \\ 0{,}06 & 0 \le x < 1 \\ 0{,}19 & 1 \le x < 2 \\ 0{,}39 & 2 \le x < 3 \\ 0{,}67 & 3 \le x < 4 \\ 0{,}92 & 4 \le x < 5 \\ 0{,}97 & 5 \le x < 6 \\ 1 & 6 \le x \end{cases}$$

Calcule as seguintes probabilidades diretamente pela f.d.:

a. $p(2)$, ou seja, $P(X = 2)$ **b.** $P(X > 3)$

c. $P(2 \le X \le 5)$ **d.** $P(2 < X < 5)$

24. Uma empresa de seguros oferece aos seus segurados diferentes opções de pagamento de prêmio. Para um segurado selecionado aleatoriamente, seja X = número de meses entre pagamentos sucessivos. A f.d. de X é como segue:

$$F(x) = \begin{cases} 0 & x < 1 \\ 0{,}30 & 1 \le x < 3 \\ 0{,}40 & 3 \le x < 4 \\ 0{,}45 & 4 \le x < 6 \\ 0{,}60 & 6 \le x < 12 \\ 1 & 12 \le x \end{cases}$$

a. Qual é a f.p. de X?

b. Usando apenas a f.p., calcule $P(3 \le X \le 6)$ e $P(4 \le X)$.

25. No Exemplo 3.12, seja Y = número de meninas nascidas antes do final do experimento. Com $p = P(B)$ e $1 - p = P(G)$, qual é a f.p. de Y? [*Dica*: primeiro, liste os possíveis valores de Y, começando com o menor e avance até obter a fórmula geral.]

26. Alvie Singer vive no ponto 0 do diagrama adiante e tem quatro amigos que vivem em A, B, C e D. Um dia, Alvie decide visitá-los e lança uma moeda duas vezes para decidir quais dos quatros visitará. Depois de chegar à casa de um amigo, ele pode retornar para casa ou continuar a visita a uma das duas casas adjacentes (como 0, A ou C quando em B), tendo cada uma das três possibilidades com probabilidade $\frac{1}{3}$. Dessa forma, ele continua a visitar os amigos até voltar para casa.

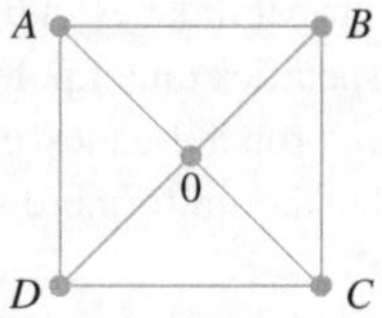

a. Seja X = quantidade de vezes que Alvie visita um amigo. Determine a f.p. de X.

b. Seja Y = quantidade de segmentos em linha reta que Alvie atravessa (incluindo os partindo e os chegando em 0). Qual é a f.p. de Y?

c. Suponha que as amigas morem em A e C e os amigos em B e D. Se Z = quantidade de visitas às amigas, qual é a f.p. de Z?

27. Uma instalação de recondicionamento de automóveis especializada em regulagem de motores sabe que 45% de todas as regulagens são feitas em automóveis de quatro cilindros, 40% em automóveis de seis cilindros e 15% em automóveis de oito cilindros. Seja X = número de cilindros do próximo carro a ser preparado.

a. Qual é a f.p. de X?

b. Desenhe um gráfico de linhas e um histograma de probabilidade da f.p. do item (a).

c. Qual é a probabilidade de o próximo carro a ser regulado ter no mínimo seis cilindros? Mais de seis cilindros?

28. Mostre que a f.p. de $F(x)$ é uma função não decrescente, ou seja, $x_1 < x_2$ implica em $F(x_1) \le F(x_2)$. Em que condições $F(x_1) = F(x_2)$?

3.3 Valores esperados

Vamos considerar uma universidade com 15 000 alunos e X = quantidade de cursos em que um aluno selecionado aleatoriamente estava matriculado. A f.p. de X é mostrada a seguir. Como $p(1) = 0{,}01$, sabemos que $(0{,}01) \cdot (15\ 000) = 150$ alunos estão matriculados em um curso e assim sucessivamente para os outros x valores.

x	1	2	3	4	5	6	7
$p(x)$	0,01	0,03	0,13	0,25	0,39	0,17	0,02
Alunos matriculados	150	450	1 950	3 750	5 850	2 550	300

(3.6)

O número médio de cursos por aluno ou o valor médio de X na população resulta do cálculo do número total de cursos feitos por todos os alunos e dividido pela quantidade total de alunos. Como 150 alunos estão matriculados em um curso, esses 150 contribuem com 150 cursos no total. De forma similar, 450 alunos contribuem com 2(450) cursos e assim por diante. O valor médio da população X é

$$\frac{1(150) + 2(450) + 3(1\ 950) + \cdots + 7(300)}{15\ 000} = 4{,}57 \qquad (3.7)$$

Como $150/15\ 000 = 0{,}01 = p(1)$, $450/15\ 000 = 0{,}03 = p(2)$, e assim por diante, uma equação alternativa para (3,7) é

$$1 \cdot p(1) + 2 \cdot p(2) + \cdots + 7 \cdot p(7) \qquad (3.8)$$

A Expressão (3.8) mostra que, para calcular o valor médio da população de X, precisamos apenas dos possíveis valores de X juntamente com suas probabilidades (proporções). Em especial, o tamanho da população é irrelevante, desde que a f.p. seja dada por (3.6). A média ou valor médio de X é então uma média *ponderada* dos possíveis valores 1, ..., 7, em que os pesos são as probabilidades destes valores.

Valor esperado de X

Definição

Seja X como uma v.a. discreta com conjunto de valores possíveis D e f.p. $p(x)$. O **valor esperado**[1] ou **valor médio** de X, denotado por $E(X)$ ou μ_X ou simplesmente μ, é

$$E(X) = \mu_X = \sum_{x \in D} x \cdot p(x)$$

[1] O valor esperado de uma v.a. X é também conhecido como a esperança de X. Inclusive, o termo esperança (matemática) é o mais consagrado na literatura.

Exemplo 3.16

Para a f.p. de X = *quantidade de cursos* em (3.6),

$$\begin{aligned}\mu &= 1 \cdot p(1) + 2 \cdot p(2) + \cdots + 7 \cdot p(7) \\ &= (1)(0{,}01) + 2(0{,}03) + \cdots + (7)(0{,}02) \\ &= 0{,}01 + 0{,}06 + 0{,}39 + 1{,}00 + 1{,}95 + 1{,}02 + 0{,}14 = 4{,}57\end{aligned}$$

Se imaginarmos que a população seja formada por valores de X 1, 2, ..., 7, então $\mu = 4{,}57$ é a média populacional. Na sequência, frequentemente nos referiremos a μ como a *média da população* em vez de média de X na população. Observe que μ aqui não é 4, a média ordinária de 1, ..., 7, pois a distribuição coloca mais peso em 4, 5 e 6 do que nos valores de X. ■

No Exemplo 3.16, o valor esperado de μ foi 4,57, que não é um valor possível de X. A palavra *esperado* deve ser interpretada com cuidado, pois não se espera ver um valor de X de 4,57 quando um único aluno é selecionado.

Exemplo 3.17

Após cada nascimento, os bebês são classificados de acordo com uma escala denominada Apgar. As classificações possíveis são 0, 1, ..., 10, com a classificação do bebê determinada por cor, tônus muscular, esforço respiratório, batimentos cardíacos e irritabilidade reflexa (a melhor pontuação possível é 10). Seja X o escore Apgar de uma criança selecionada aleatoriamente em um determinado hospital no próximo ano e suponha que a f.p. de X seja

x	0	1	2	3	4	5	6	7	8	9	10
$p(x)$	0,002	0,001	0,002	0,005	0,02	0,04	0,18	0,37	0,25	0,12	0,01

O valor médio de X será

$$\begin{aligned}E(X) = \mu &= 0(0{,}002) + 1(0{,}001) + 2(0{,}002) \\ &\quad + \cdots + 8(0{,}25) + 9(0{,}12) + 10(0{,}01) \\ &= 7{,}15\end{aligned}$$

Novamente, μ não é um valor possível da variável X. Também podemos verificar que, como a variável se refere a uma futura criança, não há uma população existente, concreta, a que μ se referida. Em vez disso, pensamos na f.p. como um modelo de população conceitual compreendendo os valores de 0, 1, 2, ..., 10. O valor médio dessa população conceitual seria, então, $\mu = 7{,}15$. ■

Exemplo 3.18

Seja $X = 1$ o caso de um veículo selecionado aleatoriamente passar por um teste de emissão, e $X = 0$, de não passar. Então, X é uma v.a. de Bernoulli com f.p. $p(1) = p$ e $p(0) = 1 - p$, a partir da qual $E(X) = 0 \cdot p(0) + 1 \cdot p(1) = 0(1 - p) + 1(p) = p$. Ou seja, o valor esperado de X é apenas a probabilidade de X assumir o valor de 1. Se conceituarmos a população formada por 0 em proporção $1 - p$ e de 1 em proporção p, então, a média da população seria $\mu = p$. ■

Exemplo 3.19

A forma geral da f.p. de X = número de crianças nascidas até o nascimento do primeiro menino (inclusive) é

$$p(x) = \begin{cases} p(1-p)^{x-1} & x = 1, 2, 3, \ldots \\ 0 & \text{caso contrário} \end{cases}$$

Pela definição,

$$E(X) = \sum_{D} x \cdot p(x) = \sum_{x=1}^{\infty} xp(1-p)^{x-1} = p\sum_{x=1}^{\infty}\left[-\frac{d}{dp}(1-p)^x\right] \tag{3.9}$$

Se trocarmos a ordem de cálculo da derivada e da soma, a soma será a de uma série geométrica. Depois de calcular a soma, fazemos a derivada, e o resultado final é $E(X) = 1/p$. Se p estiver próximo de 1, espera-se ver um menino em breve, enquanto que, se p estiver próximo de 0, esperam-se muitos nascimentos antes do primeiro menino. Para $p = 0{,}5$, $E(X) = 2$. ■

Há outra interpretação frequentemente utilizada para μ. Considere observar um primeiro valor de x_1 de X, depois um segundo valor de x_2, um terceiro valor de x_3, e assim por diante. Depois de fazer isso inúmeras vezes, calcule a média amostral dos x_i observados. Esta média tipicamente fica próxima de μ. Ou seja, μ pode ser interpretado como o valor médio observado a longo prazo de X quando o experimento for realizado várias vezes. No Exemplo 3.17, o valor médio observado do índice de Apgar é $\mu = 7{,}15$.

Exemplo 3.20

Seja X o número de entrevistas pelas quais um aluno passa antes de conseguir um emprego, com f.p.

$$p(x) = \begin{cases} k/x^2 & x = 1, 2, 3, \ldots \\ 0 & \text{caso contrário} \end{cases}$$

em que k é escolhido de modo que $\sum_{x=1}^{\infty} (k/x^2) = 1$ (em um curso de matemática sobre séries infinitas, é demonstrado que $\sum_{x=1}^{\infty} (1/x^2) < \infty$, que implica que k existe, mas seu valor exato não nos preocupa). O valor esperado de X é

$$\mu = E(X) = \sum_{x=1}^{\infty} x \cdot \frac{k}{x^2} = k \sum_{x=1}^{\infty} \frac{1}{x} \tag{3.10}$$

A soma à direita da Equação (3.10) é a famosa série harmônica da matemática e pode ser demonstrada igualando-se a ∞. $E(X)$ não é finito, neste caso, porque $p(x)$ não decresce tão rapidamente quanto x aumenta. Os estatísticos dizem que a distribuição de probabilidade de X possui "uma cauda pesada". Se for escolhida uma sequência de valores de X usando essa distribuição, a média amostral não terá um valor finito, mas tenderá a crescer sem limite.

Os estatísticos usam a expressão "caudas pesadas" em relação a quaisquer distribuições que tenham valor de probabilidade grande distante de μ (portanto, caudas pesadas não requerem $\mu = \infty$). Essas caudas ponderadas dificultam as inferências sobre μ. ■

Valor esperado de uma função

Às vezes, o interesse foca no valor esperado de alguma função $h(X)$ em vez de simplesmente em $E(X)$.

Exemplo 3.21

Suponha que uma livraria compre 10 cópias de um livro a \$ 6,00 cada para vendê-las a \$ 12,00, sabendo que ao fim de um período de 3 meses os livros não vendidos podem ser devolvidos por \$ 2,00. Se X = número de cópias vendidas, então a receita líquida será $= h(X) = 12X + 2(10 - X) - 60 = 10X - 40$. Então, qual é a receita líquida esperada? ■

Uma forma fácil de calcular o valor esperado de $h(X)$ é sugerida pelo exemplo a seguir.

Exemplo 3.22

O custo do teste diagnóstico de determinado veículo depende da quantidade de cilindros X no motor do veículo. Suponha que a função de custo seja dada por $h(X) = 20 + 3X + 0{,}5X^2$. Visto que X é uma variável aleatória, então $Y = h(X)$. A f.p. de X e a f.p. derivada de Y são:

x	4	6	8
$p(x)$	0,5	0,3	0,2

$\Rightarrow$

y	40	56	76
$p(y)$	0,5	0,3	0,2

Com D^* denotando os possíveis valores de Y,

$$\begin{aligned} E(Y) = E[h(X)] &= \sum_{D^*} y \cdot p(y) \\ &= (40)(0{,}5) + (56)(0{,}3) + (76)(0{,}2) \\ &= h(4) \cdot (0{,}5) + h(6) \cdot (0{,}3) + h(8) \cdot (0{,}2) \\ &= \sum_{D} h(x) \cdot p(x) \end{aligned} \tag{3.11}$$

De acordo com a Equação (3.11), não é necessário determinar a f.p. de Y para obter $E(Y)$. O valor esperado é a média ponderada dos valores possíveis de $h(x)$ (em vez de x). ■

Proposição

Se a v.a. X tem um conjunto de possíveis valores D e f.p. $p(x)$, então, o valor esperado de qualquer função $h(X)$, denotada por $E[h(X)]$ ou $\mu_{h(X)}$, é calculada como

$$E[h(X)] = \sum_D h(x) \cdot p(x)$$

Ou seja, $E[h(X)]$ é calculado da mesma forma que $E(X)$, exceto pelo fato de que $h(x)$ é usado no lugar do x.

Exemplo 3.23

Uma loja de computadores comprou três computadores de certo tipo a \$ 500 cada. Eles serão vendidos a \$ 1 000 cada. O fabricante concordou em aceitar a devolução dos computadores não vendidos, após um período especificado, por \$ 200 cada. Seja X a quantidade de computadores vendidos, supondo que $p(0) = 0{,}1$, $p(1) = 0{,}2$, $p(2) = 0{,}3$ e $p(3) = 0{,}4$. Com $h(X)$ denotando o lucro associado à venda de X unidades, a informação dada implica dizer que $h(X)$ = receita – custo $= 1\,000X + 200(3 - X) - 1\,500 = 800X - 900$. Então, o lucro esperado é

$$\begin{aligned} E[h(X)] &= h(0) \cdot p(0) + h(1) \cdot p(1) + h(2) \cdot p(2) + h(3) \cdot p(3) \\ &= (-900)(0{,}1) + (-100)(0{,}2) + (700)(0{,}3) + (1500)(0{,}4) \\ &= \$700 \ ■ \end{aligned}$$

Regras do valor esperado

A função $h(X)$ frequentemente é uma função linear $aX + b$. Neste caso, $E[h(X)]$ pode ser facilmente calculado por $E(X)$.

Proposição

$$E(aX + b) = a \cdot E(X) + b$$

(Ou, usando notação alternativa, $\mu_{aX+b} = a \cdot \mu_X + b$.)

Em palavras, o valor esperado de uma função linear é igual à função linear calculada com o valor esperado $E(X)$. Já que $h(X)$ no Exemplo 3.23 é linear e $E(X) = 2$, $E[h(x)] = 800(2) - 900 = \$\ 700$, como antes.

Demonstração

$$\begin{aligned} E(aX + b) &= \sum_D (ax + b) \cdot p(x) = a\sum_D x \cdot p(x) + b\sum_D p(x) \\ &= aE(X) + b \ ■ \end{aligned}$$

Dois casos especiais da proposição fornecem duas regras importantes do valor esperado.

1. Para qualquer constante a, $E(aX) = a \cdot E(X)$ (considere $b = 0$).
2. Para qualquer constante b, $E(X + b) = E(X) + b$ (considere $a = 1$). (3.12)

Multiplicar X por uma constante a tipicamente altera a unidade de medida, por exemplo, de polegadas para centímetros, em que $a = 2{,}54$. A regra nº 1 diz que o valor esperado em novas unidades se iguala ao valor esperado em unidades velhas multiplicado pelo fator de conversão a. De forma semelhante, se a constante b for acrescentada a todos os valores possíveis de X, então, o valor esperado será alterado pelo mesmo número da constante.

Variância de *X*

O valor esperado de X descreve onde a distribuição de probabilidades está centrada. Usando a analogia física de colocação de pontos de massa $p(x)$ no valor x de um eixo unidimensional, se o eixo estiver em um ponto de apoio posicionado em μ, não há tendência de inclinação do eixo. O fato é ilustrado para duas distribuições diferentes na Figura 3.7.

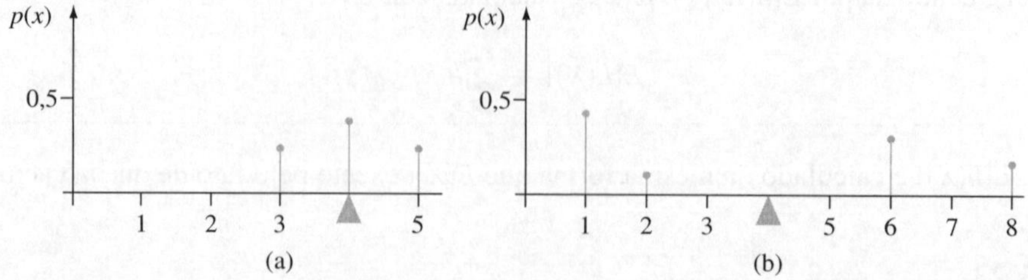

Figura 3.7 Duas distribuições de probabilidade diferentes com $\mu = 4$.

Apesar de ambas as distribuições ilustradas na Figura 3.7 terem o mesmo centro μ, a distribuição da Figura 3.7(b) tem maior dispersão ou variabilidade do que a da Figura 3.7(a). Usaremos a variância de X para avaliar o valor da variabilidade de (a distribuição de) X, do mesmo modo que s^2 foi usado no Capítulo 1 para medir a variabilidade de uma amostra.

Definição

Considerando que X tenha f.p. $p(x)$ e valor esperado μ, então, a **variância** de X, denotada por $V(X)$ ou σ_X^2, ou simplesmente σ^2, é

$$V(X) = \sum_D (x - \mu)^2 \cdot p(x) = E[(X - \mu)^2]$$

O **desvio padrão** (DP) de X é

$$\sigma_X = \sqrt{\sigma_X^2}$$

A quantidade $h(X) = (X - \mu)^2$ é o quadrado do desvio de X da sua média e σ^2 é o valor esperado do quadrado do desvio, ou seja, a média ponderada dos quadrados dos desvios, em que os pesos são probabilidades da distribuição. Se a maior parte da distribuição de probabilidade estiver próxima de μ, então σ^2 será relativamente pequena. Entretanto, se houver valores de x distantes de μ com $p(x)$ grande, então σ^2 será bem grande. Aproximadamente σ pode ser interpretado como o tamanho de um desvio representativo do valor médio μ. Então, se $\sigma = 10$, em uma longa sequência observada dos valores de X, alguns desviam de μ em mais de 10, enquanto outros se aproximam mais da média do que um desvio padrão da média, algo em torno de 10.

Exemplo 3.24

Uma biblioteca tem um limite máximo de seis vídeos que podem ser emprestados por um indivíduo em uma visita. Considere apenas os que pegaram vídeos emprestados e considere X a quantidade de vídeos emprestados para indivíduos selecionados aleatoriamente. A f.p. de X é:

x	1	2	3	4	5	6
$p(x)$	0,30	0,25	0,15	0,05	0,10	0,15

O valor esperado de X é facilmente visto como $\mu = 2{,}85$. A variância de X é

$$\begin{aligned} V(X) = \sigma^2 &= \sum_{x=1}^{6} (x - 2{,}85)^2 \cdot p(x) \\ &= (1 - 2{,}85)^2(0{,}30) + (2 - 2{,}85)^2(0{,}25) + \cdots + (6 - 2{,}85)^2(0{,}15) = 3{,}2275 \end{aligned}$$

O desvio padrão de X é $\sigma = \sqrt{3{,}2275} = 1{,}800$. ■

Quando a f.p. $p(x)$ especifica um modelo matemático de distribuição dos valores da população, ambos σ^2 e σ medem o espalhamento dos valores na população; σ^2 é a variância populacional e σ é o desvio padrão da população.

Uma fórmula alternativa de σ^2

A quantidade de operações aritméticas necessárias para calcular σ^2 pode ser reduzida usando-se uma fórmula alternativa de cálculo.

Proposição

$$V(X) = \sigma^2 = \left[\sum_D x^2 \cdot p(x)\right] - \mu^2 = E(X^2) - [E(X)]^2$$

Ao usar essa fórmula, $E(X^2)$ é calculado primeiro sem necessidade de subtração, e então $E(X)$ é calculado, elevado ao quadrado e subtraído (uma vez) de $E(X^2)$.

Exemplo 3.25 (continuação do Exemplo 3.24)

A f.p. da quantidade X de vídeos emprestados foi dada como $p(1) = 0{,}30$, $p(2) = 0{,}25$, $p(3) = 0{,}15$, $p(4) = 0{,}05$, $p(5) = 0{,}10$ e $p(6) = 0{,}15$, a partir dos quais $\mu = 2{,}85$ e

$$E(X^2) = \sum_{x=1}^{6} x^2 \cdot p(x) = (1^2)(0{,}30) + (2^2)(0{,}25) + \cdots + (6^2)(0{,}15) = 11{,}35$$

Assim, $\sigma^2 = 11{,}35 - (2{,}85)^2 = 3{,}2275$, conforme obtido anteriormente a partir da definição. ■

Demonstração da fórmula alternativa

Desenvolva $(x - \mu)^2$ na definição de σ^2 para obter $x^2 - 2\mu x + \mu^2$, e depois aplique $\sum$ a cada um dos três termos:

$$\begin{aligned}\sigma^2 &= \sum_D x^2 \cdot p(x) - 2\mu \cdot \sum_D x \cdot p(x) + \mu^2 \sum_D p(x) \\ &= E(X^2) - 2\mu \cdot \mu + \mu^2 = E(X^2) - \mu^2 \quad ■\end{aligned}$$

Regras da variância

A variância de $h(X)$ é o valor esperado do quadrado da diferença entre $h(X)$ e seu valor esperado:

$$V[h(X)] = \sigma^2_{h(X)} = \sum_D \{h(x) - E[h(X)]\}^2 \cdot p(x) \qquad (3.13)$$

Quando $h(X) = aX + b$, uma função linear,

$$h(x) - E[h(X)] = ax + b - (a\mu + b) = a(x - \mu)$$

Substituindo na (3.13), temos uma relação simples entre $V[h(X)]$ e $V(X)$:

Proposição

$$V(aX + b) = \sigma^2_{aX+b} = a^2 \cdot \sigma^2_X \quad \text{and} \quad \sigma_{aX+b} = |a| \cdot \sigma_x$$

Em particular,

$$\sigma_{aX} = |a| \cdot \sigma_X, \quad \sigma_{X+b} = \sigma_X \qquad (3.14)$$

O valor absoluto é necessário porque a pode ser negativo, embora o desvio padrão não possa. Geralmente, a multiplicação por a corresponde a uma alteração na unidade de medida (p. ex., kg em lb ou dólares em euros). De acordo com a primeira relação em (3.14), o DP na nova unidade é o DP original multiplicado pelo fator de conversão. A segunda relação diz que adicionar ou subtrair uma constante não impacta na variabilidade; apenas altera a distribuição para a direita ou esquerda.

Exemplo 3.26

No Exemplo 3.23, da venda dos computadores, $E(X) = 2$ e

$$E(X^2) = (0)^2(.1) + (1)^2(.2) + (2)^2(.3) + (3)^2(.4) = 5$$

então $V(X) = 5 - (2)^2 = 1$. Assim, a função do lucro $h(X) = 800X - 900$ tem variância $(800)^2$. $V(X) = (640\,000)(1) = 640\,000$ e desvio padrão de 800. ■

EXERCÍCIOS Seção 3.3 (29–45)

29. A f.p. da quantidade de memória X (GB) em um pendrive adquirido na loja foi dada no Exemplo 3.13 como

x	1	2	4	8	16
$p(x)$	0,05	0,10	0,35	0,40	0,10

Calcule os seguintes valores:

a. $E(X)$.
b. $V(X)$ diretamente a partir da definição.
c. O desvio padrão de X.
d. $V(X)$ usando a fórmula alternativa.

30. Um indivíduo que possui um seguro de automóvel de uma determinada empresa é selecionado aleatoriamente. Seja Y o número de infrações ao Código de Trânsito cometidas por um indivíduo nos últimos 3 anos. A f.p. de Y é

y	0	1	2	3
$p(y)$	0,60	0,25	0,10	0,05

a. Calcule $E(Y)$.
b. Suponha que um indivíduo com Y violações receba uma multa de \$ $100Y^2$. Calcule o valor esperado da multa.

31. Use a definição da Equação (3.13) para provar que $V(aX + b) = a^2 \cdot \sigma_X^2$. [*Dica*: com $h(X) = aX + b$, $E[h(X)] = a\mu + b$, em que $\mu = E(X)$.]

32. Uma loja de eletrodomésticos vende três modelos diferentes de freezers verticais com 13,5, 15,9 e 19,1 pés cúbicos de capacidade, respectivamente. Seja X = volume de armazenagem comprado pelo próximo cliente a adquirir um freezer. Suponha que a f.p. de X seja

x	13,5	15,9	19,1
$p(x)$	0,2	0,5	0,3

a. Calcule $E(X)$, $E(X^2)$ e $V(X)$.
b. Se o preço de um freezer com X pés cúbicos de capacidade for $25X - 8{,}5$, qual será o preço esperado pago pelo próximo cliente a comprar um freezer?
c. Qual é a variância do preço $25X - 8{,}5$ pago pelo próximo cliente?
d. Suponha que, embora a capacidade nominal do freezer seja X, a capacidade real é $h(X) = X - 0{,}01X^2$. Qual é a capacidade real esperada do freezer comprado pelo próximo cliente?

33. Seja X uma v.a. de Bernoulli com f.p. como no Exemplo 3.18.

a. Calcule $E(X^2)$.
b. Mostre que $V(X) = p(1 - p)$.
c. Calcule $E(X^{79})$.

34. Suponha que o número de certo tipo de planta encontrada em uma região retangular (denominada *quadrat* pelos ecologistas) em uma determinada área geográfica seja uma v.a. X com f.p.

$$p(x) = \begin{cases} c/x^3 & x = 1, 2, 3, \ldots \\ 0 & \text{caso contrário} \end{cases}$$

$E(X)$ é finito? Justifique sua resposta (essa é outra distribuição que os estatísticos denominam "cauda pesada").

35. Um pequeno mercado solicita cópias de uma revista para seu *display* todas as semanas. Considere X = demanda pela revista, com f.p.

x	1	2	3	4	5	6
$p(x)$	$\frac{1}{15}$	$\frac{2}{15}$	$\frac{3}{15}$	$\frac{4}{15}$	$\frac{3}{15}$	$\frac{2}{15}$

Suponha que o dono do estabelecimento pague \$ 2,00 por cada exemplar da revista e que o preço para os clientes seja de \$ 4,00. Se as revistas que sobraram no final da semana não possuem valor, é melhor pedir três ou quatro exemplares da revista? [*Dica*: para três ou quatro cópias pedidas, expresse a receita líquida como uma função de demanda X, e, depois, calcule a receita esperada.]

36. Seja X o dano (em valor monetário) incorrido por um determinado tipo de acidente em um ano. Os valores possíveis de X são 0, 1 000, 5 000 e 10 000, com probabilidades 0,8, 0,1, 0,08 e 0,02, respectivamente. Uma empresa oferece uma apólice dedutível de \$ 500. Se quiser que o seu lucro seja de \$ 100, que valor de prêmio deve cobrar?

37. Veja o Exercício 12 e calcule $V(Y)$ e σ_Y. Determine, então, a probabilidade de Y estar dentro do intervalo de 1 desvio padrão em torno da média.

38. Seja X = resultado de um dado lançado uma vez. Se, antes de lançar o dado, oferecessem a você (1/3,5) dólares ou $h(X) = 1/X$ dólares, você aceitaria a quantia garantida ou jogaria? [*Observação*: geralmente não é verdade que $1/E(X) = E(1/X)$.]

39. Uma empresa de fornecimento de materiais químicos atualmente possui em seu estoque 100 libras de um determinado produto, vendido aos clientes em lotes de 5 libras. Seja X = o número de lotes pedidos por um cliente escolhido aleatoriamente, e supondo que X tenha f.p.

x	1	2	3	4
$p(x)$	0,2	0,4	0,3	0,1

Calcule $E(X)$ e $V(X)$. Em seguida, calcule a quantia de libras esperadas que sobrou depois que o pedido do próximo cliente foi enviado e a variância na quantia de libras que sobrou. [*Dica*: a quantia de libras que sobrou é uma função linear de X.]

40. a. Desenhe um gráfico de linhas de f.p. de X no Exercício 35. Depois, determine a f.p. de $-X$ e desenhe o gráfico de linhas. Considerando as duas situações, o que você pode dizer sobre $V(X)$ e $V(-X)$?

b. Use a proposição que envolve $V(aX + b)$ para definir uma relação geral entre $V(X)$ e $V(-X)$.

41. Os n candidatos a um emprego receberam a classificação 1, 2, 3, ..., n. Seja X = a classificação de um candidato escolhido aleatoriamente, de modo que X tenha f.p.

$$p(x) = \begin{cases} 1/n & x = 1, 2, 3, ..., n \\ 0 & \text{caso contrário} \end{cases}$$

(isto é chamado de *distribuição uniforme discreta*). Calcule $E(X)$ e $V(X)$ usando a fórmula curta. [*Dica*: a soma do primeiro número inteiro positivo n é $n(n + 1)/2$, enquanto a soma de seus quadrados é $n(n + 1)(2n + 1)/6$.]

42. Suponha que $E(X) = 5$ e $E[X(X - 1)] = 27{,}5$. Qual é

a. $E(X^2)$? [*Dica*: $E[X(X - 1)] = E[X^2 - X] = E(X^2) - E(X)$?]

b. $V(X)$?

c. A relação geral entre as quantidades $E(X)$, $E[X(X - 1)]$ e $V(X)$?

43. Escreva a regra geral para $E(X - c)$, em que c é uma constante. O que acontece quando você assume $c = \mu$, o valor esperado de X?

44. O resultado denominado *desigualdade de Chebyshev* diz que, para qualquer distribuição de probabilidade de uma v.a. X e qualquer número k ao menos igual a 1, $P(|X - \mu| \geq k\sigma) \leq 1/k^2$. Em palavras, a probabilidade de o valor X estar a pelo menos k desvios padrão da média é de no máximo $1/k^2$.

a. Qual é o valor do limite superior de $k = 2$? $k = 3$? $k = 4$? $k = 5$? $k = 10$?

b. Calcule μ e σ para a distribuição do Exercício 13. Depois, avalie $P(|X - \mu| \geq k\sigma)$ quanto aos valores de k dados no item (a). O que isso sugere sobre o limite superior em relação à probabilidade correspondente?

c. Considere que X tem valores possíveis -1, 0 e 1, com probabilidades $\frac{1}{18}$, $\frac{8}{9}$ e $\frac{1}{18}$, respectivamente. Qual é $P(|X - \mu| \geq 3\sigma)$ e como se compara ao limite correspondente?

d. Forneça uma distribuição para a qual $P(|X - \mu| \geq 5\sigma) = 0{,}04$.

45. Se $a \leq X \leq b$, demonstre que $a \leq E(X) \leq b$.

3.4 Distribuição de probabilidade binomial

Há diversos experimentos que satisfazem exatamente ou aproximadamente a seguinte lista de requisitos:

1. O experimento consiste em uma sequência de n experimentos menores denominados *ensaios*, em que n é fixado com antecedência.
2. Cada ensaio pode resultar em um de dois resultados possíveis (ensaios dicotômicos), chamados de sucesso (S) ou falha (F).
3. Os ensaios são independentes, de forma que o resultado de qualquer ensaio particular não influencia o resultado de qualquer outro ensaio.
4. A probabilidade de sucesso $P(S)$ é constante de um ensaio para o outro. Denominamos essa probabilidade p.

Definição

Um experimento para o qual as Condições 1–4 são satisfeitas é denominado **experimento binomial**.

Exemplo 3.27

A mesma moeda é lançada sucessiva e independentemente n vezes. Usamos S arbitrariamente para representar o resultado H (cara) e F para representar o resultado T (coroa). Portanto, este experimento satisfaz as Condições 1–4. Lançar um percevejo n vezes, com S = ponta para cima e F = ponta para baixo, também resulta em um experimento binomial. ■

Muitos experimentos envolvem uma sequência de ensaios independentes para os quais há mais de dois resultados possíveis em qualquer ensaio. Um experimento binomial pode então ser criado, dividindo-se os resultados possíveis em dois grupos.

Exemplo 3.28

A cor das sementes de ervilhas é determinada por um único *locus* genético. Se dois alelos desse *locus* são AA ou Aa (o genótipo), então a ervilha será amarela (o fenótipo) e, se o alelo for aa, será verde. Suponha que organizemos 20 sementes Aa aos pares e cruzemos as duas ervilhas de cada par para obtenção de 10 novos genótipos. Cada novo genótipo será um sucesso S se for aa, e uma falha, caso contrário. Então, com o identificador S ou F, o experimento será binomial com $n = 10$ e $p = P$ (genótipo aa). Se cada membro do par for igualmente provável de contribuir com a ou A, então $p = P(a) \cdot P(a) = \left(\frac{1}{2}\right)\left(\frac{1}{2}\right) = \frac{1}{4}$. ■

Exemplo 3.29

Suponha que certa cidade tenha 50 restaurantes licenciados, dos quais atualmente 15 possuem pelo menos uma violação grave do código de saúde e os outros 35 não possuam violações graves. Há cinco inspetores, cada um dos quais inspeciona um restaurante por semana. O nome de cada restaurante é escrito em um pedaço de papel e, após serem misturados, cada inspetor retira um dos pedaços de papel *sem reposição*. O i-ésimo ensaio será um sucesso S = sucesso se o i-ésimo restaurante selecionado ($i = 1, \ldots, 5$) não tiver violações graves. Então,

$$P(S \text{ na primeira tentativa}) = \frac{35}{50} = 0{,}70$$

e

$$\begin{aligned} P(S \text{ na segunda tentativa}) &= P(SS) + P(FS) \\ &= P(\text{segunda } S \mid \text{primeira } S)P(\text{primeira } S) \\ &\quad + P(\text{segunda } S \mid \text{primeira } F)P(\text{primeira } F) \\ &= \frac{34}{49} \cdot \frac{35}{50} + \frac{35}{49} \cdot \frac{15}{50} = \frac{35}{50}\left(\frac{34}{49} + \frac{15}{49}\right) = \frac{35}{50} = 0{,}70 \end{aligned}$$

De forma semelhante, pode ser demonstrado que $P(S$ no i-ésimo ensaio$) = 0{,}70$ para $i = 3, 4, 5$. Entretanto,

$$P(S \text{ na quinta tentativa} \mid SSSS) = \frac{31}{46} = 0{,}67$$

enquanto

$$P(S \text{ na quinta tentativa} \mid FFFF) = \frac{35}{46} = 0{,}76$$

O experimento não é binomial porque os ensaios não são independentes. Em geral, se a amostragem for feita sem reposição, o experimento não terá ensaios independentes. Se cada pedaço de papel fosse reposto após sua retirada, os ensaios seriam independentes, o que podia fazer com que o mesmo restaurante fosse inspecionado por mais de um inspetor. ■

Exemplo 3.30

Suponha que certo Estado tenha 500 000 motoristas habilitados, dos quais 400 000 possuem seguro. Uma amostra de 10 motoristas é selecionada sem reposição. O i-ésimo ensaio será S se o i-ésimo motorista tiver seguro. Apesar de esta situação parecer idêntica à do Exemplo 3.29, a diferença importante é que o tamanho da população é muito grande em relação ao tamanho da amostra. Neste caso,

$$P(S \text{ em } 2 \mid S \text{ em } 1) = \frac{399\,999}{499\,999} = 0{,}80000$$

e

$$P(S \text{ em } 10 \mid S \text{ no primeiro } 9) = \frac{399\,991}{499\,991} = 0{,}799996 \approx 0{,}80000$$

Esses cálculos sugerem que, apesar de os ensaios não serem exatamente independentes, as probabilidades condicionais diferem tão pouco uma da outra que, para fins práticos, os ensaios podem ser considerados independentes com $P(S) = 0{,}8$ constante. Assim, com uma boa aproximação, o experimento é binomial com $n = 10$ e $p = 0{,}8$. ■

Usaremos a seguinte regra prática para decidir se um experimento "sem reposição" pode ser tratado como experimento binomial:

Regra

Considere a amostragem sem reposição da população dicotômica de tamanho N. Se o tamanho da amostra (número de ensaios) n for no máximo 5% do tamanho da população, o experimento pode ser analisado como se fosse exatamente binomial.

Por "analisado" queremos dizer que as probabilidades baseadas nas hipóteses de experimento binomial estarão muito próximas das probabilidades reais "sem reposição", que normalmente são mais difíceis de calcular. No Exemplo 3.29, $n/N = 5/50 = 0{,}1 > 0{,}05$, de modo que o experimento binomial não é uma boa aproximação, mas no Exemplo 3.30, $n/N = 10/500\,000 < 0{,}05$.

Variável aleatória binomial e sua distribuição

Na maioria dos experimentos binomiais, interessa o número total de S e não o conhecimento de exatamente quais tentativas resultaram em S.

Definição

A **variável aleatória binomial** X associada a um experimento binomial formado por n ensaios é definida como

$$X = \text{a quantidade de } S \text{ (sucessos) entre } n \text{ ensaios.}$$

Suponha, por exemplo, que $n = 3$. Haverá, então, oito resultados possíveis para o experimento:

$$SSS \quad SSF \quad SFS \quad SFF \quad FSS \quad FSF \quad FFS \quad FFF$$

a partir da definição de X, $X(SSF) = 2$, $X(SFF) = 1$, e assim por diante. Os possíveis valores de X em um experimento de n ensaios são $x = 0, 1, 2, \ldots, n$. Frequentemente usaremos $X \sim \text{Bin}(n, p)$ para indicar que X é uma v.a. binomial baseada em n ensaios com probabilidade de sucesso p.

Notação

Como a f.p. de uma v.a. binomial X depende de dois parâmetros n e p, representamos a f.p. por $b(x; n, p)$.

Considere primeiro o caso de $n = 4$, para o qual cada resultado, sua probabilidade e o valor de x correspondente estão relacionados na Tabela 3.1. Por exemplo,

$$\begin{aligned} P(SSFS) &= P(S) \cdot P(S) \cdot P(F) \cdot P(S) \quad \text{(tentativas independentes)} \\ &= p \cdot p \cdot (1 - p) \cdot p \quad (\text{constante } P(S)) \\ &= p^3 \cdot (1 - p) \end{aligned}$$

Tabela 3.1 Resultados e probabilidades de um experimento binomial com quatro ensaios

Resultado	x	Probabilidade	Resultado	x	Probabilidade
$SSSS$	4	p^4	$FSSS$	3	$p^3(1-p)$
$SSSF$	3	$p^3(1-p)$	$FSSF$	2	$p^2(1-p)^2$
$SSFS$	3	$p^3(1-p)$	$FSFS$	2	$p^2(1-p)^2$
$SSFF$	2	$p^2(1-p)^2$	$FSFF$	1	$p(1-p)^3$
$SFSS$	3	$p^3(1-p)$	$FFSS$	2	$p^2(1-p)^2$
$SFSF$	2	$p^2(1-p)^2$	$FFSF$	1	$p(1-p)^3$
$SFFS$	2	$p^2(1-p)^2$	$FFFS$	1	$p(1-p)^3$
$SFFF$	1	$p(1-p)^3$	$FFFF$	0	$(1-p)^4$

Neste caso especial, queremos $b(x; 4, p)$ para $x = 0, 1, 2, 3$ e 4. Para $b(3; 4, p)$, identificamos quais dos 16 resultados fornecem um valor de x igual a 3 e somamos as probabilidades associadas a cada resultado:

$$b(3; 4, p) = P(FSSS) + P(SFSS) + P(SSFS) + P(SSSF) = 4p^3(1 - p)$$

Há quatro resultados com $X = 3$, cada um com probabilidade $p^3(1 - p)$ (a ordem de S e F não é importante, apenas a quantidade de S), então

$$b(3; 4, p) = \begin{Bmatrix} \text{número de resultados} \\ \text{com } X = 3 \end{Bmatrix} \cdot \begin{Bmatrix} \text{probabilidade de qualquer resultado} \\ \text{particular com } X = 3 \end{Bmatrix}$$

De forma semelhante, $b(2; 4, p) = 6p^2(1 - p)^2$, que também é o produto do número de resultados com $X = 2$ e da probabilidade de tais resultados.

Em geral,

$$b(x; n, p) = \begin{Bmatrix} \text{número de sequências de} \\ \text{comprimento } n \text{ consistindo em } x\ S \end{Bmatrix} \cdot \begin{Bmatrix} \text{probabilidade de qualquer} \\ \text{resultado particular de tal sequência} \end{Bmatrix}$$

Como a ordenação de S e F não é importante, o segundo fator da equação anterior é $p^x(1 - p)^{n-x}$ (por exemplo, os primeiros x ensaios resultarem em S e os últimos $n - x$ resultarem em F). O primeiro fator é o número S de maneiras de escolher x dos n ensaios, isto é, o número de combinações de tamanho x que podem ser construídas com n objetos distintos (ensaios, no caso).

Teorema

$$b(x; n, p) = \begin{cases} \binom{n}{x} p^x(1 - p)^{n-x} & x = 0, 1, 2, \ldots, n \\ 0 & \text{caso contrário} \end{cases}$$

Exemplo 3.31

Cada um de seis consumidores aleatórios de refrigerante de cola recebe um copo com refrigerante de cola S e outro com refrigerante de cola F. Os copos têm aparência idêntica, exceto pelo código que contêm no fundo para identificar o tipo do refrigerante de cola. Suponha que não haja uma tendência de preferência entre os consumidores. Então $p = P$ (um indivíduo selecionado prefere S) $= 0{,}5$, de forma que $X =$ número de consumidores entre os seis que preferem S, $X \sim \text{Bin}(6, 0{,}5)$.

Dessa forma,

$$P(X = 3) = b(3; 6, 0{,}5) = \binom{6}{3}(0{,}5)^3(0{,}5)^3 = 20(0{,}5)^6 = 0{,}313$$

A probabilidade de pelo menos três preferirem S é

$$P(3 \le X) = \sum_{x=3}^{6} b(x; 6, 0{,}5) = \sum_{x=3}^{6} \binom{6}{x}(0{,}5)^x(0{,}5)^{6-x} = 0{,}656$$

e a probabilidade de no máximo um preferir S é

$$P(X \le 1) = \sum_{x=0}^{1} b(x; 6, 0{,}5) = 0{,}109 \ \blacksquare$$

Usando tabelas binomiais[2]

Mesmo para um valor relativamente pequeno de n, o cálculo da probabilidade binomial é tedioso. A Tabela A.1 do Apêndice tabula a f.d. $F(x) = P(X \le x)$ para $n = 5, 10, 15, 20, 25$ em combinação com valores selecionados de p. Várias outras probabilidades podem ser calculadas usando a proposição da f.d. da Seção 3.2. Observe que um valor tabelado igual a 0 significa apenas que a probabilidade é 0 com três algarismos significativos, pois todas as entradas da tabela são positivas.

Notação

Para $X \sim \text{Bin}(n, p)$, a f.d. será denotada por

$$B(x; n, p) = P(X \le x) = \sum_{y=0}^{x} b(y; n, p) \quad x = 0, 1, \ldots, n$$

[2] Softwares estatísticos, como Minitab e R, fornecem a f.p. e f.d. quase que instantaneamente quando solicitado para qualquer valor de p e n variando de 2 até milhões. O R também tem um comando para calcular a probabilidade de X estar em algum intervalo.

Exemplo 3.32

Suponha que 20% de todas as cópias de um livro-texto apresentem falha em um determinado teste de resistência de encadernação. Seja X o número de cópias que apresentam falhas entre 15 cópias selecionadas aleatoriamente. Então, X tem distribuição binomial com $n = 15$ e $p = 0{,}2$.

1. A probabilidade de no máximo 8 apresentarem falha é

$$P(X \leq 8) = \sum_{y=0}^{8} b(y;\, 15,\, 0{,}2) = B(8;\, 15,\, 0{,}2)$$

que é a entrada na linha $x = 8$ e na coluna $p = 0{,}2$ da tabela binomial $= 15$. Da Tabela A.1 do Apêndice, a probabilidade é $B(8;\, 15,\, 0{,}2) = 0{,}999$.

2. A probabilidade de exatamente 8 apresentarem falha é

$$P(X = 8) = P(X \leq 8) - P(X \leq 7) = B(8;\, 15,\, 0{,}2) - B(7;\, 15,\, 0{,}2)$$

que é a diferença entre duas entradas consecutivas na coluna $p = 0{,}2$. O resultado é $0{,}999 - 0{,}996 = 0{,}003$.

3. A probabilidade de no mínimo 8 apresentarem falha é

$$\begin{aligned} P(X \geq 8) &= 1 - P(X \leq 7) = 1 - B(7;\, 15,\, 0{,}2) \\ &= 1 - \begin{pmatrix} \text{entrada em } x = 7 \\ \text{linha da coluna } p = 0{,}2 \end{pmatrix} \\ &= 1 - 0{,}996 = 0{,}004 \end{aligned}$$

4. Finalmente, a probabilidade de 4 a 7, inclusive, apresentarem falha é

$$\begin{aligned} P(4 \leq X \leq 7) &= P(X = 4, 5, 6, \text{ou } 7) = P(X \leq 7) - P(X \leq 3) \\ &= B(7;\, 15,\, 0{,}2) - B(3;\, 15,\, 0{,}2) = 0{,}996 - 0{,}648 = 0{,}348 \end{aligned}$$

Observe que a última probabilidade é a diferença entre as entradas nas linhas $x = 7$ e $x = 3$, *não* nas linhas $x = 7$ e $x = 4$. ■

Exemplo 3.33

Um fabricante de eletrônicos alega que no máximo 10% de seus geradores precisam de reparo no período de garantia. Para investigar a declaração, técnicos de um laboratório de teste compraram 20 unidades e as submeteram a um teste acelerado para simular o uso durante o período de garantia. Seja p a probabilidade de um gerador precisar de reparo durante o período (proporção de unidades que necessitam de reparo). Os técnicos de laboratório precisam decidir se os dados resultantes do experimento sustentam a alegação de que $p \leq 0{,}10$. Seja X o número dentre as 20 amostras que precisam de reparo, então $X \sim \text{Bin}(20, p)$. Considere a regra de decisão:

> Rejeitar a alegação de que $p \leq 0{,}10$ em favor da conclusão de que $p > 0{,}10$ se $x \geq 5$ (em que x é o valor observado de X) e considerar a alegação plausível se $x \leq 4$.

A probabilidade de a alegação ser rejeitada quando $p = 0{,}10$ (conclusão incorreta) é

$$P(X \geq 5 \text{ quando } p = 0{,}10) = 1 - B(4;\, 20,\, 0{,}1) = 1 - 0{,}957 = 0{,}043$$

A probabilidade de a alegação não ser rejeitada quando $p = 0{,}20$ (tipo diferente de conclusão incorreta) é

$$P(X \leq 4 \text{ quando } p = 0{,}2) = B(4;\, 20,\, 0{,}2) = 0{,}630$$

A primeira probabilidade é relativamente pequena, mas a segunda é intoleravelmente grande. Quando $p = 0{,}20$, o que significa que o fabricante errou grosseiramente para menos no percentual de unidades que necessitam de reparo, e a regra de decisão estabelecida for usada, 63% de todas as amostras serão incluídas para a declaração do fabricante ser julgada aceitável!

Pode-se pensar que a probabilidade deste segundo tipo de conclusão errônea poderia ser menor se o valor de corte 5 fosse alterado para outro valor na regra de decisão. Entretanto, apesar de a substituição de 5 por um número menor resultar em uma probabilidade menor que 0,630, a outra probabilidade aumentaria. A única forma de diminuir as duas "probabilidades de erro" é basear a regra de decisão em um experimento que envolva muito mais unidades. ■

Média e variância de X

Para $n = 1$, a distribuição binomial se torna a distribuição de Bernoulli. A partir do Exemplo 3.18, o valor médio da v.a. de Bernoulli é $\mu = p$, de modo que a quantidade de S esperados em um único ensaio é p. Como o experimento binomial compreende n ensaios, a intuição sugere que, para $X \sim \text{Bin}(n, p)$, $E(X) = np$, o produto do número de ensaios e a probabilidade de sucesso em um único ensaio. A expressão de $V(X)$ não é tão intuitiva.

Proposição

Se $X \sim \text{Bin}(n, p)$, então $E(X) = np$, $V(X) = np(1 - p) = npq$, e $\sigma_X = \sqrt{npq}$ (em que $q = 1 - p$).

Dessa forma, o cálculo da média e da variância de uma v.a. binomial não requer o cálculo de somatórias. A demonstração do resultado de $E(X)$ está esquematizada no Exercício 64.

Exemplo 3.34

Se 75% de todas as compras em uma determinada loja forem feitas com cartão de crédito e X for a quantidade de compras feitas com cartão de crédito entre 10 compras selecionadas aleatoriamente, então $X \sim \text{Bin}(10, 0{,}75)$. Assim, $E(X) = np = (10)(0{,}75) = 7{,}5$, $V(X) = npq = 10(0{,}75)(0{,}25) = 1{,}875$ e $\sigma = \sqrt{1{,}875} = 1{,}37$. Novamente, apesar de X só poder assumir valores inteiros, $E(X)$ não precisa ser um inteiro. Se executarmos um grande número de experimentos binomiais independentes, cada um com $n = 10$ tentativas e $p = 0{,}75$, o número médio de S por experimento será próximo de 7,5.

A probabilidade de X estar em 1 desvio padrão de seu valor médio é

$$P(7{,}5 - 1{,}37 \leq X \leq 7{,}5 + 1{,}37) = P(6{,}13 \leq X \leq 8{,}87) = P(X = 7 \text{ ou } 8) = 0{,}532. \blacksquare$$

EXERCÍCIOS Seção 3.4 (46–67)

46. Calcule as seguintes probabilidades binomiais diretamente pela fórmula de $b(x; n, p)$:

a. $b(3; 8, 0{,}35)$.

b. $b(5; 8, 0{,}6)$.

c. $P(3 \leq X \leq 5)$, quando $n = 7$ e $p = 0{,}6$.

d. $P(1 \leq X)$, quando $n = 9$ e $p = 0{,}1$.

47. Use a Tabela A.1 do Apêndice para obter as probabilidades a seguir:

a. $B(4; 15, 0{,}3)$.

b. $b(4; 15, 0{,}3)$.

c. $b(6; 15, 0{,}7)$.

d. $P(2 \leq X \leq 4)$, quando $X \sim \text{Bin}(15, 0{,}3)$.

e. $P(2 \leq X)$, quando $X \sim \text{Bin}(15, 0{,}3)$.

f. $P(X \leq 1)$, quando $X \sim \text{Bin}(15, 0{,}7)$.

g. $P(2 < X < 6)$, quando $X \sim \text{Bin}(15, 0{,}3)$.

48. Quando as placas de circuito usadas na fabricação de CD-players são testadas, a porcentagem de peças com defeito no longo prazo é 5%. Seja X = número de placas com defeito em uma amostra aleatória de tamanho $n = 25$, de forma que $X \sim \text{Bin}(25, 0{,}05)$.

a. Determine $P(X \leq 2)$.

b. Determine $P(X \geq 5)$.

c. Determine $P(1 \leq X \leq 4)$.

d. Qual é a probabilidade de que nenhuma das 25 placas apresente defeito?

e. Calcule o valor esperado e o desvio padrão de X.

49. Uma norma que exige a instalação de um detector de fumaça em todas as casas construídas anteriormente está em vigor há um ano em certa cidade. O corpo de bombeiros está preocupado porque muitas casas continuam sem detectores. Seja p = proporção real de casas que possuem detectores e suponha que uma amostra aleatória de 25 lares seja inspecionada. Se a amostra indica fortemente que pouco menos de 80% de todas as casas possuem detector, o corpo de bombeiros fará uma campanha por um programa de inspeção obrigatória. Por causa do custo do programa, o corpo de bombeiros prefere não pedir essas inspeções, a menos que a amostra renda evidências fortes que comprovem sua necessidade. Seja X o número de casas com detectores entre as 25 da amostra. Considere rejeitar a alegação de que $p \geq 0{,}8$ se $x \leq 15$.

a. Qual é a probabilidade de a hipótese ser rejeitada se o valor real de p for 0,8?

b. Qual é a probabilidade de não rejeitar a hipótese quando $p = 0{,}7$? E quando $p = 0{,}6$?

c. Como as "probabilidades de erro" dos itens (a) e (b) mudam se o valor 15 na regra de decisão for alterado para 14?

50. Determinado número de telefone é usado tanto para receber chamadas de voz quanto faxes. Suponha que 25% das chamadas recebidas envolvam mensagens de fax e considere uma amostra com 25 chamadas recebidas. Qual é a probabilidade de:

a. No máximo 6 chamadas envolverem uma mensagem de fax?

b. Exatamente 6 chamadas envolverem uma mensagem de fax?

c. Pelo menos 6 chamadas envolverem uma mensagem de fax?

d. Mais de 6 chamadas envolverem uma mensagem de fax?

51. Use o exercício anterior como referência.

a. Qual é o número esperado de ligações, dentre as 25, que envolve uma mensagem de fax?

b. Qual é o desvio padrão do número de chamadas, dentre as 25, que envolve uma mensagem de fax?

c. Qual é a probabilidade de o número de chamadas, dentre as 25 que envolvem transmissão de fax, exceder o número esperado em mais de 2 desvios padrão?

52. Suponha que 30% de todos os alunos que precisam comprar um livro didático para determinado curso querem um exemplar novo (os sucessos!), enquanto os outros 70% desejam um exemplar usado. Considere selecionar 25 compradores aleatoriamente.

a. Qual é o valor médio e o desvio padrão do número de alunos que quer um exemplar novo do livro?

b. Qual é a probabilidade de o número de alunos que desejam exemplares novos estar mais de 2 desvios padrão distantes do valor médio?

c. A livraria tem 15 exemplares novos e 15 usados. Se 25 pessoas vierem individualmente para comprar o livro, qual é a probabilidade de todas as 25 conseguirem o tipo de livro que desejam considerando o estoque atual? [*Dica*: considere X = o número de alunos que desejam um exemplar novo.] Para quais valores de X as 25 pessoas conseguem o que desejam?

d. Suponha que os exemplares novos custem \$ 100 e os usados, \$ 70. Presuma que atualmente a livraria tem 50 exemplares novos e 50 usados. Qual é o valor esperado de receita total das vendas das próximas 25 unidades comercializadas? Certifique-se de indicar qual regra de valor esperado está sendo utilizada [*Dica*: considere $h(X)$ = receita quando X de 25 compradores desejam exemplares novos. Expresse como uma função linear.]

53. O Exercício 30 (Seção 3.3) forneceu a f.p. de Y, o número de violações do Código de Trânsito de um indivíduo selecionado aleatoriamente com seguro de uma certa empresa. Qual é a probabilidade de que entre 15 de tais indivíduos selecionados aleatoriamente

a. pelo menos 10 não tenham violações?

b. menos da metade tenha ao menos uma violação?

c. o número das pessoas com ao menos uma violação esteja entre 5 e 10, inclusive?[3]

54. Um determinado tipo de raquete de tênis possui duas versões: média e grande. Sessenta por cento de todos os clientes de certa loja querem a versão grande.

a. Dentre 10 clientes selecionados aleatoriamente que querem esse tipo de raquete, qual é a probabilidade de ao menos seis quererem a versão grande?

b. Entre 10 clientes selecionados aleatoriamente, qual é a probabilidade de o número dos que desejam a versão grande estar dentro do intervalo de um desvio padrão da média?

c. Atualmente, a loja possui sete raquetes de cada versão. Qual é a probabilidade de os 10 próximos clientes que querem essa raquete conseguirem obter a versão desejada do estoque atual?

55. Vinte por cento de todos os telefones de um determinado tipo são enviados para reparo em garantia. Desses, 60% podem ser reparados, enquanto os outros 40% devem ser substituídos. Se uma empresa comprar 10 desses telefones, qual é a probabilidade de exatamente dois serem substituídos em garantia?

56. O College Board relata que 2% dos 2 milhões de alunos que fazem o SAT a cada ano recebem acomodações especiais por causa de deficiência física documentada (*Los Angeles Times*, 16 de julho de 2002). Considere uma amostra aleatória de 25 alunos que fizeram o teste recentemente.

a. Qual é a probabilidade de exatamente 1 ter recebido acomodação especial?

b. Qual é a probabilidade de ao menos 1 ter recebido acomodação especial?

c. Qual é a probabilidade de ao menos 2 terem recebido acomodação especial?

d. Qual é a probabilidade de o número entre os 25 que receberam acomodação especial estar dentro de 2 desvios padrão do número que você espera serem acomodados?

e. Suponha que um aluno que não receba acomodação especial tenha 3 horas para fazer o exame e um que receba tenha 4,5. Qual você espera que seja o tempo médio dos 25 alunos selecionados?

57. Uma empresa de cristais finos sabe por experiência que 10% de suas taças possuem defeitos estéticos e devem ser classificadas como "de segunda linha".

a. Dentre 6 taças selecionadas aleatoriamente, qual é a probabilidade de somente 1 ser de segunda linha?

b. Dentre 6 taças selecionadas aleatoriamente, qual é a probabilidade de no mínimo 2 serem de segunda linha?

c. Se as taças forem examinadas uma a uma, qual será a probabilidade de no máximo 5 terem de ser selecionadas para encontrar 4 que não sejam de segunda linha?

58. Um lote bem grande de componentes chegou ao distribuidor. O lote pode ser caracterizado como aceitável apenas se a proporção de componentes defeituosos for de, no máximo, 0,10. O distribuidor decide selecionar 10 componentes aleatoriamente e aceitar o lote apenas se o número de componentes defeituosos na amostra for, no máximo, 2.

a. Qual é a probabilidade de o lote ser aceito quando a proporção real de itens com defeito for 0,01? 0,05? 0,10? 0,20? 0,25?

b. Seja p a proporção real de itens com defeito no lote. Um gráfico de P(lote é aceito) em função de p, com p no eixo horizontal e P(lote é aceito) no eixo vertical, é denominado *curva característica de operação* do plano de amostragem de aceitação. Use os resultados do item (a) para fazer o gráfico da curva para $0 \leq p \leq 1$.

c. Repita os itens (a) e (b) com "1" substituindo "2" no plano de aceitação da amostragem.

d. Repita os itens (a) e (b) com "15" substituindo "10" no plano de aceitação da amostragem.

e. Qual dos três planos de amostragem é mais satisfatório e por quê?

59. Consulte a desigualdade de Chebyshev no Exercício 44. Calcule $P(|X - \mu| \geq k\sigma)$ para $k = 2$ e $k = 3$ quando $X \sim \text{Bin}(20, 0{,}5)$ e compare com o limite superior correspondente. Repita para $X \sim \text{Bin}(20, 0{,}75)$.

[3] "Entre a e b, inclusive" é equivalente a $(a \leq X \leq b)$.

60. Uma ponte cobra um pedágio de \$ 1,00 para carros de passeio e de \$ 2,50 para outros veículos. Suponha que, durante o dia, 60% de todos os veículos sejam carros de passeio. Se 25 veículos cruzarem a ponte durante um determinado período do dia, qual será a receita esperada resultante? [*Dica*: considerando X o número de carros de passeio, a receita do pedágio $h(X)$ é uma função linear de X.]

61. Um aluno que está tentando escrever um trabalho para um curso tem a escolha entre dois tópicos: A e B. Se o aluno escolher o tópico A, solicitará dois livros por empréstimo da biblioteca, e, se escolher B, serão solicitados quatro livros. O aluno acredita que, para escrever um bom trabalho, precisa receber e usar pelo menos metade dos livros encomendados para cada tópico escolhido. Se a probabilidade de um livro solicitado chegar a tempo for de 0,9 e os livros chegam independentemente um do outro, que tópico o aluno deve escolher para maximizar a probabilidade de escrever um bom artigo? E se a probabilidade for de apenas 0,5 em vez de 0,9?

62. **a.** Para um n fixo, existem valores de p $(0 \leq p \leq 1)$ para os quais $V(X) = 0$? Explique.
b. Para qual valor de p $V(X)$ é maximizado? [*Dica*: faça o gráfico de uma $V(X)$ como função de p ou faça a derivativa.]

63. **a.** Demonstre que $b(x; n, 1 - p) = b(n - x; n, p)$.
b. Demonstre que $B(x; n, 1 - p) = 1 - B(n - x - 1; n, p)$ [*Dica*: no máximo x *sucessos* é equivalente a pelo menos $(n - x)$ *fracassos*.]
c. O que os itens (a) e (b) implicam sobre a necessidade de se incluírem valores de p maiores que 0,5 na Tabela A.1 do Apêndice?

64. Demonstre que $E(X) = np$ quando X é uma variável aleatória binomial [*Dica*: primeiro, expresse $E(X)$ como uma soma com limite mais inferior $x = 1$. Então, faça a fatoração de np, considerando $y = x - 1$, de modo que a soma seja $y = 0$ para $y = n - 1$, e mostre que a soma se iguala a 1.]

65. Os clientes de um posto de gasolina pagam com cartão de crédito (A), cartão de débito (B) ou dinheiro (C). Presuma que clientes sucessivos façam escolhas independentes, com $P(A) = 0,5$, $P(B) = 0,2$ e $P(C) = 0,3$.
a. Entre os próximos 100 clientes, qual será a média e a variância do número dos que pagam com cartão de débito? Explique seu raciocínio.
b. Responda ao item (a) para o número entre os 100 que não pagam em dinheiro.

66. Uma limusine de aeroporto pode acomodar até quatro passageiros em qualquer corrida. A empresa aceitará um máximo de seis reservas por viagem e os passageiros devem ter reservas. Pelos registros anteriores, 20% de todos os que fazem reservas não aparecem para a corrida. Responda às seguintes perguntas, assumindo independência quando apropriado.
a. Se forem feitas seis reservas, qual é a probabilidade de ao menos um indivíduo com reserva não poder ser acomodado na corrida?
b. Se forem feitas seis reservas, qual é o número esperado de lugares disponíveis quando a limusine partir?
c. Suponha que a distribuição de probabilidade do número de reservas feitas seja dada na tabela a seguir:

Número de reservas	3	4	5	6
Probabilidade	0,1	0,2	0,3	0,4

Considere X o número de passageiros de uma corrida selecionada aleatoriamente. Calcule a função de distribuição de probabilidade de X.

67. Suponha que 90% de todas as pilhas de certo fabricante tenham voltagens aceitáveis. Um determinado tipo de lanterna necessita de duas pilhas tipo D, e ela só funciona se as duas pilhas tiverem voltagem aceitável. Entre 10 lanternas selecionadas aleatoriamente, qual é a probabilidade de pelo menos nove funcionarem? Que hipótese você fez no decorrer da resposta à pergunta proposta?

3.5 Distribuições hipergeométrica e binomial negativa

As distribuições hipergeométrica e binomial negativa estão intimamente relacionadas à distribuição binomial. A distribuição binomial é o modelo de probabilidade aproximado para amostragem sem reposição de uma população dicotômica finita (S–F), desde que o tamanho da amostra fornecido n seja pequeno com relação ao tamanho da população N; a distribuição hipergeométrica é o modelo de probabilidade exata para o número de S em uma amostra. A v.a. binomial X é o número de S quando o número de tentativas n está estabelecido, enquanto a distribuição binomial negativa resulta da fixação do número de S desejado, deixando que o número de ensaios seja aleatório.

Distribuição hipergeométrica

As hipóteses que levam à distribuição hipergeométrica são as seguintes:

1. A população ou o conjunto de onde é retirada a amostra consiste em N indivíduos, objetos ou elementos (população *finita*).
2. Cada indivíduo é classificado como sucesso (S) ou fracasso (F) e há M sucessos na população.
3. É selecionada uma amostra sem reposição de n indivíduos de forma que cada subconjunto de tamanho n seja igualmente provável de ser escolhido.

A v.a. de interesse é X = número de S na amostra. A distribuição de probabilidade de X depende dos parâmetros n, M e N, de forma que queremos calcular $P(X = x) = h(x; n, M, N)$.

Exemplo 3.35

Durante determinado período, um escritório de tecnologia da informação de uma universidade recebeu 20 ordens de serviço de problemas com impressoras, das quais 8 de impressoras a laser e 12 a jato de tinta. Uma amostra de 5 dessas ordens de serviço será selecionada para inclusão em uma pesquisa de satisfação do cliente. Suponha que as 5 sejam selecionadas de forma completamente aleatória para que qualquer subconjunto de tamanho 5 tenha a mesma possibilidade de ser selecionado assim como qualquer outro subconjunto. Qual será a probabilidade de exatamente x ($x = 0, 1, 2, 3, 4$ ou 5) das ordens de serviço selecionadas serem de impressoras a jato de tinta?

Aqui, o tamanho da população é $N = 20$, o tamanho da amostra é $n = 5$ e o número de S (jato de tinta $= S$) e F da população são $M = 12$ e $N - M = 8$, respectivamente. Considere o valor $x = 2$. Como todos os resultados (cada um consistindo em 5 ordens) são igualmente prováveis,

$$P(X = 2) = h(2; 5, 12, 20) = \frac{\text{número de resultados com } X = 2}{\text{número de resultados possíveis}}$$

O número de resultados possíveis no experimento é o número de maneiras de selecionar 5 dos 20 objetos sem se importar com a ordem, isto é, $\binom{20}{5}$. Para contar o número de resultados tendo $X = 2$, observe que há $\binom{12}{2}$ formas de selecionar 2 das ordens de serviço de impressoras a jato de tinta e para cada forma há $\binom{8}{3}$ maneiras de selecionar as 3 ordens de serviço de impressoras a laser para completar a amostra. A regra do produto do Capítulo 2 fornece então $\binom{12}{2}\binom{8}{3}$ como o número de resultados com $X = 2$, assim

$$h(2; 5, 12, 20) = \frac{\binom{12}{2}\binom{8}{3}}{\binom{20}{5}} = \frac{77}{323} = 0{,}238 \ ■$$

Em geral, se o tamanho da amostra n for menor que o número de sucessos na população (M), então, o maior valor possível de X é n. Entretanto, se $M < n$ (p. ex., um tamanho de amostra igual a 25 com apenas 15 sucessos na população), então, X pode ser no máximo M. De forma semelhante, sempre que o número de fracassos na população ($N - M$) exceder o tamanho da amostra, o menor valor possível de X será 0 (visto que todos os indivíduos amostrados podem ser os fracassos). Contudo, se $N - M < n$, o menor valor possível de X é $n - (N - M)$. Assim, os valores possíveis de X atendem à restrição máx $\{0, n - (N - M)\} \leq x \leq$ mín (n, M). Um argumento paralelo ao do exemplo anterior fornece a f.p. de X.

Proposição

Se X for o número de S (sucessos) de uma amostra completamente aleatória de tamanho n tirada de uma população constituída de M S(sucessos) e $(N - M)$ F(fracassos), então a distribuição de probabilidade de X, denominada **distribuição hipergeométrica**, será dada por

$$P(X = x) = h(x; n, M, N) = \frac{\binom{M}{x}\binom{N - M}{n - x}}{\binom{N}{n}} \qquad (3.15)$$

para x, um número inteiro, satisfazendo máx $\{0, n - N + M\} \leq x \leq$ mín (n, M).

No Exemplo 3.35, $n = 5$, $M = 12$ e $N = 20$, de modo que $h(x; 5, 12, 20)$ pode ser obtida substituindo-se esses números na Equação (3.15).

Exemplo 3.36

Cinco indivíduos de uma população animal supostamente ameaçada de extinção em certa região foram capturados, marcados e liberados para se misturarem à população. Após terem uma oportunidade de cruzarem, foi selecionada uma amostra aleatória de 10 desses animais. Seja X = número de animais marcados na segunda amostra. Se, na verdade, houver 25 animais desse tipo na região, qual será a probabilidade de (a) $X = 2$? (b) $X \leq 2$?

Os valores dos parâmetros são $n = 10$, $M = 5$ (5 animais marcados na população) e $N = 25$, assim

$$h(x; 10, 5, 25) = \frac{\binom{5}{x}\binom{20}{10-x}}{\binom{25}{10}} \qquad x = 0, 1, 2, 3, 4, 5$$

Para o item (a)

$$P(X = 2) = h(2; 10, 5, 25) = \frac{\binom{5}{2}\binom{20}{8}}{\binom{25}{10}} = 0{,}385$$

Para o item (b)

$$P(X \le 2) = P(X = 0, 1, \text{ou } 2) = \sum_{x=0}^{2} h(x; 10, 5, 25)$$
$$= 0{,}057 + 0{,}257 + 0{,}385 = 0{,}699 \ ■$$

Vários softwares estatísticos geram as probabilidades hipergeométricas com facilidade (a tabulação é pesada por causa dos três parâmetros).

Assim como no caso binomial, há expressões simples para $E(X)$ e $V(X)$ das v.a. hipergeométricas.

Proposição

A média e a variância da v.a. hipergeométrica X com f.p. $h(x; n, M, N)$ são

$$E(X) = n \cdot \frac{M}{N} \qquad V(X) = \left(\frac{N-n}{N-1}\right) \cdot n \cdot \frac{M}{N} \cdot \left(1 - \frac{M}{N}\right)$$

A razão M/N é a proporção de sucessos na população. Se substituirmos M/N por p em $E(X)$ e $V(X)$, obtemos

$$E(X) = np$$
$$V(X) = \left(\frac{N-n}{N-1}\right) \cdot np(1-p) \tag{3.16}$$

A Expressão (3.16) mostra que as médias das variáveis aleatórias binomial e hipergeométrica são iguais, enquanto as variâncias das duas variáveis aleatórias diferem pelo fator $(N - n)/(N - 1)$, frequentemente denominado **fator de correção para população finita**. Esse fator é menor que 1, de forma que a variável hipergeométrica tem variância menor que a v.a. binomial. O fator de correção pode ser escrito como $(1 - n/N)/(1 - 1/N)$, que é aproximadamente 1 quando n é pequeno em relação a N.

Exemplo 3.37 (continuação do Exemplo 3.36)

No exemplo de marcação dos animais, $n = 10$, $M = 5$ e $N = 25$, de forma que $p = \frac{5}{25} = 0{,}2$ e

$$E(X) = 10(0{,}2) = 2$$
$$V(X) = \frac{15}{24}(10)(0{,}2)(0{,}8) = (0{,}625)(1{,}6) = 1$$

Se a amostragem fosse feita com reposição, $V(X) = 1{,}6$.

Suponha que o tamanho N da população não seja conhecido, de modo que o valor de x seja observado, e desejamos estimar N. Seria razoável igualar a proporção amostral observada de sucessos, x/n, com a proporção da população, M/N, fornecendo a estimativa

$$\hat{N} = \frac{M \cdot n}{x}$$

Se $M = 100$, $n = 40$ e $x = 16$, então $\hat{N} = 250$. ■

Nossa regra prática geral da Seção 3.4 afirmava que, se a amostragem foi feita sem reposição, mas n/N era no máximo 0,05, a distribuição binomial podia ser usada para calcular probabilidades aproximadas, envolvendo o número de sucessos na amostra. Segue uma afirmação mais precisa: considere que o tamanho da população, N, e o número M de sucessos na população aumentam com a proporção M/N se aproximando de p. Então, $h(x; n, M, N)$ se aproxima $b(x; n, p)$, de modo que, para n/N pequeno, há duas igualdades aproximadas, desde que p não esteja muito perto de 0 ou 1. Essa é a lógica da regra.

Distribuição binomial negativa

A v.a. e a distribuição binomial negativa são baseadas em experimentos que satisfaçam às condições a seguir:

1. O experimento consiste de uma sequência de ensaios independentes.
2. Cada ensaio resulta em sucesso (S) ou em fracasso (F).
3. A probabilidade de sucesso é constante de um ensaio para outra, então $P(S \text{ na tentativa } i) = p$ para $i = 1, 2, 3, \ldots$.
4. O experimento continua (os ensaios são realizados) até ser observado um total de r sucessos, sendo r um inteiro positivo.

A variável aleatória de interesse é X = número de fracassos que precedem o r-ésimo sucesso. X é denominada uma **variável aleatória binomial negativa** porque, em contraste com a v.a. binomial, o número de sucessos é fixo e o de ensaios é aleatório.

Valores possíveis de X são 0, 1, 2, ... Considere que $nb(x; r, p)$ representa a f.p. de X. Considere $nb(7; 3, p) = P(X = 7)$, a probabilidade de ocorrerem exatamente 7 F antes do terceiro S. Para que isso aconteça, a décima tentativa devem ser um S e deve haver exatamente 2 S entre as 9 primeiras tentativas. Dessa forma,

$$nb(7; 3, p) = \left\{ \binom{9}{2} \cdot p^2(1-p)^7 \right\} \cdot p = \binom{9}{2} \cdot p^3(1-p)^7$$

Generalizando, esta linha de raciocínio dá a seguinte fórmula para a f.p. binomial negativa.

Proposição

A f.p. da v.a. binomial negativa X com parâmetros r = número de S e $p = P(S)$ é

$$nb(x; r, p) = \binom{x + r - 1}{r - 1} p^r (1-p)^x \quad x = 0, 1, 2, \ldots$$

Exemplo 3.38

Um pediatra deseja convocar cinco casais, cada um esperando seu primeiro filho, para participar de um novo regime de parto natural. Seja $p = P$(um casal selecionado aleatoriamente concorda em participar). Se $p = 0{,}2$, qual é a probabilidade de 15 casais serem solicitados antes de serem encontrados cinco que concordem em participar? Isto é, com S = {concorda em participar}, qual é a probabilidade de ocorrerem 10 F antes do quinto S? Substituindo r = 5, $p = 0{,}2$ e $x = 10$ em $nb(x; r, p)$, temos

$$nb(10; 5, 0{,}2) = \binom{14}{4}(0{,}2)^5(0{,}8)^{10} = 0{,}034$$

A probabilidade de no máximo 10 F serem observados (no máximo de 15 casais serem entrevistados) é

$$P(X \le 10) = \sum_{x=0}^{10} nb(x; 5, 0{,}2) = (0{,}2)^5 \sum_{x=0}^{10} \binom{x+4}{4}(0{,}8)^x = 0{,}164 \;\blacksquare$$

Em algumas referências, a v.a. binomial negativa é considerada pelo número de tentativas $X + r$ ao invés do número de fracassos.

No caso particular de $r = 1$, a f.p. é

$$nb(x; 1, p) = (1-p)^x p \quad x = 0, 1, 2, \ldots \tag{3.17}$$

No Exemplo 3.12, deduzimos a f.p. em relação ao número de tentativas necessárias para se obter o primeiro S e aquela f.p. é semelhante à Equação (3.17). Tanto X = número de F como Y = número de tentativas (= 1 + X) são denominadas **variáveis aleatórias geométricas** na literatura especializada, e a f.p. da Expressão (3.17) é denominada **distribuição geométrica**.

O número esperado de tentativas até o primeiro S foi mostrado no Exemplo 3.19, como $1/p$, de modo que o número esperado de F até o primeiro S é $(1/p) - 1 = (1 - p)/p$. De forma intuitiva, esperamos ver $r \cdot (1 - p)/pF$ antes do r-ésimo S, e isto certamente é $E(X)$. Há também uma fórmula simples para $V(X)$.

Proposição

Se X é uma v.a. binomial negativa com f.p. $nb(x; r, p)$, então

$$E(X) = \frac{r(1-p)}{p} \qquad V(X) = \frac{r(1-p)}{p^2}$$

Finalmente, desenvolvendo o coeficiente binomial de $p^r(1 - p)^x$ e fazendo algumas simplificações, vê-se que $nb(x; r, p)$ é bem-definido, mesmo quando r não é inteiro. Verifica-se que a *distribuição binomial negativa geral* ajusta muito bem os dados observados em uma grande variedade de aplicações.

EXERCÍCIOS Seção 3.5 (68–78)

68. Uma loja de equipamentos eletrônicos recebeu 20 rádios de mesa com conexão para iPod e iPhone. Doze deles têm duas entradas (e podem acomodar ambos os dispositivos) e os outros 8 têm apenas uma entrada. Suponha que 6 dos 20 rádios sejam selecionados aleatoriamente para ser armazenados na prateleira onde os rádios ficam expostos e o restante é colocado no depósito. Considere X = o número de rádios que possuem duas entradas colocados sobre a prateleira de exibição.

a. Que tipo de distribuição tem X (nome e valores de todos os parâmetros)?

b. Calcule $P(X = 2)$, $P(X \leq 2)$ e $P(X \geq 2)$.

c. Calcule o valor médio e o desvio padrão de X.

69. Doze refrigeradores de um determinado tipo foram devolvidos ao distribuidor por causa de um ruído audível, oscilante e agudo que faziam quando em funcionamento. Suponha que 7 desses refrigeradores possuam um compressor defeituoso e os outros 5 tenham problemas menos graves. Se os refrigeradores forem examinados em ordem aleatória, seja X o número de refrigeradores examinados entre os seis primeiros com compressores defeituosos. Calcule os seguintes valores:

a. $P(X = 5)$.

b. $P(X \leq 4)$.

c. A probabilidade de X exceder o valor da média em mais de 1 desvio padrão.

d. Considere uma entrega de 400 refrigeradores, dos quais 40 possuem compressores com defeito. Se X for o número de compressores defeituosos entre 15 refrigeradores selecionados aleatoriamente, descreva uma forma menos cansativa de calcular (ao menos aproximadamente) $P(X \leq 5)$ em vez de usar a f.p. hipergeométrica.

70. Um instrutor que lecionou estatística para engenheiros para duas turmas no semestre passado, a primeira com 20 alunos e a segunda com 30, decidiu pedir aos alunos um projeto semestral. Após a entrega de todos os projetos, o instrutor os organizou aleatoriamente antes de corrigi-los. Considere os primeiros 15 projetos a serem corrigidos.

a. Qual é a probabilidade de exatamente 10 projetos serem da segunda turma?

b. Qual é a probabilidade de pelo menos 10 projetos serem da segunda turma?

c. Qual é a probabilidade de ao menos 10 projetos serem da mesma turma?

d. Qual é o valor médio e o desvio padrão do número de projetos entre esses 15 que pertencem à segunda turma?

e. Qual é o valor médio e o desvio padrão do número de projetos que não estão entre os 15 primeiros que pertencem à segunda turma?

71. Três irmãos e suas esposas decidem ter filhos até que cada família tenha duas meninas. Qual é a f.p. de X= número total de filhos homens nascidos nas famílias? Qual é $E(X)$ e como pode ser comparada ao número esperado de filhos nascidos em cada família?

72. Um diretor de pessoal que entrevistará 11 engenheiros seniores para quatro cargos marcou seis entrevistas para o primeiro dia e cinco para o segundo. Assuma que os candidatos serão entrevistados em ordem aleatória.

a. Qual é a probabilidade de x dos quatro melhores candidatos serem entrevistados no primeiro dia?

b. Dos quatro melhores candidatos, quantos podem ser esperados para entrevistas no primeiro dia?

73. Vinte pares de indivíduos inscritos em um torneio de bridge foram designados com os números 1, ..., 20. Na primeira parte do torneio, os 20 pares são divididos aleatoriamente em 10 pares leste-oeste e 10 pares norte-sul.

a. Qual é a probabilidade de x dos 10 melhores pares jogarem leste-oeste?

b. Qual é a probabilidade de todos os cinco melhores pares jogarem na mesma direção?

c. Se há $2n$ pares, qual é a f.p. de X = número entre os n melhores pares que jogam leste-oeste? Quais são $E(X)$ e $V(X)$?

74. Um alerta de poluição foi acionado em uma determinada área de Los Angeles County, onde há 50 indústrias. Um inspetor visitará 10 indústrias selecionadas aleatoriamente para verificação de violações de regulamentação.

a. Se 15 empresas realmente estiverem violando ao menos uma regulamentação, qual é a f.p. do número de empresas visitadas pelo inspetor que estão violando ao menos uma regulamentação?

b. Se houver 500 empresas na área, das quais 150 com violação, faça a aproximação da f.p. do item (a) para uma f.p. mais simples.

c. Para X = número entre as 10 empresas visitadas que estão violando as regulamentações, calcule $E(X)$ e $V(X)$ para a f.p. exata e aproximada no item (b).

75. Suponha que $p = P(\text{nascimento de menino}) = 0{,}5$. Um casal quer ter exatamente duas meninas na família. E eles terão filhos até essa condição ser satisfeita.

a. Qual é a probabilidade de a família ter x filhos homens?

b. Qual é a probabilidade de a família ter quatro filhos?

c. Qual é a probabilidade de a família ter no máximo quatro filhos?

d. Quantos filhos homens espera-se que essa família tenha? Quantos filhos espera-se que essa família tenha?

76. Uma família decide ter filhos até ter três do mesmo sexo. Assumindo $P(B) = P(G) = 0{,}5$, qual é a f.p. de X = número de filhos na família?

77. Um geólogo coletou 10 amostras de rocha basáltica e 10 de granito. O geólogo instruiu o assistente de laboratório para selecionar aleatoriamente 15 amostras para análise.

a. Qual é a f.p. do número de amostras de granito selecionadas para análise?

b. Qual é a probabilidade de todas as amostras de um dos dois tipos de rocha serem selecionadas para análise?

c. Qual é a probabilidade de o número de amostras de granito selecionadas para análise estarem dentro de 1 desvio padrão do valor médio?

78. De acordo com o artigo "Characterizing the severity and risk of drought in the Poudre River, Colorado" (*J. da Water Res. Planning and Mgmnt.*, 2005: 383-393), a duração da seca Y é o número de intervalos de tempo consecutivos nos quais o suplemento de água permanece abaixo do valor crítico y_0 (um déficit), precedido e seguido por períodos nos quais o suplemento excede este valor crítico (excedente). O artigo mencionado propõe uma distribuição geométrica com $p = 0{,}409$ para esta variável aleatória.

a. Qual é a probabilidade de a seca durar exatamente 3 intervalos? E no máximo 3 intervalos?

b. Qual é a probabilidade de a duração da seca exceder seu valor médio por mais do que 1 desvio padrão?

3.6 Distribuição de probabilidade de Poisson

As distribuições binomial, hipergeométrica e binomial negativa foram deduzidas a partir de um experimento consistindo em ensaios ou retiradas e na aplicação das leis da probabilidade aos diversos resultados do experimento. Não há um experimento simples que sirva de base para a distribuição de Poisson, apesar de descrevermos simplificadamente como ela pode ser obtida por meio de certas operações no limite.

Definição

Uma variável aleatória X tem **distribuição de Poisson** com parâmetro $\mu(\mu > 0)$ se a f.p. de X for

$$p(x; \mu) = \frac{e^{-\mu} \cdot \mu^x}{x!} \qquad x = 0, 1, 2, 3, \ldots$$

Não é por acaso que estamos usando o símbolo μ para o parâmetro de Poisson. Logo veremos que, na verdade, μ é o valor esperado de X. A letra e na f.p. representa a base do sistema de logaritmos natural; seu valor numérico é de aproximadamente 2,71828. Ao contrário das distribuições binomial e hipergeométrica, a distribuição de Poisson espalha a probabilidade por *todos* os números inteiros não negativos, um número infinito de possibilidades.

Não é tão óbvio ver que $p(x; \mu)$ especifica uma f.p. legítima, muito menos que tal distribuição é útil. Primeiramente, $p(x; \mu) > 0$ para cada valor de x possível devido ao requisito $\mu > 0$. O fato de que $\sum p(x; \mu) = 1$ é uma consequência da expansão da série de Maclaurin de e^{μ} (veja o livro de cálculo para detalhes deste resultado):

$$e^{\mu} = 1 + \mu + \frac{\mu^2}{2!} + \frac{\mu^3}{3!} + \cdots = \sum_{x=0}^{\infty} \frac{\mu^x}{x!} \tag{3.18}$$

Se os dois termos extremos da Expressão (3.18) forem multiplicados por $e^{-\mu}$ e depois esta quantidade for colocada dentro da somatória, o resultado será

$$1 = \sum_{x=0}^{\infty} \frac{e^{-\mu} \cdot \mu^x}{x!}$$

Exemplo 3.39

Seja X o número de certo tipo de animais capturados em uma armadilha durante certo período de tempo. Suponha que X tenha uma distribuição de Poisson com $\mu = 4,5$, de forma que, em média, cada armadilha contém 4,5 animais. [O artigo "Dispersal dynamics of the bivalve *Gemma gemma* in a patchy environment" (*Ecological Monographs*, 1995: 1-20) sugere esse modelo. O bivalvo *Gemma gemma* é um pequeno molusco.] A probabilidade de uma armadilha conter exatamente cinco criaturas é

$$P(X = 5) = \frac{e^{-4,5}(4,5)^5}{5!} = 0,1708$$

A probabilidade de uma armadilha conter no máximo cinco animais é

$$P(X \leq 5) = \sum_{x=0}^{5} \frac{e^{-4,5}(4,5)^x}{x!} = e^{-4,5}\left[1 + 4,5 + \frac{(4,5)^2}{2!} + \cdots + \frac{(4,5)^5}{5!}\right] = 0,7029 \quad \blacksquare$$

A distribuição de Poisson como um limite

A base lógica para o uso da distribuição de Poisson em muitas situações é fornecida pela proposição a seguir.

> **Proposição**
>
> Suponha que, na f.p. binomial $b(x; n, p)$, consideremos $n \to \infty$ e $p \to 0$ de tal forma que np se aproxima do valor $\mu > 0$. Então, $b(x; n, p) \to p(x; \mu)$.

De acordo com esta proposição, *em qualquer experimento binomial no qual n é grande e p é pequeno, $b(x; n, p) \approx p(x; \mu)$, em que $\mu = np$*. Como regra prática, tal aproximação pode ser aplicada se $n > 50$ e $np < 5$.

Exemplo 3.40

Se uma editora de livros não técnicos se esforça para garantir que seus livros não possuam erros tipográficos, de forma que a probabilidade de uma página conter um erro desse tipo é de 0,005 e os erros são independentes de página para página, qual é a probabilidade de um de seus romances de 400 páginas conter exatamente uma página com erros? No máximo três páginas com erros?

Com S representando uma página com ao menos um erro e F uma página sem erros, o número X de páginas que contém ao menos um erro é uma v.a. binomial com $n = 400$ e $p = 0,005$, de forma que $np = 2$. Queremos

$$P(X = 1) = b(1; 400, 0,005) \approx p(1; 2) = \frac{e^{-2}(2)^1}{1!} = 0,270671$$

O valor binominal é $b(1; 400, 0,005) = 0,270669$, então, a aproximação é muito boa.

De forma análoga,

$$\begin{aligned} P(X \leq 3) &\approx \sum_{x=0}^{3} p(x, 2) = \sum_{x=0}^{3} e^{-2}\frac{2^x}{x!} \\ &= 0,135335 + 0,270671 + 0,270671 + 0,180447 \\ &= 0,8571 \end{aligned}$$

e isto também é bem próximo do valor binomial $P(X \leq 3) = 0,8576$. ■

A Tabela 3.2 mostra a distribuição de Poisson para $\mu = 3$ juntamente com três distribuições binomiais com $np = 3$, e a Figura 3.8 (do S-Plus) exibe a distribuição de Poisson juntamente com as duas primeiras distribuições binomiais. A aproximação tem uso limitado para $n = 30$, mas a precisão é melhor para $n = 100$ e muito melhor para $n = 300$.

Tabela 3.2 Comparando as distribuições de Poisson e três binomiais

x	$n = 30, p = 0,1$	$n = 100, p = 0,03$	$n = 300, p = 0,01$	Poisson, $\mu = 3$
0	0,042391	0,047553	0,049041	0,049787
1	0,141304	0,147070	0,148609	0,149361
2	0,227656	0,225153	0,224414	0,224042
3	0,236088	0,227474	0,225170	0,224042
4	0,177066	0,170606	0,168877	0,168031
5	0,102305	0,101308	0,100985	0,100819
6	0,047363	0,049610	0,050153	0,050409
7	0,018043	0,020604	0,021277	0,021604
8	0,005764	0,007408	0,007871	0,008102
9	0,001565	0,002342	0,002580	0,002701
10	0,000365	0,000659	0,000758	0,000810

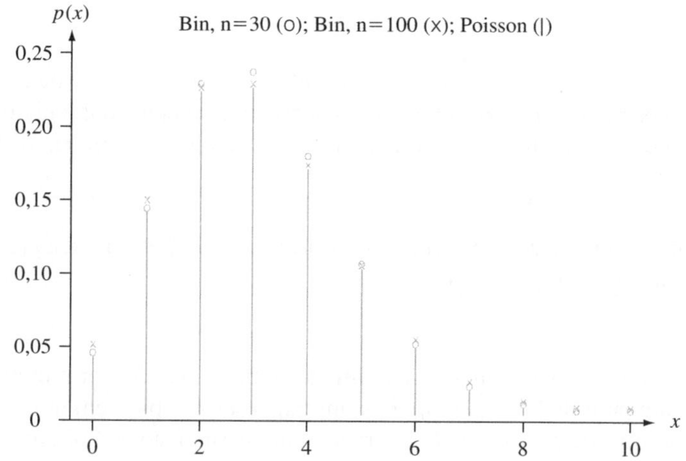

Figura 3.8 Comparando as distribuições de Poisson e duas binomiais.

A Tabela A.2 do Apêndice mostra a f.d. $F(x; \mu)$ para $\mu = 0,1; 0,2; \ldots, 1;2, \ldots, 10, 15$ e 20. Por exemplo, se $\mu = 2$, então $P(X \leq 3) = F(3; 2) = 0,857$ como no Exemplo 3.40, enquanto $P(X = 3) = F(3; 2) - F(2; 2) = 0,180$. Como alternativa, muitos programas estatísticos de computador geram $p(x; \mu)$ e $F(x; \mu)$ quando solicitado.

Média e variância de *X*

Como $b(x; n, p) \rightarrow p(x; \mu)$ quando $n \rightarrow \infty, p \rightarrow 0, np \rightarrow \mu$, a média e a variância de uma variável binomial tendem para as de uma variável de Poisson. Esses limites são $np \rightarrow \mu$ e $np(1 - p) \rightarrow \mu$.

Proposição

Se X tiver distribuição de Poisson com parâmetro μ, então $E(X) = V(X) = \mu$.

Esses resultados também podem ser deduzidos diretamente das definições de média e variância.

Exemplo 3.41 (Continuação do Exemplo 3.39)

Tanto o número de animais capturados como a variância dessa quantidade são iguais a 4,5 e $\sigma_X = \sqrt{\mu} = \sqrt{4,5} = 2,12$. ■

Processo de Poisson

Uma aplicação muito importante da distribuição de Poisson surge juntamente com a ocorrência de eventos de um tipo particular no decorrer do tempo. Eventos de interesse podem incluir visitas a determinado site, pulsos registrados por um contador, mensagens de e-mail enviadas para determinado endereço, acidentes em uma fábrica ou chuva de raios cósmicos observada por astrônomos em determinado observatório. Façamos as seguintes hipóteses sobre a maneira como os eventos de interesse ocorrem:

1. Existe um parâmetro $\alpha > 0$ tal que, para qualquer intervalo de tempo curto Δt, a probabilidade de ocorrer exatamente um evento é $\alpha \cdot \Delta t + o(\Delta t)$.[4]
2. A probabilidade de ocorrer mais de um evento durante Δt é $o(\Delta t)$ [que, juntamente com a Hipótese 1, implica que a probabilidade de não ocorrer eventos durante Δt é $1 - \alpha \cdot \Delta t - o(\Delta t)$].
3. O número de pulsos recebidos durante o intervalo de tempo Δt é independente da quantidade recebida antes do intervalo de tempo.

Informalmente, a Hipótese 1 diz que, para um intervalo de tempo curto, a probabilidade de ocorrer um único evento é aproximadamente proporcional à duração do intervalo de tempo, em que α é a constante de proporcionalidade. Agora, consideremos $P_k(t)$ a probabilidade de k eventos serem observados durante qualquer intervalo de tempo de duração t.

Proposição

$P_k(t) = e^{-\alpha t} \cdot (\alpha t)^k/k!$, de modo que o número de eventos durante um intervalo de tempo t seja uma v.a. de Poisson com parâmetro $\mu = \alpha t$. O número esperado de eventos durante qualquer um de tais intervalos de tempo será αt, de forma que o número esperado durante uma unidade de intervalo de tempo será α.

A ocorrência de eventos com o passar do tempo, conforme descrito, é chamada *processo de Poisson*; o parâmetro α especifica a *taxa* do processo.

Exemplo 3.42

Suponha que os pulsos cheguem ao contador em uma taxa média de seis por minuto, de modo que $\alpha = 6$. Para determinar a probabilidade de pelo menos um pulso ser recebido em um intervalo de meio minuto, observe que o número de pulsos em tal intervalo tem distribuição de Poisson com parâmetro $\alpha t = 6(0{,}5) = 3$ (0,5 min é usado porque α é expresso como taxa por minuto). Então, sendo X = número de pulsos recebidos no intervalo de 30 segundos,

$$P(1 \leq X) = 1 - P(X = 0) = 1 - \frac{e^{-3}(3)^0}{0!} = 0{,}950 \blacksquare$$

Em vez de observar eventos ao longo do tempo, considere apenas observar eventos de um determinado tipo que ocorrem em uma região bi ou tridimensional. Por exemplo, podemos selecionar uma determinada região R de uma floresta em um mapa, ir para aquela região e contar o número de árvores. Cada árvore representa um evento que ocorre em um ponto certo no espaço. Com hipóteses similares a 1–3, podemos demonstrar que o número de eventos que ocorrem em uma região R tem distribuição de Poisson com parâmetro $\alpha \cdot a(R)$, em que $a(R)$ é a área de R. A quantidade α é o número esperado de eventos por unidade de área ou de volume.

EXERCÍCIOS Seção 3.6 (79–93)

79. Seja X o número de falhas na superfície de uma caldeira de um determinado tipo selecionada aleatoriamente, com distribuição de Poisson com parâmetro $\mu = 5$. Use a Tabela A.2 do Apêndice para calcular as probabilidades a seguir:
a. $P(X \leq 8)$
b. $P(X = 8)$
c. $P(9 \leq X)$
d. $P(5 \leq X \leq 8)$
e. $P(5 < X < 8)$

80. Considere X o número de anomalias materiais que ocorrem em determinada região de uma hélice de uma turbina a gás de uma aeronave. O artigo "Methodology for Probabilistic life prediction of multiple-anomaly materials" (*Amer. Inst. of Aeronautics and Astronautics J.*, 2006: 787-793) propõe a distribuição de Poisson para X. Suponha que $\mu = 4$.
a. Calcule $P(X \leq 4)$ e $P(X < 4)$.
b. Calcule $P(4 \leq X \leq 8)$.
c. Calcule $P(8 \leq X)$.

[4] Uma quantidade é $o(\Delta t)$ (leia "*o* minúsculo de delta *t*") se, à medida que Δt se aproxima de 0, $o(\Delta t)/\Delta t$ também o faz. Isto é, $o(\Delta t)$ é ainda mais desprezível que o próprio Δt. A quantidade $(\Delta t)^2$ possui essa propriedade, mas sen(Δt) não.

d. Qual é a probabilidade de o número de anomalias exceder seu valor médio por mais que 1 desvio padrão?

81. Suponha que o número de motoristas que trafega entre certa origem e destino durante um período de tempo determinado tenha uma distribuição de Poisson com parâmetro $\mu = 20$ (sugerido no artigo "Dynamic ride sharing: theory and practice", *J. of Transp. Engr.*, 1997: 308-312). Qual é a probabilidade de o número de motoristas:

a. Ser no máximo 10?

b. Exceder 20?

c. Estar entre 10 e 20, inclusive? Estar estritamente entre 10 e 20?

d. Estar dentro de 2 desvios padrão do valor médio?

82. Considere gravar algo em um disco rígido e enviá-lo para um certificador contar o número de pulsos ausentes. Suponha que esse número X tenha uma distribuição de Poisson com parâmetro $\mu = 0{,}2$ (sugerido em "Average sample number for semi curtailed sampling using the Poisson distribution", *J. Quality Technology*, 1983: 126-129.)

a. Qual é a probabilidade de um disco ter exatamente um pulso ausente?

b. Qual é a probabilidade de um disco ter dois pulsos ausentes?

c. Se dois discos forem selecionados de forma independente, qual é a probabilidade de nenhum conter pulsos ausentes?

83. Um artigo no *Los Angeles Times* (3 de dezembro de 1993) relata que 1 em 200 pessoas possui o gene recessivo que causa câncer de cólon hereditário. Em uma amostra de 1 000 indivíduos, qual é a distribuição aproximada do número dos que possuem o gene? Use essa distribuição para calcular a probabilidade aproximada de:

a. Entre 5 e 8 (inclusive) possuírem o gene.

b. Ao menos 8 possuírem o gene.

84. Suponha que apenas 0,10% de todos os computadores de certo tipo apresentem falhas de CPU durante o período de garantia. Considere uma amostra de 10 000 computadores.

a. Qual é o valor esperado e o desvio padrão do número de computadores da amostra que apresentam defeito?

b. Qual é a probabilidade (aproximada) de mais de 10 computadores da amostra apresentarem defeito?

c. Qual é a probabilidade (aproximada) de nenhum computador da amostra apresentar defeito?

85. **a.** Em um processo de Poisson, o que deve acontecer no intervalo de tempo $(0, t)$ e no intervalo $(t, t + \Delta t)$ para que nenhum evento ocorra em todo o intervalo $(0, t + \Delta t)$? Use isso e as Hipóteses 1–3 para escrever a relação entre $P_0(t + \Delta t)$ e $P_0(t)$.

b. Use o resultado do item (a) para escrever uma expressão para a diferença $P_0(t + \Delta t) - P_0(t)$. Divida então por Δt e considere que $\Delta t \to 0$ para obter uma equação envolvendo $(d/dt)P_0(t)$, derivada de $P_0(t)$ em relação a t.

c. Verifique se $P_0(t) = e^{-\alpha t}$ satisfaz à equação do item (b).

d. Pode-se demonstrar de forma similar aos itens (a) e (b) que as $P_k(t)$ devem satisfazer ao sistema de equações diferenciais.

$$\frac{d}{dt} P_k(t) = \alpha P_{k-1}(t) - \alpha P_k(t)$$
$$k = 1, 2, 3, \ldots$$

Verifique se $P_k(t) = e^{-\alpha t}(\alpha t)^k/k!$ satisfaz o sistema (na verdade, esta é a única solução).

86. O número de pessoas que chegam para tratamento em um pronto-socorro pode ser modelado por um processo de Poisson com taxa de cinco por hora.

a. Qual é a probabilidade de exatamente quatro pessoas chegarem em certa hora?

b. Qual é a probabilidade de ao menos quatro pessoas chegarem em certa hora?

c. Quantas pessoas você espera que cheguem em um período de 45 minutos?

87. O número de solicitações de assistência recebido por um serviço de guincho é um processo de Poisson com taxa $\alpha = 4$ por hora.

a. Calcule a probabilidade de exatamente dez solicitações chegarem em um certo período de 2 horas.

b. Se os operadores do serviço de guincho tirarem 30 minutos para almoço, qual é a probabilidade de não perderem nenhum chamado de assistência?

c. Quantas ligações você espera que ocorram durante o almoço?

88. Em testes de placas de circuitos, a probabilidade de falha em um diodo é de 0,01. Suponha que uma placa de circuito contenha 200 diodos.

a. Quantos diodos espera-se que apresentem falhas e qual é o desvio padrão desse valor?

b. Qual é a probabilidade (aproximada) de ao menos quatro diodos apresentarem falha em uma placa selecionada aleatoriamente?

c. Se cinco placas forem enviadas a um determinado cliente, qual é a probabilidade de ao menos quatro funcionarem corretamente? (Uma placa só funciona corretamente se todos os seus diodos funcionarem.)

89. O artigo "Reliability-based service-life assessment of aging concrete structures" (*J. Structural Engr.*, 1993: 1600-1621) sugere que um processo de Poisson pode ser usado para representar a ocorrência de cargas estruturais no tempo. Suponha que o tempo médio entre as ocorrências de cargas seja 0,5 ano.

a. Quantas cargas podem ser esperadas durante um período de 2 anos?

b. Qual é a probabilidade de mais de 5 cargas ocorrerem durante um período de 2 anos?

c. Quanto tempo deve ter um período para que a probabilidade de não ocorrerem cargas seja no máximo 0,1?

90. Considere X uma distribuição de Poisson com parâmetro μ. Demonstre que $E(X) = \mu$ diretamente a partir da definição do valor esperado. [*Dica*: o primeiro termo na soma se iguala a 0 e, depois, x pode ser cancelado. Agora, faça a fatoração de μ e mostre que o restante dá 1.]

91. Suponha que as árvores sejam distribuídas em uma floresta de acordo com um processo bidimensional de Poisson com parâmetro α. O número esperado de árvores por acre é igual a 80.

a. Qual é a probabilidade de que em um quarto de acre haja no máximo 16 árvores?

b. Se a floresta cobrir 85 000 acres, qual será o número esperado de árvores na floresta?

c. Suponha que você selecione um ponto na floresta e construa um círculo de raio 0,1 milha. Seja X = número de árvores na região circular. Qual é a f.p. de X? [*Dica*: 1 milha quadrada = 640 acres.]

92. Automóveis chegam a uma estação de inspeção de equipamentos veiculares de acordo com um processo de Poisson com taxa $\alpha = 10$ por hora. Suponha que, com probabilidade 0,5, um veículo chegue sem violações de equipamento.

a. Qual é a probabilidade de exatamente 10 veículos chegarem durante uma hora e nenhum ter violações?

b. Para qualquer valor fixo de $y \geq 10$, qual é a probabilidade de y veículos chegarem em uma hora, todos sem violações?

c. Qual é a probabilidade de 10 carros sem violações chegarem na próxima hora? [*Dica*: some as probabilidades do item (b) de $y = 10$ até ∞.]

93. Suponha que pequenas aeronaves pousem em um aeroporto, de acordo com um processo de Poisson, com a taxa $\alpha = 8$ por hora, de forma que o número de pousos durante um período de tempo de t horas é uma v.a. de Poisson com parâmetro $\mu = 8t$.

a. Qual é a probabilidade de exatamente 6 aeronaves pequenas chegarem durante um período de 1 hora? Ao menos 6? Ao menos 10?

b. Qual é o valor esperado e o desvio padrão do número de pequenas aeronaves que chegam durante um período de 90 minutos?

c. Qual é a probabilidade de ao menos 20 aeronaves pequenas chegarem durante um período de 2,5 horas? De no máximo 10 chegarem nesse período?

Exercícios complementares (94–122)

94. Considere um baralho com sete cartas, marcadas 1, 2, …, 7. Três delas são selecionadas aleatoriamente. Defina uma v.a. W como W = a soma dos números resultantes e calcule a f.p. de W. Depois, calcule μ e σ^2. [*Dica*: considere os resultados como desordenados, de modo que (1, 3, 7) e (3, 1, 7) não sejam considerados diferentes. Então, haverá 35 resultados que podem ser relacionados. (Esse tipo de v.a., na verdade, surge juntamente com o teste de hipótese denominado teste de soma de postos de Wilcoxon, em que há uma amostra x e uma amostra y e W é a soma dos postos dos x na amostra combinada; consulte a Seção 15.2.).]

95. Após embaralhar um baralho de 52 cartas, um crupiê distribui cinco cartas. Seja X = número de naipes representados na mão de cinco cartas.

a. Mostre que a f.p. de X é

x	1	2	3	4
$p(x)$	0,002	0,146	0,588	0,264

[*Dica*: $p(1) = 4p$(todas são espadas), $p(2) = 6P$(apenas espadas e copas com pelo menos um de cada naipe) e $p(4) = 4P$(2 espadas $\cap$ um de cada naipe).]

b. Calcule μ, σ^2 e σ.

96. A v.a. binomial negativa X foi definida como o número de F que precede o r-ésimo S. Considere Y = o número de tentativas necessárias para obter o r-ésimo S. Da mesma forma em que a f.p. de X foi derivada, derive a f.p. de Y.

97. O comprador de um gerador exige c partidas consecutivas antes de aceitar a unidade. Assuma que os resultados das partidas individuais sejam independentes uns dos outros. Seja p a probabilidade de certa partida ter sucesso. A variável aleatória de interesse é X = número de partidas que devem ser processadas antes da aceitação. Dê a f.p. de X para o caso de $c = 2$. Se $p = 0,9$, qual é $P(X \leq 8)$? [*Dica*: para $x \geq 5$, expresse $p(x)$ "recursivamente" em termos da f.p. avaliada em valores menores $x - 3, x - 4, \ldots, 2$.] (Este problema foi sugerido pelo artigo "Evaluation of a start-up demonstration test", *J. Quality Technology*, 1983: 103-106.)

98. Um amigo recentemente planejou uma viagem para um acampamento. Ele tinha duas lanternas, uma que exigia uma pilha de 6-V e outra que usava duas pilhas tamanho D. Ele já tinha levado consigo duas pilhas 6-V e quatro pilhas tamanho D. Suponha que a probabilidade de uma determinada pilha funcionar seja p e que as pilhas funcionam ou não, independentemente uma da outra. Nosso amigo quer levar apenas uma lanterna. Para que valores de p ele deve levar a lanterna de 6-V?

99. Um *sistema k de n* funciona se, e somente se, pelo menos k dos n componentes individuais do sistema funcionarem. Se os componentes individuais funcionam independentemente um do outro, cada um com probabilidade 0,9, qual é a probabilidade de um sistema 3 de 5 funcionar?

100. Um fabricante de chips de circuito integrado deseja controlar a qualidade de seus produtos ao rejeitar lotes nos quais a proporção de peças defeituosas seja alta demais. Assim, em cada lote (10 000 chips), 25 peças serão selecionadas e testadas. Se pelo menos 5 dessas 25 apresentarem defeito, todo o lote será rejeitado.

a. Qual é a probabilidade de o lote ser rejeitado se 5% dos chips estiverem com defeito?

b. Responda ao item (a) se a porcentagem de chips defeituosos for de 10%.

c. Responda ao item (a) se a porcentagem de chips defeituosos for de 20%.

d. O que aconteceria às probabilidades dos itens (a)–(c) se o número crítico de rejeição fosse aumentado de 5 para 6?

101. Há dois contadores certificados em um determinado escritório que preparam declaração de imposto de renda para os clientes. Suponha que, para determinado tipo de declaração complexa, o número de erros cometidos pelo primeiro contador tem distribuição de Poisson com valor médio μ_1, o número de erros cometidos pelo segundo contador tem distribuição de Poisson com valor médio μ_2 e cada um deles prepara a mesma quantidade desse tipo de declaração. Então, se uma declaração for selecionada aleatoriamente, a função

$$p(x; \mu_1, \mu_2) = 0,5\,\frac{e^{-\mu_1}\mu_1^x}{x!} + 0,5\,\frac{e^{-\mu_2}\mu_2^x}{x!} \quad x = 0, 1, 2, \ldots$$

dá a f.p. de X = a quantidade de erros na declaração selecionada.

a. Verifique se $p(x; \mu_1, \mu_2)$ é uma f.p. legítima (≥ 0 e soma igual 1).

b. Qual é a quantidade de erros esperada na declaração selecionada?
c. Qual é a variância do número de erros na declaração selecionada?
d. Como essa f.p. é alterada se o primeiro contador preparar 60% das declarações e o segundo, 40%?

102. Uma empresa de consultoria educacional está tentando decidir se alunos de ensino médio que nunca usaram uma calculadora podem resolver um tipo de problema mais facilmente com uma calculadora que usa lógica polonesa reversa ou com uma que não a usa. Uma amostra de 25 alunos é selecionada e eles podem praticar em ambas as calculadoras. Então, cada aluno é solicitado a resolver um problema com a calculadora polonesa reversa e um similar com a outra. Seja $p = P(S)$, em que S indica que o aluno resolveu o problema mais rapidamente com a lógica polonesa reversa do que com a outra e seja x = número de S.
a. Se $p = 0{,}5$, qual é $P(7 \leq X \leq 18)$?
b. Se $p = 0{,}8$, qual é $P(7 \leq X \leq 18)$?
c. Se a hipótese de que $p = 0{,}5$ for rejeitada quando $x \leq 7$ ou $x \geq 18$, qual é a probabilidade de rejeição quando realmente está correto?
d. Se a decisão de rejeitar a hipótese $p = 0{,}5$ for como no item (c), qual é a probabilidade de ela não ser rejeitada quando $p = 0{,}6$? E quando $p = 0{,}8$?
e. Que regra de decisão você escolheria para rejeitar a hipótese $p = 0{,}5$ se você quisesse que a probabilidade do item (c) fosse no máximo 0,01?

103. Considere uma doença cuja presença pode ser identificada por um teste sanguíneo. Seja p a probabilidade de um indivíduo selecionado aleatoriamente ter a doença. Suponha que n indivíduos sejam selecionados independentemente para teste. Uma forma de proceder é fazer um teste separado para cada uma das n amostras sanguíneas. Uma abordagem potencialmente mais econômica – teste em grupo – foi apresentada durante a Segunda Guerra Mundial para identificar homens com sífilis entre recrutas do exército. Primeiro, separe parte de cada amostra de sangue, misture-as e faça um único teste. Se ninguém tiver a doença, o resultado será negativo e apenas um teste terá sido necessário. Se ao menos um indivíduo tiver a doença, o teste da amostra misturada resultará positivo e nesse caso serão processados os n testes individuais. Se $p = 0{,}1$ e $n = 3$, qual será o número esperado de testes usando esse procedimento? Qual será o número esperado quando $n = 5$? [O artigo "Random multiple access communication and group testing" (*IEEE Trans. on Commun.*, 1984: 769-774) aplicou essas ideias a um sistema de comunicação em que a dicotomia era usuário ativo/ocioso em vez de doente/não doente.]

104. Seja p_1 a probabilidade de qualquer símbolo de certo código ser transmitido com erro em um sistema de comunicação. Assuma que os erros ocorram em símbolos diferentes, independentemente um do outro. Suponha também que com probabilidade p_2, o símbolo errado seja corrigido no recebimento. Seja X o número em símbolos corrigidos em um bloco de mensagem consistindo em n símbolos (após o final do processo de correção). Qual é a distribuição de probabilidades de X?

105. De todos os clientes que compram portões automáticos de garagem, 75% compram um modelo acionado por corrente. Seja X = número entre os próximos 15 compradores que selecionam o modelo acionado por corrente.
a. Qual é a f.p. de X?
b. Calcule $P(X > 10)$.
c. Calcule $P(6 \leq X \leq 10)$.
d. Calcule μ e σ^2.
e. Se a loja atualmente tiver em estoque 10 modelos acionados por corrente e oito acionados por eixo, qual é a probabilidade de os pedidos desses 15 clientes serem todos atendidos com o estoque existente?

106. Um plano de fidelidade de viagens de executivos foi desenvolvido por uma companhia aérea sob a premissa de que 10% de seus clientes atuais se qualificariam para participar.
a. Admitindo a validade dessa premissa, entre 25 clientes atuais selecionados aleatoriamente, qual é a probabilidade de entre 2 e 6 (inclusive) se qualificarem para o programa?
b. Admitindo novamente a validade da premissa, qual é o número esperado de clientes que se qualificam e o desvio padrão do número dos que se qualificam em uma amostra aleatória de 100 clientes?
c. Seja X o número em uma amostra de 25 clientes atuais que se qualificam para o programa. Considere rejeitar a premissa da empresa em favor da hipótese de que $p > 0{,}10$ se $x \geq 7$. Qual é a probabilidade de a premissa da empresa ser rejeitada quando ela realmente for válida?
d. Consulte a regra de decisão apresentada no item (c). Qual é a probabilidade de a premissa da empresa não ser rejeitada mesmo que $p = 0{,}20$ (ou seja, 20% se qualificam)?

107. Quarenta por cento das sementes de milho possuem espigas simples e as outras 60%, espigas duplas. Uma semente com espiga simples produzirá uma planta com espigas simples em 29% das vezes, enquanto uma semente com espiga dupla produzirá uma planta com espigas simples em 26% das vezes. Considere a seleção aleatória de 10 sementes.
a. Qual é a probabilidade de exatamente cinco dessas sementes terem espiga única e produzirem uma planta com espigas únicas?
b. Qual é a probabilidade de exatamente cinco espigas possuírem espigas únicas? Qual é a probabilidade de no máximo cinco plantas terem espigas únicas?

108. Um julgamento não resultou em veredicto, porque oito membros do júri eram favoráveis ao veredicto de culpado e os outros quatro eram favoráveis ao de absolvição. Se os jurados saírem da sala aleatoriamente e cada um dos quatro primeiros for interpelado por um repórter buscando uma entrevista, qual será a f.p. de X = número de jurados favoráveis à absolvição, entre os entrevistados? Quantos dos favoráveis à absolvição você espera que sejam entrevistados?

109. Um serviço de reservas emprega cinco operadores de informações que recebem solicitações de informações independentemente um do outro de acordo com um processo de Poisson com taxa $\alpha = 2$ por minuto.
a. Qual é a probabilidade de que, durante certo período de 1 minuto, o primeiro operador não receba solicitações?
b. Qual é a probabilidade de que, durante certo período de 1 minuto, 4 dos 5 operadores não recebam solicitações?

c. Escreva uma expressão para a probabilidade de que, em um dado período de um minuto, todos os operadores recebam exatamente o mesmo número de solicitações.

110. Gafanhotos distribuem-se aleatoriamente em um vasto campo, de acordo com uma distribuição de Poisson, com parâmetro $\alpha = 2$ por jarda quadrada. Qual é o tamanho do raio R de uma região amostral circular para que a probabilidade de se encontrar pelo menos um gafanhoto na região seja de 0,99?

111. Uma banca de jornal faz o pedido de cinco cópias de uma edição de certa revista de fotografia. Seja X = número de indivíduos que chegam para comprar a revista. Se X tiver distribuição de Poisson com parâmetro $\mu = 4$, qual será o número esperado de cópias vendidas?

112. Os indivíduos A e B começam a jogar uma sequência de partidas de xadrez. Seja S = {A ganha a partida} e suponha que os resultados de partidas sucessivas sejam independentes com $P(S) = p$ e $P(F) = 1 - p$ (nunca há empate). Eles jogarão até que um ganhe 10 partidas. Seja X = número de partidas jogadas (com valores possíveis 10, 11, …, 19).

a. Para $X = 10, 11, \ldots$, obtenha a expressão para $p(x) = P(X = x)$.

b. Se o empate for possível, com $p = P(S)$, $q = P(F)$, $1 - p - q = P(\text{empate})$, quais são os possíveis valores de X? Qual é $P(20 \le X)$? [*Dica*: $P(20 \le X) = 1 - P(X < 20)$.]

113. Certo teste de presença de uma doença tem probabilidade 0,20 de fornecer um resultado positivo falso (indicando que o indivíduo tem a doença quando não for o caso) e probabilidade 0,10 de fornecer um resultado negativo falso. Suponha que 10 indivíduos sejam testados, cinco dos quais têm a doença e cinco não. Seja X = número de resultados positivos.

a. X tem distribuição binomial? Explique seu raciocínio.

b. Qual é a probabilidade de exatamente 3 dos 10 resultados serem positivos?

114. A f.p. binomial negativa generalizada é dada por

$$nb(x; r, p) = k(r, x) \cdot p^r(1 - p)^x$$
$$x = 0, 1, 2, \ldots$$

Seja X o número de certo tipo de planta encontrada em uma determinada região, calcule a distribuição para $p = 0{,}3$ e $r = 2{,}5$. Qual é $P(X = 4)$? Qual é a probabilidade de ao menos uma planta ser encontrada?

115. Use o fato que

$$\sum_{\text{todo } x} (x - \mu)^2 p(x) \ge \sum_{x:\,|x-\mu|\ge k\sigma} (x - \mu)^2 p(x)$$

prova a desigualdade de Chebyshev dada no Exercício 44.

116. A *moda* de uma variável aleatória discreta X com f.p. $p(x)$ é o valor x^* para o qual $p(x)$ é o maior (o valor de x mais provável).

a. Considere $X \sim \text{Bin}(n, p)$. Considerando a razão $b(x + 1; n, p)/b(x; n, p)$, demonstre que $b(x; n, p)$ aumenta com x desde que $x < np - (1 - p)$. Conclua que a moda x^* é o número inteiro que satisfaz $(n + 1)p - 1 \le x^* \le (n + 1)p$.

b. Demonstre que, se X tem distribuição de Poisson com parâmetro μ, a moda é o maior inteiro menor que μ. Se μ é um número inteiro, demonstre que tanto $\mu - 1$ quanto μ são modas.

117. O dispositivo de armazenagem de um computador possui 10 faixas concêntricas numeradas 1, 2, …, 10 da mais externa para a mais interna e um único braço de acesso. Seja p_i = a probabilidade de qualquer solicitação de dados fazer com que o braço rastreie $i (i = 1, \ldots, 10)$. Assuma que as faixas acessadas em buscas sucessivas são independentes. Seja X = número de faixas sobre as quais o braço de acesso passa durante duas solicitações sucessivas (excluindo a faixa da qual o braço acaba de sair, de forma que os valores possíveis de X são $x = 0, 1, \ldots, 9$). Calcule a f.p. de X [*Dica*: P(agora o braço está na faixa i e $X = j$) $= P(X = j \mid$agora o braço está em $i) \cdot p_i$. Após a probabilidade condicional ser escrita em termos de $p_1, \ldots, p_{10}$, de acordo com a lei de probabilidade total, a probabilidade desejada é obtida ao somar i.]

118. Se X é uma v.a. hipergeométrica, mostre diretamente da definição que $E(X) = nM/N$ (considere apenas o caso $n < M$). [*Dica*: fatore nM/N da soma de $E(X)$ e mostre que os termos da soma estão na forma $h(y; n - 1, M - 1, N - 1)$, em que $y = x - 1$.]

119. Das pessoas que passam por um detector de metal de um aeroporto, 0,5% o ativam. Seja X = número de pessoas que ativam o detector entre um grupo de 500 selecionado aleatoriamente.

a. Qual é a f.p. (aproximada) de X?

b. Calcule $P(X = 5)$.

c. Calcule $P(X \le 5)$.

120. O processo de Poisson simples da Seção 3.6 é caracterizado por uma taxa constante α em que os eventos ocorrem por unidade de tempo. Uma generalização disso é supor que a probabilidade de ocorrência de exatamente um evento no intervalo $[t, t + \Delta t]$ é $\alpha(t) \cdot \Delta t + o(\Delta t)$. Pode-se, então, demonstrar que o número de eventos que ocorrem durante um intervalo $[t_1, t_2]$ tem uma distribuição de Poisson com parâmetro

$$\mu = \int_{t_2}^{t_1} \alpha(t)\, dt$$

A ocorrência de eventos ao longo do tempo nessa situação é denominada *processo de Poisson não homogêneo*. O artigo "Inference based on retrospective ascertainment", *J. Amer. Stat. Assoc.*, 1989: 360-372, considera a função de intensidade

$$\alpha(t) = e^{a+bt}$$

como adequada para eventos que envolvem a transmissão de HIV (vírus da Aids) através de transfusões sanguíneas. Suponha que $a = 2$ e $a = 0{,}6$ (próximos aos valores sugeridos no artigo), com o tempo em anos.

a. Qual é o número esperado de eventos no intervalo [0, 4]? Em [2, 6]?

b. Qual é a probabilidade de no máximo 15 eventos ocorrerem no intervalo [0, 0,9907]?

121. Considere a coleção $A_1, \ldots, A_k$ de eventos mutuamente exclusivos e exaustivos e a variável aleatória X cuja distribuição depende de qual A_i ocorre (p. ex., o comutador pode selecionar uma das três rotas possíveis de casa para o trabalho com X representando o tempo de deslocamento). Considere que $E(X \mid A_i)$ denote o valor esperado de X acatando a ocorrência do evento A_i. Então, pode ser demonstrado que $E(X) = \Sigma E(X \mid A_i) \cdot P(A_i)$, a média ponderada das "expectativas condicionais" individuais, em que os pesos são as probabilidades de eventos.

a. A duração esperada da chamada de voz para determinado número de telefone é de 3 minutos, ao passo que a duração esperada de uma chamada de dados para o mesmo número é de 1 minuto. Se 75% das chamadas são de voz, qual é a duração esperada da próxima ligação?

b. Uma lanchonete vende vários tipos de biscoitos de chocolate. A quantidade de gotas de chocolate nos biscoitos tipo i tem distribuição de Poisson com parâmetro $\mu_i = i + 1$ ($i = 1, 2, 3$). Se 20% de todos os clientes que compram um biscoito de chocolate selecionam o primeiro tipo, 50% selecionam o segundo e os 30% restantes selecionam o terceiro, qual é a quantidade de gotas de chocolate em um biscoito pedido pelo próximo comprador?

122. Considere a fonte de comunicação que transmite pacotes contendo voz digitalizada. Após as transmissões, o receptor envia uma mensagem indicando se a transmissão foi bem ou malsucedida. Se a transmissão foi malsucedida, o pacote é reenviado. Suponha que um pacote de voz possa ser transmitido por, no máximo, 10 vezes. Presuma que os resultados das transmissões sucessivas são independentes e que a probabilidade de qualquer transmissão ser bem-sucedida é p. Determine, então, a f.p. da v.a. X = número de vezes que um pacote é transmitido. Depois, obtenha a expressão do número esperado de vezes que um pacote é transmitido.

Bibliografia

JOHNSON, N.; KOTZ, S. E KEMP, A. *Discrete univariate distributions*. New York: Wiley, 1992. Uma enciclopédia com informações sobre distribuições discretas.

OLKIN, I.; DERMAN, C. E GLESER, L. *Probability models and applications*. 2. ed. New York: Macmillan, 1994. Contém uma discussão profunda das propriedades gerais das distribuições discretas e contínuas e os resultados de distribuições específicas.

ROSS, S. *Introduction to probability models*. 9. ed. New York: Academic Press, 2007. Uma boa fonte de material de processo de Poisson e generalizações e uma boa introdução sobre outros tópicos de probabilidade aplicada.

4 Variáveis aleatórias contínuas e distribuições de probabilidade

INTRODUÇÃO

No Capítulo 3, concentramos-nos no estudo de distribuições de probabilidade para as variáveis aleatórias discretas. Neste capítulo, estudaremos o segundo tipo geral de variável aleatória que aparece em diversos problemas práticos. As Seções 4.1 e 4.2 apresentarão as definições básicas e as propriedades das variáveis aleatórias contínuas e suas distribuições de probabilidades. Na Seção 4.3, estudaremos em detalhe a variável aleatória normal e sua distribuição, inquestionavelmente a mais importante e útil em probabilidade e estatística. As Seções 4.4 e 4.5 discutirão outras distribuições contínuas frequentemente usadas em aplicação prática. Na Seção 4.6, apresentaremos um método de avaliação da consistência dos dados da amostra com a distribuição especificada.

4.1 Funções densidade de probabilidade

Uma variável aleatória (v.a.) é discreta se os seus valores possíveis constituírem tanto um conjunto finito como puderem ser relacionados em uma sequência infinita (uma lista em que haja um primeiro elemento, um segundo etc.) Uma variável aleatória cujo conjunto de valores possíveis consiste em um intervalo completo de números não é discreta.

Lembre-se, do Capítulo 3, de que uma variável aleatória X é contínua se (1) os valores possíveis compreendem um único intervalo na linha de números (para alguns $A < B$, qualquer número x entre A e B é um valor possível) ou uma união de intervalos disjuntos, e (2) $P(X = c) = 0$ para qualquer número c que seja um valor possível de X.

Exemplo 4.1

Se no estudo de ecologia de um lago fizermos medidas de profundidade em locais selecionados aleatoriamente, então $X =$ a profundidade nesse local é uma v.a. contínua. Neste caso, A é a profundidade mínima na região da amostragem e B é a profundidade máxima. ■

Exemplo 4.2

Se um composto químico for selecionado aleatoriamente e determinarmos seu pH X, então, X é uma v.a. contínua porque qualquer valor de pH entre 0 e 14 é possível. Caso se saiba mais sobre o composto selecionado para análise, o conjunto de valores possíveis pode ser um subintervalo de [0, 14], como $5{,}5 \leq x \leq 6{,}5$, mas X ainda seria contínua. ■

Exemplo 4.3

Assuma que X represente a quantidade de tempo que um cliente selecionado aleatoriamente gasta esperando por um corte de cabelo antes que ele comece. Seu primeiro pensamento pode ser que X é uma variável aleatória contínua, uma vez que uma medida é necessária para determinar seu valor. No entanto, há clientes suficientemente sortudos que não têm que esperar antes de sentar-se na cadeira do salão de cabeleireiro. Portanto, esse deve ser o caso em que $P(X = 0) > 0$. Condicionando-se que não há cadeiras vazias, então, o tempo de espera será contínuo, uma vez que X poderia assumir qualquer valor entre algum tempo mínimo possível A e um tempo máximo possível B. Essa variável aleatória não é nem puramente discreta nem puramente contínua, mas sim uma mistura dos dois tipos. ■

Pode-se argumentar que variáveis como altura, peso e temperatura, apesar de serem, em princípio, contínuas, na prática, as limitações dos instrumentos de medida nos restringem a um mundo discreto (embora possa ser bastante subdividido). Entretanto, os modelos contínuos usualmente se aproximam muito bem de situações do mundo real e a matemática contínua (cálculo) frequentemente se mostra mais fácil de trabalhar do que a matemática de variáveis e distribuições discretas.

Distribuições de probabilidade para variáveis contínuas

Suponha que a variável de interesse X seja a profundidade de um lago em um ponto da superfície escolhido aleatoriamente. Assuma M = a profundidade máxima (em metros), de forma que qualquer número no intervalo $[0, M]$ seja um valor possível de X. Se tornarmos X discreta ao medir a profundidade para o metro mais próximo, então os valores possíveis são inteiros positivos menores que ou iguais a M. A distribuição discreta resultante da profundidade pode ser ilustrada por um histograma de probabilidade. Se desenharmos o histograma de modo que a área do retângulo fique acima de qualquer inteiro possível, k é proporção do lago cuja profundidade (para o metro mais próximo) é k, então o total da área de todos os retângulos é 1. Um possível histograma aparece na Figura 4.1(a).

Se a profundidade for medida com com maior precisão e for usado o mesmo eixo de medidas da Figura 4.1(a), cada retângulo no histograma de probabilidades será muito mais estreito, apesar de a área total de todos os retângulos permanecer 1. Um histograma possível é ilustrado na Figura 4.1(b). Sua aparência é mais suave do que o histograma da Figura 4.1(a). Se continuarmos executando medidas de forma mais e mais precisas, a sequência resultante de histogramas terá uma curva cada vez mais suave, como a ilustrada na Figura 4.1(c). Como, para cada histograma, a soma das áreas de todos os retângulos é igual a 1, a área total sob a curva suavizada também é 1. A probabilidade de a profundidade em um ponto selecionado aleatoriamente estar entre a e b é igual à área sob a curva entre a e b. É exatamente uma curva do tipo ilustrado na Figura 4.1(c) que especifica uma distribuição de probabilidade contínua.

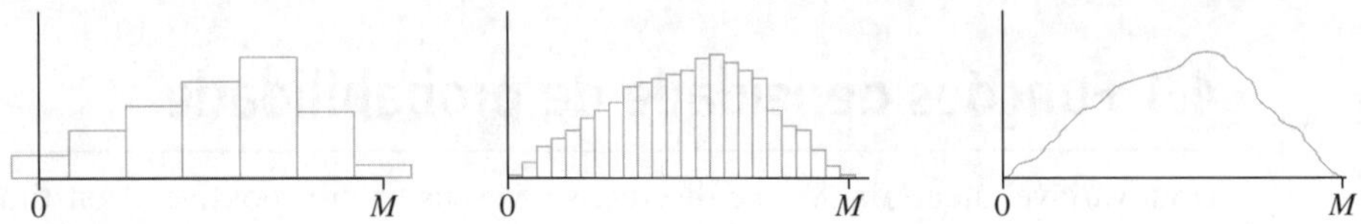

Figura 4.1 (a) Histograma de probabilidade da profundidade medida com arredondamento em metros; (b) histograma de probabilidade da profundidade medida com arredondamento em centímetros; (c) limite de uma sequência de histogramas discretos.

Definição

Assuma X como uma v.a. contínua. Então, a **distribuição de probabilidade** ou a **função densidade de probabilidade** (f.d.p.) de X é uma função $f(x)$ como aquela para quaisquer dois números a e b com $a \leq b$,

$$P(a \leq X \leq b) = \int_a^b f(x)dx$$

Isto é, a probabilidade de que X assuma um valor no intervalo $[a, b]$ é a área acima desse intervalo e abaixo do gráfico da função de densidade, como ilustrado na Figura 4.2. O gráfico de $f(x)$ usualmente é denominado *curva de densidade*.

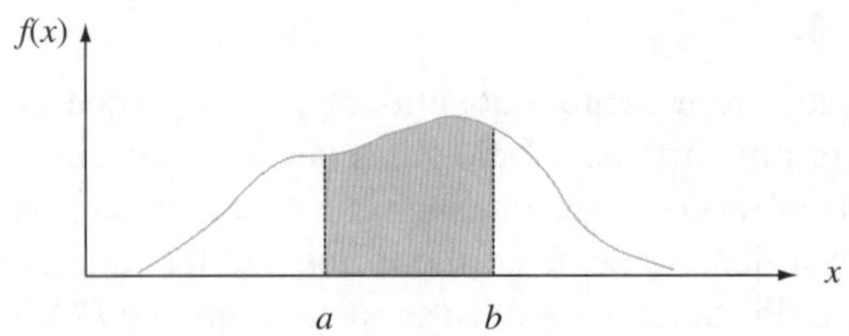

Figura 4.2 $P(a \leq X \leq b)$ = a área sob a curva de densidade entre a e b.

Para $f(x)$ ser uma f.d.p. legítima, deve satisfazer as duas seguintes condições:

1. $f(x) \geq 0$ para todo x

2. $\int_{-\infty}^{\infty} f(x)dx$ = área sob todo o gráfico $f(x)$

$= 1$

Exemplo 4.4

A direção de uma imperfeição a respeito de uma linha de referência em um objeto circular como um pneu, disco de freio ou volante do motor está, em geral, sujeito à incerteza. Considere a linha de referência que conecta a válvula do pneu até o ponto central e X como o ângulo medido no sentido horário até o local da imperfeição. Uma possível f.d.p. para X é

$$f(x) = \begin{cases} \dfrac{1}{360} & 0 \leq x < 360 \\ 0 & \text{caso contrário} \end{cases}$$

A f.d.p. está no gráfico da Figura 4.3. Claramente, $f(x) \geq 0$. A área sob a curva de densidade é a área de um retângulo: (altura)(base) $= \left(\frac{1}{360}\right)(360) = 1$. A probabilidade de que um ângulo esteja entre 90° e 180° é

$$P(90 \leq X \leq 180) = \int_{90}^{180} \frac{1}{360}\, dx = \left.\frac{x}{360}\right|_{x=90}^{x=180} = \frac{1}{4} = 0{,}25$$

A probabilidade de que um ângulo de ocorrência esteja dentro de 90° da linha de referência é

$$P(0 \leq X \leq 90) + P(270 \leq X < 360) = 0{,}25 + 0{,}25 = 0{,}50$$

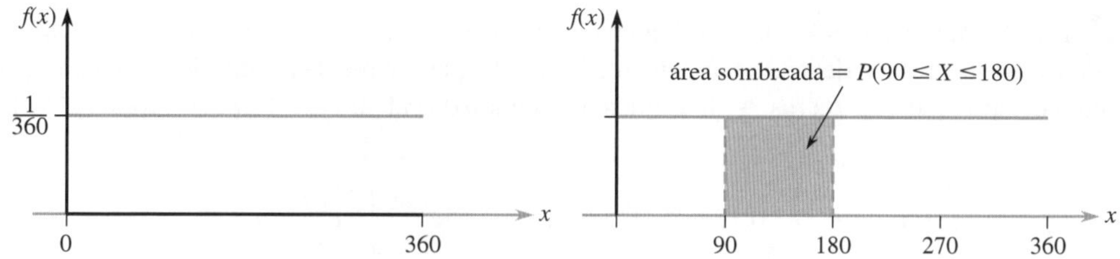

Figura 4.3 A f.d.p. e a probabilidade do Exemplo 4.4. ■

Como sempre que $0 \leq a \leq b \leq 360$ no Exemplo 4.4 e $P(a \leq X \leq b)$ depende apenas da largura $b - a$ do intervalo, diz-se que X tem uma distribuição uniforme.

> **Definição**
>
> Diz-se que uma v.a. contínua X tem **distribuição uniforme** no intervalo [A, B] se a f.d.p. de X
>
> $$f(x; A, B) = \begin{cases} \dfrac{1}{B - A} & A \leq x \leq B \\ 0 & \text{caso contrário} \end{cases}$$

O gráfico de qualquer f.d.p. uniforme possui a aparência do gráfico da Figura 4.3, exceto pelo fato de que o intervalo da densidade positiva é $[A, B]$ em vez de [0, 360].

No caso discreto, uma função de massa de probabilidade (f.p.) nos diz como os pequenos "pedaços" de probabilidade de massa de diversas magnitudes estão distribuídas de modo contínuo ao longo do eixo das medidas. No caso contínuo, a densidade da probabilidade forma uma mancha contínua ao longo do intervalo de valores possíveis.

Quando a densidade mancha uniformemente ao longo do intervalo, resulta uma f.d.p. uniforme, como na Figura 4.3. Quando X é uma variável aleatória discreta, cada valor possível é atribuído a uma probabilidade positiva. Isso não é verdade a respeito de uma variável aleatória contínua (isto é, a segunda condição da definição é satisfeita), porque a área sob a densidade de curva que fica acima de qualquer valor único é zero:

$$P(X = c) = \int_{c}^{c} f(x)dx = \lim_{\varepsilon \to 0} \int_{c-\varepsilon}^{c+\varepsilon} f(x)dx = 0$$

O fato de $P(X = c) = 0$ quando X é contínuo tem uma consequência prática importante: a probabilidade de que X encontra-se em um intervalo entre a e b não depende se o limite inferior a ou o limite superior b está incluso no cálculo da probabilidade:

$$P(a \leq X \leq b) = P(a < X < b) = P(a < X \leq b) = P(a \leq X < b) \tag{4.1}$$

Se X for discreta e tanto a quanto b são valores possíveis (por exemplo, X é binomial com $n = 20$ e $a = 5$, $b = 10$), então todas as quatro probabilidades em (4.1) são diferentes.

A condição de probabilidade zero possui uma analogia física. Considere uma haste circular sólida com área da seção = 1 pol^2. Posicione a haste ao longo do eixo das medidas e suponha que sua densidade em qualquer ponto x seja dada pelo valor $f(x)$ de uma função de densidade. Se a haste for cortada apenas nos pontos a e b e esse segmento for removido, a quantidade de massa removida é $\int_a^b f(x)\,dx$; se a haste for cortada no ponto c, nenhuma massa é removida. A massa é atribuída a segmentos do intervalo da haste, mas não a pontos individuais.

Exemplo 4.5

O "tempo de avanço" no fluxo do tráfego é o tempo entre o instante em que um carro termina de passar por um ponto fixo e o instante em que o próximo carro começa a passar por esse ponto. Seja X = o tempo de avanço para dois carros consecutivos escolhidos ao acaso, em uma estrada durante um período de tráfego intenso. A seguinte f.d.p. de X é essencialmente a sugerida em "The statistical properties of freeway traffic" (*Transp. Res.*, v. 11: 221-228):

$$f(x) = \begin{cases} 0{,}15e^{-0{,}15(x-0{,}5)} & x \geq 0{,}5 \\ 0 & \text{caso contrário} \end{cases}$$

O gráfico de $f(x)$ é mostrado na Figura 4.4. Não há densidade associada aos tempos de avanço inferiores a 0,5 e a densidade do avanço decresce rapidamente à medida que x aumenta a partir de 0,5. Claramente, $f(x) \geq 0$ e, para mostrar que $\int_{-\infty}^{\infty} f(x)\,dx = 1$, usamos o resultado do cálculo $\int_a^{\infty} e^{-kx}\,dx = (1/k)e^{-k \cdot a}$. Então,

$$\int_{-\infty}^{\infty} f(x)\,dx = \int_{0,5}^{\infty} 0{,}15e^{-0{,}15(x-0{,}5)}\,dx = 0{,}15e^{0{,}075} \int_{0,5}^{\infty} e^{-0{,}15x}\,dx$$
$$= 0{,}15e^{0{,}075} \cdot \frac{1}{0{,}15} e^{-(0{,}15)(0{,}5)} = 1$$

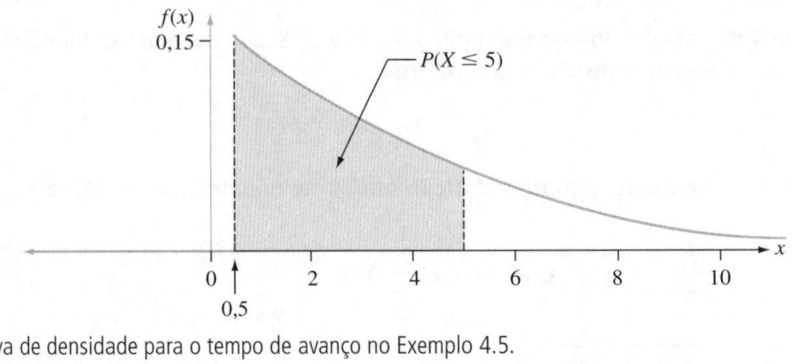

Figura 4.4 A curva de densidade para o tempo de avanço no Exemplo 4.5.

A probabilidade de que o tempo de avanço é no máximo de 5 segundos é

$$P(X \leq 5) = \int_{-\infty}^{5} f(x)\,dx = \int_{0,5}^{5} 0{,}15e^{-0{,}15(x-0{,}5)}\,dx$$
$$= 0{,}15e^{0{,}075} \int_{0,5}^{5} e^{-0{,}15x}\,dx = 0{,}15e^{0{,}075} \cdot \left(-\frac{1}{0{,}15} e^{-0{,}15x} \Big|_{x=0,5}^{x=5} \right)$$
$$= e^{0{,}075}(-e^{-0{,}75} + e^{-0{,}075}) = 1{,}078(-0{,}472 + 0{,}928) = 0{,}491$$
$$= P(\text{menos de 5 segundos}) = P(X < 5) \ \blacksquare$$

Diferente das distribuições discretas, como as binomiais, hipergeométricas e binomiais negativas, a distribuição de qualquer v.a. contínua não pode ser usualmente derivada pelo simples uso de argumentos probabilísticos. Pelo contrário, deve-se fazer uma escolha cuidadosa da f.d.p. com base em conhecimentos anteriores e dados disponíveis. Felizmente, há algumas famílias gerais de f.d.p. que foram descobertas como candidatas sensatas em uma grande variedade de situações experimentais; diversas dessas famílias são discutidas ao final deste capítulo.

Assim como no caso discreto, fica mais claro pensar na população de interesse como consistindo em valores X em vez de indivíduos ou objetos. A f.d.p. é, então, um modelo para distribuição dos valores nesta população numérica e, pelo modelo, pode-se calcular diversas características da população (como a média).

EXERCÍCIOS Seção 4.1 (1–10)

1. Considere novamente a f.d.p. X = tempo de avanço, fornecida no Exemplo 4.5. Qual é a probabilidade de o tempo de avanço ser

a. No máximo 6 segundos?

b. Mais que 6 segundos? Ao menos 6 segundos?

c. Entre 5 e 6 segundos?

2. Suponha que a temperatura de reação X (em °C) em um processo químico tenha função de densidade uniforme com $A = -5$ e $B = 5$.

a. Calcule $P(X < 0)$.

b. Calcule $P(-2{,}5 < X < 2{,}5)$.

c. Calcule $P(-2 \le X \le 3)$.

d. Para k satisfazendo $-5 < k < k + 4 < 5$, calcule $P(k < X < k + 4)$.

3. Suponha que o erro envolvido ao se fazer uma certa medida seja uma v.a. contínua X com f.d.p.

$$f(x) = \begin{cases} 0{,}09375(4 - x^2) & -2 \le x \le 2 \\ 0 & \text{caso contrário} \end{cases}$$

a. Faça o esboço do gráfico de $f(x)$.

b. Calcule $P(X > 0)$.

c. Calcule $P(-1 < X < 1)$.

d. Calcule $P(X < -0{,}5$ ou $X > 0{,}5)$.

4. Seja X a tensão de vibração (psi) em uma lâmina de turbina com certa velocidade de vento em um túnel aerodinâmico. O artigo "Blade fatigue life assessment with application to VAWTS" (*J. of Solar Energy Engr.*, 1982: 107-111) propõe a distribuição de Rayleigh com f.d.p.

$$f(x; \theta) = \begin{cases} \dfrac{x}{\theta^2} \cdot e^{-x^2/(2\theta^2)} & x > 0 \\ 0 & \text{caso contrário} \end{cases}$$

como um modelo para a distribuição X.

a. Verifique que $f(x; \theta)$ é uma f.d.p. legítima.

b. Suponha que $\theta = 100$ (um valor sugerido por um gráfico no artigo). Qual é a probabilidade de X ser no máximo 200? Inferior a 200? Pelo menos 200?

c. Qual é a probabilidade de X estar entre 100 e 200 (novamente assumindo $\theta = 100$)?

d. Dê uma expressão para $P(X \le x)$.

5. Um professor de faculdade nunca finaliza sua aula antes do final do horário e sempre termina dentro de dois minutos após o horário. Seja X = o tempo entre o fim do horário e o fim da aula e suponha que a f.d.p. de X seja

$$f(x) = \begin{cases} kx^2 & 0 \le x \le 2 \\ 0 & \text{caso contrário} \end{cases}$$

a. Encontre o valor de k e desenhe a curva de densidade correspondente. [*Dica*: a área total sob o gráfico de $f(x)$ é 1.]

b. Qual é a probabilidade de a aula terminar um minuto antes da hora determinada?

c. Qual é a probabilidade de a aula ultrapassar de 60 a 90 segundos o horário?

d. Qual é a probabilidade de a aula ultrapassar pelo menos 90 segundos do horário de término?

6. A força a que está submetida a cabeça de leitura de um toca-discos está ajustada para 3 g e pode ser considerada uma v.a. contínua X com f.d.p.

$$f(x) = \begin{cases} k[1 - (x - 3)^2] & 2 \le x \le 4 \\ 0 & \text{caso contrário} \end{cases}$$

a. Faça o esboço do gráfico $f(x)$.

b. Encontre o valor de k.

c. Qual é a probabilidade de a força real ser maior que a força prescrita?

d. Qual é a probabilidade de a força real ser de 0,25 g da força prescrita?

e. Qual é a probabilidade de a força real diferir da nominal em mais de 0,5 g?

7. Acredita-se que o tempo X (min) para um assistente de laboratório preparar o equipamento para certo experimento tenha distribuição uniforme com $A = 25$ e $B = 35$.

a. Determine a f.d.p. de X e faça um esboço da curva de densidade correspondente.

b. Qual é a probabilidade de o tempo de preparação exceder 33 min?

c. Qual é a probabilidade de o tempo de preparação estar entre 2 min abaixo e 2 min acima do tempo médio? [*Dica*: identifique μ no gráfico de $f(x)$.]

d. Para qualquer a com $25 < a < a + 2 < 35$, qual é a probabilidade de o tempo de preparação estar entre a e $a + 2$ min?

8. No deslocamento para o trabalho, uma professora primeiro pega um ônibus próximo à sua casa e, depois, pega outro. Se o tempo de espera (em minutos) em cada parada tem uma distribuição uniforme com $A = 0$ e $B = 5$, pode ser mostrado que o tempo total de espera y tem a f.d.p.

$$f(y) = \begin{cases} \dfrac{1}{25}y & 0 \le y < 5 \\ \dfrac{2}{5} - \dfrac{1}{25}y & 5 \le y \le 10 \\ 0 & y < 0 \text{ ou } y > 10 \end{cases}$$

a. Faça o esboço de um gráfico da f.d.p. de y.

b. Verifique que $\displaystyle\int_{-\infty}^{\infty} f(y)\,dy = 1$.

c. Qual é a probabilidade de o tempo total de espera ser no máximo 3 min?

d. Qual é a probabilidade de o tempo total de espera ser no máximo 8 min?

e. Qual é a probabilidade de o tempo total de espera estar entre 3 e 8 min?

f. Qual é a probabilidade de o tempo total de espera ser menos de 2 min ou mais de 6 min?

9. A corrente em um determinado circuito conforme medido por um amperímetro é uma variável aleatória contínua X com a seguinte função de densidade:

$$f(x) = \begin{cases} 0{,}075x + 0{,}2 & 3 \le x \le 5 \\ 0 & \text{caso contrário} \end{cases}$$

a. Faça o gráfico da f.d.p. e verifique que a área total sob a curva de densidade é, de fato, 1.

b. Calcule $P(X \le 4)$. Como essa probabilidade se compara a $P(X < 4)$?

c. Calcule $P(3{,}5 \le X \le 4{,}5)$ e, também, $P(4{,}5 < X)$.

10. Uma família de f.d.p. que tem sido usada para aproximar a distribuição de renda, tamanho da população da cidade e tamanho das empresas é a família de curvas de Pareto. A família tem dois parâmetros, k e θ, ambos > 0, e a f.d.p. é

$$f(x; k, \theta) = \begin{cases} \dfrac{k \cdot \theta^k}{x^{k+1}} & x \ge \theta \\ 0 & x < \theta \end{cases}$$

a. Faça o esboço do gráfico de $f(x; k, \theta)$.

b. Verifique que o local da área sob o gráfico é igual a 1.

c. Se a v.a. X tiver f.d.p. $f(x; k, \theta)$, para qualquer b fixo $> \theta$, obtenha uma expressão para $P(X \le b)$.

d. Para $\theta < a < b$, obtenha uma expressão para a probabilidade $P(a \le X \le b)$.

4.2 Funções de distribuição acumuladas e valores esperados

Muitos dos conceitos mais importantes apresentados no estudo das distribuições discretas também desempenham um papel importante para as contribuições contínuas. Definições análogas às do Capítulo 3 envolvem a substituição da somatória pelo símbolo de integral.

A função de distribuição acumulada

A função de distribuição acumulada (f.d.) $F(x)$ para uma v.a. discreta X fornece, para um número x especificado, a probabilidade $P(X \le x)$. É obtida com a soma da f.p. $p(y)$ em todos os valores possíveis y, de forma que $y \le x$. A f.d. de uma v.a. contínua dá as mesmas probabilidades $P(X \le x)$ e é obtida ao integrar a f.d.p. $f(y)$ entre os limites $-\infty$ e x.

Definição

A **função de distribuição acumulada** $F(x)$ para uma v.a. contínua X é definida para todos os números x por

$$F(x) = P(X \le x) = \int_{-\infty}^{x} f(y)\,dy$$

Para cada x, $F(x)$ é a área sob a curva de densidade à esquerda de x. Isso é ilustrado na Figura 4.5, em que $F(x)$ aumenta suavemente à medida que x aumenta.

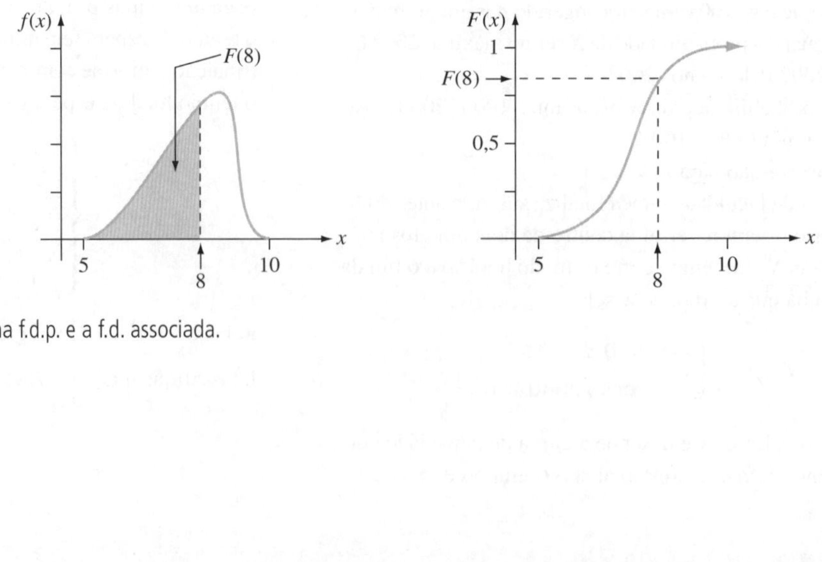

Figura 4.5 Uma f.d.p. e a f.d. associada.

Exemplo 4.6

Seja X a espessura de uma determinada chapa de metal, com distribuição uniforme no intervalo $[A, B]$. A função de densidade é exibida na Figura 4.6. Para $x < A$, $F(x) = 0$, uma vez que não há área sob o gráfico da função de densidade à esquerda de x. Para $x \geq B$, $F(x) = 1$, uma vez que toda a área está acumulada à esquerda de x. Finalmente, para $A \leq x \leq B$,

$$F(x) = \int_{-\infty}^{x} f(y)dy = \int_{A}^{x} \frac{1}{B-A} dy = \frac{1}{B-A} \cdot y \Big|_{y=A}^{y=x} = \frac{x-A}{B-A}$$

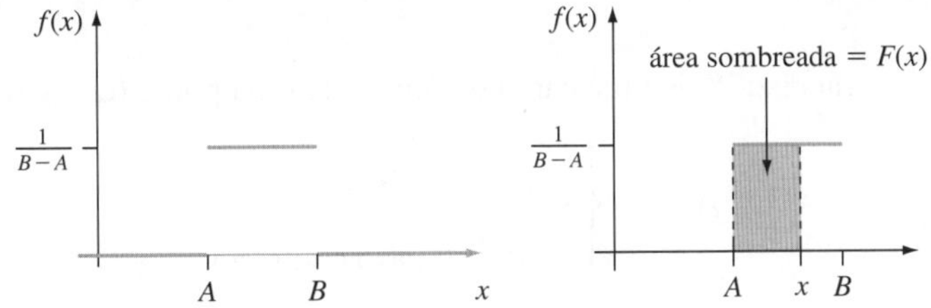

Figura 4.6 A f.d.p. para uma distribuição uniforme.

A f.d. completa é

$$F(x) = \begin{cases} 0 & x < A \\ \dfrac{x-A}{B-A} & A \leq x < B \\ 1 & x \geq B \end{cases}$$

O gráfico dessa f.d. é exibido na Figura 4.7.

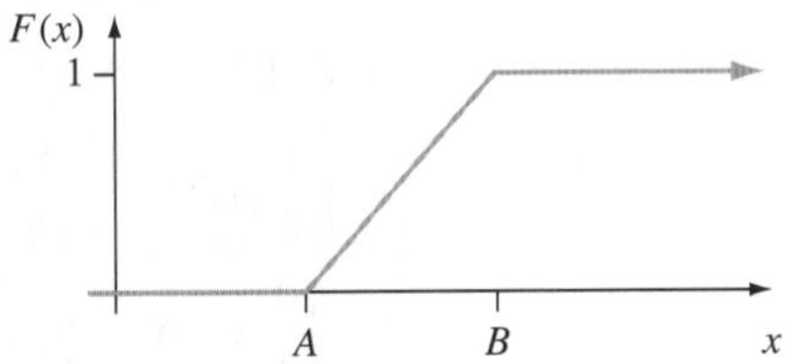

Figura 4.7 A f.d. de distribuição uniforme. ■

Uso de $F(x)$ para calcular probabilidades

A importância da f.d., aqui, assim como para as variáveis aleatórias discretas, é que as probabilidades dos diversos intervalos podem ser calculadas por uma fórmula ou obtidas de um tabela de $F(x)$.

> **Proposição**
>
> Seja X uma v.a. contínua com f.d.p. $f(x)$ e f.d. $F(x)$. Então, para qualquer número a,
>
> $$P(X > a) = 1 - F(a)$$
>
> e para quaisquer dois números a e b com $a < b$,
>
> $$P(a \leq X \leq b) = F(b) - F(a).$$

A Figura 4.8 ilustra a segunda parte dessa proposição. A probabilidade desejada é a área sombreada sob a curva de densidade entre a e b, e é igual à diferença entre as duas áreas acumuladas sombreadas. Isso é diferente do que é apropriado para uma variável aleatória discreta (por exemplo, binomial ou de Poisson): $P(a \leq X \leq b) = F(b) - F(a - 1)$, quando a e b são inteiros.

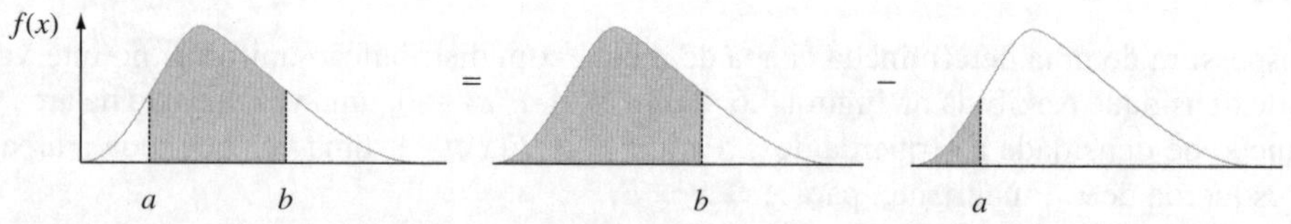

Figura 4.8 Cálculo de $P(a \leq X \leq b)$ a partir das probabilidades acumuladas.

Exemplo 4.7

Suponha que a f.d.p. da grandeza X de uma carga dinâmica de uma ponte (em newtons) seja dada por

$$f(x) = \begin{cases} \dfrac{1}{8} + \dfrac{3}{8}x & 0 \leq x \leq 2 \\ 0 & \text{caso contrário} \end{cases}$$

Para qualquer número x entre 0 e 2,

$$F(x) = \int_{-\infty}^{x} f(y)dy = \int_0^x \left(\frac{1}{8} + \frac{3}{8}y\right) dy = \frac{x}{8} + \frac{3}{16}x^2$$

Dessa forma,

$$F(x) = \begin{cases} 0 & x < 0 \\ \dfrac{x}{8} + \dfrac{3}{16}x^2 & 0 \leq x \leq 2 \\ 1 & 2 < x \end{cases}$$

Os gráficos de $f(x)$ e $F(x)$ são mostrados na Figura 4.9. A probabilidade de a carga estar entre 1 e 1,5 é

$$\begin{aligned} P(1 \leq X \leq 1{,}5) &= F(1{,}5) - F(1) \\ &= \left[\frac{1}{8}(1{,}5) + \frac{3}{16}(1{,}5)^2\right] - \left[\frac{1}{8}(1) + \frac{3}{16}(1)^2\right] \\ &= \frac{19}{64} = 0{,}297 \end{aligned}$$

A probabilidade de a carga exceder 1 é

$$\begin{aligned} P(X > 1) &= 1 - P(X \leq 1) = 1 - F(1) = 1 - \left[\frac{1}{8}(1) + \frac{3}{16}(1)^2\right] \\ &= \frac{11}{16} = 0{,}688 \end{aligned}$$

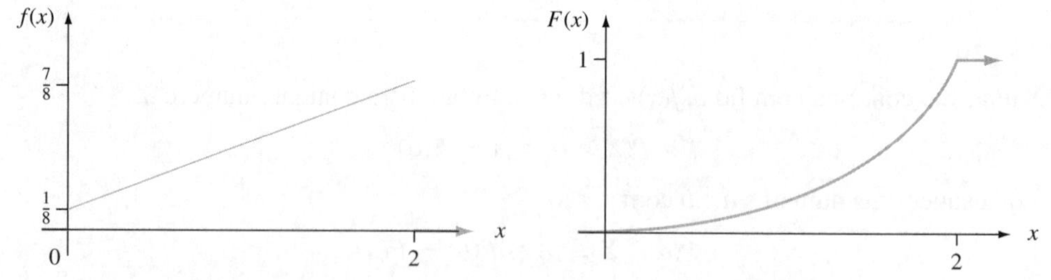

Figura 4.9 A f.d.p. e a f.d. do Exemplo 4.7. ■

Uma vez que a f.d. foi obtida, qualquer probabilidade envolvendo X é facilmente calculada sem qualquer integração.

Obtendo $f(x)$ a partir de $F(x)$

Para X discreto, a f.p. é obtida a partir da f.d. calculando-se a diferença entre dois valores $F(x)$. O análogo contínuo de uma diferença é uma derivada. O resultado a seguir é uma consequência do Teorema Fundamental do Cálculo.

Proposição

Se X é uma v.a. contínua com f.d.p. $f(x)$ e f.d. $F(x)$, então, em cada x cuja derivada $F'(x)$ existe, $F'(x) = f(x)$.

Exemplo 4.8 (Continuação do Exemplo 4.6)

Quando X tem uma distribuição uniforme, $F(x)$ é diferenciável, exceto $x = A$ e $x = B$, onde o gráfico de $F(x)$ tem cantos pontiagudos. Como $F(x) = 0$ para $x < A$ e $F(x) = 1$ para $x > B$, $F'(x) = 0 = f(x)$ para esse x. Para $A < x < B$,

$$F'(x) = \frac{d}{dx}\left(\frac{x - A}{B - A}\right) = \frac{1}{B - A} = f(x) \quad ■$$

Percentis de uma distribuição contínua

Quando dizemos que a pontuação do teste de um indivíduo estava no 85º percentil da população, queremos dizer que 85% de todas as pontuações da população estavam abaixo daquela pontuação e 15% acima dela. De forma similar, o 40º percentil é a pontuação que excede 40% de todas as pontuações e é excedido por 60%.

Definição

Seja p um número entre 0 e 1. O **(100p)-ésimo percentil** da distribuição de uma v.a. contínua X, representado por $\eta(p)$, é definido por

$$p = F(\eta(p)) = \int_{-\infty}^{\eta(p)} f(y)dy \tag{4.2}$$

De acordo com a Expressão (4.2), $\eta(p)$ é aquele valor no eixo de medida de tal forma que $100p\%$ da área sob o gráfico de $f(x)$ encontra-se à esquerda de $\eta(p)$ e $100(1 - p)\%$ encontra-se à direita. Assim, $\eta(0,75)$, o 75º percentil, é tal que a área abaixo do gráfico de $f(x)$ à esquerda de $\eta(0,75)$ é 0,75. A Figura 4.10 ilustra a definição.

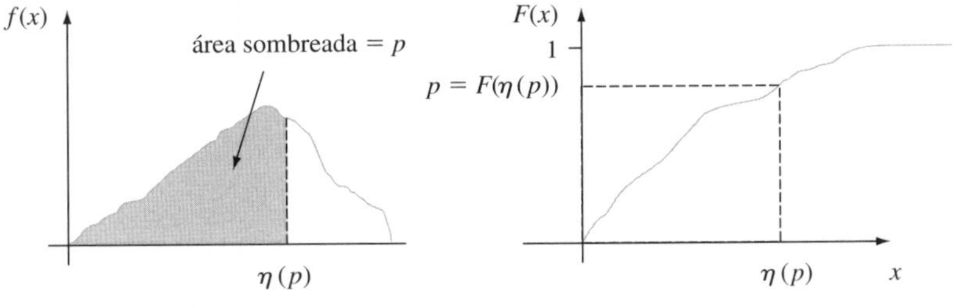

Figura 4.10 O (100p)-ésimo percentil de uma distribuição contínua.

Exemplo 4.9

A distribuição da quantidade de cascalho (em toneladas) vendida para uma determinada loja de material de construção em uma determinada semana é uma v.a. contínua X com f.d.p.

$$f(x) = \begin{cases} \frac{3}{2}(1 - x^2) & 0 \le x \le 1 \\ 0 & \text{caso contrário} \end{cases}$$

A f.d. das vendas para qualquer x entre 0 e 1 é

$$F(x) = \int_0^x \frac{3}{2}(1 - y^2)\, dy = \frac{3}{2}\left(y - \frac{y^3}{3}\right)\Bigg|_{y=0}^{y=x} = \frac{3}{2}\left(x - \frac{x^3}{3}\right)$$

Os gráficos de $f(x)$ e $F(x)$ são exibidos na Figura 4.11. O $(100p)$-ésimo percentil dessa distribuição satisfaz a equação

$$p = F(\eta(p)) = \frac{3}{2}\left[\eta(p) - \frac{(\eta(p))^3}{3}\right]$$

isto é,

$$(\eta(p))^3 - 3\eta(p) + 2p = 0$$

Para o 50º percentil, $p = 0{,}5$, e a equação a ser resolvida é $\eta^3 - 3\eta + 1 = 0$; a solução é $\eta = \eta(0{,}5) = 0{,}347$. Se a distribuição continuar igual de semana para semana, no longo prazo, 50% de todas as semanas resultarão em vendas de menos de 0,347 toneladas e 50% em mais de 0,347 toneladas.

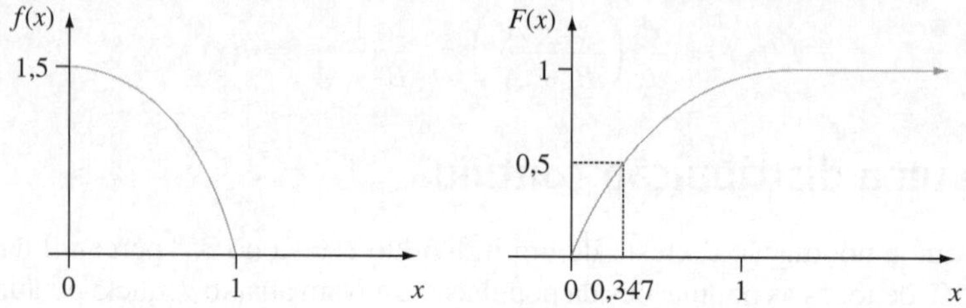

Figura 4.11 A f.d.p. e a f.d. do Exemplo 4.9. ■

> **Definição**
>
> A **mediana** de uma distribuição contínua, representada por $\tilde{\mu}$, é o 50º percentil, portanto, $\tilde{\mu}$ satisfaz $0{,}5 = F(\tilde{\mu})$. Isto é, metade da área sob a curva de densidade está à esquerda de $\tilde{\mu}$ e metade está à direita de $\tilde{\mu}$.

Uma distribuição contínua cuja f.d.p. é **simétrica** – que significa que o gráfico da f.d.p. à esquerda de um ponto é uma imagem espelhada do gráfico à direita desse ponto – tem mediana $\tilde{\mu}$ igual ao ponto de simetria, já que metade da área abaixo da curva encontra-se em cada lado desse ponto. A Figura 4.12 fornece alguns exemplos. O valor do erro na medida de uma grandeza física é frequentemente suposto como tendo distribuição simétrica.

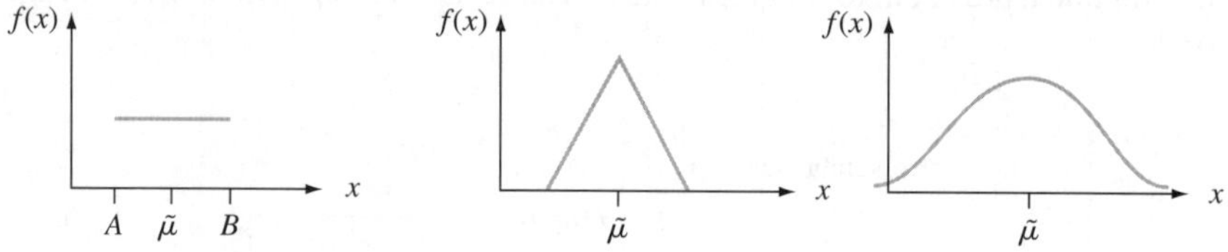

Figura 4.12 Medianas de distribuições simétricas.

Valores esperados[1]

Para uma variável aleatória discreta X, $E(X)$ foi obtido pela soma de $x \cdot p(x)$ sobre os valores de X possíveis. Aqui, substituímos a soma pela integração e a f.p. pela f.d.p. para chegar a uma média ponderada contínua.

> **Definição**
>
> O **valor médio** ou **esperado** de uma v.a. contínua X com f.d.p. $f(x)$ é
>
> $$\mu_X = E(X) = \int_{-\infty}^{\infty} x \cdot f(x)\, dx.$$

[1] Vários livros chamam $E(X)$ de esperança de X.

Exemplo 4.10 (Continuação do Exemplo 4.9)

A f.d.p. das vendas semanais de cascalho X era

$$f(x) = \begin{cases} \frac{3}{2}(1 - x^2) & 0 \leq x \leq 1 \\ 0 & \text{caso contrário} \end{cases}$$

então,

$$E(X) = \int_{-\infty}^{\infty} x \cdot f(x)\, dx = \int_0^1 x \cdot \frac{3}{2}(1 - x^2)\, dx$$

$$= \frac{3}{2}\int_0^1 (x - x^3)\, dx = \frac{3}{2}\left(\frac{x^2}{2} - \frac{x^4}{4}\right)\Big|_{x=0}^{x=1} = \frac{3}{8} \blacksquare$$

Quando a f.d.p. $f(x)$ especifica um modelo para a distribuição de valores em uma população numérica, então μ é a média populacional, que é a medida da localização ou centro populacional mais usado.

Muitas vezes, desejamos calcular o valor esperado de alguma função $h(X)$ da v.a. X. Se pensarmos em $h(X)$ como uma nova v.a. Y, técnicas de estatística matemática podem ser usadas para derivar a f.d.p. de Y e $E(Y)$ pode ser calculado a partir da definição. Felizmente, como no caso discreto, há uma maneira mais fácil de calcular $E[h(X)]$.

Proposição

Se X é uma v.a. contínua com f.d.p. $f(x)$, e $h(X)$ é qualquer função de X, então

$$E[h(X)] = \mu_{h(X)} = \int_{-\infty}^{\infty} h(x) \cdot f(x)\, dx.$$

Exemplo 4.11

Duas espécies estão competindo em uma região pelo controle de uma quantidade limitada de um determinado recurso. Seja X = a proporção do recurso controlado pela espécie 1 e suponha que X tem f.d.p.

$$f(x) = \begin{cases} 1 & 0 \leq x \leq 1 \\ 0 & \text{caso contrário} \end{cases}$$

que é uma distribuição uniforme em [0, 1]. (Em seu livro *Ecological diversity*, E. C. Pielou chamou isso de modelo da "vareta quebrada" para a alocação de recurso, uma vez que ele é análogo à quebra de uma vareta em um ponto escolhido aleatoriamente.) As espécies que controlam a maior parte desse recurso controlam a quantidade

$$h(X) = \text{máx}\,(X, 1 - X) = \begin{cases} 1 - X & \text{se } 0 \leq X < \frac{1}{2} \\ X & \text{se } \frac{1}{2} \leq X \leq 1 \end{cases}$$

A quantidade esperada controlada pelas espécies com controle majoritário dos recursos é, então,

$$E[h(X)] = \int_{-\infty}^{\infty} \text{máx}(x, 1 - x) \cdot f(x)\, dx = \int_0^1 \text{máx}(x, 1 - x) \cdot 1\, dx$$

$$= \int_0^{1/2} (1 - x) \cdot 1\, dx + \int_{1/2}^1 x \cdot 1\, dx = \frac{3}{4} \blacksquare$$

Para $h(X)$, uma função linear, $E[h(X)] = E(aX + b) = aE(X) = b$.

No caso discreto, a variância de X foi definida como o desvio quadrático esperado de μ e foi calculada por somatório. Aqui, a integração novamente substitui o somatório.

Definição

A **variância** de uma variável aleatória contínua X com f.d.p. $f(x)$ e valor médio μ é

$$\sigma_X^2 = V(X) = \int_{-\infty}^{\infty} (x - \mu)^2 \cdot f(x)dx = E[(X - \mu)^2].$$

O **desvio padrão** (DP) de X é $\sigma_X = \sqrt{V(X)}$.

A variância e o desvio padrão dão medidas quantitativas de quanta dispersão há na distribuição ou população dos valores x. Mais uma vez, σ é aproximadamente o tamanho de um desvio típico de μ. O cálculo de σ^2 é facilitado pelo uso da mesma fórmula alternativa empregada no caso discreto.

Proposição

$$V(X) = E(X^2) - [E(X)]^2$$

Exemplo 4.12 (Continuação do Exemplo 4.10)

Para as vendas semanais de cascalho, calculamos $E(X) = \frac{3}{8}$.

$$E(X^2) = \int_{-\infty}^{\infty} x^2 \cdot f(x)\,dx = \int_0^1 x^2 \cdot \frac{3}{2}(1 - x^2)\,dx$$

$$= \int_0^1 \frac{3}{2}(x^2 - x^4)\,dx = \frac{1}{5}$$

$$V(X) = \frac{1}{5} - \left(\frac{3}{8}\right)^2 = \frac{19}{320} = 0{,}059 \text{ e } \sigma_X = 0{,}244 \ ■$$

Quando $h(X) = aX + b$, o valor esperado e a variância de $h(X)$ satisfazem as mesmas propriedades como no caso discreto: $E[h(X)] = a\mu + b$ e $V[h(X)] = a^2 \cdot \sigma^2$.

EXERCÍCIOS Seção 4.2 (11–27)

11. Seja X a quantidade de tempo que um livro retirado em um sistema de "empréstimo de duas horas" leva para ser devolvido, e suponha que a f.d. seja

$$F(x) = \begin{cases} 0 & x < 0 \\ \dfrac{x^2}{4} & 0 \le x < 2 \\ 1 & 2 \le x \end{cases}$$

Use a f.d. para obter o seguinte:

a. $P(X \le 1)$.

b. $P(0{,}5 \le X \le 1)$.

c. $P(X > 1{,}5)$.

d. A mediana da duração do empréstimo $\tilde{\mu}$. [Resolva $0{,}5 = F(\tilde{\mu})$.]

e. $F'(x)$ para obter a função de densidade $f(x)$.

f. $E(X)$.

g. $V(X)$ e σ_X.

h. Se o valor cobrado do indivíduo que retira o livro for $h(X) = X^2$ quando a duração do empréstimo for X, calcule a cobrança esperada $E[h(X)]$.

12. A f.d. para X (= erro de medida) do Exercício 3 é

$$F(x) = \begin{cases} 0 & x < -2 \\ \dfrac{1}{2} + \dfrac{3}{32}\left(4x - \dfrac{x^3}{3}\right) & -2 \le x < 2 \\ 1 & 2 \le x \end{cases}$$

a. Calcule $P(X < 0)$.

b. Calcule $P(-1 < X < 1)$.

c. Calcule $P(0{,}5 < X)$.

d. Verifique que $f(x)$ é como o do Exercício 3 ao obter $F'(x)$.

e. Verifique que $\tilde{\mu} = 0$.

13. Seja X a temperatura em °C em que ocorre uma reação química e seja Y a temperatura em °F (portanto, $Y = 1{,}8X + 32$).

a. Se a mediana da distribuição X é $\tilde{\mu}$, mostre que $1{,}8\tilde{\mu} + 32$ é a mediana da distribuição de Y.

b. Como o 90º percentil da distribuição de Y é referente ao 90º percentil da distribuição X? Verifique sua conjectura.

c. De forma geral, se $Y = aX + b$, como qualquer percentil particular da distribuição de Y está relacionado ao percentil correspondente da distribuição de X?

14. O artigo "Modeling sediment and water column interactions for hydrophobic pollutants" (*Water Research*, 1984: 1169--1174) sugere a distribuição uniforme no intervalo (7,5, 20) como um modelo para a profundidade (cm) da camada de bioturbação em sedimentos de uma certa região.

a. Quais são a média e a variância da profundidade?

b. Qual é a f.d. da profundidade?

c. Qual é a probabilidade de a profundidade observada ser no máximo 10? Entre 10 e 15?

d. Qual é a probabilidade de a profundidade observada estar dentro de 1 desvio padrão em relação ao valor da média? E dentro de 2 desvios padrão?

15. Seja X o espaço ocupado por um produto colocado em um recipiente de 1 pé cúbico. A f.d.p. de X é

$$f(x) = \begin{cases} 90x^8(1 - x) & 0 < x < 1 \\ 0 & \text{caso contrário} \end{cases}$$

a. Faça o gráfico da f.d.p. Em seguida, obtenha a f.d. de X e faça o seu gráfico.

b. Qual é $P(X \leq 0{,}5)$ [isto é, $F(0{,}5)$]?

c. Usando a f.d. de (a), qual é $P(0{,}25 < X \leq 0{,}5)$? Qual é $P(0{,}25 \leq X \leq 0{,}5)$?

d. Qual é o 75º percentil da distribuição?

e. Calcule $E(X)$ e σ_X.

f. Qual é a probabilidade de X estar a mais de um desvio padrão em relação ao valor da média?

16. Responda aos itens (a)–(f) do Exercício 15 com X = tempo de aula além da hora dada no Exercício 5.

17. Considere X tendo distribuição uniforme no intervalo $[A, B]$.

a. Obtenha a expressão para o $(100p)$-ésimo percentil.

b. Calcule $E(X)$, $V(X)$ e σ_X.

c. Calcule $E(X^n)$ para n inteiro positivo.

18. Considere X como representante da tensão na saída de um microfone e suponha que X tenha uma distribuição uniforme no intervalo de -1 a 1. A tensão é processada por um "limitador rígido" (*hard limiter*) com valores de corte de $-0{,}5$ e 0,5, portanto, o limitador da saída é uma variável Y relacionada a X por $Y = X$, se $|X| \leq 0{,}5$, $Y = 0{,}5$, se $X > 0{,}5$, $Y = -0{,}5$, se $X > 0{,}5$ e $Y = -0{,}5$, se $X < -0{,}5$.

a. Qual é $P(Y = 0{,}5)$?

b. Obtenha a função de distribuição acumulada de Y e faça o seu gráfico.

19. Seja X uma v.a. contínua com f.d.

$$F(x) = \begin{cases} 0 & x \leq 0 \\ \dfrac{x}{4}\left[1 + \ln\left(\dfrac{4}{x}\right)\right] & 0 < x \leq 4 \\ 1 & x > 4 \end{cases}$$

[Esse tipo de f.d. é sugerido no artigo "Variability in measured bedload-transport rates" (*Water Resources Bull.*, 1985: 39-48) como um modelo para uma certa variável hidrológica.] Qual é

a. $P(X \leq 1)$?

b. $P(1 \leq X \leq 3)$?

c. A f.d.p. de X?

20. Considere a f.d.p. do tempo total de espera Y para dois ônibus

$$f(y) = \begin{cases} \dfrac{1}{25}y & 0 \leq y < 5 \\ \dfrac{2}{5} - \dfrac{1}{25}y & 5 \leq y \leq 10 \\ 0 & \text{caso contrário} \end{cases}$$

apresentados no Exercício 8.

a. Calcule e faça o esboço da f.d. de Y. [*Dica*: considere, separadamente, $0 \leq y < 5$ e $5 \leq y \leq 10$ no cálculo $F(y)$. Um gráfico da f.d.p. deve ser útil.]

b. Obtenha uma expressão para o $(100p)$-ésimo percentil. [*Dica*: considere, separadamente, $0 < p < 0{,}5$ e $0{,}5 < p < 1$.]

c. Calcule $E(Y)$ e $V(Y)$. Como elas se comparam ao tempo de espera estimado e à variância de um único ônibus quando o tempo tem distribuição uniforme no intervalo [0, 5]?

21. Um ecologista deseja marcar uma região de amostragem circular com raio de 10 m. Entretanto, o raio da região resultante é, na verdade, uma variável aleatória R com f.d.p.

$$f(r) = \begin{cases} \dfrac{3}{4}[1 - (10 - r)^2] & 9 \leq r \leq 11 \\ 0 & \text{caso contrário} \end{cases}$$

Qual é a área esperada da região circular resultante?

22. A demanda semanal de gás propano (em milhares de galões) de uma instalação é uma v.a. X com f.d.p.

$$f(x) = \begin{cases} 2\left(1 - \dfrac{1}{x^2}\right) & 1 \leq x \leq 2 \\ 0 & \text{caso contrário} \end{cases}$$

a. Calcule a f.d. de X.

b. Obtenha uma expressão para o $(100p)$-ésimo percentil. Qual o valor de $\tilde{\mu}$?

c. Calcule $E(X)$ e $V(X)$.

d. Se 1,5 mil galões estão em estoque no começo da semana e nenhuma entrega está programada para a semana, quanto desse volume se espera ter no fim da semana? [*Dica*: seja $h(x)$ = quantidade à esquerda quando a demanda = x.]

23. Se a temperatura de fusão de certo componente for uma variável aleatória com valor médio 120 °C e desvio padrão 2 °C, quais são a temperatura média e o desvio padrão em °F? [*Dica*: °F = 1,8°C + 32.]

24. Seja X tendo a f.d.p. de Pareto

$$f(x; k, \theta) = \begin{cases} \dfrac{k \cdot \theta^k}{x^{k+1}} & x \geq \theta \\ 0 & x < \theta \end{cases}$$

apresentada no Exercício 10.

a. Se $k > 10$, calcule $E(X)$.

b. O que você pode dizer sobre $E(X)$, se $k = 1$?

c. Se $k > 2$, mostre que $V(X) = k\theta^2(k - 1)^{-2}(k - 2)^{-1}$.

d. Se $k = 2$, o que você pode dizer sobre $V(X)$?

e. Quais condições em k são necessárias para garantir que é finita?

25. Quando um dardo é arremessado em um alvo circular, considere a localização do ponto de aterrissagem relativo ao centro.

Seja X o ângulo em graus medido da horizontal, e X uniformemente distribuído em [0, 360]. Defina Y como a variável transformada $Y = h(X) = (2\pi/360)X - \pi$, de forma que Y é o ângulo medido em radianos e Y está entre $-\pi$ e π. Obtenha $E(Y)$ e σ_Y, ao obter $E(X)$ e σ_X, usando então o fato de que $h(X)$ é uma função linear de X.

26. Seja X o total das despesas médicas (em milhares de dólares) incorridas por um determinado indivíduo durante determinado ano. Embora X seja a variável aleatória discreta, suponha que sua distribuição esteja bem próxima de uma distribuição contínua com f.d.p. $f(x) = k(1 + x/2{,}5)^{-7}$ para $x \geq 0$.

a. Qual é o valor de k?

b. Faça o gráfico da f.d.p. de X.

c. Qual é o valor esperado e o desvio padrão do total das despesas médicas?

d. Esse indivíduo tem a cobertura de um plano de saúde que implica uma provisão dedutível de \$ 500 (portanto, os primeiros \$ 500 das despesas são pagos pelo indivíduo). Então, o plano pagará 80% de qualquer despesa adicional que exceda \$ 500 e o pagamento máximo pelo indivíduo (incluindo a quantia dedutível) é \$ 2.500. Seja Y representante da quantia das despesas médicas desse indivíduo pagas pela seguradora. Qual é o valor esperado de Y?

[*Dica*: primeiro, descubra qual valor de X corresponde ao desembolso máximo de \$ 2.500. Em seguida, escreva uma expressão para Y como função de X (que envolve diversas partes diferentes) e calcule o valor esperado dessa função.]

27. O Exemplo 4.5 apresentou o conceito de tempo de avanço no fluxo de tráfego e propôs uma distribuição particular para X = o tempo de avanço entre dois carros consecutivos selecionados aleatoriamente (em segundos). Suponha que, em um ambiente de tráfego diferente, a distribuição do tempo de avanço tenha a forma

$$f(x) = \begin{cases} \dfrac{k}{x^4} & x > 1 \\ 0 & x \leq 1 \end{cases}$$

a. Determine o valor de k para qual $f(x)$ é uma f.d.p. legítima.

b. Obtenha a função de distribuição acumulada.

c. Use a f.d. de (b) para determinar a probabilidade de o tempo de avanço exceder 2 segundos e também a probabilidade de ele estar entre 2 e 3 segundos.

d. Obtenha o valor médio e o desvio padrão do avanço.

e. Qual é a probabilidade de o avanço estar em 1 desvio padrão do valor médio?

4.3 Distribuição normal

A distribuição normal é a mais importante de todas, na probabilidade e na estatística. Muitas populações numéricas possuem distribuições que podem ser ajustadas aproximadamente por uma curva normal apropriada. Os exemplos incluem alturas, pesos e outras características físicas (o famoso artigo da *Biometrika*, de 1903, "On the laws of inheritance in man", discutiu muitos exemplos desse tipo), erros de medida em experimentos científicos, medidas antropométricas em fósseis, tempos de reação em experimentos psicológicos, medidas de inteligência e aptidão, pontuações em testes variados e numerosas medidas e indicadores econômicos. Além disso, ainda que as próprias variáveis individuais não sejam normalmente distribuídas, as somas e as médias das variáveis terão uma distribuição aproximadamente normal sob condições adequadas. Essa é a essência do Teorema do Limite Central, discutido no próximo capítulo.

Definição

Diz-se que uma v.a. contínua X tem uma **distribuição normal** com parâmetros μ e σ (ou μ e σ^2), em que $-\infty < \mu < \infty$ e $0 < \sigma$, se a f.d.p. de X for

$$f(x; \mu, \sigma) = \frac{1}{\sqrt{2\pi}\sigma} e^{-(x-\mu)^2/(2\sigma^2)} \quad -\infty < x < \infty \tag{4.3}$$

Novamente, e representa a base de logaritmo natural e equivale a aproximadamente 2,71828, e π representa a constante matemática familiar com o valor aproximado de 3,14159. A afirmação de que X é distribuído normalmente com parâmetros μ e σ^2 normalmente é abreviada como $X \sim N(\mu, \sigma^2)$.

Certamente, $f(x; \mu, \sigma) \geq 0$, mas um argumento de cálculo um tanto complicado deve ser usado para verificar que $\int_{-\infty}^{\infty} f(x; \mu, \sigma)\, dx = 1$. Pode ser mostrado que $E(X) = \mu$ e $V(X) = \sigma^2$, portanto, os parâmetros são a média e o desvio padrão de X. A Figura 4.13 apresenta os gráficos de $f(x; \mu, \sigma)$ para diversos pares (μ, σ) diferentes. Cada gráfico é simétrico em torno de μ e tem forma de sino, de modo que o centro do sino (ponto de simetria) é tanto a média como a mediana da distribuição. O valor de σ é a distância de μ até os pontos de inflexão da curva (os pontos em que a curva muda de direção). Valores grandes de σ produzem gráficos bem dispersos em torno de μ, ao passo que os valores pequenos de σ produzem gráficos com um pico acima de μ e a maior parte da área sob o gráfico bem próximo a μ. Assim, um grande σ implica que um valor de X longe de μ pode ser bem observado, ao passo que esse valor é um tanto improvável quando σ for pequeno.

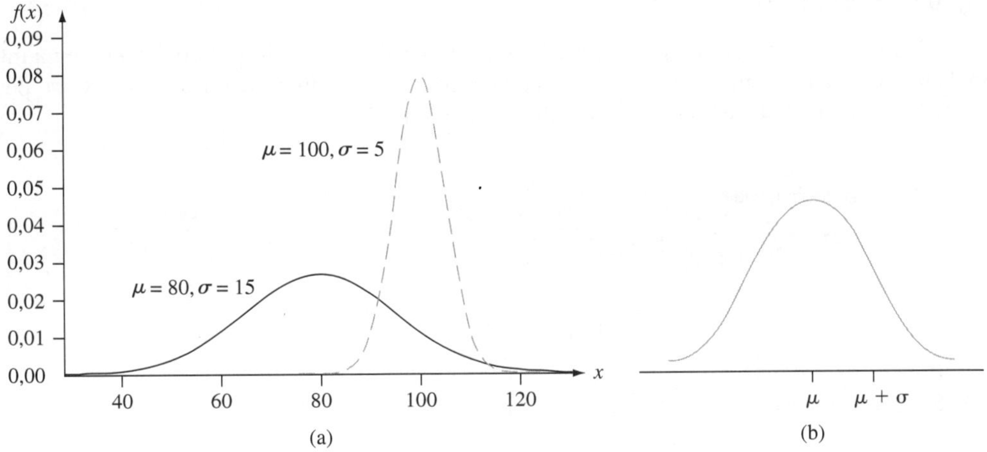

Figura 4.13 (a) Duas curvas de densidade normal diferentes; (b) visualização de μ e σ para uma distribuição normal.

Distribuição normal padrão

O cálculo de $P(a \leq X \leq)$ quando X é uma v.a. normal com parâmetros μ e σ exige a avaliação de

$$\int_a^b \frac{1}{\sqrt{2\pi}\sigma} e^{-(x-\mu)^2/(2\sigma^2)}\, dx \tag{4.4}$$

Nenhuma das técnicas padrão de integração pode ser usada para este cálculo. Em vez disso, para $\mu = 0$ e $\sigma = 1$, a Expressão (4.4) foi calculada pelo uso de técnicas numéricas e tabulada para determinados valores de a e b. Essa tabela também pode ser usada para calcular as probabilidades para quaisquer outros valores de μ e σ que estejam sendo analisados.

Definição

A distribuição normal com os valores dos parâmetros $\mu = 0$ e $\sigma = 1$ é denominada **distribuição normal padrão**. Uma variável aleatória que tenha distribuição normal padrão é denominada **variável aleatória normal padrão** e é representada por Z. A f.d.p. de Z é

$$f(z; 0, 1) = \frac{1}{\sqrt{2\pi}} e^{-z^2/2} \quad -\infty < z < \infty$$

O gráfico de $f(z; 0, 1)$ é chamado curva *normal padrão* (ou z). Seus pontos de inflexão estão em 1 e -1. A f.d. de Z é $P(Z \leq z) = \int_{-\infty}^{z} f(y; 0, 1)\, dy$, o que representaremos por $\Phi(z)$.

A distribuição normal padrão frequentemente não serve como modelo para uma população natural. Ao contrário, é uma distribuição de referência a partir da qual podem ser obtidas informações sobre outras distribuições normais. A Tabela A.3 do Apêndice fornece $\Phi(z) = P(Z \leq z)$, a área sob a curva de densidade normal padrão para a esquerda de z, para $z = -3{,}49; -3{,}48; \ldots; 3{,}48; 3{,}49$. A Figura 4.14 ilustra o tipo de área acumulada (probabilidade) tabulada na Tabela A.3. A partir dessa tabela, várias outras probabilidades que envolvem Z podem ser calculadas.

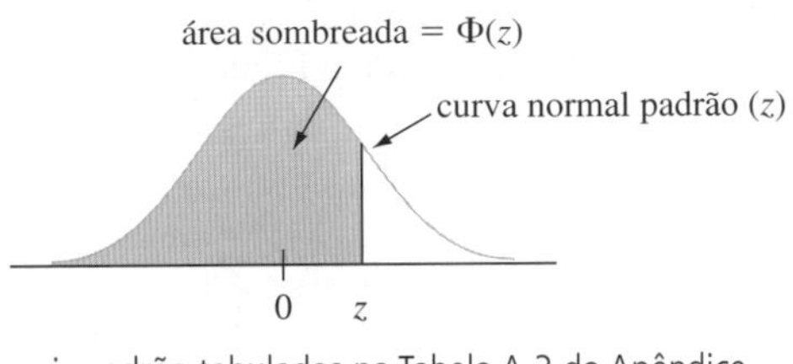

Figura 4.14 Áreas acumuladas normais padrão tabuladas na Tabela A.3 do Apêndice.

Exemplo 4.13

Determine as seguintes probabilidades normais padrão: (a) $P(Z \leq 1{,}25)$, (b) $P(Z > 1{,}25)$, (c) $P(Z \leq -1{,}25)$ e (d) $P(-0{,}38 \leq Z \leq 1{,}25)$.

a. $P(Z \leq 1{,}25) = \Phi(1{,}25)$, uma probabilidade que é tabulada na Tabela A.3 do Apêndice na intersecção da linha marcada com 1,2 e da coluna marcada com 0,05. O número existente é 0,8944, portanto, $P(Z \leq 1{,}25) = 0{,}8944$. A Figura 4.15(a) ilustra a probabilidade.

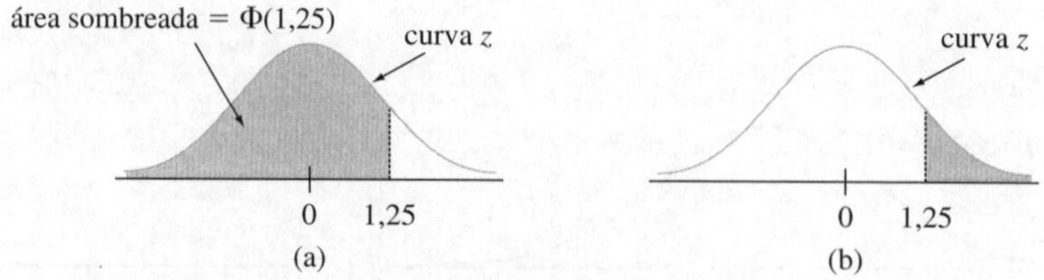

Figura 4.15 Áreas da curva normal (probabilidades) para o Exemplo 4.13.

b. $P(Z > 1{,}25) = 1 - P(Z \leq 1{,}25) = 1 - \Phi(1{,}25)$, a área sob a curva z à direita de 1,25 (área sob a cauda superior). Então, $\Phi(1{,}25) = 0{,}8944$ implica que $P(Z > 1{,}25) = 0{,}1056$. Uma vez que Z é uma v.a. contínua, $P(Z \geq 1{,}25) = 0{,}1056$. Consulte a Figura 4.15(b).

c. $P(Z \leq -1{,}25) = \Phi(-1{,}25)$, área sob a cauda inferior. Diretamente da Tabela A.3 do Apêndice, $\Phi(-1{,}25) = 0{,}1056$. Pela simetria da curva z, essa é a mesma resposta do item (b).

d. $P(-0{,}38 \leq Z \leq 1{,}25)$ é a área sob a curva normal padrão acima do intervalo cujo ponto extremo esquerdo é $-0{,}38$ e cujo ponto extremo direito é 1,25. Da Seção 4.2, se X for uma v.a. contínua com f.d. $F(x)$, então $P(a \leq X \leq b) = F(b) - F(a)$. Dessa forma, $P(-0{,}38 \leq Z \leq 1{,}25) = \Phi(1{,}25) - \Phi(-0{,}38) = 0{,}8944 - 0{,}3520 = 0{,}5424$. (Observe a Figura 4.16.)

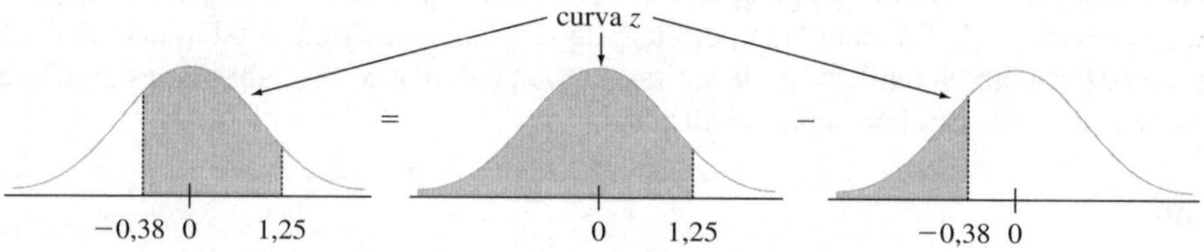

Figura 4.16 $P(-0{,}38 \leq Z \leq 1{,}25)$ como a diferença entre duas áreas acumuladas. ■

Percentis da distribuição normal padrão

Para qualquer p entre 0 e 1, a Tabela A.3 do Apêndice é usada para obter o $(100p)$-ésimo percentil da distribuição normal padrão.

Exemplo 4.14

O 99º percentil da distribuição normal padrão é o valor sobre o eixo horizontal, tal que a área sob a curva z à esquerda do valor seja de 0,9900. A Tabela A.3 do Apêndice fornece para o z fixo a área sob a curva normal padrão à esquerda de z, ao passo que temos a área e queremos o valor de z. Esse é o problema "inverso" para $P(Z \leq z) = ?$, portanto, a tabela é usada de forma inversa: encontre na tabela o valor 0,990; a linha e a coluna em que ele se encontra identifica o 99º percentil de z. No caso, 0,9901 encontra-se na intersecção da linha marcada 2,3 e da coluna marcada 0,03, portanto, o 99º percentil é (aproximadamente) $z = 2{,}33$. (Consulte a Figura 4.17.) Por simetria, o primeiro percentil é o negativo do 99º percentil, então é igual a $-2{,}33$ (1% fica abaixo do primeiro e acima do 99º). (Consulte a Figura 4.18.)

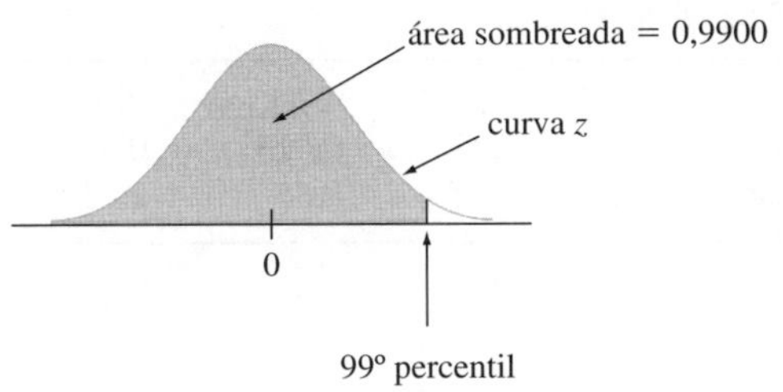

Figura 4.17 Localizando o 99º percentil.

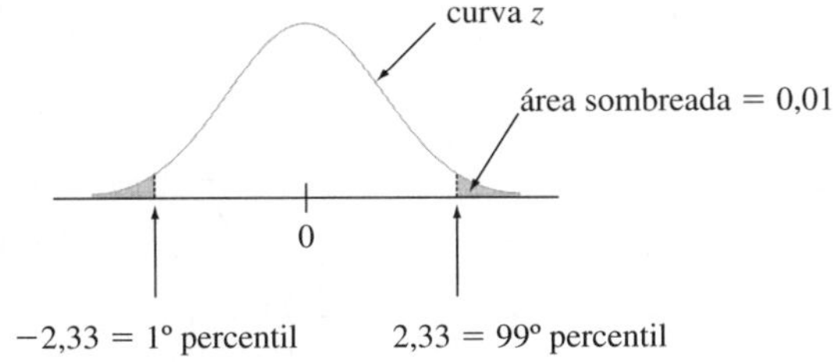

Figura 4.18 A relação entre o 1º e o 99º percentis. ■

Em geral, o $(100p)$-ésimo percentil é identificado pela linha e coluna da Tabela A.3 do Apêndice onde se encontra a entrada p (por exemplo: o 67º percentil é obtido encontrando-se 0,6700 no corpo da tabela, que fornece $z = 0{,}44$). Se p não estiver na tabela, usualmente é usado o número mais próximo a ele, apesar de a interpolação linear fornecer uma resposta mais precisa. Por exemplo: para determinar o 95º percentil, procuramos 0,9500 na tabela. Apesar de 0,9500 não aparecer, os valores 0,9495 e 0,9505 são mostrados e correspondem a $z = 1{,}64$ e 1,65, respectivamente. Como 0,9500 está na metade da diferença entre as duas probabilidades mostradas, usaremos 1,645 como o 95º percentil e −1,645 como o 5º percentil.

Notação z_α para os valores críticos de z

Em inferência estatística, precisaremos dos valores do eixo z horizontal das medidas que encerram pequenas áreas da cauda abaixo da curva normal padrão.

> **Notação**
>
> A quantidade z_α representará o valor no eixo z para o qual uma área α abaixo da curva z fica à direita de z_α. (Consulte a Figura 4.19.)

Por exemplo, $z_{0,10}$ captura a área 0,10, sob a cauda superior de e $z_{0,01}$ captura a área 0,01 sob a cauda superior.

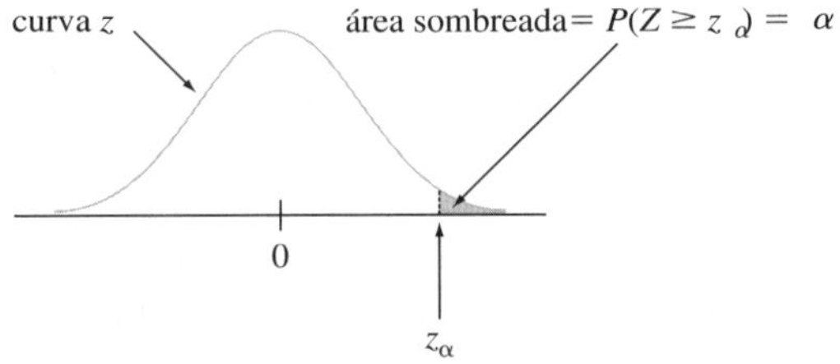

Figura 4.19 Notação z_α ilustrada.

Uma vez que α é a área abaixo da curva z que encontra-se à direita de z_α,$1 - \alpha$ é a área que encontra-se à sua esquerda. Assim, *z_α é o $100(1 - \alpha)$-ésimo percentil da distribuição normal padrão*. Por simetria, a área sob a curva padrão normal à esquerda de $-z_\alpha$ também é α. Os z_α usualmente são considerados os **valores críticos de z**. A Tabela 4.1 lista os percentis z e os valores de z_α mais úteis.

Tabela 4.1 Percentis normais padrão e valores críticos

Percentil	90	95	97,5	99	99,5	99,9	99,95
α (área sob a cauda)	0,1	0,05	0,025	0,01	0,005	0,001	0,0005
$z_\alpha = 100(1-\alpha)$-ésimo percentil	1,28	1,645	1,96	2,33	2,58	3,08	3,27

Exemplo 4.15

A quantidade $z_{0,05}$ é o $100(1 - 0{,}05)$-ésimo $= 95°$ percentil da distribuição normal padrão, de modo que $z_{0,05} = 1{,}645$. A área abaixo da curva normal padrão à esquerda de $-z_{0,05}$ também é 0,05. (Consulte a Figura 4.20.)

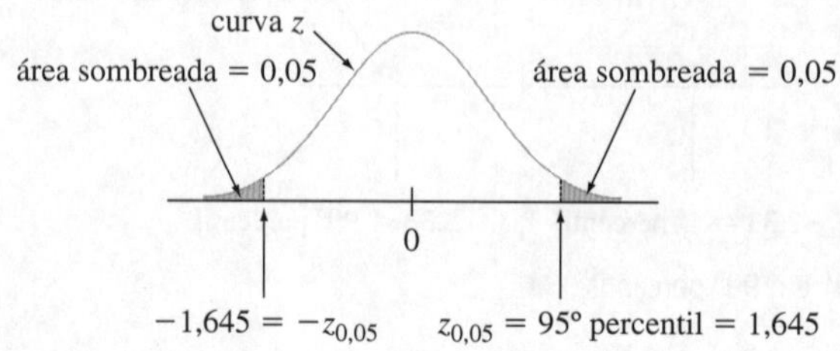

Figura 4.20 Localização de $z_{0,05}$. ■

Distribuições normais não padrão

Quando $X \sim N(\mu, \sigma^2)$, as probabilidades que envolvem X são calculadas por "padronização". A **variável padronizada** é $(X - \mu)/\sigma$. A subtração de μ desloca a média de μ para zero e depois divide por σ, que muda a escala da variável, de forma que o desvio padrão passa a ser 1 em vez de σ.

Proposição

Se X tem distribuição normal com média μ e desvio padrão σ, então

$$Z = \frac{X - \mu}{\sigma}$$

tem distribuição normal padrão. Dessa forma,

$$P(a \le X \le b) = P\left(\frac{a-\mu}{\sigma} \le Z \le \frac{b-\mu}{\sigma}\right) = \Phi\left(\frac{b-\mu}{\sigma}\right) - \Phi\left(\frac{a-\mu}{\sigma}\right)$$

$$P(X \le a) = \Phi\left(\frac{a-\mu}{\sigma}\right) \qquad P(X \ge b) = 1 - \Phi\left(\frac{b-\mu}{\sigma}\right)$$

A ideia chave da proposição é que, pela padronização, qualquer probabilidade que envolva X é expressa como uma probabilidade que envolve uma v.a. normal padrão Z, de forma que a Tabela A.3 do Apêndice pode ser usada. A Figura 4.21 ilustra o caso. A proposição é demonstrada escrevendo a f.d. de $Z = (X - \mu)/\sigma$ como

$$P(Z \le z) = P(X \le \sigma z + \mu) = \int_{-\infty}^{\sigma z + \mu} f(x; \mu, \sigma)dx$$

Usando um resultado do cálculo, essa integral pode ser diferenciada em relação à z para fornecer a f.d.p. desejada $f(z; 0, 1)$.

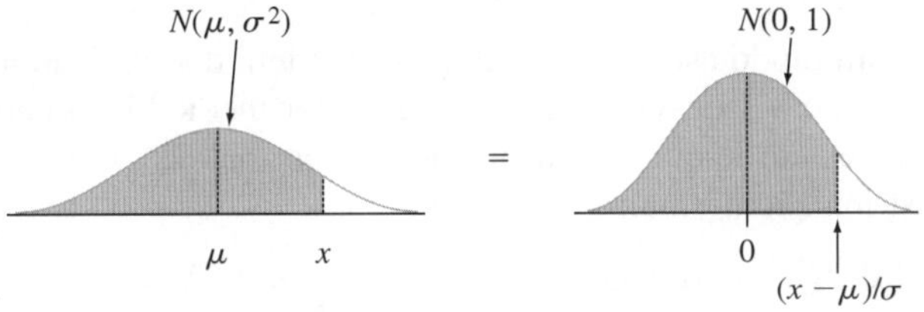

Figura 4.21 Igualdade das áreas de curvas normais não padrão e padrão.

Exemplo 4.16

O tempo que um motorista leva para reagir às luzes de freio em um veículo em desaceleração é crucial para evitar colisões traseiras. O artigo "Fast-rise brake lamp as a collision-prevention device" (*Ergonomics*, 1993: 391-395) sugere que o tempo de reação de uma resposta no trânsito a um sinal de frenagem com luzes de freio convencionais pode ser modelado com uma distribuição normal de média 1,25 segundo e desvio padrão 0,46 segundo. Qual é a probabilidade de que o tempo de reação esteja entre 1,00 e 1,75 segundo? Se representarmos por X o tempo de reação, a padronização fornece

$$1{,}00 \leq X \leq 1{,}75$$

se, e somente se,

$$\frac{1{,}00 - 1{,}25}{0{,}46} \leq \frac{X - 1{,}25}{0{,}46} \leq \frac{1{,}75 - 1{,}25}{0{,}46}$$

Dessa forma

$$\begin{aligned} P(1{,}00 \leq X \leq 1{,}75) &= P\left(\frac{1{,}00 - 1{,}25}{0{,}46} \leq Z \leq \frac{1{,}75 - 1{,}25}{0{,}46}\right) \\ &= P(-0{,}54 \leq Z \leq 1{,}09) = \Phi(1{,}09) - \Phi(-0{,}54) \\ &= 0{,}8621 - 0{,}2946 = 0{,}5675 \end{aligned}$$

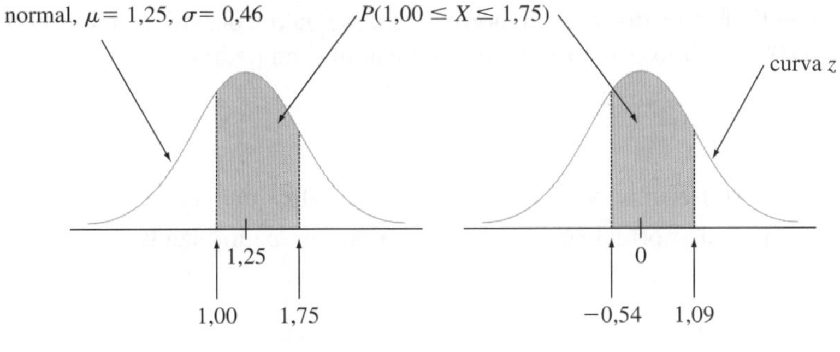

Figura 4.22 Curvas normais para o Exemplo 4.16.

Isso é ilustrado na Figura 4.22. De forma similar, se considerarmos que 2 segundos é um tempo de resposta muito longo, a probabilidade de que o tempo real de resposta exceda esse valor será

$$P(X > 2) = P\left(Z > \frac{2 - 1{,}25}{0{,}46}\right) = P(Z > 1{,}63) = 1 - \Phi(1{,}63) = 0{,}0516 \blacksquare$$

A padronização nada mais é que calcular uma distância em relação à média e então expressar essa distância novamente como certo número de desvios padrão. Assim, se $\mu = 100$ e $\sigma = 15$, então $x = 130$ corresponde a $z = (130 - 100)/15 = 30/15 = 2{,}00$. Isto é, 130 está a 2 desvios padrões acima (à direita) do valor médio. De forma similar, padronizar 85 fornece $(85 - 100)/15 = -1{,}00$, de forma que 85 está 1 desvio padrão abaixo da média. A tabela z se aplica a *qualquer* distribuição normal, desde que pensemos em termos de número de desvios padrão em relação à média.

Exemplo 4.17

A voltagem de quebra de um diodo escolhido aleatoriamente tem distribuição normal. Qual é a probabilidade de essa voltagem estar a 1 desvio padrão de seu valor médio? Esta pergunta pode ser respondida sem se conhecer μ ou σ, desde que a distribuição seja normal. Em outras palavras, a resposta é a mesma para *qualquer* distribuição normal:

$$
\begin{aligned}
P(X \text{ está no intervalo de 1 desvio padrão da média}) &= P(\mu - \sigma \leq X \leq \mu + \sigma) \\
&= P\left(\frac{\mu - \sigma - \mu}{\sigma} \leq Z \leq \frac{\mu + \sigma - \mu}{\sigma}\right) \\
&= P(-1{,}00 \leq Z \leq 1{,}00) \\
&= \Phi(1{,}00) - \Phi(-1{,}00) = 0{,}6826
\end{aligned}
$$

A probabilidade de que X esteja entre 2 desvios padrões dessa média é $P(-2{,}00 \leq Z \leq 2{,}00) = 0{,}9544$ e em 3 desvios padrões da média é $P(-3{,}00 \leq Z \leq 3{,}00) = 0{,}9974$. ■

Os resultados do Exemplo 4.17 são frequentemente relatados sob a forma de porcentagem e são denominados *regra empírica* (porque evidências empíricas mostram que histogramas de dados reais frequentemente podem ser aproximados por curvas normais).

> Se a distribuição da população de uma variável for (aproximadamente) normal, então
>
> **1.** Cerca de 68% dos valores estão a 1 desvio padrão da média.
> **2.** Cerca de 95% dos valores estão a 2 desvios padrão da média.
> **3.** Cerca de 99,7% dos valores estão a 3 desvios padrão da média.

É de fato incomum observar um valor de uma população normal que está muito mais longe do que 2 desvios padrões de μ. Esses resultados serão importantes no estudo dos procedimentos de teste de hipótese nos últimos capítulos.

Percentis de uma distribuição normal arbitrária

O $(100p)$-ésimo percentil de uma distribuição normal com média μ e desvio padrão σ pode ser facilmente relacionado com o $(100p)$-ésimo percentil da distribuição normal padrão.

> **Proposição**
>
> $$\begin{matrix}(100p)\text{-ésimo percentil} \\ \text{para a normal } (\mu, \sigma)\end{matrix} = \mu + \begin{bmatrix}(100p)\text{-ésimo para a} \\ \text{normal padronizada}\end{bmatrix} \cdot \sigma$$

Outra forma de expressar a proposição: se z é o percentil desejado da distribuição normal padrão, então o percentil desejado da distribuição normal (μ, σ) está a z desvios padrão de μ.

Exemplo 4.18

A quantidade de água destilada dispensada por certa máquina tem distribuição normal com valor médio de 64 onças e desvio padrão de 0,78 onça. Qual o tamanho de recipiente c que assegurará que ocorra transbordamento em apenas 0,5% das vezes? Se X representa a quantidade dispensada, a condição desejada é que $P(X > c) = 0{,}005$, ou, de maneira equivalente, que $P(X \leq c) = 0{,}995$. Assim, c é o 99,5º percentil da distribuição normal com $\mu = 64$ e $\sigma = 0{,}78$. O 99,5º percentil da distribuição normal padrão é 2,58, então

$$c = \eta(0{,}995) = 64 + (2{,}58)(0{,}78) = 64 + 2{,}0 = 66 \text{ oz}$$

A questão está ilustrada na Figura 4.23.

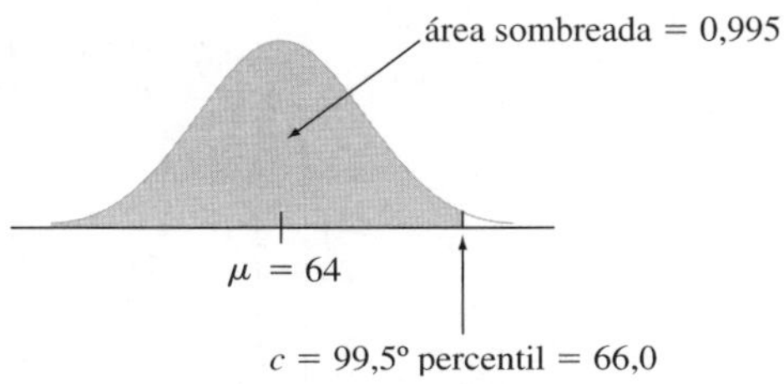

Figura 4.23 Distribuição da quantidade produzida para o Exemplo 4.18. ■

A distribuição normal e as populações discretas

A distribuição normal é usada com frequência como aproximação para a distribuição de valores de uma população discreta. Em tais situações, devemos tomar cuidado redobrado para nos assegurarmos de que as probabilidades sejam calculadas de forma precisa.

Exemplo 4.19

Sabe-se que o QI em uma determinada população (medido pelo teste-padrão) é tem distribuição aproximadamente normal com $\mu = 100$ e $\sigma = 15$. Qual é a probabilidade de um indivíduo selecionado aleatoriamente ter um QI de pelo menos 125? Sendo X = QI de uma pessoa selecionada aleatoriamente, queremos saber $P(X \geq 125)$. A tentação aqui é padronizar $X \geq 125$ como nos exemplos anteriores. No entanto, o QI da distribuição populacional é usualmente discreto, já que os QIs são valores inteiros. Portanto, a curva normal é a aproximação de um histograma de probabilidade discreta, conforme ilustrado na Figura 4.24.

Os retângulos do histograma estão *centrados* em inteiros, de forma que o QI de pelo menos 125 corresponde aos retângulos começando em 124,5, conforme sombreado na Figura 4.24. Assim, queremos a área abaixo da curva normal de aproximação à direita de 124,5. A padronização desse valor fornece $P(Z \geq 1{,}63) = 0{,}0516$, ao passo que padronizar os 125 resultados em $P(Z \geq 1{,}67) = 0{,}0475$. A diferença não é grande, mas a resposta 0,0516 é mais precisa. Da mesma maneira, $P(X = 125)$ seria aproximada pela área entre 124,5 e 125,5, já que a área abaixo da curva normal acima do valor 125 é zero.

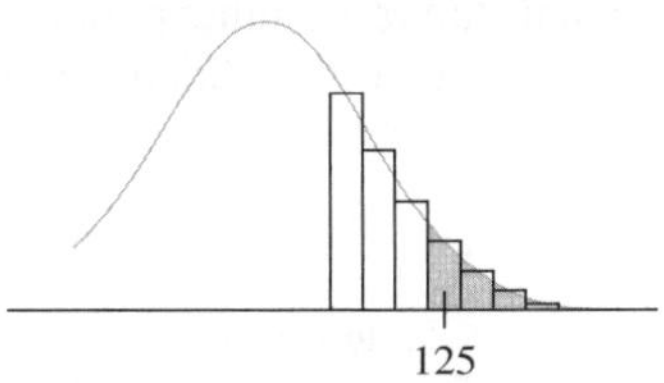

Figura 4.24 Aproximação normal de uma distribuição discreta. ■

A correção da discretização da distribuição subjacente no Exemplo 4.19 é frequentemente denominada **correção de continuidade**. Ela é útil na seguinte aplicação da distribuição normal, para cálculo de probabilidades da binomial.

Aproximação da distribuição binomial

Lembre-se de que o valor médio e o desvio padrão de uma variável aleatória binomial X são $\mu_X = np$ e $\sigma_X = \sqrt{npq}$, respectivamente. A Figura 4.25 mostra um histograma da probabilidade binomial para a distribuição binomial com $n = 20$, $p = 0{,}6$, para a qual $\mu = 20(0{,}6) = 12$ e $\sigma = \sqrt{20(0{,}6)(0{,}4)} = 2{,}19$. Uma curva normal com esse μ e σ foi sobreposta no histograma de probabilidade. Apesar de o histograma ter um pouco de inclinação (porque $p \neq 0{,}5$), a curva normal fornece uma aproximação muito boa, especialmente na parte central da figura. A área de qualquer retângulo (probabilidade de qualquer valor X particular), exceto aqueles nas extremidades das caudas, pode ser aproximada com precisão pela área correspondente da curva normal. Por exemplo, $P(X = 10) = B(10; 20, 0{,}6) - B(9; 20, 0{,}6) = 0{,}117$, ao passo que a área sob a curva normal entre 9,5 e 10,5 é $P(-1{,}14 \leq Z \leq -0{,}68) = 0{,}1212$.

De forma mais geral, contanto que o histograma de probabilidade não apresente muita inclinação, as probabilidades binomiais podem ser bem aproximadas pelas áreas da curva normal. Habitualmente se diz que X tem uma distribuição aproximadamente normal.

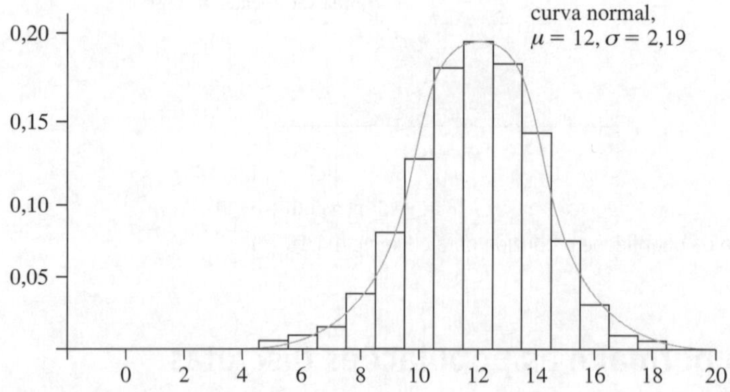

Figura 4.25 Histograma de probabilidade binomial para $n = 20$, $p = 0,6$ com curva de aproximação normal sobreposta.

Proposição

Seja X uma v.a. baseada em n ensaios com probabilidade de sucesso p. Então, se o histograma de probabilidade binomial não for muito inclinado, X tem uma distribuição aproximadamente normal com $\mu = np$ e $\sigma = \sqrt{npq}$. Em particular, para x = um possível valor de X,

$$P(X \leq x) = B(x, n, p) \approx \begin{pmatrix}\text{área abaixo da curva normal} \\ \text{à esquerda de } x + 0,5\end{pmatrix}$$

$$= \Phi\left(\frac{x + 0,5 - np}{\sqrt{npq}}\right)$$

Na prática, a aproximação é adequada, contanto que $np \geq 10$ e $nq \geq 10$, já que há simetria suficiente na distribuição binomial subjacente.

Uma prova direta (ou demonstração direta) desse resultado é bem difícil. No próximo capítulo, veremos que ela é uma consequência de um importante resultado geral denominado Teorema Central do Limite. Com toda sinceridade, essa aproximação não é mais tão importante para o cálculo de probabilidade como já foi. Isso porque, agora, um software pode calcular as probabilidades binomiais exatamente para valores bem grandes de n.

Exemplo 4.20

Suponha que 25% de todos os alunos de uma universidade pública recebam ajuda financeira. Assuma X como o número de alunos em uma amostra aleatória de tamanho 50 que recebem ajuda financeira, de modo que $p = 0,25$. Então, $\mu = 12,5$ e $\sigma = 3,06$. Uma vez que $np = 50(0,25) = 12,5 \geq 10$ e $nq = 37,5 \geq 10$, a aproximação pode ser aplicada de maneira segura. A probabilidade de que no máximo 10 alunos recebam ajuda é de

$$P(X \leq 10) = B(10; 50, 0,25) \approx \Phi\left(\frac{10 + 0,5 - 12,5}{3,06}\right)$$

$$= \Phi(-0,65) = 0,2578$$

Da mesma forma, a probabilidade de que entre 5 e 15 alunos selecionados recebam ajuda é de

$$P(5 \leq X \leq 15) = B(15; 50, 0,25) - B(4; 50, 0,25)$$

$$\approx \Phi\left(\frac{15,5 - 12,5}{3,06}\right) - \Phi\left(\frac{4,5 - 12,5}{3,06}\right) = 0,8320$$

As probabilidades exatas são 0,2622 e 0,8348, respectivamente, de forma que as aproximações são muito boas. No último cálculo, a probabilidade $P(5 \leq X \leq 15)$ é aproximada pela área sob a curva normal entre 4,5 e 15,5. A correção de continuidade é usada para os limites superior e inferior. ■

Quando o objetivo de nossa investigação é fazer uma inferência a respeito de uma proporção populacional p, o interesse terá foco na proporção amostral de sucessos X/n em vez de no próprio X. Pelo fato de a proporção ser apenas X multiplicado pela constante $1/n$, ele também terá aproximadamente uma distribuição normal (com média $\mu = p$ e desvio padrão $\sigma = \sqrt{pq/n}$), contanto que $np \geq 10$ e $nq \geq 10$. Essa aproximação normal é a base de diversos procedimentos inferenciais a serem discutidos nos capítulos posteriores.

EXERCÍCIOS Seção 4.3 (28–58)

28. Assuma Z como uma variável aleatória normal e calcule as probabilidades a seguir, fazendo as ilustrações quando apropriado.

a. $P(0 \leq Z \leq 2{,}17)$
b. $P(0 \leq Z \leq 1)$
c. $P(-2{,}50 \leq Z \leq 0)$
d. $P(-2{,}50 \leq Z \leq 2{,}50)$
e. $P(Z \leq 1{,}37)$
f. $P(-1{,}75 \leq Z)$
g. $P(-1{,}50 \leq Z \leq 2{,}00)$
h. $P(1{,}37 \leq Z \leq 2{,}50)$
i. $P(1{,}50 \leq Z)$
j. $P(|Z| \leq 2{,}50)$

29. Em cada caso, determine o valor da constante c que torna correta o valor da probabilidade.

a. $\Phi(c) = 0{,}9838$
b. $P(0 \leq Z \leq c) = 0{,}291$
c. $P(c \leq Z) = 0{,}121$
d. $P(-c \leq Z \leq c) = 0{,}668$
e. $P(c \leq |Z|) = 0{,}016$

30. Encontre os percentis a seguir para a distribuição normal. Faça a interpolação quando apropriado.

a. 91º
b. 9º
c. 75º
d. 25º
e. 6º

31. Suponha que uma concentração de cloreto no sangue (mmol/L) tenha uma distribuição normal com média 104 e um desvio padrão 5 (informações contidas no artigo "Mathematical model of chloride concentration in human blood", *J. of Med. Engr. and Tech.*, 2006: 25-30, incluindo um gráfico normal de probabilidade conforme o descrito na Seção 4.6, que apoia essa suposição).

a. Qual é a probabilidade de a concentração de cloreto equivaler a 105? Menos que 105? No máximo 105?
b. Qual é a probabilidade de a concentração de cloreto ser diferente da média por mais de 1 desvio padrão? Essa probabilidade depende de μ e σ?
c. Como você caracterizaria os valores mais extremos da concentração de cloreto de 0,1%?

32. Suponha que a força que age sobre uma coluna que ajuda a suportar um edifício tenha distribuição normal variável X com valor médio de 15,0 kips e desvio padrão de 1,25 kips. Calcule as seguintes probabilidades ao padronizar e usar a Tabela A.3.

a. $P(X \leq 15)$
b. $P(X \leq 17{,}5)$
c. $P(X \geq 10)$
d. $P(14 \leq X \leq 18)$
e. $P(|X - 15| \leq 3)$

33. As mopeds (pequenas motocicletas com um motor de capacidade inferior a 50 cm^3) são bastante populares na Europa por causa de sua mobilidade, facilidade de operação e baixo custo. O artigo "Procedure to verify the maximum speed of automatic transmission mopeds in periodic motor vehicle inspections" (*J. of Automobile Engr.*, 2008: 1615-1623) descreveu um teste no dinamômetro para determinar a velocidade máxima do veículo. Uma distribuição normal com valor médio de 46,8 km/h e um desvio padrão de 1,75 km/h é postulada. Considere a seleção aleatória de uma única moped.

a. Qual é a probabilidade de a velocidade máxima não ultrapassar 50 km/h?
b. Qual é a probabilidade de a velocidade máxima ser no mínimo 48 km/h?
c. Qual é a probabilidade de a velocidade máxima ser diferente do valor médio por no máximo 1,5 desvios padrão?

34. O artigo "Reliability of domestic-waste biofilm reactors" (*J. of Envir. Engr.*, 1995: 785-790) sugere que a concentração de substrato (mg/cm^3) de afluente para um reator seja distribuída normalmente com $\mu = 0{,}30$ e $\sigma = 0{,}06$.

a. Qual é a probabilidade de a concentração exceder 0,25?
b. Qual é a probabilidade de a concentração ser no máximo 0,10?
c. Como você caracterizaria os maiores 5% de todos os valores de concentração?

35. Suponha que o diâmetro de certo tipo de árvore na altura (em polegadas) do tronco de uma pessoa tenha distribuição normal com $\mu = 8{,}8$ e $\sigma = 2{,}8$, conforme sugerido pelo artigo "Simulating a harvester-forwarder softwood thinning" (*Forest Products J.*, maio 1997: 36-41).

a. Qual é a probabilidade de uma árvore selecionada aleatoriamente ter um diâmetro de no mínimo 10 polegadas? Exceder 10 polegadas?
b. Qual é a probabilidade de o diâmetro de uma árvore selecionada aleatoriamente exceder 20 polegadas?
c. Qual é a probabilidade de o diâmetro de uma árvore selecionada aleatoriamente estar entre 5 e 10 polegadas?
d. Qual valor c faz com que o intervalo $(8{,}8 - c, 8{,}8 + c)$ inclua 98% de todos os valores de diâmetro?
e. Se quatro árvores forem selecionadas de forma independente, qual é a probabilidade de ao menos uma ter diâmetro maior que 10 polegadas?

36. A pulverização é uma preocupação constante para os aplicadores de pesticida e produtores agrícolas. A relação inversa entre o tamanho da gotícula e o potencial do borrifo é bem conhecida. O documento "Effects of 2,4-D formulation and quinclorac on spray droplet size and deposition" (*Weed Tech-*

nology, 2005: 1030-1036) investigou os efeitos da formulação dos herbicidas na atomização do spray. Uma figura no documento sugeriu que a distribuição normal com média de 1 050 μm e desvio padrão de 150 μm forma um modelo razoável para o tamanho da gotícula para a água (o "tratamento de controle") borrifada por um bocal a 760 mL/min.

a. Qual é a probabilidade de que o tamanho de uma única gotícula seja menor que 1 500 μm? Pelo menos 1 000 μm?

b. Qual é a probabilidade de que o tamanho de uma única gotícula fique entre 1 000 e 1 500 μm?

c. Como você caracterizaria os menores 2% de todas as gotículas?

d. Se o tamanho de cinco gotículas selecionadas de maneira independente for medido, qual é a probabilidade de que pelo menos um exceda 500 μm?

37. A distribuição da resistência de resistores de um tipo específico é normal, em que 10% de todos os equipamentos apresentam resistência maior que 10,256 ohms e 5% têm resistência menor que 9,671 ohms. Quais são os valores da média e do desvio padrão da distribuição das resistências?

38. Há duas máquinas disponíveis para corte de rolhas para garrafas de vinho. A primeira produz rolhas com diâmetros normalmente distribuídos com média de 3 cm e desvio padrão de 0,1 cm. A segunda máquina produz rolhas com diâmetros normalmente distribuídos com média de 3,04 cm e desvio padrão de 0,02 cm. As rolhas aceitáveis têm diâmetros entre 2,9 cm e 3,1 cm. Qual máquina tem maior probabilidade de produzir uma rolha aceitável?

39. **a.** Se uma distribuição normal tem $\mu = 30$ e $\sigma = 5$, qual é o 91º percentil da distribuição?

b. Qual é o 6º percentil da distribuição?

c. A largura de uma linha gravada em um chip de circuito integrado tem distribuição normal com média de 3 000 μm e desvio padrão de 0,140. Qual valor de largura separa os 10% mais largos de todas as linhas dos outros 90%?

40. O artigo "Monte Carlo Simulation – Tool for better understanding of LRFD" (*J. of Structural Engr.*, 1993: 1586-1599) sugere que uma resistência de rendimento (ksi) para o aço de graduação A36 seja distribuída normalmente com $\mu = 43$ e $\sigma = 4,5$.

a. Qual é a probabilidade de a resistência ser no máximo 40? Maior que 60?

b. Que valor de resistência separa os 75% mais fortes dos outros?

41. O dispositivo de abertura automática de um paraquedas militar para carga foi projetado para abrir quando estiver a 200 m do solo. Suponha que a altitude de abertura realmente tenha uma distribuição normal com valor médio de 200 m e desvio padrão de 30 m. O dano no equipamento ocorrerá se o paraquedas abrir em uma altitude menor que 100 m. Qual é a probabilidade de que haja dano no equipamento da carga de pelo menos um dos cinco paraquedas que caíram de maneira independente?

42. A leitura de temperatura de um termopar colocado em um meio de temperatura constante tem distribuição normal com média μ, a temperatura real do meio e desvio padrão σ. Qual o valor de σ para assegurar que 95% de todas as leituras estejam dentro de 0,1° de μ?

43. Determine z_α para os itens a seguir:

a. $\alpha = 0,0055$

b. $\alpha = 0,09$

c. $\alpha = 0,663$

44. Se o comprimento da rosca de um parafuso tem distribuição normal, qual é a probabilidade de o comprimento da rosca de um parafuso selecionado aleatoriamente:

a. Estar a 1,5 DP do valor da média?

b. Estar a mais de 2,5 DP do valor da média?

c. Estar entre 1 e 2 DP do valor da média?

45. Uma máquina que produz rolamentos inicialmente foi configurada para que o diâmetro real médio dos rolamentos produzidos fosse de 0,500 polegada. Um rolamento é aceitável se o diâmetro está dentro de 0,004 polegada desse valor-alvo. Suponha, entretanto, que a configuração tenha sido alterada durante o curso da produção, de forma que os rolamentos tenham diâmetros com distribuição normal com média 0,499 polegada e desvio padrão 0,002 polegada. Qual porcentagem dos rolamentos produzidos não será aceitável?

46. A dureza Rockwell de um metal é determinada pela pressão de uma ponta rígida na superfície do metal e, em seguida, pela medição da profundidade de penetração da ponta. Suponha que a dureza Rockwell de uma determinada liga tenha distribuição normal com média 70 e desvio padrão 3. (A dureza Rockwell é medida em uma escala contínua.)

a. Se uma amostra for aceitável apenas se a sua dureza estiver entre 67 e 75, qual é a probabilidade de uma amostra selecionada aleatoriamente ter dureza aceitável?

b. Se o intervalo aceitável de dureza for $(70 - c, 70 + c)$, para que valor de c 95% de todas as amostras teriam uma dureza aceitável?

c. Se o intervalo aceitável for o do item (a) e a dureza de cada uma de 10 amostras selecionadas aleatoriamente for determinada de forma independente, qual será o número esperado de amostras aceitáveis dentre as 10?

d. Qual é a probabilidade de que no máximo oito de dez amostras selecionadas de maneira independente tenham uma dureza de menos de 73,84? [*Dica*: Y = o número entre as dez amostras com dureza menor que 73,84 é uma variável binomial; qual é p?]

47. Suponha que apenas 75% de todos os motoristas de um Estado específico usem o cinto de segurança regularmente. É selecionada uma amostra de 500 motoristas. Qual é a probabilidade de

a. Entre 360 e 400 (inclusive) motoristas usarem o cinto de segurança regularmente?

b. Menos de 400 dos motoristas da amostra usarem o cinto regularmente?

48. Suponha que a Tabela A.3 do Apêndice contenha $\Phi(z)$ apenas para $z \geq 0$. Explique como você ainda poderia calcular

a. $P(-1,72 \leq Z \leq -0,55)$

b. $P(-1,72 \leq Z \leq 0,55)$

É necessário tabelar $\Phi(z)$ para z negativo? Que propriedade da curva normal padrão justifica sua resposta?

49. Considere os bebês nascidos no intervalo "comum" de 37-43 semanas de gestação. Muitos dados apoiam a suposição de que, para os bebês nascidos nos Estados Unidos, o peso de nascimento possui distribuição normal com média 3 432 g e desvio padrão 482 g. [O artigo "Are babies normal" (*The American Statistician*, 1999: 298-302) analisou dados de um ano específico. Para uma escolha significativa de intervalos de classe, um histograma não tinha aparência normal, mas, após mais investigações, determinou-se que isso acontecia devido a alguns hospitais medirem o peso em gramas e outros em onças (com aproximação para a próxima onça) e depois converterem para gramas. Uma escolha de intervalos de classe modificada resultou um histograma bem-descrito por uma distribuição normal.][2]

a. Qual é a probabilidade de o peso de nascimento de um bebê selecionado aleatoriamente exceder 4 000 gramas? Estar entre 3 000 e 4 000 gramas?

b. Qual é a probabilidade de o peso de um bebê selecionado aleatoriamente ser inferior a 2 000 gramas ou superior a 5 000 gramas?

c. Qual é a probabilidade de o peso de nascimento de um bebê selecionado aleatoriamente exceder 7 libras?

d. Como você caracterizaria o 0,1% mais extremo de todos os pesos de nascimento?

e. Se X for uma variável aleatória com distribuição normal e a uma constante numérica ($a \neq 0$), então $Y = aX$ também terá uma distribuição normal. Use isso para determinar a distribuição do peso de nascimento expresso em libras (formato, média e desvio padrão) e então calcule novamente a probabilidade do item (c). Como isso se compara à resposta anterior?

50. Em resposta às preocupações sobre o conteúdo nutricional dos fast-foods, o McDonald's anunciou que usará um novo óleo na fritura de suas batatas. O produto diminuirá substancialmente os níveis de ácidos graxos trans e aumentará a quantidade de gordura poli-insaturada, mais benéfica. A empresa alega que 97 dentre 100 pessoas não conseguem detectar diferença no gosto entre o óleo antigo e o novo. Assumindo que esse valor esteja correto (como proporção de longo prazo), qual é a probabilidade aproximada de, em uma amostra de 1 000 indivíduos que compraram fritas no McDonald's,

a. Ao menos 40 sentirem a diferença de gosto entre os dois óleos?

b. No máximo 5% sentirem a diferença de gosto entre os dois óleos?

51. A desigualdade de Chebyshev (consulte o Exercício 44, Capítulo 3) é válida para distribuições discretas e contínuas. Ela afirma que, para qualquer número k que satisfaça $k \geq 1$, $P(|X - \mu| \geq k\sigma) \leq 1/k^2$ (consulte o Exercício 44 no Capítulo 3 para uma interpretação). Obtenha essa probabilidade no caso de uma distribuição normal para $k = 1$, 2 e 3, e compare ao limite superior.

52. Seja X o número de falhas em um rolo de 100 m de fita magnética (uma variável de valores inteiros). Suponha que X tenha aproximadamente uma distribuição normal com $\mu = 25$ e $\sigma = 5$. Use a correção de continuidade para calcular a probabilidade de que o número de falhas

a. Esteja entre 20 e 30, inclusive.

b. No máximo 30. Menor que 30.

53. Seja X uma distribuição binomial com parâmetros $n = 25$ e p. Calcule cada uma das probabilidades a seguir, usando a aproximação normal (com correção de continuidade) para os casos $p = 0{,}5$, 0,6 e 0,8 e compare com as probabilidades exatas calculadas pela Tabela A.1 do Apêndice.

a. $P(15 \leq X \leq 20)$

b. $P(X \leq 15)$

c. $P(20 \leq X)$

54. Suponha que 10% de todos os eixos de aço produzidos por um processo específico não estejam em conformidade, mas possam ser retrabalhados (em vez de serem sucateados). Considere uma amostra aleatória de 200 eixos e represente por X o número dentre eles que não esteja conforme e possa ser retrabalhado. Qual é a probabilidade (aproximada) de X

a. Ser no máximo 30?

b. Ser menor que 30?

c. Estar entre 15 e 25 (inclusive)?

55. A distribuição de peso dos pacotes enviados é, de certo modo, normal com o valor médio de 12 libras e o desvio padrão de 3,5 libras. O serviço de entregas deseja estabelecer um valor de peso c além do qual haverá um acréscimo (sobrecarga). Que valor de c faz com que 99% de todos os pacotes estejam no mínimo 1 libra abaixo do peso de sobrecarga?

56. Mostre que a relação entre um percentil normal geral e o percentil correspondente z atende ao que foi dito nesta seção.

57. **a.** Mostre que, se X tem distribuição normal com parâmetros μ e σ, então $Y = aX + b$ (função linear de X) também tem distribuição normal. Quais são os parâmetros da distribuição de Y [isto é, $E(Y)$ e $V(Y)$]? [*Dica*: escreva a f.d. de Y, $P(Y \leq y)$, como uma integral de f.d.p. de X, e então diferencie-a com relação a y para obter a f.d.p. de Y.]

b. Se, quando medida em °C, a temperatura tem distribuição normal com média 115 e desvio padrão 2, o que se pode dizer sobre a distribuição da temperatura medida em °F?

58. Não há uma boa fórmula para a f.d. normal padrão $\Phi(z)$, mas foram publicadas diversas aproximações razoáveis. O seguinte foi obtido de "Approximations for hand calculators using small integer coefficients" (*Mathematics of Computation*, 1977: 214-222). Para $0 < z \leq 5{,}5$,

$$P(Z \geq z) = 1 - \Phi(z)$$
$$\approx 0{,}5 \exp\left\{-\left[\frac{(83z + 351)z + 562}{703/z + 165}\right]\right\}$$

O erro relativo dessa aproximação é menor que 0,042%. Use isso para calcular as aproximações das probabilidades a seguir e compare-as com as probabilidades obtidas na Tabela A.3 do Apêndice, sempre que possível.

a. $P(Z \geq 1)$ **b.** $P(Z < -3)$

c. $P(-4 < Z < 4)$ **d.** $P(Z > 5)$

[2] Uma libra equivale a 0,4536 quilo ou 453,6 gramas.

4.4 Distribuição exponencial e distribuição gama

A curva de densidade correspondente a qualquer distribuição normal tem formato de sino, sendo, portanto, simétrica. Há várias situações práticas em que a variável de interesse do investigador pode ter distribuição com inclinação. Uma família de distribuições que possui essa propriedade é a família gama. Primeiro, consideramos um caso especial – a distribuição exponencial – e, em seguida, generalizamos no final da seção.

A distribuição exponencial

A família de distribuições exponenciais fornece modelos probabilísticos largamente usados em engenharia e em várias disciplinas de ciência.

Definição

Diz-se que X tem uma **distribuição exponencial** com parâmetro $\lambda(\lambda > 0)$ se a f.d.p. de X for

$$f(x; \lambda) = \begin{cases} \lambda e^{-\lambda x} & x \geq 0 \\ 0 & \text{caso contrário} \end{cases} \quad (4.5)$$

Algumas fontes escrevem a f.d.p. exponencial na forma $(1/\beta)e^{-x/\beta}$, de modo que $\beta = 1/\lambda$. O valor esperado de uma variável aleatória X distribuída exponencialmente é

$$E(X) = \int_0^\infty x\lambda e^{-\lambda x}\,dx$$

Para obter esse valor esperado, é preciso fazer uma integração por partes. A variância de X pode ser calculada pelo uso de $V(X) = E(X^2) - [E(X)]^2$. A determinação de $E(X^2)$ exige a integração por partes duas vezes sucessivamente. Os resultados dessas integrações são conforme o seguinte:

$$\mu = \frac{1}{\lambda} \qquad \sigma^2 = \frac{1}{\lambda^2}$$

Tanto a média como o desvio padrão da distribuição exponencial são iguais a $1/\lambda$. Os gráficos de diversas f.d.p. exponenciais são exibidas na Figura 4.26.

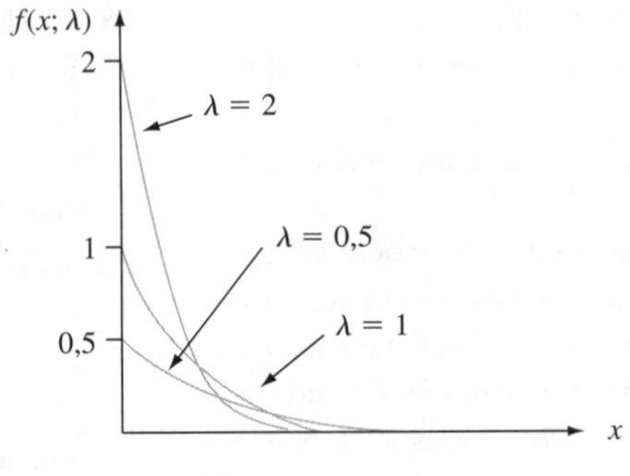

Figura 4.26 Curvas de densidade exponencial.

A f.d.p. exponencial é integrada facilmente para obter a f.d.

$$F(x; \lambda) = \begin{cases} 0 & x < 0 \\ 1 - e^{-\lambda x} & x \geq 0 \end{cases}$$

Exemplo 4.21

O artigo "Probabilistic fatigue evaluation of riveted railway bridges" (*J. of Bridge Engr.*, 2008: 237-244) sugeriu a distribuição exponencial com o valor médio 6 MPa como modelo para a distribuição da variação de tensão de certas conexões de uma ponte. Assuma que esse seja de fato o modelo verdadeiro. Então, $E(X) = 1/\lambda = 6$ implica que $\lambda = 0{,}1667$. A probabilidade de que a variação da tensão seja no máximo 10 MPa é

$$P(X \leq 10) = F(10; 0{,}1667) = 1 - e^{-(0{,}1667)(10)} = 1 - 0{,}189 = 0{,}811$$

A probabilidade de que a variação de tensão esteja entre 5 e 10 MPa é

$$P(5 \leq X \leq 10) = F(10; 0{,}1667) - F(5; 0{,}1667) = (1 - e^{-1{,}667}) - (1 - e^{-0{,}8335}) = 0{,}246 \quad \blacksquare$$

A distribuição exponencial é usada frequentemente como modelo para distribuição dos tempos entre a ocorrência de sucessivos eventos, tais como clientes chegando a uma unidade de atendimento ou chamadas em uma central telefônica. O motivo disso é que a distribuição exponencial está fortemente relacionada ao processo de Poisson discutido no Capítulo 3.

Proposição

Suponha que o número de eventos que ocorrem em um intervalo de tempo de duração t tenha distribuição de Poisson com parâmetro αt (em que α, a taxa do processo do evento, é o número esperado de eventos que ocorrem em uma unidade de tempo) e que os números das ocorrências em intervalos não sobrepostos sejam independentes uns dos outros. Então, a distribuição do tempo decorrido entre a ocorrência de dois eventos sucessivos é exponencial com parâmetro $\lambda = \alpha$.

Apesar de uma demonstração completa estar além do escopo deste livro, o resultado é facilmente verificado para o tempo X_1, até que ocorra o primeiro evento:

$$\begin{aligned} P(X_1 \leq t) &= 1 - P(X_1 > t) = 1 - P[\text{nenhum evento em } (0, t)] \\ &= 1 - \frac{e^{-\alpha t} \cdot (\alpha t)^0}{0!} = 1 - e^{-\alpha t} \end{aligned}$$

que é exatamente a f.d. da distribuição exponencial.

Exemplo 4.22

Suponha que sejam recebidas chamadas em um serviço telefônico do tipo CVV 24 horas, de acordo com um processo de Poisson com taxa = 0,5 chamada por dia. Então, o número de dias X entre chamadas sucessivas tem uma distribuição exponencial com valor de parâmetro 0,5, de forma que a probabilidade de haver mais de 2 dias entre chamadas é

$$P(X > 2) = 1 - P(X \leq 2) = 1 - F(2; 0{,}5) = e^{-(0{,}5)(2)} = 0{,}368$$

O tempo esperado entre chamadas sucessivas é $1/0{,}5 = 2$ dias. ■

Outra aplicação importante da distribuição exponencial é modelar a distribuição do tempo de vida de um componente. O motivo parcial da popularidade dessas aplicações é a propriedade de "**falta de memória**" da distribuição exponencial. Suponha que um componente tenha uma vida útil X com distribuição exponencial de parâmetro λ. Após o componente ser colocado em serviço, saímos por um período de t_0 horas e então retornamos para encontrar o componente ainda funcionando. Nesse caso, qual é a probabilidade de ele durar ao menos t horas adicionais? Em símbolos, queremos $P(X \geq t + t_0 | X \geq t_0)$. Pela definição de probabilidade condicional,

$$P(X \geq t + t_0 | X \geq t_0) = \frac{P[(X \geq t + t_0) \cap (X \geq t_0)]}{P(X \geq t_0)}$$

Mas, no caso de $X \geq t_0$ no numerador, é redundante, já que os dois eventos podem ocorrer se, e somente se, $X \geq t + t_0$. Portanto,

$$P(X \geq t + t_0 | X \geq t_0) = \frac{P(X \geq t + t_0)}{P(X \geq t_0)} = \frac{1 - F(t + t_0; \lambda)}{1 - F(t_0; \lambda)} = e^{-\lambda t}$$

Essa probabilidade condicional é idêntica à probabilidade original $P(X \geq t)$ de que o componente dure t horas. Assim, *a distribuição do tempo de vida adicional é exatamente igual à distribuição original de tempo de vida*, de forma que em cada ponto no tempo o componente não dá sinais de desgaste. Em outras palavras, a distribuição do tempo de vida restante é independente da idade atual.

Embora a propriedade de ausência de memória possa ser justificada pelo menos aproximadamente em muitos problemas aplicados, em outras situações os componentes se deterioram ou ocasionalmente melhoram com o uso (ao menos até certo ponto). Modelos mais gerais de tempo de vida são fornecidos pelas distribuições gama, Weibull e lognormal (as duas últimas serão discutidas a seguir).

A função gama

Para defini-la, precisamos antes apresentar uma função que tem importante papel em vários ramos da Matemática.

Definição

Para $\alpha > 0$, a **função gama** $\Gamma(\alpha)$ é definida por

$$\Gamma(\alpha) = \int_0^\infty x^{\alpha-1}e^{-x}\,dx \tag{4.6}$$

As propriedades mais importantes da função gama são as seguintes:

1. Para qualquer $\alpha > 1$, $\Gamma(\alpha) = (\alpha - 1) \cdot \Gamma(\alpha - 1)$ [por meio da integração por partes]

2. Para qualquer inteiro positivo, $\Gamma(n) = (n - 1)!$

3. $\Gamma\left(\frac{1}{2}\right) = \sqrt{\pi}$

Pela Expressão (4.6), se tivermos

$$f(x;\alpha) = \begin{cases} \dfrac{x^{\alpha-1}e^{-x}}{\Gamma(\alpha)} & x \geq 0 \\ 0 & \text{caso contrário} \end{cases} \tag{4.7}$$

então, $f(x; \alpha) \geq 0$ e $\int_0^\infty f(x;\alpha)\,dx = \Gamma(\alpha)/\Gamma(\alpha) = 1$, portanto, $f(x; \alpha)$ satisfaz as duas propriedades básicas de uma f.d.p.

A distribuição gama

Definição

Diz-se que uma variável aleatória contínua X tem uma **distribuição gama** se a f.d.p. de X for

$$f(x;\alpha,\beta) = \begin{cases} \dfrac{1}{\beta^\alpha\Gamma(\alpha)}x^{\alpha-1}e^{-x/\beta} & x \geq 0 \\ 0 & \text{caso contrário} \end{cases} \tag{4.8}$$

em que os parâmetros α e β satisfazem $\alpha > 0$, $\beta > 0$. A **distribuição gama padrão** tem $\beta = 1$, de forma que a f.d.p. de uma v.a. gama padrão seja dada por (4.7).

A distribuição exponencial resulta da tomada de $\alpha = 1$ e $\beta = 1/\lambda$.

A Figura 4.27(a) ilustra os gráficos da f.d.p. gama $f(x; \alpha, \beta)$ para diversos pares (α, β), ao passo que a Figura 4.27(b) apresenta os gráficos da f.d.p. gama padrão. Para a f.d.p. padrão, quando $\alpha \leq 1$, $f(x; \alpha)$ é estritamente decrescente à medida que x aumenta a partir de 0; quando $\alpha > 1$, $f(x; \alpha)$ aumenta a partir de 0 em $x = 0$ até um máximo e depois decresce. O parâmetro β em (4.8) é denominado *parâmetro de escala* porque os valores diferentes de 1 esticam ou comprimem a f.d.p. na direção de x.

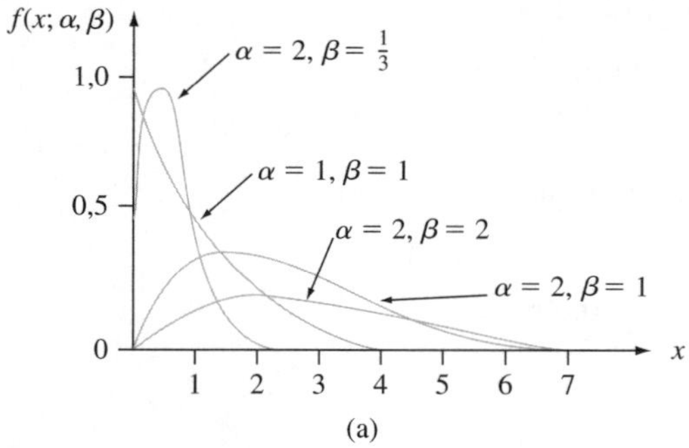

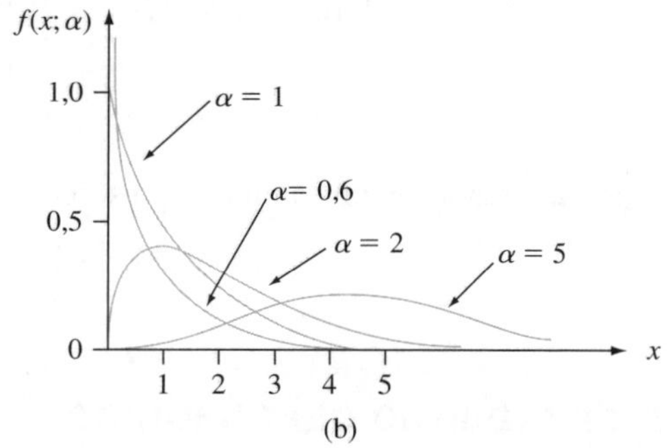

Figura 4.27 (a) Curvas de densidades gama; (b) curvas de densidade gama padrão.

A média e a variância de uma variável aleatória X com distribuição gama $f(x;\ \alpha,\ \beta)$ são

$$E(X) = \mu = \alpha\beta \qquad V(X) = \sigma^2 = \alpha\beta^2$$

Quando X é uma v.a. gama padrão, a f.d. de X,

$$F(x;\ \alpha) = \int_0^x \frac{y^{\alpha-1}e^{-y}}{\Gamma(\alpha)}\,dy \qquad x > 0 \tag{4.9}$$

é denominada **função gama incompleta** [algumas vezes a função gama incompleta se refere à Expressão (4.9) sem o denominador $\Gamma(\alpha)$ no integrando]. Há tabelas extensas de $F(x;\ \alpha)$ disponíveis. Na Tabela A.4 do Apêndice, apresentamos uma pequena tabulação para $\alpha = 1, 2, \ldots, 10$ e $x = 1, 2, \ldots, 15$.

Exemplo 4.23

Suponha que o tempo de reação X de um indivíduo selecionado aleatoriamente a um certo estímulo possua uma distribuição gama padrão com $\alpha = 2$. Uma vez que

$$P(a \le X \le b) = F(b) - F(a)$$

quando X é contínuo,

$$P(3 \le X \le 5) = F(5;\ 2) - F(3;\ 2) = 0{,}960 - 0{,}801 = 0{,}159$$

A probabilidade de o tempo de reação ser mais de 4 segundos é

$$P(X > 4) = 1 - P(X \le 4) = 1 - F(4;\ 2) = 1 - 0{,}908 = 0{,}092 \ \blacksquare$$

A função gama incompleta também pode ser usada para calcular probabilidades que envolvam distribuições gama não padrão. Essas probabilidades também podem ser obtidas quase instantaneamente através de diversos pacotes de softwares.

Proposição

Assuma X com uma distribuição gama de parâmetros α e β. Então, para qualquer $x > 0$, a f.d. de X é dada por

$$P(X \le x) = F(x;\ \alpha,\ \beta) = F\left(\frac{x}{\beta};\ \alpha\right)$$

em que $F(\,\cdot\,;\ \alpha)$ é a função gama incompleta.

Exemplo 4.24

Suponha que o tempo de sobrevivência X em semanas de um camundongo macho selecionado aleatoriamente exposto a 240 rads de radiação gama tenha uma distribuição gama com $\alpha = 8$ e $\beta = 15$. (Os dados de *Survival distributions: reliability applications in the biomedical services*, de A. J. Gross e V. Clark, sugerem que $\alpha \approx 8{,}5$ e $\beta \approx 13{,}3$.) O tempo de sobrevivência esperado é $E(X) = (8)(15) = 120$ semanas, ao passo que $V(X) = (8)(15)^2 = 1\,800$ e $\sigma_X = \sqrt{1\,800} = 42{,}43$ semanas. A probabilidade de um camundongo sobreviver entre 60 e 120 semanas é

$$\begin{aligned} P(60 \leq X \leq 120) &= P(X \leq 120) - P(X \leq 60) \\ &= F(120/15; 8) - F(60/15; 8) \\ &= F(8; 8) - F(4; 8) = 0{,}547 - 0{,}051 = 0{,}496 \end{aligned}$$

A probabilidade de um camundongo sobreviver ao menos 30 semanas é

$$\begin{aligned} P(X \geq 30) &= 1 - P(X < 30) = 1 - P(X \leq 30) \\ &= 1 - F(30/15; 8) = 0{,}999 \ \blacksquare \end{aligned}$$

A distribuição qui-quadrado

A distribuição qui-quadrado é importante por ser a base de diversos procedimentos de inferência estatística. O principal papel desempenhado pela distribuição qui-quadrado na inferência vem de sua relação com as distribuições normais (consulte o Exercício 71). Discutiremos essa distribuição com mais detalhes nos próximos capítulos.

Definição

Assuma ν como um inteiro positivo. Diz-se que uma variável aleatória X tem uma **distribuição qui-quadrado** com parâmetro ν se a f.d.p. de X for a densidade gama com $\alpha = \nu/2$ e $\beta = 2$. A f.d.p. de uma v.a. qui-quadrado será

$$f(x; \nu) = \begin{cases} \dfrac{1}{2^{\nu/2}\Gamma(\nu/2)} x^{(\nu/2)-1} e^{-x/2} & x \geq 0 \\ 0 & x < 0 \end{cases} \tag{4.10}$$

O parâmetro ν é chamado **número de graus de liberdade** (gl) de X. O símbolo χ^2 é frequentemente usado no lugar de "qui-quadrado".

EXERCÍCIOS Seção 4.4 (59–71)

59. Seja X = o tempo entre duas chegadas sucessivas ao guichê de atendimento rápido de um banco local. Se X possui distribuição exponencial com $\lambda = 1$ (que é idêntico a uma distribuição gama padrão com $\alpha = 1$), calcule os itens a seguir:

a. O tempo esperado entre duas chegadas sucessivas.

b. O desvio padrão do tempo entre chegadas sucessivas.

c. $P(X \leq 4)$.

d. $P(2 \leq X \leq 5)$.

60. Seja X a distância (m) que um animal viaja desde seu local de nascimento até o primeiro local vago que encontra. Suponha que, para ratos-cangurus, X possua uma distribuição exponencial com parâmetro $\lambda = 0{,}01386$ (como sugerido no artigo "Competition and dispersal from multiple nests", *Ecology*, 1997: 873-883).

a. Qual é a probabilidade de a distância ser no máximo 100 m? No máximo 200 m? Entre 100 e 200 m?

b. Qual é a probabilidade de a distância exceder a média por mais de 2 desvios padrão?

c. Qual é o valor da distância mediana?

61. Os dados coletados no Toronto Pearson International Airport sugerem que uma distribuição exponencial com o valor médio de 2,725 horas é um bom modelo para a duração da chuva (*Urban Stormwater Management Planning with Analytical Probabilistic Models*, 2000: 69).

a. Qual é a probabilidade de a duração de um determinado período de chuva neste local ser de pelo menos 2 horas? No máximo 3 horas? Entre 2 e 3 horas?

b. Qual é a probabilidade de a distância exceder a média por mais de 2 desvios padrão? Qual é a probabilidade de que ela esteja a mais de 1 desvio padrão em relação ao valor da média?

62. O documento "Microwave observations of daily antarctic sea-ice edge expansion and contribution rates" (*IEEE Geosci. and Remote Sensing Letters*, 2006: 54-58) declara que "A distribuição do avanço/recuo diário da faixa gelo-mar de cada sensor é semelhante e aproximadamente o exponencial duplo". A distribuição exponencial dupla que foi proposta possui a função de densidade $f(x) = 0{,}5\lambda e^{-\lambda|x|}$ para $-\infty < x < \infty$. O desvio padrão é dado como 40,9 km.

a. Qual é o valor do parâmetro λ?

b. Qual é a probabilidade de a faixa gelo-mar observada estar dentro de 1 desvio padrão em relação ao valor da média?

63. Um sistema consiste em cinco componentes idênticos conectados em série, conforme ilustrado:

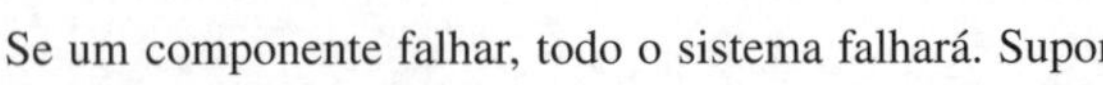

Se um componente falhar, todo o sistema falhará. Suponha que cada componente tenha um tempo de vida distribuído exponencialmente com $\lambda = 0{,}01$ e que eles falhem de forma independente. Defina os eventos $A_i = \{i\text{-ésimo componente que dura no mínimo } t \text{ horas}\}$, $i = 1, \ldots, 5$, de forma que os A_i sejam eventos independentes. Assuma X como o momento da falha do sistema, isto é, o tempo de vida mais curto (mínimo) entre os cinco componentes.

a. O evento $\{X \geq t\}$ é equivalente a que evento que envolva $A_1, \ldots, A_5$?

b. Usando a independência dos A_i, calcule $P(X \geq t)$. Em seguida, obtenha $F(t) = P(X \leq t)$ e a f.d.p. de X. Qual é o tipo de distribuição que X tem?

c. Suponha que haja n componentes, cada um com uma vida útil exponencial com parâmetro λ. Qual é o tipo de distribuição que X tem?

64. Calcule os dados a seguir:

a. $\Gamma(6)$ **b.** $\Gamma(5/2)$

c. $F(4; 5)$(a função gama incompleta)

d. $F(5; 4)$ **e.** $F(0; 4)$

65. Seja X uma distribuição gama padrão com $\alpha = 7$. Avalie o seguinte:

a. $P(X \leq 5)$ **b.** $P(X < 5)$ **c.** $P(X > 8)$

d. $P(3 \leq X \leq 8)$ **e.** $P(3 < X < 8)$

f. $P(X < 4$ ou $X > 6)$

66. Suponha que o tempo gasto por um aluno selecionado aleatoriamente que usa um computador compartilhado tenha uma distribuição gama com média de 20 minutos e variância de 80 min^2.

a. Quais são os valores de α e β?

b. Qual é a probabilidade de um aluno usar o terminal por no máximo 24 minutos?

c. Qual é a probabilidade de um aluno passar entre 20 e 40 minutos usando o computador?

67. Suponha que, quando um certo tipo de transistor é sujeito a um teste de vida acelerado, o tempo de vida X (em semanas) possui distribuição gama com média 24 semanas e desvio padrão 12 semanas.

a. Qual é a probabilidade de um transistor durar entre 12 e 24 semanas?

b. Qual é a probabilidade de um transistor durar no máximo 24 semanas? A mediana da distribuição do tempo de vida é inferior a 24? Explique.

c. Qual é o 99º percentil da distribuição do tempo de vida?

d. Suponha que o teste seja finalizado após t semanas. Qual valor de t faz com que apenas 0,5% de todos os transistores estejam operando no fim do teste?

68. O caso especial da distribuição gama em que α é um inteiro positivo n é denominado distribuição de Erlang. Se substituirmos β por $1/\lambda$ na Expressão (4.8), a f.d.p. Erlang será

$$f(x; \lambda, n) = \begin{cases} \dfrac{\lambda(\lambda x)^{n-1}e^{-\lambda x}}{(n-1)!} & x \geq 0 \\ 0 & x < 0 \end{cases}$$

É possível demonstrar que, se os tempos entre os eventos sucessivos forem independentes, cada um com uma distribuição exponencial de parâmetro λ, o tempo total X antes de todos os n próximos eventos ocorrerem terá a f.d.p. $f(x; \lambda, n)$.

a. Qual é o valor esperado de X? Se o tempo (em minutos) entre as chegadas de clientes sucessivos for distribuído exponencialmente com $\lambda = 0{,}5$, quanto tempo podemos esperar que passe antes da chegada do décimo cliente?

b. Se o tempo entre as chegadas de clientes for distribuído exponencialmente com $\lambda = 0{,}5$, qual é a probabilidade de que o décimo cliente (depois do que acabou de chegar) chegue dentro dos próximos 30 minutos?

c. O evento $\{X \leq t\}$ ocorre se, e somente se, ao menos n eventos ocorrerem nas próximas t unidades de tempo. Use o fato de que o número de eventos que ocorrem em t possui uma distribuição de Poisson com parâmetro λt para escrever uma expressão (envolvendo probabilidades de Poisson) para a f.d. de Erlang $F(t; \lambda, n) = P(X \leq t)$.

69. Um consumidor está tentando decidir entre dois planos de chamada de longa distância. O primeiro cobra uma taxa fixa de 10¢ por minuto, enquanto o segundo cobra uma taxa fixa de 99¢ para chamadas de até 20 minutos de duração e 10¢ para cada minuto adicional (suponha que as chamadas que duram um número não inteiro de minutos sejam cobradas proporcionalmente à cobrança do minuto inteiro). Suponha que a distribuição do consumidor da duração da chamada seja exponencial com o parâmetro λ.

a. Explique, de maneira intuitiva, como a escolha do plano de chamadas deve depender da duração esperada da chamada.

b. Qual plano é melhor se a duração esperada da chamada for de 10 minutos? 15 minutos? [*Dica*: assuma $h_1(x)$ como o custo para o primeiro plano quando a duração da chamada é de x minutos e assuma $h_2(x)$ como a função do custo para o segundo plano. Dê as expressões para essas duas funções do custo e determine o custo esperado para cada plano.]

70. Se X tiver distribuição exponencial com parâmetro λ, obtenha uma expressão geral para o $(100p)$-ésimo percentil da distribuição. Então, faça a especialização para obter a mediana.

71. a. O evento $\{X^2 \leq y\}$ é equivalente a que evento que envolve o próprio X?

b. Se X tiver distribuição normal padrão, use o item (a) para escrever a integral que equivale a $P(X^2 \leq y)$. Diferencie então essa expressão em relação a y para obter a f.d.p. de X^2 [o quadrado de uma variável $N(0, 1)$]. Finalmente, mostre que X^2 possui distribuição qui-quadrado com $\nu = 1$ gl [consulte (4.10)]. [*Dica*: use a identidade seguinte.]

$$\frac{d}{dy}\left\{\int_{a(y)}^{b(y)} f(x)\,dx\right\} = f[b(y)] \cdot b'(y) - f[a(y)] \cdot a'(y)$$

4.5 Outras distribuições contínuas

As famílias de distribuições normal, gama (incluindo exponencial) e uniforme fornecem ampla variedade de modelos probabilísticos para variáveis contínuas, mas há muitas situações práticas em que nenhum membro dessas famílias consegue se enquadrar bem em um conjunto de dados observados. Os estatísticos e outros investigadores desenvolveram outras famílias de distribuições que usualmente são apropriadas, na prática.

A distribuição de Weibull

A família de distribuições de Weibull foi apresentada pelo físico sueco Waloddi Weibull, em 1939. Seu artigo de 1951 "A statistical distribution function of wide applicability" (*J. of Applied Mechanics*, 18: 293-297) discute inúmeras aplicações.

Definição

Diz-se que uma variável aleatória X tem uma **distribuição de Weibull** com parâmetros α e β ($\alpha > 0$, $\beta > 0$) se a f.d.p. de X for

$$f(x;\alpha,\beta) = \begin{cases} \dfrac{\alpha}{\beta^{\alpha}} x^{\alpha-1} e^{-(x/\beta)^{\alpha}} & x \geq 0 \\ 0 & x < 0 \end{cases} \tag{4.11}$$

Em algumas situações, há justificativas teóricas para a utilização da distribuição de Weibull, mas em muitas aplicações $f(x; \alpha, \beta)$ simplesmente fornece uma boa aproximação dos dados observados para valores específicos de α e β. Quando $\alpha = 1$, a f.d.p. é reduzida à distribuição exponencial (com $\lambda = 1/\beta$), de forma que a distribuição exponencial é um caso especial das distribuições gama e de Weibull. Entretanto, há distribuições gama que não são distribuições de Weibull e vice-versa, o que faz com que uma família não seja um subconjunto da outra. Tanto α como β podem ser variadas para obter inúmeras curvas de densidade de aspectos diferentes, como ilustrado na Figura 4.28. β é denominado um parâmetro de escala, uma vez que os valores diferentes esticam ou comprimem o gráfico na direção de x e α é considerado um parâmetro de formato.

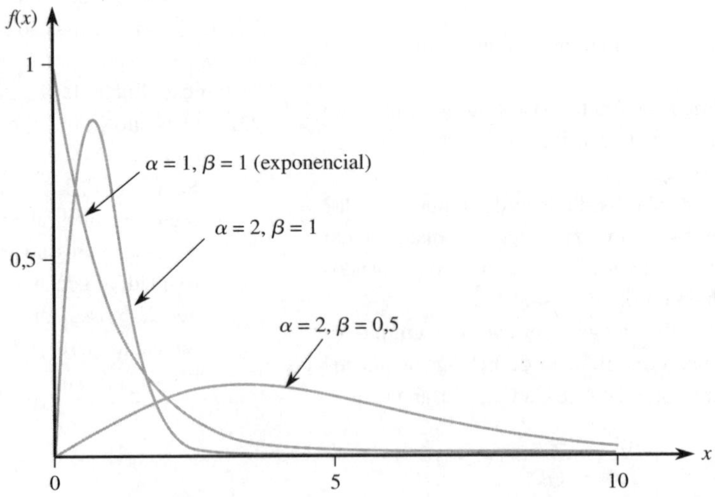

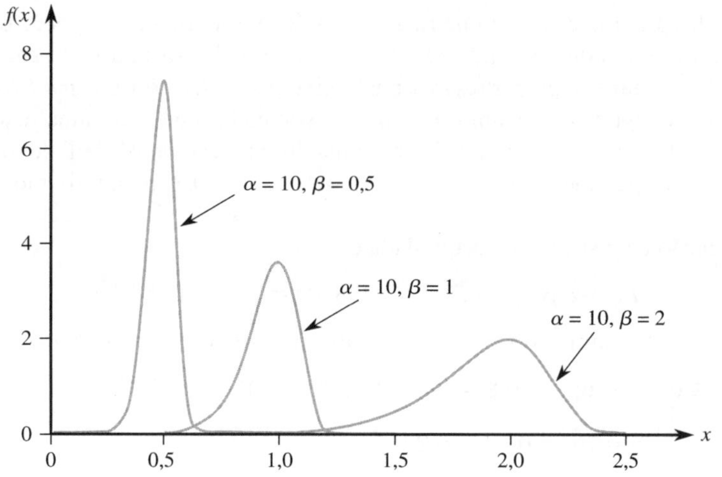

Figura 4.28 Curvas de densidade de Weibull.

A integração para obter E(X) e $E(X^2)$ fornece

$$\mu = \beta\Gamma\left(1 + \frac{1}{\alpha}\right) \qquad \sigma^2 = \beta^2\left\{\Gamma\left(1 + \frac{2}{\alpha}\right) - \left[\Gamma\left(1 + \frac{1}{\alpha}\right)\right]^2\right\}$$

O cálculo de μ de σ^2 precisa do uso da função gama.

A integração de $\int_0^x f(y;\, \alpha, \beta)\, dy$ pode ser feita facilmente para obter a f.d. de X.

> A f.d. de uma v.a. de Weibull com parâmetros α e β é
>
> $$F(x;\, \alpha, \beta) = \begin{cases} 0 & x < 0 \\ 1 - e^{-(x/\beta)^\alpha} & x \geq 0 \end{cases} \qquad (4.12)$$

Exemplo 4.25

Nos últimos anos, a distribuição de Weibull tem sido usada para modelar emissões de poluentes de vários motores. Assuma X como o valor da emissão de NO_x (g/gal) a partir de certo tipo de motor de quatro tempos selecionado aleatoriamente e suponha que X possua uma distribuição de Weibull com $\alpha = 2$ e $\beta = 10$ (sugerido pelas informações do artigo "Quantification of variability and uncertainty in lawn and garden equipment NO_x and total hydrocarbon emission factors", *J. of the Air and Waste Management Assoc.*, 2002: 435-448). A curva de densidade correspondente tem a mesma aparência daquela da Figura 4.28 para $\alpha = 2$, $\beta = 1$, exceto pelo fato de que agora os valores 50 e 100 substituem 5 e 10 no eixo horizontal (porque β é um "parâmetro de escala"). Então,

$$P(X \leq 10) = F(10;\, 2, 10) = 1 - e^{-(10/10)^2} = 1 - e^{-1} = 0{,}632$$

Da mesma forma, $P(X \leq 25) = 0{,}998$, portanto a distribuição é concentrada quase inteiramente nos valores 0 e 25. O valor de c que separa 5% de todos os motores que têm as maiores quantidades de emissão de NO_x dos outros 95% satisfaz

$$0{,}95 = 1 - e^{-(c/10)^2}$$

Isolar o termo exponencial, usar os logaritmos e solucionar a equação resultante dá $c \approx 17{,}3$ como o 95º percentil da distribuição da emissão. ■

Em situações práticas, o modelo de Weibull é razoável, exceto pelo fato de que o menor valor X possível pode ser um valor γ não assumido como zero (isso também se aplica a um modelo gama). A quantidade γ pode ser considerada como um terceiro (posição) parâmetro da distribuição, que é o que Weibull não fez em seu trabalho original. Para, digamos, $\gamma = 3$, todas as curvas na Figura 4.28 seriam deslocadas 3 unidades para a direita. Isso é equivalente a dizer que $X - \gamma$ tem a f.d.p. (4.11), de forma que a f.d. de X é obtida pela substituição de x em (4.12) por $x - \gamma$.

Exemplo 4.26

Uma compreensão das propriedades volumétricas do asfalto é importante na criação de misturas que resultarão no pavimento de alta durabilidade. O artigo "Is a normal distribution the most appropriate statistical distribution for volumetric properties in asphalt mixtures?" (*J. of Testing and Evaluation*, set. 2009: 1-11) usou a análise de alguns dados amostrais para recomendar que, para uma determinada mistura, X = volume do vazio do ar (%) seja modelada com uma distribuição de Weibull de três parâmetros. Suponha que os valores dos parâmetros sejam $\gamma = 4$, $\alpha = 1{,}3$ e $\beta = 0{,}8$ (bem próximo da estimativa dada no artigo).

Para $x > 4$, a função de distribuição acumulada é

$$F(x;\, \alpha, \beta, \gamma) = F(x;\, 1{,}3;\, 0{,}8;\, 4) = 1 - e^{-[(x-4)/0{,}8]1{,}3}$$

A probabilidade de que o volume do vazio do ar de uma amostra esteja entre 5% e 6% é

$$P(5 \leq X \leq 6) = F(6;\, 1{,}3;\, 0{,}8;\, 4) - F(5;\, 1{,}3;\, 0{,}8;\, 4) = e^{-[(5-4)/0{,}8]^{1{,}3}} - e^{-[(6-4)/0{,}8]^{1{,}3}}$$

$$= 0{,}263 - 0{,}38 = 0{,}226$$

A Figura 4.29 mostra um gráfico obtido do Minitab da função de densidade de Weibull correspondente, em que a área sombreada corresponde à probabilidade recém-calculada.

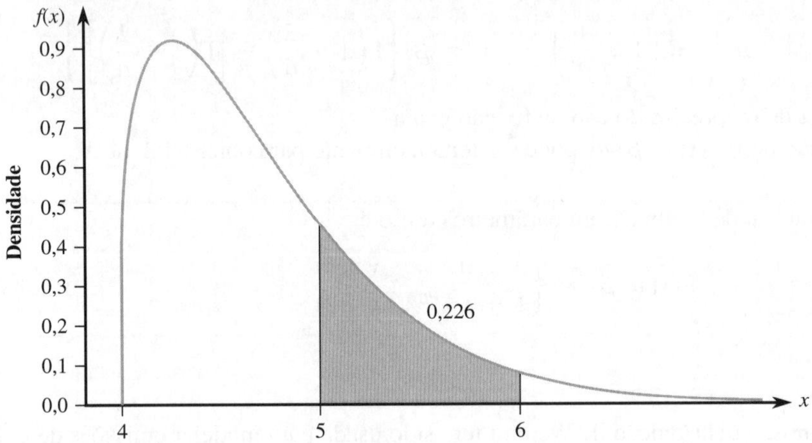

Figura 4.29 A curva de densidade de Weibull com posição = 4, formato = 1,3, escala = 0,8. ■

A distribuição lognormal

Definição

Diz-se que a v.a. não negativa X tem uma **distribuição lognormal** se a v.a. $Y = \ln(X)$ tem uma distribuição normal. A f.d.p. resultante de uma v.a. lognormal quando $\ln(X)$ tiver distribuição normal com parâmetros μ e σ é

$$f(x;\, \mu, \sigma) = \begin{cases} \dfrac{1}{\sqrt{2\pi}\sigma x} e^{-[\ln(x)-\mu]^2/(2\sigma^2)} & x \geq 0 \\ 0 & x < 0 \end{cases}$$

Tenha cuidado aqui. Os parâmetros μ e σ não são a média e o desvio padrão de X, mas de $\ln(X)$. É comum referir-se a μ e σ como os parâmetros de localização e escala, respectivamente. A média e a variância de X podem ser mostradas como

$$E(X) = e^{\mu+\sigma^2/2} \qquad V(X) = e^{2\mu+\sigma^2} \cdot (e^{\sigma^2} - 1)$$

No Capítulo 5, apresentaremos uma justificativa teórica para essa distribuição, relacionada ao Teorema Central do Limite, mas, assim como ocorre com outras distribuições, a lognormal pode ser usada como modelo, mesmo na ausência de tal justificativa. A Figura 4.30 ilustra os gráficos da f.d.p. lognormal. Embora a curva normal seja simétrica, a lognormal possui inclinação positiva.

Como ln(X) possui distribuição normal, a f.d. de X pode ser expressa em termos da f.d. $\Phi(z)$ de uma v.a. normal padrão Z.

$$\begin{aligned} F(x;\mu,\sigma) &= P(X \le x) = P[\ln(X) \le \ln(x)] \\ &= P\left(Z \le \frac{\ln(x)-\mu}{\sigma}\right) = \Phi\left(\frac{\ln(x)-\mu}{\sigma}\right) \quad x \ge 0 \end{aligned} \tag{4.13}$$

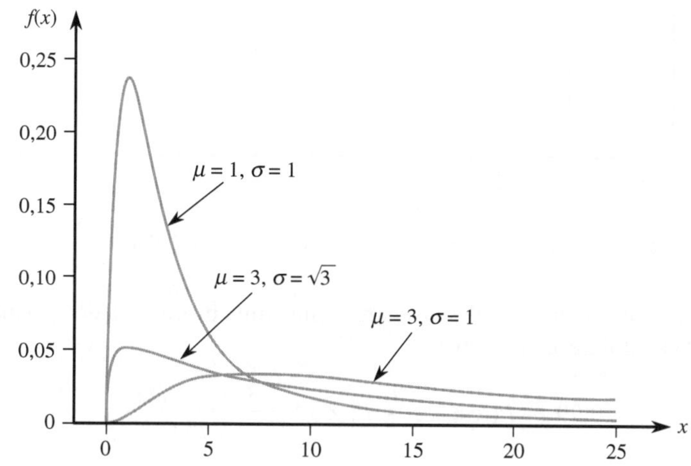

Figura 4.30 Curvas de densidades lognormais.

Exemplo 4.27

De acordo como o artigo "Predictive model for pitting corrosion in buried oil and gas pipelines" (*Corrosion*, 2009: 332-342), a distribuição lognormal foi relatada como a melhor opção para descrever os dados da distribuição da profundidade máxima do ponto de corrosão das tubulações de ferro fundido no solo. Os autores sugerem que uma distribuição lognormal com $\mu = 0{,}353$ e $\sigma = 0{,}754$ é apropriada para a profundidade máxima do ponto de corrosão (mm) dos canos enterrados. Para essa distribuição, o valor médio e a variância da profundidade do ponto de corrosão são

$$E(X) = e^{0{,}353+(0{,}754)^2/2} = e^{0{,}6373} = 1{,}891$$
$$V(X) = e^{2(0{,}353)+(0{,}754)^2} \cdot (e^{(0{,}754)^2} - 1) = (3{,}57697)(0{,}765645) = 2{,}7387$$

A probabilidade de a profundidade máxima do ponto de corrosão estar entre 1 e 2 mm é

$$\begin{aligned} P(1 \le X \le 2) &= P(\ln(1) \le \ln(X) \le \ln(2)) = P(0 \le \ln(X) \le 0{,}693) \\ &= P\left(\frac{0-0{,}353}{0{,}754} \le Z \le \frac{0{,}693-0{,}353}{0{,}754}\right) = \Phi(0{,}47) - \Phi(-0{,}45) = 0{,}354 \end{aligned}$$

Essa probabilidade está ilustrada na Figura 4.31 (do Minitab).

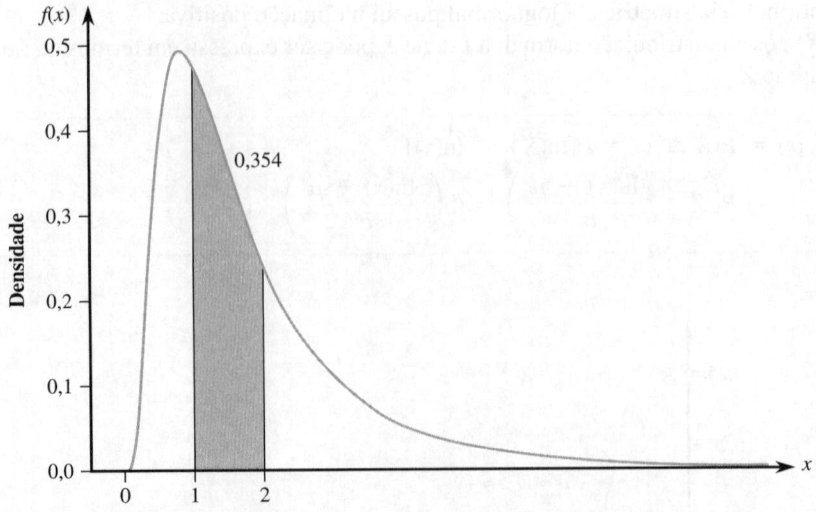

Figura 4.31 Curva de densidade lognormal com localização = 0,353 e escala = 0,754.

Qual valor de c faz com que apenas 1% das amostras tenha uma profundidade máxima do ponto de corrosão excedente a c? O valor desejado satisfaz

$$0{,}99 = P(X \leq c) = P\left(Z \leq \frac{\ln(c) - 0{,}353}{0{,}754}\right)$$

O valor crítico $z = 2{,}33$ abrange uma área de cauda superior de 0,01 ($z_{0{,}01} = 2{,}33$), sendo assim uma área cumulativa de 0,99. Isso implica que

$$\frac{\ln(c) - 0{,}353}{0{,}754} = 2{,}33$$

do qual $\ln(c) = 2{,}1098$ e $c = 8{,}247$. Dessa forma, 8,247 é o 99º percentil da distribuição da profundidade máxima do ponto de corrosão. ■

Distribuição beta

Todas as famílias de distribuições contínuas discutidas até agora, exceto a distribuição uniforme, têm densidade positiva em um intervalo infinito (apesar de usualmente a função densidade decrescer rapidamente para zero além de alguns desvios padrão em relação à média). A distribuição beta fornece densidade positiva apenas para X em um intervalo de comprimento finito.

Definição

Diz-se que uma variável aleatória X tem uma **distribuição beta** com parâmetros α, β (ambos positivos), A e B se a f.d.p. de X for

$$f(x; \alpha, \beta, A, B) = \begin{cases} \dfrac{1}{B - A} \cdot \dfrac{\Gamma(\alpha + \beta)}{\Gamma(\alpha) \cdot \Gamma(\beta)} \left(\dfrac{x - A}{B - A}\right)^{\alpha - 1} \left(\dfrac{B - x}{B - A}\right)^{\beta - 1} & A \leq x \leq B \\ 0 & \text{caso contrário} \end{cases}$$

O caso $A = 0$, $B = 1$ dá a **distribuição beta padrão**.

A Figura 4.32 ilustra as diversas f.d.p. beta padrão. Os gráficos da f.d.p. geral são semelhantes, exceto que são deslocados e, em seguida, esticados ou comprimidos para se ajustarem a $[A, B]$. A menos que α e β sejam inteiros, a integração da f.d.p. para calcular as probabilidades é difícil. Deve ser usada uma tabela da função beta incompleta ou um software apropriado. A média e a variância de X são

$$\mu = A + (B - A) \cdot \frac{\alpha}{\alpha + \beta} \qquad \sigma^2 = \frac{(B - A)^2 \alpha\beta}{(\alpha + \beta)^2(\alpha + \beta + 1)}$$

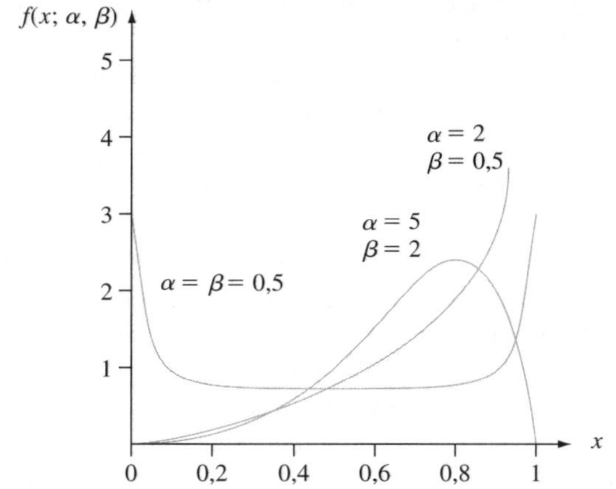

Figura 4.32 Curvas de densidades betas padrão.

Exemplo 4.28

Os gerentes de projeto geralmente usam um método chamado APTR – para avaliação do programa e técnica de revisão – para coordenar as diversas atividades que compõem um grande projeto. (Uma aplicação bem-sucedida foi a da construção da espaçonave *Apollo*.) Uma suposição padrão na análise APTR é de que o tempo necessário para completar qualquer atividade particular, uma vez que já tenha sido iniciada, tem uma distribuição beta com $A =$ o tempo otimista (se tudo correr bem) e $B =$ o tempo pessimista (se tudo der errado). Suponha que, na construção de uma casa, o tempo X (em dias) necessário para a construção das fundações possua distribuição beta com $A = 2$, $B = 5$, $\alpha = 2$ e $\beta = 3$. Então $\alpha /(\alpha + \beta) = 0{,}4$, portanto, $E(X) = 2 + (3)(0{,}4) = 3{,}2$. Para esses valores de α e β, a f.d.p. de X é uma função polinomial simples. A probabilidade de levar no máximo 3 dias para construir os alicerces é

$$P(X \leq 3) = \int_2^3 \frac{1}{3} \cdot \frac{4!}{1!2!}\left(\frac{x-2}{3}\right)\left(\frac{5-x}{3}\right)^2 dx$$

$$= \frac{4}{27}\int_2^3 (x-2)(5-x)^2 dx = \frac{4}{27} \cdot \frac{11}{4} = \frac{11}{27} = 0{,}407 \; \blacksquare$$

A distribuição beta padrão usualmente é usada para modelar a variação na proporção ou porcentagem de uma quantidade que ocorre em diferentes amostras, tal como a proporção de um dia de 24 horas em que um indivíduo está dormindo ou a proporção de determinado elemento em um composto químico.

EXERCÍCIOS Seção 4.5 (72–86)

72. O tempo de vida de X (em centenas de horas) de certo tipo de tubo de vácuo possui uma distribuição de Weibull com parâmetros $\alpha = 2$ e $\beta = 3$. Calcule o seguinte:

a. $E(X)$ e $V(X)$

b. $P(X \leq 6)$

c. $P(1{,}5 \leq X \leq 6)$

(Essa distribuição de Weibull é sugerida como modelo de tempo em serviço em "On the assessment of equipment reliability: trading data collection costs for precision", *J. of Engr. Manuf.*, 1991: 105-109.)

73. Os autores do artigo "A probabilistic insulation life model for combined thermal-electrical stresses" (*IEEE Trans. on Elect. Insulation*, 1985: 519-522) declararam que "a distribuição de Weibull é largamente usada em problemas estatísticos relativos ao desgaste de materiais isolantes sólidos sujeitos ao desgaste e à tensão". Eles propõem o uso da distribuição como um modelo para tempo (em horas) de falha de amostras de isolantes sólidos sujeitos a voltagem AC. Os valores dos parâmetros dependem da voltagem e da temperatura. Suponha que $\alpha = 2{,}5$ e $\beta = 200$ (valores sugeridos pelos dados no artigo).

a. Qual é a probabilidade de o tempo de vida de um espécime ser no máximo 250? Inferior a 250? Maior que 300?

b. Qual é a probabilidade de o tempo de vida de uma amostra estar entre 100 e 250?

c. Que valor faz com que 50% de todas as amostras tenham tempos de vida que excedam o valor?

74. Seja $X =$ o tempo (em 10^{-1} semanas) desde a remessa de um produto com defeito até que o cliente o devolva. Suponha que o tempo mínimo de retorno seja $y = 3{,}5$ e que o excesso $X - 3{,}5$ acima do mínimo possua uma distribuição de Weibull com parâmetros $\alpha = 2$ e $\beta = 1{,}5$ (consulte "Practical applications of the Weibull distribution", *Industrial Quality Control*, ago. 1964: 71-78).

a. Qual é a f.d. de X?

b. Quais são o tempo de retorno esperado e a variância do tempo de retorno? [*Dica*: primeiro, obtenha $E(X - 3{,}5)$ e $V(X - 3{,}5)$.]

c. Calcule $P(X > 5)$.

d. Calcule $P(5 \leq X \leq 8)$.

75. Considere X tendo a densidade beta padrão com parâmetros α e β.

a. Verifique a fórmula para $E(X)$ dada na seção.

b. Calcule $E[(1 - X)^m]$. Se X representa a proporção de uma substância formada por um determinado ingrediente, qual é a proporção esperada que não é formada por ele?

76. a. No Exercício 72, qual é a mediana do tempo de vida desses tubos? [*Dica*: use a Expressão (4.12).]

b. No Exercício 74, qual é a mediana do prazo de retorno?

c. Se X tiver uma distribuição de Weibull com a f.d. da Expressão (4.12), obtenha uma expressão geral para o $(100p)$-ésimo percentil da distribuição.

d. No Exercício 74, a empresa deseja recusar devoluções após t semanas. Para que valores de t apenas 10% de todas as devoluções serão recusadas?

77. Os autores do artigo em que foram obtidos os dados do Exercício 1.27 sugerem que um modelo de probabilidade razoável para a vida útil de uma broca é a distribuição lognormal com $\mu = 4{,}5$ e $\sigma = 0{,}8$.

a. Qual é o valor da média e o desvio padrão da vida útil?

b. Qual é a probabilidade de a vida útil ser no máximo 100?

c. Qual é a probabilidade de a vida útil ser no mínimo 200? Maior que 200?

78. O artigo "On assessing the accuracy of offshore wind turbine reliability-based design loads from the environmental contour method" (*Intl. J. of Offshore and Polar Engr.*, 2005: 132-140) propõe a distribuição de Weibull com $\alpha = 1{,}817$ e $\beta = 0{,}863$ como um modelo da altura da onda significativa (m) de 1 hora em um determinado local.

a. Qual é a probabilidade de a altura da onda ser no máximo 0,5 m?

b. Qual é a probabilidade de a altura da onda exceder seu valor médio por mais que 1 desvio padrão?

c. Qual é o valor da mediana da distribuição de resistência?

d. Para $0 < p < 1$, dê uma expressão geral para o $(100p)$-ésimo percentil da distribuição da altura da onda.

79. As cargas de fontes difusas são massas químicas que viajam no tronco principal de um rio e seus afluentes em fluxos que são distribuídos por correntes relativamente longas, ao contrário daquelas que entram em pontos bem definidos e regulamentados. O artigo "Assessing uncertainty in mass balance calculation of river nonpoint source loads" (*J. of Envir. Engr.*, 2008: 247-258) sugeriu que, para um certo período de tempo e localização, X = a carga de fonte difusa do total de sólidos dissolvidos poderia ser modelada com uma distribuição lognormal tendo um valor médio de 10,281 kg/dia/km e um coeficiente da variação $CV = 0{,}40$ ($CV = \sigma_x/\mu_x$).

a. Qual é o valor da média e o desvio padrão de $\ln(X)$?

b. Qual é a probabilidade de X ser no máximo 15 000 kg/dia/km?

c. Qual é a probabilidade de X exceder seu valor médio e por que sua probabilidade não é 0,5?

d. O 95º percentil de distribuição é 17 000 ?

80. a. Use a Equação (4.13) para escrever uma fórmula para a mediana $\tilde{\mu}$ da distribuição lognormal. Qual é a mediana da distribuição do Exercício 79?

b. Lembrando que z_α é nossa notação para o $100(1 - \alpha)$ percentil da distribuição normal padrão, escreva uma expressão para o $100(1 - \alpha)$ percentil da distribuição lognormal. No Exercício 79, que valor a carga recebida excederá apenas 1% do tempo?

81. Uma justificativa teórica baseada no mecanismo de falha de certo material admite a hipótese de que a resistência dúctil X de um material possua distribuição lognormal. Suponha que os parâmetros sejam $\mu = 5$ e $\sigma = 1$.

a. Calcule $E(X)$ e $V(X)$.

b. Calcule $P(X > 125)$.

c. Calcule $P(110 \leq X \leq 125)$.

d. Qual é o valor da mediana da resistência dúctil?

e. Se dez diferentes amostras de uma liga de aço desse tipo forem submetidas a um teste de resistência, quantas você espera que tenham ao menos 125?

f. Se 5% dos menores valores não forem aceitáveis, qual seria a resistência mínima aceitável?

82. O artigo "The statistics of phytotoxic air pollutants" (*J. of Royal Stat. Soc.*, 1989: 183-198) sugere a distribuição lognormal com um modelo de concentração de SO_2 sobre uma floresta específica. Suponha que os valores dos parâmetros sejam $\mu = 1{,}9$ e $\sigma = 0{,}9$.

a. Qual é o valor médio e o desvio padrão da concentração?

b. Qual é a probabilidade de a concentração ser no máximo 10? Entre 5 e 10?

83. Qual condição de α e β é necessária para que a f.d.p. beta padrão seja simétrica?

84. Suponha que a proporção X da área coberta por uma determinada planta em um quadrante selecionado aleatoriamente possua distribuição beta padrão com $\alpha = 5$ e $\beta = 2$.

a. Calcule $E(X)$ e $V(X)$.

b. Calcule $P(X \leq 0{,}2)$.

c. Calcule $P(0{,}2 \leq X \leq 0{,}4)$.

d. Qual é a proporção esperada da região de amostragem não coberta pela planta?

85. Assuma que X tenha uma distribuição de Weibull e a f.d.p. da Expressão (4.11). Verifique que $\mu = \beta\Gamma(1 + 1/\alpha)$. [*Dica*: na integral para $E(X)$, faça a mudança de variável, $y = (x/\beta)^\alpha$ de modo que $x = \beta y^{1/\alpha}$.]

86. É aplicada uma força em uma barra de aço de 20 pol presa nas duas extremidades. Assuma a distância da quebra da barra em relação à extremidade esquerda. Suponha que $Y/20$ possua uma distribuição beta padrão com $E(Y) = 10$ e $V(Y) = \frac{100}{7}$.

a. Quais são os parâmetros da distribuição beta padrão correspondente?

b. Calcule $P(8 \leq Y \leq 12)$.

c. Calcule a probabilidade de a barra quebrar a mais de 2 pol de onde você espera.

4.6 Gráficos de probabilidade

Um investigador frequentemente obtém uma amostra numérica $x_1, x_2, ..., x_n$ e deseja saber se é plausível ela ter vindo de uma distribuição de população de um tipo específico (por exemplo, de uma distribuição normal). Muitos procedimentos formais de inferência estatística se baseiam na hipótese de que a distribuição da população é de um tipo especificado. O uso de tal procedimento não é apropriado se a distribuição de probabilidades real for muito diferente do tipo assumido. Por exemplo, o artigo "Toothpaste detergents: a potential source of oral soft tissue damage" (*Intl. J. of Dental Hygiene*, 2008: 193-198) contém a seguinte afirmação: "Como o número amostral para cada experimento (réplicas) era limitado a três por tipo de tratamento, os dados foram assumidos como normalmente distribuídos". Como justificativa para esse ato de fé, os autores escreveram que "As estatísticas descritivas mostraram desvios padrão que sugeriram uma distribuição normal ser altamente provável". *Observação*: esse argumento não é muito persuasivo.

Além disso, a compreensão da distribuição real algumas vezes pode fornecer percepções dos mecanismos físicos envolvidos na geração dos dados. Uma forma eficiente de verificar uma hipótese de distribuição é construir o que chamamos de **gráfico de probabilidade**. A essência desse gráfico é que, se a distribuição na qual ele se baseia estiver correta, seus pontos estarão próximos a uma linha reta. Se a distribuição real for muito diferente da usada para criar o gráfico, os pontos diferem substancialmente de um padrão linear.

Percentis amostrais

Os detalhes envolvidos na construção de gráficos de probabilidade são um pouco diferentes de fonte para fonte. A base da nossa construção é a comparação entre os percentis dos dados da amostra e os percentis correspondentes da distribuição consideradas. Lembre-se de que o $(100p)$-ésimo percentil de uma distribuição contínua com f.d. $F(\cdot)$ é o número $\eta(p)$ que satisfaz $F(\eta(p)) = p$. Isto é, $\eta(p)$ é o número na escala de medida, de tal forma que a área sob a curva de densidade à esquerda de $\eta(p)$ é p. Dessa forma, o 50º percentil $\eta(0{,}5)$ satisfaz $F(\eta(0{,}5)) = 0{,}5$, e o 90º percentil satisfaz $F(\eta(0{,}9)) = 0{,}9$. Considere como exemplo a distribuição normal padrão, pela qual temos representado a f.d. por $\Phi(\cdot)$. Na Tabela A.3 do Apêndice, encontramos o 20º percentil localizando a linha e a coluna em que 0,2000 (ou um número o mais próximo dele) aparece na tabela. Uma vez que 0,2005 aparece na interseção da linha $-0{,}8$ e da coluna 0,04, o 20º percentil é aproximadamente $-0{,}84$. Da mesma forma, o 25º percentil da distribuição normal padrão é (usando uma interpolação linear) aproximadamente $-0{,}675$.

Grosso modo, os percentis amostrais são definidos da mesma forma que os percentis da distribuição da população. O 50º percentil amostral deve separar os 50% menores valores dos 50% maiores amostrais, o 90º percentil deve ser o limite entre 90% abaixo do valor e 10% acima, e assim por diante. Infelizmente, encontramos problemas quando tentamos calcular os percentis amostrais para uma amostra determinada de n observações. Se, por exemplo, $n = 10$, podemos dividir 20% desses valores ou 30% dos dados, mas nenhum valor dividirá exatamente 23% das 10 observações. Para nos aprofundarmos, precisamos de uma definição operacional de percentis amostrais (local em que diferentes pessoas fazem coisas ligeiramente diferentes). Lembre-se de que, quando n é ímpar, a mediana amostral ou o 50º percentil amostral é o valor central da lista, por exemplo, o sexto valor maior quando $n = 11$. Isto é equivalente com relação à observação central, como sendo metade na metade inferior dos dados e metade na metade superior. Da mesma forma, suponha que $n = 10$. Então, se chamarmos o terceiro menor valor de 25º percentil, estaremos considerando esse valor como a metade do grupo inferior (formado pelas duas menores observações) e metade no grupo superior (as sete maiores observações). Tal consideração leva à seguinte definição geral de percentis da amostra:

Definição

Ordene as n observações amostrais da menor para a maior. Então, a i-ésima menor observação da lista é definida como o **$[100(i - 0{,}5)/n]$-ésimo percentil amostral.**

Uma vez calculados os valores percentuais de $100(i - 0{,}5)/n$ $(i = 1, 2, ..., n)$, os percentis da amostra correspondentes aos percentuais intermediários são obtidos por interpolação linear. Por exemplo, se $n = 10$, os percentuais correspondentes às observações ordenadas serão $100(1 - 0{,}5)/10 = 5\%$, $100(2 - 0{,}5)/10 = 15\%$, 25%, ..., e $100(10 - 0{,}5)/10 = 95\%$. O 10º percentil estará a meio caminho entre o 5º (menor observação da amostra) e o 15º percentil (segunda menor observação da amostra). Para os nossos propósitos, tal interpolação não será necessária porque o gráfico de probabilidade se baseará somente nos percentuais $100(i - 0{,}5)/n$ correspondentes às n observações da amostra.

Um gráfico de probabilidade

Suponha agora que para os percentuais $100(i - 0{,}5)/n$ $(i = 1, \ldots, n)$ os percentis sejam determinados para uma distribuição de população específica cuja plausibilidade (ajuste) está sendo investigada. Se a amostra foi realmente selecionada na distribuição especificada, os percentis amostrais (observações ordenadas da amostra) devem estar relativamente perto dos percentis correspondentes da distribuição da população. Então, para $i = 1, 2, \ldots, n$ deve haver concordância razoável entre a i-ésima menor observação da amostra e o $[100(i - 0{,}5)/n]^{\circ}$ percentil da distribuição especificada. Vamos considerar os pares (percentil populacional, percentil amostral), isto é, os pares de percentil da distribuição

$$\left(\begin{array}{l} [100(i - 0{,}5)/n]\text{-ésimo percentil} \\ \text{da distribuição} \end{array} , \begin{array}{l} i\text{-ésima menor} \\ \text{observação da amostra} \end{array} \right)$$

para $i = 1, \ldots, n$. Cada par pode ser plotado como um ponto em um sistema de coordenada bidimensional. Se os percentis da amostra estiverem próximos aos percentis correspondentes da distribuição da população, o primeiro número de cada par será aproximadamente igual ao segundo. Os pontos do gráfico estão próximos a uma reta de inclinação 45°. Os desvios substanciais dos pontos plotados em relação a essa reta geram dúvidas sobre a hipótese de a distribuição considerada ser a correta.

Exemplo 4.29

O valor de uma constante física é conhecido de um experimentador. Ele faz $n = 10$ medidas independentes desse valor usando um determinado dispositivo de medida e registra os erros de medida resultantes (erros = valor observado − valor verdadeiro). Essas observações são exibidas na tabela a seguir.

Percentagem	5	15	25	35	45
z percentil	−1 645	−1 037	−0,675	−0,385	−0,126
Observação da amostra	−1,91	−1,25	−0,75	−0,53	0,20
Percentagem	55	65	75	85	95
z percentil	0,126	0,385	0,675	1,037	1,645
Observação da amostra	0,35	0,72	0,87	1,40	1,56

É plausível que a variável aleatória *erro de medida* tenha uma distribuição normal padrão? Os percentis (z) normais padronizados necessários também são exibidos na tabela. Portanto, os pontos no gráfico de probabilidade são (−1,645, −1,91), (−1,037, −1,25), ..., e (1,645, 1,56). A Figura 4.33 mostra o gráfico resultante. Apesar de os pontos se desviarem um pouco da linha de 45°, a impressão predominante é que a reta ajusta muito bem os pontos. O gráfico sugere que a distribuição normal padrão seja um modelo probabilístico razoável para o erro de medida.

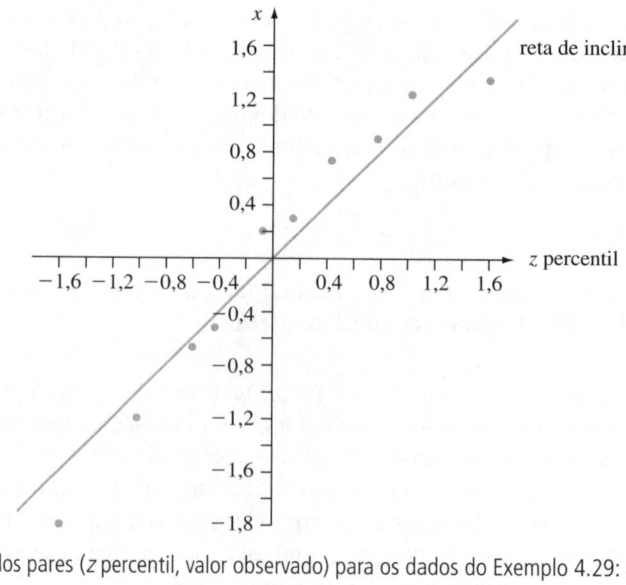

Figura 4.33 Gráfico dos pares (*z* percentil, valor observado) para os dados do Exemplo 4.29: primeira amostra.

A Figura 4.34 mostra um gráfico dos pares (z percentil, observação) de uma segunda amostra de dez observações. A reta de inclinação 45° fornece um bom ajuste para a parte do meio da amostra, mas não para os extremos. O gráfico tem uma aparência bem-definida de formato S. As duas menores observações da amostra são consideravelmente maiores que os z percentis correspondentes (os pontos na extremidade esquerda do gráfico estão muito acima da reta de inclinação 45°). Da mesma forma, as duas maiores observações amostrais são bem menores que os z percentis associados. Esse gráfico indica que a distribuição padrão normal não seria uma escolha plausível para o modelo de probabilidade que propiciou o aparecimento desses erros de medida observados.

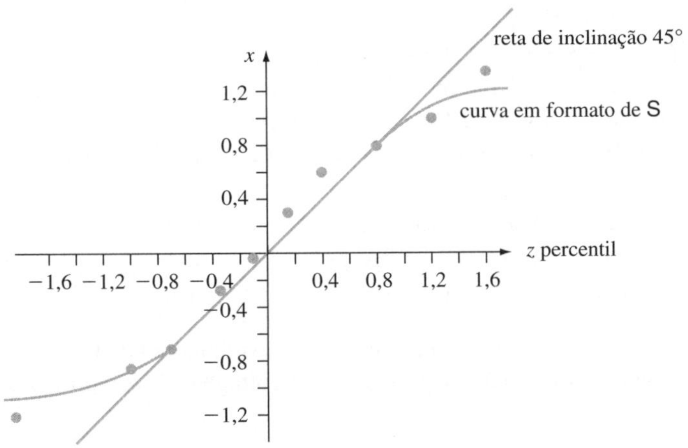

Figura 4.34 Gráficos dos pares (z percentil, valor observado) para os dados do Exemplo 4.29: segunda amostra.

Usualmente, um investigador não está interessado em saber apenas se uma distribuição probabilística especificada, tal como a distribuição normal padrão (normal com $\mu = 0$ e $\sigma = 1$) ou a distribuição exponencial com $\lambda = 0{,}1$, é um modelo plausível para a distribuição da população da qual a amostra foi selecionada. Em vez disso, o investigador vai querer saber se *algum* membro de uma família de distribuições de probabilidade especifica um modelo plausível – a família de distribuições normais, a família de distribuições exponenciais, a família de distribuições de Weibull e assim por diante. Os valores dos parâmetros de uma distribuição usualmente não são especificados de início. Se a família de distribuições de Weibull for considerada como modelo para os dados de vida útil, a questão será se há *quaisquer* valores dos parâmetros α e β para os quais a distribuição de Weibull correspondente fornece bom ajuste dos dados. Felizmente, quase sempre ocorre de apenas um gráfico de probabilidade ser suficiente para avaliar a plausibilidade de uma família. Se o gráfico se desviar demais de uma reta, nenhum membro da família pode ser usado. Quando o gráfico é bastante reto, é exigido mais trabalho para estimar os valores dos parâmetros que forneçam a melhor distribuição para o tipo especificado.

Enfoquemos a verificação de normalidade de um gráfico. Esse gráfico pode ser bastante útil no trabalho aplicado porque diversos processos estatísticos formais são apropriados apenas quando a distribuição da população é pelo menos aproximadamente normal. Esses procedimentos usualmente não devem ser usados se o gráfico normal de probabilidade mostrar um desvio muito acentuado da linearidade. A chave para se construir um gráfico normal de probabilidade abrangente é a relação entre os percentis (z) normais padrão e os de outra distribuição:

$$\text{percentil para uma distribuição normal } (\mu, \sigma) = \mu + \sigma \cdot (z \text{ percentil correspondente})$$

Considere primeiro o caso $\mu = 0$. Se cada observação é exatamente igual ao percentil normal correspondente para algum valor de σ, os pares ($\sigma \cdot$ [z percentil], observação) caem em uma reta com inclinação, que tem um coeficiente angular 1. Isso implica que os pares (z percentil, observação) caiam em uma reta com inclinação 45° passando por (0, 0) (isto é, uma com y-intercepto (coeficiente linear) 0), mas com uma inclinação (coeficiente angular) σ em vez de 1. O efeito de um valor não nulo de μ é simplesmente para mudar o intercepto em y de 0 para μ.

Um gráfico dos n pares

$$([100(i - 0{,}5)/n]\text{-ésimo percentil } z,\ i\text{-ésima menor observação})$$

em um sistema de coordenadas bidimensional é denominado **gráfico normal de probabilidade**. Se as observações amostrais são, de fato, provenientes de uma distribuição normal com valor médio μ e desvio padrão σ, os pontos devem cair próximos de uma linha reta com inclinação σ e intercepto μ. Assim, um gráfico para o qual os pontos caem próximos a alguma linha reta sugere que a suposição de uma distribuição populacional normal é plausível.

Exemplo 4.30

A amostra a seguir, formada por $n = 20$ observações sobre a voltagem de rompimento dielétrico de uma resina epóxi foi exibida no artigo "Maximum likelihood estimation in the 3-parameter weibull distribution" (*IEEE Trans. on Dielectrics and Elec. Insul.*, 1996: 43-55). Os valores de $(i - 0{,}5)/n$ para os quais os z percentis são necessários são $(1 - 0{,}5)/20 = 0{,}025$, $(2 - 0{,}5)/20 = 0{,}075$, ..., e 0,975.

Observação	24,46	25,61	26,25	26,42	26,66	27,15	27,31	27,54	27,74	27,94
z percentil	−1,96	−1,44	−1,15	−0,93	−0,76	−0,60	−0,45	−0,32	−0,19	−0,06
Observação	27,98	28,04	28,28	28,49	28,50	28,87	29,11	29,13	29,50	30,88
z percentil	0,06	0,19	0,32	0,45	0,60	0,76	0,93	1,15	1,44	1,96

A Figura 4.35 mostra o gráfico normal de probabilidade resultante. O padrão no gráfico é bastante reto, indicando que é plausível a distribuição da população de voltagens de rompimento dielétrico ser normal.

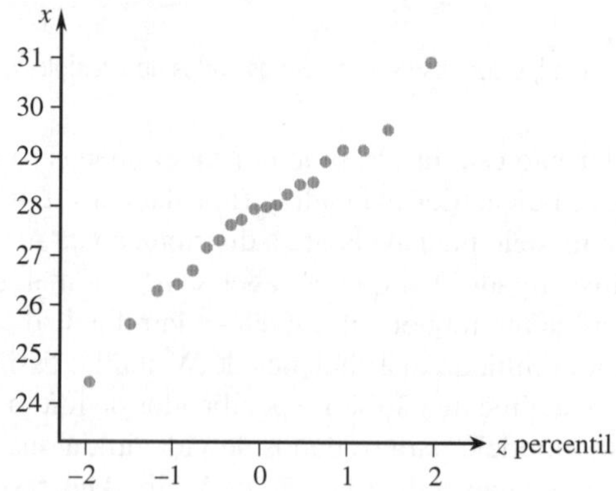

Figura 4.35 Gráfico normal de probabilidade da amostra de voltagem de rompimento dielétrico.

Há uma versão alternativa do gráfico normal de probabilidade em que o eixo dos percentis z é substituído por um eixo de probabilidade não linear. A escala dos eixos é construída de forma que os pontos devem novamente estar próximos a uma reta quando a distribuição da amostra for normal. A Figura 4.36 mostra um gráfico do tipo em Minitab para os dados de voltagem de corte do Exemplo 4.30.

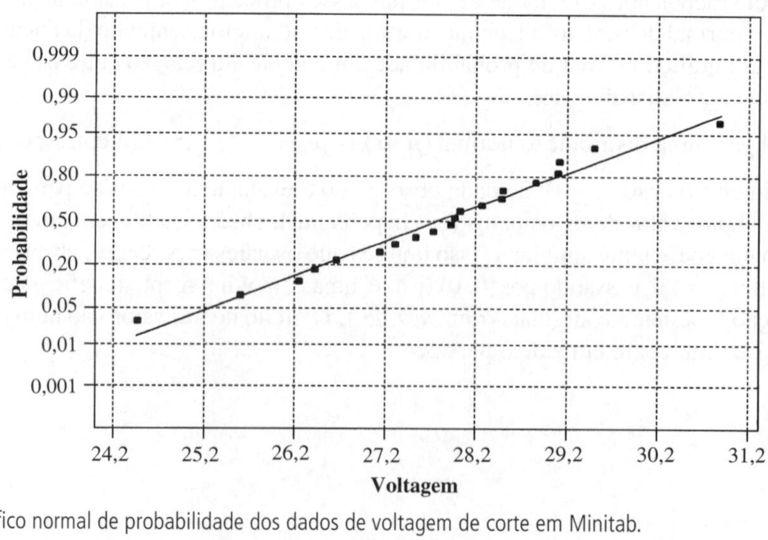

Figura 4.36 Gráfico normal de probabilidade dos dados de voltagem de corte em Minitab.

Uma distribuição de população não normal frequentemente pode se enquadrar em uma das três categorias a seguir:

1. É simétrica e tem "caudas mais leves" do que uma distribuição normal, isto é, a curva de densidade decresce mais rapidamente nas caudas do que a curva normal.
2. É simétrica e com cauda pesada, em comparação à da distribuição normal.
3. É inclinada.

Uma distribuição uniforme tem cauda leve, visto que sua função de densidade decresce a zero fora de um intervalo finito. A função de densidade $f(x) = 1/[\pi(1 + x^2)]$ para $-\infty < x < \infty$ possui cauda pesada, uma vez que $1/(1 + x^2)$ declina muito mais rápido que $e^{-x^2/2}$. As distribuições lognormal e de Weibull estão entre aquelas que são inclinadas. Quando os pontos em um gráfico normal de probabilidade não tendem para a reta, o padrão frequentemente sugere que a distribuição da população esteja em uma dessas três categorias.

Quando a distribuição da qual a amostra foi selecionada for de cauda leve, a menor e a maior observações normalmente não serão tão extremas quanto seria esperado de uma amostra aleatória normal. Visualize uma reta desenhada no centro do gráfico; os pontos na extrema direita tendem a estar abaixo da reta (valor observado $<$ z percentil), enquanto os pontos na extrema esquerda do gráfico tendem a estar acima da reta (valor observado $>$ z percentil). O resultado é um padrão em forma de S, como o representado na Figura 4.34.

Uma amostra de uma distribuição de cauda pesada também tende a produzir um gráfico em forma de S. Entretanto, em contraste com o caso da distribuição de cauda leve, a extremidade esquerda do gráfico se curva para baixo (observado $<$ z percentil), como mostrado na Figura 4.37(a). Se a distribuição real tiver inclinação positiva (uma cauda leve à esquerda e uma cauda pesada à direita), as menores observações amostrais serão maiores que as esperadas de uma amostra normal, acontecendo o mesmo com as maiores observações. Nesse caso, os pontos em ambas as extremidades do gráfico estarão acima de uma reta que passa pela parte central, resultando em um padrão curvo, conforme ilustrado na Figura 4.37(b). Uma amostra de distribuição lognormal geralmente produz tal padrão. Um gráfico de pares (percentil z, $\ln(x)$) deve então ter a aparência de uma reta.

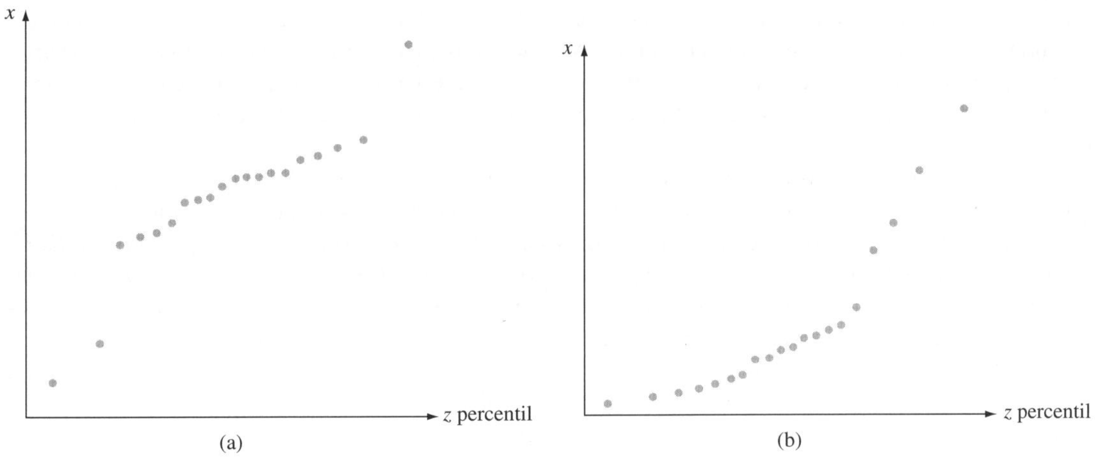

Figura 4.37 Gráficos de probabilidade que sugerem distribuição não normal: (a) um gráfico consistente com distribuição de cauda pesada; (b) um gráfico consistente com distribuição de inclinação positiva.

Mesmo quando a distribuição da população é normal, os percentis amostrais não coincidirão exatamente com os percentis teóricos por causa da variabilidade da amostragem. Quanto os pontos do gráfico de probabilidade podem se desviar do padrão da reta antes que a hipótese de normalidade da população não seja mais plausível? A resposta a essa questão não é fácil. Grosso modo, uma pequena amostra de distribuição normal tem maior probabilidade de gerar um gráfico com padrão não linear do que uma amostra grande. O livro *Fitting equations to data* (veja a bibliografia do Capítulo 13) apresenta os resultados de um estudo de simulação em que diversas amostras de diferentes tamanhos foram selecionadas de distribuições normais. Os autores concluíram que normalmente há maior variação na aparência do gráfico de probabilidade para tamanhos de amostra inferiores a 30 e o padrão linear geralmente predomina apenas para tamanhos de amostras muito maiores. Quando um gráfico baseia-se em uma amostra de tamanho pequeno, apenas um desvio muito substancial pode ser usado como evidência conclusiva de não normalidade. Comentário similar se aplica a gráficos de probabilidade para verificação de plausibilidade de outros tipos de distribuições.

Além da normalidade

Considere uma família de distribuições de probabilidade envolvendo dois parâmetros θ_1 e θ_2, e assuma $F(x; \theta_1, \theta_2)$ como as f.d. correspondentes. A família de distribuições normais é uma dessas famílias, com $\theta_1 = \mu$, $\theta_2 = \sigma$ e $F(x; \mu, \sigma) = \Phi[(x - \mu)/\sigma]$. Outro exemplo é a família de Weibull, com $\theta_1 = \alpha$, $\theta_2 = \beta$ e

$$F(x; \alpha, \beta) = 1 - e^{-(x/\beta)^\alpha}$$

Outra família desse tipo é a família gama, para a qual a f.d. é uma integral que envolve a função gama incompleta que não pode ser expressa de nenhuma forma mais simples.

Os parâmetros θ_1 e θ_2 são chamados parâmetros de **localização** e de **escala**, respectivamente, se $F(x; \theta_1, \theta_2)$ é uma função de $(x - \theta_1)/\theta_2$. Os parâmetros μ e σ da família normal são os parâmetros de localização e de escala, respectivamente. Sua alteração desloca a localização da curva de densidade em formato de sino para a direita ou para a esquerda, e a alteração de σ amplia ou comprime a escala de medida (a escala do eixo horizontal quando a função densidade for plotada). Outro exemplo é dado pela f.d.

$$F(x; \theta_1, \theta_2) = 1 - e^{-e^{(x-\theta_1)/\theta_2}} \qquad -\infty < x < \infty$$

Diz-se que uma variável aleatória com essa f.d. possui distribuição de valor extremo. É usada em aplicações que envolvem a vida útil de um componente e a resistência de um material.

Apesar de a f.d. do valor extremo sugerir à primeira vista que θ_1 é o ponto de simetria da função de densidade e, portanto, a média e a mediana, esse não é o caso. Em vez disso, $P(X \le \theta_1) = F(\theta_1; \theta_1, \theta_2) = 1 - e^{-1} = 0{,}632$, e a função de densidade $f(x; \theta_1, \theta_2) = F'(x; \theta_1, \theta_2)$ é negativamente inclinada (uma cauda longa inferior). Da mesma forma, o parâmetro de escala θ_2 não é o desvio padrão ($\mu = \theta_1 - 0{,}5772\theta_2$ e $\sigma = 1{,}283\theta_2$). Entretanto, a mudança do valor de θ_1 altera a localização da curva de densidade, enquanto a alteração de θ_2 redefine o eixo de medidas.

O parâmetro β de Weibull é um parâmetro de escala, mas α não é de localização. Um comentário semelhante se aplica aos parâmetros α e β da distribuição gama. Na forma usual, a função de densidade de qualquer membro da distribuição gama ou de Weibull é positiva para $x > 0$ e zero em caso contrário. Um parâmetro de localização pode ser introduzido como um terceiro parâmetro γ (fizemos isso para a distribuição de Weibull) para deslocar a função de densidade de forma que seja positiva se $x > \gamma$ e zero em caso contrário.

Quando a família em consideração possui apenas parâmetros de escala e de localização, a questão de algum membro da família ser ou não uma distribuição de população plausível pode ser resolvida por meio de um único gráfico de probabilidade de fácil construção. Primeiro, são obtidos os percentis da *distribuição padrão*, aquela com $\theta_1 = 0$ e $\theta_2 = 1$, para as porcentagens $100(i - 0{,}5)/n$ ($i = 1, \ldots, n$). Os n pares (percentil padronizado, observação) fornecem os pontos do gráfico. Isso foi exatamente o que fizemos para obter um gráfico normal de probabilidade abrangente. Surpreendentemente, essa metodologia pode ser aplicada para obtenção de um gráfico de probabilidade de Weibull. O principal resultado é que, se X tiver uma distribuição de Weibull com o parâmetro de formato α e o parâmetro de escala β, então a variável transformada $\ln(X)$ possui uma distribuição de valor extrema com o parâmetro de localização $\theta_1 = \ln(\beta)$ e o parâmetro de escala $1/\alpha$. Assim, um gráfico de pares (percentil padronizado do valor extremo, $\ln(x)$) mostrando um padrão linear oferece suporte na escolha da distribuição de Weibull como um modelo populacional.

Exemplo 4.31

As observações a seguir são relativas à vida útil (em horas) do isolamento de aparelho elétrico quando os desgastes térmico e elétrico são mantidos com certos valores ("On the estimation of life of power apparatus insulation under combined electrical and thermal stress", *IEEE Trans. on Electrical Insulation*, 1985: 70-78). Um gráfico de probabilidade de Weibull precisa, primeiro, do cálculo do 5º, 15º, ..., e 95º percentis da distribuição do valor extremo padrão. O $(100p)$-ésimo percentil satisfaz

$$p = F(\eta(p)) = 1 - e^{-e^{\eta(p)}}$$

em que $\eta(p) = \ln[-\ln(1 - p)]$.

Percentil	−2,97	−1,82	−1,25	−0,84	−0,51
x	282	501	741	851	1072
$ln(x)$	5,64	6,22	6,61	6,75	6,98
Percentil	−0,23	0,05	0,33	0,64	1,10
x	1122	1202	1585	1905	2138
$ln(x)$	7,02	7,09	7,37	7,55	7,67

Os pares (−2,97; 5,64), (−1,82; 6,22), ..., (1,10; 7,67) estão plotados como pontos na Figura 4.38. A disposição dos pontos em reta é uma forte evidência de que se deve usar a distribuição de Weibull como modelo da vida útil do isolamento, conclusão a que o autor do artigo citado também chegou.

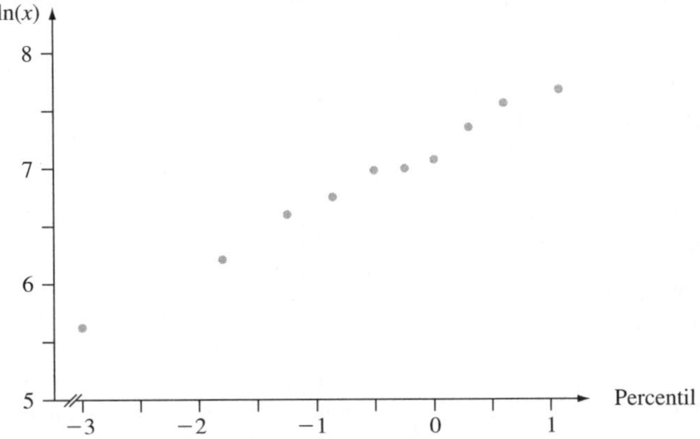

Figura 4.38 Gráfico de probabilidade de Weibull dos dados de vida útil do isolamento. ■

A distribuição gama é um exemplo de uma família que envolve um parâmetro de formato para o qual não há transformação $h(\cdot)$ tal que $h(X)$ tenha distribuição que depende apenas dos parâmetros de localização e escala. A construção de um gráfico de probabilidade requer primeiro a estimativa do parâmetro de formato pelos dados da amostra (alguns métodos de processamento são descritos no Capítulo 6). Às vezes, um investigador quer saber se a variável transformada X^θ tem distribuição normal para algum valor de θ (por convenção, $\theta = 0$ é identificado com a transformação logarítmica, caso em que X possui distribuição lognormal). O livro *Graphical methods for data analysis*, relacionado na bibliografia do Capítulo 1, aborda esse tipo de problema, bem como outras discussões dos gráficos de probabilidade. Felizmente, a grande disponibilidade de diversos gráficos de probabilidade em pacotes de softwares estatísticos permite que o usuário deixe os detalhes técnicos de lado.

EXERCÍCIOS Seção 4.6 (87–97)

87. O gráfico normal de probabilidade a seguir foi construído a partir de uma amostra de 30 leituras de tensão na malha de pontos de tubos de vídeo usados em monitores de computadores. Parece plausível que a distribuição da tensão seja normal?

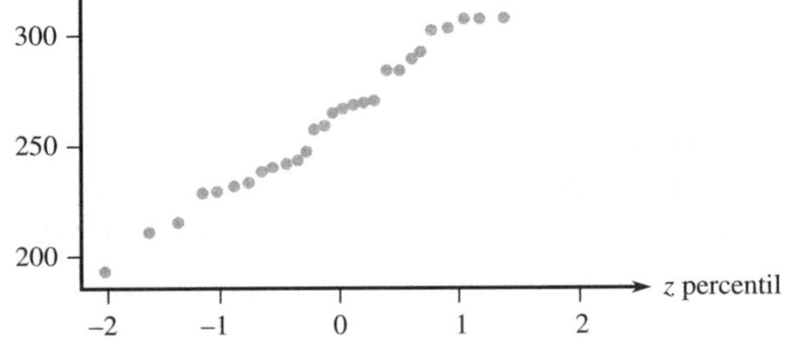

88. Uma amostra de 15 universitárias jogadoras de golfe foi selecionada e a velocidade da cabeça do taco (km/h) durante o *swing* foi determinada para cada uma, o que resultou nos seguintes dados ("Hip rotational velocities during the full golf swing", *J. of Sports Science and Medicine*, 2009: 296-299):

69,0	69,7	72,7	80,3	81,0
85,0	86,0	86,3	86,7	87,7
89,3	90,7	91,0	29,5	93,0

Os z percentis correspondentes são

− 1,83	− 1,28	− 0,97	− 0,73	− 0,52
− 0,34	− 0,17	0,0	0,17	0,34
0,52	0,73	0,97	1,28	1,83

Construa um gráfico de probabilidade normal e um gráfico de pontos. Parece plausível que a distribuição populacional seja normal?

89. Construa um gráfico de probabilidade que permita avaliar a normalidade da distribuição lognormal como um modelo para os dados de precipitação do Exercício 83 no Capítulo 1.

90. O artigo "A probabilistic model of fracture in concrete and size effects on fracture toughness" (*Magazine of Concrete Res.*, 1996: 311-320) fornece argumentos que explicam por que a distribuição de tenacidade à fratura em corpos de prova de concreto tem uma distribuição de Weibull, além de apresentar diversos histogramas de dados que parecem ajustados com curvas de Weibull superpostas. Considere a seguinte amostra de tamanho $n = 18$ observações de tenacidade de concreto de alta resistência (consistente com um dos histogramas). Os valores de $p_i = (i - 0{,}5)/18$ também são dados.

Observação	0,47	0,58	0,65	0,69	0,72	0,74
p_i	0,0278	0,0833	0,1389	0,1944	0,2500	0,3056
Observação	0,77	0,79	0,80	0,81	0,82	0,84
p_i	0,3611	0,4167	0,4722	0,5278	0,5833	0,6389
Observação	0,86	0,89	0,91	0,95	1,01	1,04
p_i	0,6944	0,7500	0,8056	0,8611	0,9167	0,9722

Construa um gráfico de probabilidade de Weibull e comente.

91. Construa um gráfico normal de probabilidade para os dados de propagação de trincas por fadiga do Exercício 43 (Capítulo 1). Parece plausível que a vida da propagação tenha distribuição normal? Explique.

92. O artigo "The load-life relationship for M50 bearings with silicon nitride ceramic balls" (*Lubrication Engr.*, 1984: 153-159) relata os dados a seguir sobre a vida de carga de mancais (milhões revs.) para mancais testados com cargas de 6,45 kN.

47,1	68,1	68,1	90,8	103,6	106,0	115,0
126,0	146,6	229,0	240,0	240,0	278,0	278,0
289,0	289,0	367,0	385,9	392,0	505,0	

a. Construa um gráfico de probabilidade normal. A normalidade é plausível?

b. Construa um gráfico de probabilidade de Weibull. A família de distribuições Weibull é plausível?

93. Construa um gráfico normal de probabilidade para a seguinte amostra de observações relativas à espessura da cobertura de tintas de baixa viscosidade ("Achieving a target value for a manufacturing process: a case study", *J. of Quality Technology*, 1992: 22-26). Você se sentiria confortável ao estimar a média da espessura da população usando um método que assume uma distribuição de população normal?

0,83	0,88	0,88	1,04	1,09	1,12	1,29	1,31
1,48	1,49	1,59	1,62	1,65	1,71	1,76	1,83

94. As observações a seguir são valores de precipitação no mês de março de um período de 30 anos em Minneapolis-St. Paul.

0,77	1,20	3,00	1,62	2,84	2,48
1,74	0,47	3,09	1,31	1,87	0,96
0,81	1,43	1,51	0,32	1,18	1,89
1,20	3,37	2,10	0,59	1,35	0,90
1,95	2,20	0,52	0,81	4,75	2,05

a. Construa e interprete um gráfico de distribuição normal para o conjunto de dados.

b. Calcule a raiz quadrada de cada valor e, em seguida, construa um gráfico de probabilidades normal com base nesses dados transformados. Parece plausível que a raiz quadrada da precipitação tenha distribuição normal?

c. Repita o item (b) após transformar pelas raízes cúbicas.

95. Use um software estatístico para construir um gráfico normal de probabilidade dos dados do limite de resistência à tração fornecidos no Exercício 17 do Capítulo 1 e comente.

96. Assuma as observações amostrais *ordenadas* como sendo representadas $y_1, y_2, \ldots, y_n$ (y_1 sendo o menor e y_n, o maior). Sugerimos, para verificação de normalidade, que os pares $(\Phi^{-1}((i - 0{,}5)/n), y_i)$ sejam plotados em um gráfico. Suponha que acreditemos que as observações venham de uma distribuição com média 0, e assuma $w_1, \ldots, w_n$ como os valores *absolutos ordenados* de x_i. Um gráfico *seminormal* é um gráfico de probabilidade de w_i. Mais especificamente, uma vez que $P(|Z| \le w) = P(-w \le Z \le w) = 2\Phi(w) - 1$, um gráfico seminormal é um gráfico dos pares $(\Phi^{-1}\{[(i - 0{,}5)/n + 1]/2\}, w_i)$. A virtude desse gráfico é que os pequenos ou grandes *outliers* na amostra original serão exibidos apenas na extremidade superior e não nas duas extremidades. Construa um gráfico seminormal para a seguinte amostra de erros de medida e comente: −3,78; −1,27; 1,44; −0,39; 12,38; −43,40; 1,15; −3,96; −2,34; 30,84.

97. As seguintes observações de tempos de falha (milhares de horas) são resultantes de testes de vida aceleradas de 16 chips de certo tipo de circuito integrado:

82,8	11,6	359,5	502,5	307,8	179,7
242,0	26,5	244,8	304,3	379,1	212,6
299,9	558,9	366,7	204,6		

Use os percentis correspondentes da distribuição exponencial com $\lambda = 1$ para construir um gráfico de probabilidade. Explique, então, por que o gráfico avalia a plausibilidade da amostra gerada a partir de *qualquer* distribuição exponencial.

Exercícios complementares (98–128)

98. Seja X = o tempo que leva para uma cabeça de leitura/gravação encontrar um registro específico em uma memória em disco de um computador, após ter sido posicionada sobre a faixa correta. Se os discos executarem uma rotação em cada 25 milissegundos, uma hipótese razoável é que X seja distribuído uniformemente no intervalo [0, 25].

a. Calcule $P(10 \le X \le 20)$.

b. Calcule $P(X \ge 10)$.

c. Obtenha a f.d. $F(X)$.

d. Calcule $E(X)$ e σ_X.

99. Seja X a temperatura em que uma reação química acontece. Seja X com f.d.p.

$$f(x) = \begin{cases} \frac{1}{9}(4 - x^2) & -1 \leq x \leq 2 \\ 0 & \text{caso contrário} \end{cases}$$

a. Faça o esboço do gráfico de $f(x)$.

b. Determine a f.d. e esboce-a.

c. É a temperatura mediana em que ocorre a reação 0? Caso não seja, essa temperatura mediana é maior ou menor que 0?

d. Suponha que a reação ocorra de forma independente, uma vez em cada um de 10 diferentes laboratórios, e que a f.d.p. do tempo de reação em cada laboratório seja fornecida. Assuma Y = número entre os 10 laboratórios em que a temperatura excede 1. Qual é o tipo de distribuição de Y? (Forneça o nome e os valores dos parâmetros.)

100. Seja X o tempo até a falha (em anos) de certo componente hidráulico. Suponha que a f.d.p. de X seja $f(x) = 32/(x + 4)^3$ para $x > 0$.

a. Verifique que $f(x)$ é uma f.d.p. legítima.

b. Determine a f.d.

c. Use o resultado do item (b) para calcular a probabilidade de o tempo até a falha estar entre 2 e 5 anos.

d. Qual é o tempo esperado até a falha?

e. Se o componente tiver valor residual de $100/(4 + x)$ quando o tempo até a falha for x, qual será o valor residual esperado?

101. O tempo de conclusão X de uma determinada tarefa possui f.d. $F(x)$ dada por

$$\begin{cases} 0 & x < 0 \\ \dfrac{x^3}{3} & 0 \leq x < 1 \\ 1 - \dfrac{1}{2}\left(\dfrac{7}{3} - x\right)\left(\dfrac{7}{4} - \dfrac{3}{4}x\right) & 1 \leq x \leq \dfrac{7}{3} \\ 1 & x > \dfrac{7}{3} \end{cases}$$

a. Obtenha a f.d.p. $f(x)$ e faça um esboço do seu gráfico.

b. Calcule $P(0{,}5 \leq X \leq 2)$.

c. Calcule $E(X)$.

102. A tensão de ruptura de um determinado tipo de diodo escolhido aleatoriamente possui distribuição normal com valor de média 40 V e desvio padrão 1,5 V.

a. Qual é a probabilidade de a voltagem de um diodo estar entre 39 e 42?

b. Qual valor faz com que apenas 15% dos diodos tenham voltagens que excedam aquele valor?

c. Se quatro diodos forem selecionados de forma independente, qual será a probabilidade de ao menos um ter uma voltagem maior que 42?

103. O artigo "Calculer assisted net weight control" (*Quality Progress*, 1983: 22-25) sugere uma distribuição normal com média 137,2 onças e desvio padrão 1,6 onça para o conteúdo real de um tipo específico de jarras. O conteúdo nominal é de 135 onças.

a. Qual é a probabilidade de uma única jarra conter mais que o conteúdo nominal?

b. Entre dez jarras selecionadas aleatoriamente, qual é a probabilidade de ao menos oito conterem mais que o conteúdo nominal?

c. Assumindo que a média permaneça em 137,2, para que valor o desvio padrão teria de ser alterado para que 95% de todas as jarras contivessem mais que o conteúdo nominal?

104. Quando as placas de circuito usadas na fabricação de CD-players são testadas, a porcentagem de peças com defeito no longo prazo é 5%. Suponha que um lote de 250 placas tenha sido recebido e que a condição de uma placa seja independente das outras.

a. Qual é a probabilidade aproximada de que ao menos 10% das placas do lote tenham defeito?

b. Qual é a probabilidade aproximada de que exatamente dez peças tenham defeito no lote?

105. O artigo "Characterization of room temperature damping in aluminum-indium alloys" (*Metallurgical Trans.*, 1993: 1611-1619) sugere que o tamanho de grão de matriz do alumínio (μm) em uma liga formada por 2% de índio pode ser modelado com uma distribuição normal de valor médio 96 e desvio padrão 14.

a. Qual é a probabilidade de o tamanho do grão exceder 100?

b. Qual é a probabilidade de o tamanho do grão estar entre 50 e 80?

c. Qual intervalo (a, b) inclui os 90% centrais de todos os tamanhos de grãos (de forma que 5% estejam abaixo de a e 5% acima de b)?

106. O tempo de reação (em segundos) a um determinado estímulo é uma variável aleatória contínua com f.d.p.

$$f(x) = \begin{cases} \frac{3}{2} \cdot \frac{1}{x^2} & 1 \leq x \leq 3 \\ 0 & \text{caso contrário} \end{cases}$$

a. Obtenha a f.d.

b. Qual é a probabilidade de o tempo de reação ser no máximo 2,5 segundos? Entre 1,5 e 2,5 segundos?

c. Calcule o tempo de reação esperado.

d. Calcule o desvio padrão do tempo de reação.

e. Se um indivíduo levar mais de 1,5 segundo para reagir, uma luz se acende e fica acesa até que mais um segundo passe ou até a pessoa reagir (o que ocorrer primeiro). Determine a quantidade esperada de tempo em que a luz permanece acesa. [*Dica*: seja $h(X)$ = o tempo em que a luz está ligada como uma função de tempo de reação X.]

107. Em alguns sistemas, um cliente é alocado a uma de duas instalações. Se o tempo de serviço de um cliente servido por uma instalação i tiver uma distribuição com parâmetros $\lambda_i\,(i = 1, 2)$ e p é a proporção de todos os clientes servidos pela instalação 1, a f.d.p. de X = tempo de serviço de um cliente selecionado aleatoriamente será

$$f(x; \lambda_1, \lambda_2, p) = \begin{cases} p\lambda_1 e^{-\lambda_1 x} + (1 - p)\lambda_2 e^{-\lambda_2 x} & x \geq 0 \\ 0 & \text{caso contrário} \end{cases}$$

Essa distribuição é frequentemente denominada distribuição exponencial mista ou hiperexponencial. Essa distribuição também é proposta como modelo para quantidade de chuva em "Modeling monsoon affected rainfall of Pakistan by point processes" (*J. of Water Resources Planning and Mgmnt.*, 1992: 671-688).

a. Verifique que $f(x; \lambda_1, \lambda_2, p)$ é de fato uma f.d.p.

b. Qual é a f.d. $F(x; \lambda_1, \lambda_2, p)$?

c. Se X tiver $f(x; \lambda_1, \lambda_2, p)$ como sua f.d.p., qual é $E(X)$?

d. Usando o fato de que $E(X^2) = 2/\lambda^2$ quando X tiver uma distribuição exponencial com parâmetro λ, calcule $E(X^2)$ quando X tiver f.d.p. $f(x; \lambda_1, \lambda_2, p)$. Depois, calcule $V(X)$.

e. O coeficiente da variação de uma variável aleatória (ou distribuição) é $CV = \sigma/\mu$. Qual é o CV para uma v.a. exponencial? O que você pode dizer sobre o valor do CV quando X tem uma distribuição hiperexponencial?

f. Qual é o CV para uma distribuição de Erlang com parâmetros λ e n conforme definido no Exercício 68? [*Observação*: no trabalho aplicado, a amostra CV é usada para decidir quais das três distribuições podem ser apropriadas.]

108. O artigo "Determination of the MTF of positive photoresists using the monte carlo method" (*Photographic Sci. and Engr.*, 1983: 254-260) propõe uma distribuição exponencial com parâmetro $\lambda = 0{,}93$ como modelo de distribuição do comprimento da trajetória de um fóton (μm) sob determinadas circunstâncias. Suponha que esse seja o modelo correto.

a. Qual é o comprimento esperado da trajetória e qual é o desvio padrão?

b. Qual é a probabilidade de o comprimento da trajetória exceder 3,0? Qual é a probabilidade de o comprimento da trajetória estar entre 1,0 e 3,0?

c. Que valor é excedido por apenas 10% de todos os comprimentos de trajetórias?

109. O artigo "The prediction of corrosion by statistical analysis of corrosion profiles" (*Corrosion Science*, 1985: 305-315) sugere a f.d. a seguir para a profundidade X do ponto de corrosão mais profundo do experimento que envolve a exposição de aço carbono manganês à água do mar acidificada.

$$F(x; \alpha, \beta) = e^{-e^{-(x-\alpha)/\beta}} \quad -\infty < x < \infty$$

Os autores propõem os valores $\alpha = 150$ e $\beta = 90$. Assuma esse modelo como o correto.

a. Qual é a probabilidade de a profundidade do ponto de corrosão mais profundo ser no máximo 150? No máximo 300? Entre 150 e 300?

b. Abaixo de que valor a profundidade máxima do ponto de corrosão pode ser observada em 90% de todos os experimentos?

c. Qual é a função densidade de X?

d. A função densidade pode ser mostrada como unimodal (um único pico). Acima de que valor do eixo das medidas ocorre o pico? (Esse valor é a moda.)

e. Pode ser mostrado que $E(X) \approx 0{,}5772\beta + \alpha$. Qual é a média dos valores fornecidos de α e β, e como ela se compara à mediana e à moda? Faça o esboço do gráfico da função de densidade. [*Observação*: isso é chamado *distribuição de maior valor extremo*.]

110. Seja t = a quantidade de imposto de vendas que um varejista deve ao governo por um certo período. O artigo "Statistical sampling in tax audits" (*Statistics and the Law*, 2008: 320--343) propõe modelar a incerteza em t ao considerá-la uma variável aleatória distribuída normalmente com valor médio μ e desvio padrão σ (no artigo, esses dois parâmetros são estimados a partir dos resultados de uma auditoria fiscal envolvendo n transações amostradas). Se a representa o montante em que o varejista é avaliado, então temos uma subavaliação se $t > a$ e uma superavaliação se $a > t$. A função da penalidade proposta (isto é, perda) para super e subavaliação é $L(a, t) = t - a$ se $t > a$, e $= k(a - t)$ se $t \le a$ ($k > 1$ é sugerido para incorporar a ideia de que a superavaliação é mais séria que a subavaliação).

a. Mostre que $a^* = \mu + \sigma\Phi^{-1}(1/(k + 1))$ é o valor de a que minimiza a perda esperada, em que Φ^{-1} é a função inversa da f.d. normal padrão.

b. Se $k = 2$ (sugerido no artigo), $\mu = \$\ 100.000$, e $\sigma = \$\ 10.000$, qual é o valor ideal de a, e qual é a probabilidade resultante da superavaliação?

111. A *moda* de uma distribuição contínua é o valor x^* que maximiza $f(x)$.

a. Qual é a moda de uma distribuição normal com parâmetros μ e σ?

b. A distribuição uniforme com parâmetros A e B tem uma única moda? Explique.

c. Qual é a moda de uma distribuição exponencial com parâmetro λ? (Faça uma ilustração.)

d. Se X tiver uma distribuição gama com parâmetros α e β, e $\alpha > 1$, encontre a moda. [*Dica*: $\ln[f(x)]$ irá maximizar se, e somente se, $f(x)$ é, e pode ser mais simples assumir a derivada de $\ln[f(x)]$.]

e. Qual é a moda de uma distribuição qui-quadrado com ν graus de liberdade?

112. O artigo "Error distribution in navigation" (*J. of the Institute of Navigation*, 1971: 429-442) sugere que a distribuição de frequência de erros positivos (magnitudes dos erros) é bem aproximada por uma distribuição exponencial. Seja X = o erro de posição lateral (milhas náuticas), que pode ser negativo ou positivo. Suponha que a f.d.p. de X seja

$$f(x) = (0{,}1)e^{-0{,}2|x|} \quad -\infty < x < \infty$$

a. Faça o esboço de um gráfico $f(x)$ e verifique que $f(x)$ é uma f.d.p. legítima (mostre que ela se integra a 1).

b. Obtenha a f.d. de X e esboce-a.

c. Calcule $P(X \le 0)$, $P(X \le 2)$, $P(-1 \le X \le 2)$ e a probabilidade de se cometer um erro de mais de 2 milhas.

113. Uma barra de 12 pol fixa nas duas extremidades será submetida a uma tensão crescente até sua ruptura. Seja Y = a distância da ruptura da barra em relação à extremidade esquerda. Suponha que Y tenha a f.d.p.

$$f(y) = \begin{cases} \left(\dfrac{1}{24}\right)y\left(1 - \dfrac{y}{12}\right) & 0 \le y \le 12 \\ 0 & \text{caso contrário} \end{cases}$$

Calcule os seguintes valores:

a. A f.d. de Y, e faça o gráfico.

b. $P(Y \le 4)$, $P(Y > 6)$ e $P(4 \le Y \le 6)$.

c. $E(Y)$, $E(Y^2)$ e $V(Y)$.

d. A probabilidade de o ponto de ruptura ocorrer a mais de 2 polegadas do ponto de ruptura esperado.

e. O comprimento esperado do menor segmento após a ruptura.

114. Suponha que um Estado específico permita que os indivíduos preencham restituições de imposto somente se o total das deduções em itens ultrapassar valores acima de \$ 5.000. Seja X (em milhares de dólares) o total das deduções em itens de um formulário escolhido aleatoriamente. Considere que X tenha a f.d.p.

$$f(x; \alpha) = \begin{cases} k/x^{\alpha} & x \geq 5 \\ 0 & \text{caso contrário} \end{cases}$$

a. Encontre o valor de k. Qual restrição em α é necessária?
b. Qual é a f.d. de X?
c. Qual é a dedução total esperada de um formulário escolhido aleatoriamente? Qual restrição em α é necessária para que $E(X)$ seja finito?
d. Mostre que $\ln(X/5)$ possui uma distribuição exponencial com parâmetro $\alpha - 1$.

115. O artigo "Three sisters give birth on the same day" (*Chance*, primavera de 2001: 23-25) usou o fato de três irmãs de Utah darem à luz em 11 de março de 1998 como base de proposta de algumas questões interessantes relativas a coincidências de nascimento.
a. Desconsiderando anos bissextos e assumindo que os outros 365 dias são igualmente prováveis, qual é a probabilidade de que três nascimentos selecionados aleatoriamente ocorram todos em 11 de março? Certifique-se de indicar quais suposições extras, se houver alguma, você está fazendo.
b. Com as hipóteses usadas no item (a), qual é a probabilidade de três nascimentos selecionados aleatoriamente ocorrerem no mesmo dia?
c. O autor sugeriu que, com base em extensos dados, a duração da gestação (tempo entre a concepção e o nascimento) pode ser modelada como tendo distribuição normal com valor médio 280 dias e desvio padrão 19,88 dias. As datas-limite para as três irmãs de Utah eram 15 de março, 1º de abril e 4 de abril, respectivamente. Supondo que o prazo esteja na média da distribuição, qual é a probabilidade de todos os nascimentos ocorrerem em 11 de março? [*Dica*: o desvio da data de nascimento a partir da data-limite é distribuído normalmente com média 0.]
d. Explique como você poderia usar a informação do item (c) para calcular a probabilidade de uma data de nascimento comum.

116. O artigo "Response of SiCf/Si_3N_4 composites under static and cyclic loading – An experimental and statistical analysis" (*J. of Engr. Materials and Technology*, 1997: 186-193) sugere que a resistência à tração (MPa) de compósitos em condições específicas pode ser modelada por uma distribuição de Weibull com $\alpha = 9$ e $\beta = 180$.
a. Faça o esboço de um gráfico da função de densidade.
b. Qual é a probabilidade de a resistência de uma amostra selecionada aleatoriamente exceder 175? Estar entre 150 e 175?
c. Se duas amostras selecionadas aleatoriamente forem escolhidas de forma independente, qual será a probabilidade de ao menos uma ter resistência entre 150 e 175?
d. Qual valor de resistência separa as 10% mais fracas de todas as amostras das 90% restantes?

117. Considere que Z tenha uma distribuição normal padrão e defina uma nova v.a. Y por $Y = \sigma Z + \mu$. Mostre que Y tem uma distribuição normal com parâmetros α e σ. [*Dica*: $Y \leq y$ se, e somente se, $Z \leq$? Use isso para encontrar a f.d. de Y e depois diferencie em relação a y.]

118. a. Suponha que a vida útil X de um componente, quando medido em horas, tenha uma distribuição gama com parâmetros α e β. Seja Y = a vida útil medida em minutos. Derive a f.d.p. de Y. [*Dica*: $Y \leq y$ se, e somente se, $X \leq y/60$. Use-o para obter f.d. de Y e depois diferencie para obter a f.d.p.]
b. Se X tem distribuição gama com parâmetros α e β, qual é a distribuição probabilidade $Y = cX$?

119. Considere U como tendo uma distribuição uniforme no intervalo [0, 1]. Então, os valores observados com essa distribuição podem ser obtidos com um gerador de números aleatórios. Seja $X = -(1/\lambda)\ln(1 - U)$.
a. Mostre que X tem uma distribuição exponencial com parâmetro. [*Dica*: a f.d. de X é $F(x) = P(X \leq x)$; $X \leq x$ equivalente a $U \leq$?]
b. Como você usaria o item (a) e um gerador de números aleatórios para obter valores observados de uma distribuição exponencial com parâmetro $\lambda = 10$?

120. Com base em uma experiência de arremesso de dardos, o artigo "Shooting darts" (*Chance*, verão de 1997: 16-19) propôs que os erros horizontais e verticais em relação a um alvo pontual devem ser independentes uns dos outros, cada um com distribuição normal de média 0 e variância σ^2. Pode ser mostrado que a f.d.p. da distância V do alvo para o ponto de aterrissagem é

$$f(v) = \frac{v}{\sigma^2} \cdot e^{-v^2/2\sigma^2} \quad v > 0$$

a. Essa f.d.p. é membro de que família apresentada neste capítulo?
b. Se $\sigma = 20$ mm (próximo ao valor sugerido no artigo), qual é a probabilidade de um dardo ser acertado dentro de 25 mm (cerca de 1 pol) do alvo?

121. Nos Exercícios 117 e 118, bem como em muitas outras situações, temos a f.d.p. $f(x)$ de X e queremos saber a f.d.p. de $y = h(X)$. Presuma que $h(\cdot)$ seja uma função inversível, de forma que $x = k(y)$ pode ser resolvida para x para se obter $x = k(y)$. Podemos então mostrar que a f.d.p. de Y é

$$g(y) = f[k(y)] \cdot |k'(y)|$$

a. Se X tiver distribuição uniforme com $A = 0$ e $B = 1$, encontre a f.d.p. de $Y = -\ln(X)$.
b. Resolva o Exercício 117 usando esse resultado.
c. Resolva o Exercício 118(b) usando esse resultado.

122. Seja X o tempo de vida de um componente, com $f(x)$ e $F(x)$ a f.d.p. e a f.d. de X. A probabilidade de que o componente caia no intervalo $(x, x + \Delta x)$ é de aproximadamente $f(x) \cdot \Delta x$. A probabilidade condicional de que ele caia em $(x, x + \Delta x)$, dado que sua duração foi no mínimo x, é $f(x) \cdot \Delta x/[1 - F(x)]$. Dividir isso por Δx produz a **função de taxa de falha**[3]:

$$r(x) = \frac{f(x)}{1 - F(x)}$$

[3] Essa função é também conhecida como função de risco.

Um aumento da função de taxa de falha indica que os componentes mais antigos têm mais probabilidade de apresentar desgaste, enquanto uma taxa de falha decrescente é evidência de aumento de confiabilidade com a idade. Na prática, uma falha "com formato de banheira" é assumida com frequência.

a. Se X for distribuído exponencialmente, qual é $r(x)$?

b. Se X tiver distribuição de Weibull com parâmetros α e β, qual será $r(x)$? Para quais valores de parâmetro $r(x)$ poderá aumentar? Para que valores de parâmetros $r(x)$ diminuirá com x?

c. Uma vez que $r(x) = -(d/dx)\ln[1 - F(x)]$, $\ln[1 - F(x)] = -\int r(x)dx$. Suponha

$$r(x) = \begin{cases} \alpha\left(1 - \dfrac{x}{\beta}\right) & 0 \le x \le \beta \\ 0 & \text{caso contrário} \end{cases}$$

de forma que, se um componente durar β horas, durará para sempre (apesar de não parecer razoável, o modelo é usado para estudar apenas o "desgaste inicial"). Quais são a f.d. e a f.d.p. de X?

123. Assuma I_i como a corrente de entrada de um transistor e I_0 como a corrente de saída. O ganho de corrente então será proporcional a $\ln(I_0/I_i)$. Suponha que a constante de proporcionalidade seja 1 (que implica a escolha de uma unidade de medida específica), de forma que o ganho da corrente $X = \ln(I_0/I_i)$. Presuma que X seja distribuído normalmente com $\mu = 1$ e $\sigma = 0{,}5$.

a. Qual tipo de distribuição a razão I_0/I_i tem?

b. Qual é a probabilidade de a corrente de saída ser maior que o dobro da corrente de entrada?

c. Qual é o valor esperado e a variância da razão da corrente de saída a partir da entrada?

124. Considere uma v.a. X com média μ e desvio padrão σ, e seja $g(X)$ uma função especificada de X. A série de aproximação de Taylor de primeira ordem em relação a $g(X)$ na vizinhança de μ é

$$g(X) \approx g(\mu) + g'(\mu) \cdot (X - \mu)$$

O lado direito dessa equação é uma função linear de X. Se a distribuição de X estiver concentrada em um intervalo em que $g(\cdot)$ é aproximadamente linear [por exemplo, $\sqrt{x}$ é aproximadamente linear em (1, 2)], então a equação fornece aproximações para $E(g(X))$ e $V(g(X))$.

a. Dê as expressões para essas aproximações. [*Dica*: use as regras do valor esperado e a variância para uma função linear $aX + b$.]

b. Se a tensão v por meio de uma média for fixa, mas a corrente I for aleatória, então a resistência também será uma variável aleatória relacionada a I por $R = v/I$. Se $\mu_I = 20$ e $\sigma_I = 0{,}5$, calcule a aproximação para μ_R e σ_R.

125. Uma função $g(x)$ é *convexa* se a corda que conecta quaisquer dois pontos no gráfico da função ficar acima do gráfico. Quando $g(x)$ é diferenciável, uma condição equivalente é que, para cada x, a reta tangente em x esteja totalmente acima ou abaixo do gráfico. (Consulte a figura a seguir.) Como $g(\mu) = g(E(X))$ se compara a $E(g(X))$? [*Dica*: a equação da linha da tangente em $x = \mu$ é $y = g(\mu) + g'(\mu) \cdot (x - \mu)$.] Use a condição de convexidade, substitua X por x, e pegue os valores esperados. [*Observação*: a menos que $g(x)$ seja linear, a desigualdade resultante (normalmente denominada desigualdade de Jensen) é estrita ($<$ em vez de $\le$). Isso é válido para v.a. contínuas e discretas.]

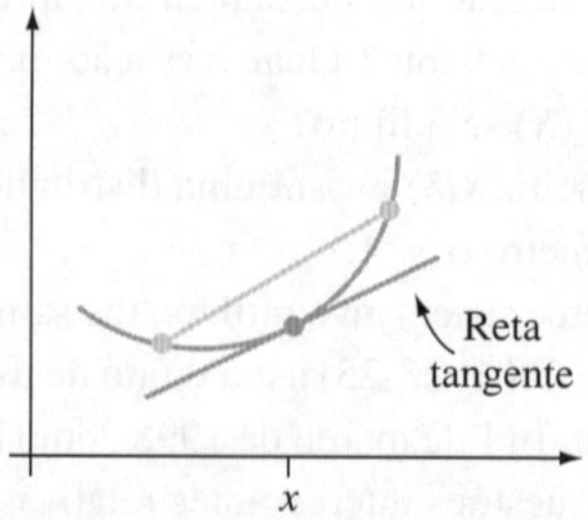

126. Seja X a distribuição de Weibull de parâmetros $\alpha = 2$ e β. Mostre que $Y = 2X^2/\beta^2$ possui uma distribuição qui-quadrado com $\nu = 2$. [*Dica*: a f.d. de Y é $P(Y \le y)$. Expresse essa probabilidade sob a forma $P(X \le g(y))$, usando o fato de que X tem uma f.d. da forma na Equação (4.12), e diferencie em relação a y para obter a f.d.p. de Y.]

127. Uma pontuação de crédito de um indivíduo é um número calculado com base em seu histórico de crédito, que ajuda um credor a determinar quanto ele deveria ter pegado emprestado ou qual limite de crédito deveria ter sido estabelecido para um cartão de crédito. Um artigo no *Los Angeles Times* deu dados que sugeriram que uma distribuição beta com parâmetros $A = 150$, $B = 850$, $\alpha = 8$, $\beta = 2$ ofereceria uma aproximação razoável para a distribuição das pontuações de crédito norte-americano. [*Observação*: as pontuações de crédito são valores inteiros.]

a. Considere X o representante de uma pontuação de crédito norte-americano selecionado aleatoriamente. Qual é o valor da média e o desvio padrão dessa variável aleatória? Qual é a probabilidade de que X esteja a 1 desvio padrão de seu valor médio?

b. Qual é a probabilidade aproximada de que uma pontuação de crédito selecionada aleatoriamente exceda 750 (que os credores consideram uma boa pontuação)?

128. Seja V o volume de chuva e W o volume de enxurrada (ambos em mm). De acordo com o artigo "Runoff quality analysis of urban catchments with analytical probability models" (*J. of Water Resource Planning and Management*, 2006: 4--14), o volume de enxurrada será de 0 se $V \le \nu_d$ e será de $k(V - \nu_d)$ se $V > \nu_d$. Esse ν_d é o volume do armazenamento da depressão (uma constante) e k (também uma constante) é o coeficiente da enxurrada. O artigo citado propõe uma distribuição exponencial com parâmetro λ para V.

a. Obtenha uma expressão para a f.d. de W. [*Observação*: W não é nem puramente contínua, nem puramente discreta. Em vez disso, é uma distribuição "mista" com um componente discreto em 0 e é contínua para os valores $w > 0$.]

b. Qual é a f.d.p. de W para $w > 0$? Use isso para obter uma expressão para o valor esperado do volume da enxurrada.

Bibliografia

BURY, K. *Statistical distributions in engineering*. Cambridge, England: Cambridge Univiversity Press, 1999. Uma pesquisa de fácil compreensão e informativa sobre as distribuições e suas propriedades.

JOHNSON, N.; KOTZ, S. E BALAKRISHNAN, N. *Continuous univariate distributions*. New York: Wiley, 1994. v. 1-2. Esses dois volumes apresentam uma pesquisa completa sobre diversas distribuições contínuas.

NELSON, W. *Applied life data analysis*, New York: Wiley, 1982. Fornece uma discussão abrangente sobre distribuições e métodos usados na análise dos dados do tempo de vida.

OLKIN, I.; DERMAN, C. E GLESER, L. *Probability models and applications*. 2. ed. New York: Macmillan, 1994. Boa cobertura das propriedades gerais e distribuições específicas.

5 Distribuições de probabilidade conjunta e amostras aleatórias

INTRODUÇÃO

Nos Capítulos 3 e 4, estudamos modelos probabilísticos com uma única variável aleatória. Muitos problemas de probabilidade e estatística nos conduzem a modelos que envolvem diversas variáveis aleatórias simultaneamente. Neste capítulo, discutiremos inicialmente os modelos probabilísticos para o comportamento conjunto de diversas variáveis aleatórias, enfatizando o caso em que as variáveis são independentes umas das outras. Depois, estudaremos os valores esperados das funções de diversas variáveis aleatórias, incluindo covariância e correlação como medidas do grau de relação entre duas variáveis.

As três últimas seções do capítulo consideram funções de n variáveis aleatórias $X_1, X_2, \ldots, X_n$, especialmente com foco em sua média $(X_1 + \ldots + X_n)/n$. Denominamos as funções desse tipo, sendo elas mesmas variáveis aleatórias, uma *estatística*. Os métodos da probabilidade são usados para obtenção de informações sobre a distribuição de uma estatística. O resultado principal desse tipo é o Teorema Central do Limite (TCL), a base de vários procedimentos inferenciais que envolvem tamanhos grandes de amostras.

5.1 Variáveis aleatórias de distribuição conjunta

Há várias situações experimentais em que mais de uma variável aleatória será de interesse do investigador. Primeiro, consideraremos as distribuições de probabilidade conjunta para duas v.a. discretas, depois para duas v.a. contínuas e, finalmente, para mais de duas variáveis.

Duas variáveis aleatórias discretas

A função de probabilidade (f.p.) de uma única v.a. discreta X especifica a probabilidade atribuída a cada valor possível de X. A f.p. conjunta de duas v.a. discretas X e Y descreve a probabilidade designada a cada par (x, y) de valores possível.

Definição

Sejam X e Y duas v.a. discretas definidas no espaço amostral $\mathcal{S}$ de um experimento. A **função de probabilidade conjunta** $p(x, y)$ é definida para cada par de números (x, y) por

$$p(x, y) = P(X = x \text{ e } Y = y).$$

Deve ser o caso de $p(x, y) \geq 0$ e $\sum_x \sum_y p(x, y) = 1$.

Agora, seja A qualquer conjunto que consista em pares de valores (x, y) (por exemplo, $A = \{(x, y): x + y = 5\}$ ou $\{(x, y): \text{máx}(x, y) \leq 3\}$). Então, a probabilidade $P[(X, Y) \in A]$ é obtida com a soma da f.p. conjunta com os pares em A:

$$P[(X, Y) \in A] = \sum_{(x, y)} \sum_{\in A} p(x, y)$$

Exemplo 5.1

Uma grande agência de seguros presta serviços a diversos clientes que compraram uma apólice residencial e outra de automóvel da mesma seguradora. Para cada tipo, deve ser especificado um valor dedutível. Para uma apólice de automóvel, as opções são \$ 100 e \$ 250, enquanto para uma apólice residencial, as opções são 0, \$ 100 e \$ 200. Suponha que um indivíduo com os dois referidos tipos seja selecionado aleatoriamente nos arquivos da seguradora. Seja X = o valor dedutível na apólice de automóvel e Y = o valor dedutível na apólice residencial. Os pares possíveis (X, Y) são (100, 0), (100, 100), (100, 200), (250, 0), (250, 100) e (250, 200); a f.p. conjunta especifica a probabilidade associada a cada um desses pares, sendo que qualquer outro par tem probabilidade 0. Suponha que a f.p. conjunta seja dada na **tabela de probabilidade conjunta** a seguir:

$p(x, y)$		y = 0	100	200
x	100	0,20	0,10	0,20
	250	0,05	0,15	0,30

Então, $p(100, 100) = P(X = 100 \text{ e } Y = 100) = P(\$\ 100 \text{ dedutível em ambas as apólices}) = 0{,}10$. A probabilidade $(Y \geq 100)$ é calculada pela soma das probabilidades de todos os pares (x, y) para os quais $y \geq 100$:

$$P(Y \geq 100) = p(100, 100) + p(250, 100) + p(100, 200) + p(250, 500) = 0{,}75 \ \blacksquare$$

Uma vez que a f.p. conjunta das variáveis X e Y esteja disponível, ela se encontra no princípio simples para obter a distribuição de apenas uma dessas variáveis. Como exemplo, sejam X e Y os números de cursos de Estatística e Matemática, respectivamente, atualmente sendo tomados por uma estatística principal selecionada. Suponha que desejemos a distribuição de X, e que, quando $X = 2$, os únicos valores possíveis de Y sejam 0, 1 e 2. Então,

$$\begin{aligned} p_x(2) = P(X = 2) &= P[(X,Y) = (2, 0) \text{ ou } (2, 1) \text{ ou } (2, 2)] \\ &= p(2, 0) + p(2, 1) + p(2, 2) \end{aligned}$$

Isto é, a f.p. conjunta é somada para todos os pares da forma $(2, y)$. Mais geralmente, para cada valor possível x de X, a probabilidade $p_X(x)$ é obtida ao manter o x fixo e somar a f.p. conjunta $p(x, y)$ com todos os y cujo par (x, y) tem uma probabilidade positiva. A mesma estratégia é aplicada para obter a distribuição de Y por si só.

Definição

A **função de probabilidade marginal de** X, denotada por $p_X(x)$, é dada por

$$p_X(x) = \sum_{y:\, p(x,y)>0} p(x, y) \quad \text{para cada valor possível de } x.$$

Da mesma forma, a **função de probabilidade marginal de** Y é

$$p_Y(y) = \sum_{x:\, p(x,y)>0} p(x, y) \quad \text{para cada valor possível de } y.$$

O uso da palavra *marginal*, aqui, é uma consequência do fato de que, se a f.p. conjunta for representada em uma tabela retangular, como no Exemplo 5.1, então o total de linhas dá a f.p. marginal de X e o total de colunas dá a f.p. marginal de Y. Uma vez que essa f.p. marginal estiver disponível, a probabilidade de qualquer evento envolvendo somente X ou somente Y pode ser calculada.

Exemplo 5.2 (Continuação do Exemplo 5.1)

Os possíveis valores de X são $x = 100$ e $x = 250$, portanto, o cálculo dos totais de linhas da tabela de probabilidade conjunta fornece

$$p_X(100) = p(100, 0) + p(100, 100) + p(100, 200) = 0{,}50$$

e

$$p_X(250) = p(250, 0) + p(250, 100) + p(250, 200) = 0{,}50$$

A f.p. marginal de X, então, será

$$p_X(x) = \begin{cases} 0{,}5 & x = 100, 250 \\ 0 & \text{caso contrário} \end{cases}$$

Da mesma forma, a f.p. marginal de Y será obtida pelos totais da coluna, como a seguir:

$$p_Y(y) = \begin{cases} 0{,}25 & y = 0,\ 100 \\ 0{,}50 & y = 200 \\ 0 & \text{caso contrário} \end{cases}$$

então, $P(Y \geq 100) = p_Y(100) + p_Y(200) = 0{,}75$, como antes. ■

Duas variáveis aleatórias contínuas

A probabilidade de que o valor observado de uma v.a. contínua X fique no conjunto unidimensional A (como um intervalo) é obtida ao integrar a f.d.p. $f(x)$ sobre o conjunto A. Da mesma forma, a probabilidade de que o par (X, Y) das v.a. contínuas caiam em um conjunto bidimensional A (como um retângulo) é obtida ao integrar uma função chamada *função da densidade conjunta.*

Definição

Sejam X e Y v.a. contínuas. Uma **função densidade de probabilidade conjunta** $f(x, y)$ para essas duas variáveis é uma função que satisfaça $f(x, y) \geq 0$ e

$\int_{-\infty}^{\infty}\int_{-\infty}^{\infty} f(x, y)\, dx\, dy = 1$. Então, para qualquer grupo bidimensional A,

$$P[(X, Y) \in A] = \iint_A f(x, y)\, dx\, dy.$$

Em particular, caso A seja o retângulo bidimensional $\{(x, y)\colon a \leq x \leq b, c \leq y \leq d\}$, então

$$P[(X,Y) \in A] = P(a \leq X \leq b, c \leq Y \leq d) = \int_a^b \int_c^d f(x, y)\, dy\, dx.$$

Podemos pensar na $f(x, y)$ como especificadora de uma superfície na altura $f(x, y)$ acima do ponto (x, y) em um sistema coordenado tridimensional. Então, $P[(X, Y) \in A]$ é o volume abaixo dessa superfície e acima da região A, análogo à área abaixo de uma curva no caso unidimensional, como ilustrado na Figura 5.1.

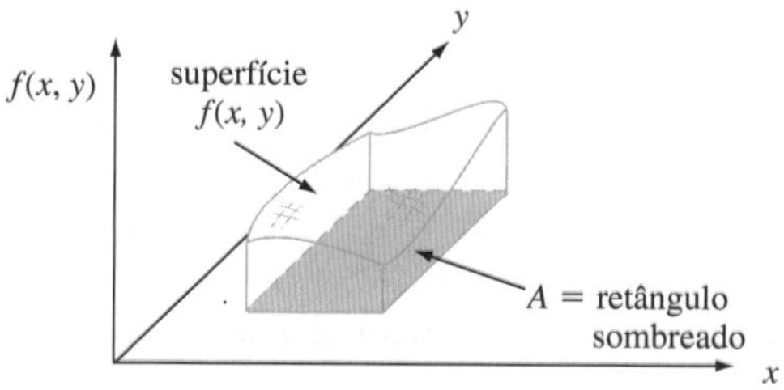

Figura 5.1 $P[(X, Y) \in A]$ = volume sob a superfície de densidade e acima de A.

Exemplo 5.3

Um banco opera tanto uma instalação de *drive-thru* como em guichê de atendimento. Em um dia selecionado aleatoriamente, assuma X = a proporção de tempo em que a instalação de *drive-thru* está em uso (ao menos um cliente está sendo atendido ou esperando para ser atendido) e Y = a proporção de tempo em que o guichê de atendimento está em uso. O conjunto de valores possíveis de (X, Y) é o retângulo $D = \{(x, y)\colon 0 \leq x \leq 1, 0 \leq y \leq 1\}$. Suponha que a f.d.p. conjunta de (X, Y) seja dada por

$$f(x, y) = \begin{cases} \frac{6}{5}(x + y^2) & 0 \leq x \leq 1, 0 \leq y \leq 1 \\ 0 & \text{caso contrário} \end{cases}$$

Para provar que essa f.d.p. é verdadeira, observe que $f(x, y) \geq 0$ e

$$\int_{-\infty}^{\infty}\int_{-\infty}^{\infty} f(x, y)\,dx\,dy = \int_0^1\int_0^1 \frac{6}{5}(x + y^2)\,dx\,dy$$
$$= \int_0^1\int_0^1 \frac{6}{5}x\,dx\,dy + \int_0^1\int_0^1 \frac{6}{5}y^2\,dx\,dy$$
$$= \int_0^1 \frac{6}{5}x\,dx + \int_0^1 \frac{6}{5}y^2\,dy = \frac{6}{10} + \frac{6}{15} = 1$$

A probabilidade de nenhuma das instalações estar ocupada em mais de um quarto do tempo é

$$P\left(0 \le X \le \frac{1}{4}, 0 \le Y \le \frac{1}{4}\right) = \int_0^{1/4}\int_0^{1/4} \frac{6}{5}(x + y^2)\,dx\,dy$$
$$= \frac{6}{5}\int_0^{1/4}\int_0^{1/4} x\,dx\,dy + \frac{6}{5}\int_0^{1/4}\int_0^{1/4} y^2\,dx\,dy$$
$$= \frac{6}{20}\cdot\left.\frac{x^2}{2}\right|_{x=0}^{x=1/4} + \frac{6}{20}\cdot\left.\frac{y^3}{3}\right|_{y=0}^{y=1/4} = \frac{7}{640}$$
$$= 0{,}0109 \ ■$$

A f.d.p. marginal de cada variável pode ser obtida de maneira análoga para o que fizemos no caso das duas variáveis discretas. A f.d.p. marginal de X no valor x é obtida ao manter x fixo no par (x, y) e *integrando* a f.d.p. conjunta sobre y. Integrar a f.d.p. conjunta em relação a x dá a f.d.p. marginal de Y.

Definição

As **funções densidade de probabilidade marginal** de X e Y, denotadas por $f_X(x)$ e $f_Y(y)$, respectivamente, são dadas por

$$f_X(x) = \int_{-\infty}^{\infty} f(x, y)\,dy \quad \text{para } -\infty < x < \infty$$

$$f_Y(y) = \int_{-\infty}^{\infty} f(x, y)\,dx \quad \text{para } -\infty < y < \infty$$

Exemplo 5.4 (Continuação do Exemplo 5.3)

A f.d.p. marginal de X, que fornece a distribuição de probabilidades do tempo ocupado para a instalação do *drive-thru* sem referência do guichê de atendimento, é

$$f_X(x) = \int_{-\infty}^{\infty} f(x, y)\,dy = \int_0^1 \frac{6}{5}(x + y^2)\,dy = \frac{6}{5}x + \frac{2}{5}$$

para $0 \le x \le 1$, e 0 em caso contrário. A f.d.p. marginal de Y é

$$f_Y(y) = \begin{cases} \frac{6}{5}y^2 + \frac{3}{5} & 0 \le y \le 1 \\ 0 & \text{caso contrário} \end{cases}$$

Então,

$$P\left(\frac{1}{4} \le Y \le \frac{3}{4}\right) = \int_{1/4}^{3/4} f_Y(y)\,dy = \frac{37}{80} = 0{,}4625. \ ■$$

No Exemplo 5.3, a região da densidade conjunta positiva era um retângulo, o que tornou o cálculo das f.d.p. marginais relativamente fácil. Agora, considere um exemplo em que a região de densidade positiva é uma figura mais complicada.

Exemplo 5.5

Uma empresa comercializa latas luxuosas com amêndoas, castanhas de caju e amendoins misturados. Suponha que o peso líquido de cada lata seja exatamente 1 libra, mas que a contribuição do peso de cada constituinte seja aleatória. Como os três pesos devem somar 1, um modelo de probabilidade conjunta para quaisquer dois fornece todas as informações necessárias sobre o peso do terceiro tipo. Sejam X = peso das amêndoas em uma lata selecionada e Y = peso das castanhas de caju. Então a região de densidade positiva é $D = \{(x, y): 0 \leq x \leq 1, 0 \leq y \leq 1, x + y \leq 1\}$, a região sombreada ilustrada na Figura 5.2.

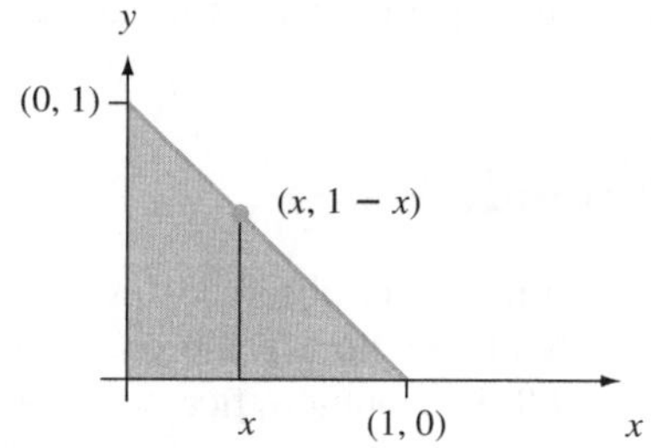

Figura 5.2 Região de densidade positiva do Exemplo 5.5.

Agora, considere que a f.d.p. conjunta de (X, Y) seja

$$f(x, y) = \begin{cases} 24xy & 0 \leq x \leq 1, 0 \leq y \leq 1, x + y \leq 1 \\ 0 & \text{caso contrário} \end{cases}$$

Para qualquer x fixo, $f(x, y)$ aumenta com y; para o y fixo, $f(x, y)$ aumenta com x. A hipótese é apropriada porque a palavra *luxo* implica que a maior parte da lata deve ser formada por amêndoas e castanhas de caju em vez de amendoins, de forma que a função de densidade deve ser grande próxima ao limite superior e pequena perto da origem. A superfície determinada por $f(x, y)$ tem declive positivo a partir de zero, conforme (x, y) se distancia dos eixos.

Claramente, $f(x, y) \geq 0$. Para demonstrar a segunda condição de uma f.d.p. conjunta, lembre-se de que a integral dupla é calculada como integral iterativa, mantendo uma variável fixa (como x, na Figura 5.2), integrando em relação aos valores da outra variável que estão na reta que passa pelo valor da variável fixa e, finalmente, integrando em relação a todos os valores possíveis da variável fixa. Dessa forma,

$$\begin{aligned} \int_{-\infty}^{\infty} \int_{-\infty}^{\infty} f(x, y)\, dy\, dx &= \iint_D f(x, y)\, dy\, dx = \int_0^1 \left\{ \int_0^{1-x} 24xy\, dy \right\} dx \\ &= \int_0^1 24x \left\{ \frac{y^2}{2} \bigg|_{y=0}^{y=1-x} \right\} dx = \int_0^1 12x(1 - x)^2\, dx = 1 \end{aligned}$$

Para calcular a probabilidade de dois tipos dos constituintes da lata formarem juntos no máximo 50% da lata, assuma $A = \{(x, y): 0 \leq x \leq 1, 0 \leq y \leq 1, \text{ e } x + y \leq 0{,}5\}$, como mostrado na Figura 5.3. Então,

$$P((X, Y) \in A) = \iint_A f(x, y)\, dx\, dy = \int_0^{0{,}5} \int_0^{0{,}5-x} 24xy\, dy\, dx = 0{,}0625$$

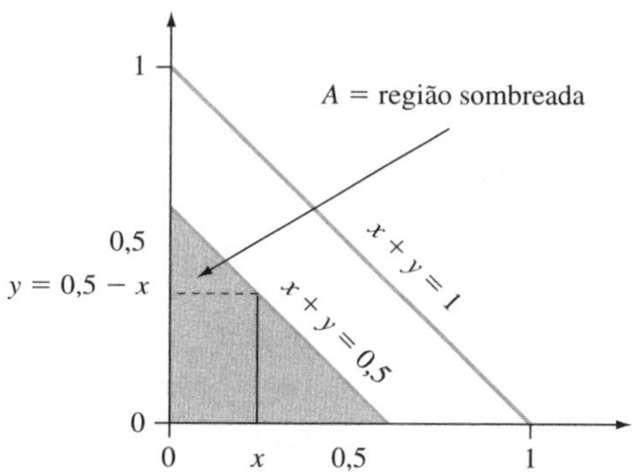

Figura 5.3 Cálculo de $P[(X, Y) \in A]$ para o Exemplo 5.5.

A f.d.p. marginal das amêndoas é obtida fixando-se no X fixo em x e integrando $f(x, y)$ ao longo da linha vertical que passa por x:

$$f_X(x) = \int_{-\infty}^{\infty} f(x, y)\,dy = \begin{cases} \int_0^{1-x} 24xy\,dy = 12x(1-x)^2 & 0 \le x \le 1 \\ 0 & \text{caso contrário} \end{cases}$$

Pela simetria de $f(x, y)$ e a região D, a f.d.p. marginal de Y é obtida pela substituição de x e X em $f_X(x)$ por y e Y, respectivamente. ■

Variáveis aleatórias independentes

Em muitas situações, as informações sobre o valor observado de uma das duas variáveis X e Y fornecem dados sobre o valor da outra variável. No Exemplo 5.1, a probabilidade marginal de X em $x = 250$ foi de 0,5, como a probabilidade de $X = 100$. Se, contudo, ficamos sabendo que a pessoa selecionada teve $Y = 0$, então $X = 100$ é quatro vezes tão provável quanto $X = 250$. Dessa forma, há uma dependência entre as duas variáveis.

No Capítulo 2, apontamos que uma forma de definir a independência de dois eventos é por meio da condição $P(A \cap B) = P(A) \cdot P(B)$. Eis uma definição análoga da independência de duas v.a.

Definição

As duas variáveis aleatórias X e Y são **independentes** se, para cada par de valores x e y,

$$p(x, y) = p_X(x) \cdot p_Y(y) \qquad \text{quando } X \text{ e } Y \text{ são discretas}$$

ou (5.1)

$$f(x, y) = f_X(x) \cdot f_Y(y) \qquad \text{quando } X \text{ e } Y \text{ são contínuas.}$$

Se (5.1) não forem satisfeitos para todos (x, y), então X e Y são denominadas **dependentes**.

A definição diz que duas variáveis são independentes se sua f.p. conjunta ou sua f.d.p. forem o produto das duas f.p. ou f.d.p. marginais. De maneira intuitiva, a independência diz que saber o valor de uma das variáveis não dá informações adicionais sobre qual poderia ser o valor da outra variável.

Exemplo 5.6

No caso do seguro dos Exemplos 5.1 e 5.2,

$$p(100, 100) = 0{,}10 \neq (0{,}5)(0{,}25) = p_X(100) \cdot p_Y(100)$$

portanto, X e Y não são independentes. A independência de X e Y exige que *cada* entrada na tabela de probabilidade conjunta seja o produto das probabilidades marginais da linha e da coluna correspondentes. ■

Exemplo 5.7 (Continuação do Exemplo 5.5)

Como $f(x, y)$ tem a forma de um produto, X e Y podem parecer independentes. No entanto, embora $f_X\left(\frac{3}{4}\right) = f_Y\left(\frac{3}{4}\right) = \frac{9}{16}$, $f\left(\frac{3}{4}, \frac{3}{4}\right) = 0 \neq \frac{9}{16} \cdot \frac{9}{16}$, então as variáveis não são de fato independentes. Para ser independente, $f(x, y)$ deve ter a forma $g(x) \cdot h(y)$ *e* a área da densidade positiva deve ser um retângulo cujos lados sejam paralelos aos eixos coordenados. ■

A independência de duas variáveis aleatórias é mais útil quando a descrição do experimento em estudo nos diz que X e Y não afetam uma a outra.

Então, uma vez especificadas as f.d.p. ou as f.p. marginais, a f.p. ou a f.d.p. conjunta é simplesmente o produto das duas funções marginais. Segue que

$$P(a \le X \le b, c \le Y \le d) = P(a \le X \le b) \cdot P(c \le Y \le d).$$

Exemplo 5.8

Suponha que as vidas úteis de dois componentes sejam independentes umas das outras e que a primeira vida útil, X_1, tenha distribuição exponencial com parâmetro λ_1, enquanto a segunda, X_2, tenha distribuição exponencial com parâmetro λ_2. A f.d.p. conjunta será, então,

$$f(x_1, x_2) = f_{X_1}(x_1) \cdot f_{X_2}(x_2)$$
$$= \begin{cases} \lambda_1 e^{-\lambda_1 x_1} \cdot \lambda_2 e^{-\lambda_2 x_2} = \lambda_1\lambda_2 e^{-\lambda_1 x_1 - \lambda_2 x_2} & x_1 > 0, x_2 > 0 \\ 0 & \text{caso contrário} \end{cases}$$

Assuma $\lambda_1 = 1/1\,000$ e $\lambda_2 = 1/1\,200$, de forma que as vidas úteis esperadas sejam de 1 000 e 1 200 horas, respectivamente. A probabilidade de que ambas as vidas úteis sejam de no mínimo 1 500 horas é

$$P(1\,500 \le X_1, 1\,500 \le X_2) = P(1\,500 \le X_1) \cdot P(1\,500 \le X_2)$$
$$= e^{-\lambda_1(1\,500)} \cdot e^{-\lambda_2(1\,500)}$$
$$= (0{,}2231)(0{,}2865) = 0{,}0639. \blacksquare$$

Mais de duas variáveis aleatórias

Para modelar o comportamento conjunto de mais de duas variáveis aleatórias, estendemos o conceito de distribuição conjunta de duas variáveis.

Definição

Se $X_1, X_2, \ldots, X_n$ são variáveis aleatórias discretas, a f.p. conjunta das variáveis é a função

$$p(x_1, x_2, \ldots, x_n) = P(X_1 = x_1, X_2 = x_2, \ldots, X_n = x_n)$$

Se as variáveis são contínuas, a f.d.p. conjunta de $X_1, \ldots, X_n$ é a função $f(x_1, x_2, \ldots, x_n)$, de forma que para qualquer intervalo n $[a_1, b_1], \ldots, [a_n, b_n]$,

$$P(a_1 \le X_1 \le b_1, \ldots, a_n \le X_n \le b_n) = \int_{a_1}^{b_1} \ldots \int_{a_n}^{b_n} f(x_1, \ldots, x_n)\, dx_n \ldots dx_1$$

Em um experimento binomial, cada ensaio pode resultar em um de somente dois resultados possíveis. Agora, considere um experimento formado por n ensaios idênticos e independentes, em que cada um pode resultar em uma das r soluções possíveis. Seja $p_i = P(\text{resultado } i$ em qualquer ensaio específico) e defina as variáveis aleatórias por $X_i =$ o número de ensaios que resultam em i ($i = 1, \ldots, r$). Esse experimento é denominado **experimento multinomial**, e a f.p. conjunta de $X_1, \ldots, X_r$, é denominada **distribuição multinomial**. Usando um raciocínio de contagem análogo ao usado na demonstração da distribuição binomial, a f.p. conjunta de $X_1, \ldots, X_r$ pode ser demonstrada como

$$p(x_1, \ldots, x_r) = \begin{cases} \dfrac{n!}{(x_1!)(x_2!) \cdot \ldots \cdot (x_r!)} p_1^{x_1} \cdot \ldots \cdot p_r^{x_r} & x_i = 0, 1, 2, \ldots, \text{com } x_1 + \ldots + x_r = n \\ 0 & \text{caso contrário} \end{cases}$$

O caso $r = 2$ fornece a distribuição binomial, com $X_1 =$ número de sucessos e $X_2 = n - X_1 =$ número de fracassos.

Exemplo 5.9

Se o alelo de cada uma das 10 linhagens da ervilha obtidas de forma independente é determinado e $p_1 = P(\text{AA})$, $p_2 = P(\text{Aa})$, $p_3 = P(\text{aa})$, $X_1 =$ número de $X_2 =$ número de $X_3 =$ número de Aas, então a f.p. multinomial para esses X_i é

$$p(x_1, x_2, x_3) = \frac{10!}{(x_1!)(x_2!)(x_3!)} p_1^{x_1} p_2^{x_2} p_3^{x_3} \quad x_i = 0, 1, \ldots \text{ e } x_1 + x_2 + x_3 = 10.$$

Com $p_1 = p_3 = 0{,}25$, $p_2 = 0{,}5$,

$$P(X_1 = 2, X_2 = 5, X_3 = 3) = p(2, 5, 3)$$
$$= \frac{10!}{2!\,5!\,3!}(0{,}25)^2(0{,}5)^5(0{,}25)^3 = 0{,}0769. \blacksquare$$

Exemplo 5.10

Quando um determinado método é usado para coletar um volume fixo de amostras de rochas de uma região, há quatro tipos de rochas resultantes. Represente por X_1, X_2 e X_3 a proporção por volume dos tipos de rochas 1, 2 e 3 em uma amostra selecionada aleatoriamente (a proporção da rocha do tipo 4 é $1 - X_1 - X_2 - X_3$, de forma que a variável X_4 seria redundante). Se a f.d.p. conjunta de X_1, X_2, X_3 for

$$f(x_1, x_2, x_3) = \begin{cases} kx_1x_2(1 - x_3) & 0 \leq x_1 \leq 1, 0 \leq x_2 \leq 1, 0 \leq x_3 \leq 1, x_1 + x_2 + x_3 \leq 1 \\ 0 & \text{caso contrário} \end{cases}$$

então k será determinado por

$$\begin{aligned} 1 &= \int_{-\infty}^{\infty}\int_{-\infty}^{\infty}\int_{-\infty}^{\infty} f(x_1, x_2, x_3)\, dx_3\, dx_2\, dx_1 \\ &= \int_0^1 \left\{ \int_0^{1-x_1} \left[\int_0^{1-x_1-x_2} kx_1x_2(1 - x_3)\, dx_3 \right] dx_2 \right\} dx_1 \end{aligned}$$

Essa integral iterada tem o valor de $k/144$, portanto, $k = 144$. A probabilidade de que as rochas dos tipos 1 e 2, juntas, sejam responsáveis por no máximo 50% da amostra é

$$\begin{aligned} P(X_1 + X_2 \leq 0{,}5) &= \iiint\limits_{\left\{\substack{0 \leq x_i \leq 1 \text{ para } i=1,2,3 \\ x_1+x_2+x_3 \leq 1,\ x_1+x_2 \leq 0{,}5}\right\}} f(x_1, x_2, x_3)\, dx_3\, dx_2\, dx_1 \\ &= \int_0^{0{,}5} \left\{ \int_0^{0{,}5-x_1} \left[\int_0^{1-x_1-x_2} 144x_1x_2(1 - x_3)\, dx_3 \right] dx_2 \right\} dx_1 \\ &= 0{,}6066. \blacksquare \end{aligned}$$

A noção de independência de mais de duas variáveis aleatórias é semelhante à noção de independência de mais de dois eventos.

> **Definição**
>
> As variáveis aleatórias $X_1, X_2, \ldots, X_n$ são ditas **independentes** se para *cada* subconjunto $X_{i_1}, X_{i_2}, \ldots, X_{i_k}$ das variáveis (cada par, cada trio e assim por diante), a f.p. ou f.d.p. conjuntas do subconjunto for igual ao produto das f.d.p. ou f.p. marginais.

Assim, se as variáveis forem independentes com $n = 4$, a f.p. ou f.d.p. conjunta de quaisquer duas variáveis será o produto das duas marginais, e de forma semelhante para quaisquer três e para todas as quatro variáveis. O mais importante é, depois que soubermos que n variáveis são independentes, saber que a f.p. ou f.d.p. conjunta será o produto das n marginais.

Exemplo 5.11

Se $X_1, \ldots, X_n$ representam as vidas úteis de n componentes que operam de forma independente uns dos outros e cada vida útil é distribuída exponencialmente com parâmetro λ, então, para $x_1 \geq 0, x_2 \geq 0, \ldots, x_n \geq 0$,

$$f(x_1, x_2, \ldots, x_n) = (\lambda e^{-\lambda x_1}) \cdot (\lambda e^{-\lambda x_2}) \cdot \ldots \cdot (\lambda e^{-\lambda x_n}) = \lambda^n e^{-\lambda \Sigma x_i}$$

Se esses n componentes formam um sistema que apresentará falha assim que um único componente tiver uma falha, a probabilidade de o sistema durar mais que o tempo t é

$$\begin{aligned} P(X_1 > t, \ldots, X_n > t) &= \int_t^{\infty} \ldots \int_t^{\infty} f(x_1, \ldots, x_n)\, dx_1 \ldots dx_n \\ &= \left(\int_t^{\infty} \lambda e^{-\lambda x_1}\, dx_1 \right) \ldots \left(\int_t^{\infty} \lambda e^{-\lambda x_n}\, dx_n \right) \\ &= (e^{-\lambda t})^n = e^{-n\lambda t} \end{aligned}$$

Portanto,

$$P(\text{vida útil do sistema} \leq t) = 1 - e^{-n\lambda t} \text{ para } t \geq 0.$$

que mostra que a vida útil do *sistema* tem uma distribuição exponencial com parâmetro $n\lambda$ e o valor esperado da vida útil do sistema é $1/n\lambda$. ■

Em muitas situações experimentais a serem consideradas neste livro, a independência é uma suposição razoável, de forma que especificar a distribuição conjunta se reduz a decidir quais são as distribuições marginais apropriadas.

Distribuições condicionais

Suponha que X = número de defeitos graves em um novo automóvel selecionado aleatoriamente e Y = número de defeitos menores no mesmo carro. Sabendo que o número de defeitos graves no automóvel selecionado é um, qual é a probabilidade de o carro ter no máximo três defeitos menores, isto é, qual é $P(Y \leq 3 \mid X = 1)$? De forma semelhante, se X e Y representam as vidas úteis dos pneus dianteiro e traseiro de uma moto e $X = 10\,000$ milhas, qual é a probabilidade de Y ser quase 15 000 milhas e qual é a vida útil esperada do pneu traseiro "condicional em relação" a esse valor de X? Questões desse tipo são respondidas pelo estudo das distribuições de probabilidades condicionais.

Definição

Sejam X e Y duas v.a. contínuas com f.d.p. conjunta $f(x, y)$ e f.d.p. marginal de X $f_X(x)$. Então, para qualquer valor X de x para o qual $f_X(x) > 0$, a **função densidade de probabilidade condicional de Y dado que $X = x$** é

$$f_{Y|X}(y \mid x) = \frac{f(x, y)}{f_X(x)} \qquad -\infty < y < \infty$$

Se X e Y forem discretas, substituir as f.d.p. por f.p. nesta definição fornecerá a **função de probabilidade condicional de Y quando $X = x$.**

Observe que a definição de $f_{Y|X}(y \mid x)$ corresponde à de $P(B \mid A)$, a probabilidade condicional da ocorrência de B, dado que A tenha ocorrido. Uma vez que a f.d.p. ou f.p. condicional tiver sido determinada, questões do tipo propostas no início desta subseção podem ser respondidas pela integração ou pela soma de um conjunto apropriado de valores Y.

Exemplo 5.12

Reconsidere a situação dos Exemplos 5.3 e 5.4 que envolvem X = proporção de tempo em que o *drive-thru* de um banco está ocupado e Y = proporção análoga para o guichê de atendimento a pessoas. A f.d.p. condicional de Y, dado que $X = 0{,}8$, é

$$f_{Y|X}(y \mid 0{,}8) = \frac{f(0{,}8, y)}{f_X(0{,}8)} = \frac{1{,}2(0{,}8 + y^2)}{1{,}2(0{,}8) + 0{,}4} = \frac{1}{34}(24 + 30y^2) \quad 0 < y < 1$$

A probabilidade de o guichê de pessoas estar ocupado no máximo metade do tempo, dado que $X = 0{,}8$, é

$$P(Y \leq 0{,}5 \mid X = 0{,}8) = \int_{-\infty}^{0{,}5} f_{Y|X}(y \mid 0{,}8)\, dy = \int_0^{0{,}5} \frac{1}{34}(24 + 30y^2)\, dy = 0{,}390$$

Usando a f.d.p. marginal de Y, temos $P(Y \leq 0{,}5) = 0{,}350$. Além disso, $E(Y) = 0{,}6$, enquanto a proporção esperada de tempo em que o guichê de pessoas está ocupado, dado que $X = 0{,}8$ (uma expectativa *condicional*), é

$$E(Y \mid X = 0{,}8) = \int_{-\infty}^{\infty} y \cdot f_{Y|X}(y \mid 0{,}8)\, dy = \frac{1}{34}\int_0^1 y(24 + 30y^2)\, dy = 0{,}574 \ ■$$

Se duas variáveis são independentes, a f.p. ou a f.d.p. marginal no denominador irão cancelar o fator correspondente no numerador. A distribuição condicional é, portanto, idêntica à distribuição marginal.

EXERCÍCIOS Seção 5.1 (1–21)

1. Um posto de gasolina tem ilhas de autosserviço e de serviço completo. Em cada ilha, há uma única bomba de autosserviço de gasolina comum com duas mangueiras. Sejam X número de mangueiras em uso na ilha de autosserviço em um momento específico e Y número de mangueiras na ilha de serviço completo em uso naquele mesmo momento. A f.p. conjunta de X e Y é mostrada na tabela a seguir:

$p(x, y)$		y 0	1	2
	0	0,10	0,04	0,02
x	1	0,08	0,20	0,06
	2	0,06	0,14	0,30

a. Qual é $P(X = 1 \text{ e } Y = 1)$?
b. Calcule $P(X \leq 1 \text{ e } Y \leq 1)$.
c. Descreva o evento $\{X \neq 0 \text{ e } Y \neq 0\}$em uma palavra e calcule sua probabilidade.
d. Calcule a f.p. marginal de X e de Y. Usando $p_X(x)$, qual é $P(X \leq 1)$?
e. As v.a. X e Y são independentes? Explique.

2. Quando um automóvel é parado por uma patrulha de segurança, os pneus são verificados quanto ao desgaste, assim como o alinhamento de cada farol. Assuma X como o número de faróis que precisam de ajuste e Y o número de pneus com defeito.
a. Se X e Y são independentes com $p_X(0) = 0{,}5$, $p_X(1) = 0{,}3$, $p_X(2) = 0{,}2$ e $p_Y(0) = 0{,}6$, $p_Y(1) = 0{,}1$, $p_Y(2) = p_Y(3) = 0{,}05$ e $p_Y(4) = 0{,}2$, represente a f.p. conjunta de (X, Y) em uma tabela de probabilidade conjunta.
b. Calcule $P(X \leq 1 \text{ e } Y \leq 1)$ pela tabela de probabilidade conjunta e verifique se ela é igual ao produto $P(X \leq 1) \cdot P(Y \leq 1)$.
c. Qual é $P(X + Y = 0)$ (a probabilidade de nenhuma violação)?
d. Calcule $P(X + Y \leq 1)$.

3. Um determinado mercado tem uma fila de caixa expressa e uma fila de caixa superexpressa. Represente por X_1 o número de clientes na fila da caixa expressa em um determinado horário do dia e por X_2 o número de clientes na fila da caixa superexpressa no mesmo horário. Suponha que a f.p. conjunta de X_1 e X_2 seja dada na tabela a seguir.

		x^2 0	1	2	3
	0	0,08	0,07	0,04	0,00
	1	0,06	0,15	0,05	0,04
x_1	2	0,05	0,04	0,10	0,06
	3	0,00	0,03	0,04	0,07
	4	0,00	0,01	0,05	0,06

a. Qual é $P(X_1 = 1, X_2 = 1)$, isto é, a probabilidade de haver exatamente um cliente em cada fila?
b. Qual é $P(X_1 = X_2)$, a probabilidade de os números de clientes nas duas filas serem iguais?
c. Represente por A o evento de haver no mínimo dois clientes a mais em uma fila do que na outra. Expresse A em termos de X_1 e X_2, e calcule a probabilidade desse evento.
d. Qual é a probabilidade de o número total de clientes nas duas filas ser exatamente quatro? E no mínimo quatro?

4. Retorne à situação descrita no Exercício 3.
a. Determine a f.p. marginal de X_1 e, depois, calcule o número esperado de clientes na fila da caixa expressa.
b. Determine a f.p. marginal de X_2.
c. Pela inspeção das probabilidades $P(X_1 = 4)$, $P(X_2 = 0)$ e $P(X_1 = 4, X_2 = 0)$, X_1 e X_2 são variáveis aleatórias independentes? Explique.

5. Assuma X_1, X_2 e X_3 como as vidas úteis dos componentes 1, 2 e 3 em um sistema de três componentes.
a. Como você definiria a f.d.p. condicional de X_3 dado que $X_1 = x_1$ e $X_2 = x_2$?
b. Como você definiria a f.d.p. condicional conjunta de X_2 e X_3 dado que $X_1 = x_1$?

6. Assuma X como o número de câmeras digitais Canon vendidas durante uma determinada semana por uma loja. A f.p. de X é

x	0	1	2	3	4
$px(x)$	0,1	0,2	0,3	0,25	0,15

Sessenta por cento de todos os clientes que compram essas câmeras também compram uma garantia estendida. Seja Y o número de compradores que durante essa semana adquiriram garantia estendida.
a. Qual é $P(X = 4, Y = 2)$? [*Dica*: essa probabilidade é igual a $P(Y = 2 \mid X = 4) \cdot P(X = 4)$; agora, imagine que as quatro compras sejam quatro tentativas de um experimento binomial, com sucesso em uma tentativa correspondente à aquisição de uma garantia estendida.]
b. Calcule $P(X = Y)$.
c. Determine a f.p. conjunta de X e Y e, depois, a f.p. marginal de Y.

7. A distribuição de probabilidades conjuntas do número X de carros e do número Y de ônibus por ciclo de semáforo em uma conversão à esquerda é exibida na tabela de probabilidade conjunta a seguir.

$p(x, y)$		y 0	1	2
	0	0,025	0,015	0,010
	1	0,050	0,030	0,020
	2	0,125	0,075	0,050
x	3	0,150	0,090	0,060
	4	0,100	0,060	0,040
	5	0,050	0,030	0,020

a. Qual é a probabilidade de haver exatamente um carro e exatamente um ônibus em um ciclo?
b. Qual é a probabilidade de haver no máximo um carro e no máximo um ônibus em um ciclo?
c. Qual é a probabilidade de haver exatamente um carro em um ciclo? E exatamente um ônibus?
d. Suponha que uma pista de conversão à esquerda tenha capacidade para cinco carros e que um ônibus equivalha a três carros. Qual é a probabilidade de ocorrer excesso de fluxo em um ciclo?
e. X e Y são v.a. independentes? Explique.

8. Um armazém tem atualmente 30 componentes de certo tipo, dos quais 8 são fornecidos pelo fornecedor 1, 10 pelo fornecedor 2 e 12 pelo fornecedor 3. Seis deles serão aleatoriamente selecionados para uma montagem. Seja X = número de componentes selecionados do fornecedor 1, Y = número de componentes selecionados do fornecedor 2 e $p(x, y)$ como a f.p. conjunta de X e Y.
a. Qual é $p(3, 2)$? [*Dica*: cada amostra de tamanho 6 tem a mesma probabilidade de ser selecionada. Portanto, $p(3, 2)$ = (número de resultados com $X = 3$ e $Y = 2$)/(número to-

tal de resultados). Agora, use a regra do produto para a contagem a fim de obter o numerador e o denominador.]

b. Usando a lógica do item (a), obtenha $p(x, y)$. (Isso pode ser visto como uma distribuição hipergeométrica multivariada – amostragem sem reposição de uma população finita consistindo em mais de duas categorias.)

9. Admite-se que cada pneu dianteiro de um determinado tipo de veículo deve ter a pressão de 26 psi. Suponha que a pressão real em cada pneu seja uma variável aleatória X para o pneu direito e Y para o esquerdo, com f.d.p. conjunta

$$f(x, y) = \begin{cases} K(x^2 + y^2) & 20 \le x \le 30, 20 \le y \le 30 \\ 0 & \text{caso contrário} \end{cases}$$

a. Qual é o valor de K?

b. Qual é a probabilidade de os dois pneus estarem com pressão inferior à ideal?

c. Qual é a probabilidade de a diferença de pressão de ar entre os dois pneus ser no máximo 2 psi?

d. Determine a distribuição (marginal) da pressão de ar só do pneu direito.

e. X e Y são v.a. independentes?

10. Annie e Alvie concordaram em se encontrar entre 17 e 18 horas para jantar em um restaurante de comida saudável da região. Seja X = hora de chegada de Annie e Y = hora de chegada de Alvie. Suponha que X e Y sejam independentes com distribuição uniforme no intervalo [5, 6].

a. Qual é a f.d.p. de X e Y?

b. Qual é a probabilidade de ambos chegarem entre 17h15 e 17h45?

c. Se o primeiro a chegar esperar apenas 10 minutos antes de ir comer em outro lugar, qual é a probabilidade de eles comerem no restaurante de comida saudável? [*Dica*: o evento de interesse é $A = \{(x, y): |x - y| \le \frac{1}{6}\}$.]

11. Dois professores diferentes enviaram suas provas finais para tiragem de cópias. Sejam X o número de erros tipográficos na prova do primeiro professor e Y o número de tais erros para o segundo professor. Suponha que X tenha distribuição de Poisson com parâmetro μ_1, Y tenha distribuição de Poisson com parâmetro μ_2 e X e Y sejam independentes.

a. Qual é a f.p. conjunta de X e Y?

b. Qual é a probabilidade de no máximo um erro ser cometido em ambos os exames combinados?

c. Obtenha a expressão geral para a probabilidade de o número total de erros nos dois exames ser m (em que m é um inteiro não negativo). [*Dica*: $A = \{(x, y): x + y = m\} = \{(m, 0), (m - 1, 1), ..., (1, m - 1), (0, m)\}$. Agora, some a f.p. com $(x, y) \in A$ e use o teorema binomial, que diz que

$$\sum_{k=0}^{m} \binom{m}{k} a^k b^{m-k} = (a + b)^m$$

para cada a, b.]

12. Dois componentes de um minicomputador possuem a f.d.p. conjunta a seguir para seus tempos de vida útil X e Y.

$$f(x, y) = \begin{cases} xe^{-x(1+y)} & x \ge 0 \text{ e } y \ge 0 \\ 0 & \text{caso contrário} \end{cases}$$

a. Qual é a probabilidade de a vida útil X do primeiro componente exceder 3?

b. Quais são as f.d.p. marginais de X e Y? Os dois períodos de vida útil são independentes? Explique.

c. Qual é a probabilidade de o tempo de vida de pelo menos um componente exceder 3?

13. O número de clientes esperando no serviço de embalagens para presente em uma loja é uma v.a. X com valores possíveis 0, 1, 2, 3, 4 e probabilidades correspondentes 0,1, 0,2, 0,3, 0,25, 0,15. Um cliente selecionado aleatoriamente terá 1, 2 ou 3 pacotes para embrulhar com probabilidades 0,6, 0,3 e 0,1, respectivamente. Seja Y = o número total de pacotes a serem embrulhados para os clientes que estão na fila (assuma que o número de pacotes de um cliente seja independente do número de pacotes de qualquer outro cliente).

a. Determine $P(X = 3, Y = 3)$, isto é, $p(3, 3)$.

b. Determine $p(4, 11)$.

14. Suponha que você tenha 10 lâmpadas, que a vida útil de cada uma seja independente das demais e que cada vida útil tenha distribuição exponencial com parâmetro λ.

a. Qual é a probabilidade de as 10 lâmpadas falharem antes do tempo t?

b. Qual é a probabilidade de exatamente k das 10 lâmpadas falharem antes do tempo t?

c. Suponha que 9 lâmpadas tenham vidas úteis que são exponencialmente distribuídas com o parâmetro λ e que a lâmpada remanescente tenha uma vida útil que é exponencialmente distribuída com o parâmetro θ (é produzida por outro fabricante). Qual é a probabilidade de que exatamente 5 das 10 lâmpadas falhem antes do tempo t?

15. Considere um sistema formado por três componentes, conforme a ilustração. O sistema continuará funcionando desde que o primeiro componente funcione e que o componente 2 ou o 3 funcionem também. Assuma X_1, X_2 e X_3 como as vidas úteis dos componentes 1, 2 e 3, respectivamente. Suponha que os X_i sejam independentes entre si e que cada X_i possua uma distribuição exponencial com parâmetro λ.

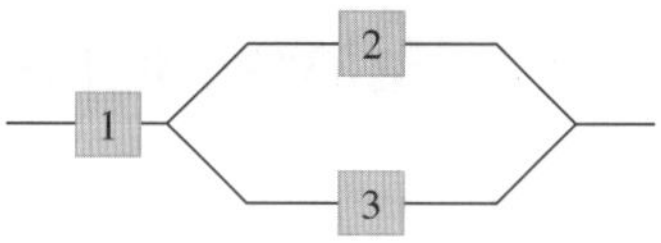

a. Assuma Y como a vida útil do sistema. Obtenha a função de distribuição cumulativa de Y e diferencie para obter a f.d.p. [*Dica*: $F(y) = P(Y \le y)$; expresse o evento $\{Y \le y\}$ em termos de uniões e/ou intersecções de três eventos $\{X_1 \le y\}$, $\{X_2 \le y\}$ e $\{X_3 \le y\}$.]

b. Calcule a vida útil esperada do sistema.

16. a. Para $f(x_1, x_2, x_3)$, como dado no Exemplo 5.10, calcule a *função de densidade marginal conjunta* de X_1 e X_3 sozinho (integrando em relação a x_2).

b. Qual é a probabilidade de que as rochas dos tipos 1 e 3 juntas formem no máximo 50% da amostra? [*Dica*: use o resultado do item (a).]

c. Calcule a f.d.p. marginal de X_1 sozinho. [*Dica*: use o resultado do item (a).]

17. Um ecologista deseja selecionar um ponto dentro de uma região circular de amostragem, de acordo com uma distribuição uniforme (na prática, isso poderia ser feito selecionando-se primeiro uma direção e, depois, uma distância do centro naquela direção). Seja X = a coordenada x do ponto selecionado e Y = a coordenada y do ponto selecionado. Se o círculo tiver centro em (0,0) e raio R, então a f.d.p. conjunta de X e Y é

$$f(x, y) = \begin{cases} \dfrac{1}{\pi R^2} & x^2 + y^2 \leq R^2 \\ 0 & \text{caso contrário} \end{cases}$$

a. Qual é a probabilidade de o ponto selecionado estar dentro de $R/2$ do centro da região circular? [*Dica*: desenhe uma figura da região da densidade positiva D. Já que $f(x, y)$ é constante em D, calcular a probabilidade resume-se em calcular uma área.]

b. Qual é a probabilidade de X e Y serem diferentes de 0 por no máximo $R/2$?

c. Responda ao item (b) para $R/\sqrt{2}$ substituindo $R/2$.

d. Qual é a f.d.p. marginal de X? De Y? X e Y são independentes?

18. Consulte o Exercício 1 e responda às seguintes perguntas:

a. Dado que $X = 1$, determine a f.p. condicional de Y – isto é, $p_{Y|X}(0 \mid 1)$, $p_{Y|X}(1 \mid 1)$ e $p_{Y|X}(2 \mid 1)$.

b. Dado que duas mangueiras estão sendo utilizadas na ilha de autosserviço, qual é a f.p. condicional do número de mangueiras em uso na ilha de serviço completo?

c. Use o resultado do item (b) para calcular a probabilidade condicional $P(Y \leq 1 \mid X = 2)$.

d. Dado que duas mangueiras estão sendo utilizadas na ilha de serviço completo, qual é a f.p. condicional do número em uso na ilha de autosserviço?

19. Você tem duas lâmpadas para uma determinada luminária. Sejam X = vida útil da primeira lâmpada e Y = vida útil da segunda lâmpada (ambas em milhares de horas). Suponha que X e Y sejam independentes e que cada uma tenha distribuição exponencial com parâmetro $\lambda = 1$.

a. Qual é a f.d.p. conjunta de X e Y?

b. Qual é a probabilidade de cada lâmpada durar no máximo 1 000 horas (isto é, $X \leq 1$ e $Y \leq 1$)?

c. Qual é a probabilidade de a vida útil total das duas lâmpadas ser no máximo 2? [*Dica*: desenhe uma figura da região $A = \{(x, y): x \geq 0, y \geq 0, x + y \leq 2\}$ antes de integrar.]

d. Qual é a probabilidade de a vida útil total estar entre 1 e 2?

20. Sejam X_1, X_2, X_3, X_4, X_5 e X_6 os números de M&M's azuis, marrons, verdes, laranja, vermelhos e amarelos, respectivamente, em uma amostra de tamanho n. Então, esses X_i têm uma distribuição multinomial. De acordo com o site da M&M's, as proporções das cores são $p_1 = 0{,}24$, $p_2 = 0{,}13$, $p_3 = 0{,}16$, $p_4 = 0{,}20$, $p_5 = 0{,}13$ e $p_6 = 0{,}14$.

a. Se $n = 12$, qual é a probabilidade de que haja exatamente três M&M's de cada cor?

b. Para $n = 20$, qual é a probabilidade de que haja, no máximo, cinco pastilhas laranja? [*Dica*: pense em uma pastilha laranja como um sucesso e uma pastilha de outra cor como uma falha.]

c. Em uma amostra de 20 M&M's, qual é a probabilidade de que haja, pelo menos, 10 pastilhas azuis, verdes ou laranja?

21. A f.d.p. conjunta de pressões dos pneus dianteiros é dada no Exercício 9.

a. Determine a f.d.p. condicional de Y, dado que $X = x$, e a f.d.p. condicional de X, dado que $Y = y$.

b. Se a pressão no pneu direito for 22 psi, qual é a probabilidade de o pneu esquerdo ter uma pressão de no mínimo 25 psi? Compare isto com $P(Y \geq 25)$.

c. Se a pressão no pneu direito for 22 psi, qual é a pressão esperada no pneu esquerdo e qual é o desvio padrão da pressão desse pneu?

5.2 Valores esperados, covariância e correlação

Qualquer função $h(X)$ de uma única v.a. X é por si mesma uma variável aleatória. No entanto, calcular $E[h(X)]$ não é necessário para obter a distribuição de probabilidade de $h(X)$. Em vez disso, $E[h(X)]$ é calculado como uma média ponderada dos valores de $h(x)$, em que a função do peso é a f.p. $p(x)$ ou a f.d.p. $f(x)$ de X. Um resultado semelhante mantém a função $h(X, Y)$ de duas variáveis aleatórias distribuídas de maneira conjunta.

Proposição

Assuma X e Y como v.a. distribuídas de maneira conjunta com a f.p. $p(x, y)$ ou a f.d.p. $f(x, y)$ conforme as variáveis sejam discretas ou contínuas. Então, o valor esperado de uma função $h(X, Y)$, representada por $E[h(X, Y)]$ ou $\mu_{h(X,Y)}$, é dado por

$$E[h(X, Y)] = \begin{cases} \displaystyle\sum_x \sum_y h(x, y) \cdot p(x, y) & \text{se } X \text{ e } Y \text{ forem discretos} \\ \displaystyle\int_{-\infty}^{\infty} \int_{-\infty}^{\infty} h(x, y) \cdot f(x, y)\, dx\, dy & \text{se } X \text{ e } Y \text{ forem contínuos} \end{cases}$$

Exemplo 5.13

Cinco amigos compraram ingressos para um determinado show. Se os ingressos forem dos lugares de 1 a 5 em certa fileira e os ingressos forem distribuídos aleatoriamente entre os cinco, qual é o número esperado de assentos que separam quaisquer dois dos cinco? Assuma X e Y como os números dos lugares da primeira e da segunda pessoas, respectivamente. Os pares possíveis (X, Y) são $\{(1, 2), (1, 3), \ldots, (5, 4)\}$, e a f.p. conjunta de (X, Y) é

$$p(x, y) = \begin{cases} \frac{1}{20} & x = 1, ..., 5; y = 1, ..., 5; x \neq y \\ 0 & \text{caso contrário} \end{cases}$$

O número de lugares que separam as duas pessoas é $h(X, Y) = |X - Y| - 1$. A tabela a seguir fornece $h(x, y)$ para cada par (x, y) possível.

$h(x, y)$		x 1	2	3	4	5
	1	—	0	1	2	3
	2	0	—	0	1	2
y	3	1	0	—	0	1
	4	2	1	0	—	0
	5	3	2	1	0	—

Dessa forma,

$$E[h(X, Y)] = \sum_{(x, y)}\sum h(x, y) \cdot p(x, y) = \sum_{x=1}^{5}\sum_{\substack{y=1 \\ x \neq y}}^{5}(|x - y| - 1) \cdot \frac{1}{20} = 1 \blacksquare$$

Exemplo 5.14

No Exemplo 5.5, a f.d.p. conjunta da quantidade X de amêndoas e quantidade Y de castanhas de caju em uma lata de 1 libra era

$$f(x, y) = \begin{cases} 24xy & 0 \leq x \leq 1, 0 \leq y \leq 1, x + y \leq 1 \\ 0 & \text{caso contrário} \end{cases}$$

Se 1 libra de amêndoas custar à empresa \$ 1,00, 1 libra de castanhas de caju custar \$ 1,50 e 1 libra de amendoins custar \$ 0,50, então o custo total do conteúdo de uma lata é

$$h(X, Y) = (1)X + (1,5)Y + (0,5)(1 - X - Y) = 0,5 + 0,5X + Y$$

(uma vez que $1 - X - Y$ do peso consiste em amendoins). O custo total esperado é

$$E[h(X, Y)] = \int_{-\infty}^{\infty}\int_{-\infty}^{\infty} h(x, y) \cdot f(x, y)\,dx\,dy$$

$$= \int_{0}^{1}\int_{0}^{1-x} (0,5 + 0,5x + y) \cdot 24xy\,dy\,dx = \$1,10 \blacksquare$$

O método para calcular o valor esperado de uma função $h(X_1, ..., X_n)$ de n variáveis aleatórias é semelhante ao método usado para duas variáveis aleatórias. Se os X_i forem discretos, $E[h(X_1,...,X_n)]$ é uma soma n-dimensional; se os X_i forem contínuos, é uma integral n-dimensional.

Covariância

Quando duas variáveis aleatórias X e Y não são independentes, geralmente é de interesse avaliar quão fortemente estão relacionadas uma com a outra.

Definição

A **covariância** entre duas v.a. X e Y é

$$\text{Cov}(X, Y) = E[(X - \mu_X)(Y - \mu_Y)]$$

$$= \begin{cases} \sum_x \sum_y (x - \mu_X)(y - \mu_Y)p(x, y) & X, Y \text{ discretos} \\ \int_{-\infty}^{\infty} \int_{-\infty}^{\infty} (x - \mu_X)(y - \mu_Y)f(x, y)\, dx\, dy & X, Y \text{ contínuos} \end{cases}$$

Isto é, uma vez que $X - \mu_X$ e $Y - \mu_Y$ são os desvios das duas variáveis de seus respectivos valores médios, a covariância é o produto esperado dos desvios. Observe que $\text{Cov}(X, X) = E[(X - \mu_X)^2] = V(X)$.

O fundamento lógico da definição é o seguinte. Suponha que X e Y tenham uma relação positiva forte entre si, o que significa que os valores grandes de X tendem a ocorrer com os valores grandes de Y e os valores pequenos de X, com os valores pequenos de Y. Então, a maioria da probabilidade ou da densidade da probabilidade será associada a $(x - \mu_x)$ e $(y - \mu_y)$, sejam ambos positivos (tanto X e Y acima de suas médias respectivas) ou ambos negativos, de forma que o produto $(x - \mu_x)(y - \mu_y)$ tende a ser positivo. Dessa forma, para uma relação positiva forte, $\text{Cov}(X, Y)$ deve ser bastante positiva. Para uma relação negativa forte, os sinais de $(x - \mu_x)$ e $(y - \mu_y)$ tendem a ser opostos, levando a um produto negativo. Assim, para uma relação negativa forte, $\text{Cov}(X, Y)$ deve ser bastante negativa. Se X e Y não estão fortemente relacionadas, os produtos positivo e negativo tenderão a cancelar um ao outro, produzindo uma covariância próxima de 0. A Figura 5.4 ilustra as diferentes possibilidades. A covariância depende *tanto* do conjunto de pares possíveis como das probabilidades. Na Figura 5.4, as probabilidades poderiam ser trocadas sem alterar o conjunto de pares possíveis, o que pode mudar drasticamente o valor da $\text{Cov}(X, Y)$.

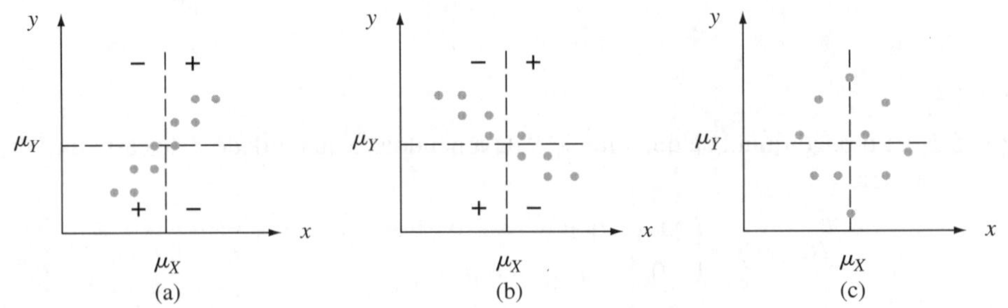

Figura 5.4 $p(x, y) = 1/10$ para cada um dos 10 pares correspondentes aos pontos indicados: (a) covariância positiva; (b) covariância negativa; (c) covariância próxima de zero.

Exemplo 5.15

As f.p. marginal e conjunta para X = quantidade dedutível das apólices de seguro do automóvel e Y = quantidade dedutível das apólices de seguro residencial no Exemplo 5.1 eram

$p(x, y)$		y: 0	100	200
x	100	0,20	0,10	0,20
	250	0,05	0,15	0,30

x	100	250
$p_X(x)$	0,5	0,5

y	0	100	200
$p_Y(y)$	0,25	0,25	0,5

em que $\mu_X = \sum xp_X(x) = 175$ e $\mu_Y = 125$. Portanto,

$$\begin{aligned} \text{Cov}(X, Y) &= \sum_{(x, y)}\sum (x - 175)(y - 125)p(x, y) \\ &= (100 - 175)(0 - 125)(0{,}20) + \cdots \\ &\quad + (250 - 175)(200 - 125)(0{,}30) \\ &= 1\,875 \end{aligned}$$ ■

A fórmula simplificada a seguir para $\text{Cov}(X, Y)$ facilita os cálculos.

Proposição

$$\text{Cov}(X, Y) = E(XY) - \mu_X \cdot \mu_Y$$

De acordo com essa fórmula, não é necessária nenhuma subtração intermediária. Somente no final dos cálculos $\mu_X \cdot \mu_Y$ é subtraído de $E(XY)$. A demonstração envolve expandir $(X - \mu_X)(Y - \mu_Y)$ e depois calcular o valor esperado de cada termo separadamente.

Exemplo 5.16 (Continuação do Exemplo 5.5)

As f.d.p. conjunta e marginal de X = quantidade de amêndoas e de Y = quantidade de castanhas de caju eram

$$f(x, y) = \begin{cases} 24xy & 0 \le x \le 1, 0 \le y \le 1, x + y \le 1 \\ 0 & \text{caso contrário} \end{cases}$$

$$f_X(x) = \begin{cases} 12x(1 - x)^2 & 0 \le x \le 1 \\ 0 & \text{caso contrário} \end{cases}$$

com $f_Y(y)$ obtida pela substituição de x por y em $f_X(x)$. É facilmente verificado que $\mu_X = \mu_Y = \frac{2}{5}$, e

$$E(XY) = \int_{-\infty}^{\infty}\int_{-\infty}^{\infty} xy\, f(x, y)\, dx\, dy = \int_0^1\int_0^{1-x} xy \cdot 24xy\, dy\, dx$$

$$= 8\int_0^1 x^2(1 - x)^3\, dx = \frac{2}{15}$$

Dessa forma, $\text{Cov}(X, Y) = \frac{2}{15} - \left(\frac{2}{5}\right)\left(\frac{2}{5}\right) = \frac{2}{15} - \frac{4}{25} = -\frac{2}{75}$. A covariância negativa, neste caso, é razoável, porque uma quantidade maior de amêndoas na lata implica uma quantidade menor de castanhas de caju. ■

Pode parecer que a relação no exemplo do seguro seja bastante forte, uma vez que $\text{Cov}(X, Y) = 1\,875$, ao passo que $\text{Cov}(X, Y) = -\frac{2}{75}$, no exemplo anterior, parece uma relação fraca. Infelizmente, a covariância possui uma deficiência grave que impossibilita a interpretação de um valor calculado. No exemplo do seguro, suponha que tivéssemos expressado a quantia dedutível em centavos e não valores inteiros. Então, $100X$ substituiria X, $100Y$ substituiria Y e a covariância resultante seria $\text{Cov}(100X, 100Y) = (100)(100)\,\text{Cov}(X, Y) = 18\,750\,000$. Se, por outro lado, a quantidade dedutível tivesse sido expressa em centenas, a covariância calculada teria sido $(0{,}01)(0{,}01)(1\,875) = 0{,}1875$. *A deficiência da covariância é que o valor calculado depende criticamente das unidades de medida.* Teoricamente, a escolha das unidades não deve afetar a medida da intensidade da relação, o que é obtido definindo-se a escala da covariância.

Correlação

Definição

O **coeficiente de correlação** de X e Y, representado por $\text{Corr}(X, Y)$, $\rho_{X,Y}$, ou apenas ρ, é definido por

$$\rho_{X,Y} = \frac{\text{Cov}(X, Y)}{\sigma_X \cdot \sigma_Y}$$

Exemplo 5.17

É facilmente verificado que, no cenário do seguro do Exemplo 5.15, $E(X^2) = 36\,250$, $\sigma_X^2 = 36\,250 - (175)^2 = 5\,625$, $\sigma_X = 75$, $E(Y^2) = 22\,500$, $\sigma_Y^2 = 6\,875$ e $\sigma_Y = 82{,}92$. Isso fornece

$$\rho = \frac{1\,875}{(75)(82{,}92)} = 0{,}301 \quad ■$$

A proposição a seguir mostra que ρ corrige a deficiência de $\text{Cov}(X, Y)$ e também sugere como reconhecer a existência de uma relação (linear) forte.

Proposição

1. Se a e c são ambos positivos ou negativos,

$$\text{Corr}(aX + b, cY + d) = \text{Corr}(X, Y)$$

2. Para quaisquer duas v.a. X e Y, $-1 \leq \text{Corr}(X, Y) \leq 1$.

A Proposição 1 diz precisamente que o coeficiente de correlação não é afetado por uma mudança linear das unidades de medida (se, digamos, X = temperatura em °C, então $9X/5 + 32$ = temperatura em °F). De acordo com a Proposição 2, a relação positiva possível mais forte é evidenciada por $\rho = +1$, ao passo que a relação negativa possível mais forte corresponde a $\rho = -1$. A prova da primeira proposição é demonstrada no Exercício 35, e a da segunda aparece no Exercício Complementar 87, no final do capítulo. Para fins descritivos, a relação será descrita como forte se $|\rho| \geq 0{,}8$, moderada se $0{,}5 < |\rho| < 0{,}8$, e fraca se $|\rho| \leq 0{,}5$.

Se pensarmos em $p(x, y)$ ou $f(x, y)$ como descrição de um modelo matemático para como duas variáveis numéricas X e Y são distribuídas em alguma população (altura e peso, pontuação do SAT verbal e pontuação do total SAT etc.), então, ρ é uma característica da população ou o parâmetro que mede quão forte X e Y estão relacionados na população. No Capítulo 12, consideraremos uma amostra de pares $(x_1, y_1), \ldots, (x_n, y_n)$ da população. O coeficiente de correlação da amostra r será, então, definido e usado para fazer inferências sobre ρ.

O coeficiente de correlação ρ não é, na verdade, uma medida completamente geral da força de uma relação.

Proposição

1. Se X e Y são independentes, então $\rho = 0$, mas $\rho = 0$ não implica independência.

2. $\rho = 1$ ou -1 se, e somente se, $Y = aX + b$ para alguns números a e b, com $a \neq 0$.

Essa proposição diz que ρ é uma medida do grau da relação **linear** entre X e Y, e somente quando as duas variáveis estiverem perfeitamente relacionadas de forma linear é que ρ assumirá os valores positivos ou negativos. Um ρ menor que 1 em valor absoluto indica somente que a relação não é completamente linear, mas ainda pode haver uma relação não linear bastante forte. Além disso, $\rho = 0$ não implica que X e Y sejam independentes, mas apenas que há ausência completa de relação linear. Quando $\rho = 0$, diz-se que X e Y são **não relacionados**. Duas variáveis podem estar não correlacionadas, porém podem ser altamente dependentes, pois pode existir uma relação não linear forte; assim, cuidado para não tirar muitas conclusões a partir de $\rho = 0$.

Exemplo 5.18

Sejam X e Y v.a. discretas com f.p. conjunta

$$p(x, y) = \begin{cases} \frac{1}{4} & (x, y) = (-4, 1), (4, -1), (2, 2), (-2, -2) \\ 0 & \text{caso contrário} \end{cases}$$

Os pontos que recebem probabilidade positiva estão identificados no sistema de coordenadas (x, y) na Figura 5.5. É evidente, pela figura, que o valor de X é determinado completamente pelo valor de Y e vice-versa, de modo que as duas variáveis são totalmente dependentes. Contudo, por simetria, $\mu_X = \mu_Y = 0$ e $E(XY) = (-4)\frac{1}{4} + (-4)\frac{1}{4} + (4)\frac{1}{4} + (4)\frac{1}{4} = 0$. A covariância é, então, $\text{Cov}(X,Y) = E(XY) - \mu_X \cdot \mu_Y = 0$ e, assim, $\rho_{X,Y} = 0$. Embora haja uma dependência perfeita, também há uma ausência completa de qualquer relação linear!

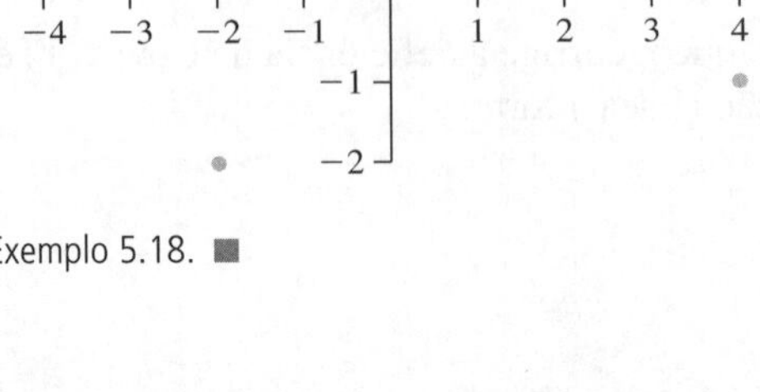

Figura 5.5 A população de pares do Exemplo 5.18. ■

Um valor de ρ próximo de 1 não implica necessariamente que aumentar o valor de X *provoque o aumento de* Y. Implica apenas que os valores grandes de X estão *associados com os valores* grandes de Y. Por exemplo, na população de crianças, o tamanho do vocabulário e o número de cáries são correlacionados de forma bastante positiva, mas certamente não é verdade que as cáries façam o vocabulário aumentar. Ao contrário, os valores de ambas as variáveis tendem a aumentar com a idade das crianças, uma terceira variável. Para as crianças de certa idade, provavelmente haja correlação muito baixa entre o número de cáries e o tamanho do vocabulário. Resumindo, associação (uma alta correlação) não é a mesma coisa que causa.

EXERCÍCIOS Seção 5.2 (22–36)

22. Um instrutor fez perguntas curtas que consistem em duas partes. Para um estudante selecionado aleatoriamente, seja X = o número de pontos ganhos na primeira parte e Y = o número de pontos ganhos na segunda parte. Suponha que a f.p. conjunta de X e Y seja dada na tabela a seguir.

		y			
(x, y)		0	5	10	15
	0	0,02	0,06	0,02	0,10
x	5	0,04	0,15	0,20	0,10
	10	0,01	0,15	0,14	0,01

a. Se a pontuação constante do boletim for o número total de pontos ganhos nas duas partes, qual é a pontuação registrada esperada $E(X + Y)$?

b. Se o máximo das duas pontuações for registrado, qual é a pontuação registrada esperada?

23. a. Calcule a covariância entre X e Y no Exercício 9.

b. Calcule o coeficiente de correlação para X e Y.

24. Seis indivíduos, incluindo A e B, sentam-se a uma mesa circular de modo completamente aleatório. Suponha que os assentos sejam numerados de 1 a 6. Assuma X = o número do assento de A e Y = o número do assento de B. Se A envia uma mensagem escrita ao redor da mesa para B na direção em que ele está mais próximo, pelas mãos de quantos indivíduos (incluindo A e B) você espera que a mensagem passe?

25. Um agrimensor deseja projetar uma área quadrada com cada lado medindo L. No entanto, por causa de um erro de medida, ele projetou um retângulo com os lados norte e sul tendo o comprimento X e os lados leste e oeste com o comprimento Y. Suponha que X e Y sejam independentes e que cada um seja distribuído de maneira uniforme no intervalo $[L - A, L+A]$ (onde $0 < A < L$). Qual é a área esperada do retângulo resultante?

26. Considere uma pequena balsa que possa acomodar carros e ônibus. O pedágio para carros é de \$ 3 e para ônibus é de \$ 10. Considere X e Y como o número de carros e ônibus, respectivamente, conduzidos em uma única viagem. Suponha que a distribuição de X e Y seja aquela dada na tabela do Exercício 7. Calcule a receita esperada de uma única viagem.

27. A diferença entre o número de clientes na fila da caixa expressa e o número de clientes na fila da caixa superexpressa no Exercício 3 é $X_1 - X_2$. Calcule a diferença esperada.

28. Mostre que, se X e Y são v.a. independentes, então $E(XY) = E(X) \cdot E(Y)$. Então, aplique isso no Exercício 25. [*Dica*: considere o caso contínuo com $f(x,y) = fx(x) \cdot fy(y)$.]

29. Calcule o coeficiente de correlação ρ para X e Y do Exemplo 5.16 (a covariância já havia sido calculada).

30. a. Calcule a covariância para X e Y no Exercício 22.

b. Calcule ρ para X e Y no mesmo exercício.

31. Annie e Alvie combinaram de encontrar-se para almoçar juntos entre meio-dia e 13h. Represente o tempo de chegada de Annie por X, o de Alvie por Y e suponha que X e Y sejam independentes com f.d.p.

$$f_X(x) = \begin{cases} 3x^2 & 0 \leq x \leq 1 \\ 0 & \text{caso contrário} \end{cases}$$

$$f_Y(y) = \begin{cases} 2y & 0 \leq y \leq 1 \\ 0 & \text{caso contrário} \end{cases}$$

Qual é o tempo esperado que a pessoa que chega primeiro deve aguardar pela outra? [*Dica*: $h(X, Y) = |X - Y|$.]

32. Reconsidere as vidas úteis X e Y do componente do minicomputador, como descrito no Exercício 12. Determine $E(XY)$. O que pode ser dito sobre $\text{Cov}(X, Y)$ e ρ?

33. Use o resultado do Exercício 28 para mostrar que, quando X e Y são independentes, $\text{Cov}(X, Y) = \text{Corr}(X, Y) = 0$.

34. a. Lembrando-se da definição de σ^2 para uma única v.a. X, escreva uma fórmula apropriada para calcular a variância da função $h(X, Y)$ de duas variáveis aleatórias. [*Dica*: lembre-se de que a variância é apenas um valor especial esperado.]

b. Use essa fórmula para calcular a variância da pontuação registrada $h(X, Y)$ [$= \text{máx}(X, Y)$] no item (b) do Exercício 22.

35. a. Use as regras de valor esperado para demonstrar que $\text{Cov}(aX + b, cY + d) = ac\,\text{Cov}(X, Y)$.

b. Use o item (a) junto com as regras de variância e desvio padrão para demonstrar que $\text{Corr}(aX + b, cY + d) = \text{Corr}(X,Y)$ quando a e c têm o mesmo sinal.

c. O que acontece se a e c tiverem sinais opostos?

36. Mostre que, se $Y = aX + b$ $(a \neq 0)$, então $\text{Corr}(X, Y) = +1$ ou -1. Sob quais condições será $\rho = +1$?

5.3 Estatísticas e suas distribuições

As observações de uma única amostra foram representadas no Capítulo 1 por $x_1, x_2, \ldots, x_n$. Considere a seleção de duas amostras diferentes de tamanho n oriundas da mesma distribuição populacional. Os x_i da segunda amostra serão sempre virtualmente diferentes, pelo menos um pouco, dos x_i da primeira amostra. Por exemplo, a primeira amostra de $n = 3$ carros de um tipo específico pode resultar em consumos de combustível de $x_1 = 30{,}7$, $x_2 = 29{,}4$, $x_3 = 31{,}1$, ao passo que uma segunda amostra pode fornecer $x_1 = 28{,}8$, $x_2 = 30{,}0$ e $x_3 = 32{,}5$. Antes de obtermos os dados, há incerteza a respeito do valor de cada x_i. Por conta dessa incerteza, *antes* de os dados ficarem disponíveis, consideramos cada observação como variáveis aleatórias e denotamos a amostra por $X_1, X_2, \ldots, X_n$ (letras maiúsculas para as variáveis aleatórias).

Essa variação nos valores observados implica, por sua vez, que o valor de qualquer função das observações da amostra – como a sua média, o seu desvio padrão ou a sua quarta dispersão – também varia de amostra para amostra. Isto é, antes de obter $x_1, \ldots, x_n$, há incerteza quanto ao valor de $\bar{x}$, o valor de s, e assim por diante.

Exemplo 5.19

Suponha que a resistência do material de um tipo específico de espécime selecionado aleatoriamente possua uma distribuição de Weibull com valores de parâmetro $\alpha = 2$ (formato) e $\beta = 5$ (escala). A curva de densidade correspondente é exibida na Figura 5.6. As fórmulas da Seção 4.5 fornecem

$$\mu = E(x) = 4{,}4311 \quad \tilde{\mu} = 4{,}1628 \quad \sigma^2 = V(X) = 5{,}365 \quad \sigma = 2{,}316$$

A média excede a mediana devido à assimetria positiva da distribuição.

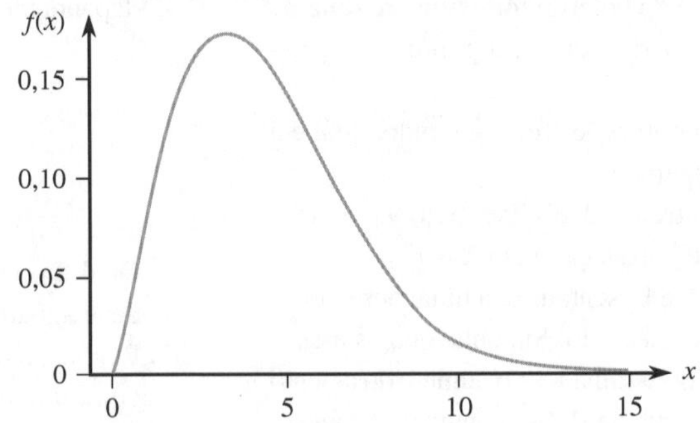

Figura 5.6 A curva de densidade de Weibull do Exemplo 5.19.

Usamos um software estatístico para gerar seis amostras diferentes, cada uma com $n = 10$, a partir dessa distribuição (resistências do material para seis grupos diferentes de 10 espécimes cada). Os resultados são exibidos na Tabela 5.1, seguidos pelos valores da média, mediana e desvio padrão de cada uma das amostras. Repare primeiro que as dez observações em qualquer amostra específica são diferentes das observações em qualquer outra amostra. Em segundo lugar, os seis valores da média amostral são diferentes uns dos outros, como os seis valores da mediana e do desvio padrão da amostra. O mesmo acontece com as médias trincadas de 10% da amostra, com suas quartas dispersões da amostra, e assim por diante.

Tabela 5.1 Amostras da distribuição de Weibull do Exemplo 5.19

Amostra	1	2	3	4	5	6
1	6,1171	5,07611	3,46710	1,55601	3,12372	8,93795
2	4,1600	6,79279	2,71938	4,56941	6,09685	3,92487
3	3,1950	4,43259	5,88129	4,79870	3,41181	8,76202
4	0,6694	8,55752	5,14915	2,49759	1,65409	7,05569
5	1,8552	6,82487	4,99635	2,33267	2,29512	2,30932
6	5,2316	7,39958	5,86887	4,01295	2,12583	5,94195
7	2,7609	2,14755	6,05918	9,08845	3,20938	6,74166
8	10,2185	8,50628	1,80119	3,25728	3,23209	1,75468
9	5,2438	5,49510	4,21994	3,70132	6,84426	4,91827
10	4,5590	4,04525	2,12934	5,50134	4,20694	7,26081
$\bar{x}$	4,401	5,928	4,229	4,132	3,620	5,761
$\tilde{x}$	4,360	6,144	4,608	3,857	3,221	6,342
s	2,642	2,062	1,611	2,124	1,678	2,496

Além do mais, o valor da média amostral de qualquer amostra específica pode ser considerado uma *estimativa pontual* ("pontual" porque é um único número, correspondente a um único ponto na linha dos números) da média populacional μ, cujo valor conhecido é 4,4311. As estimativas da segunda e da sexta amostras são muito grandes, enquanto a quinta amostra fornece uma subestimativa substancial. De forma semelhante, o desvio padrão da amostra fornece uma estimativa por ponto do desvio padrão populacional. As seis estimativas resultantes estão erradas em pelo menos uma pequena quantidade. Resumindo, os valores das observações individuais variam de amostra para amostra.

Dessa forma, geralmente, o valor de qualquer quantidade calculada a partir dos dados amostrais e o valor de uma amostra característica usada como estimativa da característica da população correspondente, virtualmente, jamais coincidirão com o que está sendo estimado. ■

Definição

Uma **estatística** é qualquer quantidade cujo valor possa ser calculado com base nos dados da amostra. Antes de obter os dados, existe a incerteza quanto ao valor que resultará de qualquer estatística específica. Portanto, estatística é uma variável aleatória e será representada por uma letra maiúscula; uma letra minúscula será usada para representar o valor calculado ou observado da estatística.

Assim, a média amostral, considerada uma estatística (antes de uma amostra ter sido selecionada ou uma experiência ter sido feita), é representada por $\overline{X}$; o valor calculado dessa estatística é $\overline{x}$. Da mesma forma, S representa o desvio padrão amostral pensado como uma estatística, e seu valor calculado é s. Se amostras de dois tipos de tijolos são selecionadas e as forças compressoras individuais são representadas por $X_1, \ldots, X_m$ e $Y_1, \ldots, Y_n$, respectivamente, então a estatística $\overline{X} - \overline{Y}$, a diferença entre as duas médias das forças compressoras das amostras, geralmente é de grande interesse.

Qualquer estatística, sendo uma variável aleatória, possui uma distribuição de probabilidades. Em particular, a média amostral $\overline{X}$ possui uma distribuição de probabilidades. Suponha, por exemplo, que $n = 2$ componentes são selecionados aleatoriamente, e o número de quebras durante o período de garantia é determinado para cada um. Os valores possíveis para o número médio de quebras $\overline{X}$ são 0 (se $X_1 = X_2 = 0$), 0,5 (se $X_1 = 0$ e $X_2 = 1$ ou $X_1 = 1$ e $X_2 = 0$), 1, 1,5, ... A distribuição de probabilidade de $\overline{X}$ especifica $P(\overline{X} = 0)$, $P(\overline{X} = 0{,}5)$, e assim por diante, a partir das quais outras probabilidades, como $P(1 \leq \overline{X} \leq 3)$ e $P(\overline{X} \geq 2{,}5)$, possam ser calculadas. De forma semelhante, se, para uma amostra de tamanho $n = 2$, os únicos valores possíveis da variância da amostra forem 0, 12,5 e 50 (que será o caso se X_1 e X_2 puderem adotar somente os valores 40, 45 ou 50), então a distribuição de probabilidades de S^2 fornece $P(S^2 = 0)$, $P(S^2 = 12{,}5)$ e $P(S^2 = 50)$. A distribuição de probabilidade de uma estatística às vezes é denominada **distribuição amostral** para enfatizar que ela descreve como a estatística varia de valor em todas as amostras que possam ser selecionadas.

Amostras aleatórias

A distribuição de probabilidade de qualquer estatística específica depende não somente da distribuição populacional (normal, uniforme etc.) e do tamanho da amostra n, como também do método de amostragem. Considere a seleção de uma amostra de tamanho $n = 2$ e uma população formada apenas dos três valores 1, 5 e 10, e suponha que a estatística de interesse seja a variância da amostra. Se a amostragem é feita "com reposição", então $S^2 = 0$ será obtido caso $X_1 = X_2$. Entretanto, S^2 não pode ser igual a 0 se a amostragem for "sem reposição". Portanto, $P(S^2 = 0) = 0$ para um método de amostragem, e essa probabilidade é positiva para o outro método. Nossa próxima definição descreve um método de amostragem geralmente encontrado (pelo menos aproximadamente) na prática.

Definição

Diz-se que as v.a. $X_1, X_2, \ldots, X_n$ formam uma **amostra aleatória** (simples) de tamanho n se

1. Os X_i são v.a. independentes.
2. Toda X_i possui a mesma distribuição de probabilidades.

As condições 1 e 2 podem ser parafraseadas ao dizer que X_i são *independente e identicamente distribuídos* (se, e somente se). Se a amostragem for com reposição ou de uma população (conceitual) infinita, as condições 1 e 2 são satisfeitas exatamente. Essas condições serão satisfeitas aproximadamente se a amostragem for sem reposição, ainda que o tamanho da amostra n seja muito menor que o tamanho da população N. Na prática, se $n/N \leq 0{,}05$ (no máximo 5% da população é coletada), podemos proceder como se as X_i formassem uma amostra aleatória. A virtude desse método de amostragem é que a distribuição de probabilidade de qualquer estatística pode ser obtida com mais facilidade do que qualquer outro método de amostragem.

Existem dois métodos gerais para obter informações sobre a distribuição da amostragem da estatística. Um método envolve cálculos com base nas regras de probabilidade; o outro envolve a realização de um experimento de simulação.

Dedução da distribuição amostral

As regras de probabilidade são usadas para obter a distribuição de uma estatística, contanto que seja uma função "bem simples" das X_i, que haja relativamente poucos valores de X diferentes na população ou, então, que a distribuição populacional possua uma forma "apropriada". Nossos dois próximos exemplos ilustram tais situações.

Exemplo 5.20

Uma certa marca de MP3 player vem com 3 configurações: um modelo com 2 GB de memória por $ 80, um modelo com 4 GB por $ 100 e uma versão com 8 GB que custa $ 120. Se 20% de todos os compradores escolherem o modelo de 2 GB, 30% escolherem o modelo de 4 GB e 50% escolherem o modelo de 8 GB, então a distribuição de probabilidade do custo X da compra de um único MP3 player selecionado aleatoriamente é dada por

x	80	100	120
$p(x)$	0,2	0,3	0,5

com $\mu = 106$, $\sigma^2 = 244$ (5.2)

Suponha que, em um determinado dia, apenas dois MP3 players sejam vendidos. Seja X_1 = receita da primeira venda e X_2 = receita da segunda. Suponha que X_1 e X_2 sejam independentes, cada uma com a distribuição de probabilidades mostrada em (5.2) [de modo que X_1 e X_2 constituam uma amostra aleatória da distribuição (5.2)]. A Tabela 5.2 lista os pares (x_1, x_2) possíveis, a probabilidade de cada um [calculada usando-se (5.2) e a hipótese de independência] e os valores resultantes de $\bar{x}$ e s^2. [Observe que, quando $n = 2$, $s^2 = (x_1 - \bar{x})^2 + (x_2 - \bar{x})^2$.] Agora, para obter a distribuição de probabilidade de $\overline{X}$, a receita da média amostral por venda, devemos considerar cada valor possível e calcular sua probabilidade. Por exemplo, $\bar{x}$ ocorre três vezes na tabela com probabilidades 0,10, 0,09 e 0,10, então

$$p_{\overline{X}}(100) = P(\overline{X} = 100) = 0{,}10 + 0{,}09 + 0{,}10 = 0{,}29$$

De forma similar,

$$pS^2(800) = P(S^2 = 800) = P(X_1 = 80, X_2 = 120 \text{ or } X_1 = 120, X_2 = 80) = 0{,}10 + 0{,}10 = 0{,}20$$

Tabela 5.2 Resultados, probabilidades e valores de $\bar{x}$ e s^2 para o Exemplo 5.20

x_1	x_2	$p(x_1, x_2)$	$\bar{x}$	s^2
80	80	0,04	80	0
80	100	0,06	90	200
80	120	0,10	100	800
100	80	0,06	90	200
100	100	0,09	100	0
100	120	0,15	110	200
120	80	0,10	100	800
120	100	0,15	110	200
120	120	0,25	120	0

As distribuições amostrais completas de $\overline{X}$ e s^2 aparecem em (5.3) e (5.4).

$\bar{x}$	80	90	100	110	120
$p_{\overline{X}}(\bar{x})$	0,04	0,12	0,29	0,30	0,25

(5.3)

s^2	0	200	800
$pS^2(s^2)$	0,38	0,42	0,20

(5.4)

A Figura 5.7 ilustra o histograma probabilístico da distribuição original (5.2) e da distribuição $\overline{X}$ (5.3). A figura sugere, primeiro, que a média (valor esperado) da distribuição $\overline{X}$ seja igual à média 106 da distribuição original, uma vez que ambos os histogramas parecem estar centralizados no mesmo lugar.

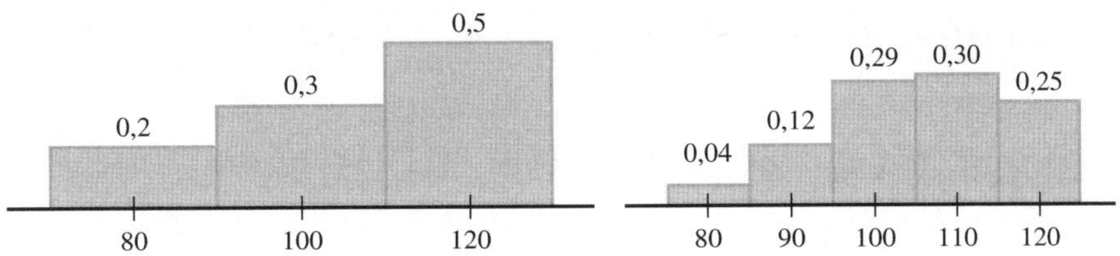

Figura 5.7 Histogramas probabilísticos da distribuição real e da distribuição $\overline{X}$ do Exemplo 5.20.

$$\mu_{\overline{X}} = E(\overline{X}) = \sum \bar{x} p_{\overline{X}}(\bar{x}) = (80)(0{,}04) + \cdots + (120)(0{,}25) = 106 = \mu$$

Em segundo lugar, parece que a distribuição $\overline{X}$ possui dispersão (variabilidade) menor que a distribuição original, uma vez que a massa de probabilidade moveu-se em direção à média. Novamente, pela (5.3),

$$\begin{aligned}\sigma^2_{\overline{X}} &= V(\overline{X}) = \sum \bar{x}^2 \cdot p_{\overline{X}}(\bar{x}) - \mu^2_{\overline{X}} \\ &= (80^2)(0{,}04) + \cdots + (120^2)(0{,}25) - (106)^2 \\ &= 122 = \frac{244}{2} = \frac{\sigma^2}{2}\end{aligned}$$

A variância de $\overline{X}$ é precisamente metade da variância original (pois $n = 2$).

Usando (5.4), o valor médio de S^2 é

$$\begin{aligned}\mu S^2 &= E(S^2) = \sum S^2 \cdot p_{S^2}(s^2) \\ &= (0)(0{,}38) + (200)(0{,}42) + (800)(0{,}20) = 244 = \sigma^2\end{aligned}$$

Isto é, a distribuição amostral de $\overline{X}$ está centrada na média populacional μ, e a distribuição amostral de S^2 está centrada na variância da população σ^2.

Se quatro compras foram feitas no dia de interesse, a receita média amostral $\overline{X}$ seria baseada em uma amostra aleatória de quatro X_i, cada um com distribuição (5.2). Mais cálculos produzem a f.p. de $\overline{X}$ para $n = 4$, como

$\bar{x}$	80	85	90	95	100	105	110	115	120
$p_{\overline{X}}(\bar{x})$	0,0016	0,0096	0,0376	0,0936	0,1761	0,2340	0,2350	0,1500	0,0625

A partir disso, $\mu_{\overline{X}} = 106 = \mu$ e $\sigma^2_{\overline{X}} = 61 = \sigma^2/4$. A Figura 5.8 é um histograma probabilístico dessa f.p.

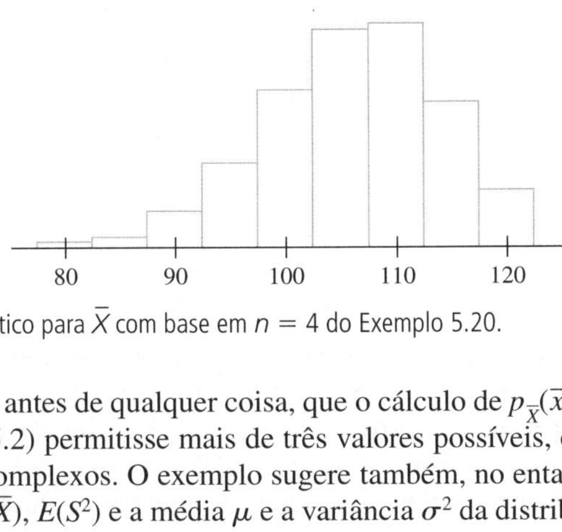

Figura 5.8 Histograma probabilístico para $\overline{X}$ com base em $n = 4$ do Exemplo 5.20.

O Exemplo 5.20 sugere, antes de qualquer coisa, que o cálculo de $p_{\overline{X}}(\bar{x})$ e $p_{S^2}(s^2)$ pode ser cansativo. Se a distribuição original (5.2) permitisse mais de três valores possíveis, então, mesmo para $n = 2$, os cálculos teriam sido mais complexos. O exemplo sugere também, no entanto, que existem algumas relações gerais entre $E(\overline{X})$, $V(\overline{X})$, $E(S^2)$ e a média μ e a variância σ^2 da distribuição original. Elas são confirmadas na próxima seção. Agora, considere um exemplo em que a amostra aleatória é tirada de uma distribuição contínua.

Exemplo 5.21

O tempo de atendimento de um certo tipo de transação bancária é uma variável aleatória com uma distribuição exponencial com parâmetro λ. Suponha que X_1 e X_2 sejam os tempos de atendimento para dois clientes diferentes, presumindo que sejam independentes um do outro. Considere o tempo de atendimento total $T_o = X_1 + X_2$ para os dois clientes também como uma estatística. O f.d. de T_o é, para $t \geq 0$,

$$F_{T_0}(t) = P(X_1 + X_2 \leq t) = \iint_{\{(x_1, x_2):\, x_1 + x_2 \leq t\}} f(x_1, x_2)\, dx_1\, dx_2$$

$$= \int_0^t \int_0^{t-x_1} \lambda e^{-\lambda x_1} \cdot \lambda e^{-\lambda x_2}\, dx_2\, dx_1 = \int_0^t [\lambda e^{-\lambda x_1} - \lambda e^{-\lambda t}]\, dx_1$$

$$= 1 - e^{-\lambda t} - \lambda t e^{-\lambda t}$$

A região de integração está ilustrada na Figura 5.9.

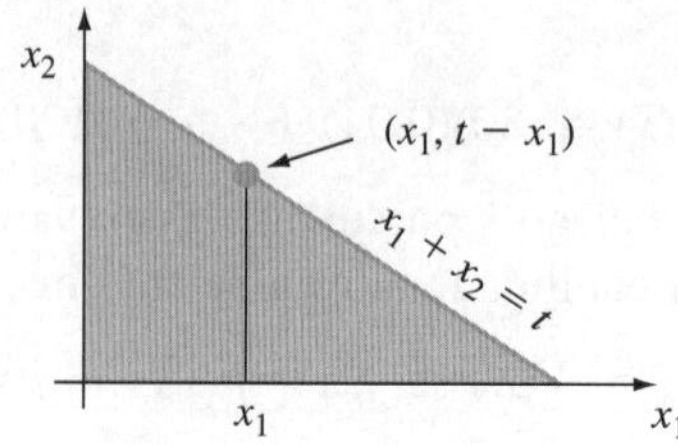

Figura 5.9 Região de integração para obter a f.d. de T_o do Exemplo 5.21.

A f.d.p. de T_o é obtida pela diferenciação de $F_{T_o}(t)$:

$$f_{T_o}(t) = \begin{cases} \lambda^2 t e^{-\lambda t} & t \geq 0 \\ 0 & t < 0 \end{cases} \tag{5.5}$$

Esse é uma f.d.p. gama ($\alpha = 2$ e $\beta = 1/\lambda$). A f.d.p. de $\overline{X} = T_o/2$ é obtida a partir da relação $\{\overline{X} \leq \bar{x}\}$ se, e somente se, $\{T_o \leq 2\bar{x}\}$ como,

$$f_{\overline{X}}(\bar{x}) = \begin{cases} 4\lambda^2 \bar{x} e^{-2\lambda \bar{x}} & \bar{x} \geq 0 \\ 0 & \bar{x} < 0 \end{cases} \tag{5.6}$$

A média e a variância da distribuição exponencial subjacente são $\mu = 1/\lambda$ e $\sigma^2 = 1/\lambda^2$. Pelas Expressões (5.5) e (5.6), pode ser verificado que $E(\overline{X}) = 1/\lambda$, $V(\overline{X}) = 1/(2\lambda^2)$, $E(T_o) = 2/\lambda$ e $V(T_o) = 2/\lambda^2$. Tais resultados novamente sugerem algumas relações gerais entre médias e variâncias de $\overline{X}$, T_o e a distribuição subjacente.

Experimentos de simulação

O segundo método para obter informações sobre a distribuição amostral de uma estatística é fazer um experimento de simulação. Esse método geralmente é usado quando é muito difícil ou complicado calcular a derivada por meio das regras de probabilidade. Tal experimento sempre é feito virtualmente, com o auxílio de um computador. As seguintes características do experimento devem ser especificadas:

1. A estatística de interesse ($\overline{X}$, S, uma média aparada específica etc.).
2. A distribuição populacional (normal com $\mu = 100$ e $\sigma = 15$, uniforme com limite inferior $A = 5$ e limite superior $B = 10$ etc.).
3. O tamanho da amostra n (por exemplo, $n = 10$ ou $n = 50$).
4. O número de repetições k (número de amostras a ser obtidas).

Então, use um computador para obter k amostras aleatórias diferentes, cada uma de tamanho n, da distribuição populacional designada. Para cada amostra, calcule o valor da estatística e construa um histograma dos k valores calculados. O histograma fornece a distribuição amostral *aproximada* da estatística. Quanto maior o valor de k, melhor é a tendência da aproximação (a distribuição amostral real surge quando $k \to \infty$). Na prática, $k = 500$ ou 1 000 geralmente é suficiente, se a estatística for "bem simples".

Exemplo 5.22

A distribuição populacional para nosso primeiro estudo de simulação é normal com $\mu = 8{,}25$ e $\sigma = 0{,}75$, como ilustrado na Figura 5.10. [O artigo "Platelet size in myocardial infarction" (*British Med. J.*, 1983: 449-451) sugere essa distribuição para o volume de plaquetas nos indivíduos sem histórico de problemas cardíacos graves.]

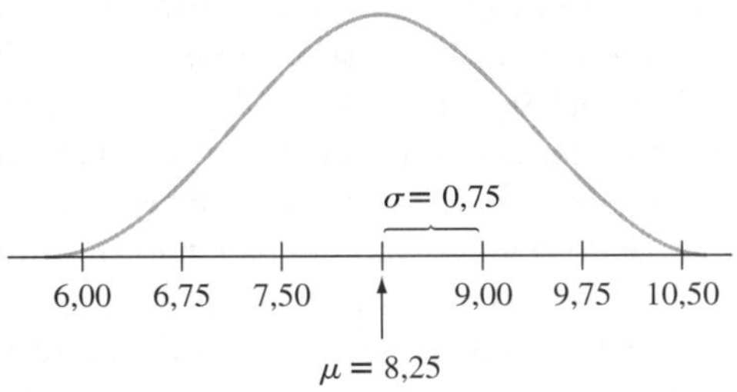

Figura 5.10 Distribuição normal com $\mu = 8{,}25$ e $\sigma = 0{,}75$.

Realizamos quatro experimentos diferentes, com 500 repetições para cada um. No primeiro experimento, as 500 amostras de $n = 5$ observações cada foram geradas usando-se o Minitab, e os tamanhos da amostra para os outros três foram $n = 10$, $n = 20$ e $n = 30$, respectivamente. A média amostral foi calculada para cada amostra e os histogramas resultantes dos valores de x são exibidos na Figura 5.11.

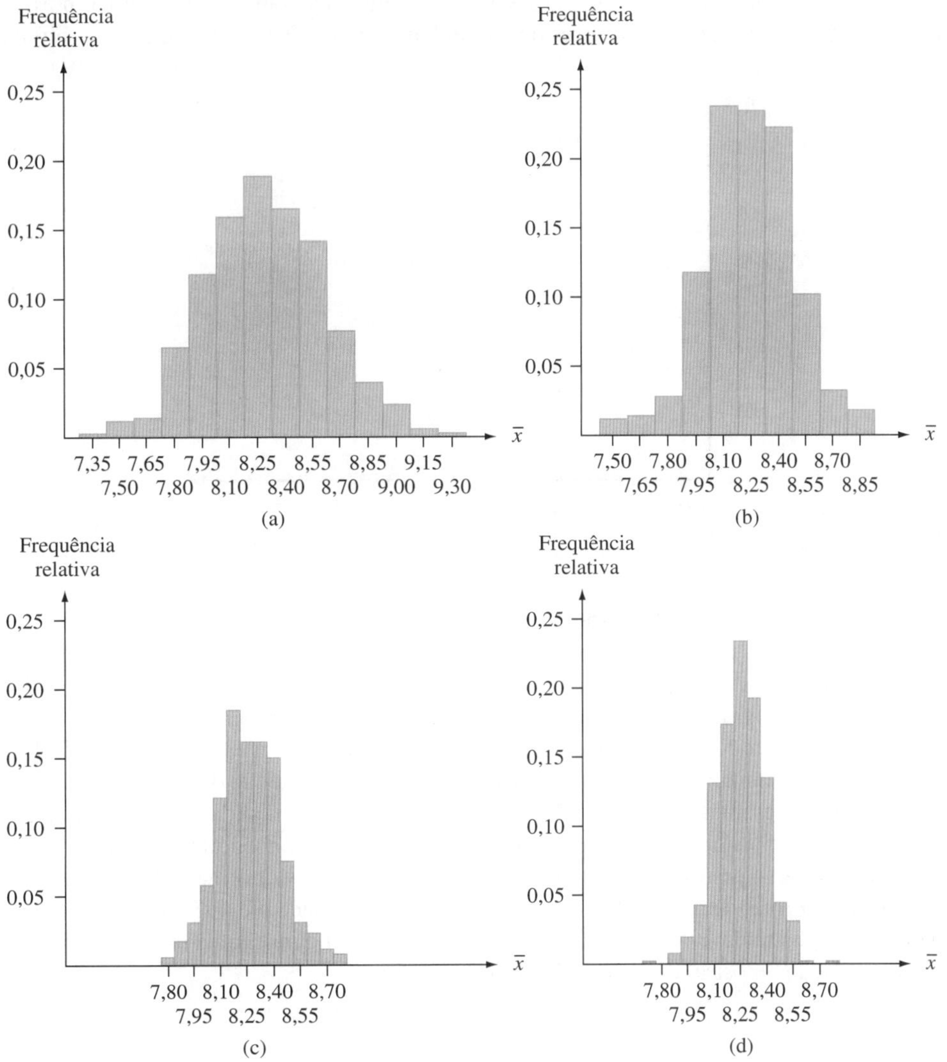

Figura 5.11 Histogramas da amostra com base em 500 amostras, cada uma consistindo em n observações: (a) $n = 5$; (b) $n = 10$; (c) $n = 20$; (d) $n = 30$.

A primeira coisa a se observar sobre os histogramas é seu formato. Para uma aproximação razoável, cada uma das quatro aproximações parece uma curva normal. A semelhança seria ainda mais impressionante se cada histograma tivesse sido fundamentado em mais de que 500 valores de $\bar{x}$. Em segundo lugar, cada histograma está centralizado, aproximadamente, em 8,25, a média da população servida de amostra. Se os histogramas fossem fundamentados em uma sequência sem fim de valores de $\bar{x}$, seus centros seriam exatamente a média da população, 8,25.

O aspecto final a ser observado nos histogramas é sua dispersão relativa entre eles. Quanto maior o valor de n, mais concentrada seria a distribuição amostral sobre o valor médio. É por esse motivo que os histogramas de $n = 20$ e $n = 30$ baseiam-se em intervalos de classe menores que os dos dois tamanhos menores da amostra. Para os tamanhos de amostra maiores, a maior parte dos valores de $\bar{x}$ está bem próxima de 8,25. Esse é o efeito do cálculo da média. Quando n é pequeno, um único valor incomum de x pode resultar em um valor de $\bar{x}$ longe do centro. Com um tamanho amostral maior, quaisquer valores de x, quando incluídos no cálculo da média com os demais valores da amostra, ainda tendem a produzir um valor de $\bar{x}$ mais próximo a μ. Combinar essas percepções produz um resultado que desperta sua intuição: **$\bar{X}$ com base em um n grande tende a estar mais próximo de μ do que $\bar{X}$ baseado em um n pequeno.**

Exemplo 5.23

Considere um experimento de simulação em que a distribuição populacional seja bastante assimétrica. A Figura 5.12 mostra a curva de densidade da vida útil de determinado tipo de controle eletrônico [esta curva é uma distribuição lognormal com $E(\ln(X)) = 3$ e $V(\ln(X)) = 0{,}16$]. Mais uma vez, a estatística de interesse é a média amostral $\bar{X}$. O experimento utilizou 500 repetições e considerou os mesmos quatro tamanhos da amostra, como no Exemplo 5.22. Os histogramas resultantes e um gráfico normal de probabilidade pelo Minitab para os 500 valores de $\bar{x}$ com base em $n = 30$ são mostrados na Figura 5.13.

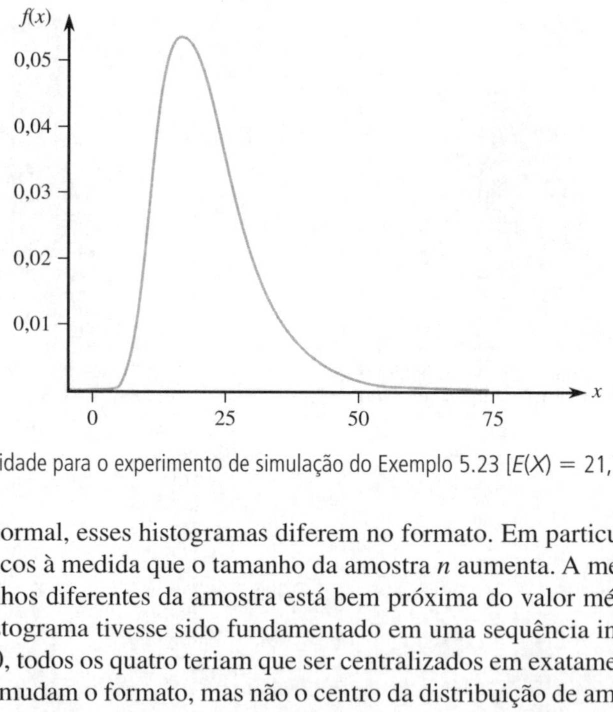

Figura 5.12 Curva de densidade para o experimento de simulação do Exemplo 5.23 [$E(X) = 21{,}7584$, $V(X) = 82{,}1449$].

Ao contrário do caso normal, esses histogramas diferem no formato. Em particular, ficam progressivamente menos assimétricos à medida que o tamanho da amostra n aumenta. A média dos 500 valores de $\bar{x}$ para os quatro tamanhos diferentes da amostra está bem próxima do valor médio da distribuição populacional. Se cada histograma tivesse sido fundamentado em uma sequência interminável dos valores $\bar{x}$ em vez de apenas 500, todos os quatro teriam que ser centralizados em exatamente 21,7584. Assim, os valores diferentes de n mudam o formato, mas não o centro da distribuição de amostragem de $\bar{X}$. A comparação de quatro histogramas na Figura 5.13 também mostra que, à medida que n aumenta, a dispersão dos histogramas diminui. Aumentar n resulta em um grau maior de concentração, em torno do valor médio da população, e faz o histograma se parecer mais com uma curva normal. O histograma da Figura 5.13(d) e o gráfico normal de probabilidade na Figura 5.13(e) fornecem evidência convincente de que o tamanho de uma amostra de $n = 30$ é suficiente para superar a inclinação da distribuição populacional e dar uma distribuição amostral de $\bar{X}$ aproximadamente normal.

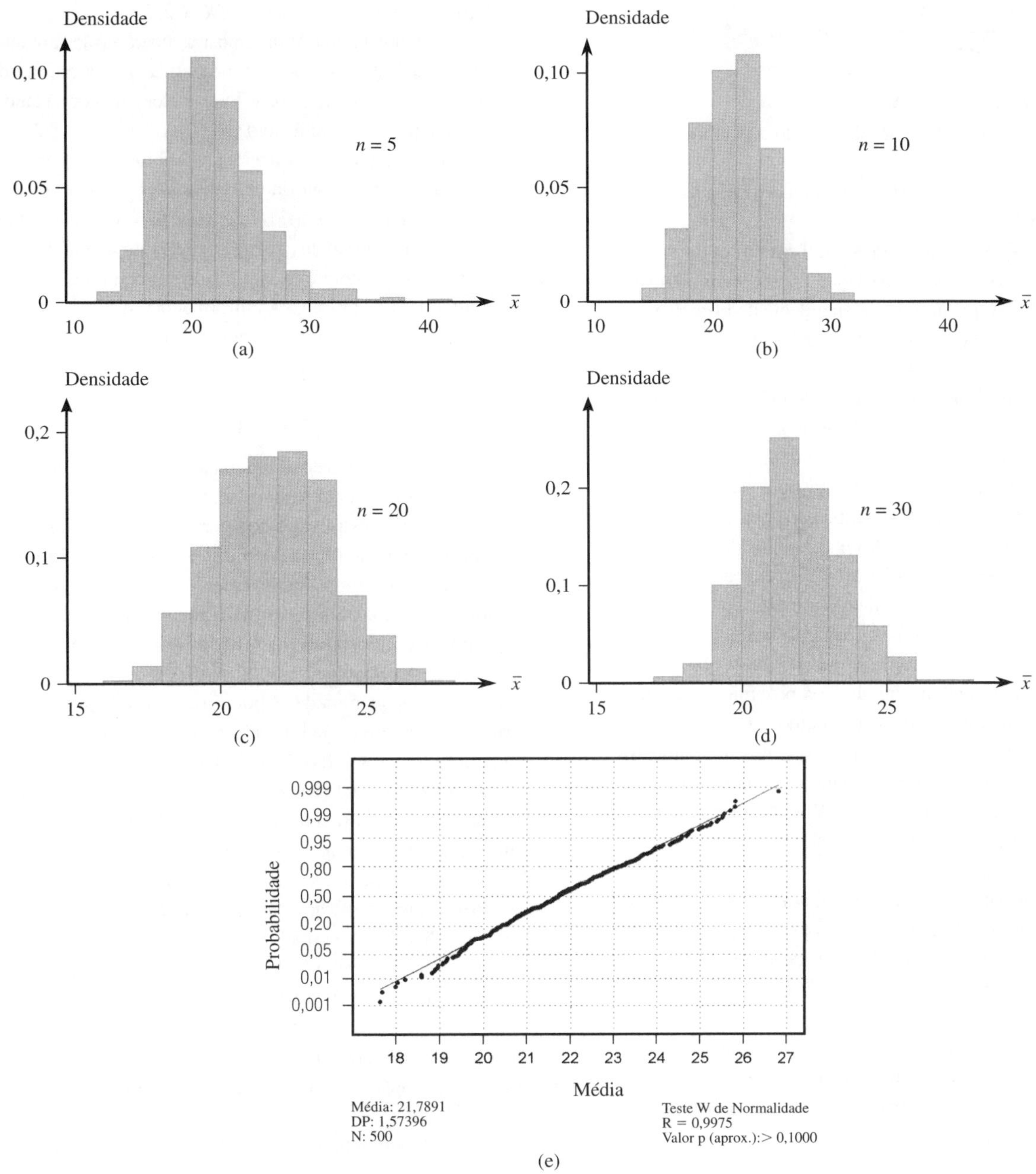

Figura 5.13 Resultado do experimento de simulação do Exemplo 5.23: (a) histograma $\bar{x}$ para $n = 5$; (b) histograma $\bar{x}$ para $n = 10$; (c) histograma $\bar{x}$ para $n = 20$; (d) histograma $\bar{x}$ para $n = 30$; (e) gráfico normal de probabilidade para $n = 30$ (do Minitab). ■

EXERCÍCIOS Seção 5.3 (37–45)

37. Uma determinada marca de sabão para máquina de lavar louça é vendida em três tamanhos: 25 oz, 40 oz e 65 oz. Vinte por cento de todos os compradores escolhem a caixa de 25 oz, 50% escolhem a caixa de 40 oz e os 30% restantes escolhem a caixa de 65 oz. Assuma X_1 e X_2 como os tamanhos dos pacotes escolhidos por dois compradores selecionados independentemente.

a. Determine a distribuição amostral de $\overline{X}$, calcule $E(\overline{X})$ e compare com μ.

b. Determine a distribuição amostral da variância amostral S^2, calcule $E(S^2)$ e compare a σ^2.

38. Há dois semáforos em uma rota de ida e volta de uma pessoa para o trabalho. Assuma X_1 como o número de semáforos em que essa pessoa terá que parar em seu percurso para o trabalho e X_2 como o número de semáforos em que ele deverá parar em seu percurso para casa. Suponha que essas duas variáveis sejam independentes, cada uma com uma f.p. dada na tabela anexa (portanto, X_1, X_2 é uma amostra aleatória de tamanho $n = 2$).

x_1	0	1	2
$p(x_1)$	0,2	0,5	0,3

$\mu = 1{,}1, \sigma^2 = 0{,}49$

a. Determine a f.p. de $T_o = X_1 + X_2$.

b. Calcule μ_{T_o}. Como ele está relacionado a μ, a média populacional?

c. Calcule $\sigma^2_{T_o}$. Como ele está relacionado a σ^2, a variância populacional?

d. Sejam X_3 e X_4 os números de semáforos em que uma parada é necessária no percurso de ida e volta do trabalho em um segundo dia, presumido independente do primeiro dia. Com T_o = a soma de todos os quatro X_i, quais são agora os valores de $E(T_o)$ e $V(T_o)$?

e. Referente a (d), quais são os valores de $P(T_o = 8)$ e $P(T_o \geq 7)$ [*Dica*: nem pense em listar todas os possíveis resultados!]?

39. Faça um experimento de simulação usando um pacote estatístico para computador ou outro software para estudar a distribuição amostral de $\overline{X}$ quando a distribuição populacional é lognormal com $E(\ln(X)) = 3$ e $V(\ln(X)) = 1$. Considere os quatro tamanhos da amostra $n = 10, 20, 30$ e 50 e, em cada caso, utilize 1 000 repetições. Para qual desses tamanhos de amostra $\overline{X}$ a distribuição parece ser aproximadamente normal?

40. Uma caixa contém 10 envelopes numerados de 1 a 10. Os primeiros cinco não contêm dinheiro, os próximos 3 contém \$ 5, e há \$ 10 nos últimos dois. Uma amostra de tamanho 3 é selecionada *com* reposição (portanto, temos uma amostra aleatória), e você obtém a maior quantidade em qualquer um dos envelopes selecionados. Se X_1, X_2 e X_3 representam as quantias nos envelopes selecionados, a estatística de interesse é M = o máximo de X_1, X_2 e X_3.

a. Obtenha a distribuição de probabilidades dessa estatística.

b. Descreva como você conduziria um experimento de simulação para comparar as distribuições de M dos diversos tamanhos da amostra. Como você faria para entender como a distribuição muda à medida que n aumenta?

41. Assuma X como o número de pacotes que estão sendo enviados por um cliente selecionado aleatoriamente em uma determinada empresa de remessas. Suponha que a distribuição de X seja como segue:

x	1	2	3	4
$p(x)$	0,4	0,3	0,2	0,1

a. Considere uma amostra aleatória de tamanho $n = 2$ (dois clientes), e assuma $\overline{X}$ como o número médio da amostra de pacotes enviados. Obtenha a distribuição de probabilidades de $\overline{X}$.

b. Consulte o item (a) e calcule $P(\overline{X} \leq 2{,}5)$.

c. Considere novamente uma amostra aleatória de tamanho $n = 2$, mas agora enfoque a estatística R = a amplitude amostral (diferença entre os valores maior e menor na amostra). Obtenha a distribuição de R. [*Dica*: calcule o valor de R para cada resultado e utilize as probabilidades do item (a).]

d. Se uma amostra aleatória de tamanho $n = 4$ for selecionada, qual é $P(\overline{X} \leq 1{,}5)$? [*Dica*: você não deve listar todos os resultados possíveis, apenas aqueles no qual $\bar{x} \leq 1{,}5$.]

42. Uma empresa mantém três escritórios em certa região, cada um com dois funcionários. As informações sobre os salários anuais (milhares de dólares) seguem abaixo:

Escritório	1	1	2	2	3	3
Funcionário	1	2	3	4	5	6
Salário	29,7	33,6	30,2	33,6	25,8	29,7

a. Suponha que dois desses funcionários sejam selecionados aleatoriamente, dentre os seis (sem reposição). Determine a distribuição amostral de $\overline{X}$ do salário médio da amostra.

b. Suponha que um dos três escritórios seja selecionado aleatoriamente. Assuma X_1 e X_2 como os salários de dois funcionários. Determine a distribuição amostral de $\overline{X}$.

c. Como o $E(\overline{X})$ dos itens (a) e (b) comparam-se com o salário da média populacional μ?

43. Suponha que a quantidade de líquido dispensado por uma determinada máquina seja uniformemente distribuída com um limite inferior de $A = 8$ oz e um limite superior de $B = 10$ oz. Descreva como você realizaria experimentos de simulação para comparar a distribuição amostral da quarta dispersão (amostral) para os tamanhos amostrais $n = 5, 10, 20$ e 30.

44. Faça um experimento de simulação usando um pacote estatístico ou outro software para estudar a distribuição de $\overline{X}$ quando a distribuição populacional é Weibull com $\alpha = 2$ e $\beta = 5$, como no Exemplo 5.19. Considere os quatro tamanhos amostrais $n = 5, 10, 20$ e 30 e, em cada caso, utilize 1 000 repetições. Para qual desses tamanhos de amostra a distribuição de $\overline{X}$ parece ser aproximadamente normal?

45. Sabe-se que 80% de todos os *zip drives* de marca A funcionam de forma satisfatória durante o período de garantia (são "sucessos"). Suponha que $n = 10$ *drives* são selecionados aleatoriamente. Assuma X = o número de sucessos na amostra. A estatística de X/n é a proporção amostral (fração) de sucessos. Obtenha a distribuição amostral dessa estatística. [*Dica*: um valor possível de X/n é 0,3, correspondente a $X = 3$. Qual é a probabilidade desse valor (que tipo de variável aleatória é X)?]

5.4 A distribuição da média amostral

A importância da média amostral $\overline{X}$ vem de seu uso nas conclusões obtidas a respeito da média populacional μ. Alguns dos procedimentos inferenciais mais frequentemente usados têm como base as propriedades da distribuição amostral de $\overline{X}$. Uma prévia dessas propriedades apareceram nos cálculos e os experimentos de simulação da seção anterior, na qual observamos as relações entre $E(\overline{X})$ e μ e também entre $V(\overline{X})$, σ^2 e n.

Proposição

Assuma $X_1, X_2, \ldots, X_n$ como os elementos da amostra aleatória de uma distribuição com valor médio μ e desvio padrão σ. Então

1. $E(\overline{X}) = \mu_{\overline{X}} = \mu$

2. $V(\overline{X}) = \sigma^2_{\overline{X}} = \sigma^2/n$ e $\sigma_{\overline{X}} = \sigma/\sqrt{n}$

Além disso, com $T_o = X_1 + \cdots + X_n$ (o total da amostra), $E(T_o) = n\mu$, $V(T_o) = n\sigma^2$ e $\sigma_{T_o} = \sqrt{n}\sigma$.

As demonstrações desses resultados foram transferidas para a próxima seção. De acordo com o resultado 1, a distribuição (isto é, probabilidade) amostral de $\overline{X}$ é centrada precisamente na média da população da qual a amostra foi selecionada. O resultado 2 mostra que a distribuição de $\overline{X}$ se torna mais concentrada em torno de μ à medida que o tamanho da amostra n aumenta. Com diferença marcante, a distribuição de T_o se dispersa mais à medida que n aumenta. A média desloca a probabilidade para o meio, enquanto o total dispersa a probabilidade em um intervalo de valores mais amplo. O desvio padrão $\sigma_{\overline{X}} = \sigma/\sqrt{n}$ é muitas vezes chamado de *erro padrão da média*. Ele descreve a grandeza de um desvio típico ou representante da média amostral da média populacional.

Exemplo 5.24

Em um teste de fadiga à tração de um espécime de titânio, o número esperado de ciclos para a primeira emissão acústica (usada para indicar o início da trinca) é $\mu = 28\ 000$, e o desvio padrão do número de ciclos é $\sigma = 5\ 000$. Assuma $X_1, X_2, \ldots, X_{25}$ como os elementos de uma amostra aleatória de tamanho 25, em que cada X_i é o número de ciclos em um espécime diferente, selecionado aleatoriamente. Então, o valor esperado do número de ciclos médio da amostra até a primeira emissão é $E(\overline{X}) = \mu = 28\ 000$ e o número total esperado de ciclos para os 25 espécimes é $E(T_0) = n\mu = 25(28\ 000) = 700\ 000$. O desvio padrão de $\overline{X}$ (o erro padrão da média) e de T_0 são

$$\sigma_{\overline{X}} = \sigma/\sqrt{n} = \frac{5\ 000}{\sqrt{25}} = 1\ 000$$

$$\sigma_{T_o} = \sqrt{n}\sigma = \sqrt{25}(5\ 000) = 25\ 000$$

Se o tamanho da amostra aumenta para $n = 100$, $E(\overline{X})$ permanece inalterado, mas $\sigma_{\overline{X}} = 500$, ou seja, metade de seu valor anterior (o tamanho da amostra deve ser quadruplicado para reduzir à metade o desvio padrão de $\overline{X}$). ■

Caso de uma distribuição populacional normal

O experimento de simulação do Exemplo 5.22 mostrou que, quando a distribuição populacional é normal, cada histograma de valores de $\overline{x}$ é bem aproximado por uma curva normal.

Proposição

Seja $X_1, X_2, \ldots, X_n$ uma amostra aleatória de uma distribuição *normal* com média μ e desvio padrão σ. Então, para *qualquer n*, $\overline{X}$ é distribuído normalmente (com média μ e desvio padrão $\sigma/\sqrt{n}$), como é T_o (com média $n\mu$ e desvio padrão $\sqrt{n}\sigma$)[1].

Sabemos tudo sobre as distribuições de $\overline{X}$ e T_o quando a distribuição populacional é normal. Em particular, probabilidades como $P(a \leq \overline{X} \leq b)$ e $P(c \leq T_o \leq d)$ podem ser obtidas simplesmente pela padronização. A Figura 5.14 ilustra a proposição.

[1] É possível demonstrar o resultado de T_o quando $n = 2$ usando o método no Exemplo 5.21, mas os detalhes são confusos. A fórmula geral usualmente é demonstrada usando-se uma ferramenta teórica denominada *função geratriz de momento* (função geradora de momentos). Uma das referências do capítulo pode ser consultada para obter-se mais informações.
N.R.T.: Função geratriz é chamada por alguns especialistas de geradora de momentos.

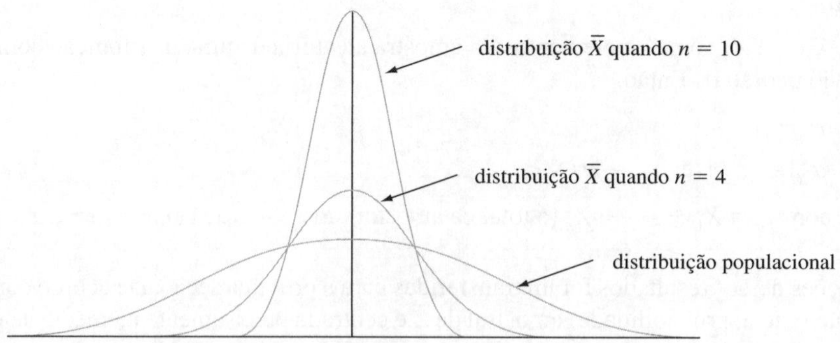

Figura 5.14 Distribuição populacional normal e distribuições amostrais $\overline{X}$.

Exemplo 5.25

O tempo que um rato de determinada subespécie, selecionado aleatoriamente, leva para encontrar o caminho em um labirinto é uma v.a. normalmente distribuída com $\mu = 1{,}5$ min e $\sigma = 0{,}35$ min. Suponha que cinco ratos sejam selecionados. Assuma $X_1, \ldots, X_5$ como seus tempos no labirinto. Assumindo que X_i sejam uma amostra aleatória dessa distribuição normal, qual é a probabilidade de o tempo total $T_o = X_1 + \ldots + X_5$ para os cinco ficar entre 6 e 8 min? Pela proposição, T_o tem uma distribuição normal com $\mu_{T_o} = n\mu = 5(1{,}5) = 7{,}5$ e variância $\sigma^2_{T_o} = n\sigma^2 = 5(0{,}1225) = 0{,}6125$, portanto, $\sigma_{T_o} = 0{,}783$. Para padronizar T_o, subtraia μ_{T_o} e divida por σ_{T_o}:

$$P(6 \le T_o \le 8) = P\left(\frac{6 - 7{,}5}{0{,}783} \le Z \le \frac{8 - 7{,}5}{0{,}783}\right)$$
$$= P(-1{,}92 \le Z \le 0{,}64) = \Phi(0{,}64) - \Phi(-1{,}92) = 0{,}7115$$

A determinação da probabilidade de o tempo médio $\overline{X}$ (uma variável distribuída normalmente) ser no máximo 2,0 min exige $\mu_{\overline{X}} = \mu = 1{,}5$ e $\sigma_{\overline{X}} = \sigma/\sqrt{n} = 0{,}35/\sqrt{5} = 0{,}1565$. Então,

$$P(\overline{X} \le 2{,}0) = P\left(Z \le \frac{2{,}0 - 1{,}5}{0{,}1565}\right) = P(Z \le 3{,}19) = \Phi(3{,}19) = 0{,}9993 \ \blacksquare$$

Teorema Central do Limite

Quando os X_i são distribuídos normalmente, $\overline{X}$ também o é para todos os tamanhos amostrais n. As derivações no Exemplo 5.20 e o experimento de simulação do Exemplo 5.23 sugerem que, mesmo quando a distribuição populacional é altamente não normal, o cálculo da média produz uma distribuição em forma de sino mais acentuada do que a que está servindo como amostra. Uma hipótese razoável é que, se n for grande, uma curva normal adequada aproximará a distribuição real de $\overline{X}$. O enunciado formal de tal resultado é o teorema mais importante da probabilidade.

Teorema Central do Limite (TCL)

Seja $X_1, X_2, \ldots, X_n$ uma amostra aleatória de uma distribuição com valor médio μ e desvio padrão σ^2. Então, se n for suficientemente grande, $\overline{X}$ tem aproximadamente uma distribuição normal com média $\mu = \mu$ e variância $\sigma^2_{\overline{X}} = \sigma^2/n$, e T_o também tem aproximadamente a distribuição normal com $\mu_{T_o} = n\mu$, $\sigma^2_{T_o} = n\sigma^2$. Quanto maior o valor de n, melhor a aproximação.

A Figura 5.15 ilustra o Teorema Central do Limite. De acordo com o TCL, quando n for grande e queremos calcular a probabilidade, tal como $P(a \le \overline{X} \le b)$, precisamos somente "admitir" que $\overline{X}$ é normal, padronizá-lo e usar a tabela normal. A resposta resultante será aproximadamente correta. A resposta exata pode ser obtida somente encontrando, primeiro, a distribuição de $\overline{X}$, assim, o TCL fornece um atalho de fato impressivo. A prova do teorema envolve matemática muito avançada.

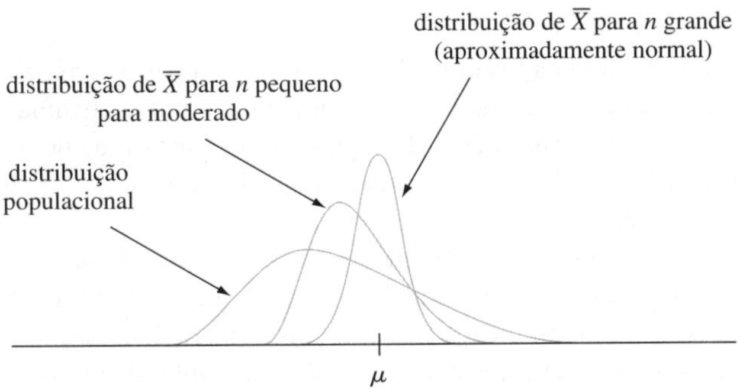

Figura 5.15 O Teorema Central do Limite ilustrado.

Exemplo 5.26

A quantidade de uma determinada impureza em um lote de um determinado produto químico é uma variável aleatória com um valor médio de 4,0 g e desvio padrão de 1,5 g. Se 50 lotes são preparados de maneira independente, qual é a probabilidade (aproximada) de a média amostral da quantidade de impureza $\overline{X}$ estar entre 3,5 e 3,8 g? De acordo com a regra prática dita em poucas palavras, $n = 50$ é grande o suficiente para que o TCL seja aplicável. $\overline{X}$, então, tem uma distribuição aproximadamente normal com o valor médio de $\mu_{\overline{X}} = 4{,}0$ e $\sigma_{\overline{X}} = 1{,}5/\sqrt{50} = 0{,}2121$, portanto,

$$P(3{,}5 \le \overline{X} \le 3{,}8) \approx P\left(\frac{3{,}5 - 4{,}0}{0{,}2121} \le Z \le \frac{3{,}8 - 4{,}0}{0{,}2121}\right)$$
$$= \Phi(-0{,}94) - \Phi(-2{,}36) = 0{,}1645 \ \blacksquare$$

Exemplo 5.27

Uma determinada organização de consumidores usualmente reporta o número de defeitos graves de cada carro novo testado por ela. Suponha que o número de tais defeitos para um determinado modelo é uma variável aleatória com um valor médio de 3,2 e um desvio padrão de 2,4. Entre 100 carros desse modelo selecionados aleatoriamente, qual é a possibilidade de que o valor da média amostral dos principais defeitos exceda 4? Assuma X_i como o número de defeitos graves do i-ésimo carro na amostra aleatória. Observe que X_i é uma v.a. discreta, mas que o TCL é aplicável, se a variável de interesse for discreta ou contínua. Além disso, apesar de o desvio padrão dessa variável positiva ser grande em relação ao valor médio, sugerindo que sua distribuição é positivamente assimétrica, o tamanho grande de amostra implica que $\overline{X}$ tem a distribuição aproximadamente normal. Usando $\mu_{\overline{X}} = 3{,}2$ e $\sigma_{\overline{X}} = 0{,}24$,

$$P(\overline{X} > 4) \approx P\left(Z > \frac{4 - 3{,}2}{0{,}24}\right) = 1 - \Phi(3{,}33) = 0{,}0004 \ \blacksquare$$

O TCL fornece uma compreensão clara do motivo pelo qual muitas variáveis aleatórias têm distribuições de probabilidade aproximadamente normais. Por exemplo: o erro de medição em um experimento científico pode ser visto como a soma de um número de perturbações e erros subjacentes de pouca importância.

Uma dificuldade prática na aplicação do TCL é saber quando n é suficientemente grande. O problema é que a precisão da aproximação de um n específico depende do formato da distribuição subjacente original que está servindo como amostra. Se a distribuição subjacente está próxima do formato de sino, então a aproximação será boa, mesmo para um n pequeno, ao passo que, se estiver longe desse formato, será necessário um n grande.

Regra prática

Se $n > 30$, o Teorema Central do Limite pode ser utilizado.

Existem distribuições de população para as quais mesmo um n de 40 ou 50 não é suficiente, mas tais distribuições raramente são encontradas na prática. Por outro lado, a regra prática é bastante conservadora. Para muitas distribuições de populações, um n bem menor que 30 seria suficiente. Por exemplo, no caso de uma distribuição de uma população uniforme, o TCL dá uma boa aproximação para $n \ge 12$.

Exemplo 5.28

Considere a distribuição mostrada na Figura 5.16 para a quantia gasta (arredondada para o valor em dólar mais próximo) por um cliente selecionado aleatoriamente em um determinado posto de gasolina (uma distribuição semelhante para compras na Grã-Bretanha (em £) é mostrada no artigo "Data mining for fun and profit," *Statistical Science*, 2000: 111–131; houve picos de valores, 10, 15, 20, 25 e 30). A distribuição obviamente não é muito normal.

Pedimos para o Minitab selecionar 1 000 amostras diferentes, cada uma consistindo em $n = 15$ observações, e calcular o valor da média amostral $\overline{X}$ para cada uma. A Figura 5.17 é um histograma resultante de 1 000 valores; isso é a distribuição amostral aproximada de $\overline{X}$ sob as circunstâncias especificadas. A distribuição é claramente quase normal, apesar de o tamanho da amostra ser muito menor que 30, valor de corte para a utilização da regra prática de uso do Teorema Central do Limite. Como evidência futura para normalidade, a Figura 5.18 mostra um gráfico normal de probabilidade de 1 000 valores de $\bar{x}$. O padrão linear é bastante proeminente. Tipicamente, a falta de normalidade na parte central da distribuição de população é o que provoca a falha do TCL, mesmo havendo uma assimetria bem substancial.

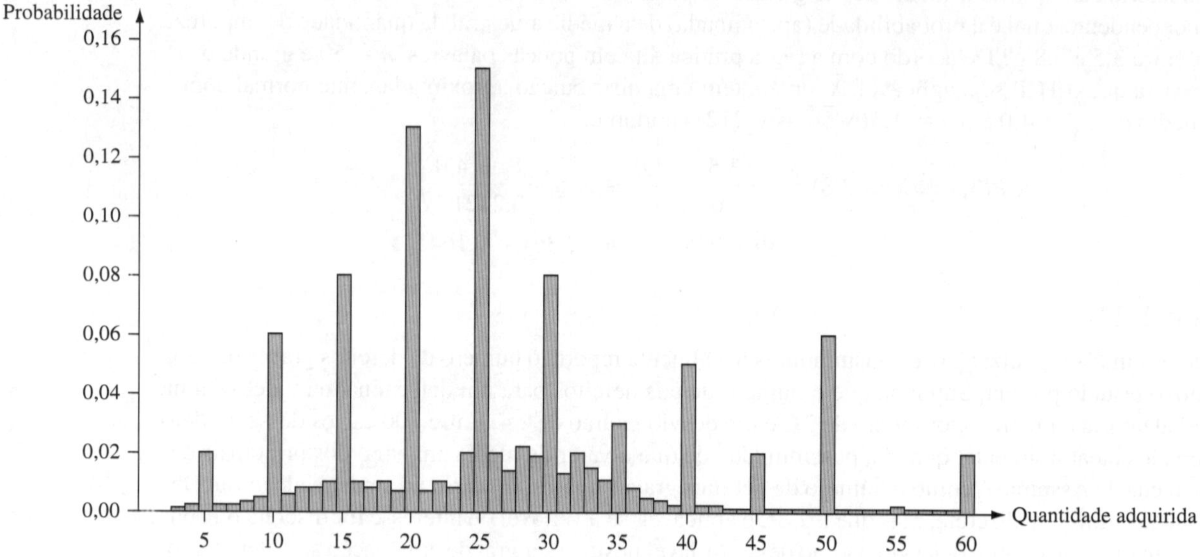

Figura 5.16 Distribuição de probabilidade de X = quantidade de gasolina adquirida ($).

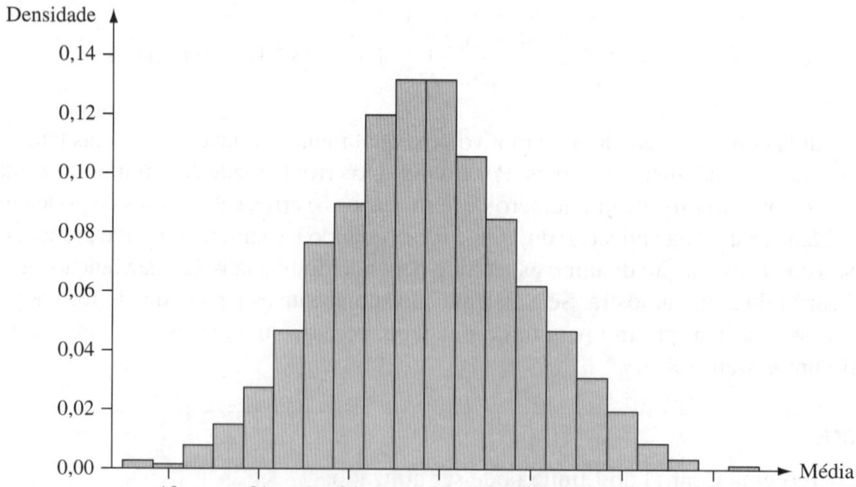

Figura 5.17 Distribuição amostral aproximada da quantidade média adquirida quando $n = 15$ e a distribuição de população é como a mostrada na Figura 5.16.

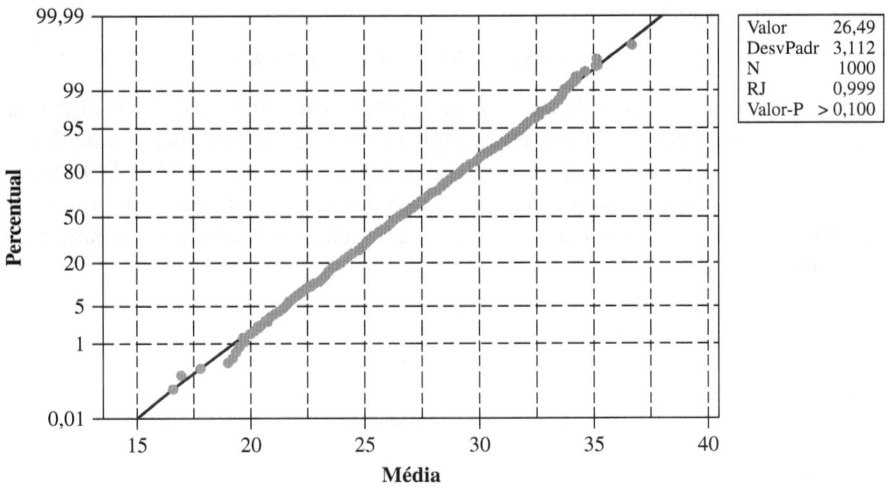

Figura 5.18 Gráfico normal de probabilidade do Minitab de 1 000 valores de $\overline{x}$ com base nas amostras do tamanho $n = 15$.

Outras aplicações do Teorema Central do Limite

O TCL pode ser usado para justificar a aproximação normal da distribuição binomial discutida no Capítulo 4. Lembre-se de que uma variável binomial X é o número de sucessos em um experimento binomial que consiste em n ensaios de sucesso/falha independentes com $p = P(S)$ para qualquer ensaio específico. Defina uma nova v.a. X_1 por

$$X_1 = \begin{cases} 1 & \text{se o primeiro ensaio resulta em um sucesso} \\ 0 & \text{se o primeiro ensaio resulta em uma falha} \end{cases}$$

e defina $X_2, X_3, \ldots, X_n$ de maneira análoga para os outros $n - 1$ ensaios. Cada X_i indica se haverá ou não sucesso no ensaio correspondente.

Em razão de os ensaios serem independentes e $P(S)$ ser constante de ensaio para ensaio, os X_i são independentes e identicamente distribuídos (uma amostra aleatória de uma distribuição de Bernoulli). O TCL, então, implica que, se n for suficientemente grande, tanto a soma como a média dos X_i têm aproximadamente distribuições normais. Quando os X_i são somados, 1 é adicionado para cada S que ocorre e 0 para cada F, portanto, $X_1 + \ldots + X_n = X$. A média amostral dos X_i é X/n, a proporção da amostra de sucessos. Isto é, tanto X como X/n são aproximadamente normais quando n é grande. O tamanho amostral necessário para essa aproximação depende do valor de p: quando p está próximo de 0,5, a distribuição de cada X_i é razoavelmente simétrica (consulte a Figura 5.19), ao passo que a distribuição é bem inclinada quando p está próximo de 0 ou 1. Usar a aproximação apenas se $np \geq 10$ e $n(1 - p) \geq 10$ garante que n seja grande o suficiente para superar qualquer inclinação na distribuição subjacente de Bernoulli.

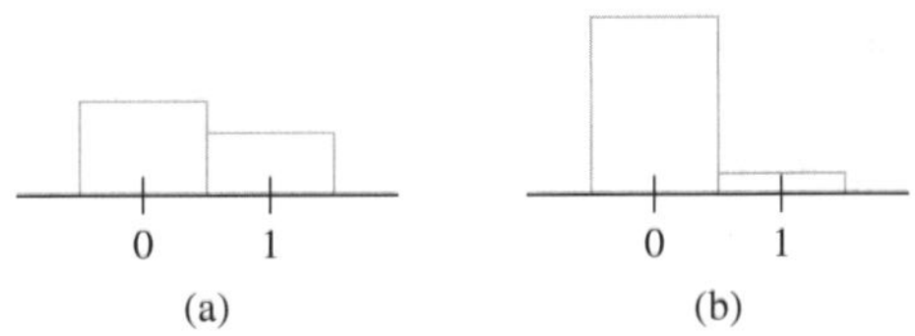

Figura 5.19 Duas distribuições de Bernoulli: (a) $p = 0{,}4$ (razoavelmente simétrico); (b) $p = 0{,}1$ (muito inclinado).

Lembre-se da Seção 4.5, em que X possui uma distribuição lognormal se $\ln(X)$ tiver distribuição normal.

Proposição

Seja $X_1, X_2, \ldots, X_n$ uma amostra aleatória de uma distribuição para a qual somente valores positivos são possíveis $[P(X_i > 0) = 1]$. Então, se n for suficientemente grande, o produto $Y = X_1 X_2 \cdot \ldots \cdot X_n$ tem aproximadamente uma distribuição lognormal.

Para demonstrar a proposição, observe que

$$\ln(Y) = \ln(X_1) + \ln(X_2) + \cdots + \ln(X_n)$$

Uma vez que $\ln(Y)$ é a soma de v.a. independentes e identicamente distribuídas [os $\ln(X_i)$], é aproximadamente normal quando n é grande, portanto o próprio Y tem aproximadamente uma distribuição lognormal. Como exemplo da aplicabilidade desse resultado, Bury (*Statistical Models in Applied Science*, Wiley, p. 590) discute que o processo de danos no fluxo plástico e propagação de trincas é multiplicativo, de modo que as variáveis, como porcentagem de alongamento e resistência à ruptura, têm aproximadamente distribuições lognormais.

EXERCÍCIOS Seção 5.4 (46–57)

46. O diâmetro interno de um anel de pistão selecionado aleatoriamente é uma variável aleatória com valor médio de 12 cm e desvio padrão de 0,04 cm.

a. Se $\overline{X}$ é o diâmetro médio para uma amostra aleatória de $n = 16$ anéis, em que a distribuição amostral de $\overline{X}$ está centralizada, qual é o desvio padrão da distribuição de $\overline{X}$?

b. Responda às questões propostas no item (a) para um tamanho de amostra de $n = 64$ anéis.

c. Para qual das duas amostras aleatórias, a do item (a) ou a do item (b), $\overline{X}$ é mais provável de estar dentro de 0,01 cm de 12 cm? Explique seu raciocínio.

47. Consulte o Exercício 46. Suponha que a distribuição do diâmetro seja normal.

a. Calcule $P(11{,}99 \leq \overline{X} \leq 12{,}01)$ quando $n = 16$.

b. Qual é a probabilidade de o diâmetro médio da amostra exceder 12,01 quando $n = 25$?

48. O *National Health Statistics Reports*, de 22 de outubro de 2008, declarou que, para uma amostra de 277 homens norte-americanos de 18 anos, a média amostral da circunferência da cintura era de 86,3 cm. Um método um tanto complicado foi usado para *estimar* diversos percentis populacionais, resultado nos seguintes valores:

5º	10º	25º	50º	75º	90º	95º
69,6	70,9	75,2	81,3	95,4	107,1	116,4

a. É plausível que a distribuição do tamanho da cintura seja aproximadamente normal? Explique seu raciocínio. Se sua resposta for não, conjecture o formato da distribuição populacional.

b. Suponha que a média populacional do tamanho da cintura seja de 85 cm e que o desvio padrão populacional seja de 15 cm. Qual a probabilidade de que uma amostra aleatória de 277 indivíduos resulte em uma média amostral de tamanho da cintura de pelo menos 86,3 cm?

c. Consulte novamente o item (b). Agora, suponha a média populacional do tamanho da cintura de 82 cm. Qual é a probabilidade (aproximada) de que a média amostral seja de pelo menos 86,3 cm? À luz deste cálculo, você acha que 82 cm é um valor razoável para μ?

49. O número de multas por estacionamento irregular emitidas em uma determinada cidade em um dia de semana qualquer possui distribuição de Poisson com parâmetro $\mu = 50$. Qual é a probabilidade aproximada de

a. Entre 35 e 70 multas serem aplicadas em um determinado dia? [*Dica*: quando μ é grande, uma v.a. Poisson tem uma distribuição aproximadamente normal.]

b. O número total de multas dadas durante os cinco dias da semana estar entre 225 e 275?

50. A resistência à ruptura de um rebite possui valor médio de 10 000 psi e desvio padrão de 500 psi.

a. Qual é a probabilidade de a resistência à ruptura média de uma amostra aleatória de 40 rebites estar entre 9 900 e 10 200?

b. Se o tamanho da amostra fosse 15, e não 40, a probabilidade pedida no item (a) poderia ser calculada com as informações dadas?

51. O tempo que um candidato a uma hipoteca, selecionado aleatoriamente, gasta para preencher um formulário tem distribuição normal com valor médio de 10 min e desvio padrão de 2 min. Se cinco indivíduos preenchem um formulário em um dia, e seis, em outro, qual é a probabilidade de a quantidade média de tempo da amostra em cada dia ser de no máximo 11 min?

52. A vida útil de certo tipo de bateria é distribuída normalmente com valor médio de 10 horas e desvio padrão de 1 hora. Há quatro baterias em um pacote. Que valor de vida útil faz com que a vida total de todas as baterias em um pacote exceda tal valor em apenas 5% de todos os pacotes?

53. É sabido que a dureza de Rockwell de certo tipo de pregos tem valor médio de 50 e desvio padrão de 1,2.

a. Se a distribuição for normal, qual é a probabilidade de a dureza média de uma amostra aleatória de 9 pregos ser no mínimo 51?

b. Sem assumir a normalidade populacional, qual é a probabilidade (aproximada) de a dureza média de uma amostra aleatória de 40 pregos ser de no mínimo 51?

54. Suponha que a densidade sedimentar (g/cm) de um espécime selecionado aleatoriamente de uma determinada região tenha distribuição normal com média de 2,65 e desvio padrão de 0,85 (sugerido em "Modeling sediment and water column interactions for hydrophobic pollutants", *Water Research*, 1984: 1169-1174).

a. Se uma amostra aleatória de 25 espécimes é selecionada, qual é a probabilidade de a densidade sedimentar média amostral ser de no máximo 3,00? Entre 2,65 e 3,00?

b. Qual deve ser o tamanho de uma amostra para garantir que a primeira probabilidade do item (a) seja no mínimo 0,99?

55. Há 40 alunos em uma classe de Estatística básica. Com base nos anos de experiência, o instrutor sabe que o tempo necessário para corrigir a primeira prova, escolhida aleatoriamente, é uma variável aleatória com valor esperado de 6 min e desvio padrão de 6 min.

a. Se os tempos para correção são independentes e o instrutor começar a corrigir às 18h50 e corrigir continuamente, qual é a probabilidade (aproximada) de que ele termine de corrigir antes de começar o noticiário de TV das 23h?

b. Se as notícias de esportes começam às 23h10, qual é a probabilidade de ele perder parte das notícias, se esperar até que a correção seja concluída antes de ligar a televisão?

56. Um canal de comunicação binária transmite uma sequência de "bits" (0s e 1s). Suponha que, para qualquer bit específico transmitido, há 10% de chance de um erro de transmissão (um 0 tornando-se um 1 ou um 1 tornando-se um 0). Presuma que os erros do bit ocorrem independentemente entre si.

a. Considere a transmissão de 1 000 bits. Qual é a probabilidade aproximada de que no máximo 125 erros de transmissão ocorram?

b. Suponha que a mesma mensagem de 1 000 bits seja enviada duas vezes diferentes independentes entre si. Qual é a probabilidade aproximada de que o número de erros nas primeiras transmissões esteja dentro de 50 dos números de erros na segunda?

57. Suponha que a distribuição do tempo X (em horas) gasto pelos alunos de certa universidade em um projeto específico seja gama com parâmetro $\alpha = 50$ e $\beta = 2$. Em virtude de α ser grande, pode-se demonstrar que X possui distribuição aproximadamente normal. Use esse fato para calcular a probabilidade de um aluno selecionado aleatoriamente gastar no máximo 125 horas no projeto.

5.5 Distribuição de uma combinação linear

A média amostral $\overline{X}$ e o total da amostra T_o são casos especiais de um tipo de variável aleatória que surge com bastante frequência em aplicações estatísticas.

Definição

Dada uma coleção de n variáveis aleatórias $X_1, \ldots, X_n$ e n constantes numéricas $a_1, \ldots, a_n$, a v.a.

$$Y = a_1X_1 + \cdots + a_nX_n = \sum_{i=1}^{n} a_iX_i \tag{5.7}$$

é chamada **combinação linear** dos X_i.

Por exemplo, $4X_1 - 5X_2 + 8X_3$ é uma combinação linear de X_1, X_2 e X_3 com $a_1 = 4$, $a_2 = -5$ e $a_3 = 8$.

Com $a_1 = a_2 = \cdots = a_n = 1$, temos $Y = X_1 + \cdots + X_n = T_o$, e $a_1 = a_2 = \cdots = a_n = \frac{1}{n}$ leva a

$$Y = \frac{1}{n}X_1 + \cdots + \frac{1}{n}X_n = \frac{1}{n}(X_1 + \cdots + X_n) = \frac{1}{n}T_o = \overline{X}$$

Observe que não é necessário que os X_i sejam independentes ou identicamente distribuídos. Todos os X_i poderiam ter distribuições diferentes e, dessa forma, valores médios e variâncias distintas. Consideramos primeiro o valor esperado e a variância de uma combinação linear.

Proposição

Considere que $X_1, X_2, \ldots, X_n$ tenham valores médios $\mu_1, \ldots, \mu_n$, respectivamente, e as variâncias $\sigma_1^2, \ldots, \sigma_n^2$, respectivamente.

1. Sejam os X_i independentes ou não,

$$\begin{aligned} E(a_1X_1 + a_2X_2 + \cdots + a_nX_n) &= a_1E(X_1) + a_2E(X_2) + \cdots + a_nE(X_n) \\ &= a_1\mu_1 + \cdots + a_n\mu_n \end{aligned} \tag{5.8}$$

2. Se $X_1, \ldots, X_n$ são independentes,

$$\begin{aligned} V(a_1X_1 + a_2X_2 + \cdots + a_nX_n) &= a_1^2V(X_1) + a_2^2V(X_2) + \cdots + a_n^2V(X_n) \\ &= a_1^2\sigma_1^2 + \cdots + a_n^2\sigma_n^2 \end{aligned} \tag{5.9}$$

e

$$\sigma_{a_1X_1+\cdots+a_nX_n} = \sqrt{a_1^2\sigma_1^2 + \cdots + a_n^2\sigma_n^2} \tag{5.10}$$

3. Para quaisquer $X_1, \ldots, X_n$,

$$V(a_1X_1 + \cdots + a_nX_n) = \sum_{i=1}^{n}\sum_{j=1}^{n} a_ia_j\text{Cov}(X_i, X_j) \tag{5.11}$$

As demonstrações estão esquematizadas no final da seção. Uma paráfrase de (5.8) é que o valor esperado de uma combinação linear é o mesmo que a combinação linear dos valores esperados – por exemplo: $E(2X_1 + 5X_2) = 2\mu_1 + 5\mu_2$. O resultado (5.9) da proposição 2 é um caso especial de (5.11) da proposição 3; quando os X_i são independentes, $\text{Cov}(X_i, X_j) = 0$ para $i \neq j$ e $= V(X_i)$ para $i = j$ (essa simplificação realmente ocorre quando os X_i são não correlacionados, uma condição mais fraca que a independência). Especialização para o caso de uma amostra aleatória (X_i independentes e identicamente distribuídos) com $a_i = 1/n$ para cada i dá $E(\overline{X}) = \mu$ e $V(\overline{X}) = \sigma^2/n$, como discutido na Seção 5.4. Aplica-se um comentário semelhante às regras de T_o.

Exemplo 5.29

Um posto de combustível vende três tipos de gasolina: comum, aditivada e premium. Elas custam \$ 3,00, \$ 3,20 e \$ 3,40 por galão, respectivamente. Sejam X_1, X_2 e X_3 as quantidade vendidas de galões por dia. Suponha que os X_i sejam independentes com $\mu_1 = 1\,000$, $\mu_2 = 500$, $\mu_3 = 300$, $\sigma_1 = 100$, $\sigma_2 = 80$ e $\sigma_3 = 50$. A receita dessas vendas é $Y = 3{,}0X_1 + 3{,}2X_2 + 3{,}4X_3$ e

$$E(Y) = 3{,}0\mu_1 + 3{,}2\mu_2 + 3{,}4\mu_3 = \$\ 5\,620$$
$$V(Y) = (3{,}0)^2\sigma_1^2 + (3{,}2)^2\sigma_2^2 + (3{,}4)^2\sigma_3^2 = 184\,436$$
$$\sigma_Y = \sqrt{184\,436} = \$\ 429{,}46 \ \blacksquare$$

Diferença entre duas variáveis aleatórias

Um caso especial importante de uma combinação linear é obtido considerando $n = 2$, $a_1 = 1$ e $a_2 = -1$:

$$Y = a_1X_1 + a_2X_2 = X_1 - X_2$$

Temos, então, a seguinte conclusão da proposição.

> **Corolário**
>
> $E(X_1 - X_2) = E(X_1) - E(X_2)$ para quaisquer das duas v.a. $V(X_1 - X_2) = V(X_1) + V(X_2)$ se X_1 e X_2 são variáveis aleatórias independentes.

O valor esperado de uma diferença é a diferença entre os dois valores esperados, mas a variância da diferença entre duas variáveis independentes é a *soma*, *não* a diferença, das duas variâncias. Há tanta variabilidade em $X_1 - X_2$ como em $X_1 + X_2$ [escrever $X_1 - X_2 = X_1 + (-1)X_2$, $(-1)X_2$ tem a mesma quantidade de variabilidade como o próprio X_2].

Exemplo 5.30

Um fabricante de automóveis equipa um determinado modelo com um motor de seis cilindros ou de quatro cilindros. Assuma X_1 e X_2 como o consumo de combustível de carros com seis e quatro cilindros selecionados de modo independente e aleatório, respectivamente. Com $\mu_1 = 22$, $\mu_2 = 26$, $\sigma_1 = 1{,}2$ e $\sigma_2 = 1{,}5$,

$$E(X_1 - X_2) = \mu_1 - \mu_2 = 22 - 26 = -4$$
$$V(X_1 - X_2) = \sigma_1^2 + \sigma_2^2 = (1{,}2)^2 + (1{,}5)^2 = 3{,}69$$
$$\sigma_{X_1 - X_2} = \sqrt{3{,}69} = 1{,}92$$

Se fizermos nova indicação de que X_1 se refere ao carro de quatro cilindros, então $E(X_1 - X_2) = 4$, mas a variância da diferença ainda será 3,69. ■

Caso de variáveis aleatórias normais

Quando os X_i formam uma amostra aleatória de uma distribuição normal, $\overline{X}$ e T_o são normalmente distribuídas. Eis um resultado mais geral sobre combinações lineares.

> **Proposição**
>
> Se $X_1, X_2, \ldots, X_n$ são v.a. independentes, distribuídas normalmente (com médias e/ou variâncias possivelmente diferentes), então qualquer combinação linear dos X_i também tem distribuição normal. Em particular, a própria diferença $X_1 - X_2$ entre duas variáveis independentes e normalmente distribuídas é normalmente distribuída.

Exemplo 5.31 (Continuação do Exemplo 5.29)

A receita total da venda dos três tipos da gasolina em um determinado dia foi $Y = 3{,}0X_1 + 3{,}2X_2 + 3{,}4X_3$ e calculamos $\mu_Y = 5\,620$ e (presumindo a independência) $\sigma_Y = 429{,}46$. Se os X_i são normalmente distribuídos, a probabilidade de que a receita exceda 4 500 é

$$P(Y > 4\,500) = P\left(Z > \frac{4\,500 - 5\,620}{429{,}46}\right)$$
$$= P(Z > -2{,}61) = 1 - \Phi(-2{,}61) = 0{,}9955 \blacksquare$$

O TCL também pode ser generalizado de modo que se aplique a certas combinações lineares. Grosso modo, se n for grande e nenhum termo individual for igualmente provável para contribuir muito para o valor total, então Y possui aproximadamente uma distribuição normal.

Provas para o caso $n = 2$

Para o resultado dos valores esperados, suponha que X_1 e X_2 sejam contínuas com f.d.p. conjunta $f(x_1, x_2)$. Então,

$$E(a_1X_1 + a_2X_2) = \int_{-\infty}^{\infty}\int_{-\infty}^{\infty}(a_1x_1 + a_2x_2)f(x_1, x_2)\,dx_1\,dx_2$$
$$= a_1\int_{-\infty}^{\infty}\int_{-\infty}^{\infty}x_1f(x_1, x_2)\,dx_2\,dx_1$$
$$+ a_2\int_{-\infty}^{\infty}\int_{-\infty}^{\infty}x_2f(x_1, x_2)\,dx_1\,dx_2$$
$$= a_1\int_{-\infty}^{\infty}x_1f_{X_1}(x_1)\,dx_1 + a_2\int_{-\infty}^{\infty}x_2f_{X_2}(x_2)\,dx_2$$
$$= a_1E(X_1) + a_2E(X_2)$$

A soma substitui a integração no caso discreto. O argumento para o resultado da variância não requer que seja especificado se a variável é discreta ou contínua. Lembrando que $V(Y) = E[(Y - \mu_Y)^2]$,

$$V(a_1X_1 + a_2X_2) = E\{[a_1X_1 + a_2X_2 - (a_1\mu_1 + a_2\mu_2)]^2\}$$
$$= E\{a_1^2(X_1 - \mu_1)^2 + a_2^2(X_2 - \mu_2)^2 + 2a_1a_2(X_1 - \mu_1)(X_2 - \mu_2)\}$$

A expressão em colchetes é uma combinação linear das variáveis $Y_1 = (X_1 - \mu_1)^2$, $Y_2 = (X_2 - \mu_2)^2$ e $Y_3 = (X_1 - \mu_1)(X_2 - \mu_2)$, carregando, portanto, o operador E por meio dos três termos dados $a_1^2V(X_1) + a_2^2V(X_2) + 2a_1a_2\,\text{Cov}(X_1, X_2)$, conforme necessário. ■

EXERCÍCIOS Seção 5.5 (58–74)

58. Uma empresa de transporte lida com recipientes de três tamanhos diferentes: (1) 27 pés³ (3 × 3 × 3), (2) 125 pés³ e (3) 512 pés³. Assuma X_i ($i = 1, 2, 3$) como o número de recipientes de tipo i enviados durante uma determinada semana. Com $\mu_i = E(X_i)$ e $\sigma_i^2 = V(X_i)$, suponha que os valores da média e os desvios padrão sejam conforme a seguir:

$\mu_1 = 200$ $\quad\mu_2 = 250$ $\quad\mu_3 = 100$

$\sigma_1 = 10$ $\quad\sigma_2 = 12$ $\quad\sigma_3 = 8$

a. Assumindo que X_1, X_2, X_3 são independentes, calcule o valor esperado e a variância do volume total enviado. [*Dica*: volume $= 27X_1 + 125X_2 + 512X_3$.]

b. Seus cálculos estariam necessariamente corretos se os X_i não fossem independentes? Explique.

59. Sejam X_1, X_2 e X_3 os representantes dos tempos necessários para realizar três reparos sucessivos em determinada oficina. Suponha que sejam v.a. normais independentes com valores esperados μ_1, μ_2 e μ_3 e variâncias σ_1^2, σ_2^2 e σ_3^2, respectivamente.

a. Se $\mu = \mu_2 = \mu_3 = 60$ e $\sigma_1^2 = \sigma_2^2 = \sigma_3^2 = 15$, calcule $P(T_o \le 200)$ e $P(150 \le T_o \le 200)$.

b. Usando os μ_i e σ_i dados no item (a), calcule $P(55 \le \overline{X})$ e $P(58 \le \overline{X} \le 62)$.

c. Usando os μ_i e σ_i dados no item (a), calcule e interprete $P(-10 \le X_1 - 0{,}5X_2 - 0{,}5X_3 \le 5)$.

d. Se $\mu_1 = 40$, $\mu_2 = 50$, $\mu_3 = 60$, $\sigma_1^2 = 10$, $\sigma_2^2 = 12$ e $\sigma_3^2 = 14$, calcule $P(X_1 + X_2 + X_3 \le 160)$ e também $P(X_1 + X_2 \ge 2X_3)$.

60. Cinco automóveis do mesmo tipo farão uma viagem de 300 milhas. Os dois primeiros usarão uma marca de gasolina econômica, e os outros três, uma marca renomada. Sejam X_1, X_2, X_3, X_4 e X_5 os consumos de combustível observados (mpg) para os cinco carros. Suponha que essas variáveis sejam independentes e normalmente distribuídas com $\mu_1 = \mu_2 = 20$, $\mu_3 = \mu_4 = \mu_5 = 21$ e $\sigma_2 = 4$ para a marca econômica e 3,5 para a marca renomada. Defina uma v.a. Y por

$$Y = \frac{X_1 + X_2}{2} - \frac{X_3 + X_4 + X_5}{3}$$

de forma que Y seja a medida da diferença do consumo entre a gasolina econômica e a renomada. Calcule $P(0 \leq Y)$ e $P(-1 \leq Y \leq 1)$. [*Dica*: $Y = a_1X_1 + \cdots + a_5X_5$, com $a_1 = \frac{1}{2}, ..., a_5 = -\frac{1}{3}$.]

61. Três estradas diferentes se encontram na entrada de uma determinada rodovia. Suponha que, durante um período de tempo estabelecido, o número de carros que venham de cada estrada para a rodovia seja uma variável aleatória, com valor esperado e desvio padrão dados na tabela.

	Estrada 1	Estrada 2	Estrada 3
Valor esperado	800	1 000	600
Desvio padrão	16	25	18

a. Qual é o número total esperado de carros que entram na rodovia nesse ponto durante o período? [*Dica*: assuma X_i como o número da estrada i.]

b. Qual é a variância do número total de carros que entram? Você fez alguma suposição sobre a relação entre os números de carros em diferentes estradas?

c. Com X_i representando o número de carros que entram da estrada i durante o período, suponha que $\text{Cov}(X_1, X_2) = 80$, $\text{Cov}(X_1, X_3) = 90$ e $\text{Cov}(X_2, X_3) = 100$ (de modo que os três fluxos de trânsito não sejam independentes). Calcule o número total esperado de carros que entram e o desvio padrão do total.

62. A fabricação de um componente requer três operações diferentes de usinagem. O tempo de usinagem de cada operação possui distribuição normal e os três tempos são independentes um do outro. Os valores médios são 15, 30 e 20 min, respectivamente, e os desvios padrão são 1, 2 e 1,5 min, respectivamente. Qual é a probabilidade de a usinagem levar no máximo 1 hora para produzir um componente selecionado aleatoriamente?

63. Consulte o Exercício 3.

a. Calcule a covariância entre X_1 = o número de clientes no caixa expresso e X_2 = o número de clientes no caixa superexpresso.

b. Calcule $V(X_1 + X_2)$. Como este valor se compara a $V(X_1) + V(X_2)$?

64. Suponha que seu tempo de espera por um ônibus, de manhã, seja uniformemente distribuído em [0, 8], enquanto, à noite, uniformemente distribuído em [0, 10] independentemente do tempo de espera pela manhã.

a. Se você tomar o ônibus toda manhã e toda noite por uma semana, qual é seu tempo de espera total? [*Dica*: defina as v.a. $X_1, ..., X_{10}$ e use uma regra de valor esperado.]

b. Qual é a variância do seu tempo de espera total?

c. Quais são o valor esperado e a variância da diferença entre os tempos de espera pela manhã e à noite em um dia?

d. Quais são o valor esperado e a variância da diferença entre o tempo de espera total pela manhã e o tempo de espera total à noite, durante uma semana específica?

65. Suponha que, quando o pH de certo composto químico for 5,00, o pH medido por um aluno iniciante de química selecionado ao acaso seja uma variável aleatória com média 5,00 e desvio padrão 0,2. Um grande lote do composto é subdividido e uma amostra foi dada a cada aluno do laboratório da manhã e do laboratório da tarde. Assuma $\overline{X}$ como o pH médio determinado pelos alunos da manhã e $\overline{Y}$ como o pH médio determinado pelos alunos da tarde.

a. Se o pH é uma variável normal e há 25 alunos em cada laboratório, calcule $P(-0{,}1 \leq \overline{X} - \overline{Y} \leq 0{,}1)$. [*Dica*: $\overline{X} - \overline{Y}$ é uma combinação linear das variáveis normais, portanto, é normalmente distribuída. Calcule $\mu_{\overline{X}-\overline{Y}}$ e $\sigma_{\overline{X}-\overline{Y}}$.]

b. Se há 36 alunos em cada laboratório, mas as determinações do pH não são consideradas normais, calcule (aproximadamente) $P(-0{,}1 \leq \overline{X} - \overline{Y} \leq 0{,}1)$.

66. Se duas cargas são aplicadas a uma viga em balanço, conforme mostra o desenho a seguir, o momento flexor em 0 devido às cargas é $a_1X_1 + a_2X_2$.

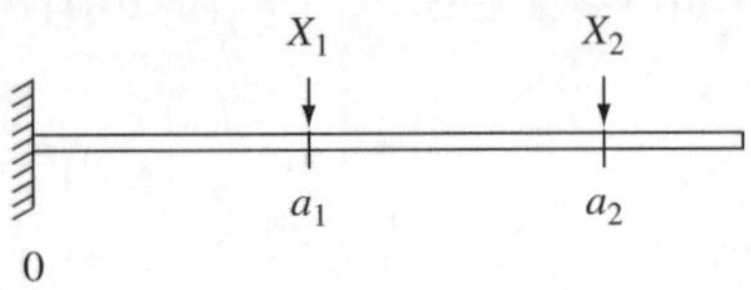

a. Suponha que X_1 e X_2 sejam v.a. independentes com médias de 2 e 4 kips, respectivamente, e desvios padrão de 0,5 e 1,0 kip, respectivamente. Se a_1 = 5 pés e a_2 = 10 pés, qual é o momento flexor esperado e qual é o seu desvio padrão?

b. Se X_1 e X_2 são normalmente distribuídos, qual é a probabilidade de o momento flexor exceder 75 kip-pés?

c. Suponha que as posições das duas cargas sejam variáveis aleatórias. Representando-as por A_1 e A_2, assuma que essas variáveis tenham médias de 5 pés e 10 pés, respectivamente, que cada uma tenha desvio padrão de 0,5 e que todos os A_i e X_i sejam independentes entre si. Qual é o momento esperado, agora?

d. Para a situação do item (c), qual é a variância do momento flexor?

e. Se a situação for a descrita no item (a), exceto pelo fato de que $\text{Corr}(X_1, X_2) = 0{,}5$, de modo que as duas cargas não sejam independentes, qual é a variância do momento flexor?

67. Um pedaço de cano de PVC será colocado dentro de outro pedaço. O comprimento do primeiro pedaço é distribuído normalmente com o valor médio de 20 polegadas e o desvio padrão de 0,5 polegadas. O comprimento do segundo pedaço é uma v.a. normal com média e desvio padrão de 15 e 4 polegadas, respectivamente. A quantidade da superposição é distribuída normalmente com um valor médio de 1 polegada e um desvio padrão de 1 polegada. Assumindo que os comprimentos e o valor da superposição sejam independentes um do outro, qual é a probabilidade de o comprimento total após a inserção estar entre 34,5 polegadas e 35 polegadas?

68. Dois aviões estão voando na mesma direção em corredores paralelos adjacentes. No tempo $t = 0$, o primeiro avião está 10 km à frente do segundo. Suponha que a velocidade do primeiro (km/h) seja distribuída normalmente com média de 520 e desvio padrão de 10, e que a velocidade do segundo avião também seja normalmente distribuída com média e desvio padrão de 500 e 10, respectivamente.

a. Qual é a probabilidade de, após 2 h de voo, o segundo avião não ter alcançado o primeiro?

b. Determine a probabilidade de os aviões estarem separados por no máximo 10 km após 2 h.

69. O Exercício 26 introduziu as variáveis aleatórias X e Y, o número de carros e ônibus, respectivamente, conduzidos por uma balsa em uma única viagem. A f.p. conjunta de X e Y é dada na tabela do Exercício 7. Foi verificado imediatamente que X e Y são independentes.

a. Calcule os valores esperados, variância e desvio padrão do número total de veículos em uma única viagem.

b. Se cada carro pagar um pedágio de $ 3 e cada ônibus, de $ 10, calcule o valor esperado, a variância e o desvio padrão da receita resultante de uma única viagem.

70. Considere uma amostra aleatória de tamanho n de uma distribuição contínua que possui mediana 0, de modo que a probabilidade de qualquer observação ser positiva seja de 0,5. Agora, despreze os sinais das observações, classifique-as da menor para a maior em valor absoluto e, então, represente por $W =$ soma das classificações das observações que têm sinal positivo. Por exemplo, se as observações forem $-0{,}3$, $-0{,}7$, $-2{,}1$ e $-2{,}5$, então as classificações das observações positivas serão 2 e 3, assim, $W = 5$. No Capítulo 15, W será chamado de estatística do *teste de Wicoxon*. W pode ser representada como segue:

$$W = 1 \cdot Y_1 + 2 \cdot Y_2 + 3 \cdot Y_3 + \cdots + n \cdot Y_n$$
$$= \sum_{i=1}^{n} i \cdot Y_i$$

em que os Y_i são v.a. independentes de Bernoulli, cada uma com $p = 0{,}5$ ($Y_i = 1$ corresponde à observação com a classificação i sendo positiva).

a. Determine $E(Y_i)$ e, então, $E(W)$ usando a equação para W. [*Dica*: o primeiro n inteiro positivo soma $n(n + 1)/2$.]

b. Determine $V(Y_i)$ e, então, $V(W)$. [*Dica*: a soma do quadrado do primeiro n inteiro pode ser expressada como $n(n + 1)(2n + 1)/6$.]

71. No Exercício 66, o próprio peso da viga contribui para o momento flexor. Assuma que a viga seja de espessura e densidade uniformes, de modo que a carga resultante seja distribuída uniformemente. Se o peso da viga for aleatório, a carga resultante do peso também será; represente essa carga por W (kip-pés).

a. Se a viga tem 12 pés de comprimento, W tem média de 1,5 e desvio padrão de 0,25, e as cargas fixas são as descritas no item (a) do Exercício 66, quais são o valor esperado e a variância do momento flexor? [*Dica*: se a carga em função da viga foi w kip-pés, a contribuição para o momento flexor seria $w\int_0^{12} x\,dx$.]

b. Se todas as três variáveis (X_1, X_2 e W) são distribuídas normalmente, qual é a probabilidade de o momento fletor ser no máximo 200 kip-pés?

72. Sou responsável por três tarefas no prédio administrativo. Assuma $X_i =$ o tempo para concluir a i-ésima tarefa ($i = 1, 2, 3$) e $X_4 =$ o tempo total, em minutos, que eu perco andando pelo prédio e entre cada tarefa. Suponha que os X_i sejam independentes, normalmente distribuídos, com as seguintes médias e desvios padrão: $\mu_1 = 15$, $\sigma_1 = 4$, $\mu_2 = 5$, $\sigma_2 = 1$, $\mu_3 = 8$, $\sigma_3 = 2$, $\mu_4 = 12$, $\sigma_4 = 3$. Planejo sair do meu escritório precisamente às 10h e gostaria de deixar um bilhete na porta escrito "Volto às t horas da manhã". Que horas t representaria se eu quisesse que a probabilidade da minha hora de chegada após t fosse de 0,01?

73. Suponha que a resistência à tração esperada do aço tipo A seja 105 ksi e que o desvio padrão da resistência de tração seja 8 ksi. Para o aço tipo B, suponha que a resistência de tração esperada e o desvio padrão da resistência de tração sejam 100 ksi e 6 ksi, respectivamente. Considere $\overline{X} =$ a resistência de tração média de uma amostra aleatória de 40 espécimes tipo A, e $\overline{Y} =$ a resistência de tração média de uma amostra aleatória de 35 espécimes tipo B.

a. Qual é a distribuição aproximada de $\overline{X}$? De $\overline{Y}$?

b. Qual é a distribuição aproximada de $\overline{X} - \overline{Y}$? Justifique sua resposta.

c. Calcule (aproximadamente) $P(-1 \le \overline{X} - \overline{Y} \le 1)$.

d. Calcule $P(\overline{X} - \overline{Y} \ge 10)$. Se realmente observou $\overline{X} - \overline{Y} \ge 10$, você duvidaria que $\mu_1 - \mu_2 = 5$?

74. Em uma área que possui solo arenoso, foram plantadas 50 árvores pequenas de um determinado tipo e outras 50 foram plantadas em uma área de solo argiloso. Considere $X =$ número de árvores plantadas no solo arenoso que sobrevivem 1 ano, e $Y =$ número de árvores plantadas no solo argiloso que sobrevivem 1 ano. Se a probabilidade de a árvore plantada no solo arenoso sobreviver 1 ano for de 0,7 e a de sobreviver 1 ano no solo argiloso for de 0,6, calcule uma aproximação a $P(-5 \le X - Y \le 5)$ (não se preocupe com a correção de continuidade).

Exercícios complementares (75–96)

75. a. Assuma X_1 como tendo distribuição qui-quadrado com parâmetro ν_1 (consulte a Seção 4.4), e X_2 como independente de X_1 e tendo uma distribuição qui-quadrado com parâmetro ν_2. Use a técnica do Exemplo 5.21 para mostrar que $X_1 + X_2$ tem uma distribuição qui-quadrado com parâmetro $\nu_1 + \nu_2$.

b. No Exercício 71 do Capítulo 4, é pedido para que você mostre que se Z é uma v.a. normal padrão, então Z^2 possui uma distribuição qui-quadrado com $\nu = 1$. Assuma Z_1, Z_2, ..., Z_n como sendo n v.a. normais padrão independentes. Qual é a distribuição aproximada de $Z_1^2 + \cdots + Z_n^2$? Justifique sua resposta.

c. Seja $X_1, \ldots, X_n$ uma amostra aleatória de uma distribuição normal com média μ e variância σ^2. Qual é a distribuição aproximada da soma $Y = \sum_{i=1}^{n} [(X_i - \mu)/\sigma]^2$? Justifique sua resposta.

76. Na estimativa de custo, o preço total de um projeto é a soma dos gastos das tarefas componentes. Cada custo é uma variável aleatória com uma distribuição de probabilidade. É costume obter informações sobre a distribuição do custo total somando-se características das distribuições de custo do componente individual; isso é chamado procedimento de *roll-up*. Por exemplo, $E(X_1 + \ldots + X_n) + E(X_1) + \ldots + E(X_n)$, portanto, o procedimento de *roll-up* é válido para o custo médio. Suponha que existam duas tarefas componentes e que X_1 e X_2 sejam variáveis aleatórias independentes e normalmente distribuídas. O procedimento de *roll-up* é válido para o 75º percentil? Isto é, o 75º percentil da distribuição de $X_1 + X_2$ é o mesmo que a soma dos 75º percentis das duas distribuições individuais? Se não, qual é a relação entre o percentil da soma e a soma dos percentis? Para quais percentis o procedimento de *roll-up* é válido, nesse caso?

77. Uma loja de alimentos saudáveis possui duas marcas diferentes de um determinado tipo de grão. Assuma X = quantidade (lb) da marca A em estoque e Y = quantidade da marca B em estoque. Suponha que a f.d.p. conjunta de X e Y seja

$$f(x, y) = \begin{cases} kxy & x \geq 0, y \geq 0, 20 \leq x + y \leq 30 \\ 0 & \text{caso contrário} \end{cases}$$

a. Desenhe a região de densidade positiva e determine o valor de k.

b. As v.a. X e Y são independentes? Responda encontrando primeiro a f.d.p. marginal de cada variável.

c. Calcule $P(X + Y \leq 25)$.

d. Qual é a quantidade total esperada desse grão em estoque?

e. Calcule $\text{Cov}(X, Y)$ e $\text{Corr}(X, Y)$.

f. Qual é a variância da quantidade total de grão em estoque?

78. O artigo "Stochastic modeling for pavement warranty cost estimation" (*J. of Constr. Engr. and Mgmnt.*, 2009: 352-359) propõe o seguinte modelo para a distribuição de Y = tempo para a falha do pavimento. Assuma X_1 como o tempo de falha em função dos sulcos e X_2 como o tempo de falha em função da rachadura transversal. Essas duas v.a. são assumidas como independentes. Então, $Y = \text{mín}(X_1, X_2)$. A probabilidade de falharem em função de um desses modos de alerta é assumido como uma função crescente do tempo t. Após fazer certas suposições de distribuição, a forma a seguir de f.d. para cada modo é obtida:

$$\Phi\left[(a + bt)/(c + dt + et^2)^{1/2}\right]$$

em que Φ é a f.d. normal padrão. Os valores dos cinco parâmetros a, b, c, d e e são $-25{,}49$, $1{,}15$, $4{,}45$, $-1{,}78$ e $0{,}171$ para rachaduras $-21{,}27$, $0{,}0325$, $0{,}972$, $-0{,}00028$ e $0{,}00022$ para os sulcos. Determine a probabilidade da falha do pavimento em $t = 5$ anos e também $t = 10$ anos.

79. Suponha que, para certo indivíduo, a ingestão de calorias no café da manhã seja uma variável aleatória com valor esperado de 500 e desvio padrão de 50, a ingestão de calorias no almoço seja aleatória com valor esperado de 900 e desvio padrão de 100, e a ingestão de calorias no jantar seja uma variável aleatória com valor esperado de 2 000 e desvio padrão de 180. Assumindo que os consumos nas diferentes refeições sejam independentes, qual é a probabilidade de a ingestão média diária de calorias durante o ano seguinte (365 dias) ser de no máximo 3 500? [*Dica*: assuma X_i, Y_i e Z_i como representantes de três ingestões calóricas diárias i. Então, o total da ingestão é dado por $(X_i + X_i + Z_i)$.]

80. O peso médio da bagagem de um passageiro da classe turística selecionado aleatoriamente, que voa entre duas cidades em uma determinada companhia aérea, é 40 lb, e o desvio padrão é 10 lb. A média e o desvio padrão para um passageiro da classe executiva são 30 lb e 6 lb, respectivamente.

a. Se há 12 passageiros na classe executiva e 50 na classe turística em certo voo, quais são o valor esperado e o desvio padrão do peso total da bagagem?

b. Se os pesos individuais da bagagem forem v.a. independentes e normalmente distribuídas, qual é a probabilidade de o peso total da bagagem ser de no máximo 2 500 lb?

81. Assuma X e Y como variáveis aleatórias normais padrão independentes, e defina uma nova v.a. por $U = 0{,}6X + 0{,}8Y$.

a. Determine $\text{Corr}(X, U)$.

b. Como você alteraria U para obter $\text{Corr}(X, U) = \rho$ para um valor especificado de ρ?

82. Suponha que a proporção de eleitores rurais de um determinado Estado que favorecem um determinado candidato a governador seja 0,45 e a proporção de eleitores suburbanos e urbanos que favorecem o candidato seja 0,60. Se uma amostra de 200 eleitores rurais e 300 eleitores urbanos e suburbanos for obtida, qual é a possibilidade aproximada de que pelo menos 250 desses eleitores favoreçam esse candidato?

83. Assuma μ como o representante do pH real de um composto químico. Será feita uma sequência de n determinações independentes do pH da amostra. Suponha que o pH de cada amostra seja uma variável aleatória com valor esperado μ e desvio padrão 0,1. Quantas determinações serão necessárias se quisermos que a probabilidade de que a média amostral esteja entre 0,02 do pH real seja de no mínimo 0,95? Que teorema justifica seu cálculo de probabilidade?

84. Se a quantidade de refrigerante que eu consumo em certo dia é independente do consumo em qualquer outro dia e é normalmente distribuída com $\mu = 13$ oz e $\sigma = 2$, e se eu atualmente tenho duas caixas com seis garrafas de 16 oz, qual é a probabilidade de eu ainda ter refrigerante ao final de duas semanas (14 dias)?

85. Consulte o Exercício 58 e suponha que os X_i sejam independentes com cada um tendo distribuição normal. Qual é a probabilidade de que o volume total enviado seja no máximo 100 000 pés^3?

86. A aula de um aluno deve acabar às 9h e a outra deve começar às 9h10. Suponha que o tempo de término real da aula das 9h seja uma v.a. distribuída normalmente X_1 com média de 9h02 e desvio padrão de 1,5 min e que a hora de início da aula seguinte também seja uma v.a. normalmente distribuída X_2 com média de 9h10 e desvio padrão de 1 min. Suponha também que o tempo necessário para sair de uma sala e chegar à outra seja uma v.a. normalmente distribuída X_3 com média de 6 min e desvio padrão de 1 min. Qual é a probabilidade de o aluno chegar à segunda aula antes de ela começar? (Assuma independência de X_1, X_2 e X_3, que é razoável se o aluno não prestar atenção à hora do término da primeira aula.)

87. a. Use a fórmula geral da variância de uma combinação linear para escrever uma expressão para $V(aX + Y)$. Então,

$a = \sigma_Y/\sigma_X$, e mostre que $\rho \geq -1$. [*Dica*: a variância é sempre ≥ 0 e $\text{Cov}(X, Y) = \sigma_X \cdot \sigma_Y \cdot \rho$.]

b. Considerando que $V(aX - Y)$, conclua que $\rho \leq 1$.

c. Use o fato de que $V(W) = 0$ apenas se W for uma constante para mostrar que $\rho = 1$ apenas se $Y = aX + b$.

88. Suponha que a pontuação verbal de um indivíduo escolhida aleatoriamente X e uma pontuação quantitativa Y em um exame de aptidão administrado nacionalmente tenham a f.d.p. conjunta

$$f(x, y) = \begin{cases} \frac{2}{5}(2x + 3y) & 0 \leq x \leq 1, 0 \leq y \leq 1 \\ 0 & \text{caso contrário} \end{cases}$$

Pede-se que você faça uma previsão t da pontuação total do indivíduo $X + Y$. O erro da previsão é a média do erro quadrado $E[(X + Y - t)^2]$. Qual valor de t minimiza o erro de previsão?

89. Um restaurante serve três tipos de jantares com preços fixos de \$ 12, \$ 15 e \$ 20. Para um casal selecionado aleatoriamente que janta nesse restaurante, assuma X = o custo do jantar do homem e Y = o custo do jantar da mulher. A f.p. conjunta de X e Y é dada na seguinte tabela:

$p(x, y)$		y = 12	15	20
	12	0,05	0,05	0,10
x	15	0,05	0,10	0,35
	20	0	0,20	0,10

a. Calcule o X e o Y da f.d.p. marginal.

b. Qual é a probabilidade de o jantar do homem e da mulher custar no máximo \$ 15 cada?

c. X e Y são independentes? Justifique sua resposta.

d. Qual é o custo total esperado do jantar para as duas pessoas?

e. Suponha que, quando um casal abre biscoitos da sorte no final da refeição, encontra a mensagem "Vocês receberão de volta a diferença entre o custo da refeição mais cara e o da mais barata que escolheram". Quanto o restaurante espera devolver?

90. a. Mostre que $\text{Cov}(X, Y + Z) = \text{Cov}(X, Y) + \text{Cov}(X, Z)$.

b. Assuma X_1 e X_2 como as pontuações verbal e quantitativa em um exame de aptidão, e Y_1 e Y_2 como as pontuações correspondentes em outro exame. Se $\text{Cov}(X_1, Y_1) = 5$, $\text{Cov}(X_1, Y_2) = 1$, $\text{Cov}(X_2, Y_1) = 2$ e $\text{Cov}(X_2, Y_2) = 8$, qual é a covariância entre as duas pontuações totais $X_1 + X_2$ e $Y_1 + Y_2$?

91. Um espécime de rocha de uma área específica é selecionado aleatoriamente e pesado duas vezes. Assuma W como representante do peso real e X_1 e X_2 como os dois pesos mensurados. Então, $X_1 = W + E_1$ e $X_2 = W + E_2$, em que E_1 e E_2 são os dois erros de medida. Suponha que os E_i sejam independentes entre si e de W e que $V(E_1) = V(E_2) = \sigma_E^2$.

a. Expresse ρ, o coeficiente de correlação entre os dois pesos medidos X_1 e X_2, em termos de σ_W^2, a variância do peso real e a σ_X^2, a variância do peso medido.

b. Calcule ρ quando $\sigma_W = 1$ e $\sigma_E = 0{,}01$ kg.

92. Assuma A como o representante da porcentagem de um elemento de um espécime de rocha selecionado aleatoriamente, e B como o representante da porcentagem de um segundo elemento desse mesmo espécime. Suponha que D e E sejam erros de medição ao determinar os valores de A e B, de modo que os valores medidos sejam $X = A + D$ e $Y = B + E$, respectivamente. Assuma que os erros de medição são independentes uns dos outros e dos valores reais.

a. Mostre que
$\text{Corr}(X, Y) = \text{Corr}(A, B) \cdot \sqrt{\text{Corr}(X_1, X_2)} \cdot \sqrt{\text{Corr}(Y_1, Y_2)}$
em que X_1 e X_2 são medidas replicadas sobre o valor de A, e Y_1 e Y_2 são definidos de maneira análoga em relação a B. Qual efeito a presença do erro de medição tem sobre a correlação?

b. Qual é o valor máximo de $\text{Corr}(X, Y)$ quando $\text{Corr}(X_1, X_2) = 0{,}8100$ e $\text{Corr}(Y_1, Y_2) = 0{,}9025$? Isso é preocupante?

93. Assuma que $X_1, \ldots, X_n$ sejam v.a. independentes com valores médios $\mu_1, \ldots, \mu_n$ e variâncias $\sigma_1^2, \ldots, \sigma_n^2$. Considere uma função $h(x_1, \ldots, x_n)$, e use-a para definir uma nova v.a. $Y = h(X_1, \ldots, X_n)$. Sob condições um tanto gerais sobre a função h, se os σ_i são pequenos em relação às μ_i correspondentes, pode ser mostrado que $E(Y) \approx h(\mu_1, \ldots, \mu_n)$ e

$$V(Y) \approx \left(\frac{\partial h}{\partial x_1}\right)^2 \cdot \sigma_1^2 + \cdots + \left(\frac{\partial h}{\partial x_n}\right)^2 \cdot \sigma_n^2$$

em que cada derivada parcial é avaliada em $(x_1, \ldots, x_n) = (\mu_1, \ldots, \mu_n)$. Suponha que três resistores com resistências X_1, X_2, X_3 sejam conectados em paralelo a uma bateria com voltagem X_4. Então, pela lei de Ohm, a corrente é

$$Y = X_4\left[\frac{1}{X_1} + \frac{1}{X_2} + \frac{1}{X_3}\right]$$

Sejam $\mu_1 = 10$ ohms, $\sigma_1 = 1{,}0$ ohm, $\mu_2 = 15$ ohms, $\sigma_2 = 1{,}0$ ohm, $\mu_3 = 20$ ohms, $\sigma_3 = 1{,}5$ ohms, $\mu_4 = 120$ V, $\sigma_4 = 4{,}0$ V. Calcule o valor esperado aproximado e o desvio padrão da corrente (sugerido por "Random samplings", *Chemtech*, 1984: 696-697).

94. Uma aproximação mais precisa de $E[h(X_1, \ldots, X_n)]$ no Exercício 93 é

$$h(\mu_1, \ldots, \mu_n) + \frac{1}{2}\sigma_1^2\left(\frac{\partial^2 h}{\partial x_1^2}\right) + \ldots + \frac{1}{2}\sigma_n^2\left(\frac{\partial^2 h}{\partial x_n^2}\right)$$

Calcule-a para $Y = h(X_1, X_2, X_3, X_4)$, dado no Exercício 93, e compare-a ao termo principal $h(\mu_1, \ldots, \mu_n)$.

95. Vimos que se $E(X_1) = E(X_2) = \cdots = E(X_n) = \mu$, então, $E(X_1 + \cdots + X_n) = n\mu$. Em algumas aplicações, o número de X_i sob consideração não é um número fixo n, mas sim uma v.a. N. Por exemplo, assuma N = o número de componentes levados a uma oficina em certo dia, e X_i o tempo de reparo do i-ésimo componente. Então, o tempo de reparo total é $X_1 + X_2 + \cdots + X_N$, a soma de um *número* aleatório de variáveis aleatórias. Quando N for independente dos X_i, pode-se mostrar que

$$E(X_1 + \cdots + X_N) = E(N) \cdot \mu$$

a. Se o número esperado de componentes levados em um dia for 10 min e o tempo de conserto esperado de um componente enviado aleatoriamente for 40 min, qual é o tempo total esperado de conserto dos componentes enviados em um dia qualquer?

b. Suponha que certo tipo de componente chegue para conserto, de acordo com um processo de Poisson, com um índice de 5 por hora. O número esperado de defeitos por componente é 3,5. Qual é o valor esperado do número total de defeitos em componentes enviados para conserto durante um período de 4 horas? Certifique-se de indicar como sua resposta se desenvolve a partir do resultado geral dado.

96. Assuma $X_1, X_2, ..., X_n$ como variáveis aleatórias que representam n propostas independentes de um item que está à venda. Suponha que cada X_i seja uniformemente distribuído no intervalo [100, 200]. Se o vendedor vende pela oferta maior, quanto pode esperar ganhar com a venda? [*Dica*: assuma $Y = \text{máx}(X_1, X_2, \ldots, X_n)$. Primeiro, encontre $F_Y(y)$, ao observar que $Y \leq y$ se cada X_i é $\leq y$. Então, obtenha a f.d.p. e $E(Y)$.]

Bibliografia

DEVORE, J. & BERK, K. *Modern mathematical statistics with applications*. Belmont, CA: Thomson-Brooks/Cole, 2007. Uma exposição um pouco mais sofisticada dos tópicos de probabilidade do que a presente neste livro.

OLKIN, I., DERMA, C. & GLESER, L. *Probability models and applications*. 2. ed. New York: Macmillan, 1994. Contém uma exposição cuidadosa e abrangente das distribuições conjuntas, das regras, das expectativas e dos teoremas de limite.

6 Estimativa pontual

INTRODUÇÃO

Dado um parâmetro de interesse, como a média da população μ ou a proporção da população p, o objetivo da estimativa pontual é usar uma amostra para calcular um número que represente, de certo modo, uma boa previsão do valor real do parâmetro. O número resultante é chamado *estimativa pontual*. Na Seção 6.1, apresentamos alguns conceitos gerais de estimativa pontual. Na Seção 6.2, descrevemos e ilustramos dois métodos importantes para se obter estimativas pontuais: método dos momentos e método da máxima verossimilhança.

6.1 Alguns conceitos gerais sobre estimativa pontual

A inferência estatística é quase sempre direcionada à obtenção de algum tipo de conclusão sobre um ou mais parâmetros (características da população). O processo requer que o pesquisador obtenha dados de amostras de cada população em estudo. As conclusões baseiam-se, então, nos valores calculados das várias quantidades da amostra. Por exemplo: seja μ (um parâmetro) a tensão média de quebra das conexões por fio usadas para ligação de placas de semicondutor. Uma amostra aleatória de $n = 10$ conexões pode ser feita e a tensão de quebra de cada uma, determinada, resultando em tensões observadas $x_1, x_2, \ldots, x_{10}$. A tensão de quebra da média amostral $\bar{x}$ poderia, então, ser usada para tirar conclusões sobre o valor de μ. De forma semelhante, se σ^2 for a variância da distribuição da tensão de quebra (variância da população, outro parâmetro), o valor da variância da amostra s^2 é usado para inferir algo sobre σ^2.

Ao discutir conceitos gerais e métodos de inferência, é conveniente definir um símbolo genérico para o parâmetro de interesse. Usaremos a letra grega θ para esse fim. O objetivo da estimativa pontual é selecionar um único número, com base em dados amostrais, que represente um valor razoável de θ. Por exemplo, vamos supor que o parâmetro de interesse seja μ, a vida útil real média de determinado tipo de pilha. Uma amostra aleatória de $n = 3$ pilhas resulta nos valores de vida útil observados (horas) $x_1 = 5{,}0$, $x_2 = 6{,}4$, $x_3 = 5{,}9$. O valor calculado da vida útil da média amostral é $\bar{x} = 5{,}77$, e é razoável considerar 5,77 um valor bastante plausível de μ – nossa "melhor previsão" para o valor de μ com base nas informações disponíveis da amostra.

Vamos supor que desejemos estimar um parâmetro e uma única população (p. ex., μ ou σ) com base em uma amostra aleatória de tamanho n. Lembre-se do capítulo anterior: antes de os dados estarem disponíveis, as observações amostrais devem ser consideradas variáveis aleatórias (v.a.) $X_1, X_2, \ldots, X_n$. Acontece que qualquer função dos X_i – isto é, qualquer estatística –, como a média amostral $\bar{X}$ ou o desvio padrão amostral S, também é uma variável aleatória. O mesmo acontece se os dados disponíveis consistirem em mais de uma amostra. Por exemplo: podemos representar as resistências à tração de m espécimes tipo 1 e de n espécimes tipo 2 por $X_1, \ldots, X_m$ e $Y_1, \ldots, Y_n$, respectivamente. A diferença entre as duas resistências médias amostrais é $\bar{X} - \bar{Y}$, a estatística natural para fazer inferências sobre $\mu_1 - \mu_2$, a diferença entre as resistências médias da população.

Definição

A **estimativa pontual** de um parâmetro θ é um único número que pode ser considerado um valor razoável de θ. A estimativa pontual é obtida selecionando a estatística adequada e calculando seu valor a partir dos dados amostrais apresentados. A estatística selecionada é chamada **estimador pontual** de θ.

No exemplo das pilhas, acima, o estimador utilizado para obter a estimativa pontual de μ foi $\bar{X}$ e o estimador pontual de μ foi 5,77. Se as três vidas úteis observadas tivessem sido $x_1 = 5{,}6$, $x_2 = 4{,}5$ e

$x_3 = 6{,}1$, o uso do estimador $\overline{X}$ teria resultado na estimativa $\overline{x} = (5{,}6 + 4{,}5 + 6{,}1)/3 = 5{,}40$. O símbolo $\hat{\theta}$[1] é comumente utilizado para representar tanto o estimador de θ quanto a estimativa pontual resultante de tal amostra[2]. Assim, lê-se $\hat{\mu} = \overline{X}$ como "estimador pontual de μ é a média amostral $\overline{X}$". A frase "a estimativa pontual de μ é 5,77" pode ser escrita como $\hat{\mu} = 5{,}77$. Observe que, escrevendo $\hat{\theta} = 72{,}5$, não há indicação de como esta estimativa pontual foi obtida (qual estatística foi usada). Recomenda-se relatar tanto o estimador quanto a estimativa resultante.

Exemplo 6.1

Um fabricante de automóveis desenvolveu um novo tipo de para-choque que supostamente absorve impactos com menos danos que os para-choques mais antigos. O fabricante usou para-choques novos em uma sequência de 25 colisões controladas contra uma parede, cada uma a 10 mph, usando um de seus modelos de carro compacto. Seja X = número de colisões que resultam em danos imperceptíveis ao automóvel. O parâmetro a ser estimado é p = proporção de todas as colisões que não provocam danos [de maneira alternativa, $p = P$ (nenhum dano em uma única colisão)]. Se X observado é $x = 15$, o estimador e a estimativa mais razoáveis são

$$\text{estimador } \hat{p} = \frac{X}{n} \qquad \text{estimativa} = \frac{x}{n} = \frac{15}{25} = 0{,}60 \ \blacksquare$$

Se para cada parâmetro de interesse houvesse somente um estimador pontual razoável, não haveria muito o que discutir sobre a estimativa pontual. Na maioria dos problemas, entretanto, há mais de um estimador razoável.

Exemplo 6.2

Reconsidere as 20 observações que seguem sobre a voltagem de rompimento dielétrica de peças de resina de epóxi introduzida primeiro no Exemplo 4.30 (Seção 4.6).

24,46	25,61	26,25	26,42	26,66	27,15	27,31	27,54	27,74	27,94
27,98	28,04	28,28	28,49	28,50	28,87	29,11	29,13	29,50	30,88

O padrão no gráfico de probabilidade normal mostrado é bastante reto; assim, assumimos que a distribuição da voltagem de quebra é normal com valor médio μ. Em virtude de as distribuições normais serem simétricas, μ também é a mediana da vida útil da distribuição. As observações dadas são, então, assumidas como o resultado de uma amostra aleatória $X_1, X_2, \ldots, X_{20}$ dessa distribuição normal. Considere os seguintes estimadores e estimativas resultantes para μ:

a. Estimador = $\overline{X}$, estimativa = $\overline{x} = \Sigma x_i/n = 555{,}86/20 = 27{,}793$

b. Estimador $\widetilde{X}$, estimativa = $\widetilde{x} = (27{,}94 + 27{,}98)/2 = 27{,}960$

c. Estimador $[\text{mín}(X_i) + \text{máx}(X_i)]/2$ = a média das duas vias úteis extremas, estimativa = $[\text{mín}(x_i) + \text{máx}(x_i)]/2 = (24{,}46 + 30{,}88)/2 = 27{,}670$

d. Estimador = $\overline{X}_{\text{tr}(10)}$, a média aparada de 10% (despreze os 10% menores e maiores da amostra e calcule a média),

$$\begin{aligned}\text{estimativa} &= \overline{x}_{\text{tr}(10)} \\ &= \frac{555{,}86 - 24{,}46 - 25{,}61 - 29{,}50 - 30{,}88}{16} \\ &= 27{,}838\end{aligned}$$

Cada um dos estimadores (a)–(d) utiliza uma medida diferente do centro da amostra para estimar μ. Qual das estimativas está mais próxima do valor real? Não podemos responder sem saber o valor real. Uma pergunta que pode ser respondida é: "Que estimador, quando usado em outras amostras dos X_i, tenderá a produzir estimativas mais próximas do valor real?". Consideraremos em breve esse tipo de pergunta. ■

Exemplo 6.3

O artigo "Is a normal distribution the most appropriate statistical distribution for volumetric properties in asphalt mixtures?", citado pela primeira vez no Exemplo 4.26, relatou as seguintes observações sobre

[1] Alguns especialistas leem "teta chapéu".

[2] Seguindo notação anterior, podemos usar $\hat{\Theta}$ para o estimador, mas é incômodo de escrever.

X = *vazios preenchidos com asfalto* (%) para 52 amostras de determinado tipo de mistura quente de asfalto:

74,33	71,07	73,82	77,42	79,35	82,27	77,75	78,65	77,19
74,69	77,25	74,84	60,90	60,75	74,09	65,36	67,84	69,97
68,83	75,09	62,54	67,47	72,00	66,51	68,21	64,46	64,34
64,93	67,33	66,08	67,31	74,87	69,40	70,83	81,73	82,50
79,87	81,96	79,51	84,12	80,61	79,89	79,70	78,74	77,28
79,97	75,09	74,38	77,67	83,73	80,39	76,90		

Vamos estimar a variância σ^2 da distribuição da população. O estimador natural é a variância da amostra:

$$\hat{\sigma}^2 = S^2 = \frac{\sum(X_i - \bar{X})^2}{n - 1}$$

O Minitab forneceu os seguintes resultados a partir da solicitação de exibição das estatísticas descritivas:

Variável	Contagem	Média	EP Média	Desvio padrão	Variância	Q1	Mediana	Q3
VFA(B)	52	73,880	0,889	6,413	41,126	67,933	74,855	79,470

Assim, a estimativa pontual da variância da população é

$$\hat{\sigma}^2 = s^2 = \frac{\sum(x_i - \bar{x})^2}{52 - 1} = 41,126$$

[como alternativa, a fórmula de cálculo para o numerador de s^2 dá

$$S_{xx} = \sum x_i^2 - (\sum x_i)^2/n = 285\,929,5964 - (3\,841,78)^2/52 = 2\,097,4124].$$

A estimativa pontual do desvio padrão da população é $\hat{\sigma} = s = \sqrt{41,126} = 6,413$.

Há um estimador alternativo resultante do uso do divisor n em vez de $n - 1$:

$$\hat{\sigma}^2 = \frac{\sum(X_i - \bar{X})^2}{n}, \quad \text{estimativa} = \frac{2\,097,4124}{52} = 40,335$$

Indicaremos em breve o porquê de muitos estatísticos preferirem S^2 ao estimador anterior n.

O artigo mencionado considerou adequar quatro distribuições diferentes aos dados: normal, lognormal, Weibull de dois parâmetros e Weibull de três parâmetros. Várias técnicas diferentes foram utilizadas para concluir que a distribuição de Weibull de dois parâmetros fornece a melhor adequação (um gráfico da probabilidade normal dos dados mostra algum desvio do padrão linear). Da Seção 4.5, a variância de uma variável aleatória de Weibull é

$$\sigma^2 = \beta^2\{\Gamma(1 + 2/\alpha) - [\Gamma(1 + 1/\alpha)]^2\}$$

em que α e β são os parâmetros de forma e de escala da distribuição. Os autores do artigo usaram o método da máxima verossimilhança (veja Seção 6.2) para estimar tais parâmetros. A estimativa resultante foi $\hat{\alpha} = 11,9731$, $\hat{\beta} = 77,0153$. Uma estimativa razoável da variância populacional pode, então, ser obtida substituindo-se as estimativas dos dois parâmetros na expressão por σ^2. O resultado é $\hat{\sigma}^2 = 56,035$. Esta última estimativa obviamente é bem diferente da variância amostral. Sua validade depende do fato de a distribuição da população ser do tipo Weibull, ao passo que a variância amostral é um meio razoável de estimar σ^2 quando há incertezas com relação à forma específica da distribuição da população. ■

Na melhor das hipóteses, poderíamos encontrar um estimador $\hat{\theta}$ para o qual $\hat{\theta} = \theta$, sempre. Entretanto, $\hat{\theta}$ é uma função da amostra dos X_i, portanto, é uma variável aleatória. Para algumas amostras, $\hat{\theta}$ produzirá um valor maior que θ, enquanto, para outras, $\hat{\theta}$ subestimará θ. Se escrevemos

$$\hat{\theta} = \theta + \text{erro de estimação}$$

então, um estimador acurado seria um resultante de um erro de estimação pequeno, tal que os valores estimados estariam próximos ao valor real.

Uma forma razoável de quantificar a ideia de $\hat{\theta}$ estar próximo de θ é considerar o erro quadrado $(\hat{\theta} - \theta)^2$. Para algumas amostras, $\hat{\theta}$ está tão próximo de θ que o erro quadrado resultante encontra-se próximo de 0. Outras amostras podem dar valores de $\hat{\theta}$ distantes de θ, correspondendo a grandes erros quadrados. Uma medida abrangente da precisão é o *erro esperado* ou *erro quadrático médio* EQM $= E[(\hat{\theta} - \theta)^2]$. Se o primeiro estimador tem EQM menor que o segundo, é natural dizer que o primeiro estimador é o melhor. Entretanto, o EQM geralmente depende do valor de θ. O que usualmente acontece é que um estimador tem EQM menor para alguns valores de θ e EQM maior para outros valores. Encontrar um estimador com EQM menor geralmente não é algo possível.

Uma das formas de sair deste dilema é restringir a atenção apenas para os estimadores que possuem alguma propriedade específica desejável e, depois, encontrar o melhor estimador neste grupo restrito. Algo popular na comunidade estatística é o uso do *estimador não viciado*[3].

Estimadores não viciados

Suponha que tenhamos dois instrumentos de medidas: um foi calibrado com precisão, mas o outro fornece sistematicamente leituras menores que o valor real que está sendo medido. Quando cada instrumento for utilizado repetidas vezes no mesmo objeto devido ao erro de medição, as medições observadas não serão idênticas. Entretanto, as medições produzidas pelo primeiro instrumento serão distribuídas com relação ao valor real de tal maneira que, na média, esse instrumento mede o que se propõe a medir; assim, é chamado de instrumento não viciado. O segundo instrumento produz observações que têm um componente de erro sistemático ou vício.

Definição

O estimador pontual $\hat{\theta}$ é considerado um **estimador não viciado** de θ se $E(\hat{\theta}) = \theta$ para todos os valores possíveis de θ. Se $\hat{\theta}$ não for viciado, a diferença $E(\hat{\theta}) - \theta$ é chamada de **vício** de $\hat{\theta}$.

Ou seja, $\hat{\theta}$ é não viciado se sua distribuição de probabilidade (isto é, distribuição amostral) estiver sempre "centrada" no valor real do parâmetro. Suponha que $\hat{\theta}$ seja um estimador não viciado; então, se $\theta = 100$, a distribuição amostral de $\hat{\theta}$ está centralizada em 100; se $\theta = 27{,}5$, então, a distribuição amostral de $\hat{\theta}$ está centrada em 27,5, e assim por diante. A Figura 6.1 ilustra as distribuições de diversos estimadores viciados e não viciados. Observe que "centrado", aqui, significa que o valor esperado, não a mediana, da distribuição de $\hat{\theta}$ é igual a θ.

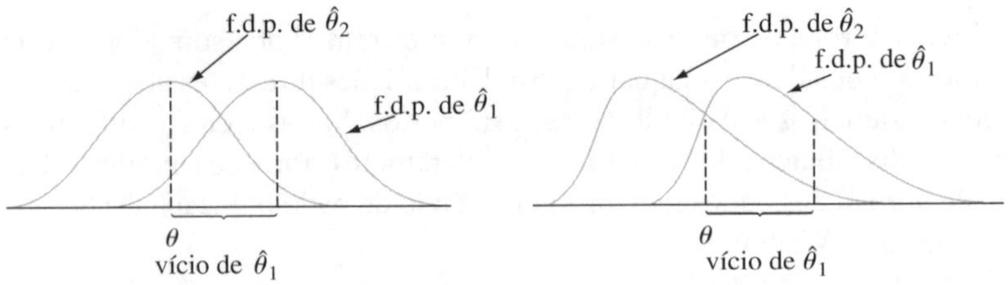

Figura 6.1 As f.d.p. de um estimador viciado $\hat{\theta}_1$ e um estimador não viciado $\hat{\theta}_2$ para o parâmetro θ.

Talvez seja necessário saber o valor de θ (caso em que a estimativa é desnecessária) para ver se $\hat{\theta}$ é não viciado. Este usualmente não é o caso, mas, como a não tendenciosidade é uma propriedade geral da distribuição amostral do estimador (no qual ele se encontra centrado), esta usualmente não depende de qualquer valor de parâmetros individuais.

No Exemplo 6.1, a proporção amostral X/n foi usada como um estimador de p, em que X, o número de sucessos da amostra, tinha uma distribuição binomial com parâmetros n e p. Dessa forma,

$$E(\hat{p}) = E\left(\frac{X}{n}\right) = \frac{1}{n}\,E(X) = \frac{1}{n}(np) = p$$

Proposição

Quando X é uma v.a. binomial com parâmetros n e p, a proporção amostral $\hat{p} = X/n$ é um estimador não viciado de p.

Qualquer que seja o valor real de p, a distribuição do estimador $\hat{p}$ estará centrada no valor real.

[3] Para o termo conhecido como não viciado também estão corretos não tendencioso e não enviesado. (N.R.T.)

Exemplo 6.4

Suponha que X, tempo de reação a certo estímulo, possua distribuição uniforme no intervalo de 0 a um limite superior desconhecido (assim, a função de densidade de X tem formato retangular com altura $1/\theta$ para $0 \leq x \leq \theta$). Deseja-se estimar θ com base em uma amostra aleatória $X_1, X_2, \ldots, X_n$ de tempos de reação. Uma vez que θ é o maior tempo possível em toda a população de tempos de reação, considere como um primeiro estimador o maior tempo de reação da amostra: $\hat{\theta}_1 = \text{máx}(X_1, ..., X_n)$. Se $n = 5$ e $x_1 = 4{,}2$, $x_2 = 1{,}7$, $x_3 = 2{,}4$, $x_4 = 3{,}9$ e $x_5 = 1{,}3$, a estimativa pontual de θ é $\hat{\theta}_1 = \text{máx}(4{,}2;\ 1{,}7;\ 2{,}4;\ 3{,}9;\ 1{,}3) = 4{,}2$.

A ausência de vício implica que algumas amostras produzirão estimativas que excedem θ e que outras produzirão estimativas menores que θ. Caso contrário, θ possivelmente não poderia ser o centro (ponto de equilíbrio) da distribuição dos $\hat{\theta}_1$. Entretanto, nosso estimador proposto nunca superestimará θ (o maior valor da amostra não pode exceder o maior valor da população) e subestimará θ, a menos que o maior valor amostral seja igual a θ. Este argumento intuitivo mostra que $\hat{\theta}_1$ é um estimador viciado. Mais precisamente, pode-se demonstrar (veja o Exercício 32) que

$$E(\hat{\theta}_1) = \frac{n}{n+1} \cdot \theta < \theta \qquad \left(\text{desde que } \frac{n}{n+1} < 1\right)$$

O vício de $\hat{\theta}_1$ é dado por $n\theta/(n + 1) - \theta = -\theta/(n + 1)$, que se aproxima de 0 à medida que n aumenta.

É fácil modificar $\hat{\theta}_1$ para obter um estimador não viciado de θ. Considere o estimador

$$\hat{\theta}_2 = \frac{n+1}{n} \cdot \text{máx}(X_1, ..., X_n)$$

Ao utilizar este estimador nos dados, temos a seguinte estimativa: $(6/5)(4{,}2) = 5{,}04$. O fato de que $(n + 1)/n > 1$ implica dizer que $\hat{\theta}_2$ superestimará θ em algumas amostras e subestimará em outras. O valor médio desse estimador é

$$\begin{aligned} E(\hat{\theta}_2) &= E\left[\frac{n+1}{n}\text{máx}(X_1, ..., X_n)\right] = \frac{n+1}{n} \cdot E\,[\text{máx}(X_1, ..., X_n)] \\ &= \frac{n+1}{n} \cdot \frac{n}{n+1}\theta = \theta \end{aligned}$$

Se $\hat{\theta}_2$ for usado repetidamente em diferentes amostras para estimar θ, algumas estimativas serão muito grandes e outras muito pequenas, mas, em geral, não haverá vício sistemático para subestimar ou superestimar θ. ■

> **Princípio da estimação não tendenciosa**
>
> Ao escolher dentre diversos estimadores diferentes de θ, selecione um que seja não viciado.

De acordo com esse princípio, deve ser dada preferência ao estimador não viciado $\hat{\theta}_2$, no Exemplo 6.4, com relação ao estimador viciado $\hat{\theta}_1$. Considere agora o problema de se estimar σ^2.

> **Proposição**
>
> Seja $X_1, X_2, \ldots, X_n$ uma amostra aleatória de uma distribuição com valor médio μ e desvio padrão σ^2. Então, o estimador
>
> $$\hat{\sigma}^2 = S^2 = \frac{\Sigma(X_i - \overline{X})^2}{n-1}$$
>
> não é viciado para estimar σ^2.

Demonstração Para qualquer v.a. Y, $V(Y) = E(Y^2) - [E(Y)]^2$, então $E(Y^2) = V(Y) + [E(Y)]^2$. Aplicando-se a

$$S^2 = \frac{1}{n-1}\left[\sum X_i^2 - \frac{(\Sigma X_i)^2}{n}\right]$$

temos

$$E(S^2) = \frac{1}{n-1}\left\{\sum E(X_i^2) - \frac{1}{n}E[(\sum X_i)^2]\right\}$$

$$= \frac{1}{n-1}\left\{\sum(\sigma^2 + \mu^2) - \frac{1}{n}\{V(\sum X_i) + [E(\sum X_i)]^2\}\right\}$$

$$= \frac{1}{n-1}\left\{n\sigma^2 + n\mu^2 - \frac{1}{n}n\sigma^2 - \frac{1}{n}(n\mu)^2\right\}$$

$$= \frac{1}{n-1}\{n\sigma^2 - \sigma^2\} = \sigma^2 \text{ (como desejado)} \blacksquare$$

O estimador que utiliza divisor n pode ser expresso como $(n - 1)S^2/n$, assim,

$$E\left[\frac{(n-1)S^2}{n}\right] = \frac{n-1}{n}E(S^2) = \frac{n-1}{n}\sigma^2$$

Esse estimador, portanto, é viciado. O vício é $(n - 1)\sigma^2/n - \sigma^2 = -\sigma^2/n$. Em virtude de o vício ser negativo, o estimador com divisor n tende a subestimar σ^2 e é por esse motivo que o divisor $n - 1$ é preferido por muitos estatísticos (mesmo quando n é grande, o vício é pequeno e há pouca diferença entre os dois).

Infelizmente, o fato de S^2 ser do tipo não viciado para a estimativa σ^2 não pressupõe que S não seja viciado para a estimativa de σ. O cálculo da raiz quadrada bagunça as propriedades da não tendenciosidade (o valor esperado da raiz quadrada não é a raiz quadrada do valor esperado). Felizmente, o desvio de S é pequeno, a menos que n seja bem pequeno. Há outros bons motivos para usar S como um estimador, especialmente quando a distribuição da população é normal. Isso ficará mais visível quando discutirmos os intervalos de confiança e os testes de hipóteses nos capítulos seguintes.

No Exemplo 6.2, propusemos vários estimadores diferentes para a média μ de uma distribuição normal. Se houvesse um único estimador não viciado para μ, o problema da estimação seria resolvido usando-se tal estimador. Infelizmente, este não é o caso.

Proposição

Seja $X_1, X_2, \ldots, X_n$ uma amostra aleatória de uma distribuição com média μ; então, $\overline{X}$ é um estimador não viciado de μ. Se, além disso, a distribuição for contínua e simétrica, então $\widetilde{X}$ e qualquer média aparada também são estimadores não viciados de μ.

O fato de $\overline{X}$ não ser viciado é simplesmente uma reafirmação de uma de nossas regras de valor esperado: $E(\overline{X}) = \mu$ para todos os valores possíveis de μ (para distribuições discretas e contínuas). A ausência de vício dos outros estimadores é mais difícil de ser verificada.

O exemplo a seguir introduz outra situação na qual há vários estimadores não viciados para determinado parâmetro.

Exemplo 6.5

Sob certas circunstâncias, os contaminantes orgânicos aderem imediatamente às superfícies da placa e provocam deterioração nos dispositivos que fabricam semicondutores. O trabalho "Ceramic chemical filter for removal of organic contaminants" (*J. of the Institute of Environmental Sciences and Technology*, 2003: 59-65) discutiu uma alternativa recém-desenvolvida para os filtros de carvão tradicionais quanto à remoção de contaminação molecular orgânica trazida pelo ar devido à limpeza do ambiente. Um aspecto da pesquisa sobre o desempenho do filtro envolveu o estudo de como a concentração de contaminantes no ar se relaciona com a concentração na superfície da placa após exposição prolongada. Considere os seguintes dados representativos na concentração no ar (x = DBP) e na concentração na superfície da placa (y = DBP) após 4 horas de exposição (ambas em μg/m^3, em que DBP = ftalato de dibutila).

Obs. *i*:	1	2	3	4	5	6
x:	0,8	1,3	1,5	3,0	11,6	26,6
y:	0,6	1,1	4,5	3,5	14,4	29,1

Os autores comentaram que "a adesão do DBP na superfície da placa foi aproximadamente proporcional à concentração de DBP no ar". A Figura 6.2 mostra a ilustração de *y versus x* – ou seja, dos pares (x, y).

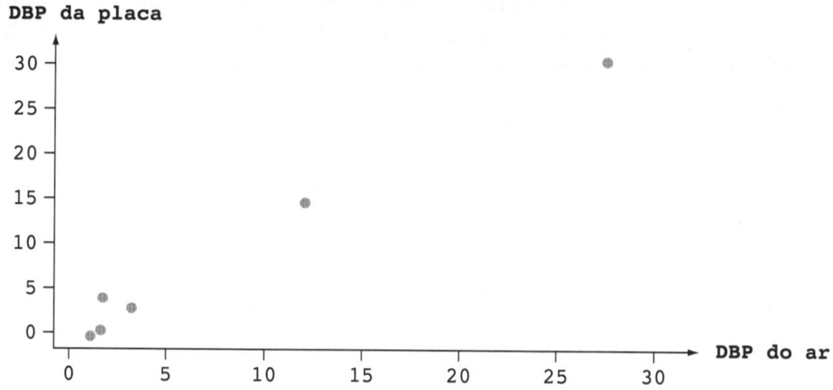

Figura 6.2 Ilustração dos dados de DBP do Exemplo 6.5.

Se y fosse exatamente proporcional a x, teríamos $y = \beta x$ para algum valor β, que diz que os pontos (x, y) na ilustração ficariam exatamente em uma linha reta com inclinação β e que passa por (0,0). Mas este é o caso aproximado. Então, agora, presumimos que, para qualquer valor fixo de x, DBP da placa é uma variável aleatória Y que tem valor médio βx. Ou seja, postulamos que o valor *médio* de Y está relacionado a x por uma linha que passa por (0,0), mas que o valor observado de Y frequentemente se desvia desta linha (isto é denominado de "regressão através da origem" na literatura estatística).

Agora desejamos estimar o parâmetro β da inclinação. Considere os três estimadores:

$$\#1\colon \hat{\beta} = \frac{1}{n}\sum\frac{Y_i}{x_i} \quad \#2\colon \hat{\beta} = \frac{\sum Y_i}{\sum x_i} \quad \#3\colon \hat{\beta} = \frac{\sum x_i Y_i}{\sum x_i^2}$$

As estimativas resultantes baseadas nos dados apresentados são 1,3497, 1,1875 e 1,1222, respectivamente. Então, a estimativa definitivamente depende de qual estimador está sendo utilizado. Se um desses três estimadores for do tipo não viciado e os outros dois fossem viciados, haveria uma boa razão para usar o não viciado. Mas todos os três são do tipo não viciado; o argumento baseia-se no fato de que todos são uma função linear de $Y'_i s$ (estamos presumindo que os valores de X_i são fixos, não aleatórios):

$$E\left(\frac{1}{n}\sum\frac{Y_i}{x_i}\right) = \frac{1}{n}\sum\frac{E(Y_i)}{x_i} = \frac{1}{n}\sum\frac{\beta x_i}{x_i} = \frac{1}{n}\sum\beta = \frac{n\beta}{n} = \beta$$

$$E\left(\frac{\sum Y_i}{\sum x_i}\right) = \frac{1}{\sum x_i}E\left(\sum Y_i\right) = \frac{1}{\sum x_i}\left(\sum \beta x_i\right) = \frac{1}{\sum x_i}\beta\left(\sum x_i\right) = \beta$$

$$E\left(\frac{\sum x_i Y_i}{\sum x_i^2}\right) = \frac{1}{\sum x_i^2}E\left(\sum x_i Y_i\right) = \frac{1}{\sum x_i^2}\left(\sum x_i \beta x_i\right) = \frac{1}{\sum x_i^2}\beta\left(\sum x_i^2\right) = \beta \quad \blacksquare$$

Em ambos os exemplos anteriores e na situação envolvendo a estimativa de uma média populacional normal, o princípio da ausência de vício (preferindo um estimador não viciado a um viciado) não pode ser invocado para selecionar o estimador. Precisamos agora de um critério de escolha entre os estimadores não viciados.

Estimadores com mínima variância

Suponha que $\hat{\theta}_1$ e $\hat{\theta}_2$ sejam dois estimadores de θ e que ambos sejam do tipo não viciado. Então, embora a distribuição de cada estimador esteja centrada no valor real de θ, as dispersões das distribuições em torno do valor real podem ser diferentes.

Princípio da estimação não viciada de mínima variância

Dentre todos os estimadores não viciados de θ, escolha aquele que tiver variância mínima. O $\hat{\theta}$ resultante é chamado **estimador não viciado de mínima variância (ENVMV)** de θ.

A Figura 6.3 ilustra as f.d.p. de dois estimadores não viciados, com $\hat{\theta}_1$ tendo variância menor que $\hat{\theta}_2$. Então, $\hat{\theta}_1$ tem maior probabilidade do que $\hat{\theta}_2$ de produzir uma estimativa próxima do valor θ. De certo modo, o ENVMV é, dentre todos os estimadores não viciados, o que produzirá, mais provavelmente, uma estimativa próxima do θ verdadeiro.

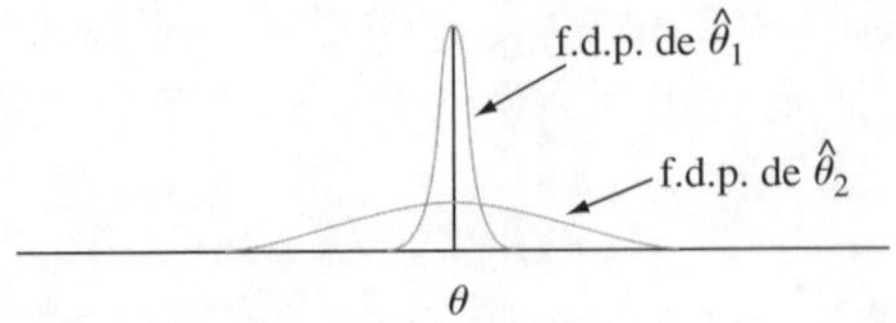

Figura 6.3 Gráficos das f.d.p. de dois estimadores não viciados diferentes.

No Exemplo 6.5, suponha que Y_i tenha distribuição normal com média βx_i e variância σ^2 (presumindo variância constante). Então, pode-se ver que o terceiro estimador $\hat{\beta} = \sum x_i Y_i / \sum x_i^2$ não só tem variância menor que os outros dois estimadores não viciados, como também é o ENVMV – tem variância menor que *qualquer* outro estimador não viciado de β.

Exemplo 6.6

Afirmamos no Exemplo 6.4 que, quando $X_1, \ldots, X_n$ é uma amostra aleatória de uma distribuição uniforme em $[0, \theta]$, o estimador

$$\hat{\theta}_1 = \frac{n+1}{n} \cdot \text{máx}\,(X_1, \ldots, X_n)$$

é não viciado para θ (representamos anteriormente esse estimador por $\hat{\theta}_2$). Este não é o único estimador não viciado de θ. O valor esperado de uma v.a. uniformemente distribuída é exatamente o ponto central do intervalo de densidade positiva, então, $E(X_i) = \theta/2$. Isso implica que $E(\overline{X}) = \theta/2$, do qual $E(2\overline{X}) = \theta$. Ou seja, o estimador $\hat{\theta}_2 = 2\overline{X}$ não é viciado para θ.

Se X for uniformemente distribuído no intervalo de A a B, então $V(X) = \sigma^2 = (B - A)^2/12$. Assim, na nossa situação, $V(X_i) = \theta^2/12$, $V(\overline{X}) = \sigma^2/n = \theta^2/(12n)$ e $V(\hat{\theta}_2) = V(2\overline{X}) = 4V(\overline{X}) = \theta^2/(3n)$. Os resultados do Exercício 32 podem ser usados para mostrar que $V(\hat{\theta}_1) = \theta^2/[n(n+2)]$. O estimador $\hat{\theta}_1$ tem variância menor que $\hat{\theta}_2$ se $3n < n(n+2)$ ou seja, se $0 < n^2 - n = n(n-1)$. Contanto que $n > 1$, $V(\hat{\theta}_1) < V(\hat{\theta}_2)$, então $\hat{\theta}_1$ é um melhor estimador do que $\hat{\theta}_2$. Métodos mais avançados podem ser usados para mostrar que $\hat{\theta}_1$ é o ENVMV de θ – qualquer outro estimador não viciado de θ tem variância que excede $\theta^2/[n(n+2)]$. ■

Um dos triunfos da Estatística Matemática foi o desenvolvimento da metodologia para identificar o ENVMV em uma ampla variedade de situações. O resultado mais importante desse tipo para nossos propósitos diz respeito a estimar a média μ de uma distribuição normal.

Teorema

Seja $X_1, \ldots, X_n$ uma amostra aleatória de uma distribuição normal com parâmetros μ e σ. Então, o estimador $\hat{\mu} = \overline{X}$ é o ENVMV de μ.

Quando estamos convencidos de que a população que está sendo amostrada é normal, o resultado diz que $\overline{x}$ deve ser usado para estimar μ. No Exemplo 6.2, então, nossa estimativa seria $\overline{x} = 27{,}793$.

Em algumas situações, é possível obter um estimador com pequeno vício preferível ao melhor estimador não viciado. Isto está ilustrado na Figura 6.4. Entretanto, os ENVMV geralmente são mais fáceis de ser obtidos do que o tipo de estimador viciado cuja distribuição é ilustrada.

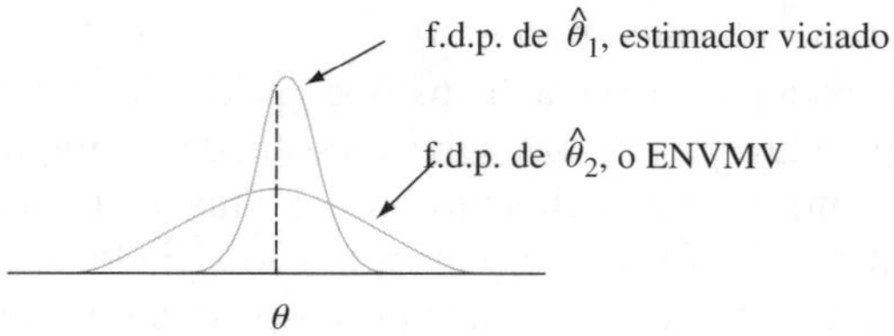

Figura 6.4 Um estimador viciado que é preferível ao ENVMV.

Algumas complicações

O último teorema não afirma que, ao estimar a média da população μ, o estimador $\overline{X}$ deve ser usado independentemente da distribuição que está sendo amostrada.

Exemplo 6.7

Suponha que queiramos estimar a condutividade térmica μ de certo material. Usando técnicas padrão de medição, obteremos uma amostra aleatória $X_1, \ldots, X_n$ de n medições de condutividade térmica. Vamos assumir que a distribuição da população pertença a um membro de uma das três famílias a seguir:

$$f(x) = \frac{1}{\sqrt{2\pi\sigma^2}} e^{-(x-\mu)^2/(2\sigma^2)} \qquad -\infty < x < \infty \tag{6.1}$$

$$f(x) = \frac{1}{\pi[1 + (x - \mu)^2]} \qquad -\infty < x < \infty \tag{6.2}$$

$$f(x) = \begin{cases} \dfrac{1}{2c} & -c \le x - \mu \le c \\ 0 & \text{caso contrário} \end{cases} \tag{6.3}$$

A f.d.p. (6.1) é a distribuição normal, (6.2) é denominada distribuição de Cauchy e (6.3) é uma distribuição uniforme. As três distribuições são simétricas com relação a μ e, de fato, a distribuição de Cauchy tem o formato de sino, mas com caudas muito mais pesadas (maiores probabilidades distantes) que a curva normal. A distribuição uniforme não possui caudas. Os quatro estimadores de μ considerados anteriormente são $\overline{X}$, $\widetilde{X}$, $\overline{X}_e$ (a média das duas observações extremas) e $\overline{X}_{tr(10)}$, uma média aparada.

A conclusão mais importante aqui é que o melhor estimador de μ depende crucialmente da distribuição que está sendo amostrada. Em particular,

1. Se a amostra aleatória foi tirada de uma distribuição normal, então $\overline{X}$ é o melhor dos quatro estimadores, uma vez que possui mínima variância dentre todos os estimadores não viciados.
2. Se a amostra aleatória foi tirada de uma distribuição de Cauchy, então $\overline{X}$ e $\overline{X}_e$ são péssimos estimadores de μ, enquanto $\widetilde{X}$ é relativamente bom (o ENVMV não é conhecido); $\overline{X}$ é ruim porque é muito sensível às observações aberrantes, e as caudas pesadas da distribuição de Cauchy tornam provável a aparição de tais observações em qualquer amostra.
3. Se a distribuição em estudo for uniforme, o melhor estimador é $\overline{X}_e$, pois é fortemente influenciado pelas observações aberrantes; mas a ausência de caudas torna tais observações impossíveis para essa distribuição.
4. *A média aparada não é melhor em nenhuma dessas três situações, mas funciona razoavelmente bem em todas elas*. Isto é, $\overline{X}_{tr(10)}$ não sofre muito em comparação ao melhor procedimento em qualquer uma das três situações. ■

Uma pesquisa estatística recente estabeleceu que, ao estimar um ponto de simetria μ de uma distribuição de probabilidade contínua, a média aparada com proporção de aparagem de 10% ou 20% (de cada extremidade da amostra) produz estimativas razoavelmente comportadas sobre uma variedade bastante grande de modelos possíveis. Por essa razão, a média aparada com pequena porcentagem de aparagem é considerada um **estimador robusto**.

Em algumas situações, a escolha não está entre dois estimadores diferentes construídos a partir da mesma amostra, mas entre os estimadores baseados em dois experimentos diferentes.

Exemplo 6.8

Suponha que certo tipo de componente possua uma distribuição de vida útil exponencial com parâmetro λ, de modo que a vida útil esperada seja $\mu = 1/\lambda$. Uma amostra de n componentes é selecionada e cada um é colocado em funcionamento. Se o experimento for continuado até que todas as n vidas úteis, $X_1, \ldots, X_n$, tenham sido observadas, então $\overline{X}$ será um estimador não viciado de μ.

Em alguns experimentos, entretanto, os componentes são deixados em funcionamento somente até o momento da r-ésima falha, na qual $r < n$. Esse procedimento é denominado **censura**. Seja Y_1 o tempo até a primeira falha (a vida útil mínima entre os n componentes), Y_2 o tempo em que ocorre a segunda falha (a segunda menor vida útil) e assim por diante. Uma vez que o experimento termina na hora Y_r, a vida útil total acumulada no término é

$$T_r = \sum_{i=1}^{r} Y_i + (n - r)Y_r$$

Agora, demonstramos que $\hat{\mu} = T_r/r$ é um estimador não viciado de μ. Para fazer isso, precisamos de duas propriedades de variáveis exponenciais:

1. A propriedade de ausência de memória (veja a Seção 4.4), a qual diz que, em qualquer instante, a vida útil remanescente possui a mesma distribuição exponencial que a vida útil original.
2. Quando $X_1, \ldots, X_k$ são independentes, cada um deles distribuído exponencialmente com parâmetro λ, $\text{mín}(X_1, \ldots, X_k)$, é exponencial com parâmetro $k\lambda$.

Visto que os n componentes duram até Y_1, $n - 1$ dura uma quantidade de tempo adicional $Y_2 - Y_1$, $n - 2$ uma quantidade de tempo adicional $Y_3 - Y_2$ e assim por diante, outra expressão para T_r é

$$T_r = nY_1 + (n - 1)(Y_2 - Y_1) + (n - 2)(Y_3 - Y_2) + \cdots + (n - r + 1)(Y_r - Y_{r-1})$$

Mas Y_1 é o mínimo de n variáveis exponenciais, assim, $E(Y_1) = 1/(n\lambda)$. De forma semelhante, $Y_2 - Y_1$ é o menor das $n - 1$ vidas úteis remanescentes, cada exponencial com parâmetro λ (pela propriedade de ausência de memória), assim, $E(Y_2 - Y_1) = 1/[(n - 1)\lambda]$. Continuando, $E(Y_{i+1} - Y_i) = 1/[(n - i)\lambda]$, então

$$\begin{aligned} E(T_r) &= nE(Y_1) + (n - 1)E(Y_2 - Y_1) + \cdots + (n - r + 1)E(Y_r - Y_{r-1}) \\ &= n \cdot \frac{1}{n\lambda} + (n - 1) \cdot \frac{1}{(n - 1)\lambda} + \cdots + (n - r + 1) \cdot \frac{1}{(n - r + 1)\lambda} \\ &= \frac{r}{\lambda} \end{aligned}$$

Portanto, $E(T_r/r) = (1/r)E(T_r) = (1/r) \cdot (r/\lambda) = 1/\lambda = \mu$, conforme afirmado.

Como exemplo, suponha que 20 componentes sejam testados e $r = 10$. Então, se os primeiros 10 tempos de falha forem 11, 15, 29, 33, 35, 40, 47, 55, 58 e 72, a estimativa de μ é

$$\hat{\mu} = \frac{11 + 15 + \cdots + 72 + (10)(72)}{10} = 111{,}5$$

A vantagem do experimento com censura é que termina mais rápido que o experimento sem censura. Entretanto, pode-se mostrar que $V(T_r/r) = 1/(\lambda^2 r)$ é maior que $1/(\lambda^2 n)$, a variância de $\overline{X}$ no experimento sem censura. ■

Relatando uma estimativa pontual: erro padrão

Além de relatar o valor de uma estimativa pontual, deve-se indicar a sua precisão. A medida comum de precisão é o erro padrão do estimador usado.

Definição

O **erro padrão** de um estimador $\hat{\theta}$ é seu desvio padrão $\sigma_{\hat{\theta}} = \sqrt{V(\hat{\theta})}$. É a magnitude de um desvio típico ou representativo entre uma estimativa e o valor de θ. Se o erro padrão envolver parâmetros desconhecidos cujos valores possam ser estimados, a substituição dessas estimativas em $\sigma_{\hat{\theta}}$ produz o **erro padrão estimado** (desvio padrão estimado) do estimador. O erro padrão estimado pode ser representando por $\hat{\sigma}_{\hat{\theta}}$ (o ^ sobre σ destaca que $\sigma_{\hat{\theta}}$ está sendo estimado) ou por $s_{\hat{\theta}}$.

Exemplo 6.9 (continuação do Exemplo 6.2)

Presumindo-se que a voltagem de rompimento tenha distribuição normal, $\hat{\mu} = \overline{X}$ é o melhor estimador de μ. Sabendo-se que o valor de σ é 1,5, o erro padrão de $\overline{X}$ é $\sigma_{\overline{X}} = \sigma/\sqrt{n} = 1{,}5/\sqrt{20} = 0{,}335$. Se, como usualmente ocorre, o valor de σ for desconhecido, a estimativa $\hat{\sigma} = s = 1{,}462$ é substituída por $\sigma_{\overline{X}}$ para obter o erro padrão estimado $\hat{\sigma}_{\overline{X}} = s_{\overline{X}} = s/\sqrt{n} = 1{,}462/\sqrt{20} = 0{,}327$. ■

Exemplo 6.10 (continuação do Exemplo 6.1)

O erro padrão de $\hat{p} = X/n$ é

$$\sigma_{\hat{p}} = \sqrt{V(X/n)} = \sqrt{\frac{V(X)}{n^2}} = \sqrt{\frac{npq}{n^2}} = \sqrt{\frac{pq}{n}}$$

Uma vez que p e $q = 1 - p$ são desconhecidos, substituímos $\hat{p} = x/n$ e $\hat{q} = 1 - x/n$ em $\sigma_{\hat{p}}$, produzindo o erro padrão estimado $\hat{\sigma}_{\hat{p}} = \sqrt{\hat{p}\hat{q}/n} = \sqrt{(0{,}6)(0{,}4)/25} = 0{,}098$. De maneira alternativa, uma vez que o maior valor de pq é obtido quando $p = q = 0{,}5$, um limite superior no erro padrão é $\sqrt{1/(4n)} = 0{,}10$. ■

Quando o estimador pontual $\hat{\theta}$ possui uma distribuição aproximadamente normal, que geralmente será o caso quando n for grande, então podemos ficar razoavelmente seguros de que o valor real de θ está dentro de aproximadamente 2 erros padrão (desvios padrão) de $\hat{\theta}$. Dessa forma, se uma amostra de $n = 36$ vidas úteis de componentes fornecer $\hat{\mu} = \overline{x} = 28{,}50$ e $s = 3{,}60$, então $s/\sqrt{n} = 0{,}60$, assim, dentro de 2 erros padrão estimados, $\hat{\mu}$ transforma-se no intervalo $28{,}50 \pm (2)(0{,}60) = (27{,}30, 29{,}70)$.

Se $\hat{\theta}$ não for necessariamente e aproximadamente normal, mas for do tipo não viciado, então pode-se mostrar que a estimativa desviará de $\hat{\theta}$ por 4 erros padrão no máximo 6% das vezes. Esperaríamos, então, que o valor real estivesse dentro de 4 erros padrão de $\hat{\theta}$ (e essa é uma afirmação bastante conservadora, uma vez que se aplica a *qualquer* $\hat{\theta}$ não viciado). Em suma, o erro padrão nos diz aproximadamente dentro de qual distância de $\hat{\theta}$ podemos esperar encontrar o valor de θ.

A forma do estimador $\hat{\theta}$ pode ser suficientemente complicada, de modo que a teoria estatística padrão não pode ser aplicada a fim de se obter uma expressão para $\sigma_{\hat{\theta}}$. Isso é verdade, por exemplo, no caso $\theta = \sigma, \hat{\theta} = S$; o desvio padrão da estatística S, σ_S, geralmente não pode ser determinado. Recentemente, um novo método computacional chamado ***bootstrap*** foi desenvolvido para tratar desse problema. Suponha que a f.d.p. da população seja $f(x; \theta)$, um membro de uma família paramétrica, e que os dados x_1, $x_2, \ldots, x_n$ fornecem $\hat{\theta} = 21{,}7$. Agora, usamos o computador para obter "amostras *bootstrap*" da f.d.p. $f(x; 21{,}7)$ e, para cada amostra, calculamos uma "estimativa *bootstrap*" $\hat{\theta}^*$:

Primeira amostra *bootstrap*: $x_1^*, x_2^*, \ldots, x_n^*$ estimativa $= \hat{\theta}_1^*$

Segunda amostra *bootstrap*: $x_1^*, x_2^*, \ldots, x_n^*$ estimativa $= \hat{\theta}_2^*$

⋮

B-ésima amostra *bootstrap*: $x_1^*, x_2^*, \ldots, x_n^*$ estimativa $= \hat{\theta}_B^*$

Usualmente, utiliza-se $B = 100$ ou 200. Agora, consideramos $\overline{\theta}^* = \Sigma\hat{\theta}_i^*/B$, a média amostral das estimativas *bootstrap*. A **estimativa *bootstrap*** do erro padrão de $\hat{\theta}$ é agora apenas o desvio padrão amostral de $\hat{\theta}_i^*$:

$$S_{\hat{\theta}} = \sqrt{\frac{1}{B-1}\Sigma(\hat{\theta}_i^* - \overline{\theta}^*)^2}$$

(Na literatura sobre *bootstrap*, B geralmente é usado no lugar de $B - 1$; para valores típicos de B, há, em geral, pouca diferença entre as estimativas resultantes.)

Exemplo 6.11

Um modelo teórico sugere que X, o tempo de rompimento de um fluido isolante entre os eletrodos em uma voltagem específica, possui $f(x; \lambda) = \lambda e^{-\lambda x}$, uma distribuição exponencial. Uma amostra aleatória de $n = 10$ tempos de quebra (min) fornece os seguintes dados:

41,53 18,73 2,99 30,34 12,33 117,52 73,02 223,63 4,00 26,78

Visto que $E(X) = 1/\lambda$, $E(\overline{X}) = 1/\lambda$, uma estimativa razoável de λ é $\hat{\lambda} = 1/\overline{x} = 1/55{,}087 = 0{,}018153$. Depois, usamos um pacote de software estatístico para obter $B = 100$ amostras *bootstrap*, cada uma com

10 unidades, de $f(x; 0{,}018153)$. A primeira amostra foi 41,00; 109,70; 16,78; 6,31; 6,76; 5,62; 60,96; 78,81; 192,25; 27,61; da qual temos $\sum x_i^* = 545{,}8$ e $\hat{\lambda}_1^* = 1/54{,}58 = 0{,}01832$. A média das 100 estimativas *bootstrap* é $\bar{\lambda}^* = 0{,}02153$ e o desvio padrão da amostra dessas 100 estimativas é $s_{\hat{\lambda}} = 0{,}0091$, a estimativa *bootstrap* do erro padrão $\hat{\lambda}$. O histograma de $100\hat{\lambda}_i^*$ tem inclinação positiva, sugerindo que a distribuição amostral de $\hat{\lambda}$ também tem essa propriedade. ■

Às vezes, o pesquisador deseja estimar a característica de uma população sem assumir que sua distribuição pertence a uma família paramétrica particular. Um exemplo disso foi mostrado no Exemplo 6.7, no qual uma média aparada de 10% foi proposta para estimar o centro da distribuição simétrica da população θ. Os dados do Exemplo 6.2 chegam a $\hat{\theta} = \bar{x}_{\text{tr}(10)} = 27{,}838$, mas agora não há a suposição $f(x; \theta)$, então, como podemos obter uma amostra de *bootstrap*? A resposta é considerar a própria amostra como constituinte da população (as $n = 20$ observações no Exemplo 6.2) e tirar B amostras diferentes, cada uma de tamanho n, *com* substituição da referida população. O livro de Bradley Efron e Robert Tibshirani ou o de John Rice, listados na bibliografia, fornecem mais informações.

EXERCÍCIOS Seção 6.1 (1–19)

1. Os dados que seguem sobre a resistência à flexão (MPa) das vigas de um tipo de concreto foram introduzidos no Exemplo 1.2.

5,9	7,2	7,3	6,3	8,1	6,8	7,0
7,6	6,8	6,5	7,0	6,3	7,9	9,0
8,2	8,7	7,8	9,7	7,4	7,7	9,7
7,8	7,7	11,6	11,3	11,8	10,7	

a. Calcule uma estimativa pontual do valor médio da resistência para a população conceitual de todas as vigas fabricadas dessa forma e diga qual estimador você utilizou. [*Dica*: $\Sigma x_i = 219{,}8$.]

b. Calcule uma estimativa pontual do valor da resistência que separa as 50% mais fracas de todas as vigas das 50% mais fortes e diga qual estimador você utilizou.

c. Calcule e interprete uma estimativa pontual do desvio padrão da população *s*. Que estimador você utilizou? [*Dica*: $\Sigma x_i^2 = 1\,860{,}94$.]

d. Calcule uma estimativa pontual da proporção de todas as vigas cuja resistência à flexão exceda 10 MPa. [*Dica*: considere uma observação como bem-sucedida quando ela excede 10.]

e. Calcule uma estimativa pontual do coeficiente de variação σ/μ da população e diga qual estimador você utilizou.

2. Uma amostra de 20 alunos que recentemente tiveram Estatística básica descobriu as seguintes informações sobre a marca das suas calculadoras (T = Texas Instruments, H = Hewlett Packard, C = Casio, S = Sharp):

T	T	H	T	C	T	T	S	C	H
S	S	T	H	C	T	T	T	H	T

a. Estime a proporção real de todos os alunos que possuem calculadora da Texas Instruments.

b. Dos 10 alunos que tinham uma calculadora da TI, 4 possuíam calculadoras gráficas. Estime a proporção de alunos que não possuem calculadora gráfica da TI.

3. Uma pesquisadora deseja estimar a proporção de alunos que violaram o código de honra em certa universidade. Ao obter uma amostra aleatória de *n* alunos, ela percebe que perguntar a cada um: "Você violou o código de honra?" provavelmente resultará em algumas respostas falsas. Considere o seguinte esquema, chamado de técnica de **resposta aleatorizada**. A pesquisadora monta um baralho de 100 cartas, das quais 50 são do tipo I e 50 do tipo II.

Tipo I: Você violou o código de honra (sim ou não)?

Tipo II: O último dígito de seu número de telefone é 0, 1 ou 2 (sim ou não)?

Cada aluno da amostra aleatória é solicitado a misturar o baralho, tirar uma carta e responder à pergunta resultante com sinceridade. Devido à pergunta irrelevante nas cartas do tipo II, a resposta afirmativa não estigmatiza mais o entrevistado, de modo que assumimos que as respostas sejam verdadeiras. Seja *p* a proporção dos violadores do código de honra (isto é, a probabilidade de um aluno selecionado aleatoriamente ser um violador) e por $\lambda = P$ (resposta sim). Então, λ e *p* estão relacionados por $\lambda = 0{,}5p + (0{,}5)(0{,}3)$.

a. Seja *Y* o número de respostas afirmativas, de modo que $Y \sim \text{Bin}(n, \lambda)$. Assim, *S/N* é um estimador não viciado de λ. Determine um estimador para *p* com base em *Y*. Se $n = 80$ e $y = 20$, qual é a sua estimativa? [*Dica*: resolva $\lambda = 0{,}5p + 0{,}15$ para *p* e substitua *Y/n* no lugar de λ.]

b. Use o fato de $E(Y/n) = \lambda$ para mostrar que seu estimador $\hat{p}$ é não viciado.

c. Se havia 70 cartas tipo I e 30 tipo II, qual seria seu estimador para *p*?

4. O artigo do qual os dados do Exercício 1 foram tirados também forneceu as observações de resistência a seguir para os cilindros:

6,1	5,8	7,8	7,1	7,2	9,2	6,6	8,3	7,0	8,3
7,8	8,1	7,4	8,5	8,9	9,8	9,7	14,1	12,6	11,2

Antes de obter os dados, represente as resistências da viga por $X_1, \ldots, X_m$ e as resistências do cilindro por $Y_1, \ldots, Y_n$. Suponha que os X_i constituem uma amostra aleatória de uma distribuição com média μ_1 e desvio padrão σ_1, e que os Y_i formam uma amostra aleatória (independente dos X_i) de outra distribuição com média μ_2 e desvio padrão σ_2.

a. Use as regras do valor esperado para mostrar que $\overline{X} - \overline{Y}$ é um estimador não viciado de $\mu_1 - \mu_2$. Calcule a estimativa dos dados apresentados.

b. Use as regras de variância do Capítulo 5 para obter uma expressão para a variância e o desvio padrão (erro padrão) do estimador do item (a) e calcule o erro padrão estimado.

c. Calcule uma estimativa pontual da relação σ_1/σ_2 dos dois desvios padrão.

d. Suponha que uma única viga e um único cilindro sejam selecionados aleatoriamente. Calcule uma estimativa pontual da variância da diferença $X - Y$ entre a resistência da viga e a resistência do cilindro.

5. Como exemplo de uma situação em que várias estatísticas diferentes podiam razoavelmente ser usadas para calcular uma estimativa pontual, considere uma população de N faturas. Associado a cada fatura está seu "valor contábil", o valor registrado dessa fatura. Considere T o valor contábil total, um valor conhecido. Alguns desses valores são errôneos. Uma auditoria será realizada, selecionando aleatoriamente n faturas e determinando o valor (correto) examinado de cada uma. Suponha que a amostra forneça os seguintes resultados (em dólares).

	Fatura				
	1	2	3	4	5
Valor contábil	300	720	526	200	127
Valor auditado	300	520	526	200	157
Erro	0	200	0	0	–30

Sejam

$\overline{Y}$ = valor contábil médio amostral

$\overline{X}$ = valor médio amostral examinado

$\overline{D}$ = erro médio amostral

Proponha três estatísticas diferentes para estimar o valor total auditado (ou seja, correto) – uma que envolva apenas N e $\overline{X}$, outra que envolva T, N e $\overline{D}$ e a última envolvendo T e $\overline{X}/\overline{Y}$. Se $N = 5\,000$ e $T = 1\,761\,300$, calcule as três estimativas pontuais correspondentes (o artigo "Statistical models and analysis in auditing," *Statistical Science*, 1989: 2–33, discute as propriedades desses estimadores).

6. Considere as observações que seguem sobre a vazão (em milhares de acres-pés) registrada em uma estação de tramento de água no Colorado de 1º de abril a 31 de agosto, por um período de 31 anos (dados extraídos de um artigo do volume de 1974 de *Water Resources Research*).

127,96	210,07	203,24	108,91	178,21
285,37	100,85	89,59	185,36	126,94
200,19	66,24	247,11	299,87	109,64
125,86	114,79	109,11	330,33	85,54
117,64	302,74	280,55	145,11	95,36
204,91	311,13	150,58	262,09	477,08
94,33				

Um gráfico de probabilidade apropriado confirma o uso da distribuição lognormal (veja Seção 4.5) como um modelo razoável da vazão dos rios.

a. Estime os parâmetros da distribuição [*Dica*: lembre-se de que X tem distribuição lognormal com parâmetros μ e σ^2 se $\ln(X)$ tiver distribuição normal com média μ e variância σ^2.]

b. Use as estimativas do item (a) para calcular uma estimativa do valor esperado da vazão dos rios [*Dica*: calcule $E(X)$.]

7. a. Uma amostra aleatória de 10 casas em uma área específica, todas aquecidas com gás natural, é selecionada; a quantidade de gás (*therms* – equivalem a 100 pés de gás natural) usada durante o mês de janeiro é determinada para cada casa. As observações resultantes foram 103, 156, 118, 89, 125, 147, 122, 109, 138, 99. Considere μ a média de consumo de gás durante o mês de janeiro por todos os residentes desta área. Calcule a estimativa pontual de μ.

b. Suponha que existam 10 000 casas nessa área que utilizem gás natural para aquecimento. Seja τ a quantidade total de gás usado por todas essas casas no mês de janeiro. Calcule τ usando os dados do item (a). Que estimador você utilizou ao calcular sua estimativa?

c. Use os dados do item (a) para calcular p, a proporção de todas as casas que usaram no mínimo 100 therms.

d. Forneça uma estimativa pontual do uso mediano da população (o valor médio na população de todas as casas) com base na amostra do item (a). Que estimador você utilizou?

8. Em uma amostra aleatória de certo tipo de 80 componentes, 12 são considerados defeituosos.

a. Forneça uma estimativa pontual da proporção de todos os componentes que *não* são defeituosos.

b. Um sistema será construído selecionando-se aleatoriamente dois desses componentes e conectando-os em série, conforme ilustramos abaixo:

A conexão em série implica que o sistema funcionará somente se nenhum componente estiver com defeito (isto é, se ambos funcionarem adequadamente). Estime a proporção de todos os sistemas que funcionam adequadamente [*Dica*: se p representa a probabilidade de um componente funcionar adequadamente, como P (funcionamento do sistema) pode ser expressado em termos de p?]

9. Todos os 150 itens fabricados recentemente são examinados e o número de arranhões por item é registrado (os itens são supostamente livres de arranhões), produzindo os seguintes dados:

Quantidade de arranhões por item	0	1	2	3	4	5	6	7
Frequência observada	18	37	42	30	13	7	2	1

Seja X = o número de arranhões em um item escolhido aleatoriamente, assuma que X possui uma distribuição de Poisson com parâmetro μ.

a. Encontre um estimador não viciado para μ e calcule a estimativa dos dados [*Dica*: $E(X) = \mu$ para X com distribuição de Poisson, então $E(\overline{X})$= ?]

b. Qual é o desvio padrão (erro padrão) do seu estimador? Calcule o erro padrão estimado. [*Dica*: $\sigma_X^2 = \mu$ para X com distribuição de Poisson.]

10. Usando um bastão longo de comprimento μ, você traçará um gráfico quadrado em que o comprimento de cada lado é μ. Assim, a área do gráfico será μ^2. Entretanto, você não conhece o valor de μ, então decide fazer n medições independentes X_1, X_2, ..., X_n do comprimento. Assuma que cada X_i tenha média (medições não viciadas) e variância σ^2.

a. Mostre que $\overline{X}^2$ não é um estimador não viciado de μ^2. [*Dica*: para qualquer v.a. Y, $E(Y^2) = V(Y) + [E(Y)]^2$. Aplique isto com $Y = \overline{X}$.]

b. Para qual valor de k o estimador $\overline{X}^2 - kS^2$ não é viciado para μ^2? [*Dica*: calcule $E(\overline{X}^2 - kS^2)$.]

11. Considere a seguinte amostra de observações relativas à espessura da cobertura de tintas de baixa viscosidade ("Achieving a target value for a manufacturing process: a case study", *J. of Quality Technology*, 1992: 22-26):

0,83	0,88	0,88	1,04	1,09	1,12	1,29	1,31
1,48	1,49	1,59	1,62	1,65	1,71	1,76	1,83

Assuma que a distribuição da espessura da camada seja normal (um gráfico de probabilidade normal sustenta fortemente essa hipótese).

a. Calcule uma estimativa pontual do valor médio da espessura da camada e diga qual estimador você utilizou.

b. Calcule uma estimativa pontual da mediana da distribuição da espessura da camada e diga qual estimador você utilizou.

c. Calcule uma estimativa pontual do valor que separa os 10% maiores de todos os valores na distribuição da espessura dos 90% remanescentes e diga qual estimador você utilizou. [*Dica*: expresse o que está tentando estimar em termos de μ e σ.]

d. Calcule $P(X < 1{,}5)$, isto é, a proporção de todos os valores das espessuras inferiores a 1,5. [*Dica:* se você soubesse os valores de μ e σ, você conseguiria calcular esta probabilidade. Esses valores não estão disponíveis, mas podem ser estimados.]

e. Qual é o erro padrão estimado do estimador que você utilizou no item (b)?

12. Suponha que certo tipo de fertilizante possua um rendimento esperado por acre de μ_1, com variância σ^2, enquanto o rendimento esperado de um segundo tipo de fertilizante seja μ_2 com a mesma variância σ^2. Represente por S_1^2 e S_2^2 e as variâncias amostrais dos rendimentos com base nos tamanhos de amostra n_1 e n_2, respectivamente, dos dois fertilizantes. Mostre que o estimador combinado

$$\hat{\sigma}^2 = \frac{(n_1 - 1)S_1^2 + (n_2 - 1)S_2^2}{n_1 + n_2 - 2}$$

é um estimador não viciado de σ^2.

13. Considere uma amostra aleatória $X_1, \ldots, X_n$ da f.d.p.

$$f(x; \theta) = 0{,}5(1 + \theta x) \qquad -1 \le x \le 1$$

em que $-1 \le \theta \le 1$ (essa distribuição surge na física de partículas). Mostre que $\hat{\theta} = 3\overline{X}$ é um estimador não viciado de θ. [*Dica*: primeiro determine $\mu = E(X) = E(\overline{X})$.]

14. Uma amostra de n aviões de guerra Pandemonium capturada resulta em números de série $x_1, x_2, x_3, \ldots, x_n$. A CIA sabe que cada aeronave foi numerada consecutivamente na fábrica, começando com α e terminando com β, de modo que o número total de aviões fabricados é $\beta - \alpha + 1$ (por exemplo: se $\alpha = 17$ e $\beta = 29$, então, $29 - 17 + 1 = 13$ aviões tendo números de série 17, 18, 19, ..., 28, 29 foram fabricados). Entretanto, a CIA não sabe os valores de α ou β. Um estatístico dessa instituição sugere o uso do estimador $\text{máx}(X_i) - \text{mín}(X_i) + 1$ para calcular o número total de aviões fabricados.

a. Se $n = 5$, $x_1 = 237$, $x_2 = 375$, $x_3 = 202$, $x_4 = 525$ e $x_5 = 418$, qual é a estimativa correspondente?

b. Sob quais condições na amostra o valor da estimativa será exatamente igual ao número total real de aviões? A estimativa sempre será maior que o total real? Você acha que o estimador é não viciado para calcular $\beta - \alpha + 1$? Explique em uma ou duas frases.

15. Seja $X_1, X_2, \ldots, X_n$ uma amostra aleatória de uma distribuição Rayleigh com f.d.p.

$$f(x; \theta) = \frac{x}{\theta} e^{-x^2/(2\theta)} \qquad x > 0$$

a. Pode ser mostrado que $E(X^2) = 2\theta$. Use este fato para construir um estimador não viciado de θ baseado em $\sum X_i^2$ (e use as regras de valor esperado para mostrar que não é viciado).

b. Calcule a partir de $n = 10$ observações sobre o desgaste devido à vibração de uma lâmina de turbina sob condições especificadas:

16,88	10,23	4,59	6,66	13,68
14,23	19,87	9,40	6,51	10,95

16. Suponha que o crescimento médio real μ de um tipo de planta durante o período de um ano seja idêntico ao de um segundo tipo, mas a variância de crescimento do primeiro tipo é σ^2, enquanto a do segundo tipo é $4\sigma^2$. Considere $X_1, \ldots, X_m$ como m observações independentes de crescimento do primeiro tipo [então, $E(X_i) = \mu$, $V(X_i) = \sigma^2$] e $Y_1, \ldots, Y_n$ como n observações independentes de crescimento do segundo tipo [$E(Y_i) = \mu$, $V(Y_i) = 4\sigma^2$].

a. Mostre que, para qualquer δ entre 0 e 1, o estimador $\hat{\mu} = \delta\overline{X} + (1 - \delta)\overline{Y}$ não é viciado para μ.

b. Para valores fixos de m e n, calcule $V(\hat{\mu})$ e, depois, encontre o valor de δ que minimiza $V(\hat{\mu})$. [*Dica*: diferencie $V(\hat{\mu})$ com relação a δ.]

17. No Capítulo 3, definimos uma v.a. binomial negativa como o número de falhas que ocorrem antes do r-ésimo sucesso em uma sequência de tentativas de sucesso/falhas idênticas e independentes. A função de probabilidade (f.p.) de X é

$$\binom{x + r - 1}{x} p^r(1 - p)^x \quad x = 0, 1, 2, \ldots$$

a. Suponha que $r \ge 2$. Mostre que

$$\hat{p} = (r - 1)/(X + r - 1)$$

é um estimador não viciado para p [*Dica*: coloque $E(\hat{p})$ e cancele $x + r - 1$ dentro da soma.]

b. Um repórter que deseja entrevistar cinco pessoas que apoiam um candidato começa perguntando a elas se apoiam (S) ou não (F) tal candidato. Se a sequência das respostas é *SFFSFFFSSS*, estime p = proporção real que apoia o candidato.

18. Seja $X_1, X_2, \ldots, X_n$ uma amostra aleatória de uma f.d.p. $f(x)$ simétrica com relação a μ, de modo que $\widetilde{X}$ seja um estimador não viciado de μ. Se n for grande, podemos observar que $V(\tilde{X}) \approx 1/(4n[f(\mu)]^2)$.

a. Compare $V(\tilde{X})$ a $V(\overline{X})$ quando a distribuição subjacente for normal.

b. Quando a f.d.p. subjacente for Cauchy (veja o Exemplo 6.7), $V(\overline{X}) = \infty$, então $\overline{X}$ será um péssimo estimador. Qual é o valor de $V(\tilde{X})$ neste caso, quando n for grande?

19. De n_1 fumantes do sexo masculino escolhidos aleatoriamente, X_1 fumavam cigarro com filtro, enquanto que, de n_2 fumantes do sexo feminino selecionadas aleatoriamente, X_2 fumavam cigarro com filtro. Represente por p_1 e p_2 as probabilidades de um homem e uma mulher selecionados de modo aleatório, respectivamente, fumarem cigarro com filtro.

a. Mostre que $(X_1/n_1) - (X_2/n_2)$ é um estimador não viciado de $p_1 - p_2$. [*Dica*: $E(X_i) = n_i p_i$ para $i = 1, 2$.]

b. Qual é o erro padrão do estimador do item (a)?

c. Como você usaria os valores observados de x_1 e x_2 para calcular o erro padrão do seu estimador?

d. Se $n_1 = n_2 = 200$, $x_1 = 127$ e $x_2 = 176$, use o estimador do item (a) para obter uma estimativa de $p_1 - p_2$.

e. Use o resultado do item (c) e os dados do item (d) para calcular o erro padrão do estimador.

6.2 Métodos de estimação pontual

A definição de ausência de vício geralmente não indica como os estimadores não viciados podem ser deduzidos. Agora, discutimos dois métodos "construtivos" para obter estimadores pontuais: o método dos momentos e o método da máxima verossimilhança. Por *construtivo* queremos dizer que a definição geral de cada tipo de estimador sugere explicitamente como obter o estimador em qualquer problema específico. Embora os estimadores da máxima verossimilhança sejam geralmente preferíveis aos estimadores de momentos devido a certas propriedades de eficiência, eles usualmente precisam significativamente de mais cálculos que os estimadores de momentos. Às vezes, é o caso de esses métodos produzirem estimadores não viciados.

O método dos momentos

A ideia básica deste método é igualar certas características da amostra, como a média, aos valores esperados correspondentes da população. Então, resolver essas equações em relação aos valores dos parâmetros desconhecidos produz os estimadores.

Definição

Seja $X_1, \ldots, X_n$ uma amostra aleatória de uma f.p. ou f.d.p. $f(x)$. Para $k = 1, 2, 3, \ldots$, o ***k*-ésimo momento populacional** ou ***k*-ésimo momento da distribuição *f*(*x*)** é $E(X_k)$. O ***k*-ésimo momento amostral** é $(1/n)\sum_{i=1}^{n} X_i^k$.

Assim, o primeiro momento populacional é $E(X) = \mu$ e o primeiro momento amostral é $\Sigma X_i/n = \overline{X}$. Os segundos momentos populacional e amostral são $E(X_2)$ e $\sum X_i^2/n$, respectivamente. Os momentos da população serão funções de quaisquer parâmetros desconhecidos $\theta_1, \theta_2, \ldots$.

Definição

Seja $X_1, X_2, \ldots, X_n$ uma amostra aleatória de uma distribuição com f.p. ou f.d.p. $f(x; \theta_1, \ldots, \theta_m)$, em que $\theta_1, \ldots, \theta_m$ são parâmetros cujos valores são desconhecidos. Então, os **estimadores pelo método dos momentos** $\hat{\theta}_1, \ldots, \hat{\theta}_m$ são obtidos igualando-se os primeiros m momentos da amostra aos primeiros m momentos da população correspondente e resolvendo em relação a $\theta_1, \ldots, \theta_m$.

Se, por exemplo, $m = 2$, $E(X)$ e $E(X^2)$ serão funções de θ_1 e θ_2. $E(X) = (1/n)\ \Sigma X_i\ (= \overline{X})$ e $E(X^2) = (1/n)\sum X_i^2$ dão duas equações em θ_1 e θ_2. A solução, então, define os estimadores.

Exemplo 6.12

Seja $X_1, X_2, \ldots, X_n$ uma amostra aleatória dos tempos de serviço de n clientes em determinado local, em que a distribuição subjacente é presumidamente exponencial com parâmetro λ. Como há apenas um parâmetro a ser estimado, o estimador é obtido ao equacionar $E(X)$ a $\overline{X}$. Visto que $E(X) = 1/\lambda$ tem distribuição exponencial, então temos $1/\lambda = \overline{X}$ ou $\lambda = 1/\ \overline{X}$. O estimador pelo método de momentos de λ é $\hat{\lambda} = 1/\overline{X}$. ■

Exemplo 6.13

Seja $X_1, \ldots, X_n$ a amostra aleatória de uma distribuição gama com parâmetros α e β. Com base na Seção 4.4, $E(X) = \alpha\beta$ e $E(X^2) = \beta^2\Gamma(\alpha + 2)/\Gamma(\alpha) = \beta^2(\alpha + 1)\alpha$. Os estimadores de momento de α e β são obtidos ao se resolver

$$\overline{X} = \alpha\beta \qquad \frac{1}{n}\sum X_i^2 = \alpha(\alpha + 1)\beta^2$$

Uma vez que $\alpha(\alpha + 1)\beta^2 = \alpha^2\beta^2 + \alpha\beta^2$ e a primeira equação implica $\alpha^2\beta^2 = \overline{X}^2$, a segunda equação se torna

$$\frac{1}{n}\sum X_i^2 = \overline{X}^2 + \alpha\beta^2$$

Dividindo-se cada membro dessa segunda equação pelo lado correspondente da primeira e substituindo--se de volta, são fornecidos os estimadores

$$\hat{\alpha} = \frac{\overline{X}^2}{(1/n)\sum X_i^2 - \overline{X}^2} \qquad \hat{\beta} = \frac{(1/n)\sum X_i^2 - \overline{X}^2}{\overline{X}}$$

Para ilustrar, os dados do tempo de sobrevida mencionados no Exemplo 4.24 são

152	115	109	94	88	137	152	77	160	165
125	40	128	123	136	101	62	153	83	69

com $\bar{x} = 113{,}5$ e $(1/20)\sum x_i^2 = 14\,087{,}8$. As estimativas são

$$\hat{\alpha} = \frac{(113{,}5)^2}{14\,087{,}8 - (113{,}5)^2} = 10{,}7 \qquad \hat{\beta} = \frac{14\,087{,}8 - (113{,}5)^2}{113{,}5} = 10{,}6$$

Essas estimativas de α e β diferem dos valores sugeridos por Gross e Clark porque eles usaram uma técnica de estimativa diferente. ■

Exemplo 6.14

Seja $X_1, \ldots, X_n$ uma amostra aleatória de uma distribuição binomial negativa geral com parâmetros r e p (Seção 3.5). Como $E(X) = r(1 - p)/p$ e $V(X) = r(1 - p)/p^2$, $E(X^2) = V(X) + [E(X)]^2 = r(1 - p)(r - rp + 1)/p^2$. Equacionando $E(X)$ em $\overline{X}$ e $E(X^2)$ em $(1/n)\sum X_i^2$, temos

$$\hat{p} = \frac{\overline{X}}{(1/n)\sum X_i^2 - \overline{X}^2} \qquad \hat{r} = \frac{\overline{X}^2}{(1/n)\sum X_i^2 - \overline{X}^2 - \overline{X}}$$

Como ilustração, Reep, Pollard e Benjamin ("Skill and chance in ball games", *J. of Royal Stat. Soc.*, 1971: 623-629) consideram a distribuição binomial negativa um modelo para o número de gols por jogo marcados pelos times da Liga Nacional de Hóquei (NHL). Os dados de 1966-1967 aparecem a seguir (420 jogos):

Gols	0	1	2	3	4	5	6	7	8	9	10
Frequência	29	71	82	89	65	45	24	7	4	1	3

Então,

$$\bar{x} = \sum x_i/420 = [(0)(29) + (1)(71) + \cdots + (10)(3)]/420 = 2{,}98$$

e

$$\sum x_i^2/420 = [(0)^2(29) + (1)^2(71) + \cdots + (10)^2(3)]/420 = 12{,}40$$

Dessa forma,

$$\hat{p} = \frac{2{,}98}{12{,}40 - (2{,}98)^2} = 0{,}85 \qquad \hat{r} = \frac{(2{,}98)^2}{12{,}40 - (2{,}98)^2 - 2{,}98} = 16{,}5$$

Embora r por definição deva ser positivo, o denominador de $\hat{r}$ pode ser negativo, indicando que a distribuição binomial negativa não é apropriada (ou que o estimador pelo método dos momentos é inadequado). ■

Estimadores de máxima verossimilhança

O método de máxima verossimilhança foi inicialmente introduzido por R. A. Fisher, geneticista e estatístico, na década de 1920. A maioria dos estatísticos recomenda esse método, pelo menos quando o tamanho da amostra for grande, uma vez que os estimadores resultantes têm certas propriedades de eficiência desejáveis (veja a segunda proposição da página 237).

Exemplo 6.15

Uma amostra de 10 capacetes de ciclista fabricados por certa empresa é obtida. Em teste, descobre-se que o primeiro, o terceiro e o décimo capacetes estão com defeito, enquanto os demais não. Seja $p = P$ (capacetes com defeito), ou seja, p é a proporção de todos os capacetes que apresentam defeitos. Defina as variáveis aleatórias de Bernoulli $X_1, X_2, \ldots, X_{10}$ por

$$X_1 = \begin{cases} 1 \text{ se o } 1^{\circ} \text{ capacete for defeituoso} \\ 0 \text{ se o } 1^{\circ} \text{ capacete não for defeituoso} \end{cases} \quad \ldots \quad X_{10} = \begin{cases} 1 \text{ se o } 10^{\circ} \text{ capacete for defeituoso} \\ 0 \text{ se o } 10^{\circ} \text{ capacete não for defeituoso} \end{cases}$$

Depois, para a amostra obtida, $X_1 = X_3 = X_{10} = 1$ e os outros sete X_i são zeros. A função de probabilidade de qualquer X_i determinado é $p^{x_i}(1-p)^{1-x_i}$, que se torna p se $x_i = 1$ e $1 - p$ quando $x_i = 0$. Agora, vamos supor que as condições dos vários capacetes sejam independentes entre si. Isso implica dizer que X_i são independentes, então, a função de probabilidade conjunta é o produto das f.p. individuais. Desta forma, a f.p. combinada avaliada nos X_i observados é

$$f(x_1, ..., x_{10}; p) = p(1-p)p \ldots p = p^3(1-p)^7 \tag{6.4}$$

Suponha que $p = 0{,}25$. Então, a probabilidade de observar a amostra que obtivemos é $(0{,}25)^3(0{,}75)^7 = 0{,}002086$. Se, em vez disso, $p = 0{,}50$, então, esta probabilidade é $(0{,}50)^3(0{,}50)^7 = 0{,}000977$. Para que valor de p a amostra observada é mais provável de ter ocorrido? Ou seja, para qual valor de p a f.p. combinada (6.4) é a maior possível? Qual valor de p maximiza (6.4)? A Figura 6.5 mostra um gráfico da *verossimilhança* (6.4) como uma função de p. Parece que o gráfico atinge seu pico acima de $p = 0{,}3$ = proporção de capacetes com defeito na amostra. A Figura 6.5(b) mostra um gráfico do logaritmo natural de (6,4); visto que $ln[g(u)]$ é uma função estritamente crescente de $g(u)$, encontrar o valor de u que maximiza a função $g(u)$ é o mesmo que encontrar u para maximizar $ln[g(u)]$.

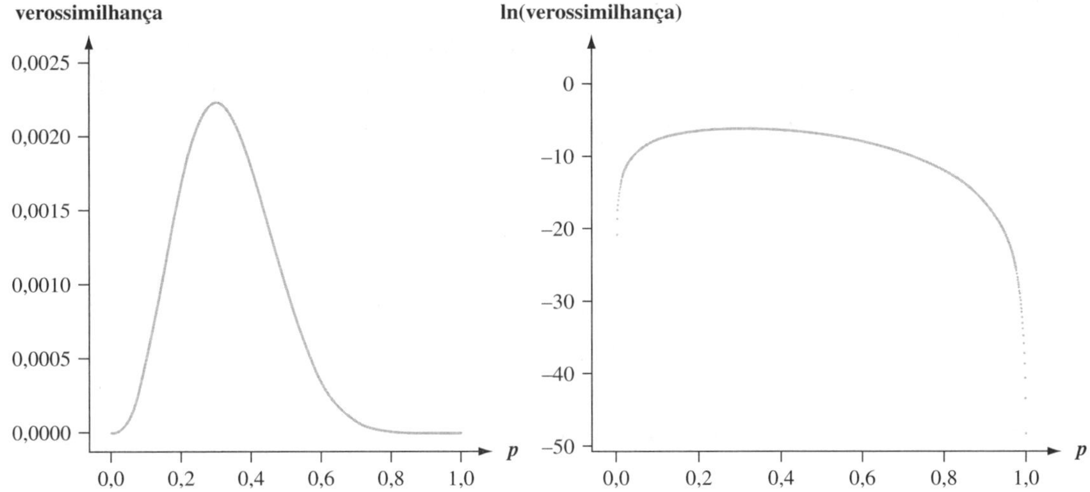

Figura 6.5 (a) gráfico da verossimilhança (f.p. conjunta) (6.4) do Exemplo 6.15; (b) gráfico do logaritmo normal da verossimilhança.

Podemos verificar nossa impressão visual ao utilizar Cálculo para encontrar o valor de p que maximiza (6.4). Trabalhar com o logaritmo natural da f.p. conjunta geralmente é mais fácil do que trabalhar com a f.p. conjunta em si, visto que esta é tipicamente um produto, então, seu logaritmo será uma soma. Aqui

$$\ln[f(x_1, \ldots, x_{10}; p)] = \ln[p^3(1-p)^7] = 3\ln(p) + 7\ln(1-p) \tag{6.5}$$

Dessa forma,

$$\frac{d}{dp}\{\ln[f(x_1, ..., x_{10}; p)]\} = \frac{d}{dp}\{3\ln(p) + 7\ln(1 - p)\} = \frac{3}{p} + \frac{7}{1 - p}(-1)$$

$$= \frac{3}{p} - \frac{7}{1 - p}$$

[o (-1) vem da regra da cadeia no Cálculo]. Igualar esta derivada a 0 e resolver para p dá $3(1 - p) = 7p$, do qual $3 = 10p$ e, então, $p = 3/10 = 0,30$, conforme presumido. Ou seja, nossa estimativa pontual é $\hat{p} = 0,30$. Chama-se *estimativa da máxima verossimilhança*, pois esse é o valor que maximiza a verossimilhança (f.p. conjunta) da amostra observada. Em geral, a segunda derivada deve ser analisada para se ter certeza de que o máximo foi obtido, mas aqui, isso se torna óbvio a partir da Figura 6.5.

Suponha que, em vez de saber da condição de todos os capacetes, queremos apenas ser informados de que 3 em 10 estão com defeito. Então, teríamos o valor observado de uma variável aleatória binomial X = a quantidade de capacetes com defeito. A f.p. de X é $\binom{10}{x} p^x(1 - p)^{10-x}$. Para $x = 3$, isto se torna $\binom{10}{3}$ $p^3(1 - p)^7$. O coeficiente binomial $\binom{10}{3}$ é irrelevante para a maximização, então novamente $\hat{p} = 0,30$. ■

Definição

Suponha que $X_1, X_2, \ldots, X_n$ tenha f.p. ou f.d.p. conjunta

$$f(x_1, x_2, \ldots, x_n; \theta_1, \ldots, \theta_m) \quad (6.6)$$

em que os parâmetros $\theta_1, \ldots, \theta_m$ possuem valores desconhecidos. Quando $x_1, \ldots, x_n$ são os valores observados da amostra e (6.6) é considerada uma função de $\theta_1, \ldots, \theta_m$, é chamada **função de verossimilhança**. As estimativas de máxima verossimilhança (EMV) $\hat{\theta}_1, ..., \hat{\theta}_m$ são os valores de θ_i que maximizam a função de verossimilhança, de modo que

$$f(x_1, ..., x_n; \hat{\theta}_1, ..., \hat{\theta}_m) \geq f(x_1, ..., x_n; \theta_1, ..., \theta_m) \text{ para todo } \theta_1, ..., \theta_m$$

Quando os X_i são substituídos no lugar de x_i, resultam os **estimadores de máxima verossimilhança**.

A função de verossimilhança nos diz o quão provável a amostra observada é uma função dos valores dos parâmetros possíveis. Maximizar a verossimilhança fornece os valores dos parâmetros para os quais a amostra observada é mais provável de ter sido gerada – isto é, os valores de parâmetro que "mais aproximadamente concordam" com os dados observados.

Exemplo 6.16

Suponha que $X_1, X_2, \ldots, X_n$ seja uma amostra aleatória de uma distribuição exponencial com parâmetro λ. Devido à independência, a função de verossimilhança é o produto das f.d.p. individuais:

$$f(x_1, \ldots, x_n; \lambda) = (\lambda e^{-\lambda x_1}) \cdot \cdots \cdot (\lambda e^{-\lambda x_n}) = \lambda^n e^{-\lambda \Sigma x_i}$$

O logaritmo natural da função de verossimilhança é

$$\ln[f(x_1, \ldots, x_n; \lambda)] = n\ln(\lambda) - \lambda \Sigma x_i$$

Igualar $(d/d\lambda)$ [ln(verossimilhança)] a zero resulta $n/\lambda - \Sigma x_i = 0$, ou $\lambda = n/\Sigma x_i = 1/\bar{x}$. Dessa forma, o EMV é $\hat{\lambda} = 1/\bar{X}$; é idêntico ao estimador obtido pelo método dos momentos [mas não é um estimador não viciado, uma vez que $E(1/\bar{X}) \neq 1/E(\bar{X})$]. ■

Exemplo 6.17

Seja $X_1, \ldots, X_n$ a amostra aleatória de uma distribuição normal. A função de verossimilhança é

$$f(x_1, ..., x_n; \mu, \sigma^2) = \frac{1}{\sqrt{2\pi\sigma^2}} e^{-(x_1-\mu)^2/(2\sigma^2)} \cdot \ldots \cdot \frac{1}{\sqrt{2\pi\sigma^2}} e^{-(x_n-\mu)^2/(2\sigma^2}$$

$$= \left(\frac{1}{2\pi\sigma^2}\right)^{n/2} e^{-\Sigma(x_i-\mu)^2/(2\sigma^2)}$$

Então

$$\ln[f(x_1, ..., x_n; \mu, \sigma^2)] = -\frac{n}{2}\ln(2\pi\sigma^2) - \frac{1}{2\sigma^2}\Sigma(x_i - \mu)^2$$

Para determinar os valores máximos de μ e σ^2, devemos calcular as derivadas parciais de ln(f) em relação a μ e σ^2, igualá-las a zero e resolver as duas equações resultantes. Omitindo os detalhes, os EMV resultantes são

$$\hat{\mu} = \overline{X} \qquad \hat{\sigma}^2 = \frac{\sum(X_i - \overline{X})^2}{n}$$

O EMV de σ^2 não é estimador não viciado; então, dois princípios diferentes de estimativa (ausência de vício e máxima verossimilhança) produzem dois estimadores diferentes. ■

Exemplo 6.18

No Capítulo 3, discutimos o uso da distribuição de Poisson para modelar o número de "eventos" que ocorrem em uma região bidimensional. Assuma que, quando a região R, que está servindo como amostra, possui área $a(R)$, o número X de eventos que ocorrem em R tem distribuição de Poisson com parâmetro $\lambda a(R)$ (em que λ é o número esperado de eventos por unidade de área) e as regiões não sobrepostas produzem X independentes.

Suponha que um ecologista selecione n regiões não sobrepostas $R_1, \ldots, R_n$ e conte o número de certa espécie de plantas encontrada em cada região. A f.p. conjunta (verossimilhança) é, então,

$$p(x_1, \ldots, x_n; \lambda) = \frac{[\lambda \cdot a(R_1)]^{x_1} e^{-\lambda \cdot a(R_1)}}{x_1!} \cdot \ldots \cdot \frac{[\lambda \cdot a(R_n)]^{x_n} e^{-\lambda \cdot a(R_n)}}{x_n!}$$

$$= \frac{[a(R_1)]^{x_1} \cdot \ldots \cdot [a(R_n)]^{x_n} \cdot \lambda^{\Sigma x_i} \cdot e^{-\lambda \Sigma a(R_i)}}{x_1! \cdot \ldots \cdot x_n!}$$

A ln(verossimilhança) é

$$\ln[p(x_1, \ldots, x_n; \lambda)] = \sum x_i \cdot \ln[a(R_i)] + \ln(\lambda) \cdot \sum x_i - \lambda \sum a(R_i) - \sum \ln(x_i!)$$

Considerando $d/d\lambda$ [ln(p)] e igualando-o a zero, temos

$$\frac{\sum x_i}{\lambda} - \sum a(R_i) = 0$$

então,

$$\lambda = \frac{\sum x_i}{\sum a(R_i)}$$

O EMV é $\hat{\lambda} = \sum X_i / \sum a(R_i)$. Isto é intuitivamente razoável, pois λ é a densidade real (plantas por área de unidade), enquanto $\hat{\lambda}$ é a densidade da amostra, uma vez que $\Sigma a(R_i)$ é apenas a área total que serviu como amostra. Em virtude de $E(X_i) = \lambda \cdot a(R_i)$, o estimador é não viciado.

Às vezes, é usado um procedimento alternativo de amostragem. Em vez de fixar regiões a servirem como amostra, o ecologista selecionará n pontos em toda a área de interesse e representará por y_i = a distância do i-ésimo ponto para a planta mais próxima. A função distribuição acumulada (f.d.) de Y = distância para a planta mais próxima é

$$F_Y(y) = P(Y \leq y) = 1 - P(Y > y) = 1 - P(\text{nenhuma planta num círculo de raio } y)$$

$$= 1 - \frac{e^{-\lambda\pi y^2}(\lambda\pi y^2)^0}{0!} = 1 - e^{-\lambda \cdot \pi y^2}$$

Calculando a derivada de $F_Y(y)$ em relação a y, temos

$$f_Y(y; \lambda) = \begin{cases} 2\pi\lambda y e^{-\lambda\pi y^2} & y \geq 0 \\ 0 & \text{se não} \end{cases}$$

Se agora montarmos a verossimilhança $f_Y(y_1; \lambda) \cdot \ldots \cdot f_Y(y_n; \lambda)$, diferenciarmos ln(verossimilhança) e assim por diante, o EMV resultante é

$$\hat{\lambda} = \frac{n}{\pi \sum Y_i^2} = \frac{\text{quantidade de plantas observadas}}{\text{área total amostrada}}$$

que também é a densidade amostral. Pode-se demonstrar que, em um ambiente esparso (λ pequeno), o método da distância é, de certo modo, melhor, enquanto em um ambiente denso, o primeiro método de amostragem é melhor. ■

Exemplo 6.19

Seja $X_1, \ldots, X_n$ a amostra aleatória de uma f.d.p. de Weibull

$$f(x; \alpha, \beta) = \begin{cases} \dfrac{\alpha}{\beta^{\alpha}} \cdot x^{\alpha-1} \cdot e^{-(x/\beta)^{\alpha}} & x \geq 0 \\ 0 & \text{se não} \end{cases}$$

Escrevendo a verossimilhança e ln(verossimilhança), depois, definindo $(\partial/\partial\alpha)[\ln(f)] = 0$ e $(\partial/\partial\beta)[\ln(f)] = 0$, obtêm-se as equações

$$\alpha = \left[\frac{\sum x_i^{\alpha} \cdot \ln(x_i)}{\sum x_i^{\alpha}} - \frac{\sum \ln(x_i)}{n}\right]^{-1} \qquad \beta = \left(\frac{\sum x_i^{\alpha}}{n}\right)^{1/\alpha}$$

Essas duas equações não podem ser resolvidas explicitamente para fornecer fórmulas gerais para as funções $\hat{\alpha}$ e $\hat{\beta}$. Ao contrário, para cada amostra $x_1, \ldots, x_n$, as equações devem ser resolvidas por um procedimento numérico iterativo. Mesmo os estimadores pelo método dos momentos para α e β são um tanto complicados (veja o Exercício 21). ■

Estimando funções de parâmetros

No Exemplo 6.17, obtivemos o EMV de σ^2 quando a distribuição subjacente era normal. O EMV de $\sigma = \sqrt{\sigma^2}$, bem como tantos outros EMV, pode ser facilmente deduzido usando-se a seguinte proposição:

> **Proposição**
>
> Princípio de invariância
>
> Sejam $\hat{\theta}_1, \hat{\theta}_2, \ldots, \hat{\theta}_m$ os EMV dos parâmetros $\theta_1, \theta_2, \ldots, \theta_m$. Então, o EMV de qualquer função $h(\theta_1, \theta_2, \ldots, \theta_m)$ desses parâmetros é a função $h(\hat{\theta}_1, \hat{\theta}_2, \ldots, \hat{\theta}_m)$ dos EMV.

Exemplo 6.20 (continuação do Exemplo 6.17)

No caso normal, os EMV de μ e σ^2 são $\hat{\mu} = \overline{X}$ e $\hat{\sigma}^2 = \sum(X_i - \overline{X})^2/n$. Para obter o EMV da função $h(\mu, \sigma^2) = \sqrt{\sigma^2} = \sigma$, substitua o EMV na função:

$$\hat{\sigma} = \sqrt{\hat{\sigma}^2} = \left[\frac{1}{n}\sum(X_i - \overline{X})^2\right]^{1/2}$$

O EMV de σ não é o desvio padrão amostral S, embora sejam próximos, a menos que n seja relativamente pequeno. ■

Exemplo 6.21 (continuação do Exemplo 6.19)

O valor médio de uma v.a. X que tenha distribuição de Weibull é

$$\mu = \beta \cdot \Gamma(1 + 1/\alpha)$$

Portanto, o EMV de μ é $\hat{\mu} = \hat{\beta}\Gamma(1 + 1/\hat{\alpha})$, em que $\hat{\alpha}$ e $\hat{\beta}$ são os EMV de α e β. Em especial, $\overline{X}$ não é o EMV de μ, embora seja um estimador não viciado. Pelo menos para n grande, $\hat{\mu}$ é um estimador melhor que $\overline{X}$.

Para os dados apresentados no Exemplo 6.3, os EMV dos parâmetros de Weibull são $\hat{\alpha} = 11{,}9731$ e $\hat{\beta} = 77{,}0153$, dos quais $\hat{\mu} = 73{,}80$. Esta estimativa fica bem próxima da média amostral 73,88. ■

Comportamento em amostras grandes do EMV

Embora o princípio da estimativa da máxima verossimilhança tenha apelação intuitiva considerável, a seguinte proposição fornece base adicional para o uso dos EMV.

Proposição

Sob condições muito genéricas sobre a distribuição conjunta da amostra, quando o tamanho amostral n é grande, o estimador da máxima verossimilhança de qualquer parâmetro θ é aproximadamente não viciado $[E(\hat{\theta}) \approx \theta]$ e tem variância tão pequena quanto a que pode ser atingida por qualquer estimador. Dito de outra maneira, o EMV $\hat{\theta}$ é aproximadamente o ENVMV de θ.

Em virtude desse resultado e do fato de as técnicas com base no Cálculo geralmente poderem ser usadas para deduzir os EMV (embora com frequência sejam necessários métodos numéricos, como o método de Newton), a estimativa de máxima verossimilhança é a técnica de estimativa mais amplamente usada entre os estatísticos. Muitos dos estimadores utilizados no restante deste livro são EMV. Entretanto, a obtenção de um EMV exige que a distribuição subjacente seja especificada.

Algumas complicações

Às vezes, técnicas do Cálculo não pode ser usadas para se obter os EMV.

Exemplo 6.22

Suponha que meu tempo de espera por um ônibus seja uniformemente distribuído em $[0, \theta]$ e que os resultados $x_1, \ldots, x_n$ de uma amostra aleatória dessa distribuição tenham sido observados. Uma vez que $f(x; \theta) = 1/\theta$ para $0 \le x \le \theta$ e 0, caso contrário,

$$f(x_1, \ldots, x_n; \theta) = \begin{cases} \dfrac{1}{\theta^n} & 0 \le x_1 \le \theta, \ldots, 0 \le x_n \le \theta \\ 0 & \text{por outro lado} \end{cases}$$

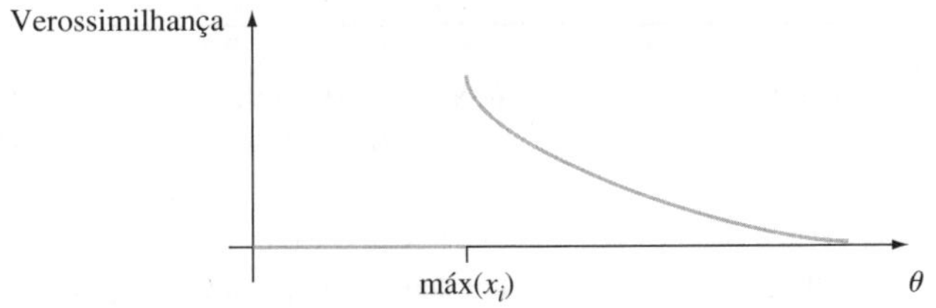

Figura 6.6 A função de verossimilhança do Exemplo 6.22.

Contanto que $\text{máx}(x_i) \le \theta$, a verossimilhança é $1/\theta^n$, que é positiva, mas logo que $\theta < \text{máx}(x_i)$, a verossimilhança cai para 0. Este fato é ilustrado na Figura 6.6. O Cálculo não funcionará porque o máximo da verossimilhança ocorre em um ponto de descontinuidade, mas a figura mostra que $\hat{\theta} = \text{máx}(X_i)$. Assim, se meus tempos de espera são 2,3; 3,7; 1,5; 0,4 e 3,2, então a estima de máxima verossimilhança é $\hat{\theta} = 3{,}7$. A partir do Exemplo 6.4, o EMV não é viciado. ■

Exemplo 6.23

O método que frequentemente é utilizado para estimar o tamanho de uma população selvagem envolve a realização de um experimento de captura/recaptura. Neste experimento, uma amostra inicial com M animais é capturada, cada um deles é identificado e, depois, são colocados de volta na população. Após permitir tempo suficiente para os animais marcados se misturarem na população, outra amostra de tamanho n é capturada. Com X = número de animais marcados na segunda amostra, o objetivo é usar o x observado para estimar o tamanho da população N.

O parâmetro de interesse é $\theta = N$, que pode assumir somente valores inteiros; assim, mesmo após determinar a função de verossimilhança (aqui, a f.p. de X), usar o Cálculo para obter N apresentaria dificuldades. Se considerarmos um sucesso um animal anteriormente marcado que está sendo recapturado, então a amostragem é sem reposição de uma população que contém M sucessos e $N - M$ fracassos, de modo que X é uma v.a. hipergeométrica e a função de verossimilhança é

$$p(x; N) = h(x; n, M, N) = \frac{\binom{M}{x} \cdot \binom{N-M}{n-x}}{\binom{N}{n}}$$

Com a natureza de N estimada em valor inteiro, entretanto, seria difícil calcular a derivada de $p(x; N)$. No entanto, se considerarmos a relação entre $p(x; N)$ a $p(x; N - 1)$, teremos

$$\frac{p(x; N)}{p(x; N-1)} = \frac{(N-M) \cdot (N-n)}{N(N-M-n+x)}$$

Essa proporção é maior que 1 se, e somente se, $N < Mn/x$. O valor de N para o qual $p(x; N)$ é maximizado é, portanto, o maior número inteiro menor que Mn/x. Se utilizarmos a notação matemática padrão $[r]$ para o maior número inteiro menor ou igual a r, o EMV de N será $\hat{N} = [Mn/x]$. Como ilustração, se $M = 200$ peixes forem tirados de um lago e identificados e, subsequentemente, $n = 100$ peixes são recapturados. Dentre os 100, há $x = 11$ peixes identificados, então, $\hat{N} = [(200)(100)/11] = [1\,818{,}18] = 1\,818$. A estimativa é bem intuitiva; x/n é a proporção da amostra recapturada que foi identificada, enquanto M/N é a proporção da população total que foi identificada. A estimativa é obtida igualando-se essas duas proporções (estimando a proporção de uma população pela proporção de uma amostra). ■

Suponha que $X_1, X_2, \ldots, X_n$ seja uma variável aleatória de uma f.d.p. $f(x; \theta)$ que é simétrica em θ, mas o pesquisador não tem certeza sobre a forma da função f. Então, é desejável usar um estimador $\hat{\theta}$ *robusto*, ou seja, um que apresente bom desempenho para uma grande variedade de f.d.p. subjacentes. Tal estimador é uma média aparada. Nos últimos anos, os estatísticos propuseram outro tipo de estimador, chamado *Estimador M*, com base em uma generalização da estimativa de máxima verossimilhança. Em vez de maximizar o logaritmo da verossimilhança $\Sigma \ln[f(x; \theta)]$ para um f especificado, maximiza-se $\Sigma \rho(x_i; \theta)$. A "função objetivo" ρ é selecionada para produzir um estimador com boas propriedades de robustez. O livro de David Hoaglin et al. (veja a bibliografia) contém uma boa exposição sobre esse assunto.

EXERCÍCIOS Seção 6.2 (20–30)

20. Um teste diagnóstico de determinada doença foi aplicado a n indivíduos que não têm a doença. Seja X = o número entre n resultados de teste que são positivos (indicando a presença da doença, então X é o número de falso positivos) e p = a probabilidade de o resultado dos testes de indivíduos que não têm a doença ser positivo (ou seja, p é a proporção real de resultados de testes de indivíduos sem a doença que são positivos). Presuma que apenas X esteja disponível em vez da sequência atual dos resultados do teste.

a. Calcule o estimador da máxima verossimilhança de p. Se $n = 20$ e $x = 3$, qual é a estimativa?

b. O estimador do item (a) é não viciado?

c. Se $n = 20$ e $x = 3$, qual é o EMV da probabilidade $(1 - p)^5$ de nenhum dos próximos cinco testes feitos em indivíduos sem a doença ser positivo?

21. Seja X uma distribuição de Weibull com parâmetros α e β, então

$$E(X) = \beta \cdot \Gamma(1 + 1/\alpha)$$
$$V(X) = \beta^2\{\Gamma(1 + 2/\alpha) - [\Gamma(1 + 1/\alpha)]^2\}$$

a. Com base em uma amostra aleatória $X_1, \ldots, X_n$, escreva as equações do estimador pelo método dos momentos de β e α. Mostre que, uma vez obtida a estimativa de α, a estimativa de β é determinada numa tabela da função gama, e que a estimativa de α é a solução para uma equação complicada que envolve a função gama.

b. Se $n = 20$, $\bar{x} = 28{,}0$ e $\sum x_i^2 = 16\,500$, calcule as estimativas. [*Dica*: $[\Gamma(1{,}2)]^2/\Gamma(1{,}4) = 0{,}95$.]

22. Seja X a proporção de tempo distribuído que um aluno selecionado aleatoriamente gasta trabalhando em um teste de aptidão. Suponha que a f.d.p. de X seja

$$f(x; \theta) = \begin{cases} (\theta + 1)x^\theta & 0 \le x \le 1 \\ 0 & \text{caso contrário} \end{cases}$$

em que $-1 < \theta$. Uma amostra aleatória de dez alunos produz os seguintes dados: $x_1 = 0{,}92$, $x_2 = 0{,}79$, $x_3 = 0{,}90$, $x_4 = 0{,}65$, $x_5 = 0{,}86$, $x_6 = 0{,}47$, $x_7 = 0{,}73$, $x_8 = 0{,}97$, $x_9 = 0{,}94$, $x_{10} = 0{,}77$.

a. Use o método dos momentos para obter um estimador de θ e calcule a estimativa para esses dados.

b. Obtenha o estimador de máxima verossimilhança de θ e calcule a estimativa dos dados fornecidos.

23. Considere uma amostra aleatória $X_1, X_2, \ldots, X_n$ da f.d.p. exponencial deslocada

$$f(x; \lambda, \theta) = \begin{cases} \lambda e^{-\lambda(x-\theta)} & x \ge \theta \\ 0 & \text{caso contrário} \end{cases}$$

$\theta = 0$ fornece a f.d.p. da distribuição exponencial considerada anteriormente (com densidade positiva à direita de zero). Um exemplo da distribuição exponencial deslocada apareceu no Exemplo 4.5, em que a variável de interesse era o tempo de avanço no fluxo do tráfego, e $\theta = 0{,}5$ era o tempo de avanço mínimo possível.

a. Obtenha os estimadores de máxima verossimilhança de θ e λ.

b. Se $n = 10$ observações do tempo de avanço, resultando nos valores 3,11, 0,64, 2,55, 2,20, 5,44, 3,42, 10,39, 8,93, 17,82 e 1,30, calcule as estimativas de θ e λ.

24. Um veículo com determinado defeito no sistema de controle de emissões é levado para uma sucessão de mecânicos selecionados aleatoriamente até que $r = 3$ deles tenham diagnosticado o problema corretamente. Suponha que isso necessite de diagnósticos de 20 mecânicos diferentes (então, havia 17 diagnósticos incorretos). Seja $p = P(\text{diagnóstico correto})$, então p é a proporção de todos os mecânicos que diagnosticariam o problema corretamente. Qual é o EMV de p? É o mesmo EMV se uma amostra aleatória de 20 mecânicos resultar em 3 diagnósticos corretos? Explique. Como o EMV se compara à estimativa resultante do uso do estimador não viciado dado no Exercício 17?

25. A força de corte dos 10 pontos de solda de teste é determinada, produzindo os seguintes dados (psi):

392 376 401 367 389 362 409 415 358 375

a. Assumindo que a força de corte seja normalmente distribuída, estime a força de corte média real e o desvio padrão da força de corte, usando o método da máxima verossimilhança.

b. Novamente assumindo uma distribuição normal, estime o valor da força abaixo do qual 95% das soldas terão a força especificada. [*Dica*: qual é o 95º percentil em termos de μ e σ? Agora, use o princípio da invariância.]

26. Consulte o Exercício 25. Suponha que decidamos examinar outro ponto de solda de teste. Seja X = a força de corte da solda. Use os dados fornecidos para obter o EMV de $P(X \leq 400)$. [*Dica*: $P(X \leq 400) = \Phi((400 - \mu)/\sigma)$.]

27. Seja $X_1, \ldots, X_n$ a amostra aleatória de uma distribuição gama com parâmetros α e β.

a. Calcule as equações cujas soluções produzam os estimadores de máxima verossimilhança de α e β. Você acha que eles podem ser resolvidos de forma explícita?

b. Mostre que o EMV de $\mu = \alpha\beta$ é $\hat{\mu} = \overline{X}$.

28. Seja $X_1, X_2, \ldots, X_n$ a amostra aleatória da distribuição Rayleigh com função de densidade dada no Exercício 15. Determine

a. o estimador de máxima verossimilhança de θ e depois calcule a estimativa dos dados do desgaste por vibração fornecidos nesse exercício. Esse estimador é o mesmo que o estimador não viciado sugerido no Exercício 15?

b. O EMV da mediana da distribuição do desgaste por vibração. [*Dica*: primeiro, calcule a mediana em termos de θ.]

29. Dois sistemas diferentes de computador são monitorados durante um total de n semanas. Seja X_i o número de falhas do primeiro sistema durante a i-ésima semana e suponha que os X_i sejam independentes e tirados de uma distribuição de Poisson com parâmetro μ_1. De forma semelhante, seja Y_i o número de quebras do segundo sistema durante a i-ésima semana e presuma independência com cada Y_i com parâmetro μ_2. Obtenha o EMV de μ_1, μ_2 e $\mu_1 - \mu_2$. [*Dica*: use a independência (verossimilhança) de X_i e Y_i juntos.]

30. No tempo $t = 0{,}20$, componentes idênticos são examinados. A distribuição da vida útil de cada um é exponencial com parâmetro λ. O investigador deixa a instalação de teste sem monitoramento. Retornando 24 horas depois, o pesquisador termina imediatamente o teste, após perceber que $y = 15$ dos 20 componentes ainda estão funcionando (então, 5 falharam). Encontre o EMV de λ. [*Dica*: seja Y = o número que sobrevive 24 horas. Então, $Y \sim \text{Bin}(n, p)$.] Qual é o EMV de p? Agora, observe que $p = P(X_i \geq 24)$, em que X_i é exponencialmente distribuído. Isso relaciona λ a p, de modo que o primeiro passa a ser estimado, uma vez que o último o foi.]

Exercícios complementares (31–38)

31. Quando o desvio padrão da amostra S se baseia em uma amostra aleatória de uma distribuição normal da população, pode ser demonstrado que

$$E(S) = \sqrt{2/(n-1)}\,\Gamma(n/2)\sigma/\Gamma((n-1)/2)$$

Use essa equação para obter um estimador não viciado para σ da forma cS. Qual é o valor de c quando $n = 20$?

32. a. Seja $X_1, \ldots, X_n$ a amostra aleatória de uma distribuição normal em $[0, \theta]$. Então, o EMV de θ é $\hat{\theta} = Y = \text{máx}(X_i)$. Use o fato de que $Y \leq y$ se, e somente se, cada $X_i \leq y$ para calcular a f.d. de Y. Então, mostre que a f.d.p. de Y máx(X_i) é

$$f_Y(y) = \begin{cases} \dfrac{ny^{n-1}}{\theta^n} & 0 \leq y \leq \theta \\ 0 & \text{caso contrário} \end{cases}$$

b. Use o resultado do item (a) para mostrar que o EMV é viciado, mas que $(n + 1)\text{máx}(X_i)/n$ é não viciado.

33. No tempo $t = 0$, há um indivíduo com vida em certa população. Um *processo de nascimento puro*, então, desenvolve-se como segue. O tempo até o primeiro nascimento é distribuído de forma exponencial com parâmetro λ. Após o primeiro nascimento, há dois indivíduos vivos. O tempo até que o primeiro dê à luz novamente é exponencial com parâmetro λ e acontece de maneira semelhante com o segundo indivíduo. Dessa forma, o tempo até o próximo nascimento é o mínimo de duas variáveis exponenciais (λ), que é exponencial com parâmetro 2λ. De forma semelhante, uma vez que tenha ocorrido o segundo nascimento, há três indivíduos com vida, de modo que o tempo até o nascimento seguinte é uma v.a. exponencial com parâmetro 3λ e assim por diante (a propriedade de ausência de memória da distribuição exponencial está sendo usada aqui). Suponha que o processo seja observado até que o sexto nascimento tenha ocorrido e que os tempos de nascimento sucessivos sejam 25,2, 41,7, 51,2, 55,5, 59,5, 61,8 (a partir dos quais você deve calcular os tempos entre os nascimentos sucessivos). Calcule o EMV de λ. [*Dica*: a probabilidade de um produto dos termos exponenciais.]

34. O *erro quadrático médio* de um estimador $\hat{\theta}$ é $EQM(\hat{\theta}) = E(\hat{\theta} - \theta)^2$. Se $\hat{\theta}$ não é viciado, então $EQM(\hat{\theta}) = V(\hat{\theta})$, mas em geral $EQM(\hat{\theta}) = V(\hat{\theta}) + (\text{vício})^2$. Considere o estimador $\hat{\sigma}^2 = KS^2$, em que S^2 = variância amostral. Que valor de K minimiza a média dos erros quadráticos desse estimador quando a distribuição da população é normal? [*Dica*: pode-se ver que

$$E[(S^2)^2] = (n + 1)\sigma^4/(n - 1)$$

Em geral, é difícil achar $\hat{\theta}$ que minimiza $EQM(\hat{\theta})$, motivo pelo qual olhamos somente para estimadores não viciados e minimizamos $V(\hat{\theta})$.]

35. Seja $X_1, \ldots, X_n$ a amostra aleatória de uma f.d.p. que seja simétrica com relação a μ. Um estimador de μ considerado por realizar bem uma variedade de distribuições subjacentes é o estimador de *Hodges–Lehmann*. Para defini-lo, calcule para cada $i \le j$ e cada $j = 1, 2, \ldots, n$ a média $\overline{X}_{i,j} = (X_i + X_j)/2$. Então, o estimador é $\hat{\mu}$ = a mediana de $\overline{X}_{i,j}$. Calcule o valor desta estimativa usando os dados do Exercício 44 do Capítulo 1. [*Dica*: construa a tabela quadrada com x_i listado na margem esquerda e no topo. Depois, calcule as médias na diagonal e acima dela.]

36. Quando a distribuição da população é normal, a mediana estatística $\{|X_1 - \tilde{X}|, \ldots, |X_n - \tilde{X}|\}/0{,}6745$ pode ser usada para estimar σ. Este estimador é mais resistente aos efeitos dos *outliers* (observações longe do volume de dados) do que o desvio padrão da amostra. Calcule a estimativa pontual correspondente e s para os dados do Exemplo 6.2.

37. O estimador $\hat{\theta}$ é dito **consistente** se para qualquer $\epsilon > 0$, $P(|\hat{\theta} - \theta| \ge \epsilon) \to 0$ quando $n \to \infty$. Ou seja, $\hat{\theta}$ é consistente se, à medida que o tamanho da amostra aumenta, torna-se cada vez menos provável que $\hat{\theta}$ fique distante ϵ do verdadeiro valor de θ. Demonstre que $\overline{X}$ é um estimador consistente de μ quando $\sigma^2 < \infty$ usando a desigualdade de Chebyshev do Exercício 44 do Capítulo 3 [*Dica*: a desigualdade pode ser reescrita na forma

$$P(|Y - \mu_Y| \ge \epsilon) \le \sigma_Y^2/\epsilon$$

Agora identifique Y com $\overline{X}$.]

38. Todos os n espécimes serão pesados duas vezes na mesma escala. Represente por X_i e Y_i os dois pesos observados do i-ésimo espécime. Suponha que X_i e Y_i sejam independentes entre si, cada um normalmente distribuído com valor médio μ_i (o peso real do espécime i) e variância σ^2.

a. Mostre que o estimador de máxima verossimilhança de σ^2 é $\hat{\sigma}^2 = \sum(X_i - Y_i)^2/(4n)$. [*Dica*: se $\bar{z} = (z_1 + z_2)/2$, então $\sum(z_i - \bar{z})^2 = (z_1 - z_2)^2/2$.]

b. O EMV $\hat{\sigma}^2$ é um estimador não viciado de σ^2? Encontre um estimador não viciado de σ^2. [*Dica*: para qualquer v.a. Z, $E(Z^2) = V(Z) + [E(Z)]^2$. Aplique isto a $Z = X_i - Y_i$.]

Bibliografia

DEGROOT, M. E SCHERVISH, M. *Probability and statistics*. 3. ed. Boston, MA: Addison-Wesley, 2002. Inclui uma excelente discussão sobre as propriedades gerais e os métodos da estimativa pontual; é de extremo interesse os exemplos que mostram como os princípios gerais e métodos conseguem produzir um resultado insatisfatório em determinadas situações.

DEVORE, J. E BERK, K. *Modern mathematical statistics with applications*. Belmont, CA: Thomson-Brooks/Cole, 2007. A exposição é um pouco mais abrangente e sofisticada do que a apresentada neste livro.

EFRON, B. E TIBSHIRANI, R. *An introduction to the bootstrap*. New York: Chapman and Hall, 1993. A bíblia do *bootstrap*.

HOAGLIN, D.; MOSTELLER, F. E TUKEY, J. *Understanding robust and exploratory data analysis*. New York: Wiley, 1983. Contém diversos bons capítulos sobre a estimativa pontual, incluindo um sobre a estimativa *M*.

RICE, J. *Mathematical statistics and data analysis*. 3. ed. Belmont, CA: Thomson-Brooks/Cole, 2007. Uma ótima mistura de teoria e dados estatísticos.

7 Intervalos estatísticos baseados em uma única amostra

Introdução

Uma estimativa pontual, por ser um único número, não fornece por si mesma qualquer informação sobre a precisão e a confiabilidade da estimativa. Considere, por exemplo, usar a estatística $\overline{X}$ para calcular uma estimativa pontual para a resistência à ruptura média real (g) de toalhas de papel de determinada marca e suponha que $\overline{x} = 9\,322{,}7$. Em função da variabilidade amostral, quase nunca é o caso de $\overline{x} = \mu$. A estimativa pontual não diz nada sobre quão perto ela deve estar de μ. Uma alternativa para informar um único valor sensível para o parâmetro sendo estimado é calcular e informar um intervalo inteiro de valores plausíveis – uma *estimativa para intervalar ou intervalo de confiança* (IC). Um intervalo de confiança sempre é calculado selecionando-se primeiro o *nível de confiança*, que é uma medida do grau de confiabilidade do intervalo. Um intervalo de confiança com um nível de confiança de 95% para a resistência à ruptura média real pode ter um limite inferior de 9 162,5 e um limite superior de 9 482,9. Então, no nível de confiança de 95%, qualquer valor de μ entre 9 162,5 e 9 482,9 é plausível. O nível de confiança de 95% implica que 95% de todas as amostras forneceriam um intervalo que inclui μ, ou qualquer outro parâmetro que esteja sendo estimado, e apenas 5% de todas as amostras dariam um intervalo errôneo. Os níveis de confiança usados com mais frequência são 95%, 99% e 90%. Quanto maior o nível de confiança, mais fortemente acreditamos que o valor do parâmetro sendo estimado fica dentro do intervalo (uma interpretação de qualquer nível de confiança em particular será dada brevemente).

Se o nível de confiança for alto e o intervalo resultante, bastante restrito, nosso conhecimento do valor do parâmetro será razoavelmente preciso. Um intervalo de confiança muito amplo, entretanto, passa a ideia de que há muita incerteza com relação ao valor do que estamos estimando. A Figura 7.1 mostra intervalos de confiança de 95% para resistências a rupturas médias reais de duas marcas diferentes de toalhas de papel. Um desses intervalos sugere conhecimento preciso de μ, enquanto o outro sugere uma variedade bastante grande de valores plausíveis.

Figura 7.1 IC que indicam informações precisas (marca 1) e imprecisas (marca 2) sobre μ.

7.1 Propriedades básicas dos intervalos de confiança

Os conceitos básicos e as propriedades dos intervalos de confiança (IC) são introduzidos mais facilmente enfocando primeiro uma situação de problema simples, embora um pouco irreais. Suponha que o parâmetro de interesse seja a média de uma população μ e que

1. A distribuição da população seja normal.
2. O valor do desvio padrão da população σ seja conhecido.

A normalidade da distribuição populacional é geralmente uma suposição razoável. Entretanto, se o valor de μ é desconhecido, usualmente é improvável que o valor de σ esteja disponível (o conhecimento do centro de uma população precede tipicamente informações relacionadas à dispersão). Desenvolveremos métodos baseados em suposições menos restritivas nas Seções 7.2 e 7.3.

Exemplo 7.1

Os engenheiros industriais que se especializam em ergonomia estão preocupados em projetar espaços e dispositivos operados por trabalhadores de modo a obter maior produtividade e conforto. O artigo "Studies on ergonomically designed alphanumeric keyboards" (*Human Factors*, 1985: 175-187) relata o estudo da altura preferida de um teclado experimental com grande apoio para o pulso e o antebraço. Uma amostra de $n = 31$ digitadores treinados foi selecionada e a altura preferida do teclado foi determinada para cada digitador. A altura preferida média resultante da amostra foi $\bar{x} = 80{,}0$ cm. Supondo que a altura preferida seja normalmente distribuída com $\sigma = 2$ cm (valor sugerido pelos dados no artigo), obtenha um IC para μ, a altura média real preferida pela população de todos os digitadores experientes. ■

Supõe-se que as observações amostrais reais $x_1, x_2, \ldots, x_n$ sejam o resultado de uma amostra aleatória $X_1, \ldots, X_n$ de uma distribuição normal com valor médio μ e desvio padrão σ. Os resultados descritos no Capítulo 5, então, implicam que, independentemente do tamanho amostral n, a média amostral $\bar{X}$ é normalmente distribuída com valor esperado μ e desvio padrão $\sigma/\sqrt{n}$. Padronizando $\bar{X}$ primeiramente subtraindo seu valor esperado e, então, dividindo por seu desvio padrão, produz-se a variável normal padrão

$$Z = \frac{\bar{X} - \mu}{\sigma/\sqrt{n}} \tag{7.1}$$

Em virtude de a área sob a curva normal padrão entre $-1{,}96$ e $1{,}96$ ser $0{,}95$,

$$P\left(-1{,}96 < \frac{\bar{X} - \mu}{\sigma/\sqrt{n}} < 1{,}96\right) = 0{,}95 \tag{7.2}$$

Agora, manipulemos as desigualdades dentro dos parênteses em (7.2) de modo que elas apareçam na forma equivalente $l < \mu < u$, em que os extremos l e u envolvam $\bar{X}$ e $\sigma/\sqrt{n}$. Isto é alcançado por meio da seguinte sequência de operações, cada qual produzindo desigualdades equivalentes às originais:

1. Multiplique por $\sigma/\sqrt{n}$:

$$-1{,}96 \cdot \frac{\sigma}{\sqrt{n}} < \bar{X} - \mu < 1{,}96 \cdot \frac{\sigma}{\sqrt{n}}$$

2. Subtraia $\bar{X}$ de cada termo:

$$-\bar{X} - 1{,}96 \cdot \frac{\sigma}{\sqrt{n}} < -\mu < -\bar{X} + 1{,}96 \cdot \frac{\sigma}{\sqrt{n}}$$

3. Multiplique por -1 para eliminar o sinal negativo de μ (que inverte o sentido de cada desigualdade):

$$\bar{X} + 1{,}96 \cdot \frac{\sigma}{\sqrt{n}} > \mu > \bar{X} - 1{,}96 \cdot \frac{\sigma}{\sqrt{n}}$$

isto é,

$$\bar{X} - 1{,}96 \cdot \frac{\sigma}{\sqrt{n}} < \mu < \bar{X} + 1{,}96 \cdot \frac{\sigma}{\sqrt{n}}$$

A equivalência de cada conjunto de desigualdades ao conjunto original implica que

$$P\left(\bar{X} - 1{,}96\frac{\sigma}{\sqrt{n}} < \mu < \bar{X} + 1{,}96\frac{\sigma}{\sqrt{n}}\right) = 0{,}95 \tag{7.3}$$

O evento dentro dos parênteses em (7.3) possui uma aparência um tanto desconhecida; previamente, a quantidade aleatória apareceu no meio com constantes em ambas as extremidades, como em $a \le Y \le b$. Em (7.3), a quantidade aleatória aparece nas duas extremidades, enquanto a constante desconhecida μ aparece no meio. Para interpretar (7.3), pense em um **intervalo aleatório** tendo um limite inferior $\bar{X} - 1{,}96 \cdot \sigma/\sqrt{n}$ e um limite superior $\bar{X} + 1{,}96 \cdot \sigma/\sqrt{n}$. Em notação intervalar, isso torna-se

$$\left(\bar{X} - 1{,}96 \cdot \frac{\sigma}{\sqrt{n}},\ \bar{X} + 1{,}96 \cdot \frac{\sigma}{\sqrt{n}}\right) \tag{7.4}$$

O intervalo (7.4) é aleatório porque suas duas extremidades envolvem uma variável aleatória. Ele está centralizado na média amostral e estende-se $1{,}96\sigma/\sqrt{n}$ para cada lado de $\overline{X}$. Portanto, a amplitude do intervalo é $2 \cdot (1{,}96) \cdot \sigma/\sqrt{n}$, que não é aleatória; apenas a localização do intervalo (seu ponto médio $\overline{X}$) é aleatória (Figura 7.2). Agora, (7.3) pode ser parafraseado como "*a probabilidade é de* 0,95 *de que o intervalo aleatório* (7.4) *inclua ou cubra o valor verdadeiro de* μ". Antes que qualquer experimento seja realizado e que quaisquer dados sejam coletados, é muito provável que μ fique dentro do intervalo (7.4).

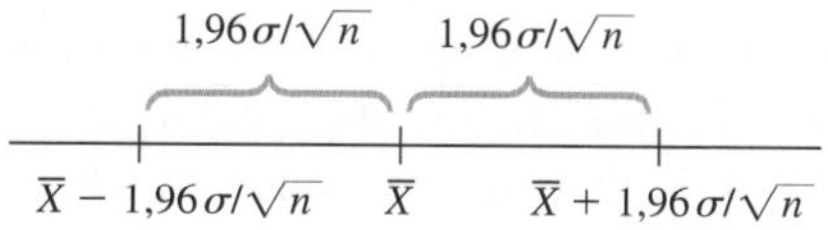

Figura 7.2 O intervalo aleatório (7.4) centralizado em $\overline{X}$.

Definição

Se, após observar $X_1 = x_1, X_2 = x_2, \ldots, X_n = x_n$, calcularmos a média amostral observada $\bar{x}$ e, então, substituirmos $\bar{x}$ em (7.4) no lugar de $\overline{X}$, o intervalo obtido é chamado **intervalo de confiança de 95% para μ**. Este IC pode ser expresso como

$$\left(\bar{x} - 1{,}96 \cdot \frac{\sigma}{\sqrt{n}}, \bar{x} + 1{,}96 \cdot \frac{\sigma}{\sqrt{n}}\right) \text{ é um IC de 95\% para } \mu$$

ou como

$$\bar{x} - 1{,}96 \cdot \frac{\sigma}{\sqrt{n}} < \mu < \bar{x} + 1{,}96 \cdot \frac{\sigma}{\sqrt{n}} \text{ com confiança de 95\%}$$

Uma expressão concisa para o intervalo é $\bar{x} \pm 1.96 \cdot \sigma/\sqrt{n}$, em que $-$ é a extremidade esquerda (limite inferior) e $+$ é a extremidade direita (limite superior).

Exemplo 7.2 (continuação do Exemplo 7.1)

As quantidades necessárias para o cálculo do IC de 95% da altura média real preferida são $\sigma = 2{,}0$, $n = 31$ e $\bar{x} = 80{,}0$. O intervalo resultante é

$$\bar{x} \pm 1{,}96 \cdot \frac{\sigma}{\sqrt{n}} = 80{,}0 \pm (1{,}96)\frac{2{,}0}{\sqrt{31}} = 80{,}0 \pm 0{,}7 = (79{,}3;\, 80{,}7)$$

Isto é, podemos estar altamente confiantes, no intervalo de confiança de 95%, que $79{,}3 < \mu < 80{,}7$. Este intervalo é relativamente estreito, indicando que μ foi estimado com bastante precisão. ■

Interpretando um nível de confiança

O nível de confiança de 95% do intervalo definido foi herdado da probabilidade de 0,95 do intervalo aleatório (7.4). Os intervalos que têm outros níveis de confiança serão introduzidos em breve. Agora, no entanto, considere como a confiança de 95% pode ser interpretada.

Pelo fato de termos iniciado com um evento cuja probabilidade era de 0,95 – que o intervalo aleatório (7.4) capturaria o valor real de μ – e, então, termos usado os dados no Exemplo 7.1 para calcular o IC (79,3; 80,7), é tentador concluir que μ está dentro deste intervalo fixo com probabilidade de 0,95. Porém, substituindo $\bar{x} = 80{,}0$ por $\overline{X}$, toda a aleatoriedade desaparece; o intervalo (79,3; 80,7) não é um intervalo aleatório e μ é uma constante (infelizmente, desconhecida para nós). É, portanto, *incorreto* escrever a afirmação $P(\mu$ situa-se em $(79{,}3;\, 80{,}7)) = 0{,}95$.

A interpretação correta da "confiança de 95%" baseia-se na interpretação de frequência relativa de longo prazo da probabilidade: dizer que um evento A tem probabilidade de 0,95 significa dizer que, se o experimento no qual A é definido for repetido várias vezes, no longo prazo, A ocorrerá 95% das vezes. Suponha que obtenhamos outra amostra das alturas preferidas pelos digitadores e calculemos outro intervalo de 95%. Então, consideramos repetir o experimento para uma terceira amostra, para uma quarta amostra, uma quinta amostra e assim por diante. Represente por A o evento em que $\overline{X} - 1{,}96 \cdot \sigma/\sqrt{n} < \mu < \overline{X} + 1{,}96 \cdot \sigma/\sqrt{n}$. Dado que $P(A) = 0{,}95$, no longo prazo, 95% de nossos IC calculados conterão μ. Isso é ilustrado na Figura 7.3, em que a linha vertical corta o eixo de medição no valor verdadeiro (mas desconhecido) de μ. Note que 7 dos 100 intervalos mostrados não contêm μ. No longo prazo, apenas 5% dos intervalos construídos desta forma não conterão μ.

De acordo com essa interpretação, o intervalo de confiança de 95% não é tanto uma declaração a respeito de qualquer intervalo em particular como (79,3; 80,7). Em vez disso, ele se refere ao que aconteceria se um número muito elevado de intervalos iguais devesse ser construído usando-se a mesma fórmula para IC. Embora isso possa parecer insatisfatório, a origem da dificuldade está em nossa interpretação de probabilidade; aplica-se a uma sequência longa de replicações de um experimento em vez de apenas uma única replicação. Há outra abordagem para a construção e interpretação de IC que utiliza a noção de probabilidade subjetiva e o teorema de Bayes, porém, os detalhes técnicos estão além do escopo deste livro; o livro de DeGroot, et al. (consulte a bibliografia do Capítulo 6) é uma boa fonte. O intervalo apresentado aqui (bem como cada intervalo apresentado subsequentemente) é chamado IC "clássico", pois sua interpretação depende da noção clássica de probabilidade.

Figura 7.3 Cem intervalos de confiança de 95% (os asteriscos identificam intervalos que não incluem μ).

Outros níveis de confiança

O nível de confiança de 95% foi herdado da probabilidade de 0,95 das desigualdades iniciais em (7.2). Se for desejado um nível de confiança de 99%, a probabilidade inicial de 0,95 deve ser substituída por 0,99, o que exige a mudança do valor crítico de z de 1,96 para 2,58. Um IC de 99% resulta, então, do uso de 2,58 no lugar de 1,96 na fórmula do IC de 95%.

Na realidade, qualquer nível de confiança desejado pode ser alcançado substituindo-se 1,96 ou 2,58 pelo valor crítico apropriado da normal padrão. Conforme mostra a Figura 7.4, uma probabilidade de $1 - \alpha$ é alcançada usando-se $z_{\alpha/2}$ no lugar de 1,96.

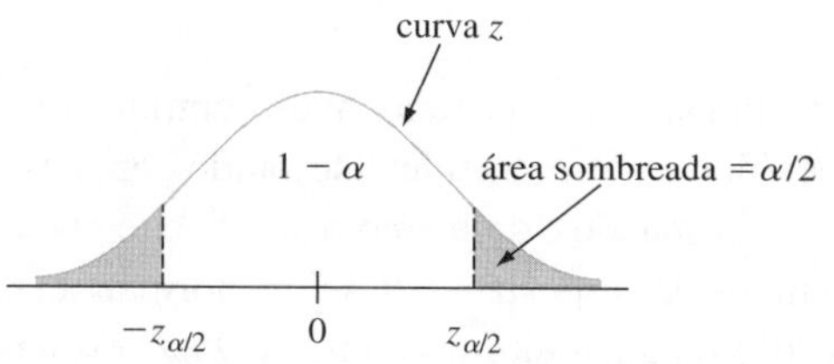

Figura 7.4 $P(-z_{\alpha/2} \leq Z < z_{\alpha/2}) = 1 - \alpha$.

Definição

Um **intervalo de confiança de 100(1 − α)%** para a média μ de uma população normal, quando o valor de σ é conhecido, é dado por

$$\left(\bar{x} - z_{\alpha/2} \cdot \frac{\sigma}{\sqrt{n}}, \bar{x} + z_{\alpha/2} \cdot \frac{\sigma}{\sqrt{n}}\right) \tag{7.5}$$

ou, equivalentemente, por $\bar{x} \pm z_{\alpha/2} \cdot \sigma/\sqrt{n}$.

A fórmula (7.5) para o IC também pode ser expressada em palavras como

estimativa pontual de μ ± (valor crítico de z) (erro padrão da média).

Exemplo 7.3

O processo de produção das unidades de caixa de controle de um tipo específico de motor foi modificado recentemente. Antes dessa modificação, dados históricos tinham sugerido que a distribuição dos diâmetros dos orifícios para buchas nas caixas era normal com um desvio padrão de 0,100 mm. Acredita-se que a modificação não afetou a forma da distribuição ou o desvio padrão, mas que o valor do diâmetro médio pode ter sido alterado. Uma amostra de 40 unidades da caixa é selecionada e o diâmetro do orifício é determinado para cada uma, resultando em um diâmetro médio da amostra de 5,426 mm. Vamos calcular um intervalo de confiança para o diâmetro médio real do orifício usando um nível de confiança de 90%. O procedimento requer que $100(1 - \alpha) = 90$, do qual $\alpha = 0{,}10$ e $z_{\alpha/2} = z_{0,5} = 1{,}645$ (correspondendo a uma área acumulada da curva z de 0,9500). O intervalo desejado é, então,

$$5{,}426 \pm (1{,}645)\frac{0{,}100}{\sqrt{40}} = 5{,}426 \pm 0{,}026 = (5{,}400; 5{,}452)$$

Com um grau de confiança razoavelmente alto, podemos dizer que $5{,}400 < \mu < 5{,}452$. Este intervalo é bastante estreito por causa da pequena quantidade de variabilidade no diâmetro do orifício ($\sigma = 0{,}100$). ■

Nível de confiança, precisão e tamanho da amostra

Por que seguir para um nível de confiança de 95% quando se pode chegar a um nível de 99%? Porque o preço pago por um nível de confiança maior é um intervalo mais largo. Dado que o intervalo de 95% estende-se $1{,}96 \cdot \sigma/\sqrt{n}$ para cada lado de $\bar{x}$, a amplitude do intervalo é $2(1{,}96) \cdot \sigma/\sqrt{n} = 3{,}92 \cdot \sigma/\sqrt{n}$. Da mesma forma, a amplitude do intervalo de 99% é $2(2{,}58) \cdot \sigma/\sqrt{n} = 5{,}16 \cdot \sigma/\sqrt{n}$. Ou seja, temos mais confiança no intervalo de 99% precisamente por ele ser mais largo. Assim, quanto maior o grau de confiança desejado, mais largo será o intervalo resultante.

Se imaginarmos a amplitude do intervalo como a especificação de sua precisão ou acurácia, então seu nível de confiança (ou confiabilidade) estará inversamente relacionado à sua precisão. Uma estimativa altamente confiável do intervalo pode ser imprecisa quando as extremidades do intervalo estiverem muito distantes, enquanto um intervalo preciso pode implicar confiabilidade relativamente baixa. Dessa forma, não se pode dizer inequivocamente que um intervalo de 99% será preferível a um intervalo de 95%; o ganho na confiabilidade implica uma perda na precisão.

Uma estratégia interessante é especificar o nível de confiança desejado e a amplitude do intervalo para então se determinar o tamanho necessário da amostra.

Exemplo 7.4

O monitoramento extensivo de um sistema operacional de computador sugeriu que o tempo de resposta a um comando de edição específico é normalmente distribuído com desvio padrão de 25 milissegundos. Um novo sistema operacional foi instalado e desejamos estimar o tempo de resposta médio real μ do novo ambiente. Supondo que os tempos de resposta ainda sejam normalmente distribuídos com $\sigma = 25$, que tamanho de amostra é necessário para garantir que o IC de 95% resultante tenha uma amplitude de (no máximo) 10? O tamanho da amostra n deve satisfazer

$$10 = 2 \cdot (1{,}96)(25/\sqrt{n})$$

Reorganizando esta equação, temos

$$\sqrt{n} = 2 \cdot (1{,}96)(25)/10 = 9{,}80$$

então

$$n = (9{,}80)^2 = 96{,}04$$

Uma vez que n deve ser um número inteiro, é necessário um tamanho de amostra de 97. ■

A fórmula geral do tamanho da amostra n necessária para garantir uma amplitude de intervalo w é obtida igualando-se w a $2 \cdot z_{\alpha/2} \cdot \sigma/\sqrt{n}$ e isolando n.

> O tamanho de amostra necessário para o IC (7.5) ter uma amplitude w é
>
> $$n = \left(2z_{\alpha/2} \cdot \frac{\sigma}{w}\right)^2$$

Quanto menor a amplitude desejada w, maior n deverá ser. Além disso, n é uma função crescente de σ (maior variabilidade da população precisa de um tamanho de amostra maior) e do nível de confiança $100(1 - \alpha)$ (à medida que α diminui, $z_{\alpha/2}$ aumenta).

A semiamplitude $1{,}96\sigma/\sqrt{n}$ do IC de 95% é, por vezes, chamada de **erro máximo de estimação**, associado ao nível de confiança de 95%. Isto é, com confiança de 95%, a estimativa pontual $\bar{x}$ não ficará além disso a partir de μ. Antes da obtenção dos dados, um pesquisador pode querer determinar um tamanho amostral para o qual determinado erro máximo é obtido. Por exemplo: com μ representando o consumo médio de combustível (milhas/galão) de todos os carros de determinado tipo, o objetivo de uma investigação pode ser estimar μ dentro de um intervalo de 1 milha/galão com confiança de 95%. Geralmente, se desejamos estimar μ para um valor B (o erro máximo de estimação especificado) com confiança de $100(1 - \alpha)\%$, o tamanho da amostra necessário resulta da substituição de $2/w$ por $1/B$ na fórmula do quadro acima.

Derivando um intervalo de confiança

Sejam $X_1, X_2, \ldots, X_n$ a amostra na qual o IC de um parâmetro θ se baseará. Suponha que uma variável aleatória que satisfaça às duas propriedades a seguir possa ser encontrada:

1. A variável depende funcionalmente de $X_1, \ldots, X_n$ e θ.
2. A distribuição de probabilidade da variável não depende de θ ou de quaisquer outros parâmetros desconhecidos.

Seja $h(X_1, X_2, \ldots, X_n; \theta)$ essa variável aleatória. Por exemplo, se a distribuição da população for normal com σ conhecido e $\theta = \mu$, a variável $h(X_1, \ldots, X_n; \mu) = (\bar{X} - \mu)/(\sigma/\sqrt{n})$ satisfaz ambas as propriedades; ela claramente depende funcionalmente de μ, embora tenha uma distribuição de probabilidade normal padrão, que não depende de μ. Em geral, a forma da função h usualmente é sugerida examinando-se a distribuição de um estimador $\hat{\theta}$ apropriado.

Para qualquer α entre 0 e 1, as constantes a e b podem ser encontradas para satisfazer

$$P(a < h(X_1, \ldots, X_n; \theta) < b) = 1 - \alpha \tag{7.6}$$

Por causa da segunda propriedade, a e b não dependem de θ. No exemplo da normal, $a = -z_{\alpha/2}$ e $b = z_{\alpha/2}$. Agora, suponha que as desigualdades em (7.6) possam ser manipuladas para isolar θ, fornecendo a declaração de probabilidade equivalente

$$P(l(X_1, X_2, ..., X_n) < \theta < u(X_1, X_2, ..., X_n)) = 1 - \alpha$$

Então, $l(x_1, x_2, \ldots, x_n)$ e $u(x_1, \ldots, x_n)$ são os limites de confiança inferior e superior, respectivamente, para um IC de $100(1 - \alpha)\%$. No exemplo da normal, vimos que $l(X_1, ..., X_n) = \overline{X} - z_{\alpha/2} \cdot \sigma/\sqrt{n}$ e $u(X_1, ..., X_n) = \overline{X} + z_{\alpha/2} \cdot \sigma/\sqrt{n}$.

Exemplo 7.5

Um modelo teórico sugere que o tempo para ruptura de um líquido isolante entre eletrodos em uma voltagem específica tem distribuição exponencial com parâmetro l (veja a Seção 4.4). Uma amostra aleatória de $n = 10$ tempos para ruptura produz os seguintes dados amostrais (em min): $x_1 = 41{,}53$, $x_2 = 18{,}73$, $x_3 = 2{,}99$, $x_4 = 30{,}34$, $x_5 = 12{,}33$, $x_6 = 117{,}52$, $x_7 = 73{,}02$, $x_8 = 223{,}63$, $x_9 = 4{,}00$, $x_{10} = 26{,}78$. Um IC de 95% para λ e para o tempo para ruptura médio real são desejados.

Seja $h(X_1, X_2, ..., X_n; \lambda) = 2\lambda\sum X_i$. Demonstra-se que essa variável aleatória possui uma distribuição de probabilidade chamada distribuição qui-quadrada com $2n$ graus de liberdade (gl) ($\nu = 2n$, em que ν é o parâmetro da distribuição qui-quadrada, conforme mencionado na Seção 4.4). A Tabela A.7 do Apêndice ilustra uma curva de densidade qui-quadrada típica e tabula valores críticos que incluem as áreas de cauda especificadas. O número relevante de gl aqui é $2(10) = 20$. A linha $\nu = 20$ da tabela mostra que 34,170 inclui a área sob a cauda superior 0,025 e 9,591 inclui a área sob a cauda inferior 0,025 (área sob a cauda superior 0,975). Portanto, para $n = 10$,

$$P(9{,}591 < 2\lambda\sum X_i < 34{,}170) = 0{,}95$$

A divisão por $2\sum X_i$ isola λ, produzindo

$$P(9{,}591/(2\sum X_i) < \lambda < (34{,}170/(2\sum X_i)) = 0{,}95$$

O limite inferior do IC de 95% de λ é $9{,}591/(2\sum x_i)$ e o limite superior é $34{,}170/(2\sum x_i)$. Para os dados fornecidos, $\sum x_i = 550{,}87$, dado o intervalo (0,0081, 03101). O valor esperado de uma v.a. exponencial é $\mu = 1/\lambda$. Uma vez que

$$P(2\sum X_i/34{,}170 < 1/\lambda < 2\sum X_i/9{,}591) = 0{,}95$$

o IC de 95% do tempo para ruptura médio real é $(2\sum x_i/34{,}170,\ 2\sum x_i/9{,}591) = (32{,}24;\ 114{,}87)$. Esse intervalo é evidentemente bastante largo, refletindo variabilidade substancial nos tempos para ruptura e o tamanho de uma amostra pequena. ■

Em geral, os limites de confiança superior e inferior resultam da substituição de cada $<$ em (7.6) por $=$ e da resolução de θ. No exemplo do líquido isolante considerado, $2\lambda\sum x_i = 34{,}170$ dá $\lambda = 34{,}170/(2\sum x_i)$ como o limite de confiança superior e o limite inferior é obtido da outra equação. Observe que os dois limites do intervalo não são equidistantes da estimativa pontual, uma vez que o intervalo não é da forma $\hat{\theta} \pm c$.

Intervalos de confiança *bootstrap*

A técnica *bootstrap* foi introduzida no Capítulo 6 como uma forma de estimar $\sigma_{\hat{\theta}}$. Ela também pode ser aplicada para a obtenção de um IC para θ. Considere novamente estimar a média μ de uma distribuição normal quando σ é conhecido. Vamos substituir μ por σ e usar $\hat{\theta} = \overline{X}$ como o estimador pontual. Note que $1{,}96\sigma\sqrt{n}$ é o 97,5° percentil da distribuição de $\hat{\theta} - \theta$ [isto é, $P(\overline{X} - \mu < 1{,}96\sigma/\sqrt{n}) = P(Z < 1{,}96) = 0{,}9750$]. De forma semelhante, $-1{,}96\sigma/\sqrt{n}$ é o 2,5° percentil, assim

$$\begin{aligned} 0{,}95 &= P(2{,}5^\circ \text{ percentil} < \hat{\theta} - \theta < 97{,}5^\circ \text{ percentil}) \\ &= P(\hat{\theta} - 2{,}5^\circ \text{ percentil} > \theta > \hat{\theta} - 97{,}5^\circ \text{ percentil}) \end{aligned}$$

Isto é, com

$$l = \hat{\theta} - 97{,}5^\circ \text{ percentil de } \hat{\theta} - \theta$$
$$u = \hat{\theta} - 2{,}5^\circ \text{ percentil de } \hat{\theta} - \theta \qquad (7.7)$$

o IC de θ é (l, u). Em muitos casos, os percentis em (7.7) não podem ser calculados, mas *podem* ser estimados a partir das amostras *bootstrap*. Suponha que obtenhamos $B = 1\,000$ amostras *bootstrap* e calculemos $\hat{\theta}_1^*, ..., \hat{\theta}_{1\,000}^*$, e $\bar{\theta}^*$ seguidos pelas 1 000 diferenças, $\hat{\theta}_1^* - \bar{\theta}^*, ..., \hat{\theta}_{1\,000}^* - \bar{\theta}^*$. A 25ª maior e a 25ª menor dessas diferenças são estimativas dos percentis desconhecidos em (7.7). Consulte os livros de Devore e Berk ou Efron, citados no Capítulo 6, para mais informações.

EXERCÍCIOS Seção 7.1 (1–11)

1. Considere os próximos 1 000 IC de 95% de μ que um consultor estatístico obterá para vários clientes. Suponha que os conjuntos de dados em que os intervalos se baseiam sejam selecionados independentemente uns dos outros. Quantos desses 1 000 intervalos capturam os valores correspondentes de μ? Qual é a probabilidade de que entre 940 e 960 desses intervalos contenham o valor correspondente de μ? [*Dica*: represente por Y = o número entre os 1 000 intervalos que contêm μ. Que tipo de variável aleatória é Y?]

2. Cada um dos intervalos a seguir é um intervalo de confiança de μ = média real (isso é, média da população) da frequência de ressonância (Hz) de todas as raquetes de tênis de determinado tipo:

(114,4; 115,6) (114,1; 115,9)

a. Qual é o valor da frequência de ressonância da média amostral?

b. Ambos os intervalos foram calculados a partir dos mesmos dados amostrais. O nível de confiança de um desses intervalos é 90% e do outro é 99%. Qual dos intervalos possui o nível de confiança de 90% e por quê?

3. Suponha que uma amostra aleatória de 50 garrafas de uma marca específica de xarope para tosse seja selecionada e o teor alcoólico de cada garrafa seja determinado. Seja μ o teor médio de álcool da população de todas as garrafas da marca em estudo. Suponha que o intervalo de confiança de 95% resultante seja (7,8; 9,4).

a. Um intervalo de confiança de 90% calculado dessa mesma amostra teria sido mais estreito ou mais largo que o intervalo mencionado acima? Explique seu raciocínio.

b. Considere a seguinte declaração: há 95% de chance de μ estar entre 7,8 e 9,4. Esta declaração está correta? Por que ou por que não?

c. Considere a seguinte declaração: podemos estar certos de que 95% de todas as garrafas desse tipo de xarope têm um teor alcoólico que está entre 7,8 e 9,4. Esta declaração está correta? Por quê?

d. Considere a seguinte declaração: se o processo de seleção de uma amostra de tamanho 50 e de cálculo do intervalo de 95% correspondente for repetido 100 vezes, 95 dos intervalos resultantes incluirão μ. Esta declaração está correta? Por quê?

4. Deseja-se um IC para a média real da perda de carga por dispersão μ (watts) de um tipo de motor a indução, quando a corrente da linha é mantida em 10 AMPS para uma velocidade de 1 500 rpm. Assuma que a perda de carga por dispersão seja normalmente distribuída com $\sigma = 3{,}0$.

a. Calcule um IC de 95% de μ quando $n = 25$ e $\bar{x} = 58{,}3$.

b. Calcule um IC de 95% de μ quando $n = 100$ e $\bar{x} = 58{,}3$.

c. Calcule um IC de 99% de μ quando $n = 100$ e $\bar{x} = 58{,}3$.

d. Calcule um IC de 82% de μ quando $n = 100$ e $\bar{x} = 58{,}3$.

e. Quão grande deve ser n se a largura do intervalo de 99% de μ for 1,0?

5. Suponha que a porosidade (em porcentagem) de amostras de carvão retiradas de qualquer jazida em particular seja distribuída normalmente com desvio padrão real de 0,75.

a. Calcule um IC de 95% para a porosidade média real de determinada jazida se a porosidade média para 20 espécimes da jazida for igual a 4,85.

b. Calcule um IC de 98% da porosidade média real de outra jazida com base nos 16 espécimes com média amostral de porosidade de 4,56.

c. Quão grande o tamanho de uma amostra deve ser se a amplitude do intervalo de 95% for 0,40?

d. Que tamanho de amostra é necessário para estimar a porosidade média real dentro de 0,2 com confiança de 99%?

6. Com base em testes extensivos, a tensão de escoamento de um tipo específico de barra de aço reforçado é conhecida por ser normalmente distribuída com $\sigma = 100$. A composição das barras foi ligeiramente modificada, porém, não se acredita que a modificação tenha afetado a normalidade ou o valor de σ.

a. Supondo que esse seja o caso, se uma amostra de 25 barras modificadas resultarem em uma tensão de escoamento média amostral de 8 439 lb, calcule um IC de 90% para o ponto de escoamento médio real da barra modificada.

b. Como você modificaria o intervalo no item (a) para obter um nível de confiança de 92%?

7. Em quanto o tamanho da amostra n deve ser aumentado se a amplitude do IC (7.5) for reduzida à metade? Se o tamanho da amostra for aumentado por um fator de 25, que efeito terá sobre a amplitude do intervalo? Justifique suas afirmações.

8. Seja $\alpha_1 > 0$, $\alpha_2 > 0$, com $\alpha_1 + \alpha_2 = \alpha$. Então

$$P\left(-z_{\alpha_1} < \frac{\bar{X} - \mu}{\sigma/\sqrt{n}} < z_{\alpha_2}\right) = 1 - \alpha$$

a. Use essa equação para deduzir uma expressão mais geral para um IC de $100(1 - \alpha)\%$ de μ do qual o intervalo (7.5) é um caso especial.

b. Seja $\alpha = 0{,}05$ e $\alpha_1 = \alpha/4$, $\alpha_2 = 3\alpha/4$. Essa condição resulta em um intervalo mais estreito ou mais largo que o intervalo (7.5)?

9. **a.** Nas mesmas condições que aquelas que levam ao intervalo (7.5), $P[(\overline{X} - \mu)/(\sigma/\sqrt{n}) < 1{,}645] = 0{,}95$. Use-o para deduzir um intervalo unilateral para μ que tenha amplitude infinita e forneça um limite de confiança inferior em μ. Qual é este intervalo para os dados no Exercício 5(a)?

b. Generalize o resultado do item (a) para obter um limite inferior com nível de confiança $100(1 - \alpha)\%$.

c. Qual é o intervalo análogo ao do item (b) que fornece um limite superior em μ? Calcule esse intervalo de 99% para os dados do Exercício 4(a).

10. Uma amostra aleatória de $n = 15$ determinados tipos de bombas de aquecimento produziu as seguintes observações sobre a vida útil (em anos):

2,0	1,3	6,0	1,9	5,1	0,4	1,0	5,3
15,7	0,7	4,7	0,9	12,2	5,3	0,6	

a. Suponha que a distribuição da vida útil seja exponencial e use um argumento paralelo ao do Exemplo 7.5 para obter um IC de 95% da vida útil esperada (médio real).

b. Como o intervalo do item (a) deve ser alterado para chegar a um nível de confiança de 99%?

c. Qual seria um IC de 95% para o desvio padrão da distribuição da vida útil? [*Dica*: qual é o desvio padrão de uma variável aleatória exponencial?]

11. Considere a distribuição de uma população normal com o valor de σ conhecido.

a. Qual é o nível de confiança para o intervalo $\overline{x} \pm 2{,}81\sigma/\sqrt{n}$?

b. Qual é o nível de confiança para o intervalo $\overline{x} \pm 1.44\sigma/\sqrt{n}$?

c. Que valor de $z_{\alpha/2}$ na fórmula do IC (7.5) resulta em um nível de confiança de 99,7%?

d. Responda à pergunta proposta no item (c) para um nível de confiança de 75%.

7.2 Intervalos de confiança de uma amostra grande para média e proporção populacional

O IC de μ dado na seção anterior assumiu que a distribuição da população é normal com o valor de σ conhecido. Apresentamos agora o IC de uma amostra grande, cuja validade não exige essas hipóteses. Depois de mostrar como o argumento que leva a esse intervalo é generalizado para produzir outros de amostra grande, abordamos o intervalo para proporção p de uma população.

Um intervalo de amostra grande para μ

Sejam $X_1, X_2, \ldots, X_n$ uma amostra aleatória de uma população tendo média μ e desvio padrão σ. Desde que n seja grande, o Teorema Central do Limite (TCL) implica que $\overline{X}$ tem aproximadamente distribuição normal, qualquer que seja a natureza da distribuição da população. Segue então que $Z = (\overline{X} - \mu)/(\sigma/\sqrt{n})$ possui distribuição aproximadamente normal padrão, de modo que

$$P\left(-z_{\alpha/2} < \frac{\overline{X} - \mu}{\sigma/\sqrt{n}} < z_{\alpha/2}\right) \approx 1 - \alpha$$

Um argumento paralelo ao fornecido na Seção 7.1 produz $\overline{x} \pm z_{\alpha/2} \cdot \sigma/\sqrt{n}$ como IC de amostra grande de μ com nível de confiança de *aproximadamente* $100(1 - \alpha)\%$. Isto é, quando n é grande, o IC de μ fornecido anteriormente permanece válido, qualquer que seja a distribuição da população, contanto que o adjetivo "aproximadamente" se insira na frente do nível de confiança.

Uma dificuldade prática com esse desenvolvimento é a de que o cálculo do IC exige o valor de σ, que quase nunca será conhecido. Considere o valor padronizado $(\overline{X} - \mu)/(S/\sqrt{n})$, no qual o desvio padrão da amostra S tenha substituído σ. Previamente, havia aleatoriedade apenas no numerador de Z em virtude de $\overline{X}$. Na nova variável padronizada, $\overline{X}$ e S variam de valor de uma amostra para outra. Então, pode parecer que a distribuição da nova variável deva ser mais dispersa do que a curva z para refletir a variação adicional no denominador. Isto é, de fato, real quando n é pequeno. Entretanto, para n grande, a substituição de S por σ acrescenta pouca variabilidade adicional, logo, essa variável também possui, aproximadamente, uma distribuição normal padrão. A manipulação da variável em uma declaração de probabilidade, como no caso de σ conhecido, dá um IC geral de amostra grande para μ.

Proposição

Se n é suficientemente grande, a variável padronizada

$$Z = \frac{\overline{X} - \mu}{S/\sqrt{n}}$$

tem aproximadamente uma distribuição normal padrão. Isso implica que

$$\overline{x} \pm z_{\alpha/2} \cdot \frac{s}{\sqrt{n}} \tag{7.8}$$

é um **intervalo de confiança de amostra grande** para μ com nível de confiança de aproximadamente $100(1 - \alpha)\%$. Esta fórmula é válida independentemente do formato da distribuição da população.

Em palavras, o IC (7.8) é

a estimativa pontual de $\mu \pm$ (valor crítico de z) (erro padrão estimado da média).

Geralmente, $n > 40$ será suficiente para justificar o uso desse intervalo. Essa afirmação é mais conservadora que a regra prática para o TCL, devido à variabilidade adicional introduzida, usando-se S em vez de σ.

Exemplo 7.6

Não é verdade que você sempre quis ter um Porsche? O autor pensou que, talvez, pudesse comprar um Boxster, o modelo mais barato. Então, ele acessou o site www.cars.com em 18 de novembro de 2009 e encontrou um total de 1 113 desses carros listados. Os preços pedidos foram de \$ 3.499 a \$ 130.000 (o último preço foi um de apenas dois modelos excedendo \$ 70.000). Os preços o deprimiram, então, ele se concentrou nas leituras de odômetro (milhas rodadas). Eis as leituras informadas para uma amostra de 50 desses Boxsters:

2 948	2 996	7 197	8 338	8 500	8 759	12 710	12 925
15 767	20 000	23 247	24 863	26 000	26 210	30 552	30 600
35 700	36 466	40 316	40 596	41 021	41 234	43 000	44 607
45 000	45 027	45 442	46 963	47 978	49 518	52 000	53 334
54 208	56 062	57 000	57 365	60 020	60 265	60 803	62 851
64 404	72 140	74 594	79 308	79 500	80 000	80 000	84 000
113 000	118 634						

Um *boxplot* dos dados (Figura 7.5) mostra que, com exceção dos dois *outliers* na extremidade superior, a distribuição dos valores é razoavelmente simétrica (na verdade, um gráfico normal de probabilidade exibe um padrão linear razoável, embora os pontos correspondentes às duas observações menores e às duas menores sejam, de certa forma, removidos de um ajuste de linha através dos pontos restantes).

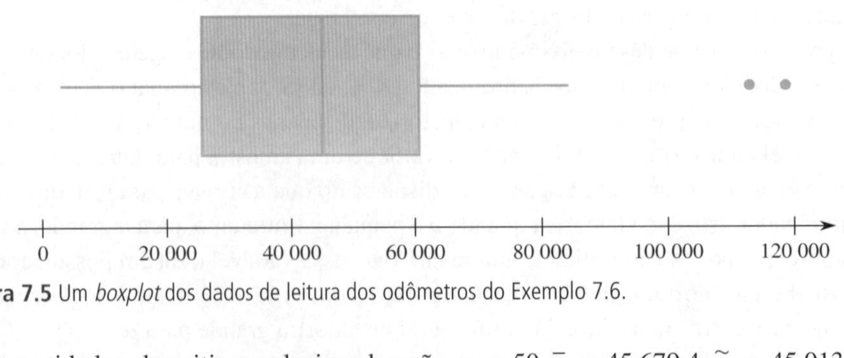

Figura 7.5 Um *boxplot* dos dados de leitura dos odômetros do Exemplo 7.6.

As quantidades descritivas relacionadas são $n = 50$, $\overline{x} = 45\,679{,}4$, $\tilde{x} = 45\,013{,}5$, $s = 26\,641{,}675$, $f_s = 34\,265$. A média e a mediana estão razoavelmente próximas (se cada um dos dois valores maiores fosse reduzido em 30 000, a média cairia para 44 479,4, enquanto a mediana não seria afetada). O *boxplot* e as magnitudes de s e f_s relativos à média e à mediana indicam uma quantidade substancial de variabilidade. Um nível de confiança de cerca de 95% exige $z_{0,25} = 1{,}96$ e o intervalo é

$$45\,679{,}4 \pm (1{,}96)\left(\frac{26\,641{,}675}{\sqrt{50}}\right) = 45\,679{,}4 \pm 7\,384{,}7$$
$$= (38\,294{,}7;\ 53\,064{,}1)$$

Isto é, $38\,294{,}7 < \mu < 53\,064{,}1$ com confiança de 95%. Este intervalo é bastante amplo pelo fato de um tamanho amostral igual a 50, embora grande de acordo com nossa regra prática, não ser grande o bastante para superar a variabilidade substancial na amostra. Não temos uma estimativa bastante precisa da leitura média da população dos odômetros.

O intervalo que calculamos é um dos 95% que, em longo prazo, incluem o parâmetro sendo estimado, ou é um dos 5% "ruins" que não o fazem? Sem saber o valor de μ, não podemos dizer. Lembre-se de que o nível de confiança refere-se à porcentagem de captura a longo prazo quando a fórmula é usada repetidamente em diversas amostras; ele não pode ser interpretado para uma amostra única e o intervalo resultante. ■

Infelizmente, a escolha de um tamanho amostral para produzir uma amplitude de intervalo desejada não é tão direta aqui como para o caso de σ conhecido. Isto se dá pelo fato de a amplitude de (7.8) ser $2z_{\alpha/2}s/\sqrt{n}$. Uma vez que o valor de s não está disponível antes de os dados terem sido coletados, a amplitude do intervalo não pode ser determinada unicamente pela escolha de n. A única opção para um pesquisador que deseja especificar uma amplitude desejada é fazer uma suposição em relação a qual pode ser o valor de s. Sendo conservador e supondo um valor de s maior, um n maior que o necessário será escolhido. O pesquisador pode ser capaz de especificar um valor razoavelmente preciso para a amplitude da população (a diferença entre os valores maior e menor). Então, se a distribuição da população não for muito assimétrica, dividir a amplitude por 4 proporciona um valor aproximado de s.

Exemplo 7.7

O tempo (min) de fabricação do processo de um aço carbono em um forno foi determinado para cada aquecimento em uma amostra de tamanho n. Se o pesquisador acreditar que quase todos os tempos na distribuição estão entre 320 e 440, que tamanho amostral seria apropriado para estimar o tempo médio real dentro de 5 min com um nível de confiança de 95%?

Um valor razoável para s é $(440 - 320)/4 = 30$. Desta maneira,

$$n = \left[\frac{(1{,}96)(30)}{5}\right]^2 = 138{,}3$$

Uma vez que o tamanho da amostra deve ser um inteiro, $n = 139$ deve ser usado. Note que fazer uma estimativa dentro de 5 min com o nível de confiança especificado é equivalente a uma amplitude de IC igual a 10 min. ■

Um intervalo de confiança geral para amostra grande

Os intervalos de amostra grande $\bar{x} \pm z_{\alpha/2} \cdot \sigma/\sqrt{n}$ e $\bar{x} \pm z_{\alpha/2} \cdot s/\sqrt{n}$ são casos especiais de um IC geral para amostra grande para um parâmetro θ. Suponha que $\hat{\theta}$ seja um estimador que satisfaz as seguintes propriedades: (1) possui distribuição aproximadamente normal; (2) é (pelo menos aproximadamente) não viciado; e (3) está disponível uma expressão de $\sigma_{\hat{\theta}}$, o desvio padrão de $\hat{\theta}$. Por exemplo, no caso $\theta = \mu$, $\hat{\mu} = \overline{X}$ é um estimador não viciado cuja distribuição é aproximadamente normal quando n é grande e $\sigma_{\hat{\mu}} = \sigma_{\overline{X}} = \sigma/\sqrt{n}$. Padronizar $\hat{\theta}$ produz a v.a. $Z = (\hat{\theta} - \theta)/\sigma_{\hat{\theta}}$, que tem aproximadamente uma distribuição normal padrão. Isso justifica a expressão de probabilidade

$$P\left(-z_{\alpha/2} < \frac{\hat{\theta} - \theta}{\sigma_{\hat{\theta}}} < z_{\alpha/2}\right) \approx 1 - \alpha \tag{7.9}$$

Suponha, primeiro, que $\sigma_{\hat{\theta}}$ não utilize quaisquer parâmetros desconhecidos (por exemplo: σ conhecido no caso $\theta = \mu$). Então, substituir cada $<$ em (7.9) por $=$ resulta em $\theta = \hat{\theta} \pm z_{\alpha/2} \cdot \sigma_{\hat{\theta}}$, de modo que os limites de confiança inferior e superior são $\hat{\theta} - z_{\alpha/2} \cdot \sigma_{\hat{\theta}}$ e $\hat{\theta} + z_{\alpha/2} \cdot \sigma_{\hat{\theta}}$, respectivamente. Agora, suponha que $\sigma_{\hat{\theta}}$ não utilize θ, mas que use pelo menos outro parâmetro desconhecido. Considere que $s_{\hat{\theta}}$ seja a estimativa de $\sigma_{\hat{\theta}}$ obtida usando-se estimativas em vez de parâmetros desconhecidos (por exemplo: $s/\sqrt{n}$ estima $\sigma/\sqrt{n}$). Sob condições gerais (essencialmente que $s_{\hat{\theta}}$ esteja próximo de $\sigma_{\hat{\theta}}$ para a maioria das amostras), um IC válido é $\hat{\theta} \pm z_{\alpha/2} \cdot s_{\hat{\theta}}$. O intervalo para amostra grande $\bar{x} \pm z_{\alpha/2} \cdot s/\sqrt{n}$ é um exemplo.

Finalmente, suponha que $\sigma_{\hat{\theta}}$ utilize o θ desconhecido. Este é o caso, por exemplo, quando $\theta = p$, uma proporção da população. Então, $(\hat{\theta} - \theta)/\sigma_{\hat{\theta}} = z_{\alpha/2}$ pode ser de difícil resolução. Uma solução aproximada geralmente pode ser obtida substituindo-se θ em $\sigma_{\hat{\theta}}$ por sua estimativa $\hat{\theta}$. Resulta, pois, um desvio padrão estimado $s_{\hat{\theta}}$ e o intervalo correspondente é novamente $\hat{\theta} \pm z_{\alpha/2} \cdot s_{\hat{\theta}}$.

Em palavras, este IC é uma

estimativa pontual de θ $\pm$ (valor crítico de z) (erro padrão estimado do estimador).

Um intervalo de confiança para uma proporção populacional

Seja p a proporção de "sucessos" em uma população, em que *sucesso* identifica um indivíduo ou objeto que tenha uma propriedade especificada (por exemplo, indivíduos com graduação, computadores que não precisam de serviço em garantia etc.) Uma amostra aleatória de n indivíduos será selecionada e X é o número de sucessos na amostra. Contanto que n seja pequeno em comparação ao tamanho da população, X pode ser considerado uma v.a. binomial com $E(X) = np$ e $\sigma_X = \sqrt{np(1-p)}$. Além disso, se $np \geq 10$ e $nq \geq 10$, $(q = 1 - p)$, X possui aproximadamente uma distribuição normal.

O estimador natural de p é $\hat{p} = X/n$, a fração de sucessos da amostra. Uma vez que $\hat{p}$ é apenas X multiplicado pela constante $1/n$, $\hat{p}$ também tem distribuição aproximadamente normal. Conforme mostrado na Seção 6.1, $E(\hat{p}) = p$ (ausência de vício) e $\sigma_{\hat{p}} = \sqrt{p(1-p)/n}$. O desvio padrão $\sigma_{\hat{p}}$ utiliza o parâmetro desconhecido p. Padronizar $\hat{p}$ subtraindo p e dividindo por $\sigma_{\hat{p}}$, então, implica que

$$P\left(-z_{\alpha/2} < \frac{\hat{p} - p}{\sqrt{p(1-p)/n}} < z_{\alpha/2}\right) \approx 1 - \alpha$$

Prosseguindo conforme foi sugerido na subseção "Derivando um intervalo de confiança" (Seção 7.1), os limites de confiança resultam da substituição de cada < por = e resolvendo a equação quadrática resultante de p. Obtêm-se as duas raízes

$$p = \frac{\hat{p} + z_{\alpha/2}^2/2n}{1 + z_{\alpha/2}^2/n} \pm z_{\alpha/2} \frac{\sqrt{\hat{p}(1-\hat{p})/n + z_{\alpha/2}^2/4n^2}}{1 + z_{\alpha/2}^2/n}$$

$$= \tilde{p} \pm z_{\alpha/2} \frac{\sqrt{\hat{p}(1-\hat{p})/n + z_{\alpha/2}^2/4n^2}}{1 + z_{\alpha/2}^2/n}$$

Proposição

Seja $\tilde{p} = \dfrac{\hat{p} + z_{\alpha/2}^2/2n}{1 + z_{\alpha/2}^2/n}$. Então, um **intervalo de confiança para uma proporção populacional p** com nível de confiança de aproximadamente $100(1-\alpha)\%$ é

$$\tilde{p} \pm z_{\alpha/2} \frac{\sqrt{\hat{p}\hat{q}/n + z_{\alpha/2}^2/4n^2}}{1 + z_{\alpha/2}^2/n} \tag{7.10}$$

em que $\hat{q} = 1 - \hat{p}$ e, como anteriormente, o $-$ em (7.10) corresponde ao limite inferior de confiança e o $+$, ao limite superior de confiança.

Geralmente nos referimos a isso como o *IC escore* para p.

Se o tamanho amostral n for muito grande, então, $z^2/2n$ é bastante negligenciável (pequeno) em comparação a $\hat{p}$, e z^2/n é bastante negligenciável em comparação a 1, do qual $\tilde{p} \approx \hat{p}$. Neste caso, $z^2/4n^2$ também é negligenciável em comparação a pq/n (n^2 é um divisor muito maior que n); como resultado, o termo dominante na expressão ± é $z_{\alpha/2}\sqrt{\hat{p}\hat{q}/n}$ e o intervalo escore é aproximadamente

$$\hat{p} \pm z_{\alpha/2}\sqrt{\hat{p}\hat{q}/n} \tag{7.11}$$

Esse último intervalo tem a forma geral $\hat{\theta} \pm z_{\alpha/2}\hat{\sigma}_{\hat{\theta}}$ de um intervalo de amostra grande sugerido na última subseção. O IC aproximado (7.11) é aquele que há décadas tem aparecido em livros de introdução à Estatística. Obviamente, ele possui uma forma muito mais simples e atraente do que o IC escore. Então, por que se preocupar com o último?

Antes de tudo, suponha que usemos $z_{0,025} = 1{,}96$ na fórmula tradicional (7.11). Então, nosso nível de confiança *nominal* (aquele que achamos estar comprando usando aquele valor crítico de z) é aproximadamente 95%. Logo, antes de uma amostra ser selecionada, a probabilidade de que o intervalo aleatório inclua o valor real de p (isto é, a *probabilidade de cobertura*) deve ser de aproximadamente 0,95. Porém, como a Figura 7.6 mostra, para o caso de $n = 100$, a probabilidade de cobertura real para esse intervalo pode diferir consideravelmente da probabilidade nominal de 0,95, particularmente quando p não está próximo de 0,5 (o gráfico da probabilidade de cobertura *versus* p tem muitas inflexões pelo fato de a distribuição da probabilidade binomial subjacente ser discreta em vez de contínua). Falando de forma geral, trata-se de uma deficiência do intervalo tradicional – o nível de confiança real pode ser bastante diferente do nível nominal mesmo para tamanhos amostrais razoavelmente grandes. Pesquisas recentes têm mostrado que o intervalo escore retifica esse comportamento – para praticamente todos os tamanhos e valores amostrais de p, seu nível de confiança real estará muito próximo do nível nominal especificado pela escolha de $z_{\alpha/2}$. Isso se deve amplamente ao fato de o intervalo escore ser um pouco deslocado em direção a 0,5 em comparação ao intervalo tradicional. Em particular, o ponto médio $\tilde{p}$ do intervalo escore está sempre um pouco mais próximo de 0,5 do que o ponto médio $\hat{p}$ do intervalo tradicional. Isso é especialmente importante quando p está próximo de 0 ou 1.

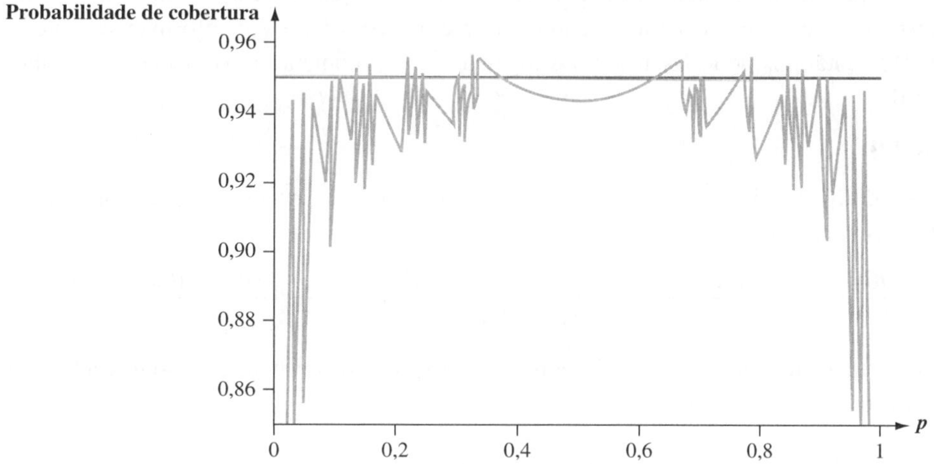

Figura 7.6 Probabilidade de cobertura real para o intervalo (7.11) para valores variáveis de p quando $n = 100$.

Ademais, o intervalo escore pode ser usado com quase todos os tamanhos amostrais e valores de parâmetros. Assim, não é necessário verificar as condições $n\hat{p} \geq 10$ e $n(1 - \hat{p}) \geq 10$ que seriam exigidas, se o intervalo tradicional fosse empregado. Então, em vez de perguntar quando n é suficientemente grande para (7.11) para produzir uma boa aproximação em relação a (7.10), nossa recomendação é que o intervalo escore deve *sempre* ser usado. O tédio adicional do cálculo é compensado pelas propriedades desejáveis do intervalo.

Exemplo 7.8

O artigo "Repeatability and reproducibility for pass/fail data" (*J. of Testing and Eval.*, 1997: 151-153) relatou que, em $n = 48$ tentativas em um laboratório específico, 16 resultaram em ignição de um tipo específico de substrato por um cigarro aceso. Seja p a proporção no longo prazo de todas as tentativas que resultariam em ignição. Uma estimativa pontual de p é $\hat{p} = 16/48 = 0{,}333$. Um intervalo de confiança de p com nível de confiança de aproximadamente 95% é

$$\frac{0{,}333 + (1{,}96)^2/96}{1 + (1{,}96)^2/48} \pm (1{,}96)\frac{\sqrt{(0{,}333)(0{,}667)/48 + (1{,}96)^2/9216}}{1 + (1{,}96)^2/48}$$
$$= 0{,}345 \pm 0{,}129 = (0{,}216;\ 0{,}474)$$

Este intervalo é bastante amplo pelo fato de um tamanho amostral de 48 não ser absolutamente grande ao se estimar uma proporção.

O intervalo tradicional é

$$0{,}333 \pm 1{,}96\sqrt{(0{,}333)(0{,}667)/48} = 0{,}333 \pm 0{,}133 = (0{,}200;\ 0{,}466)$$

Esses dois intervalos estariam muito mais próximos entre si se o tamanho da amostra fosse substancialmente maior. ■

Igualar a amplitude do IC de p a uma amplitude pré-especificada w fornece uma equação quadrática para o tamanho da amostra n necessária para fornecer um intervalo com grau de precisão desejado. Eliminando-se o índice de $z_{\alpha/2}$, a solução é

$$n = \frac{2z^2\hat{p}\hat{q} - z^2w^2 \pm \sqrt{4z^4\hat{p}\hat{q}(\hat{p}\hat{q} - w^2) + w^2z^4}}{w^2} \quad (7.12)$$

Desprezando os termos do numerador que envolvem w^2, temos

$$n \approx \frac{4z^2\hat{p}\hat{q}}{w^2}$$

Esta última expressão é obtida igualando-se a amplitude do intervalo tradicional com w.

Essas fórmulas infelizmente envolvem $\hat{p}$ desconhecido. A abordagem mais conservadora é tirar vantagem do fato de $\hat{p}\hat{q}[= \hat{p}(1 - \hat{p})]$ ser máximo quando $\hat{p} = 0{,}5$. Portanto, se $\hat{p} = \hat{q} = 0{,}5$ é usado em (7.12), a amplitude será, no máximo, w, independentemente de qual valor de $\hat{p}$ resulte da amostra. De maneira alternativa, se o pesquisador acredita fortemente, com base em informações anteriores, que $p \leq p_0 \leq 0{,}5$, então, p_0 pode ser usado no lugar de $\hat{p}$. Um comentário semelhante se aplica quando $p \geq p_0 \geq 0{,}5$.

Exemplo 7.9

A amplitude do IC de 95% no Exemplo 7.8 é 0,258. O valor de n necessário para garantir uma amplitude de 0,10 sem considerar o valor de $\hat{p}$ é

$$n = \frac{2(1{,}96)^2(0{,}25) - (1{,}96)^2(0{,}01) \pm \sqrt{4(1{,}96)^4(0{,}25)(0{,}25 - 0{,}01) + (0{,}01)(1{,}96)^4}}{0{,}01} = 380{,}3$$

Logo, um tamanho amostral de 381 deve ser usado. A expressão de n com base no IC tradicional fornece um valor levemente maior de 385. ■

Intervalos de confiança unilaterais (limites de confiança)

Os intervalos de confiança discutidos até agora fornecem *tanto* um limite de confiança inferior *como* um limite de confiança superior para o parâmetro que está sendo estimado. Em algumas circunstâncias, o investigador vai querer somente um desses dois tipos de limites. Por exemplo: um psicólogo pode querer calcular o limite de confiança superior de 95% para o tempo de reação médio real a um estímulo específico, ou um engenheiro pode querer somente o limite de confiança inferior da vida útil média real de determinado tipo de componente. Em virtude de a área acumulada sob a curva normal padrão à esquerda de 1,645 ser 0,95,

$$P\left(\frac{\overline{X} - \mu}{S/\sqrt{n}} < 1{,}645\right) \approx 0{,}95$$

Manipular a desigualdade dentro dos parênteses para isolar μ em um lado e substituir as v.a. pelos valores calculados fornece a desigualdade $\mu > \bar{x} - 1{,}645s/\sqrt{n}$; a expressão à direita é o limite de confiança inferior desejado. Começar com $P(-1{,}645 < Z) \approx 0{,}95$ e manipular a desigualdade resulta no limite superior de confiança. Um argumento semelhante fornece um limite unilateral associado a qualquer outro nível de confiança. ■

Proposição

O **limite superior de confiança de amostra grande para μ** é

$$\mu < \bar{x} + z_\alpha \cdot \frac{s}{\sqrt{n}}$$

e o **limite inferior de confiança de amostra grande para μ** é

$$\mu > \bar{x} - z_\alpha \cdot \frac{s}{\sqrt{n}}$$

Um **limite de confiança unilateral para p** resulta da substituição de $z_{\alpha/2}$ por z_α e $\pm$ por $+$ ou $-$ na fórmula do IC (7.10) para p. Em todos os casos, o nível de confiança é de aproximadamente $100(1 - \alpha)\%$.

Exemplo 7.10

O teste de corte inclinado é o procedimento mais amplamente aceito para avaliar a qualidade de uma ligação entre um material e seu substrato. O artigo "Testing the bond between repair materials and concrete substrate" (*ACI Materials J.*, 1996: 553-558) relatou que, em uma investigação específica, uma amostra de 48 observações de resistência de corte forneceu uma resistência média amostral de 17,17 N/mm^2 e um desvio padrão da amostra de 3,28 N/mm^2. O limite inferior de confiança para a resistência de corte média real μ com nível de confiança de 95% é

$$17{,}17 - (1{,}645)\frac{(3{,}28)}{\sqrt{48}} = 17{,}17 - 0{,}78 = 16{,}39$$

Ou seja, com um nível de confiança de 95%, podemos dizer que $\mu > 16{,}39$. ■

EXERCÍCIOS Seção 7.2 (12–27)

12. Uma amostra aleatória de 110 relâmpagos, em certa região, resultou em uma duração média do eco do radar da amostra de 0,81 s e um desvio padrão da amostra de 0,34 s ("Lightning strikes to an airplane in a thunderstorm," *J. of Aircraft*, 1984: 607-611). Calcule o intervalo de confiança (bilateral) de 99% para a duração média real do eco μ e interprete o intervalo resultante.

13. O artigo "Gas cooking, kitchen ventilation, and exposure to combustion products" (*Indoor Air*, 2006: 65-73) informou que, para uma amostra de 50 cozinhas com aparelhos de cozimento a gás monitoradas durante um período de uma semana, o nível de CO_2 médio (ppm) era de 654,16 e o desvio padrão amostral era de 164,43.

a. Calcule e interprete um intervalo de confiança de 95% (bilateral) para o nível de CO_2 médio real na população de todas as residências da qual a amostra foi selecionada.

b. Suponha que os pesquisadores tenham feito uma suposição grosseira de 175 para o valor de s antes de coletar os dados. Que tamanho de amostra seria necessário para obter uma amplitude do intervalo de 50 ppm, para um nível de confiança de 95%?

14. O artigo "Evaluating tunnel kiln performance" (*Amer. Ceramic Soc. Bull.*, ago. 1997: 59-63) forneceu as seguintes informações resumidas das resistências a fraturas (Mpa) de $n = 169$ barras cerâmicas cozidas em determinado forno: $\bar{x} = 89{,}10$, $s = 3{,}73$.

a. Calcule o intervalo de confiança (bilateral) para a resistência à fratura média real, usando um nível de confiança de 95%. Parece que a resistência à fratura média real foi estimada com precisão?

b. Suponha que os pesquisadores acreditaram *a priori* que o desvio padrão da população era cerca de 4 MPa. Com base nessa suposição, quão grande deve ser uma amostra para calcular μ dentro de 0,5 MPa com confiança de 95%?

15. Reconsidere o IC (7.10) para p e enfoque um nível de confiança de 95%. Mostre que os limites de confiança concordam perfeitamente com aqueles do intervalo tradicional (7.11) uma vez que dois sucessos e dois fracassos foram acrescentados à amostra [isto é, (7.11) com base em $x + 2$ S em $n + 4$ tentativas]. [*Dica*: $1{,}96 \approx 2$. *Observação*: Agresti e Coull demonstraram que esse ajuste do intervalo tradicional também possui um nível de confiança real próximo do nível nominal.]

16. A voltagem de ruptura da corrente alternada (AC) de um líquido isolante indica sua rigidez dielétrica. O artigo "Testing practices for the AC breakdown voltage testing of insulation liquids" (*IEEE Electrical Insulation Magazine*, 1995: 21-

26) forneceu as seguintes observações amostrais da voltagem de ruptura (kV) de um circuito específico sob certas condições.

62 50 53 57 41 53 55 61 59 64 50 53 64 62 50 68
54 55 57 50 55 50 56 55 46 55 53 54 52 47 47 55
57 48 63 57 57 55 53 59 53 52 50 55 60 50 56 58

a. Construa um *boxplot* dos dados e comente as características interessantes.

b. Calcule e interprete um IC de 95% para a voltagem de ruptura μ média real. Parece que μ foi estimado de maneira precisa? Explique.

c. Suponha que o pesquisador acredite que praticamente todos os valores de voltagem de ruptura estejam entre 40 e 70. Qual tamanho de amostra seria apropriado para o IC de 95% para se ter uma amplitude de 2 kV (de forma que μ seja estimado dentro de 1 kV com 95% de confiança)?

17. O Exercício 1.17 forneceu uma amostra de observações da resistência extrema à tensão (ksi). Use a saída da estatística descritiva do Minitab a seguir para calcular o limite de confiança inferior de 99% para a resistência extrema à tensão média real e interpretar o resultado.

```
  N     Média   Mediana MédiaAp   DP EP Média
153    135,39    135,40  135,41 4,59     0,37
Mínimo  Máximo       Q1      Q3
122,20  147,70   132,95  138,25
```

18. O artigo "Ultimate load capacities of expansion anchor bolts" (*J. of Energy Engr.*, 1993: 139-158) forneceu os seguintes dados resumidos sobre a resistência de corte (kip) de uma amostra de chumbadores de 3/8-pol: $n = 78$, $x = 4{,}25$, $s = 1{,}30$. Calcule o limite inferior de confiança, usando um nível de confiança de 90% para a resistência de corte média real.

19. O artigo "Limited yield estimation for visual defect sources" (*IEEE Trans. on Semiconductor Manuf.*, 1997: 7-23) relatou que, em um estudo do processo de inspeção de uma placa específico, 356 dados foram examinados por uma inspeção e 201 deles foram aprovados. Supondo um processo estável, calcule o intervalo de confiança (bilateral) de 95% para a proporção de todos os dados que foram aprovados pela inspeção.

20. A Associated Press (9 de outubro de 2002) relatou que, em uma inspeção de 4 722 jovens norte-americanos, com idade entre 6 e 19 anos, 15% estavam seriamente acima do peso (índice de massa corporal de pelo menos 30; esse índice é uma medida do peso em relação à altura). Calcule e interprete um intervalo de confiança usando um nível de confiança de 99% para a proporção de todos os jovens norte-americanos seriamente acima do peso.

21. Determine o nível de confiança para cada um dos limites de confiança unilaterais de amostras grandes a seguir:

a. Limite superior: $\bar{x} + 0{,}84s/\sqrt{n}$

b. Limite inferior: $\bar{x} - 2{,}05s/\sqrt{n}$

c. Limite superior: $\bar{x} + 0{,}67s/\sqrt{n}$

22. A tecnologia por trás das substituições de quadril sofreu mudanças à medida que estas operações tornavam-se mais populares (mais de 250 000 nos Estados Unidos em 2008). Começando em 2003, quadris de cerâmica altamente duráveis foram comercializados. Infelizmente, para muitos pacientes, a maior durabilidade foi contrabalançada por uma maior incidência de rangido. A edição de 11 de maio de 2008 do *New York Times* informou que, em um estudo com 143 indivíduos que receberam quadris de cerâmica entre 2003 e 2005, 10 dos quadris desenvolveram rangido.

a. Calcule o limite inferior de confiança no nível de confiança de 95% para a proporção real desses quadris que desenvolveram rangido.

b. Interprete o nível de confiança de 95% usado em (a).

23. O Pew Forum on Religion and Public Life, de 9 de dezembro de 2009, informou que, em um levantamento feito com 2003 adultos norte-americanos, 25% disseram que acreditavam em astrologia.

a. Calcule e interprete um intervalo de confiança, usando um nível de confiança de 99% para a proporção de todos os adultos norte-americanos que acreditam em astrologia.

b. Que tamanho de amostra seria necessário para a amplitude de um IC de 99% ser no máximo de 0,5 sem considerar o valor de $\hat{p}$?

24. Uma amostra de 56 amostras de algodão de pesquisa resultou em uma porcentagem de alongamento médio da amostra de 8,17 e desvio padrão amostral de 1,42 ("An apparent relation between the spiral angle ϕ, the percent elongation E_1, and the dimensions of the cotton fiber", *Textile Research J.*, 1978: 407-410). Calcule um IC para amostra grande de 95% para a porcentagem de alongamento médio real μ. Que suposições você está fazendo acerca da distribuição da porcentagem de alongamento?

25. Uma deputada estadual deseja pesquisar os residentes de seu Estado para ver que proporção do eleitorado está ciente de sua posição sobre o uso de fundos estaduais para pagar abortos.

a. Que tamanho de amostra é necessário se o IC de 95% de p tiver amplitude de no máximo 0,10 sem considerar p?

b. Se a deputada tem forte razão para acreditar que pelo menos 2/3 do eleitorado sabem de sua posição, quão grande você recomendaria que o tamanho da amostra fosse?

26. O superintendente de um grande distrito escolar, que fez um curso de probabilidade e estatística, acredita que o número de professores ausentes em um dia qualquer possua distribuição de Poisson com parâmetro μ. Use os dados a seguir sobre as ausências durante 50 dias para deduzir o IC de amostra grande para μ. [*Dica*: a média e a variância de uma variável de Poisson são ambas iguais a μ, logo,

$$Z = \frac{\bar{X} - \mu}{\sqrt{\mu/n}}$$

tem aproximadamente uma distribuição normal padrão. Prossiga como na derivação do intervalo de p, fazendo uma declaração de probabilidade (com probabilidade $1 - \alpha$) e resolvendo as desigualdades resultantes de μ – veja a explicação em seguida de (7.10).]

Número de ausências	0	1	2	3	4	5	6	7	8	9	10
Frequência	1	4	8	10	8	7	5	3	2	1	1

27. Em uma amostra de 1 000 consumidores selecionados aleatoriamente que tiveram oportunidade de enviar um formulário de solicitação de desconto após a compra de um produto, 250 dessas pessoas alegaram nunca o terem feito ("Rebates: get what you deserve", *Consumer Reports*, maio 2009: 7). Os motivos citados para esse comportamento incluíam excesso de etapas no processo, quantia muito pequena, prazo perdido, medo de serem incluídos em uma lista de mala direta, recibo perdido e dúvidas a respeito do recebimento do dinheiro. Calcule um limite superior de confiança no nível de confiança de 95% para a proporção real de tais consumidores que nunca solicitaram um desconto. Com base neste limite, há evidências convincentes de que a proporção real desses consumidores é menor que 1/3? Explique seu raciocínio.

7.3 Intervalos baseados em uma distribuição populacional normal

O IC de μ apresentado na Seção 7.2 é válido, desde que n seja grande. O intervalo resultante é usado, qualquer que seja a natureza da distribuição da população. O TCL não poderá ser usado, entretanto, quando n for pequeno. Nesse caso, uma maneira de continuar é fazer uma suposição específica sobre a forma da distribuição da população e deduzir um IC feito sob medida a essa suposição. Por exemplo: poderíamos desenvolver um IC de μ quando a população for descrita por uma distribuição gama, outro intervalo para o caso de uma distribuição de Weibull e assim por diante. Os estatísticos fizeram, na prática, esse programa para um número de famílias de distribuição diferentes. Em virtude de a distribuição normal ser frequentemente mais apropriada como um modelo da população que qualquer outro tipo de distribuição, enfocaremos aqui um IC para essa situação.

Hipótese

A população de interesse é normal, de modo que $X_1, \ldots, X_n$ constitui uma amostra aleatória de uma distribuição normal com μ e σ desconhecidos.

O resultado-chave subordinado ao intervalo na Seção 7.2 foi que, para n grande, a v.a. $Z = (\overline{X} - \mu)/(S/\sqrt{n})$ possui aproximadamente uma distribuição normal padronizada. Quando n é pequeno, S provavelmente não está mais próximo de σ, de modo que a variabilidade na distribuição de Z surge da aleatoriedade no numerador e no denominador. Isso implica que a distribuição de probabilidade de $(\overline{X} - \mu)/(S/\sqrt{n})$ será mais dispersa que a distribuição normal padronizada. O resultado no qual as inferências se baseiam introduz uma nova família de distribuições de probabilidade chamada *distribuições t*.

Teorema

Quando $\overline{X}$ é a média de uma amostra aleatória de tamanho n de uma distribuição normal com média μ, a v.a.

$$T = \frac{\overline{X} - \mu}{S/\sqrt{n}} \tag{7.13}$$

possui uma distribuição de probabilidade chamada distribuição t, com $n - 1$ graus de liberdade (gl).

Propriedades das distribuições *t*

Antes de aplicar este teorema, uma discussão das propriedades das distribuições t é necessária. Embora a variável de interesse ainda seja $(\overline{X} - \mu)/(S/\sqrt{n})$, nós a representamos agora por T, para enfatizar que ela não possui uma distribuição normal padronizada quando n é pequeno. Lembre-se de que uma distribuição normal é regida por dois parâmetros; cada diferente escolha de μ em combinação com σ resulta em determinada distribuição normal. Qualquer distribuição t em particular resulta da especificação do valor de um único parâmetro, chamado **número de graus de liberdade**, abreviado como gl. Denotaremos este parâmetro pela letra grega ν. Valores possíveis de ν são os inteiros positivos 1, 2, 3,... . Então, há uma distribuição t com 1 gl, outra com 2 gl, outra ainda com 3 gl e assim por diante.

Para qualquer valor fixo de ν, a função de densidade que especifica a curva t associada é ainda mais complicada que a função de densidade normal. Felizmente, precisamos nos preocupar somente com algumas das características mais importantes dessas curvas.

Propriedades das distribuições t

Denote por t_ν a distribuição t com ν gl.

1. Cada curva t_ν possui formato de sino e está centrada em 0.

2. Toda curva t_ν é mais dispersa que a curva normal padronizada (z).

3. À medida que ν aumenta, a dispersão da curva t_ν correspondente diminui.

4. Como $\nu \to \infty$, a sequência das curvas t_ν aproxima-se da curva normal padronizada (então, a curva z é muitas vezes chamada curva t com gl $= \infty$).

A Figura 7.7 ilustra algumas dessas propriedades dos valores selecionados de ν.

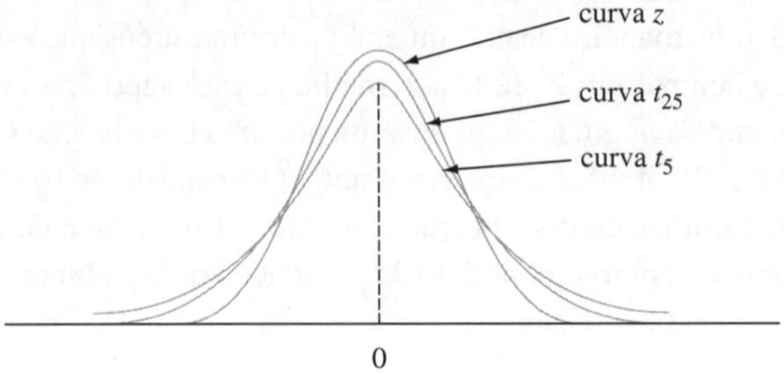

Figura 7.7 Curvas t_ν e z.

O número de gl de T em (7.13) é $n - 1$, pois, embora S se baseie nos n desvios $X_1 - \overline{X}, ..., X_n - \overline{X}$, $\Sigma(X_i - \overline{X}) = 0$ implica que somente $n - 1$ deles são "livremente determinados". A quantidade de gl de uma variável t é a quantidade de desvios determinados livremente na qual o desvio padrão estimado no denominador de T se baseia.

O uso da distribuição t ao se fazerem inferências requer notação para capturar áreas da cauda da curva t análogas a z_α para a curva z. Você poderia achar que t_α faria o truque. No entanto, o valor desejado depende não apenas da área caudal capturada, mas também do gl.

Notação

Seja $t_{\alpha;\nu}$= o número no eixo de medição para o qual a área sob a curva t com ν gl à direita de $t_{\alpha;\nu}$ é α; $t_{\alpha;\nu}$ é chamado ***valor crítico t***.

Por exemplo, $t_{0,05;6}$ é o valor crítico t que captura uma área caudal superior de 0,05 sob a curva t com 6 gl. A notação geral é ilustrada na Figura 7.8. Pelo fato de as curvas t serem simétricas em relação a zero, $-t_{\alpha,\nu}$ captura a área caudal inferior α. A Tabela A.5 do Apêndice fornece $t_{\alpha,\nu}$ para valores selecionados de α e ν. Essa tabela também aparece no final do livro. As colunas da tabela correspondem a diferentes valores de α. Para obter $t_{0,05;15}$, vá para a coluna $\alpha = 0,05$, desça até a linha $\nu = 15$ e leia $t_{0,05;15} = 1,753$. De maneira semelhante, $t_{0,05;22} = 1,717$ (coluna 0,05 e linha $\nu = 22$) e $t_{0,01;22} = 2,508$.

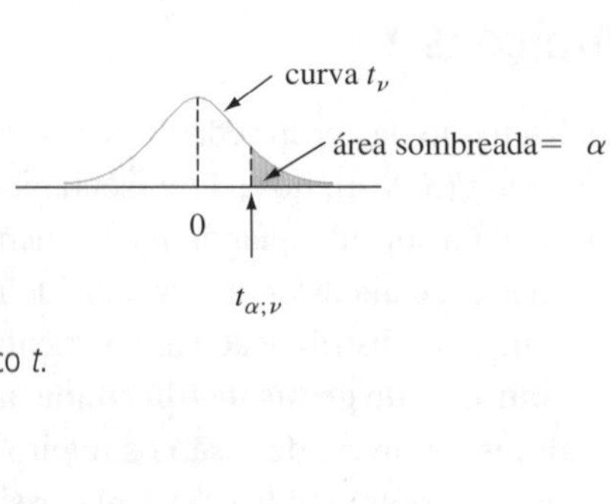

Figura 7.8 Ilustração de um valor crítico t.

Os valores de $t_{\alpha;\nu}$ exibem comportamento regular, à medida que mudamos de linha ou coluna. Para ν fixo, $t_{\alpha;\nu}$ aumenta à medida que α diminui, uma vez que temos de mover à direita de zero para encontrar a área α na cauda. Para α fixo, conforme ν é aumentado (isto é, conforme descemos por qualquer coluna em particular da tabela t), o valor de $t_{\alpha;\nu}$ diminui. Isto se dá em função de um valor maior de ν implicar uma distribuição t com menor dispersão, de modo que não é necessário ir tão longe de zero para capturar a área caudal α. Além disso, $t_{\alpha;\nu}$ diminui mais lentamente à medida que ν aumenta. Consequentemente, os valores da tabela são mostrados em incrementos de 2 entre 30 e 40 gl e depois pulam para $\nu = 50, 60, 120$ e, finalmente, ∞. Em virtude de t_∞ ser a curva normal padronizada, os valores z_α familiares aparecem na última linha da tabela. A regra prática sugerida anteriormente para uso do IC de amostra grande (se $n > 40$) surge da igualdade aproximada das distribuições t e normal padronizada de $\nu \geqslant 40$.

O intervalo de confiança *t* para uma amostra

A variável padronizada T possui distribuição t com $n - 1$ gl e a área sob a curva de densidade t correspondente entre $-t_{\alpha/2;n-1}$ e $t_{\alpha/2;n-1}$ é $1 - \alpha$ (a área $\alpha/2$ está em cada cauda), assim

$$P(-t_{\alpha/2,n-1} < T < t_{\alpha/2;n-1}) = 1 - \alpha \tag{7.14}$$

A expressão (7.14) difere-se das expressões nas seções anteriores porque T e $t_{\alpha/2;n-1}$ são usados no lugar de Z e $z_{\alpha/2}$, mas pode ser manipulada da mesma forma para obter um intervalo de confiança de μ.

Proposição

Sejam $\bar{x}$ e s a média e o desvio padrão amostrais calculados a partir dos resultados de uma amostra aleatória de uma população normal com média μ. Então, um intervalo de confiança **100(1 − α)% para μ** é

$$\left(\bar{x} - t_{\alpha/2;n-1} \cdot \frac{s}{\sqrt{n}},\ \bar{x} + t_{\alpha/2;n-1} \cdot \frac{s}{\sqrt{n}}\right) \tag{7.15}$$

ou, mais compactamente, $\bar{x} \pm t_{\alpha/2;n-1} \cdot s/\sqrt{n}$.

Um **limite superior de confiança para** μ é

$$\bar{x} + t_{\alpha;n-1} \cdot \frac{s}{\sqrt{n}}$$

e substituir + por − nesta última expressão dá um **limite inferior de confiança para μ**, ambos com nível de confiança de $100(1 - \alpha)\%$.

Exemplo 7.11

Mesmo com o declínio dos mercados tradicionais de madeira de liquidâmbar, grandes toras de madeiras usadas para a construção de pontes e esteiras tornaram-se crescentemente escassas. O artigo "Development of novel industrial laminated planks from sweetgum lumber" (*J. of Bridge Engr.*, 2008: 64-66) descreveu a fabricação e os testes de vigas mistas desenvolvidas para agregar valor à madeira de liquidâmbar de baixa qualidade. Aqui estão dados sobre o módulo de ruptura (psi; o artigo continha dados resumidos expressados em MPa):

6 807,99	7 637,06	6 663,28	6 165,03	6 991,41	6 992,23
6 981,46	7 569,75	7 437,88	6 872,39	7 663,18	6 032,28
6 906,04	6 617,17	6 984,12	7 093,71	7 559,50	7 378,61
7 295,54	6 702,76	7 440,17	8 053,26	8 284,75	7 347,95
7 422,69	7 886,87	6 316,67	7 713,65	7 503,33	7 674,99

A Figura 7.9 mostra um gráfico normal de probabilidade do software *R*. O padrão reto no gráfico fornece forte sustento para assumir que a distribuição da população do MDR é pelo menos aproximadamente normal.

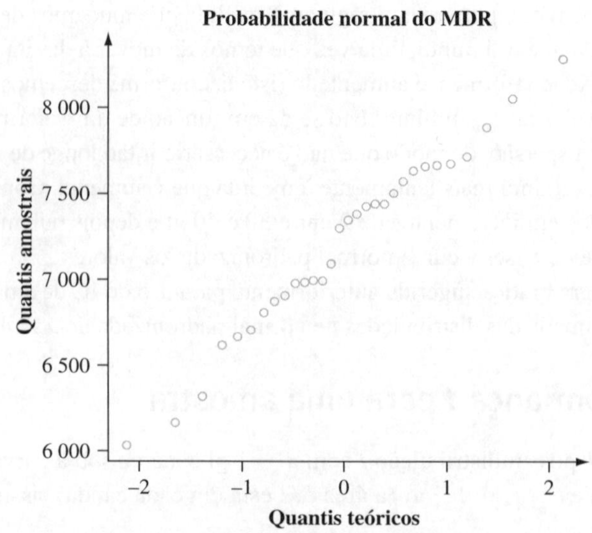

Figura 7.9 Gráfico normal de probabilidade do módulo dos dados de ruptura.

A média amostral e o desvio padrão amostral são 7 203,191 e 543,5400, respectivamente (para aqueles determinados a fazer os cálculos à mão, o ônus computacional é amenizado um pouco subtraindo-se 6 000 de cada valor de x para se obter $y_i = x_i - 6\,000$; então, $\sum y_i = 36\,095{,}72$ e $\sum y_i^2 = 51\,997\,668{,}77$, dos quais $\bar{y} = 1\,203{,}191$ e $s_y = s_x$ conforme apresentado).

Vamos agora calcular um intervalo de confiança para o MDR médio real usando um nível de confiança de 95%. O IC é baseado em $n - 1 = 29$ graus de liberdade, de modo que o valor crítico t necessário é $t_{0,025;29} = 2{,}045$. A estimativa de intervalo é agora

$$\bar{x} \pm t_{0,025;29} \cdot \frac{s}{\sqrt{n}} = 7\,203{,}191 \pm (2{,}045) \cdot \frac{543{,}5400}{\sqrt{30}}$$
$$= 7\,203{,}191 \pm 202{,}938 = (7\,000{,}253,\ 7\,406{,}129)$$

Estimamos que $7\,000{,}253 < \mu < 7\,406{,}129$ com confiança de 95%. Se usarmos a mesma fórmula amostra após amostra, em longo prazo, 95% dos intervalos calculados conterá μ. Como o valor de μ não está disponível, não sabemos se o intervalo calculado é um dos 95% "bons" ou dos 5% "ruins". Mesmo com o tamanho amostral moderadamente grande, nosso intervalo é bastante amplo. Esta é uma consequência da quantia substancial de variabilidade amostral em valores de MDR.

Um limite de confiança de 95% inferior resultaria da retenção apenas do limite de confiança inferior (aquele com −) e da substituição de 2,045 por $t_{0,05;29} = 1{,}699$. ■

Infelizmente, não é fácil selecionar n para controlar a amplitude do intervalo t. Isto se dá em função de a amplitude envolver o s desconhecido (antes de os dados serem coletados) e pelo fato de n entrar não apenas por $1/\sqrt{n}$, mas também por $t_{\alpha/2;n-1}$. Consequentemente, um n apropriado pode ser obtido apenas por tentativa e erro.

No Capítulo 15, discutiremos um IC de amostra pequena para μ que seja válido somente se a distribuição da população for simétrica, uma suposição mais fraca que a normalidade. Entretanto, quando a distribuição da população é normal, o intervalo t tende a ser menor que *qualquer* outro intervalo com o mesmo nível de confiança.

Um intervalo de previsão para um único valor futuro

Em muitas aplicações, o objetivo é *prever* um único valor de uma variável a ser observado futuramente, em vez de *estimar* o valor médio dessa variável.

Exemplo 7.12

Considere a seguinte amostra do teor de gordura (em porcentagem) de $n = 10$ cachorros-quentes selecionados aleatoriamente ("Sensory and mechanical assessment of the quality of frankfurters", *J. Texture Studies*, 1990: 395-409):

25,2 21,3 22,8 17,0 29,8 21,0 25,5 16,0 20,9 19,5

Assumindo que foram selecionados de uma população que segue uma distribuição normal, um IC de 95% (estimativa do intervalo) do teor de gordura médio dessa população é

$$\bar{x} \pm t_{0{,}025;9} \cdot \frac{s}{\sqrt{n}} = 21{,}90 \pm 2{,}262 \cdot \frac{4{,}134}{\sqrt{10}} = 21{,}90 \pm 2{,}96$$
$$= (18{,}94,\ 24{,}86)$$

Suponha, entretanto, que você comerá um único cachorro-quente desse tipo e que queira uma *previsão* do teor de gordura resultante. Uma previsão *pontual*, análoga à estimativa *pontual*, é apenas $\bar{x} = 21{,}90$. Esta previsão, infelizmente, não fornece nenhuma informação a respeito da confiabilidade ou precisão. ■

A configuração geral é a seguinte: temos disponível uma amostra aleatória $X_1, X_2, \ldots, X_n$ de uma população que segue uma distribuição normal e desejamos prever o valor de X_{n+1}, uma observação futura única (por exemplo, a vida útil de uma única lâmpada a ser comprada ou o consumo de combustível de um único veículo a ser alugado). Um previsor pontual é $\bar{X}$ e o erro de previsão resultante é $\bar{X} - X_{n+1}$. O valor esperado do erro da previsão é

$$E(\bar{X} - X_{n+1}) = E(\bar{X}) - E(X_{n+1}) = \mu - \mu = 0$$

Uma vez que X_{n+1} é independente de $X_1, \ldots, X_n$, ele é independente de $\bar{X}$, de modo que a variância do erro de previsão é

$$V(\bar{X} - X_{n+1}) = V(\bar{X}) + V(X_{n+1}) = \frac{\sigma^2}{n} + \sigma^2 = \sigma^2\left(1 + \frac{1}{n}\right)$$

O erro da previsão é uma combinação linear das v.a. independentes normalmente distribuídas, de modo que ele próprio seja normalmente distribuído. Desta maneira,

$$Z = \frac{(\bar{X} - X_{n+1}) - 0}{\sqrt{\sigma^2\left(1 + \frac{1}{n}\right)}} = \frac{\bar{X} - X_{n+1}}{\sqrt{\sigma^2\left(1 + \frac{1}{n}\right)}}$$

tem uma distribuição normal padronizada. É possível mostrar que substituir σ pelo desvio padrão da amostra S (de $X_1, \ldots, X_n$) resulta em

$$T = \frac{\bar{X} - X_{n+1}}{S\sqrt{1 + \frac{1}{n}}} \sim \text{distribuição } t \text{ com } (n - 1) \text{ gl}$$

Manipular a variável T como $T = (\bar{X} - \mu)/(S/\sqrt{n})$ foi feito no desenvolvimento de um IC, e fornece o seguinte resultado.

Proposição

O **intervalo de previsão** (IP) de uma única observação a ser selecionada de uma população que segue uma distribuição normal é

$$\bar{x} \pm t_{\alpha/2;n-1} \cdot s\sqrt{1 + \frac{1}{n}} \tag{7.16}$$

O *nível de previsão* é $100(1 - \alpha)\%$. Um limite inferior de previsão resulta da substituição de $t_{\alpha/2}$ por t_α e da eliminação da parte + de (7.16); uma modificação semelhante fornece um limite superior de previsão.

A interpretação de um nível de previsão de 95% é semelhante à de um nível de confiança de 95%; se o intervalo (7.16) for calculado amostra após amostra, no longo prazo, 95% desses intervalos incluirão os valores futuros correspondentes de X.

Exemplo 7.13 (continuação do Exemplo 7.12)

Com $n = 10$, $\bar{x} = 21{,}90$, $s = 4{,}134$ e $t_{0,025;9} = 2{,}262$, um IP de 95% para o teor de gordura de um único cachorro-quente é

$$21{,}90 \pm (2{,}262)(4{,}134)\sqrt{1 + \frac{1}{10}} = 21{,}90 \pm 9{,}81$$

$$= (12{,}09;\ 31{,}71)$$

Esse intervalo é bastante amplo, indicando incerteza substancial sobre o teor de gordura. Observe que a amplitude do IP é mais que três vezes a do IC. ■

O erro de previsão é $\bar{X} - X_{n+1}$, uma diferença entre duas variáveis aleatórias, enquanto o erro de estimativa é $\bar{X} - \mu$, uma diferença entre uma variável aleatória e um valor fixo (mas desconhecido). O IP é mais amplo que o IC, pois há mais variabilidade no erro de previsão (devido a X_{n+1}) que no erro de estimativa. De fato, à medida que n torna-se arbitrariamente grande, o IC encolhe até o único valor μ e o IP aproxima-se de $\mu \pm z_{\alpha/2} \cdot \sigma$. Há incerteza em relação a um único valor de X, mesmo quando não há a necessidade de se fazer uma estimativa.

Intervalos de tolerância

Considere uma população de automóveis de determinado tipo e suponha que, em condições específicas, o consumo de combustível (mpg) tenha uma distribuição normal com $\mu = 30$ e $\sigma = 2$. Então, como o intervalo de $-1{,}645$ a $1{,}645$ captura 90% da área sob a curva z, 90% de todos esses automóveis terão valores de consumo de combustível entre $\mu - 1{,}645\sigma = 26{,}71$ e $\mu + 1{,}645\sigma = 33{,}29$. Mas, e se os valores de μ e σ não forem conhecidos? Podemos tomar uma amostra de tamanho n, determinar os consumos de combustível, $\bar{x}$ e s e formar o intervalo cujo limite inferior seja $\bar{x} - 1{,}645s$ e o limite superior seja $\bar{x} + 1{,}645s$. Entretanto, devido à variabilidade da amostragem nas estimativas de μ e σ, existe uma boa chance de o intervalo resultante incluir menos de 90% dos valores da população. Intuitivamente, para ter *a priori* uma chance de 95% de o intervalo resultante incluir pelo menos 90% dos valores da população, quando $\bar{x}$ e s são usados no lugar de μ e σ, devemos também substituir 1,645 por algum número maior. Por exemplo: quando $n = 20$, o valor 2,310 é tal que podemos ter 95% de confiança de que o intervalo $\bar{x} \pm 2{,}310s$ incluirá pelo menos 90% dos valores de consumo de combustível na população.

Seja k um número entre 0 e 100. Um **intervalo de tolerância** para incluir pelo menos k% dos valores de uma população que segue uma distribuição normal com nível de confiança de 95% possui a forma

$$\bar{x} \pm (\text{valor crítico de tolerância}) \cdot s$$

Valores críticos de tolerância para $k = 90$, 95 e 99 em combinação com diversos tamanhos amostrais são fornecidos na Tabela A.6 do Apêndice. Esta tabela também inclui valores críticos para um nível de confiança de 99% (esses valores são maiores que os valores de 95% correspondentes). Substituir ± por + fornece um limite superior de tolerância, e usar – no lugar de ± resulta em um limite inferior de tolerância. Os valores críticos para obter esses limites unilaterais também aparecem na Tabela A.6 do Apêndice.

Exemplo 7.14

Como parte de um projeto maior para estudar o comportamento de painéis de revestimento, componente estrutural que está sendo usado extensivamente nos Estados Unidos, o artigo "Time-dependent bending properties of lumber" (*J. of Testing and Eval.*, 1996: 187-193) relatou diversas propriedades mecânicas de espécimes de madeira de pinho da Escócia. Considere as seguintes observações sobre o módulo de elasticidade (MPa) obtido 1 minuto depois da aplicação de carga em uma determinada configuração:

10 490	16 260	17 300	15 480	12 970	17 260	13 400	13 900
13 630	13 260	14 370	11 700	15 470	17 840	14 090	14 760

Há um padrão linear pronunciado em um gráfico normal de probabilidade dos dados. As estatísticas descritivas relevantes são $n = 16$, $\bar{x} = 14\,532{,}5$, $s = 2\,055{,}67$. Para um nível de confiança de 95%, o intervalo de tolerância bilateral para incluir pelo menos 95% dos valores do módulo de elasticidade de espécimes de madeira na população que serviu como amostra utiliza o valor crítico de tolerância de 2,903. O intervalo resultante é

$$14\,532{,}5 \pm (2{,}903)(2\,055{,}67) = 14\,532{,}5 \pm 5\,967{,}6 = (8\,564{,}9;\ 20\,500{,}1)$$

Podemos estar altamente confiantes de que pelo menos 95% de todos os espécimes de madeira têm valores de módulo de elasticidade entre 8 564,9 e 20 500,1.

O IC de 95% de μ é (13 437,3; 15 627,7) e o intervalo de previsão de 95% do módulo de elasticidade de um único espécime de madeira é (10 017,0; 19 048,0). O intervalo de previsão e o intervalo de tolerância são substancialmente mais amplos que o intervalo de confiança. ■

Intervalos baseados em populações que não seguem uma distribuição normal

O IC t de uma amostra para μ é robusto para desvios pequenos ou mesmo moderados da hipótese de normalidade, a menos que n seja muito pequeno. Por isso, queremos dizer que, se um valor crítico de confiança de 95%, por exemplo, for usado para calcular o intervalo, o nível de confiança real estará razoavelmente próximo do nível de 95% nominal. Entretanto, se n for pequeno e a distribuição da população for altamente não normal, então, o nível de confiança real pode ser consideravelmente diferente do que você pensa que está utilizando quando obtém um valor crítico específico da tabela de t. Certamente, seria frustrante acreditar que seu nível de confiança é aproximadamente 95% quando, na verdade, era realmente mais provável ser de 88%! A técnica *bootstrap*, introduzida na Seção 7.1, tem muito sucesso na estimativa de parâmetros em uma grande variedade de situações não normais.

Em comparação com o intervalo de confiança, a validade dos intervalos de tolerância e previsão descritos nesta seção está ligada mais proximamente à suposição de normalidade. Esses últimos intervalos não devem ser utilizados na ausência de evidência clara de normalidade. A excelente referência *Statistical intervals*, citada na bibliografia no final deste capítulo, discute procedimentos alternativos desse tipo para várias outras situações.

EXERCÍCIOS Seção 7.3 (28–41)

28. Determine os valores das seguintes quantidades:

$t_{01;15}$ $\quad t_{0,05;15}$ $\quad t_{0,05;25}$ $\quad t_{0,05;40}$ $\quad t_{0,005;40}$

29. Uma tabulação mais extensiva dos valores críticos t que a mostrada neste livro indica que, para a distribuição t com 20 gl, as áreas à direita dos valores 0,687, 0,860 e 1,064 são 0,25, 0,20 e 0,15, respectivamente. Qual é o nível de confiança de cada um dos três intervalos de confiança a seguir para a média μ de uma população que segue uma distribuição normal? Qual dos três intervalos você recomendaria ser usado e por quê?

a. $(\bar{x} - 0{,}687s/\sqrt{21}, \bar{x} + 1{,}725s/\sqrt{21})$

b. $(\bar{x} - 0{,}860s/\sqrt{21}, \bar{x} + 1{,}325s/\sqrt{21})$

c. $(\bar{x} - 1{,}064s/\sqrt{21}, \bar{x} + 1{,}064s/\sqrt{21})$

30. Determine o valor crítico t de um intervalo de confiança bilateral em cada uma das situações a seguir:

a. Nível de confiança = 95%, gl = 10

b. Nível de confiança = 95%, gl = 15

c. Nível de confiança = 99%, gl = 15

d. Nível de confiança = 99%, $n = 5$

e. Nível de confiança = 98%, gl = 24

f. Nível de confiança = 99%, $n = 38$

31. Determine o valor crítico t de um limite inferior ou superior de confiança para cada uma das situações descritas no Exercício 30.

32. De acordo com o artigo "Fatigue testing of condoms"(*Polymer Testing*, 2009: 567-571), "os testes usados atualmente para preservativos substituem os desafios que estes enfrentam durante o uso", incluindo um teste para orifícios, um teste de inflação, um teste de vedação da embalagem e testes de dimensões e de qualidade do lubrificante (um território bastante fértil para o uso da metodologia estatística!). Os pesquisadores desenvolveram um novo teste que adiciona tensão cíclica a um nível bem abaixo da ruptura e determina o número de ciclos para o rompimento. Uma amostra de 20 preservativos de determinado tipo resultou em um número médio amostral de 1 584 e um desvio padrão amostral de 607. Calcule e interprete um intervalo de confiança no nível de confiança de 99% para o número médio real de ciclos para o rompimento. [*Dica*: o artigo apresentou os resultados de testes de hipótese com base na distribuição *t*; a validade destes depende de se supor que a população siga uma distribuição normal.]

33. O artigo "Measuring and understanding the aging of kraft insulating paper in power transformers" (*IEEE Electrical Insul. Mag.*, 1996: 28-34) contém as seguintes observações sobre o grau de polimerização para espécimes de papel para os quais a concentração dos tempos de viscosidade caiu em determinado intervalo médio:

418	421	421	422	425	427	431
434	437	439	446	447	448	453
454	463	465				

a. Construa um *boxplot* dos dados e comente quaisquer características interessantes.

b. É plausível que as observações da amostra fornecidas tenham sido selecionadas de uma distribuição normal?

c. Calcule o intervalo de confiança de 95% bilateral para o grau médio real de polimerização (como fizeram os autores do artigo). O intervalo sugere que 440 seja um valor plausível para o grau médio real de polimerização? E quanto a 450?

34. Uma amostra de 14 espécimes de juntas de um tipo específico forneceu o limite de carga proporcional médio da amostra de 8,48 MPa e desvio padrão da amostra de 0,79 MPa ("Characterization of bearing strength factors in pegged timber connections", *J. of Structural Engr.*, 1997: 326-332).

a. Calcule e interprete o limite inferior de confiança de 95% para o limite de carga proporcional médio real de todas as juntas. Que hipótese, se houver, você faria sobre a distribuição do limite de carga proporcional?

b. Calcule e interprete o limite inferior de previsão de 95% para o limite de carga proporcional de uma única junta desse tipo.

35. A rinoplastia de aumento com implante de silicone é usada para a correção de deformidades nasais congênitas. O sucesso do procedimento depende de diversas propriedades biomecânicas do periósteo e fáscia nasais humanos. O artigo "Biomechanics in augmentation rhinoplasty" (*J. of Med. Engr. and Tech.*, 2005: 14-17) informou que, para uma amostra de 15 adultos (recém-falecidos), a deformação de ruptura média (%) era de 25,0 e o desvio padrão era de 3,5.

a. Supondo uma distribuição normal para a deformação de ruptura, estime a deformação média real de forma a transmitir informações sobre precisão e confiabilidade.

b. Preveja a deformação para um único adulto de forma a transmitir informações sobre precisão e confiabilidade. Como a previsão se compara com a estimativa calculada no item (a)?

36. As observações sobre o tempo de fuga dado no Exercício 36 do Capítulo 1 fornecem a média e o desvio padrão da amostra de 370,69 e 24,36, respectivamente.

a. Calcule o limite superior de confiança para o tempo médio de fuga da população, usando um nível de confiança de 95%.

b. Calcule o limite superior de previsão para o tempo de fuga de um único trabalhador adicional, usando um nível de previsão de 95%. Como esse limite se compara ao limite de confiança do item (a)?

c. Suponha que dois trabalhadores adicionais sejam escolhidos para participar do exercício simulado de fuga. Represente seus tempos de fuga por X_{27} e X_{28}, e por $\overline{X}_{novo}$ a média desses dois valores. Modifique a fórmula de um IP para um único valor de *x*, a fim de obter o IP de $\overline{X}_{novo}$, e calcule o intervalo bilateral de 95%, com base nos dados de fuga fornecidos.

37. Determine o valor crítico *t* que incluirá a área da curva *t* desejada em cada um dos casos a seguir:

a. Área central = 0,95, gl = 10

b. Área central = 0,95, gl = 20

c. Área central = 0,99, gl = 20

d. Área central = 0,99, gl = 50

e. Área da cauda superior = 0,01, gl = 25

f. Área da cauda inferior = 0,025, gl = 5

38. Uma amostra de 25 peças de laminado usado na fabricação de placas de circuito foi selecionada, e a quantidade de deformação (pol) sob condições específicas foi determinada para cada peça, resultando em uma deformação média amostral de 0,0635 e um desvio padrão de 0,0065.

a. Calcule uma previsão para a quantidade de deformação de uma única peça de laminado, de modo que forneça informações sobre precisão e confiabilidade.

b. Calcule o intervalo no qual você possa ter alto grau de confiança de que pelo menos 95% de todas as peças de laminado resultem em quantidades de deformação que estejam entre os dois limites do intervalo.

39. O Exercício 72 do Capítulo 1 forneceu as seguintes observações sobre a medida de absorção do receptor (volume de distribuição ajustado) de uma amostra de 13 pessoas saudáveis: 23, 39, 40, 41, 43, 47, 51, 58, 63, 66, 67, 69, 72.

a. É plausível que a distribuição da população da qual essa amostra foi selecionada seja normal?

b. Calcule o intervalo para o qual possamos ter 95% de confiança de que pelo menos 95% de todas as pessoas saudáveis da população tenha ajustado os volumes da distribuição incluídos entre os limites do intervalo.

c. Preveja o volume da distribuição ajustado de uma única pessoa saudável, calculando o intervalo de previsão de 95%. Como a amplitude desse intervalo se compara com o intervalo calculado no item (b)?

40. O Exercício 17 do Capítulo 1 apresentou uma amostra de observações sobre a resistência à tensão máxima, e o Exercício 17 da seção anterior forneceu quantidades resumidas e pediu o intervalo de confiança de amostra grande. Em virtude de o tamanho da amostra ser grande, nenhuma suposição sobre a distribuição da população é necessária para a validade do IC.

a. Qualquer suposição sobre a distribuição da resistência à tensão é necessária, antes de calcular um limite de previsão inferior para a resistência à tensão do próximo espécime selecionado usando o método descrito nesta seção? Explique.

b. Use um programa estatístico para investigar a plausibilidade de uma distribuição normal da população.

c. Calcule o limite inferior de previsão com um nível de previsão de 95% para a resistência extrema à tensão do próximo espécime selecionado.

41. Um estudo da habilidade de as pessoas andarem em linha reta ("Can we really walk straight?", *Amer. J. of Physical Anthro.*, 1992: 19-27) relatou os dados que seguem sobre a cadência (passos por segundo) de uma amostra de $n = 20$ homens saudáveis, aleatoriamente selecionados.

0,95 0,85 0,92 0,95 0,93 0,86 1,00 0,92 0,85 0,81
0,78 0,93 0,93 1,05 0,93 1,06 1,06 0,96 0,81 0,96

Um gráfico normal de probabilidade fornece suporte substancial à hipótese de que a distribuição da população da cadência seja aproximadamente normal. Segue um resumo descritivo dos dados do Minitab:

Variável	N	Média	Mediana	MédiaAP	DesvPad	EP Média
Cadência	20	0,9255	0,9300	0,9261	0,0809	0,0181
Cadência		Mín	Máx	Q1	Q3	
Variável		0,7800	1,0600	0,8525	0,9600	

a. Calcule e interprete o intervalo de confiança de 95% para a cadência média da população.

b. Calcule e interprete o intervalo de previsão de 95% para a cadência de uma única pessoa selecionada aleatoriamente dessa população.

c. Calcule o intervalo que inclua pelo menos 99% das cadências da distribuição da população, usando um nível de confiança de 95%.

7.4 Intervalos de confiança para variância e desvio padrão de uma população normal

Embora as inferências relacionadas à variância de uma população σ^2 ou ao desvio padrão σ sejam geralmente de menor interesse que as referentes à média ou proporção, há ocasiões em que tais procedimentos são necessários. No caso de uma distribuição normal da população, as inferências são feitas com base no seguinte resultado relacionado à variância da amostra S^2.

Teorema

Sejam $X_1, X_2, \ldots, X_n$ uma amostra aleatória de uma distribuição normal com parâmetros μ e σ^2. Então, a v.a.

$$\frac{(n-1)S^2}{\sigma^2} = \frac{\sum(X_i - \overline{X})^2}{\sigma^2}$$

possui distribuição de probabilidade qui-quadrada (χ^2) com $n - 1$ gl.

Conforme discutido nas Seções 4.4 e 7.1, a distribuição qui-quadrada é uma distribuição de probabilidade contínua com um único parâmetro ν, chamado número de graus de liberdade, com valores possíveis 1, 2, 3, ... Os gráficos de diversas funções densidade de probabilidade de χ^2 (f.d.p.) são ilustrados na Figura 7.10. Cada f.d.p. $f(x; \nu)$ é positiva somente para $x > 0$, e cada uma possui assimetria positiva (cauda superior longa), embora a distribuição se mova à direita e se torne mais simétrica à medida que ν aumenta. Para especificar os procedimentos inferenciais que utilizam a distribuição qui-quadrada, precisamos de notação análoga à de um valor crítico t de $t_{\alpha;\nu}$.

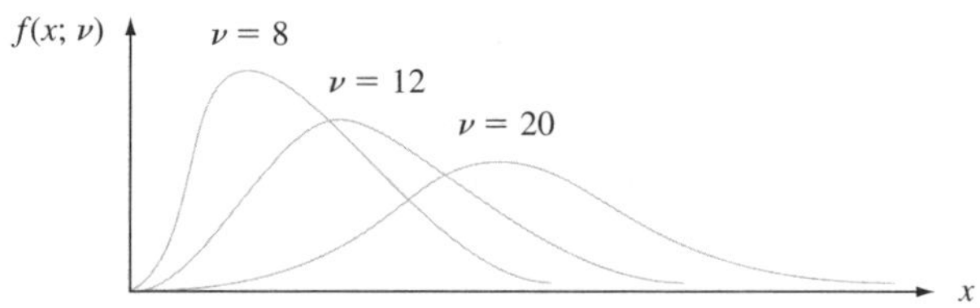

Figura 7.10 Gráficos das funções densidade qui-quadrada.

Notação

Seja $\chi^2_{\alpha;\nu}$, chamado **valor crítico qui-quadrado**, o número no eixo horizontal, de modo que a α da área sob a curva qui-quadrada com ν gl esteja à direita de $\chi^2_{\alpha;\nu}$.

A simetria das distribuições t tornou necessário tabular somente os valores críticos t da cauda superior ($t_{\alpha;\nu}$ para valores pequenos de α). A distribuição qui-quadrada não é simétrica, de modo que a Tabela A.7 do Apêndice contém valores de $\chi^2_{\alpha;\nu}$, tanto para α próximo de 0 quanto de 1, conforme ilustrado na Figura 7.11(b). Por exemplo: $\chi^2_{0,025;14} = 26{,}119$, e $\chi^2_{0,95;20}$ (o 5º percentil) = 10,851.

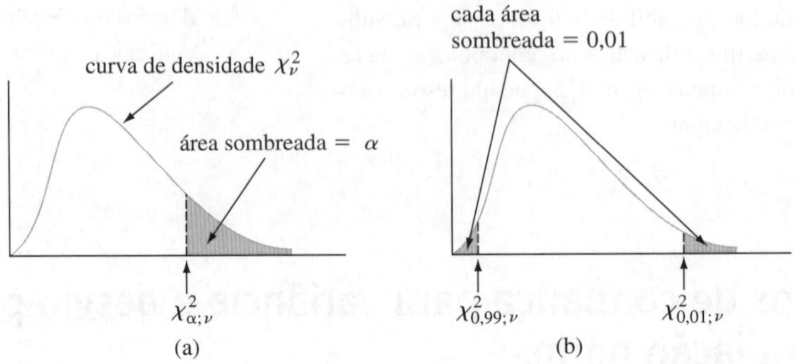

Figura 7.11 Notação ilustrada de $\chi^2_{\alpha;\nu}$.

A v.a. $(n-1)S^2/\sigma^2$ satisfaz as duas propriedades nas quais o método geral para a obtenção de um IC é baseada: é uma função do parâmetro de interesse σ^2, ainda que sua distribuição de probabilidade (qui-quadrada) não dependa desse parâmetro. A área sob uma curva qui-quadrada com ν gl à direita de $\chi^2_{\alpha/2;\nu}$ é $\alpha/2$, como a área à esquerda de $\chi^2_{1-\alpha/2;\nu}$. Assim, a área capturada entre esses dois valores críticos é $1-\alpha$. Como consequência disso e do teorema recém-formulado,

$$P\left(\chi^2_{1-\alpha/2;n-1} < \frac{(n-1)S^2}{\sigma^2} < \chi^2_{\alpha/2;n-1}\right) = 1-\alpha \tag{7.17}$$

As desigualdades de (7.17) são equivalentes a

$$\frac{(n-1)S^2}{\chi^2_{\alpha/2;n-1}} < \sigma^2 < \frac{(n-1)S^2}{\chi^2_{1-\alpha/2;n-1}}$$

Substituir o valor calculado s^2 nos limites fornece o IC para σ^2 e, extraindo as raízes quadradas, obtém-se o intervalo de σ.

O intervalo de confiança de 100(1 − α)% para a variância σ^2 de uma população normal possui limite inferior

$$(n-1)s^2/\chi^2_{\alpha/2;n-1}$$

e limite superior

$$(n-1)s^2/\chi^2_{1-\alpha/2;n-1}$$

O intervalo de confiança para σ possui limites superior e inferior que são as raízes quadradas dos limites correspondentes no intervalo para σ^2. Um limite de confiança superior ou inferior resulta da substituição de $\alpha/2$ por α no limite correspondente do IC.

Exemplo 7.15

Os dados que seguem sobre a voltagem de quebra de circuitos carregados eletricamente foram obtidos de um gráfico normal de probabilidade que apareceu no artigo "Damage of flexible printed wiring boards associated with lightning-induced voltage surges" (*IEEE Transactions on Components, Hybrids, and Ma-*

nuf. Tech., 1985: 214-220). A linearidade do gráfico forneceu forte apoio à suposição de que a voltagem de quebra segue uma distribuição aproximadamente normal.

1 470	1 510	1 690	1 740	1 900	2 000	2 030	2 100	2 190
2 200	2 290	2 380	2 390	2 480	2 500	2 580	2 700	

Seja σ^2 a variância da distribuição da voltagem de quebra. O valor calculado da variância amostral é $s^2 = 137\ 324{,}3$, a estimativa pontual de σ^2. Com gl $= n - 1 = 16$, um IC de 95% requer $\chi^2_{0{,}975;16} = 6{,}908$ e $\chi^2_{0{,}025;16} = 28{,}845$. O intervalo é

$$\left(\frac{16(137\ 324{,}3)}{28{,}845}, \frac{16(137\ 324{,}3)}{6{,}908}\right) = (76\ 172{,}3;\ 318\ 064{,}4)$$

Extrair a raiz quadrada de cada extremo produz (276,0; 564,0), IC de 95% para σ. Esses intervalos são bastante amplos, refletindo a variabilidade substancial na voltagem de quebra em combinação com o tamanho pequeno de uma amostra. ■

Os ICs de σ^2 e σ, quando a distribuição da população não é normal, podem ser difíceis de se obter. Para esses casos, consulte um estatístico de renome.

EXERCÍCIOS Seção 7.4 (42–46)

42. Determine os valores das seguintes quantidades:

a. $\chi^2_{0{,}1;15}$ **b.** $\chi^2_{0{,}1;25}$

c. $\chi^2_{0{,}01;25}$ **d.** $\chi^2_{0{,}005;25}$

e. $\chi^2_{0{,}99;25}$ **f.** $\chi^2_{0{,}995;25}$

43. Determine o seguinte:

a. O 95° percentil da distribuição qui-quadrada com $\nu = 10$.

b. O 5° percentil da distribuição qui-quadrada com $\nu = 10$.

c. $P(10{,}98 \leq \chi^2 \leq 36{,}78)$, em que χ^2 é uma v.a. qui-quadrada com $\nu = 22$.

d. $P(\chi^2 < 14{,}611$ ou $\chi^2 > 37{,}652)$, em que χ^2 é uma v.a. qui-quadrada com $\nu = 25$.

44. A quantidade de expansão lateral (mils) foi determinada para uma amostra de $n = 9$ soldas metálicas usadas em tanques de carga de navio GNL. O desvio padrão da amostra resultante foi $s = 2{,}81$ mils. Supondo normalidade, encontre o IC de 95% para σ^2 e para σ.

45. As seguintes observações foram feitas sobre a resistência à fratura de uma placa de base de 18% de níquel em aço inoxidável ["Fracture testing of weldments", *ASTM Special Publ.*, n. 381, 1965: 328-356 (em ksi $\sqrt{\text{pol}}$, dado em ordem crescente)]:

69,5	71,9	72,6	73,1	73,3	73,5	75,5	75,7
75,8	76,1	76,2	76,2	77,0	77,9	78,1	79,6
79,7	79,9	80,1	82,2	83,7	93,7		

Calcule o IC de 99% para o desvio padrão da distribuição de resistência à fratura. Esse intervalo é válido qualquer que seja a natureza da distribuição? Explique.

46. O artigo "Concrete pressure on formwork" (*Mag. Of Concrete Res.*, 2009: 407-417) forneceu as seguintes observações sobre a pressão máxima de concreto (kN/m²):

33,2	41,8	37,3	40,2	36,7	39,1	36,2	41,8
36,0	35,2	36,7	38,9	35,8	35,2	40,1	

a. É plausível que essa amostra tenha sido selecionada de uma distribuição normal da população?

b. Calcule o limite de confiança superior com nível de confiança de 95% para o desvio padrão da população de pressão máxima.

Exercícios complementares (47–62)

47. Suponha que $x_1, x_2, \ldots, x_n$ sejam valores observados que resultam de uma amostra aleatória de distribuição simétrica, porém possivelmente de cauda pesada. Sejam $\tilde{x}$ e f_s a mediana da amostra e a quarta dispersão, respectivamente. O Capítulo 11 de *Understanding robust and exploratory data analysis* (consulte a bibliografia do Capítulo 6) sugere o seguinte IC robusto de 95% para a média da população (ponto de simetria):

$$\tilde{x} \pm \left(\frac{\text{valor crítico } t \text{ conservativo}}{1{,}075}\right) \cdot \frac{f_s}{\sqrt{n}}$$

O valor da quantidade em parênteses é 2,10 para $n = 10$, 1,94 para $n = 20$ e 1,91 para $n = 30$. Calcule este IC para os dados do Exercício 45 e compare-o ao IC t apropriado para uma distribuição normal da população.

48. Um triatlo, que consiste em nadar, andar de bicicleta e correr, é um dos eventos de esporte amador mais árduos. O artigo "Cardiovascular and thermal response of triathlon performance" (*Medicine and Science in Sports and Exercise*, 1988: 385-389) relata um estudo de pesquisa que envolve nove triatletas do sexo masculino. A frequência cardíaca máxima (batimentos/min) foi registrada durante a realização de cada um dos três eventos. Para a natação, a média e o desvio padrão amostrais foram 188,0 e 7,2, respectivamente. Supondo que a distribuição da frequência cardíaca seja (aproximadamente) normal, construa um IC de 98% para a frequência cardíaca média real dos triatletas durante a natação.

49. Para cada uma das 18 jazidas de petróleo constituídas de carbonato, a quantidade de saturação de gás residual após a injeção de um solvente foi medida na saída do fluxo de água. Observações, em porcentagem de volume de poros, foram

23,5	31,5	34,0	46,7	45,6	32,5
41,4	37,2	42,5	46,9	51,5	36,4
44,5	35,7	33,5	39,3	22,0	51,2

(Consulte "Relative permeability studies of gas-water flow following solvent injection in carbonate rocks", *Soc. Petroleum Engineers J.*, 1976: 23-30.)

a. Construa um *boxplot* desses dados e faça comentários sobre quaisquer características interessantes.

b. É plausível que a amostra fosse selecionada de uma população que segue uma distribuição normal?

c. Calcule o IC de 98% para a quantidade média real de saturação de gás residual.

50. Um artigo de um periódico relata que uma amostra de tamanho 5 foi usada como base para calcular o IC de 95% para a frequência natural média real (Hz) de vigas laminadas de determinado tipo. O intervalo resultante foi (229,764; 233,504). Você decide que um nível de confiança de 99% é mais apropriado que o nível de 95% utilizado. Quais são os limites do intervalo de 99%? [*Dica*: use o centro do intervalo e sua amplitude para determinar $\bar{x}$ e s.]

51. Um levantamento feito em abril de 2009 com 2 253 adultos norte-americanos e conduzido pelo Pew Research Center's Internet & American Life Project revelou que 1 262 dos participantes tinham, em algum momento, usado meios sem fio para acesso on-line.

a. Calcule e interprete um IC de 95% para a proporção de todos os adultos norte-americanos que, na época do levantamento, tinham usado meios sem fio para acesso on-line.

b. Que tamanho de amostra é necessário se a amplitude desejada do IC de 95% deve ser de, no máximo, 0,04, independentemente dos resultados amostrais?

c. O limite superior do intervalo em (a) especifica um limite superior de confiança de 95% para a proporção que está sendo estimada? Explique.

52. A alta concentração do elemento tóxico arsênio é muito comum na água subterrânea. O artigo "Evaluation of treatment systems for the removal of arsenic from groundwater" (*Practice Periodical of Hazardous, Toxic, and Radioactive Waste Mgmt.*, 2005: 152-157) informou que, para uma amostra de $n = 5$ espécimes de água selecionados para tratamento por coagulação, a concentração de arsênio média da amostra era de 24,3 μg/L e o desvio padrão amostral era 4,1. Os autores do artigo mencionado usaram métodos baseados em t para analisar seus dados, então, esperançosamente, tinham razões para acreditar que a distribuição da concentração de arsênio era normal.

a. Calcule e interprete um IC de 95% para a concentração de arsênio média real em todos esses espécimes de água.

b. Calcule o limite superior de confiança de 90% para o desvio padrão da distribuição da concentração de arsênio.

c. Preveja a concentração de arsênio de um único espécime de água, de modo que transmita informações sobre precisão e confiabilidade.

53. A infestação de pulgão em árvores frutíferas pode ser controlada pela pulverização de pesticida ou inundação de joaninhas. Em uma área específica, quatro pomares de diferentes árvores frutíferas são selecionados para experiência. Os três primeiros pomares são pulverizados com pesticidas 1, 2 e 3, respectivamente, e o quarto é tratado com joaninhas, produzindo os seguintes resultados:

Tratamento	n_i = Número de árvores	$\bar{x}_i$ (Alqueires/árvore)	s_i
1	100	10,5	1,5
2	90	10,0	1,3
3	100	10,1	1,8
4	120	10,7	1,6

Seja μ_i = o rendimento médio real (alqueires/árvore) depois de receber o i-ésimo tratamento. Então,

$$\theta = \frac{1}{3}(\mu_1 + \mu_2 + \mu_3) - \mu_4$$

Meça a diferença nos rendimentos médios reais entre o tratamento com pesticidas e o tratamento com joaninhas. Quando n_1, n_2, n_3 e n_4 são grandes, o estimador $\hat{\theta}$ obtido pela substituição de cada μ_i por $\bar{X}_i$ é aproximadamente normal. Use esses dados para determinar o IC de $100(1 - \alpha)$% de amostra grande para σ e calcule o intervalo de 95% para os dados fornecidos.

54. É importante que as máscaras usadas pelos bombeiros sejam capazes de resistir a altas temperaturas, pois esses profissionais trabalham com frequência em temperaturas de 200-500 °F. Em um teste de um tipo de máscara, 11 dos 55 equipamentos tiveram as lentes estouradas a 250 °F. Construa o IC de 90% para a proporção real de máscaras desse tipo, cujas lentes estourariam a 250 °F.

55. O Exemplo 1.11 introduziu as observações que seguem sobre força de ligação.

11,5	12,1	9,9	9,3	7,8	6,2	6,6	7,0
13,4	17,1	9,3	5,6	5,7	5,4	5,2	5,1
4,9	10,7	15,2	8,5	4,2	4,0	3,9	3,8
3,6	3,4	20,6	25,5	13,8	12,6	13,1	8,9
8,2	10,7	14,2	7,6	5,2	5,5	5,1	5,0
5,2	4,8	4,1	3,8	3,7	3,6	3,6	3,6

a. Estime a força de ligação média real, de modo que transmita informações sobre precisão e confiabilidade. [*Dica*: $\Sigma x_i = 387,8$ e $\Sigma x_i^2 = 4\,247,08$.]

b. Calcule o IC de 95% para a proporção de todas as junções cujos valores de resistência excederiam 10.

56. A exposição crônica à fibra de amianto é um perigo à saúde bastante conhecido. O artigo "The acute effects of chrysotile asbestos exposure on lung function" (*Environ. Research*, 1978: 360-372) relata resultados de um estudo com base em uma amostra de operários de construção expostos ao amianto durante um longo período. Dentre os dados fornecidos no artigo, 8 meses após o período de exposição, os seguintes valores (ordenados) de complacência pulmonar (cm³/cm H_2O) foram apresentados em cada uma das 16 pessoas (a complacência pulmonar é uma medida da elasticidade do pulmão, ou como os pulmões, de maneira eficaz, são capazes de inalar e exalar):

167,9	180,8	184,8	189,8	194,8	200,2
201,9	206,9	207,2	208,4	226,3	227,7
228,5	232,4	239,8	258,6		

a. Parece plausível que a distribuição populacional seja normal?
b. Calcule o IC de 95% para a complacência pulmonar média real após a exposição.
c. Calcule o intervalo que, com um nível de confiança de 95%, inclua pelo menos 95% dos valores de complacência pulmonar na distribuição da população.

57. No Exemplo 6.7, introduzimos o conceito de um experimento com censura em que n componentes são testados e no qual o experimento termina logo que r dos componentes tiver falhado. Suponha que os tempos de vida útil de componentes sejam independentes, cada qual tendo uma distribuição exponencial com parâmetro λ. Represente por Y_1 o tempo no qual a primeira falha ocorre, Y_2 o tempo no qual a segunda falha ocorre e assim por diante, de modo que $T_r = Y_1 + \cdots + Y_r + (n - r)Y_r$ seja o tempo de vida útil acumulado total no término. Então, é possível mostrar que $2\lambda T_r$ possui uma distribuição qui-quadrada com $2r$ gl. Use este fato para desenvolver uma fórmula de IC de $100(1 - \alpha)\%$ para a vida útil média real $1/\lambda$. Calcule um IC de 95% a partir dos dados do Exemplo 6.8.

58. Seja $X_1, X_2, \ldots, X_n$ a amostra aleatória de uma distribuição de probabilidade contínua que tem mediana $\tilde{\mu}$ (de modo que $P(X_i \leq \tilde{\mu}) = P(X_i \geq \tilde{\mu}) = 0{,}5$).

a. Mostre que

$$P(\text{mín}\,(X_i) < \tilde{\mu} < \text{máx}\,(X_i)) = 1 - \left(\frac{1}{2}\right)^{n-1}$$

de modo que (mín (x_i), máx (x_i)) seja um intervalo de confiança $100(1 - \alpha)\%$ para $\tilde{\mu}$ com $\alpha = \left(\frac{1}{2}\right)^{n-1}$. [*Dica*: o componente do evento $\{\text{mín}\,(X_i) < \tilde{\mu} < \text{máx}\,(X_i)\}$ é $\{\text{máx}\,(X_i) \leq \tilde{\mu}\} \cup \{\text{mín}\,(X_i) \geq \tilde{\mu}\}$. Porém, máx $(X_i) \leq \tilde{\mu}$ se $X_i \leq \tilde{\mu}$ para todos os i.]

b. Para cada um dos seis meninos normais, a quantidade do aminoácido alanina (mg/100 mL) foi determinada enquanto as crianças estavam em uma dieta sem isoleucina, resultando nos seguintes dados:

2,84	3,54	2,80	1,44	2,94	2,70

Calcule o IC de 97% para a quantidade mediana real de alanina das crianças nessa dieta ("The essential amino acid requirements of infants", *Amer. J. of Nutrition*, 1964: 322-330).

c. Represente por $x_{(2)}$ o segundo menor dos x_i e por $x_{(n-1)}$ o segundo maior dos x_i. Qual é o nível de confiança do intervalo $(x_{(2)}, x_{(n-1)})$ para $\tilde{\mu}$?

59. Sejam $X_1, X_2, \ldots, X_n$ a amostra aleatória de uma distribuição uniforme no intervalo $[0, \theta]$, de modo que

$$f(x) = \begin{cases} \dfrac{1}{\theta} & 0 \leq x \leq \theta \\ 0 & \text{caso contrário} \end{cases}$$

Então, se $Y = \text{máx}(X_i)$, é possível mostrar que a v.a. $U = Y/\theta$ possui função densidade

$$f_U(u) = \begin{cases} nu^{n-1} & 0 \leq u \leq 1 \\ 0 & \text{caso contrário} \end{cases}$$

a. Use $f_U(u)$ para verificar se

$$P\left((\alpha/2)^{1/n} < \frac{Y}{\theta} \leq (1 - \alpha/2)^{1/n}\right) = 1 - \alpha$$

e use-o para encontrar um IC de $100(1 - \alpha)\%$ para θ.

b. Verifique se $P(\alpha^{1/n} \leq Y/\theta \leq 1) = 1 - \alpha$ e encontre o IC de $100(1 - \alpha)\%$ para σ com base nessa declaração de probabilidade.

c. Qual dos dois intervalos deduzidos anteriormente é menor? Se meu tempo de espera por um ônibus, pela manhã, for uniformemente distribuído e os tempos de espera observados forem $x_1 = 4{,}2$, $x_2 = 3{,}5$, $x_3 = 1{,}7$, $x_4 = 1{,}2$ e $x_5 = 2{,}4$, encontre o IC de 95% para σ usando o intervalo menor.

60. Assuma que $0 \leq \gamma \leq \alpha$. Então, um IC de $100(1 - \alpha)\%$ para μ quando n é maior que

$$\left(\bar{x} - z_\gamma \cdot \frac{s}{\sqrt{n}}, \bar{x} + z_{\alpha-\gamma} \cdot \frac{s}{\sqrt{n}}\right)$$

A escolha $\gamma = \alpha/2$ produz o intervalo usual encontrado na Seção 7.2; se $\gamma \neq \alpha/2$, este intervalo não é simétrico em relação a $\bar{x}$. A amplitude deste intervalo é $w = s(z_\gamma + z_{\alpha-\gamma})/\sqrt{n}$. Mostre que w é minimizado para a escolha $\gamma = \alpha/2$, de modo que o intervalo simétrico seja o menor. [*Dica*: (a) pela definição de z_α, $\Phi(z_\alpha) = 1 - \alpha$, de modo que $z_\alpha = \Phi^{-1}(1 - \alpha)$; (b) a relação entre a derivada de uma função $y = f(x)$ e a função inversa $x = f^{-1}(y)$ é $(d/dy)f^{-1}(y) = 1/f'(x)$.]

61. Um fabricante de livros didáticos universitários está interessado em estimar a resistência das capas produzidas por uma máquina de encadernação específica. A resistência pode ser medida registrando-se a força necessária para arrancar as páginas da encadernação. Se essa força for medida em libras, quantos livros devem ser testados para estimar a força média necessária para quebrar a encadernação dentro de 0,1 lb com confiança de 95%? Suponha que σ seja 0,8.

62. a. Use os resultados do Exemplo 7.5 para obter o limite de confiança inferior de 95% do parâmetro λ de uma distribuição exponencial, e calcule o limite com base nos dados fornecidos no exemplo.

b. Se a vida útil X tiver uma distribuição exponencial, a probabilidade de que a vida útil exceda t é $P(X > t) = e^{-\lambda t}$. Utilize o resultado do item (a) para obter um limite de confiança inferior de 95% para a probabilidade de que o tempo de quebra exceda 100 min.

Bibliografia

DEGROOT, M.; SCHERVISH, M. *Probability and statistics*. 3. ed. Reading, MA. 2002. Addison-Wesley. Uma exposição muito boa dos princípios gerais de inferência estatística.

DEVORE, J.; BERK, K. *Modern mathematical statistics with applications*. Belmont, CA: Cengage, 2007. A exposição é um pouco mais abrangente e sofisticada do que na presente obra e inclui mais materiais sobre *bootstrap*.

HAHN, G.; MEEKER, W. *Statistical intervals*. New York: Wiley, 1991. Quase tudo que você sempre quis saber sobre intervalos estatísticos (confiança, previsão, tolerância, entre outros).

8 Testes de hipóteses com base em uma única amostra

Introdução

Um parâmetro pode ser estimado a partir dos dados da amostra tanto por um único número (uma estimativa pontual) como por um intervalo inteiro de valores plausíveis (um intervalo de confiança). Frequentemente, entretanto, o objetivo de uma investigação não é estimar um parâmetro, mas decidir qual das duas alegações contraditórias sobre o parâmetro está correta. Os métodos de decisão compreendem a parte da inferência estatística chamada *teste de hipóteses*. Neste capítulo, discutimos primeiro alguns dos conceitos básicos e a terminologia usada no teste de hipóteses e depois desenvolvemos os procedimentos de decisão dos problemas de teste de hipóteses encontrados com mais frequência com base em uma amostra de uma única população.

8.1 Hipóteses e procedimentos de teste

Uma **hipótese estatística**, ou simplesmente *hipótese*, é uma alegação ou afirmação sobre o valor de um único parâmetro (característica da população ou característica de uma distribuição de probabilidade), sobre os valores de vários parâmetros ou sobre a forma de uma distribuição de probabilidade. Um exemplo de uma hipótese é a expressão $\mu = 0{,}75$, na qual μ é o diâmetro interno médio verdadeiro de certo tipo de cano de PVC. Outro exemplo é a expressão $p < 0{,}10$, em que p é a proporção de placas de circuito com defeito dentre todas as placas de circuito produzidas por um determinado fabricante. Se μ_1 e μ_2 denotam a força média para ruptura verdadeira de dois tipos diferentes de barbante, uma hipótese é a asserção de que $\mu_1 - \mu_2 = 0$ e outra é a afirmação $\mu_1 - \mu_2 > 5$. Outro exemplo de hipótese é a asserção de que a distância de parada em determinadas condições possui distribuição normal. Hipóteses deste último caso serão consideradas no Capítulo 14. Neste e em alguns próximos capítulos nos concentraremos nas hipóteses sobre parâmetros.

Em qualquer problema de teste de hipóteses, existem duas suposições contraditórias em consideração. Uma hipótese pode ser a alegação de que $\mu = 0{,}75$ e a outra, $\mu \neq 0{,}75$, ou as duas afirmações contraditórias podem ser $p \geqslant 0{,}10$ e $p < 0{,}10$. O objetivo é decidir, com base nas informações de amostas, quais das duas hipóteses está correta. Há uma analogia familiar a isso em um processo criminal. Uma alegação é a afirmação de que o acusado é inocente. No sistema judiciário dos Estados Unidos, essa alegação é a considerada inicialmente verdadeira. Somente com a presença de forte evidência do contrário é que o júri deve desprezar tal alegação em favor da afirmação alternativa de que o acusado é culpado. Nesse sentido, a alegação de inocência é a hipótese favorecida ou protegida, e o ônus da prova recai sobre aquele que acredita na explicação alternativa. De maneira semelhante, no teste de hipóteses estatísticas, o problema será formulado de modo que uma das alegações seja inicialmente favorecida. Tal alegação não será rejeitada em favor da alegação alternativa, a menos que a evidência da amostra a contradiga e forneça forte apoio à afirmação alternativa.

Definição

A **hipótese nula**, representada por H_0, é a alegação inicialmente assumida como verdadeira (a suposição de afirmação de prioridade). A **hipótese alternativa** representada por H_a é a afirmação contraditória a H_0.

A hipótese nula será rejeitada em favor da hipótese alternativa somente se a evidência da amostra sugerir que H_0 seja falsa. Se a amostra não contradisser fortemente H_0, continuaremos a acreditar na verdade da hipótese nula. As duas conclusões possíveis de uma análise do teste de hipóteses são, então, *rejeitar* H_0 *ou não rejeitar* H_0.

Um **teste de hipóteses** é um método para usar os dados da amostra para decidir se a hipótese nula deve ser desprezada. Assim, podemos testar H_0: $\mu = 0,75$ contra a alternativa H_a: $\mu \neq 0,75$. Somente se os dados da amostra sugerirem fortemente que μ é qualquer número exceto 0,75 é que a hipótese nula deve ser rejeitada. Na ausência de tal evidência, H_0 não deve ser rejeitada, uma vez que ainda é bastante plausível.

Às vezes, um investigador não quer aceitar uma afirmação específica a menos e até que os dados possam fornecer forte apoio à afirmação. Como exemplo, suponha que uma empresa planeje colocar um novo tipo de revestimento nos rolamentos que produz. A durabilidade média com o revestimento atual é de 1 000 horas. Com μ representando a duração média do novo revestimento, a empresa não gostaria de fazer uma mudança a menos que uma evidência sugira fortemente que μ excede 1 000. A formulação apropriada de um problema envolveria o teste de H_0: $\mu = 1\,000$ contra H_a: $\mu > 1\,000$. A conclusão de que uma mudança é justificada é identificada por H_a, e necessitaria de evidência conclusiva para justificar a recusa de H_0 e a mudança para o novo revestimento.

A pesquisa científica geralmente compreende a tentativa de decidir se uma teoria atual deve ser substituída por uma explicação mais satisfatória e plausível do fenômeno sob investigação. Uma abordagem conservadora é identificar a teoria atual com H_0 e a explicação alternativa do investigador com H_a. A rejeição da teoria atual ocorrerá, então, somente quando a evidência for muito mais consistente com a nova teoria. Em muitas situações, H_a é considerada a "hipótese do investigador", uma vez que é a alegação que o investigador realmente gostaria de confirmar. A palavra *nula* significa "sem valor, efeito ou consequência", que sugere que H_0 deve ser identificada com a hipótese de não haver mudança (da opinião atual), diferença, melhora e assim por diante. Suponha, por exemplo, que 10% de todas as placas de circuito produzidas por um certo fabricante durante um período recente estivessem com defeito. Um engenheiro sugeriu uma mudança no processo de produção, acreditando que resultará em um índice reduzido de defeito. Seja p a proporção de placas com defeito resultante do processo alterado. Então, a hipótese da pesquisa, na qual o ônus da prova é colocado, é a afirmação de que $p < 0,10$. Dessa forma, a hipótese alternativa é H_a: $p < 10$.

Em nosso tratamento do teste de hipóteses, H_0 sempre será definida como uma expressão de igualdade. Se θ representa o parâmetro de interesse, a hipótese nula terá a forma H_0: $\theta = \theta_0$, na qual θ_0 é um número específico chamado *valor nulo* do parâmetro (valor de θ alegado pela hipótese nula). Como exemplo, considere a situação da placa de circuito recém-discutida. A hipótese alternativa sugerida foi H_a: $p < 0,10$, a alegação de que o índice de defeitos foi reduzido pela modificação do processo. A escolha natural de H_0 nesta situação é a alegação de acordo com a qual o novo processo é melhor *ou* pior do que o atualmente em uso. Em vez disso, consideraremos H_0: $p = 0,10$ *versus* H_a: $p < 0,10$. O raciocínio para usar essa hipótese nula simplificada é o de que qualquer procedimento de decisão razoável para escolher entre H_0: $p = 0,10$ e H_a: $p < 0,10$ também será razoável para decidir entre a alegação de que $p \geq 0,10$ e H_a. O uso de H_0 simplificada é preferido porque tem certos benefícios técnicos que serão mostrados mais à frente.

A alternativa para a hipótese nula H_0: $\theta = \theta_0$ se parece com uma das três assertivas:

1. H_a: $\theta > \theta_0$ (sendo que a hipótese nula implícita é $\theta \leq \theta_0$);
2. H_a: $\theta < \theta_0$ (sendo que a hipótese nula implícita é $\theta \geq \theta_0$); ou
3. H_a: $\theta \neq \theta_0$.

Por exemplo, seja σ o desvio padrão da distribuição dos diâmetros internos (polegadas) de um certo tipo de revestimento metálico. Se a decisão tomada foi usar o revestimento, a menos que a evidência da amostra demonstrasse conclusivamente que $\sigma > 0,01$, a hipótese apropriada seria H_0: $\sigma = 0,01$ em vez de H_a: $\sigma > 0,01$. O número θ_0 que aparece em H_0 e H_a (separa a alternativa da nula) é chamado de **valor nulo**.

Procedimentos do teste

Um procedimento de teste é uma regra, com base nos dados da amostra, para decidir se H_0 será rejeitada. O teste de H_0: p = 0,10 *versus* H_a: p < 0,10 no problema da placa de circuito pode ser feito com base no exame de uma amostra aleatória de $n = 200$ placas. Seja X a quantidade de placas defeituosas de uma amostra, uma variável aleatória binomial; x representa o valor observado de X. Se H_0 é verdadeira, $E(X) = np = 200(0,10) = 20$, enquanto podemos esperar menos de 20 placas defeituosas se

H_a for verdadeira. Um valor x apenas um pouco abaixo de 20 não contradiz fortemente H_0, de modo que é razoável rejeitar H_0 somente se x for substancialmente menor que 20. Um procedimento de tal teste é rejeitar H_0 se $x \leq 15$ e não rejeitar H_0, caso contrário. Este procedimento tem duas constituintes: (1) uma *estatística do teste* ou função dos dados da amostra usada para tomar uma decisão e (2) uma *região de rejeição* que consiste nesses valores de x para os quais H_0 será rejeitada em favor de H_a. Para a regra que acabamos de sugerir, a região de rejeição consiste em $x = 0, 1, 2, ...$ e 15. H_0 não será rejeitada se $x = 16, 17, \ldots, 199$ ou 200.

Um procedimento do teste é especificado pelo seguinte:

1. Uma **estatística do teste**, uma função dos dados da amostra na qual a decisão (rejeitar H_0 ou não rejeitar H_0) se baseia.
2. Uma **região de rejeição**, o conjunto de todos os valores estatísticos do teste para os quais H_0 será rejeitada.

A hipótese nula será então rejeitada se, e somente se, o valor observado ou calculado da estatística do teste cair na região de rejeição.

Como outro exemplo, vamos supor que um fabricante de cigarros alegue que o teor médio de nicotina μ da marca de cigarros B é (no máximo) 1,5 mg. Seria imprudente rejeitar a alegação do fabricante sem evidências contraditórias firmes, de modo que a formulação adequada do problema seja testar H_0: $\mu = 1{,}5$ *versus* H_a: $\mu > 1{,}5$. Considere a regra de decisão com base na análise de uma amostra aleatória de 32 cigarros. Seja $\overline{X}$ o teor médio de nicotina da amostra. Se H_0 for verdadeira, $E(\overline{X}) = \mu = 1{,}5$, enquanto se H_0 for falso, esperamos que $\overline{X}$ exceda 1,5. Evidências fortes contra H_0 são fornecidas por um valor $\bar{x}$ que excede 1,5 de forma considerável. Assim, podemos usar $\overline{X}$ como uma estatística do teste, juntamente com a região de rejeição $\bar{x} \geqslant 1{,}6$.

Nos exemplos da placa de circuito e da nicotina, a escolha da estatística do teste e a forma da região de rejeição fazem sentido intuitivamente. Entretanto, a opção pelo valor de corte usado para especificar a região de rejeição é um tanto arbitrária. Em vez de rejeitar H_0: $p = 0{,}10$ em favor de H_a: $p < 0{,}10$ quando $x \leq 15$, podemos usar a região de rejeição $x \leq 14$. Para essa região, H_0 não seria rejeitada se 15 placas com defeito fossem observadas, ao passo que essa ocorrência levaria à rejeição de H_0 se a região inicialmente sugerida fosse empregada. De maneira semelhante, a região de rejeição $\bar{x} \geq 1{,}55$ pode ser usada no problema de nicotina no lugar da região $\bar{x} \geq 1{,}60$.

Erros envolvidos em testes de hipóteses

A base para escolher uma região de rejeição específica está na compreensão dos erros que alguém pode encontrar ao tirar uma conclusão. Considere a região de rejeição $x \leq 15$ no problema da placa de circuito. Mesmo quando H_0: $p = 0{,}10$ for verdadeira, pode acontecer de uma amostra incomum resultar em $x = 13$, de modo que H_0 seja erroneamente rejeitada. Por outro lado, se H_a: $p < 0{,}10$ é verdadeira, uma amostra incomum pode produzir $x = 20$, e nesse caso H_0 não seria rejeitada, novamente uma conclusão incorreta. Dessa forma, é possível que H_0 possa ser rejeitada quando for verdadeira ou que H_0 possa não ser rejeitada quando for falsa. Esses erros possíveis não são consequência de uma região de rejeição insensatamente escolhida. Qualquer um desses dois erros pode acontecer quando a região $x \leq 14$ é empregada ou, de fato, quando qualquer outra região for utilizada.

Definição

Um **erro tipo I** consiste em rejeitar a hipótese nula H_0 quando ela é verdadeira. Um **erro tipo II** envolve a não rejeição de H_0 quando H_0 é falsa.

No problema da nicotina, um erro tipo I consiste em rejeitar a alegação do fabricante de que $\mu = 1{,}5$ quando ela for realmente verdadeira. Se a região de rejeição $\bar{x} \geq 1{,}6$ for empregada, pode ser que $\bar{x} = 1{,}63$ mesmo quando $\mu = 1{,}5$, resultando em um erro tipo I. Como alternativa, pode ser que H_0 seja falsa e ainda assim $\bar{x} = 1{,}52$ ser vista, levando à não rejeição de H_0 (erro tipo II).

No melhor de todos os mundos possíveis, os procedimentos de teste, para os quais nenhum tipo de erro é possível, poderiam ser desenvolvidos. Entretanto, esse ideal pode ser alcançado somente tomando uma decisão com base em um exame da população inteira. A dificuldade com o uso de um procedimento baseado nos dados da amostra é que, devido à variabilidade da amostragem, uma amostra não representativa pode resultar, por exemplo, em um valor $\overline{X}$ que é bem distante de μ ou do valor $\hat{p}$ que difere consideravelmente de p.

Em vez de exigir procedimentos livres de erro, devemos procurar procedimentos em que os dois tipos de erro sejam pouco prováveis de ocorrer. Isto é, um bom procedimento é aquele para o qual a probabilidade de cometer qualquer tipo de erro é pequena. A escolha do valor de corte de uma região de rejeição específica determina as probabilidades de erros dos tipos I e II. Essas probabilidades de erro são tradicionalmente representadas por α e β, respectivamente. Como H_0 especifica um valor único do parâmetro, há um único valor de α. Entretanto, há um valor diferente de β para cada valor de parâmetro consistente com H_a.

Exemplo 8.1

Sabe-se que certo tipo de automóvel não sofre nenhum dano visível 25% das vezes nos testes de colisão a 10 mph. Foi proposto um modelo modificado de para-choque a fim de aumentar essa porcentagem. Seja p a proporção de todas as colisões a 10 mph com esse novo para-choque que resultam em nenhum dano visível. As hipóteses a serem testadas são H_0: $p = 0{,}25$ (sem melhorias) e H_a: $p > 0{,}25$. O teste será feito com base em um experimento que envolve $n = 20$ colisões independentes com protótipos do novo modelo. Intuitivamente, H_0 deve ser rejeitada, se grande número de colisões não mostrar danos. Considere o seguinte procedimento de teste:

Estatística do teste: X = o número de colisões sem danos visíveis

Região de rejeição: $R_8 = \{8, 9, 10, \ldots, 19, 20\}$; ou seja, rejeite H_0 se $x \geqslant 8$, em que x é o valor observado da estatística do teste

Essa região de rejeição é chamada de *unilateral superior*, pois consiste somente em valores elevados da estatística do teste.

Quando H_0 é verdadeira, X possui distribuição de probabilidade binomial com $n = 20$ e $p = 0{,}25$. Então

$$\begin{aligned} \alpha &= P(\text{erro tipo I}) = P(H_0 \text{ é rejeitada quando é verdadeira}) \\ &= P(X \geq 8 \text{ quando } X \sim \text{Bin}(20, 0{,}25)) = 1 - B(7; 20, 0{,}25) \\ &= 1 - 0{,}898 = 0{,}102 \end{aligned}$$

Isto é, quando H_0 é realmente verdadeira, aproximadamente 10% de todos os experimentos que consistem em 20 colisões resultariam na rejeição incorreta de H_0 (um erro tipo I).

Ao contrário de α, não há um único β. Em vez disso, há um β diferente para cada p que excede 0,25. Assim, há um valor de β para $p = 0{,}3$ (sendo que $X \sim \text{Bin}(20; 0{,}3)$), outro valor de β para $p = 0{,}5$ e assim por diante. Por exemplo,

$$\begin{aligned} \beta(0{,}3) &= P(\text{erro tipo II quando } p = 0{,}3) \\ &= P(H_0 \text{ não é rejeitado quando é falso porque } p = 0{,}3) \\ &= P(X \leq 7 \text{ quando } X \sim \text{Bin}(20, 0{,}3)) = B(7; 20, 0{,}3) = 0{,}772 \end{aligned}$$

Quando p for realmente 0,3 em vez de 0,25 (um "pequeno" desvio de H_0), aproximadamente 77% de todos os experimentos desse tipo resultarão na não rejeição, incorreta, de H_0!

A tabela a seguir exibe β para valores selecionados de p (cada um calculado para a região de rejeição R_8). Claramente, β diminui à medida que o valor de p se desloca para a direita do valor nulo 0,25. De forma intuitiva, quanto maior o afastamento de H_0, menor a probabilidade de tal afastamento não ser detectado.

p	0,3	0,4	0,5	0,6	0,7	0,8
$\beta(p)$	0,772	0,416	0,132	0,021	0,001	0,000

O procedimento de teste proposto ainda é razoável para testar hipóteses nulas mais realistas do que $p \leq 0{,}25$. Neste caso, não há um único α, mas, sim, um α para cada p que seja no máximo 0,25: $\alpha(0{,}25)$, $\alpha(0{,}23)$, $\alpha(0{,}20)$, $\alpha(0{,}15)$, e assim por diante. Pode ser facilmente verificado, então, que $\alpha(p) < \alpha(0{,}25) = 0{,}102$, se $p < 0{,}25$. Ou seja, o maior valor de α ocorre nos limites do valor 0,25, entre H_0 e H_a. Desta forma, se α for pequeno para a hipótese nula simplificada, também será tão pequeno (ou menor) para a H_0 mais realística. ■

Exemplo 8.2

O tempo de secagem de certo tipo de pintura sob condições de teste especificadas é conhecido por ser normalmente distribuído com valor médio de 75 min e desvio padrão de 9 min. Químicos propuseram um novo aditivo projetado para diminuir o tempo médio de secagem. Acredita-se que o tempo de secagem com este aditivo permanecerá distribuído normalmente com $\sigma = 9$. Devido à despesa associada ao aditivo, a evidência deve sugerir fortemente uma melhora no tempo médio de secagem antes de tal conclusão ser adotada. Seja μ o tempo de secagem médio real quando o aditivo é usado. As hipóteses apropriadas são H_0: $\mu = 75$ *versus* H_a: $\mu < 75$. Somente se H_0 puder ser recusada é que o aditivo será considerado bem-sucedido e utilizado.

Os dados experimentais consistem em tempos de secagem de $n = 25$ espécimes de teste. Suponhamos que $X_1, \ldots, X_{25}$ representem os 25 tempos de secagem – uma amostra aleatória de tamanho 25 de uma distribuição normal com valor médio μ e desvio padrão $\sigma = 9$. O tempo médio de secagem da amostra $\overline{X}$ possui distribuição normal com valor esperado $\mu_{\overline{X}} = \mu$ e desvio padrão $\sigma_{\overline{X}} = \sigma/\sqrt{n} = 9/\sqrt{25} = 1{,}80$. Quando H_0 é verdadeira, $\mu_{\overline{X}} = 75$, então, apenas um valor $\bar{x}$ substancialmente inferior a 75 contradiz fortemente H_0. Uma região de rejeição razoável possui a forma $\bar{x} \leq c$, em que o valor de corte c é escolhido adequadamente. Considere a escolha $c = 70{,}8$, de modo que o procedimento de teste consiste na estatística do teste $\overline{X}$ e região de rejeição $\bar{x} \leq 70{,}8$. Como a região de rejeição é formada apenas por valores pequenos da estatística do teste, diz-se que o teste é unilateral inferior. Os cálculos de α e β agora envolvem a padronização habitual de $\overline{X}$ seguida pela referência às probabilidades normais padrão da Tabela A.3 do Apêndice:

$$\begin{aligned}\alpha &= P(\text{erro tipo I}) = P(H_0 \text{ é rejeitado quando é verdadeiro})\\ &= P(\overline{X} \leq 70{,}8 \text{ quando } \overline{X} \sim \text{normal com } \mu_{\overline{X}} = 75,\ \sigma_{\overline{X}} = 1{,}8)\\ &= \Phi\left(\frac{70{,}8 - 75}{1{,}8}\right) = \Phi(-2{,}33) = 0{,}01\end{aligned}$$

$$\begin{aligned}\beta(72) &= P(\text{erro tipo II quando } \mu = 72)\\ &= P(H_0 \text{ não é rejeitado quando é falso porque } \mu = 72)\\ &= P(\overline{X} > 70{,}8 \text{ quando } \overline{X} \sim \text{normal com } \mu_{\overline{X}} = 72 \text{ e } \sigma_{\overline{X}} = 1{,}8)\\ &= 1 - \Phi\left(\frac{70{,}8 - 72}{1{,}8}\right) = 1 - \Phi(-0{,}67) = 1 - 0{,}2514 = 0{,}7486\end{aligned}$$

$$\beta(70) = 1 - \Phi\left(\frac{70{,}8 - 70}{1{,}8}\right) = 0{,}3300 \quad \beta(67) = 0{,}0174$$

Para o procedimento de teste especificado, somente 1% de todos os experimentos realizados conforme descritos resultará na rejeição de H_0 quando ela for realmente verdadeira. Entretanto, a chance de um erro tipo II é bastante grande quando $\mu = 72$ (somente um desvio pequeno de H_0), um tanto menor quando $\mu = 70$, e bastante pequeno quando $\mu = 67$ (um desvio muito substancial de H_0). Essas probabilidades de erro são ilustradas na Figura 8.1. Observe que α é calculado usando a distribuição de probabilidade da estatística do teste quando H_0 for verdadeira, enquanto a determinação de β demanda o conhecimento da distribuição da estatística do teste quando H_0 for falsa.

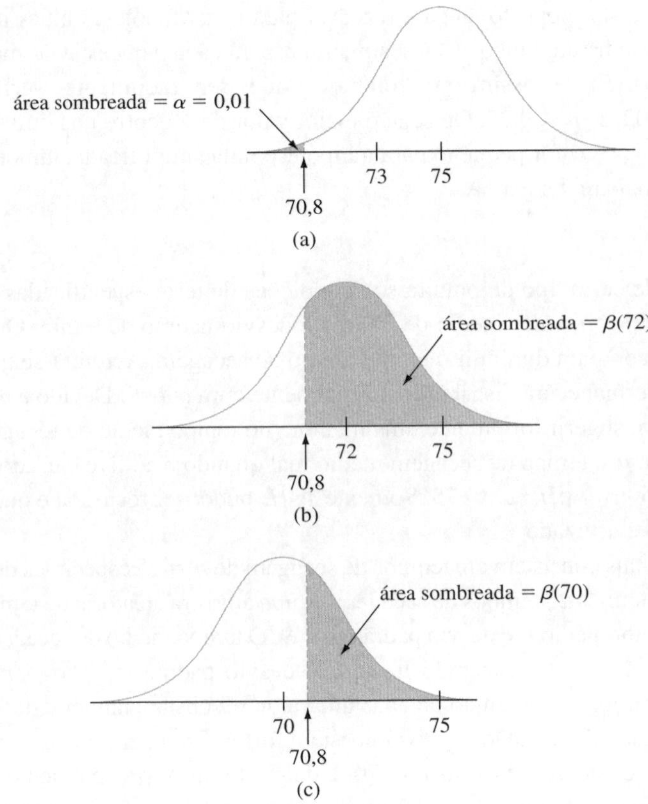

Figura 8.1 α e β ilustrados para o Exemplo 8.2: (a) a distribuição de $\overline{X}$ quando $\mu = 75$ (H_0 verdadeira); (b) a distribuição de $\overline{X}$ quando $\mu = 72$ (H_0 falsa); (c) a distribuição de $\overline{X}$ quando $\mu = 70$ (H_0 falsa).

Como no Exemplo 8.1, se a hipótese nula mais realística $\mu \geq 75$ for considerada, há um α para cada valor de parâmetro para o qual H_0 é verdadeira: $\alpha(75)$, $\alpha(75{,}8)$, $\alpha(76{,}5)$ e assim por diante. No entanto, pode ser facilmente observado que $\alpha(75)$ é a maior de todas essas probabilidades de erro tipo I, com foco nos valores limites para trabalhar explicitamente com o "pior caso". ■

A especificação de um valor de corte para a região de rejeição nos exemplos considerados foi um tanto arbitrária. O uso de $R_8 = \{8, 9, ..., 20\}$ no Exemplo 8.1 dá $\alpha = 0{,}102$, $\beta(0{,}3) = 0{,}772$ e $\beta(0{,}5) = 0{,}132$. Muitos consideram estas probabilidades de erro extremamente grandes. Talvez possam ser reduzidas pela mudança do valor de corte.

Exemplo 8.3 (continuação do Exemplo 8.1)

Vamos usar o mesmo experimento e a estatística do teste X, conforme descrito anteriormente no problema do para-choque do automóvel. Agora, entretanto, considere a região de rejeição $R_9 = \{9, 10, ..., 20\}$.Uma vez que X ainda possua uma distribuição binomial com parâmetros $n = 20$ e p,

$$\alpha = P(H_0 \text{ é rejeitado quando } p = 0{,}25)$$
$$= P(X \geq 9 \text{ quando } X \sim \text{Bin}(20, 0{,}25)) = 1 - B(8; 20, 0{,}25) = 0{,}041$$

A probabilidade de erro tipo I foi reduzida, usando a nova região de rejeição. Entretanto, pagou-se um preço por essa diminuição:

$$\beta(0{,}3) = P(H_0 \text{ não é rejeitado quando } p = 0{,}3)$$
$$= P(X \leq 8 \text{ quando } X \sim \text{Bin}(20, 0{,}3)) = B(8; 20, 0{,}3) = 0{,}887$$
$$\beta(0{,}5) = B(8; 20, 0{,}5) = 0{,}252$$

Ambos os β são maiores que as probabilidades de erro correspondentes 0,772 e 0,132 para a região R_8. Retrospectivamente, isso não é surpreendente; α é calculado pela soma das probabilidades dos valores da estatística do teste *na região de rejeição*, enquanto β é a probabilidade de X estar *no complemento* da região de rejeição. Tornar a região de rejeição menor deve, portanto, diminuir α enquanto aumenta β para qualquer valor de $p > 0{,}25$. ■

Exemplo 8.4 (continuação do Exemplo 8.2)

O uso do valor de corte $c = 70{,}8$ no exemplo do tempo de secagem resultou em um valor bem pequeno de $\alpha(0{,}01)$, mas β bem grande. Considere o mesmo experimento e a estatística do teste $\overline{X}$ com a nova região de rejeição $\bar{x} \leq 72$. Como $\overline{X}$ ainda tem distribuição normal com valor médio $\mu_{\overline{X}} = \mu$ e $\sigma_{\overline{X}} = 1{,}8$,

$$\begin{aligned}\alpha &= P(H_0 \text{ é rejeitada quando for verdadeira})\\ &= P(\overline{X} \leq 72 \text{ quando } \overline{X} \sim N(75,\, 1{,}8^2))\\ &= \Phi\left(\frac{72 - 75}{1{,}8}\right) = \Phi(-1{,}67) = 0{,}0475 \approx 0{,}05\end{aligned}$$

$$\beta(72) = P(H_0 \text{ não é rejeitada quando } \mu = 72)$$

$$= P(\overline{X} > 72 \text{ quando } \overline{X} \text{ é uma v.a. normal com média 72 e desvio padrão de 1,8})$$

$$= 1 - \Phi\left(\frac{72 - 72}{1{,}8}\right) = 1 - \Phi(0) = 0{,}5$$

$$\beta(70) = 1 - \Phi\left(\frac{72 - 70}{1{,}8}\right) = 0{,}1335 \qquad \beta(67) = 0{,}0027$$

A alteração no valor de corte tornou a região de rejeição maior (inclui mais valores de $\bar{x}$), diminuindo o valor de β para cada μ fixo inferior a 75. Entretanto, o α desta nova região aumentou a partir do valor anterior de 0,01 para aproximadamente 0,05. Se uma probabilidade de erro tipo I grande assim puder ser tolerada, então, prefere-se a segunda região ($c = 72$) à primeira ($c = 70{,}8$), devido aos β menores. ■

Os resultados desses exemplos podem ser generalizados da seguinte maneira:

Proposição

Suponha que um experimento e o tamanho de uma amostra sejam fixos, e que seja escolhida uma estatística do teste. Então, reduzir o tamanho da região de rejeição para obter um valor menor de α resulta em um valor maior de β para qualquer valor de parâmetro específico consistente com H_a.

Essa proposição diz que, uma vez que a estatística do teste e n forem fixados, não há região de rejeição que tornará, simultaneamente, α e todos os β pequenos. Uma região deve ser escolhida para cumprir um compromisso entre α e β.

Devido às diretrizes sugeridas para especificar H_0 e H_a, um erro tipo I geralmente é mais sério que um erro tipo II (isso sempre pode ser alcançado pela escolha apropriada das hipóteses). A abordagem adotada pela maioria dos estatísticos é especificar o valor maior de α que pode ser tolerado e encontrar uma região de rejeição que tenha esse valor de α em vez de qualquer outro menor. Isso torna β o menor possível sujeito à ligação no α. O valor resultante de α geralmente é denominado **nível de significância** de um teste. Os níveis tradicionais de significância são 0,10, 0,05 e 0,01, embora o nível em qualquer problema específico dependa da seriedade de um erro tipo I – quanto mais sério for esse erro, menor deve ser o nível de significância. O procedimento de teste correspondente é chamado **teste de nível α** (por exemplo, um teste de nível 0,05 ou um teste de nível 0,01). Um teste com nível de significância α é aquele para o qual a probabilidade de erro tipo I é controlada no nível especificado.

Exemplo 8.5

Novamente, suponhamos que μ represente o teor médio verdadeiro de nicotina da marca de cigarros B. O objetivo é testar H_0: $\mu = 1{,}5$ *versus* H_a: $\mu > 1{,}5$ com base em uma amostra aleatória $X_1, X_2, \ldots, X_{32}$ do teor de nicotina. Suponha que se tenha conhecimento de uma distribuição normal do teor de nicotina com $\sigma = 0{,}20$. Então, $\overline{X}$ tem distribuição com valor médio $\mu_{\overline{X}} = \mu$ e desvio padrão $\sigma_{\overline{X}} = 0{,}20/\sqrt{32} = 0{,}0354$.

Em vez de usar o próprio $\overline{X}$ como a estatística do teste, vamos padronizar $\overline{X}$, assumindo que H_0 seja verdadeira.

$$\text{Estatística do teste: } Z = \frac{\overline{X} - 1{,}5}{\sigma/\sqrt{n}} = \frac{\overline{X} - 1{,}5}{0{,}0354}$$

Z expressa a distância entre $\overline{X}$ e seu valor esperado quando H_0 é verdadeira como certo número de desvios padrão. Por exemplo, $z = 3$ resulta de um $\bar{x}$ que é 3 desvios padrão maior que o valor que esperávamos, caso H_0 fosse verdadeira.

Rejeitar H_0 quando $\bar{x}$ exceder "consideravelmente" 1,5 é equivalente a rejeitar H_0 quando z exceder "consideravelmente" 0. Ou seja, a forma da região de rejeição é $z \geqslant c$. Agora, vamos determinar c de modo que $\alpha = 0{,}05$. Quando H_0 é verdadeira, Z tem distribuição padrão normal. Assim,

$$\begin{aligned}\alpha &= P(\text{erro tipo I}) = P(\text{rejeitando } H_0 \text{ quando } H_0 \text{ for verdadeira}) \\ &= P(Z \geq c \text{ quando } Z \sim N(0, 1))\end{aligned}$$

O valor de c deve abranger uma área de 0,05 na cauda superior abaixo da curva z. Tanto da Seção 4.3 quanto diretamente da Tabela A.3 do Apêndice, $c = z_{0,05} = 1{,}645$.

Observe que $z \geqslant 1{,}645$ é equivalente a $\bar{x} - 1{,}5 \geq (0{,}0354)(1{,}645)$, ou seja, $\bar{x} \geqslant 1{,}56$. Então, β é a probabilidade de $\overline{X} < 1{,}56$ e pode ser calculado para qualquer μ maior que 1,5. ■

EXERCÍCIOS Seção 8.1 (1–14)

1. Amostras de água são coletadas da água usada para resfriamento quando está sendo despejada de uma usina de energia em um rio. Determinou-se que, desde que a temperatura média da água despejada seja de no máximo 150 °F, não haverá efeitos negativos sobre o ecossistema do rio. Para investigar se a usina está em conformidade com as regulamentações que proíbem uma temperatura média de água de descarga acima de 150 °F, 50 amostras de água serão tiradas em tempos selecionados aleatoriamente e a temperatura de cada amostra será registrada. Os dados resultantes serão usados para testar as hipóteses H_0: $\mu = 150$ °F *versus* H_a: $\mu > 150$ °F. No contexto dessa situação, descreva os erros tipo I e tipo II. Que tipo de erro você consideraria mais sério? Explique.

2. Para os pares de afirmações a seguir, indique qual não satisfaz às nossas regras de definição de hipóteses e por quê. (Os subscritos 1 e 2 diferenciam-se entre as quantidades das duas populações ou amostras diferentes.)
a. H_0: $\mu = 100$, H_a: $\mu > 100$
b. H_0: $\sigma = 20$, H_a: $\sigma \leq 20$
c. H_0: $p \neq 0{,}25$, H_a: $p = 0{,}25$
d. H_0: $\mu_1 - \mu_2 = 0{,}25$, H_a: $\mu_1 - \mu_2 > 100$
e. H_0: $S_1^2 = S_2^2$, H_a: $S_1^2 \neq S_2^2$
f. H_0: $\mu = 120$, H_a: $\mu = 150$
g. H_0: $\sigma_1/\sigma_2 = 1$, H_a: $\sigma_1/\sigma_2 \neq 1$
h. H_0: $p_1 - p_2 = -0{,}1$, H_a: $p_1 - p_2 < -0{,}1$

3. Para determinar se as soldas dos canos em uma usina de energia nuclear atendem às especificações, uma amostra aleatória de soldas é selecionada e os testes são conduzidos em cada solda na amostra. A resistência da solda é medida como a força necessária para quebrá-la. Suponha que as especificações determinem que a resistência média das soldas deve exceder 100 lb/pol²; a equipe de inspeção decide testar H_0: $\mu = 100$ *versus* H_a: $\mu > 100$. Explique o motivo pelo qual se pode preferir usar esta H_a em vez de $\mu < 100$.

4. Seja μ o nível de radioatividade médio real (picocuries por litro). O valor 5 pCi/L é considerado a linha divisória entre a água segura e a perigosa. Você recomendaria testar H_0: $\mu = 5$ *versus* H_a: $\mu > 5$ ou H_0: $\mu = 5$ *versus* H_a: $\mu < 5$? Explique seu raciocínio. [*Dica*: pense nas consequências de um erro tipo I e tipo II para cada possibilidade.]

5. Antes de concordar em fazer um grande pedido de revestimentos de polietileno para um tipo específico de cabo de força de submarino, uma empresa deseja ter evidências conclusivas de que o desvio padrão real da espessura do revestimento é menor que 0,05 mm. Quais hipóteses devem ser testadas e por quê? Neste contexto, quais são os erros tipo I e tipo II?

6. Muitas casas antigas possuem sistemas elétricos que utilizam fusíveis em vez de disjuntores. Um fabricante de fusíveis de 40 ampères quer ter certeza de que a corrente média na qual seus fusíveis queimam é, de fato, 40. Se a corrente média for menor que esse número, os clientes se queixarão, pois os fusíveis precisam ser substituídos muito cedo. Se a corrente média for maior que 40, o fabricante pode ser responsável pelo dano a um sistema elétrico devido ao mau funcionamento do fusível. Para verificar a corrente dos fusíveis, uma amostra será selecionada e inspecionada. Se um teste de hipóteses for realizado sobre os dados resultantes, quais hipóteses nula e alternativa interessariam ao fabricante? Descreva os erros tipo I e tipo II no contexto da situação deste problema.

7. Sejam $X_1, \ldots, X_n$ uma amostra aleatória de uma distribuição de uma população normal com um valor σ conhecido.
a. Para testar a hipótese H_0: $\mu = \mu_0$ *versus* H_a: $\mu > \mu_0$ (em que μ_0 é um número fixo), mostre que o teste com estatística do teste $\overline{X}$ e região de rejeição $\bar{x} \geq \mu_0 + 2{,}33\sigma/\sqrt{n}$ possui nível de significância 0,01.
b. Suponha que o procedimento do item (a) seja usado para testar H_0: $\mu \leq \mu_0$ *versus* H_a: $\mu > \mu_0$. Se $\mu_0 = 100$, $n = 25$ e $\sigma = 5$, qual é a probabilidade de se cometer um erro tipo I quando $\mu = 99$? Quando $\mu = 98$? Em geral, o que se pode dizer sobre a probabilidade de um erro tipo I quando o valor real de μ for menor que μ_0? Prove sua afirmação.

8. Um tipo comum de laminado está sendo usado atualmente por um fabricante de placas de circuito. Um laminado especial foi desenvolvido para reduzir a deformação. O laminado comum será utilizado em uma amostra de espécimes e o laminado especial em outra amostra; a quantidade de deformação será, então, determinada para cada espécime. O fabricante mudará para o laminado especial somente se puder ser demonstrado que a quantidade média real de deformação desse laminado for menor que a do laminado comum. Determine as hipóteses relevantes e descreva os erros tipo I e tipo II no contexto dessa situação.

9. Duas empresas diferentes concentraram-se em oferecer serviços de televisão a cabo em uma determinada região. Seja p a proporção de todos os assinantes em potencial que favorecem a primeira empresa com relação à segunda. Considere testar H_0: $p = 0{,}5$ *versus* H_a: $p \neq 0{,}5$ com base em uma amostra aleatória de 25 indivíduos. Seja X o número na amostra que favorece a primeira empresa e x o valor observado de X.

a. Qual das regiões de rejeição a seguir é mais apropriada e por quê?
$R_1 = \{x: x \leq 7 \text{ ou } x \geq 18\}$, $R_2 = \{x: x \leq 8\}$,
$R_3 = \{x: x \geq 17\}$

b. No contexto da situação deste problema, descreva quais são os erros tipo I e tipo II.

c. Qual é a distribuição de probabilidades da estatística do teste X quando H_0 for verdadeira? Use-a para calcular a probabilidade de um erro tipo I.

d. Calcule a probabilidade de um erro tipo II para a região selecionada quando $p = 0{,}3$, novamente quando $p = 0{,}4$, e também para $p = 0{,}6$ e $p = 0{,}7$.

e. Usando a região selecionada, a que conclusão você chegaria se 6 dos 25 questionados favorecessem a empresa 1?

10. Uma mistura de resíduo de combustível pulverizado e cimento Portland a ser usada para reboco deve ter uma resistência à compressão de mais de 1 300 KN/m^2. A mistura não será utilizada a menos que a evidência experimental indique conclusivamente que a especificação da resistência seja satisfeita. Suponha que a resistência à compressão dos espécimes dessa mistura seja normalmente distribuída com $\sigma = 60$. Seja μ a resistência à compressão média real.

a. Quais são as hipóteses nula e alternativa apropriadas?

b. Seja $\overline{X}$ a resistência à compressão média amostral de $n = 10$ espécimes selecionados aleatoriamente. Considere o procedimento de teste com estatística do teste $\overline{X}$ e região de rejeição $\overline{x} \geqslant 1\,331{,}26$. Qual é a distribuição de probabilidades da estatística do teste quando H_0 for verdadeira? Qual é a probabilidade de um erro tipo I para o procedimento de teste?

c. Qual é a distribuição de probabilidades da estatística do teste quando $\mu = 1\,350$? Usando o procedimento de teste do item (b), qual é a probabilidade de a mistura ser considerada insatisfatória quando de fato $\mu = 1\,350$ (um erro tipo II)?

d. Como você mudaria o procedimento de teste do item (b) para obter um teste com nível de significância de 0,05? Que impacto essa mudança teria na probabilidade de erro do item (c)?

e. Considere a estatística do teste padronizada $Z = (\overline{X} - 1\,300)/(\sigma/\sqrt{n}) = (\overline{X} - 1\,300)/13{,}42$. Quais são os valores de Z correspondentes à região de rejeição do item (b)?

11. A calibração de uma balança será verificada pela pesagem de um espécime de teste de 10 kg 25 vezes. Suponha que os resultados das diferentes pesagens sejam independentes entre si e que o peso em cada tentativa seja normalmente distribuído com $\sigma = 0{,}200$ kg. Seja μ a leitura do peso médio real da balança.

a. Quais hipóteses devem ser testadas?

b. Suponha que a balança seja recalibrada se $\overline{x} \geqslant 10{,}1032$ ou $\overline{x} \leqslant 9{,}8968$. Qual é a probabilidade de a recalibração ser realizada quando for realmente desnecessária?

c. Qual é a probabilidade de a recalibração ser considerada desnecessária quando na verdade $\mu = 10{,}1$? Quando $\mu = 9{,}8$?

d. Seja $z = (\overline{x} - 10)/(\sigma/\sqrt{n})$. Para que valor de c a região de rejeição do item (b) é equivalente à região "bilateral" $z \geqslant c$ *ou* $z \leqslant -c$?

e. Se o tamanho da amostra for somente 10 em vez de 25, como o procedimento do item (d) deve ser alterado de modo que $\alpha = 0{,}05$?

f. Usando o teste do item (e), que conclusão você tiraria dos dados da amostra a seguir:

9,981	10,006	9,857	10,107	9,888
9,728	10,439	10,214	10,190	9,793

g. Reescreva o procedimento de teste do item (b) em termos da estatística do teste padronizada $Z = (\overline{X} - 10)/(\sigma/\sqrt{n})$.

12. Foi proposto um novo modelo para o sistema de frenagem em um determinado tipo de carro. Para o sistema atual, a distância de frenagem média real a 40 mph sob condições específicas vale 120 pés. Foi proposto que o novo modelo fosse implementado somente se os dados da amostra indicassem fortemente uma redução da distância de frenagem média real para o novo modelo.

a. Defina o parâmetro de interesse e determine as hipóteses relevantes.

b. Suponha que a distância de frenagem do novo sistema seja normalmente distribuída com $\sigma = 10$. Seja $\overline{X}$ a distância de frenagem média amostral de uma amostra aleatória de 36 observações. Qual das três regiões de rejeição a seguir é apropriada: $R_1 = \{\overline{x}: \overline{x} \geq 124{,}80\}$, $R_2 = \{\overline{x}: \overline{x} \leq 115{,}20\}$, $R_3 = \{\overline{x}$: tanto $\overline{x} \geq 125{,}13$ quanto $\overline{x} \leq 114{,}87\}$?

c. Qual é o nível de significância para a região apropriada do item (b)? Como você mudaria a região para obter um teste com $\alpha = 0{,}001$?

d. Qual é a probabilidade de que o novo modelo não seja implementado quando a sua verdadeira distância média de frenagem é 115 pés e a região apropriada do item (b) é utilizada?

e. Assuma $Z = (\overline{X} - 120)/(\sigma/\sqrt{n})$. Qual é o nível de significância para a região de rejeição $\{z: z \leq -2{,}33\}$? Para a região $\{z: z \leq -2{,}88\}$?

13. Para cada afirmação a seguir, determine se é uma hipótese estatística legítima e por quê:

a. $H: \sigma > 100$ **b.** $H: \tilde{x} = 45$
c. $H: s \leq 0{,}20$ **d.** $H: \sigma_1/\sigma_2 < 1$
e. $H: \overline{X} - \overline{Y} = 5$

f. H: $\lambda \leq 0{,}01$, em que λ é o parâmetro de uma distrbuição exponencial utilizada para modelar o componente de tempo de vida

14. Reconsidere a situação do Exercício 11 e suponha que a região de rejeição seja $\{\bar{x}: \bar{x} \geq 10{,}1004 \text{ ou } \bar{x} \leq 9{,}8940\} = \{z: z \geq 2{,}51 \text{ ou } z \leq -2{,}65\}$.

a. Qual é o α para esse procedimento?

b. Qual o β quando $\mu = 10{,}1$? Quando $\mu = 9{,}9$? Isso é desejável?

8.2 Testes quanto à média de uma população

A discussão geral no Capítulo 7 sobre intervalos de confiança da média μ de uma população focalizou três casos diferentes. Agora, desenvolveremos procedimentos de teste para esses três casos.

Caso I: população normal com σ conhecido

Embora a suposição de que o valor de σ é conhecido seja raramente encontrada na prática, esse caso fornece um bom ponto de partida por causa da facilidade com que os procedimentos gerais e suas propriedades podem ser desenvolvidos. A hipótese nula nos três casos dirá que μ possui um valor numérico específico, o *valor nulo*, que denotaremos por μ_0. Sejam $X_1, \ldots, X_n$ uma amostra aleatória de tamanho n da população normal. Então a média amostral $\overline{X}$ possui distribuição normal com valor esperado $\mu_{\overline{X}} = \mu$ e desvio padrão $\sigma_{\overline{X}} = \sigma/\sqrt{n}$. Quando H_0 é verdadeira, $\mu_{\overline{X}} = \mu_0$. Considere agora a estatística Z obtida pela padronização de $\overline{X}$ sob a suposição de H_0 ser verdadeira:

$$Z = \frac{\overline{X} - \mu_0}{\sigma/\sqrt{n}}$$

A substituição da média amostral calculada $\bar{x}$ fornece z, a distância entre $\bar{x}$ e μ_0 expressa em "unidades de desvio padrão". Por exemplo, se a hipótese nula for H_0: $\mu = 100$, $\sigma_{\overline{X}} = \sigma/\sqrt{n} = 10/\sqrt{25} = 2{,}0$ e $\bar{x} = 103$, então o valor da estatística do teste é $z = (103 - 100)/2{,}0 = 1{,}5$. Ou seja, o valor observado de $\bar{x}$ é 1,5 desvios padrão (de $\overline{X}$) maior que o esperado quando H_0 é verdadeira. A estatística Z é uma medida natural da distância entre $\overline{X}$, o estimador de μ e seu valor esperado quando H_0 é verdadeira. Se essa distância for muito grande em uma direção consistente com H_a, a hipótese nula deve ser rejeitada.

Suponha primeiro que a hipótese alternativa tenha a forma H_a: $\mu > \mu_0$. Então, um valor de $\bar{x}$ menor que μ_0 certamente não oferece sustentação a H_a. Esse $\bar{x}$ corresponde a um valor negativo de z (uma vez que $\bar{x} - \mu_0$ é negativo e o divisor $\sigma/\sqrt{n}$, positivo). De maneira semelhante, um valor de $\bar{x}$ que excede μ_0 somente por um valor pequeno (correspondente a z, que é positivo, porém pequeno) não sugere que H_0 deva ser rejeitada em favor de H_a. A rejeição de H_0 é apropriada somente quando $\bar{x}$ excede consideravelmente μ_0, isto é, quando o valor de z é positivo e grande. Resumindo, a região de rejeição apropriada, com base na estatística do teste Z em vez de $\overline{X}$, possui a forma $z \geqslant c$.

Conforme discutido na Seção 8.1, o valor de corte c deve ser escolhido para controlar a probabilidade de um erro tipo I no nível desejado de α. Isso é feito com facilidade porque a distribuição da estatística do teste Z quando H_0 é verdadeira é a distribuição normal padronizada (é por isso que μ_0 foi subtraído na padronização). O corte requerido c é o valor crítico de z que inclui a área da cauda superior α sob a curva z. Como exemplo, seja $c = 1{,}645$, o valor que inclui a área da cauda 0,05 ($z_{0{,}05} = 1{,}645$). Então,

$$\begin{aligned} \alpha &= P(\text{erro tipo I}) = P(H_0 \text{ é rejeitado quando } H_0 \text{ for verdadeira}) \\ &= P(Z \geq 1{,}645 \text{ quando } Z \sim N(0{,}1)) = 1 - \Phi(1{,}645) = 0{,}05 \end{aligned}$$

De forma mais geral, a região de rejeição $z \geq z_\alpha$ tem probabilidade α de erro tipo I. Essa região de rejeição é chamada de *unilateral superior*, pois consiste somente em valores elevados da estatística do teste.

Raciocínio análogo para a hipótese alternativa H_a: $\mu < \mu_0$ sugere uma região de rejeição da forma $z \leqslant c$, em que o valor de c é um número negativo escolhido adequadamente ($\bar{x}$ está bem abaixo de μ_0 se, e apenas se, z for bem negativo). Como Z tem distribuição normal padrão quando H_0 é verdadeira, $c = -z_\alpha$ resulta em P(erro tipo I) $= \alpha$. Este é um teste *unilateral inferior*. Por exemplo, $z_{0{,}10} = 1{,}28$ implica dizer que a região de rejeição $z \leqslant -1{,}28$ especifica um teste com nível de significância 0,10.

E, finalmente, quando a hipótese alternativa é H_a: $\mu \neq \mu_0$, H_0 deve ser rejeitada se $\bar{x}$ estiver bem distante, para qualquer um dos lados, de μ_0. Isso é equivalente a rejeitar H_0 se $z \geq c$ ou se $z \leq -c$. Suponha que desejemos $\alpha = 0{,}05$. Então,

$$\begin{aligned} 0{,}05 &= P(Z \geq c \text{ ou } Z \leq -c \text{ quando } Z \text{ tem distribuição normal padrão}) \\ &= \Phi(-c) + 1 - \Phi(c) = 2[1 - \Phi(c)] \end{aligned}$$

Dessa forma, c é tal que $1 - \Phi(c)$, a área sob a curva z à direita de c, é 0,025 (e não 0,05!). A partir da Seção 4.3 ou da Tabela A.3 do Apêndice, $c = 1{,}96$, e a região de rejeição é $z \geq 1{,}96$ *ou* $z \leq -1{,}96$. Para qualquer α, a região de rejeição *bilateral* $z \geq z_{\alpha/2}$ *ou* $z \leq -z_{\alpha/2}$ tem probabilidade α de erro tipo I (visto que a área $\alpha/2$ é capturada sob cada uma das duas caudas da curva z). Novamente, o motivo principal para usar a estatística do teste padronizada Z é que, em virtude de Z ter distribuição conhecida quando H_0 é verdadeira (normal padronizada), uma região de rejeição com probabilidade desejada de erro tipo I é facilmente obtida usando-se um valor crítico apropriado.

O procedimento de teste para o caso I está resumido no quadro a seguir, e as regiões de rejeição correspondentes estão ilustradas na Figura 8.2.

Hipótese nula: H_0: $\mu = \mu_0$

Valor da estatística do teste: $z = \dfrac{\bar{x} - \mu_0}{\sigma/\sqrt{n}}$

Hipótese alternativa	Região de rejeição para o teste nível α
H_a: $\mu > \mu_0$	$z \geq z_\alpha$ (teste unilateral superior)
H_a: $\mu < \mu_0$	$z \leq -z_\alpha$ (teste unilateral inferior)
H_a: $\mu \neq \mu_0$	tanto $z \geq z_{\alpha/2}$ quanto $z \leq -z_{\alpha/2}$ (teste bilateral)

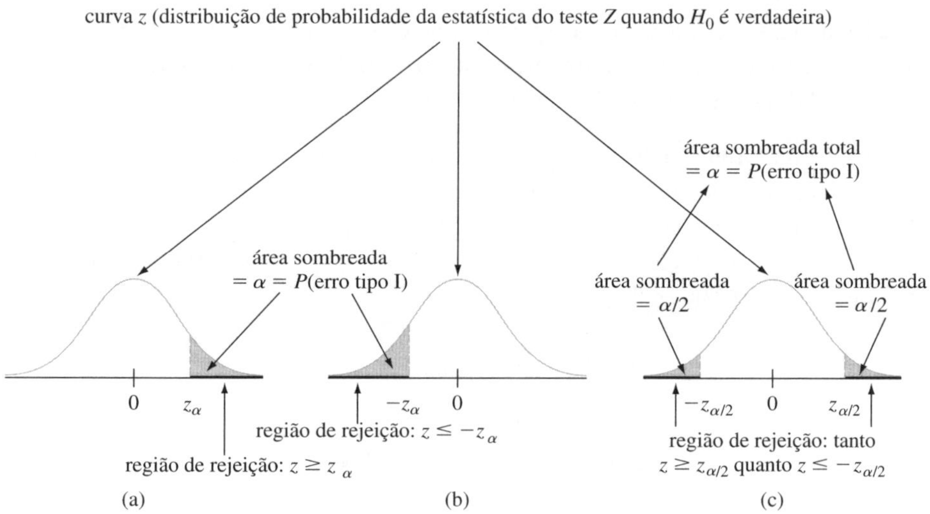

Figura 8.2 Regiões de rejeição dos testes z: (a) teste unilateral superior; (b) teste unilateral inferior; (c) teste bilateral.

O uso da seguinte sequência de passos é recomendado ao testar as hipóteses de um parâmetro.

1. Identifique o parâmetro de interesse e descreva-o no contexto do problema.
2. Determine o valor nulo e a hipótese nula.
3. Especifique a hipótese alternativa apropriada.
4. Dê a fórmula para o valor calculado da estatística do teste (substituindo o valor nulo e os valores conhecidos de quaisquer outros parâmetros, mas *não* os parâmetros com base na amostra).
5. Especifique a região de rejeição para o nível de significância α selecionado.
6. Calcule quaisquer quantidades necessárias da amostra, substitua na fórmula para o valor da estatística do teste e calcule esse valor.

7. Decida se H_0 deve ser rejeitada e enuncie a conclusão no contexto do problema.

A formulação das hipóteses (passos 2 e 3) deve ser feita antes de examinar os dados.

Exemplo 8.6

Um fabricante de *sprinklers*, usados para proteção contra incêndio em edifícios de escritórios, alega que a temperatura média real de ativação do sistema é 130 °F. Uma amostra de $n = 9$ sistemas, quando testados, revela uma temperatura média amostral de ativação de 131,08 °F. Se a distribuição dos tempos de ativação fosse normal com desvio padrão de 1,5°F, os dados contradiriam a alegação do fabricante com nível de significância $\alpha = 0{,}01$?

1. Parâmetro de interesse: μ = temperatura média real de ativação.
2. Hipótese nula: H_0: $\mu = 130$ (valor nulo $= \mu_0 = 130$).
3. Hipótese alternativa: H_a: $\mu \neq 130$ (um desvio do valor alegado em *qualquer* direção é preocupante).
4. Valor da estatística do teste:

$$z = \frac{\bar{x} - \mu_0}{\sigma/\sqrt{n}} = \frac{\bar{x} - 130}{1{,}5/\sqrt{n}}$$

5. Região de rejeição: a forma de H_a implica o uso de um teste bilateral com região de rejeição *tanto* $z \geq z_{0,005}$ *quanto* $z \leq -z_{0,005}$. A partir da Seção 4.3 ou da Tabela A.3 do Apêndice, $z_{0,005} = 2{,}58$, então, rejeitamos H_0 se $z \geq 2{,}58$ ou $z \leq -2{,}58$.
6. Substituindo $n = 9$ e $\bar{x} = 131{,}08$,

$$z = \frac{131{,}08 - 130}{1{,}5/\sqrt{9}} = \frac{1{,}08}{0{,}5} = 2{,}16$$

Isto é, a média amostral observada estaria um pouco mais de 2 desvios padrão acima do esperado, se H_0 fosse verdadeira.

7. O valor calculado $z = 2{,}16$ não cai na região de rejeição ($-2{,}58 < 2{,}16 < 2{,}58$), de modo que H_0 não pode ser rejeitada com nível de significância 0,01. Os dados não dão forte apoio à alegação de que a média real difere do valor projetado de 130. ■

β e a determinação do tamanho da amostra Os testes z para o caso I estão entre poucos na Estatística para os quais existem fórmulas simples disponíveis para β, a probabilidade de um erro tipo II. Considere primeiro o teste unilateral superior com região de rejeição $z \geq z_\alpha$. Isso é equivalente a $\bar{x} \geq \mu_0 + z_\alpha \cdot \sigma/\sqrt{n}$, então H_0 não será rejeitada se $\bar{x} < \mu_0 + z_\alpha \cdot \sigma/\sqrt{n}$. Agora, seja μ' um valor específico de μ que excede o valor nulo μ_0. Então,

$$\begin{aligned}
\beta(\mu') &= P(H_0 \text{ não é rejeitada quando } \mu = \mu') \\
&= P(\bar{X} < \mu_0 + z_\alpha \cdot \sigma/\sqrt{n} \text{ quando } \mu = \mu') \\
&= P\left(\frac{\bar{X} - \mu'}{\sigma/\sqrt{n}} < z_\alpha + \frac{\mu_0 - \mu'}{\sigma/\sqrt{n}} \text{ quando } \mu = \mu'\right) \\
&= \Phi\left(z_\alpha + \frac{\mu_0 - \mu'}{\sigma/\sqrt{n}}\right)
\end{aligned}$$

À medida que μ' aumenta, $\mu_0 - \mu'$ fica mais negativo, de modo que $\beta(\mu')$ será pequeno quando μ' exceder muito μ_0 (pois o valor pelo qual Φ é avaliado será, então, bastante negativo). As probabilidades de erro dos testes unilateral inferior e bilateral são deduzidas de uma forma análoga.

Se σ for grande, a probabilidade de um erro tipo II pode ser grande para um valor alternativo μ' que seja de interesse específico a um investigador. Suponha que fixemos α e também especifiquemos β para tal valor alternativo. No exemplo do *sprinkler*, os administradores da empresa podem considerar $\mu' = 132$ como um desvio bastante substancial de H_0: $\mu = 130$ e, assim, desejar ter $\beta(132) = 0{,}10$ além de $\alpha = 0{,}01$. De forma mais geral, considere as duas restrições $P(\text{erro tipo I}) = \alpha$ e $\beta(\mu') = \beta$ para α, μ' e β especificados. Depois, para um teste unilateral superior, o tamanho amostral n deve ser escolhido para satisfazer

$$\Phi\left(z_\alpha + \frac{\mu_0 - \mu'}{\sigma/\sqrt{n}}\right) = \beta$$

Isso implica que

$$-z_\beta = \begin{matrix}\text{valor crítico } z \text{ que captura} \\ \text{uma área } \beta \text{ na cauda inferior}\end{matrix} = z_\alpha + \frac{\mu_0 - \mu'}{\sigma/\sqrt{n}}$$

É fácil resolver esta equação para o n desejado. Um argumento paralelo produz o tamanho necessário da amostra para os testes unilateral inferior e bilateral, conforme resumido no quadro a seguir.

Hipótese alternativa:		probabilidade $\beta(\mu')$ de erro tipo II para um teste de nível α
H_a:	$\mu > \mu_0$	$\Phi\left(z_\alpha + \frac{\mu_0 - \mu'}{\sigma/\sqrt{n}}\right)$
H_a:	$\mu < \mu_0$	$1 - \Phi\left(-z_\alpha + \frac{\mu_0 - \mu'}{\sigma/\sqrt{n}}\right)$
H_a:	$\mu \neq \mu_0$	$\Phi\left(z_{\alpha/2} + \frac{\mu_0 - \mu'}{\sigma/\sqrt{n}}\right) - \Phi\left(-z_{\alpha/2} + \frac{\mu_0 - \mu'}{\sigma/\sqrt{n}}\right)$

em que $\Phi(z)$= função distribuição acumulada normal padrão.

O tamanho da amostra n para o qual o teste de nível α também tem $\beta(\mu') = \beta$ no valor alternativo μ' é

$$n = \begin{cases} \left[\dfrac{\sigma(z_\alpha + z_\beta)}{\mu_0 - \mu'}\right]^2 & \text{para um teste unilateral (superior ou inferior)} \\ \left[\dfrac{\sigma(z_{\alpha/2} + z_\beta)}{\mu_0 - \mu'}\right]^2 & \text{para um teste bilateral (solução aproximada)} \end{cases}$$

Exemplo 8.7

Seja μ a vida útil média verdadeira de certo tipo de pneu. Considere testar H_0: $\mu = 30\,000$ *versus* H_a: $\mu > 30\,000$ com base em um tamanho de amostra $n = 16$ de uma distribuição populacional normal com $\sigma = 1\,500$. Um teste com $\alpha = 0{,}01$ exige $z_\alpha = z_{0{,}01} = 2{,}33$. A probabilidade de se cometer um erro tipo II quando $\mu = 31\,000$ é

$$\beta(31\,000) = \Phi\left(2{,}33 + \frac{30\,000 - 31\,000}{1\,500/\sqrt{16}}\right) = \Phi(-0{,}34) = 0{,}3669$$

Uma vez que $z_{0{,}1} = 1{,}28$, dizer que o teste de nível 0,01 também tem $\beta(31\,000) = 0{,}1$ exige

$$n = \left[\frac{1\,500(2{,}33 + 1{,}28)}{30\,000 - 31\,000}\right]^2 = (-5{,}42)^2 = 29{,}32$$

O tamanho da amostra deve ser um inteiro, de modo que devem ser usados $n = 30$ pneus. ■

Caso II: testes para amostras grandes

Quando o tamanho da amostra é grande, os testes z para o caso I são facilmente modificados para produzir procedimentos de teste válidos, sem precisar que a distribuição da população seja normal ou que σ seja conhecido. O resultado-chave foi usado no Capítulo 7 para justificar os intervalos de confiança de amostras grandes: um valor de n grande implica que a variável padronizada

$$Z = \frac{\overline{X} - \mu}{S/\sqrt{n}}$$

tenha *aproximadamente* uma distribuição normal padrão. A substituição do valor nulo μ_0 no lugar de μ produz a estatística do teste

$$Z = \frac{\overline{X} - \mu_0}{S/\sqrt{n}}$$

que tem distribuição aproximadamente normal padronizada quando H_0 for verdadeira. O uso das regiões de rejeição dadas anteriormente para o caso I (p. ex., $z \geq z_\alpha$ quando a hipótese alternativa for H_a: $\mu > \mu_0$) resulta, então, em procedimentos de teste para que o nível de significância seja aproximadamente (em vez de exatamente) α. A regra prática $n > 40$ será utilizada novamente para caracterizar um tamanho de amostra grande.

Exemplo 8.8

Um penetrômetro de cone dinâmico (PCD) é usado para medir a resistência do material à penetração (mm/fluxo), à medida que um cone é introduzido no pavimento ou no substrato. Suponha que, para uma aplicação específica, seja necessário que o valor médio real do PCD de certo tipo de pavimento seja inferior a 30. O pavimento não será utilizado a menos que haja evidências conclusivas de que a especificação foi satisfeita. Vamos determinar e testar as hipóteses apropriadas usando os seguintes dados ("Probabilistic model for the analysis of dynamic cone penetrometer test values in pavement structure evaluation", *J. of Testing and Evaluation*, 1999: 7-14):

14,1	14,5	15,5	16,0	16,0	16,7	16,9	17,1	17,5	17,8
17,8	18,1	18,2	18,3	18,3	19,0	19,2	19,4	20,0	20,0
20,8	20,8	21,0	21,5	23,5	27,5	27,5	28,0	28,3	30,0
30,0	31,6	31,7	31,7	32,5	33,5	33,9	35,0	35,0	35,0
36,7	40,0	40,0	41,3	41,7	47,5	50,0	51,0	51,8	54,4
55,0	57,0								

A Figura 8.3 mostra um resumo descritivo obtido do Minitab. A média amostral do PCD é inferior a 30. Entretanto, existe uma quantidade substancial de variação nos dados (coeficiente de variação amostral $= s/\overline{x} = 0{,}4265$), de modo que o fato de a média ser menor que a especificação de corte do projeto possa ser apenas uma consequência da variabilidade da amostragem. Observe que o histograma não se assemelha a uma curva normal (e um gráfico normal de probabilidade não exibe padrão linear), mas os testes z para amostra grande não exigem uma população com distribuição normal.

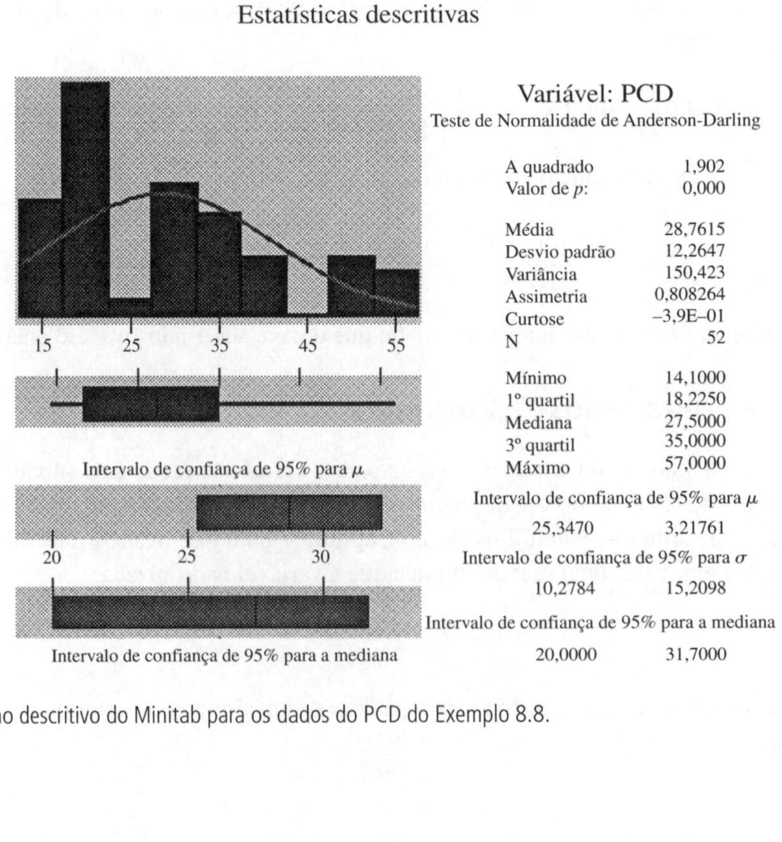

Figura 8.3 Resumo descritivo do Minitab para os dados do PCD do Exemplo 8.8.

1. μ = valor médio real do PCD.
2. H_0: $\mu = 30$.
3. H_a: $\mu < 30$ (de modo que o pavimento não será usado a menos que a hipótese nula seja rejeitada).
4. $z = \dfrac{\bar{x} - 30}{s/\sqrt{n}}$.
5. Um teste com nível de significância 0,05 rejeita H_0 quando $z \leq -1{,}645$ (teste unilateral inferior).
6. Com n = 52, $\bar{x} = 28{,}76$ e $s = 12{,}2647$,

$$z = \frac{28{,}76 - 30}{12{,}2647/\sqrt{52}} = \frac{-1{,}24}{1{,}701} = -0{,}73$$

7. Visto que $-0{,}73 > -1{,}645$, H_0 não pode ser rejeitada. Não temos evidências suficientes para concluir que $\mu < 30$, portanto, o uso do pavimento não é justificado. ■

A determinação de β e do tamanho da amostra necessário para esses testes de amostra grande pode ser feita com base na especificação de um valor plausível de σ e no uso das fórmulas do caso I (mesmo se s for usado no teste) ou no uso das curvas a serem introduzidas em breve, relativas ao caso III.

Caso III: distribuição populacional normal

Quando n é pequeno, o Teorema Central do Limite (TCL) não pode mais ser usado para justificar um teste de amostra grande. Encontramos esta mesma dificuldade para obter um intervalo de confiança (IC) de amostra pequena para μ no Capítulo 7. Nossa abordagem aqui será a mesma utilizada lá: vamos presumir que a distribuição populacional é aproximadamente normal e descrever os procedimentos de teste cujas validades se baseiam nesta suposição. Se um investigador tem bons motivos para acreditar que a distribuição da população não é normal, um teste de distribuição livre (teste não paramétrico) do Capítulo 15 pode ser utilizado. De maneira alternativa, um estatístico pode ser consultado com relação aos procedimentos válidos para famílias específicas de distribuições de população que não sejam a família normal. Ou um procedimento de *bootstrap* pode ser desenvolvido.

O resultado principal no qual testes da média de uma população normal foi usado no Capítulo 7 para derivar o IC t de uma amostra: se $X_1, X_2, \ldots, X_n$ para uma amostra aleatória de distribuição normal, a variável padronizada

$$T = \frac{\bar{X} - \mu}{S/\sqrt{n}}$$

possui distribuição t com $n - 1$ graus de liberdade (gl). Considere testar H_0: $\mu = \mu_0$ *versus* H_a: $\mu > \mu_0$ usando a estatística do teste $T = (\bar{X} - \mu_0)/(S/\sqrt{n})$. Isto é, a estatística do teste resulta da padronização de $\bar{X}$ sob a suposição de que H_0 é verdadeira (usando $S/\sqrt{n}$, o desvio padrão estimado de $\bar{X}$, em vez de $\sigma/\sqrt{n}$). Quando H_0 é verdadeira, a estatística do teste possui uma distribuição t com $n - 1$ gl. Conhecer a distribuição da estatística do teste quando H_0 é verdadeira (a "distribuição nula") nos permite construir uma região de rejeição para a qual a probabilidade de erro tipo I é controlada no nível desejado. Em particular, o uso do valor crítico t da cauda superior $t_{\alpha;n-1}$ para especificar a região de rejeição $t \geq t_{\alpha;n-1}$ implica

$$\begin{aligned} P(\text{erro tipo I}) &= P(H_0 \text{ é rejeitado quando é verdadeira}) \\ &= P(T \geqslant t_{\alpha,n-1} \text{ quando } T \text{ tem distribuição com n} - 1 \text{ gl}) \\ &= \alpha \end{aligned}$$

A estatística do teste aqui é realmente a mesma que no caso da amostra grande, mas é denominada T, para enfatizar que sua distribuição nula é uma distribuição t com $n - 1$ gl em vez da distribuição normal padronizada (z). A região de rejeição para o teste t difere da do teste de z somente no que diz respeito ao valor t crítico de $t_{\alpha;n-1}$ substituir o valor z crítico de z_α. Comentários semelhantes referem-se às alternativas para as quais um teste de unilateral inferior ou bilateral seja apropriado.

Teste t para uma amostra

Hipótese nula: H_0: $\mu = \mu_0$

Valor da estatística do teste: $t = \dfrac{\bar{x} - \mu_0}{s/\sqrt{n}}$

Hipótese alternativa	Região de rejeição para um teste de nível α
H_a: $\mu > \mu_0$	$t \geq t_{\alpha,n-1}$ (unilateral superior)
H_a: $\mu < \mu_0$	$t \leq -t_{\alpha,n-1}$ (unilateral inferior)
H_a: $\mu \neq \mu_0$	tanto $t \geq t_{\alpha/2,n-1}$ quanto $t \leq -t_{\alpha/2,n-1}$ (bilateral)

Exemplo 8.9

O glicerol é o principal subproduto da fermentação do etanol na produção de vinhos e contribui com a doçura, consistência e plenitude dos vinhos. O artigo "A rapid and simple method for simultaneous determination of glycerol, fructose, and glucose in wine" (*American J. of Enology and Viticulture*, 2007: 279-283) inclui as seguintes observações sobre a concentração de glicerol (mg/mL) para amostras de vinhos brancos de qualidade padrão (não certificados): 2,67, 4,62, 4,14, 3,81, 3,83. Suponhamos que o valor da concentração desejada seja 4. Os dados amostrais sugerem que a concentração média real é diferente do valor desejado? A ilustração do gráfico normal da probabilidade do Minitab fornece forte sustentação para presumir que a distribuição populacional da concentração de glicerol seja normal. Vamos realizar um teste com as hipóteses adequadas usando um teste t de uma amostra com nível de significância 0,05.

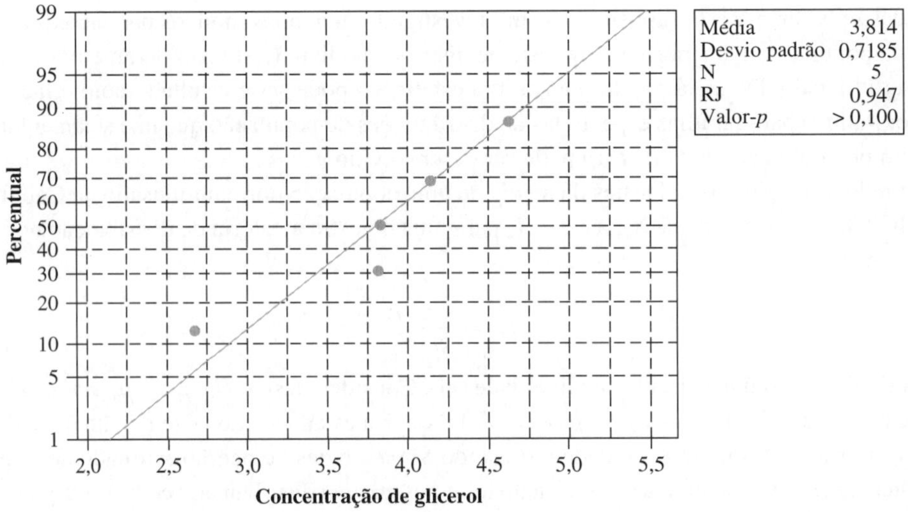

Figura 8.4 Ilustração de probabilidade normal dos dados do Exemplo 8.9.

1. μ = concentração média real de glicerol.
2. H_0: $\mu = 4$.
3. H_a: $\mu \neq 4$.
4. $t = \dfrac{\bar{x} - 4}{s/\sqrt{n}}$.
5. A desigualdade em H_a implica dizer que um teste bilateral é adequado, que necessita de $t_{\alpha/2;n-1} = t_{0,025;4} = 2{,}776$. Assim, H_0 será rejeitada se $t \geqslant 2{,}776$ ou $t \leqslant -2{,}776$.
6. $\sum x_i = 19{,}07$ e $\sum x_i^2 = 74{,}7979$, a partir do qual $\bar{x} = 3{,}814$, $s = 0{,}718$ e o erro padrão estimado da média é $s/\sqrt{n} = 0{,}321$. Então, o valor da estatística do teste é $t = (3{,}814 - 4)/0{,}321 = -0{,}58$.
7. Claramente $t = 0{,}58$ não cai na região de rejeição para um nível de significância de 0,05. Ainda é plausível que $\mu = 4$. O desvio da média amostral 3,814 de seu valor esperado 4 quando H_0 é verdadeira pode ser atribuído à variabilidade da amostra, em vez de H_0 ser falsa.

O resultado do Minitab, partindo de uma solicitação para realizar um teste t bilateral de uma amostra, apresenta valores idênticos aos que acabamos de calcular. O fato de que o último número do resultado, o "valor-p", excede 0,05 (e qualquer outro nível de significância razoável) implica dizer que a hipótese nula não pode ser rejeitada. Isso será discutido em detalhes na Seção 8.4.

```
Teste de Variável = 4 versus não = 4
Variável   N Média Desvio   Padrão SE    Média            95% CI        T        P
glyc conc  5        3,814        0,718   0,321 (2,922, 4,706)  -0,58   0,594
```
■

β e a determinação do tamanho da amostra O cálculo de β no valor alternativo μ' no caso I foi feito para expressar a região de rejeição em termos de $\bar{x}$ (por exemplo, $\bar{x} \geq \mu_0 + z_\alpha \cdot \sigma/\sqrt{n}$) e então subtraindo μ' para padronizar corretamente. Uma abordagem equivalente envolve a observação de que, quando $\mu = \mu'$, a estatística do teste $Z = (\bar{X} - \mu_0)/(\sigma/\sqrt{n})$ ainda possui distribuição normal com variância 1, mas agora o valor médio de Z é dado por $(\mu' - \mu_0)/(\sigma/\sqrt{n})$. Isto é, quando $\mu = \mu'$, a estatística do teste ainda possui distribuição normal, embora não seja a distribuição normal padronizada. Por causa disso, $\beta(\mu')$ é a área sob a curva normal correspondente ao valor médio $(\mu' - \mu_0)/(\sigma/\sqrt{n})$ e variância 1. Ambos α e β envolvem o trabalho com variáveis normalmente distribuídas.

O cálculo de $\beta(\mu')$ para o teste t é muito menos direto. Isso porque a distribuição da estatística do teste $T = (\bar{X} - \mu_0)/(S/\sqrt{n})$ é bastante complicada quando H_0 é falsa e H_a verdadeira. Dessa forma, para um teste unilateral superior, determinar

$$\beta(\mu') = P(T < t_{\alpha;n-1} \text{ quando } \mu = \mu' \text{ em vez de } \mu_0)$$

envolve a integração de uma função de densidade bastante desagradável. Isto deve ser feito de forma numérica. Os resultados são resumidos em gráficos de β que aparecem na Tabela A.17 do Apêndice. Existem quatro conjuntos de gráficos correspondentes a testes unilaterais nos níveis 0,05 e 0,01 e a testes bilaterais nos mesmos níveis.

Para entender como esses gráficos são utilizados, observe primeiramente que ambos β e o tamanho de amostra n no caso I são funções não apenas da diferença absoluta $|\mu_0 - \mu'|$, mas de $d = |\mu_0 - \mu'|/\sigma$. Suponha, por exemplo, que $|\mu_0 - \mu'| = 10$. Esta partida de H_0 será muito mais fácil de ser detectada (β menor) quando $\sigma = 2$, sendo que neste caso μ_0 e μ' estão a 5 desvios padrões populacionais de distância do que quando $\sigma = 10$. O fato de que β para o teste t depende de d em vez de apenas $|\mu_0 - \mu'|$ é lamentável, visto que para usar gráficos é preciso ter alguma noção do valor real de σ. Uma suposição conservadora (grande) para σ produz um valor conservador (grande) de $\beta(\mu')$ e uma estimativa conservadora do tamanho da amostra necessário para α e $\beta(\mu')$ prescritos.

Uma vez que μ' alternativo e o valor de σ sejam selecionados, d é calculado e seu valor, estabelecido no eixo horizontal do plano cartesiano. O valor de β é a altura da curva $n - 1$ gl acima do valor de d (a interpolação visual é necessária se $n - 1$ não for um valor para o qual a curva correspondente aparece), conforme ilustrado na Figura 8.5.

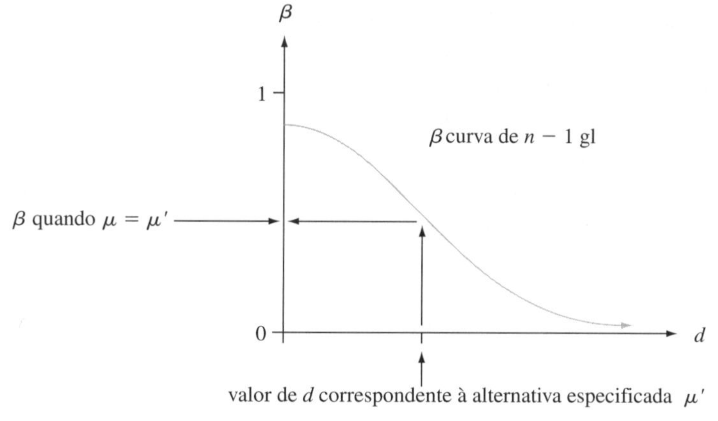

Figura 8.5 Curva β típica para o teste t.

Em vez de fixar n (isto é, $n - 1$ e, portanto, a curva específica de onde β é lido), pode-se estabelecer que α (0,05 ou 0,01, aqui) e um valor de β para μ' e σ escolhidos. Após calcular d, o ponto (d, β) é localizado no conjunto de gráficos. A curva abaixo e mais próxima desse ponto fornece $n - 1$ e, portanto, n (novamente, a interpolação geralmente é necessária).

Exemplo 8.10

Supõe-se que a queda de tensão média real de certo tipo de transistores é no máximo de 2,5 volts. Um investigador seleciona uma amostra de $n = 10$ transistores e utiliza as tensões resultantes como base para testar H_0: $\mu = 2{,}5$ *versus* H_a: $\mu > 2{,}5$, usando o teste t com nível de significância $\alpha = 0{,}05$. Se o desvio padrão da distribuição da tensão para $\sigma = 0{,}100$, qual é a probabilidade de essa H_0 não ser rejeitada quando na verdade $\mu = 2{,}6$? Com $d = |2{,}5 - 2{,}6|/0{,}100 = 1{,}0$, o ponto na curva β em 9 gl para um teste unilateral com $\alpha = 0{,}05$ acima de 1,0 tem altura de aproximadamente 0,1, então $\beta \approx 0{,}1$. O investigador pode achar que este valor de β é muito grande para tal partida substancial de H_0 e pode querer ter $\beta = 0{,}05$ para este valor alternativo de μ. Visto que $d = 1{,}0$, o ponto $(d, \beta) = (1{,}0; 0{,}05)$ deve ser localizado. Este ponto está bem próximo da curva 14 gl, então, usando $n = 15$, teremos tanto $\alpha = 0{,}05$ quanto $\beta = 0{,}05$ quando o valor de μ é 2,6 e $\sigma = 0{,}10$. Um valor maior de σ resultaria em β maior para esta alternativa, sendo que um valor alternativo de μ próximo de 2,5 também resultaria em um valor maior de β. ■

A maioria dos softwares estatísticos amplamente utilizados é capaz de calcular as probabilidades de erro tipo II. Eles geralmente funcionam em termos de **poder**, que é simplesmente $1 - \beta$. Um valor pequeno para β (próximo de 0) é equivalente a um poder maior (próximo de 1). Teste *poderoso* é aquele que tem poder elevado e, portanto, boa capacidade para detectar quando a hipótese nula é falsa.

Como exemplo, pedimos ao Minitab para determinar o poder do teste unilateral superior no Exemplo 8.10 para os três tamanhos de amostras, 5, 10 e 15, quando $\alpha = 0{,}05$, $\sigma = 0{,}10$ e o valor de μ é na verdade 2,6 em vez do valor nulo 2,5 – uma diferença de $2{,}6 - 2{,}5 = 0{,}1$. Também pedimos que o software determinasse o tamanho de amostra necessário para um poder de 0,9 ($\beta = 0{,}1$) e também 0,95. Este é o resultado:

```
Poder e tamanho da amostra
Média do teste = nula (versus > nula)
Calculando o poder para a média = nula + diferença
Alfa = 0,05 Desvio padrão presumido = 0.1

                Amostra
Diferença       Tamanho        Poder
0,1              5             0,579737
0,1             10             0,897517
0,1             15             0,978916

                Amostra alvo
                                                Poder
Diferença       Tamanho        Poder           real
0,1             11             0,90            0,924489
0,1             13             0,95            0,959703
```

O poder para o tamanho da amostra $n = 10$ é um pouco menor que 0,9. Então, se insistirmos que o poder seja de pelo menos 0,9, é necessária uma amostra de tamanho 11 e o poder real para n é 0,92. O software diz que, para um poder de 0,95, é necessário um tamanho de amostra $n = 13$, enquanto nossa aproximação das curvas β resulta em 15. Quando disponível, este tipo de software é mais confiável do que as curvas. E, finalmente, o Minitab também fornece curvas para tamanhos de amostras especificados, conforme mostrado na Figura 8.6. Tais curvas mostram como o poder aumenta para cada tamanho de amostra à medida que o valor real de μ se afasta do valor nulo.

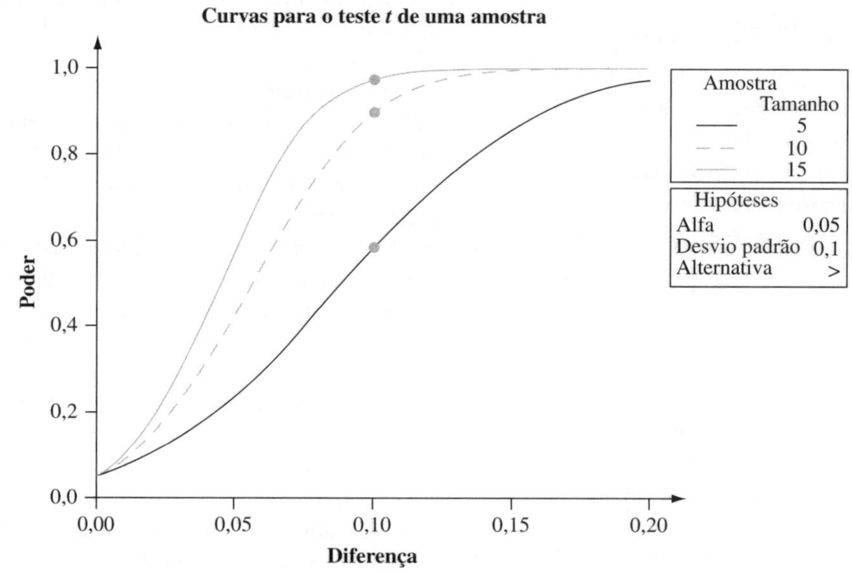

Figura 8.6 Curvas de poder feitas pelo Minitab para o teste *t* do Exemplo 8.10.

EXERCÍCIOS Seção 8.2 (15–36)

15. Suponhamos que a estatística do teste Z tenha distribuição normal padrão quando H_0 for verdadeira. Forneça o nível de significância de cada situação a seguir:

a. H_a: $\mu > \mu_0$, região de rejeição $z \geq 1{,}88$

b. H_a: $\mu < \mu_0$, região de rejeição $z \leq -2{,}75$

c. H_a: $\mu \neq \mu_0$, região de rejeição $z \geq 2{,}88$ *ou* $z \leq -2{,}88$

16. Considere que a estatística do teste T tenha uma distribuição t quando H_0 for verdadeira. Forneça o nível de significância de cada situação a seguir:

a. H_a: $\mu > \mu_0$, gl $= 15$, região de rejeição $t \geq 3{,}733$

b. H_a: $\mu < \mu_0$, $n = 24$, região de rejeição $t \leq -2{,}500$

c. H_a: $\mu \neq \mu_0$, $n = 31$, região de rejeição $t \geq 1{,}697$ ou $t \leq -1{,}697$

17. Reconsidere os dados amostrais sobre a relação de despesa (%) dos fundos mútuos de grandes capitais, introduzidos no Exercício 1.53.

```
0,52 1,06 1,26 2,17 1,55 0,99 1,10 1,07 1,81 2,05
0,91 0,79 1,39 0,62 1,52 1,02 1,10 1,78 1,01 1,15
```

Um gráfico normal de probabilidade apresenta padrão razoavelmente linear.

a. Há evidências que levam à conclusão de que a relação de despesa da média populacional exceda 1%? Realize um teste das hipóteses relevantes usando nível de significância de 0,01.

b. Voltando ao item (a), descreva em contexto erros tipo I e II e diga qual erro pode ter sido feito para chegar à conclusão. A fonte de onde os dados foram obtidos relatou $\mu = 1{,}33$ para a população de todos os 762 fundos. Então, você realmente cometeu um erro para chegar à sua conclusão?

c. Supondo que $\sigma = 0{,}5$, determine e interprete o poder do teste em (a) para o valor real de μ em (b).

18. Reconsidere a situação de secagem da pintura do Exemplo 8.2, em que o tempo de secagem de um espécime de teste é normalmente distribuído com $\sigma = 9$. As hipóteses H_0: $\mu = 75$ *versus* H_a: $\mu < 75$ serão testadas usando uma amostra simples de $n = 25$ observações.

a. Quantos desvios padrão (de $\overline{X}$) abaixo do valor nulo são $\overline{x} = 72{,}3$?

b. Se $\overline{x} = 72{,}3$, qual é a conclusão usando $\alpha = 0{,}01$?

c. Qual é o α para o procedimento de teste que rejeita H_0 quando $z \leqslant -2{,}88$?

d. Para o procedimento de teste do item (c), qual é $\beta(70)$?

e. Se o procedimento de teste do item (c) for usado, que n é necessário para garantir que $\beta(70) = 0{,}01$?

f. Se um teste nível 0,01 for usado com $n = 100$, qual é a probabilidade de um erro tipo I quando $\mu = 76$?

19. O ponto de fusão de cada uma das 16 amostras de certa marca de óleo vegetal hidrogenado foi determinado, resultando em $\overline{x} = 94{,}32$. Assuma que a distribuição do ponto de fusão seja normal com $\sigma = 1{,}20$.

a. Teste H_0: $\mu = 95$ *versus* H_a: $\mu \neq 95$ usando um teste bilateral com nível de 0,01.

b. Se um teste nível 0,01 for usado, qual é $\beta(94)$, ou seja, a probabilidade de um erro tipo II quando $\mu = 94$?

c. Que valor de n é necessário para garantir que $\beta(94) = 0{,}1$ quando $\alpha = 0{,}01$?

20. Certo tipo de lâmpadas é anunciado como tendo vida útil média de 750 horas. O preço dessas lâmpadas é bastante favorável, de modo que um cliente em potencial decidiu prosseguir com o pedido de compra, a menos que possa ser conclusivamente demonstrado que a vida útil média real seja menor que a anunciada. Uma amostra aleatória de 50 lâmpadas foi selecionada, a vida útil de cada lâmpada determinada e as hipóteses apropriadas testadas usando o Minitab, obtendo-se os resultados a seguir.

Variável	N	Média	Desvio Padrão	EP da média	Z	Valor-P
Vida útil	50	738,44	38,20	5,40	−2,14	0,016

Que conclusão seria apropriada para um nível de significância de 0,05? Um nível de significância de 0,01? Que nível de significância e conclusão você recomendaria?

21. O diâmetro médio real de determinado tipo de rolamento deve ser 0,5 pol. Um teste t de uma amostra será realizado para ver se este é o caso. Que conclusão é apropriada em cada uma das situações a seguir?

a. $n = 13, \quad t = 1{,}6, \quad \alpha = 0{,}05$

b. $n = 13, \quad t = -1{,}6, \quad \alpha = 0{,}05$

c. $n = 25, \quad t = -2{,}6, \quad \alpha = 0{,}01$

d. $n = 25, \quad t = -3{,}9$

22. O artigo "The foreman's view of quality control" (*Quality Engr.*, 1990: 257-280) descreve uma investigação nos pesos de revestimento de grandes canos resultantes de um processo de galvanização. Padrões de produção recomendam peso médio real de 200 lb por cano. O resumo descritivo e o *boxplot* a seguir são do Minitab.

Variável	N	Média	Mediana	Média aparada	Desvio padrão	Médias
peso do rev.	30	206.73	206.00	206.81	6.35	1.16

Variável	Mín	Máx	Q1	Q3
peso do rev.	193.00	218.00	202.75	212.00

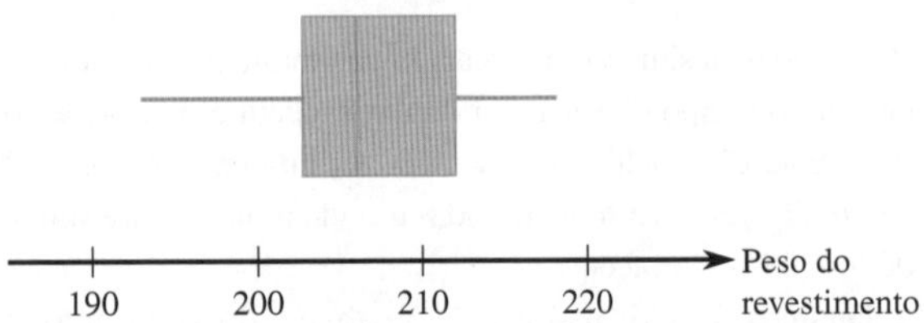

a. O que o *boxplot* sugere sobre o status da especificação do peso do revestimento médio real?

b. Um gráfico normal de probabilidade dos dados foi bastante direto. Use a saída descritiva para testar as hipóteses apropriadas.

23. O Exercício 36 do Capítulo 1 forneceu $n = 26$ observações sobre o tempo de fuga (s) para trabalhadores de uma plataforma de petróleo em um exercício simulado, no qual a média e o desvio padrão amostrais são 370,69 e 24,36, respectivamente. Suponha que os investigadores acreditaram, *a priori*, que o tempo de fuga médio real seria no máximo 6 min. Os dados contradizem esse ponto de vista anterior? Assumindo a normalidade, teste as hipóteses apropriadas usando um nível de significância de 0,05.

24. Reconsidere as observações da amostra sobre a viscosidade estabilizada dos espécimes de asfalto introduzidos no Exercício 46 do Capítulo 1 (2 781, 2 900, 3 013, 2 856 e 2 888). Suponha que, para uma aplicação específica, seja necessário que a viscosidade média real seja 3 000. Esse requisito parece ter sido satisfeito? Expresse e teste as hipóteses apropriadas.

25. A porcentagem desejada de SiO_2 em determinado tipo de cimento aluminoso é 5,5. Para testar se a porcentagem média real é 5,5 para uma instalação de produção específica, 16 amostras obtidas independentemente são analisadas. Suponha que a porcentagem de SiO_2 em uma amostra seja normalmente distribuída com $\sigma = 0{,}3$ e $\bar{x} = 5{,}25$.

a. Isso indica conclusivamente que a porcentagem média real é diferente de 5,5? Faça a análise usando a sequência de passos sugerida no texto.

b. Se a porcentagem média real é $\mu = 5{,}6$ e um teste com nível $\alpha = 0{,}01$ com base em $n = 16$ for usado, qual é a probabilidade de detectar esse desvio de H_0?

c. Que valor de n é necessário para satisfazer $\alpha = 0{,}01$ e $\beta(5{,}6) = 0{,}01$?

26. Para obter informações sobre as propriedades de resistência à corrosão de um determinado tipo de conduíte de aço, 45 espécimes são enterrados no solo por um período de 2 anos. A penetração máxima (em mils) de cada espécime é, então, medida, obtendo-se uma penetração média amostral de $\bar{x} = 52{,}7$ e um desvio padrão da amostra de $s = 4{,}8$. Os conduítes foram fabricados com a especificação de a penetração média real ser de no máximo 50 mils. Eles serão usados, a menos que seja demonstrado de forma conclusiva que a especificação não foi satisfeita. O que você poderia concluir?

27. A identificação automática dos limites de estruturas significantes em exames de imagem é uma área de pesquisa contínua. O trabalho "Automatic segmentation of medical images using image registration: diagnostic and simulation applications" (*J. of Medical Engr. and Tech.*, 2005: 53-63) discutiu uma nova técnica para tal identificação. Uma medição da precisão da região automática é o deslocamento linear médio (DLM). O trabalho produziu as seguintes observações de DLM para uma amostra de 49 rins (unidades de dimensões de pixel).

1,38	0,44	1,09	0,75	0,66	1,28	0,51
0,39	0,70	0,46	0,54	0,83	0,58	0,64
1,30	0,57	0,43	0,62	1,00	1,05	0,82
1,10	0,65	0,99	0,56	0,56	0,64	0,45
0,82	1,06	0,41	0,58	0,66	0,54	0,83
0,59	0,51	1,04	0,85	0,45	0,52	0,58
1,11	0,34	1,25	0,38	1,44	1,28	0,51

a. Resuma/descreva os dados.

b. É plausível que o DLM seja aproximadamente normal? A normalidade deve ser presumida antes de calcular o IC do DLM médio real ou testar hipóteses sobre o DLM médio real? Explique.

c. Os autores comentaram que, na maioria dos casos, o DLM é melhor que ou da ordem de 1,0. Na verdade, os dados fornecem fortes evidências para concluir que o DLM médio verdadeiro nestas circunstâncias é inferior a 1,0? Realize um teste apropriado das hipóteses.

d. Calcule um limite de confiança superior para o DLM médio real usando nível de confiança de 95% e interprete tal limite.

28. Cirurgias menores em cavalos com condições de campo requerem um anestésico de curto prazo confiável que produza bom relaxamento muscular, alterações respiratória e cardiovascular mínimas e uma recuperação rápida e fácil com efeitos subsequentes mínimos, de modo que os cavalos possam ser deixados sozinhos. O artigo "A field trial of ketamine anesthesia in the horse" (*Equine Vet. J.*, 1984: 176-179) relata que, para uma amostra de $n = 73$ cavalos, à qual a cetamina foi administrada sob certas condições, o tempo de repouso (deitado) lateral médio da amostra foi de 18,86 min e o desvio padrão, de 8,6 min. Esses dados sugerem que o tempo de repouso lateral médio real sob tais condições é menor que 20 min? Teste as hipóteses apropriadas no nível de significância 0,10.

29. Responda às questões a seguir referentes ao problema do pneu no Exemplo 8.7.

a. Se $\bar{x} = 30{,}960$ e um teste nível $\alpha = 0{,}01$ for usado, qual é a decisão?

b. Se um teste nível 0,01 for usado, qual é $\beta(30\,500)$?

c. Se um teste nível 0,01 for usado e também for necessário que $\beta(30\,500) = 0{,}05$, que tamanho da amostra n é necessário?

d. Se $\bar{x} = 30\,960$, qual é o menor α em que H_0 pode ser rejeitada (com base em $n = 16$)?

30. Você já se frustou porque não conseguiu fazer com que um pote de alguma natureza liberasse seus últimos resíduos? O artigo "Shake, rattle, and squeeze: how much is left in that container?" (*Consumer Reports*, maio 2009: 8) relatou sobre uma investigação desta questão para vários consumidores de produtos. Suponha que cinco tubos de 170 g de pasta de dente de determinada marca tenham sido selecionados aleatoriamente e espremidos até que não houvesse mais pasta dentro deles. Depois, os tubos seriam abertos e a quantidade remancescente, pesada, resultando nos seguintes dados (consistentes com o que o artigo mencionado informou): 0,53, 0,65, 0,46, 0,50, 0,37. Parece que a quantidade média real de sobra é inferior a 10% do conteúdo líquido divulgado?

a. Verifique a validade das considerações necessárias para testar as hipóteses adequadas.

b. Realize um teste da hipótese apropriada usando um nível de significância de 0,05. A conclusão seria a mesma se um nível de significância de 0,01 tivesse sido usado?

c. Voltando ao item (a), descreva em contexto erros tipo I e II e diga qual erro pode ter sido feito para chegar à conclusão.

31. Um local de trabalho seguro e bem projetado pode contribuir muito para aumentar a produtividade. É especialmente importante que os funcionários não sejam solicitados a realizar tarefas – como levantamento de peso – que excedam suas capacidades. Os dados a seguir sobre o peso máximo de levantamento (PMAL, em kg) para uma frequência de quatro levantamentos/min foram relatados no artigo "The effects of speed, frequency, and load on measured hand forces for a floor-to-knuckle lifting task" (*Ergonomics*, 1992: 833;843); as pessoas foram selecionadas aleatoriamente de uma população de homens saudáveis entre 18-30 anos. Assumindo que PMAL é normalmente distribuído, os dados a seguir sugerem que o valor médio de PMAL da população excede 25? Faça um teste usando um nível de significância de 0,05.

25,8 36,6 26,3 21,8 27,2

32. A dose diária de zinco recomendada entre homens com mais de 50 anos é 15 mg/dia. O artigo "Nutrient intakes and dietary patterns of older americans: A national study" (*J. of Gerontology*, 1992: M145-150) apresenta os seguintes dados resumidos sobre a ingestão para amostras do sexo masculino com 65-74 anos: $n = 115$, $\bar{x} = 11{,}3$ e $s = 6{,}43$. Esses dados indicam que a ingestão de zinco diária média na população dos homens entre 65-74 anos cai abaixo da dose diária recomendada?

33. O artigo "Uncertainty estimation in railway track life-cycle cost" (*J. of Rail and Rapid Transit*, 2009) apresentou os seguintes dados sobre o tempo de reparo (min) de uma quebra de trilho em uma curva de determinada ferrovia.

159 120 480 149 270 547 340 43 228 202 240 218

O gráfico normal de probabilidade dos dados mostra um padrão razoavelmente linear, tornando-se plausível que a distribuição da população dos tempos de reparo seja aproximadamente normal. A média amostral e o desvio padrão resultantes são 249,7 e 145,1, respectivamente.

a. Há evidências que levam à conclusão de que o tempo médio de reparo real exceda 200 min? Realize um teste de hipóteses apropriado utilizando um nível de significância de 0,05.

b. Usando $\sigma = 150$, qual é a probabilidade de erro tipo II do teste usado em (a) quando o tempo médio de reparo real é de 300 min? Ou seja, qual é $\beta(300)$?

34. Uma amostra de 12 detectores de radônio de um determinado tipo foi selecionada, e cada um foi exposto a 100 pCi/L de radônio. As leituras resultantes foram as seguintes:

105,6	90,9	91,2	96,9	96,5	91,3
100,1	105,0	99,6	107,7	103,3	92,4

a. Esses dados sugerem que a leitura média da população sob essas condições é diferente de 100? Determine e teste a hipótese apropriada, usando $\alpha = 0{,}05$.

b. Suponha que, antes do experimento, um valor de $\sigma = 7{,}5$ foi assumido. Quantas determinações, então, teriam sido apropriadas para obter $\beta = 0{,}10$ para a alternativa $\mu = 95$?

35. Mostre que, para qualquer $\Delta > 0$, quando a distribuição da população é normal e o σ é conhecido, o teste bilateral satisfaz $\beta(\mu_0 - \Delta) = \beta(\mu_0 + \Delta)$, de modo que $\beta(\mu')$ seja simétrico em relação a μ_0.

36. Para um valor alternativo fixo μ', mostre que $\beta(\mu') \to 0$ quando $n \to \infty$ para um teste z unilateral ou bilateral, no caso de uma distribuição de população normal com σ conhecido.

8.3 Testes com relação a uma proporção populacional

Seja p a proporção de indivíduos ou objetos em uma população que possui uma propriedade especificada (por exemplo, carros com transmissão manual ou fumantes que utilizam cigarro de filtro). Se uma pessoa ou um objeto com a propriedade for considerada um sucesso (S), então p é a proporção da população de sucessos. Os testes relacionados a p serão feitos com base em uma amostra aleatória de tamanho n da população. Contanto que n seja pequeno em relação ao tamanho da população, X (o número de S na amostra) possui (aproximadamente) uma distribuição binomial. Além disso, se o próprio n for grande [$np \geq 10$ e $n(1 - p) \geq 10$], ambos, X e o estimador $\hat{p} = X/n$, têm aproximadamente uma distribuição normal. Consideramos primeiro os testes de amostra grande com base neste último fato, e então mudamos para o caso de amostra pequena que utiliza diretamente a distribuição binomial.

Testes para amostras grandes

Os testes para amostra grande relacionados a p são um caso especial dos procedimentos de amostra grande mais gerais para um parâmetro θ. Seja $\hat{\theta}$ um estimador de θ (pelo menos aproximadamente) não viciado e que possua aproximadamente distribuição normal. A hipótese nula tem a forma H_0: $\theta = \theta_0$, em que θ_0 representa um número (o valor nulo) apropriado para o contexto do problema. Suponha que, quando H_0 for verdadeira, o desvio padrão de $\hat{\theta}$, $\sigma_{\hat{\theta}}$, não envolva nenhum parâmetro desconhecido. Por exemplo, se $\theta = \mu$ e $\hat{\theta} = \overline{X}$, $\sigma_{\hat{\theta}} = \sigma_{\overline{X}} = \sigma/\sqrt{n}$, que não envolve parâmetros desconhecidos somente se o valor de σ for conhecido. Uma estatística do teste de amostra grande resulta da padronização de $\hat{\theta}$ sob a suposição de que H_0 é verdadeira (de modo que $E(\hat{\theta}) = \theta_0$):

$$\text{Estatística do teste: } Z = \frac{\hat{\theta} - \theta_0}{\sigma_{\hat{\theta}}}$$

Se a hipótese alternativa é H_a: $\theta > \theta_0$, um teste unilateral superior, cujo nível de significância é aproximadamente α, é especificado pela região de rejeição $z \geq z_\alpha$. As outras duas alternativas, H_a: $\theta < \theta_0$ e H_a: $\theta \neq \theta_0$, são testadas usando um teste z unilateral inferior e um teste z bilateral, respectivamente. No caso $\theta = p$, $\sigma_{\hat{\theta}}$ não envolverá quaisquer parâmetros desconhecidos quando H_0 for verdadeira, mas isso é atípico. Quando $\sigma_{\hat{\theta}}$ envolve parâmetros desconhecidos, geralmente é possível usar um desvio padrão estimado $S_{\hat{\theta}}$ no lugar de $\sigma_{\hat{\theta}}$ e ainda ter Z com distribuição aproximadamente normal quando H_0 for verdadeira (pois, quando n é grande, $s_{\hat{\theta}} \approx \sigma_{\hat{\theta}}$ para a maioria das amostras). O teste de amostra grande da seção anterior fornece um exemplo disso: em virtude de σ ser geralmente desconhecido, usamos $s_{\hat{\theta}} = s_{\overline{X}} = s/\sqrt{n}$ no lugar de $\sigma/\sqrt{n}$ no denominador de z.

O estimador de $\hat{p} = X/n$ é do tipo não viciado ($E(\hat{p}) = p$), tem distribuição normal, e o desvio padrão é $\sigma_{\hat{p}} = \sqrt{p(1 - p)/n}$. Estes fatos foram utilizados na Seção 7.2 para obter um intervalo de confiança para p. Quando H_0 é verdadeira, $E(\hat{p}) = p_0$ e $\sigma_{\hat{p}} = \sqrt{p_0(1 - p_0)/n}$, de modo que $\sigma_{\hat{p}}$ não envolva parâmetros desconhecidos. Segue, então, que, quando n é grande e H_0 verdadeira, a estatística do teste

$$Z = \frac{\hat{p} - p_0}{\sqrt{p_0(1 - p_0)/n}}$$

tem aproximadamente uma distribuição normal padrão. Se a hipótese alternativa for H_a: $p > p_0$ e a região de rejeição unilateral superior $z \geq z_\alpha$ for utilizada, então

$$\begin{aligned} P(\text{erro tipo I}) &= P(H_0 \text{ é rejeitada quando verdadeira}) \\ &= P(Z \geq z_\alpha \text{ quando } Z \text{ possui aproximadamente} \\ &\quad \text{uma distribuição normal padronizada}) \approx \alpha \end{aligned}$$

Dessa forma, o nível de significância desejado α é obtido usando o valor crítico que inclui a área α na cauda superior da curva z. As regiões de rejeição das outras duas hipóteses alternativas unilateral inferior para H_a: $p < p_0$ e bilateral para H_a: $p \neq p_0$ são justificadas de forma semelhante.

Hipótese nula: H_0: $p = p_0$

Valor da estatística do teste: $z = \dfrac{\hat{p} - p_0}{\sqrt{p_0(1 - p_0)/n}}$

Hipótese alternativa	Região de rejeição
H_a: $p > p_0$	$z \geq z_\alpha$ (unilateral superior)
H_a: $p < p_0$	$z \leq -z_\alpha$ (unilateral inferior)
H_a: $p \neq p_0$	tanto $z \geq z_{\alpha/2}$ quanto $z \leq -z_{\alpha/2}$ (bilateral)

Esses procedimentos de teste são válidos desde que $np_0 \geq 10$ e $n(1 - p_0) \geq 10$.

Exemplo 8.11

A rolha natural em garrafas de vinho está sujeita à deterioração e, como resultado, o vinho de tais garrafas pode ser contaminado. O artigo "Effects of bottle closure type on consumer perceptions of wine quality"

(*Amer. J. of Enology and Viticulture*, 2007: 182-191) mostrou que, em uma degustação de chardonnays comerciais, 16 de 91 garrafas foram consideradas estragadas de alguma forma por características associadas à rolha. Estes dados fornecem evidências para concluir que mais de 15% de todas as garrafas foram contaminadas desta forma? Vamos fazer um teste de hipóteses, usando um nível de significância de 0,10.

1. p = proporção real de todas as garrafas comerciais de chardonnay consideradas estragadas de alguma forma pelas características associadas à rolha.
2. A hipótese nula é H_0: $p = 0{,}15$.
3. A hipótese alternativa é H_a: $p > 0{,}15$, a hipótese de que a porcentagem populacional excede os 15%.
4. Visto que $np_0 = 91(0{,}15) = 13{,}65 > 10$ e $nq_0 = 91(0{,}85) = 77{,}35 > 10$, o teste z de amostras grandes pode ser utilizado. O valor da estatística do teste é $z = (\hat{p} - 0{,}15)/\sqrt{(0{,}15)(0{,}85)/n}$.
5. A forma de H_a implica que um teste unilateral superior é apropriado: rejeite H_0 se $z \geq z_{0,10} = 1{,}28$.
6. $\hat{p} = 16/91 = 0{,}1758$, a partir do qual

$$z = (0{,}1758 - 0{,}15)/\sqrt{(0{,}15)(0{,}85)/91} = 0{,}0258/0{,}0374 = 0{,}69$$

7. Visto que $0{,}69 < 1{,}28$, z não está na região de rejeição. A um nível de significância 0,10, a hipótese nula não pode ser rejeitada. Embora a porcentagem de garrafas contaminadas na amostra exceda 15%, a porcentagem amostral não é grande o suficiente para concluir que a porcentagem populacional excede os 15%. A diferença entre a proporção da amostra 0,1758 e o valor nulo 0,15 pode ser propriamente explicada pela variabilidade da amostra. ■

β e a determinação do tamanho da amostra Quando H_0 é verdadeira, a estatística do teste Z possui aproximadamente distribuição normal padronizada. Agora, suponha que H_0 *não* seja verdadeira e que $p = p'$. Então, Z ainda possui aproximadamente uma distribuição normal (porque é uma função linear de $\hat{p}$), mas seu valor médio e variância não são mais 0 e 1, respectivamente. Em vez disso,

$$E(Z) = \frac{p' - p_0}{\sqrt{p_0(1 - p_0)/n}} \qquad V(Z) = \frac{p'(1 - p')/n}{p_0(1 - p_0)/n}$$

A probabilidade de um erro tipo II para o teste unilateral superior é $\beta(p') = P(Z > z_\alpha$ quando $p = p')$ como esse. Isso pode ser calculado usando a média e a variância fornecidas para padronizar e depois aplicar a f.d. normal padronizada. Além disso, se for desejado que o teste nível α também tenha $\beta(p') = \beta$ para um valor especificado de β, a equação pode ser resolvida para o n necessário, como na Seção 8.2. As expressões gerais para $\beta(p')$ e n são dadas no quadro a seguir.

Hipótese alternativa	$\beta(p')$
H_a: $p > p_0$	$\Phi\left[\dfrac{p_0 - p' + z_\alpha\sqrt{p_0(1 - p_0)/n}}{\sqrt{p'(1 - p')/n}}\right]$
H_a: $p < p_0$	$1 - \Phi\left[\dfrac{p_0 - p' - z_\alpha\sqrt{p_0(1 - p_0)/n}}{\sqrt{p'(1 - p')/n}}\right]$
H_a: $p \neq p_0$	$\Phi\left[\dfrac{p_0 - p' + z_{\alpha/2}\sqrt{p_0(1 - p_0)/n}}{\sqrt{p'(1 - p')/n}}\right] - \Phi\left[\dfrac{p_0 - p' - z_{\alpha/2}\sqrt{p_0(1 - p_0)/n}}{\sqrt{p'(1 - p')/n}}\right]$

O tamanho amostral n para o qual o teste de nível α também satisfaz $\beta(p') = \beta$ é

$$n = \begin{cases} \left[\dfrac{z_\alpha\sqrt{p_0(1 - p_0)} + z_\beta\sqrt{p'(1 - p')}}{p' - p_0}\right]^2 & \text{teste unilateral} \\ \left[\dfrac{z_{\alpha/2}\sqrt{p_0(1 - p_0)} + z_\beta\sqrt{p'(1 - p')}}{p' - p_0}\right]^2 & \text{teste bilateral (solução aproximada)} \end{cases}$$

Exemplo 8.12

Um serviço de entrega informa que no mínimo 90% dos pacotes deixados em seu escritório por volta das 9 h para distribuição na mesma cidade são entregues até o meio-dia desse dia. Seja p a proporção real de tais pacotes entregues como anunciado e considere as hipóteses H_0: $p = 0{,}9$ *versus* H_a: $p < 0{,}9$. Se somente 80% dos pacotes são entregues conforme anunciado, qual é a probabilidade de um teste nível 0,01 com base em $n = 225$ pacotes detectar tal desvio de H_0? Qual deve ser o tamanho da amostra para garantir que $\beta(0{,}8) = 0{,}01$? Com $\alpha = 0{,}01$, $p_0 = 0{,}9$, $p' = 0{,}8$ e n = 225,

$$\beta(0{,}8) = 1 - \Phi\left(\frac{0{,}9 - 0{,}8 - 2{,}33\sqrt{(0{,}9)(0{,}1)/225}}{\sqrt{(0{,}8)(0{,}2)/225}}\right)$$
$$= 1 - \Phi(2{,}00) = 0{,}0228$$

Dessa forma, a probabilidade de H_0 ser rejeitada usando o teste quando $p = 0{,}8$ é 0,9772 – aproximadamente 98% de todas as amostras resultarão em rejeição correta de H_0.

Usar $z_\alpha = z_\beta = 2{,}33$ na fórmula do tamanho da amostra produz

$$n = \left[\frac{2{,}33\sqrt{(0{,}9)(0{,}1)} + 2{,}33\sqrt{(0{,}8)(0{,}2)}}{0{,}8 - 0{,}9}\right]^2 \approx 266 \blacksquare$$

Testes para amostras pequenas

Os procedimentos de teste, quando o tamanho da amostra n é pequeno, baseiam-se diretamente na distribuição binomial e não na aproximação normal. Considere a hipótese alternativa H_a: $p > p_0$ e, novamente, seja X a quantidade de sucessos na amostra. Então, X é a estatística do teste, e a região de rejeição unilateral superior possui a forma $x \geqslant c$. Quando H_0 é verdadeira, X possui distribuição binomial com parâmetros n e p_0, de modo que

$$\begin{aligned} P(\text{erro tipo I}) &= P(H_0 \text{ é rejeitado quando verdadeira}) \\ &= P(X \geq c \text{ quando } X \sim \text{Bin}(n, p_0)) \\ &= 1 - P(X \leq c - 1 \text{ quando } X \sim \text{Bin}(n, p_0)) \\ &= 1 - B(c - 1; n, p_0) \end{aligned}$$

À medida que o valor crítico c diminui, mais valores x são incluídos na região de rejeição e P (erro tipo I) aumenta. Em virtude de X ter distribuição de probabilidades discreta, geralmente não é possível determinar um valor de c para o qual P (erro tipo I) é exatamente o nível de significância desejado α (por exemplo, 0,05 ou 0,01). Em vez disso, é utilizada a maior região de rejeição da forma $\{c, c + 1, ..., n\}$ satisfazendo $1 - B(c - 1{:}\ n, p_0) \leq \alpha$.

Seja p' um valor alternativo de $p(p' > p_0)$. Quando $p = p'$, $X \sim \text{Bin}(n, p')$, de modo que

$$\begin{aligned} \beta(p') &= P(\text{erro tipo II quando } p = p') \\ &= P(X < c \text{ quando } X \sim \text{Bin}(n, p')) = B(c - 1; n, p') \end{aligned}$$

Isto é, $\beta(p')$ é o resultado de um cálculo direto da probabilidade binomial. O tamanho da amostra n, necessário para garantir que um teste nível α também tenha especificado β em um valor alternativo específico p', deve ser determinado por tentativa e erro, usando a f.d. binomial.

Os procedimentos de teste para H_a: $p < p_0$ e H_a: $p \neq p_0$ foram construídos de forma semelhante. No primeiro caso, a região de rejeição apropriada tem a forma $x \leqslant c$ (teste de cauda inferior). O valor crítico c é o maior número que satisfaz $B(c; n, p_0) \leq \alpha$. A região de rejeição, quando a hipótese alternativa é H_a: $p \neq p_0$, compreende tanto os valores de x pequenos quanto grandes.

Exemplo 8.13

Um fabricante de materiais plásticos desenvolveu um novo tipo de lixeira e propõe vendê-la com uma garantia incondicional de 6 anos. Para ver se isso é economicamente viável, 20 protótipos são submetidos a um teste de vida útil acelerado para simular 6 anos de uso. A garantia proposta será modificada somente se os dados da amostra sugerirem fortemente que menos de 90% das lixeiras sobreviveriam ao período de 6 anos. Seja p a proporção de lixeiras que sobrevivem ao teste acelerado. As hipóteses relevantes são H_0: $p = 0{,}9$ *versus* H_a: $p < 0{,}9$. Uma decisão será tomada com base na estatística do teste X, o número das que sobrevivem entre as 20 lixeiras. Se o nível de significância desejado é $\alpha = 0{,}05$, c deve satisfazer $B(c; 20, 0{,}9) \leq 0{,}05$. Da Tabela A.1 do Apêndice, $B(15; 20, 0{,}9) = 0{,}043$, enquanto $B(16; 20, 0{,}9) = 0{,}133$. Portanto, a região de rejeição adequada é $x \leq 15$. Se o teste acelerado resulta em $x = 14$, H_0 seria rejeitada em favor de H_a, necessitando de modificação da garantia proposta. A probabilidade de um erro tipo II para o valor alternativo $p' = 0{,}8$

$$\begin{aligned}\beta(0{,}8) &= P(H_0 \text{ não é rejeitado quando } X \sim \text{Bin}(20, 0{,}8)) \\ &= P(X \geq 16 \text{ quando } X \sim \text{Bin}(20, 0{,}8)) \\ &= 1 - B(15; 20, 0{,}8) = 1 - 0{,}370 = 0{,}630\end{aligned}$$

Isto é, quando $p = 0{,}8$, 63% de todas as amostras que consistem em $n = 20$ lixeiras resultariam na não rejeição incorreta de H_0. Essa probabilidade de erro é alta porque 20 é um tamanho da amostra pequeno e $p' = 0{,}8$ está próximo do valor nulo $p_0 = 0{,}9$.

EXERCÍCIOS Seção 8.3 (37–46)

37. Uma caracterização comum dos indivíduos obesos é a de que o índice de massa corporal é de pelo menos 30 [IMC = peso/(altura)^2, com a altura em metros e o peso em quilogramas]. O artigo "The impact of obesity on illness absence and productivity in an industrial population of petrochemical workers" (*Annals of Epidemiology*, 2008: 8-14) mostrou que, em uma amostra de trabalhadoras, 262 tinham IMC inferior a 25, 159 tinham IMC entre 25 e 30 e 120 tinham IMC acima de 30. Há evidências que levam à conclusão de que mais de 20% dos indivíduos da população amostrada são obesos?

a. Expresse e teste as hipóteses apropriadas usando a abordagem da região de rejeição com nível de significância de 0,05.

b. Explique, no contexto deste exemplo, o que constitui os erros tipo I e II.

c. Qual é a probabilidade de não se concluir que mais do que 20% da população é obesa quando a porcentagem real de indivíduos obesos é de 25%?

38. Um fabricante de baterias de níquel hidrogênio seleciona aleatoriamente 100 placas de níquel para testar as células, fazendo-as passar certa quantidade de vezes por ciclos de carga e descarga e determina que 14 placas foram cobertas de bolhas.

a. Isso fornece uma forte evidência de que mais de 10% das placas formam bolhas sob tais circunstâncias? Expresse e teste as hipóteses apropriadas usando um nível de significância de 0,05. Ao chegar à conclusão, que tipo de erro você pode ter cometido?

b. Se for realmente o caso de 15% das placas formarem bolhas sob essas circunstâncias e se for usado um tamanho de amostra de 100, qual é a probabilidadede de a hipótese nula do item (a) não ser rejeitada pelo teste nível 0,05? Responda a essa pergunta para um tamanho da amostra de 200.

c. Quantas placas devem ser testadas para se ter $\beta(0{,}15) = 0{,}10$ para o teste do item (a)?

39. Um fabricante de materiais hidráulicos desenvolveu um novo tipo de torneira sem arruela. Seja $p = P$ (uma torneira desse tipo selecionada aleatoriamente ter um vazamento dentro de 2 anos sob uso normal). O fabricante decidiu continuar com a produção, a menos que seja determinado que p é muito grande: o valor aceitável limítrofe de p é especificado como 0,10. O fabricante decide submeter n dessas torneiras a um teste acelerado (aproximadamente 2 anos de uso normal). Com X = número entre as n torneiras que vazam antes da conclusão do teste, a produção começará, a menos que X observado seja muito grande. Decidiu-se que, se $p = 0{,}10$, a probabilidade de não continuar deve ser de no máximo 0,10, enquanto, se $p = 0{,}30$, a probabilidade de continuar deve ser de no máximo 0,10. Pode $n = 10$ ser usado? $n = 20$? $n = 25$? Qual é a região de rejeição apropriada para o n escolhido e quais as probabilidades de erro reais quando essa região é usada?

40. Sabe-se que 2/3 dos seres humanos possuem um olho ou pé direito dominante. Existe também uma predominância pelo lado direito no comportamento do beijo? O artigo "Human behavior: adult persistence of head-turning asymmetry" (*Nature*, 2003: 771) relatou que, em uma amostra aleatória com 124 casais se beijando, ambos os parceiros em 80 deles tendiam a inclinar mais para a direita do que para a esquerda.

a. Se 2/3 de todos os casais se beijando apresentavam este padrão de se inclinar para a direita, qual é a probabilidade de que o número dos que fazem isto, em uma amostra de 124 casais, difira do valor esperado por pelo menos o valor observado?

b. O resultado do experimento sugere que uma proporção de 2/3 seja não plausível para o comportamento do beijo? Expresse e teste as hipóteses apropriadas.

41. O artigo usado como referência no Exemplo 8.11 também mostrou que, em uma amostra com 106 consumidores de vinho, 22 (20,8%) consideraram que a tampa de rosca era uma substituta aceitável para as rolhas naturais. Suponhamos que determinada vinícola decida usar a tampa de rosca em um de seus vinhos, a menos que haja forte evidências sugerindo que menos de 25% dos consumidores de vinho consideram a prática aceitável.

a. Usando um nível de significância de 0,10, o que você recomendaria para a vinícola?

b. Quanto às hipóteses testadas em (a), descreva em contexto o que seriam os erros tipo I e II e diga qual tipo de erro deve ter sido cometido.

42. Com fontes domésticas de materiais de construção diminuindo há alguns anos, aproximadamente 60 000 casas foram construídas com *drywall* chinesa. De acordo com o artigo "Report links chinese drywall to home problems" (*New York Times*, nov. 2009: 24), investigadores federais identificaram uma forte associação entre os produtos químicos do *drywall* e problemas elétricos, havendo também fortes evidências de dificuldades respiratórias devido à emissão de gás sulfídrico. Uma análise extensa com 51 casas descobriu que 41 apresentavam tais problemas. Suponha que essas 51 casas tenham sido amostradas de forma aleatória entre todas as casas que possuam *drywall* chinesa.
   a. Os dados fornecem fortes evidências para concluir que mais de 50% das casas com *drywall* chinesa possuem problemas elétricos/ambientais? Realize um teste de hipóteses usando $\alpha = 0{,}01$.
   b. Calcule o limite de confiança inferior usando nível de confiança de 99% para a porcentagem de todas as casas que têm problemas elétricos/ambientais.
   c. Se for o caso de 80% de tais casas terem problemas, qual é a probabilidade de que o teste de (a) não concluiria que mais de 50% tem?

43. Um plano de fidelidade de viagens de executivos foi desenvolvido por uma companhia aérea sob a premissa de que 5% de seus clientes atuais se qualificariam para participar. Uma amostra aleatória de 500 clientes resultou em 40 que se qualificariam.
   a. Usando esses dados, teste no nível de 0,01 a hipótese nula de que a premissa da companhia está correta contra a alternativa de não estar correta.
   b. Qual é a probabilidade, quando o teste do item (a) for usado, de a premissa da companhia ser considerada correta quando, na verdade, 10% dos clientes atuais se qualificam?

44. A cada um, de um grupo de 20 jogadores de tênis intermediários, são dadas duas raquetes, uma com cordas de náilon e outra com cordas de tripa sintética. Após várias semanas jogando com as duas raquetes, cada jogador será solicitado a dizer qual dos dois tipos de corda preferiu. Seja p a proporção de todos os jogadores que preferem a tripa ao náilon e X o número de jogadores na amostra que preferem tripa. Em virtude de as cordas de tripa serem mais caras, considere a hipótese nula de que no máximo 50% desses jogadores preferem tripa. Nós simplificamos isto para H_0: $p = 0{,}5$, planejando rejeitar H_0 apenas se evidências amostrais favorecem fortemente as cordas de tripa.
   a. Qual das regiões de rejeição {15, 16, 17, 18, 19, 20}, {0, 1, 2, 3, 4, 5} ou {0, 1, 2, 3, 17, 18, 19, 20} é mais apropriada e por que as outras duas não são adequadas?
   b. Qual é a probabilidade de um erro tipo I para a região escolhida do item (a)? A região especifica um teste nível 0,05? O teste nível 0,05 é o melhor?
   c. Se 60% dos jogadores preferirem tripa, calcule a probabilidade de um erro tipo II, usando a região apropriada do item (a). Repita, se 80% de todos os jogadores preferirem tripa.
   d. Se 13 dos 20 jogadores preferirem tripa, H_0 deve ser rejeitada usando um nível de significância de 0,10?

45. Uma amostra aleatória com 150 doações recentes em determinado banco de sangue mostrou que 82 eram do tipo A. Isso sugere que a porcentagem real de doações tipo A é diferente de 40%, ou seja, a porcentagem da população que tem sangue tipo A? Realize um teste das hipóteses apropriadas usando um nível de significância de 0,01. A conclusão seria a mesma se um nível de significância de 0,05 tivesse sido usado?

46. Os cientistas acreditam que os robôs terão papel crucial nas fábricas, nas próximas décadas. Suponha que, em um experimento para determinar se o uso de robôs para fazer cabos de computador é viável, um robô tenha sido usado para montar 500 cabos. Os cabos foram examinados e havia 15 com defeito. Se os montadores humanos têm um índice de falha de 0,035 (3,5%), esses dados sustentam a hipótese de que a proporção de defeituosos é menor para os robôs do que para os humanos? Use um nível de significância de 0,01.

8.4 Valores-*P*

Usar o método da região de rejeição para testar hipóteses envolve selecionar primeiramente um nível de significância α. Depois de calcular o valor da estatística do teste, a hipótese nula H_0 é rejeitada se o valor cair dentro da região de rejeição e, caso contrário, não é rejeitada. Vamos considerar agora outra forma de chegar à conclusão em uma análise de teste de hipóteses. Esta abordagem alternativa está baseada no cálculo de determinada probabilidade chamada valor-*P*. Uma vantagem é que o valor-*P* fornece uma medida intuitiva da força da evidência dos dados contra H_0.

Definição

O **valor-*P*** é a probabilidade, calculada assumindo-se que H_0 seja verdadeira, de se obter um valor da estatística do teste pelo menos tão contraditório a H_0 quanto o valor calculado a partir da amostra disponível.

Esta definição é muito genérica. Eis alguns pontos principais:

- o valor-*P* é uma probabilidade.

- esta probabilidade é calculada presumindo-se que a hipótese nula é verdadeira.
- cuidado: o valor-*P* não é a probabilidade de que H_0 seja verdadeira, nem probabilidade de erro!
- para determinar o valor-*P*, devemos primeiramente decidir quais valores da estatística do teste são, pelo menos, contraditórios a H_0, assim como o valor obtido em nossa amostra.

Exemplo 8.14

As águas pluviais urbanas podem ser contaminadas por muitas fontes, incluindo baterias descartadas. Quando rompidas, essas baterias liberam metais de significância ambiental. O artigo "Urban Battery Litter" (*J. of Environ. Engr.*, 2009: 46-57) apresentou os dados resumidos das características de uma variedade de baterias encontradas em regiões urbanas ao redor de Cleveland. Uma amostra de 51 baterias AAA Panasonic produziu uma média amostral de massa de zinco de 2,06 g e um desvio padrão amostral de 0,141 g. Esses dados fornecem evidências para concluir que a média populacional da massa de zinco excede 2,0 g?

Com μ representando a média verdadeira de massa de zinco para tais baterias, as hipóteses relevantes são H_0: $\mu = 2{,}0$ *versus* H_a: $\mu > 2{,}0$. O tamanho da amostra é grande o suficiente de modo que o teste z possa ser usado sem qualquer presunção específica sobre a forma da distribuição da população. O valor da estatística do teste é

$$z = \frac{\bar{x} - 2{,}0}{s/\sqrt{n}} = \frac{2{,}06 - 2{,}0}{0{,}141/\sqrt{51}} = 3{,}04$$

Agora, precisamos decidir quais valores de z são, pelo menos, contraditórios a H_0. Primeiramente, vamos considerar uma tarefa fácil: quais valores de $\bar{x}$ são, pelo menos, contraditórios à hipótese nula de 2,06, a média das observações da nossa amostra? Como $>$ aparece em H_a, deve ficar claro que 2,10 é, pelo menos, contraditório a H_0 assim como 2,06 e, na verdade, assim ocorre com *qualquer* valor de $\bar{x}$ que exceda 2,06. Mas um valor $\bar{x}$ que excede 2,06 corresponde a um valor de z que excede 3,04. Assim, o valor-*P* é

$$\text{valor-}P = P(Z \geq 3{,}04 \text{ quando } \mu = 2{,}0)$$

Visto que a estatística do teste Z foi criada ao subtrair o valor nulo 2,0 no numerador, quando $\mu = 2{,}0$ – ou seja, quando H_0 é verdadeira –, Z tem aproximadamente uma distribuição normal padrão. Como consequência,

$$\begin{aligned}\text{valor-}P &= P(Z \geq 3{,}04 \text{ quando } \mu = 2{,}0) \approx \text{a área sob a curva } z \text{ à direita de } 3{,}04\\ &= 1 - \Phi(3{,}04) = 0{,}0012 \blacksquare\end{aligned}$$

Vamos ilustrar como determinar o valor-*P* de qualquer teste z ou t, ou seja, qualquer teste no qual a distribuição de referência é a distribuição normal padrão (e curva z) ou alguma distribuição t (e curva t correspondente). Por enquanto, vamos focar em chegar a uma conclusão depois que o valor-*P* estiver disponível. Como se trata de uma probabilidade, o valor-*P* deve ficar entre 0 e 1. Quais tipos de valores-*P* fornecem evidências contra a hipótese nula? Considere dois exemplos específicos:

- valor-$P = 0{,}250$: neste caso, todos os 25% de todos os valores de estatística do teste possíveis são, pelo menos, contraditórios a H_0, assim como o resultado de nossa amostra. Então, nossos dados não são tão contraditórios à hipótese nula;
- valor-$P = 0{,}0018$: aqui, apenas 0,18% (muito menos de 1%) de todos os valores de estatística do teste possíveis são pelo menos contraditórios a H_0 como o que foi obtido. Desta forma, a amostra parece ser bem contraditória à hipótese nula.

De forma mais geral, *quanto menor o valor P, mais evidências existem nos dados amostrais contra a hipótese nula e a favor da hipótese alternativa.* Ou seja, H_0 deve ser rejeitada em favor de H_a quando o valor-*P* for suficientemente pequeno. Então, o que seria "suficientemente pequeno"?

Regra de decisão baseada no valor-*P*

Selecione um nível de significância α (como o anterior, a probabilidade de erro tipo I desejada). Então

rejeite H_0 se o valor-$P \leq \alpha$;

não rejeite H_0 se o valor-$P > \alpha$.

Assim, se o valor-P exceder o nível de significância escolhido, a hipótese nula não pode ser rejeitada para tal nível. Mas, se o valor-P for igual ou inferior a α, então, há evidências suficientes para justificar a rejeição de H_0. No Exemplo 8.14, calculamos o valor-P = 0,0012. Depois, usando nível de significância de 0,01, rejeitamos a hipótese nula em favor da hipótese alternativa porque $0{,}0012 \leq 0{,}01$. No entanto, suponhamos que selecionamos um nível de significância de apenas 0,001, que necessita de evidências mais substanciais dos dados antes de H_0 poder ser rejeitada. Neste caso, nós não rejeitaríamos H_0 porque $0{,}0012 > 0{,}001$.

Como a regra de decisão baseada no valor-P se compara à regra de decisão empregada na abordagem da região de rejeição? *Os dois procedimentos – o método da região de rejeição e o valor-P – são, na verdade, idênticos*. Qualquer que seja a conclusão alcançada ao empregar a abordagem da região de rejeição com determinado α, a mesma conclusão será obtida por meio da abordagem do valor-P usando o mesmo α.

Exemplo 8.15

O problema do teor de nicotina discutido no Exemplo 8.5 envolvia testar H_0: $\mu = 1{,}5$ *versus* H_a: $\mu > 1{,}5$ usando o teste z (ou seja, um teste que utiliza a curva z como distribuição de referência). A desigualdade em H_a implica uma região de rejeição unilateral superior $z \geq z_\alpha$ ser mais adequada. Suponha que $z = 2{,}10$. Então, usando o mesmo raciocínio do Exemplo 8.14, temos valor-$P = 1 - \Phi(2{,}10) = 0{,}0179$. Agora, considere o teste de vários níveis de significância diferentes:

$$\alpha = 0{,}10 \Rightarrow z_\alpha = z_{0{,}10} = 1{,}28 \Rightarrow 2{,}10 \geq 1{,}28 \Rightarrow \text{rejeite } H_0$$
$$\alpha = 0{,}05 \Rightarrow z_\alpha = z_{0{,}05} = 1{,}645 \Rightarrow 2{,}10 \geq 1{,}645 \Rightarrow \text{rejeite } H_0$$
$$\alpha = 0{,}01 \Rightarrow z_\alpha = z_{0{,}01} = 2{,}33 \Rightarrow 2{,}10 < 2{,}33 \Rightarrow \text{não rejeite } H_0$$

Como o valor-$P = 0{,}0179 \leq 0{,}10$ e também $0{,}0179 \leq 0{,}05$, usando a abordagem do valor-P resultamos na rejeição de H_0 para os dois primeiros níveis de significância. Entretanto, para $\alpha = 0{,}01$, 2,10 não está na região de rejeição e 0,0179 é maior que 0,01. De forma mais geral, sempre que α for menor que o valor-P 0,0179, o valor crítico z_α estará além do valor de z calculado e H_0 não pode ser rejeitada por qualquer um dos métodos. Isso está ilustrado na Figura 8.7.

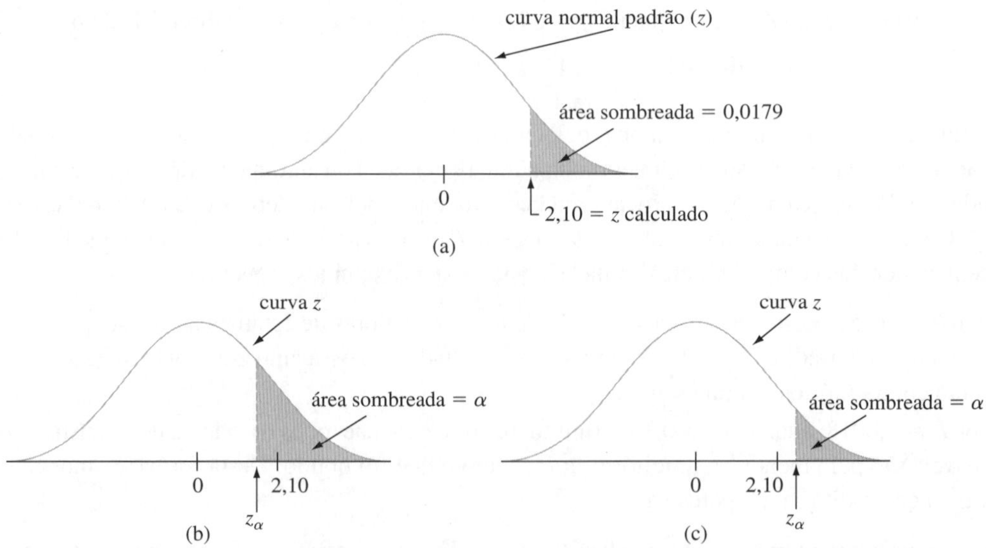

Figura 8.7 Relação entre α e área de cauda capturada pelo z calculado. (a) área caudal capturada pelo z calculado; (b) quando $\alpha < 0{,}0179$, $z_\alpha < 2{,}10$ e H_0 é rejeitada; (c) quando $\alpha < 0{,}0179$, $z_\alpha > 2{,}10$ e H_0 não é rejeitada. ■

Vamos reconsiderar o valor-P de 0,0012 do Exemplo 8.14. H_0 pode ser rejeitada apenas se $0{,}0012 \leq \alpha$. Assim, a hipótese nula pode ser rejeitada se $\alpha = 0{,}05$ ou 0,01 ou 0,005 ou 0,0015 ou 0,00125. Qual é o *menor* nível de significância α para o qual H_0 pode ser rejeitada? É o valor-P de 0,0012.

Proposição:

O valor-P é o menor nível de significância α no qual a hipótese nula pode ser rejeitada. Por conta disto, o valor-P é alternativamente chamado de **nível de significância observado** (NSO), também conhecido como nível descritivo do teste.

É comum chamar os dados de *significativos* quando H_0 é rejeitada e de *não significativos* em caso contrário. O valor-P é então o menor nível em que os dados são significativos. Uma maneira fácil de visualizar a comparação do valor-P com o α escolhido é fazer um desenho como o da Figura 8.8. O cálculo do valor-P depende de o teste ser bilateral ou lateral superior ou inferior. Entretanto, uma vez que tenha sido calculada, a comparação com α não depende do tipo de teste que foi utilizado.

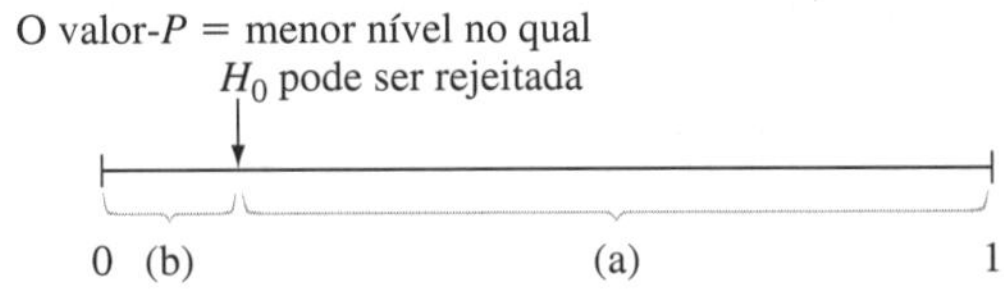

Figura 8.8 Comparando α e o valor-P: (a) rejeite H_0 quando α encontrar-se aqui; (b) não rejeite H_0 quando α encontra-se aqui.

Exemplo 8.16

O tempo médio verdadeiro para o alívio inicial da dor de um analgésico mais vendido é de 10 min. Seja μ o tempo médio verdadeiro de alívio de um analgésico desenvolvido recentemente por uma empresa. Suponha que, quando os dados de um experimento envolvendo o novo analgésico foram analisados, o valor-P para teste de H_0: $\mu = 10$ *versus* H_a: $\mu < 10$ é calculado como 0,0384. Visto que $\alpha = 0{,}05$ é maior que o valor-P [0,05 encontra-se no intervalo (a) da Figura 8.8], H_0 seria rejeitada com qualquer um realizando um teste com nível 0,05. Contudo, no nível 0,01, H_0 não seria rejeitada porque 0,01 é menor que o menor nível (0,0384) no qual H_0 pode ser rejeitada. ■

Os pacotes de softwares estatísticos mais amplamente usados incluem automaticamente um valor-P quando é feito um teste de hipóteses. Pode-se tirar uma conclusão diretamente da saída, sem consultar uma tabela de valores críticos. Com o valor-P em mãos, um pesquisador pode ver, ao passar os olhos, em quais níveis de significância H_0 seria ou não rejeitada. Além disso, todos os indivíduos podem, então, selecionar seu próprio nível de significância. Além disso, conhecer o valor-P permite a um tomador de decisão diferenciar entre uma opção bem próxima ($\alpha = 0{,}05$, valor-$P = 0{,}0498$) e uma conclusão menos definida (por exemplo, $\alpha = 0{,}05$, valor-$P = 0{,}0003$), algo que não seria possível apenas partindo da frase "H_0 pode ser rejeitada em nível de significância de 0,05".

Valores-*P* para testes *z*

O valor-P para um teste z (baseado em uma estatística do teste cuja distribuição, quando H_0 é verdadeira, é pelo menos aproximadamente normal padronizada) é determinado com facilidade a partir das informações na Tabela A.3 do Apêndice. Considere um teste unilateral superior e considere que z representa o valor calculado da estatística do teste Z. A hipótese nula é rejeitada se $z \geq z_\alpha$ e o valor-P é o menor α para este caso. Uma vez que z_α aumenta à medida que α diminui, o valor-P é o valor de α para o qual $z = z_\alpha$. Isto é, o valor-P é apenas a área incluída pelo valor calculado de z na cauda superior da curva normal padronizada. A área acumulada correspondente é $\Phi(z)$, de modo que, nesse caso, o valor-$P = 1 - \Phi(z)$.

Um argumento análogo para um teste unilateral inferior mostra que o valor-P é a área incluída pelo valor calculado z na cauda inferior da curva normal padronizada. Deve-se tomar mais cuidado no caso de um teste bilateral. Suponha primeiro que z seja positivo. Então, o valor-P é o valor de α que satisfaz $z = z_{\alpha/2}$ (isto é, z calculado = valor crítico unilateral superior). Isso diz que a área incluída na cauda superior é metade do valor-P, de modo que o valor-$P = 2[1 - \Phi(z)]$. Se z é negativo, o valor-P é o α para o qual $z = -z_{\alpha/2}$, ou, de forma equivalente, $-z = z_{\alpha/2}$, de modo que o valor-$P = 2[1 - \Phi(-z)]$. Visto que $-z = |z|$ quando z é negativo, o valor-$P = 2[1 - \Phi(|z|)]$ para *z positivo ou negativo*.

$$\text{valor-}P\text{: } P = \begin{cases} 1 - \Phi(z) & \text{para um teste } z \text{ unilateral superior} \\ \Phi(z) & \text{ou para um teste } z \text{ unilateral inferior} \\ 2[1 - \Phi(|z|)] & \text{para um teste } z \text{ bilateral} \end{cases}$$

Cada um desses é a probabilidade de se obter um valor pelo menos tão extremo quanto o que foi obtido (assumindo H_0 como verdadeira). Os três casos são ilustrados na Figura 8.9.

O próximo exemplo ilustra o uso da abordagem do valor-P no teste de hipóteses por meio de uma sequência de passos modificados de nossa sequência recomendada anteriormente.

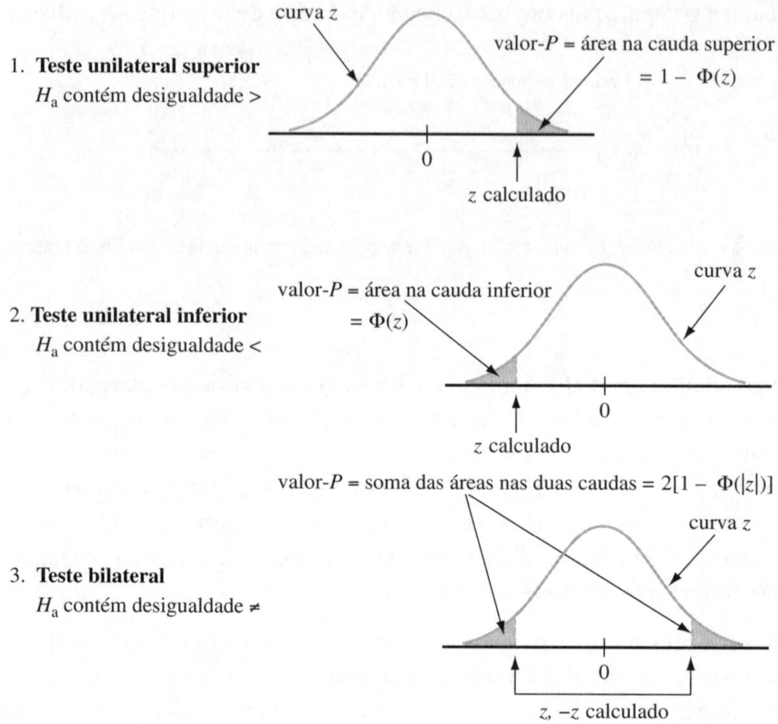

Figura 8.9 Determinação do valor-P para um teste z.

Exemplo 8.17

A espessura-alvo das placas de silício usadas em um tipo de circuito integrado é 245 μm. Uma amostra de 50 placas é obtida, e a espessura de cada uma é determinada, resultando em uma espessura média amostral de 246,8 μm e um desvio padrão da amostra de 3,60 μm. Esses dados sugerem que a espessura média real da placa é diferente do valor-alvo?

1. Parâmetro de interesse: μ = espessura média real da placa.
2. Hipótese nula: H_0: $\mu = 245$.
3. Hipótese alternativa: H_a: $\mu \neq 245$.
4. Fórmula do valor da estatística do teste: $z = \dfrac{\bar{x} - 245}{s/\sqrt{n}}$.
5. Cálculo do valor da estatística do teste: $z = \dfrac{246{,}18 - 245}{3{,}60/\sqrt{50}} = 2{,}32$.
6. Determinação do valor-P: como o teste é bilateral,

$$\text{valor-}P = 2(1 - \Phi(2{,}32)) = 0{,}0204.$$

7. Conclusão: usando um nível de significância de 0,01, H_0 não seria rejeitada, uma vez que 0,0204 > 0,01. Nesse nível de significância, existe evidência insuficiente para concluir que a espessura média real é diferente do valor-alvo. ■

Valores-*P* para testes *t*

Assim como o valor-*P* para um teste *z* é a área de uma curva *z*, o valor-*P* para um teste *t* será a área de uma curva *t*. A Figura 8.10 ilustra os três diferentes casos. O número de gl (graus de liberdade) para o teste *t* de uma amostra é $n - 1$.

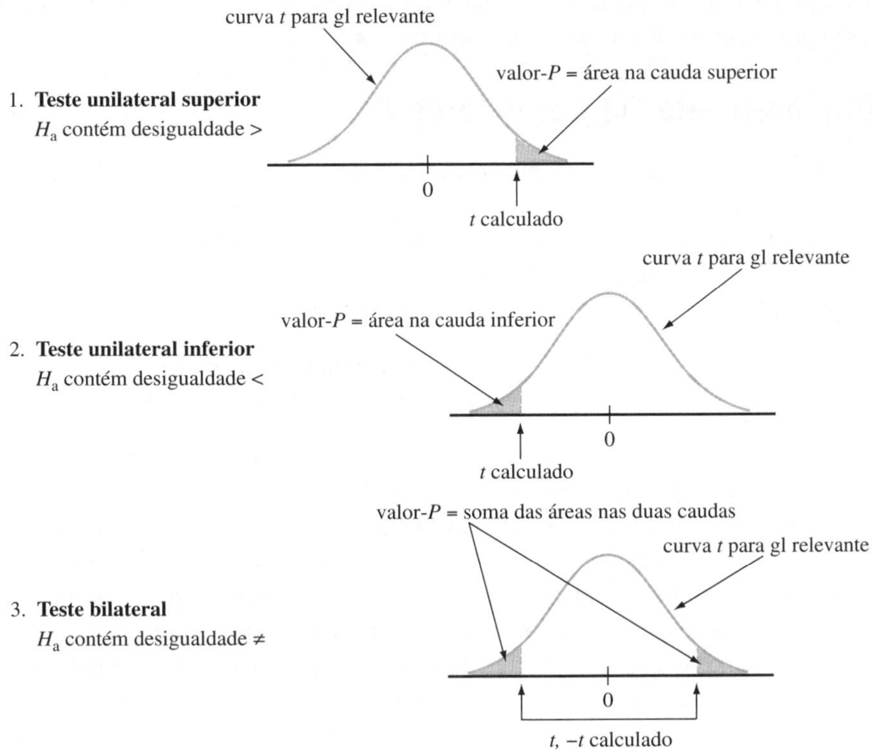

Figura 8.10 Valores-*P* para os testes *t*.

A tabela de valores críticos *t* usada anteriormente para intervalos de previsão e confiança não contém informações suficientes sobre qualquer distribuição *t* específica para permitir a determinação precisa das áreas desejadas. Portanto, incluímos outra tabela *t* na Tabela A.8 do Apêndice, que contém a tabulação de áreas da curva *t* de cauda superior. Cada coluna diferente da tabela é para um número diferente de gl, e as linhas são para valores calculados da estatística do teste *t* que varia de 0,0 a 4,0 com incrementos de 0,1. Por exemplo, o número 0,074 aparece na interseção da linha 1,6 e a coluna de 8 gl, de modo que a área sob a curva de 8 gl à direita de 1,6 (área de cauda superior) é 0,074. Em virtude de as curvas *t* serem simétricas, 0,074 também é a área sob a curva de 8 gl à esquerda de $-1{,}6$ (área da cauda inferior).

Por exemplo, suponha que um teste H_0: $\mu = 100$ *versus* H_a: $\mu > 100$ esteja baseado na distribuição *t* com 8 gl. Se o valor calculado da estatística do teste é $t = 1{,}6$, então o valor-*P* para este teste unilateral superior é 0,074. Como 0,074 excede 0,05, não poderíamos rejeitar H_0 em nível de significância de 0,05. Se a hipótese alternativa é H_a: $\mu < 100$ e um teste baseado em 20 gl resulta em $t = -3{,}2$, então, a Tabela A.8 do Apêndice mostra que o valor-*P* é o capturado na área da cauda inferior 0,002. A hipótese nula pode ser rejeitada tanto do nível 0,05 quanto no 0,01. Considere testar H_0: $\mu_1 - \mu_2 = 0$ *versus* H_a: $\mu_1 - \mu_2 \neq 0$; a hipótese nula afirma que as médias das duas populações são idênticas, enquanto a hipótese alternativa afirma que são diferentes, sem especificar a direção do desvio de H_0. Se um teste *t* for baseado em 20 gl e $t = 3{,}2$, então, o valor-*P* para este teste bilateral é 2 (0,0002) = 0,004. Esse também seria o valor-*P* para $t = -3{,}2$. A área da cauda é dobrada, pois os valores maiores que 3,2 e menores que $-3{,}2$ são mais contraditórios para H_0 do que o calculado (valores mais distantes em *qualquer* cauda da curva *t*).

Exemplo 8.18

No Exemplo 8.9, consideramos um teste de H_0: $\mu = 4$ *versus* H_a: $\mu \neq 4$ baseado em uma amostra de $n = 5$ observações de uma população que segue uma distribuição normal. O valor da estatística do teste era $-0{,}594 \approx -0{,}6$. Analisando a coluna 4 ($= 5 - 1$) gl da Tabela A.8 do Apêndice e, depois, na coluna até a fileira 0,6, o resultado é 0,290. Como o teste é bilateral, a área da cauda superior deve ser dobrada para obter o valor-P. O resultado é o valor-$P \approx 0{,}580$. Este valor-P é claramente maior que qualquer nível de significância razoável α (0,01, 0,05 e até 0,10), então, não há razões para rejeitar a hipótese nula. O resultado do Minitab do Exemplo 8.9 tinha valor-$P = 0{,}594$. Os valores-P dos pacotes de software serão mais precisos que o que resulta da Tabela A.8 do Apêndice, uma vez que os valores de t em nossa tabela são precisos somente até uma casa decimal. ■

Mais sobre interpretação dos valores-*P*

O valor-P resultante da realização do teste em determinada amostra *não* é a probabilidade de H_0 ser verdadeira, nem a probabilidade de rejeitar a hipótese nula. Novamente, é a probabilidade, calculada presumindo-se que H_0 é verdadeira, de obter um valor estatístico pelo menos tão contraditório à hipótese nula quanto o valor que realmente foi resultado. Por exemplo, considere testar H_0: $\mu = 50$ *versus* H_0: $\mu < 50$ usando um teste z unilateral inferior. Se o valor calculado da estatística do teste é $z = -2{,}00$, então,

$$\begin{aligned}\text{valor-}P &= P(Z < -2{,}00 \text{ quando } \mu = 50)\\ &= \text{a área sob a curva } z \text{ à esquerda de } -2{,}00 = 0{,}228\end{aligned}$$

Mas, se uma segunda amostra for selecionada, o valor resultante de z quase certamente será diferente de $-2{,}00$, então, o valor-P correspondente também vai diferir de 0,0228. Como o valor da estatística do teste varia de uma amostra para outra, o valor-P também vai variar de uma amostra para outra. Ou seja, a estatística do teste é uma variável aleatória e, então, o valor-P também será uma variável aleatória. Uma primeira amostra pode resultar em valor-P de 0,0228, uma segunda amostra pode resultar em valor-P de 0,1175 e uma terceira pode resultar em 0,0606 como valor-P e assim por diante.

Se H_0 é falsa, esperamos que o valor-P esteja próximo de 0 para que a hipótese nula possa ser rejeitada. Por outro lado, quando H_0 é verdadeira, gostaríamos que o valor-P excedesse o nível de significância selecionado de modo que fosse tomada a decisão correta de não rejeitar H_0. O exemplo a seguir apresenta simulações que mostram como o valor-P se comporta tanto quando a hipótese nula é verdadeira como quando ela é falsa.

Exemplo 8.19

O consumo de combustível (mpg) em determinado veículo novo, de acordo com determinadas condições de direção, podem não ser idênticas às que aparecem no selo da EPA presente no carro. Suponha que quatro veículos diferentes de determinado tipo tenham sido selecionados e são dirigidos em determinada via. Após o percurso, o consumo de combustível de cada um é determinado. Seja μ a média real do consumo de combustível nessas condições. Considere testar H_0: $\mu = 20$ *versus* H_0: $\mu > 20$ usando o teste t de uma única amostra com base na amostra resultante. Visto que o teste é baseado em $n - 1 = 3$ graus de liberdade, o valor-P para um teste unilateral superior é a área sob a curva t com 3 gl à direita do t calculado.

Primeiro, vamos supor que a hipótese nula seja verdadeira. Pedimos ao Minitab para gerar 10 000 amostras diferentes, cada uma delas com 4 observações, de uma distribuição populacional normal com valor médio $\mu = 20$ e desvio padrão $\sigma = 2$. A primeira amostra e as quantidades resultantes foram

$$x_1 = 20{,}830,\ x_2 = 22{,}232,\ x_3 = 20{,}276,\ x_4 = 17{,}718$$

$$\bar{x} = 20{,}264 \quad s = 1{,}8864 \quad t = \frac{20{,}264 - 20}{1{,}8864/\sqrt{4}} = 0{,}2799$$

O valor de P é a área sob a curva t com 3 gl à direita de 0,2799, que, de acordo com o Minitab, é 0,3989. Usando um nível de significância de 0,05, a hipótese nula não seria rejeitada. Os valores de t para as quatro amostras seguintes foram $-1{,}7591$, 0,6082, $-0{,}7020$ e 3,1053, com valores-P correspondentes de 0,912, 0,293, 0,733 e 0,0265.

A Figura 8.11(a) mostra um histograma de 10 000 valores-P deste experimento de simulação. Cerca de 4,5% desses valores-P estão no intervalo de primeira classe de 0 a 0,05. Assim, quando usamos um nível de significância de 0,05, a hipótese nula é rejeitada em aproximadamente 4,5% dos 10 000 testes.

Se continuarmos gerando amostras e realizando testes para cada amostra com nível de significância de 0,05, a longo prazo 5% dos valores-P estariam no intervalo de primeira classe. Isto porque, quando H_0 é verdadeira e um teste com nível de significância 0,05 é usado, por definição, a probabilidade de rejeição de H_0 é 0,05.

Analisando o histograma, parece que a distribuição dos valores-P é relativamente plana. Na verdade, pode-se ver que, quando H_0 é verdadeira, a distribuição da probabilidade do valor-P é uma distribuição uniforme no intervalo de 0 a 1. Ou seja, a curva da densidade é completamente plana neste intervalo e, assim, deve ter altura de 1 se a área total sob a curva for 1. Visto que a área sob a curva à esquerda de 0,05 é (0,05)(1) = 0,05, novamente temos que a probabilidade de rejeitar H_0 quando for verdadeira é de 0,05, o nível de significância escolhido.

Agora, vamos considerar o que acontece quando H_0 é falsa porque $\mu = 21$. Novamente, o Minitab gerou 10 000 amostras diferentes de tamanho 4 (cada uma delas a partir de uma distribuição normal com $\mu = 21$ e $\sigma = 2$), calculou $t = (\bar{x} - 20)/(s/\sqrt{4})$ para cada uma delas e, depois, determinou o valor-P. A primeira amostra resultou em $\bar{x} = 20{,}6411$, $s = 0{,}49637$, $t = 2{,}5832$, valor-$P = 0{,}0408$. A Figura 8.11(b) fornece um histograma dos valores-P resultantes. A forma do histograma é bem diferente da forma da Figura 8.11(a) – há uma tendência muito maior de o valor-P ser pequeno (próximo de 0) quando $\mu = 21$ do que quando $\mu = 20$. Novamente, H_0 é rejeitada no nível de significância 0,05 sempre que o valor-P for, no máximo, 0,05 (no primeiro intervalo de classe). Infelizmente, este é o caso em cerca de 19% dos valores-P. Então, apenas 19% dos 10 000 testes rejeitaram corretamente a hipótese nula; nos outros 81%, ocorre um erro tipo II. A dificuldade é que o tamanho da amostra é bem pequena e 21 não é muito diferente do valor obtido pela hipótese nula.

A Figura 8.11(c) ilustra o que aconteceu com o valor-P quando H_0 é falsa porque $\mu = 22$ (ainda com $n = 4$ e $\sigma = 2$). O histograma é ainda mais concentrado em direção aos valores próximos de 0 do que quando $\mu = 21$. Em geral, à medida que μ avança para a direita do valor nulo 20, a distribuição do valor-P se concentra cada vez mais nos valores próximos de 0. Até aqui, um pouco menos de 50% dos valores-P são inferiores a 0,05. Então, ainda é um pouco mais provável que a hipótese nula seja incorretamente não rejeitada. Apenas para valores de μ bem maiores que 20 (ou seja, pelo menos 24 ou 25) é altamente provável que o valor-P seja menor que 0,05 e, assim, chega-se à conclusão correta.

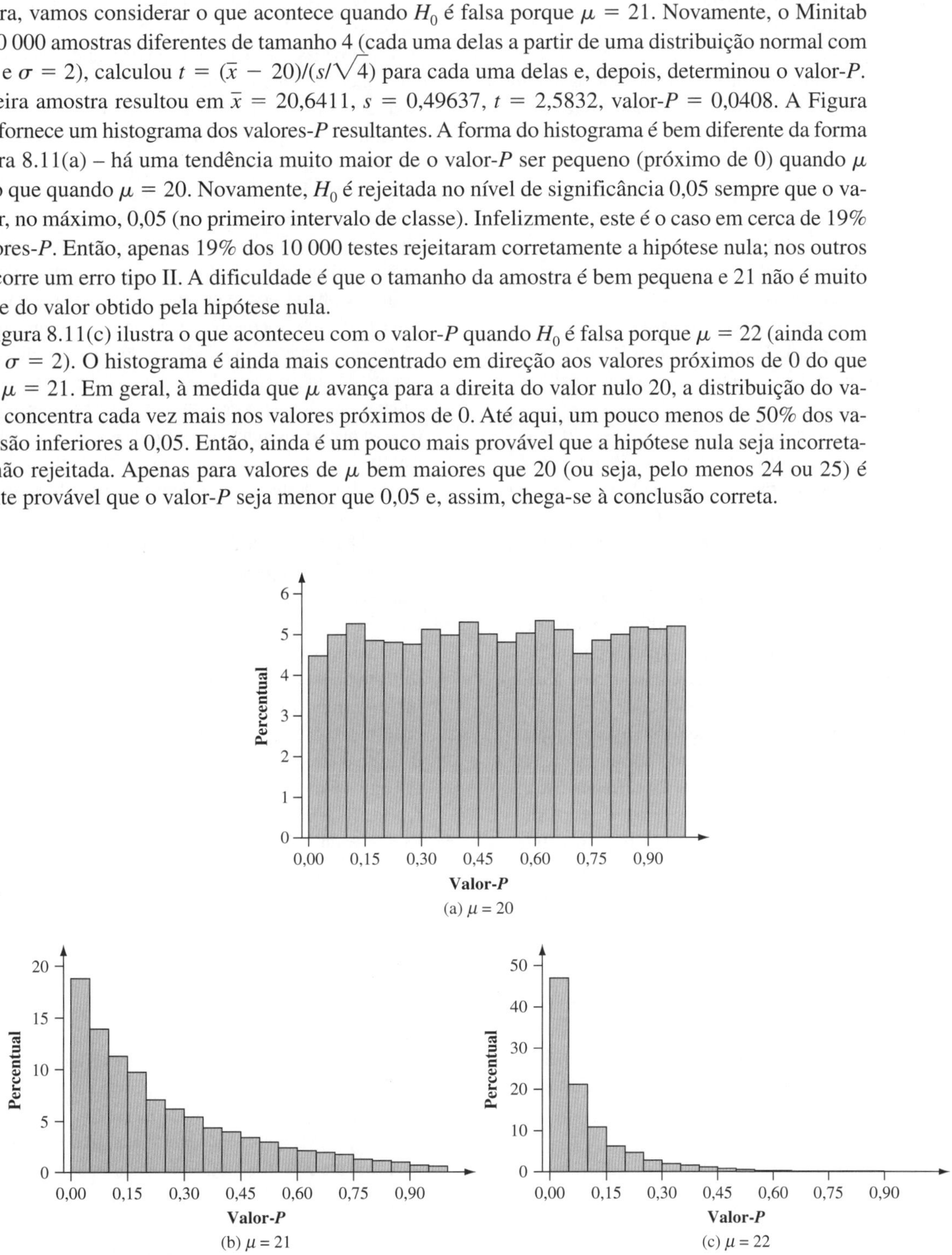

Figura 8.11 Simulação dos resultados do valor-P para o Exemplo 8.19.

A grande ideia deste exemplo é a de que, como o valor de qualquer estatística do teste é aleatório, o valor-P também será uma variável aleatória e, assim, tem uma distribuição. Quanto mais distante o valor real do parâmetro estiver do valor especificado pela hipótese nula, mais a distribuição do valor-P estará concentrada nos valores próximos de 0 e maior é a chance de o teste rejeitar corretamente H_0 (correspondendo a um β menor).

EXERCÍCIOS Seção 8.4 (47–62)

47. Para qual dos valores-P a seguir a hipótese nula seria rejeitada ao realizar um teste de nível de 0,05?
a. 0,001 **b.** 0,021 **c.** 0,078
d. 0,047 **e.** 0,148

48. São dados pares de valores P e níveis de significância α. Para cada par, afirme se o valor P observado levaria à rejeição de H_0 no nível de significância dado.
a. Valor-$P = 0{,}084$, $\alpha = 0{,}05$
b. Valor-$P = 0{,}003$, $\alpha = 0{,}001$
c. Valor-$P = 0{,}498$, $\alpha = 0{,}05$
d. Valor-$P = 0{,}084$, $\alpha = 0{,}10$
e. Valor-$P = 0{,}039$, $\alpha = 0{,}01$
f. Valor-$P = 0{,}218$, $\alpha = 0{,}10$

49. Seja μ o tempo de reação médio a um certo estímulo. Para um teste z de amostra grande de H_0: $\mu = 5$ *versus* H_a: $\mu > 5$, determine o valor-P associado a cada um dos valores dados da estatística do teste z.
a. 1,42 **b.** 0,90 **c.** 1,96 **d.** 2,48 **e.** $-0{,}11$

50. Pneus de um determinado tipo recentemente comprados são supostamente enchidos a uma pressão de 30 lb/pol^2. Seja μ a pressão média real. Determine o valor-P associado a cada valor dado da estatística z para testar H_0: $\mu = 30$ *versus* H_a: $\mu \neq 30$.
a. 2,10 **b.** $-1{,}75$ **c.** $-0{,}55$ **d.** 1,41 **e.** $-5{,}3$

51. Está sendo testada a precisão de um espectrofotômetro usado para medir a concentração de CO [ppm (partes por milhão) em volume] fazendo leituras de um gás fabricado (chamado gás de calibração) em que a concentração de CO é precisamente controlada em 70 ppm. Se as leituras sugerirem que o espectrofotômetro não está funcionando corretamente, ele deve ser recalibrado. Assuma que, se ele for corretamente calibrado, a concentração medida das amostras de gás de calibração é normalmente distribuída. Com base nas seis leituras – 85, 77, 82, 68, 72 e 69 –, a recalibração é necessária? Faça um teste das hipóteses relevantes, usando a abordagem do valor-P com $\alpha = 0{,}05$.

52. A tinta usada para fazer as linhas nas estradas deve refletir luz suficiente para ser claramente visível à noite. Seja μ a leitura média real do reflectômetro para um novo tipo de tinta em consideração. O teste de H_0: $\mu = 20$ *versus* H_a: $\mu > 20$ se baseará em uma amostra aleatória de tamanho n de uma distribuição de população normal. Que conclusão é apropriada em cada uma das situações a seguir?
a. $n = 15$, t $= 3{,}2$, $\alpha = 0{,}05$
b. $n = 9$, t $= 1{,}8$, $\alpha = 0{,}01$
c. $n = 24$, t $= -0{,}2$

53. Seja μ a concentração média real do receptor de tranferrina de todas as gestantes. A média de todas as mulheres é 5,63. O artigo "Serum Transferrin Receptor for the Detection of Iron Deficiency in Pregnancy" (*Amer. J. of Clinical Nutr.*, 1991: 1077-1081) apresentou valores-$P > 0{,}10$ para um teste de H_0: $\mu = 5{,}63$ *versus* H_a: $\mu \neq 5{,}63$ com base em 176 mulheres grávidas. Usando um nível de significância de 0,01, a que conclusão você chegaria?

54. O artigo "Analysis of Reserve and regular bottlings: Why pay for a difference only the critics claim to notice?" (*Chance*, verão 2005: 9-15) falou sobre uma experiência que investigava se os degustadores de vinho conseguiam distinguir entre vinhos do tipo reserva (mais caros) e seus concorrentes. O vinho foi apresentado aos degustadores em quatro recipientes com as indicações A, B, C e D, sendo que dois deles continham o vinho reserva e os outros dois, vinho comum. Cada degustador selecionou três recipientes, experimentou os vinhos selecionados e indicou qual dos três acreditava ser diferente dos outros dois. Das $n = 855$ degustações, 346 resultaram na distinção correta (tanto um recipiente do vinho reserva que se diferenciava dos outros dois quanto o contrário). Isso fornece evidências para concluir que os degustadores de vinho deste tipo possuem alguma habilidade para diferenciar os vinhos reserva de vinhos comuns? Determine e teste as hipóteses relevantes, usando a abordagem do valor-P. Você ficou impressionado com a capacidade dos degustadores de diferenciar os dois tipos de vinho?

55. Forneça o máximo de informações que puder sobre o valor-P de um teste t em cada uma das situações a seguir:
a. Teste unilateral superior, gl $= 8$, t $= 2{,}0$
b. Teste unilateral inferior, gl $= 11$, t $= -2{,}4$
c. Teste bilateral, gl $= 15$, t $= -1{,}6$
d. Teste unilateral superior, gl $= 19$, t $= -0{,}4$
e. Teste unilateral superior, gl $= 5$, t $= 5{,}0$
f. Teste bilateral, gl $= 40$, t $= -4{,}8$

56. Devido à variabilidade no processo de produção, a tensão de escoamento real de uma amostra de aço leve sujeita à força crescente geralmente será diferente da tensão de escoamento teórica. Seja p a proporção real de amostras que escoam antes da sua tensão de escoamento teórica. Se, com base em uma amostra, é possível concluir que mais de 20% dos espécimes escoam antes do ponto teórico, o processo de produção deve ser modificado.
a. Se 15 de 60 espécimes escoam antes da tensão teórica, qual é o valor-P quando o teste apropriado é usado e o que você recomendaria que a empresa fizesse?
b. Se a porcentagem real dos "primeiros escoamentos" é realmente 50% (de modo que a tensão teórica é a mediana da distribuição do escoamento) e for usado um teste com nível de 0,01, qual é a probabilidade de a empresa concluir que é necessário modificar o processo?

57. O artigo "Heavy drinking and polydrug use among college students" (*J. of Drug Issues*, 2008: 445-466) mostrou que 51 de 462 estudantes universitários de uma amostra nunca tiveram contato com álcool. Isso fornece evidências para concluir que mais de 10% da população amostral se absteve completamente do consumo de álcool? Teste as hipóteses adequadas usando o método do valor-*P* [*Nota*: o artigo utilizou métodos estatísticos mais avançados para estudar o uso de várias drogas entre os alunos, caracterizadas como leve, moderada e pesada.]

58. Uma amostra aleatória de espécimes de solo foi obtida, e a quantidade de material orgânico (%) no solo foi determinada para cada espécime, resultando nos dados a seguir (de "Engineering properties of soil", *Soil Science*, 1998: 93-102).

1,10	5,09	0,97	1,59	4,60	0,32	0,55	1,45
0,14	4,47	1,20	3,50	5,02	4,67	5,22	2,69
3,98	3,17	3,03	2,21	0,69	4,47	3,31	1,17
0,76	1,17	1,57	2,62	1,66	2,05		

Os valores da média amostral, do desvio padrão da amostra e do erro-padrão (estimado) da média são 2,481, 1,616 e 0,295, respectivamente. Esses dados sugerem que a porcentagem média real de material orgânico no solo é diferente de 3%? Teste as hipóteses apropriadas ao nível de significância 0,10 obtendo primeiro um valor-*P*. A sua conclusão seria diferente se tivéssemos utilizado $\alpha = 0{,}05$? [*Observação*: um gráfico normal de probabilidade dos dados mostra um padrão aceitável considerando o tamanho da amostra razoavelmente grande.]

59. Os dados que acompanham a força de compressão do cubo (MPa) de amostras de concretos apareceram no artigo "Experimental study of recycled rubber-filled high-strength concrete" (*Magazine of Concrete Res.*, 2009: 549-556):

112,3	97,0	92,7	86,0	102,0
99,2	95,8	103,5	89,0	86,7

a. É plausível que a força compressora deste tipo de concreto seja distribuída normalmente?

b. Suponha que o concreto será usado para determinada aplicação a menos que haja evidências reais de que a força média é inferior a 100 MPa. O concreto deve ser usado? Realize um teste com as hipóteses adequadas usando o método do valor-*P*.

60. Uma caneta foi projetada de modo que o tempo de escrita médio real sob condições controladas (que envolvem o uso de uma máquina que escreve) seja de no mínimo 10 horas. Uma amostra aleatória de 18 canetas é selecionada, o tempo de escrita de cada uma determinado, e um gráfico normal de probabilidade dos dados resultantes sustenta o uso de um teste *t* de uma amostra.

a. Quais hipóteses devem ser testadas se os investigadores acreditam, *a priori*, que a especificação do projeto foi satisfeita?

b. Que conclusão é apropriada, se as hipóteses do item (a) forem testadas, $t = -2{,}3$ e $\alpha = 0{,}05$?

c. Que conclusão é apropriada se as hipóteses do item (a) forem testadas, $t = -1{,}8$ e $\alpha = 0{,}01$?

d. O que se deve concluir se as hipóteses do item (a) forem testadas e $t = -3{,}6$?

61. Um fabricante de aspirina enche os frascos por peso em vez de fazê-lo por quantidade. Uma vez que cada frasco deve conter 100 comprimidos, o peso médio por unidade deve ser de 5 grãos (aprox. 324 mg). Cada um dos 100 comprimidos tirados de um lote bastante grande é pesado, resultando em um peso médio amostral por comprimido de 4,87 grãos e um desvio padrão da amostra de 0,35 grãos. Essas informações fornecem forte evidência para concluir que a empresa não está enchendo seus vidros conforme anunciado? Teste as hipóteses apropriadas, usando $\alpha = 0{,}01$, calculando primeiro o valor-*P* e depois comparando-o com o nível de significância especificado.

62. A condutividade relativa de um dispositivo semicondutor é determinada pela quantidade de impureza "dopada" no dispositivo durante sua fabricação. Um diodo de silício a ser usado para um determinado fim requer uma voltagem de corte média de 0,60 V e, se ela não for obtida, a quantidade de impureza deve ser ajustada. Uma amostra de diodos foi selecionada, e a voltagem de corte, determinada. A saída do SAS a seguir resultou de uma solicitação para testar as hipóteses apropriadas.

```
N       Média        DP          T      prob. > |T|
15  0,0453333  0,0899100  1,9527887       0,0711
(DP = Desvio padrão)
```

[*Nota*: o SAS explicitamente testa H_0: $\mu = 0$, então, para testar H_0: $\mu = 0{,}60$, o valor nulo 0,60 deve ser subtraído de cada x_i; a média relatada é, então, a média dos valores $(x_i - 0{,}60)$. Além disso, o valor-*P* do SAS é sempre para um teste bilateral.] O que seria concluído para um nível de significância de 0,01? 0,05? 0,10?

8.5 Alguns comentários sobre como selecionar um teste

Uma vez que o investigador decidiu sobre a questão de interesse e o método de obter dados (o modelo do experimento), a construção de um procedimento de teste apropriado consiste de três passos distintos:

1. Especifique uma estatística do teste (a função dos valores observados que servirão para a tomada de decisões).

2. Decida sobre a forma geral da região de rejeição (rejeitar tipicamente H_0 para valores apropriadamente grandes da estatística do teste, rejeitar para valores apropriadamente pequenos ou rejeitar para valores grandes ou pequenos).

3. Selecione o valor ou valores críticos numéricos específicos que separarão a região de rejeição da região de aceitação (obtendo a distribuição da estatística do teste quando H_0 é verdadeira e, depois, selecionando um nível de significância).

Nos exemplos fornecidos até agora, os passos 1 e 2 foram realizados de modo particular por meio da intuição. Por exemplo, quando a população subjacente foi considerada normal com média μ e σ conhecido, fomos levados de $\overline{X}$ à estatística do teste padronizada

$$Z = \frac{\overline{X} - \mu_0}{\sigma/\sqrt{n}}$$

Para testar H_0: $\mu = \mu_0$ *versus* H_a: $\mu > \mu_0$, a intuição então sugeriu rejeitar H_0 quando z fosse grande. Finalmente, o valor crítico foi determinado especificando o nível de significância α e usando o fato de Z ter uma distribuição normal padronizada quando H_0 é verdadeira. A confiabilidade do teste ao chegar a uma decisão correta pode ser avaliada estudando-se as probabilidades de erro tipo II.

Os problemas a serem considerados na realização dos passos 1-3 incluem as questões a seguir:

1. Quais as implicações práticas e as consequências de se escolher um nível de significância específico, uma vez que os outros aspectos de um procedimento de teste foram determinados?
2. Existe um princípio geral – que não depende apenas da intuição – que pode ser usado para obter procedimentos de teste bons ou melhores?
3. Quando dois ou mais testes são apropriados em uma determinada situação, como podem ser comparados para escolher qual deles deve ser usado?
4. Se um teste é derivado sob suposições específicas com relação à distribuição ou população que está servindo de amostra, quão bem o procedimento de teste funcionará quando as suposições forem violadas?

Significância prática *versus* estatística

Embora o processo de se chegar a uma decisão usando a metodologia de teste clássico de hipóteses envolva a seleção de um nível de significância e a rejeição ou não rejeição de H_0 nesse nível α, relatar simplesmente o α usado e a decisão tomada transmite pouco sobre a informação contida nos dados da amostra. Especialmente quando os resultados de um experimento devem ser comunicados a um grande público, a rejeição de H_0 no nível 0,05 será muito mais convincente se o valor observado da estatística do teste exceder em muito o valor crítico de 5% do que se exceder por pouco esse valor. Isso é precisamente o que levou ao conceito do valor-*P* como uma forma de relatar a significância sem impor um α específico sobre outros que possam querer tirar as próprias conclusões.

Mesmo se um valor-*P* for incluído em um resumo de resultados, entretanto, pode haver dificuldade ao interpretar esse valor e ao tomar uma decisão. Isso porque um valor-*P* pequeno, que geralmente indicaria **significância estatística**, que sugere fortemente a rejeição de H_0 em favor de H_a, pode ser o resultado de uma amostra de tamanho grande em combinação com um desvio de H_0 que possui pouca **significância prática**. Em muitas situações experimentais, somente desvios de H_0 de grande magnitude seriam de detecção útil, enquanto um pequeno desvio de H_0 teria pouca significância prática.

Considere um exemplo testando H_0: $\mu = 100$ *versus* H_a: $\mu > 100$, em que μ fosse a média de uma população normal com $\sigma = 10$. Suponha que um valor real de $\mu = 101$ não representasse um desvio grave de H_0 no sentido de que não rejeitar H_0 quando $\mu = 101$ fosse um erro relativamente pequeno. Para um tamanho n de amostra razoavelmente grande, esse μ levaria a um valor de $\bar{x}$ próximo a 101, de modo que não gostaríamos que essa evidência da amostra sustentasse fortemente a rejeição de H_0 quando $\bar{x} = 101$ é observado. Para vários tamanhos de amostra, a Tabela 8.1 registra o valor-*P* quando $\bar{x} = 101$ e também a probabilidade de não rejeitar H_0 no nível 0,01 quando $\mu = 101$.

A segunda coluna da Tabela 8.1 mostra que, mesmo para amostras com tamanhos moderadamente grandes, o valor-*P* de $\bar{x} = 101$ argumenta fortemente pela rejeição de H_0, enquanto $\bar{x}$ observado sugere que, em termos práticos, o valor real de μ difere um pouco do valor nulo $\mu_0 = 100$. A terceira coluna mostra que, mesmo quando existe pouca diferença prática entre μ real e o valor nulo, para determinado nível de significância, uma amostra de tamanho grande quase sempre leva a rejeição da hipótese nula naquele nível. Para resumir, *deve-se ser especialmente cuidadoso ao interpretar a evidência quando o ta-*

manho da amostra é grande, uma vez ser quase certo que qualquer desvio pequeno de H_0 será detectado por um teste, ainda que possa ter pouca significância prática.

Tabela 8.1 Uma ilustração do efeito do tamanho da amostra sobre os valores *P* e β

n	**Valor-*P* quando $\bar{x} = 101$**	**β(101) para teste com nível 0,01**
25	0,3085	0,9664
100	0,1587	0,9082
400	0,0228	0,6293
900	0,0013	0,2514
1600	0,0000335	0,0475
2500	0,000000297	0,0038
10,000	$7{,}69 \times 10^{-24}$	0,0000

O princípio da razão de verossimilhança

Sejam $x_1, x_2, \ldots, x_n$ as observações em uma amostra aleatória de tamanho n de uma distribuição de probabilidades $f(x; \theta)$. A distribuição conjunta avaliada nesses valores da amostra é o produto $f(x_1; \theta) \cdot f(x_2; \theta) \cdot \cdots \cdot f(x_n; \theta)$. Como na discussão da estimativa da máxima verossimilhança, a *função de verossimilhança* é essa distribuição conjunta considerada como função de θ. Considere testar H_0: θ está em Ω_0 *versus* H_a: θ está em Ω_a, em que Ω_0 e Ω_a são disjuntos (por exemplo, H_0: $\theta \leq 100$ *versus* H_a: $\theta > 100$). O **princípio da razão de verossimilhança** para a construção do teste continua como segue:

1. Determine o maior valor da verossimilhança para qualquer θ em Ω_0 (determinando a estimativa da máxima verossimilhança dentro de Ω_0 e o substituindo na função verossimilhança).
2. Determine o maior valor da verossimilhança para qualquer θ em Ω_a.
3. Forme a razão

$$\lambda(x_1, \ldots, x_n) = \frac{\text{máxima verossimilhança de } \theta \text{ em } \Omega_0}{\text{máxima verossimilhança de } \theta \text{ em } \Omega_a}$$

A razão $\lambda(x_1, \ldots, x_n)$ é chamada *valor estatístico da razão de verossimilhança*. O procedimento de teste consiste em rejeitar H_0 quando essa razão é pequena. Ou seja, a constante k é escolhida e H_0 é rejeitado se $\lambda(x_1, \ldots, x_n) \leq k$. Dessa forma, H_0 é rejeitada quando o denominador de λ excede muito o numerador, indicando que os dados são muito mais consistentes com H_a do que com H_0.

A constante k é selecionada para produzir a probabilidade de erro tipo I desejada. Geralmente, a desigualdade $\lambda \leqslant k$ pode ser manipulada para produzir uma condição equivalente mais simples. Por exemplo, para testar H_0: $\mu \leq \mu_0$ *versus* H_a: $\mu > \mu_0$ em caso de normalidade, $\lambda \leqslant k$ é equivalente a $t \geqslant c$. Dessa forma, com $c = t_{\alpha;n-1}$, o teste da razão de verossimilhança é o teste t para uma amostra.

O princípio da razão de verossimilhança também pode ser aplicado quando os X_i possuem distribuições diferentes e mesmo quando são dependentes, embora a função de verossimilhança possa ser complicada em tais casos. Muitos dos procedimentos de teste a serem apresentados nos capítulos subsequentes são obtidos a partir do princípio da razão de verossimilhança. Esses testes geralmente são formados para minimizar β entre todos os testes que possuem o α desejado, portanto, são de fato os melhores testes. Para mais detalhes e alguns exemplos, consulte uma das referências listadas na bibliografia do Capítulo 6.

Uma limitação prática sobre o uso do princípio da razão de verossimilhança é que, para construir a estatística do teste dessa razão, a forma da distribuição de probabilidades, da qual a amostra é tirada, deve ser especificada. Para encontrar o teste t do princípio da razão de verossimilhança, o investigador deve assumir uma f.d.p. normal. Se o investigador deseja assumir que a distribuição é simétrica, mas não quer ser específico com relação à sua forma exata (tal como normal, uniforme ou Cauchy), então o princípio falha, pois não há como escrever uma f.d.p. conjunta simultaneamente válida para todas as distribuições simétricas. No Capítulo 15, apresentaremos diversos procedimentos de teste **livres de distribuição**, assim chamados porque a probabilidade de erro tipo I é controlada simultaneamente para muitas distribuições subjacentes diferentes. Esses procedimentos são úteis quando o investigador tem conhecimento limitado da distribuição subjacente. Devemos também falar mais sobre as questões 3 e 4 listadas no início desta seção.

EXERCÍCIOS Seção 8.5 (63–64)

63. Reconsidere o problema de secagem de pintura discutido no Exemplo 8.2. As hipóteses eram $H_0 : \mu = 75$ *versus* $H_a : \mu < 75$, com valor presumido de $\sigma = 9{,}0$. Considere o valor alternativo $\mu = 74$, que no contexto do problema não seria presumivelmente um desvio praticamente significativo de H_0.

a. Para um teste de nível 0,01, calcule β para essa alternativa para os tamanhos de amostra $n = 100$, 900 e 2 500.

b. Se o valor observado de $\overline{X}$ é $\bar{x} = 74$, o que você pode dizer sobre o valor-*P* resultante quando $n = 2\,500$? Os dados são estatisticamente significativos em quaisquer dos valores padrão de α?

c. Você realmente quer usar um tamanho de amostra de 2 500 em um teste nível 0,01 (desconsiderando o custo de tal experimento)? Explique.

64. Considere o teste de nível 0,01 para amostra grande na Seção 8.3 para testar $H_0 : p = 0{,}2$ *versus* $H_a : p > 0{,}2$.

a. Para o valor alternativo $p = 0{,}21$, calcule $\beta(0{,}21)$ para os tamanhos de amostra $n = 100$, 2 500, 10 000, 40 000 e 90 000.

b. Para $\hat{p} = x/n = 0{,}21$, calcule o valor *P* quando $n = 100$, 2 500, 10 000 e 40 000.

c. Na maioria das situações, seria razoável usar um teste de nível 0,01 em conjunto com um tamanho de amostra de 40 000? Por quê?

Exercícios complementares (65–87)

65. Uma amostra com 50 lentes utilizadas em óculos produz uma espessura média de 3,05 mm e um desvio padrão amostral de 0,34 mm. A espessura média real desejada para tais lentes é de 3,20 mm. Os dados sugerem que a espessura média real de tais lentes é diferente da desejada? Teste usando $\alpha = 0{,}05$.

66. No Exercício 65, suponha que o investigador, antes de coletar os dados, tinha acreditado que o valor de σ era aproximadamente 0,30. Se ele quisesse que a probabilidade de um erro tipo II fosse 0,05 quando $\mu = 3{,}00$, um tamanho de amostra 50 era desnecessariamente grande?

67. Assuma $X_1, X_2, \ldots, X_n$ como uma amostra aleatória de uma distribuição exponencial com parâmetro λ. Então, é possível mostrar que $2\lambda\sum X_i$ possui uma distribuição qui-quadrada com $\nu = 2n$ (primeiro mostrando que $2\lambda X_i$ tem distribuição qui-quadrada com $\nu = 2$).

a. Use esse fato para obter uma estatística do teste e a região de rejeição que, juntas, especifiquem um teste nível a para H_0: $\mu = \mu_0$ *versus* cada um das três alternativas mais comumente encontradas [*Dica*: $E(X_i) = \mu = 1/\lambda$, então $\mu = \mu_0$ é equivalente a $\lambda = 1/\mu_0$].

b. Suponha que dez componentes idênticos, cada um com tempo exponencialmente distribuído até falhar, sejam testados. Os tempos de falha resultantes são:

95 16 11 3 42 71 225 64 87 123

Use o procedimento de teste do item (a) para decidir se os dados sugerem fortemente que a vida útil média real é menor que o valor de 75 alegado anteriormente.

68. Um método de endireitar fios antes de enrolá-los para fazer uma mola é chamado de *roller straightening*. O artigo "The effect of roller and spinner wire straightening on coiling performance and wire properties" (*Springs*, 1987: 27-28) discorre sobre as propriedades tensionais dos fios. Suponha que uma amostra de 16 fios seja selecionada, e cada um deles seja testado para determinar a resistência à tensão (N/mm^2). A média amostral e o desvio padrão resultantes são 2 160 e 30, respectivamente.

a. A resistência à tensão média de molas feitas com *spinner straightening* é 2 150 N/mm^2. Quais hipóteses devem ser testadas para determinar se a resistência à tensão média do método do *roller* excede 2 150?

b. Assumindo que a distribuição da resistência à tensão é aproximadamente normal, qual estatística do teste você usaria para testar as hipóteses do item (a)?

c. Qual é o valor da estatística do teste para esses dados?

d. Qual é o valor-*P* para o valor da estatística do teste calculado no item (c)?

e. Para um teste nível 0,05, a que conclusão você chegaria?

69. A contaminação dos solos de mineração na China é um sério problema ambiental. O artigo "Heavy metal contamination in soils and phytoaccumulation in a manganese mine wasteland, South China" (*Air, Soil, and Water Res.*, 2008: 31-41) mostrou que, para uma amostra de 3 solos de determinada região mineradora, a concentração amostral média de Cu total foi de 45,31 mg/kg com um erro padrão correspondente (estimado) da média 5,26. Também foi afirmado que o valor de *background* da China para esta concentração é de 20. Os resultados de várias estatísticas de teste descritas no artigo foram presumidos com base na normalidade.

a. Os dados fornecem evidências para concluir que a concentração média real da região amostrada excede o valor de *background*? Faça um teste usando nível de significância de 0,01 e utilizando o método do valor-*P*. Por acaso algum dos resultados surpreendeu você? Explique.

b. Tendo o teste de (a) como referência, qual é a probabilidade de o valor-*P* ser pelo menos 0,01 quando a concentração real média for 50 e o desvio padrão real da concentração for 10?

70. O artigo "Orchard floor management utilizing soil-applied coal dust for frost protection" (*Agri. and Forest Meteorology*, 1988: 71-82) relata os seguintes valores para o fluxo de calor do solo de oito canteiros cobertos com pó de carvão.

34,7 35,4 34,7 37,7 32,5 28,0 18,4 24,9

O fluxo de calor médio do solo dos canteiros cobertos somente com grama é 29,0. Assumindo que a distribuição do fluxo de calor seja aproximadamente normal, os dados sugerem que o pó de carvão é eficaz no aumento do fluxo de calor médio com relação ao da grama? Teste as hipóteses apropriadas usando $\alpha = 0{,}05$.

71. O artigo "Caffeine knowledge, attitudes, and consumption in adult women" (*J. of Nutrition Educ.*, 1992: 179-184) relata os seguintes dados resumidos sobre o consumo diário de cafeína de uma amostra de mulheres adultas: $n = 47$, $\bar{x} = 215$ mg, $s = 235$ mg e amplitude $= 5 - 1\ 176$.

a. Parece plausível que a distribuição da população do consumo diário de cafeína seja normal? É necessário assumir uma distribuição de população normal para testar as hipóteses com relação ao valor do consumo médio da população? Explique seu raciocínio.

b. Suponha que se tenha acreditado anteriormente que o consumo médio era de no máximo 200 mg. Os dados fornecidos contradizem essa opinião anterior? Teste as hipóteses apropriadas no nível de significância 0,10 e inclua o valor-*P* em sua análise.

72. O volume de negócios anual de um fundo mútuo é a porcentagem dos ativos de um fundo que são vendidos em determinado ano. De forma geral, um fundo com baixo volume de negócios é mais estável e menos arriscado, ao passo que um alto volume indica quantidade significante de compras e vendas na tentativa de tirar vantagem de flutuações de mercado a curto prazo. Aqui estão os valores do volume de negócios de uma amostra com 20 fundos mistos (consulte o Exercício 1.53 para maiores informações) extraídos de Morningstar.com:

1,03	1,23	1,10	1,64	1,30	1,27	1,25	0,78	1,05	0,64
0,94	2,86	1,05	0,75	0,09	0,79	1,61	1,26	0,93	0,84

a. Você usaria o teste *t* de uma amostra para decidir se há evidências que levem à conclusão de que o volume de negócios da média populacional é inferior a 100%? Explique.

b. Um gráfico normal de probabilidade de 20 ln (*turnover*) mostrou um padrão linear bem acentuado, sugerindo que é razoável presumir que a distribuição do volume de negócios é lognormal. Lembre-se de que *X* tem distribuição lognormal se ln(*X*) for normalmente distribuído com valor médio μ e variância σ^2. Visto que μ também é a mediana da distribuição ln(*X*), e^{μ} é a mediana da distribuição de *X*. Use estas informações para decidir se há evidências que levem à conclusão de que o volume de negócios da média populacional é inferior a 100.

73. Especificou-se que certo tipo de ferro devia conter 0,85 g de silício por 100 g de ferro (0,85%). O conteúdo de silício de cada um dos 25 espécimes de ferro selecionados aleatoriamente foi determinado, e a saída do Minitab a seguir resultou de um teste das hipóteses apropriadas.

```
Variável N  média      DP  EP média    T     P
conteúdo
silício  25  0,8880 0,1807   0,0361  1,05  0,30
(DP = Desvio padrão)
```

a. Quais hipóteses foram testadas?

b. A que conclusão se pode chegar para um nível de significância de 0,05 e por quê? Responda à mesma pergunta para um nível de significância de 0,10.

74. As observações a seguir sobre o tempo de queima residual (segundos) de tiras de pijamas tratados de crianças foram dadas no artigo "An introduction to some precision and accuracy of measurement problems" (*J. of Testing and Eval.*, 1982: 132-140). Suponha que um tempo de queima médio verdadeiro de no máximo 9,75 tenha sido determinado. Os dados sugerem que essa condição não foi satisfeita? Faça um teste apropriado depois de investigar a plausibilidade das suposições que servem de base a seu método de inferência.

9,85	9,93	9,75	9,77	9,67	9,87	9,67
9,94	9,85	9,75	9,83	9,92	9,74	9,99
9,88	9,95	9,95	9,93	9,92	9,89	

75. Acredita-se que a incidência de um tipo de defeito do cromossomo na população de homens adultos nos Estados Unidos seja 1 a cada 75. Uma amostra aleatória de 800 pessoas das instituições penais nos Estados Unidos revela que 16 têm tais defeitos. Pode-se concluir que a taxa de incidência desse defeito entre os presos é diferente da taxa presumida para toda a população de homens adultos?

a. Defina e teste a hipótese relevante utilizando $\alpha = 0{,}05$. Ao chegar à conclusão, que tipo de erro você pode ter cometido?

b. Que valor-*P* está associado a esse teste? Com base nesse valor-*P*, H_0 pode ser rejeitada no nível de significância 0,20?

76. Em uma investigação da toxina produzida por certa cobra venenosa, um pesquisador preparou 26 frascos diferentes, cada um com 1 g da toxina, e então determinou a quantidade de antitoxina necessária para neutralizar a toxina. A quantidade de antitoxina média amostral necessária foi de 1,89 mg, e o desvio padrão da amostra, 0,42. A pesquisa anterior indicou que a média real da quantidade de neutralizante era de 1,75 mg/g de toxina. Os novos dados contradizem o valor sugerido pela pesquisa anterior? Teste as hipóteses relevantes, usando a abordagem do valor-*P*. A validade de sua análise depende de qualquer suposição sobre a distribuição da população da quantidade neutralizante? Explique.

77. Supõe-se que a tensão de rompimento média verdadeira de certo tipo de isolantes cerâmicos seja de no mínimo 10 psi. Eles serão usados para uma aplicação específica, a menos que os dados da amostra indiquem conclusivamente que essa especificação não foi satisfeita. Um teste de hipóteses que utiliza $\alpha = 0{,}01$ será feito com base em uma amostra aleatória de dez isolantes. Assuma que a distribuição da tensão de rompimento seja normal com desvio padrão desconhecido.

a. Se o desvio padrão real é 0,80, qual é a probabilidade de os isolantes serem considerados satisfatórios quando a tensão de rompimento média real for realmente de apenas 9,5? Somente 9,0?

b. Que tamanho de amostra seria necessário para ter uma chance de 75% de detectar que a tensão de rompimento média real seja 9,5 quando o desvio padrão real for 0,80?

78. Em 30 de dezembro de 2009, o *New York Times* relatou que, em uma pesquisa com 948 adultos norte-americanos que disseram estar pelo menos um pouco interessados em futebol americano universitário, 597 afirmaram que o sistema de campeonato deveria ser substituído por um *playoff* semelhante usado no basquete universitário. Isso fornece evidências suficientes para concluir que a maioria dos indivíduos são a favor de substituir o campeonato de futebol americano universitário por um *playoff*? Teste as hipóteses apropriadas usando a abordagem do valor-*P*.

79. Quando $X_1, X_2, \ldots, X_n$ são variáveis de Poisson independentes, cada uma com parâmetro μ, e n for grande, a média amostral $\overline{X}$ tem distribuição aproximadamente normal com $\mu = E(\overline{X})$ e $V(\overline{X}) = \mu/n$. Isso implica que

$$Z = \frac{\overline{X} - \mu}{\sqrt{\mu/n}}$$

tem aproximadamente uma distribuição normal padrão. Para testar H_0: $\mu = \mu_0$, podemos substituir μ por μ_0 na equação de Z para obter a estatística do teste. Prefere-se realmente essa estatística à de amostra grande com denominador $S/\sqrt{n}$ (quando os X_i são Poisson), pois é feita explicitamente à suposição de Poisson. Se o número de pedidos de consulta recebido por um estatístico durante uma semana de trabalho de 5 dias tiver distribuição de Poisson e o número total de pedidos de consulta durante um período de 36 semanas for 160, isso sugere que o número médio real de pedidos semanais excede 4,0? Teste usando $\alpha = 0{,}02$.

80. Um artigo na edição de 11 de novembro de 2005 do San Luis Obispo Tribune relatou que os pesquisadores que faziam compras aleatórias nas lojas do Wal-Mart da Califórnia constataram que os leitores de código de barra apresentavam preços errados 8,3% das vezes. Suponha que isto tenha sido baseado em 200 compras. O National Institute for Standards and Technology disse que, a longo prazo, no máximo 2 a cada 100 itens poderia ter os preços errados.

a. Desenvolva um procedimento de teste com nível de significância de (aproximadamente) 0,05 e, depois, realize o teste para decidir se o padrão do Instituto não é satisfeito.

b. Quanto ao procedimento de teste que você utilizou em (a), qual é a probabilidade de decidir que o padrão do Instituto foi satisfeito quando, na verdade, a índice de erro foi de 5%?

81. Um fabricante de banheira de água quente anuncia que, com seu equipamento de aquecimento, uma temperatura de 100 °F pode ser obtida em no máximo 15 min. Uma amostra aleatória de 42 banheiras é selecionada, e o tempo necessário para se chegar a uma temperatura 100 °F é determinado para cada banheira. O tempo médio e o desvio padrão amostrais são 16,5 min e 2,2 min, respectivamente. Esses dados deixam alguma dúvida na alegação da empresa? Calcule o valor-*P* e use-o para chegar a uma conclusão ao nível de 0,05.

82. O Capítulo 7 apresentou um IC para a variância σ^2 de uma população que segue uma distribuição normal. O resultado principal foi o de que a v.a. $\chi^2 = (n - 1)S^2/\sigma^2$ tinha distribuição qui-quadrada com $n - 1$ gl. Considere a hipótese nula H_0: $\sigma^2 = \sigma_0^2$ (de forma equivalente, $\sigma = \sigma_0$). Então, quando H_0 é verdadeira, a estatística do teste $\chi^2 = (n - 1)S^2/\sigma_0^2$ possui uma distribuição qui-quadrada com $n - 1$ gl. Se a alternativa relevante for H_a: $\sigma^2 > \sigma_0^2$, rejeite H_0 se $(n - 1)s^2/\sigma_0^2 \geq \chi^2_{\alpha;n-1}$ resultar em um teste com nível de significância α. Para garantir as características razoavelmente uniformes de determinada aplicação, é desejável que o desvio padrão verdadeiro do ponto de amolecimento de determinado piche seja no máximo 0,50 ºC. Este ponto de amolecimento de dez amostras diferentes foi determinado, produzindo um desvio padrão amostral de 0,58 ºC. Isso contradiz fortemente a especificação da uniformidade? Teste as hipóteses apropriadas usando $\alpha = 0{,}01$.

83. Fazendo referência ao Exercício 82, suponha que um investigador deseje testar H_0: $\sigma^2 = 0{,}04$ *versus* H_a: $\sigma^2 < 0{,}04$ com base em uma amostra com 21 observações. O valor calculado de $20s^2/0{,}04$ foi 8,58. Coloque limites no valor *P* e tire uma conclusão no nível 0,01.

84. Quando a distribuição da população é normal e n é grande, o desvio padrão S da amostra possui aproximadamente distribuição normal com $E(S) \approx \sigma$ e $V(S) \approx \sigma^2/(2n)$. Já sabemos que, nesse caso, para qualquer n, $\overline{X}$ é normal com $E(\overline{X}) = \mu$ e $V(\overline{X}) = \sigma^2/n$.

a. Assumindo que a distribuição subjacente seja normal, o que é um estimador aproximadamente não tendencioso do 99º percentil $\theta = \mu + 2{,}33\sigma$?

b. Quando os X_i são normais, pode-se mostrar que $\overline{X}$ e S são independentes (uma mede a posição e a outra, a dispersão). Use isso para calcular $V(\hat{\theta})$ e $\sigma_{\hat{\theta}}$ para o estimador $\hat{\theta}$ do item (a). Qual é o erro padrão estimado $\hat{\sigma}_{\hat{\theta}}$?

c. Escreva uma estatística do teste para testar H_0: $\theta = \theta_0$ que possua uma distribuição aproximadamente normal quando H_0 é verdadeira. Se o pH do solo é normalmente distribuído em certa região e 64 amostras de solo produzem $\bar{x} = 6{,}33$, $s = 0{,}16$, isso provoca forte evidência para concluir que no máximo 99% de todas as amostras possíveis teriam um pH menor que 6,75? Teste usando $\alpha = 0{,}01$.

85. A resistência à compressão média amostral de 45 espécimes de um tipo específico de tijolo foi calculada como sendo 3 107 psi, e o desvio padrão da amostra, de 188. A distribuição da resistência à compressão pode ser um tanto variada. Os dados indicam fortemente que a resistência à compressão média verdadeira é menor que o valor modelo de 3 200? Teste usando $\alpha = 0{,}001$.

86. Suponha que a distribuição populacional seja normal com σ conhecido. Seja γ de modo que $0 < \gamma < \alpha$. Para testar H_0: $\mu = \mu_0$ *versus* H_a: $\mu \neq \mu_0$, considere o teste que rejeita H_0 tanto se $z \geq z_\gamma$ quanto $z \leq -z_{\alpha-\gamma}$, em que a estatística do teste é $Z = (\overline{X} - \mu_0)/(\sigma/\sqrt{n})$.

a. Mostre que $P(\text{erro tipo I}) = \alpha$.

b. Derive uma expressão para $\beta(\mu')$. [*Dica*: expresse o teste na forma "rejeite H_0 tanto se $\bar{x} \geq c_1$ quanto se $\leq c_2$".]

c. Assuma $\Delta > 0$. Para quais valores de γ (com relação a α) teremos $\beta(\mu_0 + \Delta) < \beta(\mu_0 - \Delta)$?

87. Após um período de aprendizado, uma organização aplica um exame no qual o indivíduo deve ser aprovado a fim de ser elegível para se tornar sócio. Seja $p = P$ (aprovação de principiantes escolhidos aleatoriamente). A organização quer um exame em que a maioria, mas não todos, consiga passar, de modo que decide que $p = 0{,}90$ é desejável. Para determinado exame, as hipóteses relevantes foram H_0: $p = 0{,}90$ *versus* a alternativa H_a: $p \neq 0{,}90$. Suponha que dez pessoas tenham feito o exame e X = quantidade de pessoas que passaram.

a. A região de cauda inferior {0, 1, ..., 5} especifica um teste de nível 0,01?

b. Mostre que, apesar de H_a ser bilateral, nenhum teste bilateral é teste de nível 0,01.

c. Desenhe um gráfico de $\beta(p')$ em função de p' para o teste. Isso é desejável?

Bibliografia

Consulte as bibliografias no final dos Capítulos 6 e 7.

9 Inferências baseadas em duas amostras

Introdução

Os Capítulos 7 e 8 apresentaram Intervalos de Confiança (IC) e procedimentos de teste de hipóteses para uma única média μ, uma única proporção p e uma única variância σ^2. Aqui, estendemos esses métodos a situações que envolvem as médias, proporções e variâncias de duas distribuições de populações diferentes. Por exemplo: seja μ_1 a dureza de Rockwell média verdadeira de espécimes de aço tratados à base de calor e μ_2 a dureza média real de espécimes tratados a frio. Nesse caso, um investigador pode usar amostras de observações de dureza de cada tipo de aço como base de cálculo de uma estimativa do intervalo de $\mu_1 - \mu_2$, a diferença entre as duas durezas médias reais. Expondo outro exemplo, seja p_1 a proporção verdadeira de células de níquel-cádmio produzidas sob condições operacionais atuais que estão com defeito devido a curtos-circuitos internos, e por p_2 a proporção verdadeira de células com curtos-circuitos internos produzidas sob condições operacionais modificadas. Se o fundamento lógico das condições modificadas é reduzir a proporção de células com defeito, um engenheiro da qualidade gostaria de usar as informações da amostra para testar a hipótese nula H_0: $p_1 - p_2 = 0$ (isto é, $p_1 = p_2$) *versus* a hipótese alternativa, H_a: $p_1 - p_2 > 0$ (i.e., $p_1 > p_2$).

9.1 Testes *z* e intervalos de confiança para diferença entre as médias de duas populações

As inferências discutidas nesta seção dizem respeito a uma diferença $\mu_1 - \mu_2$ entre as médias de duas distribuições de populações diferentes. Um investigador pode, por exemplo, testar as hipóteses sobre a diferença entre as tensões de quebra médias verdadeiras de dois tipos distintos de placa ondulada de fibra. Uma hipótese afirmaria que $\mu_1 - \mu_2 = 0$, ou seja, que $\mu_1 = \mu_2$. Alternativamente, pode ser apropriado estimar $\mu_1 - \mu_2$ calculando um IC de 95%. Tais inferências necessitam de uma amostra de observações de tensão de cada tipo de placa de fibra.

Hipóteses básicas

1. $X_1, X_2, ..., X_m$ é uma amostra aleatória de uma distribuição com média μ_1 e variância σ_1^2.
2. $Y_1, Y_2, ..., Y_n$ é uma amostra aleatória de uma distribuição com valor médio μ_2 e variância σ_2^2.
3. As amostras *X* e *Y* são independentes entre si.

O uso de m para o número de observações na primeira amostra e n para o número de observações na segunda amostra permite que o tamanho das duas amostras sejam diferentes. Às vezes isso ocorre porque é mais difícil ou caro amostrar uma população do que outra. Em outras situações, tamanhos de amostras iguais podem inicialmente ser especificados, mas, por razões que ultrapassam o âmbito da experiência, o tamanho das amostras vigentes pode diferir. Por exemplo, o resumo do artigo "A randomized controlled trial assessing the effectiveness of professional oral care by dental hygienists" (*Intl. J. of Dental Hygiene*, 2008: 63-67) afirma que "Quarenta pacientes foram escolhidos aleatoriamente tanto para o grupo POC ($m = 20$) quanto para o grupo controle ($n = 20$). Um paciente no grupo POC e três no grupo controle descontinuaram o estudo por causa de exacerbação da doença subjacente ou morte". A análise dos dados foi, então, baseada em $m = 19$ e $n = 16$.

O estimador natural de $\mu_1 - \mu_2$ é $\overline{X} - \overline{Y}$, a diferença entre as médias amostrais correspondentes. O procedimento inferencial resulta da padronização desse estimador, de modo que precisamos de expressões para o valor esperado e o desvio padrão de $\overline{X} - \overline{Y}$.

Proposição

O valor esperado de $\overline{X} - \overline{Y}$ é $\mu_1 - \mu_2$, logo, $\overline{X} - \overline{Y}$ é um estimador não viciado de $\mu_1 - \mu_2$. O desvio padrão de $\overline{X} - \overline{Y}$ é

$$\sigma_{\overline{X}-\overline{Y}} = \sqrt{\frac{\sigma_1^2}{m} + \frac{\sigma_2^2}{n}}$$

Demonstração Esses resultados dependem das propriedades do valor esperado e da variância apresentadas no Capítulo 5. Uma vez que o valor esperado de uma diferença é a diferença de valores esperados,

$$E(\overline{X} - \overline{Y}) = E(\overline{X}) - E(\overline{Y}) = \mu_1 - \mu_2$$

Em virtude de as amostras X e Y serem independentes, $\overline{X}$ e $\overline{Y}$ são quantidades independentes, de modo que a variância da diferença é a *soma* de $V(\overline{X})$ e $V(\overline{Y})$:

$$V(\overline{X} - \overline{Y}) = V(\overline{X}) + V(\overline{Y}) = \frac{\sigma_1^2}{m} + \frac{\sigma_2^2}{n}$$

O desvio padrão de $\overline{X} - \overline{Y}$ é a raiz quadrada dessa expressão. ■

Se pensarmos em $\mu_1 - \mu_2$ como um parâmetro θ, então seu estimador é $\hat{\theta} = \overline{X} - \overline{Y}$ com desvio padrão $\sigma_{\hat{\theta}}$ dado pela proposição. Quando σ_1^2 e σ_2^2 possuem valores conhecidos, o valor desse desvio padrão pode ser calculado. As variâncias amostrais devem ser usadas para estimar $\sigma_{\hat{\theta}}$ quando σ_1^2 e σ_2^2 são desconhecidos.

Procedimentos de teste para populações normais com variâncias conhecidas

Nos Capítulos 7 e 8, os primeiros IC e procedimentos de teste para uma média da população μ foram determinados com base na suposição de que a distribuição da população era normal com o valor da variância populacional σ^2 conhecido pelo investigador. De forma semelhante, assumimos primeiro que *ambas* as distribuições das populações são normais e que os valores de *ambos*, σ_1^2 e σ_2^2, são conhecidos. As situações em que uma ou duas dessas hipóteses podem ser dispensadas serão apresentadas a seguir.

Em virtude de as distribuições das populações serem normais, $\overline{X}$ e $\overline{Y}$ possuem distribuições normais. Além disso, a independência das duas amostras significa que as duas médias amostrais são independentes uma da outra. Essa afirmativa implica que $\overline{X} - \overline{Y}$ é normalmente distribuído com valor esperado $\mu_1 - \mu_2$ e desvio padrão $\sigma_{\overline{X}-\overline{Y}}$ dados na proposição precedente. Padronizar $\overline{X} - \overline{Y}$ fornece a variável normal padronizada

$$Z = \frac{\overline{X} - \overline{Y} - (\mu_1 - \mu_2)}{\sqrt{\frac{\sigma_1^2}{m} + \frac{\sigma_2^2}{n}}} \tag{9.1}$$

Em um problema de teste de hipóteses, a hipótese nula afirmará que $\mu_1 - \mu_2$ possui um valor especificado. Representando esse valor nulo por Δ_0, teremos H_0: $\mu_1 - \mu_2 = \Delta_0$. Usualmente, $\Delta_0 = 0$, nesse caso, H_0 significa que $\mu_1 = \mu_2$. Uma estatística do teste resulta da substituição de $\mu_1 - \mu_2$ na Expressão (9.1) pelo valor nulo Δ_0. A estatística do teste Z é obtida por meio da padronização $\overline{X} - \overline{Y}$ sobre o pressuposto de que H_0 é verdadeira, então ele possui uma distribuição normal neste caso. A estatística do teste pode ser escrita como ($\hat{\theta}$ – valor nulo)/$\sigma_{\hat{\theta}}$, que é da mesma forma que vários testes estatísticos no Capítulo 8.

Considere a hipótese alternativa H_a: $\mu_1 - \mu_2 > \Delta_0$. Um valor $\bar{x} - \bar{y}$ que excede consideravelmente Δ_0 (o valor esperado de $\bar{X} - \bar{Y}$ quando H_0 é verdadeira) fornece evidência contra H_0 e a favor de H_a. Esse valor $\bar{x} - \bar{y}$ corresponde a um valor positivo e grande de z. Dessa forma, H_0 deve ser rejeitada em favor de H_a se z for maior ou igual a um valor crítico escolhido de forma adequada. Em virtude de a estatística do teste Z ter distribuição normal padronizada quando H_0 é verdadeira, a região de rejeição unilateral superior $z \geq z_\alpha$ fornece um teste com nível de significância (probabilidade de erro tipo I) α. Regiões de rejeição para H_a: $\mu_1 - \mu_2 < \Delta_0$ e H_a: $\mu_1 - \mu_2 \neq \Delta_0$ que produzem testes com nível de significância desejado α são unilateral inferior e bilateral, respectivamente.

Hipótese nula: H_0: $\mu_1 - \mu_2 = \Delta_0$

Valor da estatística do teste: $z = \dfrac{\bar{x} - \bar{y} - \Delta_0}{\sqrt{\dfrac{\sigma_1^2}{m} + \dfrac{\sigma_2^2}{n}}}$

Hipótese alternativa	Região de rejeição para o teste de nível α
H_a: $\mu_1 - \mu_2 > \Delta_0$	$z \geq z_\alpha$ (unilateral superior)
H_a: $\mu_1 - \mu_2 < \Delta_0$	$z \leq -z_\alpha$ (unilateral inferior)
H_a: $\mu_1 - \mu_2 \neq \Delta_0$	tanto $z \geq z_{\alpha/2}$ quanto $z \leq -z_{\alpha/2}$ (bilateral)

Em virtude de serem testes z, um valor-P é calculado como se fosse para os testes z no Capítulo 8 (por exemplo, o valor-$P = 1 - \Phi(z)$ para um teste unilateral superior).

Exemplo 9.1

A análise de uma amostra aleatória que consiste em $m = 20$ espécimes de aço tratado a frio para determinar a resistência resultou em uma resistência média amostral de $\bar{x} = 29{,}8$ ksi. Uma segunda amostra aleatória de $n = 25$ espécimes de aço galvanizado dos dois lados forneceu uma resistência média amostral de $\bar{y} = 34{,}7$ ksi. Assumindo que as duas distribuições de resistência de rendimento sejam normais com $\sigma_1 = 4{,}0$ e $\sigma_2 = 5{,}0$, sugeridas por um gráfico no artigo "Zinc-coated sheet steel: an overview", (*Automotive Engr.*, dec. 1984: 39-43), os dados indicam que as resistências médias reais correspondentes μ_1 e μ_2 são diferentes? Vamos fazer um teste ao nível de significância $\alpha = 0{,}01$.

1. O parâmetro de interesse é $\mu_1 - \mu_2$, a diferença entre as resistências médias reais dos dois tipos de aço.
2. A hipótese nula é H_0: $\mu_1 - \mu_2 = 0$.
3. A hipótese alternativa é H_a: $\mu_1 - \mu_2 \neq 0$; se H_a é verdadeira, então μ_1 e μ_2 são diferentes.
4. Com $\Delta_0 = 0$, o valor da estatística do teste é
$$z = \frac{\bar{x} - \bar{y}}{\sqrt{\dfrac{\sigma_1^2}{m} + \dfrac{\sigma_2^2}{n}}}$$
5. A desigualdade em H_a implica que o teste é bilateral. Para $\alpha = 0{,}01$, $\alpha/2 = 0{,}005$ e $z_{\alpha/2} = z_{0{,}005} = 2{,}58$, H_0 será rejeitada se $z \geqslant 2{,}58$ ou se $z \leqslant -2{,}58$.
6. Substituindo $m = 20$, $\bar{x} = 29{,}8$, $\sigma_1^2 = 16{,}0$, $n = 25$, $\bar{y} = 34{,}7$ e $\sigma_2^2 = 25{,}0$ na fórmula para z, temos
$$z = \frac{29{,}8 - 34{,}7}{\sqrt{\dfrac{16{,}0}{20} + \dfrac{25{,}0}{25}}} = \frac{-4{,}90}{1{,}34} = -3{,}66$$
Isto é, o valor observado de $\bar{x} - \bar{y}$ está mais que 3 desvios padrão abaixo do que se esperaria se H_0 fosse verdadeira.
7. Uma vez que $-3{,}66 < -2{,}58$, z cai na cauda inferior da região de rejeição. H_0 é, portanto, rejeitada no nível 0,01 em favor da conclusão de que $\mu_1 \neq \mu_2$. Os dados da amostra sugerem fortemente que a resistência média verdadeira do aço tratado a frio é diferente da do aço galvanizado. O valor-P para

esse teste bilateral é $2(1 - \Phi(3{,}66)) \approx 2(1 - 1) = 0$, de modo que H_0 deve ser rejeitada em *qualquer* nível de significância razoável. ■

Usando uma comparação para identificar a causalidade

Os investigadores geralmente se interessam em comparar os efeitos de dois tratamentos diferentes sob uma resposta após o tratamento com a resposta após não ter sido feito um tratamento (tratamento × controle). Se os indivíduos ou objetos a serem usados na comparação não são designados pelos investigadores às duas condições diferentes, diz-se que o estudo é **observacional**. A dificuldade em tirar conclusões com base em um estudo observacional é que, embora a análise estatística possa indicar uma diferença significativa na resposta entre os dois grupos, a diferença pode ser resultado de alguns fatores subjacentes que não foram controlados em vez de qualquer diferença nos tratamentos.

Exemplo 9.2

Uma carta no *Journal of the American Medical Association* (19 de maio de 1978) relata que, dos 215 médicos do sexo masculino que se formaram em Harvard e morreram entre novembro de 1974 e outubro de 1977, os 125 que clinicavam em tempo integral viveram em média 48,9 anos depois da graduação, enquanto os 90 com vínculo acadêmico viveram em média 43,2 anos depois da graduação. Os dados sugerem que o tempo de vida médio depois da graduação dos médicos que clinicavam em tempo integral excede o tempo de vida médio daqueles que possuem vínculo acadêmico (se for afirmativo, os estudantes de medicina que dizem estar "morrendo para obter um vínculo acadêmico" podem estar mais próximos da verdade do que possam imaginar; em outras palavras, "publicar ou perecer" realmente é "publicar e perecer")?

Seja μ_1 o número médio verdadeiro de anos vividos após a graduação de médicos que clinicavam em tempo integral, e μ_2 a mesma quantidade de médicos com vínculos acadêmicos. Assuma que os 125 e os 90 médicos sejam amostras aleatórias das populações 1 e 2, respectivamente (que pode não ser razoável se houver motivo para acreditar que os graduados em Harvard têm características especiais que os diferenciam de todos os outros médicos – nesse caso, as inferências seriam restritas apenas às "populações de Harvard"). A carta de onde os dados foram retirados não forneceu nenhuma informação sobre as variâncias, de modo que, para ilustração, assuma que $\sigma_1 = 14{,}6$ e $\sigma_2 = 14{,}4$. As hipóteses são H_0: $\mu_1 - \mu_2 = 0$ *versus* H_a: $\mu_1 - \mu_2 > 0$, então Δ_0 é zero. O valor calculado da estatística do teste é

$$z = \frac{48{,}9 - 43{,}2}{\sqrt{\dfrac{(14{,}6)^2}{125} + \dfrac{(14{,}4)^2}{90}}} = \frac{5{,}70}{\sqrt{1{,}70 + 2{,}30}} = 2{,}85$$

O valor-P para um teste unilateral superior é $1 - \Phi(2{,}85) = 0{,}0022$. No nível de significância de 0,01, H_0 é rejeitada (porque $\alpha >$ valor P) em favor da conclusão de que $\mu_1 - \mu_2 > 0$ ($\mu_1 > \mu_2$). Isso é consistente com as informações relatadas na carta.

Esses dados resultaram a partir de um estudo observacional **retrospectivo**; o investigador não começou selecionando uma amostra de médicos e designando alguns ao tratamento de "vinculação acadêmica" e os outros ao tratamento de "clínicas em tempo integral", mas, ao contrário, identificou os membros dos dois grupos, procurando por registros passados (por meio de obituários!). Pode o resultado estatisticamente significativo aqui ser realmente atribuído a uma diferença do tipo de prática médica após a graduação ou existe algum outro fator subjacente (por exemplo, idade quando se formou, regimes de exercício etc.) que também possa oferecer uma explicação plausível para a diferença? Estudos observacionais foram utilizados para discutir uma ligação causal entre fumar e o câncer do pulmão. Existem muitos estudos que mostram que a incidência de câncer do pulmão é significativamente maior entre os fumantes que entre os não fumantes. Entretanto, os indivíduos decidiram se tornar fumantes muito antes de os investigadores entrarem em cena, e os fatores na tomada dessa decisão podem ter exercido um papel causal na contração de câncer do pulmão. ■

Um **experimento controlado aleatorizado** surge quando os investigadores submetem as pessoas aos dois tratamentos de forma aleatória. Quando a significância estatística é observada em tal experimento, o investigador e outras partes interessadas terão mais confiança na conclusão de que a diferença na resposta tinha sido provocada por uma diferença nos tratamentos. Um exemplo bastante famoso desse tipo de experimento e conclusão é o de Salk, da vacina contra a poliomielite, descrito na Seção 9.4. Essas questões são discutidas com mais detalhes nos livros (não matemáticos) de Moore e de Freedman et al., listados nas referências do Capítulo 1.

β e a escolha do tamanho da amostra

A probabilidade de um erro tipo II é facilmente calculada quando as distribuições das populações são normais com valores conhecidos de σ_1 e σ_2. Consideremos o caso em que a hipótese alternativa seja H_a: $\mu_1 - \mu_2 > \Delta_0$. Seja Δ' um valor $\mu_1 - \mu_2$ que excede Δ_0 (um valor para o qual H_0 é falsa). A região de rejeição unilateral superior $z \geq z_\alpha$ pode ser reexpressada na forma $\bar{x} - \bar{y} \geq \Delta_0 + z_\alpha \sigma_{\bar{X}-\bar{Y}}$. Desta maneira,

$$\begin{aligned}\beta(\Delta') &= P(\text{não rejeitando } H_0 \text{ quando } \mu_1 - \mu_2 = \Delta') \\ &= P(\bar{X} - \bar{Y} < \Delta_0 + z_\alpha \sigma_{\bar{X}-\bar{Y}} \text{ quando } \mu_1 - \mu_2 = \Delta')\end{aligned}$$

Quando $\mu_1 - \mu_2 = \Delta'$, $\bar{X} - \bar{Y}$ é normalmente distribuído com valor médio Δ' e desvio padrão $\sigma_{\bar{X}-\bar{Y}}$ (o mesmo desvio padrão quando H_0 é verdadeira); usar esses valores para padronizar a desigualdade entre parênteses fornece a probabilidade desejada.

Hipótese Alternativa	$\beta(\Delta') = $ P(erro tipo II quando $\mu_1 - \mu_2 = \Delta'$)
H_a: $\mu_1 - \mu_2 > \Delta_0$	$\Phi\left(z_\alpha - \frac{\Delta' - \Delta_0}{\sigma}\right)$
H_a: $\mu_1 - \mu_2 < \Delta_0$	$1 - \Phi\left(-z_\alpha - \frac{\Delta' - \Delta_0}{\sigma}\right)$
H_a: $\mu_1 - \mu_2 \neq \Delta_0$	$\Phi\left(z_{\alpha/2} - \frac{\Delta' - \Delta_0}{\sigma}\right) - \Phi\left(-z_{\sigma/2} - \frac{\Delta' - \Delta_0}{\sigma}\right)$

em que $\sigma = \sigma_{\bar{X}-\bar{Y}} = \sqrt{(\sigma_1^2/m) + (\sigma_2^2/n)}$

Exemplo 9.3 (continuação do Exemplo 9.1)

Suponha que, quando μ_1 e μ_2 (as resistências médias reais dos dois tipos de aço) diferem por 5, a probabilidade de detectar tal desvio de H_0 (o poder do teste) deve ser 0,90. Um teste com nível de 0,01, com tamanhos de amostra $m = 20$ e $n = 25$, satisfaz essa condição? O valor de σ para estes tamanhos de amostra (o denominador de z) foi previamente calculado como 1,34. A probabilidade de um erro tipo II para o teste bilateral de nível 0,01 quando $\mu_1 - \mu_2 = \Delta' = 5$ é

$$\begin{aligned}\beta(5) &= \Phi\left(2{,}58 - \frac{5 - 0}{1{,}34}\right) - \Phi\left(-2{,}58 - \frac{5 - 0}{1{,}34}\right) \\ &= \Phi(-1{,}15) - \Phi(-6{,}31) = 0{,}1251\end{aligned}$$

É fácil verificar que $\beta(-5) = 0{,}1251$ (porque a região de rejeição é simétrica). Assim, o poder é $1 - \beta(5) = 0{,}8749$. Como este é um pouco menor que 0,9, tamanhos de amostra ligeiramente maiores devem ser utilizados. ■

Como no Capítulo 8, os tamanhos das amostras m e n podem ser determinados de modo que satisfaçam $P(\text{erro tipo I}) = $ um α especificado e $P(\text{erro tipo II quando } \mu_1 - \mu_2 = \Delta') = $ um β especificado. Para um teste unilateral superior, igualar a expressão anterior para $\beta(\Delta')$ ao valor especificado de β resulta

$$\frac{\sigma_1^2}{m} + \frac{\sigma_2^2}{n} = \frac{(\Delta' - \Delta_0)^2}{(z_\alpha + z_\beta)^2}$$

Quando os dois tamanhos das amostras são iguais, essa equação produz

$$m = n = \frac{(\sigma_1^2 + \sigma_2^2)(z_\alpha + z_\beta)^2}{(\Delta' - \Delta_0)^2}$$

Essas expressões também estão corretas para um teste unilateral inferior, enquanto α é substituído por $\alpha/2$ para um teste bilateral.

Testes para amostras grandes

As hipóteses de distribuições normais das populações e valores conhecidos de σ_1 e σ_2 são felizmente desnecessárias quando ambos os tamanhos das amostras são grandes. Nesse caso, o Teorema Central do Limite garante que $\overline{X} - \overline{Y}$ possui aproximadamente distribuição normal, independentemente das distribuições das populações subjacentes. Além disso, usar S_1^2 e S_2^2 no lugar de σ_1^2 e σ_2^2 na Expressão (9.1) fornece uma variável cuja distribuição é aproximadamente normal padronizada:

$$Z = \frac{\overline{X} - \overline{Y} - (\mu_1 - \mu_2)}{\sqrt{\dfrac{S_1^2}{m} + \dfrac{S_2^2}{n}}}$$

Uma estatística do teste para amostra grande resulta da substituição de $\mu_1 - \mu_2$ por Δ_0, o valor esperado de $\overline{X} - \overline{Y}$ quando H_0 é verdadeira. Esta estatística Z possui distribuição aproximadamente normal padronizada quando H_0 é verdadeira. Testes com um nível de significância desejado são obtidos usando valores críticos z exatamente como antes.

O uso do valor da estatística do teste

$$z = \frac{\bar{x} - \bar{y} - \Delta_0}{\sqrt{\dfrac{s_1^2}{m} + \dfrac{s_2^2}{n}}}$$

com as regiões de rejeição unilateral superior, inferior e bilateral definidas anteriormente, com base em valores críticos z, fornece testes para amostras grandes cujos níveis de significância são aproximadamente α. Estes testes são geralmente apropriados se $m > 40$ e $n > 40$. Um valor-P é calculado exatamente como era para o teste z anterior.

Exemplo 9.4

Qual o impacto que o consumo de *fast-food* tem em várias características nutricionais e da saúde? O artigo "Effects of fast-food consumption on energy intake and diet quality among children in a national household study" (*Pediatrics*, 2004: 112-118) informou os dados do acompanhamento da ingestão de calorias diária, tanto para uma amostra de adolescentes que afirmaram não comer tipicamente *fast-food* e outra amostra de adolescentes que disseram que costumam comer *fast-food.*

Comem *fast-food*	Tamanho da amostra	Média amostral	Desvio padrão amostral
Não	663	2 258	1 519
Sim	413	2 637	1 138

Será que esses dados fornecem fortes evidências para concluir que a ingestão calórica média verdadeira para os adolescentes que usualmente comem *fast-food* excede em mais de 200 calorias por dia o consumo médio verdadeiro para aqueles que não costumam comer *fast-food*? Vamos investigar por meio da realização de um teste de hipóteses ao nível de significância de aproximadamente 0,05.

O parâmetro de interesse é $\mu_1 - \mu_2$, em que μ_1 é o consumo médio verdadeiro de calorias para os adolescentes que usualmente não comem *fast-food* e μ_2 é consumo médio verdadeiro para os adolescentes que usualmente comem *fast-food.* As hipóteses de interesse são

$$H_0\text{: } \mu_1 - \mu_2 = -200 \quad \textit{versus} \quad H_a\text{: } \mu_1 - \mu_2 < -200$$

A hipótese alternativa afirma que o consumo diário médio verdadeiro para aqueles que costumam comer *fast-food* ultrapassa em mais de 200 calorias o consumo daqueles que não o fazem. O valor da estatística do teste é

$$z = \frac{\bar{x} - \bar{y} - (-200)}{\sqrt{\dfrac{s_1^2}{m} + \dfrac{s_2^2}{n}}}$$

A desigualdade na H_a implica que o teste é unilateral inferior; H_0 deve ser rejeitada se $z \leq -z_{0,05} = -1{,}645$. O valor da estatística do teste é

$$z = \frac{2258 - 2637 + 200}{\sqrt{\dfrac{(1519)^2}{663} + \dfrac{(1138)^2}{413}}} = \frac{-179}{81{,}34} = -2{,}20$$

Como $-2{,}20 \leq -1{,}645$, a hipótese nula é rejeitada. Em um nível de 0,05 de significância, ele faz parecer que consumo de calorias diário médio verdadeiro para os adolescentes que habitualmente comem *fast-food* excede em mais de 200 o consumo médio verdadeiro daqueles que não costumam comer tal alimento.

O valor-*P* para esse teste é

valor-P = a área sob a curva z à esquerda de $-2{,}20 = \Phi(-2{,}20) = 0{,}0139$

Como $0{,}0139 \leq 0{,}05$, rejeitamos novamente a hipótese nula no nível de 0,05 de significância. Entretanto, o valor-*P* não é pequeno o suficiente para justificar a rejeição de H_0 no nível de significância 0,01.

Observe que se o índice 1 fosse utilizado para a condição de consumo regular de *fast-food* e o 2 para a condição de consumo não frequente de *fast-food*, então, 200 teria substituído -200 em ambas as hipóteses e H_a conteria a desigualdade $>$, implicando um teste unilateral superior. O valor resultante da estatística do teste teria sido 2,20, o mesmo valor-*P* anterior. ■

Intervalos de confiança para $\mu_1 - \mu_2$

Quando as distribuições das populações são normais, padronizar $\bar{X} - \bar{Y}$ fornece uma variável aleatória Z com uma distribuição normal padronizada. Uma vez que a área sob a curva z entre $-z_{\alpha/2}$ e $z_{\alpha/2}$ é $1 - \alpha$, segue que

$$P\left(-z_{\alpha/2} < \frac{\bar{X} - \bar{Y} - (\mu_1 - \mu_2)}{\sqrt{\dfrac{\sigma_1^2}{m} + \dfrac{\sigma_2^2}{n}}} < z_{\alpha/2}\right) = 1 - \alpha$$

A manipulação das desigualdades dentro dos parênteses para isolar $\mu_1 - \mu_2$ produz a declaração de probabilidade equivalente

$$P\left(\bar{X} - \bar{Y} - z_{\alpha/2}\sqrt{\frac{\sigma_1^2}{m} + \frac{\sigma_2^2}{n}} < \mu_1 - \mu_2 < \bar{X} - \bar{Y} + z_{\alpha/2}\sqrt{\frac{\sigma_1^2}{m} + \frac{\sigma_2^2}{n}}\right) = 1 - \alpha$$

Isso implica que um IC de $100(1 - \alpha)\%$ para $\mu_1 - \mu_2$ possui limite inferior $\bar{x} - \bar{y} - z_{\alpha/2} \cdot \sigma_{\bar{X}-\bar{Y}}$ e limite superior $\bar{x} - \bar{y} + z_{\alpha/2} \cdot \sigma_{\bar{X}-\bar{Y}}$, em que $\sigma_{\bar{X}-\bar{Y}}$ é a raiz quadrada da expressão. Esse intervalo é um caso especial da fórmula geral $\hat{\theta} \pm z_{\alpha/2} \cdot \sigma_{\hat{\theta}}$.

Se m e n são grandes, o TCL implica que esse intervalo é válido, mesmo sem a suposição de populações normais; nesse caso, o nível de confiança é *aproximadamente* $100(1 - \alpha)\%$. Além disso, o uso das variâncias amostrais S_1^2 e S_2^2 na variável padronizada Z produz um intervalo válido no qual s_1^2 e s_2^2 substituem σ_1^2 e σ_2^2.

Contanto que m e n sejam grandes, um IC para $\mu_1 - \mu_2$ com um nível de confiança de aproximadamente $100(1 - \alpha)\%$ é

$$\bar{x} - \bar{y} \pm z_{\alpha/2}\sqrt{\frac{s_1^2}{m} + \frac{s_2^2}{n}}$$

em que $-$ fornece o limite inferior e $+$ o limite superior do intervalo. Um limite de confiança superior ou inferior também pode ser calculado, mantendo-se o sinal apropriado ($+$ ou $-$) e substituindo-se $z_{\alpha/2}$ por z_α.

Nossa regra prática padrão para caracterizar os tamanhos das amostras como grandes é $m > 40$ e $n > 40$.

Exemplo 9.5

Um experimento realizado para estudar várias características de pinos de ferro resultou em 78 observações sobre a tensão de cisalhamento (kip) de pinos de 3/8 pol de diâmetro e 88 observações sobre a tensão de pinos de 1/2 pol de diâmetro. As quantidades resumidas do Minitab são apresentadas a seguir, e um *boxplot* comparativo é apresentado na Figura 9.1. Os tamanhos das amostras, as médias amostrais e os desvios padrão amostrais correspondem aos valores dados no artigo "Ultimate load capacities of expansion anchor bolts" (*J. of Energy Engr.*, 1993: 139-158). Os resumos sugerem que a principal diferença entre as duas amostras é o local onde estão centralizadas.

```
Variável        N     Média Mediana      Média        DP  Erro padrão
                                       aparada               da média
diâmetro 3/8    78    4,250   4,230      4,238     1,300        0,147
Variável       Mín      Máx      Q1         Q3
diâmetro 3/8 1,634    7,327   3,389      5,075

Variável        N     Média Mediana      Média        DP  Erro padrão
                                       aparada               da média
diâmetro 1/2    88    7,140   7,113      7,150     1,680        0,179
Variável       Mín      Máx      Q1         Q3
diâmetro 1/2 2,450   11,343   5,965      8,447
```

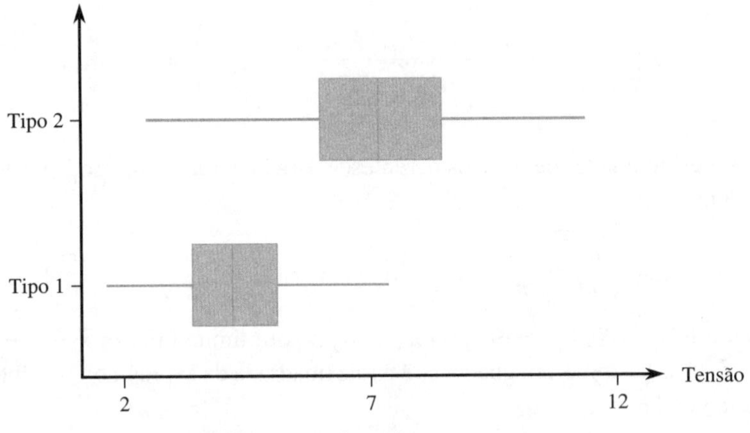

Figura 9.1 Um *boxplot* comparativo dos dados de tensão de cisalhamento.

Vamos calcular agora um intervalo de confiança para a diferença entre a tensão de cisalhamento média verdadeira de pinos de 3/8 pol (μ_1) e a tensão de cisalhamento média verdadeira de pinos de 1/2 pol (μ_2) usando um nível de confiança de 95%:

$$4{,}25 - 7{,}14 \pm (1{,}96)\sqrt{\frac{(1{,}30)^2}{78} + \frac{(1{,}68)^2}{88}} = -2{,}89 \pm (1{,}96)(0{,}2318)$$
$$= -2{,}89 \pm 0{,}45 = (-3{,}34,\ -2{,}44)$$

Isto é, com confiança de 95%, $-3{,}34 < \mu_1 - \mu_2 < -2{,}44$. Podemos, portanto, ficar altamente confiantes de que a tensão de cisalhamento média verdadeira dos pinos de 1/2 pol excede a dos pinos de 3/8 pol entre 2,44 kip e 3,34 kip. Observe que, se mudarmos os índices de modo que μ_1 se refira aos pinos de 1/2 pol e μ_2 aos pinos de 3/8 pol, o intervalo de confiança está agora centralizado em +2,89 e o valor 0,45 ainda é subtraído e somado para obter os limites de confiança. O intervalo resultante é (2,44; 3,34), e a interpretação é idêntica à do intervalo calculado anteriormente. ■

Se as variâncias σ_1^2 e σ_2^2 são pelo menos conhecidas aproximadamente e o investigador utiliza tamanhos de amostras iguais, então o tamanho de amostra comum n que produz um intervalo $100(1-\alpha)\%$ de largura w é

$$n = \frac{4z_{\alpha/2}^2(\sigma_1^2 + \sigma_2^2)}{w^2}$$

que geralmente terá de ser arredondado para um número inteiro.

EXERCÍCIOS Seção 9.1 (1–16)

1. **a.** Mostre que para o teste unilateral superior com σ_1 e σ_2 conhecidos, à medida que m ou n aumenta, β diminui quando $\mu_1 - \mu_2 > \Delta_0$.
   b. Para o caso de tamanhos das amostras iguais ($m = n$) e α fixo, o que acontece com o tamanho da amostra necessário n à medida que β diminui, em que β é a probabilidade de erro tipo II desejada em uma alternativa fixa?
2. O National Health Statistics Reports, datado de 22 de outubro de 2008, incluiu as seguintes informações sobre as alturas (pol) para mulheres caucasianas não hispânicas:

Idade	Tamanho da amostra	Média amostral	Erro padrão da média
20–39	866	64,9	0,09
60 e mais velhas	934	63,1	0,11

   a. Calcule e interprete um intervalo de confiança com nível de confiança de aproximadamente 95% para a diferença entre a altura média da população para as mulheres mais jovens e para as mulheres mais velhas.
   b. Seja um valor μ_1 a média populacional de altura para mulheres entre 20-39 anos e μ_2 a média populacional de altura para mulheres com 60 anos ou mais. Interprete as hipóteses H_0: $\mu_1 - \mu_2 = 1$ e H_a: $\mu_1 - \mu_2 > 1$ e, em seguida, realize um teste destas hipóteses no nível de significância de 0,001 usando a abordagem de região de rejeição.
   c. Qual é o valor-*P* para o teste realizado no item (b)? Com base neste valor-*P*, você rejeitaria a hipótese nula em qualquer nível de significância razoável? Explique.
   d. Qual hipótese seria mais apropriada se μ_1 referiu-se ao grupo etário mais velho, μ_2 ao grupo etário mais jovem e você queria ver se havia evidências convincentes para a conclusão de que a média populacional de altura para as mulheres jovens ultrapassou o de mulheres mais velhas por mais de 1 polegada?
3. Seja μ_1 a vida real média de uma marca premium de pneu radial P205/65R15 e μ_2 a vida média real de uma marca econômica do mesmo tamanho. Teste H_0: $\mu_1 - \mu_2 = 5\,000$ *versus* H_a: $\mu_1 - \mu_2 > 5\,000$ no nível 0,01, usando os seguintes dados: $m = 45$, $\bar{x} = 42\,500$, $s_1 = 2\,200$, $n = 45$, $\bar{y} = 36\,800$ e $s_2 = 1\,500$.
4. **a.** Use os dados do Exemplo 9.4 para calcular um IC de 95% para $\mu_1 - \mu_2$. O intervalo resultante sugere que o $\mu_1 - \mu_2$ foi estimado com precisão?
   b. Use os dados do Exercício 3 para calcular o limite de confiança superior de 95% para $\mu_1 - \mu_2$.
5. As pessoas que têm a síndrome de Reynaud estão propensas a sofrer uma diminuição repentina da circulação sanguínea nos dedos dos pés e das mãos. Em um experimento para estudar a extensão dessa deficiência, cada pessoa mergulhou o dedo indicador na água, e a emissão de calor resultante (cal/cm^2/min) foi medida. Para $m = 10$ indivíduos com a síndrome, a produção de calor média foi $\bar{x} = 0{,}64$, e para $n = 10$ indivíduos que não possuem a síndrome, a produção média foi 2,05. Considere μ_1 e μ_2 as saídas de calor verdadeiro médio para os dois tipos de indivíduos. Assuma que as duas distribuições de emissão de calor sejam normais com $\sigma_1 = 0{,}2$ e $\sigma_2 = 0{,}4$.
   a. Considere testar H_0: $\mu_1 - \mu_2 = -1{,}0$ *versus* H_a: $\mu_1 - \mu_2 < -1{,}0$ no nível 0,01. Descreva em palavras o que diz H_a e faça o teste.
   b. Calcule o valor-*P* para o valor *Z* obtido no item (a).
   c. Qual é a probabilidade de um erro tipo II quando a diferença real entre μ_1 e μ_2 for $\mu_1 - \mu_2 = -1{,}2$?
   d. Assumindo que $m = n$, quais tamanhos das amostras são necessários para garantir que $\beta = 0{,}1$ quando $\mu_1 - \mu_2 = -1{,}2$?
6. Um experimento para comparar a resistência de contato à tensão da argamassa modificada de polímero de látex (argamassa de cimento Portland à qual foram acrescentadas emulsões de polímero de látex durante a mistura) à resistência da argamassa inalterada resultou em $\bar{x} = 18{,}12$ kgf/cm^2 para a argamassa modificada ($m = 40$) e $\bar{y} = 16{,}87$ kgf/cm^2 para a argamassa inalterada ($n = 32$). Sejam μ_1 e μ_2 as resistências de contato à tensão das argamassas modificadas e inalteradas, respectivamente. Assuma que as distribuições da resistência de contato sejam normais.

a. Assumindo que $\sigma_1 = 1{,}6$ e $\sigma_2 = 1{,}4$, teste H_0: $\mu_1 - \mu_2 = 0$ *versus* H_a: $\mu_1 - \mu_2 > 0$ no nível 0,01.

b. Calcule a probabilidade de um erro tipo II para o teste do item (a) quando $\mu_1 - \mu_2 = 1$.

c. Suponha que o investigador tenha decidido usar um teste nível 0,05 e quis que $\beta = 0{,}10$ quando $\mu_1 - \mu_2 = 1$. Se $m = 40$, que valor n é necessário?

d. Como a análise e a conclusão do item (a) mudariam, se σ_1 e σ_2 fossem desconhecidas, mas $s_1 = 1{,}6$ e $s_2 = 1{,}4$?

7. Existe alguma tendência sistemática para faculdades de meio período manterem os seus alunos em padrões diferentes do que os da faculdade em período integral? O artigo "Are there instructional differences between full-time and part-time faculty?" (*College Teaching*, 2009: 23-26) relatou que, para uma amostra de 125 cursos ministrados por universidade de período integral, a média GPA foi 2,7186 e desvio padrão 0,63342, enquanto que, para uma amostra de 88 cursos ministrados em meio período, a média e o desvio padrão foram 2,8639 e 0,49241, respectivamente. A média verdadeira GPA para faculdades de meio período difere da média para faculdades de período integral? Teste as hipóteses apropriadas ao nível de significância 0,01 obtendo primeiro um valor-*P*.

8. Testes de resistência à tensão foram realizados em dois tipos diferentes de cabos de aço ("Fluidized bed patenting of wire rods", *Wire J.*, jun. 1977: 56-61), resultando nos dados de acompanhamento.

Nota	Tamanho da amostra	Média da amostra (kg/mm²)	Desvio padrão da amostra
AISI 1064	$m = 129$	$\bar{x} = 107{,}6$	$s_1 = 1{,}3$
AISI 1078	$n = 129$	$\bar{y} = 123{,}6$	$s_2 = 2{,}0$

a. Os dados fornecem evidências convincentes para concluir que a resistência média verdadeira do AISI 1 078 excede a do AISI 1 064 por mais de 10 kg/mm²? Teste as hipóteses apropriadas, usando a abordagem do valor-*P*.

b. Calcule a diferença entre as resistências médias verdadeiras dos dois cabos, de forma que forneça informações sobre precisão e confiabilidade.

9. Um artigo do *Consumer Reports* de novembro de 1983 comparou vários tipos de pilhas. As vidas úteis médias das pilhas alcalinas AA Duracell e das pilhas alcalinas AA Eveready Energizer obtidas foram 4,1 horas e 4,5 horas, respectivamente. Suponha que essas sejam as vidas úteis médias das populações.

a. Seja $\overline{X}$ a vida útil média amostral de 100 pilhas Duracell e $\overline{Y}$ a vida útil da média amostra de 100 pilhas Eveready. Qual é o valor médio de $\overline{X} - \overline{Y}$ (isto é, onde a distribuição de $\overline{X} - \overline{Y}$ está centralizada)? Como a sua resposta depende dos tamanhos especificados das amostras?

b. Suponha que os desvios padrão da vida útil da população sejam 1,8 hora para as pilhas Duracell e 2,0 horas para as pilhas Eveready. Com os tamanhos amostrais dados no item (a), qual é a variância da estatística $\overline{X} - \overline{Y}$ e qual é o seu desvio padrão?

c. Para os tamanhos amostrais dados no item (a), faça um desenho da curva da distribuição aproximada de $\overline{X} - \overline{Y}$ (inclua uma escala de medição no eixo horizontal). O formato da curva seria necessariamente o mesmo para os tamanhos amostrais de 10 pilhas de cada tipo? Explique.

10. Foi realizado um experimento para comparar a resistência à fratura do aço maraging 18 Ni de alta pureza com o aço de pureza comercial do mesmo tipo (*Corrosion Science*, 1971: 723-736). Para $m = 32$ espécimes, a resistência média amostral foi $\bar{x} = 65{,}6$ para o aço de alta pureza, enquanto para $n = 38$ espécimes de aço comercial, $\bar{y} = 59{,}8$. Como o aço de alta pureza é mais caro, seu uso para determinada aplicação pode ser justificado somente se sua resistência à fratura exceder a do aço de pureza comercial por mais de 5. Suponha que ambas as distribuições de dureza sejam normais.

a. Assumindo que $\sigma_1 = 1{,}2$ e $\sigma_2 = 1{,}1$, teste as hipóteses relevantes, usando $\alpha = 0{,}001$.

b. Calcule β para o teste realizado no item (a) quando $\mu_1 - \mu_2 = 6$.

11. O nível de chumbo no sangue foi determinado para uma amostra de 152 trabalhadores que lidam com resíduos perigosos com idade entre 20-30 anos e também para uma amostra de 86 trabalhadoras, resultando em uma média $\pm$ erro padrão de $5{,}5 \pm 0{,}3$ para os homens e $3{,}8 \pm 0{,}2$ para as mulheres ("Temporal changes in blood lead levels of hazardous waste workers in New Jersey, 1984-1987", *Environ. Monitoring and Assessment*, 1993: 99-107). Calcule uma estimativa da diferença entre os níveis médios reais de chumbo no sangue dos trabalhadores e das trabalhadoras, de modo que forneça informações sobre precisão e confiabilidade.

12. A tabela a seguir fornece dados resumidos sobre a resistência à compressão do cubo (N/mm²) de espécimes de concreto feitos com uma mistura de combustível pulverizado ("A study of twenty-five- year-old pulverized fuel ash concrete used in foundation structures", *Proc. Inst. Civ. Engrs.*, mar. 1985: 149-165):

Idade (dias)	Tamanho da amostra	Média amostral	Desvio padrão da amostra
7	68	26,99	4,89
28	74	35,76	6,43

Calcule e interprete um IC de 99% da diferença entre a resistência média verdadeira de 7 dias e a resistência média verdadeira de 28 dias.

13. Um engenheiro mecânico quer comparar as propriedades de resistência de vigas de aço com as de vigas semelhantes feitas com uma liga específica. O mesmo número de vigas, *n*, de cada tipo será testado. Cada viga será colocada horizontalmente com um apoio em cada extremidade, uma força de 2 500 lb será aplicada no centro e a deflexão será medida. Por ter experiências anteriores com tais vigas, o engenheiro está disposto a assumir que o desvio padrão real de deflexão para ambos os tipos de feixe é 0,05 pol. Por ser mais cara a liga, o engenheiro pretende testar no nível 0,01 se esta tem deflexão média menor que a da viga de aço. Que valor *n* é apropriado, se a probabilidade de erro tipo II desejada for 0,05 quando a diferença da deflexão média real favorecer a liga em 0,04 pol?

14. O nível da atividade da monoamina oxidase (MAO) nas plaquetas sanguíneas (nm/mg proteína/h) foi determinado para cada indivíduo em uma amostra de 43 esquizofrênicos crônicos, resultando em $\bar{x} = 2{,}69$ e $s_1 = 2{,}30$, bem como de 45 pessoas sem a doença, resultando em $\bar{y} = 6{,}35$ e $s_2 = 4{,}03$. Esses dados sugerem fortemente que a média real de atividade da MAO das pessoas saudáveis é mais que duas vezes o nível da atividade dos esquizofrênicos? Derive um procedimento de teste e faça o teste usando $\alpha = 0{,}01$. [*Dica*: H_0 e H_a aqui possuem uma forma diferente dos três casos padrão. Sejam μ_1 e μ_2 a atividade da MAO média real dos esquizofrênicos bem como das pessoas saudáveis, respectivamente, e considere o parâmetro $\theta = 2\mu_1 - \mu_2$. Escreva H_0 e H_a em termos de θ, estime θ e derive $\hat{\sigma}_{\hat{\theta}}$ ("Reduced monoamine oxidase activity in blood platelets from schizophrenic patients", *Nature*, 28 jul. 1972: 225-226).]

15. O artigo "Evaluation of a ventilation strategy to prevent barotrauma in patients at high risk for acute respiratory distress syndrome" (*New Engl. J. of Med.*, 1998: 355-358) relatou um experimento no qual 120 pacientes com características clínicas semelhantes foram divididos aleatoriamente em um grupo de controle e em um grupo de tratamento, cada um com 60 pacientes. A média de permanência na UTI (dias) da amostra e o desvio padrão da amostra para o grupo de tratamento foram, respectivamente, 19,9 e 39,1, enquanto os valores para o grupo de controle foram 13,7 e 15,8.

a. Calcule uma estimativa pontual da diferença entre a permanência média real na UTI dos grupos de tratamento e de controle. Essa estimativa sugere que existe uma diferença significativa entre as permanências médias reais sob as duas condições?

b. Responda à pergunta proposta no item (a) fazendo um teste de hipótese formal. O resultado é diferente do que você supôs naquele item?

c. Parece que a permanência na UTI dos pacientes que receberam o tratamento de ventilação é normalmente distribuída? Explique seu raciocínio.

d. Estime a duração da permanência média real dos pacientes que receberam o tratamento de ventilação, de modo que transmita informações sobre precisão e confiabilidade.

16. Para decidir se dois tipos diferentes de aço possuem os mesmos valores de resistência à fratura média real, n espécimes de cada tipo são testados, produzindo os seguintes resultados:

Tipo	Média amostral	Desvio padrão da amostra
1	60,1	1,0
2	59,9	1,0

Calcule o valor-*P* para o teste z apropriado de duas amostras, assumindo que os dados foram baseados em $n = 100$. Em seguida, repita o cálculo para $n = 400$. O menor valor-*P* para $n = 400$ é indicativo de uma diferença que tem um significado prático? Você ficaria satisfeito apenas com um relatório do valor-*P*? Comente em poucas palavras.

9.2 Teste *t* e intervalo de confiança de duas amostras

O valor da variância da população frequentemente não é conhecido pelo investigador. Na seção anterior, ilustramos, para tamanhos das amostras grandes, o uso de um teste z e IC em que as variâncias amostrais foram utilizadas no lugar das variâncias da população. Na verdade, para amostras grandes, o TCL nos permite usar esses métodos mesmo quando as duas populações de interesse não são normais.

Na prática, entretanto, frequentemente ocorre que pelo menos um tamanho de amostra é pequeno e as variâncias da população possuem valores desconhecidos. Na ausência do TCL, continuamos fazendo hipóteses específicas sobre as distribuições das populações subjacentes. O uso de procedimentos inferenciais que resultam dessas suposições é, então, restrito às situações em que as suposições são, no mínimo, aproximadamente satisfeitas. Poderíamos, por exemplo, assumir que ambas as distribuições de população são membros da família Weibull, ou que ambas são distribuições dos Poisson. Não deve ser surpreendente saber que a normalidade é tipicamente a hipótese mais razoável.

Suposições

As distribuições de ambas as populações são normais, de modo que $X_1, X_2, \ldots, X_m$ é uma amostra aleatória de uma distribuição normal, assim como $Y_1, \ldots, Y_n$ (com os X e Y independentes entre si). A plausibilidade dessas suposições pode ser avaliada construindo-se um gráfico normal de probabilidade dos x_i e outro dos y_i.

A estatística do teste e a fórmula do intervalo de confiança baseiam-se na mesma variável padronizada desenvolvida na Seção 9.1, mas a distribuição relevante é agora t em vez de z.

Teorema

Quando as distribuições das populações são normais, a variável padronizada

$$T = \frac{\overline{X} - \overline{Y} - (\mu_1 - \mu_2)}{\sqrt{\dfrac{S_1^2}{m} + \dfrac{S_2^2}{n}}} \tag{9.2}$$

possui aproximadamente uma distribuição t com ν gl calculado a partir dos dados por

$$\nu = \frac{\left(\frac{s_1^2}{m} + \frac{s_2^2}{n}\right)^2}{\frac{(s_1^2/m)^2}{m-1} + \frac{(s_2^2/n)^2}{n-1}} = \frac{[(se_1)^2 + (se_2)^2]^2}{\frac{(se_1)^4}{m-1} + \frac{(se_2)^4}{n-1}}$$

em que

$$se_1 = \frac{s_1}{\sqrt{m}},\ se_2 = \frac{s_2}{\sqrt{n}}$$

(arredonde ν para o número inteiro mais próximo).

Manipular T em uma fórmula de probabilidades para isolar $\mu_1 - \mu_2$ fornece um IC, enquanto uma estatística do teste resulta da substituição de $\mu_1 - \mu_2$ pelo valor nulo Δ_0.

O **intervalo de confiança t de duas amostras para $\mu_1 - \mu_2$** com nível de confiança $100(1 - \alpha)\%$ é, então,

$$\bar{x} - \bar{y} \pm t_{\alpha/2,\nu}\sqrt{\frac{s_1^2}{m} + \frac{s_2^2}{n}}$$

Um limite de confiança unilateral pode ser calculado conforme descrito anteriormente.

O **teste t de duas amostras** para testar H_0: $\mu_1 - \mu_2 = \Delta_0$ é:

$$\text{Valor da estatística do teste: } t = \frac{\bar{x} - \bar{y} - \Delta_0}{\sqrt{\frac{s_1^2}{m} + \frac{s_2^2}{n}}}$$

Hipótese alternativa	Região de rejeição para o teste nível α aproximado
H_a: $\mu_1 - \mu_2 > \Delta_0$	$t \geq t_{\alpha,\nu}$ (unilateral superior)
H_a: $\mu_1 - \mu_2 < \Delta_0$	$t \leq -t_{\alpha,\nu}$ (unilateral inferior)
H_a: $\mu_1 - \mu_2 \neq \Delta_0$	tanto $t \geq t_{\alpha/2,\nu}$ quanto $t \leq -t_{\alpha/2,\nu}$ (bilateral)

Um valor-P pode ser calculado conforme descrito na Seção 8.4 para o teste t de uma amostra.

Exemplo 9.6

O volume vazio em um tecido afeta as propriedades de conforto, flamabilidade e isolamento. A permeabilidade de um tecido refere-se à acessibilidade do espaço vazio ao fluxo de um gás ou líquido. O artigo "The relationship between porosity and air permeability of woven textile fabrics" (*J. of Testing and Eval.*, 1997: 108-114) forneceu informações resumidas sobre a permeabilidade de ar ($cm^3/cm^2/s$) de vários tipos diferentes de tecido. Considere os dados a seguir sobre dois tipos diferentes de tecido liso:

Tipo de tecido	Tamanho da amostra	Média amostral	Desvio padrão amostral
Algodão	10	51,71	0,79
Triacetato	10	136,14	3,59

Assumindo que as distribuições de porosidade de ambos os tipos de tecido sejam normais, vamos calcular um intervalo de confiança para a diferença entre a porosidade média real do tecido de algodão e a do tecido de acetato, usando um nível de confiança de 95%. Antes de o valor crítico t apropriado poder ser selecionado, o número do gl deve ser determinado:

$$\text{gl} = \frac{\left(\frac{0,6241}{10} + \frac{12,8881}{10}\right)^2}{\frac{(0,6241/10)^2}{9} + \frac{(12,8881/10)^2}{9}} = \frac{1,8258}{0,1850} = 9,87$$

Assim, usamos $\nu = 9$; a Tabela A.5 do Apêndice fornece $t_{0,025;9} = 2,262$. O intervalo resultante é

$$51,71 - 136,14 \pm (2,262)\sqrt{\frac{0,6241}{10} + \frac{12,8881}{10}} = -84,43 \pm 2,63$$
$$= (-87,06, -81,80)$$

Com alto grau de confiança, podemos dizer que a porosidade média verdadeira dos espécimes de tecido de triacetato excede a dos espécimes de algodão entre 81,80 e 87,06 cm³/cm²/s. ■

Exemplo 9.7

A deterioração de muitas redes de tubulações municipais pelo país é uma preocupação crescente. Uma tecnologia proposta para a reabilitação das tubulações utiliza um revestimento flexível que passa pelo tubo existente. O artigo "Effect of welding on a high-density polyethylene liner" (*J. of Materials in Civil Engr.*, 1996: 94-100) relatou os dados a seguir sobre a resistência à tensão (psi) dos espécimes de revestimento quando certo processo de fusão foi utilizado e quando esse processo não foi usado.

Sem fusão	2 748	2 700	2 655	2 822	2 511			
	3 149	3 257	3 213	3 220	2 753			
	$m = 10$	$\bar{x} = 2\,902,8$		$s_1 = 277,3$				
Fundido	3 027	3 356	3 359	3v297	3 125	2 910	2 889	2 902
	$n = 8$	$\bar{y} = 3\,108,1$		$s_2 = 205,9$				

A Figura 9.2 mostra gráficos normais de probabilidade obtidos do Minitab. O padrão linear em cada gráfico sustenta a suposição de que as distribuições de resistência à tensão sob as duas condições são normais.

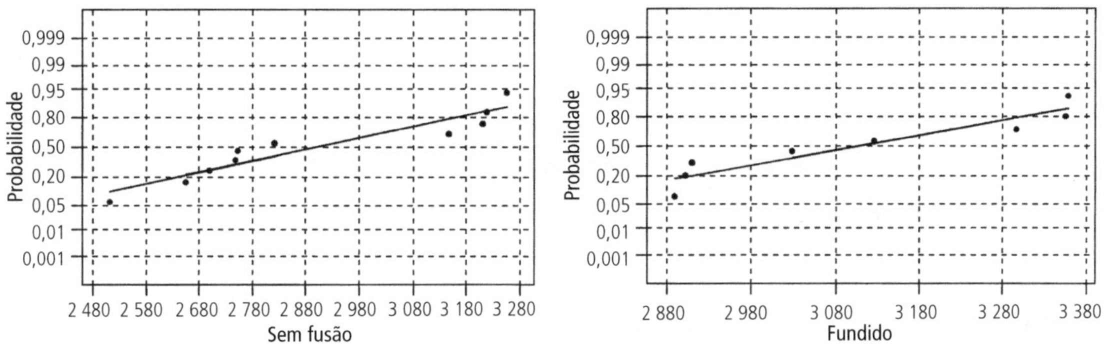

Figura 9.2 Gráficos normais de probabilidade obtidos do Minitab para os dados de resistência à tração.

Os autores do artigo afirmaram que o processo de fusão aumentou a resistência média à tração. A mensagem do *boxplot* comparativo da Figura 9.3 não é muito clara. Vamos fazer um teste de hipóteses para ver se os dados sustentam essa conclusão.

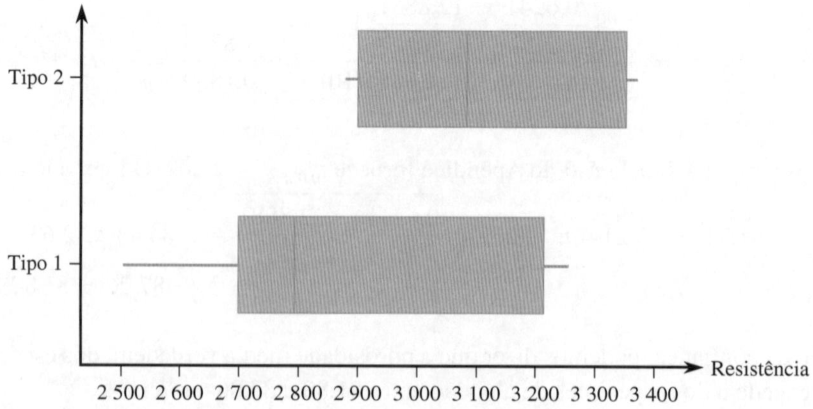

Figura 9.3 Um *boxplot* comparativo dos dados de força de cisalhamento.

1. Considere μ_1 a resistência média verdadeira à tração de espécimes quando o tratamento sem fusão é utilizado e μ_2 a resistência média verdadeira à tração quando o tratamento de fusão é utilizado.
2. H_0: $\mu_1 - \mu_2 = 0$ (não houve diferença na resistência média verdadeira à tração para os dois tratamentos).
3. H_a: $\mu_1 - \mu_2 < 0$ (resistência média verdadeira à tração para o tratamento sem fusão é menor que para o tratamento com fusão, de modo que a conclusão dos investigadores é correta).
4. O valor nulo é $\Delta_0 = 0$, assim, a estatística do teste é

$$t = \frac{\bar{x} - \bar{y}}{\sqrt{\dfrac{s_1^2}{m} + \dfrac{s_2^2}{n}}}$$

5. Calculamos agora o valor da estatística do teste e o número de gl para o teste:

$$t = \frac{2\,902{,}8 - 3\,108{,}1}{\sqrt{\dfrac{(277{,}3)^2}{10} + \dfrac{(205{,}9)^2}{8}}} = \frac{-205{,}3}{113{,}97} = -1{,}8$$

Usando $s_1^2/m = 7\,689{,}529$ e $s_2^2/n = 5\,299{,}351$,

$$\nu = \frac{(7\,689{,}529 + 5\,299{,}351)^2}{(7\,689{,}529)^2/9 + (5\,299{,}351)^2/7} = \frac{168\,711\,003{,}7}{10\,581\,747{,}35} = 15{,}94$$

assim, o teste se baseará em 15 gl.

6. A Tabela A.8 do Apêndice mostra que a área sob a curva t com 15 gl à direita de 1,8 é 0,046, assim, o valor-P para um teste unilateral inferior também é 0,046. A saída do Minitab a seguir resume todos os cálculos:

```
Duas amostras T para não fusão vs fundido

              N    Média     Desvio Padrão   Erro padrão da média (EP média)
não fundido  10    2903                277                                88
fundido       8    3108                206                                73

95% IC para μ não fusão-μ fusão: (-488, 38)
Teste-t μ não fusão = μ fusão (vs <): T = -1.80 P = 0.046 gl = 15
```

7. Usando um nível de significância de 0,05, podemos rejeitar apenas a hipótese nula em favor da hipótese alternativa, confirmando a conclusão do artigo. Entretanto, uma pessoa que necessite de mais evidências pode selecionar $\alpha = 0{,}01$, um nível para o qual H_0 não pode ser rejeitada.

Se a pergunta apresentada questionasse se a fusão aumentou a resistência média real por mais de 100 psi, então as hipóteses relevantes teriam sido H_0: $\mu_1 - \mu_2 = -100$ *versus* H_a: $\mu_1 - \mu_2 < -100$; então o valor nulo teria sido $\Delta_0 = -100$. ■

Procedimentos *t* agrupados

As alternativas para os procedimentos *t* de duas amostras descritas anteriormente assumem não somente que as duas distribuições das populações são normais, como também que possuem variâncias iguais ($\sigma_1^2 = \sigma_2^2$). Isto é, as duas curvas da distribuição de população são consideradas normais com dispersões iguais; a única diferença possível entre elas é o local onde estão centralizadas.

Assuma que σ^2 denote a variância da população comum. Então, a padronização de $\overline{X} - \overline{Y}$ fornece

$$Z = \frac{\overline{X} - \overline{Y} - (\mu_1 - \mu_2)}{\sqrt{\dfrac{\sigma^2}{m} + \dfrac{\sigma^2}{n}}} = \frac{\overline{X} - \overline{Y} - (\mu_1 - \mu_2)}{\sqrt{\sigma^2\left(\dfrac{1}{m} + \dfrac{1}{n}\right)}}$$

que possui uma distribuição normal padronizada. Antes de essa variável poder ser usada como base para fazer inferências sobre $\mu_1 - \mu_2$, a variância comum deve ser calculada a partir dos dados da amostra. Um estimador de σ^2 é S_1^2, a variância das m observações na primeira amostra, e o outro é S_2^2, a variância da segunda amostra. Intuitivamente, um estimador melhor que a variância amostral individual resulta da combinação das duas variâncias amostrais. A primeira ideia pode ser usar $(S_1^2 + S_2^2)/2$. Entretanto, se $m > n$, então, a primeira amostra contém mais informações sobre σ^2 do que a segunda amostra e um comentário análogo aplica-se se a $m < n$. A média *ponderada* a seguir das duas variâncias amostrais, chamada **estimador agrupado (ou seja, combinado) de σ^2**, ajusta-se a qualquer diferença entre os dois tamanhos das amostras:

$$S_p^2 = \frac{m - 1}{m + n - 2} \cdot S_1^2 + \frac{n - 1}{m + n - 2} \cdot S_2^2$$

A primeira amostra contribui com $m - 1$ graus de liberdade para a estimativa de σ^2 e a segunda amostra contribui com $n - 1$ gl, para um total de $m + n - 2$ gl. A teoria estatística diz que, se S_p^2 substitui σ^2 na expressão para Z, a variável padronizada resultante possui uma distribuição *t* com base em $m + n - 2$ gl. Da mesma forma que as variáveis padronizadas anteriores foram usadas como base para determinar intervalos de confiança e procedimentos de teste, essa variável *t* leva imediatamente ao IC *t* agrupado para estimar $\mu_1 - \mu_2$ e o teste *t* agrupado para testar as hipóteses sobre uma diferença entre as médias.

No passado, muitos estatísticos recomendavam esses procedimentos *t* agrupados durante os procedimentos *t* de duas amostras. O teste *t* agrupado, por exemplo, pode ser derivado do princípio de razão de verossimilhança, enquanto o teste *t* de duas amostras não é um teste de razão de verossimilhança. Além disso, o nível de significância para o teste *t* agrupado é exato, enquanto é somente aproximado para o teste *t* de duas amostras. Entretanto, uma pesquisa recente mostrou que, embora o teste *t* agrupado supere um pouco o teste *t* de duas amostras *t* (β menores para o mesmo α) quando $\sigma_1^2 = \sigma_2^2$, o teste anterior pode facilmente levar a conclusões errôneas, se aplicado quando as variâncias são diferentes. Observações análogas aplicam-se ao comportamento dos dois intervalos de confiança. Ou seja, os procedimentos *t* agrupados não são consistentes com as violações do pressuposto de variância igual.

Foi sugerido que se poderia fazer um teste preliminar de H_0: $\sigma_1^2 = \sigma_2^2$ e usar um procedimento *t* agrupado se esta hipótese nula não for rejeitada. Infelizmente, o usual *"teste F"* de variâncias iguais (Seção 9.5) é bastante sensível à suposição da distribuição da população normal – muito mais do que procedimentos *t*. Recomendamos, portanto, a abordagem conservadora de utilização de procedimentos *t* de duas amostras a menos que haja evidência convincente para realmente fazer o contrário, particularmente quando os dois tamanhos de amostra são diferentes.

Probabilidades de erro tipo II

Determinar as probabilidades de erro tipo II (ou, de forma equivalente, poder = $1 - \beta$) para o teste *t* de duas amostras é complicado. Parece não haver qualquer forma simples de usar as curvas β da Tabela A.17 do Apêndice. A versão mais recente do Minitab (Versão 16) calculará o poder para o teste *t* agrupado, mas não para o teste *t* de duas amostras.

Entretanto, a homepage do Departamento de Estatística da UCLA (http://www.stat.ucla.edu) permite acessar uma calculadora de poder que o fará. Por exemplo, especificamos $m = 10$, $n = 8$,

$\sigma_1 = 300$, $\sigma_2 = 225$ (estes são os tamanhos de amostra para o Exemplo 9.7, cujos desvios padrão da amostra são um pouco menores que estes valores de σ_1 e σ_2) e pedimos o poder de um teste bilateral ao nível de 0,05 de H_0: $\mu_1 - \mu_2 = 0$ quando $\mu_1 - \mu_2 = 100$, 250 e 500. Os valores resultantes da força foram 0,1089, 0,4609 e 0,9635 (correspondentes a $\beta = 0{,}89$, 0,54 e 0,04), respectivamente. Em geral, β diminuirá à medida que os tamanhos das amostras aumentam, quando α aumenta e quando $\mu_1 - \mu_2$ se distancia de 0. O software também calculará os tamanhos das amostras necessários, a fim de obter um valor especificado do poder para um valor particular de $\mu_1 - \mu_2$.

EXERCÍCIOS Seção 9.2 (17–35)

17. Determine a quantidade de graus de liberdade para o teste t de duas amostras ou o IC em cada uma das situações a seguir:
a. $m = 10, n = 10, s_1 = 5{,}0, s_2 = 6{,}0$
b. $m = 10, n = 15, s_1 = 5{,}0, s_2 = 6{,}0$
c. $m = 10, n = 15, s_1 = 2{,}0, s_2 = 6{,}0$
d. $m = 12, n = 24, s_1 = 5{,}0, s_2 = 6{,}0$

18. Sejam μ_1 e μ_2 as densidades médias reais de dois tipos diferentes de tijolo. Assumindo a normalidade das duas distribuições de densidade, teste H_0: $\mu_1 - \mu_2 = 0$ *versus* H_a: $\mu_1 - \mu_2 \neq 0$ usando os seguintes dados: $m = 6$, $\bar{x} = 22{,}73$, $s_1 = 0{,}164$, $n = 5$, $\bar{y} = 21{,}95$ e $s_2 = 0{,}240$.

19. Suponha que μ_1 e μ_2 sejam distâncias de parada médias reais em 50 mph de certo tipo de carros equipados com dois tipos diferentes de sistemas de frenagem. Utilize o teste t de duas amostras no nível de significância 0,01 para testar H_0: $\mu_1 - \mu_2 = -10$ *versus* H_a: $\mu_1 - \mu_2 < -10$ para os seguintes dados: $m = 6$, $\bar{x} = 115{,}7$, $s_1 = 5{,}03$, $n = 6$, $\bar{y} = 129{,}3$ e $s_2 = 5{,}38$.

20. Use os dados do Exercício 19 para calcular um IC de 95% para a diferença entre a distância de parada média real dos carros equipados com o sistema 1 e dos carros equipados com o sistema 2. O intervalo sugere que uma informação precisa sobre o valor dessa diferença está disponível?

21. Consulte o Exercício 33 na Seção 7.3. O artigo citado também forneceu as seguintes observações sobre o grau de polimerização das espécimes que possuem viscosidade em um intervalo maior:

429	430	430	431	436	437
440	441	445	446	447	

a. Construa um *boxplot* comparativo para as duas amostras e comente sobre quaisquer características interessantes.
b. Calcule um intervalo de confiança de 95% para a diferença entre o grau de polimerização médio real do intervalo intermediário e o do intervalo maior. O intervalo sugere que μ_1 e μ_2 podem, de fato, ser diferentes? Explique seu raciocínio.

22. O teste de corte inclinado é amplamente aceito para avaliar a união de materiais de reparo resinosos ao concreto; ele utiliza espécimes cilíndricos feitos de duas metades idênticas unidas a 30°. O artigo "Testing the bond between repair materials and concrete substrate" (*ACI Materials J.*, 1996: 553-558) relatou que, para 12 espécimes preparados usando escova de aço, a resistência de corte média amostral (N/mm^2) e o desvio padrão da amostra eram 19,20 e 1,58, respectivamente, enquanto, para 12 espécimes entalhadas manualmente, os valores correspondentes eram 23,13 e 4,01. A resistência média real parece ser diferente para os dois métodos de preparação de superfície? Defina e teste a hipótese relevante utilizando um nível de significância de 0,05. O que você supõe com relação às distribuições da resistência de corte?

23. Os entrelinhamentos por fusão estão sendo usados com frequência crescente para sustentar os tecidos externos e melhorar o formato e a estampa de várias peças de roupa. O artigo "Compatibility of outer and fusible interlining fabrics in tailored garments" (*Textile Res. J.*, 1997: 137-142) forneceu os dados a seguir sobre a extensão (%) em 100 gm/cm de espécimes de tecido de alta qualidade (A) e de baixa qualidade (B).

A	1,2	0,9	0,7	1,0	1,7	1,7	1,1	0,9	1,7
	1,9	1,3	2,1	1,6	1,8	1,4	1,3	1,9	1,6
	0,8	2,0	1,7	1,6	2,3	2,0			
B	1,6	1,5	1,1	2,1	1,5	1,3	1,0	2,6	

a. Construa gráficos normais de probabilidade para verificar a plausibilidade de ambas as amostras terem sido selecionadas de distribuições normais das populações.
b. Construa um *boxplot* comparativo. Ele sugere que há diferença entre a extensão média verdadeira dos espécimes de tecido de alta qualidade e a dos espécimes de baixa qualidade?
c. A média amostral e o desvio padrão da amostra de alta qualidade são 1,508 e 0,444, respectivamente, e os da amostra de baixa qualidade são 1,588 e 0,530. Use o teste t de duas amostras para decidir se a extensão média verdadeira é diferente para os dois tipos de tecido.

24. Os danos às uvas pela predação de aves é um problema sério para os produtores. O artigo "Experimental method to investigate and monitor bird behavior and damage to vineyards" (*Amer. J. of Enology and Viticulture*, 2004: 288-291) reportou um experimento envolvendo um comedouro para pássaros, um vídeo lapso temporal e alimentos artificiais. As informações foram coletadas para duas espécies diferentes de aves na localização experimental e em um cenário natural de vinhedo. Considere os seguintes dados sobre o tempo (s) gasto em uma única visita ao local.

Espécies	Localização	n	$\bar{x}$	EP da média
Melros	Experimental	65	13,4	2,05
Melros	Natural	50	9,7	1,76
Zosterops lateralis	Experimental	34	49,4	4,78
Zosterops lateralis	Natural	46	38,4	5,06

a. Calcule um limite de confiança superior para o tempo médio verdadeiro que melros gastam em uma única visita ao local experimental.

b. Será que o tempo médio verdadeiro gasto pelo melros no local experimental excede o tempo médio verdadeiro que os pássaros desse tipo passam no local natural? Realize um teste das hipóteses apropriadas.

c. Estime a diferença entre o tempo médio verdadeiro que os melros passam no local natural e o tempo médio verdadeiro que os Zosterops lateralis passam no local natural, e faça isso de uma maneira que transmita informações sobre confiabilidade e precisão.

[*Observação*: as medianas das amostras relatadas no artigo pareciam significativamente menores que a média, sugerindo assimetria de distribuição substancial da população. Os autores na verdade utilizaram o procedimento de teste livre de distribuição apresentado na Seção 2 do Capítulo 15.]

25. Dor lombar (DL) é um problema de saúde sério em muitos ambientes industriais. O artigo "Isodynamic evaluation of trunk muscles and low-back pain among workers in a steel factory" (*Ergonomics*, 1995: 2107-2117) relatou os dados resumidos a seguir sobre o intervalo de movimentos laterais (graus) para uma amostra de trabalhadores sem um histórico de DL e para outra amostra com histórico dessa doença.

Condição	Tamanho da amostra	Média amostral	Desvio padrão da amostra
Sem DL	28	91,5	5,5
DL	31	88,3	7,8

Calcule um intervalo de confiança de 90% da diferença entre a extensão média de movimentos laterais da população para as duas condições. O intervalo sugere que o movimento lateral médio da população é diferente para as duas condições? A mensagem é diferente se um nível de confiança de 95% for utilizado?

26. O artigo "The influence of corrosion inhibitor and surface abrasion on the failure of aluminum wired twiston connections" (*IEEE Trans. on Components, Hybrids, and Manuf. Tech.*, 1984: 20-25) relatou dados sobre as medições de queda de potencial de uma amostra de conectores com fio de liga de alumínio e de outra amostra com fio de alumínio EC. A saída do SAS a seguir sugere que a queda de potencial médio real das conexões de liga (tipo 1) é maior que a das conexões de EC (conforme afirmado no artigo)? Realize um teste das hipóteses apropriadas usando um nível de significância de 0,01. Ao chegar à conclusão, que tipo de erro você pode ter cometido? [*Observação*: o SAS descreve o valor-*P* para um teste bilateral.]

```
Tipo  N          Média  Desvio padrão  Erro padrão
1    20  17,49900000     0,55012821   0,12301241
2    20  16,90000000     0,48998389   0,10956373

        Variâncias          T       GL    Prob>|T|
          Desigual     3.6362     37.5      0.0008
             Igual     3.6362     38.0      0.0008
```

27. As técnicas quantitativas não invasivas são necessárias para avaliar rotineiramente os sintomas das neuropatias periféricas, como Síndrome do Túnel Carpal (STC). O artigo "A gap detection tactility test for sensory deficits associated with carpal tunnel syndrome" (*Ergonomics*, 1995: 2588-2601) relatou um teste que envolveu sentir uma abertura minúscula em uma superfície lisa por meio de uma sondagem com um dedo; esse teste assemelha-se de forma funcional a muitas atividades palpáveis relacionadas ao trabalho, como a detecção de arranhões ou defeitos na superfície. Quando não se pode fazer a sondagem com o dedo, o limiar da detecção do vão médio da amostra para $m = 8$ pessoas normais foi 1,71 mm, e o desvio padrão da amostra foi 0,53; para $n = 10$ pessoas com STC, a média e o desvio padrão amostrais foram 2,53 e 0,87, respectivamente. Esses dados sugerem que o limiar da detecção do vão médio real para as pessoas com STC excede o das pessoas normais? Defina e teste a hipótese relevante utilizando um nível de significância de 0,01.

28. À medida que a população envelhece, há uma preocupação crescente com relação às lesões relacionadas a acidentes na velhice. O artigo "Age and gender differences in single-step recovery from a forward fall" (*J. of Gerontology*, 1999: M44--M50) relatou um experimento em que o ângulo de inclinação máximo – o mais afastado que uma pessoa é capaz de se inclinar e ainda voltar ao estado normal em uma etapa – foi determinado para uma amostra de mulheres jovens [MJ] (21-29 anos) e uma amostra de mulheres idosas [MI] (67-81 anos). As observações a seguir são consistentes com os dados resumidos fornecidos no artigo:

MJ: 29, 34, 33, 27, 28, 32, 31, 34, 32, 27
MI: 18, 15, 23, 13, 12

Os dados sugerem que o ângulo de inclinação máximo médio real das mulheres idosas é mais que 10 graus menor que o das mulheres jovens? Determine e teste as hipóteses relevantes no nível de significância de 0,10, obtendo um valor-*P*.

29. O artigo "Effect of internal gas pressure on the compression strength of beverage cans and plastic bottles" (*J. of Testing and Evaluation*, 1993: 129-131) inclui os dados a seguir sobre a resistência à compressão (lb) de uma amostra de latas de alumínio de 12 oz cheias de suco de morango e de outra amostra com refrigerante. Os dados sugerem que a carbonação extra do refrigerante resulta em uma resistência à compressão média maior? Baseie sua resposta em um valor-*P*. Que hipóteses são necessárias para sua análise?

Bebida	Tamanho da amostra	Média amostral	Desvio padrão da amostra
Suco de morango	15	540	21
Refrigerante	15	554	15

30. O artigo "Flexure of concrete beams reinforced with advanced composite orthogrids" (*J. of Aerospace Engr.*, 1997: 7-15) forneceu os dados a seguir sobre carga máxima (kN) de dois tipos diferentes de vigas.

Tipo	Tamanho da amostra	Média amostral	Desvio padrão da amostra
Grade de fibra de vidro	26	33,4	2,2
Grade de carbono comercial	26	42,8	4,3

a. Assumindo que as distribuições subjacentes sejam normais, calcule e interprete um IC de 99% para a diferença entre a carga média verdadeira das vigas de fibra de vidro e a das vigas de carbono.

b. O limite superior do intervalo que você calculou no item (a) fornece um limite de confiança superior de 99% para a diferença entre os dois μ? Se não, calcule esse limite. Ele sugere fortemente que a carga média verdadeira das vigas de carbono é maior que a das vigas de fibra de vidro? Explique.

31. Anorexia Nervosa (AN) é uma condição psiquiátrica que leva à perda de peso substancial entre as mulheres que têm medo de engordar. O artigo "Adipose tissue distribution after weight restoration and weight maintenance in women with anorexia nervosa" (*Amer. J. of Clinical Nutr.*, 2009: 1132--1137) utilizou imagens de ressonância magnética de todo o corpo para determinar as características de tecidos diferentes de uma amostra de indivíduos com AN que tinham sido submetidos à restauração do peso aguda e mantiveram seu peso durante um ano e uma amostra de controle determinada no início do estudo para comparação. Aqui está um resumo dos dados sobre o tecido adiposo intermuscular (TAI; kg).

Condição	Tamanho da amostra	Média amostral	Desvio padrão amostral
AN	16	0,52	0,26
Controle	8	0,35	0,15

Suponha que ambas as amostras tenham sido selecionadas a partir de distribuições normais.

a. Calcule uma estimativa para TAI médio verdadeiro, sob o protocolo descrito para a AN, e faça isso de uma maneira que transmita informações sobre confiabilidade e precisão da estimativa.

b. Calcule uma estimativa para a diferença entre o valor médio verdadeiro do TAI durante a AN e o TAI de controle médio verdadeiro, e faça isso de uma maneira que transmita informações sobre a confiabilidade e a precisão da estimativa. O que sua estimativa sugere sobre o valor médio verdadeiro do TAI na AN em relação ao TAI de controle médio verdadeiro?

32. A doença degenerativa osteoartrite afeta mais frequentemente as articulações que suportam peso, como o joelho. O artigo "Evidence of mechanical load redistribution at the knee joint in the elderly when ascending stairs and ramps" (*Annals of Biomed. Engr.*, 2008: 467-476) apresentou os seguintes dados resumidos sobre a duração da postura (ms) para amostras de jovens adultos e idosos.

Idade	Tamanho da amostra	Média amostral	Desvio padrão amostral
Idosos	28	801	117
Jovens	16	780	72

Suponha que as duas distribuições de duração da postura sejam normais.

a. Calcule e interprete um IC de 99% para a duração média verdadeira da postura entre os idosos.

b. Realize um teste de hipóteses com nível de significância 0,05 para decidir se a duração média verdadeira da postura é maior entre os idosos do que entre os indivíduos mais jovens.

33. O artigo "The effects of a low-fat, plant-based dietary intervention on body weight, metabolism, and insulin sensitivity in postmenopausal women" (*Amer. J. of Med.*, 2005: 991-997) relatou os resultados de um experimento em que metade dos indivíduos de um grupo de 64 mulheres pós-menopáusicas com excesso de peso foram aleatoriamente designados para uma dieta vegana particular, e a outra metade recebeu uma dieta com base nas diretrizes do National Cholesterol Education Program. A média amostral de redução do peso corporal para aquelas na dieta vegana foi de 5,8 kg, e o desvio padrão da amostra foi de 3,2, enquanto para aquelas na dieta de controle, a média da amostra de perda de peso e o desvio padrão foram de 3,8 e 2,8, respectivamente. Será que a perda de peso média verdadeira para a dieta vegana realmente ultrapassa a perda pela dieta de controle por mais de 1 kg? Realize um teste adequado das hipóteses no nível de significância 0,05 com base no cálculo de um valor-*P*.

34. Considere a variável *t* agrupada

$$T = \frac{(\overline{X} - \overline{Y}) - (\mu_1 - \mu_2)}{S_p\sqrt{\dfrac{1}{m} + \dfrac{1}{n}}}$$

que possui distribuição *t* com $m + n - 2$ gl quando ambas as distribuições das populações são normais com $\sigma_1 = \sigma_2$ (veja a subseção os "Procedimentos *t* agrupados" para obter uma descrição de S_p).

a. Use esta variável *t* para obter a fórmula de um intervalo de confiança *t* agrupado para $\mu_1 - \mu_2$.

b. Uma amostra de umidificadores ultrassônicos de uma marca específica foi selecionada e as observações sobre a saída máxima de umidade (oz) em uma câmara controlada foram 14,0, 14,3, 12,2 e 15,1. Uma amostra da segunda marca forneceu os valores 12,1, 13,6, 11,9 e 11,2 ("Multiple comparisons of means using simultaneous confidence intervals", *J. of Quality Technology*, 1989: 232--241). Use a fórmula *t* agrupada no item (a) para estimar a diferença entre as saídas médias reais das duas marcas com um intervalo de confiança de 95%.

c. Estime a diferença entre os dois μ, usando o intervalo *t* de duas amostras discutido nesta seção, e compare-o ao intervalo do item (b).

35. Consulte o Exercício 34. Descreva o teste *t* agrupado para testar H_0: $\mu_1 - \mu_2 = \Delta_0$ quando ambas as distribuições de populações são normais com $\sigma_1 = \sigma_2$. Então, use esse procedimento de teste para testar as hipóteses sugeridas no Exercício 33.

9.3 Análise de dados pareados

Nas Seções 9.1 e 9.2, considerou-se fazer uma inferência sobre a diferença entre duas médias μ_1 e μ_2. Isso foi feito utilizando-se os resultados de uma amostra aleatória $X_1, X_2, \ldots, X_m$ da distribuição com média μ_1 e uma amostra (dos X) completamente independente $Y_1, \ldots, Y_n$ de uma distribuição com média μ_2. Isto é, m indivíduos foram selecionados da população 1 e n indivíduos diferentes da população 2, ou a m indivíduos (ou objetos experimentais) foi dado um tratamento e a outro conjunto de n indivíduos foi dado outro tratamento. Em contraste, existem várias situações experimentais em que há somente um conjunto de n indivíduos ou objetos experimentais, e duas observações são feitas sobre cada indivíduo ou objeto, resultando em um pareamento natural de valores.

Exemplo 9.8

Pequenas concentrações de metais em água potável afetam o sabor, e concentrações extraordinariamente altas podem apresentar risco à saúde. O artigo "Trace metals of south indian river" (*Envir. Studies*, 1982: 62–66) relata um estudo em que foram selecionados seis locais do rio (seis objetos experimentais) e a concentração de zinco (mg/L) determinada para a água da superfície e para a água mais profunda em cada local. Os seis pares de observações são exibidos na tabela a seguir. Os dados sugerem que a concentração média verdadeira na água profunda excede à da água superficial?

	Localização					
	1	2	3	4	5	6
Concentração de zinco nas águas profundas (x)	0,430	0,266	0,567	0,531	0,707	0,716
Concentração de zinco nas águas superficiais (y)	0,415	0,238	0,390	0,410	0,605	0,609
Diferença	0,015	0,028	0,177	0,121	0,102	0,107

A Figura 9.4(a) exibe o gráfico desses dados. À primeira vista, parece haver pequena diferença entre as amostras x e y. De local para local, existe grande quantidade de variabilidade em cada amostra e parece que quaisquer diferenças entre as amostras podem ser atribuídas a essa variabilidade. Entretanto, quando as observações são identificadas pelo local, como na Figura 9.4(b), surge um ponto de vista diferente. Em cada local, a concentração do fundo excede a concentração superficial. Isso é confirmado pelo fato de que todas as diferenças $x - y$ exibidas na linha de baixo da tabela de dados são positivas. Uma análise correta desses dados concentra-se nessas diferenças.

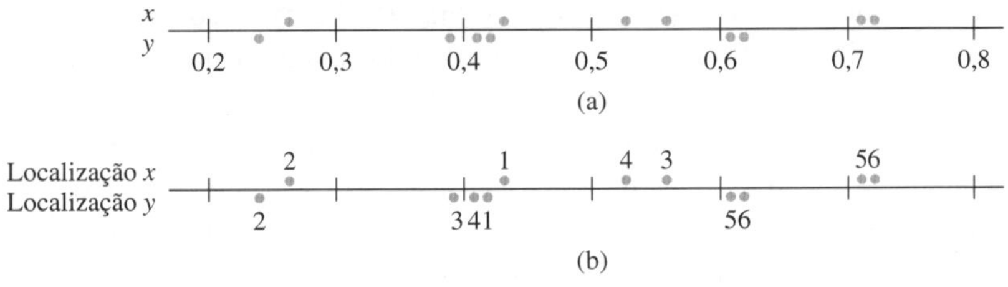

Figura 9.4 Lote de dados pareados do Exemplo 9.8: (a) observações não identificadas pela localização; (b) observações identificadas pela localização. ■

> **Hipóteses**
>
> Os dados consistem em n pares selecionados independentemente $(X_1, Y_1), (X_2, Y_2), \ldots (X_n, Y_n)$, com $E(X_i) = \mu_1$ e $E(Y_i) = \mu_2$. Seja $D_1 = X_1 - Y_1, D_2 = X_2 - Y_2, \ldots$, logo, $D_n = X_n - Y_n$, então os D_i são as diferenças dentro do par. Assim, os D_i são considerados normalmente distribuídos com valor médio μ_D e variância σ_D^2 (isso geralmente é uma consequência dos X_i e Y_i serem normalmente distribuídos).

Estamos novamente interessados em fazer uma inferência sobre a diferença $\mu_1 - \mu_2$. O intervalo de confiança t de duas amostras e a estatística do teste foram obtidas assumindo amostras independentes e a aplicação da regra $V(\overline{X} - \overline{Y}) = V(\overline{X}) + V(\overline{Y})$. Entretanto, com os dados pareados, as observações X e Y dentro de cada par geralmente não são independentes, assim, $\overline{X}$ e $\overline{Y}$ não são independentes entre si. Devemos, portanto, abandonar os procedimentos *t* de duas amostras e procurar um método de análise alternativo.

Teste *t* pareado

Em virtude de pares diferentes serem independentes, os D_i são independentes entre si. Seja $D = X - Y$, em que *X* e *Y* são a primeira e a segunda observações, respectivamente, dentro de um par arbitrário. A diferença esperada é

$$\mu_D = E(X - Y) = E(X) - E(Y) = \mu_1 - \mu_2$$

(a regra de valores esperados usada aqui é válida, mesmo quando *X* e *Y* são dependentes). Dessa forma, qualquer hipótese sobre $\mu_1 - \mu_2$ pode ser expressa como uma hipótese sobre a diferença média μ_D. Mas, uma vez que os D_i constituem uma amostra aleatória normal (de diferenças) com média μ_D, as hipóteses sobre μ_D podem ser testadas usando um teste *t* de uma amostra. Isto é, *para testar as hipóteses sobre* $\mu_1 - \mu_2$ *quando os dados são pareados, calcule as diferenças* $D_1, D_2, \ldots, D_n$ *e faça um teste t de uma amostra (com base em n − 1 gl) sobre as diferenças.*

Teste *t* pareado

Hipótese nula: $H_0\colon \mu_D = \Delta_0$ (em que $D = X - Y$ é a diferença entre a primeira e a segunda observações dentro de um par e $\mu_D = \mu_1 - \mu_2$)

Valor da estatística do teste: $t = \dfrac{\bar{d} - \Delta_0}{s_D/\sqrt{n}}$ (em que $\bar{d}$ e s_D são a média amostral e o desvio padrão, respectivamente, dos d_i)

Hipótese alternativa	Região de rejeição para o teste nível α
$H_a\colon \mu_D > \Delta_0$	$t \geq t_{\alpha,n-1}$
$H_a\colon \mu_D < \Delta_0$	$t \leq -t_{\alpha,n-1}$
$H_a\colon \mu_D \neq \Delta_0$	tanto $t \geq t_{\alpha/2,n-1}$ quanto $t \leq -t_{\alpha/2,n-1}$

Um valor-*P* pode ser calculado como foi feito para os testes *t* anteriores.

Exemplo 9.9

Distúrbios musculoesqueléticos de pescoço e ombro são muito comuns entre funcionários de escritório que fazem tarefas repetitivas usando computadores e similares. O artigo "Upper-arm elevation during office work" (*Ergonomics*, 1996: 1221-1230) relatou um estudo para determinar se condições de trabalho mais variadas teriam qualquer impacto no movimento do braço. Os dados a seguir foram obtidos de uma amostra de $n = 16$ pessoas. Cada observação é a quantidade de tempo, expressa como proporção de tempo total observado, durante o qual a elevação do braço estava abaixo de 30°. As duas medições de cada pessoa foram obtidas separadas por 18 meses. Durante esse período, as condições de trabalho foram alteradas e as pessoas puderam se ocupar de uma variedade maior de tarefas. Os dados sugerem que o tempo médio verdadeiro durante o qual a elevação está abaixo de 30° é diferente após a mudança em relação ao tempo médio antes da mudança?

Indivíduo	1	2	3	4	5	6	7	8
Antes	81	87	86	82	90	86	96	73
Depois	78	91	78	78	84	67	92	70
Diferença	3	−4	8	4	6	19	4	3
Indivíduo	9	10	11	12	13	14	15	16
Antes	74	75	72	80	66	72	56	82
Depois	58	62	70	58	66	60	65	73
Diferença	16	13	2	22	0	12	−9	9

A Figura 9.5 mostra o gráfico normal de probabilidade das 16 diferenças; o padrão do gráfico é bem reto, mantendo a hipótese de normalidade. Um *boxplot* dessas diferenças aparece na Figura 9.6; o *boxplot* está localizado consideravelmente para a direita de zero, sugerindo que talvez $\mu_D > 0$ (note também que 13 das 16 diferenças são positivas e apenas duas são negativas).

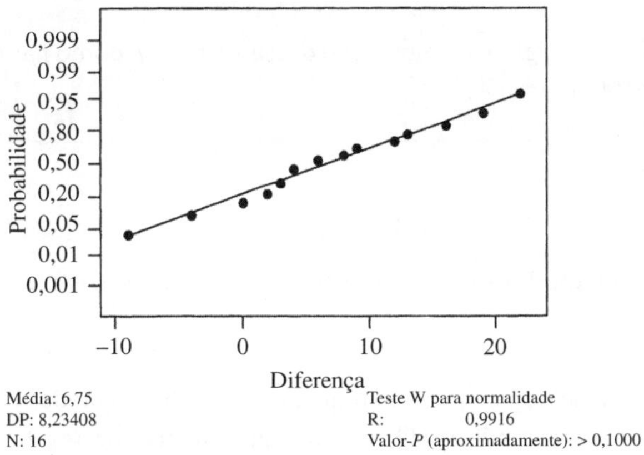

Figura 9.5 Um gráfico normal de probabilidade obtido do Minitab das diferenças no Exemplo 9.9.

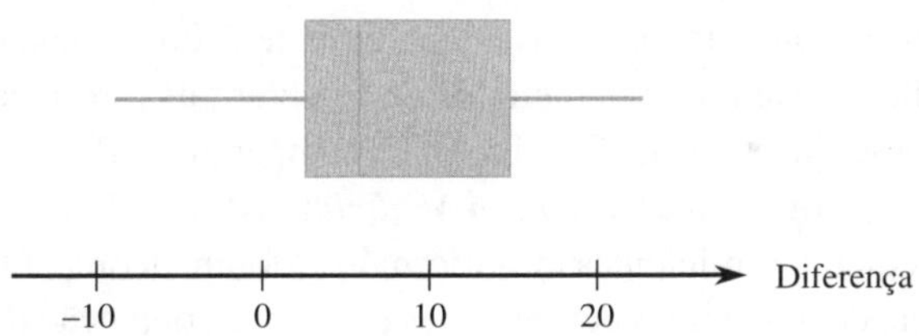

Figura 9.6 Um *boxplot* das diferenças no Exemplo 9.9.

Vamos agora testar as hipóteses apropriadas.

1. Seja μ_D a diferença média verdadeira entre o tempo de elevação antes da mudança das condições de trabalho e o tempo depois da mudança.
2. H_0: $\mu_D = 0$ (não há diferença entre o tempo médio verdadeiro antes da mudança e o tempo médio verdadeiro depois da mudança).
3. H_0: $\mu_D \neq 0$.
4. $t = \dfrac{\bar{d} - 0}{s_D/\sqrt{n}} = \dfrac{\bar{d}}{s_D/\sqrt{n}}$
5. $n = 16$, $\Sigma d_i = 108$ e $\Sigma d_i^2 = 1\,746$, a partir da qual $\bar{d} = 6{,}75$ e $s_D = 8{,}234$,

$$t = \frac{6{,}75}{8{,}234/\sqrt{16}} = 3{,}28 \approx 3{,}3$$

6. A Tabela A.8 do Apêndice mostra que a área para a direita de 3,3 sob a curva *t* com 15 gl é 0,002. A desigualdade na H_a implica que o teste bilateral é apropriado, então o valor-*P* é aproximadamente 2(0,002) = 0,004 (o Minitab dá 0,0051).
7. Como 0,004 < 0,01, a hipótese nula pode ser rejeitada tanto do nível 0,05 quanto no 0,01. Parece que a diferença média verdadeira entre os tempos é diferente de zero, isto é, o tempo médio verdadeiro após a mudança é diferente do tempo antes da mudança. ■

Quando a quantidade de pares é grande, a suposição de distribuição normal da diferença não é necessária. O TCL confirma o teste *z* resultante.

O intervalo de confiança *t* pareado

Da mesma forma que o IC *t* da média μ de uma única população baseia-se na variável *t* $T = (\overline{X} - \mu)/(S/\sqrt{n})$, um intervalo de confiança *t* de μ_D ($= \mu_1 - \mu_2$) baseia-se no fato de que

$$T = \frac{\overline{D} - \mu_D}{S_D/\sqrt{n}}$$

tem uma distribuição *t* com $n - 1$ gl. A manipulação dessa variável *t*, como nas derivações anteriores dos IC, produz o seguinte IC $100(1 - \alpha)\%$:

> O **IC *t* pareado para μ_D** é
>
> $$\overline{d} \pm t_{\alpha/2,n-1} \cdot s_D/\sqrt{n}$$
>
> O limite de confiança unilateral resulta da conservação do sinal relevante e da substituição de $t_{\alpha/2}$ por t_α.

Quando *n* é pequeno, a validade desse intervalo requer que a distribuição das diferenças seja no mínimo aproximadamente normal. Para *n* grande, o TCL garante que o intervalo *z* resultante seja válido sem quaisquer restrições na distribuição das diferenças.

Exemplo 9.10

Acrescentar imagens médicas computadorizadas a uma base de dados promete fornecer grandes recursos aos médicos. Entretanto, existem outros métodos de se obter tais informações, assim, a questão da eficiência de acesso precisa ser investigada. O artigo "The comparative effectiveness of conventional and digital image libraries" (*J. of Audiovisual Media in Medicine*, 2001: 8-15) relatou um experimento em que 13 profissionais de medicina proficientes em informática foram acompanhados durante a obtenção de uma imagem proveniente de uma biblioteca de slides e durante a obtenção da mesma imagem da base de dados de um computador conectado à Web.

Indivíduo	1	2	3	4	5	6	7	8	9	10	11	12	13
Slide	30	35	40	25	20	30	35	62	40	51	25	42	33
Digital	25	16	15	15	10	20	7	16	15	13	11	19	19
Diferença	5	19	25	10	10	10	28	46	25	38	14	23	14

Seja μ_D a diferença média verdadeira entre o tempo de obtenção do slide (s) e o tempo de obtenção digital. Usar o intervalo de confiança *t* pareado para calcular μ_D requer que a distribuição de diferença seja, no mínimo, aproximadamente normal. O padrão de pontos linear no gráfico normal de probabilidade do Minitab (Figura 9.7) confirma a suposição de normalidade. (Aparecem somente 9 pontos por causa de empates na diferença.)

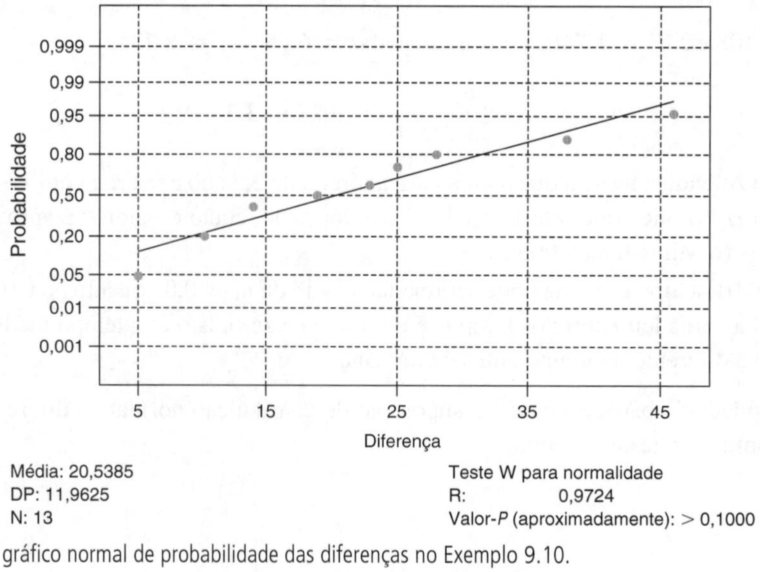

Figura 9.7 Um gráfico normal de probabilidade das diferenças no Exemplo 9.10.

As medidas descritivas relevantes são $\Sigma d_i = 267$, $\Sigma d_i^2 = 7\,201$, das quais $\overline{d} = 20{,}5$, $s_D = 11{,}96$. O valor crítico t necessário para um nível de confiança de 95% é $t_{0{,}025,12} = 2{,}179$ e o IC 95% é

$$\overline{d} \pm t_{\alpha/2,n-1} \cdot \frac{s_D}{\sqrt{n}} = 20{,}5 \pm (2{,}179) \cdot \frac{11{,}96}{\sqrt{13}} = 20{,}5 \pm 7{,}2 = (13{,}3, 27{,}7)$$

Assim, podemos ser altamente confiantes (no nível de confiança de 95%) de que $13{,}3 < \mu_D < 27{,}7$. Esse intervalo de valores plausíveis é bastante amplo, uma consequência do desvio padrão da amostra, grande com relação à média amostral. Um tamanho de amostra muito maior que 13 seria necessário para fazer o cálculo substancialmente com mais precisão. Observe, entretanto, que 0 permanece fora do intervalo, sugerindo que $\mu_D > 0$; isso é confirmado por um teste de hipóteses formal. ■

Dados pareados e procedimentos *t* de duas amostras

Considere o uso do teste t de duas amostras nos dados pareados. Os numeradores das duas estatísticas de teste são idênticos, já que $\overline{d} = \Sigma d_i/n = [\Sigma(x_i - y_i)]/n = (\Sigma x_i)/n - (\Sigma y_i)/n = \overline{x} - \overline{y}$. A diferença entre as duas estatísticas deve-se inteiramente aos denominadores. Cada estatística do teste é obtida por meio da padronização $\overline{X} - \overline{Y} (= \overline{D})$. Mas, na presença de dependência, a padronização t de duas amostras é incorreta. Para ver isso, lembre-se da Seção 5.5, em que

$$V(X \pm Y) = V(X) + V(Y) \pm 2\,\text{Cov}(X, Y)$$

Uma vez que a correlação entre X e Y é

$$\rho = \text{Corr}(X, Y) = \text{Cov}(X, Y)/[\sqrt{V(X)} \cdot \sqrt{V(Y)}]$$

segue que

$$V(X - Y) = \sigma_1^2 + \sigma_2^2 - 2\rho\sigma_1\sigma_2$$

Aplicando-se a $\overline{X} - \overline{Y}$, segue que

$$V(\overline{X} - \overline{Y}) = V(\overline{D}) = V\left(\frac{1}{n}\Sigma D_i\right) = \frac{V(D_i)}{n} = \frac{\sigma_1^2 + \sigma_2^2 - 2\rho\sigma_1\sigma_2}{n}$$

O teste t de duas amostras baseia-se na suposição de independência, caso em que $\rho = 0$. Mas em muitos experimentos pareados haverá forte dependência *positiva* entre X e Y (X grande associado a Y grande), de modo que ρ será positivo e a variância de $\overline{X} - \overline{Y}$ será menor que $\sigma_1^2/n + \sigma_2^2/n$. Assim, *quando há dependência positiva dentro dos pares, o denominador da estatística* t *pareada deve ser menor que o de* t *do teste de amostras independentes*. Geralmente, o t de duas amostras estará muito mais próximo de zero que t pareado, minimizando consideravelmente a significância dos dados.

De forma semelhante, quando os dados são pareados, o IC t pareado geralmente será mais restrito que o IC t de duas amostras (incorreto). Isso porque existe tipicamente muito menos variabilidade nas diferenças que nos valores de x e y.

Experimentos pareados *versus* não pareados

Em nossos exemplos, os dados pareados resultaram de duas observações sobre a mesma pessoa (Exemplo 9.9) ou objeto experimental (posição no Exemplo 9.8). Mesmo quando isso não pode ser feito, os dados pareados com dependência dentro dos pares podem ser obtidos combinando-se os indivíduos ou objetos em uma ou mais características que se acreditou influenciar as respostas. Por exemplo: em um experimento médico que visa comparar a eficácia de dois medicamentos para baixar a pressão sanguínea, o orçamento do investigador pode permitir o tratamento de 20 pacientes. Se 10 pacientes são selecionados aleatoriamente para tratamento com o primeiro medicamento, e os outros 10, selecionados independentemente para tratamento com o segundo medicamento, o resultado será um experimento de amostras independentes.

Entretanto, o investigador, sabendo que a pressão sanguínea é influenciada pela idade e pelo peso, pode resolver dispor os pacientes para criar pares, de modo que, dentro de cada um dos 10 pares resultantes, a idade e o peso fossem aproximadamente equivalentes (embora pudesse haver diferenças relativamente grandes entre os pares). Então, cada medicamento seria dado a um paciente diferente dentro de cada par para um total de 10 observações sobre cada medicamento.

Sem essa combinação (ou "bloqueio"), um medicamento pode parecer melhor que o outro apenas porque os pacientes de uma amostra eram mais leves e mais jovens e, assim, mais suscetíveis a uma diminuição da pressão sanguínea que os pacientes mais pesados e mais velhos da segunda amostra. Entretanto, existe um preço a ser pago pelo pareamento – um número menor de graus de liberdade para a análise pareada –, assim, devemos perguntar quando se deve preferir um tipo de experimento a outro.

Não há uma resposta direta e precisa para essa pergunta, mas há algumas diretrizes úteis. Se temos de escolher entre dois testes t válidos (e realizados no mesmo nível de significância α), devemos preferir o teste que tenha maior quantidade de graus de liberdade. A razão para isso é que um número maior de graus de liberdade significa β menor para qualquer valor alternativo fixo do parâmetro ou dos parâmetros. Isto é, para uma probabilidade fixa de erro tipo I, a probabilidade de erro tipo II diminuiu pelo incremento nos graus de liberdade.

Entretanto, se as unidades experimentais são bastante heterogêneas nas suas respostas, será difícil detectar diferenças pequenas, porém, significativas, entre os dois tratamentos. Isso foi o que aconteceu essencialmente nos dados definidos no Exemplo 9.8; para ambos os "tratamentos" (a água do fundo e a da superfície), há uma grande variabilidade entre os locais, que tende a mascarar as diferenças nos tratamentos dentro dos locais. Se há uma alta correlação positiva dentro das unidades experimentais ou nas pessoas, a variância de $\overline{D} = \overline{X} - \overline{Y}$ será muito menor que a variância não pareada. Devido a essa variância reduzida, será mais fácil detectar uma diferença com amostras pareadas que com amostras independentes. Os prós e contras do pareamento podem agora ser resumidos como segue:

1. Se existe grande heterogeneidade entre as unidades experimentais e uma correlação grande nas unidades experimentais (ρ muito positivo), então, a perda em graus de liberdade será compensada pela precisão elevada associada ao pareamento, de modo que um experimento pareado é preferível a um experimento de amostras independentes.
2. Se as unidades experimentais são relativamente homogêneas e a correlação nos pares não é grande, o ganho na precisão devido ao pareamento passará a ter mais valor pela diminuição nos graus de liberdade, de modo que um experimento de amostras independentes deve ser usado.

Evidentemente, os valores de σ_1^2, σ_2^2 e ρ não serão conhecidos com precisão, então será solicitado que seja dada uma opinião abalizada de como obter a situação 1 ou 2. Em geral, se o número de observações que podem ser obtidas for grande, então uma perda em graus de liberdade (por exemplo, de 40 para 20) não será séria, mas, se o número for pequeno, a perda (digamos, de 16 para 8) devida ao pareamento pode ser séria, caso não seja compensada pelo aumento de precisão. Aplicam-se considerações semelhantes ao se escolher entre os dois tipos de experimentos para calcular $\mu_1 - \mu_2$ com um intervalo de confiança.

EXERCÍCIOS Seção 9.3 (36–48)

36. Considere os dados a seguir sobre a carga de rompimento (kg/25 mm de largura) de vários tecidos em uma condição não friccionada (NF) e uma condição friccionada (F) ("The effect of wet abrasive wear on the tensile properties of cotton and polyester-cotton fabrics", *J. Testing and Evaluation*, 1993: 84-93). Use o teste t pareado, conforme fizeram os autores do artigo citado, para testar H_0: $\mu_D = 0$ *versus* H_a: $\mu_D > 0$ no nível de significância 0,01.

	Tecido							
	1	2	3	4	5	6	7	8
NF	36,4	55,0	51,5	38,7	43,2	48,8	25,6	49,8
F	28,5	20,0	46,0	34,5	36,5	52,5	26,5	46,5

37. O cromo hexavalente foi identificado como carcinógeno inalável e uma toxina no ar, causando preocupação em várias localidades diferentes. O artigo "Airborne hexavalent chromium in southwestern Ontario" (*J. of Air and Waste Mgmnt. Assoc.*, 1997: 905-910) forneceu os dados a seguir sobre as concentrações interna e externa (nanogramas/m³) de uma amostra de casas selecionadas em uma região.

	Casa								
	1	2	3	4	5	6	7	8	9
Interna	0,07	0,08	0,09	0,12	0,12	0,12	0,13	0,14	0,15
Externa	0,29	0,68	0,47	0,54	0,97	0,35	0,49	0,84	0,86

	Casa							
	10	11	12	13	14	15	16	17
Interna	0,15	0,17	0,17	0,18	0,18	0,18	0,18	0,19
Externa	0,28	0,32	0,32	1,55	0,66	0,29	0,21	1,02
	Casa							
	18	19	20	21	22	23	24	25
Interna	0,20	0,22	0,22	0,23	0,23	0,25	0,26	0,28
Externa	1,59	0,90	0,52	0,12	0,54	0,88	0,49	1,24
	Casa							
	26	27	28	29	30	31	32	33
Interna	0,28	0,29	0,34	0,39	0,40	0,45	0,54	0,62
Externa	0,48	0,27	0,37	1,26	0,70	0,76	0,99	0,36

a. Calcule o intervalo de confiança para a diferença média da população entre as concentrações interna e externa, usando nível de confiança de 95%, e interprete o intervalo resultante.

b. Se a 34ª casa tivesse de ser selecionada aleatoriamente de uma população, entre quais valores você poderia prever a diferença nas concentrações?

38. Espécimes de concreto com razões de altura/diâmetro variáveis cortados em várias posições no cilindro original foram obtidos de uma mistura de concreto de resistência normal e de uma mistura de alta resistência. A tensão máxima (MPa) foi determinada para cada mistura, resultando nos dados a seguir ("Effect of length on compressive strain softening of concrete", *J. of Engr. Mechanics*, 1997: 25-35):

	Condição de teste				
	1	2	3	4	5
Normal	42,8	55,6	49,0	48,7	44,1
Alta	90,9	93,1	86,3	90,3	88,5
	Condição de teste				
	6	7	8	9	10
Normal	55,4	50,1	45,7	51,4	43,1
Alta	88,1	93,2	90,8	90,1	92,6
	Condição de teste				
	11	12	13	14	15
Normal	46,8	46,7	47,7	45,8	45,4
Alta	88,2	88,6	91,0	90,0	90,1

a. Construa um *boxplot* comparativo das tensões máximas para os dois tipos de concreto e comente sobre quaisquer características interessantes.

b. Calcule a diferença entre as tensões máximas médias reais dos dois tipos de concreto, de forma que forneça informações sobre precisão e confiabilidade. Certifique-se de verificar a plausibilidade de quaisquer hipóteses necessárias em sua análise. Parece plausível que as tensões máximas médias verdadeiras dos dois tipos de concreto sejam idênticas? Por quê?

39. A torção durante a rotação externa (RE) e extensão do quadril pode ser responsável por certas lesões em golfistas e outros atletas. O artigo "Hip rotational velocities during the full golf swing" (*J. of Sports Science and Medicine*, 2009: 296--299) relatou em um estudo em que a velocidade de rotação externa do quadril e a velocidade de rotação interna (RI) (ambas em graus.s^{-1}) foram determinadas para uma amostra de 15 mulheres golfistas durante suas jogadas. Os seguintes dados foram fornecidos pelos autores do artigo.

Golfista	RE	RI	dif.	perc z
1	−130,6	−98,9	−31,7	−1,28
2	−125,1	−115,9	−9,2	−0,97
3	−51,7	−161,6	109,9	0,34
4	−179,7	−196,9	17,2	−0,73
5	−130,5	−170,7	40,2	−0,34
6	−101,0	−274,9	173,9	0,97
7	−24,4	−275,0	250,6	1,83
8	−231,1	−275,7	44,6	−0,17
9	−186,8	−214,6	27,8	−0,52
10	−58,5	−117,8	59,3	0,00
11	−219,3	−326,7	107,4	0,17
12	−113,1	−272,9	159,8	0,73
13	−244,3	−429,1	184,8	1,28
14	−184,4	−140,6	−43,8	−1,83
15	−199,2	−345,6	146,4	0,52

a. É plausível que as diferenças venham de uma população que siga uma distribuição normal?

b. O artigo reportou que a média (±desvio padrão) = −145,3(68,0) para a velocidade de rotação externa e = −227,8(96,6) para a velocidade de rotação interna. Com base apenas nessa informação, poderia ser realizado um teste de hipóteses sobre a diferença entre a velocidade média verdadeira de rotação interna e sobre a velocidade média verdadeira de rotação externa? Explique.

c. O artigo afirmou que "O pico de velocidade da rotação interna é significantemente maior que a velocidade rotacional externa (valor-p = 0,003, valor t = 3,65)". (A formulação sugere que um teste unilateral superior foi usado.) É este o caso? [*Observação*: "p = 0,33" na Tabela 2 do artigo está errado.]

40. A lactação promove uma perda temporária de massa óssea para fornecer quantidades adequadas de cálcio para a produção de leite. O artigo "Bone mass is recovered from lactation to postweaning in adolescent mothers with low calcium intakes" (*Amer. J. of Clinical Nutr.*, 2004: 1322-1326) revelou os seguintes dados sobre o total de conteúdo mineral ósseo (CMO) (g) para uma amostra tanto durante a lactação (L) quanto no período pós-desmame (P).

	Indivíduo									
	1	2	3	4	5	6	7	8	9	10
L	1 928	2 549	2 825	1 924	1 628	2 175	2 114	2 621	1 843	2 541
P	2 126	2 885	2 895	1 942	1 750	2 184	2 164	2 626	2 006	2 627

a. Os dados sugerem que o total médio verdadeiro de conteúdo mineral ósseo durante o período pós-desmame supera o valor durante a lactação por mais de 25 g? Indique e teste as hipóteses adequadas, utilizando um nível de significância de 0,05. [*Observação*: o gráfico normal de probabilidade apropriado mostra alguma curvatura, mas não o suficiente para lançar dúvida substancial sobre uma suposição de normalidade.]

b. Calcule um limite superior de confiança com um nível de confiança de 95% para a diferença média verdadeira entre o CMO durante pós-desmame e durante a lactação.

c. Será que o uso (incorreto) do teste *t* de duas amostras para testar as hipóteses sugeridas em (a) levam à mesma conclusão obtida? Explique.

41. Os medicamentos antipsicóticos são amplamente prescritos para condições tais como esquizofrenia e doença bipolar. O artigo "Cardiometabolic risk of second-generation antipsychotic medications during first-time use in children and adolescents" (*J. of the Amer. Med. Assoc.*, 2009) informou sobre a composição corporal e alterações metabólicas para os indivíduos que haviam tomado vários medicamentos antipsicóticos por curtos períodos de tempo.

a. A amostra de 41 indivíduos que tinham tomado aripiprazol apresentou uma alteração média do colesterol total (mg/dL) de 3,75 e o erro padrão estimado $s_D/\sqrt{n}$ foi de 3,878. Calcule um intervalo de confiança com nível de confiança de cerca de 95% para o aumento médio verdadeiro do colesterol total nestas circunstâncias (o artigo citado incluiu este IC).

b. O artigo também informou que, para uma amostra de 36 indivíduos que tinham tomado a quetiapina, a média amostral de alteração do nível de colesterol e o erro padrão estimado foram 9,05 e 4,256, respectivamente. Realizando as suposições necessárias sobre a distribuição da mudança no nível de colesterol, a escolha do nível de significância interfere em sua conclusão conforme o nível médio real de colesterol aumenta? Explique. [*Observação*: o artigo incluiu um valor-*P*.]

c. Para a amostra de 45 indivíduos que tinham tomado olanzapina, o artigo relatou (7,38, 9,69) com um IC de 95% para o ganho de peso médio verdadeiro (kg). O que é um IC de 99%?

42. Estimou-se que, entre 1945 e 1971, aproximadamente 2 milhões de crianças nasceram de mães tratadas com dietilestilbestrol (DES), um estrogênio não esteroide recomendado para manutenção da gestação. O FDA proibiu esse medicamento em 1971, pois a pesquisa revelou uma ligação com a incidência de câncer do colo do útero. O artigo "Effects of prenatal exposure to diethylstilbestrol (DES) on hemispheric laterality and spatial ability in human males" (*Hormones and Behavior*, 1992: 62-75) discutiu um estudo em que 10 homens expostos ao DES e seus irmãos não expostos se submeteram a vários testes. Este é um resumo dos dados sobre os resultados de um ensaio de capacidade espacial: $\bar{x} = 12{,}6$ (expostos), $\bar{y} = 13{,}7$ e o erro padrão da diferença média $= 0{,}5$. Faça o teste no nível de 0,05 para ver se a exposição está associada à habilidade espacial reduzida, obtendo-se o valor-*P*.

43. A doença de Cushing caracteriza-se pela fraqueza muscular devida à disfunção pituitária ou suprarrenal. Para oferecer tratamento eficaz, é importante detectar a doença de Cushing na infância o quanto antes. A idade no início dos sintomas e a idade no diagnóstico (meses) de 15 crianças que sofrem da doença foram dadas no artigo "Treatment of cushing's disease in childhood and adolescence by transphenoidal microadenomectomy" (*New Engl. J. of Med.*, 1984: 889). Aqui estão os valores das diferenças entre a idade no começo dos sintomas e a idade no diagnóstico:

−24 −12 −55 −15 −30 −60 −14 −21
−48 −12 −25 −53 −61 −69 −80

a. O gráfico normal de probabilidade a seguir deixa fortes dúvidas sobre a normalidade aproximada da distribuição populacional das diferenças?

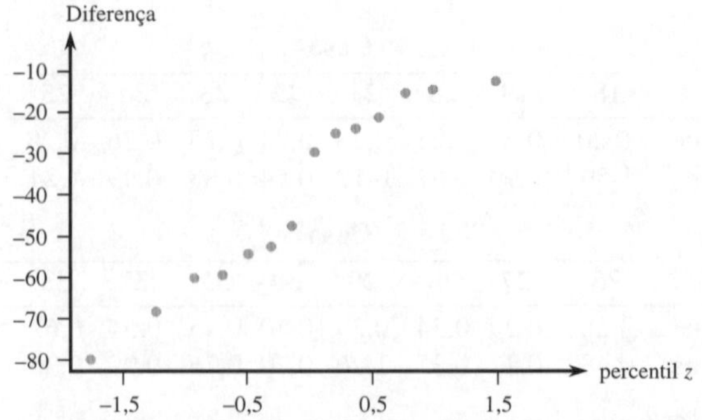

b. Calcule o limite de confiança inferior de 95% para a diferença média da população e interprete o limite resultante.

c. Suponha que as diferenças (idade no diagnóstico) – (idade no início) tenham sido calculadas. Qual seria um limite de confiança superior de 95% para a diferença média da população correspondente?

44. Cientistas e engenheiros querem comparar com frequência duas técnicas diferentes para medir ou determinar o valor de uma variável. Em tais situações, o interesse centraliza-se em testar se a diferença média nas medições é zero. O artigo "Evaluation of the deuterium dilution technique against the test weighing procedure for the determination of breast milk intake" (*Amer. J. of Clinical Nutr.*, 1983: 996-1003) reporta os dados de acompanhamento da quantidade de leite ingerido por cada uma das 14 crianças selecionadas aleatoriamente.

	Criança				
	1	**2**	**3**	**4**	**5**
Método DD	1 509	1 418	1 561	1 556	2 169
Método TW	1 498	1 254	1 336	1 565	2 000
Diferença	11	164	225	−9	169

	Criança				
	6	**7**	**8**	**9**	**10**
Método DD	1 760	1 098	1 198	1 479	1 281
Método TW	1 318	1 410	1 129	1 342	1 124
Diferença	442	−312	69	137	157

	Criança			
	11	**12**	**13**	**14**
Método DD	1 414	1 954	2 174	2 058
Método TW	1 468	1 604	1 722	1 518
Diferença	−54	350	452	540

a. É plausível que a distribuição populacional das diferenças seja normal?

b. Parece que a diferença média verdadeira entre os valores de entrada medidos pelos dois métodos é diferente de zero? Determine o valor-*P* do teste e use-o para chegar a uma conclusão no nível de significância de 0,05.

45. Use o exercício anterior como referência.

a. Certamente, a hipótese nula mais frequentemente testada quando os dados são pareados é H_0: $\mu_D = 0$. Esta é uma hipótese sensata neste contexto? Explique.

b. Realize um teste de hipóteses para decidir se há provas convincentes para concluir que o diagnóstico ocorre em média mais de 25 meses após o início dos sintomas.

46. O Exemplo 7.11 forneceu informações sobre o módulo de elasticidade obtido 1 minuto depois da aplicação de carga em uma determinada configuração. O artigo citado também forneceu os valores do módulo de elasticidade obtido 4 semanas depois da aplicação de carga para os mesmos espécimes de madeira. Os dados são apresentados aqui.

Observação	1 min	4 semanas	Diferença
1	10 490	9 110	1 380
2	16 620	13 250	3 370
3	17 300	14 720	2 580
4	15 480	12 740	2 740
5	12 970	10 120	2 850
6	17 260	14 570	2 690
7	13 400	11 220	2 180
8	13 900	11 100	2 800
9	13 630	11 420	2 210
10	13 260	10 910	2 350
11	14 370	12 110	2 260
12	11 700	8 620	3 080
13	15 470	12 590	2 880
14	17 840	15 090	2 750
15	14 070	10 550	3 520
16	14 760	12 230	2 530

Calcule e interprete o limite de confiança superior para a diferença média verdadeira entre o módulo de 1 minuto e o módulo de 4 semanas; verifique primeiro a plausibilidade de quaisquer hipóteses necessárias.

47. O artigo "Slender high-strength RC columns under eccentric compression" (*Magazine of Concrete Res.*, 2005: 361-370) originou os dados de acompanhamento sobre a força de resistência do cilindro (MPa) para vários tipos de colunas tratadas sob condições de umidade e de secagem laboratorial.

	Tipo					
	1	**2**	**3**	**4**	**5**	**6**
U:	82,6	87,1	89,5	88,8	94,3	80,0
SL:	86,9	87,3	92,0	89,3	91,4	85,9
	7	**8**	**9**	**10**	**11**	**12**
U:	86,7	92,5	97,8	90,4	94,6	91,6
SL:	89,4	91,8	94,3	92,0	93,1	91,3

a. Estime a diferença de força média verdadeira nas duas condições de secagem de uma maneira que transmita informações sobre a confiabilidade e precisão, e interprete a estimativa. O que a estimativa sugere sobre como a força média verdadeira sob condição de secagem em meio úmido se compara à secagem em laboratório?

b. Verifique a plausibilidade das hipóteses que sustentam a sua análise de (a).

48. Construa um conjunto de dados pareados para o qual $t = \infty$, de modo que os dados sejam altamente significativos quando a análise correta é usada, ainda que t para o teste t de duas amostras esteja bem próximo de zero, assim, a análise incorreta produz um resultado insignificante.

9.4 Inferências quanto à diferença entre proporções populacionais

Após apresentar os métodos para comparar as médias de duas populações diferentes, agora nos voltamos para a comparação de duas proporções populacionais. Considere um indivíduo ou objeto como um sucesso S se esse contiver alguma característica de interesse (alguém que se formou na faculdade, uma geladeira com uma máquina de gelo etc.) Sejam

$$p_1 = \text{a proporção de } S \text{ na população 1}$$

$$p_2 = \text{a proporção de } S \text{ na população 2}$$

Alternativamente, $p_1(p_2)$ pode ser considerado como a probabilidade de que um indivíduo ou objeto aleatoriamente selecionado a partir da primeira (segunda) população seja um sucesso.

Suponha que uma amostra de tamanho m seja selecionada a partir da primeira população e, independentemente, uma amostra de tamanho n seja selecionada da segunda. O X será o número de S na primeira amostra e Y o número de S na segunda. A independência das duas amostras prova que X e Y são independentes. Dado que os tamanhos das duas amostras são muito menores que os tamanhos das populações correspondentes, X e Y podem ser considerados como tendo distribuições binomiais. O estimador natural para $p_1 - p_2$, a diferença nas proporções da população, é a diferença correspondente nas proporções da amostra $X/m - Y/n$.

Proposição

Sejam $\hat{p}_1 = X/m$ e $\hat{p}_2 = Y/n$, em que $X \sim \text{Bin}(m, p_1)$ e $Y \sim \text{Bin}(n, p_2)$ com variáveis independentes X e Y. Então

$$E(\hat{p}_1 - \hat{p}_2) = p_1 - p_2$$

Assim, $\hat{p}_1 - \hat{p}_2$ é um estimador não viciado de $p_1 - p_2$ e

$$V(\hat{p}_1 - \hat{p}_2) = \frac{p_1q_1}{m} + \frac{p_2q_2}{n} \quad \text{(em que } q_i = 1 - p_i\text{)} \tag{9.3}$$

Demonstração Como $E(X) = mp_1$ e $E(Y) - np_2$,

$$E\left(\frac{X}{m} - \frac{Y}{n}\right) = \frac{1}{m}E(X) - \frac{1}{n}E(Y) = \frac{1}{m}mp_1 - \frac{1}{n}np_2 = p_1 - p_2$$

Como $V(X) = mp_1q_1$; $V(Y) = np_2q_2$, e X e Y são independentes,

$$V\left(\frac{X}{m} - \frac{Y}{n}\right) = V\left(\frac{X}{m}\right) + V\left(\frac{Y}{n}\right) = \frac{1}{m^2}V(X) + \frac{1}{n^2}V(Y) = \frac{p_1q_1}{m} + \frac{p_2q_2}{n}$$

Enfocaremos primeiro as situações em que m e n são grandes. Então, em virtude de $\hat{p}_1$ e $\hat{p}_2$ terem individualmente distribuições aproximadamente normais, o estimador $\hat{p}_1 - \hat{p}_2$ também possui aproximadamente uma distribuição normal. Padronizar $\hat{p}_1 - \hat{p}_2$ produz uma variável Z cuja distribuição é aproximadamente normal padronizada:

$$Z = \frac{\hat{p}_1 - \hat{p}_2 - (p_1 - p_2)}{\sqrt{\dfrac{p_1q_1}{m} + \dfrac{p_2q_2}{n}}}$$

Procedimento de teste para amostra grande

A hipótese nula mais geral que um investigador pode considerar seria da forma H_0: $p_1 - p_2 = \Delta_0$. Embora para as médias da população o caso $\Delta_0 \neq 0$ não tenha apresentado dificuldades, para as proporções da população, $\Delta_0 = 0$ e $\Delta_0 \neq 0$ devem ser considerados separadamente. Uma vez que a maioria absoluta de problemas reais desse tipo compreende $\Delta_0 = 0$ (i.e., a hipótese nula $p_1 = p_2$), vamos nos concentrar nesse caso. Quando H_0: $p_1 - p_2 = 0$ é verdadeira, considere p o valor comum de p_1 e p_2 (e de forma semelhante para q). Então, a variável padronizada

$$Z = \frac{\hat{p}_1 - \hat{p}_2 - 0}{\sqrt{pq\left(\dfrac{1}{m} + \dfrac{1}{n}\right)}} \tag{9.4}$$

possui aproximadamente distribuição normal padronizada quando H_0 é verdadeira. Entretanto, esse Z não pode servir como uma estatística do teste, pois o valor p é desconhecido, H_0 afirma somente que há um valor comum de p, mas não diz que valor é esse. Uma estatística do teste é obtida a partir da substituição de p e q em (9.4) pelos estimadores apropriados.

Assumindo que $p_1 = p_2 = p$, em vez de amostras separadas de tamanhos m e n de duas populações diferentes (duas distribuições binomiais diferentes), temos realmente uma única amostra de tamanho $m + n$ de uma população com proporção p. O número total de indivíduos nesta amostra combinada com a característica de interesse é $X + Y$. O estimador natural de p é então

$$\hat{p} = \frac{X + Y}{m + n} = \frac{m}{m + n} \cdot \hat{p}_1 + \frac{n}{m + n} \cdot \hat{p}_2 \tag{9.5}$$

A segunda expressão para $\hat{p}$ mostra que ele é na verdade uma média ponderada dos estimadores $\hat{p}_1$ e $\hat{p}_2$ obtidos das duas amostras. Utilizar $\hat{p}$ e $\hat{q} = 1 - \hat{p}$ em vez de p e q em (9.4) dá uma estatística do teste com aproximadamente uma distribuição normal padrão quando H_0 é verdadeira.

Hipótese nula: $H_0: p_1 - p_2 = 0$

O valor da estatística do teste (amostras grandes): $z = \dfrac{\hat{p}_1 - \hat{p}_2}{\sqrt{\hat{p}\hat{q}\left(\dfrac{1}{m} + \dfrac{1}{n}\right)}}$

Hipótese alternativa	Região de rejeição para o teste nível α aproximado
$H_a: p_1 - p_2 > 0$	$z \geq z_\alpha$
$H_a: p_1 - p_2 < 0$	$z \leq -z_\alpha$
$H_a: p_1 - p_2 \neq 0$	tanto $z \geq z_{\alpha/2}$ quanto $z \leq -z_{\alpha/2}$

Um valor-*P* é calculado da mesma forma que para os testes z anteriores.

O teste pode ser utilizado com segurança enquanto $m\hat{p}_1$, $m\hat{q}_1$, $n\hat{p}_2$ e $n\hat{q}_2$ forem, no mínimo, 10.

Exemplo 9.11

O artigo "Aspirin use and survival after diagnosis of colorectal cancer" (*J. of the Amer. Med. Assoc.*, 2009: 649-658) informou que, de 549 participantes do estudo que usaram aspirina regularmente após serem diagnosticados com câncer colorretal, houve 81 casos de mortes especificamente por câncer colorretal, enquanto, entre os 730 indivíduos que foram diagnosticados da mesma forma e que não fizeram uso posterior da aspirina, houve 141 casos de mortes especificamente por câncer colorretal. Será que esses dados sugerem que o uso regular de aspirina após o diagnóstico irá diminuir a taxa de incidência de mortes específicas por câncer colorretal? Teste as hipóteses apropriadas usando um nível de significância de 0,05.

O parâmetro de interesse é a diferença $p_1 - p_2$, em que p_1 é a proporção verdadeira de mortes para aqueles que usaram regularmente aspirina e p_2 é a proporção verdadeira de mortes para aqueles que não usaram aspirina. O uso de aspirina é benéfico se $p_1 < p_2$, o que corresponde a uma diferença negativa entre as duas proporções. As hipóteses relevantes são

$$H_0: p_1 - p_2 = 0 \quad \textit{versus} \quad H_a: p_1 - p_2 < 0$$

Estimativas dos parâmetros são $\hat{p}_1 = 81/549 = 0{,}1475$, $\hat{p}_2 = 141/730 = 0{,}1932$ e $\hat{p} = (81 + 141)/(549 + 730) = 0{,}1736$. Um teste z é apropriado aqui porque todos, $m\hat{p}_1$, $m\hat{q}_1$, $n\hat{p}_2$ e $n\hat{q}_2$, são no mínimo 10. O valor resultante da estatística do teste é

$$z = \frac{0{,}1475 - 0{,}1932}{\sqrt{(0{,}1736)(0{,}8264)\left(\dfrac{1}{549} + \dfrac{1}{730}\right)}} = \frac{-0{,}0457}{0{,}021397} = -2{,}14$$

O valor-*P* correspondente para um teste z unilateral inferior é $\Phi(-2{,}14) = 0{,}0162$. Como $0{,}0162 \leq 0{,}05$, a hipótese nula no nível de significância 0,05 pode ser rejeitada. Assim, qualquer pessoa adotando este nível de significância seria convencida de que o uso de aspirina em tais circunstâncias é benéfico. No entanto, alguém que procura evidências mais convincentes poderia selecionar um nível de significância de 0,01 e depois não ser persuadido. ■

Probabilidades do erro tipo II e tamanhos de amostra

Aqui, a determinação de β é um pouco mais complicada do que foi para os outros testes de amostra grande. Isso ocorre pois o denominador de Z é uma estimativa do desvio padrão de $\hat{p} - \hat{p}_2$, assumindo que $p_1 = p_2 = p$. Quando H_0 é falsa, $\hat{p}_1 - \hat{p}_2$ deve ser repadronizada usando-se

$$\sigma_{\hat{p}_1 - \hat{p}_2} = \sqrt{\frac{p_1 q_1}{m} + \frac{p_2 q_2}{n}} \tag{9.6}$$

A forma de σ implica que β não é uma função de apenas $p_1 - p_2$, então fazemos sua representação por $\beta\,(p_1, p_2)$.

Hipótese alternativa	$\beta(p_1, p_2)$
H_a: $p_1 - p_2 > 0$	$\Phi\left[\dfrac{z_\alpha\sqrt{\bar{p}\,\bar{q}\left(\frac{1}{m}+\frac{1}{n}\right)} - (p_1 - p_2)}{\sigma}\right]$
H_a: $p_1 - p_2 < 0$	$1 - \Phi\left[\dfrac{-z_\alpha\sqrt{\bar{p}\,\bar{q}\left(\frac{1}{m}+\frac{1}{n}\right)} - (p_1 - p_2)}{\sigma}\right]$
H_a: $p_1 - p_2 \neq 0$	$\Phi\left[\dfrac{z_{\alpha/2}\sqrt{\bar{p}\,\bar{q}\left(\frac{1}{m}+\frac{1}{n}\right)} - (p_1 - p_2)}{\sigma}\right]$ $-\Phi\left[\dfrac{-z_{\alpha/2}\sqrt{\bar{p}\,\bar{q}\left(\frac{1}{m}+\frac{1}{n}\right)} - (p_1 - p_2)}{\sigma}\right]$

em que $\bar{p} = (mp_1 + np_2)/(m + n)$, $\bar{q} = (mq_1 + nq_2)/(m + n)$ e σ é dado por (9.6).

Demonstração Para o teste unilateral superior (H_a: $p_1 - p_2 > 0$)

$$\beta(p_1, p_2) = P\left[\hat{p}_1 - \hat{p}_2 < z_\alpha\sqrt{\hat{p}\hat{q}\left(\frac{1}{m} + \frac{1}{n}\right)}\right]$$

$$= P\left[\frac{(\hat{p}_1 - \hat{p}_2 - (p_1 - p_2))}{\sigma} < \frac{z_\alpha\sqrt{\hat{p}\hat{q}\left(\frac{1}{m} + \frac{1}{n}\right)} - (p_1 - p_2)}{\sigma}\right]$$

Quando m e n são grandes,

$$\hat{p} = (m\hat{p}_1 + n\hat{p}_2)/(m + n) \approx (mp_1 + np_2)/(m + n) = \bar{p}$$

e $\hat{q} \approx \bar{q}$, que produz a expressão anterior (aproximadamente) para $\beta(p_1, p_2)$. ■

De forma alternativa, para p_1 e p_2 especificados com $p_1 - p_2 = d$, os tamanhos das amostras necessários para chegar a $\beta(p_1, p_2) = \beta$ podem ser determinados. Por exemplo, para o teste unilateral superior, igualamos $-z_\beta$ ao argumento de $\Phi(\cdot)$ (isto é, o que está dentro dos parênteses) no quadro precedente. Se $m = n$, existe uma expressão simples para o valor comum.

Para o caso $m = n$, o teste nível α possui probabilidade β de erro tipo II nos valores alternativos p_1, p_2 com $p_1 - p_2 = d$ quando

$$n = \frac{\left[z_\alpha\sqrt{(p_1 + p_2)(q_1 + q_2)/2} + z_\beta\sqrt{p_1q_1 + p_2q_2}\right]^2}{d^2} \tag{9.7}$$

para um teste unilateral superior ou inferior, com $\alpha/2$ substituindo α para um teste bilateral.

Exemplo 9.12

Uma das aplicações verdadeiramente impressionantes de estatística ocorreu em relação ao projeto do experimento de Salk, em 1954, da vacina contra a poliomielite, e à análise dos dados resultantes. Parte do experimento centralizou-se na eficácia da vacina em combater a pólio. Em virtude de se ter pensado que sem um grupo de controle formado por crianças não haveria uma boa base para avaliação da vacina, decidiu-se administrá-la a um grupo e uma injeção de placebo (visualmente indistinguível da vacina, mas conhecida por não ter efeito) a um grupo de controle. Por razões éticas e também porque se pensou que o conhecimento da administração da vacina pudesse ter um efeito no tratamento e no diagnóstico, o experimento foi realizado de forma **duplo-cega**, isto é, nem os indivíduos que receberam injeções nem os que as administram realmente sabiam quem estava recebendo vacina e quem estava recebendo o placebo (as amostras foram numericamente codificadas). (Lembre-se: naquele momento, não estava muito claro se a vacina seria benéfica.)

Sejam p_1 e p_2 as probabilidades de uma criança contrair pólio para as condições de controle e tratamento, respectivamente. O objetivo era testar H_0: $p_1 - p_2 = 0$ *versus* H_a: $p_1 - p_2 > 0$ (a alternativa afirma que é menos provável que uma criança vacinada contraia pólio que uma criança não vacinada). Supondo que o valor real de p_1 seja 0,0003 (uma taxa de incidência de 30 por 100 000), a vacina seria uma melhora significativa se a taxa de incidência fosse reduzida à metade – isto é, $p_2 = 0{,}00015$. Usando um teste de nível $\alpha = 0{,}05$, seria razoável questionar os tamanhos de amostra para $\beta = 0{,}1$ quando $p_1 = 0{,}0003$ e $p_2 = 0{,}00015$. Assumindo tamanhos de amostras iguais, o n necessário é obtido de (9.7) como

$$n = \frac{\left[1{,}645\sqrt{(0{,}5)(0{,}00045)(1{,}99955)} + 1{,}28\sqrt{(0{,}00015)(0{,}99985) + (0{,}0003)(0{,}9997)}\right]^2}{(0{,}0003 - 0{,}00015)^2}$$

$$= [(0{,}0349 + 0{,}0271)/0{,}00015]^2 \approx 171\ 000$$

Os dados reais para esse experimento são fornecidos a seguir. Foram usados tamanhos das amostras de aproximadamente 200 000. O leitor pode verificar com facilidade que $z = 6{,}43$: valor altamente significativo. A vacina foi considerada um imenso sucesso!

Placebo: $m = 201\ 229$, x = número de casos de poliomielite = 110
Vacina: $n = 200\ 745$, $y = 33$ ■

Um intervalo de confiança para amostra grande

Assim como no caso de médias, muitos problemas de duas amostras envolvem o objetivo de fazer comparações pelo teste de hipóteses, mas, às vezes, uma estimativa de intervalo para $p_1 - p_2$ é apropriada. Tanto $\hat{p}_1 = X/m$ como $\hat{p}_2 = Y/n$ possuem distribuições normais aproximadas quando m e n são grandes. Se identificamos θ com $p_1 - p_2$, então $\hat{\theta} = \hat{p}_1 - \hat{p}_2$ satisfaz as condições necessárias para obter um IC de amostra grande. Em particular, o desvio padrão estimado de $\hat{\theta}$ é $\sqrt{(\hat{p}_1\hat{q}_1/m) + (\hat{p}_2\hat{q}_2/n)}$. O intervalo $100(1 - \alpha)\%$ genérico $\hat{\theta} \pm z_{\alpha/2} \cdot \hat{\sigma}_{\hat{\theta}}$ então toma a forma a seguir.

> Um IC para $p_1 - p_2$ com nível de confiança de aproximadamente $100(1 - \alpha)\%$ é
>
> $$\hat{p}_1 - \hat{p}_2 \pm z_{\alpha/2}\sqrt{\frac{\hat{p}_1\hat{q}_1}{m} + \frac{\hat{p}_2\hat{q}_2}{n}}$$
>
> O teste pode ser utilizado com segurança enquanto $m\hat{p}_1$, $m\hat{q}_1$, $n\hat{p}_2$ e $n\hat{q}_2$ forem, no mínimo, 10.

Observe que o desvio padrão estimado de $\hat{p}_1 - \hat{p}_2$ (a expressão de raiz quadrada) é diferente do que era para testar a hipótese quando $\Delta_0 = 0$.

Uma pesquisa recente mostrou que o nível de confiança real para o IC tradicional dado anteriormente pode, às vezes, afastar-se muito do nível nominal (o nível que você pensa que está conseguindo ao usar um valor crítico z específico – por exemplo, 95% quando $z_{\alpha/2} = 1{,}96$). A melhoria sugerida é acrescentar um sucesso e uma falha a cada uma das duas amostras e então substituir os $\hat{p}$ e $\hat{q}$ na fórmula precedente por $\tilde{p}$ e $\tilde{q}$, em que $\tilde{p}_1 = (x + 1)/(m + 2)$ etc. Este intervalo modificado pode também ser utilizado quando as amostras são bastante pequenas.

Exemplo 9.13

Os autores do artigo "Adjuvant radiotherapy and chemotherapy in node-positive premenopausal women with breast cancer" (*New Engl. J. of Med.*, 1997: 956-962) relataram os resultados de um experimento projetado para comparar o tratamento de pacientes com câncer utilizando somente quimioterapia com o tratamento que usa a combinação de quimioterapia e radiação. Dos 154 indivíduos que receberam o tratamento somente com quimioterapia, 76 sobreviveram pelo menos 15 anos, enquanto 98 dos 164 pacientes que receberam o tratamento híbrido sobreviveram pelo menos esse mesmo período. Com p_1 representando a proporção de todas as mulheres que, quando tratadas apenas com quimioterapia, sobrevivem no mínimo 15 anos e p_2 representando a proporção análoga para o tratamento híbrido, $\hat{p}_1 = 76/154 = 0{,}494$ e $98/164 = 0{,}598$. Um intervalo de confiança para a diferença entre as proporções com base na fórmula tradicional com um nível de confiança de aproximadamente 99% é

$$0{,}494 - 0{,}598 \pm (2{,}58)\sqrt{\frac{(0{,}494)(0{,}506)}{154} + \frac{(0{,}598)(0{,}402)}{164}} = -0{,}104 \pm 0{,}143$$
$$= (-0{,}247,\ 0{,}039)$$

No nível de confiança de 99%, é plausível que $-0{,}247 < p_1 - p_2 < 0{,}039$. Esse intervalo é razoavelmente extenso, um reflexo do fato de que os tamanhos de amostra não são terrivelmente grandes para esse tipo de intervalo. Observe que 0 é um dos valores plausíveis de $p_1 - p_2$, sugerindo que nenhum tratamento pode ser considerado superior ao outro. Usando $\tilde{p}_1 = 77/156 = 0{,}494$, $\tilde{q}_1 = 79/156 = 0{,}506$, $\tilde{p}_2 = 0{,}596$, $\tilde{q}_2 = 0{,}404$ com base nos tamanhos das amostras de 156 e 166, respectivamente, o intervalo "melhorado" aqui é idêntico ao intervalo anterior. ■

Inferências para amostras pequenas

Algumas vezes, uma inferência relacionada a $p_1 - p_2$ pode ter de se basear em amostras para as quais pelo menos um tamanho de amostra é pequeno. Os métodos apropriados para tais situações não são tão diretos quanto aqueles para amostras grandes e há mais controvérsia entre os estatísticos com relação aos procedimentos recomendados. Um teste usado com frequência, chamado teste de Fisher-Irwin, baseia-se na distribuição hipergeométrica. Para mais informações, consulte seu amigo estatístico.

EXERCÍCIOS Seção 9.4 (49–58)

49. Alguém que muda de marca induzido por motivos financeiros é menos provável de permanecer fiel do que alguém que muda sem essa indução? Sejam p_1 e p_2 as proporções reais de pessoas que mudam para uma determinada marca com e sem indução, respectivamente, que fazem subsequentemente uma segunda compra. Teste H_0: $p_1 - p_2 = 0$ *versus* H_a: $p_1 - p_2 < 0$ usando $\alpha = 0{,}01$ e os seguintes dados:

$m = 200$ número de sucessos = 30
$n = 600$ número de sucessos = 180

(Dados semelhantes são fornecidos em "Impact of deals and deal retraction on brand switching", *J. of Marketing*, 1980: 62-70.)

50. Os recentes incidentes de contaminação de alimentos têm causado grande preocupação entre os consumidores. O artigo "How safe is that chicken?" (*Consumer Reports*, jan. 2010: 19-23) relatou que 35 de 80 cortes de frango da marca Perdue selecionados aleatoriamente testaram positivamente para campylobacter ou salmonella (ou ambas), as bactérias que mais causam doenças de origem alimentar, enquanto 66 de 80 cortes de frango da marca Tyson testaram positivamente.

a. A proporção real de cortes de frango não contaminados da Perdue difere da proporção da marca Tyson? Faça um teste de hipóteses usando nível de significância de 0,01 e utilizando o método do valor-*P*.

b. Se as proporções verdadeiras de frangos não contaminados para as marcas Perdue e Tyson são de 0,50 e 0,25, respectivamente, o quanto provável é que a hipótese nula de proporções iguais será rejeitada quando o nível de significância de 0,01 é utilizado e os tamanhos de amostras são ambos 80?

51. Dois tipos diferentes de ligas metálicas, A e B, foram usados para fabricar espécimes experimentais de uma junta de baixa tensão a ser usada em uma determinada aplicação de engenharia. A tensão de ruptura (ksi) de cada espécime foi determinada, e os resultados são resumidos na distribuição de frequência a seguir.

	A	B
26 ⊢ 30	6	4
30 ⊢ 34	12	9
34 ⊢ 38	15	19
38 ⊢ 42	7	10
	$m = 40$	$m = 42$

Calcule um IC de 95% para a diferença entre as proporções reais de todos os espécimes de ligas A e B que possuem uma tensão de ruptura de pelo menos 34 ksi.

52. Os professores consideram seu trabalho gratificante e satisfatório? O artigo "Work-related attitudes" (*Psychological Reports*, 1991: 443-450) relata os resultados de uma pesquisa de 395 professores de escola primária e 266 de escola secundária. Dos professores de escola primária, 224 disseram que estavam muito satisfeitos com seus empregos, e dos professores de escola secundária, 126 manifestaram a mesma opinião. Estime a diferença entre a proporção de todos os professores de escola primária que estão muito satisfeitos e todos os de escola secundária que também estão muito satisfeitos, calculando e interpretando um IC.

53. O olestra é um substituto de gordura aprovado pela FDA para utilização em salgadinhos. Devido a relatos de problemas gastrointestinais associados com o consumo de olestra, um experimento placebo-controlado, duplo-cego e randomizado foi realizado para comparar batatas chips com olestra a batatas chips comuns com relação aos sintomas gastrointestinais ("Gastrointestinal symptoms following consumption of olestra or regular triglyceride potato chips", *J. of the Amer. Med. Assoc.*, 1998: 150-152). Entre os 529 indivíduos do grupo controle, 17,6% tiveram problemas gastrointestinais adversos, enquanto, entre os 563 indivíduos no grupo de tratamento olestra, 15,8% experimentaram um evento como esse.

a. Conduza um teste de hipóteses ao nível de significância de 5% para decidir se a taxa de incidência de problemas gastrointestinais para aqueles que consomem batatas chips com olestra de acordo com o regime experimental difere da taxa de incidência para o tratamento de controle.

b. Se as porcentagens reais para os dois tratamentos foram 15% e 20%, respectivamente, que tamanhos de amostra ($m = n$) seriam necessários para detectar uma diferença com probabilidade de 0,90?

54. Teen Court é um programa concebido para substituir o processo legal comum para menores infratores pela primeira vez. O artigo "An experimental evaluation of teen courts" (*J. of Experimental Criminology,* 2008: 137-163) relatou um estudo no qual os infratores foram divididos aleatoriamente entre o método de processamento do Teen Court e o método tradicional do Departamento de Serviços Juvenis. Dos 56 indivíduos do Teen Court, 18 tiveram recaídas posteriormente durante um período de 18 meses de acompanhamento, enquanto 12 dos 51 indivíduos do Departamento de Serviços Juvenis também tiveram recaídas. Será que os dados sugerem que a proporção real de indivíduos do Teen Court que tiveram uma recaída durante o período de acompanhamento específico difere da proporção real do Departamento de Serviços Juvenis? Determine e teste as hipóteses relevantes no nível de significância de 0,10, obtendo um valor-*P*.

55. Em investigações médicas, a razão $\theta = p_1/p_2$ geralmente é de maior interesse que a diferença $p_1 - p_2$ (por exemplo: quantas vezes é mais provável que os indivíduos se recuperem ao receberem o tratamento 1 do que ao receberem o tratamento 2?). Assuma $\hat{\theta} = \hat{p}_1/\hat{p}_2$. Quando m e n são grandes, a estatística $\ln(\hat{\theta})$ possui distribuição aproximadamente normal com valor médio aproximado $\ln(\theta)$ e desvio padrão aproximado $[(m - x)/(mx) + (n - y)/(ny)]^{1/2}$.

a. Use esses fatos para obter uma fórmula de IC de 95% para amostra grande para estimar $\ln(\theta)$ e então um IC para o próprio θ.

b. Retorne aos dados de ataque cardíaco do Exemplo 1.3 e calcule um intervalo de valores plausíveis para θ ao nível de confiança de 95%. O que esse intervalo sugere sobre a eficácia do tratamento com aspirina?

56. Às vezes, os experimentos que utilizam respostas do tipo sucesso ou fracasso são conduzidos de forma antes/depois ou pareada. Suponha que, antes do principal discurso político de um candidato, n indivíduos são selecionados e questionados se apoiam (S) ou não (F) o candidato. Então, depois do discurso, é feita a mesma pergunta às mesmas n pessoas. As respostas podem ser inseridas em uma tabela como segue:

		Depois *S*	Depois *F*
Antes	*S*	x_1	x_2
	F	x_3	x_4

em que $x_1 + x_2 + x_3 + x_4 = n$. Sejam p_1, p_2, p_3 e p_4 as probabilidades das quatro células, de modo que $p_1 = P(S$ antes e S depois) e assim por diante. Queremos testar a hipótese de que a proporção verdadeira de apoiadores (S) depois do discurso não aumentou contra a alternativa de que aumentou.

a. Escreva as duas hipóteses de interesse em termos de p_1, p_2, p_3 e p_4.

b. Construa um estimador para a diferença antes/depois nas probabilidades de sucesso.

c. Se n for grande, podemos observar que a v.a. $(X_i - X_j)/n$ tem aproximadamente uma distribuição normal com variância dada por $[p_i + p_j - (p_i - p_j)^2]/n$. Use isso para construir uma estatística do teste com uma distribuição aproximadamente normal padronizada quando H_0 é verdadeira (o resultado é chamado teste de McNemar).

d. Se $x_1 = 350$, $x_2 = 150$, $x_3 = 200$ e $x_4 = 300$, a que conclusão você pode chegar?

57. Acredita-se que a capa frontal e a natureza da primeira pergunta de pesquisas por correspondência influenciem o índice de respostas. O artigo "The impact of cover design and first questions on response rates for a mail survey of skydivers" (*Leisure Sciences*, 1991: 67-76) testou essa teoria, fazendo experimentos com diferentes modelos de capas. Uma capa era lisa, a outra tinha a figura de um paraquedista. Os pesquisadores consideraram que o índice de retorno seria menor para a capa lisa.

Capa	Nº de envios	Nº de retornos
Lisa	207	104
Paraquedista	213	109

Esses dados confirmam a hipótese dos pesquisadores? Teste as hipóteses relevantes, usando $\alpha = 0,10$ calculando primeiro um valor-*P*.

58. Usando a fórmula tradicional, um IC de 95% para $p_1 - p_2$ deve ser construído com base em tamanhos das amostras iguais das duas populações. Para que valor n ($= m$) o intervalo resultante terá largura de no máximo 0,1, independentemente dos resultados da amostragem?

9.5 Inferências sobre variâncias de duas populações

Os métodos para comparar as variâncias de duas populações (ou desvios padrão) são ocasionalmente necessários, embora tais problemas surjam com muito menos frequência do que os que compreendem médias ou proporções. Para o caso em que as populações sob investigação são normais, os procedimentos são feitos com base em uma nova família de distribuições de probabilidades.

A distribuição *F*

A distribuição F tem dois parâmetros, denotados por ν_1 e ν_2. O parâmetro ν_1 é chamado número de *graus de liberdade do numerador* e ν_2 é o *número de graus de liberdade do denominador*; aqui, ν_1 e ν_2 são números inteiros positivos. Uma variável aleatória que possui uma distribuição F não pode assumir um valor negativo. Uma vez que a função densidade é complicada e não será usada explicitamente, omitimos a fórmula. Existe uma ligação importante entre uma variável F e as variáveis qui-quadradas. Se X_1 e X_2 são v.a. independentes qui-quadradas com ν_1 e ν_2 gl, respectivamente, então, pode-se mostrar que a v.a.

$$F = \frac{X_1/\nu_1}{X_2/\nu_2} \tag{9.8}$$

(a razão de duas variáveis qui-quadradas divididas por seus respectivos graus de liberdade) apresenta uma distribuição F.

A Figura 9.8 ilustra o gráfico de uma função densidade F típica. Análogo à notação $t_{\alpha,\nu}$ e $\chi^2_{\alpha,\nu}$, usamos F_{α,ν_1,ν_2} para o ponto no eixo que inclui α da área sob a curva de densidade F com ν_1 e ν_2 gl na cauda superior. A curva de densidade não é simétrica, então parece que os valores críticos unilateral superior e inferior

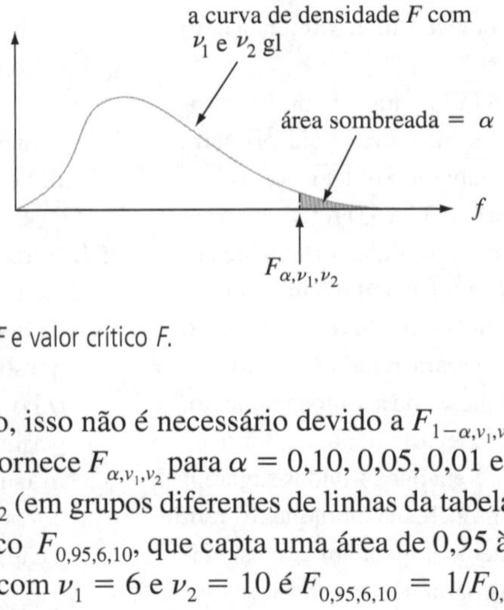

Figura 9.8 Uma curva de densidade *F* e valor crítico *F*.

devem ser tabelados. Entretanto, isso não é necessário devido a $F_{1-\alpha,\nu_1,\nu_2} = 1/F_{\alpha,\nu_2,\nu_1}$.

A Tabela A.9 do Apêndice fornece F_{α,ν_1,ν_2} para $\alpha = 0{,}10$, $0{,}05$, $0{,}01$ e $0{,}001$ e vários valores de ν_1 (em colunas diferentes da tabela) e ν_2 (em grupos diferentes de linhas da tabela). Por exemplo, $F_{0{,}05,6,10} = 3{,}22$ e $F_{0{,}05,10,6} = 4{,}06$. O valor crítico $F_{0{,}95,6,10}$, que capta uma área de 0,95 à sua direita (e, portanto, de 0,05 à sua esquerda), sob a curva F com $\nu_1 = 6$ e $\nu_2 = 10$ é $F_{0{,}95,6,10} = 1/F_{0{,}05,10,6} = 1/4{,}06 = 0{,}246$.

O teste *F* para igualdade de variâncias

Um procedimento de teste de hipóteses relacionado à razão σ_1^2/σ_2^2, bem como um IC para essa razão, baseiam-se no seguinte resultado.

Teorema

Seja $X_1, \ldots, X_m$ uma amostra aleatória de uma distribuição normal com variância σ_1^2, seja $Y_1, \ldots, Y_n$ outra amostra aleatória (independente dos X_i) de uma distribuição normal com variância σ_2^2 e sejam S_1^2 e S_2^2 as variâncias das duas amostras. Então, a v.a.

$$F = \frac{S_1^2/\sigma_1^2}{S_2^2/\sigma_2^2} \tag{9.9}$$

tem uma distribuição F com $\nu_1 = m - 1$ e $\nu_2 = n - 1$.

Esse teorema resulta da combinação de (9.8) com o fato de que as variáveis $(m - 1)S_1^2/\sigma_1^2$ e $(n - 1)S_2^2/\sigma_2^2$ têm distribuição qui-quadrada com $m - 1$ e $n - 1$ gl, respectivamente (consulte a Seção 7.4). Em virtude de F utilizar uma razão e não uma diferença, a estatística do teste é a razão de variâncias amostrais. A alegação de que $\sigma_1^2 = \sigma_2^2$ é então rejeitada, se a razão for muito diferente de 1.

Hipótese nula: H_0: $\sigma_1^2 = \sigma_2^2$
Valor da estatística do teste: $f = s_1^2/s_2^2$

Hipótese alternativa	Região de rejeição para o teste de nível α
H_a: $\sigma_1^2 > \sigma_2^2$	$f \geq F_{\alpha,m-1,n-1}$
H_a: $\sigma_1^2 < \sigma_2^2$	$f \leq F_{1-\alpha,m-1,n-1}$
H_a: $\sigma_1^2 \neq \sigma_2^2$	tanto $f \geq F_{\alpha/2,m-1,n-1}$ quanto $f \leq F_{1-\alpha/2,m-1,n-1}$

Como os valores críticos são apresentados apenas para $\alpha = 0{,}10$, 0,05, 0,01 e 0,001, o teste bilateral pode ser realizado somente em níveis de 0,20, 0,10, 0,02 e 0,002. Outros valores críticos F podem ser obtidos a partir de um software estatístico.

Exemplo 9.14

Com base nos dados relatados no artigo "Serum ferritin in an elderly population" (*J. of Gerontology*, 1979: 521-524), os autores concluíram que a distribuição de ferritina nos idosos teve uma variância menor que nos adultos jovens. Para uma amostra de 28 homens idosos, o desvio padrão da amostra de ferritina (mg/L) foi $s_1 = 52{,}6$; para 26 rapazes, o desvio padrão da amostra foi $s_2 = 84{,}2$. Esses dados sustentam a conclusão aplicada aos homens?

Sejam σ_1^2 e σ_2^2 a variância das distribuições de ferritina dos idosos e dos rapazes, respectivamente. As hipóteses de interesse são H_0: $\sigma_1^2 = \sigma_2^2$ *versus* H_a: $\sigma_1^2 < \sigma_2^2$. No nível 0,01, H_0 será rejeitada se $f \leq F_{0{,}99,\,27,\,25}$. Para obter o valor crítico, é preciso $F_{0{,}01,25,27}$. Da Tabela A.9 do Apêndice, $F_{0{,}01,25,27} = 2{,}54$, enquanto $F_{0{,}99,27,25} = 1/2{,}54 = 0{,}394$. O valor calculado de F é $(52{,}6)^2/(84{,}2)^2 = 0{,}390$. Uma vez que $0{,}390 \leq 0{,}394$, H_0 é rejeitada ao nível de 0,01 em favor de H_a, assim, a variabilidade parece ser maior nos rapazes que nos idosos. ■

Valores-*P* para testes *F*

Lembre-se de que o valor-*P* para um teste *t* unilateral superior é a área sob a curva *t* relevante (aquela com gl apropriado) à direita do *t* calculado. Da mesma forma, o valor-*P* para um teste *F* unilateral superior é a área sob a curva *F* com um gl apropriado no numerador e no denominador à direita do *f* calculado. A Figura 9.9 ilustra isso para um teste com base em $v_1 = 4$ e $v_2 = 6$.

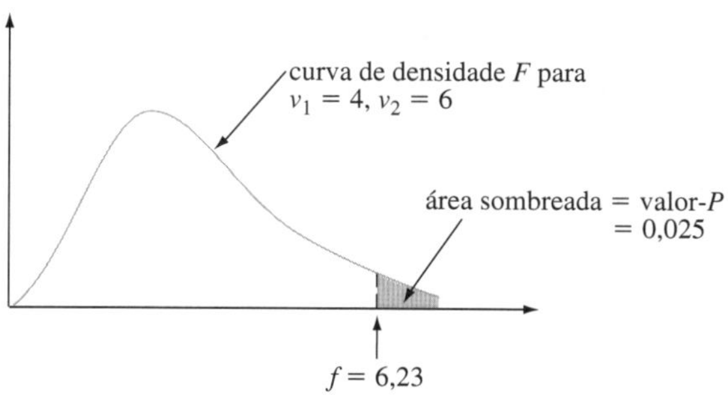

Figura 9.9 Um valor-*P* para um teste *F* unilateral superior.

A tabela com as áreas de cauda superior da curva *F* é muito mais confusa que a das curvas *t*, pois dois gl estão envolvidos. Para cada combinação de v_1 e v_2, nossa tabela *F* dá apenas os quatro valores críticos que capturam áreas de 0,10, 0,05, 0,01 e 0,001. A Figura 9.10 mostra o que pode ser dito sobre o valor-*P* dependendo do local onde *f* está em relação aos quatro valores críticos.

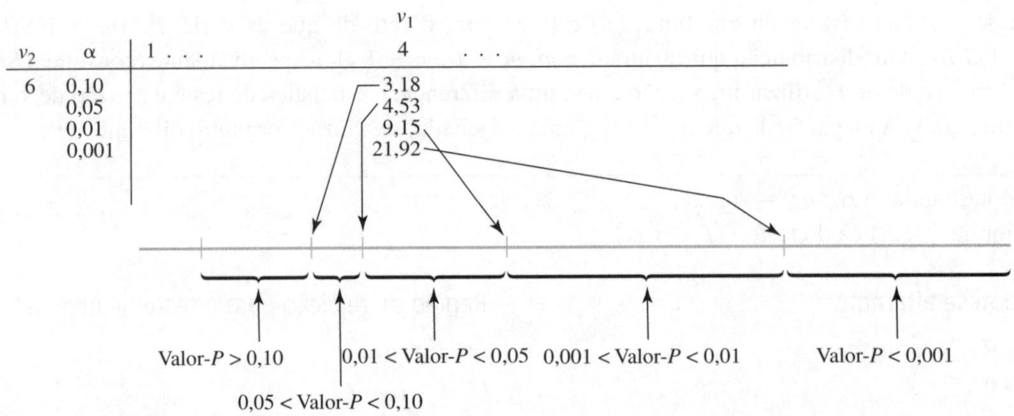

Figura 9.10 Obtendo informações do valor-*P* a partir da tabela *F* para um teste *F* unilateral superior.

Por exemplo, para um teste com $\nu_1 = 4$ e $\nu_2 = 6$,

$$f = 5{,}70 \Rightarrow 0{,}01 < \text{valor-}P < 0{,}05$$
$$f = 2{,}16 \Rightarrow \text{valor-}P > 0{,}10$$
$$f = 25{,}03 \Rightarrow \text{valor-}P < 0{,}001$$

Somente se *f* for igual a um valor tabelado, obteremos um valor-*P* exato (por exemplo: se $f = 4{,}53$, então o valor-$P = 0{,}05$). Uma vez que sabemos que $0{,}01 <$ valor-$P < 0{,}05$, H_0 seria rejeitada em um nível de significância de 0,05, mas não em um nível de 0,01. Quando valor-$P < 0{,}001$, H_0 deve ser rejeitada em qualquer nível de significância razoável.

Os testes *F* discutidos nos capítulos a seguir serão todos unilateral superior. Se, no entanto, um teste *F* unilateral inferior for apropriado, então os valores críticos unilateral inferior devem ser obtidos como descrito anteriormente, de modo que possa ser estabelecido um limite (ou limites) no valor *P*. No caso de teste bilateral, o limite ou os limites de um teste unilateral devem ser multiplicados por 2. Por exemplo, se $f = 5{,}82$ quando $\nu_1 = 4$ e $\nu_2 = 6$, então, uma vez que 5,82 está entre os valores críticos 0,05 e 0,01, $2(0{,}01) <$ valor-$P < 2(0{,}05)$, dando $0{,}02 <$ valor-$P < 0{,}10$. H_0 seria rejeitada se $\alpha = 0{,}10$, mas não se $\alpha = 0{,}01$. Neste caso, não podemos dizer qual conclusão é apropriada a partir da nossa tabela quando $\alpha = 0{,}05$ (já que não se sabe se o valor-*P* é menor ou maior que isso). Entretanto, o software estatístico mostra que a área à direita de 5,82 sob essa curva *F* é 0,029, assim, o valor-*P* é 0,058 e a hipótese nula não deve, portanto, ser rejeitada no nível 0,05 (0,058 é o menor α para o qual H_0 pode ser rejeitada e nosso α escolhido é menor que esse). Vários pacotes de software de estatística irão, certamente, proporcionar um valor-*P* exato para qualquer teste *F*.

Um intervalo de confiança para σ_1/σ_2

O IC para σ_1^2/σ_2^2 baseia-se na substituição de *F* na expressão de probabilidade

$$P(F_{1-\alpha/2,\nu_1,\nu_2} < F < F_{\alpha/2,\nu_1,\nu_2}) = 1 - \alpha$$

pela variável *F* (9.9) e em manipular as desigualdades para isolar σ_1^2/σ_2^2. Um intervalo para σ_1/σ_2 resulta tirando-se a raiz quadrada de cada limite. Os detalhes são deixados como exercício.

EXERCÍCIOS Seção 9.5 (59–66)

59. O artigo "Enhancement of compressive properties of failed concrete cylinders with polymer impregnation" (*J. of Testing and Evaluation*, 1977: 333-337) relata os dados a seguir sobre o módulo compressivo impregnado (psi $\times$ 10^6) quando dois polímeros diferentes foram usados para reparar rachaduras no concreto.

Epóxi	1,75	2,12	2,05	1,97
Pré-polímero MMA	1,77	1,59	1,70	1,69

Obtenha um IC de 90% para a razão de variâncias, usando primeiro o método sugerido no texto para obter uma fórmula geral de intervalo de confiança.

60. Forneça o máximo de informações que puder sobre o valor-*P* do teste *F* em cada uma das situações a seguir:

a. $\nu_1 = 5$, $\nu_2 = 10$, teste unilateral superior, $f = 4{,}75$
b. $\nu_1 = 5$, $\nu_2 = 10$, teste unilateral superior, $f = 2{,}00$
c. $\nu_1 = 5$, $\nu_2 = 10$, teste bilateral, $f = 5{,}64$
d. $\nu_1 = 5$, $\nu_2 = 10$, teste unilateral inferior, $f = 0{,}200$
e. $\nu_1 = 35$, $\nu_2 = 20$, teste unilateral superior, $f = 3{,}24$

61. Retorne aos dados sobre o ângulo de inclinação máximo dado no Exercício 28 deste capítulo. Faça um teste no nível de significância de 0,10 para ver se os desvios padrão da população dos grupos de duas idades são diferentes (os gráficos normais de probabilidade confirmam a suposição de normalidade necessária).

62. Consulte o Exemplo 9.7. Os dados sugerem que o desvio padrão da distribuição da tensão dos espécimes fundidos é menor que o dos espécimes não fundidos? Faça um teste no nível de significância de 0,01, obtendo o máximo de informações que puder sobre o valor-*P*.

63. Toxafeno é um inseticida que foi identificado como um poluente no ecossistema dos Grandes Lagos. Para investigar o efeito da exposição ao toxafeno nos animais, foi dado toxafeno a grupos de ratos em sua dieta. O artigo "Reproduction study of toxaphene in the rat" (*J. of Environ. Sci. Health*, 1988: 101-126) relata os ganhos de peso (em gramas) dos ratos que receberam uma dose baixa (4 ppm) e dos ratos controle cuja dieta não incluiu o inseticida. O desvio padrão da amostra de controle de 23 ratos fêmeas foi de 32 g, e de 20 ratos fêmeas com dose baixa, de 54 g. Esses dados sugerem que há mais variabilidade nos ganhos de peso de dose baixa que nos ganhos de peso de controle? Assumindo normalidade, faça um teste de hipóteses no nível de significância de 0,05.

64. Em um estudo da deficiência de cobre em gado, os valores de cobre (μg Cu/100 mL de sangue) foram determinados para o gado em uma área conhecida por ter anomalias bem definidas de molibdênio (valores de metal acima do limite normal da variação regional) e para o gado em uma área normal ("An investigation into copper deficiency in cattle in the southern pennines", *J. Agricultural Soc. Cambridge*, 1972: 157-163), resultando em $s_1 = 21{,}5$ ($m = 48$) para a condição anômala e $s_2 = 19{,}45$ ($n = 45$) para a condição normal. Faça o teste para a igualdade *versus* desigualdade de variâncias da população no nível de significância de 0,10, usando a abordagem do valor-*P*.

65. Obtenha ou calcule as seguintes quantidades:

a. $F_{0,05,5,8}$ **b.** $F_{0,05,8,5}$ **c.** $F_{0,95,5,8}$ **d.** $F_{0,95,8,5}$
e. O 99° percentil da distribuição *F* com $\nu_1 = 10$, $\nu_2 = 12$
f. O 1° percentil da distribuição *F* com $\nu_1 = 10$, $\nu_2 = 12$
g. $P(F \leq 6{,}16)$ para $\nu_1 = 6$, $\nu_2 = 4$
h. $P(0{,}177 \leq F \leq 4{,}74)$ para $\nu_1 = 10$, $\nu_2 = 5$

66. Reconsidere os dados do Exemplo 9.6 e calcule um limite de confiança superior de 95% para a razão do desvio padrão da distribuição de porosidade do triacetato pela distribuição da porosidade do algodão.

EXERCÍCIOS COMPLEMENTARES (67–95)

67. Os dados resumidos a seguir sobre a resistência à compressão (lb) de caixas de 12 × 10 × 8 polegadas foram exibidos no artigo "Compression of single-wall corrugated shipping containers using fixed and floating test platens" (*J. Testing and Evaluation*, 1992: 318-320). Os autores afirmaram que "a diferença entre a resistência à compressão utilizando os métodos de prensa com plataformas móvel e fixa foi considerada pequena, se comparada à variação normal da resistência à compressão entre caixas idênticas". Você concorda? A sua análise tem base em suposições?

Método	Tamanho da amostra	Média amostral	Desvio padrão amostral
Fixo	10	807	27
Flutuante	10	757	41

68. Os autores do artigo "Dynamics of canopy structure and light interception in *Pinus elliotti*, North Florida" (*Ecological Monographs*, 1991: 33-51) planejaram um experimento para determinar o efeito de fertilizantes em uma medida de área plantada. Diversas áreas estavam disponíveis para o estudo e metade foi selecionada aleatoriamente para ser fertilizada. Para garantir que as áreas que receberiam o fertilizante e as áreas de controle fossem semelhantes, antes de começar o experimento, a densidade de árvores (o número de árvores por hectare) foi registrada para oito áreas a serem fertilizadas e para oito áreas de controle, resultando nos dados fornecidos. A saída do Minitab é exposta a seguir.

Áreas fertilizadas	1 024	1 216	1 312	1 280
	1 216	1 312	992	1 120
Áreas de controle	1 104	1 072	1 088	1 328
	1 376	1 280	1 120	1 200

```
Teste T de duas amostras para áreas fertiliza-
das versus áreas de controle
                        N  Média  Desvio  Erro padrão
                                  padrão     da média
áreas fertilizadas  8   1184     126           44
áreas de controle   8   1196     118           42

IC com 95% para μ área fertilizada − μ áreas
de controle: (−144, 120)
```

a. Construa um *boxplot* comparativo e comente sobre quaisquer características interessantes.

b. Você concluiria que há uma diferença significativa na densidade média de árvores das áreas fertilizadas e de controle? Use $\alpha = 0{,}05$.

c. Interprete o intervalo de confiança dado.

69. Os dados a seguir sobre o tempo de resposta foram mostrados no artigo "The extinguishment of fires using low-flow water hose streams – Part II" (*Fire Technology*, 1991: 291-320).

Boa visibilidade
0,43 1,17 0,37 0,47 0,68 0,58 0,50 2,75
Má visibilidade
1,47 0,80 1,58 1,53 4,33 4,23 3,25 3,22

Os autores analisaram os dados com o teste t agrupado. O uso desse teste parece justificado? [*Dica*: verifique a normalidade. Os percentis z para $n = 8$ são $-1,53$, $-0,89$, $-0,49$, $-0,15$, 0,15, 0,49, 0,89 e 1,53.]

70. Os dados a seguir foram obtidos em um estudo para avaliar o potencial de liquefação em uma usina de energia nuclear proposta ("Cyclic strengths compared for two sampling techniques", *J. of the Geotechnical Division, Am. Soc. Civil Engrs. Proceedings*, 1981: 563-576). Antes do teste de resistência cíclico, foram obtidas amostras de solo, usando-se um método de tubo lançador e um método de bloco, resultando nos seguintes valores observados de densidade seca (lb/pé^3):

Amostragem de lançador	101,1	111,1	107,6	98,1
	99,5	98,7	103,3	108,9
	109,1	104,1	110,0	98,4
	105,1	104,5	105,7	103,3
	100,3	102,6	101,7	105,4
	99,6	103,3	102,1	104,3
Amostragem de blocos	107,1	105,0	98,0	97,9
	103,3	104,6	100,1	98,2
	97,9	103,2	96,9	

Calcule e interprete um IC de 95% para a diferença entre as densidades secas médias verdadeiras para os dois métodos de amostragem.

71. O artigo "Quantitative MRI and electrophysiology of preoperative carpal tunnel syndrome in a female population" (*Ergonomics*, 1997: 642-649) relatou que $(-473,3; 1691,9)$ era um intervalo de confiança de 95% para amostra grande, para a diferença entre o volume muscular médio verdadeiro do tênar (mm^3) das pessoas que sofrem da síndrome do túnel carpal e o volume médio verdadeiro das que não sofrem. Calcule um intervalo de confiança de 90% para essa diferença.

72. Os dados resumidos a seguir sobre a resistência a dobramentos (lb-pol/pol) das juntas foram extraídos do artigo "Bending strength of corner joints constructed with injection molded splines" (*Forest Products J.*, abr. 1997: 89-92).

Tipo	Tamanho da amostra	Média amostral	Desvio padrão amostral
Sem revestimento lateral	10	80,95	9,59
Com revestimento lateral	10	63,23	5,96

a. Calcule um limite de confiança inferior de 95% para a resistência média verdadeira das juntas com revestimento lateral.
b. Calcule um limite de previsão inferior de 95% para a resistência de uma única junta com revestimento lateral.
c. Calcule um intervalo que, com confiança de 95%, inclua os valores de resistência para pelo menos 95% da população de todas as juntas com revestimentos laterais.
d. Calcule um intervalo de confiança de 95% para a diferença entre as resistências médias verdadeiras dos dois tipos de juntas.

73. O artigo "Urban battery litter", citado no Exemplo 8.14, deu os seguintes dados resumidos sobre a massa de zinco (g) para duas marcas diferentes de pilhas de tamanho D:

Marca	Tamanho da amostra	Média amostral	Desvio padrão amostral
Duracell	15	138,52	7,76
Energizer	20	149,07	1,52

Assumindo que ambas as distribuições da massa de zinco são, pelo menos, aproximadamente normais, realize um teste ao nível de significância de 0,05 utilizando a abordagem do valor-P para decidir se a massa de zinco média verdadeira é diferente para os dois tipos de baterias.

74. O descarrilamento de um trem de carga devido à falha catastrófica de um mancal do rotor do motor de tração estimulou um estudo relatado no artigo "Locomotive traction motor armature bearing life study" (*Lubrication Engr.*, ago. 1997: 12-19). Uma amostra de 17 motores de tração de alta milhagem foi selecionada e a quantidade de penetração do cone (mm/10) foi determinada para o mancal de pinhão e para o mancal do rotor do comutador, resultando nos dados a seguir:

	Motor					
	1	**2**	**3**	**4**	**5**	**6**
Comutador	211	273	305	258	270	209
Pinhão	226	278	259	244	273	236

	Motor					
	7	**8**	**9**	**10**	**11**	**12**
Comutador	223	288	296	233	262	291
Pinhão	290	287	315	242	288	242

	Motor				
	13	**14**	**15**	**16**	**17**
Comutador	278	275	210	272	264
Pinhão	278	208	281	274	268

Calcule uma estimativa da diferença de médias populacionais entre a penetração do mancal do rotor do comutador e a penetração do mancal de pinhão. Faça a análise de forma que transmita informações sobre confiabilidade e precisão da estimativa. [*Observação*: um gráfico normal de probabilidade valida a suposição de normalidade necessária.] Você diria que a diferença entre as médias populacionais foi estimada com precisão? Parece que a penetração média populacional difere para os dois tipos de mancais? Explique.

75. O índice de respostas a questionários é afetado pela inclusão de algum tipo de incentivo para responder junto ao questionário? Em um experimento, 110 questionários sem nenhum incentivo resultaram em 75 devolvidos, enquanto 98 questionários que incluíam uma chance de ganhar na loteria produziram 66 respostas ("Charities, no; lotteries, no; cash, yes", *Public Opinion Quarterly*, 1996: 542-562). Esses dados sugerem que a inclusão de um estímulo aumenta a probabilidade de uma resposta? Determine e teste as hipóteses relevantes no nível de significância de 0,10, usando o método do valor-P.

76. O artigo "Fatigue testing of condoms", citado no Exercício 7.32, relatou que, para uma amostra de 20 preservativos de látex natural de um determinado tipo, a média e o desvio padrão amostral do número de ciclos até a ruptura foram 4 358 e 2 218, respectivamente, enquanto uma amostra de 20 preservativos de poli-isopreno forneceu uma média e um desvio padrão amostral 5 805 e 3 990, respectivamente. Existe uma forte evidência que conclua que o número médio verdadeiro de ciclos para romper o preservativo de poli-isopreno excede o número do preservativo de látex natural por mais de 1 000 ciclos? Conduza um teste utilizando um nível de significância de 0,01. [*Observação*: o trabalho citado relatou os valores-*P* para os testes *t* para comparação de médias de vários tipos considerados.]

77. As informações sobre a postura e a força da mão geradas pelos dedos durante a manipulação diária de vários objetos são necessárias para projetar dispositivos protéticos de alta tecnologia para mão. O artigo "Grip posture and forces during holding cylindrical objects with circular grips" (*Ergonomics*, 1996: 1163-1176) relatou que, para uma amostra de 11 mulheres, a força média amostral de contração de quatro dedos (N) foi 98,1, e o desvio padrão amostral, 14,2. Para uma amostra de 15 homens, a média e o desvio padrão amostrais foram 129,2 e 39,1, respectivamente.

a. Um teste realizado para ver se as resistências médias verdadeiras dos dois sexos eram diferentes resultou em $t = 2{,}51$ e valor-$P = 0{,}019$. O procedimento de teste apropriado descrito neste capítulo produz esse valor *t* e o valor-*P*?

b. Existe evidência substancial de que a resistência média verdadeira dos homens excede a das mulheres por mais de 25 N? Expresse e teste as hipóteses relevantes.

78. O artigo "Pine needles as sensors of atmospheric pollution" (*Environ. Monitoring*, 1982: 273-286) relatou o uso da análise por ativação com nêutrons para determinar a concentração de poluentes nas folhas de pinheiro. De acordo com os autores do artigo, "Essas observações indicaram fortemente que, para esses elementos determinados pelos procedimentos analíticos, a distribuição da concentração é lognormal. Portanto, nos testes de significância, os logaritmos das concentrações serão usados". Os dados fornecidos referem-se à concentração de bromo nas folhas tiradas de um local próximo a uma usina de vapor a óleo queimado e de um local relativamente limpo. As medidas de resumo são médias e desvios padrão das observações, logtransformadas.

Local	Tamanho da amostra	Média do *log* da concentração	Desvio padrão do *log* da concentração
Usina a vapor	8	18,0	4,9
Limpo	9	11,0	4,6

Considere μ_1^* a média verdadeira do *log* da concentração no primeiro local e defina μ_2^* analogamente ao segundo local.

a. Use o teste *t* agrupado (assumindo normalidade *e* desvios padrão iguais) para decidir, no nível de significância 0,05, se as duas médias da distribuição da concentração são iguais.

b. Se σ_1^* e σ_2^* (os desvios padrão das duas distribuições do *log* da concentração) não são iguais, μ_1 e μ_2 (as médias das distribuições da concentração) seriam as mesmas se $\mu_1^* = \mu_2^*$? Explique seu raciocínio.

79. O artigo "The accuracy of stated energy contents of reduced-energy, commercially prepared foods" (*J. of the Amer. Dietetic Assoc*., 2010: 116-123) apresentou os dados sobre valor energético especificado e medido (em kcal) para 10 refeições prontas diferentes:

Refeição:	1	2	3	4	5	6	7	8	9	10
Especificado:	180	220	190	230	200	370	250	240	80	180
Medido:	212	319	231	306	211	431	288	265	145	228

Realize um teste de hipóteses com base em um valor-*P* para decidir se a diferença percentual média real do que foi declarado é diferente de zero. [*Observação*: o artigo afirmou: "Embora métodos estatísticos formais não se apliquem a amostras de conveniência, testes estatísticos padrão foram utilizados para resumir os dados para fins exploratórios e sugerir direções para estudos futuros".]

80. O arsênio é um conhecido agente cancerígeno e veneno. Os procedimentos laboratoriais padrões para medir a concentração de arsênio (mg/L) na água são caros. Considere um resumo dos dados de acompanhamento e de saída do Minitab para comparar um método laboratorial a um método de campo novo relativamente rápido e barato (a partir do artigo "Evaluation of a new field measurement method for arsenic in drinking water samples", *J. of Envir. Engr.*, 2008: 382-388).

Teste T de duas amostras e IC

```
Amostra   N    Média       DP     Média SE
1         3    19,70     1,10        0,64
2         3    10,90     0,60        0,35
Estimativa para a diferença: 8.800
95% IC para diferença: (6.498, 11.102)
Teste  T da diferença = 0 (vs não =):
Valor T = 12,16 Valor-P = 0,001 DF = 3
```

Que conclusão você tira sobre os dois métodos e por quê? Interprete o intervalo de confiança. [*Observação*: um dos autores do artigo indicou em comunicação privada que eles não tinham certeza por que os dois métodos não divergiram.]

81. *Headability* é a habilidade de uma peça cilíndrica de material ser moldada como a cabeça de um pino, parafuso ou outro item fabricado a frio sem rachar. O artigo "New methods for assessing cold heading quality" (*Wire J. Intl.*, out. 1996: 66-72) descreveu o resultado de um teste de impacto de *headability* aplicado a 30 espécimes de aço de alumínio e a 30 espécimes de aço silício. A média amostral do grau de *headability* dos espécimes de aço silício foi 6,43, e a média amostral dos espécimes de aço alumínio foi 7,09. Suponha que os desvios padrão amostrais foram 1,08 e 1,19, respectivamente. Você concorda com os autores do artigo de que a diferença nos graus de *headability* é significativa no nível de 5% (assumindo que as duas distribuições de *headability* sejam normais)?

82. O cimento ósseo acrílico é usualmente utilizado na artroplastia articular total como um material que permite a transferência suave de cargas de uma prótese de metal na estrutura óssea. O trabalho "Validation of the small-punch test as a technique for characterizing the mechanical properties of acrylic bone cement" (*J. of Engr. in Med.*, 2006: 11-21) forneceu os seguintes dados sobre a força de ruptura (N):

Temperatura	Condição	n	$\bar{x}$	s
22 °C	Seco	6	170,60	39,08
37 °C	Seco	6	325,73	34,97
22 °C	Úmido	6	366,36	34,82
37 °C	Úmido	6	306,09	41,97

Suponha que todas as distribuições populacionais sejam normais.

a. Estime a força de ruptura média verdadeira em um ambiente seco a 37 °C de maneira que transmita as informações sobre confiabilidade e precisão e interprete a sua estimativa.

b. Estime a diferença entre a força de ruptura verdadeira em um ambiente seco a 37 °C e força média verdadeira à mesma temperatura em um meio úmido, e faça isso de maneira que transmita as informações sobre precisão e confiabilidade. Então, interprete sua estimativa.

c. Existe uma evidência forte o suficiente para concluir que a força média verdadeira em um meio seco à temperatura mais elevada exceda a força média verdadeira em uma temperatura mais baixa por mais de 100 N?

83. Em um experimento para comparar as resistências do suporte de pinos inseridos em dois tipos diferentes de montagens, uma amostra de 14 observações sobre o limite de tensão das montagens de carvalho vermelho resultou em uma média e um desvio padrão amostrais de 8,48 MPa e 0,79 MPa, respectivamente, enquanto uma amostra de 12 observações, quando as montagens de pinheiro de Douglas foram usadas, forneceu uma média de 9,36 e um desvio padrão de 1,52 ("Bearing strength of white oak pegs in red oak and douglas fir timbers", *J. of Testing and Evaluation*, 1998: 109-114). Considere o teste para ver se os limites de tensão médios verdadeiros são idênticos ou não para os dois tipos de suportes. Compare os gl e os valores-*P* dos testes *t* combinados e não combinados.

84. Como a entrada de energia pode ser comparada ao seu consumo? Um aspecto dessa questão foi considerado no artigo "Measurement of total energy expenditure by the doubly labelled water method in professional soccer players" (*J. of Sports Sciences*, 2002: 391-397), que continha os seguintes dados (MJ/dia).

	Jogador						
	1	2	3	4	5	6	7
Consumo	14,4	12,1	14,3	14,2	15,2	15,5	17,8
Entrada	14,6	9,2	11,8	11,6	12,7	15,0	16,3

Faça o teste para ver se há uma diferença significativa entre a entrada e o consumo. A conclusão depende do uso de um nível de significância de 0,05, 0,01 ou 0,001?

85. O artigo "Evaluating variability in filling operations" (*Food Tech.*, 1984: 51-55) descreve duas operações diferentes de enchimento usadas em uma instalação de empacotamento de carne moída. Ambas as operações foram definidas para encher pacotes com 1 400 g de carne moída. Em uma amostra aleatória de tamanho 30, tirada de cada operação de enchimento, as médias e desvios padrão resultantes foram 1 402,24 g e 10,97 g para a operação 1, e 1 419,63 g e 9,96 g para a operação 2.

a. Usando um nível de significância de 0,05, há evidência suficiente de que o peso médio verdadeiro dos pacotes é diferente para as duas operações?

b. Os dados da operação 1 sugerem que o peso médio verdadeiro dos pacotes produzidos pela operação 1 é superior a 1 400 g? Use um nível de significância de 0,05.

86. Um experimento para determinar os efeitos da temperatura na sobrevivência de ovos de inseto foi descrito no artigo "Development rates and a temperature-dependent model of pales weevil" (*Environ. Entomology*, 1987: 956-962). A 11 °C, 73 de 91 ovos sobreviveram para o próximo estágio do desenvolvimento. A 30 °C, 102 de 110 ovos sobreviveram. Os resultados desse experimento sugerem que a taxa de sobrevivência (proporção que sobrevive) é diferente para as duas temperaturas? Calcule o valor-*P* e use-o para testar as hipóteses apropriadas.

87. A equipe de atendimento de restaurantes vem empregando várias estratégias para aumentar as gorjetas. Um artigo em 5 de setembro de 2005, no *New Yorker*, relatou que "Em um estudo, uma garçonete recebeu 50% mais gorjetas quando ela se apresentou pelo nome para o cliente". Considere os seguintes dados (fictícios) sobre a quantidade da gorjeta como um percentual da conta:

Com apresentação: $m = 50$ $\bar{x} = 22{,}63$ $s_1 = 7{,}82$
Sem apresentação: $n = 50$ $\bar{y} = 14{,}15$ $s_2 = 6{,}10$

Será que estes dados sugerem que uma apresentação pelo nome aumenta as gorjetas em média mais de 50%? Indique e teste as hipóteses relevantes. [*Dica*: considere o parâmetro $\theta = \mu_1 - 1{,}5\mu_2$.]

88. O artigo "Quantitative assessment of glenohumeral translation in baseball players" (*The Amer. J. of Sports Med.*, 2004: 1711-1715) considera vários aspectos dos movimentos dos ombros de uma amostra de lançadores e outra amostra de jogadores de outras posições [glenoumeral refere-se à articulação entre o úmero (bola) e a glenoide (encaixe)]. Os autores gentilmente forneceram os seguintes dados de translação anteroposterior (mm), uma medida da extensão do movimento anterior e posterior, tanto para o braço dominante quanto para o não dominante.

	Outras Dom Tr	Posições ND Tr	Arremes. Dom Tr	Arremes. ND Tr
1	30,31	32,54	27,63	24,33
2	44,86	40,95	30,57	26,36
3	22,09	23,48	32,62	30,62
4	31,26	31,11	39,79	33,74
5	28,07	28,75	28,50	29,84
6	31,93	29,32	26,70	26,71
7	34,68	34,79	30,34	26,45
8	29,10	28,87	28,69	21,49
9	25,51	27,59	31,19	20,82
10	22,49	21,01	36,00	21,75
11	28,74	30,31	31,58	28,32
12	27,89	27,92	32,55	27,22
13	28,48	27,85	29,56	28,86
14	25,60	24,95	28,64	28,58
15	20,21	21,59	28,58	27,15
16	33,77	32,48	31,99	29,46
17	32,59	32,48	27,16	21,26
18	32,60	31,61		
19	29,30	27,46		
média	29,4463	29,2137	30,7112	26,6447
DP	5,4655	4,7013	3,3310	3,6679

a. Estime a diferença média verdadeira de translação entre os braços dominante e não dominante para os arremessadores de uma forma que transmita informações sobre confiabilidade e precisão e interprete a estimativa resultante.

b. Repita (a) para os jogadores de outras posições.

c. Os autores afirmaram que "os arremessadores têm a maior diferença na translação lateral anteroposterior de seus ombros em comparação com jogadores de outras posições". Você concorda? Explique.

89. Suponha que um teste ao nível de 0,05 de H_0: $\mu_1 - \mu_2 = 0$ *versus* H_a: $\mu_1 - \mu_2 > 0$ será realizado, assumindo $\sigma_1 = \sigma_2 = 10$ e normalidade de ambas as distribuições, usando amostras de tamanhos iguais ($m = n$). Avalie a probabilidade de um erro tipo II quando $\mu_1 - \mu_2 = 1$ e $n = 25$, 100, 2 500 e 10 000. Você pode pensar em problemas reais em que a diferença $\mu_1 - \mu_2 = 1$ tem pouco significado prático? Tamanhos das amostras de $n = 10\,000$ seriam desejáveis em tais problemas?

90. Os dados a seguir referem-se à contagem de bactérias transportadas pelo ar (número de colônias/pé^3) para $m = 8$ quartos de hospital acarpetados e para $n = 8$ quartos sem carpete ("Microbial air sampling in a carpeted hospital", *J. of Environmental Health*, 1968: 405). Parece haver diferença na contagem média verdadeira de bactérias entre os quartos acarpetados e os sem carpete?

Acarpetados	11,8	8,2	7,1	13,0	10,8	10,1	14,6	14,0
Sem carpete	12,1	8,3	3,8	7,2	12,0	11,1	10,1	13,7

Suponha que você soube depois que todos os quartos acarpetados estavam em um hospital de veteranos de guerra, enquanto todos os quartos sem carpete estavam em um hospital infantil. Você seria capaz de avaliar o efeito da existência ou não do carpete? Comente.

91. Pesquisadores enviaram 5 000 currículos em resposta a anúncios de vagas de emprego no *Boston Globe* e *Chicago Tribune*. Os currículos eram idênticos, exceto que 2 500 deles tinham o primeiro nome "que soava ser de branco", como Brett e Emily, enquanto os outros 2 500 tinham nomes "que soavam ser de negros", como Tamika e Rasheed. Dos currículos do primeiro tipo houve 250 respostas, e dos currículos do segundo tipo, somente 167 (esses números são muito consistentes com as informações que apareceram em um relatório de 15 de janeiro de 2003 feito pela Associated Press). Esses dados sugerem fortemente que um currículo com um nome "negro" seja menos provável de resultar em resposta que um currículo com um nome "branco"?

92. O teste de McNemar, desenvolvido no Exercício 54, também pode ser usado quando os indivíduos são pareados (unidos) para produzirem n pares e então a um membro de cada par é dado o tratamento 1, e ao outro, o tratamento 2. Então, X_1 é o número de pares em que ambos os tratamentos foram bem-sucedidos e, de maneira semelhante, para X_2, X_3 e X_4. A estatística do teste para testar a eficácia idêntica dos dois tratamentos é dada por $(X_2 - X_3)/\sqrt{(X_2 + X_3)}$, que possui uma distribuição aproximadamente normal padronizada quando H_0 é verdadeira. Use isso para testar se a droga ergotamina é eficaz no tratamento de enxaquecas.

		Ergotamina	
		S	***F***
Placebo	***S***	44	34
	F	46	30

Os dados são fictícios, mas a conclusão está de acordo com a do artigo "Controlled clinical trial of ergotamine tartrate" (*British Med. J.*, 1970: 325-327).

93. Um investigador deseja obter um IC para a diferença entre a tensão de ruptura média verdadeira dos cabos fabricados pela empresa I e pela empresa II. Suponha que a tensão de ruptura seja normalmente distribuída para ambos os tipos de cabo com $\sigma_1 = 30$ psi e $\sigma_2 = 20$ psi.

a. Se os custos determinarem que o tamanho da amostra para o cabo tipo I deve ser três vezes o tamanho da amostra para o cabo tipo II, quantas observações são necessárias se o IC de 99% não for maior que 20 psi?

b. Suponha que será feito um total de 400 observações. Quantas observações devem ser feitas sobre as amostras do cabo tipo I se a amplitude do intervalo resultante for mínima?

94. Seja $X_1, ..., X_m$ a amostra aleatória de uma distribuição de Poisson com parâmetro μ_1, e $Y_1, ..., Y_n$ uma amostra aleatória de outra distribuição de Poisson com parâmetro μ_2. Desejamos testar H_0: $\mu_1 - \mu_2 = 0$ contra uma das três alternativas padrão. Quando m e n são grandes, pode ser usado o teste z de amostra grande da Seção 9.1. Entretanto, o fato de $V(\overline{X}) = \mu/n$ sugere que um denominador diferente deve ser usado na padronização de $\overline{X} - \overline{Y}$. Desenvolva um procedimento de teste de amostra grande apropriado para este problema e aplique-o aos dados a seguir para testar se as densidades de mudas de uma determinada espécie são iguais em duas regiões diferentes (em que cada observação é o número de mudas encontradas em um quadrante de amostragem localizado aleatoriamente com área de 1 m^2; assim, para a região l, existem 40 quadrantes em que uma muda foi observada etc.):

	Frequência								
	0	**1**	**2**	**3**	**4**	**5**	**6**	**7**	
Região 1	28	40	28	17	8	2	1	1	$m = 125$
Região 2	14	25	30	18	49	2	1	1	$n = 140$

95. Referindo-se ao Exercício 94, desenvolva uma fórmula de intervalo de confiança de amostra grande para $\mu_1 - \mu_2$. Calcule o intervalo para os dados fornecidos lá utilizando um nível de confiança de 95%.

Bibliografia

Consulte a bibliografia no final do Capítulo 7.

10 A análise de variância

Introdução

Ao estudar métodos para a análise de dados quantitativos, primeiramente nos concentramos nos problemas que incluem uma única amostra de números e, em seguida, efetuamos uma análise comparativa de duas dessas diferentes amostras. Nos problemas com uma única amostra, os dados consistiam em observações ou respostas de indivíduos ou objetos experimentais selecionados aleatoriamente de uma única população. Nos problemas com duas amostras, ambas foram extraídas de duas populações diferentes e os parâmetros de interesse foram as médias populacionais, ou então, dois tratamentos diferentes foram aplicados a unidades experimentais (indivíduos ou objetos) selecionadas de uma única população; nesse último caso, os parâmetros de interesse são denominados médias do tratamento real.

A **análise de variância**, ou mais resumidamente **ANOVA**, refere-se de maneira ampla a um conjunto de situações experimentais e procedimentos estatísticos para a análise de respostas quantitativas de unidades experimentais. O problema de ANOVA mais simples é conhecido por vários nomes, como **fator único**, **classificação única** ou **ANOVA unidirecional**, e envolve a análise de dados obtidos de amostras de mais de duas populações numéricas (distribuições) ou dados de experimentos em que foram empregados mais de dois tratamentos. A característica que diferencia os tratamentos ou populações entre si é chamada **fator** em estudo e os tratamentos ou populações diferentes são chamados **níveis** do fator. Exemplos de situações desse tipo incluem:

1. Um experimento para estudar os efeitos de cinco diferentes marcas de gasolina no consumo de combustível (milhas/galão) de motores de automóvel.
2. Um experimento para estudar os efeitos da presença de quatro diferentes soluções de açúcar (glicose, sacarose, frutose e uma combinação das três) no crescimento de bactérias.
3. Um experimento para investigar se a concentração de madeira de lei na polpa (%) tem efeito sobre a resistência à tração dos sacos fabricados de polpa.
4. Um experimento para determinar se a densidade da cor de amostras de tecido depende da quantidade de tintura usada.

Em (1), o fator de interesse é a marca da gasolina e há cinco níveis diferentes. Em (2), o fator é o açúcar, com quatro níveis (ou cinco, se for usada uma solução de controle sem açúcar). Em ambos, (1) e (2), o fator é de natureza qualitativa e os níveis correspondem a possíveis categorias do fator. Em (3) e (4), os fatores são concentração de madeira de lei e quantidade de tintura, respectivamente; como ambos os fatores são de natureza quantitativa, os níveis identificam diferentes definições do fator. Quando o fator de interesse é quantitativo, técnicas estatísticas de análise de regressão (discutidas nos Capítulos 12 e 13) também podem ser usadas para analisar os dados.

Este capítulo concentra-se na ANOVA de fator único. A Seção 10.1 apresenta o teste F para verificar a hipótese nula de que as médias populacionais ou de tratamento são idênticas. A Seção 10.2 leva em conta uma análise adicional dos dados quando H_0 for rejeitada. A Seção 10.3 abrange alguns outros aspectos de ANOVA de fator único. O Capítulo 11 apresenta experimentos ANOVA com mais de um fator.

10.1 ANOVA de fator único

A ANOVA de fator único concentra-se na comparação de mais de duas médias populacionais ou de tratamento. Sejam

I = o número de populações ou tratamentos que estão sendo comparados

μ_1 = a média da população 1 ou a resposta média verdadeira quando se aplica o tratamento 1

$\vdots$

μ_I = a média da população I ou a resposta média verdadeira quando se aplica o tratamento I

As hipóteses relevantes são

H_0: $\mu_1 = \mu_2 = \cdots = \mu_I$

versus

H_a: pelo menos dois dos μ_i são diferentes

Se $I = 4$, H_0 será verdadeira se os quatro μ_i forem idênticos. H_a seria verdadeiro, por exemplo, se $\mu_1 = \mu_2 \neq \mu_3 = \mu_4$, se $\mu_1 = \mu_3 = \mu_4 \neq \mu_2$, ou se os quatro μ_i fossem diferentes entre si.

Para testar essas hipóteses, devemos ter em mãos uma amostra aleatória de cada população ou do tratamento.

Exemplo 10.1

O artigo "Compression of single-wall corrugated shipping containers using fixed and floating test platens" (*J. Testing and Evaluation*, 1992: 318-320) relata um experimento em que se comparou a resistência à compressão (lb) de vários tipos diferentes de caixas. A Tabela 10.1 apresenta os resultados de um experimento ANOVA de fator único, envolvendo $I = 4$ tipos de caixas (as médias amostrais e os desvios padrão estão coerentes com os valores especificados no artigo).

Tabela 10.1 Os dados e as quantidades resumidas para o Exemplo 10.1

Tipo de caixa	Resistência à compressão (lb)						Média amostral	Desvio padrão da amostra
1	655,5	788,3	734,3	721,4	679,1	699,4	713,00	46,55
2	789,2	772,5	786,9	686,1	732,1	774,8	756,93	40,34
3	737,1	639,0	696,3	671,7	717,2	727,1	698,07	37,20
4	535,1	628,7	542,4	559,0	586,9	520,0	562,02	39,87
						Média global =	682,50	

Com μ_i sendo a resistência à compressão média verdadeira das caixas do tipo i ($i = 1, 2, 3, 4$), a hipótese nula é H_0: $\mu_1 = \mu_2 = \mu_3 = \mu_4$. A Figura 10.1(a) mostra um *boxplot* comparativo das quatro amostras. Nos três primeiros tipos de caixa há uma quantidade substancial de sobreposição entre as observações, mas as resistências de compressão do quarto tipo parecem consideravelmente menores que as dos outros tipos. Isso sugere que H_0 não é verdadeira. O *boxplot* comparativo na Figura 10.1(b) tem por base adicionar 120 a cada observação na quarta amostra (o que leva a média a 682,02 e mantém o mesmo desvio padrão), mantendo as outras observações inalteradas. Não está mais claro se H_0 é verdadeira ou falsa. Em situações desse tipo, precisamos de um procedimento formal de teste.

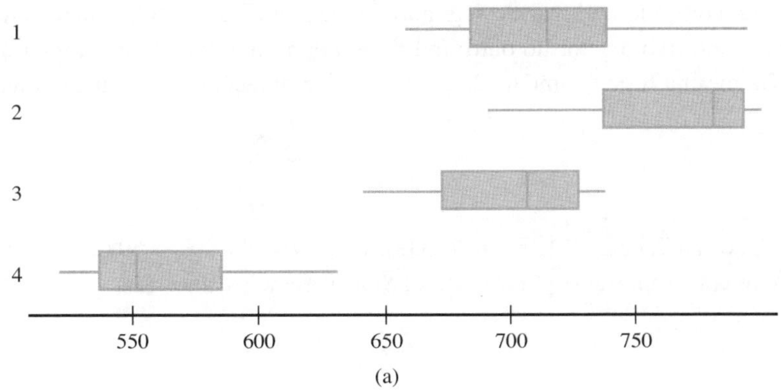

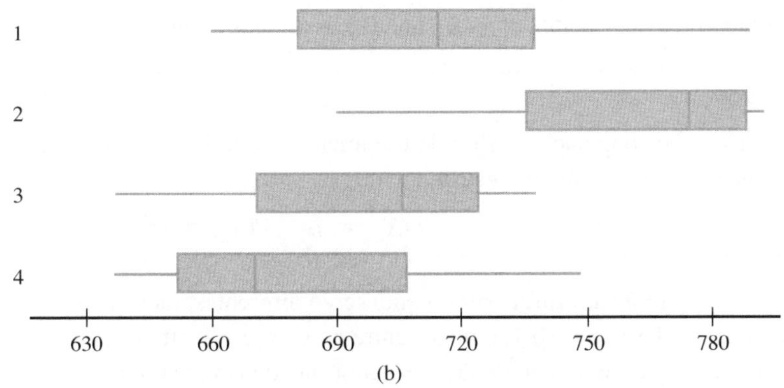

Figura 10.1 *Boxplots* para o Exemplo 10.1: (a) dados originais; (b) dados alterados. ■

Notação e suposições

Nos problemas de duas amostras, usamos as letras X e Y para diferenciar as observações entre as amostras. Como isso pode ser confuso no caso de três ou mais amostras, costuma-se usar uma única letra com dois índices. O primeiro índice identifica o número da amostra, que corresponde à população ou ao tratamento que está sendo amostrado, e o segundo indica a posição da observação dentro daquela amostra. Sejam

$X_{i,j}$ = a variável aleatória (v.a.) que representa a j-ésima medida obtida da i-ésima população ou a medida obtida na j-ésima unidade experimental que recebe o i-ésimo tratamento.

$x_{i,j}$ = o valor observado de $X_{i,j}$ no momento em que se realiza o experimento.

Os dados observados usualmente são exibidos em uma tabela retangular, como a Tabela 10.1. Nessa tabela, as amostras das diferentes populações são mostradas em diferentes linhas, e $x_{i,j}$ é o j-ésimo número na i-ésima linha. Por exemplo, $x_{2,3} = 786{,}9$ (a terceira observação da segunda população) e $x_{4,1} = 535{,}1$. Quando não houver ambiguidade, escreveremos x_{ij} em vez de $x_{i,j}$ (por exemplo, se houvesse 15 observações a cada 12 tratamentos, x_{112} poderia significar $x_{1,12}$ ou $x_{11,2}$). Supõe-se que os X_{ij} em qualquer amostra em particular sejam independentes – uma amostra aleatória da distribuição da i-ésima população ou tratamento – e que diferentes amostras sejam independentes entre si.

Em alguns experimentos, amostras diferentes contêm números diferentes de observações. Aqui, enfocaremos o caso de tamanhos amostrais iguais; a generalização para tamanhos amostrais desiguais aparece na Seção 10.3. Seja J o número de observações em cada amostra ($J = 6$ no Exemplo 10.1). O conjunto de dados consiste em IJ observações. As médias amostrais individuais serão representadas por $\overline{X}_{1\cdot}, \overline{X}_{2\cdot}, \ldots, \overline{X}_{I\cdot}$. Isto é,

$$\overline{X}_{i\cdot} = \frac{\sum_{j=1}^{J} X_{ij}}{J} \qquad i = 1, 2, \ldots, I$$

O ponto colocado no lugar do segundo índice significa que adicionamos todos os valores desse índice, mantendo fixo o valor do outro índice, e a barra horizontal indica uma divisão por J para obter a média. Da mesma forma, a média de todas as IJ observações, denominada **média global**, é

$$\overline{X}_{..} = \frac{\sum_{i=1}^{I}\sum_{j=1}^{J} X_{ij}}{IJ}$$

Para os dados na Tabela 10.1, $\bar{x}_{1.} = 713{,}00$, $\bar{x}_{2.} = 756{,}93$, $\bar{x}_{3.} = 698{,}07$, $\bar{x}_{4.} = 562{,}02$ e $\bar{x}_{..} = 682{,}50$. Adicionalmente, represente por $S_1^2, S_2^2, ..., S_I^2$ as variâncias amostrais:

$$S_i^2 = \frac{\sum_{j=1}^{J}(X_{ij} - \overline{X}_{i.})^2}{J - 1} \quad i = 1, 2, ..., I$$

Do Exemplo 10.1, $s_1 = 46{,}55$, $s_1^2 = 2\,166{,}90$ e assim por diante.

Hipóteses

As I distribuições populacionais ou de tratamento são todas normais e têm a mesma variância σ^2. Isto é, cada X_{ij} é normalmente distribuído com

$$E(X_{ij}) = \mu_i \quad V(X_{ij}) = \sigma^2$$

Os I desvios padrão amostrais geralmente serão diferentes, mesmo quando os σ correspondentes forem idênticos. No Exemplo 10.1, o maior entre s_1, s_2, s_3 e s_4 é em torno de 1,25 vez o menor. Uma regra prática simples é que, se o maior s não for maior que duas vezes o menor, é razoável supor σ^2 iguais.

Em capítulos anteriores, um gráfico normal de probabilidade foi sugerido para verificação da normalidade. Os tamanhos da amostra individuais na ANOVA tipicamente são muito pequenos para que I gráficos separados sejam informativos. Pode-se criar um único gráfico subtraindo $\bar{x}_{1.}$ de cada observação na primeira amostra, $\bar{x}_{2.}$ de cada observação na segunda, e assim por diante, e em seguida dispor no gráfico esses IJ desvios em comparação com os percentis z. A Figura 10.2 apresenta esse gráfico usando os dados do Exemplo 10.1. A linearidade do modelo apoia em grande medida a suposição de normalidade.

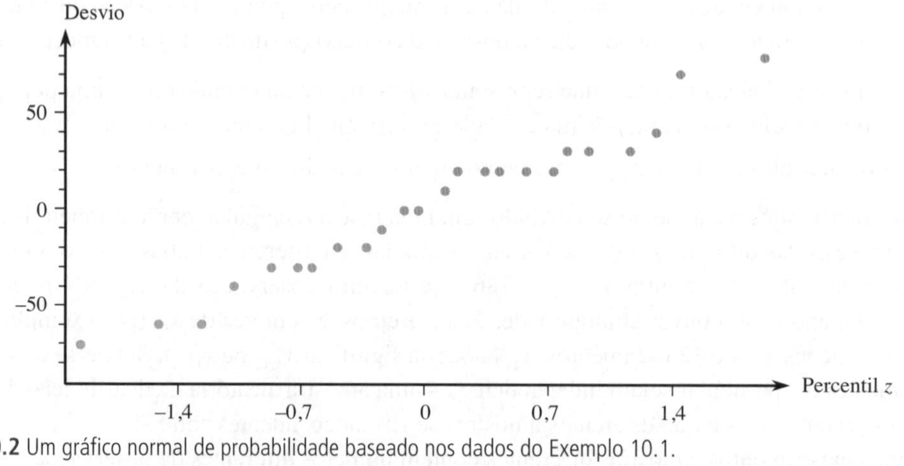

Figura 10.2 Um gráfico normal de probabilidade baseado nos dados do Exemplo 10.1.

Se a suposição de normalidade ou a de variâncias iguais forem consideradas implausíveis, deve-se empregar um método de análise diferente do teste F usual. É aconselhável procurar a opinião de especialistas em situações como essa (uma das possibilidades, transformar os dados, é proposta na Seção 10.3 e outra alternativa é desenvolvido na Seção 15).

A estatística do teste

Se H_0 for verdadeira, as J observações em cada amostra são provenientes de uma distribuição de população normal com o *mesmo* valor da média μ. Nesse caso, é provável que as médias amostrais $\bar{x}_1., ..., \bar{x}_I.$ estejam razoavelmente próximas umas das outras. O procedimento de teste tem por base comparar a medida das diferenças entre os $\bar{x}_i.$ (variação "entre amostras") com a medida de variação calculada *dentro* de cada uma das amostras.

Definição

O **quadrado médio dos tratamentos** é dado por

$$\text{QMTr} = \frac{J}{I-1}[(\bar{X}_{1.} - \bar{X}_{..})^2 + (\bar{X}_{2.} - \bar{X}_{..})^2 + \cdots + (\bar{X}_{I.} - \bar{X}_{..})^2]$$
$$= \frac{J}{I-1}\sum_i(\bar{X}_{i.} - \bar{X}_{..})^2$$

e o **quadrado médio do erro** é

$$\text{QME} = \frac{S_1^2 + S_2^2 + \cdots + S_I^2}{I}$$

A estatística de teste da ANOVA de fator único é $F = \text{QMTr/QME}$.

A terminologia "quadrado médio" será explicada resumidamente. Observe que são usados $\bar{X}$ e S^2 maiúsculos, de modo que o QMTr e o QME são definidos como estatísticas. Manteremos a tradição e também usaremos QMTr e QME (em vez de qmtr e qme) para representar os valores calculados dessas estatísticas. Cada S_i^2 avalia a variação em cada amostra particular, portanto, QME é a medida de variação dentro das amostras.

Que tipo de valor de F apresenta evidência a favor ou contra H_0? Se H_0 for verdadeira (todos os μ_i forem iguais), os valores das médias amostrais individuais devem estar próximos um do outro e, portanto, da média global, o que produz um valor de QMTr relativamente pequeno. No entanto, se os μ_i forem muito diferentes, alguns $\bar{x}_i.$ devem diferir um pouco de $\bar{x}..$. Então, o valor de QMTr é afetado pelo status de H_0 (verdadeira ou falsa). O mesmo não ocorre com o QME, porque os s_i^2 dependem apenas do valor de σ^2 e não do lugar onde as várias distribuições estão centradas. O quadro a seguir apresenta uma importante propriedade da E(QMTr) e E(QME), os valores esperados dessas duas estatísticas.

Proposição

Quando H_0 for verdadeira,

$$E(\text{QMTr}) = E(\text{QME}) = \sigma^2$$

ao passo que, quando H_0 for falsa,

$$E(\text{QMTr}) > E(\text{QME}) = \sigma^2$$

Ou seja, ambas as estatísticas são não viciadas para estimar a variância comum da população σ^2 quando H_0 for verdadeira, mas QMTr tende a superestimar σ^2 quando H_0 for falsa.

O não vício de QME é uma consequência de $E(S_i^2) = \sigma^2$, quer H_0 seja verdadeira ou falsa. Quando H_0 é verdadeira, cada $\bar{X}_i.$ possui o mesmo valor médio μ e variância σ^2/J, de modo que $\sum(\bar{X}_i - \bar{X}..)^2/(I-1)$, a "variância amostral" de $\bar{X}_i.$, estima σ^2/J de forma não viciada; multiplicá-lo por J fornece QMTr como um estimador não viciado de σ^2. $\bar{X}_i.$ tendem a se dispersar mais quando H_0 é falsa do que quando é verdadeira, inclinando-se a inflar o valor de QMTr neste caso. Logo, um valor de F muito maior que 1, que corresponda a QMTr bem maior que QME, põe H_0 consideravelmente em dúvida. Portanto, a forma apropriada da região de rejeição é $f \geq c$. O corte c deve ser escolhido para obter $P(F \geq c$ quando H_0 for verdadeira$) = \alpha$, que é o nível de significância desejado. Este necessita saber a distribuição de F quando H_0 é verdadeira.

Distribuições *F* e teste *F*

No Capítulo 9, introduzimos uma família de distribuições de probabilidade chamada distribuições *F*. A distribuição *F* surge junto de uma razão em que existe um número de graus de liberdade (gl) associado ao numerador e outro número de graus de liberdade associado ao denominador. Considere ν_1 e ν_2 o número de graus de liberdade do numerador e do denominador de uma variável com distribuição *F*. Tanto ν_1 quanto ν_2 são inteiros positivos. A Figura 10.3 retrata uma curva de densidade *F* e o valor crítico da cauda superior correspondente F_{α,ν_1,ν_2}. A Tabela A.9 do Apêndice fornece esses valores críticos para $\alpha = 0{,}10$, 0,05, 0,01 e 0,001. Valores de ν_1 são identificados em diferentes colunas da tabela e as linhas são rotuladas com diversos valores de ν_2. Por exemplo, o valor crítico *F* que captura a área da cauda superior 0,05 sob a curva *F* com $\nu_1 = 4$ e $\nu_2 = 6$ é $F_{0,05,4,6} = 4{,}53$, enquanto $F_{0,05,6,4} = 6{,}16$. O resultado teórico chave é que a estatística do teste *F* possui uma distribuição *F* quando H_0 é verdadeira.

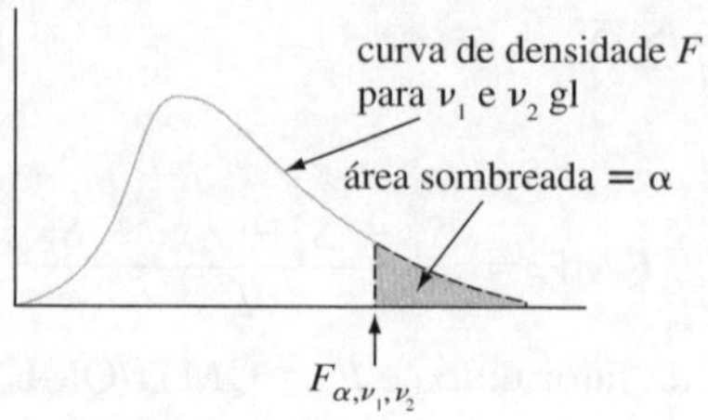

Figura 10.3 Uma curva de densidade e valor crítico F_{α,ν_1,ν_2}.

> **Teorema**
>
> Seja $F = \text{QMTr/QME}$ a estatística do teste em um problema de ANOVA de fator único que contém *I* populações ou tratamentos com uma amostra aleatória de *J* observações de cada população ou tratamento. Quando H_0 for verdadeira e as suposições básicas dessa seção forem satisfeitas, *F* tem distribuição *F* com $\nu_1 = I - 1$ e $\nu_2 = I(J - 1)$. Quando *f* representa o valor calculado de *F*, a região de rejeição $f \geq F_{\alpha,I-1,I(J-1)}$ especifica um teste com nível de significância α. Consulte a Seção 9.5 para saber como obter informações sobre o valor-*P* para testes *F*.

O raciocínio lógico para $\nu_1 = I - 1$ é que, embora QMTr tenha por base os *I* desvios $\overline{X}_{1.} - \overline{X}_{..}, \ldots, \overline{X}_{I.} - \overline{X}_{..}$, $\sum(\overline{X}_{i.} - \overline{X}_{..}) = 0$, então somente $I - 1$ desses desvios são determinados livremente. Pelo fato de cada amostra contribuir com $J - 1$ gl para o QME e essas amostras serem independentes, $\nu_2 = (J - 1) + \cdots + (J - 1) = I(J - 1)$.

Exemplo 10.2 (continuação do Exemplo 10.1)

Os valores de *I* e *J* para os dados de resistência são 4 e 6, respectivamente, portanto, o gl numerador $= I - 1 = 3$ e o gl denominador $= I(J - 1) = 20$. No nível de significância de 0,05, H_0: $\mu_1 = \mu_2 = \mu_3 = \mu_4$ será rejeitada em favor da conclusão de que pelo menos dois μ_i são diferentes se $f \geq F_{0,05,3,20} = 3{,}10$. A média global é $\bar{x}_{..} = \sum\sum x_{ij}/(IJ) = 682{,}50$,

$$\begin{aligned}\text{QMTr} &= \frac{6}{4-1}[(713{,}00 - 682{,}50)^2 + (756{,}93 - 682{,}50)^2 \\ &\quad + (698{,}07 - 682{,}50)^2 + (562{,}02 - 682{,}50)^2] = 42\,455{,}86 \\ \text{QME} &= \frac{1}{4}[(46{,}55)^2 + (40{,}34)^2 + (37{,}20)^2 + (39{,}87)^2] = 1\,691{,}92 \\ f &= \text{QMTr/QME} = 42\,455{,}86/1\,691{,}92 = 25{,}09\end{aligned}$$

Uma vez que $25{,}09 \geq 3{,}10$, H_0 é ressonantemente rejeitada no nível de significância 0,05. A resistência à compressão média verdadeira parece depender do tipo de caixa. De fato, valor-*P* = área sob curva *F* à direita de $25{,}09 = 0{,}000$. H_0 seria rejeitada em qualquer nível de significância razoável. ■

Exemplo 10.3

O artigo "Influence of contamination and cleaning on bond strength to modified zirconia" (*Dental Materials*, 2009: 1541-1550) relatou um experimento no qual 50 discos de óxido de zircônio foram divididos em cinco grupos de 10 cada. Então, um protocolo diferente de contaminação/limpeza foi usado para cada grupo. Os dados resumidos a seguir sobre a resistência ao cisalhamento (MPa) foram citados no artigo:

Tratamento:	1	2	3	4	5	
Média amostral	10,5	14,8	15,7	16,0	21,6	Média global = 15,7
Desvio padrão da amostra	4,5	6,8	6,5	6,7	6,0	

Represente por μ_i a resistência ao cisalhamento média verdadeira para o protocolo i ($i = 1, 2, 3, 4, 5$). A hipótese nula

$$H_0: \mu_1 = \mu_2 = \mu_3 = \mu_4 = \mu_5$$

afirma que a resistência média verdadeira é a mesma para todos os protocolos (não depende de qual protocolo é usado). A hipótese alternativa H_a declara que pelo menos dois μ dos tratamentos são diferentes (a negação da hipótese nula). Os autores do artigo mencionado utilizaram o teste F, logo, espera-se que tenham examinado um gráfico normal de probabilidade dos desvios (ou um gráfico separado para cada amostra, desde que cada tamanho amostral seja 10) para verificar a plausabilidade de se supor distribuições normais da resposta ao tratamento. Os cinco desvios padrão amostrais certamente estão suficientemente próximos uns dos outros para sustentar a hipótese de σ iguais.

Os graus de liberdade gl do numerador e do denominador para o teste são $I - 1 = 4$ e $I(J - 1) = 5(9) = 45$, respectivamente. O valor crítico F para um teste com nível de significância de 0,01 é $F_{0,01,4,45} = 3{,}77$ (nossa tabela F não possui um grupo de linhas para gl do denominador 45, porém, a entrada 0,01 para 40 gl é 3,83 e para 50 gl é 3,72). Logo, H_0 será rejeitada se $f \geq 3{,}77$.

Os quadrados médios são

$$\begin{aligned}\text{QMTr} &= \frac{10}{5-1}[(10{,}5 - 15{,}7)^2 + (14{,}8 - 15{,}7)^2 + (15{,}7 - 15{,}7)^2 \\ &\qquad + (16{,}0 - 15{,}7)^2 + (21{,}6 - 15{,}7)^2] \\ &= 156{,}875 \\ \text{QME} &= [(4{,}5)^2 + (6{,}8)^2 + (6{,}5)^2 + (6{,}7)^2 + (6{,}0)^2]/5 = 37{,}926\end{aligned}$$

Portanto, o valor da estatística do teste é $f = 156{,}875/37{,}926 = 4{,}14$. Este valor fica na região de rejeição ($4{,}14 \geq 3{,}77$). No nível de significância de 0,01, somos capazes de concluir que a resistência média verdadeira parece depender de qual protocolo é usado. Um software estatístico fornece o valor-P como 0,0061. ■

Quando a hipótese nula é rejeitada pelo teste F, como aconteceu nos Exemplos 10.2 e 10.3, o investigador muitas vezes estará interessado em uma análise mais aprofundada dos dados para decidir quais μ_i diferem de quais outros. Métodos para fazer isso são denominados *procedimentos de comparações múltiplas*; este é o tópico da Seção 10.2. O artigo citado no Exemplo 10.3 resume os resultados de tal análise.

Soma de quadrados

A introdução das *somas de quadrados* facilita o desenvolvimento de uma apreciação intuitiva para o raciocínio lógico subjacente a ANOVAs de fator único e multifatorial. Seja $x_{i.}$ a *soma* (não a média, visto que não existe nenhuma barra) dos x_{ij} para i fixo (soma dos números na i-ésima linha da tabela) e $x_{..}$ a soma de *todos* os x_{ij} (o **total global**).

Definição

A **soma de quadrados totais (SQT)**, **a soma de quadrados dos tratamentos (SQTr)** e a **soma de quadrados dos erros (SQE)** são dadas por

$$\text{SQT} = \sum_{i=1}^{I}\sum_{j=1}^{J}(x_{ij} - \bar{x}_{..})^2 = \sum_{i=1}^{I}\sum_{j=1}^{J}x_{ij}^2 - \frac{1}{IJ}x_{..}^2$$

$$SQTr = \sum_{i=1}^{I}\sum_{j=1}^{J}(\bar{x}_{i\cdot} - \bar{x}_{\cdot\cdot})^2 = \frac{1}{J}\sum_{i=1}^{I}x_{i\cdot}^2 - \frac{1}{IJ}x_{\cdot\cdot}^2$$

$$SQE = \sum_{i=1}^{I}\sum_{j=1}^{J}(x_{ij} - \bar{x}_{i\cdot})^2 \text{ em que } x_{i\cdot} = \sum_{j=1}^{J}x_{ij} \quad x_{\cdot\cdot} = \sum_{i=1}^{I}\sum_{j=1}^{J}x_{ij}$$

A soma de quadrados SQTr aparece no numerador de F e a SQE aparece no denominador de F; o motivo de se definir SQT em breve ficará mais claro.

As expressões no lado direito distante da SQT e SQTr são convenientes se os cálculos da ANOVA forem feitos à mão, apesar de a ampla disponibilidade de softwares estatísticos tornar isso desnecessário. Tanto SQT como SQTr contêm $x_{\cdot\cdot}^2/(IJ)$ (o quadrado do total global dividido por IJ), que é frequentemente denominado **fator de correção para a média** (FC). Após o cálculo do fator de correção, obtém-se a SQT elevando-se ao quadrado cada um dos números na tabela de dados, somando-se esses quadrados e subtraindo-se o fator de correção. Obtém-se a SQTr elevando-se ao quadrado o total de cada linha, somando-os, dividindo-se por J e subtraindo-se o fator de correção. A SQE é, então, facilmente obtida em virtude da relação a seguir.

Identidade fundamental

$$SQT = SQTr + SQE \tag{10.1}$$

Logo, se alguma das duas somas de quadrados forem calculadas, a terceira pode ser obtida por meio de (10.1); SQT e SQTr são as mais fáceis de calcular e SQE = SQT − SQTr. A demonstração é feita elevando-se ao quadrado ambos os lados da relação

$$x_{ij} - \bar{x}_{\cdot\cdot} = (\bar{x}_{ij} - \bar{x}_{i\cdot}) + (\bar{x}_{i\cdot} - \bar{x}_{\cdot\cdot}) \tag{10.2}$$

e somando para todos os i e j. Dessa manipulação resultam a SQT à esquerda e SQTr e SQE como os dois termos extremos à direita. O termo do produto cruzado é facilmente visto como zero.

A interpretação da identidade fundamental é essencial para se compreender a ANOVA. A SQT é a medida da variação total nos dados – a soma de todos os desvios ao quadrado em torno da média global. Segundo a identidade, essa variação total pode ser dividida em duas partes. A SQE mede a variação que existiria (dentro das linhas), sendo H_0 verdadeira ou falsa, e é, portanto, a parte da variação total *inexplicada* pelo status da H_0. SQTr é a quantidade de variação (entre as linhas) que *pode ser explicada* por possíveis diferenças nos μ_i. H_0 é rejeitada se a variação explicada for grande em relação à variação inexplicada.

Após SQTr e SQE terem sido calculadas, cada uma é dividida por seu gl correspondente para obter o quadrado médio. Então, F é a razão de ambos os quadrados médios.

$$QMTr = \frac{SQTr}{I-1} \quad QME = \frac{SQE}{I(J-1)} \quad F = \frac{QMTr}{QME} \tag{10.3}$$

Os cálculos são muitas vezes resumidos em um formato tabular, denominado **tabela da ANOVA**, conforme apresentado na Tabela 10.2. Tabelas produzidas por um software estatístico comumente incluem uma coluna do valor-P à direita de f.

Tabela 10.2 Uma tabela ANOVA

Fonte da variação	gl	Soma de quadrados	Quadrado médio	f
Tratamentos	$I-1$	SQTr	QMTr = SQTr/$(I-1)$	QMTr/QME
Erro	$I(J-1)$	SQE	QME = SQE/$[I(J-1)]$	
Total	$IJ-1$	SQT		

Exemplo 10.4

Os dados a seguir provêm de um experimento de comparação do grau de sujeira em tecidos copolimerizados com três diferentes misturas de ácido metacrílico (dados semelhantes foram apresentados no artigo "Chemical factors affecting soiling and soil release from cotton DP fabric", *American Dyestuff Reporter*, 1983: 25-30).

						$x_{i.}$	$\bar{x}_{i.}$
Mistura 1	0,56	1,12	0,90	1,07	0,94	4,59	0,918
Mistura 2	0,72	0,69	0,87	0,78	0,91	3,97	0,794
Mistura 3	0,62	1,08	1,07	0,99	0,93	4,69	0,938
						$x_{..} = 13{,}25$	

Seja μ_i o grau de resíduos médio verdadeiro quando se usa a mistura i ($i = 1, 2, 3$). A hipótese nula H_0: $\mu_1 = \mu_2 = \mu_3$ expressa que o grau de sujeira médio verdadeiro é idêntico para as três misturas. Efetuaremos um teste usando o nível de significância de 0,01 para verificar se H_0 deve ser rejeitada em favor da afirmação de que o grau de sujeira médio verdadeiro não é o mesmo para as três misturas. Como $I - 1 = 2$ e $I(J - 1) = 12$, H_0 será rejeitada se $f \geq F_{0,01,2,12} = 6{,}93$. Elevar ao quadrado cada uma das 15 observações e somar fornece $\sum\sum x_{ij}^2 = (0{,}56)^2 + (1{,}12)^2 + \cdots + (0{,}93)^2 = 12{,}1351$. Os valores das três somas de quadrados são

$$\begin{aligned}
\text{SQT} &= 12{,}1351 - (13{,}25)^2/15 = 12{,}1351 - 11{,}7042 = 0{,}4309 \\
\text{SQTr} &= \frac{1}{5}[(4{,}59)^2 + (3{,}97)^2 + (4{,}69)^2] - 11{,}7042 \\
&= 11{,}7650 - 11{,}7042 = 0{,}0608 \\
\text{SQE} &= 0{,}4309 - 0{,}0608 = 0{,}3701
\end{aligned}$$

Os cálculos estão resumidos na tabela da ANOVA a seguir. Como $f = 0{,}99 < 6{,}93$, H_0 não é rejeitada no nível de significância de 0,01. As misturas parecem ser indistinguíveis em relação ao grau de sujeira ($F_{0,10,2,12} = 2{,}81 \Rightarrow$ valor-$P > 0{,}10$)

Fonte da variação	**gl**	**Soma de quadrados**	**Quadrado médio**	f
Tratamentos	2	0,0608	0,0304	0,99
Erro	12	0,3701	0,0308	
Total	14	0,4309		

■

EXERCÍCIOS Seção 10.1 (1–10)

1. Um experimento foi realizado a fim de comparar a eletrorresistividade para seis diferentes misturas para pavimentações de concreto de baixa permeabilidade para pontes. Foram feitas 26 medições em cilindros de concreto para cada mistura; elas foram obtidas 28 dias após a fundição. As entradas na tabela ANOVA a seguir são baseadas em informações do artigo "In-place resistivity of bridge deck concrete mixtures" (*ACI Materials J.*, 2009: 114-122). Preencha as entradas restantes e teste as hipóteses apropriadas.

Fonte	**gl**	**Soma de quadrados**	**Quadrado médio**	f
Mistura				
Erro			13,929	
Total		5 664,415		

2. Suponha que as observações de resistência à compressão sobre o quarto tipo de caixa no Exemplo 10.1 tenham sido 655,1, 748,7, 662,4, 679,0, 706,9 e 640,0 (obtidas adicionando-se 120 a cada x_{4j} anterior). Supondo que não haja nenhuma mudança nas observações restantes, efetue um teste F usando $\alpha = 0{,}05$.

3. A quantidade de luz produzida (lúmen) foi determinada para cada uma das $I = 3$ diferentes marcas de lâmpadas incandescentes brancas de 60 watts, com $J = 8$ lâmpadas de cada marca testada. As somas dos quadrados foram calculadas como SQE = 4 773,3 e SQTr = 591,2. Expresse as hipóteses de interesse (incluindo definições dos parâmetros) e use o teste F da ANOVA ($\alpha = 0{,}05$) para determinar se há alguma diferença na quantidade média verdadeira de luz produzida entre as três marcas para esse tipo de lâmpada, obtendo o maior número possível de informações sobre o valor-P.

4. É uma prática comum em muitos países destruir (fragmentar) geladeiras no fim de suas vidas úteis. Neste processo, materiais da espuma isolante podem ser liberados na atmosfera. O artigo "Release of fluorocarbons from insulation foam in home appliances during shredding" (*J. of the Air and Waste Mgmt. Assoc.*, 2007: 1452-1460) forneceu os seguintes dados sobre a densidade da espuma (g/L) para cada uma de duas geladeiras produzidas por quatro fabricantes diferentes:

1) 30,4; 29,2	2) 27,7; 27,1
3) 27,1; 24,8	4) 25,5; 28,8

Aparentemente, a densidade média verdadeira da espuma não é a mesma para todos esses fabricantes? Faça um teste de hipóteses apropriado para a obtenção da maior quantidade possível de informações do valor-P e resuma sua análise em uma tabela ANOVA.

5. Considere os dados resumidos a seguir sobre o módulo de elasticidade ($\times 10^6$ libras por polegada quadrada ou psi) para madeiras de três diferentes tipos [bem próximos dos valores usados no artigo "Bending strength and stiffness of second-growth Douglas-fir dimension lumber" (*Forest Products J.*, 1991: 35-43), com a exceção de que o tamanho das amostras no artigo era maior]:

Tipo	J	$\bar{x}_{i\cdot}$	s_i
1	10	1,63	0,27
2	10	1,56	0,24
3	10	1,42	0,26

Use esses dados e o nível de significância de 0,01 para testar a hipótese nula de que não há nenhuma diferença na média do módulo de elasticidade nas três categorias.

6. O artigo "Origin of precambrian iron formations" (*Econ. Geology,* 1964: 1025-1057) relata os seguintes dados sobre o total de Fe de quatro tipos de formação de ferro (1 = carbonato, 2 = silicato, 3 = magnetita, 4 = hematita).

1:	20,5	28,1	27,8	27,0	28,0
	25,2	25,3	27,1	20,5	31,3
2:	26,3	24,0	26,2	20,2	23,7
	34,0	17,1	26,8	23,7	24,9
3:	29,5	34,0	27,5	29,4	27,9
	26,2	29,9	29,5	30,0	35,6
4:	36,5	44,2	34,1	30,3	31,4
	33,1	34,1	32,9	36,3	25,5

Implemente um teste F usando uma análise de variância ao nível de significância 0,01 e apresente o resumo dos resultados em uma tabela ANOVA.

7. Em um experimento para comparar a resistência à tração de $I = 5$ em tipos diferentes de fio de cobre foram usadas $J = 4$ amostras de cada tipo. As estimativas entre as amostras e dentro das amostras de σ^2 foram calculadas como QMTr = 2 673,3 e QME = 1 094,2, respectivamente.

a. Use o teste F no nível 0,05 para testar H_0: $\mu_1 = \mu_2 = \mu_3 = \mu_4 = \mu_5$ *versus* H_a: pelo menos dois μ_i são diferentes.

b. O que se pode dizer sobre o valor-P do teste?

8. Um estudo sobre as propriedades das vigas de conexão por chapa metálica para serem usadas como suporte de telhados ("Modeling joints made with light-gauge metal connector plates", *Forest Products J.*, 1979: 39-44) apresentaram as seguintes observações sobre o índice de rigidez axial (kips/pol) para chapas de 4, 6, 8, 10 e 12 pol de comprimento:

4:	309,2	409,5	311,0	326,5	316,8	349,8	309,7
6:	402,1	347,2	361,0	404,5	331,0	348,9	381,7
8:	392,4	366,2	351,0	357,1	409,9	367,3	382,0
10:	346,7	452,9	461,4	433,1	410,6	384,2	362,6
12:	407,4	441,8	419,9	410,7	473,4	441,2	465,8

A variação no comprimento da chapa tem algum efeito sobre a rigidez axial média verdadeira? Defina e teste a hipótese relevante utilizando análise de variância com $\alpha = 0{,}01$. Apresente seus resultados em uma tabela ANOVA. [*Dica*: $\sum\sum x_{ij}^2 = 5\,241\,420{,}79$.]

9. Foram analisadas seis amostras de cada um dos quatro tipos de grão de cereal cultivados em uma região para determinar o teor de tiamina, o que gerou os seguintes dados (μg/g):

Trigo	5,2	4,5	6,0	6,1	6,7	5,8
Cevada	6,5	8,0	6,1	7,5	5,9	5,6
Milho	5,8	4,7	6,4	4,9	6,0	5,2
Aveia	8,3	6,1	7,8	7,0	5,5	7,2

Será que esses dados sugerem que pelo menos dois tipos de grãos são diferentes em relação ao teor médio verdadeiro de tiamina? Use um teste ao nível de $\alpha = 0{,}05$ com base no método do valor-P.

10. Em uma ANOVA de fator único com I tratamentos e J observações por tratamento, considere $\mu = (1/I)\sum\mu_i$.

a. Expresse $E(\bar{X}_{\cdot\cdot})$ em termos de μ. [*Dica*: $\bar{X}_{\cdot\cdot} = (1/I)\sum\bar{X}_{i\cdot}$]

b. Determine $E(\bar{X}_{i\cdot}^2)$. [*Dica*: para qualquer v.a. Y, $E(Y^2) = V(Y) + [E(Y)]^2$.]

c. Determine $E(\bar{X}_{\cdot\cdot}^2)$.

d. Calcule $E(\text{SQTr})$ e, em seguida, mostre que

$$E(\text{QMTr}) = \sigma^2 + \frac{J}{I-1}\sum(\mu_i - \mu)^2$$

e. Usando o resultado do item (d), quanto vale $E(\text{QMTr})$ quando H_0 for verdadeira? Quando H_0 for falsa, quanto vale $E(\text{QMTr})$ comparado com σ^2?

10.2 Comparações múltiplas na ANOVA

Quando o valor calculado da estatística F na ANOVA de fator único não é significativo, a análise é finalizada porque não se identificou nenhuma diferença entre os μ_i. Porém, quando H_0 for rejeitada, o investigador frequentemente terá interesse em saber quais dos μ_i são diferentes entre si. Um método para efetuar uma análise adicional é o **procedimento de comparações múltiplas**.

Vários desses procedimentos mais frequentemente usados baseiam-se na seguinte ideia central. Primeiramente, calcule um intervalo de confiança para cada diferença de pares $\mu_i - \mu_j$ com $i < j$. Portanto, se $I = 4$, os seis IC necessários seriam para $\mu_1 - \mu_2$ (mas não também para $\mu_2 - \mu_1$), $\mu_1 - \mu_3$, $\mu_1 - \mu_4$, $\mu_2 - \mu_3$, $\mu_2 - \mu_4$ e $\mu_3 - \mu_4$. Então, se o intervalo para $\mu_1 - \mu_2$ não incluir 0, conclua que μ_1 e μ_2 *diferem significativamente* um do outro; se o intervalo incluir 0, os dois μ não são considerados significativamente diferentes. Se seguirmos a mesma linha de raciocínio para cada um dos demais intervalos, podemos avaliar, para cada par de μ, se são ou não significativamente diferentes entre si.

Os procedimentos que se baseiam nessa ideia diferem em como os IC são calculados. Apresentamos aqui um método popular que controla o nível de confiança *simultâneo* de todos os $I(I - 1)/2$ intervalos calculados.

Procedimento de Tukey (o método *T*)

O procedimento de Tukey usa outra distribuição de probabilidade denominada **distribuição da amplitude studentizada**. A distribuição depende de dois parâmetros: um numerador gl m e um denominador gl ν. Seja $Q_{\alpha,m,\nu}$ o valor crítico α da cauda superior da distribuição de amplitude studentizada com m numerador gl e n denominador gl (análogo a F_{α,ν_1,ν_2}). Os valores de $Q_{\alpha,m,\nu}$ são apresentados na Tabela A.10 do Apêndice.

Proposição

Com probabilidade $1 - \alpha$

$$\bar{X}_{i\cdot} - \bar{X}_{j\cdot} - Q_{\alpha,I,I(J-1)}\sqrt{\text{QME}/J} \le \mu_i - \mu_j$$

$$\le \bar{X}_{i\cdot} - \bar{X}_{j\cdot} + Q_{\alpha,I,I(J-1)}\sqrt{\text{QME}/J} \qquad (10.4)$$

para cada i e j ($i = 1, ..., I$ e $j = 1, ..., I$) com $i < j$.

Note que o gl do numerador para o valor crítico Q_α apropriado é I, o número de população ou meio de tratamento sendo comparado, e não $I - 1$ como no teste F. Quando $\bar{x}_{i\cdot}$, $\bar{x}_{j\cdot}$ e o QME calculados são substituídos em (10.4), o resultado é uma coleção de intervalos de confiança com nível de confiança *simultâneo* $100(1 - \alpha)\%$ para todas as diferenças de pares da forma $\mu_i - \mu_j$ com $i < j$. Cada intervalo que não inclui 0 produz a conclusão de que os valores correspondentes de μ_i e μ_j diferem significativamente um do outro.

Visto que não estamos de fato interessados nos limites inferior e superior dos vários intervalos, mas apenas em saber qual inclui e qual não inclui 0, grande parte dos cálculos aritméticos de (10.4) pode ser evitada. O quadro a seguir detalha e descreve como essas diferenças podem ser identificadas.

O método *T* para identificar μ_i significativamente diferentes

Selecione α, extraia $Q_{\alpha,I,I(J-1)}$ da Tabela A.10 do Apêndice e calcule $w = Q_{\alpha,I,I(J-1)} \cdot \sqrt{\text{QME}/J}$. Então, liste as médias amostrais em ordem crescente e sublinhe aqueles pares que diferem por menos que w. Qualquer par de médias amostrais não sublinhado pela mesma linha corresponde a um par de população ou meio de tratamento que é considerado significativamente diferente.

Suponha, por exemplo, que $I = 5$ e que

$$\bar{x}_{2\cdot} < \bar{x}_{5\cdot} < \bar{x}_{4\cdot} < \bar{x}_{1\cdot} < \bar{x}_{3\cdot}$$

Então,

1. Considere primeiro a menor média $\bar{x}_{2.}$. Se $\bar{x}_{5.} - \bar{x}_{2.} \geq w$, vá para o Passo 2. Contudo, se $\bar{x}_{5.} - \bar{x}_{2.} < w$, relacione essas duas primeiras médias com um segmento de linha. Em seguida, se possível, estenda esse segmento de linha ainda mais para a direita, para o maior $\bar{x}_{i.}$ que diferir de $\bar{x}_{2.}$ de um valor menor que w (de forma que a linha possa unir duas, três ou mais médias).
2. Agora, considere $\bar{x}_{5.}$ e estenda novamente um segmento de linha para o maior $\bar{x}_{i.}$ à direita que difira de $\bar{x}_{5.}$ de um valor menor que w (talvez não seja possível traçar essa linha; alternativamente, é possível sublinhar apenas duas, três ou até as quatro médias restantes).
3. Continue considerando $\bar{x}_{4.}$ e procedendo da mesma forma e finalmente considerando $\bar{x}_{1.}$.

Para resumir, iniciando por cada média na lista ordenada, um segmento de linha é estendido o máximo possível para a direita contanto que a diferença entre as médias seja menor que w. Verifica-se facilmente que um intervalo da forma em particular (10.4) conterá 0 se, e somente se, o par correspondente de médias amostrais estiver sublinhado pelo mesmo segmento de linha.

Exemplo 10.5

Um experimento foi implementado para comparar cinco marcas diferentes de filtro de óleo de automóvel em relação à capacidade de capturar impurezas. Seja μ_i a quantidade média verdadeira de impurezas capturada pelos filtros da marca i ($i = 1, ..., 5$) sob condições controladas. Utilizou-se uma amostra de nove filtros de cada marca, resultando nos seguintes valores de média amostral: $\bar{x}_{1.} = 14{,}5$, $\bar{x}_{2.} = 13{,}8$, $\bar{x}_{3.} = 13{,}3$, $\bar{x}_{4.} = 14{,}3$ e $\bar{x}_{5.} = 13{,}1$. A Tabela 10.3 é a tabela ANOVA resumindo a primeira parte da análise.

Tabela 10.3 Tabela ANOVA do Exemplo 10.5

Fonte de variação	gl	Soma de quadrados	Quadrado médio	f
Tratamentos (marcas)	4	13,32	3,33	37,84
Erro	40	3,53	0,088	
Total	44	16,85		

Como $F_{0{,}05,4,40} = 2{,}61$, H_0 é rejeitada (decisivamente) no nível de 0,05. Agora, usamos o procedimento de Tukey para procurar por diferenças significativas entre os μ_i. Da Tabela A.10 do Apêndice, $Q_{0{,}05,5,40} = 4{,}04$ (o segundo subscrito em Q é I e não $I - 1$ como em F), então $w = 4{,}04\sqrt{0{,}088/9} = 0{,}4$. Após organizar as cinco médias amostrais em ordem crescente, as duas menores podem estar conectadas por um segmento de linha pelo fato de elas diferirem menos que 0,4.

No entanto, este segmento não pode ser estendido mais para a direita, já que $13{,}8 - 13{,}1 = 0{,}7 \geq 0{,}4$. Movendo uma média para a direita, o par $\bar{x}_{3.}$ e $\bar{x}_{2.}$ não pode ser sublinhado em função de essas médias diferirem mais que 0,4. Movendo novamente para a direita, a próxima média, 13,8, não pode estar conectada mais à direita. As duas últimas médias podem ser sublinhadas com o mesmo segmento de linha.

$$\begin{array}{ccccc} \bar{x}_{5.} & \bar{x}_{3.} & \bar{x}_{2.} & \bar{x}_{4.} & \bar{x}_{1.} \\ \underline{13{,}1 \quad 13{,}3} & & 13{,}8 & \underline{14{,}3 \quad 14{,}5} & \end{array}$$

Logo, as marcas 1 e 4 não são significativamente diferentes entre si, mas são muito maiores que as três outras marcas em relação ao valor médio verdadeiro. A marca 2 é substancialmente melhor que a 3 e a 5, mas pior que a 1 e a 4, e as marcas 3 e 5 não apresentam diferenças significativas.

Se $\bar{x}_{2.} = 14{,}15$ em vez de 13,8, usando o mesmo w calculado, a disposição das médias sublinhadas seria

$$\begin{array}{ccccc} \bar{x}_{5.} & \bar{x}_{3.} & \bar{x}_{2.} & \bar{x}_{4.} & \bar{x}_{1.} \\ \underline{13{,}1 \quad 13{,}3} & & \underline{14{,}15 \quad 14{,}3 \quad 14{,}5} & & \end{array}$$

■

Exemplo 10.6

Um biólogo desejava estudar os efeitos do etanol durante o sono. Foi selecionada uma amostra de 20 ratos, classificados por idade e outras características, e cada um recebeu uma injeção oral contendo determinada concentração de etanol de acordo com o respectivo peso. Registrou-se então o tempo de sono associado ao movimento rápido dos olhos (Rapid Eye Moviment – REM) de cada rato durante um período de 24 horas, obtendo-se os seguintes resultados:

Tratamento (concentração de etanol)						$x_{i.}$	$\bar{x}_{i.}$
0 (controle)	88,6	73,2	91,4	68,0	75,2	396,4	79,28
1 g/kg	63,0	53,9	69,2	50,1	71,5	307,7	61,54
2 g/kg	44,9	59,5	40,2	56,3	38,7	239,6	47,92
4 g/kg	31,0	39,6	45,3	25,2	22,7	163,8	32,76
						$x_{..} = 1\ 107{,}5$	$\bar{x}_{..} = 55{,}375$

Será que os dados indicam que o valor verdadeiro do tempo médio de sono REM depende da concentração de etanol? (Esse exemplo se baseia em um experimento relatado em "Relationship of ethanol blood level to REM and non-REM sleep time and distribution in the rat", *Life Sciences*, 1978: 839-846.)

Os $\bar{x}_{i.}$ diferem substancialmente um do outro, mas há ainda muita variabilidade dentro de cada amostra, de forma que, para responder precisamente à pergunta, devemos proceder à ANOVA. Com $\sum\sum x_{ij}^2 = 68\ 697{,}6$ e fator de correção $x_{..}^2/(IJ) = (1\ 107{,}5)^2/20 = 61\ 327{,}8$, as fórmulas de cálculo produzem

$$\text{SQT} = 68\ 697{,}6 - 61\ 327{,}8 = 7\ 369{,}8$$

$$\text{SQTr} = \frac{1}{5}[(396{,}40)^2 + (307{,}70)^2 + (239{,}60)^2 + (163{,}80)^2] - 61\ 327{,}8$$

$$= 67\ 210{,}2 - 61\ 327{,}8 = 5\ 882{,}4$$

$$\text{SQE} = 7\ 369{,}8 - 5\ 882{,}4 = 1\ 487{,}4$$

A Tabela 10.4 é uma tabela de ANOVA gerada pelo SAS. A última coluna dá o valor-*P* como 0,0001. Usando um nível de significância de 0,05, rejeitamos a hipótese nula H_0: $\mu_1 = \mu_2 = \mu_3 = \mu_4$ desde que o valor-$P = 0{,}0001 < 0{,}05 = \alpha$. O verdadeiro valor do tempo médio de sono REM parece depender do nível de concentração.

Tabela 10.4 Tabela de ANOVA gerada pelo SAS

```
                         Procedimento de análise de variância
Variável Dependente: TEMPO
                              Soma dos          Quadrado
Fonte              GL         quadrados             médio        Valor F        Pr > F
Modelo              3        5882,35750        1960,78583          21,09        0,0001
Erro               16        1487,40000          92,96250
Total              19        7369,75750
Corrigido
```

Existem $I = 4$ tratamentos e 16 gl para o erro, dos quais $Q_{0,05,4,16} = 4{,}05$ e $w = 4{,}05\sqrt{93{,}0/5} = 17{,}47$. Ordenando as médias e sublinhando os resultados

$\bar{x}_{4.}$	$\bar{x}_{3.}$	$\bar{x}_{2.}$	$\bar{x}_{1.}$
32,76	47,92	61,54	79,28

Deve-se interpretar os sublinhados com cuidado, visto que aparentemente concluímos que os tratamentos 2 e 3 não diferem, 3 e 4 não diferem, embora 2 e 4 difiram. A forma sugerida para expressar isso é dizer que, embora existam evidências que nos levem a concluir que os tratamentos 2 e 4 diferem um do outro, nem um nem outro se mostrou significativamente diferente de 3. O tratamento 1 apresentou um real valor médio de sono REM significativamente maior que os outros tratamentos.

A Figura 10.4 mostra a saída do SAS obtida da aplicação do procedimento de Tukey.

```
              Alfa  = 0,05 gl  = 16 QME  = 92,9625
        Valor crítico da variação studentizada  = 4,046
           Diferença mínima significativa  = 17,446

 Médias com a mesma letra não são significativamente diferentes.

   Agrupamento Tukey         Média        N    TRATAMENTO
                  A          79,280       5    0(controle)

                  B          61,540       5    1 g/kg
                  B
            C     B          47,920       5    2 g/kg
            C
            C                32,760       5    4 g/kg
```

Figura 10.4 Método de Tukey usando SAS. ■

Interpretação de α no método de Tukey

Afirmamos anteriormente que o nível de confiança *simultâneo* é controlado pelo método de Tukey. Que significado tem a palavra "simultâneo" no nosso contexto? Considere o cálculo do IC de 95% para a média populacional μ com base em uma amostra dessa população e, em seguida, o IC de 95% para uma proporção populacional p com base em outra amostra selecionada independentemente da primeira. Antes da obtenção dos dados, a probabilidade de que o primeiro intervalo inclua μ é de 0,95 e esta também é a probabilidade de que o segundo intervalo inclua p. Em função de as duas amostras serem selecionadas independentemente uma da outra, a probabilidade de que *ambos* os intervalos incluam os valores dos respectivos parâmetros é $(0{,}95)(0{,}95) = (0{,}95)^2 \approx 0{,}90$. Portanto, o nível de confiança *simultâneo* ou *conjunto* para os dois intervalos é de cerca de 90% – se os pares de intervalos forem calculados repetidas vezes a partir de amostras independentes, no longo prazo, em cerca de 90% do tempo o primeiro intervalo capturará μ e o segundo incluirá p. De forma semelhante, se três IC forem calculados com base em amostras independentes, o nível de confiança simultâneo será $100(0{,}95)^3\% \approx 86\%$. Claramente, à medida que o número de intervalos aumenta, diminuirá o nível de confiança segundo o qual todos os intervalos incluam seus respectivos parâmetros.

Suponha agora que queiramos manter o nível de confiança simultâneo em 95%. Portanto, em duas amostras independentes, o nível de confiança individual para cada uma teria de ser $100\sqrt{0{,}95}\% \approx 97{,}5\%$. Quanto maior o número de intervalos, maior terá de ser o nível de confiança individual para que se mantenha o nível simultâneo de 95%.

Uma questão delicada em relação aos intervalos de Tukey é que eles não se baseiam em amostras independentes – o QME aparece em todos eles e vários compartilham os mesmos $\bar{x}_{i\cdot}$ (por exemplo, no caso de $I = 4$, três intervalos diferentes usam $\bar{x}_{1\cdot}$). Isso significa que não há nenhum argumento de probabilidade preciso que nos permita determinar o nível de confiança simultâneo com base nos níveis de confiança individuais. Entretanto, é possível demonstrar que, se $Q_{0,05}$ for usado, o nível de confiança simultâneo é controlado em 95%, ao passo que usando $Q_{0,01}$ obtém-se um nível simultâneo de 99%. Para obter um nível simultâneo de 95%, o nível individual de cada intervalo deve ser consideravelmente maior que 95%. Dizendo a mesma coisa de maneira ligeiramente diferente, para se obter 5% de taxa de erro relativa a todo o experimento (*experimentwise*) ou *à família*, a taxa de erro individual ou por comparação deve ser consideravelmente menor que 0,05. No Minitab, o usuário é solicitado a especificar a taxa de erro relativa à família (por exemplo, 5%) e, em seguida, incluir no resultado a taxa de erro individual (consulte o Exercício 16).

Intervalos de confiança de outras funções paramétricas

Em algumas situações, um IC é desejável para uma função dos μ_i mais complicada do que a diferença $\mu_i - \mu_j$. Considere $\theta = \sum c_i\mu_i$, em que os c_i são constantes. Uma dessas funções é $\frac{1}{2}(\mu_1 + \mu_2) - \frac{1}{3}(\mu_3 + \mu_4 + \mu_5)$, que, no contexto do Exemplo 10.5, mede a diferença entre o grupo que consiste nas primeiras duas marcas e o grupo das três últimas marcas. Pelo fato de os X_{ij} serem normalmente distribuídos com $E(X_{ij}) = \mu_i$ e $V(X_{ij}) = \sigma^2$, $\hat{\theta} = \sum c_i \overline{X}_{i\cdot}$ é normalmente distribuído, não viciado para θ e

$$V(\hat{\theta}) = V(\sum_i c_i \overline{X}_{i\cdot}) = \sum_i c_i^2 V(\overline{X}_{i\cdot}) = \frac{\sigma^2}{J} \sum_i c_i^2$$

Calcular σ^2 por meio do QME e criar $\hat{\sigma}_{\hat{\theta}}$ resulta em uma variável t $(\hat{\theta} - \theta)/\hat{\sigma}_{\hat{\theta}}$ que pode ser manipulada para obter o seguinte intervalo de confiança $100(1 - \alpha)\%$ para $\sum c_i \mu_i$,

$$\sum c_i \overline{x}_{i\cdot} \pm t_{\alpha/2, I(J-1)} \sqrt{\frac{\text{QME} \sum c_i^2}{J}} \tag{10.5}$$

Exemplo 10.7

A função paramétrica para comparar as primeiras duas marcas (de fábrica) de filtro de óleo com as três últimas marcas (nacionais) é $\theta = \frac{1}{2}(\mu_1 + \mu_2) - \frac{1}{3}(\mu_3 + \mu_4 + \mu_5)$, das quais

$$\sum c_i^2 = \left(\frac{1}{2}\right)^2 + \left(\frac{1}{2}\right)^2 + \left(-\frac{1}{3}\right)^2 + \left(-\frac{1}{3}\right)^2 + \left(-\frac{1}{3}\right)^2 = \frac{5}{6}$$

Com $\hat{\theta} = \frac{1}{2}(\overline{x}_{1\cdot} + \overline{x}_{2\cdot}) - \frac{1}{3}(\overline{x}_{3\cdot} + \overline{x}_{4\cdot} + \overline{x}_{5\cdot}) = 0{,}583$ e QME $= 0{,}088$, um intervalo de 95% é

$$0{,}583 \pm 2{,}021\sqrt{5(0{,}088)/[(6)(9)]} = 0{,}583 \pm 0{,}182 = (0{,}401,\ 0{,}765) \quad \blacksquare$$

Às vezes um experimento é realizado para comparar cada um dos vários "novos" tratamentos com um tratamento de controle. Nessas circunstâncias, é apropriado empregar uma técnica de comparações múltiplas denominada método de Dunnett.

EXERCÍCIOS Seção 10.2 (11–21)

11. Um experimento de comparação das taxas de dispersão de cinco marcas diferentes de tinta látex amarela para ambientes internos disponíveis em uma determinada área usou quatro galões ($J = 4$) de cada tinta. As taxas de dispersão médias amostrais (pé²/gal) para as cinco marcas eram $\overline{x}_{1\cdot} = 462{,}0$, $\overline{x}_{2\cdot} = 512{,}8$, $\overline{x}_{3\cdot} = 437{,}5$, $\overline{x}_{4\cdot} = 469{,}3$ e $\overline{x}_{5\cdot} = 532{,}1$. O valor calculado de F foi considerado significativo no nível $\alpha = 0{,}05$. Com QME $= 272{,}8$, use o procedimento de Tukey para investigar diferenças significativas nas taxas médias verdadeiras de dispersão entre as marcas.

12. No Exercício 11, suponha que $\overline{x}_{3\cdot} = 427{,}5$. Que taxas médias verdadeiras de dispersão diferem significativamente entre si? Não deixe de usar o sublinhado para ilustrar suas conclusões e escreva um parágrafo resumindo os resultados obtidos.

13. Repita o Exercício 12, supondo $\overline{x}_{2\cdot} = 502{,}8$ em adição a $\overline{x}_{3\cdot} = 427{,}5$.

14. Utilize o procedimento de Tukey nos dados do Exemplo 10.3 a fim de identificar diferenças nas resistências médias verdadeiras de contato entre os cinco protocolos.

15. O artigo "The effect of enzyme inducing agents on the survival times of rats exposed to lethal levels of nitrogen dioxide" (*Toxicology and Applied Pharmacology*, 1978: 169-174) relata os seguintes dados sobre o tempo de sobrevivência de ratos que receberam dióxido de nitrogênio (70 ppm) por meio de diferentes dietas. Havia $J = 14$ ratos em cada grupo.

Dieta	$\overline{x}_{i\cdot}$ **(mín)**	s_i
1. Controle	166	32
2. 3-Metilcolantrene	303	53
3. Alilisopropilicetamida	266	54
4. Fenobarbital	212	35
5. Clorpromazina	202	34
6. Ácido *p*-aminobenzoico	184	31

a. Teste a hipótese nula, que postula que o tempo de sobrevivência médio verdadeiro não depende da dieta, em relação à alternativa de que existe alguma dependência na dieta, usando $\alpha = 0{,}01$.

b. Suponha que IC $100(1 - \alpha)\%$ para k funções paramétricas diferentes sejam calculados com base no mesmo conjunto de dados ANOVA. Então, verifica-se facilmente que o nível de confiança simultâneo é de pelo menos $100(1 - k\alpha)\%$. Calcule os IC com um nível de confiança simultâneo de pelo menos 98% para

$$\mu_1 - \frac{1}{5}(\mu_2 + \mu_3 + \mu_4 + \mu_5 + \mu_6) \text{ e}$$

$$\frac{1}{4}(\mu_2 + \mu_3 + \mu_4 + \mu_5) - \mu_6$$

16. Analise novamente os dados de rigidez axial fornecidos no Exercício 8. Seguem os resultados ANOVA obtidos no Minitab:

```
Análise de variância para rigidez
Fonte          GL       SQ        QM         F      P
Comprimento     4    43993     10998     10,48  0,000
Erro           30    31475      1049
Total          34    75468

Nível           N    Média    DesvPad
4               7   333,21      36,59
6               7   368,06      28,57
8               7   375,13      20,83
10              7   407,36      44,51
12              7   437,17      26,00

DesvPad pareado = 32,39
Comparações de pareamento de Tukey

Taxa de erro da família     = 0,0500
Taxa de erro individual     = 0,00693

Valor crítico = 4,10

Intervalos para (média do nível da coluna) -
(média do nível da linha)
              4            6            8          10

6          -85,0
            15,4

8          -92,1        -57,3
             8,3         43,1

10        -124,3        -89,5        -82,4
           -23,9         10,9         18,0

12        -154,2       -119,3       -112,2       -80,0
           -53,8        -18,9        -11,8        20,4
```

a. É razoável afirmar que as variâncias das cinco distribuições do índice de rigidez axial são idênticas? Explique.
b. Use o resultado (sem consultar nossa tabela *F*) para testar as hipóteses relevantes.
c. Use os intervalos de Tukey fornecidos nos resultados para determinar as médias que diferem e crie o padrão sublinhado correspondente.

17. Consulte o Exercício 5. Calcule o IC t de 95% para $\theta = \frac{1}{2}(\mu_1 + \mu_2) - \mu_3$

18. Considere os dados a seguir sobre o crescimento de plantas após a aplicação de cinco tipos diferentes de hormônio de crescimento.

1:	13	17	7	14
2:	21	13	20	17
3:	18	15	20	17
4:	7	11	18	10
5:	6	11	15	8

a. Execute um teste *F* ao nível $\alpha = 0{,}05$.
b. O que ocorre quando se aplica o procedimento de Tukey?

19. Considere um experimento ANOVA de fator único no qual $I = 3, J = 5, \bar{x}_{1.} = 10, \bar{x}_{2.} = 12$ e $\bar{x}_{3.} = 20$. Encontre um valor de SQE para o qual $f > F_{0,05,2,12}$, de modo que H_0: $\mu_1 = \mu_2 = \mu_3$ seja rejeitada, embora, quando se aplique o procedimento de Tukey, nenhum dos μ_i possam ser considerados significativamente diferentes entre si.

20. Consulte o Exercício 19 e suponha que $\bar{x}_{1.} = 10, \bar{x}_{2.} = 15$ e $\bar{x}_{3.} = 20$. Será que agora você conseguiria encontrar um valor de SQE que gere uma contradição entre o teste *F* e o procedimento de Tukey?

21. O Exercício 10.1 descreveu um experimento no qual 26 observações de resistividade foram feitas em cada uma de seis misturas de concreto diferentes. O artigo citado no exercício forneceu as seguintes médias amostrais: 14,18, 17,94, 18,00, 18,00, 25,74, 27,67. Aplique o método de Tukey com um nível de confiança simultâneo de 95% para identificar diferenças significativas e descreva seus resultados (use QME = 13,929).

10.3 Mais sobre a ANOVA de fator único

Agora, consideramos brevemente outras questões relacionadas com a ANOVA de fator único. Dentre elas, inclui-se uma descrição alternativa dos parâmetros do modelo β para o teste F, a relação do teste com procedimentos anteriormente analisados, transformação de dados, um modelo de efeitos aleatórios e fórmulas para o caso de tamanhos de amostras desiguais.

O modelo da ANOVA

As suposições da ANOVA de fator único podem ser descritas, sucintamente, por meio da "equação do modelo"

$$X_{ij} = \mu_i + \epsilon_{ij}$$

em que ϵ_{ij} representa um desvio aleatório da população ou da média verdadeira μ_i do tratamento. Os ϵ_{ij} são considerados v.a. independentes e normalmente distribuídas (implicando que os X_{ij} também são) com $E(\epsilon_{ij}) = 0$ [de modo que $E(X_{ij}) = \mu_i$] e $V(\epsilon_{ij}) = \sigma^2$ [do qual $V(X_{ij}) = \sigma^2$ para cada i e j]. Uma descrição alternativa da ANOVA de fator único permite uma percepção mais ampla e sugere generalizações apropriadas a modelos com mais de um fator. Defina um parâmetro μ por

$$\mu = \frac{1}{I}\sum_{i=1}^{I}\mu_i$$

e os parâmetros $\alpha_1, ..., \alpha_I$ por

$$\alpha_i = \mu_i - \mu \quad (i = 1, ..., I)$$

Então, a média do tratamento μ_i pode ser escrita como $\mu + \alpha_i$, em que μ representa a resposta média verdadeira global no experimento e α_i é o efeito medido como um desvio de μ e provocado pelo i-ésimo tratamento. Embora inicialmente tivéssemos I parâmetros, no momento temos $I + 1$ $(\mu, \alpha_1, ..., \alpha_I)$. Contudo, pelo fato de $\sum\alpha_i = 0$ (o desvio médio da resposta média global é zero), somente I desses novos parâmetros são determinados de modo independente, de modo que existem tantos parâmetros independentes quanto antes. Em termos de μ e α_i, o modelo passa a ser

$$X_{ij} = \mu + \alpha_1 + \epsilon_{ij} \quad (i = 1, ..., I;\ j = 1, ..., J)$$

No Capítulo 11, desenvolveremos modelos análogos de ANOVA multifatores. A afirmação de que os μ_i são idênticos equivale à igualdade dos α_i e, pelo fato de $\sum\alpha_i = 0$, a hipótese nula passa a ser

$$H_0\text{: } \alpha_1 = \alpha_2 = \cdots = \alpha_I = 0$$

Lembre-se de que o QMTr é um estimador não viciado de σ^2 quando H_0 for verdadeira, mas que em outras circunstâncias tende a superestimar σ^2. Mais precisamente:

$$E(\text{QMTr}) = \sigma^2 + \frac{J}{I - 1}\sum\alpha_i^2$$

Quando H_0 for verdadeira, $\sum\alpha_i^2 = 0$, de modo que $E(\text{QMTr}) = \sigma^2$ (a ausência de vício de QME se mantém, independentemente de H_0 ser verdadeira ou falsa). Se $\sum\alpha_i^2$ for usado como uma medida do grau em que H_0 é falsa, então, um valor maior de $\sum\alpha_i^2$ resultará em uma tendência maior de o QMTr superestimar σ^2. No próximo capítulo, fórmulas para quadrados médios esperados para modelos multifatoriais serão usadas a fim de sugerir como formar razões F para testar diversas hipóteses.

Demonstração da fórmula para E(QMTr) Para qualquer v.a. $E(Y^2) = V(Y) + [E(Y)]^2$, de modo que

$$\begin{aligned}
E(\text{SQTr}) &= E\left(\frac{1}{J}\sum_i X_{i\cdot}^2 - \frac{1}{IJ}X_{\cdot\cdot}^2\right) = \frac{1}{J}\sum_i E(X_{i\cdot}^2) - \frac{1}{IJ}E(X_{\cdot\cdot}^2) \\
&= \frac{1}{J}\sum_i \{V(X_{i\cdot}) + [E(X_{i\cdot})^2]\} - \frac{1}{IJ}\{V(X_{\cdot\cdot}) + [E(X_{\cdot\cdot})]^2\} \\
&= \frac{1}{J}\sum_i \{J\sigma^2 + [J(\mu + \alpha_i)]^2\} - \frac{1}{IJ}[IJ\sigma^2 + (IJ\mu)^2] \\
&= I\sigma^2 + IJ\mu^2 + 2\mu J\sum_i \alpha_i + J\sum_i \alpha_i^2 - \sigma^2 - IJ\mu^2 \\
&= (I - 1)\sigma^2 + J\sum_i \alpha_i^2 \quad (\text{uma vez que} \textstyle\sum\alpha_i = 0)
\end{aligned}$$

O resultado, então, provém da relação $\text{QMTr} = \text{SQTr}/(I - 1)$.

β para o teste F

Considere um conjunto de valores de parâmetro $\alpha_1, \alpha_2, ..., \alpha_I$ para o qual H_0 não é verdadeira. A probabilidade de um erro tipo II, β, é a probabilidade de H_0 não ser rejeitada quando esse conjunto for o conjunto de valores verdadeiros. Pode-se pensar que β tivesse de ser determinado separadamente para cada configuração diferente de α_i. Felizmente, como β para o teste F depende dos α_i e σ^2 somente por $\sum\alpha_i^2/\sigma^2$, ele pode ser avaliado simultaneamente para muitas alternativas diferentes. Por exemplo: $\sum\alpha_i^2 = 4$ para cada um dos seguintes conjuntos de α_i para os quais H_0 é falsa, de modo que β é idêntico para as três alternativas:

1. $\alpha_1 = -1, \alpha_2 = -1, \alpha_3 = 1, \alpha_4 = 1$

2. $\alpha_1 = -\sqrt{2}, \alpha_2 = \sqrt{2}, \alpha_3 = 0, \alpha_4 = 0$
3. $\alpha_1 = -\sqrt{3}, \alpha_2 = \sqrt{1/3}, \alpha_3 = \sqrt{1/3}, \alpha_4 = \sqrt{1/3}$

A quantidade $J\sum\alpha_i^2/\sigma^2$ é denominada **parâmetro de não centralidade** para a ANOVA unidirecional (porque, quando H_0 for falsa, a estatística do teste tem distribuição *F não central* com isso como um de seus parâmetros) e β é uma função decrescente do valor desse parâmetro. Logo, para valores fixos de σ^2 e J, é mais provável que a hipótese nula seja rejeitada para alternativas distantes de H_0 ($\sum\alpha_i^2$ grande) do que para alternativas próximas de H_0. Para um valor fixo de $\sum\alpha_i^2$, β diminui à medida que o tamanho da amostra J em cada tratamento aumenta e aumenta à medida que a variância σ^2 aumenta (visto que a variabilidade subjacente torna ainda mais difícil detectar qualquer desvio de H_0).

Pelo fato de o cálculo manual de β e a determinação do tamanho da amostra para o teste F serem muito difíceis (como no caso dos testes t), os estatísticos criaram conjuntos de curvas das quais β pode ser obtido. Conjuntos de curvas para $\nu_1 = 3$ e $\nu_1 = 4$ gl no numerador são mostrados na Figura 10.5[1] e na Figura 10.6[2], respectivamente. Após os valores de σ^2 e os α_i para os quais β é desejado serem especificados, estes são usados para calcular o valor de ϕ, em que $\phi^2 = (J/I)\sum\alpha_i^2/\sigma^2$. Então, entramos no conjunto apropriado de curvas no valor de ϕ no eixo horizontal, subimos para a curva associada com gl do erro ν_2 e passamos para o valor do poder sobre o eixo vertical. Finalmente, $\beta = 1 -$ poder.

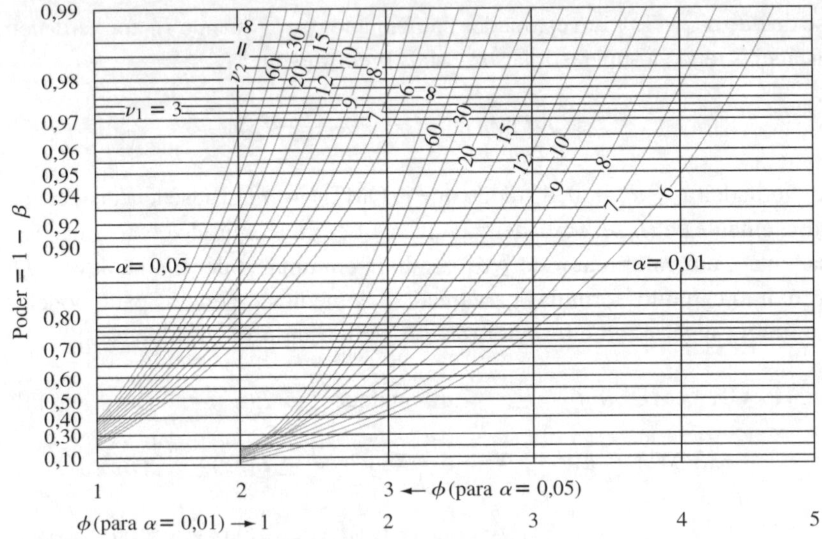

Figura 10.5 Curvas de poder para o teste *F* ANOVA ($\nu_1 = 3$).

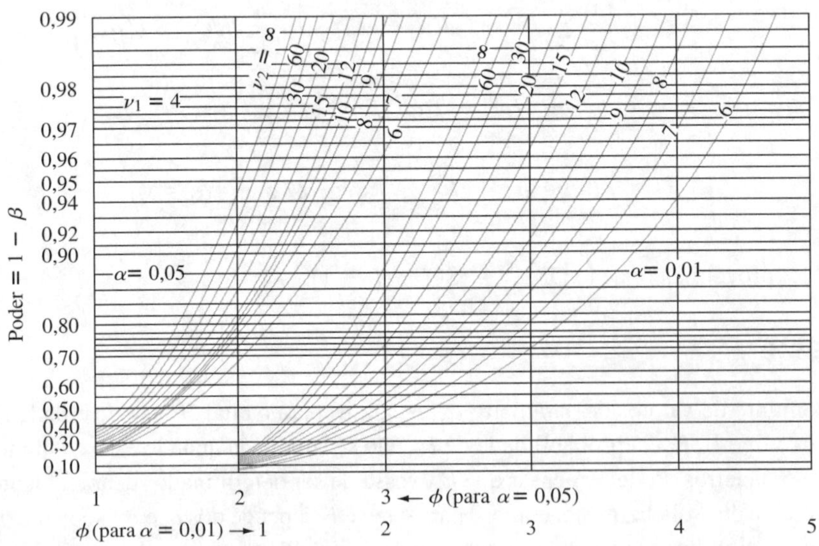

Figura 10.6 Curvas de poder para o teste *F* ANOVA ($\nu_1 = 4$).

[1] Fonte: PEARSON, E.S. e HARTLEY, H.O., "Charts of the Power Function for Analysis of Variance Tests, Derived from the Non-central F Distribution," Biometrika, vol. 38, 1951: 112, com permissão de Biometrika Trustees.
[2] Idem.

Exemplo 10.8

Os efeitos de quatro diferentes tratamentos térmicos sobre o ponto de ruptura (t/pol^2) de barras de aço serão investigados. Oito barras no total serão fundidas por meio de tratamentos diferentes. Suponha que o desvio padrão verdadeiro do ponto de ruptura para qualquer um dos quatro tratamentos seja $\sigma = 1$. Qual a probabilidade de H_0 não ser rejeitada no nível 0,05, se três dos tratamentos tiverem o mesmo ponto de ruptura esperado e o outro tratamento tiver um ponto de ruptura esperado 1 t/pol^2 maior que o valor comum dos outros três (isto é, o quarto é, em média, 1 desvio padrão superior aos dos três primeiros tratamentos)?

Suponha que $\mu_1 = \mu_2 = \mu_3$ e $\mu_4 = \mu_1 + 1$, $\mu = (\sum \mu_i)/4 = \mu_1 + \frac{1}{4}$. Então $\alpha_1 = \mu_1 - \mu = -\frac{1}{4}$, $\alpha_2 = -\frac{1}{4}$, $\alpha_3 = -\frac{1}{4}$, $\alpha_4 = \frac{3}{4}$ então

$$\phi^2 = \frac{8}{4}\left[\left(-\frac{1}{4}\right)^2 + \left(-\frac{1}{4}\right)^2 + \left(-\frac{1}{4}\right)^2 + \left(\frac{3}{4}\right)^2\right] = \frac{3}{2}$$

e $\phi = 1{,}22$. Os graus de liberdade para o teste F são $\nu_1 = I - 1 = 3$ e $\nu_2 = I(J - 1) = 28$, de modo que a interpolação visual entre $\nu_2 = 20$ e $\nu_2 = 30$ dá poder $\approx 0{,}47$ e $\beta \approx 0{,}53$. Este β é bastante grande, de modo que podemos decidir aumentar o valor de J. Quantas barras de cada tipo seriam necessárias para produzir $\beta \approx 0{,}05$ para a alternativa que está sendo considerada? Experimentando diferentes valores de J, pode-se observar que $J = 24$ satisfaz essa necessidade, o que não ocorre para qualquer J menor que esse valor. ■

Como alternativa ao uso de curvas de poder, o pacote de software estatístico SAS dispõe de uma função que calcula a área acumulada sob curva F não central (entra com F_α, gl numerador, gl denominador e ϕ^2) e a área é β. O Minitab faz isso e também algo bastante diferente. O usuário é solicitado a especificar a diferença máxima entre μ_i, em vez de as médias individuais. Por exemplo, podemos querer calcular o poder do teste quando $I = 4$, $\mu_1 = 100$, $\mu_2 = 101$, $\mu_3 = 102$ e $\mu_4 = 106$. Então, a diferença máxima é $106 - 100 = 6$. Entretanto, o poder não depende apenas desta diferença máxima, mas dos valores de todos os μ_i. Nesta situação, o Minitab calcula o menor valor possível do poder sujeito a $\mu_1 = 100$ e $\mu_4 = 106$, o que ocorre quando os outros dois μ estão a meio caminho entre 100 e 106. Se este poder for 0,85, então, podemos dizer que o poder é pelo menos 0,85 e que β é, no máximo, 0,15 quando os dois μ mais extremos são separados por 6 (o tamanho amostral comum, α, e σ também devem ser especificados). Além disso, o software determinará o tamanho comum da amostra necessário, se forem especificados uma diferença máxima e um poder mínimo.

Relação do teste *F* com teste *t*

Quando o número de tratamentos ou de populações for $I = 2$, todos os resultados e fórmulas associados com o teste F ainda farão sentido, de modo que a ANOVA pode ser usada para testar H_0: $\mu_1 = \mu_2$ *versus* H_a: $\mu_1 \neq \mu_2$. Nesse caso, pode ser usado um teste t bilateral de duas amostras. Na Seção 9.3, mencionamos o teste t agrupado, que exige variâncias iguais, como alternativa ao procedimento t de duas amostras. É possível demonstrar que os testes F ANOVA de fator único e t bilateral combinado são equivalentes; para qualquer conjunto de dados, os valores-P em ambos os testes serão idênticos, de modo que tanto um como o outro chegarão à mesma conclusão.

O teste t de duas amostras é mais flexível que o teste F quando $I = 2$, por dois motivos. Primeiro, ele é válido sem a suposição de que $\sigma_1 = \sigma_2$; segundo, ele pode ser usado para testar H_a: $\mu_1 > \mu_2$ (um teste t unilateral superior) ou H_a: $\mu_1 < \mu_2$, bem como H_a: $\mu_1 \neq \mu_2$. No caso de $I \geq 3$, infelizmente não há nenhum procedimento de teste geral conhecido e com propriedades satisfatórias que não assuma variâncias iguais.

Tamanho das amostras desiguais

Quando os tamanhos das amostras de cada população ou tratamento não são iguais, sejam $J_1, J_2, \ldots, J_I$ os tamanhos das amostras I e $n = \Sigma_i J_i$ o número total de observações. O quadro a seguir apresenta fórmulas ANOVA e o procedimento de teste.

$$\text{SQT} = \sum_{i=1}^{I}\sum_{j=1}^{J_i}(X_{ij} - \overline{X}_{..})^2 = \sum_{i=1}^{I}\sum_{j=1}^{J_i}X_{ij}^2 - \frac{1}{n}X_{..}^2 \quad \text{gl} = n - 1$$

$$\text{SQTr} = \sum_{i=1}^{I}\sum_{j=1}^{J_i}(\overline{X}_{i.} - \overline{X}_{..})^2 = \sum_{i=1}^{I}\frac{1}{J_i}X_{i.}^2 - \frac{1}{n}X_{..}^2 \quad \text{gl} = I - 1$$

$$\text{SQE} = \sum_{i=1}^{I}\sum_{j=1}^{J_i}(X_{ij} - \overline{X}_{i.})^2 = \text{SST} - \text{SSTr} \quad \text{gl} = \sum(J_i - 1) = n - I$$

Valor da estatística do teste:

$$f = \frac{\text{QMTr}}{\text{QME}} \quad \text{em que QMTr} = \frac{\text{SQTr}}{I - 1} \quad \text{QME} = \frac{\text{SQE}}{n - I}$$

Região de rejeição: $f \geq F_{\alpha, I-1, n-I}$

Exemplo 10.9

O artigo "On the development of a new approach for the determination of yield strength in mg-based alloys" (*Light Metal Age*, out. 1998: 51-53) apresentou os seguintes dados sobre módulo de elasticidade (GPa) obtido por um novo método ultrassônico para espécimes de determinada liga produzida por meio de três diferentes processos de fundição.

									J_i	$x_{i.}$	$\overline{x}_{i.}$
Moldagem permanente	45,5	45,3	45,4	44,4	44,6	43,9	44,6	44,0	8	357,7	44,71
Fundição sob pressão	44,2	43,9	44,7	44,2	44,0	43,8	44,6	43,1	8	352,5	44,06
Moldagem com gesso	46,0	45,9	44,8	46,2	45,1	45,5			6	273,5	45,58
									22	983,7	

Sejam μ_1, μ_2 e μ_3 os módulos elásticos médios verdadeiros para os três diferentes processos sob as circunstâncias determinadas. As hipóteses relevantes são H_0: $\mu_1 = \mu_2 = \mu_3$ *versus* H_a: pelo menos dois dos μ_i são diferentes. A estatística do teste é, obviamente, $F = \text{QMTr/QME}$, com base em $I - 1 = 2$ gl no numerador e $n - I = 22 - 3 = 19$ gl no denominador. As quantidades correspondentes incluem

$$\sum\sum x_{ij}^2 = 43\,998{,}73 \quad \text{CF} = \frac{983{,}7^2}{22} = 43\,984{,}80$$

$$\text{SQT} = 43\,998{,}73 - 43\,984{,}80 = 13{,}93$$

$$\text{SQTr} = \frac{357{,}7^2}{8} + \frac{352{,}5^2}{8} + \frac{273{,}5^2}{6} - 43\,984{,}84 = 7{,}93$$

$$\text{SQE} = 13{,}93 - 7{,}93 = 6{,}00$$

Os cálculos restantes são apresentados na tabela ANOVA a seguir. Como $F_{0{,}001,2,19} = 10{,}16 < 12{,}56 = f$, o valor-*P* é menor que 0,001. Logo, a hipótese nula deve ser rejeitada em qualquer nível de significância razoável; há evidências convincentes de que o módulo elástico médio verdadeiro depende de alguma forma do processo de fundição usado.

Fonte de variação	gl	Soma de quadrados	Quadrado médio	f
Tratamentos	2	7,93	3,965	12,56
Error	19	6,00	0,3158	
Total	21	13,93		■

Há maior controvérsia entre os estatísticos com relação ao procedimento de comparação múltipla a ser utilizado quando os tamanhos das amostras são desiguais do que quando são iguais. O procedimento que apresentamos aqui é recomendado no excelente livro *Beyond ANOVA*: *Basics of Applied Statistics* (consulte a Bibliografia do capítulo) para ser usado quando os I tamanhos das amostras $J_1, J_2, ..., J_I$ são razoavelmente próximos entre si ("desbalanceamento moderado"). Ele modifica o método de Tukey pelo uso das médias dos pares $1/J_i$ no lugar de $1/J$.

Seja

$$w_{ij} = Q_{\alpha,I,n-I} \cdot \sqrt{\frac{\text{QME}}{2}\left(\frac{1}{J_i} + \frac{1}{J_j}\right)}$$

Então, a probabilidade é *aproximadamente* $1 - \alpha$ que

$$\overline{X}_{i\cdot} - \overline{X}_{j\cdot} - w_{ij} \leq \mu_i - \mu_j \leq \overline{X}_{i\cdot} - \overline{X}_{j\cdot} + w_{ij}$$

para cada i e j ($i = 1, ..., I$ e $j = 1, ..., I$) com $i \neq j$.

O nível de confiança simultâneo $100(1 - \alpha)\%$ é apenas aproximado e não exato, como no caso de tamanhos das amostras iguais. O método do sublinhado ainda pode ser usado, mas agora o fator w_{ij} usado para determinar se $\bar{x}_{i\cdot}$ e $\bar{x}_{j\cdot}$ podem ser conectados depende de J_i e J_j.

Exemplo 10.10 (continuação do Exemplo 10.9)

Os tamanhos amostrais para os dados do módulo elástico eram $J_1 = 8$, $J_2 = 8$, $J_3 = 6$ e $I = 3$, $n - I = 19$, QME $= 0{,}316$. Um nível de confiança simultâneo de aproximadamente 95% requer $Q_{0,05,3,19} = 3{,}59$, do qual

$$w_{12} = 3{,}59\sqrt{\frac{0{,}316}{2}\left(\frac{1}{8} + \frac{1}{8}\right)} = 0{,}713, \quad w_{13} = 0{,}771 \quad w_{23} = 0{,}771$$

Como $\bar{x}_{1\cdot} - \bar{x}_{2\cdot} = 44{,}71 - 44{,}06 = 0{,}65 < w_{12}$, μ_1 e μ_2 não são considerados significativamente diferentes. O esquema sublinhado a seguir mostra que μ_1 e μ_3 parecem significativamente diferentes, como o são μ_2 e μ_3.

2. Sob pressão	1. Permanente	3. Gesso
44,06	44,71	45,58

(44,06 e 44,71 sublinhados juntos) ■

Transformação de dados

O uso de métodos da ANOVA pode ser invalidado por diferenças substanciais nas variâncias $\sigma_1^2, ..., \sigma_I^2$ (as quais, até agora, foram consideradas iguais com valor σ^2 comum). Às vezes ocorre de $V(X_{ij}) = \sigma_i^2 = g(\mu_i)$, função conhecida de μ_i (de modo que, quando H_0 for falsa, as variâncias não são iguais). Por exemplo: se X_{ij} tiver distribuição de Poisson com parâmetro λ_i (aproximadamente normal, se $\lambda_i \geq 10$), então $\mu_i = \lambda_i$ e $\sigma_i^2 = \lambda_i$, de modo que $g(\mu_i) = \mu_i$ é a função conhecida. Nessas circunstâncias, em geral é possível transformar os X_{ij} em $h(X_{ij})$ de maneira que tenham variâncias aproximadamente iguais (ao mesmo tempo mantendo as variáveis transformadas aproximadamente normais) e, em seguida, o teste F pode ser usado nas observações transformadas. A ideia-chave na escolha de $h(\cdot)$ é que muitas vezes $V[h(X_{ij})] \approx V(X_{ij}) \cdot [h'(\mu_i)]^2 = g(\mu_i) \cdot [h'(\mu_i)]^2$. Agora, queremos encontrar a função $h(\cdot)$ para a qual $g(\mu_i) \cdot [h'(\mu_i)]^2 = c$ (uma constante) para cada i.

Proposição

Se $V(X_{ij}) = g(\mu_i)$, função conhecida de μ_i, então, a transformação $h(X_{ij})$ que "estabiliza a variância", de modo que $V[h(X_{ij})]$ é aproximadamente a mesma para todo i, é dada por $h(x) \propto \int [g(x)]^{-1/2}\, dx$.

No caso de Poisson, $g(x) = x$, de modo que $h(x)$ deve ser proporcional a $\int x^{-1/2}\, dx = 2x^{1/2}$. Portanto, os dados de Poisson devem ser transformados em $h(x_{ij}) = \sqrt{x_{ij}}$ antes da análise.

Modelo de efeitos aleatórios

Os problemas de fator único considerados até aqui foram concebidos como exemplos de um modelo de ANOVA de **efeitos fixos**. Com isso queremos dizer que os níveis escolhidos do fator em estudo são os únicos considerados relevantes pelo investigador. O modelo de efeitos fixos de fator único é

$$X_{ij} = \mu + \alpha_i + \epsilon_{ij} \qquad \sum \alpha_i = 0 \tag{10.6}$$

em que os ϵ_{ij} são aleatórios e tanto o μ quanto os α_i são parâmetros fixos.

Em alguns problemas de fator único, os níveis específicos estudados pelo investigador são escolhidos, seja de acordo com o propósito ou por amostragem, de uma ampla população de níveis. Por exemplo, para estudar os efeitos sobre o tempo de execução da tarefa de usar diferentes operadores em uma determinada máquina, pode-se escolher uma amostra de cinco operadores de um amplo grupo deles. De modo semelhante, o efeito do pH do solo sobre a produção de milho pode ser estudado usando solos com quatro valores específicos de pH escolhidos dentre os vários níveis de pH possíveis. Quando os níveis usados são selecionados aleatoriamente de uma ampla população de níveis possíveis, diz-se que o fator é aleatório em vez de fixo. Nesse caso, o modelo de efeitos fixos (10.6) não é mais apropriado. Pode-se obter um modelo de **efeitos aleatórios** análogo substituindo-se os α_i fixos em (10.6) por variáveis aleatórias.

$$X_{ij} = \mu + A_i + \epsilon_{ij} \qquad \text{com } E(A_i) = E(\epsilon_{ij}) = 0$$

$$V(\epsilon_{ij}) = \sigma^2 \qquad V(A_i) = \sigma_A^2 \tag{10.7}$$

todos os A_i e ϵ_{ij} são normalmente distribuídos e independentes entre si.

A condição $E(A_i) = 0$ em (10.7) é semelhante à condição $\Sigma\alpha_i = 0$ em (10.6); ela estabelece que o efeito esperado ou médio do i-ésimo nível medido como um desvio de μ é zero.

Para o modelo de efeitos aleatórios (10.7), a hipótese de não haver efeitos devidos aos diferentes níveis é H_0: $\sigma_A^2 = 0$, que diz que diferentes níveis do fator não contribuem em nada para a variabilidade da resposta. *Embora as hipóteses nos modelos de efeitos fixos e aleatórios de fator único sejam diferentes, elas são testadas exatamente da mesma forma,* calculando F = QMTr/QME e rejeitando H_0, se $f \geq F_{\alpha, I-1, n-I}$. Isso pode ser demonstrado intuitivamente, observando-se que $E(\text{QME}) = \sigma^2$ (da mesma maneira que para efeitos fixos), ao passo que

$$E(\text{QMTr}) = \sigma^2 + \frac{1}{I-1}\left(n - \frac{\sum J_i^2}{n}\right)\sigma_A^2 \tag{10.8}$$

em que $J_1, J_2, \ldots, J_I$ são os tamanhos amostrais e $n = \sum J_i$. O fator entre parênteses no lado direito de (10.8) é não negativo, de maneira que novamente $E(\text{QMTr}) = \sigma^2$, se H_0 for verdadeira, e $E(\text{QMTr}) > \sigma^2$, se H_0 for falsa.

Exemplo 10.11

O estudo sobre forças e pressões não destrutivas em materiais oferece informações importantes para projetos de engenharia eficazes. O artigo "Zero-force travel-time parameters for ultrasonic head-waves in railroad rail" (*Materials Evaluation*, 1985: 854-858) relata um estudo sobre o tempo de percurso de certo tipo de onda resultante da pressão longitudinal dos trilhos usados nas estradas de ferro. Três medidas foram feitas em cada um dos trilhos selecionados aleatoriamente de uma população do referido grupo. Os investigadores usaram ANOVA de efeitos aleatórios para determinar se algumas variações no tempo de percurso podiam ser atribuídas a uma "variabilidade entre trilhos". Os dados são fornecidos na tabela a seguir (todos os valores, em nanossegundos, resultaram da subtração de 36,1 μ da observação original) com a tabela ANOVA derivada. O valor f é altamente significativo, de modo que H_0: $\sigma_A^2 = 0$ é rejeitada em favor da conclusão de que as diferenças entre trilhos são uma fonte de variabilidade no tempo de percurso.

				$x_{i.}$	Fonte de variação	gl	Soma de quadrados	Quadrado médio	f
1:	55	53	54	162	Tratamentos	5	9 310,5	1 862,1	115,2
2:	26	37	32	95	Erro	12	194,0	16,17	
3:	78	91	85	254	Total	17	9 504,5		
4:	92	100	96	288					
5:	49	51	50	150					
6:	80	85	83	248					
			$x_{..}$ =	1 197					

EXERCÍCIOS Seção 10.3 (22–34)

22. Os dados a seguir referem-se à produção de tomates (kg/lote) para quatro níveis diferentes de salinidade. Aqui, o *nível de salinidade* refere-se à condutividade elétrica (CE), em que os níveis escolhidos foram CE = 1,6; 3,8; 6,0 e 10,2 nmhos/cm:

1,6:	59,5	53,3	56,8	63,1	58,7
3,8:	55,2	59,1	52,8	54,5	
6,0:	51,7	48,8	53,9	49,0	
10,2:	44,6	48,5	41,0	47,3	46,1

Use o teste F no nível $\alpha = 0,05$ para testar quaisquer diferenças na produção média verdadeira provocadas por níveis de salinidade diferentes.

23. Embora, depois da água, o chá seja a bebida mais amplamente consumida do mundo, pouco se sabe sobre seu valor nutricional. Ácido fólico é a única vitamina B presente em qualquer quantidade significativa de chá. Avanços recentes nos métodos de teste possibilitaram a determinação precisa do teor de ácido fólico. Considere os dados a seguir do teor de ácido fólico em amostras aleatoriamente selecionadas de quatro marcas líderes de mercado de chá-verde.

1:	7,9	6,2	6,6	8,6	8,9	10,1	9,6
2:	5,7	7,5	9,8	6,1	8,4		
3:	6,8	7,5	5,0	7,4	5,3	6,1	
4:	6,4	7,1	7,9	4,5	5,0	4,0	

(Esses dados baseiam-se no artigo "Folacin content of tea", *J. of the Amer. Dietetic Assoc.*, 1983: 627-632.) Será que eles sugerem que o teor médio verdadeiro de ácido fólico é o mesmo em todas as marcas?

a. Faça um teste usando $\alpha = 0,05$ pelo método do valor-P.

b. Avalie a plausibilidade de qualquer suposição necessária para a sua análise no item (a).

c. Faça uma análise de comparações múltiplas para identificar diferenças significativas entre as marcas.

24. Os dados resumidos a seguir sobre a atividade CS do músculo esquelético (nmol/min/mg) foram citados no artigo "Impact of lifelong sedentary behavior on mitochondrial function of mice skeletal muscle" (*J. of Gerontology*, 2009: 927-939).

	Jovens	Sedentários velhos	Ativos velhos
Tamanho da amostra	10	8	10
Média amostral	46,68	47,71	58,24
Desvio padrão da amostra	7,16	5,59	8,43

Faça um teste para decidir se a atividade média verdadeira difere para os três grupos. Se apropriado, investigue as diferenças entre as médias com um método de comparações múltiplas.

25. Os lipídios fornecem a maior parte da energia diária de bebês e crianças. Há um interesse cada vez maior pela qualidade do suprimento diário de lipídios durante a infância por ser o principal determinante do crescimento, do desenvolvimento neural, da visão e da saúde a longo prazo. O artigo "Essential fat requirements of preterm infants" (*Amer. J. of Clinical Nutrition*, 2000: 245S-250S) forneceu os dados a seguir sobre gorduras poli-insaturadas totais (%) para lactentes submetidos aleatoriamente a quatro regimes dietéticos diferentes: leite materno, fórmula à base de óleo de milho, fórmula à base de óleo de soja ou fórmula à base de óleo de soja e marinho:

Dieta	Tamanho da amostra	Média amostral	DP da amostra
Leite materno	8	43,0	1,5
OM	13	42,4	1,3
OS	17	43,1	1,2
OSM	14	43,5	1,2

a. Que suposições devem ser feitas sobre o total das quatro distribuições de gordura poli-insaturada antes de realizar uma ANOVA de fator único para determinar se há alguma diferença no teor de gordura médio real?

b. Faça o teste sugerido no item (a). O que se pode dizer do valor-P?

26. Amostras de seis diferentes marcas de imitação de margarina diet foram analisadas para determinar o nível de ácidos graxos poli-insaturados fisiologicamente ativos (AGPFA, em porcentagem), gerando os seguintes resultados:

Imperial	14,1	13,6	14,4	14,3	
Parkay	12,8	12,5	13,4	13,0	12,3
Blue Bonnet	13,5	13,4	14,1	14,3	
Chiffon	13,2	12,7	12,6	13,9	
Mazola	16,8	17,2	16,4	17,3	18,0
Fleischmann's	18,1	17,2	18,7	18,4	

(Os números anteriores são fictícios, mas as médias amostrais estão de acordo com os dados relatados na edição de janeiro de 1975 do periódico *Consumer Reports*.)

a. Use ANOVA para testar as diferenças entre as porcentagens médias verdadeiras de AGPFA das diferentes marcas.

b. Calcule o IC para todos os $(\mu_i - \mu_j)$.

c. As margarinas Mazola e Fleischmann's são à base de milho, ao passo que as outras são à base de soja. Calcule o IC para

$$\frac{(\mu_1 + \mu_2 + \mu_3 + \mu_4)}{4} - \frac{(\mu_5 + \mu_6)}{2}$$

[*Dica*: modifique a expressão de $V(\hat{\theta})$ que levou à (10.5) na seção anterior.]

27. Suponha que X_{ij} seja uma variável binominal com parâmetros n e p_i (portanto, aproximadamente normal quando $np_i \geq 10$ e $nq_i \geq 10$). Então, como $\mu_i = np_i$, $V(X_{ij}) = \sigma_i^2 = np_i(1 - p_i) = \mu_i(1 - \mu_i/n)$. Como X_{ij} deveria ser transformado de modo a estabilizar a variância? [*Dica*: $g(\mu_i) = \mu_i(1 - \mu_i/n)$.]

28. Para uma ANOVA de fator único com tamanhos das amostras $J_i (i = 1, 2, ..., I)$, mostre que $\text{SQTr} = \sum J_i(\bar{X}_{i\cdot} - \bar{X}_{\cdot\cdot})^2 = \sum J_i\bar{X}_{i\cdot}^2 - n\bar{X}_{\cdot\cdot}^2$, em que $n = \sum J_i$.

29. Quando os tamanhos amostrais são iguais ($J_i = J$), os parâmetros $\alpha_1, \alpha_2, ..., \alpha_I$ da parametrização alternativa são restringidos por $\Sigma\alpha_i = 0$. Para tamanhos amostrais desiguais, a restrição mais natural é $\sum J_i\,\alpha_i = 0$. Use isto para mostrar que

$$E(\text{QMTr}) = \sigma^2 + \frac{1}{I - 1}\sum J_i\alpha_i^2$$

Qual é o $E(\text{QMTr})$ quando H_0 for verdadeira? [Esse valor esperado é correto, se $\sum J_i\alpha_i = 0$ for substituída pela restrição $\Sigma\alpha_i = 0$ (ou por qualquer outra restrição linear exclusiva nos α_i usados para reduzir o modelo a I parâmetros independentes), mas $\sum J_i\alpha_i = 0$ simplifica os cálculos e produz estimativas naturais dos parâmetros do modelo (particularmente, $\hat{\alpha}_i = \bar{x}_{i\cdot} - \bar{x}_{\cdot\cdot}$).]

30. Reconsidere o Exemplo 10.8 sobre a investigação dos efeitos de diferentes tratamentos térmicos sobre o ponto de ruptura de barras de aço.

a. Se $J = 8$ e $\sigma = 1$, qual é o β para um teste F de nível 0,05 quando $\mu_1 = \mu_2$, $\mu_3 = \mu_1 - 1$ e $\mu_4 = \mu_1 + 1$?

b. Para a alternativa do item (a), que valor de J é necessário para obter $\beta = 0{,}05$?

c. Se houver $I = 5$ tratamentos térmicos, $J = 10$ e $\sigma = 1$, qual será o β para um teste F de nível 0,05 quando quatro dos μ_i são iguais e a diferença do quinto em relação aos outros quatro é 1?

31. Quando os tamanhos amostrais não são iguais, o parâmetro de não centralidade é $\sum J_i\alpha_i^2/\sigma^2$ e $\phi^2 = (1/I)\sum J_i\alpha_i^2/\sigma^2$. Voltando ao Exercício 22, qual é o poder do teste quando $\mu_2 = \mu_3$, $\mu_1 = \mu_2 - \sigma$ e $\mu_4 = \mu_2 + \sigma$?

32. Em um experimento para comparar a qualidade de quatro diferentes marcas de fitas de gravação magnética, foram selecionados cinco carretéis de 2 400 pés de cada marca (A-D), determinando-se em seguida o número de defeitos.

A:	10	5	12	14	8
B:	14	12	17	9	8
C:	13	18	10	15	18
D:	17	16	12	22	14

Acredita-se que o número de defeitos tenha, aproximadamente, uma distribuição de Poisson para cada marca. Analise os dados ao nível de significância 0,01 para verificar se o número esperado de defeitos por carretel é o mesmo para cada marca.

33. Aplique o método de Tukey modificado para os dados do Exercício 22, a fim de identificar diferenças significativas entre os μ_i.

34. Simplifique $E(\text{QMTr})$ para o modelo de efeitos aleatórios quando $J_1 = J_2 = \cdots = J_I = J$.

EXERCÍCIOS COMPLEMENTARES (35–46)

35. Um experimento foi feito para comparar as taxas de fluxo de quatro diferentes tipos de bocal.

a. Os tamanhos amostrais eram 5, 6, 7 e 6 respectivamente e os cálculos forneceram $f = 3{,}68$. Defina e teste a hipótese relevante utilizando $\alpha = 0{,}01$.

b. A análise dos dados usando um software estatístico forneceu um valor-$P = 0{,}029$. No nível 0,01, o que você concluiria e por quê?

36. O artigo "Computer-assisted instruction augmented with planned teacher/student contacts" (*J. of Exp. Educ.*,Winter, 1980-1981: 120-126) comparou cinco métodos diferentes para o ensino de estatística descritiva. Os cinco métodos foram: aula e discussão tradicionais (A/D), instrução programada por meio de livros de referência (L), texto programado com aulas (L/A), instrução por computador (C) e instrução por computador com aula (C/A). Quarenta e cinco alunos foram escolhidos aleatoriamente, 9 para cada método. Após a conclusão do curso, os alunos foram submetidos a um exame de 1 hora de duração. Além disso, um teste de memória de 10 minutos foi administrado seis semanas depois. Dados resumidos estão na tabela a seguir:

	Exame		Teste de memória	
Método	$\bar{x}_{i.}$	s_i	$\bar{x}_{i.}$	s_i
L/D	29,3	4,99	30,20	3,82
R	28,0	5,33	28,80	5,26
R/L	30,2	3,33	26,20	4,66
C	32,4	2,94	31,10	4,91
C/L	34,2	2,74	30,20	3,53

A média geral do exame foi 30,82 e a média geral do teste de memória foi 29,30.

a. Os dados sugerem que há uma diferença entre os cinco métodos de ensino em relação à pontuação média verdadeira do exame? Use $\alpha = 0{,}05$.

b. Usando um nível de significância de 0,05, teste a hipótese nula de que não há nenhuma diferença entre as pontuações médias verdadeiras do teste de memória para os cinco diferentes métodos de ensino.

37. Sejam $c_1, c_2, ..., c_I$ números que satisfaçam $\sum c_i = 0$. Então, $\sum c_i \mu_i = c_1\mu_1 + \cdots + c_I\mu_I$ é denominado um *contraste* nos μ_i. Note que com $c_1 = 1$, $c_2 = -1, c_3 = \cdots = c_I = 0$, $\sum c_i \mu_i = \mu_1 - \mu_2$, que implica que cada diferença de pares entre μ_i é um contraste (então é, por exemplo, $\mu_1 - 0{,}5\mu_2 - 0{,}5\mu_3$). Um método atribuído a Scheffé fornece IC simultâneos com nível de confiança simultâneo $100(1 - \alpha)\%$ para *todos* os contrastes possíveis (um número infinito deles!). O intervalo para $\sum c_i\mu_i$ é $\sum c_i\bar{x}_{i.} \pm (\sum c_i^2/J_i)^{1/2} \cdot [(I - 1) \cdot \text{QME} \cdot F_{\alpha, I-1, n-I}]^{1/2}$.

Utilizando os dados da frequência crítica de oscilação do Exercício 42, calcule os intervalos de Scheffé para os contrastes $\mu_1 - \mu_2, \mu_1 - \mu_3, \mu_2 - \mu_3$ e $0{,}5\mu_1 + 0{,}5\mu_2 - \mu_3$ (este último contraste compara o azul à média de castanho e verde). Que contrastes parecem diferir significativamente de 0 e por quê?

38. Um artigo publicado no periódico científico britânico *Nature* ("Sucrose induction of hepatic hyperplasia in the rat", 25 ago. 1972: 461) relata um experimento no qual cinco grupos compostos por seis ratos cada foram submetidos a uma dieta com diferentes carboidratos. Ao final do experimento, determinou-se o teor de DNA (mg/g do fígado) no fígado de cada rato, gerando os seguintes resultados:

Carboidrato	$\bar{x}_{i.}$
Amido	2,58
Sacarose	2,63
Frutose	2,13
Glicose	2,41
Maltose	2,49

Supondo ainda que $\sum\sum x_{ij}^2 = 183{,}4$, os dados indicam que o teor de DNA médio verdadeiro é influenciado pelo tipo de carboidrato na dieta? Faça uma tabela ANOVA e use um nível de significância de 0,05.

39. Consultando o Exercício 38, crie um IC t para

$$\theta = \mu_1 - (\mu_2 + \mu_3 + \mu_4 + \mu_5)/4$$

que meça a diferença entre o teor médio de DNA da dieta de amido e a média conjunta das outras quatro dietas. O intervalo resultante inclui zero?

40. Consulte o Exercício 38. Qual o β do teste quando o teor médio verdadeiro de DNA é idêntico para três das dietas e fica 1 desvio padrão (σ) abaixo desse valor comum para as outras duas dietas?

41. Quatro laboratórios (1-4) são selecionados aleatoriamente de uma ampla população e cada um é solicitado a determinar três porcentagens de álcool metílico em amostras de um composto extraído de um único lote. Com base nos dados a seguir, as diferenças entre os laboratórios são uma fonte de variação na porcentagem de álcool metílico? Expresse e teste as hipóteses de interesse, usando um nível de significância de 0,05.

1:	85,06	85,25	84,87
2:	84,99	84,28	84,88
3:	84,48	84,72	85,10
4:	84,10	84,55	84,05

42. A frequência crítica de oscilação (fco) é a frequência mais alta (em ciclos/s) na qual uma pessoa pode detectar a oscilação em uma fonte de luz oscilante. Em frequências acima de fco, a fonte de luz parece ser contínua, embora na verdade esteja oscilante. Uma investigação realizada para verificar se a fco média verdadeira depende da cor da íris gerou os seguintes dados (com base no artigo "The effects of iris color on critical flicker frequency", *J. General Psych.*, 1973: 91-95):

	Cor da íris		
	1. Castanha	**2. Verde**	**3. Azul**
	26,8	26,4	25,7
	27,9	24,2	27,2
	23,7	28,0	29,9
	25,0	26,9	28,5
	26,3	29,1	29,4
	24,8		28,3
	25,7		
	24,5		
J_i	8	5	6
$x_{i.}$	204,7	134,6	169,0
$\bar{x}_{i.}$	25,59	26,92	28,17

$n = 19 \quad x_{..} = 508{,}3$

a. Expresse e teste as hipóteses de interesse no nível de significância 0,05 usando a tabela F para obter um limite superior e/ou inferior no valor-P. [*Dica*: $\sum\sum x_{ij}^2 = 13\,659{,}67$ e CF $= 13\,598{,}36$.]

b. Investigue as diferenças entre as cores da íris em relação à fco média.

43. Inúmeros fatores contribuem para o funcionamento silencioso de um motor elétrico ("Increasing market share through improved product and process design: an experimental approach," *Quality Engineering*, 1991: 361-369). É particularmente desejável reduzir ao máximo o ruído e a vibração do motor. Para estudar o efeito que a marca do mancal tem sobre a vibração do motor, foram examinadas cinco marcas diferentes de mancal de motor, instalando-se cada tipo de mancal em diferentes amostras aleatórias de seis motores. A quantidade de vibração do motor (medida em mícrons) foi registrada durante o funcionamento de cada um dos 30 motores. Apresentam-se a seguir os dados para esse estudo. Expresse e teste as hipóteses de interesse no nível de significância de 0,05 e, em seguida, efetue uma análise de comparações múltiplas, se apropriado.

							Média
1:	13,1	15,0	14,0	14,4	14,0	11,6	13,68
2:	16,3	15,7	17,2	14,9	14,4	17,2	15,95
3:	13,7	13,9	12,4	13,8	14,9	13,3	13,67
4:	15,7	13,7	14,4	16,0	13,9	14,7	14,73
5:	13,5	13,4	13,2	12,7	13,4	12,3	13,08

44. Quatro tipos de argamassa – de cimento comum (ACC), impregnada de polímero (AIP), de resina (AR) e composta de cimento polimérico (ACP) – foram submetidas a um teste de compressão para medir a resistência (MPa). Três observações de resistência para cada tipo de argamassa são apresentadas no artigo "Polymer mortar composite matrices for maintenance-free highly durable ferrocement" (*J. of Ferrocement*, 1984: 337-345) e são reproduzidas aqui. Elabore uma tabela ANOVA. Usando um nível de significância de 0,05, determine se os dados sugerem que a resistência média verdadeira não é a mesma para os quatro tipos de argamassa. Se concluir que todas as resistências médias verdadeiras não são iguais, use o método de Tukey para identificar as diferenças significativas.

ACC	32,15	35,53	34,20
AIP	126,32	126,80	134,79
AR	117,91	115,02	114,58
ACP	29,09	30,87	29,80

45. Suponha que os x_{ij} sejam "codificados" por $y_{ij} = cx_{ij} + d$. De que forma o valor da estatística F calculada y_{ij} compara-se ao valor calculado pelos x_{ij}? Justifique a sua afirmação.

46. No Exemplo 10.11, subtraia $\bar{x}_{i.}$ de cada observação na i-ésima amostra ($i = 1, ..., 6$) para obter um conjunto de 18 resíduos. Em seguida, elabore um gráfico normal de probabilidade e comente a plausibilidade da suposição de normalidade.

Bibliografia

Miller, Rupert. *Beyond ANOVA:* The basics of applied statistics. New York, Wiley: 1986. Uma excelente fonte de informações a respeito da verificação de suposições e métodos alternativos de análise.

Montgomery, Douglas. *Design and analysis of experiments* (7. ed.), New York, Wiley: 2009. Uma apresentação bastante atualizada dos modelos e metodologia ANOVA.

Neter, John, William Wasserman e Michael Kutner. *Applied linear statistical models*. 5. ed. Irwin, Homewood, IL, 2004. A segunda metade desse livro contém uma pesquisa muito bem apresentada da ANOVA; o nível é comparável ao deste livro, no entanto, a discussão é mais abrangente, tornando o livro uma excelente referência.

Ott, R. Lyman e Michael Longnecker. *An introduction to statistical methods and data analysis*. 6. ed. Belmont, CA: Duxbury Press, 2010. Inclui vários capítulos sobre a metodologia ANOVA que podem ser proveitosamente lidos por estudantes que desejem uma exposição não matemática; há um bom capítulo a respeito de diversos métodos de comparação múltipla.

11 Análise multifatorial de variância

Introdução

No capítulo anterior, usamos a análise de variância (ANOVA) para testar a igualdade tanto de médias populacionais diferentes como as respostas médias verdadeiras correspondentes aos níveis diferentes de um fator único (alternativamente chamados de *I* tratamentos diferentes). Em várias situações experimentais, existem dois ou mais fatores concomitantemente importantes. Este capítulo dá continuidade aos métodos do Capítulo 10 para investigar essas situações.

Nas duas primeiras seções, concentramo-nos no caso de dois fatores. Usaremos *I* para representar o número de níveis do primeiro fator (*A*) e *J* para representar o número de níveis do segundo fator (*B*). Depois, há *IJ* combinações possíveis compreendendo um nível do fator *A* e um do fator *B*. Tal combinação é chamada tratamento, então, há *IJ* tratamentos diferentes. A quantidade de observações feitas no tratamento (*i*, *j*) será representada por K_{ij}. Na Seção 11.1, consideramos $K_{ij} = 1$. Um caso de particular importante desse tipo é o delineamento em blocos aleatorizados, no qual o fator único *A* é o mais importante, mas outro fator, "blocos", é criado para controlar variabilidades externas em unidades experimentais ou indivíduos. Na Seção 11.2, concentramo-nos no caso $K_{ij} = K > 1$ e apresentamos brevemente as dificuldades associadas a K_{ij} desiguais.

A Seção 11.3 considera os experimentos envolvendo mais de dois fatores. Quando o número de fatores é grande, um experimento constituído de pelo menos uma observação para cada tratamento é caro e trabalhoso. Um caso especial importante que discutimos na Seção 11.4 é aquele em que existem *p* fatores com dois níveis cada. Logo, existem 2^p tratamentos diferentes. Avaliamos tanto o caso em que se fazem observações sobre todos esses tratamentos (delineamento completo) como o caso em que se fazem observações apenas para um subconjunto selecionado de tratamentos (delineamento incompleto).

11.1 ANOVA de dois fatores com $K_{ij} = 1$

Quando o fator *A* constitui-se de *I* níveis e o fator *B* de *J* níveis, existem *IJ* diferentes combinações (pares) de níveis de dois fatores, cada uma denominada tratamento. Sendo K_{ij} = o número de observações do tratamento constituído pelo fator *A* no nível *i* e pelo fator *B* no nível *j*, nesta seção concentramo-nos no caso de $K_{ij} = 1$, de modo que os dados consistem em *IJ* observações. Primeiro, discutiremos o modelo de efeitos fixos, no qual os únicos níveis de interesse para os dois fatores são aqueles efetivamente representados no experimento. Situações em que um ou ambos os fatores são aleatórios serão discutidas brevemente no fim da seção.

Exemplo 11.1

Será que é tão fácil remover manchas de caneta apagável de tecidos quanto a palavra *apagável* pretende significar? Considere os dados a seguir de um experimento para comparar três diferentes marcas de caneta e quatro diferentes tratamentos de lavagem em relação à capacidade de remover manchas em um determinado tipo de tecido (baseado em "An assessment of the effects of treatment, time, and heat on the removal of erasable pen marks from cotton and cotton/polyester blend fabrics", *J. of Testing and Evaluation*, 1991: 394-397). A variável resposta é um indicador quantitativo da mudança global da cor da amostra; quanto menor o valor, mais manchas foram removidas.

		Tratamento de lavagem					
		1	**2**	**3**	**4**	**Total**	**Média**
Marca da caneta	**1**	0,97	0,48	0,48	0,46	2,39	0,598
	2	0,77	0,14	0,22	0,25	1,38	0,345
	3	0,67	0,39	0,57	0,19	1,82	0,455
	Total	2,41	1,01	1,27	0,90	5,59	
	Média	0,803	0,337	0,423	0,300		0,466

Há alguma diferença na quantidade média verdadeira de mudança de cor devido às diferentes marcas de caneta ou aos diferentes tratamentos de lavagem? ■

Como na ANOVA de fator único, os subscritos duplos são usados para identificar variáveis aleatórias e valores observados. Sejam

X_{ij} = a variável aleatória (v.a.) representando a medição quando o fator A é mantido no nível i e o fator B, mantido no nível j

x_{ij} = valor observado de X_{ij}

Os x_{ij} geralmente são apresentados em uma tabela retangular na qual várias linhas são identificadas com níveis de fator A e as várias colunas, com níveis de fator B. No Exemplo 11.1, da caneta apagável, a quantidade de níveis de fator A é $I = 3$, a quantidade de níveis de fator B é $J = 4$, $x_{13} = 0{,}48$, $x_{22} = 0{,}14$ e assim por diante.

Embora na ANOVA de fator único estivéssemos interessados apenas nas médias da linha e na média geral, aqui também estamos interessados nas médias da coluna. Sejam

$\overline{X}_{i\cdot}$ = a média das medições obtidas quando o fator A for mantido no nível I $= \dfrac{\sum_{j=1}^{J} X_{ij}}{J}$

$\overline{X}_{\cdot j}$ = a média das medições obtidas quando o fator B é mantido no nível j $= \dfrac{\sum_{i=1}^{I} X_{ij}}{I}$

$\overline{X}_{\cdot\cdot}$ = média global $= \dfrac{\sum_{i=1}^{I}\sum_{j=1}^{J} X_{ij}}{IJ}$

com valores observados $\overline{x}_{i\cdot}$, $\overline{x}_{\cdot j}$ e $\overline{x}_{\cdot\cdot}$. Os totais, e não as médias, são representados por meio da omissão da barra horizontal (portanto, $x_{\cdot j} = \Sigma_i x_{ij}$ etc.). Para examinarmos, intuitivamente, se há algum efeito decorrente dos níveis do fator A, devemos comparar os $\overline{x}_{i\cdot}$ observados entre si. As informações sobre os diferentes níveis do fator B devem ser produzidas pelos $\overline{x}_{\cdot j}$.

O modelo de efeitos fixos

Procedendo analogamente à ANOVA de fator único, nossa primeira inclinação ao especificar um modelo é considerar μ_{ij} = resposta média verdadeira quando o fator A está no nível i e o fator B, no nível j. Isso resulta em IJ parâmetros médios. Então, considere

$$X_{ij} = \mu_{ij} + \epsilon_{ij}$$

em que ϵ_{ij} é a quantidade aleatória pela qual os valores observados diferem das expectativas. Os ϵ_{ij} são considerados normais e independentes com variância comum σ^2. Infelizmente, não há procedimento de teste válido para esta escolha de parâmetros. Isso porque há $IJ + 1$ parâmetros (μ_{ij} e σ^2), mas apenas IJ observações, então, após usar todos os x_{ij} como estimativa de μ_{ij}, não há meios de estimar σ^2.

O modelo alternativo a seguir é realista e, ainda assim, envolve poucos parâmetros.

Presuma a existência de I parâmetros $\alpha_1, \alpha_2, ..., \alpha_I$ e J parâmetros $\beta_1, \beta_2, ..., \beta_J$, de modo que

$$X_{ij} = \alpha_i + \beta_j + \epsilon_{ij} \quad (i = 1, ..., I, \; j = 1, ..., J) \tag{11.1}$$

então

$$\mu_{ij} = \alpha_i + \beta_j \tag{11.2}$$

Incluindo σ^2, existem agora $I + J + 1$ parâmetros no modelo, de modo que, se $I \geq 3$ e $J \geq 3$, haverá menos parâmetros que observações (de fato, em breve, modificaremos (11.2) para que mesmo $I = 2$ e/ou $J = 2$ se adaptem).

O modelo especificado em (11.1) e (11.2) denomina-se **modelo aditivo**, porque toda resposta média μ_{ij} é a soma de um efeito decorrente do fator A no nível i (α_i) e de um efeito devido ao fator B no nível j (β_j). A diferença entre as respostas médias para o fator A nos níveis i e i' e quando B é mantido no nível j é $\mu_{ij} - \mu_{i'j}$. Quando o modelo é aditivo,

$$\mu_{ij} - \mu_{i'j} = (\alpha_i + \beta_j) - (\alpha_{i'} + \beta_j) = \alpha_i - \alpha_{i'}$$

que é independente do nível j do segundo fator. Um resultado semelhante mantém-se para $\mu_{ij} - \mu_{ij'}$. Logo, aditividade significa que a diferença nas respostas médias nos dois níveis de um dos fatores é a mesma para todos os níveis do outro fator. A Figura 11.1(a) mostra um conjunto de respostas médias que satisfazem a condição de aditividade. Há uma configuração não aditiva ilustrada na Figura 11.1(b).

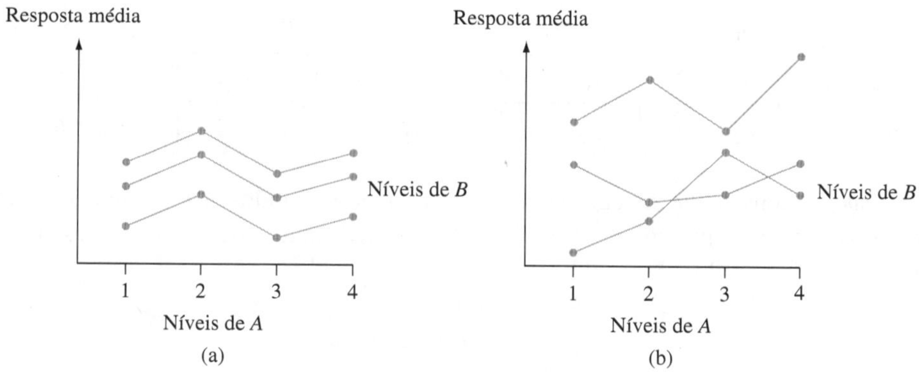

Figura 11.1 Respostas médias dos dois tipos de modelo: (a) aditivo; (b) não aditivo.

Exemplo 11.2 (continuação do Exemplo 11.1)

Ilustrar os x_{ij} observados de forma análoga à Figura 11.1 resulta na Figura 11.2. Embora haja alguns "cruzamentos" nos x_{ij} observados, a configuração é razoavelmente representativa do que se espera da aditividade com apenas uma observação por tratamento.

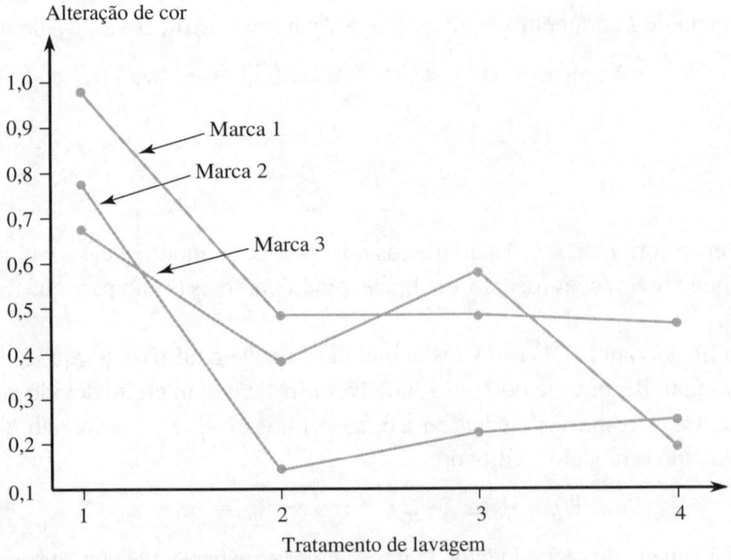

Figura 11.2 Ilustração dos dados do Exemplo 11.1.

A Expressão (11.2) não é bem a descrição final do modelo porque os α_i e β_j não são determinados de forma única. Aqui estão duas configurações diferentes dos α_i e β_j que produzem os mesmos μ_{ij} aditivos:

	$\beta_1 = 1$	$\beta_2 = 4$
$\alpha_1 = 1$	$\mu_{11} = 2$	$\mu_{12} = 5$
$\alpha_2 = 2$	$\mu_{21} = 3$	$\mu_{22} = 6$

	$\beta_1 = 2$	$\beta_2 = 5$
$\alpha_1 = 0$	$\mu_{11} = 2$	$\mu_{12} = 5$
$\alpha_2 = 1$	$\mu_{21} = 3$	$\mu_{22} = 6$

Ao subtrair qualquer constante c de todos os α_i e acrescentando c a todos os β_j, obtêm-se outras configurações correspondentes ao mesmo modelo aditivo. Essa falta de unicidade é eliminada usando-se o modelo a seguir.

$$X_{ij} = \mu + \alpha_i + \beta_j + \epsilon_{ij} \tag{11.3}$$

em que $\sum_{i=1}^{I} \alpha_i = 0$, $\sum_{j=1}^{J} \beta_j = 0$ e os ϵ_{ij} são considerados independentes, normalmente distribuídos com média 0 e variância comum σ^2.

Isto é análogo à escolha alternativa dos parâmetros de uma ANOVA de fator único discutido na Seção 10.3. Não é difícil observar que (11.3) é um modelo aditivo no qual os parâmetros são determinados de forma única (por exemplo, quanto aos μ_{ij} mencionados anteriormente: $\mu = 4$, $\alpha_1 = -0{,}5$, $\alpha_2 = 0{,}5$, $\beta_1 = -1{,}5$ e $\beta_2 = 1{,}5$). Observe que há apenas $I - 1$, α_i determinados de forma independente, e $J - 1$ β_j determinados independentemente. Incluindo μ, (11.3) especifica $I + J - 1$ parâmetros médios.

A interpretação dos parâmetros em (11.3) é direta: μ é a média geral verdadeira (resposta média calculada sobre todos os níveis de ambos os fatores), α_i é o efeito do fator A no nível i (medido como desvio de μ) e β_j é o efeito do fator B no nível j. Os estimadores não viciados (e de máxima verossimilhança) desses parâmetros são

$$\hat{\mu} = \overline{X}_{..} \quad \hat{\alpha}_i = \overline{X}_{i.} - \overline{X}_{..} \quad \hat{\beta}_j = \overline{X}_{.j} - \overline{X}_{..}$$

Há duas hipóteses nulas diferentes de interesse em um experimento bifatorial com $K_{ij} = 1$. A primeira, representada por H_{0A}, expressa que os diferentes níveis do fator A não exercem nenhum efeito sobre a resposta média verdadeira. A segunda, representada por H_{0B}, expressa que não há nenhum efeito do fator B.

$$\begin{aligned} &H_{0A}: \alpha_1 = \alpha_2 = \cdots = \alpha_I = 0 \\ &\qquad \textit{versus } H_{aA}: \text{pelo menos um } \alpha_i \neq 0 \\ &H_{0B}: \beta_1 = \beta_2 = \cdots = \beta_J = 0 \\ &\qquad \textit{versus } H_{aB}: \text{pelo menos um } \beta_j \neq 0 \end{aligned} \tag{11.4}$$

(Nenhum efeito do fator A implica que todos os α_i são iguais, então, todos eles devem ser 0, visto que a soma dá 0 e o mesmo racíocinio é usado de forma semelhante para os β_j.)

Procedimentos do teste

A descrição e a análise, a partir de agora, seguem estreitamente a da ANOVA de fator único. Agora, existem quatro somas de quadrados, cada uma delas com um número correspondente de gl:

Definição

$$\text{SQT} = \sum_{i=1}^{I}\sum_{j=1}^{J}(X_{ij} - \overline{X}_{..})^2 \qquad \text{gl} = IJ - 1$$

$$\text{SQA} = \sum_{i=1}^{I}\sum_{j=1}^{J}(\overline{X}_{i.} - \overline{X}_{..})^2 = J\sum_{i=1}^{I}(\overline{X}_{i.} - \overline{X}_{..})^2 \qquad \text{gl} = I - 1$$

$$\text{SQB} = \sum_{i=1}^{I}\sum_{j=1}^{J}(\overline{X}_{.j} - \overline{X}_{..})^2 = I\sum_{j=1}^{J}(\overline{X}_{.j} - \overline{X}_{..})^2 \qquad \text{gl} = J - 1 \tag{11.5}$$

$$\text{SQE} = \sum_{i=1}^{I}\sum_{j=1}^{J}(X_{ij} - \overline{X}_{i.} - \overline{X}_{.j} + \overline{X}_{..})^2 \qquad \text{gl} = (I - 1)(J - 1)$$

A identidade fundamental é

$$\text{SQT} = \text{SQA} + \text{SQB} + \text{SQE} \tag{11.6}$$

Há fórmulas para SQT, SQA e SQB análogas às dadas no Capítulo 10 do teste ANOVA de fator único. Mas a ampla disponibilidade de softwares estatísticos tornou tais fórmulas quase obsoletas.

A expressão da SQE é decorrente da substituição de μ, α_i e β_j pelos seus estimadores em $\sum[X_{ij} - (\mu + \alpha_i + \beta_j)]^2$. O gl do erro é IJ – número de parâmetros médios estimados $= IJ - [1 + (I - 1) + (J - 1)] = (I - 1)(J - 1)$. A variação total é dividida em uma parte (SQE) que não é explicada, sendo H_{0A} ou H_{0B} verdadeiras ou falsas e em duas partes que podem ser explicadas por uma possível falsidade das duas hipóteses nulas.

A teoria estatística estabelece que, se formarmos F razões (ou quocientes) como na ANOVA de fator único, quando H_{0A} (H_{0B}) é verdadeira, a razão F correspondente terá uma distribuição F com gl $= I - 1$ $(J - 1)$ no numerador e gl $= (I - 1)(J - 1)$ no denominador.

Hipóteses	Valor da estatística do teste	Região de rejeição
H_{0A} *versus* H_{aA}	$f_A = \dfrac{\text{QMA}}{\text{QME}}$	$f_A \geq F_{\alpha,I-1,(I-1)(J-1)}$
H_{0B} *versus* H_{aB}	$f_B = \dfrac{\text{QMSB}}{\text{QME}}$	$f_B \geq F_{\alpha,J-1,(I-1)(J-1)}$

Exemplo 11.3 (continuação do Exemplo 11.2)

Os $\overline{x}_{i.}$ e $\overline{x}_{.j}$ dos dados de mudança de cor são exibidos nas margens da tabela de dados apresentada previamente. A Tabela 11.1 resume os cálculos.

Tabela 11.1 Tabela ANOVA para o Exemplo 11.3

Fonte da variação	gl	Soma de quadrados	Quadrado médio	f
Fator A (marca)	$I - 1 = 2$	SQA = 0,1282	QMA = 0,0641	$f_A = 4{,}43$
Fator B (tratamento da lavagem)	$J - 1 = 3$	SQB = 0,4797	QMB = 0,1599	$f_B = 11{,}05$
Erro	$(I - 1)(J - 1) = 6$	SQE = 0,0868	QME = 0,01447	
Total	$IJ - 1 = 11$	SQT = 0,6947		

O valor crítico para testar H_{0A} no nível de significância 0,05 é $F_{0,05,2,6} = 5{,}14$. Visto que $4{,}43 < 5{,}14$, H_{0A} não pode ser rejeitada no nível de significância 0,05. A média real da alteração de cor não parece ser dependente da marca da caneta. Pelo fato de $F_{0,05,3,6} = 4{,}76$ e $11{,}05 \geq 4{,}76$, H_{0B} é rejeitada ao nível de significância 0,05 em favor da afirmação de que a mudança de cor varia de acordo com o tratamento de lavagem. Um software estatístico fornece os valores-P 0,066 e 0,007 para esses dois testes. ■

A plausibilidade das suposições de normalidade e de variância constante pode ser investigada graficamente. Defina *os valores preditos* (também chamados de *valores ajustados*) $\hat{x}_{ij} = \hat{\mu} + \hat{\alpha}_i + \hat{\beta}_j = \bar{x}_{..} + (\bar{x}_{i.} - \bar{x}_{..}) + (\bar{x}_{.j} - \bar{x}_{..}) = \bar{x}_{i.} + \bar{x}_{.j} - \bar{x}_{..}$, e os resíduos (diferenças entre as observações e valores preditos) $x_{ij} - \hat{x}_{ij} = x_{ij} - \bar{x}_{i.} - \bar{x}_{.j} + \bar{x}_{..}$. Podemos verificar a suposição de normalidade usando o gráfico normal de probabilidade dos resíduos, bem como a suposição da variância constante com gráfico dos resíduos *versus* valores ajustados. A Figura 11.3 mostra esses gráficos para os dados do Exemplo 11.3.

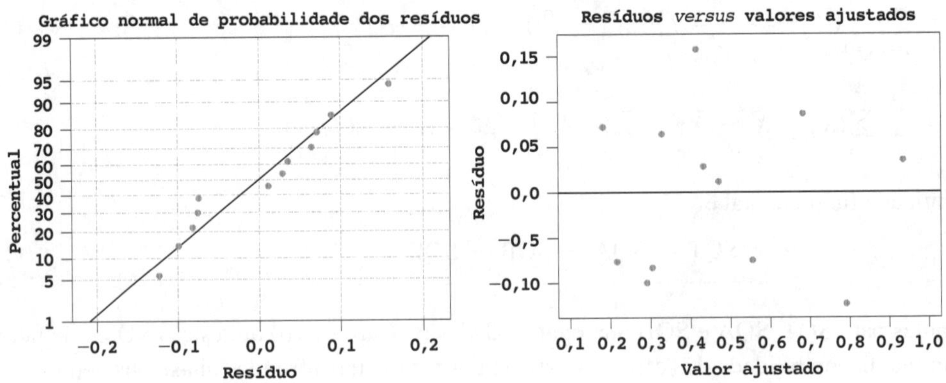

(a) (b)

Figura 11.3 Gráficos de diagnóstico do Minitab para o Exemplo 11.3.

O gráfico normal de probabilidade é razoavelmente linear, então não há razões para questionar a normalidade deste conjunto de dados. Na plotagem dos resíduos contra os valores ajustados, procure variações substanciais no espalhamento vertical ao se movimentar da esquerda para a direita. Por exemplo, uma pequena variedade de valores baixos ajustados e ampla variedade de valores altos ajustados sugerem que a variância é maior para as respostas grandes (isso acontece com frequência e, às vezes, pode ser resolvido ao substituir as observações pelo respectivo logaritmo). A Figura 11.3(b) não apresenta evidências contrárias à suposição de variância constante.

Quadrados médios esperados

A plausibilidade do uso dos testes F que acabamos de descrever é demonstrada calculando-se os quadrados médios esperados. Para o modelo aditivo,

$$E(\text{QME}) = \sigma^2$$

$$E(\text{QMA}) = \sigma^2 + \frac{J}{I-1}\sum_{i=1}^{I}\alpha_i^2$$

$$E(\text{QMB}) = \sigma^2 + \frac{I}{J-1}\sum_{j=1}^{J}\beta_j^2$$

Se H_{0A} é verdadeira, QMA é um estimador não viciado de σ^2, então, F é a razão entre dois estimadores não viciados de σ^2. Quando H_{0A} é falsa, QMA tende a superestimar σ^2. Assim, H_{0A} deve ser rejeitada quando a razão F_A for muito grande. Raciocínio semelhante se aplica a QMB e H_{0B}.

Comparações múltiplas

Quando H_{0A} ou H_{0B} forem rejeitadas, pode-se usar o procedimento de Tukey para identificar diferenças significativas entre os níveis do fator em estudo.

1. Para comparar os níveis do fator A, obtenha $Q_{\alpha,I,(I-1)(J-1)}$.
Para comparar os níveis do fator B, obtenha $Q_{\alpha,J,(I-1)(J-1)}$.

2. Calcule

$$w = Q \cdot (\text{desvio padrão estimado das médias amostrais sendo comparadas})$$

$$= \begin{cases} Q_{\alpha,I,(I-1)(J-1)} \cdot \sqrt{\text{QME}/J} & \text{para as comparações do fator } A \\ Q_{\alpha,J,(I-1)(J-1)} \cdot \sqrt{\text{QME}/I} & \text{para as comparações do fator } B \end{cases}$$

(porque o desvio padrão de $\overline{X}_{i\cdot}$ é $\sigma/\sqrt{J}$).

3. Organize as médias amostrais em ordem crescente, sublinhe os pares cuja diferença é menor que w e identifique pares não sublinhados pela mesma linha, como se correspondessem a níveis significativamente diferentes do fator especificado.

Exemplo 11.4 (Continuação do Exemplo 11.3)

A identificação das diferenças significantes entre os quatro tratamentos de lavagem necessita de $Q_{0,05,4,6} = 4{,}90$ e $w = 4{,}90\sqrt{(0{,}01447)/3} = 0{,}340$. As médias amostrais dos quatro fatores B (média das colunas) estão listadas em ordem crescente e qualquer par que seja diferente por menos de 0,340 é submarcado por uma linha:

$\bar{x}_{4\cdot}$	$\bar{x}_{2\cdot}$	$\bar{x}_{3\cdot}$	$\bar{x}_{1\cdot}$
0,300	0,337	0,423	0,803

(linha sob 0,300, 0,337 e 0,423)

O tratamento de lavagem l parece diferir significativamente dos outros três tratamentos, mas não se identifica nenhuma outra diferença significativa. Em particular, não está claro entre os tratamentos 2, 3 e 4 qual é melhor para remover manchas. ■

Experimentos em blocos aleatorizados

Ao usar a ANOVA de fator único para testar a existência de efeitos decorrentes de I tratamentos diferentes em estudo, uma vez que IJ indivíduos ou unidades experimentais sejam escolhidos, os tratamentos devem ser alocados de maneira completamente aleatória. Isto é, J indivíduos devem ser escolhidos aleatoriamente para o primeiro tratamento; em seguida, para o segundo tratamento, outra amostra de J deve ser escolhida de maneira aleatória entre os $IJ - J$ indivíduos restantes e assim por diante.

Contudo, não é raro os indivíduos ou as unidades experimentais exibirem heterogeneidade em relação a outras características que podem influenciar as respostas observadas. Quando isso ocorrer, a presença ou a ausência de um valor F significativo pode ocorrer devido a essa variação externa e não à presença ou ausência de efeitos do fator. Esse foi o motivo que nos levou a introduzir um experimento pareado no Capítulo 9. A analogia com um experimento pareado, quando $I > 2$, denomina-se experimento em **blocos aleatorizados**. Um fator externo, "blocos", é construído dividindo-se as unidades IJ em J grupos com I unidades em cada grupo. Esse agrupamento ou formação de blocos se dá de tal maneira que, dentro de cada bloco, as I unidades sejam homogêneas em relação a outros fatores considerados influentes nas respostas. Portanto, dentro de cada bloco homogêneo, os I tratamentos são atribuídos aleatoriamente aos I indivíduos ou unidades.

Exemplo 11.5

Uma organização de teste de produtos de consumo queria comparar o consumo de energia anual de cinco marcas diferentes de umidificador. Pelo fato de o consumo de energia depender do nível de umidade prevalecente, decidiu-se monitorar cada marca em quatro níveis diferentes de umidade, do moderado ao alto (portanto, dispondo em blocos o nível de umidade). Dentro de cada nível, as marcas foram atribuídas aleatoriamente aos cinco locais selecionados. As observações resultantes (kWh anuais) aparecem na Tabela 11.2 e os cálculos da ANOVA foram resumidos na Tabela 11.3.

Tabela 11.2 Dados do consumo de força do Exemplo 11.5

Tratamentos (marcas)	Blocos (nível de umidade) 1	2	3	4	$x_{i\cdot}$	$\bar{x}_{i\cdot}$
1	685	792	838	875	3 190	797,50
2	722	806	893	953	3 374	843,50
3	733	802	880	941	3 356	839,00
4	811	888	952	1 005	3 656	914,00
5	828	920	978	1 023	3 749	937,25
$x_{\cdot j}$	3 779	4 208	4 541	4 797	17 325	
$\bar{x}_{\cdot j}$	755,80	841,60	908,20	959,40		866,25

Tabela 11.3 Tabela ANOVA do Exemplo 11.5

Fonte de variação	gl	Soma de quadrados	Quadrados médios	f
Tratamentos (marcas)	4	53.231,00	13.307,75	$f_A = 95,57$
Blocos	3	116.217,75	38.739,25	$f_B = 278,20$
Erro	12	1.671,00	139,25	
Total	19	171.119,75		

Visto que $F_{0,05,4,12} = 3,26$ e $f_A = 95,57 \geq 3,26$, H_0 é rejeitada em favor de H_a. O consumo de energia parece depender da marca do umidificador. Para identificar marcas significativamente diferentes, usamos o procedimento de Tukey. $Q_{0,05,5,12} = 4,51$ e $w = 4,51\sqrt{139,25/4} = 26,6$.

$\bar{x}_{1\cdot}$	$\bar{x}_{3\cdot}$	$\bar{x}_{2\cdot}$	$\bar{x}_{4\cdot}$	$\bar{x}_{5\cdot}$
797,50	<u>839,00</u>	<u>843,50</u>	<u>914,00</u>	<u>937,25</u>

Os sublinhados indicam que as marcas podem ser divididas em três grupos em relação ao consumo de energia.

Pelo fato de o fator do bloco ter importância secundária, $F_{0,05,3,12}$ não é necessário, embora o valor calculado de F_B seja, sem dúvida, altamente significativo. A Figura 11.4 mostra a saída do SAS para esses dados. Observe que, na primeira parte da tabela ANOVA, a soma de quadrados (SQ) dos tratamentos (marcas) e blocos (níveis de umidade) estão agrupadas em uma única SQ do "modelo".

```
                          Procedimento de análise de variância
Variável dependente: CONSUMO DE ENERGIA
                                    Soma de              Quadrados
Fonte                   GL         quadrados               médios            Valor F           Pr > F
Modelo                   7       169 448,750            24 206,964            173,84           0,0001
Erro                    12         1 671,000               139,250
Total corrigido         19       171 119,750

           R Quadrado              CV                   Raiz QME          Média CONSUMO
            0,990235             1,362242                11,8004             866,25000

Fonte                GL            SQ ANOVA         Quadrados médios         Valor F            PR > F
MARCA                 4            53 231,000            13 307,750             95,57            0,0001
UMIDADE               3           116 217,750            38 739,250            278,20            0,0001

                   α = 0,05  gl = 12  QME = 139,25
      Valor crítico da variação estudentizada = 4,508
          Diferença mínima significativa = 26,597

Médias com a mesma letra não são significativamente diferentes.
  Agrupamento Tukey              Médias              N          MARCA
                A                937,250             4              5
                A
                A                914,000             4              4
                B                843,500             4              2
                B
                B                839,000             4              3
                C                797,500             4              1
```

Figura 11.4 Saída do SAS dos dados de consumo de energia. ■

Em muitas situações experimentais em que se aplicam tratamentos a indivíduos, um único indivíduo pode receber todos os I tratamentos. Portanto, a disposição em blocos é geralmente aplicada nos próprios indivíduos para controlar a variabilidade entre eles; logo, diz-se que cada indivíduo age de acordo com o próprio controle. Os cientistas sociais às vezes chamam esses experimentos de modelos de medidas repetidas. As "unidades" dentro de um bloco são, portanto, as diferentes "instâncias" de aplicação do tratamento. De forma similar, os blocos em geral são considerados períodos de tempo, locais ou observadores diferentes.

Exemplo 11.6

Como a tensão das cordas das raquetes de tênis afeta a velocidade da bola rebatida? O artigo "Elite tennis player sensitivity to changes in string tension and the effect on resulting ball dynamics" (*Sports Engr.*, 2008: 31-36) descreveu um experimento no qual quatro tensões diferentes das cordas (N) foram utilizadas e as bolas foram projetadas de uma máquina e rebatidas por 18 jogadores. A velocidade da bola (km/h) foi, então, determinada pela combinação tensão-jogador. Considere os seguintes dados da Tabela 11.4 de um experimento semelhante envolvendo apenas seis jogadores (a ANOVA resultante está de acordo com o que foi relatado no artigo).

Tabela 11.4 Dados da velocidade da bola do Exemplo 11.6

	Jogador						
Tensão	**1**	**2**	**3**	**4**	**5**	**6**	$\bar{x}_{i.}$
210	105,7	116,6	106,6	113,9	119,4	123,5	114,28
235	113,3	119,9	120,5	119,3	122,5	124,0	119,92
260	117,2	124,4	122,3	120,0	115,1	127,9	121,15
285	110,0	106,8	110,0	115,3	122,6	128,3	115,50
$\bar{x}_{.j}$	111,55	116,93	114,85	117,13	119,90	125,93	

Tabela 11.5 Tabela ANOVA do Exemplo 11.6

Fonte	gl	SQ	QM	f	P
Tensão	3	199,975	66,6582	3,32	0,049
Jogador	5	477,464	95,4928	4,76	0,008
Erro	15	301,188	20,0792		
Total	23	978,626			

Os cálculos da ANOVA foram resumidos na Tabela 11.5. O valor-P para o teste para ver se a velocidade média da bola depende da tensão das cordas é de 0,049. Assim, H_0: $\alpha_1 = \alpha_2 = \alpha_3 = \alpha_4 = 0$ raramente é rejeitado ao nível de significância 0,05 em favor da conclusão de que a velocidade média verdadeira varia com a tensão ($F_{0,05,3,15} = 3{,}29$). Aplicação do procedimento de Tukey para identificar diferenças significantes entre as tensões necessita de $Q_{0,05,4,15} = 4{,}08$. Então, $w = 7{,}464$. A diferença entre a maior e menor média amostral das tensões é de 6,87. Então, embora o teste F seja significante, o método de Tukey não identifica quaisquer diferenças significantes. Isso acontece ocasionalmente quando a hipótese nula é rejeitada. A configuração das médias amostrais do artigo mencionado é semelhante à nossa. Os autores comentaram que os resultados foram contrários aos testes baseados em laboratório, nos quais as velocidades mais altas estiveram tipicamente associadas à baixa tensão das cordas. ■

Na maioria dos experimentos em blocos aleatorizados em que os indivíduos servem como blocos, os indivíduos que de fato participam do experimento são selecionados de uma grande população. Desse modo, os indivíduos contribuem para efeitos aleatórios e não para efeitos fixos. Isso não afeta o procedimento de comparação de tratamentos quando $K_{ij} = 1$ (uma observação por "célula", como nesta seção), mas o procedimento será alterado se $K_{ij} = K > 1$. Avaliaremos em breve modelos de dois fatores nos quais os efeitos são aleatórios.

Mais sobre experimentos em bloco Quando $I = 2$, tanto o teste F como o teste t de diferenças pareadas podem ser usados para analisar os dados. A conclusão resultante não dependerá do procedimento empregado, visto que $T^2 = F$ e $t^2_{\alpha/2,\nu} = F_{\alpha,1,\nu}$.

Assim como o pareamento, o experimento em blocos causa um ganho potencial e uma perda potencial de precisão. Se a heterogeneidade for muito grande nas unidades experimentais, o valor do parâmetro de variância σ^2 no modelo de fator único será grande. O efeito da disposição em bloco é filtrar a variação representada por σ^2 no modelo de dois fatores apropriado para um experimento em bloco aleatorizado. Se todo o resto permanecer igual, um valor menor de σ^2 resulta em um teste mais propenso a detectar desvios de H_0 (isto é, em um teste com um poder maior).

Contudo, outras questões não permanecem iguais neste ponto, visto que o teste F de fator único baseia-se em $I(J - 1)$ graus de liberdade (gl) do erro, enquanto o teste F de dois fatores baseia-se em $(I - 1)(J - 1)$ gl do erro. Uma quantidade menor de graus de liberdade para erros diminui o poder do teste, fundamentalmente porque o estimador do denominador de σ^2 não é tão preciso. Essa perda em graus de liberdade pode ser particularmente séria se o investigador só tiver acesso a um número pequeno de observações. No entanto, se parecer que formar blocos vai reduzir, de forma significante, a variabilidade, o sacrifício de gl do erro é sensato.

Modelos com efeitos mistos e aleatórios

Em vários experimentos, os níveis reais de um fator usado no experimento, em vez de serem apenas aqueles que interessam ao investigador, foram selecionados de uma população bem maior de possíveis níveis do fator. Em um experimento de dois fatores, quando isso ocorre para ambos os fatores, é apropriado empregar um **modelo de efeitos aleatórios**. Na situação em que os níveis de um fator são apenas aqueles que interessam e os níveis do outro fator são selecionados de uma população de níveis, tem-se um **modelo de efeitos mistos**. O modelo de efeitos aleatórios de dois fatores, quando $K_{ij} = 1$, é

$$X_{ij} = \mu + A_i + B_j + \epsilon_{ij} \quad (i = 1, ..., I,\ j = 1, ..., J)$$

Os A_i, B_j e ϵ_{ij} são todas v.a. independentes e normalmente distribuídas com média 0 e variâncias σ_A^2, σ_B^2 e σ^2, respectivamente. As hipóteses de interesse, então, são H_{0A}: $\sigma_A^2 = 0$ (nível do fator A não contribui com a variabilidade da resposta) *versus* H_{aA}: $\sigma_A^2 > 0$ e H_{0B}: $\sigma_B^2 = 0$ *versus* H_{aB}: $\sigma_B^2 > 0$. Considerando que $E(\text{QME}) = \sigma^2$ como antes, os quadrados médios esperados dos fatores A e B agora são

$$E(\text{QMA}) = \sigma^2 + J\sigma_A^2 \qquad E(\text{QMB}) = \sigma^2 + I\sigma_B^2$$

Portanto, quando H_{0A} (H_{0B}) é verdadeira, F_A (F_B) ainda é uma razão de dois estimadores não viciados de σ^2. Pode-se mostrar que um teste de nível α para H_{0A} *versus* H_{aA} ainda rejeita H_{0A} se $f_A \geq F_{\alpha,I-1,(I-1)(J-1)}$ e, similarmente, o mesmo procedimento de antes é usado para decidir entre H_{0B} e H_{aB}.

Se o fator A for fixo e o fator B for aleatório, o modelo misto é

$$X_{ij} = \mu + \alpha_i + B_j + \epsilon_{ij} \quad (i = 1, ..., I,\ j = 1, ..., J)$$

em que $\sum \alpha_i = 0$ e os B_j e ϵ_{ij} são normalmente distribuídos com média 0 e variâncias σ_B^2 e σ^2, respectivamente. Agora, as duas hipóteses nulas são

$$H_{0A}: \alpha_1 = \cdots = \alpha_I = 0 \text{ e } H_{0B}: \sigma_B^2 = 0$$

com os quadrados médios esperados

$$E(\text{QME}) = \sigma^2 \qquad E(\text{QMA}) = \sigma^2 + \frac{J}{I-1}\sum \alpha_i^2 \qquad E(\text{QMB}) = \sigma^2 + I\sigma_B^2$$

Os procedimentos de teste para H_{0A} *versus* H_{aA} e H_{0B} *versus* H_{aB} são exatamente iguais aos anteriores. Por exemplo: na análise dos dados sobre mudança de cor do Exemplo 11.1, se os quatro tratamentos de lavagem fossem selecionados aleatoriamente, então, pelo fato de $f_B = 11{,}05$ e $F_{0{,}05,3,6} = 4{,}76$, H_{0B}: $\sigma_B^2 = 0$ seriam rejeitados em favor de H_{aB}: $\sigma_B^2 > 0$. Uma estimativa do "componente da variância" σ_B^2 é, portanto, especificada por $(\text{QMB} - \text{QME})/I = 0{,}0485$.

Em resumo, quando $K_{ij} = 1$, embora as hipóteses e os quadrados médios esperados sejam diferentes do caso em que ambos os efeitos são fixos, os procedimentos de teste são idênticos.

EXERCÍCIOS Seção 11.1 (1–15)

1. **a.** Mostre que uma constante d pode ser adicionada a (ou subtraída de) cada x_{ij} sem influenciar nenhuma das somas de quadrados da ANOVA.

b. Suponha que cada x_{ij} seja multiplicada por uma constante c, que não seja zero. Como isso afeta as somas de quadrados da ANOVA? Como isso influencia os valores das estatísticas F, F_A e F_B? Que efeito tem "codificar" os dados por $y_{ij} = cx_{ij} + d$ sobre as conclusões resultantes dos procedimentos da ANOVA?

2. Quatro diferentes revestimentos estão sendo avaliados para proteger tubulações de metal contra corrosão. As tubulações serão enterradas em três diferentes tipos de solo. Para investigar se a quantidade de corrosão depende do revestimento ou do tipo de solo, foram selecionadas 12 peças de tubulação. Cada uma é revestida com um dos quatro revestimentos e enterrada em um dos três tipos de solo durante um período de tempo fixo, após o qual se determina a quantidade de corrosão (profundidade das covas maiores, em 0,0001 pol). Os dados aparecem na tabela.

		Tipo de solo (*B*)		
		1	**2**	**3**
Revestimento (*A*)	**1**	64	49	50
	2	53	51	48
	3	47	45	50
	4	51	43	52

a. Assumindo a validade do modelo aditivo, efetue a análise da ANOVA por meio de uma tabela ANOVA para verificar se a quantidade de corrosão depende do tipo de revestimento usado ou do tipo de solo. Use $\alpha = 0{,}05$.

b. Calcule $\hat{\mu}$, $\hat{\alpha}_1$, $\hat{\alpha}_2$, $\hat{\alpha}_3$, $\hat{\alpha}_4$, $\hat{\beta}_1$, $\hat{\beta}_2$ e $\hat{\beta}_3$.

3. O artigo "Adiabatic humidification of air with water in a packed tower" (*Chem. Eng. Prog.*, 1952: 362-370) apresenta dados sobre o coeficiente de condutividade térmica da película gasosa [Btu/(h.pé^2.°F)] como função da taxa de gás (fator A) e da taxa de líquido (fator B).

		B			
		1(190)	**2(250)**	**3(300)**	**4(400)**
	1(200)	200	226	240	261
A	**2(400)**	278	312	330	381
	3(700)	369	416	462	517
	4(1.100)	500	575	645	733

a. Depois de elaborar uma tabela ANOVA, teste, no nível 0,01, tanto a hipótese de ausência de efeito da taxa de gás contra a alternativa apropriada como a hipótese de ausência de efeito da taxa de líquido contra a alternativa apropriada.

b. Use o procedimento de Tukey para investigar diferenças no coeficiente de condutividade térmica esperadas decorrentes de diferentes taxas de gás.

c. Repita o item (b) para as taxas de líquido.

4. Em um experimento para verificar se a quantidade de demãos de tinta látex azul-clara para ambientes internos depende da marca da tinta ou da marca do rolo, um galão de cada uma das quatro marcas de tinta foi aplicado, usando-se cada uma das três marcas de rolo, gerando os dados a seguir (número de pés quadrados pintados).

		Marca do rolo		
		1	**2**	**3**
	1	454	446	451
Marca	**2**	446	444	447
da tinta	**3**	439	442	444
	4	444	437	443

a. Construa a tabela ANOVA. [*Dica*: os cálculos podem ser feitos mais rapidamente subtraindo-se 400 (ou qualquer outro número conveniente) de cada observação. Isso não afeta os resultados finais.]

b. Expresse e teste as hipóteses apropriadas para determinar se a marca da tinta tem algum efeito sobre a demão. Use $\alpha = 0{,}05$.

c. Repita o item (b) para a marca do rolo.

d. Use o método de Tukey para identificar diferenças significativas entre as marcas. Há alguma marca aparentemente preferível às outras?

5. Determinou-se a vida útil (em milhares de milhas) da banda de rodagem de pneus de cinco diferentes modelos de carros subcompactos (fator *A*, com $I = 5$) juntamente ao de pneus radiais de quatro diferentes marcas (fator *B*, com $J = 4$), o que resultou em $IJ = 20$ observações. Os valores SQA = 30,6, SQB = 44,1 e SQE = 59,2 foram então calculados. Suponha que um modelo aditivo seja apropriado.

a. Teste H_0: $\alpha_1 = \alpha_2 = \alpha_3 = \alpha_4 = \alpha_5 = 0$ (sem diferenças na média verdadeira da vida útil do pneu em função das marcas dos carros) *versus* H_a: pelo menos um $\alpha_i \neq 0$ usando um teste de nível 0,05.

b. H_0: $\beta_1 = \beta_2 = \beta_3 = \beta_4 = 0$ (sem diferenças na média verdadeira da vida útil do pneu em função das marcas dos pneus) *versus* H_a: pelo menos um $\beta_j \neq 0$ usando um nível de teste 0,05.

6. Uma determinada cidade emprega três avaliadores, os quais são responsáveis pela determinação do valor das propriedades residenciais na cidade. Para verificar se esses avaliadores diferem sistematicamente em relação às suas avaliações, foram selecionadas cinco casas e solicitou-se a cada avaliador que determinasse o valor de mercado de cada casa. Sendo o fator *A* os avaliadores ($I = 3$) e o fator *B* as casas ($J = 5$), suponha que SQA = 11,7, SQB = 113,5 e SQE = 25,6.

a. Teste H_0: $\alpha_1 = \alpha_2 = \alpha_3 = 0$ no nível 0,05. (H_0 expressa que não há diferenças sistemáticas entre os avaliadores.)

b. Explique por que foi usado um experimento em bloco aleatorizado, com apenas cinco casas, em vez de uma forma de experimento ANOVA envolvendo um total de 15 diferentes casas e um avaliador para cinco diferentes casas (um grupo diferente de cinco para cada avaliador).

7. O artigo "Rate of stuttering adaptation under two electroshock conditions" (*Behavior Research Therapy*, 1967: 49-54) apresenta pontuações de adaptação para três diferentes tratamentos: (1) sem choque, (2) choque após cada palavra gaguejada e (3) choque durante cada momento de gagueira. Esses tratamentos foram usados em 18 gagos, resultando em SQT = 3.476,00, SQTr = 28,78 e SQB = 2.977,67.

a. Construa a tabela ANOVA e teste no nível 0,05 para ver se as pontuações da adaptação média verdadeira dependem do tratamento dado.

b. Com base na razão *F* dos indivíduos (fator *B*), você acredita que dispor os indivíduos em bloco foi eficaz nesse experimento? Explique.

8. O trabalho "Exercise thermoregulation and hyperprolactinaemia" (*Ergonomics*, 2005: 1547-1557) discute como os diversos aspectos da capacidade do exercício dependem da temperatura do ambiente. Os dados a seguir sobre perda de massa corporal (kg) após o exercício em uma bicicleta ergométrica semirreclinada em três ambientes de temperaturas diferentes (6 °C, 18 °C e 30 °C) foram disponibilizados pelos autores do trabalho.

		Frio	**Neutro**	**Quente**
	1	0,4	1,2	1,6
	2	0,4	1,5	1,9
	3	1,4	0,8	1,0
	4	0,2	0,4	0,7
Indivíduo	**5**	1,1	1,8	2,4
	6	1,2	1,0	1,6
	7	0,7	1,0	1,4
	8	0,7	1,5	1,3
	9	0,8	0,8	1,1

a. A temperatura afeta a média verdadeira da perda de massa corporal? Realize um teste usando um nível de significância de 0,01 (como os autores do trabalho citado fizeram).

b. Investigue as diferenças significativas dentre as temperaturas.

c. Os resíduos são: 0,20, 0,30, −0,40, −0,07, 0,30, 0,00, 0,03, −0,20, −0,14, 0,13, 0,23, −0,27, −0,04, 0,03, −0,27, −0,04, 0,33, −0,10, −0,33, −0,53, 0,67, 0,11, −33, 0,27, 0,01, −0,13, 0,24. Use-os como base para investigar a plausibilidade das suposições que fundamentam sua análise em (a).

9. O artigo "The effects of a pneumatic stool and a one-legged stool on lower limb joint load and muscular activity during sitting and rising" (*Ergonomics*, 1993: 519-535) apresenta os dados a seguir sobre o esforço necessário para um indivíduo levantar-se de quatro diferentes tipos de assento (escala de Borg). Realize uma análise de variância usando $\alpha = 0{,}05$ e, em seguida, realize uma análise de comparações múltiplas, se apropriado.

		Indivíduo									
		1	2	3	4	5	6	7	8	9	$\bar{x}_{i.}$
Tipo de assento	**1**	12	10	7	7	8	9	8	7	9	8,56
	2	15	14	14	11	11	11	12	11	13	12,44
	3	12	13	13	10	8	11	12	8	10	10,78
	4	10	12	9	9	7	10	11	7	8	9,22

10. A resistência do concreto usado em construções comerciais tende a variar entre um lote e outro. Consequentemente, pequenos cilindros de teste de concreto amostrados de um lote são "curados" durante períodos de no máximo 28 dias em ambientes de temperatura e umidade controladas antes de avaliar a resistência. O concreto é em seguida "comprado e vendido de acordo com os cilindros de teste de resistência" (Método de Teste Padrão ASTM C 31 para Fabricação e Tratamento de Amostras de Teste de Concreto em Campo). Os dados a seguir resultam de um experimento de comparação de três diferentes métodos de cura em relação à resistência à compressão (MPa). Analise esses dados.

Lote	Método A	Método B	Método C
1	30,7	33,7	30,5
2	29,1	30,6	32,6
3	30,0	32,2	30,5
4	31,9	34,6	33,5
5	30,5	33,0	32,4
6	26,9	29,3	27,8
7	28,2	28,4	30,7
8	32,4	32,4	33,6
9	26,6	29,5	29,2
10	28,6	29,4	33,2

11. Para os dados do Exemplo 11.5, verifique a plausibilidade das suposições ao construir um gráfico normal de probabilidade dos resíduos e um gráfico dos resíduos *versus* os valores previstos, e comente sobre o que você aprendeu.

12. Suponha que no experimento descrito no Exercício 6 as cinco casas tivessem sido de fato selecionadas aleatoriamente entre as casas de um determinado tamanho ou tempo de vida, de modo que o fator B seja aleatório em vez de fixo. Teste H_0: $\sigma_B^2 = 0$ *versus* H_a: $\sigma_B^2 > 0$ usando um teste de nível 0,01.

13. Em um experimento para avaliar o efeito do ângulo de tração sobre a força necessária para separar conectores elétricos, quatro diferentes ângulos (fator A) foram usados e cada uma das amostras de cinco conectores (fator B) foi puxada uma vez em cada ângulo ("A mixed model factorial experiment in testing electrical connectors", *Industrial Quality Control*, 1960: 12-16). Os dados são exibidos na tabela a seguir.

		B				
		1	2	3	4	5
A	0°	45,3	42,2	39,6	36,8	45,8
	2°	44,1	44,1	38,4	38,0	47,2
	4°	42,7	42,7	42,6	42,2	48,9
	6°	43,5	45,8	47,9	37,9	56,4

Os dados sugerem que a força de separação média verdadeira é influenciada pelo ângulo de tração? Expresse e teste as hipóteses apropriadas, ao nível 0,01, elaborando primeiro uma tabela ANOVA (SQT = 396,13, SQA = 58,16 e SQB = 246,97).

14. Use o fato de que $E(X_{ij}) = \mu + \alpha_i + \beta_j$ com $\sum\alpha_i = \sum\beta_j = 0$ para mostrar que $E(\bar{X}_{i.} - \bar{X}_{..}) = \alpha_i$, de modo que $\hat{\alpha}_i = \bar{X}_{i.} - \bar{X}_{..}$ é um estimador não viciado para α_i.

15. As curvas de poder das Figuras 10.5 e 10.6 podem ser usadas para obter $\beta = P$ (erro do tipo II) no teste F na ANOVA de dois fatores. Para os valores fixos de $\alpha_1, \alpha_2, ..., \alpha_I$, a quantidade $\phi^2 = (J/I)\sum\alpha_i^2/\sigma^2$ é calculada. Então, o número correspondente $\nu_1 = I - 1$ é inserido no eixo horizontal, no valor ϕ, o poder é lido no eixo vertical a partir da curva denominada $\nu_2 = (I - 1)(J - 1)$ e $\beta = 1 -$ poder.

a. Para o experimento sobre corrosão descrito no Exercício 2, encontre β quando $\alpha_1 = 4, \alpha_2 = 0, \alpha_3 = \alpha_4 = -2$ e $\sigma = 4$. Repita para $\alpha_1 = 6, \alpha_2 = 0, \alpha_3 = \alpha_4 = -3$ e $\sigma = 4$.

b. Por simetria, qual é o β para o teste de H_{0B} *versus* H_{aB} no Exemplo 11.1, quando $\beta_1 = 0{,}3, \beta_2 = \beta_3 = \beta_4 = -0{,}1$ e $\sigma = 0{,}3$?

11.2 ANOVA de dois fatores com $K_{ij} > 1$

Na Seção 11.1, analisamos os dados provenientes de um experimento de dois fatores em que havia uma observação para cada uma das IJ combinações de níveis de fatores. Os μ_{ij} foram presumidos como tendo uma estrutura aditiva com $\mu_{ij} = \mu + \alpha_i + \beta_j$, $\sum\alpha_i = \sum\beta_j = 0$. Aditividade significa que a diferença nas respostas médias verdadeiras para quaisquer dois níveis dos fatores é a mesma para cada nível do outro fator. Por exemplo, $\mu_{ij} - \mu_{i'j} = (\mu + \alpha_i + \beta_j) - (\mu + \alpha_{i'} + \beta_j) = \alpha_i - \alpha_{i'}$, independentemente do nível j do segundo fator. Isso é apresentado na Figura 11.1(a), na qual as linhas que ligam as respostas médias verdadeiras são paralelas.

A Figura 11.1(b) detalha um conjunto de respostas médias verdadeiras que não têm estrutura aditiva. As linhas que ligam esses μ_{ij} não são paralelas, o que significa que a diferença nas respostas médias verdadeiras para diferentes níveis de um fator depende do nível do outro fator. Quando a aditividade não se mantém, dizemos que existe **interação** entre os diferentes níveis dos fatores. A suposição de aditividade nos permitiu obter, na Seção 11.1, um estimador da variância do erro aleatório σ^2 (QME), cuja ausência de vício não dependia da veracidade da hipótese nula de interesse. Sendo $K_{ij} > 1$ para pelo menos um par (i, j), um estimador válido de σ^2 pode ser obtido sem assumir a aditividade. Nosso foco aqui será no caso $K_{ij} = K > 1$, de modo que o número de observações por "célula" (para cada combinação de níveis) seja constante.

Parâmetros e hipóteses de efeitos fixos

Em vez de usar os próprios μ_{ij} como parâmetros do modelo, é comum usar um conjunto equivalente que revela mais nitidamente o papel da interação.

Notação

$$\mu = \frac{1}{IJ}\sum_i\sum_j \mu_{ij} \qquad \mu_{i.} = \frac{1}{J}\sum_j \mu_{ij} \qquad \mu_{.j} = \frac{1}{I}\sum_i \mu_{ij} \tag{11.7}$$

Logo, μ é a média da resposta esperada de todos os níveis de ambos os fatores (a média global verdadeira), $\mu_{i.}$ é a média da resposta esperada dos níveis do segundo fator quando o primeiro fator A é mantido no nível i e, no caso de $\mu_{.j}$, pode-se afirmar algo semelhante.

Definição

$\alpha_i = \mu_{i.} - \mu =$ **o efeito do fator *A* no nível *i***

$\beta_j = \mu_{.j} - \mu =$ **o efeito do fator *B* no nível *j***

(11.8)

$\gamma_{ij} = \mu_{ij} - (\mu + \alpha_i + \beta_j) =$ **interação entre o fator *A* no nível *i* e do fator *B* no nível *j***

a partir do qual

$$\mu_{ij} = \mu + \alpha_i + \beta_j + \gamma_{ij} \tag{11.9}$$

O modelo é aditivo se, e somente se, todos $\gamma_{ij} = 0$. Os γ_{ij} são referidos como os **parâmetros da interação**. Os α_i são chamados de **efeitos principais do fator *A*** e os β_j são os **efeitos principais do fator *B***. Embora haja I α_i, J β_j e IJ γ_{ij} além de μ, as condições $\sum\alpha_i = 0$, $\sum\beta_j = 0$, $\Sigma_j\gamma_{ij} = 0$ para qualquer i e $\Sigma_i\gamma_{ij} = 0$ para qualquer j [todos em virtude de (11.7) e (11.8)] implicam que apenas IJ desses novos parâmetros são determinados de maneira independente: μ, $I - 1$ dos α_i $J - 1$ dos β_j e $(I - 1)(J - 1)$ dos γ_{ij}.

Agora existem três conjuntos de hipóteses a serem considerados:

H_{0AB}: $\gamma_{ij} = 0$ para todo i, j	*versus*	H_{aAB}: pelo menos uma $\gamma_{ij} \neq 0$
H_{0A}: $\alpha_1 = \cdots = \alpha_I = 0$	*versus*	H_{aA}: pelo menos uma $\alpha_i \neq 0$
H_{0B}: $\beta_1 = \cdots = \beta_J = 0$	*versus*	H_{aB}: pelo menos uma $\beta_j \neq 0$

A hipótese de não interação H_{0AB} usualmente é testada primeiro. Se H_{0AB} não for rejeitada, as outras duas podem ser testadas para verificar se os efeitos principais são significativos. Se H_{0AB} for rejeitada e H_{0A} for em seguida testada e não rejeitada, o modelo resultante $\mu_{ij} = \mu + \beta_j + \gamma_{ij}$ não serve para uma interpretação direta e clara. Nesse caso, é melhor elaborar uma figura semelhante à Figura 11.1(b) para tentar visualizar uma forma pela qual os fatores interagem.

O modelo e os procedimentos de teste

No momento usamos subscritos triplos tanto para variáveis aleatórias como para valores observados, em que X_{ijk} e x_{ijk} referem-se à k-ésima observação (repetição) quando o fator A está no nível i e o fator B está no nível j.

O modelo de efeitos fixos é

$$X_{ijk} = \mu + \alpha_i + \beta_j + \gamma_{ij} + \epsilon_{ijk} \qquad (11.10)$$
$$i = 1, ..., I,\ j = 1, ..., J,\ k = 1, ..., K$$

em que os ϵ_{ijk} são independentes e normalmente distribuídos, cada um com média 0 e variância σ^2.

Novamente, um ponto no lugar do subscrito significa que somamos todos os seus valores, ao passo que uma barra horizontal representa o cálculo da média. Portanto, $X_{ij.}$ é o total de todas as K observações feitas para o fator A no nível i e para o fator B no nível j [todas as observações na (i, j)-ésima célula] e $\overline{X}_{ij.}$ é a média dessas K observações. Os procedimentos de teste são fundamentados nas seguintes somas dos quadrados:

Definição

$$\text{SQT} = \sum_i \sum_j \sum_k (X_{ijk} - \overline{X}_{...})^2 \qquad \text{gl} = IJK - 1$$

$$\text{SQE} = \sum_i \sum_j \sum_k (X_{ijk} - \overline{X}_{ij.})^2 \qquad \text{gl} = IJ(K - 1)$$

$$\text{SQA} = \sum_i \sum_j \sum_k (\overline{X}_{i..} - \overline{X}_{...})^2 \qquad \text{gl} = I - 1$$

$$\text{SQB} = \sum_i \sum_j \sum_k (\overline{X}_{.j.} - \overline{X}_{...})^2 \qquad \text{gl} = J - 1$$

$$\text{SQAB} = \sum_i \sum_j \sum_k (\overline{X}_{ij.} - \overline{X}_{i..} - \overline{X}_{.j.} + \overline{X}_{...})^2 \qquad \text{gl} = (I - 1)(J - 1)$$

A identidade fundamental é

$$\text{SQT} = \text{SQA} + \text{SQB} + \text{SQAB} + \text{SQE}$$

SQAB é referida como **soma de quadrados da interação**.

A variação total é, portanto, dividida em quatro partes: uma inexplicada (SQE – que estaria presente independentemente da veracidade das três hipóteses nulas) e três que podem ser explicadas pela veracidade ou falsidade das três H_0. Cada um dos quatro quadrados médios é definido por QM = SQ/gl. Os quadrados médios esperados sugerem que cada conjunto de hipóteses deve ser testado por meio de uma razão apropriada de quadrados médios com QME no denominador:

$$E(\text{QME}) = \sigma^2$$

$$E(\text{QMA}) = \sigma^2 + \frac{JK}{I-1}\sum_{i=1}^{I}\alpha_i^2 \qquad E(\text{QMB}) = \sigma^2 + \frac{IK}{J-1}\sum_{j=1}^{J}\beta_j^2$$

$$E(\text{QMAB}) = \sigma^2 + \frac{K}{(I-1)(J-1)}\sum_{i=1}^{I}\sum_{j=1}^{J}\gamma_{ij}^2$$

É possível mostrar que cada uma das três razões de quadrado médio tem uma distribuição F quando a H_0 associada é verdadeira, o que produz os procedimentos de teste de nível α.

Hipóteses	Valor da estatística do teste	Região de rejeição
H_{0A} *versus* H_{aA}	$f_A = \dfrac{\text{QMA}}{\text{QME}}$	$f_A \geq F_{\alpha,I-1,IJ(K-1)}$
H_{0B} *versus* H_{aB}	$f_B = \dfrac{\text{QMB}}{\text{QME}}$	$f_B \geq F_{\alpha,J-1,IJ(K-1)}$
H_{0AB} *versus* H_{aAB}	$f_{AB} = \dfrac{\text{QMAB}}{\text{QME}}$	$f_{AB} \geq F_{\alpha,(I-1)(J-1),IJ(K-1)}$

Exemplo 11.7

Descobriu-se que a mistura de asfalto agregado de pouco peso tem uma condutividade térmica menor que a mistura convencional, o que é desejável. O artigo "Influence of selected mix design factors on the thermal behavior of lightweight aggregate asphalt mixes" (*J. of Testing and Eval.*, 2008: 1-8) relata um experimento em que as diversas propriedades térmicas das misturas foram determinadas. Três classes de ligantes diferentes foram usadas em combinação com três conteúdos agregados (%) com duas observações feitas para cada combinação, o que resultou nos dados de condutividade (W/m.K) que aparecem na Tabela 11.6.

Tabela 11.6 Dados de condutividade para o Exemplo 11.7

Classe do ligante de asfalto	**Conteúdo do agregado grosseiro (%)** 38	41	44	$\bar{x}_{i..}$
PG58	0,835, 0,845	0,822, 0,826	0,785, 0,795	0,8180
PG64	0,855, 0,865	0,832, 0,836	0,790, 0,800	0,8297
PG70	0,815, 0,825	0,800, 0,820	0,770, 0,790	0,8033
$\bar{x}_{.j.}$	0,8400	0,8227	0,7883	

Aqui, $I = J = 3$ e $K = 2$ para um total de $IJK = 18$ observações. Os resultados da análise são resumidos na tabela ANOVA que aparece como a Tabela 11.7 (uma tabela com informações adicionais aparece no trabalho citado).

Tabela 11.7 Tabela ANOVA do Exemplo 11.7

Fonte	**gl**	**SQ**	**QM**	***f***	***P***
ClasLigAsf	2	0,0020893	0,0010447	14,12	0,002
ContAgr	2	0,0082973	0,0041487	56,06	0,000
Interação	4	0,0003253	0,0000813	1,10	0,414
Erro	9	0,0006660	0,0000740		
Total	17	0,0113780			

O valor-P para o teste para a presença dos efeitos de interação é 0,414, que é claramente maior que qualquer nível de significância razoável. Em contraposição, $f_{AB} = 1{,}10 < F_{0,10,4,9} = 2{,}69$, de modo que a hipótese nula de interação não possa ser rejeitada mesmo no maior nível de significância que seria usado na prática. Assim, parece que não há interação entre os dois fatores. No entanto, ambos os efeitos principais são significativos ao nível de significância de 5% (0,002 $\leq$ 0,05 e 0,000 $\leq$ 0,05; por outro lado, ambas as razões F correspondentes são muito superiores a $F_{0,05,2,9} = 4{,}26$). Portanto, parece que a condutividade depende de qual classe é usada e também do nível do conteúdo agregado.

A Figura 11.5(a) mostra um gráfico de interação para os dados de condutividade. Observe os conjuntos quase paralelos dos segmentos da reta para as três classes diferentes de asfalto, em acordo com o teste F, que não mostra efeitos de interação significativos. A média verdadeira da condutividade parece diminuir à medida que o conteúdo agregado diminui. A Figura 11.5(b) mostra um gráfico de interação para a variável resposta da *difusividade térmica*, valores que aparecem no artigo citado. Os dois conjuntos da parte de baixo dos segmentos da reta são quase paralelos, mas diferem acentuadamente daqueles para PG64; na verdade, a razão F para os efeitos de interação é altamente significativa aqui.

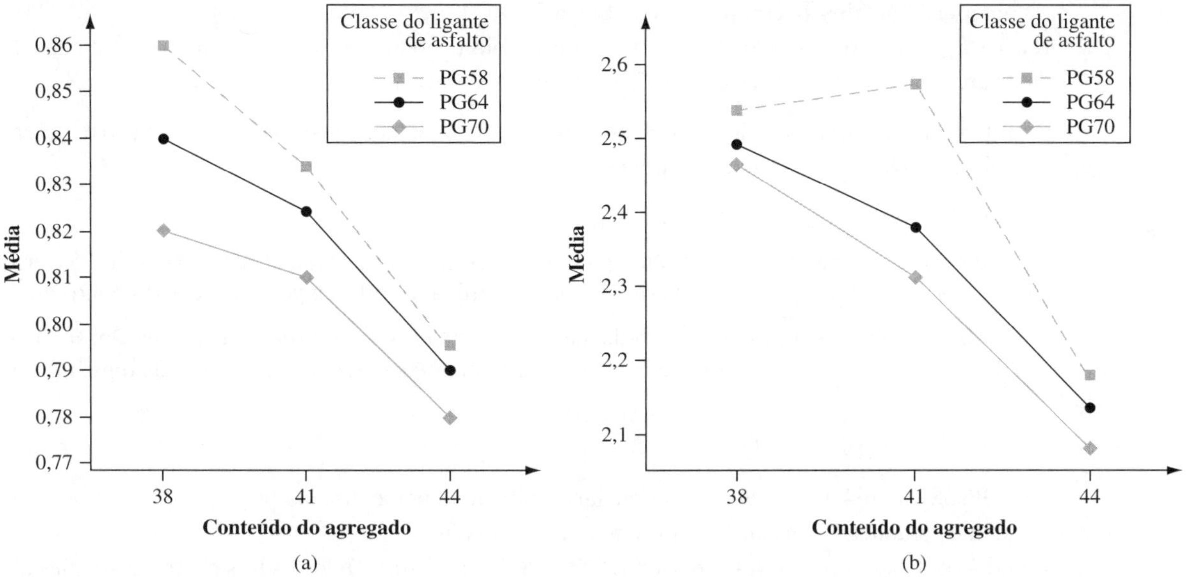

Figura 11.5 Gráficos de interação para os dados do asfalto do Exemplo 11.7: (a) a variável resposta é condutividade; (b) a variável resposta é difusividade.

A plausibilidade das suposições de normalidade e da variância constante pode ser avaliada pela construção de gráficos semelhantes àqueles da Seção 11.1. Defina os valores previstos (isto é, ajustados) para as médias das células: $\hat{x}_{ijk} = \bar{x}_{ij\cdot}$. Por exemplo, o valor previsto para a classe PG58 e o conteúdo agregado 38 é $\hat{x}_{11k} = (0{,}835 + 0{,}845)/2 = 0{,}840$ para $k = 1, 2$. Os resíduos são as diferenças entre as observações e os valores previstos correspondentes: $x_{ijk} - \bar{x}_{ij\cdot}$. O gráfico normal de probabilidade dos resíduos é mostrado na Figura 11.6(a).

O padrão é suficientemente linear para que não haja preocupação a respeito da falta de normalidade. O gráfico de resíduos contra os valores previstos na Figura 11.6(b) mostra um pouco mais de espalhamento na direita do que na esquerda, mas não é uma diferença suficientemente preocupante; a variância constante parece ser uma suposição razoável.

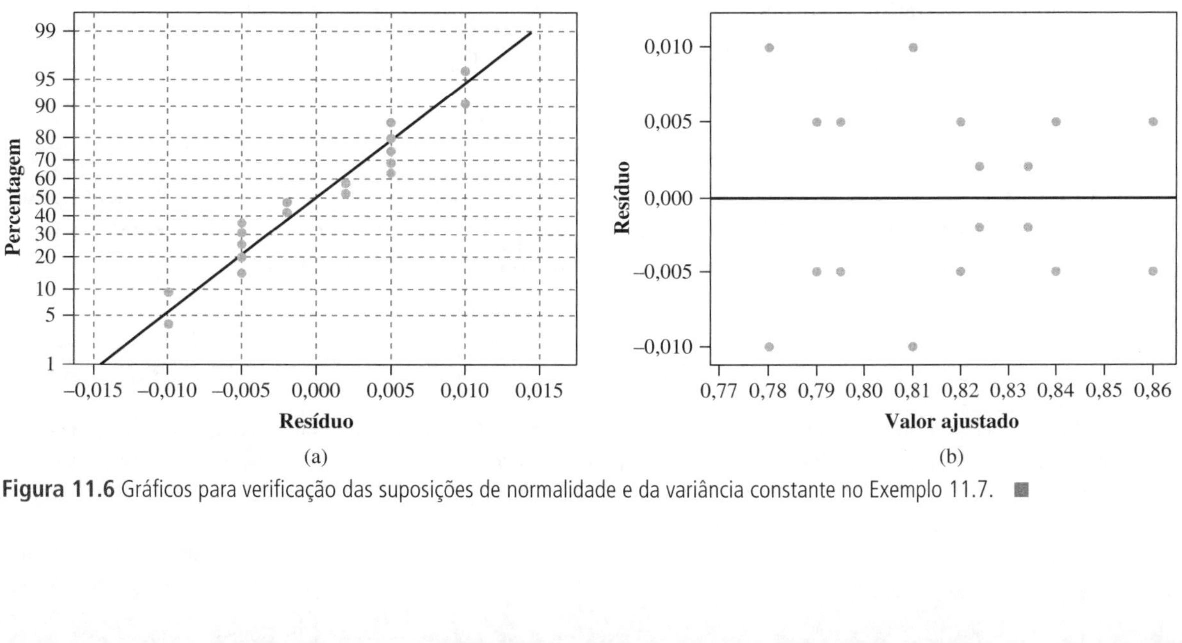

Figura 11.6 Gráficos para verificação das suposições de normalidade e da variância constante no Exemplo 11.7. ■

Comparações múltiplas

Quando a hipótese de não interação H_{0AB} não for rejeitada e pelo menos uma entre as duas hipóteses nulas do efeito principal for rejeitada, o método de Tukey pode ser usado para identificar diferenças significativas nos níveis. Para identificar as diferenças entre os α_i quando H_{0A} é rejeitado,

1. Obtenha $Q_{\alpha,I,IJ(K-1)}$, em que o segundo subscrito I identifica o número de níveis que estão sendo comparados e o terceiro subscrito refere-se ao número de graus de liberdade dos erros.
2. Calcule $w = Q\sqrt{\text{QME}/(JK)}$, em que JK é o número de observações resultante do cálculo da média para obter cada um dos $\bar{x}_{i..}$ comparados na Etapa 3.
3. Ordene o $\bar{x}_{i..}$ do menor para o maior e, como antes, sublinhe todos os pares que diferem em menos de w. Os pares não sublinhados correspondem aos níveis significativamente diferentes do fator A.

Para identificar níveis diferentes do fator B quando H_{0B} for rejeitada, substitua o segundo subscrito em Q por J, substitua JK por IK em w e substitua $\bar{x}_{i..}$ por $\bar{x}_{.j.}$.

Exemplo 11.8 (continuação do Exemplo 11.7)

$I = J = 3$ tanto para o fator A (classe) quanto para o fator B (conteúdo agregado). Com $\alpha = 0{,}05$ e erro gl $= IJ(K - 1) = 9$, $Q_{0,05,3,9} = 3{,}95$. O critério para identificar as diferenças significativas é, portanto, $w = 3{,}95\sqrt{0{,}0000740/6} = 0{,}00139$. As médais amostrais da *classe* em ordem crescente são: 0,8033, 0,8180 e 0,8297. Apenas a diferença entre as duas médias maiores é menor que w. Isso dá o padrão sublinhado

PG70 <u>PG58 PG64</u>

As classes PG58 e PG64 não parecem diferenciar significativamente uma da outra por conta da condutividade média verdadeira, mas ambas diferem da classe PG70.

As médias ordenadas para o fator B são 0,7883, 0,8227 e 0,8400. Todos os três pares das médias diferem em mais de 0,00139, portanto, não há retas sublinhadas. A condutividade média verdadeira parece ser diferente para todos os três níveis de conteúdo agregado. ■

Modelos com efeitos mistos e aleatórios

Em alguns problemas, os níveis de ambos os fatores podem ter sido escolhidos de uma ampla população de possíveis níveis, de maneira que os efeitos do fator são aleatórios em vez de fixos. Como na Seção 11.1, se ambos os fatores produzem efeitos aleatórios, o modelo é denominado modelo de efeitos aleatórios, ao passo que, se um fator é fixo e o outro aleatório, o modelo resultante é o de efeitos mistos. Consideraremos agora a análise de um modelo de efeitos mistos na qual o fator A (linhas) é o fator fixo e o fator B (colunas) é o fator aleatório. O caso em que ambos são aleatórios é abordado no Exercício 26.

Definição

O **modelo de efeitos mistos** quando o fator A é fixo é o fator B é aleatório é

$$X_{ijk} = \mu + \alpha_i + B_j + G_{ij} + \epsilon_{ijk}$$

$$i = 1, ..., I,\ j = 1, ..., J,\ k = 1, ..., K$$

Aqui, μ e α_i são constantes com $\sum \alpha_i = 0$, e os B_j, G_{ij} e ϵ_{ijk} são variáveis aleatórias independentes, normalmente distribuídas, com o valor esperado 0 e as variâncias σ_B^2, σ_G^2 e σ^2, respectivamente[1]. As hipóteses relevantes são um tanto diferentes daquelas para o modelo de efeitos fixos.

[1] Isso é chamado de modelo "irrestrito". Um modelo alternativo "restrito" exige que $\Sigma_i G_{ij} = 0$ para cada j (de modo que os G_{ij} não sejam mais independentes). Os quadrados médios esperados e as razões F apropriadas para testar determinadas hipóteses dependem da opção do modelo. A opção padrão do Minitab apresenta resultados para o modelo irrestrito.

H_{0A}: $\alpha_1 = \alpha_2 = \cdots = \alpha_I = 0$	*versus*	H_{aA}: pelo menos um $\alpha_i \neq 0$
H_{0B}: $\sigma_B^2 = 0$	*versus*	H_{aB}: $\sigma_B^2 > 0$
H_{0G}: $\sigma_G^2 = 0$	*versus*	H_{aG}: $\sigma_G^2 > 0$

É comum testar H_{0A} e H_{0B} somente se as hipóteses de não interação H_{0G} não puderem ser rejeitadas.

As somas de quadrados relevantes e os quadrados médios necessários para os procedimentos de teste são definidos e calculados exatamente como no caso dos efeitos fixos. Os quadrados médios esperados para o modelo misto são

$$E(\text{QME}) = \sigma^2$$

$$E(\text{QMA}) = \sigma^2 + K\sigma_G^2 + \frac{JK}{I-1}\sum \alpha_i^2$$

$$E(\text{QMB}) = \sigma^2 + K\sigma_G^2 + IK\sigma_B^2$$

$$E(\text{QMAB}) = \sigma^2 + K\sigma_G^2$$

Logo, para testar a hipótese de não interação, a razão f_{AB} = QMAB/QME é novamente apropriada, em que H_{0G} é rejeitada se $f_{AB} \geq F_{\alpha,(I-1)(J-1),IJ(K-1)}$. Entretanto, para testar H_{0A} *versus* H_{aA}, os quadrados médios esperados sugerem que, embora o numerador da razão F deva ser ainda QMA, o denominador deve ser QMAB em vez de QME. QMAB é também o denominador da razão F para testar H_{0B}.

Para testar H_{0A} *versus* H_{aA} (A fixo, B aleatório), o valor da estatística do teste é f_A = QMA/QMAB e a região de rejeição é $f_A \geq F_{\alpha,I-1,(I-1)(J-1)}$. O teste de H_{0B} *versus* H_{aB} utiliza f_B = QMB/QMAB, com região de rejeição $f_B \geq F_{\alpha,J-1,(I-1)(J-1)}$.

Exemplo 11.9

Um engenheiro de processos identificou duas causas possíveis da vibração presente nos motores elétricos: o material usado para a carcaça do motor (fator A) e a fonte de energia dos mancais usados no motor (fator B). Os dados a seguir sobre a quantidade de vibração (mícrons) foram obtidos em um experimento em que os motores com carcaças de aço, alumínio e plástico foram fabricados com mancais fornecidos por cinco fontes selecionadas aleatoriamente.

		Fonte de abastecimento				
		1	**2**	**3**	**4**	**5**
	Aço	13,1 13,2	16,3 15,8	13,7 14,3	15,7 15,8	13,5 12,5
Material	**Alumínio**	15,0 14,8	15,7 16,4	13,9 14,3	13,7 14,2	13,4 13,8
	Plástico	14,0 14,3	17,2 16,7	12,4 12,3	14,4 13,9	13,2 13,1

Apenas o material das três carcaças usadas no experimento está sendo avaliado para ser usado na fabricação, de modo que o fator A é fixo. Contudo, as cinco fontes de energia foram selecionadas aleatoriamente de uma população bem maior, de maneira que o fator B é aleatório. As hipóteses nulas de interesse são

$$H_{0A}: \alpha_1 = \alpha_2 = \alpha_3 = 0 \qquad H_{0B}: \sigma_B^2 = 0 \qquad H_{0AB}: \sigma_G^2 = 0$$

O resultado do Minitab aparece na Figura 11.7. A coluna do valor-P na tabela ANOVA indica que as duas últimas hipóteses nulas devem ser rejeitadas no nível de significância 0,05. Os diferentes materiais usados na carcaça por si mesmos não parecem influenciar na vibração, mas a interação entre o material e o fornecedor é uma fonte significativa de variação na vibração.

```
Fator        Tipo        Níveis Valores
casmater     fixo           3       1     2    3
fonte   aleatória           5       1     2    3    4    5

Fonte               GL          SQ          QM          F          P
casmater             2      0,7047      0,3523       0,24      0,790
fonte                4     36,6747      9,1687       6,32      0,013
casmater*fonte       8     11,6053      1,4507      13,03      0,000
Erro                15      1,6700      0,1113
Total               29     50,6547

Fonte                Componente  Termo  Quadrado médio esperado para cada termo
                   da variância de erro (usando modelo irrestrito)
1 casmater                          3   (4)+2(3)+Q[1]
2 fonte                  1,2863     3   (4)+2(3)+6(2)
3 casmater*fonte         0,6697     4   (4)+2(3)
4 Erro                   0,1113         (4)
```

Figura 11.7 Resultado da opção ANOVA balanceada do Minitab para os dados do Exemplo 11.9. ■

Quando pelo menos dois dos K_{ij} são desiguais, os cálculos ANOVA são bem mais complexos do que para o caso $K_{ij} = K$. Além disso, há controvérsia em relação a quais procedimentos de teste devem ser usados. Uma das referências do capítulo pode ser consultada para obter mais informações.

EXERCÍCIOS Seção 11.2 (16–26)

16. Em um experimento para avaliar os efeitos do tempo de tratamento (fator A) e o tipo de mistura (fator B) na resistência à compressão de cubos de cimento endurecido, três diferentes tempos de tratamento foram usados em conjunto com quatro diferentes misturas, obtendo-se três observações para cada uma das 12 combinações de tempo de tratamento/mistura. As somas de quadrados resultantes são SQA = 30.763,0, SQB = 34.185,6, SQE = 97.436,8 e SQT = 205.966,6.

a. Elabore uma tabela ANOVA.

b. Teste no nível 0,05 a hipótese nula H_{0AB}: todos $\gamma_{ij} = 0$ (sem interação de fatores) contra H_{aAB}: pelo menos $\gamma_{ij} \neq 0$.

c. Teste no nível 0,05 a hipótese nula H_{0A}: $\alpha_1 = \alpha_2 = \alpha_3 = 0$ (os principais efeitos do fator A estão ausentes) contra H_{aA}: pelo menos um $\alpha_i \neq 0$.

d. Teste H_{0B}: $\beta_1 = \beta_2 = \beta_3 = \beta_4 = 0$ *versus* H_{aB}: pelo menos um $\beta_j \neq 0$ usando um teste de nível 0,05.

e. Os valores de $\bar{x}_{i..}$ eram $\bar{x}_{1..} = 4\ 010{,}88$, $\bar{x}_{2..} = 4\ 029{,}10$ e $\bar{x}_{3..} = 3\ 960{,}02$. Use o procedimento de Tukey para investigar as diferenças significativas entre os três tempos de cura.

17. Mostre como um IC t de $100(1 - \alpha)\%$ para $\alpha_i - \alpha_{i'}$ pode ser obtido. Em seguida, calcule um intervalo para $\alpha_2 - \alpha_3$ usando os dados do Exercício 19. [*Dica*: com $\theta = \alpha_2 - \alpha_3$, o resultado do Exercício 24(a) indica como obter $\hat{\theta}$. Em seguida, calcule $V(\hat{\theta})$ e $\sigma_{\hat{\theta}}$ e obtenha uma estimativa de $\sigma_{\hat{\theta}}$ usando $\sqrt{\text{QME}}$ para estimar σ (que identifica o número apropriado de gl).]

18. Os dados a seguir provêm de um experimento realizado para investigar se o rendimento de um determinado processo químico dependia da formulação de um insumo específico ou da velocidade do misturador.

		Velocidade		
		60	**70**	**80**
Formulação	**1**	189,7 188,6 190,1	185,1 179,4 177,3	189,0 193,0 191,1
	2	165,1 165,9 167,6	161,7 159,8 161,6	163,3 166,6 170,3

Um software estatístico forneceu SQ(Formulação) = 2.253,44, SQ(Velocidade) = 230,81, SQ (Formulação* Velocidade) = 18,58 e SQE = 71,87.

a. De alguma forma parece haver interação entre os fatores?

b. O produto parece depender tanto da formulação como da velocidade?

c. Calcule as estimativas dos efeitos principais.

d. Os *valores ajustados* são $\hat{x}_{ijk} = \hat{\mu} + \hat{\alpha}_i + \hat{\beta}_j + \hat{\gamma}_{ij}$ e os *resíduos* são $x_{ijk} - \hat{x}_{ijk}$. Verifique que os resíduos são: 0,23, −0,87, 0,63, 4,50, −1,20, −3,30, −2,03, 1,97, 0,07, −1,10, −0,30, 1,40, 0,67, −1,23, 0,57, −3,43, −0,13 e 3,57.

e. Elabore um gráfico normal de probabilidade com os resíduos fornecidos no item (d). Os ϵ_{ijk} parecem ter distribuição normal?

19. A tabela de dados a seguir fornece observações sobre a acidez total de amostras de carvão de três diferentes tipos, em que as determinações foram feitas usando-se três diferentes concentrações de NaOH em etanol ("Chemistry of brown coals", *Australian J. Applied Science*, 1958: 375-379).

		Tipo de carvão		
		Morwell	Yallourn	Maddingley
Concentração	0,404N	8,27, 8,17	8,66, 8,61	8,14, 7,96
de	0,626N	8,03, 8,21	8,42, 8,58	8,02, 7,89
NaOH	0,786N	8,60, 8,20	8,61, 8,76	8,13, 8,07

a. Supondo que ambos os efeitos sejam fixos, elabore uma tabela ANOVA, verifique se existe interação e, em seguida, verifique se existem efeitos principais em cada um dos fatores (para todos, use o nível 0,01).

b. Use o procedimento de Tukey para identificar diferenças significativas entre os tipos de carvão.

20. O artigo "Fatigue limits of enamel bonds with moist and dry techniques" (*Dental Materials*, 2009: 1527-1531) descreve um experimento para investigar a capacidade dos sistemas adesivos para ligar as estruturas mineralizadas do dente. A variável resposta é a resistência ao cisalhamento (MPa) e dois adesivos diferentes (Adper Single Bond Plus e OptiBond Solo Plus) foram usados em combinação com duas condições de superfícies diferentes. Os dados a seguir foram fornecidos pelos autores do artigo. As primeiras 12 observações vieram do tratamento seco SBP, as 12 seguintes do tratamento úmido SBP, as 12 seguintes do tratamento seco OBP e as últimas 12 do tratamento úmido OBP.

```
56,7   57,4   53,4   54,0   49,9   49,9
56,2   51,9   49,6   45,7   56,8   54,1
49,2   47,4   53,7   50,6   62,7   48,8
41,0   57,4   51,4   53,4   55,2   38,9
38,8   46,0   38,0   47,0   46,2   39,8
25,9   37,8   43,4   40,2   35,4   40,3
40,6   35,5   58,7   50,4   43,1   61,7
33,3   38,7   45,4   47,2   53,3   44,9
```

a. Construa um *boxplot* comparativo dos dados sobre os quatro tratamentos diferentes e comente.

b. Realize uma análise apropriada da variância e exponha suas conclusões (use um nível de significância de 0,01 para qualquer teste). Inclua qualquer gráfico que forneça percepção.

c. Se um nível de significância de 0,05 for usado para uma ANOVA de dois fatores, o efeito de interação é significativo (assim como, no geral, colas diferentes funcionam melhor com alguns materiais do que com outros). Portanto, agora faz sentido realizar uma ANOVA de fator único nos quatro tratamentos – SBP-S, SBP-U, OBP-S e OBP-U. Faça isso e identifique as diferenças significativas entre os tratamentos.

21. Em um experimento para investigar o efeito do "fator cimento" (número de sacos de cimento por jarda cúbica) sobre a resistência à flexão do concreto resultante ("Studies of flexural strength of concrete. Part 3: effects of variation in testing procedure", *Proceedings ASTM*, 1957: 1127-1139), $I = 3$ diferentes valores de fator foram usados, $J = 5$ diferentes lotes de cimento foram selecionados e $K = 2$ vigas foram modeladas de cada combinação entre fator cimento/lote. As somas de quadrados são SQA = 22.941,80, SQB = 22.765,53, SQE = 15.253,50 e SQT = 64.954,70. Construa a tabela ANOVA. Supondo um modelo misto de fator cimento (A) fixo e lotes (B) aleatórios, teste os três pares de hipóteses de interesse, no nível 0,05.

22. Um estudo foi executado para comparar a vida útil de quatro marcas premium de caneta esferográfica. Por se ter acreditado que a superfície de escrita podia influenciar na vida útil, três diferentes superfícies foram selecionadas aleatoriamente. Foi usada uma máquina de escrever para garantir que as condições fossem homogêneas em outras circunstâncias (por exemplo, pressão constante e ângulo fixo). A tabela a seguir mostra os dois tempos de vida útil (min) obtidos para cada combinação entre marca–superfície.

		Superfície			
		1	2	3	$x_{i..}$
	1	709, 659	713, 726	660, 645	4 112
Marca da	2	668, 685	722, 740	692, 720	4 227
caneta	3	659, 685	666, 684	678, 750	4 122
	4	698, 650	704, 666	686, 733	4 137
	$x_{.j.}$	5 413	5 621	5 564	16 598

Construa uma ANOVA apropriada e expresse suas conclusões.

23. Os dados a seguir foram obtidos em um experimento realizado para investigar se a resistência à compressão de cilindros de concreto depende do tipo de material de revestimento usado ou da variabilidade em lotes diferentes ("The effect of type of capping material on the compressive strength of concrete cylinders", *Proceedings ASTM*, 1958: 1166-1186). Cada um dos números é um total da célula ($x_{ij.}$) tendo por base $K = 3$ observações.

		Lote				
		1	2	3	4	5
	1	1 847	1 942	1 935	1 891	1 795
Material de	2	1 779	1 850	1 795	1 785	1 626
revestimento	3	1 806	1 892	1 889	1 891	1 756

Além disso, $\sum\sum\sum x_{ijk}^2 = 16\ 815\ 853$ e $\sum\sum x_{ij.}^2 = 50.443.409$. Obtenha a tabela ANOVA e, em seguida, teste, no nível 0,01, as hipóteses H_{0G} *versus* H_{aG}, H_{0A} *versus* H_{aA}, e H_{0B} *versus* H_aB, supondo que o revestimento seja um efeito fixo e os lotes, um efeito aleatório.

24. a. Mostre que $E(\overline{X}_{i..} - \overline{X}_{...}) = \alpha_i$, de modo que $\overline{X}_{i..} - \overline{X}_{...}$ seja um estimador não viciado para α_i (no modelo de efeitos fixos).

b. Com $\hat{\gamma}_{ij} = \overline{X}_{ij.} - \overline{X}_{i..} - \overline{X}_{.j.} + \overline{X}_{...}$, mostre que $\hat{\gamma}_{ij}$ é um estimador não viciado para γ_{ij} (no modelo de efeitos fixos).

25. O artigo "Towards improving the properties of plaster moulds and castings" (*J. Engr. Manuf.*, 1991: 265-269) descreve várias ANOVA realizadas para investigar como a quantidade acrescida de fibra de carbono e de areia influencia em várias características do processo de moldagem. Aqui, fornecemos dados sobre a dureza da fundição e a resistência do molde úmido.

Acréscimo de areia (%)	**Acréscimo de fibra de carbono (%)**	**Dureza da fundição**	**Resistência do molde úmido**
0	0	61,0	34,0
0	0	63,0	16,0
15	0	67,0	36,0
15	0	69,0	19,0
30	0	65,0	28,0
30	0	74,0	17,0
0	0,25	69,0	49,0
0	0,25	69,0	48,0
15	0,25	69,0	43,0
15	0,25	74,0	29,0
30	0,25	74,0	31,0
30	0,25	72,0	24,0
0	0,50	67,0	55,0
0	0,50	69,0	60,0
15	0,50	69,0	45,0
15	0,50	74,0	43,0
30	0,50	74,0	22,0
30	0,50	74,0	48,0

a. Uma ANOVA para a resistência do molde úmido fornece SQ areia = 705, SQ fibra = 1.278, SQE = 843 e SQT = 3 105. Teste a presença de qualquer efeito usando $\alpha = 0{,}05$.

b. Execute uma ANOVA das observações da dureza da fundição usando $\alpha = 0{,}05$.

c. Plote um gráfico com a dureza média amostral *versus* percentagens de areia para diferentes níveis de fibra de carbono. O gráfico é consistente com sua análise no item (b)?

26. Quando ambos os fatores são aleatórios em um experimento ANOVA de dois fatores, com K replicações por combinação de níveis do fator, os quadrados médios esperados são $E(\text{QME}) = \sigma^2$, $E(\text{QMA}) = \sigma^2 + K\sigma_G^2 + JK\sigma_A^2$, $E(\text{QMB}) = \sigma^2 + K\sigma_G^2 + IK\sigma_B^2$ e $E(\text{QMAB}) = \sigma^2 + K\sigma_G^2$.

a. Que razão F é apropriada para testar H_{0G}: $\sigma_G^2 = 0$ *versus* H_{aG}: $\sigma_G^2 > 0$?

b. Responda ao item (a) para o teste H_{0A}: $\sigma_A^2 = 0$ *versus* H_{aA}: $\sigma_A^2 > 0$ e H_{0B}: $\sigma_B^2 = 0$ *versus* H_{aB}: $\sigma_B^2 > 0$.

11.3 ANOVA de três fatores

Para indicar a natureza dos modelos e análises quando os experimentos da ANOVA envolvem mais de dois fatores, focaremos no caso de três fatores fixos – A, B e C. Os números de níveis desses fatores serão representados por I, J e K, respectivamente, e L_{ijk} = o número de observações feitas com o fator A no nível i, fator B no nível j e fator C no nível k. A análise é bem complicada quando os L_{ijk} não são todos iguais, portanto, podemos nos especializar mais em $L_{ijk} = L$. Então, X_{ijkl} e x_{ijkl} representa o valor observado, antes e depois que o experimento é feito, da l-ésima repetição ($l = 1, 2, ..., L$) quando os três fatores são fixos nos níveis i, j e k.

Para entender os parâmetros que aparecerão no modelo da ANOVA de três fatores, primeiro lembre-se de que na ANOVA de dois fatores com repetições $E(X_{ijk}) = \mu_{ij} = \mu + \alpha_i + \beta_j + \gamma_{ij}$, em que as restrições $\Sigma_i\alpha_i = \Sigma_j\beta_j = 0$, $\Sigma_i\gamma_{ij} = 0$ para todo j e $\Sigma_j\gamma_{ij} = 0$ para todo i, eram necessárias para obter um exclusivo conjunto de parâmetros. Se usarmos pontos subscritos nos μ_{ij} para representar o cálculo da média (em vez da adição), então

$$\mu_{i.} - \mu_{..} = \frac{1}{J}\sum_j \mu_{ij} - \frac{1}{IJ}\sum_i\sum_j \mu_{ij} = \alpha_i$$

será o efeito do fator A no nível i calculado pela média de níveis do fator B, ao passo que

$$\mu_{ij} - \mu_{.j} = \mu_{ij} - \frac{1}{I}\sum_i \mu_{ij} = \alpha_i + \gamma_{ij}$$

será o efeito do fator A no nível i específico para o fator B no nível j. Quando o efeito de A no nível i depender do nível de B, haverá interação entre os fatores e os γ_{ij} não serão todos zero. Em particular,

$$\mu_{ij} - \mu_{.j} - \mu_{i.} + \mu_{..} = \gamma_{ij} \tag{11.11}$$

O modelo dos efeitos fixos e os procedimentos de teste

O **modelo de efeitos fixos para a ANOVA de três fatores** com $L_{ijk} = L$ é

$$X_{ijkl} = \mu_{ijk} + \epsilon_{ijkl} \quad i = 1, ..., I, \quad j = 1, ..., J \quad k = 1, ..., K, \quad l = 1, ..., L \tag{11.12}$$

onde os ϵ_{ijkl} têm distribuição normal com média 0 e variância σ^2, e

$$\mu_{ijk} = \mu + \alpha_i + \beta_i + \delta_k + \gamma_{ij}^{AB} + \gamma_{ik}^{AC} + \gamma_{jk}^{BC} + \gamma_{ijk} \tag{11.13}$$

As restrições necessárias para obter parâmetros definidos exclusivamente são as de que as somas de qualquer subscrito de qualquer parâmetro no lado direito de (11.13) sejam iguais a 0.

Os parâmetros γ_{ij}^{AB}, γ_{ik}^{AC} e γ_{jk}^{BC} são chamados de interação de dois fatores e γ_{ijk} é chamado de interação de três fatores; os α_i, β_j e δ_k são os efeitos principais dos parâmetros. Para qualquer nível k fixo do terceiro fator, analogamente a (11.11),

$$\mu_{ijk} - \mu_{i\cdot k} - \mu_{\cdot jk} + \mu_{\cdot\cdot k} = \gamma_{ij}^{AB} + \gamma_{ijk}$$

é a interação do i-ésimo nível de A com o j-ésimo nível de B específico ao k-ésimo nível de C, ao passo que

$$\mu_{ij\cdot} - \mu_{i\cdot\cdot} - \mu_{\cdot j\cdot} + \mu_{\cdot\cdot\cdot} = \gamma_{ij}^{AB}$$

é a interação entre A no nível i e B no nível j calculados sobre os níveis de C. Se a interação de A no nível i e B no nível j não depende de k, então todos os γ_{ijk} são iguais a 0. Assim, os γ_{ijk} não nulos representam a não aditividade dos dois fatores γ_{ij}^{AB} sobre os diversos níveis do terceiro fator C. Se o experimento incluiu mais de três fatores, haveria termos de interação de ordem mais elevada correspondentes com as interpretações análogas. Observe que, no argumento anterior, se tivéssemos resolvido fixar o nível de A ou de B (em vez de o nível de C, como foi feito) e examinar os γ_{ijk}, as respectivas interpretações seriam as mesmas; se qualquer das interações dos dois fatores depender do nível do terceiro fator, então existem γ_{ijk} não nulos.

Quando $L > 1$, há uma soma de quadrados para cada efeito principal, para cada interação de dois fatores e para a interação de três fatores. Para escrevê-las de forma que indiquem como as somas de quadrados são definidas quando há mais de três fatores, observe que nenhum dos parâmetros e modelos em (11.13) pode ser estimado de maneira não viciada, calculando-se a média de X_{ijkl} ao longo de subscritos apropriados e obtendo diferenças. Desta maneira

$$\hat{\mu} = \overline{X}_{\cdots\cdot} \qquad \hat{\alpha}_i = \overline{X}_{i\cdots} - \overline{X}_{\cdots\cdot} \qquad \hat{\gamma}_{ij}^{AB} = \overline{X}_{ij\cdot\cdot} - \overline{X}_{i\cdots} - \overline{X}_{\cdot j\cdot\cdot} + \overline{X}_{\cdots\cdot}$$

$$\hat{\gamma}_{ijk} = \overline{X}_{ijk\cdot} - \overline{X}_{ij\cdot\cdot} - \overline{X}_{i\cdot k\cdot} - \overline{X}_{\cdot jk\cdot} + \overline{X}_{i\cdots} + \overline{X}_{\cdot j\cdot\cdot} + \overline{X}_{\cdot\cdot k\cdot} - \overline{X}_{\cdots\cdot}$$

e os outros efeitos principais e estimadores de interação são obtidos por simetria.

Definição

As **somas de quadrados** relevantes são

$$\text{SQT} = \sum_i \sum_j \sum_k \sum_l (X_{ijkl} - \overline{X}_{\cdots\cdot})^2 \qquad \text{gl} = IJKL - 1$$

$$\text{SQA} = \sum_i \sum_j \sum_k \sum_l \hat{\alpha}_i^2 = JKL \sum_i (\overline{X}_{i\cdots} - \overline{X}_{\cdots\cdot})^2 \qquad \text{gl} = I - 1$$

$$\text{SQAB} = \sum_i \sum_j \sum_k \sum_l (\hat{\gamma}_{ij}^{AB})^2 \qquad \text{gl} = (I - 1)(J - 1)$$

$$= KL \sum_i \sum_j (\overline{X}_{ij\cdot\cdot} - \overline{X}_{i\cdots} - \overline{X}_{\cdot j\cdots} + \overline{X}_{\cdots\cdot})^2$$

$$\text{SQABC} = \sum_i \sum_j \sum_k \sum_l \hat{\gamma}_{ijk}^2 = L \sum_i \sum_j \sum_k \hat{\gamma}_{ijk}^2 \qquad \text{gl} = (I - 1)(J - 1)(K - 1)$$

$$\text{SQE} = \sum_i \sum_j \sum_k \sum_l (X_{ijkl} - \overline{X}_{ijk\cdot})^2 \qquad \text{gl} = IJK(L - 1)$$

e os outros efeitos principais e as somas de quadrados da interação de dois fatores são obtidos por simetria. SQT é a soma das oito SQ restantes.

Cada soma de quadrados (exceto a SQT), quando dividida por seu gl, resulta em um quadrado médio. Os quadrados médios esperados são

$$E(\text{QME}) = \sigma^2$$

$$E(\text{QMA}) = \sigma^2 + \frac{JKL}{I-1}\sum_i \alpha_i^2$$

$$E(\text{QMAB}) = \sigma^2 + \frac{KL}{(I-1)(J-1)}\sum_i\sum_j (\gamma_{ij}^{AB})^2$$

$$E(\text{QMABC}) = \sigma^2 + \frac{L}{(I-1)(J-1)(K-1)}\sum_i\sum_j\sum_k (\gamma_{ijk})^2$$

com expressões semelhantes para os outros quadrados médios esperados. As hipóteses do efeito principal e da interação são testadas, dispondo-se as razões F com o QME em cada denominador.

Hipótese nula	Valor da estatística do teste	Região de rejeição
H_{0A}: todos os $\alpha_i = 0$	$f_A = \dfrac{\text{QMA}}{\text{QME}}$	$f_A \geq F_{\alpha,I-1,IJK(L-1)}$
H_{0AB}: todos os $\gamma_{ij}^{AB} = 0$	$f_{AB} = \dfrac{\text{QMAB}}{\text{QME}}$	$f_{AB} \geq F_{\alpha,(I-1)(J-1),IJK(L-1)}$
H_{0ABC}: todos os $\gamma_{ijk} = 0$	$f_{ABC} = \dfrac{\text{QMABC}}{\text{QME}}$	$f_{ABC} \geq F_{\alpha,(I-1)(J-1)(K-1),IJK(L-1)}$

Em geral, as hipóteses do efeito principal são testadas apenas se todas as interações não forem consideradas significativas.

Essa análise presume que $L_{ijk} = L > 1$. Se $L = 1$, como no caso de dois fatores, as interações de ordem mais elevada devem ser presumidas ausentes para obter um QME que estime σ^2. Ajustando $L = 1$ e independentemente da quarta soma subscrita sobre l, as fórmulas acima mencionadas para as somas de quadrados ainda são válidas e a soma de quadrados dos erros é $\text{SQE} = \Sigma_i\Sigma_j\Sigma_k\hat{\gamma}_{ijk}^2$ com $\overline{X}_{ijk\cdot} = X_{ijk}$ na expressão para $\hat{\gamma}_{ijk}$.

Exemplo 11.10

As observações a seguir (temperatura corporal − 100 °F) foram relatadas em um experimento realizado para investigar a tolerância do gado ao calor ("The significance of the coat in heat tolerance of cattle", *Australian J. Agriculture Research*, 1959: 744-748). As avaliações foram feitas em quatro períodos diferentes (fator A, com $I = 4$) em duas diferentes linhagens de gado (fator B, com $J = 2$), tendo quatro tipos distintos de pelagem (fator C, com $K = 4$); $L = 3$ observações foram feitas para cada uma das $4 \times 2 \times 4 = 32$ combinações de níveis dos três fatores.

	B_1				B_2			
	C_1	C_2	C_3	C_4	C_1	C_2	C_3	C_4
	3,6	3,4	2,9	2,5	4,2	4,4	3,6	3,0
A_1	3,8	3,7	2,8	2,4	4,0	3,9	3,7	2,8
	3,9	3,9	2,7	2,2	3,9	4,2	3,4	2,9
	3,8	3,8	2,9	2,4	4,4	4,2	3,8	2,0
A_2	3,6	3,9	2,9	2,2	4,4	4,3	3,7	2,9
	4,0	3,9	2,8	2,2	4,6	4,7	3,4	2,8
	3,7	3,8	2,9	2,1	4,2	4,0	4,0	2,0
A_3	3,9	4,0	2,7	2,0	4,4	4,6	3,8	2,4
	4,2	3,9	2,8	1,8	4,5	4,5	3,3	2,0
	3,6	3,6	2,6	2,0	4,0	4,0	3,8	2,0
A_4	3,5	3,7	2,9	2,0	4,1	4,4	3,7	2,2
	3,8	3,9	2,9	1,9	4,2	4,2	3,5	2,3

A tabela de totais das células ($x_{ijk.}$) de todas as combinações dos três fatores é

	B_1				B_2			
$x_{ijk.}$	C1	C2	C3	C4	C1	C2	C3	C4
A_1	11,3	11,0	8,4	7,1	12,1	12,5	10,7	8,7
A_2	11,4	11,6	8,6	6,8	13,4	13,2	10,9	7,7
A_3	11,8	11,7	8,4	5,9	13,1	13,1	11,1	6,4
A_4	10,9	11,2	8,4	5,9	12,3	12,6	11,0	6,5

A Figura 11.8 exibe gráficos das médias das células correspondentes $\bar{x}_{ijk.} = x_{ijk.}/3$. Voltaremos para esses gráficos após os testes de várias hipóteses serem considerados. O ponto de partida para esses testes é a tabela ANOVA apresentada na Tabela 11.8.

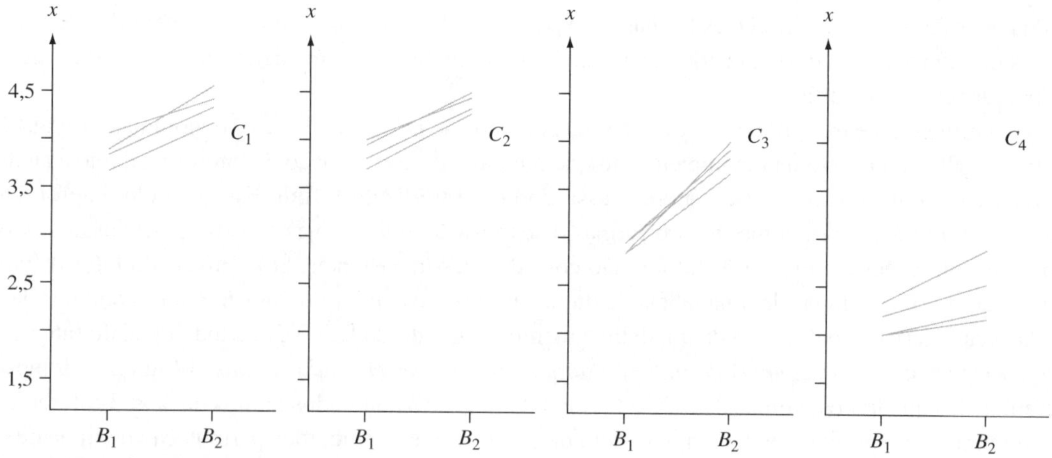

Figura 11.8 Gráficos de $\bar{x}_{ijk.}$ para o Exemplo 11.10.

Tabela 11.8 Tabela ANOVA para o Exemplo 11.10

Fonte	gl	Soma de quadrados	Quadrados médios	f
A	$I - 1 = 3$	0,49	0,163	4,13
B	$J - 1 = 1$	6,45	6,45	163,29
C	$K - 1 = 3$	48,93	16,31	412,91
AB	$(I - 1)(J - 1) = 3$	0,02	0,0067	0,170
AC	$(I - 1)(K - 1) = 9$	1,61	0,179	4,53
BC	$(J - 1)(K - 1) = 3$	0,88	0,293	7,42
ABC	$(I - 1)(J - 1)(K - 1) = 9$	0,25	0,0278	0,704
Erro	$IJK(L - 1) = 64$	2,53	0,0395	
Total	$IJKL - 1 = 95$	61,16		

Visto que $F_{0,01,9,64} \approx 2{,}70$ e f_{ABC} = QMABC/QME = 0,704 não ultrapassa 2,70, concluímos que as interações de três fatores não são significativas. Contudo, embora as interações AB também não sejam significativas, tanto as interações AC e BC como os efeitos principais parecem necessários no modelo. Quando não houver nenhuma interação ABC ou AB, um gráfico dos $\bar{x}_{ijk.}(= \hat{\mu}_{ijk})$ separadamente de cada nível de C não deve revelar nenhuma interação substancial (se apenas as interações ABC forem iguais a zero, os gráficos serão mais difíceis de interpretar; consulte o artigo "Two-dimensional plots for interpreting interactions in the three-factor analysis of variance model", *Amer. Statistician*, maio 1979: 63-69). ■

Os gráficos de diagnóstico para verificar as suposições da normalidade e da variância constante podem ser construídos conforme descrito nas seções anteriores. O procedimento de Tukey pode ser usado na ANOVA de três (ou mais) fatores. O segundo subscrito em Q é o número de médias amostrais que estão sendo comparadas e o terceiro são os graus de liberdade do erro.

Os modelos com efeitos aleatórios e mistos também são, às vezes, apropriados. As somas de quadrados e os graus de liberdade são idênticos no caso dos efeitos fixos, mas os quadrados médios esperados são, obviamente, diferentes para os efeitos principais aleatórios ou as interações. Uma boa referência é o livro de Douglas Montgomery, relacionado na bibliografia deste capítulo.

Delineamento em quadrado latino

Quando vários fatores precisam ser investigados simultaneamente, o experimento em que há pelo menos uma observação para cada combinação possível de níveis é chamado de **layout completo**. Se os fatores forem A, B e C com I, J e K níveis respectivamente, um layout completo exige pelo menos IJK observações. Em geral, um experimento dessa proporção é impraticável por limitações de custo, tempo ou espaço ou é praticamente impossível. Por exemplo: se a variável resposta for a venda de um determinado produto e os fatores forem diferentes formas de exposição, diferentes lojas e diferentes períodos de tempo, apenas uma forma de exposição pode ser usada de modo realista em uma determinada loja durante um período de tempo específico.

O experimento de três fatores em que são feitas menos de IJK observações é denominado **layout incompleto**. Há alguns layouts incompletos em que o padrão de combinação de fatores é tal que a análise é direta. Um delineamento de três fatores desse tipo é o **quadrado latino**. Esse modelo é apropriado quando $I = J = K$ (por exemplo: quatro formas de exposição, quatro lojas e quatro períodos de tempo) e todas as interações de dois e três fatores são consideradas inexistentes. Se os níveis do fator A forem identificados com as linhas de uma tabela de dupla entrada e os níveis do fator B, com as colunas dessa tabela, a característica definidora de um delineamento em quadrado latino é que todo nível do fator *aparecerá exatamente uma vez em cada linha e exatamente uma vez em cada coluna*. A Figura 11.9 mostra exemplos dos quadrados latinos 3×3, 4×4 e 5×5. Há 12 quadrados latinos de 3×3 diferentes e esse número cresce rapidamente com o número de níveis (por exemplo, toda permutação de linha de um determinado quadrado latino gera um quadrado latino, e isso ocorre de maneira semelhante para permutações de coluna). É recomendável que o quadrado de fato usado em um determinado experimento seja escolhido aleatoriamente do conjunto de quadrados possíveis da dimensão desejada; para obter mais detalhes, consulte uma das referências deste capítulo.

		B		
C ↘	1	2	3	
A	1	1	2	3
	2	2	3	1
	3	3	1	2

		B			
C ↘	1	2	3	4	
A	1	3	4	2	1
	2	4	2	1	3
	3	2	1	3	4
	4	1	3	4	2

		B				
C ↘	1	2	3	4	5	
A	1	4	3	5	2	1
	2	3	1	4	5	2
	3	1	5	2	3	4
	4	5	2	1	4	3
	5	2	4	3	1	5

Figura 11.9 Exemplos de quadrados latinos.

A letra N representará o valor comum de I, J e K. Portanto, um layout completo com uma observação por combinação exigiria N^3 observações, ao passo que um quadrado latino exige apenas N^2. Uma vez que um determinado quadrado tenha sido escolhido, o valor de k (o nível do fator C) é completamente determinado pelos valores de i e j. Para enfatizar isso, usamos $x_{ij(k)}$ para representar o valor observado quando os três fatores estão nos níveis i, j e k, respectivamente, em que k assume um único valor para cada par i, j.

A equação do modelo para um delineamento em quadrado latino é

$$X_{ij(k)} = \mu + \alpha_i + \beta_j + \delta_k + \epsilon_{ij(k)} \quad i, j, k = 1, \ldots, N$$

em que $\sum \alpha_i = \sum \beta_j = \sum \delta_k = 0$ e os $\epsilon_{ij(k)}$ são independentes e normalmente distribuídos, cada um com média 0 e variância σ^2.

Empregamos a notação a seguir para totais e médias:

$$X_{i..} = \sum_j X_{ij(k)} \quad X_{.j.} = \sum_i X_{ij(k)} \quad X_{..k} = \sum_{i,j} X_{ij(k)} \quad X_{...} = \sum_i \sum_j X_{ij(k)}$$

$$\overline{X}_{i..} = \frac{X_{i..}}{N} \quad \overline{X}_{.j.} = \frac{X_{.j.}}{N} \quad \overline{X}_{..k} = \frac{X_{..k}}{N} \quad \overline{X}_{...} = \frac{X_{...}}{N^2}$$

Observe que, embora $X_{i..}$ anteriormente sugerisse uma soma dupla, agora corresponde a uma única soma sobre todos os j (e os valores associados de k).

Definição

As **somas de quadrados** para um experimento em quadrado latino são

$$\text{SQT} = \sum_i \sum_j (X_{ij(k)} - \overline{X}_{...})^2 \qquad \text{gl} = N^2 - 1$$

$$\text{SQA} = \sum_i \sum_j (\overline{X}_{i..} - \overline{X}_{...})^2 \qquad \text{gl} = N = 1$$

$$\text{SQB} = \sum_i \sum_j (X_{.j.} - \overline{X}_{...})^2 \qquad \text{gl} = N - 1$$

$$\text{SQC} = \sum_i \sum_j (\overline{X}_{..k} - \overline{X}_{...})^2 \qquad \text{gl} = N - 1$$

$$\text{SQE} = \sum_i \sum_j [X_{ij(k)} - (\hat{\mu} + \hat{\alpha}_i + \hat{\beta}_j + \hat{\delta}_k)]^2 \qquad \text{gl} = N - 1$$

$$= \sum_i \sum_j (X_{ij(k)} - \overline{X}_{i..} - \overline{X}_{.j.} - \overline{X}_{..k} + 2\overline{X}_{...})^2 \qquad \text{gl} = (N - 1)(N - 2)$$

$$\text{SQT} = \text{SQA} + \text{SQB} + \text{SQC} + \text{SQE}$$

Cada quadrado médio é, obviamente, a razão SQ/gl. Para o teste H_{0C}: $\delta_1 = \delta_2 = \cdots = \delta_N = 0$, o valor da estatística do teste é f_C = QMC/QME, com H_{0C} rejeitada se $f_C \geq F_{\alpha,N-1,(N-1)(N-2)}$. As outras duas hipóteses do efeito principal são também rejeitadas se a razão F correspondente ultrapassar $F_{\alpha,N-1,(N-1)(N-2)}$.

Se nenhuma das hipóteses nulas for rejeitada, diferenças significativas podem ser identificadas por meio do procedimento de Tukey. Após calcular $w = Q_{\alpha,N,(N-1)(N-2)} \cdot \sqrt{\text{QME}/N}$, os pares de médias amostrais (os $\bar{x}_{i..}$, $\bar{x}_{.j.}$ ou $\bar{x}_{..k}$) que diferirem mais do que w correspondem a diferenças significativas entre os efeitos associados do fator (os α_i, β_j ou δ_k).

A hipótese H_{0C} geralmente é a de maior interesse. O delineamento em quadrado latino é usado para controlar variações externas nos fatores A e B, como no delineamento em bloco aleatorizado para o caso de um único fator externo. Logo, no exemplo de venda do produto mencionado anteriormente, a variação decorrente das lojas e dos períodos de tempo é controlada por um delineamento em quadrado latino, que permite que um investigador tente identificar efeitos decorrentes de formas diferentes de exposição do produto.

Exemplo 11.11

Em um experimento para investigar o efeito de umidade relativa na resistência de abrasão do corte do couro a partir de um padrão retangular ("The abrasion of leather," *J. Inter. Soc. Leather Trades' Chemists*, 1946: 287), um quadrado latino 6 × 6 foi usado para controlar a variabilidade possível em função da posição da linha e da coluna no padrão. Os seis níveis de umidade relativa investigados foram 1 = 25%, 2 = 37%, 3 = 50%, 4 = 62%, 5 = 75% e 6 = 87%, gerando os seguintes resultados:

		***B* (colunas)**						
		1	**2**	**3**	**4**	**5**	**6**	$x_{i..}$
	1	^{3}7,38	^{4}5,39	^{6}5,03	^{2}5,50	^{5}5,01	^{1}6,79	35,10
	2	^{2}7,15	^{1}8,16	^{5}4,96	^{4}5,78	^{3}6,24	^{6}5,06	37,35
	3	^{4}6,75	^{6}5,64	^{3}6,34	^{5}5,31	^{1}7,81	^{2}8,05	39,90
***A* (linhas)**	**4**	^{1}8,05	^{3}6,45	^{2}6,31	^{6}5,46	^{4}6,05	^{5}5,51	37,83
	5	^{6}5,65	^{5}5,44	^{1}7,27	^{3}6,54	^{2}7,03	^{4}5,96	37,89
	6	^{5}6,00	^{2}6,55	^{4}5,93	^{1}8,02	^{6}5,80	^{3}6,61	38,91
	$x_{.j.}$	40,98	37,63	35,84	36,61	37,94	37,98	

Da mesma forma, $x_{..1} = 46{,}10$, $x_{..2} = 40{,}59$, $x_{..3} = 39{,}56$, $x_{..4} = 35{,}86$, $x_{..5} = 32{,}23$, $x_{..6} = 32{,}64$, $x_{...} = 226{,}98$. Mais cálculos são resumidos na Tabela 11.9.

Tabela 11.9 Tabela ANOVA para o Exemplo 11.11

Fonte de variação	gl	Soma de quadrados	Quadrados médios	f
A (linhas)	5	2,19	0,438	2,50
B (colunas)	5	2,57	0,514	2,94
C (tratamentos)	5	23,53	4,706	26,89
Erro	20	3,49	0,175	
Total	35	31,78		

Visto que $F_{0,05,5,20} = 2{,}71$ e $26{,}89 \geq 2{,}71$, H_{0C} é rejeitada em favor da hipótese de que, em média, a umidade relativa influencia na resistência à abrasão.

Para aplicar o procedimento de Tukey, $w = Q_{0,05,6,20} \cdot \sqrt{\text{QME}/6} = 4{,}45\sqrt{0{,}175/6} = 0{,}76$. Ordenando os $\bar{x}_{..k}$ e sublinhando os rendimentos

75%	87%	62%	50%	37%	25%
5,37	5,44	5,98	6,59	6,77	7,68

Particularmente, a menor umidade relativa parece resultar em uma resistência à abrasão média verdadeira significativamente maior que a de qualquer outra umidade relativa investigada. ■

EXERCÍCIOS Seção 11.3 (27–37)

27. A produção de uma máquina de extrusão contínua de revestimento de tubos de aço com plástico foi investigada como função do perfil de temperatura do termostato (*A*, em três níveis), do tipo de plástico (*B*, em três níveis) e da velocidade do pino giratório que força o plástico por meio de uma matriz de fabricação de tubos (*C*, em três níveis). Havia duas repetições ($L = 2$) em cada combinação de níveis dos fatores, resultando um total de 54 observações sobre a produção. As somas de quadrados foram SQA = 14.144,44, SQB = 5.511,27, SQC = 244.696,39, SQAB = 1.069,62, SQAC = 62,67, SQBC = 331,67, SQE = 3.127,50 e SQT = 270.024,33.

a. Construa a tabela ANOVA.

b. Use testes *F* apropriados para mostrar que nenhuma das razões *F* para duas ou três interações é significativa ao nível 0,05.

c. Que efeitos principais parecem significativos?

d. Com $x_{..1.} = 8\,242$, $x_{..2.} = 9\,732$ e $x_{..3.} = 11\,210$, use o procedimento de Tukey para identificar diferenças significativas entre os níveis do fator *C*.

28. Para verificar se a força de empuxo na perfuração é influenciada pela velocidade da perfuração (*A*), pela taxa de alimentação (*B*) ou pelo material usado (*C*), foi realizado um experimento usando quatro velocidades, três taxas e dois tipos de material, com duas amostras ($L = 2$) perfuradas em cada combinação de níveis dos três fatores. As somas de quadrados foram calculadas da seguinte maneira: SQA = 19.149,73, SQB = 2.589.047,62, SQC = 157.437,52, SQAB = 53.238,21, SQAC = 9 033,73, SSBC = 91 880,04, SQE = 56 819,50 e SQT = 2 983 164,81. Construa a tabela ANOVA e identifique interações significativas usando $\alpha = 0{,}01$. Por acaso algum fator isolado parece não exercer nenhum efeito sobre a força de empuxo? (Em outras palavras, algum fator parece não significativo em todos os efeitos em que aparece?)

29. O artigo "Variation in moisture and ascorbic acid content from leaf to leaf and plant to plant in turnip greens" (*Southern Cooperative Services Bull.*, 1951: 13-17) emprega um delineamento em quadrado latino em que o fator A é uma planta, o fator B é o tamanho da folha (da menor à maior), o fator C (entre parênteses) é o tempo de pesagem e a variável resposta é a quantidade de umidade.

Tamanho da folha (*B*)

		1	2	3
	1	6,67 (5)	7,15 (4)	8,29 (1)
	2	5,40 (2)	4,77 (5)	5,40 (4)
Planta (*A*)	3	7,32 (3)	8,53 (2)	8,50 (5)
	4	4,92 (1)	5,00 (3)	7,29 (2)
	5	4,88 (4)	6,16 (1)	7,83 (3)

Tamanho da folha (*B*)

		4	5
	1	8,95 (3)	9,62 (2)
	2	7,54 (1)	6,93 (3)
Planta (*A*)	3	9,99 (4)	9,68 (1)
	4	7,85 (5)	7,08 (4)
	5	5,83 (2)	8,51 (5)

Quando os três fatores forem aleatórios, os quadrados médios esperados são $E(\text{QMA}) = \sigma^2 + N\sigma_A^2$, $E(\text{QMB}) = \sigma^2 + N\sigma_B^2$, $E(\text{QMC}) = \sigma^2 + N\sigma_C^2$ e $E(\text{QME}) = \sigma^2$. Isto implica que as razões F para testar H_{0A}: $\sigma_A^2 = 0$, H_{0B}: $\sigma_B^2 = 0$ e H_{0C}: $\sigma_C^2 = 0$ são idênticas àquelas para efeitos fixos. Obtenha a tabela ANOVA e teste para verificar se, ao nível 0,05, há alguma variação na quantidade de umidade decorrente dos fatores.

30. As quantidades resumidas a seguir foram calculadas com base em um experimento envolvendo quatro níveis de nitrogênio (A), dois horários de plantio (B) e dois níveis de potássio (C) ("Use and misuse of multiple comparison procedures", *Agronomy J.*, 1977: 205-208). Somente uma observação (conteúdo N, em porcentagem, de grão de milho) foi feita para cada uma das 16 combinações de níveis.

SQA = 0,22625 SQB = 0,000025 SQC = 0,0036
SQAB = 0,004325 SQAC = 0,00065
SQBC = 0,000625 SQT = 0,2384.

a. Construa a tabela ANOVA.

b. Suponha que não exista nenhum efeito de interação tripla, de modo que QMABC é uma estimativa válida de σ^2, e teste no nível 0,05 para interações e efeitos principais.

c. As médias de nitrogênio são $\bar{x}_{1..} = 1{,}1200$, $\bar{x}_{2..} = 1{,}3025$, $\bar{x}_{3..} = 1{,}3875$ e $\bar{x}_{4..} = 1{,}4300$. Use o método de Tukey para examinar diferenças na porcentagem N entre os níveis de nitrogênio ($Q_{0,05,4,3} = 6{,}82$).

31. O artigo "Kolbe–Schmitt carbonation of 2-naphthol" (*Industrial and Eng. Chemistry: Process and Design Development*, 1969: 165-173) apresentou os dados a seguir sobre a porcentagem de produção de ácido BON como uma função do tempo de reação (1, 2 e 3 horas), da temperatura (30, 70 e 100 °C) e da pressão (30, 70 e 100 psi). Supondo que não houvesse nenhuma interação de três fatores, de modo que SQE = SQABC desse uma estimativa de σ^2, o Minitab forneceu a tabela ANOVA a seguir. Realize os testes apropriados.

B_1

	C_1	C_2	C_3
A_1	68,5	73,0	68,7
A_2	74,5	75,0	74,6
A_3	70,5	72,5	74,7

B_2

	C_1	C_2	C_3
A_1	72,8	80,1	72,0
A_2	72,0	81,5	76,0
A_3	69,5	84,5	76,0

B_3

	C_1	C_2	C_3
A_1	72,5	72,5	73,1
A_2	75,5	70,0	76,0
A_3	65,0	66,5	70,5

```
Análise de variância para rendimento
Fonte            GL      SQ         QM        F       P
tempo             2    42,112    21,056    8,76   0,010
temp              2   110,732    55,366   23,04   0,000
pressão           2    68,136    34,068   14,18   0,002
tempo*temp        4    67,761    16,940    7,05   0,010
tempo*pressão     4    35,184     8,796    3,66   0,056
temp*pressão      4   136,437    34,109   14,20   0,001
Erro              8    19,223     2,403
Total            26   479,585
```

32. Quando os fatores A e B são fixos, mas o fator C é aleatório e o modelo restrito é usado (consulte a nota de rodapé na página 398; aqui, há uma complicação técnica com o modelo irrestrito) e $E(\text{QME}) = \sigma^2$

$$E(\text{QMA}) = \sigma^2 + JL\sigma_{AC}^2 + \frac{JKL}{I-1}\sum\alpha_i^2$$

$$E(\text{QMB}) = \sigma^2 + IL\sigma_{BC}^2 + \frac{IKL}{J-1}\sum\beta_j^2$$

$$E(\text{QMC}) = \sigma^2 + IJL\sigma_C^2$$

$$E(\text{QMAB}) = \sigma^2 + L\sigma_{ABC}^2 + \frac{KL}{(I-1)(J-1)}\sum_i\sum_j(\gamma_{ij}^{AB})^2$$

$$E(\text{QMAC}) = \sigma^2 + JL\sigma_{AC}^2$$

$$E(\text{QMBC}) = \sigma^2 + IL\sigma_{BC}^2$$

$$E(\text{QMABC}) = \sigma^2 + \sigma_{ABC}^2$$

a. Com base nesses quadrados médios esperados, que razões F você usaria para testar H_0: $\sigma^2_{ABC} = 0$, H_0: $\sigma^2_C = 0$, H_0: $\gamma^{AB}_{ij} = 0$ para todos os i e j e H_0: $\alpha_1 = \cdots = \alpha_I = 0$?

b. Em um experimento para avaliar os efeitos da idade, do tipo de solo e dos dias de produção sobre a resistência à compreensão de misturas de cimento/solo, duas idades (A), quatro tipos de terra (B) e três dias (C, considerado aleatório) foram usados, com observações feitas para cada combinação de níveis de fator. As somas de quadrados resultantes eram SQA = 14 318,24, SQB = 9 656,40, SQC = 2 270,22, SQAB = 3 408,93, SQAC = 1 442,58, SQBC = 3 096,21, SQABC = 2 832,72 e SQE = 8 655,60. Obtenha a tabela ANOVA e faça todos os testes usando o nível 0,01.

33. Por causa de uma possível variabilidade no envelhecimento, decorrente das diferentes fundições e seus segmentos, foi usado um delineamento em quadrado latino com $N = 7$ para investigar o efeito do tratamento térmico sobre o envelhecimento. Com A = fundições, B = segmentos, C = tratamentos térmicos, as estatísticas resumidas incluem $x_{...} = 3\ 815{,}8$, $\sum x^2_{i..} = 297\ 216{,}90$, $\sum x^2_{.j.} = 297\ 200{,}64$, $\sum x^2_{..k} = 297\ 155{,}01$ e $\sum\sum x^2_{ij(k)} = 297\ 317{,}65$. Obtenha a tabela ANOVA e teste no nível 0,05 a hipótese de que o tratamento térmico não possui efeito sobre o envelhecimento.

34. O artigo "The responsiveness of food sales to shelf space requirements" (*J. Marketing Research*, 1964: 63-67) descreve o uso do delineamento em quadrado latino para investigar o efeito do espaço na prateleira sobre a venda de alimentos. O experimento, realizado no período de seis semanas, usando seis diferentes lojas, resultou nos dados a seguir sobre a venda de leite em pó (o índice do espaço na prateleira está entre parênteses):

		Semana		
		1	**2**	**3**
	1	27 (5)	14 (4)	18 (3)
	2	34 (6)	31 (5)	34 (4)
	3	39 (2)	67 (6)	31 (5)
Loja	**4**	40 (3)	57 (1)	39 (2)
	5	15 (4)	15 (3)	11 (1)
	6	16 (1)	15 (2)	14 (6)

		Semana		
		4	**5**	**6**
	1	35 (1)	28 (6)	22 (2)
	2	46 (3)	37 (2)	23 (1)
	3	49 (4)	38 (1)	48 (3)
Loja	**4**	70 (6)	37 (4)	50 (5)
	5	9 (2)	18 (5)	17 (6)
	6	12 (5)	19 (3)	22 (4)

Elabore a tabela ANOVA e expresse e teste, ao nível 0,01, a hipótese de que o espaço na prateleira não influencia nas vendas, comparativamente à alternativa apropriada.

35. O artigo "An analysis of variance applied to screw machines" (*Industrial Quality Control*, 1956: 8-9) descreve um experimento realizado para investigar como o comprimento das barras de aço era influenciado pelo horário do dia (A), pelo tratamento térmico aplicado (B) e pela máquina de fabricar parafusos utilizada (C). Os três horários foram 8 h, 11 h e 15 h e havia dois tratamentos e quatro máquinas (um experimento fatorial 3 × 2 × 4), cujos resultados são apresentados a seguir [codificado como 1 000 (comprimento − 4,380), o que não afeta a análise].

B_1

	C_1	C_2	C_3	C_4
A_1	6, 9, 1, 3	7, 9, 5, 5	1, 2, 0, 4	6, 6, 7, 3
A_2	6, 3, 1, −1	8, 7, 4, 8	3, 2, 1, 0	7, 9, 11, 6
A_3	5, 4, 9, 6	10, 11, 6, 4	−1, 2, 6, 1	10, 5, 4, 8

B_2

	C_1	C_2	C_3	C_4
A_1	4, 6, 0, 1	6, 5, 3, 4	−1, 0, 0, 1	4, 5, 5, 4
A_2	3, 1, 1, −2	6, 4, 1, 3	2, 0, −1, 1	9, 4, 6, 3
A_3	6, 0, 3, 7	8, 7, 10, 0	0, −2, 4, −4	4, 3, 7, 0

As somas dos quadrados incluem SQAB = 1,646, SQAC = 71,021, SQBC = 1,542, SQE = 447,500 e SQT = 1.037,833.

a. Elabore a tabela ANOVA para esses dados.

b. Verifique se algum efeito da interação é significativo ao nível 0,05.

c. Verifique se algum dos efeitos principais é significativo ao nível 0,05 (isto é, H_0A *versus* H_aA etc.).

d. Use o procedimento de Tukey para investigar as diferenças significativas entre as quatro máquinas.

36. O artigo "An assessment of the effects of treatment, time, and heat on the removal of erasable pen marks from cotton and cotton/polyester blend fabrics" (*J. of Testing and Eval.*, 1991: 394-397) descreve as somas de quadrados a seguir para a variável resposta *grau de remoção de manchas*: SQA = 39,171, SQB = 0,665, SQC = 21,508, SQAB = 1,432, SQAC = 15,953, SQBC = 1,382, SQABC = 9,016 e SQE = 115,820. Quatro diferentes tratamentos de lavagem, três diferentes tipos de caneta e seis tecidos distintos foram usados no experimento e havia três observações para cada combinação de tratamento-caneta-tecido. Faça uma análise de variância usando $\alpha = 0{,}01$ para cada teste e expresse suas conclusões (admita efeitos fixos para os três fatores).

37. Um experimento ANOVA de quatro fatores foi realizado para investigar os efeitos do tecido (A), do tipo de exposição (B), do nível de exposição (C) e da direção das fibras (D) na intensidade de mudança da cor em tecidos expostos, medidos com um espectrocolorímetro. Duas observações foram feitas para cada um dos três tecidos, dos dois tipos de exposição, dos três níveis de exposição e dos dois níveis de direção, gerando QMA = 2.207,329, QMB = 47,255, QMC = 491,783, QMD = 0,044, QMAB = 15,303, QMAC = 275,446, QMAD = 0,470, QMBC = 2,141, QMBD = 0,273, QMCD = 0,247, QMABC = 3,714, QMABD = 4,072, QMACD = 0,767, QMBCD = 0,280, QME = 0,977 e QMT = 93,621 ("Accelerated weathering of marine fabrics", *J. Testing and Eval.*, 1992: 139-143). Supondo efeitos fixos para todos os fatores, realize uma análise de variância usando $\alpha = 0{,}01$ para todos os testes e resuma suas conclusões.

11.4 Experimentos fatoriais 2^p

Se um investigador desejar estudar simultaneamente o efeito dos p diferentes fatores sobre uma variável resposta e os fatores tiverem $I_1, I_2, ..., I_p$ níveis, respectivamente, o experimento exigirá pelo menos $I_1 \cdot I_2, \cdot ... \cdot I_p$ observações. Nessas circunstâncias, o investigador em geral pode realizar um "experimento de triagem" ("scruning experiment") com cada fator em apenas dois níveis para obter informações preliminares sobre os efeitos dos fatores. O experimento em que há p fatores, cada um com dois níveis, é chamado **experimento fatorial 2^p**.

Experimentos 2^3

Como na Seção 11.3, X_{ijkl} e x_{ijkl} referem-se à observação da l-ésima repetição com os fatores A, B e C nos níveis i, j e k, respectivamente. O modelo para essa situação é

$$X_{ijkl} = \mu + \alpha_i + \beta_j + \delta_k + \gamma_{ij}^{AB} + \gamma_{ik}^{AC} + \gamma_{jk}^{BC} + \gamma_{ijk} + \epsilon_{ijkl} \qquad (11.14)$$

para $i = 1, 2; j = 1, 2; k = 1, 2; l = 1, ..., n$. Os ϵ_{ijkl} são considerados independentes, normalmente distribuídos com média 0 e variância σ^2. Como existem apenas dois níveis de cada fator, as condições colaterais nos parâmetros de (11.14) que especificam unicamente o modelo são apresentadas de forma simples: $\alpha_1 + \alpha_2 = 0, ..., \gamma_{11}^{AB} + \gamma_{21}^{AB} = 0, \gamma_{12}^{AB} + \gamma_{22}^{AB} = 0, \gamma_{11}^{AB} + \gamma_{12}^{AB} = 0, \gamma_{21}^{AB} + \gamma_{22}^{AB} = 0$, e assim por diante. Essas condições implicam a existência de apenas um parâmetro funcionalmente independente de cada tipo (para cada efeito principal e interação). Por exemplo, $\alpha_2 = -\alpha_1$, enquanto $\gamma_{21}^{AB} = -\gamma_{11}^{AB}, \gamma_{12}^{AB} = -\gamma_{11}^{AB}$ e $\gamma_{22}^{AB} = \gamma_{11}^{AB}$. Em função disso, cada soma de quadrados na análise terá 1 gl.

Os parâmetros do modelo podem ser estimados calculando-se a média de vários subscritos dos X_{ijkl} e, em seguida, formando combinações lineares apropriadas das médias. Por exemplo,

$$\begin{aligned}\hat{\alpha}_1 &= \overline{X}_{1...} - \overline{X}_{....} \\ &= \frac{(X_{111.} + X_{121.} + X_{112.} + X_{122.} - X_{211.} - X_{212.} - X_{221.} - X_{222.})}{8n}\end{aligned}$$

e

$$\begin{aligned}\hat{\gamma}_{11}^{AB} &= \overline{X}_{11..} - \overline{X}_{1...} - \overline{X}_{.1..} + \overline{X}_{....} \\ &= \frac{(X_{111.} - X_{121.} - X_{211.} + X_{221.} + X_{112.} - X_{122.} - X_{212.} + X_{222.})}{8n}\end{aligned}$$

Cada estimador é, exceto para o fator $1/(8n)$, uma função linear dos totais de célula ($X_{ijk.}$) em que cada coeficiente é $+1$ ou -1, com um número igual de cada; essas funções são chamadas **contrastes** nos $X_{ijk.}$ Além disso, os estimadores satisfazem as mesmas condições de contorno em função dos próprios parâmetros. Por exemplo,

$$\begin{aligned}\hat{\alpha}_1 + \hat{\alpha}_2 &= \overline{X}_{1...} - \overline{X}_{....} + \overline{X}_{2...} - \overline{X}_{....} = \overline{X}_{1...} + \overline{X}_{2...} - 2\overline{X}_{....} \\ &= \frac{1}{4n}X_{1...} + \frac{1}{4n}X_{2...} - \frac{2}{8n}X_{....} = \frac{1}{4n}X_{....} - \frac{1}{4n}X_{....} = 0\end{aligned}$$

Exemplo 11.12

Em um experimento para investigar as propriedades da resistência à compressão de misturas de cimento/solo, dois diferentes períodos de envelhecimento foram usados em conjunto com duas diferentes temperaturas e dois solos diferentes. Duas repetições foram feitas para cada combinação de níveis dos três fatores, resultando nos dados a seguir:

		Solo	
Idade	**Temperatura**	**1**	**2**
1	1	471, 413	385, 434
	2	485, 552	530, 593
2	1	712, 637	770, 705
	2	712, 789	741, 806

Os totais das células calculados são $x_{111.} = 884, x_{211.} = 1\,349, x_{121.} = 1\,037, x_{221.} = 1\,501,$ $x_{112.} = 819, x_{212.} = 1\,475, x_{122.} = 1\,123$ e $x_{222.} = 1\,547$, de modo que $x_{....} = 9\,735$. Então

$$\hat{\alpha}_1 = (884 - 1\,349 + 1\,037 - 1\,501 + 819 - 1\,475 + 1\,123 - 1\,547)/16$$
$$= -125{,}5625 = -\hat{\alpha}_2$$
$$\hat{\gamma}_{11}^{AB} = (884 - 1\,349 - 1\,037 + 1\,501 + 819 - 1\,475 - 1\,123 + 1\,547)/16$$
$$= -14\,5625 = -\hat{\gamma}_{12}^{AB} = -\hat{\gamma}_{21}^{AB} = \hat{\gamma}_{22}^{AB}$$

As estimativas dos outros parâmetros podem ser calculadas da mesma maneira. ■

Análise de um Experimento 2³ Somas dos quadrados dos vários efeitos são facilmente obtidas por meio das estimativas dos parâmetros. Por exemplo:

$$\text{SQA} = \sum_i \sum_j \sum_k \sum_l \hat{\alpha}_i^2 = 4n\sum_{i=1}^{2} \hat{\alpha}_i^2 = 4n[\hat{\alpha}_1^2 + (-\hat{\alpha}_1)^2] = 8n\hat{\alpha}_1^2$$

e

$$\text{SQAB} = \sum_i \sum_j \sum_k \sum_l (\hat{\gamma}_{ij}^{AB})^2$$
$$= 2n\sum_{i=1}^{2}\sum_{j=1}^{2} (\hat{\gamma}_{ij}^{AB})^2 = 2n[(\hat{\gamma}_{11}^{AB})^2 + (-\hat{\gamma}_{11}^{AB})^2 + (-\hat{\gamma}_{11}^{AB})^2 + (\hat{\gamma}_{11}^{AB})^2]$$
$$= 8n(\hat{\gamma}_{11}^{AB})^2$$

Visto que cada estimativa é um contraste nos totais das células multiplicados por $1/(8n)$, cada soma de quadrados tem o formato $(\text{contraste})^2/(8n)$. Logo, para calcular as várias somas de quadrados, precisamos conhecer os coeficientes (+1 ou −1) dos contrastes apropriados. Os sinais (+ ou −) em cada $x_{ijk.}$ em cada contraste do efeito são exibidos de maneira mais conveniente em uma tabela. Usaremos a notação (1) para a condição experimental $i = 1, j = 1, k = 1$; *a* para $i = 2, j = 1, k = 1$; *ab* para $i = 2,$ $j = 2, k = 1$, e assim por diante. Se o nível 1 for considerado "baixo" e o nível 2, "alto", qualquer letra que aparecer indicará um nível alto do fator correspondente. Cada coluna na Tabela 11.10 fornece os sinais para um contraste de efeito em particular no x_{ijk} associado às condições experimentais diferentes.

Tabela 11.10 Sinais para o cálculo de contrastes de efeito

Condição experimental	Total da célula	Efeito fatorial						
		A	B	C	AB	AC	BC	ABC
(1)	$x_{111\cdot}$	−	−	−	+	+	+	−
a	$x_{211\cdot}$	+	−	−	−	−	+	+
b	$x_{121\cdot}$	−	+	−	−	+	−	+
ab	$x_{221\cdot}$	+	+	−	+	−	−	−
c	$x_{112\cdot}$	−	−	+	+	−	−	+
ac	$x_{212\cdot}$	+	−	+	−	+	−	−
bc	$x_{122\cdot}$	−	+	+	−	−	+	−
abc	$x_{222\cdot}$	+	+	+	+	+	+	+

Em cada uma das primeiras três colunas, o sinal será + se o fator correspondente estiver no nível alto e – se estiver no nível baixo. Todo sinal na coluna AB é, portanto, "produto" dos sinais nas colunas A e B, sendo $(+)(+) = (-)(-) = +$ e $(+)(-) = (-)(+) = -$, e pode-se afirmar algo semelhante para as colunas AC e BC. Finalmente, os sinais na coluna ABC são os produtos de AB com C (ou B com AC ou A com BC). Portanto, por exemplo:

$$\text{Contraste } AC = +x_{111\cdot} - x_{211\cdot} + x_{121\cdot} - x_{221\cdot} - x_{112\cdot} + x_{212\cdot} - x_{122\cdot} + x_{222\cdot}$$

Uma vez que os sete contrastes dos efeitos são calculados,

$$\text{SQ(efeito)} = \frac{(\text{contraste do efeito})^2}{8n}$$

Softwares para fazer os cálculos necessários para a análise dos dados de experimentos fatoriais estão amplamente disponíveis (por exemplo, Minitab). Alternativamente, aqui está um método eficiente para o cálculo à mão atribuído a Yates. Escreva em uma coluna os oito totais de célula na **ordem padrão**, como apresentado na tabela de sinais, e forme três colunas adicionais. Em cada uma dessas três colunas, as quatro primeiras entradas são as somas das entradas 1 e 2; 3 e 4; 5 e 6 e 7 e 8 das colunas anteriores. As quatro últimas entradas são as diferenças entre as entradas 2 e 1; 4 e 3; 6 e 5 e 8 e 7 das colunas anteriores. A última coluna contém $x_{....}$ e os sete contrastes dos efeitos na ordem padrão. Ao elevarmos cada contraste ao quadrado e dividirmos por $8n$, obteremos as sete somas de quadrados.

Exemplo 11.13 (continuação do Exemplo 11.12)

Visto que $n = 2$, $8n = 16$. O método de Yates é demonstrado na Tabela 11.11.

Tabela 11.11 Método de cálculo de Yates

Condição de tratamento	$x_{ijk\cdot}$	1	2	Contraste do efeito	SQ = (contraste)²/16
$(1) = x_{111\cdot}$	884	2 233	4 771	9 735	
$a = x_{211\cdot}$	1 349	2 538	4 964	2 009	252 255,06
$b = x_{121\cdot}$	1 037	2 294	929	681	28 985,06
$ab = x_{221\cdot}$	1 501	2 670	1 080	−233	3 393,06
$c = x_{112\cdot}$	819	465	305	193	2 328,06
$ac = x_{212\cdot}$	1 475	464	376	151	1 425,06
$bc = x_{122\cdot}$	1 123	656	−1	71	315,06
$abc = x_{222\cdot}$	1 547	424	−232	−231	3 335,06
					292 036,42

Dos dados originais $\sum_i\sum_j\sum_k\sum_l x_{ijkl}^2 = 6\ 232\ 289$ e

$$\frac{x_{....}^2}{16} = 5\ 923\ 139{,}06$$

de modo que

$$\text{SQT} = 6\,232\,289 - 5\,923\,139{,}06 = 309\,149{,}94$$

$$\text{SQE} = \text{SQT} - [\text{SQA} + \cdots + \text{SQABC}] = 309\,149{,}94 - 292\,036{,}42$$
$$= 17\,113{,}52$$

Os cálculos da ANOVA estão resumidos na Tabela 11.12.

Tabela 11.12 Tabela ANOVA para o Exemplo 11.13

Fonte de variação	gl	Soma de quadrados	Quadrados médios	f
A	1	252 255,06	252 255,06	117,92
B	1	28 985,06	28 985,06	13,55
C	1	2 328,06	2 328,06	1,09
AB	1	3 393,06	3 393,06	1,59
AC	1	1 425,06	1 425,06	0,67
BC	1	315,06	315,06	0,15
ABC	1	3 335,06	3 335,06	1,56
Error	8	17 113,52	2 139,19	
Total	15	309 149,94		

A Figura 11.10 mostra a saída do SAS para esse exemplo. Somente os valores-*P* da idade (*A*) e da temperatura (*B*) são menores que 0,01, de modo que apenas esses efeitos são considerados significativos.

```
Procedimento de análise de variância
Variável dependente: RESISTÊNCIA
                              Soma dos        Média dos
Fonte                 Gl     quadrados        quadrados      Valor F     Pr > F
Modelo                 7   292036,4375       41719,4911        19,50     0,0002
Erro                   8    17113,5000        2139,1875
Total corrigido       15   309149,9375

             R-quadrado          C.V.          Raiz QME     Média CONSUMO DE ENERGIA

               0,944643      7,601660          46,25135             608,437500

                                                Quadrados
Fonte                     GL      ANOVA SQ         médios    Valor F     Pr > F

IDADE                      1   252255,0625    252255,0625     117,92     0,0001
TEMP                       1    28985,0625     28985,0625      13,55     0,0062
IDADE*TEMP                 1     3393,0625      3393,0625       1,59     0,2434
SOLO                       1     2328,0625      2328,0625       1,09     0,3273
IDADE* SOLO                1     1425,0625      1425,0625       0,67     0,4380
TEMP*SOLO                  1      315,0625       315,0625       0,15     0,7111
IDADE*TEMP*SOLO            1     3335,0625      3335,0625       1,56     0,2471
```

Figura 11.10 Saída do SAS para os dados de resistência do Exemplo 11.13. ■

Experimentos 2^p para $p > 3$

A análise dos dados de um experimento 2^p com $p > 3$ é semelhante ao do caso de três fatores. Por exemplo: se houver quatro fatores *A*, *B*, *C* e *D*, haverá 16 diferentes condições experimentais. As primeiras oito na ordem padrão são exatamente as já relacionadas para um experimento de três fatores. As oito restantes são obtidas colocando-se a letra *d* ao lado de cada condição no primeiro grupo. O método de Yates é, portanto, iniciado, calculando-se os totais por meio das repetições, relacionando-os na ordem padrão e procedendo como antes; com *p* fatores, a *p*-ésima coluna à direita dos totais do tratamento fornecerá os contrastes dos efeitos.

Para $p > 3$, em geral não haverá nenhuma repetição do experimento (portanto, somente uma única repetição completa está disponível). Uma possibilidade de testar as hipóteses é supor que não existem determinados efeitos de ordem superior e, em seguida, adicionar as somas dos quadrados correspondentes para obter uma SQE. Entretanto, essa suposição pode ser enganosa, quando não se tem um conhecimento prévio (consulte o livro de Montgomery relacionado na bibliografia deste capítulo). Um método alternativo é trabalhar diretamente com os contrastes dos efeitos. Cada contraste tem uma distribuição normal, com a mesma variância. Quando um determinado efeito não existe, o valor esperado do contraste correspondente é 0, mas isso não é verdade quando o efeito existe. O método de análise sugerido é elaborar um gráfico normal de probabilidade dos contrastes dos efeitos (ou, de maneira equivalente, as estimativas dos parâmetros dos efeitos, visto que a estimativa = contraste/2^p quando $n = 1$). Os pontos correspondentes a efeitos ausentes tendem a estar próximos de uma linha reta, ao passo que os pontos associados com efeitos importantes usualmente ficarão longe dessa linha.

Exemplo 11.14

Os dados a seguir provêm do artigo "Quick and easy analysis of unreplicated factorials" (*Technometrics*, 1989: 469-473). Os quatro fatores são A = força do ácido, B = tempo, C = quantidade de ácido e D = temperatura e a variável resposta é a produção de isatina. As observações, na ordem padrão, são 0,08, 0,04, 0,53, 0,43, 0,31, 0,09, 0,12, 0,36, 0,79, 0,68, 0,73, 0,08, 0,77, 0,38, 0,49 e 0,23. A Tabela 11.13 mostra as estimativas do efeito conforme fornecido no artigo (que usa contraste/8 em vez de contraste/16).

Tabela 11.13 Estimativas do efeito para o Exemplo 11.14

Estimativa	*A*	*B*	*AB*	*C*	*AC*	*BC*	*ABC*	*D*
do efeito	−0,191	−0,021	−0,001	−0,076	0,034	−0,066	0,149	0,274
Estimativa	*AD*	*BD*	*ABD*	*CD*	*ACD*	*BCD*	*ABCD*	
do efeito	−0,161	−0,251	−0,101	−0,026	−0,066	0,124	0,019	

A Figura 11.11 é um gráfico normal de probabilidade das estimativas dos efeitos. Todos os pontos no gráfico estão próximos da mesma linha reta, sugerindo que não existe absolutamente nenhum efeito (em breve daremos um exemplo em que isso não ocorre).

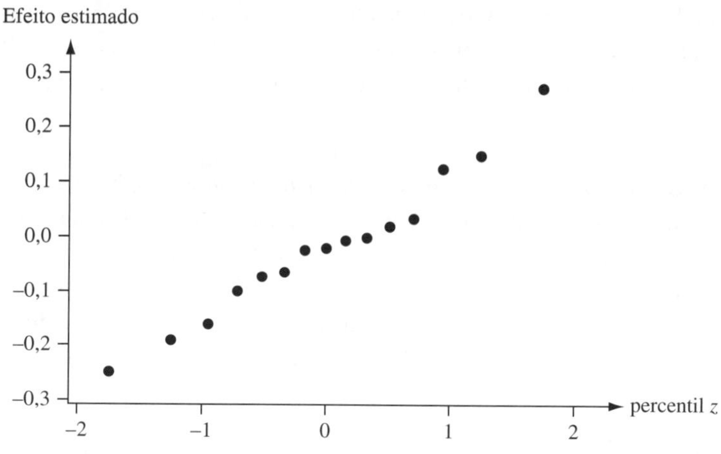

Figura 11.11 Um gráfico normal de probabilidade das estimativas dos efeitos do Exemplo 11.14. ■

As avaliações visuais sobre o desvio da reta em um gráfico normal de probabilidade são muito subjetivas. O artigo citado no Exemplo 11.14 descreve uma técnica mais objetiva para identificar efeitos significativos em um experimento não replicável.

Confundimento

Em geral, não é possível conduzir todas as 2^p condições experimentais de um experimento fatorial 2^p em um ambiente experimental homogêneo. Nessas circunstâncias, talvez seja possível separar as condições experimentais em 2^r blocos homogêneos ($r < p$), de modo que haja 2^{p-r} condições experimentais em cada bloco. Os blocos podem, por exemplo, corresponder a diferentes laboratórios, a diferentes períodos de tempo ou a diferentes operadores ou grupos de trabalho. No caso mais simples, $p = 3$ e $r = 1$, de maneira que haja dois blocos, em que cada um é formado por quatro das oito condições experimentais.

Como sempre, a disposição em bloco é eficaz para reduzir variações associadas a fontes externas. Contudo, quando as 2^p condições experimentais são dispostas em 2^r blocos, o preço pago por essa disposição é que $2^r - 1$ dos efeitos do fator não podem ser estimados. Isso ocorre porque $2^r - 1$ efeitos do fator (efeitos principais e/ou interações) são misturados ou **confundidos** com os efeitos do bloco. A designação de condições experimentais a blocos usualmente é feita de tal maneira que apenas as interações de nível superior são confundíveis, enquanto os efeitos principais e as interações de ordem inferior permanecem estimáveis e as hipóteses podem ser testadas.

Para verificar como é realizada a designação de blocos, considere primeiro um experimento 2^3 com dois blocos ($r = 1$) e quatro tratamentos por bloco. Suponha que selecionemos *ABC* como o efeito de confudimento com os blocos. Portanto, qualquer condição experimental que tenha um número ímpar de letras em comum com *ABC*, como *b* (uma única letra) ou *abc* (três letras), é colocada em um bloco, ao passo que qualquer condição que tenha um número par de letras em comum com *ABC* (em que 0 é par) é disposta no outro bloco. A Figura 11.12 mostra essa designação de tratamentos aos dois blocos.

Bloco 1	*Bloco 2*
(1), *ab*, *ac*, *bc*	*a*, *b*, *c*, *abc*

Figura 11.12 Confundimento *ABC* em um experimento 2^3.

Na ausência de repetições, os dados de um experimento como esse, em geral, seriam analisados supondo-se que não havia nenhuma interação de dois fatores (aditividade) e usando-se SQE = SQAB + SQAC + SQBC com 3 gl para tentar encontrar efeitos principais. Alternativamente, um gráfico normal de probabilidade de contrastes do efeito ou de estimativas de parâmetro do efeito pode ser examinado. Contudo, é mais frequente haver repetições quando estão sendo estudados apenas três fatores. Suponha que haja u repetições, que resultam em um total de $2^r \cdot u$ blocos no experimento. Portanto, após subtrair de SQT todas as somas de quadrados associadas com os efeitos não confundidos com blocos (usa-se o método de Yates para efetuar os cálculos), a soma dos quadrados do bloco é calculada usando-se $2^r \cdot u$ os totais do bloco e, em seguida, subtraída para obter SQE (de modo que haja $2^r \cdot u - 1$ gl para os blocos).

Exemplo 11.15

O artigo "Factorial experiments in pilot plant studies" (*Industrial and Eng. Chemistry*, 1951: 1300-1306) apresenta os resultados de um experimento realizado para avaliar os efeitos da temperatura do reator (*A*), rendimento (*B*) e a concentração do componente ativo (*C*) sobre a força da solução produzida (medidas baseadas em unidades arbitrárias) em uma unidade de recirculação. Foram usados dois blocos, confundindo-se o efeito *ABC* com os blocos, e ocorreram duas repetições, gerando os dados da Figura 11.13. Os totais dos quatro blocos × repetições são 288, 212, 88 e 220, com um total geral de 808, de modo que

$$\text{SQB1} = \frac{(288)^2 + (212)^2 + (88)^2 + (220)^2}{4} - \frac{(808)^2}{16} = 5\,204{,}00$$

Repetição 1				*Repetição 2*			
Bloco 1		*Bloco 2*		*Bloco 1*		*Bloco 2*	
(1)	99	*a*	18	(1)	46	*a*	18
ab	52	*b*	51	*ab*	−47	*b*	62
ac	42	*c*	108	*ac*	22	*c*	104
bc	95	*abc*	35	*bc*	67	*abc*	36

Figura 11.13 Dados para o Exemplo 11.15.

As outras somas de quadrados são calculadas por meio do método de Yates, usando-se os oito totais da condição experimental, resultando na tabela ANOVA representada pela Tabela 11.14. Ao comparar com $F_{0,05,1,6} = 5{,}99$, concluímos que somente os efeitos principais de A e C diferem significativamente de zero.

Tabela 11.14 Tabela ANOVA para o Exemplo 11.15

Fonte de variação	gl	Soma de quadrados	Quadrados médios	f
A	1	12 996	12 996	39,82
B	1	702,25	702,25	2,15
C	1	2 756,25	2 756,25	8,45
AB	1	210,25	210,25	0,64
AC	1	30,25	30,25	0,093
BC	1	25	25	0,077
Blocos	3	5 204	1 734,67	5,32
Erro	6	1 958	326,33	
Total	15	23 882		

■

Confundimento usando mais de dois blocos

No caso de $r = 2$ (quatro blocos), três efeitos são confundidos com blocos. O investigador primeiro escolhe dois efeitos definidos para que sejam confundidos. Por exemplo: em um experimento de cinco fatores (A, B, C, D e E), as duas interações de três fatores BCD e CDE deviam ser escolhidas para confundimento. O terceiro efeito confundido é, portanto, a **interação generalizada** de ambas, obtida escrevendo-se lado a lado os dois efeitos escolhidos e, em seguida, eliminando-se qualquer letra em comum a ambos: $(BCD)(CDE) = BE$. Observe que, se ABC e CDE forem escolhidos para o confundimento, a respectiva interação generalizada será $(ABC)(CDE) = ABDE$, de modo que nenhum efeito principal ou interação de dois fatores seja confundido.

Depois que os dois efeitos definidos forem selecionados para confusão, o primeiro bloco conterá todas as condições de tratamento com um número par de letras em comum com ambos os efeitos definidos. O segundo bloco consistirá em todas as condições com um número par de letras em comum com o primeiro contraste definido e um número ímpar de letras em comum com o segundo contraste e o terceiro e quarto blocos consistirão nos contrastes "ímpares/pares" e "ímpares/ímpares". Em um experimento de cinco fatores com os efeitos definidos ABC e CDE, isso resulta na designação de blocos mostrada na Figura 11.14 (em que o número de letras em comum com cada contraste definido aparece ao lado de cada condição experimental).

Bloco 1		*Bloco 2*		*Bloco 3*		*Bloco 4*	
(1)	(0, 0)	*d*	(0, 1)	*a*	(1, 0)	*c*	(1, 1)
ab	(2, 0)	*e*	(0, 1)	*b*	(1, 0)	*ad*	(1, 1)
de	(0, 2)	*ac*	(2, 1)	*cd*	(1, 2)	*ae*	(1, 1)
acd	(2, 2)	*bc*	(2, 1)	*ce*	(1, 2)	*bd*	(1, 1)
ace	(2, 2)	*abd*	(2, 1)	*ade*	(1, 2)	*be*	(1, 1)
bcd	(2, 2)	*abe*	(2, 1)	*bde*	(1, 2)	*abc*	(3, 1)
bce	(2, 2)	*acde*	(2, 3)	*abcd*	(3, 2)	*cde*	(1, 3)
abde	(2, 2)	*bcde*	(2, 3)	*abce*	(3, 2)	*abcde*	(3, 3)

Figura 11.14 Quatro blocos em um experimento 2^5 fatorial com efeitos definidos ABC e CDE.

O bloco contendo (1) é chamado de **bloco principal**. Assim que ele é formado, um segundo bloco pode ser conseguido selecionando-se qualquer condição experimental que não esteja no bloco principal e obtendo-se a respectiva interação generalizada com qualquer condição no bloco principal. Os outros blocos são, portanto, formados da mesma maneira, primeiramente selecionando uma condição não presente em um bloco já formado e em seguida identificando-se interações generalizadas com o bloco principal.

Em situações experimentais em que $p > 3$, em geral não há nenhuma repetição, de modo que as somas dos quadrados associados com interações de ordem superior em que não há confundimento frequentemente são combinadas para obter uma soma de quadrados do erro que possa ser usada nos denominadores das várias estatísticas F. Todos os cálculos podem ser realizados mais uma vez por meio da técnica de Yates, sendo SQB1 a soma de quadrados associada com efeitos de confusão.

Quando $r > 2$, primeiro selecionam-se r efeitos determinantes para serem confundidos com os blocos, tomando-se o cuidado para que nenhum dos efeitos escolhidos seja a interação generalizada de quaisquer outros dois efeitos selecionados. Os $2^r - r - 1$ efeitos adicionais confundidos com os blocos são, portanto, as interações generalizadas de todos os efeitos no conjunto definido (incluindo não apenas as interações generalizadas dos pares de efeitos, como também as dos conjuntos de três, quatro, e assim por diante).

Repetição fracionária

Quando o número p de fatores é grande, uma única repetição de um experimento 2^p já é suficientemente dispendiosa e trabalhosa. Por exemplo, uma repetição de um experimento fatorial 2^6 contém uma observação para cada uma das 64 diferentes condições experimentais. Uma estratégia atraente em situações desse tipo é fazer observações para apenas uma fração das condições 2^p. Desde que se tome cuidado na escolha das condições a serem observadas, ainda é possível obter mais informações sobre os efeitos do fator.

Suponha que decidamos incluir apenas 2^{p-1} (metade) das condições 2^p possíveis em nosso experimento; isso é comumente conhecido por **replicar pela metade**. O preço pago por essa economia é dobrado. Em primeiro lugar, as informações sobre um único efeito (determinadas pelas 2^{p-1} condições selecionadas para a observação) de nada servem para o investigador no sentido de que não é possível obter nenhuma estimativa razoável do efeito. Segundo, os $2^p - 2$ efeitos principais e interações remanescentes são pareados de modo que nenhum efeito em um determinado par seja confundido com o outro efeito no mesmo par. Por exemplo, um desses pares pode ser $\{A, BCD\}$, de maneira que estimativas distintas do efeito principal de A e da interação BCD não são possíveis. Portanto, vale a pena selecionar uma repetição pela metade para a qual os efeitos principais e as interações de ordem inferior são pareadas (confundidas) somente com interações de ordem superior e não entre si.

A primeira etapa para especificar uma repetição pela metade é escolher um efeito determinante como o efeito não estimável. Suponha que, em um experimento de cinco fatores, $ABCDE$ seja escolhido como o efeito determinante. Agora, as $2^5 = 32$ possíveis condições de tratamento são divididas em dois grupos com 16 condições em cada, um grupo formado por todas as condições com um número ímpar de letras em comum com $ABCDE$, outro contendo um número par de letras em comum com o contraste definido. Logo, ambos os grupos de 16 condições são usados como a repetição pela metade. O grupo "ímpar" é

$$a, b, c, d, e, abc, abd, abe, acd, ace, ade, bcd, bce, bde, cde, abcde$$

Todo efeito principal e toda interação diferente de $ABCDE$ são, portanto, confundidos com (considerados **análogos** a) sua interação generalizada com $ABCDE$. Logo, $(AB)(ABCDE) = CDE$, de forma que a interação AB e a interação CDE são confundidas uma com a outra. Os **pares análogos** resultantes são

$$\begin{array}{ccccc} \{A, BCDE\} & \{B, ACDE\} & \{C, ABDE\} & \{D, ABCE\} & \{E, ABCD\} \\ \{AB, CDE\} & \{AC, BDE\} & \{AD, BCE\} & \{AE, BCD\} & \{BC, ADE\} \\ \{BD, ACE\} & \{BE, ACD\} & \{CD, ABE\} & \{CE, ABD\} & \{DE, ABC\} \end{array}$$

Observe especialmente que todo efeito principal é considerado análogo a uma interação de quatro fatores. Admitir que essas interações são insignificantes nos possibilita verificar se existem efeitos principais.

Para especificar uma repetição pela quarta parte de um experimento fatorial 2^p (2^{p-2} das condições de tratamento 2^p possíveis), dois efeitos determinantes devem ser selecionados. Esses dois efeitos e a respectiva interação generalizada passam a ser os efeitos não estimáveis. Em vez de usar pares análogos como na repetição pela metade, todo efeito remanescente é então confundido com três outros efeitos, sendo cada um a respectiva interação generalizada com um dos três efeitos não estimáveis.

Exemplo 11.16

O artigo "More on planning experiments to increase research efficiency" (*Industrial and Eng. Chemistry*, 1970: 60-65) fornece os resultados de uma repetição pela quarta parte de um experimento 2^5 no qual os cinco fatores eram A = temperatura de condensação, B = quantidade de material B, C = volume de solvente, D = tempo de condensação e E = quantidade de material E. A variável resposta foi o rendimento do processo químico. Os contrastes determinantes escolhidos foram ACE e BDE, sendo a interação generalizada $(ACE)(BDE) = ABCD$. Os 28 efeitos principais e interações remanescentes podem agora ser divididos em sete grupos de quatro efeitos cada, de modo que os efeitos dentro de um grupo não possam ser avaliados separadamente. Por exemplo: as interações generalizadas de A com efeitos não estimáveis são $(A)(ACE) = CE$, $(A)(BDE) = ABDE$ e $(A)(ABCD) = BCD$, de maneira que um grupo análogo é $\{A, CE, ABDE, BCD\}$. O conjunto completo dos grupos análogos é:

$\{A, CE, ABDE, BCD\}$ $\{B, ABCE, DE, ACD\}$ $\{C, AE, BCDE, ABD\}$

$\{D, ACDE, BE, ABC\}$ $\{E, AC, BD, ABCDE\}$ $\{AB, BCE, ADE, CD\}$

$\{AD, CDE, ABE, BC\}$ ■

Depois que os contrastes definidos forem selecionados para uma repetição pela quarta parte, eles são usados como na discussão sobre confusão para dividir as 2^p condições de tratamento em quatro grupos de 2^{p-2} condições. Então, qualquer um dos quatro grupos é selecionado como o conjunto de condições para o qual serão coletados dados. Comentários semelhantes aplicam-se às repetições $1/2^r$ de um experimento fatorial 2^p.

Feitas as observações para as combinações de tratamento selecionadas, será elaborada uma tabela de sinais semelhante à Tabela 11.10. Essa tabela contém uma linha exclusiva para cada uma das combinações de tratamento, realmente observadas, e não todas as 2^p linhas, e uma coluna exclusiva para cada grupo análogo (visto que cada efeito no grupo teria o mesmo conjunto de sinais para as condições de tratamento selecionadas para serem observadas). Os sinais em cada coluna indicam, como de costume, de que modo os contrastes das várias somas de quadrados são calculados. O método de Yates pode ainda ser usado, mas a regra para organizar as condições observadas na ordem padrão deve ser modificada.

A parte difícil de uma análise de repetição fracionária está relacionada tipicamente com a decisão sobre o que usar para a soma de quadrados do erro. Visto que em geral não haverá nenhuma repetição (embora seja possível observar, por exemplo, duas repetições de uma repetição pela quarta parte), algumas somas de quadrados do efeito devem ser combinadas para obter uma soma de quadrados do erro. Em uma repetição pela metade, em um experimento 2^8, por exemplo, uma estrutura análoga pode ser escolhida de modo que os oito efeitos principais e as 28 interações de dois fatores sejam, cada um, confundidos apenas com interações de ordem superior e haja 27 grupos análogos adicionais envolvendo apenas interações de ordem superior. Supondo que não haja nenhum efeito de interação de ordem superior, as 27 somas de quadrados resultantes podem então ser adicionadas para gerar uma soma de quadrados do erro, o que nos possibilita realizar testes de 1 gl para verificar todos os efeitos principais e interações de dois fatores. Contudo, em várias situações, os testes para verificação de efeitos principais podem ser obtidos apenas se combinarmos algumas ou todas as somas de quadrados associadas a grupos análogos contendo interações de dois fatores e as interações de dois fatores correspondentes não podem ser investigadas.

Exemplo 11.17 (continuação do Exemplo 11.16)

O conjunto de condições de tratamento escolhido e os valores resultantes da repetição pela quarta parte do experimento 2^5 foram

e	*ab*	*ad*	*bc*	*cd*	*ace*	*bde*	*abcde*
23,2	15,5	16,9	16,2	23,8	23,4	16,8	18,1

A tabela de sinais resumida é exibida na Tabela 11.15.

Sendo SQA a soma de quadrados de efeitos no grupo análogo $\{A, CE, ABDE, BCD\}$,

$$\text{SQA} = \frac{(-23{,}2 + 15{,}5 + 16{,}9 - 16{,}2 - 23{,}8 + 23{,}4 - 16{,}8 + 18{,}1)^2}{8} = 4{,}65$$

Tabela 11.15 Tabela de sinais para o Exemplo 11.17

	A	*B*	*C*	*D*	*E*	*AB*	*AD*
e	−	−	−	−	+	+	+
ab	+	+	−	−	−	+	−
ad	+	−	−	+	−	−	+
bc	−	+	+	−	−	−	+
cd	−	−	+	+	−	+	−
ace	+	−	+	−	+	−	−
bde	−	+	−	+	+	−	−
abcde	+	+	+	+	+	+	+

De forma similar, SQB = 53,56, SQC = 10,35, SQD = 0,91, SQE‘ = 10,35 (‘ distingue essa quantidade entre as somas dos quadrados do erro SQE), SQAB = 6,66 e SQAD = 3,25, fornecendo SQT = 4,65 + 53,56 + … + 3,25 = 89,73. Para testar os efeitos principais, usamos SQE = SQAB + SQAD = 9,91 com 2 gl. A tabela ANOVA encontra-se na Tabela 11.16.

Tabela 11.16 Tabela ANOVA para o Exemplo 11.17

Fonte	gl	Soma de quadrados	Quadrados médios	*f*
A	1	4,65	4,65	0,94
B	1	53,56	53,56	10,80
C	1	10,35	10,35	2,09
D	1	0,91	0,91	0,18
E	1	10,35	10,35	2,09
Erro	2	9,91	4,96	
Total	7	89,73		

Visto que $F_{0,05,1,2} = 18,51$, nenhum dos cinco efeitos principais pode ser considerado significativo. Obviamente, com apenas 2 gl de erro, o teste não é tão poderoso (isto é, é bem provável que não se consiga detectar a presença de efeitos). O artigo de *Industrial and Engineering Chemistry*, do qual os dados se originaram, na verdade tinha uma estimativa independente do erro padrão dos efeitos do tratamento que se baseava em experiências anteriores, de maneira que ele usou uma análise ligeiramente diferente. Aqui, o objetivo foi apenas ilustrativo, visto que alguém comumente podia querer muito mais do que 2 gl de erro. ■

Alternativamente aos testes *F* baseados em somas de quadrados combinadas para obter SQE, pode-se examinar um gráfico normal de probabilidade de contrastes do efeito.

Exemplo 11.18

Foi realizado um experimento para investigar o grau de encolhimento do material plástico de revestimento usado nos cabos de velocímetro ("An explanation and critique of Taguchi's contribution to quality engineering", *Quality and Reliability Engr. Intl.*, 1988: 123-131). Os engenheiros começaram com 15 fatores: diâmetro externo do alinhador, matriz do alinhador, material do alinhador, velocidade da linha do alinhador, tipo de trançado do fio, tensão do entrelaçamento, diâmetro do fio, tensão do alinhador, temperatura do alinhador, material de revestimento, tipo de matriz de revestimento, temperatura de fundição, *screen pack*, método de resfriamento e velocidade da linha. Suspeitava-se que apenas alguns desses fatores fossem importantes, de modo que foi realizado um experimento de seleção na forma de um experimento fatorial 2^{15-11} (uma fração $1/2^{11}$ de um experimento fatorial 2^{15}). A estrutura análoga resultante é bem complicada; em particular, todo efeito principal é confundido com interações de dois fatores. A variável resposta foi a porcentagem de encolhimento de uma amostra de cabo produzida em níveis específicos dos fatores.

A Figura 11.15 exibe um gráfico normal de probabilidade dos contrastes do efeito. Com exceção de dois pontos, todos os outros estão bem próximos de uma linha reta. Os pontos discrepantes correspondem a efeitos E = tipo de entrelaçamento do fio e G = diâmetro do fio, o que sugere que esses dois fatores são os únicos que influenciam o grau de encolhimento.

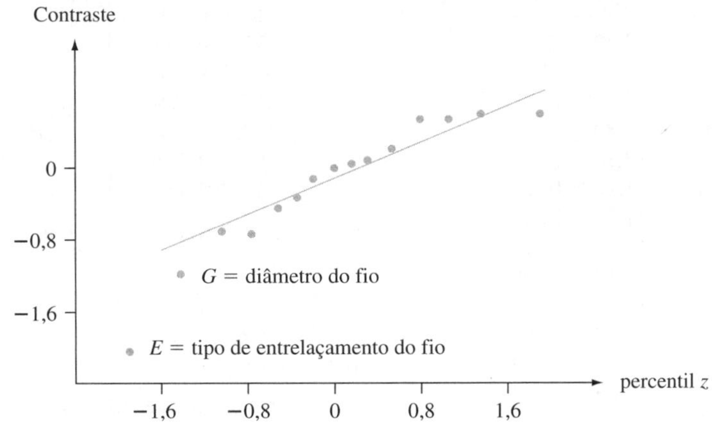

Figura 11.15 Gráfico normal de probabilidade dos contrastes do Exemplo 11.18. ■

Os tópicos do experimento fatorial, de confundimento e da repetição fracionária englobam vários modelos e técnicas não discutidos aqui. Consulte as referências do capítulo para mais informações.

EXERCÍCIOS Seção 11.4 (38–49)

38. Os dados a seguir provêm de um experimento realizado para estudar a natureza da dependência da corrente de solda elétrica de três fatores: voltagem da solda, velocidade de alimentação do fio e distância entre a ponta da solda e a peça. Havia dois níveis de cada fator (um experimento 2^3) com duas repetições por combinação de níveis (as médias das repetições estão de acordo com os valores fornecidos no artigo "A study on prediction of welding current in gas metal arc welding", *J. Engr. Manuf.*, 1991: 64-69). Os dois primeiros números dados são para o tratamento (1), os dois seguintes para *a* e assim por diante na ordem padrão: 200,0; 204,2; 215,5; 219,5; 272,7; 276,9; 299,5; 302,7; 166,6; 172,6; 186,4; 192,0; 232,6; 240,8; 253,4; 261,6.

a. Verifique se as somas de quadrados são como as fornecidas na tabela ANOVA do Minitab a seguir.

b. Que efeitos parecem importantes e por quê?

```
Análise de variância para corrente
Fonte              GL       SQ        QM       F      P
Volt                1   1685,1    1685,1  102,38  0,000
Velocidade          1  21272,2   21272,2 1292,37  0,000
Dist                1   5076,6    5076,6  308,42  0,000
Volt*velocidade     1     36,6      36,6    2,22  0,174
Volt*dist           1      0,4       0,4    0,03  0,877
Velocidade*dist     1    109,2     109,2    6,63  0,033
Volt*veloc.*dist    1     23,5      23,5    1,43  0,266
Erro                8    131,7      16,5
Total              15  28335,3
```

39. Os dados a seguir resultam de um experimento 2^3 com três repetições por combinação de tratamentos cujo objetivo era estudar os efeitos do detergente (A), da concentração de carbonato de sódio (B) e da concentração de carboximetil celulose de sódio (C) na capacidade de limpeza de uma solução em testes de lavagem (um número maior indica maior capacidade de limpeza do que um número menor).

Níveis do fator				
A	*B*	*C*	**Condição**	**Observações**
1	1	1	(1)	106, 93, 116
2	1	1	*a*	198, 200, 214
1	2	1	*b*	197, 202, 185
2	2	1	*ab*	329, 331, 307
1	1	2	*c*	149, 169, 135
2	1	2	*ac*	243, 247, 220
1	2	2	*bc*	255, 230, 252
2	2	2	*abc*	383, 360, 364

a. Depois de obter os totais das células $x_{ijk.}$, calcule as estimativas de β_1, γ_{11}^{AC} e γ_{21}^{AC}.

b. Use os totais das células e o método de Yates para calcular os contrastes do efeito e as somas de quadrados. Em seguida, elabore uma tabela ANOVA e teste todas as hipóteses apropriadas usando $\alpha = 0{,}05$.

40. Em um estudo sobre os processos usados para remover impurezas de produtos de celulose ("Optimization of roperange bleaching of cellulosic fabrics", *Textile Research J.*, 1976: 493-496), foram obtidos os dados a seguir de um experimento 2^4 envolvendo o processo de limpeza. Os quatro fatores foram concentração de enzima (A), pH (B), temperatura (C) e tempo (D).

Tratamento	Enzima (g/L)	pH	Temp. (°C)	Tempo (h)	% de amido pelo peso 1ª repet.	2ª repet.
(1)	0,50	6,0	60,0	6	9,72	13,50
a	0,75	6,0	60,0	6	9,80	14,04
b	0,50	7,0	60,0	6	10,13	11,27
ab	0,75	7,0	60,0	6	11,80	11,30
c	0,50	6,0	70,0	6	12,70	11,37
ac	0,75	6,0	70,0	6	11,96	12,05
bc	0,50	7,0	70,0	6	11,38	19,92
abc	0,75	7,0	70,0	6	11,80	11,10
d	0,50	6,0	60,0	8	13,15	13,00
ad	0,75	6,0	60,0	8	10,60	12,37
bd	0,50	7,0	60,0	8	10,37	12,00
abd	0,75	7,0	60,0	8	11,30	11,64
cd	0,50	6,0	70,0	8	13,05	14,55
acd	0,75	6,0	70,0	8	11,15	15,00
bcd	0,50	7,0	70,0	8	12,70	14,10
abcd	0,75	7,0	70,0	8	13,20	16,12

a. Use o algoritmo de Yates para obter as somas de quadrados e a tabela ANOVA.

b. Parece haver algum efeito de interação de segunda, terceira ou quarta ordem? Explique seu raciocínio. Que efeitos principais parecem significativos?

41. Uma repetição pela metade de um experimento 2^5 para investigar os efeitos do tempo de aquecimento (*A*), do tempo de esfriamento (*B*), do tempo de trefilação (*C*), da posição das serpentinas de aquecimento (*D*) e a posição de medição (*E*) sobre a dureza das fundições de aço produziu os dados a seguir. Elabore a tabela ANOVA e (supondo que as interações de segunda ordem e de ordem superior sejam insignificantes) verifique se existem efeitos principais no nível 0,01. Além disso, construa um gráfico normal de probabilidade.

Tratamento	Observação	Tratamento	Observação
a	70,4	*acd*	66,6
b	72,1	*ace*	67,5
c	70,4	*ade*	64,0
d	67,4	*bcd*	66,8
e	68,0	*bce*	70,3
abc	73,8	*bde*	67,9
abd	67,0	*cde*	65,9
abe	67,8	*abcde*	68,0

42. Os dados a seguir sobre o consumo de energia de fornalhas elétricas (kW consumido por tonelada de produto fundido) resultaram de um experimento fatorial 2^4 com três repetições ("Studies on a 10-cwt arc furnace", *J. Iron and Steel Institute*, 1956: 22). Os fatores foram: tipo do telhado (*A*, baixo/alto), ajuste de energia (*B*, baixo/alto), material usado (*C*, tubos/chapas) e carga (*D*, 700 lb/1.000 lb).

Tratamento	x_{ijklm}	Tratamento	x_{ijklm}
(1)	866, 862, 800	*d*	988, 808, 650
a	946, 800, 840	*ad*	966, 976, 876
b	774, 834, 746	*bd*	702, 658, 650
ab	709, 789, 646	*abd*	784, 700, 596
c	1 017, 990, 954	*cd*	922, 808, 868
ac	1 028, 906, 977	*acd*	1 056, 870, 908
bc	817, 783, 771	*bcd*	798, 726, 700
abc	829, 806, 691	*abcd*	752, 714, 714

Monte a tabela ANOVA e teste todas as hipóteses de interesse usando $\alpha = 0{,}01$.

43. O artigo "Statistical design and analysis of qualification test program for a small rocket engine" (*Industrial Quality Control*, 1964: 14-18) apresenta os dados de um experimento para avaliar os efeitos da vibração (*A*), do ciclo de temperatura (*B*), ciclo de altitude (*C*) e temperatura para altitude e detonação (*D*) sobre a duração do empuxo. Um subconjunto de dados é fornecido aqui. (No artigo, havia quatro níveis de *D* em vez de apenas dois.) Use o método de Yates para obter somas de quadrados e a tabela ANOVA. Em seguida, suponha que as interações de três e quatro fatores não existam, combine as somas de quadrados correspondentes para obter uma estimativa de σ^2 e teste todas as hipóteses apropriadas no nível 0,05.

		D_1		D_2	
		C_1	C_2	C_1	C_2
A_1	B_1	21,60	21,60	11,54	11,50
	B_2	21,09	22,17	11,14	11,32
A_2	B_1	21,60	21,86	11,75	9,82
	B_2	19,57	21,85	11,69	11,18

44. a. Em um experimento 2^4, suponha que dois blocos serão usados e que se decida confundir a interação *ABCD* com o efeito do bloco. Que tratamentos devem ser formados no primeiro bloco [aquele contendo o tratamento (1)] e que tratamentos devem ser designados ao segundo bloco?

b. Em um experimento para investigar a retenção de niacina em vegetais como uma função da temperatura de cozimento (*A*), do tamanho dos pedaços (*B*), do tipo de processamento (*C*) e do tempo de cozimento (*D*), cada fator foi mantido em dois níveis. Foram usados dois blocos com a designação de blocos apresentada no item (a) para confundir somente a interação *ABCD* com os blocos. Use o procedimento de Yates para obter a tabela ANOVA para os dados a seguir.

Tratamento	x_{ijkl}	Tratamento	x_{ijkl}
(1)	91	*d*	72
a	85	*ad*	78
b	92	*bd*	68
ab	94	*abd*	79
c	86	*cd*	69
ac	83	*acd*	75
bc	85	*bcd*	72
abc	90	*abcd*	71

c. Suponha que todos os efeitos de interação tripla não existam, de modo que as somas de quadrados correspondentes possam ser combinadas para gerar uma estimativa de σ^2, e realize todos os testes necessários no nível 0,05.

45. a. Um experimento foi realizado para investigar os efeitos sobre a sensibilidade de áudio de uma resistência variável (*A*), duas capacitâncias (*B*, *C*) e a indutância de uma bobina (*D*) em parte de um circuito de televisão. Se fossem usados quatro blocos com quatro tratamentos por bloco e os efeitos de confundimento determinantes fossem *AB* e *CD*, que tratamentos apareceriam em cada bloco?

b. Suponha que fossem realizadas duas repetições do experimento descrito no item (a), resultando nos dados a seguir. Obtenha a tabela ANOVA e teste todas as hipóteses relevantes, usando o nível 0,01.

Tratamento	x_{ijkl1}	x_{ijkl2}	Tratamento	x_{ijkl1}	x_{ijkl2}
(1)	618	598	*d*	598	585
a	583	560	*ad*	587	541
b	477	525	*bd*	480	508
ab	421	462	*abd*	462	449
c	601	595	*cd*	603	577
ac	550	589	*acd*	571	552
bc	505	484	*bcd*	502	508
abc	452	451	*abcd*	449	455

46. Em um experimento envolvendo quatro fatores (*A*, *B*, *C* e *D*) e quatro blocos, mostre que pelo menos um efeito principal ou um efeito de interação de dois fatores deve ser confundido com o efeito do bloco.

47. a. Em um experimento de sete fatores (A, ..., G), suponha que uma repetição pela quarta parte seja de fato realizada. Se os efeitos determinantes forem *ABCDE* e *CDEFG*, qual será o terceiro efeito não estimável e quais tratamentos estarão no grupo que contém (1)? Quais são os grupos análogos dos sete efeitos principais?

b. Se a repetição pela quarta parte tiver de ser realizada usando-se quatro blocos (com oito tratamentos por bloco), quais serão os blocos se os efeitos de confundimento escolhidos forem *ACF* e *BDG*?

48. O artigo "Applying design of experiments to improve a laser welding process" (*J. of Engr. Manufacture*, 2008: 1035-1042) incluiu os resultados de uma repetição pela metade de um experimento 2^4. Os quatro fatores foram: *A*. Potência (2.900 W, 3.300 W), *B*. Voltagem (2.400 mV, 3.600 mV), *C*. Limpeza das laterais (Não, Sim) e *D*. Limpeza do telhado (Não, Sim).

a. Se o efeito *ABCD* for escolhido como determinante para a repetição e o grupo de oito tratamentos para o qual são obtidos os dados incluir o tratamento (1), que outros tratamentos existirão no grupo observado e quais serão os pares análogos?

b. O artigo mencionado apresentou dados sobre duas variáveis resposta diferentes, a porcentagem de juntas defeituosas tanto para o cabo de solda a laser direito quanto para o cabo de solda esquerdo. Aqui, consideramos apenas a última resposta. As observações estão listadas na ordem padrão após a exclusão da metade não observada. Supondo que as interações de dois e três fatores sejam insignificantes, verifique se existem efeitos principais, usando o nível 0,05. Além disso, construa um gráfico normal de probabilidade.

8,936	9,130	4,314	7,692
0,415	6,061	1,984	3,830

49. No Exercício 39, suponha que, para obter os dados, tenha-se usado uma temperatura baixa de água. Todo o experimento é em seguida repetido com uma temperatura mais alta para obter os dados a seguir. Use o algoritmo de Yates em todo o conjunto de 48 observações para obter as somas dos quadrados e a tabela ANOVA e, em seguida, teste as hipóteses apropriadas no nível 0,05.

Condição	Observações
d	144, 154, 158
ad	239, 227, 244
bd	232, 242, 246
abd	364, 362, 346
cd	194, 162, 203
acd	284, 295, 291
bcd	291, 287, 297
abcd	411, 406, 395

Exercícios complementares (50–61)

50. Os resultados de um estudo que verificou a eficácia da secagem no varal para a maciez do tecido foram resumidos no artigo "Line-dried vs. machine-dried fabrics: comparison of appearance, hand, and consumer acceptance" (*Home Econ. Research J.*, 1984: 27-35). A avaliação dos níveis de maciez foi feita para nove tipos diferentes de tecido e cinco diferentes métodos de secagem: (1) secagem à máquina, (2) secagem no varal, (3) secagem no varal seguida de 15 min na secadora, (4) secagem no varal com amaciante e (5) secagem no varal com ventilação. Considerando os diferentes tipos de tecido como blocos, construa uma tabela ANOVA. Usando um nível de significância 0,05, verifique se existe alguma diferença para a pontuação na média verdadeira da maciez dos métodos de secagem.

		Método de secagem				
		1	2	3	4	5
	Crepe	3,3	2,5	2,8	2,5	1,9
	Malha dupla	3,6	2,0	3,6	2,4	2,3
	Sarja	4,2	3,4	3,8	3,1	3,1
	Sarja mista	3,4	2,4	2,9	1,6	1,7
Tecido	**Atoalhado**	3,8	1,3	2,8	2,0	1,6
	Denso de lã	2,2	1,5	2,7	1,5	1,9
	Pano de lençol	3,5	2,1	2,8	2,1	2,2
	Veludo cotelê	3,6	1,3	2,8	1,7	1,8
	Brim	2,6	1,4	2,4	1,3	1,6

51. A absorção de água de dois tipos de argamassa usados para reparar cimentos danificados foi discutida no artigo "Polymer mortar composite matrices for maintenance-free, highly durable ferrocement" (*J. Ferrocement*, 1984: 337-345). Amostras de argamassa de cimento comum (ACC) e argamassa composta de cimento e polímero (ACP) foram submersas por períodos de tempo variáveis (5, 9, 24 ou 48 horas), registrando-se a absorção de água (% por peso). Sendo o fator A (com dois níveis) o tipo de argamassa e o fator B (com quatro níveis) o período de submersão, foram feitas três observações para cada combinação de níveis do fator. Os dados fornecidos no artigo foram usados para calcular as somas de quadrados: SQA = 322,667, SQB = 35,623, SQAB = 8,557 e SQT = 372,113. Use essas informações para construir uma tabela ANOVA. Teste as hipóteses apropriadas no nível de significância 0,05.

52. Havia quatro canteiros disponíveis para um experimento de comparação da quantidade de trevos para quatro diferentes taxas de semeadura ("Performance of overdrilled red clover with different sowing rates and initial grazing managements", *N. Zeal. J. of Exp. Ag.*, 1984: 71-81). Visto que os canteiros foram adubados diferentemente antes do experimento e que se avaliou que isso poderia influenciar na quantidade de trevos, foi usado um experimento em bloco aleatorizado e todas as quatro taxas de semeadura foram experimentadas em uma parte de cada canteiro. Use os dados fornecidos para testar a hipótese nula de que não existe nenhuma diferença na média verdadeira da acumulação de trevos (kg DM/ha) para as diferentes taxas de semeadura.

		Taxa de semeadura (kg/ha)			
		3,6	6,6	10,2	13,5
	1	1 155	2 255	3 505	4 632
	2	123	406	564	416
Canteiro	**3**	68	416	662	379
	4	62	75	362	564

53. A resistência de contato na montagem de um circuito integrado em um substrato de vidro metalizado foi estudada como uma função do fator A = tipo de adesivo, do fator B = tempo de cura, e do fator C = material condutor (cobre e níquel). Os dados são apresentados a seguir, bem como uma tabela ANOVA do Minitab. Que conclusões você pode tirar desses dados?

Cobre		Tempo de cura 1	2	3
		72,7	74,6	80,0
	1	80,0	77,5	82,7
		77,8	78,5	84,6
Adesivo	**2**	75,3	81,1	78,3
		77,3	80,9	83,9
	3	76,5	82,6	85,0

Níquel		1	2	3
		74,7	75,7	77,2
	1	77,4	78,2	74,6
		79,3	78,8	83,0
Adesivo	**2**	77,8	75,4	83,9
		77,2	84,5	89,4
	3	78,4	77,5	81,2

```
Análise de variância da resistência
Fonte               GL      SQ      QM      F      P
Adesivo              2  101,317  50,659  6,54  0,007
Tempo de cura        2  151,317  75,659  9,76  0,001
Matcond              1    0,722   0,722  0,09  0,764
Ades*tempocura       4   30,526   7,632  0,98  0,441
Ades*matcond         2    8,015   4,008  0,52  0,605
Tempocura*matcond 2       5,952   2,976  0,38  0,687
Ad*curet*matcond     4   33,298   8,325  1,07  0,398
Erro                18  139,515   7,751
Total               35  470,663
```

54. As usinas elétricas abastecidas a carvão usadas no setor elétrico têm recebido atenção pública crescente em decorrência dos problemas ambientais associados a lixos sólidos gerados pela combustão em larga escala ("Fly ash binders in stabilization of FGD wastes", *J. of Environmental Engineering*, 1998: 43-49). Um estudo foi conduzido para analisar a influência de três fatores – tipo de aglutinante (A), quantidade de água (B) e método de descarte (C) – que afetam determinadas características de lixiviação de lixos sólidos da combustão. Cada um dos fatores foi estudado em dois níveis. Um experimento 2^3 não replicável foi realizado e um valor resposta CE50 (de concentração efetiva em mg/L, que diminui 50% da luz em um ensaio de bioluminescência) foi medido para cada combinação de níveis do fator. Os dados experimentais são fornecidos na tabela a seguir:

		Fator		Resposta
Realização	***A***	***B***	***C***	**EC50**
1	−1	−1	−1	23 100
2	1	−1	−1	43 000
3	−1	1	−1	71 400
4	1	1	−1	76 000
5	−1	−1	1	37 000
6	1	−1	1	33 200
7	−1	1	1	17 000
8	1	1	1	16 500

Construa uma ANOVA apropriada e expresse suas conclusões.

55. Impurezas na forma de óxidos de ferro diminuem o valor econômico e a utilidade dos minerais industriais, como o caulim, em indústrias cerâmicas e de papel. Um experimento 2^4 foi conduzido para avaliar os efeitos de quatro fatores sobre a porcentagem de ferro extraída de amostras de caulim ("Factorial experiments in the development of a kaolin bleaching process using thiourea in sulphuric acid solutions," *Hydrometallurgy*, 1997: 181-197). Os fatores e respectivos níveis estão relacionados na tabela a seguir:

Fator	Descrição	Unidades	Nível baixo	Nível alto
A	H_2SO_4	M	0,10	0,25
B	Tioureia	g/L	0,0	5,0
C	Temperatura	°C	70	90
D	Tempo	min	30	150

Os dados de um experimento 2^4 não replicado são apresentados na tabela a seguir.

Realização do teste	Extração de ferro (%)	Realização do teste	Extração de ferro (%)
(1)	7	*d*	28
a	11	*ad*	51
b	7	*bd*	33
ab	12	*abd*	57
c	21	*cd*	70
ac	41	*acd*	95
bc	27	*bcd*	77
abc	48	*abcd*	99

a. Calcule a estimativa de todos os efeitos principais e dos efeitos das interações de dois fatores para esse experimento.

b. Crie um gráfico de probabilidade desses efeitos. Que efeitos parecem importantes?

56. Delineamentos fatoriais foram usados na silvicultura para avaliar os efeitos de vários fatores sobre o comportamento do crescimento das árvores. Em um experimento desse tipo, os pesquisadores acreditavam que mudas saudáveis provavelmente germinariam mais rapidamente que mudas doentes ("Practical analysis of factorial experiments in forestry", *Canadian J. of Forestry*, 1995: 446-461). Além disso, antes do plantio, as mudas foram também expostas a três níveis de pH para verificar se esse fator tem um efeito sobre a passagem de vírus para as raízes. A tabela a seguir mostra os dados de um experimento 2 × 3 para estudar ambos os fatores:

		pH		
		3	5,5	7
Saúde	Doentes	1,2, 1,4, 1,0, 1,2, 1,4	0,8, 0,6, 0,8, 1,0, 0,8	1,0, 1,0, 1,2, 1,4, 1,2
	Saudáveis	1,4, 1,6, 1,6, 1,6, 1,4	1,0, 1,2, 1,2, 1,4, 1,4	1,2, 1,4, 1,2, 1,2, 1,4

A variável resposta é uma classificação média dos cinco brotos de uma muda. As classificações são 0 (broto não germinado), 1 (broto parcialmente desenvolvido) e 2 (broto totalmente desenvolvido). Analise esses dados.

57. Uma propriedade dos *air bags* de automóvel que contribui para sua capacidade de absorver energia é a permeabilidade (pés³/pés²/min) do tecido usado para fabricá-los. Entender como a permeabilidade é influenciada por vários fatores é fundamental para a eficácia dos *air bags*. Em determinado estudo, foram analisados os efeitos de três fatores, cada um em três níveis ("Analysis of fabrics used in passive restraint systems-airbags", *J. of the Textile Institute*, 1996: 554-571):

A (Temperatura): 8 °C, 50 °C, 75 °C
B (Espessura do tecido): 420-D, 630-D, 840-D
C (Pressão do ar): 17,2 kPa, 34,4 kPa, 103,4 kPa

Temperatura 8 °C

Espessura	Pressão 17,2	34,4	103,4
420-D	73	157	332
	80	155	322
630-D	35	91	288
	433	98	271
840-D	125	234	477
	111	233	464

Temperatura 50 °C

Espessura	Pressão 17,2	34,4	103,4
420-D	52	125	281
	51	118	264
630-D	16	72	169
	12	78	173
840-D	96	149	338
	100	155	350

Temperatura 75 °C

Espessura	Pressão 17,2	34,4	103,4
420-D	37	95	276
	31	106	281
630-D	30	91	213
	41	100	211
840-D	102	170	307
	98	160	311

Analise esses dados e expresse suas conclusões (suponha que todos os fatores sejam fixos).

58. Um engenheiro químico realizou um experimento para estudar os efeitos dos fatores fixos da pressão do reator (*A*), tempo de cozimento da polpa (*B*) e concentração de madeira (*C*) na resistência do papel. Esse experimento usou duas pressões, quatro tempos de cozimento, três concentrações e duas observações em cada combinação desses níveis. Somas calculadas de quadrados são SQA = 6,94, SQB = 5,61, SQC = 12,33, SQAB = 4,05, SQAC = 7,32, SQBC = 15,80, SQE = 14,40 e SQT = 70,82. Construa uma tabela ANOVA e execute testes apropriados ao nível de significância 0,05.

59. Em um processo de revestimento químico automatizado, a velocidade de acordo com a qual os objetos em uma esteira rolante são passados por um spray químico (velocidade da esteira), a quantidade de substância química pulverizada (volume do spray) e a marca da substância usada (marca) são fatores que podem influenciar na uniformidade do revestimento aplicado. Um experimento de 2^3 com repetições foi conduzido na tentativa de aumentar a uniformidade do revestimento. Na tabela a seguir, os valores mais altos da variável resposta estão associados com uma maior uniformidade da superfície:

				Uniformidade da superfície	
Realização	**Volume do spray**	**Velocidade da esteira**	**Marca**	**Repetição 1**	**Repetição 2**
1	−	−	−	40	36
2	+	−	−	25	28
3	−	+	−	30	32
4	+	+	−	50	48
5	−	−	+	45	43
6	+	−	+	25	30
7	−	+	+	30	29
8	+	+	+	52	49

Analise esses dados e expresse suas conclusões.

60. O artigo "Effect of cutting conditions on tool performance in CBN hard turning" (*J. of Manuf. Processes*, 2005: 10-17) forneceu os seguintes dados sobre a velocidade de corte (m/s), alimentação (mm/rev), profundidade de corte (mm) e vida útil da ferramenta (min). Faça uma ANOVA de três fatores para a vida útil da ferramenta, supondo a ausência de quaisquer interações fatoriais (assim como os autores do artigo).

Obs.	Veloc. corte	Aliment.	Prof. corte	Vida útil
1	1,21	0,061	0,102	27,5
2	1,21	0,168	0,102	26,5
3	1,21	0,061	0,203	27,0
4	1,21	0,168	0,203	25,0
5	3,05	0,061	0,102	8,0
6	3,05	0,168	0,102	5,0
7	3,05	0,061	0,203	7,0
8	3,05	0,168	0,203	3,5

61. Analogamente ao quadrado latino, um modelo em quadrado greco-latino pode ser usado quando existe a suspeita de que três fatores externos podem influenciar a variável resposta e os quatro fatores (os três externos e o de interesse) têm o mesmo número de níveis. No quadrado latino, cada nível do fator de interesse (C) aparece uma vez em cada linha (com cada nível de A) e uma vez em cada coluna (com cada nível de B). No quadrado greco-latino, cada nível de fator D aparece uma vez em cada linha, em cada coluna e também com cada nível do terceiro fator externo C. Alternativamente, o modelo pode ser usado quando os quatro fatores são todos de interesse igual, o número de níveis de cada um é N e recursos estão disponíveis apenas para N^2 observações. Um quadrado 5×5 é ilustrado em (a), no qual (k, l) em cada célula representa o k-ésimo nível de C e o l-ésimo de D. Em (b), apresentamos os dados da perda de peso em barras de silício usadas no material semicondutor como uma função do volume de solução ácida (A), cor do ácido nítrico na solução ácida (B), tamanho das barras (C) e tempo dentro da solução ácida (D) (com base em "Applications of analytic techniques to the semiconductor industry", *Fourteenth Midwest Quality Control Conference*, 1959).

Represente por $x_{ij(kl)}$ a perda de peso observada quando o fator A estiver no nível i, B estiver no nível j, C estiver no nível k e D estiver no nível l. Supondo a não interação entre os fatores, a soma total dos quadrados SQT (com $N^2 - 1$ gl) pode ser dividida em SQA, SQB, SQC, SQD e SQE. Apresente expressões para essas somas de quadrados, incluindo fórmulas de cálculo, obtenha a tabela ANOVA para os dados especificados e teste cada uma das hipóteses dos quatro efeitos principais, usando $\alpha = 0,05$.

		B				
(*C*, *D*)		**1**	**2**	**3**	**4**	**5**
	1	(1, 1)	(2, 3)	(3, 5)	(4, 2)	(5, 4)
	2	(2, 2)	(3, 4)	(4, 1)	(5, 3)	(1, 5)
A	**3**	(3, 3)	(4, 5)	(5, 2)	(1, 4)	(2, 1)
	4	(4, 4)	(5, 1)	(1, 3)	(2, 5)	(3, 2)
	5	(5, 5)	(1, 2)	(2, 4)	(3, 1)	(4, 3)

(a)

65	82	108	101	126
84	109	73	97	83
105	129	89	89	52
119	72	76	117	84
97	59	94	78	106

(b)

Bibliografia

Box, George, Hunter William; Hunter Stuart. *Statistics for experimenters*. 2. ed. New York: Wiley, 2006. Contém uma vasta quantidade de sugestões e perspectivas sobre a análise de dados com base na extensa experiência em consultoria dos autores.

DeVor, R., Chang T.; Sutherland J. W. *Statistical quality design and control*. 2. ed. Englewood Cliffs, NJ: Prentice-Hall, 2006. Inclui uma pesquisa moderna de experimentos fatoriais e fracionais fatoriais com um teor mínimo de matemática.

Hocking, Ronald. *Methods and applications of linear models*. 2. ed. New York: Wiley, 2003. Um tratamento bastante geral da análise de variância escrito por uma das maiores autoridades nesta área.

Kleinbaum, David; Kupper Lawrence; Muller Keith; Nizam Azhar. *Applied regression analysis and other multivariable methods*. 4. ed. Boston: Duxbury Press, 2007. Contém uma excelente discussão a respeito dos problemas associados à análise de "dados desbalanceados" – isto é, K_{ij} desiguais.

Kuehl, Robert O. *Design of experiments: statistical principles of research design and analysis*. 2. ed. Boston: Duxbury Press, 1999. Um tratamento abrangente de experimentos projetados e análise dos dados resultantes.

Montgomery, Douglas, *Design and analysis of experiments*. 7. ed. New York: Wiley, 2009. Consulte a bibliografia do Capítulo 10.

Neter, John; Wasserman William; Kutner Michael. *Applied linear statistical models*. 5. ed. Homewood, IL: Irwin, 2004. Consulte a bibliografia do Capítulo 10.

Vardeman, Stephen. *Statistics for engineering problem solving*. Boston:= PWS, 1994. Uma introdução geral para engenheiros, com uma grande quantidade de metodologia descritiva e inferencial para dados de experimentos projetados.

12 Regressão linear simples e correlação

Introdução

Nos problemas de duas amostras discutidos no Capítulo 9, estávamos interessados em comparar os valores dos parâmetros para a distribuição x e a distribuição y. Mesmo quando as observações eram pareadas, não tentamos usar informações a respeito de uma das variáveis para estudar a outra. Esse é precisamente o objetivo da análise de regressão: explorar a relação entre duas (ou mais) variáveis, de modo que possamos obter informações sobre uma delas, por meio dos valores conhecidos da(s) outra(s).

O objetivo de grande parte dos cálculos é investigar as variáveis que estão relacionadas *deterministicamente*. Afirmando que x e y estão relacionadas dessa maneira significa dizer que o conhecimento do valor de x implica o conhecimento exato do valor de y. Por exemplo, suponha que decidamos alugar uma van por um dia e que o valor do aluguel seja \$ 25,00 mais \$ 0,30 por quilômetro rodado. Sendo $x =$ o número de quilômetros rodados e $y =$ a despesa de aluguel, então $y = 25 + 0{,}3x$. A van é dirigida por 100 quilômetros ($x = 100$), então $y = 25 + 0{,}3(100) = 55$. Como outro exemplo, se a velocidade inicial de uma partícula for v_0 e ela sofrer uma aceleração constante a, a distância percorrida $= y = v_0x + \frac{1}{2}ax^2$, em que $x =$ tempo.

Muitas variáveis x e y podem até parecer relacionadas uma com a outra, mas não de maneira determinística. Um exemplo comum é dado pelas variáveis $x =$ média total geral de notas escolares do ensino médio (*Grade Point Average* – GPA) e $y =$ GPA da faculdade. O valor de y não pode ser determinado apenas com base no valor conhecido de x e dois diferentes alunos podem ter o mesmo valor de x, mas com valores de y bem diferentes. Contudo, existe uma tendência de alunos com GPA altos (baixos) no ensino médio terem também GPA altos (baixos) na faculdade. Conhecer o GPA do ensino médio de um aluno pode ser muito útil para ajudar a prever seu desempenho na faculdade.

Outros exemplos de variáveis relacionadas de maneira não determinística incluem $x =$ idade de uma criança e $y =$ tamanho do vocabulário dessa criança, $x =$ tamanho de um motor (cm^3) e $y =$ consumo de combustível de um automóvel equipado com esse motor e $x =$ força de tração aplicada e $y =$ quantidade de alongamento de uma tira de metal.

A **análise de regressão** é a parte da estatística que investiga a relação entre duas ou mais variáveis relacionadas de maneira não determinística. Neste capítulo, estendemos (generalizamos) a relação linear determinística $y = \beta_0 + \beta_1 x$ para uma relação linear probabilística, desenvolvemos procedimentos para fazer inferências sobre os parâmetros do modelo e obter uma medida quantitativa (o coeficiente de correlação) sobre até que ponto as duas variáveis estão relacionadas. No Capítulo 13, abordaremos as técnicas de validação de um determinado modelo e investigaremos as relações não lineares e as relações com mais de duas variáveis.

12.1 O modelo de regressão linear simples

A relação matemática determinística mais simples entre duas variáveis x e y é uma relação linear $y = \beta_0 + \beta_1 x$. O conjunto de pares (x, y) para o qual $y = \beta_0 + \beta_1 x$ determina uma linha reta com inclinação β_1 e intercepto β_0.[1] O objetivo desta seção é desenvolver um modelo probabilístico linear.

Se as duas variáveis não estiverem relacionadas deterministicamente, então, para um valor fixo de x, o valor da segunda variável será aleatório. Por exemplo, se estivermos investigando a relação entre a idade de uma criança e o tamanho do seu vocabulário e decidirmos selecionar uma criança de idade $x = 5{,}0$ anos, então, antes que a seleção seja feita, o tamanho do vocabulário será uma variável aleatória Y. Depois que uma determinada criança de 5 anos tiver sido selecionada e testada, o resultado será, por exemplo, um vocabulário de 2 000 palavras. Portanto, podemos dizer que o valor observado de Y, associado com a fixação de $x = 5{,}0$, foi $y = 2\,000$.

Na maioria das vezes, a variável cujo valor é fixado pelo pesquisador será representada por x e será chamada **variável independente**, **preditora** ou **explanatória**. Para x fixo, a segunda variável será aleatória; representamos essa variável aleatória e seu valor observado por Y e y, respectivamente, e as chamamos **variável dependente** ou **variável resposta**.

Em geral, as observações serão feitas para inúmeros conjuntos da variável independente. Sejam $x_1, x_2, \ldots, x_n$ os valores da variável independente para as quais são feitas as observações e sejam Y_i e y_i, respectivamente, a variável aleatória e o valor observado associados a x_i. Os dados bivariados disponíveis consistem nos n pares $(x_1, y_1), (x_2, y_2), \ldots, (x_n, y_n)$. Uma figura desses dados, chamada **gráfico de dispersão**, dá impressões preliminares sobre a natureza de qualquer relacionamento. Em um gráfico desse tipo, cada (x_i, y_i) é dado como um ponto representado graficamente em um sistema de coordenadas bidimensional.

Exemplo 12.1

Problemas visuais e musculoesqueletais associados ao uso de terminais de exibição visual (*Visual Display Terminals* – VDT) tornaram-se muito comuns nos últimos anos. Alguns pesquisadores concentraram-se na direção vertical do olhar como uma fonte de esforço e irritação ocular. Acredita-se que essa direção esteja intimamente relacionada com a Área da Superfície Ocular (ASO), de modo que é necessário um método para medi-la. Os dados representativos a seguir sobre y = ASO (cm^2) e x = largura da fissura da pálpebra (isto é, a largura horizontal da abertura do olho, em cm) foram reproduzidos do artigo "Analysis of ocular surface area for comfortable VDT workstation layout" (*Ergonomics*, 1996: 877--884). A ordem na qual as observações foram obtidas não foi dada, de maneira que, por conveniência, elas são relacionadas na ordem crescente dos valores x.

i	1	2	3	4	5	6	7	8	9	10	11	12	13	14	15
x_i	0,40	0,42	0,48	0,51	0,57	0,60	0,70	0,75	0,75	0,78	0,84	0,95	0,99	1,03	1,12
y_i	1,02	1,21	0,88	0,98	1,52	1,83	1,50	1,80	1,74	1,63	2,00	2,80	2,48	2,47	3,05

i	16	17	18	19	20	21	22	23	24	25	26	27	28	29	30
x_i	1,15	1,20	1,25	1,25	1,28	1,30	1,34	1,37	1,40	1,43	1,46	1,49	1,55	1,58	1,60
y_i	3,18	3,76	3,68	3,82	3,21	4,27	3,12	3,99	3,75	4,10	4,18	3,77	4,34	4,21	4,92

Portanto, $(x_1, y_1) = (0{,}40, 1{,}02)$, $(x_5, y_5) = (0{,}57, 1{,}52)$, e assim por diante. Um gráfico de dispersão do Minitab é mostrado na Figura 12.1; usamos uma opção que produziu um gráfico de pontos tanto dos valores x como dos valores y individualmente ao longo das margens direita e superior do gráfico, o que fa-

[1] A inclinação de uma linha é a mudança em y para um aumento de 1 unidade em x. Por exemplo, se $y = -3x + 10$, então y diminui em 3 quando x aumenta em 1, portanto, a inclinação é de -3. O intercepto é a altura em que a linha cruza o eixo vertical e é obtida ao ajustar $x = 0$ na equação.

cilita a visualização das distribuições das variáveis individuais (outras alternativas são os histogramas ou *boxplots*). Aqui, há alguns detalhes a serem observados nos dados e no gráfico:

- Várias observações têm valores x idênticos, porém valores y diferentes (por exemplo, $x_8 = x_9 = 0,75$, porém $y_8 = 1,80$ e $y_9 = 1,74$). Portanto, o valor de y *não* é determinado apenas por x, mas também por vários outros fatores.
- Existe uma grande tendência de y aumentar à medida que x aumenta. Ou seja, valores maiores da ASO tendem a estar associados com valores maiores da largura da fissura – uma relação positiva entre as variáveis.

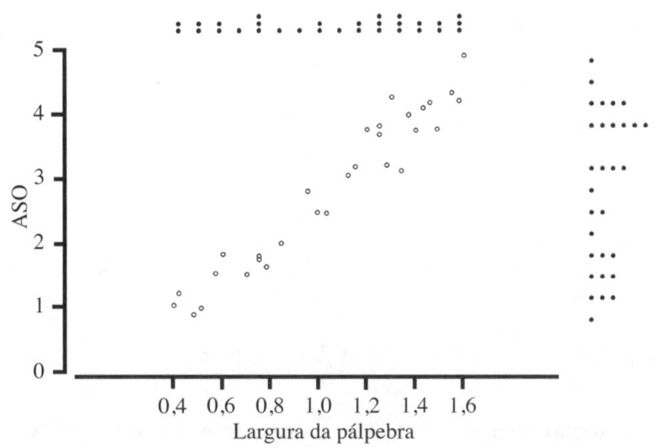

Figura 12.1 Gráfico de dispersão do Minitab para os dados do Exemplo 12.1, junto dos gráficos de pontos dos valores de x e y.

- Aparentemente, o valor de y pode ser previsto com base no valor de x, encontrando-se uma reta razoavelmente próxima dos pontos no gráfico (os autores do artigo citado fizeram isso). Em outras palavras, há evidência de uma relação linear considerável (embora não perfeita) entre as duas variáveis. ■

Os eixos horizontal e vertical no gráfico de dispersão da Figura 12.1 cruzam no ponto (0, 0). Em muitos conjuntos de dados, os valores de x ou y ou os valores de ambas as variáveis diferem consideravelmente do zero relativo para o(s) intervalo(s) dos valores. Por exemplo, um estudo sobre como a eficiência do ar-condicionado está relacionada com a temperatura máxima diária externa pode envolver observações para temperaturas no intervalo de 80 °F (26,66 °C) a 100 °F (37,77 °C). Quando esse for o caso, um gráfico mais informativo mostraria o cruzamento dos eixos adequadamente em algum ponto diferente de (0, 0).

Exemplo 12.2

O arsênio é encontrado em muitas águas subterrâneas e algumas águas de superfície. Uma pesquisa recente sobre os efeitos de saúde levou a Agência de Proteção Ambiental a reduzir os níveis de arsênio permitidos na água potável, de modo que muitos sistemas de água não são mais compatíveis com os padrões. Isso estimulou o interesse no desenvolvimento dos métodos para remover o arsênio. Os dados a seguir (x = pH e y = arsênio removido (%) por um determinado processo) foram lidos em um gráfico de dispersão no artigo "Optimizing arsenic removal during iron removal: theoretical and practical considerations" (*J. of Water Supply Res. and Tech.*, 2005: 545-560).

x	7,01	7,11	7,12	7,24	7,94	7,94	8,04	8,05	8,07
y	60	67	66	52	50	45	52	48	40

x	8,90	8,94	8,95	8,97	8,98	9,85	9,86	9,86	9,87
y	23	20	40	31	26	9	22	13	7

A Figura 12.2 a seguir mostra dois gráficos de dispersão desses dados feitos no Minitab. Na Figura 12.2(a), o Minitab selecionou a escala para ambos os eixos. Obtivemos a Figura 12.2(b) especificando valores mínimos e máximos de x e y de modo que os eixos cruzassem aproximadamente no ponto (0, 0). O segundo gráfico é muito mais compacto que o primeiro; essa compactação pode dificultar a especificação da característica geral de qualquer relação. Por exemplo, a curvatura pode passar desapercebida em um gráfico compacto.

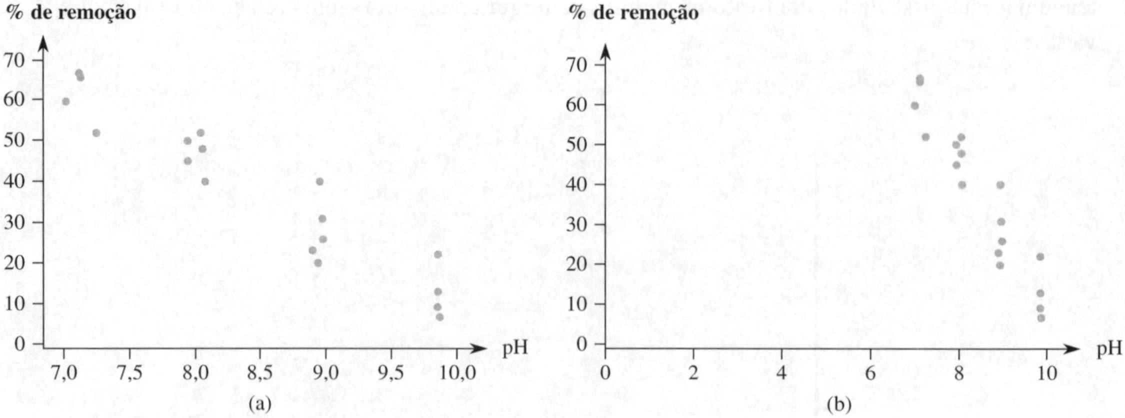

Figura 12.2 Gráficos de dispersão feitos no Minitab com os dados do Exemplo 12.2.

Os valores maiores da remoção do arsênio tendem a estar associados ao pH baixo, uma relação negativa ou inversa. Além do mais, as duas variáveis parecem estar relacionadas pelo menos quase linearmente, embora reconhecendo que os pontos estariam dispersos em qualquer reta traçada sobre eles (como a linha que apareceu no artigo citado). ■

Modelo probabilístico linear

Para o modelo determinístico $y = \beta_0 + \beta_1 x$, o valor real observado de y é uma função linear de x. A generalização apropriada dessa característica para um modelo probabilístico pressupõe que o *valor esperado de Y é uma função linear de x*, mas que, para um x fixo, a variável Y difere de seu valor esperado por uma quantidade aleatória.

Definição

O modelo de regressão linear simples

Existem parâmetros β_0, β_1 e σ^2, de forma que, para qualquer valor fixo da variável independente x, a variável dependente é uma variável aleatória relacionada a x por meio do **modelo**

$$Y = \beta_0 + \beta_1 x + \epsilon \tag{12.1}$$

A quantidade ϵ no modelo é uma variável aleatória, considerada normalmente distribuída com $E(\epsilon) = 0$ e $V(\epsilon) = \sigma^2$.

A variável ϵ é frequentemente chamada de **desvio aleatório** ou **erro aleatório** do modelo. Sem ϵ, qualquer par observado (x, y) corresponderia a um ponto disposto exatamente na reta $y = \beta_0 + \beta_1 x$, denominada **reta de regressão verdadeira** (ou **populacional**). A inclusão do termo de erro aleatório permite que (x, y) fique acima da reta de regressão verdadeira (quando $\epsilon > 0$) ou abaixo da reta (quando $\epsilon < 0$). Os pontos $(x_1, y_1), ..., (x_n, y_n)$ resultados de n observações independentes tenderão a ser dispersados na reta de regressão verdadeira, como ilustrado na Figura 12.3. Ocasionalmente, a aplicabilidade do modelo de regressão linear simples pode ser sugerida por considerações teóricas (por exemplo, existe uma relação linear exata entre as duas variáveis, em que ϵ representa o erro de medição). Contudo, bem mais frequentemente, a plausibilidade do modelo é indicada por um gráfico de dispersão exibindo um padrão linear significativo (como nas Figuras 12.1 e 12.2).

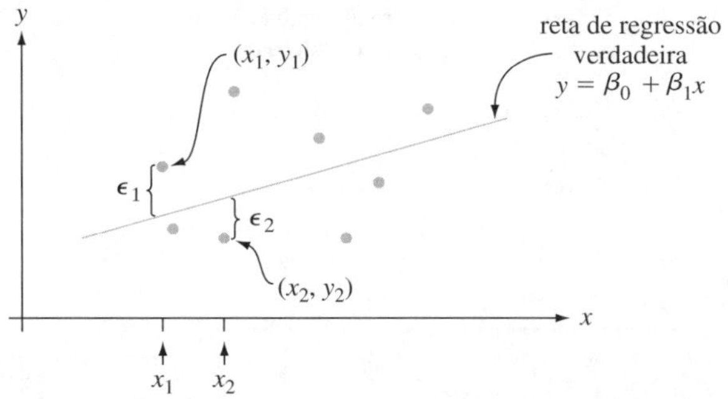

Figura 12.3 Pontos correspondentes às observações do modelo de regressão linear simples.

As implicações do modelo (12.1) podem ser mais bem compreendidas com a ajuda da notação a seguir. Sejam x^* um valor particular da variável independente x e

$$\mu_{Y \cdot x^*} = \text{o valor esperado (ou média) de } Y \text{ quando } x \text{ tem valor } x^*$$
$$\sigma^2_{Y \cdot x^*} = \text{a variância de } Y \text{ quando } x \text{ tem valor } x^*$$

Uma notação alternativa é $E(Y|x^*)$ e $V(Y|x^*)$. Por exemplo, se x = força aplicada (kg/mm^2) e y = tempo até a ruptura (h), então $\mu_{Y \cdot 20}$ representaria o valor esperado do tempo até a ruptura, quando a força aplicada fosse 20 kg/mm^2. Se pensarmos em uma população completa de pares (x, y), então $\mu_{Y \cdot x^*}$ será a média de todos os valores y para os quais $x = x^*$ e $\sigma^2_{Y \cdot x^*}$ é uma medida de quanto esses valores de y dispersam em torno do valor médio. Se, por exemplo, x = idade da criança e y = tamanho do vocabulário, então $\mu_{Y \cdot 5}$ é o tamanho médio do vocabulário de todas as crianças de 5 anos na população e $\sigma^2_{Y \cdot 5}$ descreve a variabilidade no tamanho do vocabulário para essa parte da população. Assim que x é fixado, a única aleatoriedade no lado direito da equação do modelo (12.1) está no erro aleatório ϵ e seu valor médio e variância são 0 e σ^2, respectivamente, seja qual for o valor de x. Isso implica que

$$\mu_{Y \cdot x^*} = E(\beta_0 + \beta_1 x^* + \epsilon) = \beta_0 + \beta_1 x^* + E(\epsilon) = \beta_0 + \beta_1 x^*$$
$$\sigma^2_{Y \cdot x^*} = V(\beta_0 + \beta_1 x^* + \epsilon) = V(\beta_0 + \beta_1 x^*) + V(\epsilon) = 0 + \sigma^2 = \sigma^2$$

Substituindo x^* em $\mu_{Y \cdot x^*}$ por x dá a relação $\mu_{Y \cdot x} = \beta_0 + \beta_1 x$, que diz que o *valor médio* de Y, em vez de Y em si, é uma função linear de x. A reta de regressão verdadeira $y = \beta_0 + \beta_1 x$ é, dessa forma, a *linha dos valores médios*; sua altura acima de qualquer valor x específico é o valor esperado de Y para esse valor de x. A inclinação β_1 da reta de regressão verdadeira é interpretada como a mudança *esperada* em Y associada com um aumento na unidade 1 no valor de x. A segunda relação afirma que a quantidade da variabilidade na distribuição dos valores Y é a mesma em cada valor diferente de x (homogeneidade da variância). No exemplo que envolve a idade de uma criança e o tamanho do vocabulário, o modelo significa que o tamanho médio do vocabulário muda linearmente com a idade (a expectativa é que β_1 seja positivo) e que a quantidade de variabilidade do vocabulário em qualquer idade em particular é a mesma que em qualquer outra idade. Finalmente, para x fixo, Y é a soma de uma constante $\beta_0 + \beta_1 x$ e a v.a. normalmente distribuída ϵ, implicando que Y tem uma distribuição normal. Essas propriedades são ilustradas na Figura 12.4. O parâmetro da variância σ^2 determina até que ponto cada curva normal se dispersa ao redor de seu valor médio (a altura da reta). Quando σ^2 é pequeno, um ponto observado (x, y) quase sempre ficará bem próximo da reta de regressão verdadeira, ao passo que as observações podem desviar consideravelmente de seus valores esperados (correspondendo a pontos distantes da reta) quando σ^2 for grande.

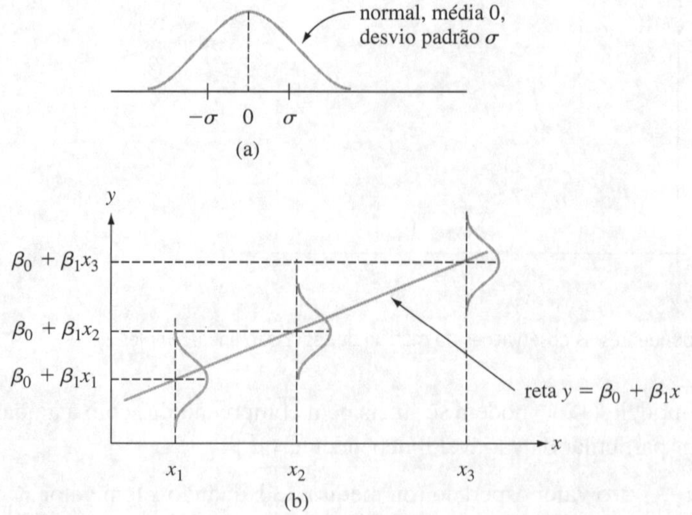

Figura 12.4 (a) Distribuição de ϵ; (b) distribuição de Y para valores diferentes de x.

Exemplo 12.3

Suponha que a relação entre a força aplicada x e o tempo até a ruptura y sejam descritos por um modelo de regressão linear simples com a reta de regressão verdadeira $y = 65 - 1{,}2x$ e $\sigma = 8$. Portanto, para qualquer valor fixo x^* de força, o tempo até a ruptura tem uma distribuição normal com valor médio $65 - 1{,}2x^*$ e desvio padrão 8. *Grosso modo*, na população que compreende todos os pontos (x, y), a magnitude de um desvio comum da reta de regressão verdadeira é aproximadamente 8. Para $x = 20$, o valor médio de Y é $\mu_{Y \cdot 20} = 65 - 1{,}2(20) = 41$, de modo que

$$P(Y > 50 \text{ quando } x = 20) = P\left(Z > \frac{50 - 41}{8}\right) = 1 - \Phi(1{,}13) = 0{,}1292$$

A probabilidade de que o tempo até a ruptura ultrapasse 50 quando a força aplicada for 25 é, uma vez que $\mu_{Y \cdot 25} = 35$,

$$P(Y > 50 \text{ quando } x = 25) = P\left(Z > \frac{50 - 35}{8}\right) = 1 - \Phi(1{,}88) = 0{,}0301$$

Essas probabilidades são representadas pelas áreas sombreadas na Figura 12.5.

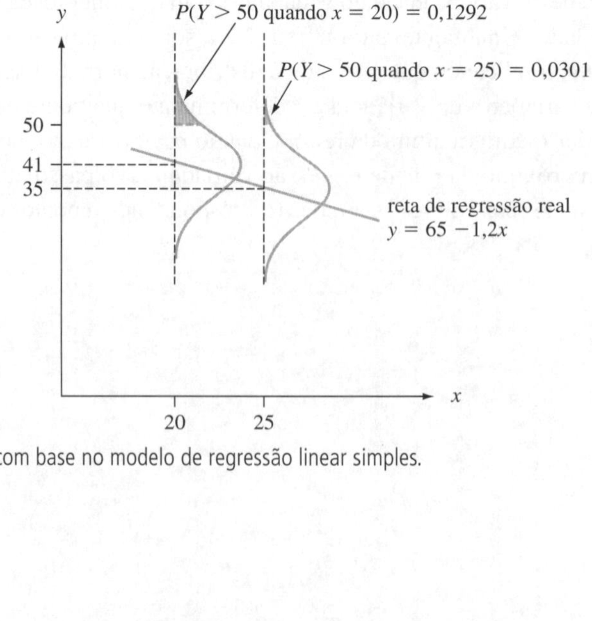

Figura 12.5 Probabilidades com base no modelo de regressão linear simples.

Suponha que Y_1 denote uma observação sobre o tempo até a ruptura feita com $x = 25$ e Y_2 denote uma observação independente feita com $x = 24$. Então $Y_1 - Y_2$ é normalmente distribuído com o valor médio $E(Y_1 - Y_2) = \beta_1 = -1{,}2$, variância $V(Y_1 - Y_2) = \sigma^2 + \sigma^2 = 128$ e desvio padrão $\sqrt{128} = 11{,}314$. A probabilidade de Y_1 exceder Y_2 é

$$P(Y_1 - Y_2 > 0) = P\left(Z > \frac{0 - (-1{,}2)}{11{,}314}\right) = P(Z > 0{,}11) = 0{,}4562$$

Ou seja, mesmo que nossa expectativa fosse de que Y diminuísse quando x aumentasse em 1 unidade, não é improvável que o Y observado em $x + 1$ seja maior que o Y observado em x. ■

EXERCÍCIOS Seção 12.1 (1–11)

1. A taxa de eficiência de uma amostra de aço imersa em um tanque de fosfatação é o peso do revestimento de fosfato dividido pela perda do metal (ambos em mg/pé²). O artigo "Statistical process control of a phosphate coating line" (*Wire J. Intl.*, maio de 1997: 78-81) forneceu os dados a seguir sobre a temperatura do tanque (x) e a taxa de eficiência (y).

Temp.	170	172	173	174	174	175	176
Taxa	0,84	1,31	1,42	1,03	1,07	1,08	1,04
Temp.	177	180	180	180	180	180	181
Taxa	1,80	1,45	1,60	1,61	2,13	2,15	0,84
Temp.	181	182	182	182	182	184	184
Taxa	1,43	0,90	1,81	1,94	2,68	1,49	2,52
Temp.	185	186	188				
Taxa	3,00	1,87	3,08				

a. Elabore um diagrama de ramo e folha da temperatura e da taxa de eficiência; comente os aspectos de interesse.

b. O valor da taxa de eficiência é determinado completa e exclusivamente pela temperatura do tanque? Explique seu raciocínio.

c. Construa um gráfico de dispersão desses dados. Há algum indício de que a taxa de eficiência pode ser prevista de maneira altamente satisfatória pelo valor da temperatura? Explique seu raciocínio.

2. O artigo "Exhaust emissions from four-stroke lawn mower engines" (*J. of the Air and Water Mgnmt. Assoc.*, 1997: 945--952) apresentou dados de um estudo no qual foram usadas gasolina comum e uma gasolina reformulada. Considere as observações a seguir, sobre a idade (ano) e a emissão de NO_x (g/kWh):

Motor	1	2	3	4	5
Idade	0	0	2	11	7
Comum	1,72	4,38	4,06	1,26	5,31
Reformulada	1,88	5,93	5,54	2,67	6,53

Motor	6	7	8	9	10
Idade	16	9	0	12	4
Comum	0,57	3,37	3,44	0,74	1,24
Reformulada	0,74	4,94	4,89	0,69	1,42

Elabore gráficos de dispersão das emissões de NO_x *versus* período. Qual parece ser a natureza da relação entre essas duas variáveis? [*Observação*: os autores do artigo citado comentaram sobre a relação.]

3. Suponha que, em um determinado processo químico, o tempo de reação y (h) esteja relacionado com a temperatura (°F) no motor em que a reação ocorre, de acordo com o modelo de regressão linear simples, com a equação $y = 5{,}00 - 0{,}01x$ e $\sigma = 0{,}075$.

a. Qual é a mudança esperada no tempo de reação para um aumento de temperatura de 1 °F? Para um aumento de temperatura de 10 °F?

b. Qual é o tempo de reação esperado quando a temperatura é 200 °F? Quando a temperatura é 250 °F?

c. Suponha que cinco observações sejam feitas de maneira independente sobre o tempo de reação, cada uma para uma temperatura de 250 °F. Qual é a probabilidade de que todas as cinco vezes fiquem entre 2,4 e 2,6 h?

d. Qual é a probabilidade de que dois tempos de reação observados independentemente para temperaturas com 1 °F de diferença sejam tais que o tempo na temperatura mais alta ultrapasse o tempo na temperatura mais baixa?

4. Um estudo para avaliar a capacidade dos sistemas de fluxo de subsuperfície de zonas alagadiças, para remover a demanda bioquímica de oxigênio (DBO) e vários outros componentes químicos, produziu os dados a seguir sobre x = aumento de massa DBO (kg/ha/d) e y = remoção de massa DBO (kg/ha/d) ("Subsurface flow wetlands – a performance evaluation", *Water Envir. Res.*, 1995: 244-247).

x	3	8	10	11	13	16	27	30	35	37	38	44	103	142
y	4	7	8	8	10	11	16	26	21	9	31	30	75	90

a. Elabore um *boxplot* tanto para o aumento da massa como para sua remoção e comente qualquer característica interessante.

b. Elabore um gráfico de dispersão dos dados e comente qualquer característica interessante.

5. O artigo "Objective measurement of the stretchability of mozzarella cheese" (*J. of Texture Studies*, 1992: 185-194) descreveu um experimento realizado para investigar como o comportamento do queijo muçarela variou com a temperatura.

Considere os dados a seguir sobre x = temperatura e y = aumento (%) ao derreter o queijo. [*Observação*: os pesquisadores eram italianos e usaram queijo muçarela *verdadeiro*, não o primo pobre disponível nos Estados Unidos.]

x	59	63	68	72	74	78	83
y	118	182	247	208	197	135	132

a. Elabore um gráfico de dispersão em que os eixos se cruzam em (0, 0). Marque 0, 20, 40, 60, 80 e 100 no eixo horizontal e 0, 50, 100, 150, 200 e 250 no eixo vertical.

b. Elabore um gráfico de dispersão em que os eixos se cruzam em (55, 100), como foi feito no artigo citado. Será que esse gráfico parece preferível ao do item (a)? Explique seu raciocínio.

c. O que os gráficos dos itens (a) e (b) sugerem sobre a natureza da relação entre as duas variáveis?

6. Um dos fatores do desenvolvimento do "cotovelo de tenista" (*tennis elbow*), doença que amedronta todos os tenistas praticantes, é a vibração induzida pelo impacto do sistema "raquete-braço" no contato com a bola. É de conhecimento geral que a probabilidade de o esportista ser acometido por essa doença depende de várias propriedades da raquete usada. Considere o gráfico de dispersão de x = frequência de ressonância da raquete (Hz) e y = soma da aceleração pico a pico (característica da vibração do braço, em m/s/s) para $n = 23$ raquetes diferentes ("Transfer of tennis racket vibrations into the human forearm", *Medicine and Science in Sports and Exercise*, 1992: 1134-1140). Comente as características interessantes dos dados e do gráfico de dispersão.

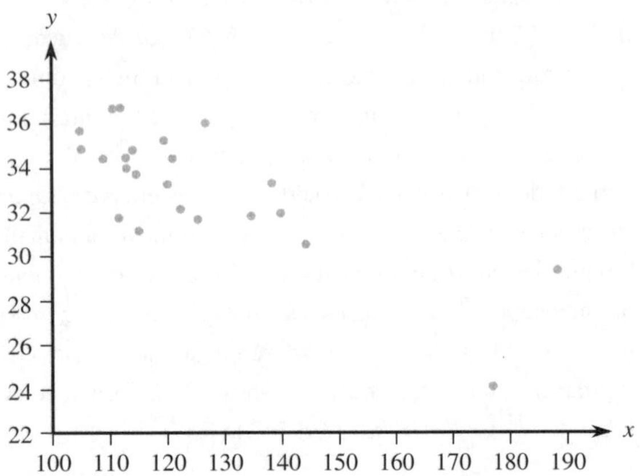

7. O artigo "Some field experience in the use of an accelerated method in estimating 28-day strength of concrete" (*J. of Amer. Concrete Institute*, 1969: 895) fez a regressão de y = resistência do concreto usando tratamento padrão de 28 dias (psi) em relação a x = resistência do concreto usando tratamento acelerado (psi). Suponha que a equação da reta de regressão verdadeira seja $y = 1\,800 + 1{,}3x$.

a. Qual é o valor esperado da resistência aos 28 dias quando a resistência acelerada = 2 500?

b. Até que ponto podemos esperar que a resistência aos 28 dias mude quando a resistência usando tratamento acelerado é aumentada em 1 psi?

c. Responda ao item (b) para um aumento de 100 psi.

d. Responda ao item (b) para uma diminuição de 100 psi.

8. Em relação ao Exercício 7, suponha que o desvio padrão do desvio aleatório seja 350 psi.

a. Qual é a probabilidade de o valor observado de resistência aos 28 dias ultrapassar 5 000 psi, quando o valor da resistência usando tratamento acelerado for 2 000?

b. Repita o item (a), substituindo 2 000 por 2 500.

c. Considere fazer duas observações independentes sobre a resistência aos 28 dias, a primeira para uma resistência usando tratamento acelerado de 2 000 e a segunda para $x = 2\,500$. Qual é a probabilidade de que a segunda observação exceda a primeira em mais de 1 000 psi?

d. Sejam Y_1 e Y_2 as observações sobre a resistência aos 28 dias quando $x = x_1$ e $x = x_2$, respectivamente. Em quanto x_2 excederia x_1 para que $P(Y_2 > Y_1) = 0{,}95$?

9. A taxa de fluxo y (m^3/min) em um dispositivo usado para avaliar a qualidade do ar depende da queda de pressão (polegadas de água) por meio do filtro do dispositivo. Suponha que, para valores entre 5 e 20, as duas variáveis sejam relacionadas de acordo com o modelo de regressão linear simples com uma reta de regressão verdadeira $y = -0{,}12 + 0{,}095x$.

a. Qual é a mudança esperada na taxa de fluxo associada com um aumento de 1 pol na queda da pressão? Explique.

b. Que mudança na taxa de fluxo pode ser esperada quando a queda da pressão sofre uma diminuição de 5 pol?

c. Qual é a taxa de fluxo esperada para uma queda de pressão de 10 pol? E uma queda de 15 pol?

d. Suponha $\sigma = 0{,}025$ e considere uma queda de pressão de 10 pol. Qual é a probabilidade de o valor observado da taxa de fluxo ultrapassar 0,835? E de que a taxa de fluxo ultrapasse 0,840?

e. Qual é a probabilidade de uma observação sobre a taxa de fluxo, com uma queda de pressão de 10 pol, ultrapassar uma observação sobre a taxa de fluxo feita quando a queda de pressão for 11 pol?

10. Suponha que o custo esperado de uma operação de produção esteja relacionado com o tamanho da operação por meio da equação $y = 4\,000 + 10x$. Seja Y uma observação sobre o custo de uma operação. Se as variáveis *tamanho* e *custo* estiverem relacionadas de acordo com o modelo de regressão linear simples, seria possível que $P(Y > 5\,500$ quando $x = 100) = 0{,}05$ e $P(Y > 6\,500$ quando $x = 200) = 0{,}10$? Explique.

11. Os dados bivariados frequentemente provêm do uso de duas diferentes técnicas para medir uma mesma quantidade. Como exemplo, as observações a seguir sobre x = concentração de hidrogênio (ppm) usando um método de cromatografia gasosa e y = concentração usando um novo método foram lidas de um gráfico no artigo "A new method to measure the diffusible hydrogen content in steel weldments using a polymer electrolyte-based hydrogen sensor" (*Welding Res.*, jul. 1997: 251s-256s).

x	47	62	65	70	70	78	95	100	114	118
y	38	62	53	67	84	79	93	106	117	116
x	124	127	140	140	140	150	152	164	198	221
y	127	114	134	139	142	170	149	154	200	215

Elabore um gráfico de dispersão. Parece haver uma relação extremamente sólida entre os dois tipos de medida de concentração? Os dois métodos parecem estar medindo aproximadamente a mesma quantidade? Explique seu raciocínio.

12.2 Estimando parâmetros do modelo

Nesta e em várias outras seções a seguir, assumiremos que as variáveis x e y estão relacionadas de acordo com o modelo de regressão linear simples. Os valores de β_0, β_1 e σ^2 praticamente nunca serão conhecidos pelo investigador. Em vez disso, serão fornecidos dados amostrais, compreendendo n pares observados $(x_1, y_1), ..., (x_n, y_n)$, com base nos quais os parâmetros de modelo e a própria reta de regressão verdadeira podem ser estimados. Supõe-se que essas observações tenham sido obtidas independentemente umas das outras. Ou seja, y_i é o valor observado de Y_i, em que $Y_i = \beta_0 + \beta_1 x_i + \epsilon_i$ e os n desvios $\epsilon_1, \epsilon_2, ..., \epsilon_n$ são v.a. independentes. A independência de $Y_1, Y_2, ..., Y_n$ segue da independência dos ϵ_i.

De acordo com o modelo, os pontos observados serão distribuídos nas imediações da reta de regressão verdadeira de maneira aleatória. A Figura 12.6 mostra um gráfico típico de pares observados com duas candidatas à reta de regressão estimada. Intuitivamente, a reta $y = a_0 + a_1 x$ não é uma estimativa razoável da reta verdadeira $y = \beta_0 + \beta_1 x$ porque, se $y = a_0 + a_1 x$ fosse a reta verdadeira, os pontos observados deveriam estar mais próximos dessa reta. A reta $y = b_0 + b_1 x$ é uma estimativa mais plausível porque os pontos observados estão dispersos bem mais próximos dessa reta.

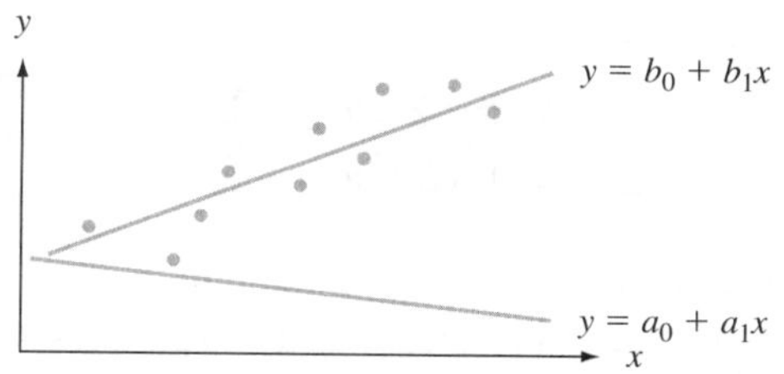

Figura 12.6 Duas estimativas diferentes da reta de regressão verdadeira.

A Figura 12.6 e a discussão precedente sugerem que nossa estimativa de $y = \beta_0 + \beta_1 x$ deve ser uma reta que, em certo sentido, ofereça o melhor ajuste aos dados observados. Isso é o que induz o princípio dos mínimos quadrados, que remonta ao matemático alemão Gauss (1777–1855). De acordo com esse princípio, uma reta oferece um bom ajuste aos dados se as distâncias verticais (desvios) dos pontos observados em relação à reta são pequenos (observe a Figura 12.7). A medida da qualidade do ajuste é a soma dos quadrados desses desvios. A reta de melhor ajuste é, portanto, aquela que tem a menor soma possível de desvios quadrados.

Princípio dos mínimos quadrados

O desvio vertical do ponto (x_i, y_i) da reta $y = b_0 + b_1 x$ é

$$\text{altura do ponto} - \text{altura da reta} = y_i - (b_0 + b_1 x_i)$$

A soma dos quadrados dos desvios verticais dos pontos $(x_1, y_1), ..., (x_n, y_n)$ à reta é, portanto,

$$f(b_0, b_1) = \sum_{i=1}^{n} [y_i - (b_0 + b_1 x_i)]^2$$

As estimativas pontuais de β_0 e β_1, representadas por $\hat{\beta}_0$ e $\hat{\beta}_1$ e denominadas **estimativas dos mínimos quadrados**, são aqueles valores que minimizam $f(b_0, b_1)$. Isto é, $\hat{\beta}_0$ e $\hat{\beta}_1$ são como $f(\hat{\beta}_0, \hat{\beta}_1) \leq f(b_0, b_1)$ para qualquer b_0 e b_1. A **reta de regressão estimada** ou a **reta de mínimos quadrados** é, portanto, a reta cuja equação é $y = \hat{\beta}_0 + \hat{\beta}_1 x$.

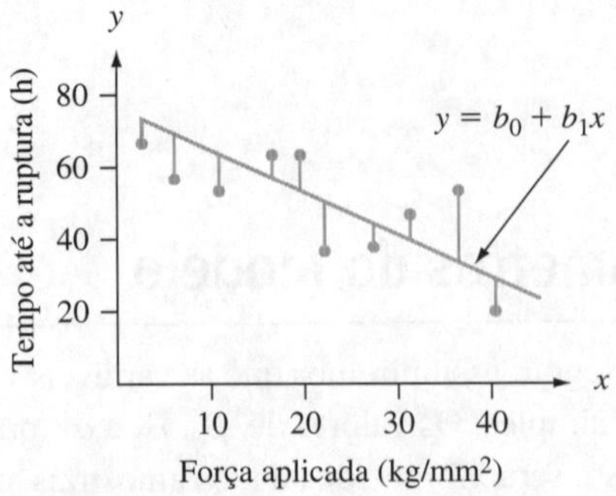

Figura 12.7 Desvios dos dados observados a partir da reta $y = b_0 + b_1x$.

Os valores de minimização de b_0 e b_1 são identificados tomando-se derivadas parciais de $f(b_0, b_1)$ em relação a b_0 e b_1, igualando-as a zero [analogamente a $f'(b) = 0$ em cálculo com uma variável] e resolvendo as equações

$$\frac{\partial f(b_0, b_1)}{\partial b_0} = \sum 2(y_i - b_0 - b_1 x_i)(-1) = 0$$

$$\frac{\partial f(b_0, b_1)}{\partial b_1} = \sum 2(y_i - b_0 - b_1 x_i)(-x_i) = 0$$

Cancelando-se o fator -2 e reorganizando as equações, obtemos o sistema a seguir, denominado **equações normais**:

$$nb_0 + (\sum x_i)b_1 = \sum y_i$$
$$(\sum x_i)b_0 + (\sum x_i^2)b_1 = \sum x_i y_i$$

Essas equações normais são lineares nas duas incógnitas b_0 e b_1. Dado que nem todos os x_i são idênticos, as estimativas dos mínimos quadrados são a única solução para esse sistema.

A estimativa dos mínimos quadrados do coeficiente de inclinação β_1 da reta de regressão verdadeira é

$$b_1 = \hat{\beta}_1 = \frac{\sum(x_i - \bar{x})(y_i - \bar{y})}{\sum(x_i - \bar{x})^2} = \frac{S_{xy}}{S_{xx}} \qquad (12.2)$$

As fórmulas de cálculo do numerador e denominador de $\hat{\beta}_1$ são

$$S_{xy} = \sum x_i y_i - (\sum x_i)(\sum y_i)/n \qquad S_{xx} = \sum x_i^2 - (\sum x_i)^2/n$$

A estimativa dos mínimos quadrados do intercepto β_0 da reta de regressão verdadeira é

$$b_0 = \hat{\beta}_0 = \frac{\sum y_i - \hat{\beta}_1 \sum x_i}{n} = \bar{y} - \hat{\beta}_1 \bar{x} \qquad (12.3)$$

As fórmulas de cálculo de S_{xy} e S_{xx} exigem apenas as estatísticas $\sum x_i$, $\sum y_i$, $\sum x_i^2$ e $\sum x_i y_i$ ($\sum y_i^2$ será necessário em breve). Ao calcular $\hat{\beta}_0$, use casas decimais extras em $\hat{\beta}_1$, porque, se a magnitude de $\bar{x}$ for grande, o arredondamento influenciará a resposta final. Na prática, o uso de um software estatístico é preferível ao cálculo manual e aos gráficos desenhados à mão. Mais uma vez, certifique-se de que o gráfico de dispersão mostre um padrão linear com variação relativamente homogênea antes de ajustar o modelo de regressão linear.

Exemplo 12.4

O número de cetano é uma propriedade crítica ao especificar a qualidade de ignição de um combustível usado em um motor a diesel. A determinação deste número para o biodiesel é cara e demorada. O artigo "Relating the cetane number of biodiesel fuels to their fatty acid composition: a critical study" (*J. of Automobile Engr.*, 2009: 565-583) incluiu os seguintes dados sobre x = índice de iodo (g) e y = número de cetano para uma amostra de 14 biocombustíveis. O índice de iodo é a quantidade de iodo necessária para saturar uma amostra de 100 g de óleo. Os autores do artigo ajustaram um modelo de regressão linear simples a esses dados, portanto, vamos acompanhar seu raciocínio.

x	132,0	129,0	120,0	113,2	105,0	92,0	84,0	83,2	88,4	59,0	80,0	81,5	71,0	69,2
y	46,0	48,0	51,0	52,1	54,0	52,0	59,0	58,7	61,6	64,0	61,4	54,6	58,8	58,0

As quantidades necessárias para o cálculo manual podem ser obtidas ao colocar os valores x em uma coluna e os valores y em outra e criar colunas para x^2, xy e y^2 (esses últimos valores não são necessários no momento, mas serão usados em breve). Calcular as somas da coluna dá $\sum x_i = 1\,307{,}5$, $\sum y_i = 779{,}2$, $\sum x_i^2 = 128\,913{,}93$, $\sum x_i y_i = 71\,347{,}30$, $\sum y_i^2 = 43\,745{,}22$, do qual

$$S_{xx} = 128\,913{,}93 - (1\,307{,}5)^2/14 = 6\,802{,}7693$$

$$S_{xy} = 71\,347{,}30 - (1\,307{,}5)(779{,}2)/14 = -1\,424{,}41429$$

A inclinação estimada da reta de regressão verdadeira (isto é, a inclinação da reta de mínimos quadrados) é

$$\hat{\beta}_1 = \frac{S_{xy}}{S_{xx}} = \frac{-1\,424{,}41429}{6\,802{,}7693} = -0{,}20938742$$

Estima-se que a mudança esperada no número de cetano médio associado com um aumento de 1 g no índice de iodo seja $-0{,}209$ – isto é, uma redução de 0,209. Já que $\bar{x} = 93{,}392857$ e $\bar{y} = 55{,}657143$, o intercepto estimado da reta de regressão verdadeira (isto é, o termo constante da reta de mínimos quadrados) é

$$\hat{\beta}_0 = \bar{y} - \hat{\beta}_1\bar{x} = 55{,}657143 - (-0{,}20938742)(93{,}392857) = 75{,}212432$$

A equação da reta de regressão estimada (reta de mínimos quadrados) é $y = 75{,}212 - 0{,}2094x$, exatamente o que foi relatado no artigo citado. A Figura 12.8 exibe um gráfico de dispersão dos dados com a reta de mínimos quadrados sobreposta. Essa reta oferece um resumo muito bom da relação entre as duas variáveis.

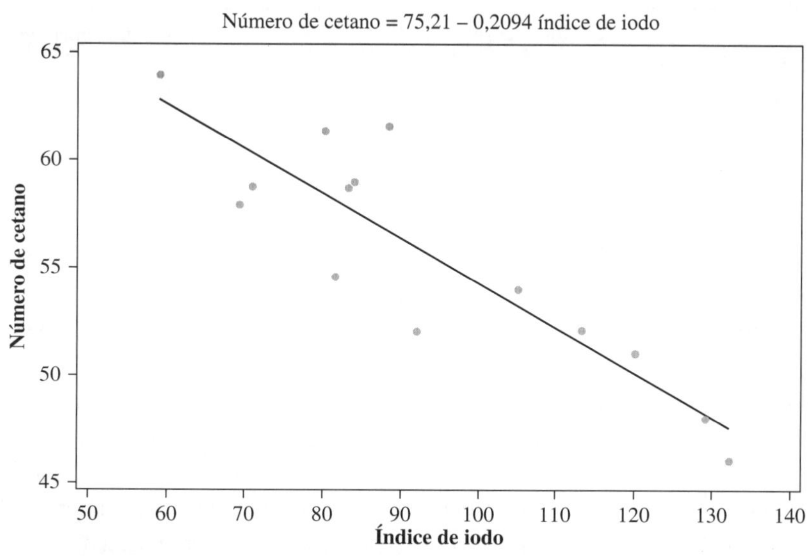

Figura 12.8 Gráfico de dispersão para o Exemplo 12.4 com a reta de mínimos quadrados sobreposta, do Minitab. ■

A reta de regressão estimada pode ser usada imediatamente para dois diferentes propósitos. Para um valor fixo x, x^*, $\hat{\beta}_0 + \hat{\beta}_1 x^*$ (a altura da reta acima de x^*) fornece tanto (1) uma estimativa pontual do valor esperado de Y quando $x = x^*$ como (2) uma previsão pontual do valor Y que resultará de uma única nova observação feita em $x = x^*$.

Exemplo 12.5

Consulte o cenário do índice de iodo-número de cetano descrito no exemplo anterior. A equação da regressão estimada era $y = 75{,}212 - 0{,}2094x$. Uma estimativa pontual do número de cetano médio verdadeiro para todos os biocombustíveis cujo índice de iodo seja 100 é

$$\hat{\mu}_{Y \cdot 100} = \hat{\beta}_0 + \hat{\beta}_1(100) = 75{,}212 - 0{,}2094(100) = 54{,}27$$

Se uma única amostra de biocombustível cujo valor do iodo seja 100 for selecionada, 54,27 também é uma previsão pontual para o número de cetano resultante. ■

A reta de mínimos quadrados não deve ser usada para fazer uma previsão para um valor x muito além do intervalo dos dados, como $x = 40$ ou $x = 150$ no Exemplo 12.4. O **perigo da extrapolação** é que a relação ajustada (uma reta aqui) pode não ser válida para esses valores x.

Estimando σ^2 e σ

O parâmetro σ^2 determina a variabilidade inerente ao modelo de regressão. Um valor grande de σ^2 fará com que os (x_i, y_i) observados fiquem muito dispersos em relação à reta de regressão verdadeira, ao passo que, quando σ^2 for pequeno, os pontos observados tenderão a ficar bem próximos da reta verdadeira (observe a Figura 12.9). Uma estimativa de σ^2 será usada nas fórmulas do Intervalo de Confiança (IC) e procedimentos de teste de hipótese que serão apresentados nas duas seções seguintes. Pelo fato de não se conhecer a equação da reta verdadeira, a estimativa se baseia em até que ponto as observações amostrais se desviam da reta estimada. Muitos desvios grandes (residuais) sugerem um valor grande de σ^2, ao passo que todos os desvios de pequena magnitude sugerem que σ^2 é pequeno.

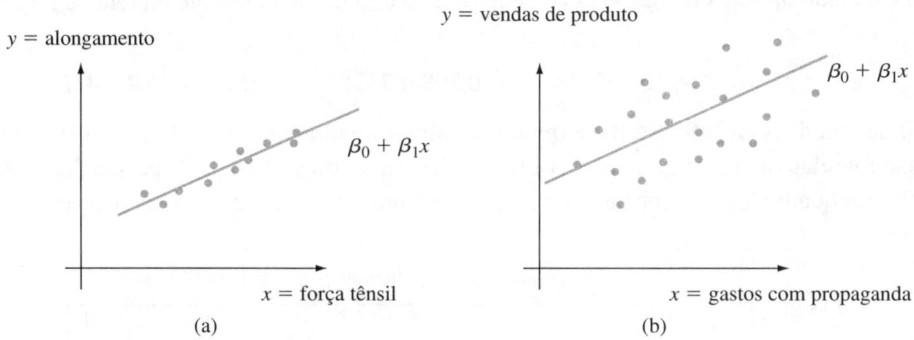

Figura 12.9 Amostra típica para σ^2: (a) pequeno; (b) grande.

> **Definição**
>
> Os **valores ajustados** (ou **preditos**) $\hat{y}_1, \hat{y}_2, ..., \hat{y}_n$ são obtidos substituindo-se sucessivamente $x_1, ..., x_n$ na equação da reta de regressão estimada: $\hat{y}_1 = \hat{\beta}_0 + \hat{\beta}_1 x_1, \hat{y}_2 = \hat{\beta}_0 + \hat{\beta}_1 x_2, ..., \hat{y}_n = \hat{\beta}_0 + \hat{\beta}_1 x_n$. Os **resíduos** são as diferenças $y_1 - \hat{y}_1, y_2 - \hat{y}_2, ..., y_n - \hat{y}_n$ entre os valores y observados e ajustados.

Traduzindo em palavras, o valor predito $\hat{y}_i$ é o valor de y que previmos ou esperávamos ao usar a reta de regressão estimada com $x = x_i$; $\hat{y}_i$ é a altura da reta de regressão estimada sobre o valor x_i para o qual a i-ésima observação foi feita. O resíduo $y_i - \hat{y}_i$ é o desvio vertical entre o ponto (x_i, y_i) e a reta de mínimos quadrados – um número positivo caso o ponto encontre-se acima da linha e um número negativo caso ele se encontre abaixo da linha. Se os resíduos forem todos pequenos em magnitude, a maior parte da variabilidade nos valores y observados parece decorrer da relação linear entre x e y, ao passo que muitos resíduos grandes sugerem grande variabilidade inerente em y, em relação à quantidade decorrente da relação linear. Supondo que a reta na Figura 12.7 seja a reta de mínimos quadrados, os resíduos são identificados pelos segmentos de reta verticais a partir dos pontos observados até a reta. Quando a reta de regressão estimada é obtida por meio do princípio dos mínimos quadrados, teoricamente a soma dos resíduos deve ser zero. Na prática, a soma pode desviar um pouco de zero em decorrência do arredondamento.

Exemplo 12.6

A alta densidade populacional do Japão provocou milhares de problemas relacionados ao uso de seus recursos. Uma dificuldade especialmente importante diz respeito à remoção de lixo. O artigo "Innovative sludge handling through pelletization thickening" (*Water Research*, 1999: 3245-3252) descreveu o desenvolvimento de uma nova máquina de compressão para processamento do lodo de esgoto. Uma parte importante da investigação relacionou o controle da umidade de grânulos comprimidos (y, em %) com a taxa de filtragem da máquina (x, em kg–DS/m/h). Os dados a seguir foram reproduzidos de um gráfico desse artigo:

x	125,3	98,2	201,4	147,3	145,9	124,7	112,2	120,2	161,2	178,9
y	77,9	76,8	81,5	79,8	78,2	78,3	77,5	77,0	80,1	80,2

x	159,5	145,8	75,1	151,4	144,2	125,0	198,8	132,5	159,6	110,7
y	79,9	79,0	76,7	78,2	79,5	78,1	81,5	77,0	79,0	78,6

As quantidades relevantes (*estatística descritivas*) são $\sum x_i = 2\,817{,}9$, $\sum y_i = 1\,574{,}8$, $\sum x_i^2 = 415\,949{,}85$, $\sum x_i y_i = 222\,657{,}88$ e $\sum y_i^2 = 124\,039{,}58$, no qual $\bar{x} = 140{,}895$, $\bar{y} = 78{,}74$, $S_{xx} = 18\,921{,}8295$ e $S_{xy} = 776{,}434$. Desta maneira,

$$\hat{\beta}_1 = \frac{776{,}434}{18\,921{,}8295} = 0{,}04103377 \approx 0{,}041$$

$$\hat{\beta}_0 = 78{,}74 - (0{,}04103377)(140{,}895) = 72{,}958547 \approx 72{,}96$$

com base nas quais a equação da reta de mínimos quadrados é $y = 72{,}96 + 0{,}041x$. Para obter precisão numérica, os valores ajustados são calculados pela equação $\hat{y}_i = 72{,}958547 + 0{,}04103377x_i$:

$$\hat{y}_1 = 72{,}958547 + 0{,}04103377(125{,}3) \approx 78{,}100, \; y_1 - \hat{y}_1 \approx -0{,}200 \text{ etc.}$$

Nove dos 20 resíduos são negativos, portanto, os nove pontos correspondentes em um gráfico de dispersão dos dados encontram-se abaixo da reta de regressão estimada. Todos os valores preditos (ajustes) e resíduos são exibidos na tabela a seguir.

Obs	**Líquido filtrado**	**Concentração de umidade**	**Ajuste**	**Resíduo**
1	125,3	77,9	78,100	−0,200
2	98,2	76,8	76,988	−0,188
3	201,4	81,5	81,223	0,277
4	147,3	79,8	79,003	0,797
5	145,9	78,2	78,945	−0,745
6	124,7	78,3	78,075	0,225
7	112,2	77,5	77,563	−0,063
8	120,2	77,0	77,891	−0,891
9	161,2	80,1	79,573	0,527
10	178,9	80,2	80,299	−0,099
11	159,5	79,9	79,503	0,397
12	145,8	79,0	78,941	0,059
13	75,1	76,7	76,040	0,660
14	151,4	78,2	79,171	−0,971
15	144,2	79,5	78,876	0,624
16	125,0	78,1	78,088	0,012
17	198,8	81,5	81,116	0,384
18	132,5	77,0	78,396	−1,396
19	159,6	79,0	79,508	−0,508
20	110,7	78,6	77,501	1,099 ■

Da mesma forma que os desvios da média no caso de uma única amostra foram somados para obter a estimativa $s^2 = \sum(x_i - \bar{x})^2/(n - 1)$, a estimativa de σ^2 na análise de regressão tem por base elevar ao quadrado e somar os resíduos. Continuaremos a usar o símbolo s^2 para essa variância estimada. Portanto, não o confunda com o s^2 previamente usado.

Definição

A **soma de quadrados dos erros** (que equivale à soma de quadrados dos resíduos), representada por SQE, é

$$SQE = \sum(y_i - \hat{y}_i)^2 = \sum[y_i - (\hat{\beta}_0 + \hat{\beta}_1 x_i)]^2$$

e a estimativa de σ^2 é

$$\hat{\sigma}^2 = s^2 = \frac{SQE}{n - 2} = \frac{\sum(y_i - \hat{y}_i)^2}{n - 2}$$

O divisor $n - 2$ em s^2 é o número de graus de liberdade (gl) associados com a SQE e a estimativa s^2. Isso porque, para obter s^2, os dois parâmetros β_0 e β_1 devem ser estimados primeiro, o que resulta em uma perda de 2 gl (assim como μ teve de ser estimado nos problemas de uma única amostra, gerando uma variância estimada com base em $n - 1$ gl). Substituindo cada y_i na fórmula para s^2 pela v.a. Y_i, obtém-se o estimador S^2. É possível mostrar que S^2 é um estimador não viciado de σ^2 (embora o estimador S seja viciado para σ). Uma interpretação de s, aqui, é semelhante à que foi sugerida anteriormente para a amostra do desvio padrão: de uma maneira geral, é o tamanho de um desvio padrão típico dentro da amostra da reta de regressão estimada.

Exemplo 12.7

Os resíduos dos dados sobre a taxa de filtragem–quantidade de umidade foram calculados previamente. A soma de quadrados dos erros correspondente é

$$SQE = (-0{,}200)^2 + (-0{,}188)^2 + \cdots + (1{,}099)^2 = 7{,}968$$

A estimativa de σ^2 é, então, $\hat{\sigma}^2 = s^2 = 7{,}968/(20 - 2) = 0{,}4427$ e o desvio padrão estimado é $\hat{\sigma} = s = \sqrt{0{,}4427} = 0{,}665$. De maneira geral, 0,665 é a grandeza de um desvio típico da reta de regressão estimada – alguns pontos estão mais próximos da reta do que este e outros estão mais afastados. ■

O cálculo de SQE com base na fórmula requer muitos cálculos tediosos porque tanto os valores preditos como os resíduos devem primeiro ser calculados. O uso da fórmula de cálculo a seguir não requer essas quantidades.

$$SQE = \sum y_i^2 - \hat{\beta}_0 \sum y_i - \hat{\beta}_1 \sum x_i y_i$$

Essa expressão resulta da substituição de $\hat{y}_i = \hat{\beta}_0 + \hat{\beta}_1 x_i$ em $\sum(y_i - \hat{y}_i)^2$, elevando ao quadrado o adendo, fazendo a soma aos três termos resultantes e simplificando. Essa fórmula de cálculo é especialmente sensível aos efeitos do arredondamento em $\hat{\beta}_0$ e $\hat{\beta}_1$, de modo que usar o maior número de casas decimais possível nos cálculos intermediários impedirá erros de arredondamento.

Exemplo 12.8

O artigo "Promising quantitative nondestructive evaluation techniques for composite materials" (*Materials Evaluation*, 1985: 561-565) relata um estudo para investigar como a propagação de uma onda de tensão ultrassônica por meio de uma substância depende das propriedades dela. Os dados a seguir sobre resistência à ruptura (x, como uma porcentagem da resistência à tração extrema) e atenuação (y, em neper/cm, o decréscimo de amplitude da onda de tensão) em compósitos de poliéster reforçados por fibra de vidro foram reproduzidos de um gráfico apresentado nesse artigo. O modelo de regressão linear simples é sugerido pelo padrão linear significativo do gráfico de dispersão.

x	12	30	36	40	45	57	62	67	71	78	93	94	100	105
y	3,3	3,2	3,4	3,0	2,8	2,9	2,7	2,6	2,5	2,6	2,2	2,0	2,3	2,1

As quantidades necessárias são $n = 14$, $\sum x_i = 890$, $\sum x_i^2 = 67\,182$, $\sum y_i = 37{,}6$, $\sum y_i^2 = 103{,}54$ e $\sum x_i y_i = 2\,234{,}30$, das quais $S_{xx} = 10\,603{,}4285714$, $S_{xy} = -155{,}98571429$, $\hat{\beta}_1 = -0{,}0147109$ e $\hat{\beta}_0 = 3{,}6209072$. Então

$$\text{SQE} = 103{,}54 - (3{,}6209072)(37{,}6) - (-0{,}0147109)(2\,234{,}30) = 0{,}2624532$$

portanto, $s^2 = 0{,}2624532/12 = 0{,}0218711$ e $s = 0{,}1479$. Quando $\hat{\beta}_0$ e $\hat{\beta}_1$ são arredondados para três casas decimais na fórmula de cálculo de SQE, o resultado é

$$\text{SQE} = 103{,}54 - (3{,}621)(37{,}6) - (-0{,}015)(2234{,}30) = 0{,}905$$

que é mais de três vezes o valor correto. ■

O coeficiente de determinação

A Figura 12.10 mostra três diferentes gráficos de dispersão de dados bivariados. Em todos eles, as alturas dos diferentes pontos variam substancialmente, indicando que há muita variabilidade nos valores y observados. Todos os pontos no primeiro gráfico dispõem-se exatamente em uma reta. Nesse caso, toda a variabilidade da amostra (100%) em y pode ser atribuída ao fato de que x e y estão linearmente relacionados em combinação com a variação em x. Os pontos na Figura 12.10(b) não caem exatamente em uma reta, mas, em comparação com a variabilidade geral de y, os desvios da reta de mínimos quadrados são pequenos. É razoável concluir, nesse caso, que grande parte da variação observada de y pode ser atribuída à relação linear aproximada entre as variáveis postuladas pelo modelo de regressão linear simples. Quando o gráfico de dispersão fica parecido com o da Figura 12.10(c), há uma variação significativa ao redor da reta de mínimos quadrados em relação à variação global de y, de modo que o modelo de regressão linear simples não consegue explicar a variação em y relacionando y a x.

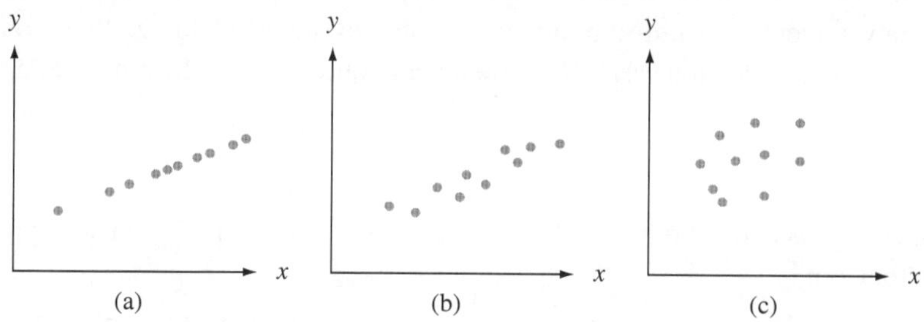

Figura 12.10 Usando o modelo para explicar a variação y: (a) dados para os quais toda a variação é explicada; (b) dados para os quais quase toda a variação é explicada; (c) dados para os quais pouco da variação é explicado.

A soma de quadrados dos erros SQE pode ser interpretada como uma medida da quantidade de variação em y deixada inexplicada pelo modelo – ou seja, quanto não pode ser atribuído a uma relação linear. Na Figura 12.10(a), SQE $= 0$, e não há qualquer variação inexplicada, ao passo que a variação inexplicada é pequena para os dados da Figura 12.10(b) e muito maior na Figura 12.10(c). Uma medida quantitativa da quantidade total de variação nos valores observados de y é dada pela **soma de quadrados total**.

$$\text{SQT} = S_{yy} = \sum(y_i - \bar{y})^2 = \sum y_i^2 - (\sum y_i)^2/n$$

A soma de quadrados total é a soma do quadrado dos desvios sobre a média amostral dos valores y observados. Portanto, o mesmo número $\bar{y}$ é subtraído de cada y_i na SQT, ao passo que a SQE envolve a subtração de cada diferente valor predito $\hat{y}_i$ do y_i observado correspondente. Assim como SQE é a soma do quadrado dos desvios em torno da reta de mínimos quadrados $y = \hat{\beta}_0 + \hat{\beta}_1 x$, SQT é a soma do quadrado dos desvios em torno da reta horizontal na altura $\bar{y}$ (assim, os desvios verticais são $y_i - \bar{y}$), como ilustrado na Figura 12.11. Além disso, pelo fato de a soma do quadrado dos desvios em torno da reta dos mínimos quadrados ser menor que a soma do quadrado dos desvios em torno de *qualquer* outra reta, SQE

< SQT, a menos que a própria reta horizontal seja a reta dos mínimos quadrados. A razão SQE/SQT é a proporção da variação total que não pode ser explicada pelo modelo de regressão linear simples e 1 − SQE/SQT (um número entre 0 e 1) é a proporção da variação do y observado que é explicada pelo modelo.

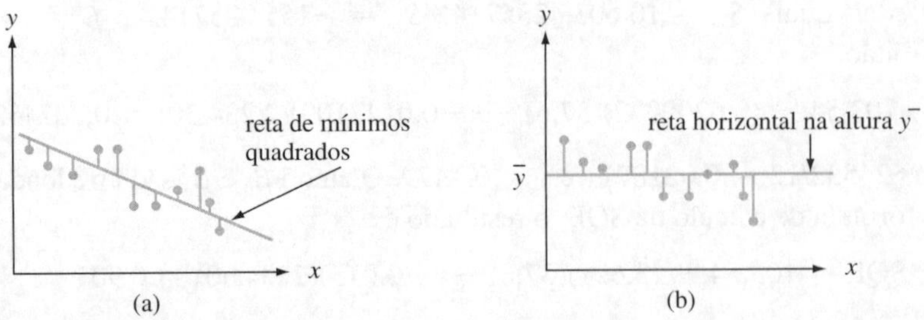

Figura 12.11 Somas de quadrados ilustrados: (a) SQE = soma do quadrado dos desvios sobre a reta de mínimos quadrados; (b) SQT = soma do quadrado dos desvios sobre a reta horizontal.

Definição

O **coeficiente de determinação**, representado por r^2, é dado por

$$r^2 = 1 - \frac{\text{SQE}}{\text{SQT}}$$

Esse coeficiente é interpretado como a proporção da variação do y observado que pode ser explicada pelo modelo de regressão linear simples (atribuída a uma relação linear aproximada entre y e x).

Quanto mais alto o valor de r^2, melhor o modelo de regressão linear simples consegue explicar a variação de y. Quando a análise de regressão é feita por um software estatístico, tanto r^2 quanto $100r^2$ (a porcentagem de variação explicada pelo modelo) são uma parte importante do resultado. Se r^2 for pequeno, em geral o analista vai querer procurar um modelo alternativo (um modelo não linear ou um modelo de regressão múltipla com mais de uma variável independente) que possa explicar mais eficientemente a variação de y.

Exemplo 12.9

O gráfico de dispersão dos dados do índice de iodo-número de cetano na Figura 12.8 prediz um valor r^2 razoavelmente alto. Com

$$\hat{\beta}_0 = 75{,}212432 \qquad \hat{\beta}_1 = -0{,}20938742 \qquad \Sigma y_i = 779{,}2$$
$$\Sigma x_i y_i = 71\,347{,}30 \qquad \Sigma y_i^2 = 43\,745{,}22$$

temos

$$\text{SQT} = 43\,745{,}22 - (779{,}2)^2/14 = 377{,}174$$
$$\text{SQE} = 43\,745{,}22 - (75{,}212432)(779{,}2) - (-0{,}20938742)(71\,347{,}30) = 78{,}920$$

O coeficiente de determinação é, portanto,

$$r^2 = 1 - \text{SQE/SQT} = 1 - (78{,}920)/(377{,}174) = 0{,}791$$

Isto é, 79,1% da variação observada no número de cetano é atribuível à (pode ser explicado pela) relação de regressão linear simples entre o número de cetano e o índice de iodo (os valores r^2 são até mais altos que esses em muitos contextos científicos, mas os cientistas sociais frequentemente ficariam extasiados com um valor que chegasse a tanto!).

A Figura 12.12 mostra o resultado parcial do Minitab a partir da regressão do número de cetano sobre o índice de iodo. O software também oferecerá valores preditos, resíduos e outras informações mediante solicitação. Os formatos usados por outros softwares diferem ligeiramente do formato do Minitab, mas o conteúdo das informações é bastante semelhante. A soma de quadrados da regressão será introduzida em breve. Outras quantidades na Figura 12.12 que ainda não foram discutidas estarão presentes na Seção 12.3 [exceto R^2(ajustado), que aparece no Capítulo 13, quando os modelos de regressão múltipla são apresentados].

```
A equação de regressão é
número de cetano = 75,2 - 0,209 índice de iodo

                                β̂0  β̂1
Preditor     Coeficiente      EP coeficiente        T        P
Constante        75,212               2,984     25,21    0,000
Índice de iodo -0,20939             0,03109     -6,73    0,000
                                     100r²
s = 2,56450     R² = 79,1%       R²(ajustado) = 77,3%

Análise de variância                SQE

FONTE            GL         SQ           QM          F        P
Regressão         1     298,25       298,25      45,35    0,000
Erro             12      78,92         6,58
Total            13     377,17 <---------------- SQT
```

Figura 12.12 Resultado Minitab para a regressão dos Exemplos 12.4 e 12.9. ■

O coeficiente de determinação pode ser escrito de maneira ligeiramente diferente, introduzindo-se uma terceira soma de quadrados: a **soma de quadrados da regressão**, SQR – dada por $SQR = \sum(\hat{y}_i - \bar{y})^2 = SQT - SQE$. A soma de quadrados da regressão é interpretada como a quantidade de variação total explicada pelo modelo. Portanto, temos

$$r^2 = 1 - SQE/SQT = (SQT - SQE)/SQT = SQR/SQT$$

a razão entre a variação explicada pela variação total. A tabela ANOVA na Figura 12.12 mostra que SQR = 298,25, no qual $r^2 = 298{,}25/377{,}17 = 0{,}791$, como antes.

Terminologia e escopo da análise de regressão

O termo *análise de regressão* foi usado primeiro por Francis Galton no final do século 19 no seu trabalho sobre a relação entre a altura x do pai e a altura y do filho. Após coletar um número de pares (x_i, y_i), Galton usou o princípio dos mínimos quadrados para obter a equação da reta de regressão estimada, com o objetivo de usá-la para prever a altura do filho a partir da altura do pai. Ao usar a reta derivada, Galton descobriu que, se a altura do pai estivesse acima da média, a altura do filho também apresentaria a probabilidade de estar acima da média, *mas não tanto quanto a do pai*. De modo semelhante, a altura do filho cujo pai tinha altura abaixo da média também apresentava a probabilidade de estar abaixo da média, mas não tanto quanto a do pai. Portanto, a altura prevista de um filho sofreu um "retrocesso" em direção à média; pelo fato de *regressão* significar volta ou retorno, Galton adotou a terminologia *reta de regressão*. Esse fenômeno de sofrer um retrocesso em relação à média foi observado em várias outras situações (por exemplo, médias de rebatidas de ano para ano no beisebol) e é denominado **efeito de regressão**.

Nossa discussão até agora presumiu que a variável independente é controlada pelo pesquisador, de modo que apenas a variável dependente Y é aleatória. Entretanto, isso não ocorreu com o experimento de Galton; a altura dos pais não foi previamente selecionada. Em vez disso, X e Y eram aleatórios. Métodos e conclusões da análise de regressão podem ser aplicados tanto quando os valores da variável independente são fixos como quando são aleatórios, mas, pelo fato de as derivações e interpretações serem mais diretas no primeiro caso, continuaremos a trabalhar com ele explicitamente. Para obter mais explicações, veja o excelente livro de John Neter et al., relacionado na bibliografia deste capítulo.

EXERCÍCIOS Seção 12.2 (12–29)

12. O Exercício 4 forneceu dados sobre x = o aumento da massa de DBO e y = remoção da massa de DBO. Os valores pertinentes são

$n = 14 \quad \sum x_i = 517$

$\sum y_i = 346 \quad \sum x_i^2 = 39\,095$

$\sum y_i^2 = 17\,454 \quad \sum x_i y_i = 25\,825$

a. Obtenha a equação da reta de mínimos quadrados.

b. Preveja o valor da remoção da massa de DBO para uma única observação, feita quando o aumento da massa de DBO é 35, e calcule o valor do resíduo correspondente.

c. Calcule a SQE e, em seguida, uma estimativa pontual de σ.

d. Que proporção da variação observada na remoção pode ser explicada pela relação linear aproximada entre as duas variáveis?

e. Os dois últimos valores de x, 103 e 142, são bem maiores que os outros. Como a equação da reta de mínimos quadrados e o valor de r^2 são afetados pela exclusão das duas observações correspondentes da amostra? Ajuste os valores fornecidos e use o fato de que o novo valor de SQE é 311,79.

13. Considere os três conjuntos de dados a seguir, nos quais as variáveis de interesse são x = distância de comutação e y = tempo de comutação. Com base em um gráfico de dispersão e nos valores de s e r^2, em que situação a regressão linear simples seria a mais (menos) eficaz e por quê?

Conj. de dados	**1**		**2**		**3**	
	x	y	x	y	x	y
	15	42	5	16	5	8
	16	35	10	32	10	16
	17	45	15	44	15	22
	18	42	20	45	20	23
	19	49	25	63	25	31
	20	46	50	115	50	60
S_{xx}	17,50		1270,8333		1270,8333	
S_{xy}	29,50		2722,5		1431,6667	
$\hat{\beta}_1$	1,685714		2,142295		1,126557	
$\hat{\beta}_0$	13,666672		7,868852		3,196729	
SQT	114,83		5897,5		1627,33	
SQE	65,10		65,10		14,48	

14. Refira-se aos dados sobre temperatura do tanque-taxa de eficiência do Exercício 1.

a. Determine a equação da reta de regressão estimada.

b. Calcule uma estimativa pontual da taxa de eficiência média verdadeira quando a temperatura do tanque é 182.

c. Calcule os valores dos resíduos da reta de mínimos quadrados das quatro observações para as quais a temperatura é 182. Por que nem todas têm o mesmo sinal?

d. Que proporção da variação observada na taxa de eficiência pode ser atribuída à relação de regressão linear simples entre as duas variáveis?

15. Os valores do módulo de elasticidade (MOE, a razão da força, isto é, força por área unitária, para o escoamento, ou seja, deformação por comprimento unitário, em GPa) e a resistência à flexão (uma medida da capacidade de resistência a falhas decorrentes de dobramentos, em MPa) foram determinados para um tipo de amostra de vigas de concreto, gerando os dados a seguir (reproduzidos de um gráfico do artigo "Effects of aggregates and microfillers on the flexural properties of concrete", *Magazine of Concrete Research*, 1997: 81-98):

MOE	29,8	33,2	33,7	35,3	35,5	36,1	36,2
Força	5,9	7,2	7,3	6,3	8,1	6,8	7,0
MOE	36,3	37,5	37,7	38,7	38,8	39,6	41,0
Força	7,6	6,8	6,5	7,0	6,3	7,9	9,0
MOE	42,8	42,8	43,5	45,6	46,0	46,9	48,0
Força	8,2	8,7	7,8	9,7	7,4	7,7	9,7
MOE	49,3	51,7	62,6	69,8	79,5	80,0	
Força	7,8	7,7	11,6	11,3	11,8	10,7	

a. Elabore um diagrama de ramo e folha dos valores do MOE e comente qualquer característica interessante.

b. O valor da resistência é determinado exclusiva e unicamente pelo valor do MOE? Explique.

c. Use o resultado do Minitab a seguir, a fim de obter a equação da reta de mínimos quadrados para prever a resistência do módulo de elasticidade e, em seguida, prever a resistência de uma viga cujo módulo de elasticidade é 40. Você se sentiria à vontade usando a reta de mínimos quadrados para prever a resistência se o módulo de elasticidade fosse 100? Explique.

```
Preditor        Coef       DP  Razão t      P
Constante    3,2925    0,6008     5,48  0,000
mód. elast.0,10748   0,01280     8,40  0,000

s = 0,8657  R² = 73,8%  R²(ajustado) = 72,8%

Análise de variância

FONTE        GL       SQ       QM       F      P
Regressão     1   52,870   52,870   70,55  0,000
Erro         25   18,736    0,749
Total        26   71,605
```

d. Quais são os valores de SQE, SQT e o coeficiente de determinação? Esses valores sugerem que o modelo de regressão linear simples descreve com eficiência a relação entre as duas variáveis? Explique.

16. O artigo "Characterization of highway runoff in Austin, Texas, area" (*J. of Envir. Engr.*, 1998: 131-137) apresentou um gráfico de dispersão, com a reta de mínimos quadrados, de x = volume de chuva (m^3) e y = volume de escoamento (m^3) de um determinado lugar. Os valores a seguir foram reproduzidos do gráfico.

x	5	12	14	17	23	30	40	47
y	4	10	13	15	15	25	27	46

x	55	67	72	81	96	112	127
y	38	46	53	70	82	99	100

a. Um gráfico de dispersão dos dados sustenta o uso do modelo de regressão linear simples?

b. Calcule estimativas pontuais da inclinação e do intercepto da reta de regressão populacional.

c. Calcule uma estimativa pontual do volume de escoamento médio verdadeiro quando o volume de chuva for 50.

d. Calcule uma estimativa pontual do desvio padrão σ.

e. Que proporção da variação observada no volume de escoamento pode ser atribuída à relação de regressão linear simples entre o volume de escoamento e o volume de chuva?

17. O concreto sem finos, fabricado com um agregado grosseiro uniforme e uma pasta de cimento-água, é benéfico em áreas propensas a muita chuva por causa de suas excelentes propriedades de drenagem. O artigo "Pavement thickness design for no-fines concrete parking lots," *J. of Trans. Engr.*, 1995: 476-484) empregou uma análise de mínimos quadrados para estudar como y = porosidade (%) está relacionada a x = peso unitário (pcf) nas amostras de concreto. Considere os seguintes dados representativos:

x	99,0	101,1	102,7	103,0	105,4	107,0	108,7	110,8
y	28,8	27,9	27,0	25,2	22,8	21,5	20,9	19,6

x	112,1	112,4	113,6	113,8	115,1	115,4	120,0
y	17,1	18,9	16,0	16,7	13,0	13,6	10,8

As quantidades relevantes são $\sum x_i = 1\,640{,}1$, $\sum y_i = 299{,}8$, $\sum x_i^2 = 179\,849{,}73$, $\sum x_i y_i = 32\,308{,}59$, $\sum y_i^2 = 6\,430{,}06$.

a. Obtenha a equação da reta de regressão estimada. Em seguida, crie um gráfico de dispersão dos dados e desenhe a reta estimada. Parece que a relação do modelo irá explicar uma boa parte da variação observada em y?

b. Interprete a inclinação da reta de mínimos quadrados.

c. O que acontece se a reta estimada for usada para prever a porosidade quando a peso unitário é 135? Por que isso não é uma boa ideia?

d. Calcule os resíduos correspondentes às duas primeiras observações.

e. Calcule e interprete uma estimativa pontual de σ.

f. Qual proporção da variação observada na porosidade pode ser atribuída à relação linear aproximada entre o peso unitário e a porosidade?

18. Pela última década, a borracha em pó tem sido usada no asfalto para melhorar o desempenho. O artigo "Experimental study of recycled rubber-filled high-strength concrete" (*Magazine of Concrete Res.*, 2009: 549-556) inclui a regressão de y = *resistência axial* (MPa) sobre x = *resistência do cubo* (MPa) com base nos seguintes dados amostrais:

x	112,3	97,0	92,7	86,0	102,0	99,2	95,8	103,5	89,0	86,7
y	75,0	71,0	57,7	48,7	74,3	73,3	68,0	59,3	57,8	48,5

a. Obtenha a equação da reta de mínimos quadrados e interprete sua inclinação.

b. Calcule e interprete o coeficiente de determinação.

c. Calcule e interprete uma estimativa do desvio padrão σ do erro no modelo de regressão linear simples.

19. Os dados a seguir são representativos dos dados relatados no artigo "An experimental correlation of oxides of nitrogen emissions from power boilers based on field data" (*J. Eng. for Power*, jul. 1973: 165-170), em que x = taxa de liberação na área do queimador (MBtu/h–pé^2) e y = taxa de emissão de NO_x (ppm):

x	100	125	125	150	150	200	200
y	150	140	180	210	190	320	280

x	250	250	300	300	350	400	400
y	400	430	440	390	600	610	670

a. Supondo que o modelo de regressão linear simples seja válido, obtenha a estimativa de mínimos quadrados da reta de regressão verdadeira.

b. Qual é a estimativa da taxa de emissão de NO_x quando a taxa de liberação na área do queimador é igual a 225?

c. Calcule a mudança esperada na taxa de emissão de NO_x quando a taxa de liberação na área do queimador for diminuída em 50.

d. Você usaria a reta de regressão estimada para predizer a taxa de emissão para uma taxa de liberação de 500? Por quê?

20. Inúmeros estudos já mostraram que os liquens (determinadas plantas compostas de algas e fungos) são excelentes bioindicadores de poluição do ar. O artigo "The epiphytic lichen hypogymnia physodes as a biomonitor of atmospheric nitrogen and sulphur deposition in norway" (*Envir. Monitoring and Assessment*, 1993: 27-47) apresenta os dados a seguir (reproduzidos de um gráfico) sobre x = deposição de NO_3^- em meio úmido (gN/m^2) e y = liquens N (% peso seco):

x	0,05	0,10	0,11	0,12	0,31	0,37	0,42
y	0,48	0,55	0,48	0,50	0,58	0,52	1,02

x	0,58	0,68	0,68	0,73	0,85	0,92
y	0,86	0,86	1,00	0,88	1,04	1,70

O autor usou regressão linear simples para analisar os dados. Use o resultado do Minitab a seguir para responder às seguintes perguntas:

a. Quais são as estimativas de mínimos quadrados de β_0 e β_1?

b. Preveja os liquens N para um valor de deposição de NO_3^- de 0,5.

c. Qual é a estimativa de σ?

d. Qual é o valor da variação total e quanto dela pode ser explicada pela relação do modelo?

```
A equação de regressão linear é
liquens N = 0,365 + 0,967 no3 depos

Preditor        Coef        DP   razão t      P
Constante    0,36510     0,09904     3,69   0,004
no3 depos    0,9668      0,1829      5,29   0,000

s = 0,1932      R² = 71,7%     R²(ajustado) = 69,2%

Análise de variância

FONTE         GL      SQ        QM        F       P
Regressão      1   1,0427    1,0427    27,94   0,000
Erro          11   0,4106    0,0373
Total         12   1,4533
```

21. Os dados a seguir sobre x = densidade de corrente (mA/cm^2) e y = taxa de deposição (μm/min) foram tirados do artigo "Plating of 60/40 tin/lead solder for head termination metallurgy" (*Plating and Surface Finishing*, jan. 1997: 38-40). Você concorda com a afirmação do autor desse artigo de que "uma relação linear foi obtida a partir da taxa de deposição de estanho-chumbo como uma função da densidade de corrente"? Explique seu raciocínio.

x	20	40	60	80
y	0,24	1,20	1,71	2,22

22. O cimento de fosfato de cálcio está ganhando bastante atenção para uso em aplicações de reparo ósseo. O artigo "Short-fibre reinforcement of calcium phosphate bone cement" (*J. of Engr. in Med.*, 2007: 203-211) relatou em um estudo em que as fibras de polipropileno foram usadas em uma tentativa de melhorar o comportamento à fratura. Os seguintes dados sobre x = peso da fibra (%) e y = resistência compressora (MPa) foram disponibilizados pelos autores do artigo.

x	0,00	0,00	0,00	0,00	0,00	1,25	1,25	1,25	1,25
y	9,94	11,67	11,00	13,44	9,20	9,92	9,79	10,99	11,32

x	2,50	2,50	2,50	2,50	2,50	5,00	5,00	5,00	5,00
y	12,29	8,69	9,91	10,45	10,25	7,89	7,61	8,07	9,04

x	7,50	7,50	7,50	7,50	10,00	10,00	10,00	10,00
y	6,63	6,43	7,03	7,63	7,35	6,94	7,02	7,67

a. Ajuste o modelo de regressão linear simples a esses dados. Em seguida, determine a proporção da variação observada na resistência que pode ser atribuída à relação do modelo entre a resistência e o peso da fibra. Por fim, obtenha uma estimativa pontual do desvio padrão de ϵ, o desvio aleatório na equação do modelo.

b. Os valores de resistência média para os seis níveis diferentes do peso da fibra são 11,05, 10,51, 10,32, 8,15, 6,93 e 7,24, respectivamente. O trabalho citado incluía a figura em que a resistência média foi regredida em relação ao peso da fibra. Obtenha a equação desta reta de regressão e calcule o coeficiente correspondente da determinação. Explique a diferença entre o valor r^2 para essa regressão e o valor r^2 obtido em (a).

23. a. Obtenha a SQE para os dados do Exercício 19 por meio da fórmula da definição [SQE $= \sum(y_i - \hat{y}_i)^2$] e compare com o valor calculado por meio da fórmula de cálculo.

b. Calcule o valor da soma dos quadrados total. O modelo de regressão linear simples parece ser eficaz para explicar uma variação na taxa de emissão? Justifique a sua afirmação.

24. Os dados a seguir foram reproduzidos de um gráfico apresentado no artigo "Reactions on painted steel under the influence of sodium chloride, and combinations thereof" (*Ind. Engr. Chem. Prod. Res. Dev.*, 1985: 375-378). A variável independente é a taxa de deposição (mg/m^2/d) de SO_2 e a variável dependente é a perda de peso do aço (g/m^2).

x	14	18	40	43	45	112
y	280	350	470	500	560	1 200

a. Elabore um gráfico de dispersão. O modelo de regressão linear simples parece razoável nessa circunstância?

b. Calcule a equação da reta de regressão estimada.

c. Que porcentagem da variação observada na perda de peso do aço pode ser atribuída à relação do modelo com a variação na taxa de deposição?

d. Pelo fato de o maior valor x na amostra ser sensivelmente maior que os outros, essa observação pode ter influído muito na determinação da equação da reta estimada. Elimine essa observação e recalcule a equação. A nova equação parece diferir substancialmente da original (os valores previstos podem ser considerados)?

25. Mostre que b_1 e b_0 das expressões (12.2) e (12.3) satisfazem as equações normais.

26. Mostre que o "ponto das médias" $(\bar{x}, \bar{y})$ cai sobre a reta de regressão estimada.

27. Suponha que um investigador tenha dados sobre a quantidade de espaço x em uma prateleira reservado para expor um determinado produto e a receita de vendas y desse produto. O pesquisador talvez queira ajustar um modelo no qual a reta de regressão verdadeira passe por (0, 0). O modelo apropriado é $Y = \beta_1 x + \epsilon$. Assuma que $(x_1, y_1), \ldots, (x_n, y_n)$ são pares observados gerados a partir deste modelo e derive o estimador dos mínimos quadrados de β_1. [*Dica*: Escreva a soma do quadrado dos desvios como uma função de b_1, um valor-teste, e use o cálculo para encontrar o valor minimizador de b_1.]

28. a. Considere os dados do Exercício 20. Suponha que, em vez de a reta de mínimos quadrados passar pelos pontos $(x_1, y_1), \ldots, (x_n, y_n)$, desejemos que a reta de mínimos quadrados passe por $(x_1 - \bar{x}, y_1), \ldots, (x_n - \bar{x}, y_n)$. Construa um gráfico de dispersão dos pontos (x_i, y_i) e, em seguida, dos pontos $(x_i - \bar{x}, y_i)$. Use os gráficos para explicar intuitivamente como as duas retas dos mínimos quadrados estão relacionadas uma com a outra.

b. Suponha que, em vez do modelo $Y_i = \beta_0 + \beta_1 x_i + \epsilon_i (i = 1, \ldots, n)$, desejemos ajustar um modelo da forma $Y_i = \beta_0^* + \beta_1^*(x_i - \bar{x}) + \epsilon_i \left(i = 1, \ldots, n\right)$. Quais são os estimadores de mínimos quadrados de β_0^* e β_1^* e como eles estão relacionados com $\hat{\beta}_0$ e $\hat{\beta}_1$?

29. O ângulo de recuperação da dobra e a resistência tênsil são as duas características mais importantes para avaliar o desempenho do tecido de algodão reticulado. Um aumento no grau da reticulação, como determinado pela absorbância da banda de éster de carboxila, melhora a resistência da dobra do tecido (no custo de reduzir a resistência mecânica). Os dados a seguir sobre x = absorbância e y = ângulo de resistência da dobra foram lidos em um gráfico no trabalho "Predicting the performance of durable press finished cotton fabric with infrared spectroscopy" (*Textile Res. J.*, 1999: 145-151).

x	0,115	0,126	0,183	0,246	0,282	0,344	0,355	0,452	0,491	0,554	0,651
y	334	342	355	363	365	372	381	392	400	412	420

Eis o resultado da regressão do Minitab:

```
Preditor        Coef     EP coef        T        P
Constante     321,878      2,483   129,64    0,000
absorv.       156,711      6,464    24,24    0,000

S = 3,60498   R² = 98,5%    R²(ajustado) = 98,3%

Fonte           GL      SQ       QM        F       P
Regressão        1  7639,0   7639,0   587,81   0,000
Erro residual    9   117,0     13,0
Total           10  7756,0
```

a. Um modelo de regressão linear simples parece apropriado? Explique.

b. Qual ângulo de resistência da dobra você iria prever para uma amostra de tecido com absorbância de 0,300?

c. Qual seria a estimativa do ângulo de resistência da dobra esperada quando a absorbância for de 0,300?

12.3 Inferências sobre o parâmetro de inclinação β_1

Em quase todos os nossos trabalhos inferenciais até agora, a noção de variabilidade da amostragem tem sido muito difundida. Particularmente, as propriedades das distribuições amostrais de várias estatísticas têm servido de base para o desenvolvimento de fórmulas de intervalo de confiança e métodos de testes de hipóteses. A principal ideia aqui é que o valor de praticamente qualquer quantidade calculada dos dados amostrais – o valor de praticamente qualquer estatística – varia de uma amostra para a outra.

Exemplo 12.10

Reconsidere os dados sobre x = taxa de liberação na área do queimador e y = taxa de emissão de NO_x do Exercício 12.19, na seção anterior. Há 14 observações feitas nos valores de x, 100, 125, 125, 150, 150, 200, 200, 250, 250, 300, 300, 350, 400 e 400, respectivamente. Suponha que a inclinação e o intercepto da reta de regressão verdadeira sejam $\beta_1 = 1{,}70$ e $\beta_0 = -50$, com $\sigma = 35$ (consistente com os valores $\hat{\beta}_1 = 1{,}7114$, $\hat{\beta}_0 = -45{,}55$, $s = 36{,}75$). Procedemos para gerar uma amostra dos desvios aleatórios $\tilde{\epsilon}_1, \ldots, \tilde{\epsilon}_{14}$ de uma distribuição normal com média 0 e desvio padrão 35, e adicionamos $\tilde{\epsilon}_i$ a $\beta_0 + \beta_1 x_i$ para obter 14 valores y correspondentes. Os cálculos de regressão foram então realizados para obter a inclinação estimada, o intercepto e o desvio padrão. Esse processo foi repetido 20 vezes, no total, gerando os valores apresentados na Tabela 12.1.

Tabela 12.1 Resultados da simulação para o Exemplo 12.10

$\hat{\beta}_1$	$\hat{\beta}_0$	s	$\hat{\beta}_1$	$\hat{\beta}_0$	s
1. 1,7559	−60,62	43,23	11. 1,7843	−67,36	41,80
2. 1,6400	−49,40	30,69	12. 1,5822	−28,64	32,46
3. 1,4699	−4,80	36,26	13. 1,8194	−83,99	40,80
4. 1,6944	−41,95	22,89	14. 1,6469	−32,03	28,11
5. 1,4497	5,80	36,84	15. 1,7712	−52,66	33,04
6. 1,7309	−70,01	39,56	16. 1,7004	−58,06	43,44
7. 1,8890	−95,01	42,37	17. 1,6103	−27,89	25,60
8. 1,6471	−40,30	43,71	18. 1,6396	−24,89	40,78
9. 1,7216	−42,68	23,68	19. 1,7857	−77,31	32,38
10. 1,7058	−63,31	31,58	20. 1,6342	−17,00	30,93

Sem dúvida, há uma variação nos valores das inclinações e dos interceptos estimados, bem como do desvio padrão estimado. A equação da reta de mínimos quadrados varia, portanto, de uma amostra para outra. A Figura 12.13 mostra um gráfico de pontos das inclinações estimadas, bem como os gráficos da reta de regressão verdadeira e as 20 retas de regressão das amostras. ■

A inclinação β_1 da reta de regressão populacional é a mudança média verdadeira na variável dependente y associada com um aumento de uma unidade na variável independente x. A inclinação da reta de mínimos quadrados, $\hat{\beta}_1$, dá uma estimativa pontual de β_1. Da mesma forma que um intervalo de confiança para μ e os procedimentos para testar hipóteses sobre μ tiveram como base as propriedades da distribuição amostral de $\overline{X}$, futuras inferências a respeito de β_1 são fundamentadas no pensamento de $\hat{\beta}_1$ como uma estatística e na investigação da sua distribuição amostral.

Os valores de x_i são presumidos para serem escolhidos antes que a experiência seja feita, portanto, somente Y_i são aleatórios. Os estimadores (estatísticas e, portanto, variáveis aleatórias) para β_0 e β_1 são obtidos ao substituir y_i por Y_i em (12.2) e (12.3):

$$\hat{\beta}_1 = \frac{\sum(x_i - \overline{x})(Y_i - \overline{Y})}{\sum(x_i - \overline{x})^2} \qquad \hat{\beta}_0 = \frac{\sum Y_i - \hat{\beta}_1 \sum x_i}{n}$$

Da mesma forma, o estimador para σ^2 resulta da substituição de cada y_i na fórmula para s^2 pela v.a. Y_i:

$$\hat{\sigma}^2 = S^2 = \frac{\sum Y_i^2 - \hat{\beta}_0 \sum Y_i - \hat{\beta}_1 \sum x_i Y_i}{n - 2}$$

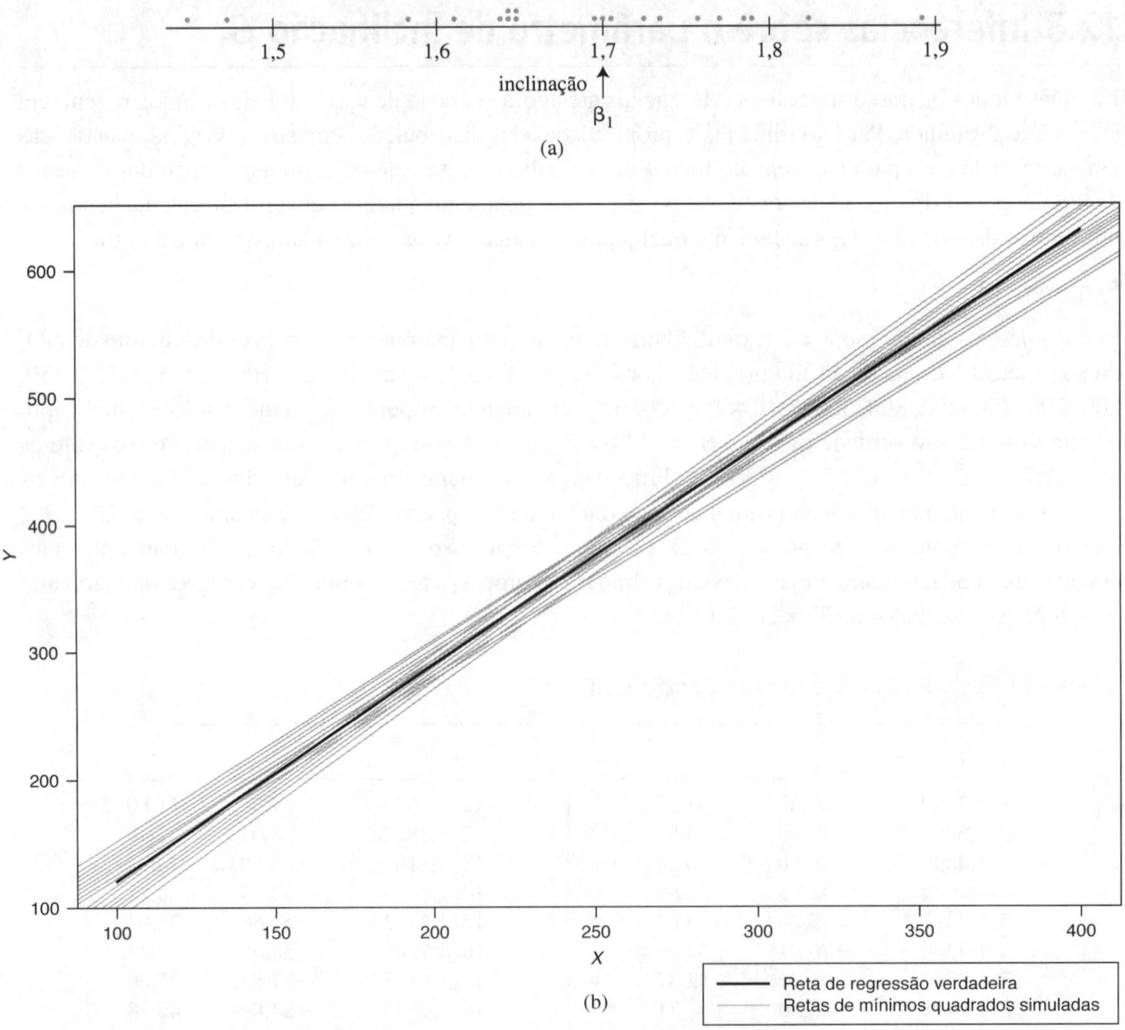

Figura 12.13 Resultados da simulação do Exemplo 12.10: (a) gráfico de pontos das inclinações estimadas; (b) gráficos da reta de regressão verdadeira e 20 retas de mínimos quadrados (do S-Plus).

O denominador de $\hat{\beta}_1$, $S_{xx} = \sum(x_i - \overline{x})^2$, depende apenas de x_i e não dos Y_i, portanto, é uma constante. Então, como $\sum(x_i - \overline{x})\overline{Y} = \overline{Y}\sum(x_i - \overline{x}) = \overline{Y} \cdot 0 = 0$, o estimador da inclinação pode ser escrito como

$$\hat{\beta}_1 = \frac{\sum(x_i - \bar{x})Y_i}{S_{xx}} = \sum c_i Y_i \quad \text{onde } c_i = (x_i - \bar{x})/S_{xx}$$

Isto é, $\hat{\beta}_i$ é uma função linear das v.a. independentes $Y_1, Y_2, ..., Y_n$, cada qual sendo normalmente distribuída. Recorrer a propriedades de uma função linear das variáveis aleatórias discutidas na Seção 5.5 nos conduz aos resultados a seguir.

Proposição

1. O valor médio de $\hat{\beta}_1$ é $E(\hat{\beta}_1) = \mu_{\hat{\beta}_1} = \beta_1$, de modo que $\hat{\beta}_1$ é um estimador não viciado de β_1 (a distribuição de $\hat{\beta}_1$ é sempre centrada no valor de β_1).
2. A variância e o desvio padrão de $\hat{\beta}_1$ são

$$V(\hat{\beta}_1) = \sigma^2_{\hat{\beta}_1} = \frac{\sigma^2}{S_{xx}} \qquad \sigma_{\hat{\beta}_1} = \frac{\sigma}{\sqrt{S_{xx}}} \tag{12.4}$$

em que $S_{xx} = \sum(x_i - \bar{x})^2 = \sum x_i^2 - (\sum x_i)^2/n$. Substituindo σ por sua estimativa s, obtemos uma estimativa de $\sigma_{\hat{\beta}_1}$ (o desvio padrão estimado, isto é, o erro padrão estimado de $\hat{\beta}_1$):

$$s_{\hat{\beta}_1} = \frac{s}{\sqrt{S_{xx}}}$$

(Essa estimativa pode ainda ser representada por $\sigma_{\hat{\beta}_1}$.)

3. O estimador $\hat{\beta}_1$ tem uma distribuição normal (porque é uma função linear das v.a. normais independentes).

De acordo com (12.4), a variância de $\hat{\beta}_1$ se iguala à variância σ^2 do termo de erro aleatório – ou, de maneira equivalente, de qualquer Y_i, dividido por $\sum(x_i - \bar{x})^2$. Esse denominador é uma medida de quão dispersos x_i estão em relação a $\bar{x}$. Concluímos que fazer observações nos valores x_i que são bem dispersos resulta em um estimador mais preciso do parâmetro de inclinação (variância menor de $\hat{\beta}_1$), ao passo que os valores de todos os x_i perto de um outro impliquem um estimador altamente variável. Obviamente, se os x_i ficarem muito dispersos, um modelo linear talvez não seja apropriado em todos os âmbitos de observação.

Vários procedimentos inferenciais que foram discutidos antes baseiam-se na padronização do estimador, primeiramente subtraindo-se seu valor médio e em seguida dividindo-se por seu desvio padrão estimado. Em particular, os procedimentos de teste e um IC para a média μ de uma população normal utilizaram-se do fato de a variável padronizada $(\bar{X} - \mu)/(S/\sqrt{n})$ – isto é, $(\bar{X} - \mu)/S_{\hat{\mu}}$ – ter uma distribuição t com $n - 1$ gl. Um resultado semelhante oferece aqui a solução para inferências posteriores concernentes a β_1.

Teorema

As suposições do modelo de regressão linear simples significam que a variável padronizada

$$T = \frac{\hat{\beta}_1 - \beta_1}{S/\sqrt{S_{xx}}} = \frac{\hat{\beta}_1 - \beta_1}{S_{\hat{\beta}_1}}$$

tem uma distribuição t com $n - 2$ gl.

Intervalo de confiança para β_1

Como na derivação dos IC anteriores, começamos com uma declaração de probabilidade:

$$P\left(-t_{\alpha/2,n-2} < \frac{\hat{\beta}_1 - \beta_1}{S_{\hat{\beta}_1}} < t_{\alpha/2,n-2}\right) = 1 - \alpha$$

A manipulação das desigualdades entre parênteses para isolar β_1 e a substituição das estimativas pelos estimadores resultam na fórmula do IC.

Um **IC** de $100(1 - \alpha)\%$ **para a inclinação β_1** da reta de regressão verdadeira é

$$\hat{\beta}_1 \pm t_{\alpha/2,n-2} \cdot s_{\hat{\beta}_1}$$

Esse intervalo tem a mesma forma geral que a de vários de nossos intervalos anteriores. Ele está centralizado na estimativa pontual do parâmetro e o quanto ele se estende em cada lado da estimativa depende do nível de confiança desejado (por meio do valor crítico t) e da quantidade de variabilidade no estimador $\hat{\beta}_1$ (por meio de $s_{\hat{\beta}_1}$, que tende a ser pequeno, quando houver pouca variabilidade na distribuição de $\hat{\beta}_1$, e grande, na situação inversa).

Exemplo 12.11

Variações no peso de tijolos de argila têm implicações não apenas no projeto estrutural e acústico, como também no projeto dos sistemas térmico, de ventilação e de ar-condicionado. O artigo "Clay Brick Masonry weight variation" (*J. of Architectural Engr.*, 1996: 135-137) fornece um gráfico de dispersão de y = densidade da argamassa seca (lb/pé^3) *versus* x = volume de ar da argamassa (%) para uma amostra de espécimes de argamassa, do qual foram reproduzidos os seguintes dados representativos:

x	5,7	6,8	9,6	10,0	10,7	12,6	14,4	15,0	15,3
y	119,0	121,3	118,2	124,0	112,3	114,1	112,2	115,1	111,3

x	16,2	17,8	18,7	19,7	20,6	25,0
y	107,2	108,9	107,8	111,0	106,2	105,0

O gráfico de dispersão desses dados na Figura 12.14 certamente sugere a aplicabilidade do modelo de regressão linear simples; parece haver uma relação linear negativa significativa entre o volume de ar e a densidade, relação em que a densidade tende a diminuir à medida que o volume de ar aumenta.

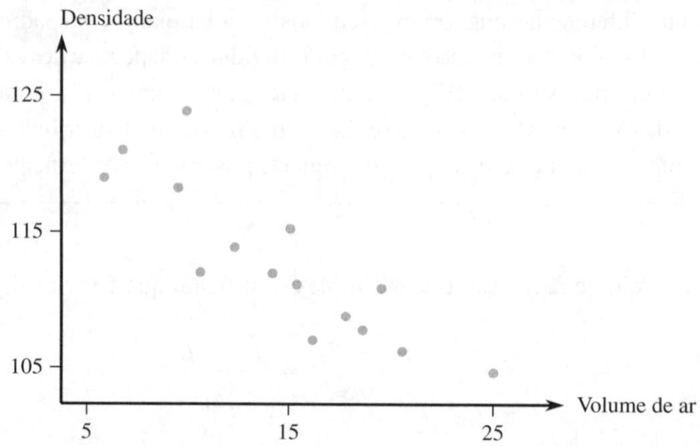

Figura 12.14 Gráfico de dispersão dos dados do Exemplo 12.11.

Os valores das estatísticas requeridas para calcular as estimativas de mínimos quadrados são

$$\sum x_i = 218{,}1 \quad \sum y_i = 1\,693{,}6 \quad \sum x_i^2 = 3\,577{,}01$$
$$\sum x_i y_i = 24\,252{,}54 \quad \sum y_i^2 = 191\,672{,}90$$

a partir do qual $S_{xy} = -372{,}404$, $S_{xx} = 405{,}836$, $\hat{\beta}_1 = -0{,}917622$, $\hat{\beta}_0 = 126{,}248889$, SQT $= 454{,}163$, SQE $= 112{,}4432$ e $r^2 = 1 - 112{,}4432/454{,}1693 = 0{,}752$.

Aproximadamente 75% da variação observada na densidade pode ser atribuída à relação do modelo de regressão linear simples entre a densidade e o conteúdo de ar. O gl do erro é $15 - 2 = 13$, que dá $s^2 = 112{,}4432/13 = 8{,}6495$ e $s = 2{,}941$.

O desvio padrão estimado de $\hat{\beta}_1$ é

$$s_{\hat{\beta}_1} = \frac{s}{\sqrt{S_{xx}}} = \frac{2,941}{\sqrt{405,836}} = 0,1460$$

Um nível de confiança de 95% exige $t_{0,025,13} = 2,160$. O IC é

$$-0,918 \pm (2,160)(0,1460) = -0,918 \pm 0,315 = (-1,233, -0,603)$$

Com alto grau de confiança, estimamos que uma diminuição média na densidade, entre 0,603 lb/pé³ e 1,233 lb/pé³, está associada com um aumento de 1% do volume de ar (pelo menos para valores de volume de ar entre 5% e 25%, aproximadamente, que correspondem aos valores x em nossa amostra). O intervalo é razoavelmente estreito, o que indica que a inclinação da reta populacional foi estimada com precisão. Observe que o intervalo compreende apenas valores negativos, de maneira que podemos ficar bem seguros em relação à tendência de a densidade diminuir à medida que o conteúdo de ar aumentar.

Ao examinar o resultado do SAS na Figura 12.15, encontramos o valor de $s_{\hat{\beta}_1}$ sob o título "estimativas do parâmetro", tal como o segundo número na coluna "erro padrão". Todos os softwares estatísticos amplamente usados incluem esse erro-padrão estimado no resultado. Há também um erro padrão estimado para a estatística $\hat{\beta}_0$, com base na qual é possível calcular um intervalo de confiança para o termo constante β_0 da reta de regressão populacional.

Figura 12.15 Resultado do SAS dos dados do Exemplo 12.11. ■

```
Variável dependente: DENSIDADE
                                  Análise de variância

Fonte      GL Soma de quadrados Quadrado médio    Valor F    Prob > G
Modelo      1       341,72606      341,72606      39,508       0,0001
Erro       13       112,44327        8,64948
Total C    14       454,16933

       Raiz QME          2,94100             R²          0,7524
       Média           112,90667    R²(ajustado)         0,7334
       C.V.              2,60481

                               Estimativas dos parâmetros

                                  Parâmetro    Erro padrão      T para H0:
Variável                    GL     estimado                   Parâmetro=0    Prob >|T|
COEFICIENTE LINEAR           1   126,248889    2,25441683          56,001       0,0001
VOLUME DE AR                 1    -0,917622    0,14598888          -6,286       0,0001

                    Var dep          Valor
            Obs    DENSIDADE        predito        Resíduo
            1          119,0         121,0         -2,0184
            2          121,3         120,0          1,2909
            3          118,2         117,4          0,7603
            4          124,0         117,1          6,9273
            5          112,3         116,4         -4,1303
            6          114,1         114,7         -0,5869
            7          112,2         113,0         -0,8351
            8          115,1         112,5          2,6154
            9          111,3         112,2         -0,9093
            10         107,2         111,4         -4,1834
            11         108,9         109,9         -1,0152
            12         107,8         109,1         -1,2894
            13         111,0         108,2          2,8283
            14         106,2         107,3         -1,1459
            15         105,0         103,3          1,6917
            Soma dos resíduos                            0
            Soma de quadrados dos resíduos        112,4433
            SQ dos resíduos preditos              146,4144
```

Procedimentos de teste de hipóteses

Como antes, a hipótese nula em um teste sobre β_1 será uma declaração de igualdade. O valor nulo (valor de β_1 declarado verdadeiro pela hipótese nula) será representado por β_{10} (leia-se "beta um zero", *não* "beta dez"). A estatística do teste resulta da substituição de β_1 na variável padronizada T pelo valor nulo β_{10}, ou seja, da padronização do estimador de β_1 segundo a suposição de que H_0 é verdadeira. A estatística de teste, portanto, tem uma distribuição t com $n - 2$ gl quando H_0 é verdadeira, de maneira que a probabilidade de erro tipo I é controlada no nível desejado α, usando-se um valor crítico t apropriado.

O par de hipóteses sobre β_1 mais comumente encontrado é H_0: $\beta_1 = 0$ *versus* H_a: $\beta_1 \neq 0$. Quando essa hipótese nula é verdadeira, $\mu_{Y \cdot x} = \beta_0$ independentemente de x. Então, o conhecimento de x não dá informações a respeito do valor da variável dependente. O teste dessas duas hipóteses em geral é chamado *teste de utilidade do modelo* na regressão linear simples. A menos que n seja muito pequeno, H_0 será rejeitada e a utilidade do modelo será confirmada precisamente quando r^2 for razoavelmente grande. O modelo de regressão linear simples não deve ser usado para inferências adicionais (estimativas do valor médio ou previsões de futuros valores), a menos que o resultado do teste de utilidade do modelo rejeite H_0 para um α adequadamente pequeno.

Hipótese nula: H_0: $\beta_1 = \beta_{10}$

Valor da estatística do teste: $t = \dfrac{\hat{\beta}_1 - \beta_{10}}{s_{\hat{\beta}_1}}$

Hipótese alternativa	**Região de rejeição para o teste nível α**
H_a: $\beta_1 > \beta_{10}$	$t \geq t_{\alpha,n-2}$
H_a: $\beta_1 < \beta_{10}$	$t \leq -t_{\alpha,n-2}$
H_a: $\beta_1 \neq \beta_{10}$	tanto $t \geq t_{\alpha/2,n-2}$ quanto $t \leq -t_{\alpha/2,n-2}$

Um valor-P baseado em $n - 2$ gl pode ser calculado como anteriormente para os testes t, nos Capítulos 8 e 9.

O **teste de utilidade do modelo** é o teste de H_0: $\beta_1 = 0$ *versus* H_a: $\beta_1 \neq 0$, sendo o valor da estatística do teste a **razão t** $= \hat{\beta}_1/s_{\hat{\beta}_1}$.

Exemplo 12.12

As "scooters" são bastante populares na Europa porque são baratas e fáceis de operar. No entanto, podem ser perigosas se as características de desempenho forem modificadas. Um dos aspectos comumente manipulados é a velocidade máxima. O artigo "Procedure to verify the maximum speed of automatic transmission mopeds in periodic motor vehicle inspections" (*J. of Automotive Engr.*, 2008: 1615-1623) incluiu uma análise de regressão linear simples das variáveis x = velocidade do teste em circuito (km/h) e y = velocidade do teste de rolamento. Os dados a seguir foram reproduzidos de um gráfico desse artigo:

Um gráfico de dispersão mostra um padrão linear substancial. O resultado do Minitab na Figura 12.16 dá o coeficiente de determinação como r^2 = 0,923, o que certamente prevê uma relação linear útil. Vamos fazer um teste no nível de utilidade do modelo no nível de significância $\alpha = 0,01$.

x	42,2	42,6	43,3	43,5	43,7	44,1	44,9	45,3	45,7
y	44	44	44	45	45	46	46	46	47

x	45,7	45,9	46,0	46,2	46,2	46,8	46,8	47,1	47,2
y	48	48	48	47	48	48	49	49	49

Figura 12.16 Resultado do Minitab dos dados da "scooter" do Exemplo 12.12.

O parâmetro de interesse é β_1, a mudança esperada na velocidade do rolamento associada a um au-

```
A equação de regressão                        s_β̂1            t = β̂1/s_β̂1
vel rol = -2,22 + 1,08 vel cir

Preditor           Coef       EP Coef          T          P
Constante        -2,224         3,528      -0,63      0,537
vel cir         1,08342       0,07806      13,88      0,000←Valor-P para o
                                                            teste de utilidade
S = 0,506890   R² = 92,3%   R²(ajustado) = 91,9%           modelo

Análise de variância

Fonte            GL         SQ        QM        F        P
Regressão         1     49,500    49,500   192,65    0,000
Erro residual    16      4,111     0,257
Total            17     53,611
                                                vel rol = velocidade de rolamento
                                                vel cir = velocidade em circuito
```

mento de 1 km/h na velocidade do teste em circuito. A hipótese nula H_0: $\beta_1 = 0$ será rejeitada em favor da alternativa H_0: $\beta_1 \neq 0$ se a razão $t = \hat{\beta}_1/s_{\hat{\beta}_1}$ satisfizer $t \geq t_{\alpha/2,n-2} = t_{0{,}005,16} = 2{,}921$ ou $t \leq -2{,}921$. Da Figura 12.16, $\hat{\beta}_1 = 1{,}08342$, $s_{\hat{\beta}_1} = 0{,}07806$ e

$$t = \frac{1{,}08342}{0{,}07806} = 13{,}88 \quad \text{(também está no resultado do Minitab)}$$

Claramente essa razão t fica bem na cauda superior da região de rejeição bilateral, portanto H_0 é altamente rejeitada. Em contraposição, o valor-P é duas vezes a área capturada sob a curva t de 16 gl à direita de 13,88. O Minitab dá o valor-P = 0,000. Desse modo, a hipótese nula deve ser rejeitada em qualquer nível de significância razoável. Essa confirmação da utilidade do modelo de regressão linear simples nos permite calcular várias estimativas e previsões, como descrito na Seção 12.4. ■

Regressão e ANOVA

A decomposição da soma de quadrados total $\sum(y_i - \bar{y})^2$ em uma parte SQE, que mede uma variação inexplicada, e uma parte SQR, que mede uma variação explicada por meio da relação linear, é bastante similar à ANOVA de fator único. Na verdade, a hipótese nula H_0: $\beta_1 = 0$ pode ser testada contra H_a: $\beta_1 \neq 0$, ao construir uma tabela ANOVA (Tabela 12.2) e rejeitar H_0 se $f \geq F_{\alpha,1,n-2}$.

O teste F dá exatamente o mesmo resultado como teste t da utilidade do modelo porque $t^2 = f$ e $t^2_{\alpha/2,n-2} = F_{\alpha,1,n-2}$. Praticamente todos os pacotes computacionais que possuem opções de regressão incluem uma tabela ANOVA desse tipo no resultado. Por exemplo, a Figura 12.15 mostra o resultado do SAS dos dados sobre argamassa do Exemplo 12.11. A tabela ANOVA na parte superior do resultado tem f = 39,508, com um valor-P de 0,0001, para o teste de utilidade do modelo. A tabela de estimativas dos parâmetros fornece $t = -6{,}286$, novamente com $P = 0{,}0001$ e $(-6{,}286)^2 = 39{,}51$.

Tabela 12.2 Tabela ANOVA para regressão linear simples

Fonte de variação	gl	Soma de quadrados	Quadrado médio	f
Regressão	1	SQR	SQR	$\frac{\text{SQR}}{\text{SQE}/(n-2)}$
Erro	$n-2$	SQE	$s^2 = \frac{\text{SQE}}{n-2}$	
Total	$n-1$	SQT		

30. Reconsidere a situação descrita no Exercício 7, no qual x = resistência acelerada do concreto e y = resistência ao tratamento de 28 dias. Suponha que o modelo de regressão simples seja válido para x entre 1 000 e 4 000 e que $\beta_1 = 1{,}25$ e $\sigma = 350$. Considere um experimento em que $n = 7$ e os valores x em cujas observações são fei-

EXERCÍCIOS Seção 12.3 (30–43)

tas sejam $x_1 = 1\,000$, $x_2 = 1\,500$, $x_3 = 2\,000$, $x_4 = 2\,500$, $x_5 = 3\,000$, $x_6 = 3\,500$ e $x_7 = 4\,000$.

a. Calcule $\sigma_{\hat{\beta}_1}$, o desvio padrão de $\hat{\beta}_1$.

b. Qual é a probabilidade de a inclinação estimada baseada nessas observações ficar entre 1,00 e 1,50?

c. Suponha que também seja possível fazer uma única observação em cada um dos $n = 11$ valores $x_1 = 2\,000$, $x_2 = 2\,100, \ldots, x_{11} = 3\,000$. Se o objetivo principal for estimar β_1 com o máximo de precisão possível, o experimento com $n = 11$ seria preferível ao experimento com $n = 7$?

31. Durante as operações de perfuração de petróleo, os componentes do equipamento de perfuração podem sofrer de rachaduras devido ao sulfeto. O artigo "Composition optimization of high-strength steels for sulfide cracking resistance improvement" (*Corrosion Science*, 2009: 2878-2884) relatou um estudo em que um aço de composição padrão foi analisado. Os dados a seguir sobre y = força limítrofe (% SMYS) e x = resistência (MPa) foram lidos em um gráfico do artigo (o que também incluiu a equação da reta de mínimos quadrados).

x	635	644	711	708	836	820	810	870	856	923	878	937	948
y	100	93	88	84	77	75	74	63	57	55	47	43	38

$$\sum x_i = 10\,576,\ \sum y_i = 894,\ \sum x_i^2 = 8\,741\,264,$$
$$\sum y_i^2 = 66\,224,\ \sum x_i y_i = 703\,192$$

a. Qual proporção da variação observada na força pode ser atribuída à relação linear aproximada entre as duas variáveis?

b. Calcule o desvio padrão estimado $s_{\hat{\beta}_1}$.

c. Calcule um intervalo de confiança usando um nível de confiança de 95% para a mudança esperada na força associada ao aumento 1 MPa na resistência. Parece que essa mudança média verdadeira foi estimada de maneira precisa?

32. O Exercício 16 da Seção 12.2 forneceu dados sobre x = volume de chuva e y = volume de escoamento (ambos em m^3). Use o resultado do Minitab a seguir para determinar se existe uma relação linear útil entre o volume de chuva e o volume de escoamento e em seguida calcule um intervalo de confiança para a mudança média verdadeira do volume de escoamento associado com um aumento de 1 m^3 no volume de chuva.

```
A equação de regressão é
escoamento = −1,13 + 0,827 chuva

Preditor        Coef        DP    razão t       P
Constante     −1,128     2,368      −0,48   0,642
Chuva        0,82697   0,03652      22,64   0,000

s = 5,240     R² = 97,5%     R²(ajustado) = 97,3%
```

33. A probabilidade de um erro tipo II para o teste t para H_0: $\beta_1 = \beta_{10}$ pode ser calculada da mesma maneira que foi calculada para os testes t do Capítulo 8. Se o valor alternativo de β_1 for representado por β_1', o valor de

$$d = \frac{|\beta_{10} - \beta_1'|}{\sigma\sqrt{\dfrac{n-1}{\sum x_i^2 - (\sum x_i)^2/n}}}$$

é calculado primeiro, depois, o conjunto de curvas apropriado da Tabela A.17 do Apêndice será inserido no eixo horizontal no valor de d e β é lido da curva para $n - 2$ gl. Um artigo publicado no *Journal of Public Health Engineering* apresenta os resultados de uma análise de regressão baseada em $n = 15$ observações, nas quais x = temperatura do filtro (ºC) e eficiência da remoção de DBO. As quantidades calculadas incluem $\sum x_i = 402$, $\sum x_i^2 = 11{,}098$, $s = 3{,}725$ e $\hat{\beta}_1 = 1{,}7035$. Considere o teste no nível 0,01 H_0: $\beta_1 = 1$, que expressa que o aumento esperado na % de remoção de DBO é 1, quando a temperatura de aplicação do filtro aumenta 1 °C, comparando-a com a alternativa H_a: $\beta_1 > 1$. Determine P(erro tipo II) quando $\beta_1' = 2$, $\sigma = 4$.

34. Consulte o resultado do Minitab do Exercício 20, no qual x = deposição de NO_3^- em meio úmido de y = líquens N (%).

a. Execute o teste de utilidade do modelo no nível 0,01, usando a abordagem da região de rejeição.

b. Repita o item (a) usando a abordagem do valor-P.

c. Suponha que antes tivéssemos acreditado que, quando a deposição de umidade aumenta em torno de 0,1 g N/m^2, a mudança associada no líquen N esperado é de pelo menos 0,15%. Teste as hipóteses no nível 0,01 para determinar se os dados contradizem esse ponto de vista prévio.

35. Como a aceleração lateral – forças laterais experimentadas em curvas que em grande medida podem ser controladas pelo motorista – influencia na náusea sentida por passageiros de ônibus? O artigo "Motion sickness in public road transport: the effect of driver, route, and vehicle" (*Ergonomics*,1999: 1646--1664) apresentou dados sobre x = quantidade de náusea de movimento (calculada de acordo com um padrão britânico para avaliar movimentos semelhantes no mar) e y = náusea relatada (%). As quantidades relevantes são $n = 17$, $\sum x_i = 222{,}1$, $\sum y_i = 193$, $\sum x_i^2 = 3\,056{,}69$, $\sum x_i y_i = 2\,759{,}6$, $\sum y_i^2 = 2\,975$.

Os valores da quantidade na amostra estão entre 6,0 e 17,6.

a. Supondo que o modelo de regressão linear simples seja válido para relacionar essas duas variáveis (isso é confirmado pelos dados brutos), calcule e interprete uma estimativa do parâmetro de inclinação que transmita informações sobre a precisão e a confiabilidade da estimativa.

b. Parece haver uma relação linear útil entre essas duas variáveis? Responda à pergunta, empregando a abordagem do valor-P.

c. Seria sensato usar o modelo de regressão linear simples como base para prever a porcentagem de náusea quando a quantidade $= 5{,}0$? Explique seu raciocínio.

d. Quando o Minitab foi usado para ajustar o modelo de regressão linear simples aos dados brutos, foi indicado que a observação (6,0, 2,50) possivelmente tivesse um impacto significativo sobre o ajuste. Elimine essa observação da amostra e recalcule a estimativa do item (a). Com base nisso, a observação parece estar exercendo uma influência indevida?

36. Uma névoa (gotículas transportadas pelo ar ou aerossóis) é gerada quando fluidos para remoção de metal são usados em operações de máquina para resfriar e lubrificar a ferramenta e a peça. A produção de névoa é uma preocupação para a Occupational Safety and Health Administration (OSHA), que recentemente diminuiu substancialmente o nível padrão nos locais de trabalho. O artigo "Variables affecting mist generation from metal removal fluids" (*Lubrication Engr.*, 2002: 10-17) apresentou os dados a seguir sobre x = velocidade do fluxo do fluido para um óleo 5% solúvel (cm/s) e y = a quantidade de gotículas de névoa com diâmetro menor que 10 μm (mg/m^3):

x	89	177	189	354	362	442	965
y	0,40	0,60	0,48	0,66	0,61	0,69	0,99

a. Os pesquisadores executaram uma análise de regressão linear simples para relacionar as duas variáveis. O gráfico de dispersão dos dados apoia essa estratégia?

b. Que proporção da variação observada no volume de névoa pode ser atribuída à relação de regressão linear simples entre velocidade e névoa?

c. Os investigadores estavam particularmente interessados no impacto sobre a névoa ao aumentar a velocidade de 100 para 1 000 (um fator de 10 correspondente à diferença entre o menor e o maior valores x na amostra). Quando x aumenta dessa forma, há alguma evidência significativa de que o aumento médio verdadeiro em y seja menor que 0,6?

d. Estime a mudança média verdadeira na névoa associada com um aumento de velocidade de 1 cm/s. Faça isso de maneira que transmita informações sobre precisão e confiança.

37. A ressonância magnética (RM) é bem estabelecida como um instrumento para medir as velocidades sanguíneas e os fluxos do volume. O artigo "Correlation analysis of stenotic aortic valve flow patterns using phase contrast MRI", referenciado no Exercício 1.67, propôs usar desta metodologia para determinação da área da válvula em pacientes com estenose aórtica. Os dados a seguir na velocidade máxima (m/s) dos exames de 23 pacientes em dois planos diferentes foram lidos em um gráfico do trabalho citado.

Nível (-):	0,60	0,82	0,85	0,89	0,95	1,01	1,01	1,05
Nível (--):	0,50	0,68	0,76	0,64	0,68	0,86	0,79	1,03
Nível (-):	1,08	1,11	1,18	1,17	1,22	1,29	1,28	1,32
Nível (--):	0,75	0,90	0,79	0,86	0,99	0,80	1,10	1,15
Nível (-):	1,37	1,53	1,55	1,85	1,93	1,93	2,14	
Nível (--):	1,04	1,16	1,28	1,39	1,57	1,39	1,32	

a. Parece haver uma diferença entre a velocidade média verdadeira nos planos diferentes? Faça um teste apropriado da hipótese (como os autores do artigo fizeram).

b. Os autores do artigo também regrediram o nível de velocidade (--) contra o nível de velocidade (-). O termo constante estimado resultante e a inclinação são 0,14701 e 0,65393, com os erros padrão estimados correspondentes 0,07877 e 0,05947, coeficiente de determinação 0,852 e $s = 0{,}110673$. O artigo incluiu o comentário de que essa regressão mostrou evidência de uma relação linear forte, mas uma inclinação da regressão bem abaixo de 1. Você concorda?

38. Consulte os dados sobre x = taxa de liberação e y = taxa de emissão de NO_x fornecidos no Exercício 19.

a. O modelo de regressão linear simples especifica uma relação útil entre as duas taxas? Use o procedimento de teste apropriado para obter informações sobre o valor-P e, em seguida, tire uma conclusão usando o nível de significância 0,01.

b. Calcule um IC de 95% para a mudança esperada na taxa de emissão associada com um aumento de 10 MBtu/h-pé^2 na taxa de liberação.

39. Realize o teste de utilidade do modelo, usando a abordagem ANOVA para os dados sobre taxa de filtragem–quantidade de umidade do Exemplo 12.6. Verifique que ela dá um resultado equivalente ao do teste t.

40. Use as regras do valor esperado para mostrar que $\hat{\beta}_0$ é um estimador não viciado de β_0 (supondo que $\hat{\beta}_1$ não seja viciado para β_1).

41. **a.** Verifique que $E(\hat{\beta}_1) = \beta_1$ usando as regras do valor esperado do Capítulo 5.

b. Use as regras de variância do Capítulo 5 para verificar a expressão para $V(\hat{\beta}_1)$ fornecida nesta seção.

42. Verifique que, se cada x_i for multiplicado por uma constante positiva c e cada y_i for multiplicado por outra constante positiva d, a estatística t para o teste H_0: $\beta_1 = 0$ *versus* H_a: $\beta_1 \neq 0$ é inalterada no valor (o valor de $\hat{\beta}_1$ irá mudar, o que mostra que a grandeza de $\hat{\beta}_1$ não é indicativa por si só da utilidade do modelo).

43. O Exercício 15 da Seção 12.2 incluiu o resultado do Minitab para uma regressão da resistência à flexão de vigas de concreto no módulo de elasticidade.

a. Use esse resultado para calcular um intervalo de confiança com um nível de confiança de 95% para a inclinação β_1 da reta de regressão populacional e interprete o intervalo resultante.

b. Suponha que tivéssemos acreditado que, quando o módulo de elasticidade aumenta 1 GPa, a mudança média verdadeira associada na resistência à flexão é de no máximo 0,1 MPa. Os dados amostrais contradizem essa afirmação? Expresse e teste as hipóteses relevantes.

12.4 Inferências sobre $\mu_{Y \cdot x^*}$ e a previsão de valores de *Y* futuros

Seja x^* um valor particular da variável independente x. Uma vez que as estimativas $\hat{\beta}_0$ e $\hat{\beta}_1$ tenham sido calculadas, $\hat{\beta}_0 + \hat{\beta}_1 x^*$ pode ser considerado uma estimativa pontual de $\mu_{Y \cdot x^*}$ (o valor médio esperado ou verdadeiro de Y quando $x = x^*$) ou uma previsão do valor Y, que irá resultar de uma única observação feita quando $x = x^*$. A estimativa pontual ou a previsão por si só não fornecem informações a respeito de quão precisamente $\mu_{Y \cdot x^*}$ foi estimado ou Y foi previsto. Isso pode ser remediado desenvolvendo-se um IC para $\mu_{Y \cdot x^*}$ e um intervalo de previsão (IP) para um único valor Y.

Antes de obtermos dados amostrais, tanto $\hat{\beta}_0$ como $\hat{\beta}_1$ estão sujeitos à variabilidade amostral – ou seja, ambos são estatísticas cujos valores variam de uma amostra para outra. Suponha, por exemplo, que $\beta_0 = 50$ e $\beta_1 = 2$. Então, uma primeira amostra de pares (x, y) pode fornecer $\hat{\beta}_0 = 52{,}35$, $\hat{\beta}_1 = 1{,}895$; uma segunda amostra pode resultar em $\hat{\beta}_0 = 46{,}52$, $\hat{\beta}_1 = 2{,}056$, e assim por diante. Segue-se a isso que $\hat{Y} = \hat{\beta}_0 + \hat{\beta}_1 x^*$, por si só, varia em valor de amostra para amostra, de modo que é uma estatística. Se a inclinação e o intercepto da reta populacional forem os valores supramencionados 50 e 2, respectivamente, e $x^* = 10$, então esta estatística está tentando estimar o valor de $50 + 2(10) = 70$. A estimativa de uma primeira amostra pode ser $52{,}35 + 1{,}895(10) = 71{,}30$, de uma segunda amostra pode ser $46{,}52 + 2{,}056(10) = 67{,}08$, e assim por diante.

Essa variação no valor de $\hat{\beta}_0 + \hat{\beta}_1 x^*$ pode ser visualizada na Figura 12.13 na página 450. Considere o valor $x^* = 300$. As alturas de 20 retas de regressão estimadas exibidas acima desse valor são de alguma forma diferentes umas das outras. O mesmo ocorre com as alturas das retas acima do valor $x^* = 350$. Na verdade, lá parece haver mais variação no valor de $\hat{\beta}_0 + \hat{\beta}_1(350)$ do que no valor de $\hat{\beta}_0 + \hat{\beta}_1(300)$. Devemos ver em breve que isso ocorre porque 350 está mais distante $\bar{x} = 235{,}71$ (o "centro dos dados") do que 300.

Os métodos para fazer inferências sobre β_1 foram fundamentados nas propriedades da distribuição amostral da estatística $\hat{\beta}_1$. Da mesma forma, as inferências a respeito da média do valor Y $\beta_0 + \beta_1 x^*$ foram fundamentadas nas propriedades da distribuição amostral da estatística $\hat{\beta}_0 + \hat{\beta}_1 x^*$. A substituição das expressões para $\hat{\beta}_0$ e $\hat{\beta}_1$ em $\hat{\beta}_0 + \hat{\beta}_1 x^*$ seguida por alguma manipulação algébrica leva à representação de $\hat{\beta}_0 + \hat{\beta}_1 x^*$ como uma função linear dos Y_i:

$$\hat{\beta}_0 + \hat{\beta}_1 x^* = \sum_{i=1}^{n} \left[\frac{1}{n} + \frac{(x^* - \bar{x})(x_i - \bar{x})}{\sum (x_i - \bar{x})^2} \right] Y_i = \sum_{i=1}^{n} d_i Y_i$$

Os coeficientes $d_1, d_2, ..., d_n$ nesta função linear envolvem os x_i e x^*, todos os quais estão fixos. A aplicação das regras da Seção 5.5 a essa função linear fornece as seguintes propriedades:

Proposição

Seja $\hat{Y} = \hat{\beta}_0 + \hat{\beta}_1 x^*$, em que x^* é algum valor fixo de x. Então

1. O valor médio de $\hat{Y}$ é

$$E(\hat{Y}) = E(\hat{\beta}_0 + \hat{\beta}_1 x^*) = \mu_{\hat{\beta}_0 + \hat{\beta}_1 x^*} = \beta_0 + \beta_1 x^*$$

Assim, $\hat{\beta}_0 + \hat{\beta}_1 x^*$ é um estimador não viciado para $\beta_0 + \beta_1 x^*$ (isto é, para $\mu_{Y \cdot x^*}$).

2. A variância de $\hat{Y}$ é

$$V(\hat{Y}) = \sigma_{\hat{Y}}^2 = \sigma^2 \left[\frac{1}{n} + \frac{(x^* - \bar{x})^2}{\sum x_i^2 - (\sum x_i)^2/n} \right] = \sigma^2 \left[\frac{1}{n} + \frac{(x^* - \bar{x})^2}{S_{xx}} \right]$$

e o desvio padrão $\sigma_{\hat{Y}}$ é a raiz quadrada dessa expressão. O desvio padrão estimado de $\hat{\beta}_0 + \hat{\beta}_1 x^*$, representado por $s_{\hat{Y}}$ ou $s_{\hat{\beta}_0+\hat{\beta}_1 x^*}$, resulta da substituição de σ por sua estimativa s:

$$s_{\hat{Y}} = s_{\hat{\beta}_0+\hat{\beta}_1 x^*} = s\sqrt{\frac{1}{n} + \frac{(x^* - \overline{x})^2}{S_{xx}}}$$

3. $\hat{Y}$ tem uma distribuição normal.

A variância de $\hat{\beta}_0 + \hat{\beta}_1 x^*$ é mínima quando $x^* = \overline{x}$ e aumenta à medida que x^* distancia-se de x em ambas as direções. Logo, o estimador de $\mu_{Y \cdot x^*}$ é mais preciso quando x^* está próximo do centro dos x_i do que quando está distante dos valores x amostrados. Isso significa que tanto o IC como o IP são mais estreitos para um x^* próximo de $\overline{x}$ do que para um x^* distante de x. A maioria dos softwares estatísticos fornecerá tanto $\hat{\beta}_0 + \hat{\beta}_1 x^*$ quanto $s_{\hat{\beta}_0+\hat{\beta}_1 x^*}$ para qualquer x^* especificado, quando solicitados.

Inferências sobre $\mu_{Y \cdot x^*}$

Assim como os procedimentos inferenciais para β_1 basearam-se na variável t obtida por meio da padronização de β_1, uma variável t obtida pela padronização de $\hat{\beta}_0 + \hat{\beta}_1 x^*$ conduz a um IC e a procedimentos de teste.

Teorema

A variável

$$T = \frac{\hat{\beta}_0 + \hat{\beta}_1 x^* - (\beta_0 + \beta_1 x^*)}{S_{\hat{\beta}_0+\hat{\beta}_1 x^*}} = \frac{\hat{Y} - (\beta_0 + \beta_1 x^*)}{S_{\hat{Y}}} \tag{12.5}$$

tem uma distribuição t com $n - 2$ gl.

Uma declaração de probabilidade que envolve essa variável padronizada pode ser manuseada para produzir um intervalo de confiança para $\mu_{Y \cdot x^*}$.

Um **IC de** $100(1 - \alpha)\%$ **para** $\mu_{Y \cdot x^*}$, o valor esperado de Y quando $x = x^*$, é

$$\hat{\beta}_0 + \hat{\beta}_1 x^* \pm t_{\alpha/2,n-2} \cdot s_{\hat{\beta}_0+\hat{\beta}_1 x^*} = \hat{y} \pm t_{\alpha/2,\,n-2} \cdot s_{\hat{Y}} \tag{12.6}$$

Esse IC está centrado na estimativa pontual para $\mu_{Y x^*}$ e estende-se para ambos os lados, segundo um valor que depende do nível de confiança e da extensão da variabilidade no estimador em que a estimativa pontual está baseada.

Exemplo 12.13

A corrosão de barras de aço de reforço é o problema de durabilidade mais importante das estruturas de concreto reforçadas. A carbonatação do concreto resulta de uma reação química que diminui suficientemente o nível do pH para iniciar a corrosão do concreto armado. São apresentados a seguir dados representativos sobre x = profundidade da carbonatação (mm) e y = resistência (MPa) de uma amostra de espécimes retirados de um determinado prédio (reproduzidos de um gráfico do artigo "The carbonation of concrete structures in the tropical environment of Singapore", *Magazine of Concrete Res.*, 1996: 293--300).

x	8,0	15,0	16,5	20,0	20,0	27,5	30,0	30,0	35,0
y	22,8	27,2	23,7	17,1	21,5	18,6	16,1	23,4	13,4
x	38,0	40,0	45,0	50,0	50,0	55,0	55,0	59,0	65,0
y	19,5	12,4	13,2	11,4	10,3	14,1	9,7	12,0	6,8

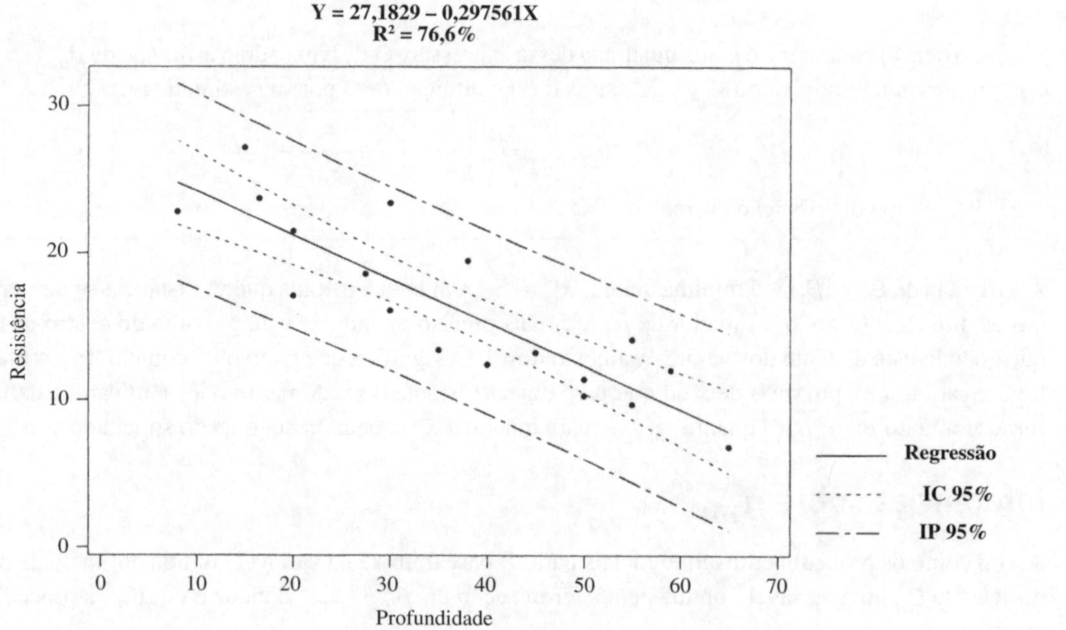

Figura 12.17 Gráfico de dispersão do Minitab com intervalos de confiança e intervalos de previsão para os dados do Exemplo 12.13.

O gráfico de dispersão dos dados (observe a Figura 12.17) sustenta em grande medida o uso do modelo de regressão linear simples. As quantidades pertinentes são as seguintes:

$\sum x_i = 659{,}0 \quad \sum x_i^2 = 28\,967{,}50 \quad \bar{x} = 36\,6111 \quad S_{xx} = 4\,840{,}7778$

$\sum y_i = 293{,}2 \quad \sum x_i y_i = 9\,293{,}95 \quad \sum y_i^2 = 5\,335{,}76$

$\hat{\beta}_1 = -0{,}297561 \quad \hat{\beta}_0 = 27{,}182936 \quad \text{SQE} = 131{,}2402$

$r^2 = 0{,}766 \quad s = 2{,}8640$

Calculemos agora um intervalo de confiança, usando um nível de confiança de 95%, para a resistência média de todos os espécimes com uma profundidade de carbonatação de 45 mm – ou seja, um intervalo de confiança para $\beta_0 + \beta_1(45)$. O intervalo está centralizado em

$$\hat{y} = \hat{\beta}_0 + \hat{\beta}_1(45) = 27{,}18 - 0{,}2976(45) = 13{,}79$$

O desvio padrão estimado da estatística $\hat{Y}$ é

$$S_{\hat{Y}} = 2{,}8640\sqrt{\frac{1}{18} + \frac{(45 - 36{,}6111)^2}{4\,840{,}7778}} = 0{,}7582$$

O valor crítico t com 16 gl para um nível de confiança de 95% é 2,120, com base no qual determinamos o intervalo desejado como sendo

$$13{,}79 \pm (2{,}120)(0{,}7582) = 13{,}79 \pm 1{,}61 = (12{,}18,\ 15{,}40)$$

Esse intervalo estreiro sugere que dispomos de informações razoavelmente precisas sobre o valor médio estimado. Lembre-se de que, se recalcularmos esse intervalo amostra após amostra, a longo prazo, aproximadamente 95% dos intervalos calculados incluirão $\beta_0 + \beta_1(45)$. Apenas esperamos que esse valor médio fique no único intervalo que calculamos.

A Figura 12.18 mostra o resultado do Minitab resultante de uma solicitação para ajustar do modelo de regressão linear simples e calcular os intervalos de confiança para o valor da média da resistência nas profundidades de 45 mm e 35 mm. Os intervalos estão no fim do resultado; observe que o segundo intervalo é mais estreito que o primeiro, porque 35 é bem mais próximo de $\bar{x}$ do que 45. A Figura 12.17 mostra (1) curvas correspondentes aos limites de confiança para cada valor x diferente e (2) limites de previsão, que serão discutidos em breve. Observe que as curvas ficam cada vez mais distantes umas das outras à medida que x se afasta de $\bar{x}$.

```
A equação de regressão é resistência = 27,2 - (profundidade) 0,298

Preditor          Coef          DP          razão t        P
 Constante       27,183        1,651         16,46       0,000
   profundidade -0,29756      0,04116        -7,23       0,000

s = 2,864       R² = 76,6%       R² (ajustado) = 75,1%

Análise de variância

FONTE            GL            SQ          QM           F           P
Regressão         1        428,62      428,62       52,25       0,000
     Erro        16        131,24        8,20
     Total       17        559,86

Ajuste       DP Ajuste             IC 95,0%                IP 95,0%
13,793           0,758       (12,185, 15,401)        (7,510, 20,075)

Ajuste       DP Ajuste             IC 95,0%                IP 95,0%
16,768           0,678       (15,330, 18,207)       (10,527, 23,009)
```

Figura 12.18 Resultado da regressão do Minitab para os dados do Exemplo 12.12. ■

Em algumas situações, um IC é desejado não apenas para um único valor x, mas para dois ou mais valores x. Suponha que um investigador queira um IC tanto para $\mu_{Y \cdot v}$ quanto para $\mu_{Y \cdot w}$, em que v e w são dois valores diferentes da variável independente. É tentador calcular o intervalo (12.6) primeiro para $x = v$ e, em seguida, para $x = w$. Suponha que usemos $\alpha = 0{,}05$ em cada cálculo para obter dois intervalos de 95%. Logo, se as variáveis envolvidas no cálculo dos dois intervalos fossem independentes entre si, o coeficiente de confiança conjunto seria $(0{,}95) \cdot (0{,}95) \approx 0{,}90$.

Entretanto, os intervalos não são independentes porque os mesmos $\hat{\beta}_0$, $\hat{\beta}_1$ e S são usados em cada um. Portanto, não podemos afirmar que o nível de confiança conjunto dos dois intervalos seja exatamente de 90%. É possível mostrar, entretanto, que, se o IC de $100(1 - \alpha)\%$ de (12.6) for calculado tanto para $x = v$ como para $x = w$ para obter os IC conjuntos para $\mu_{Y \cdot v}$ e $\mu_{Y \cdot w}$, então, o *nível de confiança conjunto no par de intervalos resultante é de pelo menos* $100(1 - 2\alpha)\%$. Em particular, se usarmos $\alpha = 0{,}05$, resulta em um nível de confiança conjunto de *pelo menos* 90%, ao passo que, se usarmos $\alpha = 0{,}01$, obteremos um nível de confiança de pelo menos 98%. Para ilustrar, no Exemplo 12.13, o IC de 95% para $\mu_{Y \cdot 45}$ foi (12,185, 15,401) e o IC de 95% para $\mu_{Y \cdot 35}$ foi (15,330, 18,207). O nível de confiança simultâneo ou conjunto para as duas declarações $12{,}185 < \mu_{Y \cdot 45} < 15{,}401$ e $15{,}330 < \mu_{Y \cdot 35} < 18{,}207$ é de pelo menos 90%.

A validade desses IC conjuntos ou simultâneos depende de um resultado probabilístico denominado **desigualdade de Bonferroni**, de modo que os IC conjuntos são chamados de **intervalos de Bonferroni**. O método é facilmente generalizado para produzir intervalos conjuntos para k diferentes $\mu_{Y \cdot x}$. *Usando o intervalo* (12.6) *separadamente primeiro para* $x = x_1^*$, *depois para* $x = x_2^*$, ..., *e finalmente para* $x = x_k^*$, *produz um conjunto de k IC para o qual o nível de confiança conjunto ou simultâneo é garantido em ser pelo menos* $100(1 - k\alpha)\%$.

Os testes das hipóteses sobre $\beta_0 + \beta_1 x^*$ são fundamentados na estatística do teste T obtida ao substituir $\beta_0 + \beta_1 x^*$ no numerador de (12.5) pelo valor nulo μ_0. Por exemplo, H_0: $\beta_0 + \beta_1(45) = 15$, no Exemplo 12.13, diz que quando a profundidade de carbonatação é 45, a resistência esperada (isto é, a média geral) é 15. O valor da estatística do teste é, então, $t = [\hat{\beta}_0 + \hat{\beta}_1(45) - 15]/s_{\hat{\beta}_0 + \hat{\beta}_1(45)}$, e o teste é unilateral superior, unilateral inferior ou bilateral, de acordo com a desigualdade em H_a.

Intervalo de previsão para um valor de *Y* futuro

Em vez de calcular uma estimativa de intervalo para $\mu_{Y \cdot x^*}$, um investigador pode desejar obter um intervalo de valores plausíveis para o valor de Y associado com alguma informação futura, quando a variável independente tem o valor x^*. Considere, por exemplo, relacionar o tamanho do vocabulário y com a idade x da criança. O IC (12.6) com $x^* = 6$ disponibilizaria uma estimativa do tamanho do vocabulário médio verdadeiro para todas as crianças de 6 anos de idade. De modo alternativo, podemos querer um intervalo de valores plausíveis para o tamanho do vocabulário de uma determinada criança da mesma faixa etária.

Um IC se refere a um parâmetro ou a uma característica da população cujo valor é fixo, mas desconhecido para nós. Em contraposição, um valor futuro de Y não é um parâmetro, mas uma variável aleatória; por esse motivo, referimo-nos a um intervalo de valores plausíveis para um Y futuro como um **intervalo de previ-**

são, em vez de um intervalo de confiança. O erro da estimativa é $\beta_0 + \beta_1 x^* - (\hat{\beta}_0 + \hat{\beta}_1 x^*)$, uma diferença entre uma quantidade fixa (mas desconhecida) e uma variável aleatória. O erro de previsão é $Y - (\hat{\beta}_0 + \hat{\beta}_1 x^*)$, uma diferença entre duas variáveis aleatórias. Portanto, a incerteza na previsão é maior que na estimativa, de modo que um IP será maior que um IC. Pelo fato de o valor de Y futuro ser independente dos Y_i observados,

$$\begin{aligned} V[Y - (\hat{\beta}_0 + \hat{\beta}_1 x^*)] &= \text{variância do erro de previsão} \\ &= V(Y) + V(\hat{\beta}_0 + \hat{\beta}_1 x^*) \\ &= \sigma^2 + \sigma^2\left[\frac{1}{n} + \frac{(x^* - \overline{x})^2}{S_{xx}}\right] \\ &= \sigma^2\left[1 + \frac{1}{n} + \frac{(x^* - \overline{x})^2}{S_{xx}}\right] \end{aligned}$$

Além do mais, como $E(Y) = \beta_0 + \beta_1 x^*$ e $E(\hat{\beta}_0 + \hat{\beta}_1 x^*) = \beta_0 + \beta_1 x^*$, o valor esperado do erro de previsão é $E(Y - (\hat{\beta}_0 + \hat{\beta}_1 x^*)) = 0$. Pode ser mostrado que a variável padronizada

$$T = \frac{Y - (\hat{\beta}_0 + \hat{\beta}_1 x^*)}{S\sqrt{1 + \dfrac{1}{n} + \dfrac{(x^* - \overline{x})^2}{S_{xx}}}}$$

tem uma distribuição t com $n - 2$ gl. Substituindo esse T na declaração de probabilidade $P(-t_{\alpha/2,n-2} < T < t_{\alpha/2,n-1}) = 1 - \alpha$ e manipulando para isolar Y entre as duas desigualdades, obteremos o intervalo a seguir.

Um IP de $100(1 - \alpha)\%$ **para uma observação Y futura a ser feita quando $x = x^*$** é

$$\begin{aligned} &\hat{\beta}_0 + \hat{\beta}_1 x^* \pm t_{\alpha/2,n-2} \cdot s\sqrt{1 + \frac{1}{n} + \frac{(x^* - \overline{x})^2}{S_{xx}}} \\ &= \hat{\beta}_0 + \hat{\beta}_1 x^* \pm t_{\alpha/2,n-2} \cdot \sqrt{s^2 + s^2_{\hat{\beta}_0 + \hat{\beta}_1 x^*}} \qquad (12.7) \\ &= \hat{y} \pm t_{\alpha/2,n-2} \cdot \sqrt{s^2 + s^2_{\hat{Y}}} \end{aligned}$$

A interpretação do nível de previsão $100(1 - \alpha)\%$ é idêntica à dos níveis de confiança anteriores – se (12.7) for usado repetidamente, a longo prazo os intervalos resultantes conterão de fato os y valores observados $100(1 - \alpha)\%$ do tempo. Observe que o 1 dentro do símbolo inicial de raiz quadrada torna o IP (12.7) maior que o IC (12.6), embora os intervalos estejam ambos centralizados em $\hat{\beta}_0 + \hat{\beta}_1 x^*$. Além disso, à medida que $n \to \infty$, a largura de IC aproxima-se de 0, ao passo que a largura de IP, não (porque, mesmo se conhecêssemos perfeitamente β_0 e β_1, ainda assim haveria incerteza na previsão).

Exemplo 12.14

Retornemos aos dados sobre a profundidade de carbonatação-resistência do Exemplo 12.13 e calculemos um intervalo de confiança de 95% para o valor de resistência que pode resultar da seleção de um único espécime com uma profundidade de carbonatação de 45 mm. As quantidades pertinentes do exemplo são

$$\hat{y} = 13{,}79 \qquad s_{\hat{Y}} = 0{,}7582 \qquad s = 2{,}8640$$

Para um nível de previsão de 95%, baseado em $n - 2 = 16$ gl, o valor crítico t é 2,120, exatamente o que usamos previamente para um nível de confiança de 95%. O intervalo de previsão é, portanto,

$$\begin{aligned} 13{,}79 \pm (2{,}120)\sqrt{(2{,}8640)^2 + (0{,}7582)^2} &= 13{,}79 \pm (2{,}120)(2{,}963) \\ &= 13{,}79 \pm 6{,}28 = (7{,}51,\ 20{,}07) \end{aligned}$$

Os valores plausíveis para uma única observação sobre a resistência quando o nível é de 45 mm estão (no nível de previsão de 95%) entre 7,51 MPa e 20,07 MPa. O intervalo de confiança de 95% para uma resistência média, com uma profundidade de 45, foi (12,18, 15,40). O intervalo de previsão é bem maior que esse por causa do $(2{,}8640)^2$ suplementar sob a raiz quadrada. A Figura 12.18, o resultado do Minitab no Exemplo 12.13, mostra esse intervalo e o intervalo de confiança. ■

A técnica de Bonferroni pode ser empregada como no caso dos intervalos de confiança. Se um IP de $100(1 - \alpha)\%$ for calculado para cada k diferentes valores de x, o nível de previsão simultâneo ou conjunto para todos os k intervalos será de pelo menos $100(1 - k\alpha)\%$.

EXERCÍCIOS Seção 12.4 (44–56)

44. Ajustar o modelo de regressão linear simples a $n = 27$ observações no x = módulo de elasticidade e y = resistência flexural dados no Exercício 15 da Seção 12.2 resultou em $\hat{y} = 7{,}592$, $s_{\hat{Y}} = 0{,}179$ quando $x = 40$ e $\hat{y} = 9{,}741$, $s_{\hat{Y}} = 0{,}253$ para $x = 60$.

a. Explique por que $s_{\hat{Y}}$ é maior quando $x = 60$ do que quando $x = 40$.

b. Calcule um intervalo de confiança com um nível de confiança de 95% para a resistência média verdadeira de todas as vigas cujo módulo de elasticidade é 40.

c. Calcule um intervalo de previsão com um nível de previsão de 95% para a resistência de uma única viga cujo módulo de elasticidade é 40.

d. Se for calculado um IC de 95% para a resistência média verdadeira quando o módulo de elasticidade é 60, qual será o nível de confiança simultâneo para ambos os intervalos calculados no item (b)?

45. Consulte o Exemplo 12.12, em que x = velocidade do teste em circuito e y = velocidade do teste de rolamento.

a. O Minitab deu $s_{\hat{\beta}_0+\hat{\beta}_1(45)} = 0{,}120$ e $s_{\hat{\beta}_0+\hat{\beta}_1(47)} = 0{,}186$. Por que o primeiro desvio padrão estimado é menor que o último?

b. Use o resultado do Minitab do exemplo para calcular um IC de 95% para o teste de rolamento esperado quando a velocidade do teste = 45.

c. Use o resultado do Minitab para calcular um IP de 95% para um valor único da velocidade de rotação quando a velocidade do teste em circuito = 47.

46. Adstringência é a qualidade em um vinho que faz a boca de seu degustador ficar levemente áspera, seca e enrugada. O trabalho "Analysis of tannins in red wine using multiple methods: correlation with perceived astringency" (*Amer. J. of Enol. and Vitic.*, 2006: 481-485) tratou a respeito de uma investigação para avaliar a relação entre a adstringência percebida e a concentração de tanino usando diversos métodos analíticos. Eis os dados fornecidos pelos autores sobre x = concentração de tanino por precipitação proteica e y = adstringência percebida conforme determinado por um grupo de degustadores.

x	0,718	0,808	0,924	1,000	0,667	0,529	0,514	0,559
y	0,428	0,480	0,493	0,978	0,318	0,298	−0,224	0,198
x	0,766	0,470	0,726	0,762	0,666	0,562	0,378	0,779
y	0,326	−0,336	0,765	0,190	0,066	−0,221	−0,898	0,836
x	0,674	0,858	0,406	0,927	0,311	0,319	0,518	0,687
y	0,126	0,305	−0,577	0,779	−0,707	−0,610	−0,648	−0,145
x	0,907	0,638	0,234	0,781	0,326	0,433	0,319	0,238
y	1.007	−0,090	−1,132	0,538	−1,098	−0,581	−0,862	−0,551

As quantidades pertinentes são as seguintes:

$$\sum x_i = 19{,}404,\ \sum y_i = -0{,}549,\ \sum x_i^2 = 13{,}248032,$$
$$\sum y_i^2 = 11{,}835795,\ \sum x_i y_i = 3{,}497811$$

$$S_{xx} = 13{,}248032 - (19{,}404)^2/32 = 1{,}48193150,$$
$$S_{yy} = 11{,}82637622$$

$$S_{xy} = 3{,}497811 - (19{,}404)(-0{,}549)/32 = 3{,}83071088$$

a. Ajuste o modelo de regressão linear simples a esses dados. Em seguida, determine a proporção da variação observada na resistência que pode ser atribuída à relação do modelo entre a adstringência e a concentração de tanino.

b. Calcule e interprete um intervalo de confiança para a inclinação da reta de regressão verdadeira.

c. Estime a adstringência média verdadeira quando a concentração de tanino for 0,6 e o faça de uma forma que transmita as informações sobre confiabilidade e precisão.

d. Preveja a adstringência para uma única amostra de vinho cuja concentração de tanino é 0,6 e o faça de maneira que transmita as informações sobre confiabilidade e precisão.

e. Parece que a adstringência média verdadeira para uma concentração de tanino de 0,7 é outra que não 0? Expresse e teste as hipóteses apropriadas.

47. O modelo de regressão linear simples oferece um ótimo ajuste para os dados sobre volume de chuva e de escoamento fornecidos no Exercício 16 da Seção 12.2. A equação da reta de mínimos quadrados é $y = -1{,}128 + 0{,}82697x$, $r^2 = 0{,}975$ e $s = 5{,}24$.

a. Use a constatação de que $s_{\hat{Y}} = 1{,}44$ quando o volume de chuva é 40 m^3 para prever o volume de escoamento, de maneira que transmita informações sobre confiabilidade e precisão. O intervalo resultante sugere que existem informações precisas sobre o valor de escoamento para essa observação futura? Explique seu raciocínio.

b. Calcule um IP para o volume de escoamento quando o volume de chuva é 50, usando o mesmo nível de previsão do item (a). O que se pode dizer sobre o nível de previsão simultâneo para os dois intervalos que você calculou?

48. O bueiro em um sistema de esgoto é a interface entre o volume de escoamento e o esgoto. O suplemento do bueiro é um dispositivo de retroajuste para melhorar as propriedades de remoção de poluentes. O artigo "An evaluation of the urban stormwater pollutant removal efficiency of catch basin inserts" (*Water Envir. Res.*, 2005: 500-510) tratou a respeito de diversos suplementos sob condições controladas para as quais o influxo está perto do que pode ser esperado na área. Considere os dados a seguir, tirados de um gráfico no artigo, para um tipo específico de suplemento em x = quantidade filtrada (milhares de litros) e y = % total de sólidos suspensos removidos.

x	23	45	68	91	114	136	159	182	205	228
y	53,3	26,9	54,8	33,8	29,9	8,2	17,2	12,2	3,2	11,1

As quantidades de resumo são

$$\sum x_i = 1\,251,\ \sum x_i^2 = 199\,365,\ \sum y_i = 250{,}6,$$

$$\sum y_i^2 = 9\,249{,}36,\ \sum x_i y_i = 21\,904{,}4$$

a. Um gráfico de dispersão sustenta o uso do modelo de regressão linear simples? Explique.

b. Obtenha a equação da reta de mínimos quadrados.

c. Que proporção da variação observada na porcentagem removida pode ser atribuída à relação do modelo?

d. O modelo de regressão linear simples especifica uma relação útil? Realize um teste de hipóteses apropriado utilizando um nível de significância de 0,05.

e. Há uma forte evidência para concluir que haja pelo menos uma redução de 2% na remoção média real de sólidos suspensos associada com um aumento de 10 000 litros na quantidade filtrada? Teste as hipóteses apropriadas usando $\alpha = 0{,}05$.

f. Calcule e interprete um IC de 95% para a média real da porcentagem removida quando a quantidade filtrada é 100 000 litros. Como o intervalo é comparado em largura a um IC quando a quantidade filtrada é 200 000 litros?

g. Calcule e interprete um IP de 95% para % removida quando a quantidade filtrada é 100 000 litros. Como o intervalo é comparado em largura a um IC calculado em (f) e a um IP quando a quantidade filtrada é 200 000 litros?

49. Você é informado de que um IC de 95% do volume de chumbo esperado quando o fluxo do trânsito é 15, com base em uma amostra de $n = 10$ observações, é (462,1, 597,7). Calcule um IC com nível de confiança de 99% para o teor de chumbo esperado quando o fluxo de tráfego é 15.

50. Ligas de silício-germânio são usadas em certos tipos de células solares. O trabalho "Silicon-germanium films deposited by low-frequency plasma-enhanced chemical vapor deposition" (*J. of Material Res.*, 2006: 88-104) tratou a respeito de um estudo de diversas propriedades estruturais e elétricas. Considere os dados a seguir sobre x = concentração de Ge na fase sólida (variando de 0 a 1) e y = posição do nível de Fermi (eV):

x	0	0,42	0,23	0,33	0,62	0,60	0,45	0,87	0,90	0,79	1	1	1
y	0,62	0,53	0,61	0,59	0,50	0,55	0,59	0,31	0,43	0,46	0,23	0,22	0,19

Um gráfico de dispersão mostra uma relação linear substancial. Eis o resultado do Minitab a partir de um ajuste de mínimos quadrados. [*Observação*: há diversas inconsistências entre os dados fornecidos no trabalho, o gráfico que aparece lá e as informações resumidas sobre a análise de regressão.]

```
A equação de regressão é
Pos Fermi = 0,7217 - 0,4327 conc Ge

S = 0,0737573  R² = 80,2%  R²(ajustado) = 78,4%

Análise de variância

Fonte       GL        SQ         QM      F      P
Regressão    1  0,241728   0,241728  44,43  0,000
Erro        11  0,059842   0,005440
Total       12  0,301569
```

a. Obtenha uma estimativa intervalar da mudança esperada na posição do nível de Fermi associada com um aumento de 0,1 nas concentrações de Ge e interprete seu resultado.

b. Obtenha uma estimativa de intervalo para a média da posição do nível de Fermi quando a concentração é 0,50 e interprete seu resultado.

c. Obtenha um intervalo dos valores plausíveis para a posição resultante de uma única observação a ser feita quando a concentração é 0,50, interprete seu intervalo e o compare ao intervalo de (b).

d. Obtenha IC simultâneos para a posição esperada quando a concentração é 0,3, 0,5 e 0,7; o nível de confiança conjunto deve ser de pelo menos 97%.

51. Reconsidere os dados sobre taxa de filtragem-quantidade de umidade introduzidos no Exemplo 12.6 (consulte também o Exemplo 12.7).

a. Calcule um IC de 90% para $\beta_0 + 125\beta_1$, o conteúdo de umidade média verdadeira quando a taxa de filtragem é 125.

b. Preveja o valor da quantidade de umidade para uma única operação experimental na qual a taxa de filtragem é 125 usando um nível de previsão de 90%. Como esse intervalo se compara ao intervalo do item (a)? Por que isso ocorre?

c. Em que os intervalos dos itens (a) e (b) se comparam com o IC e o IP quando a taxa de filtragem é 115? Responda sem de fato calcular esses novos intervalos.

d. Interprete as hipóteses H_0: $\beta_0 + 125\beta_1 = 80$ e H_a: $\beta_0 + 125\beta_1 < 80$ e, em seguida, faça um este no nível de significância 0,01.

52. A corrosão (ataque) por plasma é essencial para a transferência de padrão de linha fina nos atuais processos dos semicondutores. O artigo "Ion beam-assisted etching of aluminum with chlorine" (*J. of the Electrochem. Soc.*, 1985: 2010--2012) apresenta os dados a seguir (reproduzidos de um gráfico) sobre o fluxo de cloro (x, em SCCM) por meio de um bocal usado no mecanismo de corrosão e na taxa de corrosão (y, em 100A/min).

x	1,5	1,5	2,0	2,5	2,5	3,0	3,5	3,5	4,0
y	23,0	24,5	25,0	30,0	33,5	40,0	40,5	47,0	49,0

As estatísticas são $\sum x_i = 24{,}0$, $\sum y_i = 312{,}5$, $\sum x_i^2 = 70{,}50$, $\sum x_i y_i = 902{,}25$, $\sum y_i^2 = 11\,626{,}75$, $\hat{\beta}_0 = 6{,}448718$, $\hat{\beta}_1 = 10{,}602564$.

a. O modelo de regressão linear simples especifica uma relação útil entre o fluxo de cloro e a taxa de ataque?

b. Estime a mudança média verdadeira na taxa de ataque associada com o aumento de 1 SCCM na taxa de fluxo, usando um intervalo de confiança de 95%, e interprete esse intervalo.

c. Calcule um IC de 95% para $\mu_{Y \cdot 3,0}$, a taxa de ataque média verdadeira quando o fluxo = 3,0. Essa média foi estimada com precisão?

d. Calcule um IP de 95% para uma única observação futura sobre a taxa de ataque, a ser feita quando o fluxo = 3,0. Existe alguma hipótese de a previsão ser precisa?

e. O IC e o IP de 95%, quando o fluxo = 2,5, seriam mais amplos ou mais estreitos que os intervalos correspondentes dos itens (c) e (d)? Responda, sem, de fato, calcular os intervalos.

f. Você recomendaria que se calculasse um IP de 95% para um fluxo de 6,0? Explique.

53. Considere os quatro intervalos a seguir com base nos dados do Exercício 12.17 (Seção 12.2):

a. Um IC de 95% para uma porosidade média quando o peso unitário é 110.

b. Um IP de 95% para uma porosidade em que o peso unitário é 110.

c. Um IC de 95% para uma porosidade média quando o peso unitário é 115.

d. Um IP de 95% para uma porosidade em que o peso unitário é 115.

Sem calcular nenhum desses intervalos, o que se pode dizer sobre as larguras relativas entre um e outro?

54. O declínio no fornecimento de água em determinadas áreas dos Estados Unidos criou a necessidade de se compreender melhor as relações entre fatores econômicos, como o volume da colheita, fatores hidrológicos e do solo. O artigo "Variability of soil water properties and crop yield in a sloped watershed" (*Water Resources Bull.*, 1988: 281-288) apresenta dados sobre a produção de sorgo (y, em g/m linear) e a distância ascendente (x, em m) em uma curva de nível. Observações selecionadas são apresentadas na tabela a seguir.

x	0	10	20	30	45	50	70
y	500	590	410	470	450	480	510

x	80	100	120	140	160	170	190
y	450	360	400	300	410	280	350

a. Elabore um gráfico de dispersão. Um modelo de regressão linear simples parece plausível?

b. Realize um teste de utilidade do modelo.

c. Estime a produção média verdadeira quando a distância ascendente é 75 dando um intervalo de valores plausíveis.

55. Verifique que $V(\hat{\beta}_0 + \hat{\beta}_1 x)$ é de fato fornecida pela expressão no texto. [*Dica*: $V(\sum d_i Y_i) = \sum d_i^2 \cdot V(Y_i)$.]

56. O artigo "Bone density and insertion torque as predictors of anterior cruciate ligament graft fixation strength" (*The Amer. J. of Sports Med.*, 2004: 1421-1429) apresenta os dados a seguir sobre o torque de inserção máximo (N · m) e carga produzida (N), sendo o último uma medida de resistência do enxerto, para 15 espécimes diferentes.

Torque	1,8	2,2	1,9	1,3	2,1	2,2	1,6	2,1
Carga	491	477	598	361	605	671	466	431

Torque	1,2	1,8	2,6	2,5	2,5	1,7	1,6
Carga	384	422	554	577	642	348	446

a. É plausível que a carga produzida seja distribuída normalmente?

b. Estime a carga produzida média verdadeira ao calcular um intervalo de confiança com um nível de confiança de 95% e interprete o intervalo.

c. Eis o resultado do Minitab para a regressão da carga produzida sobre o torque. O modelo de regressão linear simples especifica uma relação útil entre as variáveis?

```
Preditor        Coef    EP Coef       T        P
Constante     152,44      91,17    1,67    0,118
Torque        178,23      45,97    3,88    0,002

S = 73,2141  R² = 53,6%  R²(ajustado) = 50,0%

Fonte           GL       SQ      QM       F      P
Regressão        1   80,554  80,554  15,03  0,002
Erro residual   13   69,684   5,360
Total           14  150,238
```

d. Os autores do trabalho citado declaram: "Consequentemente, não podemos deixar de concluir que os métodos fundamentados na análise de regressão simples não são clinicamente suficientes para prever a resistência de fixação individual". Você concorda? [*Dica*: considere prever a carga produzida quando o torque for 2,0.]

12.5 Correlação

Há várias situações em que o objetivo de estudar o comportamento conjunto de duas variáveis é verificar se elas estão relacionadas, e não usar uma para predizer o valor da outra. Nesta seção, primeiro desenvolvemos o coeficiente de correlação amostral r como uma medida de quão fortemente as duas variáveis x e y estão relacionadas em uma amostra e, em seguida, relacionamos r ao coeficiente de correlação ρ definido no Capítulo 5.

O coeficiente de correlação amostral *r*

Dados n pares numéricos $(x_1, y_1), (x_2, y_2), ..., (x_n, y_n)$, é natural falar de x e y como tendo uma relação positiva se os x grandes são emparelhados com os y grandes e os x pequenos com os y pequenos. Da mesma forma, se os x grandes são emparelhados com os y pequenos e os x pequenos com os y grandes, então uma relação negativa entre as variáveis é implicada. Considere a quantidade

$$S_{xy} = \sum_{i=1}^{n}(x_i - \bar{x})(y_i - \bar{y}) = \sum_{i=1}^{n} x_i y_i - \frac{\left(\sum_{i=1}^{n} x_i\right)\left(\sum_{i=1}^{n} y_i\right)}{n}$$

Logo, se a relação for fortemente positiva, um x_i acima da média $\bar{x}$ tenderá a estar pareado com um y_i, acima da média $\bar{y}$, de modo que $(x_i - \bar{x})(y_i - \bar{y}) > 0$, e esse produto será também positivo quando ambos, x_i e y_i, estiverem abaixo das respectivas médias. Portanto, uma relação positiva significa que S_{xy} será positiva. Um argumento análogo mostra que, quando a relação for negativa, S_{xy} será negativa, visto que a maioria dos produtos $(x_i - \bar{x})(y_i - \bar{y})$ será negativa. Isso está ilustrado na Figura 12.19.

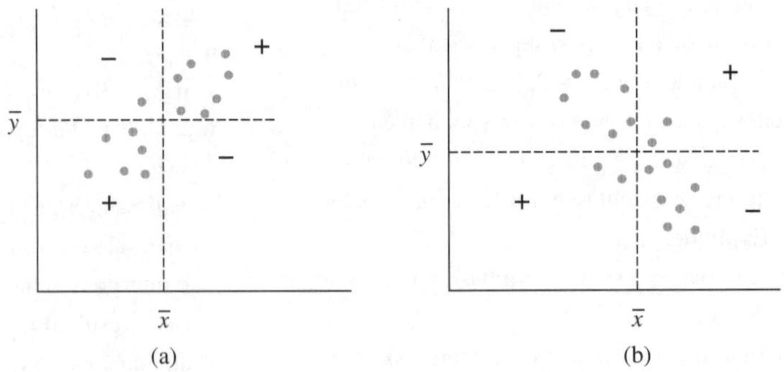

Figura 12.19 (a) Gráfico de dispersão com S_{xy} positivo; (b) gráfico de dispersão com S_{xy} negativo [+ médias $(x_i - \bar{x})(y_i - \bar{y}) > 0$ e − médias $(x_i - \bar{x})(y_i - \bar{y}) < 0$].

Embora S_{xy} pareça uma medida plausível da força de uma relação, ainda não temos nenhuma ideia sobre quão positiva ou negativa ela pode ser. Infelizmente, S_{xy} tem um sério defeito: ao mudar as unidades de medida de x ou y, S_{xy} pode ser arbitrariamente grande em magnitude ou arbitrariamente próxima de zero. Por exemplo, se $S_{xy} = 25$ quando x é medido em metros, $S_{xy} = 25\ 000$ quando x é medido em milímetros e 0,025 quando x é expresso em quilômetros. Uma condição razoável a ser imposta a qualquer medida sobre quão forte x e y estão relacionados não deve depender das unidades particulares usadas para medi-los. Essa condição é alcançada modificando-se S_{xy} para obter o coeficiente de correlação amostral.

Definição

O **coeficiente de correlação amostral** para os n pares $(x_1, y_1), ..., (x_n, y_n)$ é

$$r = \frac{S_{xy}}{\sqrt{\Sigma(x_i - \bar{x})^2}\sqrt{\Sigma(y_i - \bar{y})^2}} = \frac{S_{xy}}{\sqrt{S_{xx}}\sqrt{S_{yy}}} \qquad (12.8)$$

Exemplo 12.15

Uma avaliação precisa sobre a produtividade do solo é fundamental para o planejamento racional do uso da terra. Infelizmente, como afirma o autor do artigo "Productivity ratings based on soil series" (*Prof. Geographer*, 1980: 158-163), não é tão fácil estabelecer um índice de produtividade do solo aceitável. Uma das dificuldades é que a produtividade é determinada parcialmente pela cultura plantada, e a relação entre a produção de duas diferentes culturas plantadas no mesmo solo pode não ser muito forte. Para ilustrar, esse artigo apresenta os dados a seguir sobre a produção de milho x e a produção de amendoim y (mT/Ha) para oito diferentes tipos de solo.

x	2,4	3,4	4,6	3,7	2,2	3,3	4,0	2,1
y	1,33	2,12	1,80	1,65	2,00	1,76	2,11	1,63

Com $\sum x_i = 25{,}7$, $\sum y_i = 14{,}40$, $\sum x_i^2 = 88{,}31$, $\sum x_i y_i = 46{,}856$ e $\sum y_i^2 = 26{,}4324$,

$$S_{xx} = 88{,}31 - \frac{(25{,}7)^2}{8} = 5{,}75 \quad S_{yy} = 26{,}4324 - \frac{(14{,}40)^2}{8} = 0{,}5124$$

$$S_{xy} = 46{,}856 - \frac{(25{,}7)(14{,}40)}{8} = 0{,}5960$$

do qual

$$r = \frac{0{,}5960}{\sqrt{5{,}75}\sqrt{0{,}5124}} = 0{,}347 \blacksquare$$

Propriedades de *r*

As propriedades mais importantes de r são as seguintes:

1. O valor de r não depende de qual das duas variáveis em estudo é chamada de x e qual é chamada de y.
2. O valor de r independe das unidades com as quais x e y são medidos.
3. $-1 \leq r \leq 1$
4. $r = 1$ se, e somente se, todos os pares (x_i, y_i) estiverem alinhados em linha reta com inclinação positiva e $r = -1$ se, e somente se, todos os pares (x_i, y_i) estiverem alinhados em uma reta com uma inclinação negativa.
5. O quadrado do coeficiente de correlação amostral fornece o valor do coeficiente de determinação que resultaria de um ajuste do modelo de regressão linear simples – em símbolos, $(r)^2 = r^2$.

A Propriedade 1 apresenta um contraste marcante em relação ao que ocorre na análise de regressão, na qual praticamente todas as quantidades de interesse (a inclinação estimada, o intercepto y estimado, s^2 etc.) dependem de qual das duas variáveis é considerada a variável dependente. Contudo, a Propriedade 5 mostra que a proporção de variação na variável dependente explicada pelo ajuste do modelo de regressão linear simples não depende de qual variável desempenha esse papel.

A Propriedade 2 equivale a dizer que r não muda se cada x_i for substituído por cx_i e cada y_i for substituído por dy_i (uma mudança na escala de medida), tanto como se cada x_i for substituído por $x_i - a$ e y_i por $y_i - b$ (o que muda o lugar de zero no eixo de medida). Isso significa, por exemplo, que r é o mesmo, independentemente de a temperatura ser medida em °F ou °C.

A Propriedade 3 expressa que o valor máximo de r, correspondente ao maior grau possível de relação positiva, é $r = 1$, ao passo que a relação mais negativa é identificada com $r = -1$. De acordo com a Propriedade 4, as maiores correlações positivas e negativas são alcançadas somente quando todos os pontos estendem-se sobre uma linha reta. Qualquer outra configuração de pontos, mesmo se a configuração sugerir uma relação determinística entre as variáveis, produzirá um valor r menor que 1 em valor absoluto. Portanto, *r mede o grau de relação linear* entre variáveis. Um valor de r próximo de 0 não é uma evidência de que não existe uma relação forte, mas apenas de que não há uma relação linear, de modo que esse valor de r deve ser interpretado com cuidado. A Figura 12.20 ilustra várias configurações de pontos associados a diferentes valores de r.

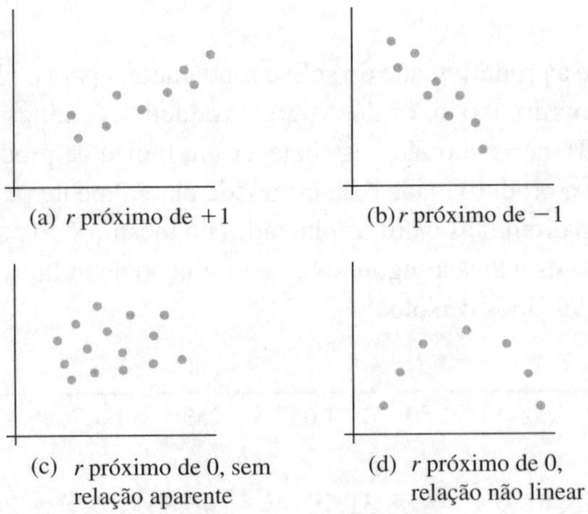

Figura 12.20 Gráficos de dados para os valores diferentes de *r*.

Uma pergunta frequentemente feita é: "Quando é possível dizer que existe uma correlação forte entre as variáveis e quando a correlação é fraca?". Eis uma regra de ouro informal para caracterizar o valor de r:

Fraco	**Moderado**	**Forte**
$-0{,}5 \leq r \leq 0{,}5$	tanto $-0{,}8 < r < -0{,}5$ quanto $0{,}5 < r < 0{,}8$	tanto $r \geq 0{,}8$ quanto $r \leq -0{,}8$

Pode ser uma surpresa que um r tão substancial quanto 0,5 ou $-0{,}5$ fique na categoria fraco. A lógica é que, se $r = 0{,}5$ ou $-0{,}5$, então $r^2 = 0{,}25$ em uma regressão com cada variável desempenhando o papel de y. Um modelo de regressão que explica cerca de 25% da variação observada não é na verdade muito impressionante. No Exemplo 12.15, a correlação entre a produção de milho e a produção de amendoim seria considerada fraca.

Inferências sobre o coeficiente de correção populacional

O coeficiente de correlação r é uma medida de quão fortemente x e y estão relacionados na amostra observada. Podemos imaginar os pares (x_i, y_i) como sendo tirados de uma população bivariada de pares, em que (X_i, Y_i) tem uma f.p. ou f.d.p. conjunta. No Capítulo 5, definimos o coeficiente de correlação $\rho(X, Y)$ por

$$\rho = \rho(X, Y) = \frac{\text{Cov}(X, Y)}{\sigma_X \cdot \sigma_Y}$$

em que

$$\text{Cov}(X, Y) = \begin{cases} \sum_x \sum_y (x - \mu_X)(y - \mu_Y)p(x, y) & (X, Y) \text{ discreto} \\ \int_{-\infty}^{\infty} \int_{-\infty}^{\infty} (x - \mu_X)(y - \mu_Y)f(x, y)\,dx\,dy & (X, Y) \text{ contínuo} \end{cases}$$

Se considerarmos $p(x, y)$ ou $f(x, y)$ como a representação da distribuição de pares de valores dentro da população global, ρ torna-se uma medida de quão x e y estão fortemente relacionados nessa população. As propriedades de ρ análogas às de r foram apresentadas no Capítulo 5.

O coeficiente de correlação populacional ρ é um parâmetro ou uma característica da população, assim como μ_X, μ_Y, σ_X e σ_Y, de modo que podemos usar o coeficiente de correlação amostral para fazer várias inferências sobre ρ. Em particular, r é uma estimativa pontual para ρ e o estimador correspondente é

$$\hat{\rho} = R = \frac{\sum(X_i - \overline{X})(Y_i - \overline{Y})}{\sqrt{\sum(X_i - \overline{X})^2}\,\sqrt{\sum(Y_i - \overline{Y})^2}}$$

Exemplo 12.16

Em alguns lugares, existe uma associação significativa entre a concentração de dois diferentes poluentes. O artigo "The carbon component of the Los Angeles aerosol: source apportionment and contributions to the visibility budget" (*J. Air Pollution Control Fed.*, 1984: 643-650) apresenta os dados a seguir sobre a concentração de ozônio x (ppm) e a concentração de carbono secundária y (μg/m³).

x	0,066	0,088	0,120	0,050	0,162	0,186	0,057	0,100
y	4,6	11,6	9,5	6,3	13,8	15,4	2,5	11,8
x	0,112	0,055	0,154	0,074	0,111	0,140	0,071	0,110
y	8,0	7,0	20,6	16,6	9,2	17,9	2,8	13,0

As quantidades são $n = 16$, $\sum x_i = 1{,}656$, $\sum y_i = 170{,}6$, $\sum x_i^2 = 0{,}196912$, $\sum x_i y_i = 20{,}0397$ e $\sum y_i^2 = 2\,253{,}56$, das quais

$$r = \frac{20{,}0397 - (1{,}656)(170{,}6)/16}{\sqrt{0{,}196912 - (1{,}656)^2/16}\sqrt{2\,253{,}56 - (170{,}6)^2/16}}$$

$$= \frac{2{,}3826}{(0{,}1597)(20{,}8456)} = 0{,}716$$

A estimativa pontual do coeficiente de correlação populacional ρ entre a concentração de ozônio e a concentração de carbono secundária é $\hat{\rho} = r = 0{,}716$. ■

Os intervalos para amostras pequenas e os procedimentos de teste apresentados nos Capítulos 7-9 basearam-se na suposição de normalidade da população. Para testar hipóteses sobre ρ, devemos fazer uma suposição análoga sobre a distribuição de pares de valores (x, y) na população. No momento, estamos supondo que tanto X como Y são aleatórios, embora grande parte de nosso trabalho de regressão concentre-se no x fixado pelo pesquisador.

Hipótese

A distribuição de probabilidades conjunta de (X, Y) é definida por

$$f(x, y) = \frac{1}{2\pi \cdot \sigma_1\sigma_2\sqrt{1-\rho^2}} e^{-[((x-\mu_1)/\sigma_1)^2 - 2\rho(x-\mu_1)(y-\mu_2)/\sigma_1\sigma_2 + ((y-\mu_2)/\sigma_2)^2]/[2(1-\rho^2)]}$$

$$-\infty < x < \infty$$

$$-\infty < y < \infty \qquad (12.9)$$

em que μ_1 e σ_1 são a média e o desvio padrão de X e μ_2 e σ_2 são a média e o desvio padrão de Y; $f(x, y)$ é denominado **distribuição de probabilidades normal bivariada**.

A distribuição normal bivariada é, obviamente, muito complexa, mas, para os nossos propósitos, precisamos nos familiarizar apenas ligeiramente com suas várias propriedades. A superfície determinada por $f(x, y)$ localiza-se totalmente acima do plano x, y [$f(x, y) \geq 0$] e tem uma aparência tridimensional em forma de sino ou de morro, como ilustrado na Figura 12.21. Se fatiarmos a superfície, cortando-a com qualquer plano perpendicular ao plano x, y, e observarmos a forma da curva traçada no "plano de corte", o resultado será uma curva normal. Mais precisamente, se $X = x$, é possível mostrar que a distribuição (condicional) de Y é normal com média $\mu_{Y \cdot x} = \mu_2 - \rho\mu_1\sigma_2/\sigma_1 + \rho\sigma_2 x/\sigma_1$ e variância $(1 - \rho^2)\sigma_2^2$. Esse é exatamente o modelo usado em uma regressão linear simples com $\beta_0 = \mu_2 - \rho\mu_1\sigma_2/\sigma_1$, $\beta_1 = \rho\sigma_2/\sigma_1$ e $\sigma^2 = (1 - \rho^2)\sigma_2^2$ independentemente de x. A implicação é que, *se os pares observados (x_i, y_i) são realmente tirados de uma distribuição normal bivariada, então o modelo de regressão linear simples é uma forma apropriada de estudar o comportamento de Y para o x fixo*. Se $\rho = 0$, então $\mu_{Y \cdot x} = \mu_2$ independentemente de x; na verdade, quando $\rho = 0$, a função densidade de probabilidade conjunta $f(x, y)$ de (12.9) pode ser fatorada como $f_1(x)f_2(y)$, o que implica que X e Y são variáveis independentes.

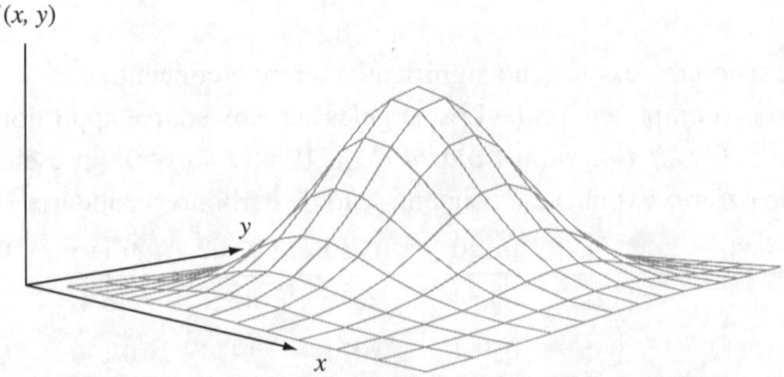

Figura 12.21 Um gráfico da f.d.p. normal bivariada.

Assumir que os pares são traçados de uma distribuição normal bivariada permite-nos testar as hipóteses sobre ρ e construir um IC. Não há nenhuma maneira plenamente satisfatória de verificar a plausibilidade da suposição de normalidade bivariada. Uma verificação parcial consiste em construir dois gráficos de probabilidade distintos, um para a amostra dos x_i e outro para a amostra dos y_i, visto que a normalidade bivariada significa que as distribuições marginais tanto de X como de Y são normais. Se ambos os gráficos desviarem substancialmente de um padrão de linha reta, os procedimentos inferenciais a seguir não devem ser usados quando o tamanho da amostra n for pequeno.

Verificação da ausência de correlação

Quando H_0: $\rho = 0$ é verdadeira, a estatística do teste

$$T = \frac{R\sqrt{n-2}}{\sqrt{1-R^2}}$$

tem uma distribuição t com $n - 2$ gl.

Hipótese alternativa	Região de rejeição para o teste nível α
H_a: $\rho > 0$	$t \geq t_{\alpha,n-2}$
H_a: $\rho < 0$	$t \leq -t_{\alpha,n-2}$
H_a: $\rho \neq 0$	tanto $t \geq t_{\alpha/2,n-2}$ quanto $t \leq -t_{\alpha/2,n-2}$

Um valor-P baseado em $n - 2$ gl pode ser calculado como descrito anteriormente.

Exemplo 12.17

Os efeitos neurotóxicos do manganês são bem conhecidos e em geral decorrem de um alto nível de exposição ocupacional durante longos períodos de tempo. Na área de higiene do trabalho e higiene ambiental, a relação entre a peroxidação lipídica (que é responsável pela deterioração de alimentos e danos a tecidos vivos) e a exposição ocupacional ainda não foram relatadas. O artigo "Lipid peroxidation in workers exposed to manganese" (*Scand. J. of Work and Environ. Health*, 1996: 381-386) apresenta dados sobre x = concentração de manganês no sangue (ppb) e y = concentração (mmol/L) de malondialdeído, um produto estável de peroxidação lipídica, ambos para uma amostra de 22 trabalhadores expostos ao manganês e para uma amostra de controle de 45 indivíduos. O valor de r da amostra de controle era 0,29, do qual

$$t = \frac{(0{,}29)\sqrt{45-2}}{\sqrt{1-(0{,}29)^2}} \approx 2{,}0$$

O valor-P correspondente de um teste t bilateral baseado em 43 gl é aproximadamente 0,052 (o artigo mencionado relatou apenas que o valor-$P > 0{,}05$). Não queremos rejeitar a alegação de que $\rho = 0$ tanto no nível 0,01 como no nível 0,05. Em relação à amostra de trabalhadores expostos, $r = 0{,}83$ e $t \approx 6{,}7$, uma clara evidência de que existe uma relação linear na população global de trabalhadores expostos da qual foi selecionada a amostra. ■

Pelo fato de ρ medir a extensão até o ponto em que existe uma relação linear entre as duas variáveis na população, a hipótese nula H_0: $\rho = 0$ declara que não há tal relação populacional. Na Seção 12.3, usamos a razão $\hat{\beta}_1/s_{\hat{\beta}_1}$ para verificar se existia uma relação linear entre as duas variáveis no contexto da análise de regressão. Verifica-se que os dois procedimentos de teste são completamente equivalentes porque $r\sqrt{n-2}/\sqrt{1-r^2} = \hat{\beta}_1/s_{\hat{\beta}_1}$. Quando o que se quer é apenas avaliar a intensidade de qualquer relação linear, em vez de ajustar um modelo e usá-lo para fazer uma estimativa ou previsão, a fórmula da estatística do teste que acabamos de apresentar exige uma quantidade menor de cálculos do que a razão t.

Outras inferências sobre ρ

O procedimento para testar H_0: $\rho = \rho_0$ quando $\rho_0 \neq 0$ não é equivalente a qualquer procedimento da análise de regressão. A estatística do teste baseia-se em uma transformação de R denominada transformação de Fisher.

Proposição

Quando $(X_1, Y_1), ..., (X_n, Y_n)$ é uma amostra de uma distribuição normal bivariada, a v.a.

$$V = \frac{1}{2}\ln\left(\frac{1+R}{1-R}\right) \tag{12.10}$$

tem aproximadamente uma distribuição normal com média e variância

$$\mu_V = \frac{1}{2}\ln\left(\frac{1+\rho}{1-\rho}\right) \qquad \sigma_V^2 = \frac{1}{n-3}$$

O raciocínio lógico para a transformação é obter uma função de R cuja variância seja independente de ρ; esse não seria o caso de R propriamente. Além disso, a transformação não deve ser usada se n for pequeno, visto que a aproximação não será válida.

A estatística do teste para testar H_0: $\rho = \rho_0$ é

$$Z = \frac{V - \frac{1}{2}\ln[(1+\rho_0)/(1-\rho_0)]}{1/\sqrt{n-3}}$$

Hipótese alternativa	Região de rejeição para o teste nível α
H_a: $\rho > \rho_0$	$z \geq z_\alpha$
H_a: $\rho < \rho_0$	$z \leq -z_\alpha$
H_a: $\rho \neq \rho_0$	tanto $z \geq z_{\alpha/2}$ quanto $z \leq -z_{\alpha/2}$

Um valor-P pode ser calculado da mesma maneira que para os testes z anteriores.

Exemplo 12.18

O artigo "Size effect in shear strength of large beams – behavior and finite element modelling" (*Mag. of Concrete Res.*, 2005: 497-509) tratou a respeito de um estudo de diversas características de grandes vigas rasas e profundas de concreto armado testadas até a falha. Considere os seguintes dados em x = resistência do cubo e y = resistência do cilindro (ambas em MPa):

x	55,10	44,83	46,32	51,10	49,89	45,20	48,18	46,70	54,31	41,50
y	49,10	31,20	32,80	42,60	42,50	32,70	36,21	40,40	37,42	30,80

x	47,50	52,00	52,25	50,86	51,66	54,77	57,06	57,84	55,22
y	35,34	44,80	41,75	39,35	44,07	43,40	45,30	39,08	41,89

Em seguida, $S_{xx} = 367,74$, $S_{yy} = 488,54$ e $S_{xy} = 322,37$, a partir dos quais $r = 0,761$. Isso oferece uma evidência forte para concluir que as duas medidas de resistência são, pelo menos, moderadamente correlacionadas de maneira positiva?

Nossa interpretação anterior da correlação positiva moderada foi $0,5 < \rho < 0,8$, portanto, gostaríamos de testar H_0: $\rho = 0,5$ *versus* H_a: $\rho > 0,5$. Logo, o valor calculado de V é

$$v = 0,5 \ln\left(\frac{1 + 0,761}{1 - 0,761}\right) = 0,999 \quad \text{e} \quad 0,5 \ln\left(\frac{1 + 0,5}{1 - 0,5}\right) = 0,549$$

Assim, $z = (0,999 - 0,549)\sqrt{19 - 3} = 1,80$. O valor-$P$ para um teste unilateral superior é 0,0359. A hipótese nula pode, portanto, ser rejeitada no nível de significância 0,05, mas não no nível 0,01. Esse último resultado é um tanto surpreendente em vista da grandeza de r, mas quando n é pequeno, um r razoavelmente grande pode ser obtido mesmo quando ρ não for tão substancial. No nível de significância 0,01, a evidência para uma correlação moderadamente positiva não é convincente. ■

Para obter um IC para ρ, primeiro derivamos um intervalo para $\mu_V = \frac{1}{2}\ln[(1 + \rho)/(1 - \rho)]$. Padronizando V, escrevendo uma declaração de probabilidade e manipulando as desigualdades resultantes, obtemos

$$\left(v - \frac{z_{\alpha/2}}{\sqrt{n - 3}}, v + \frac{z_{\alpha/2}}{\sqrt{n - 3}}\right) \tag{12.11}$$

como um intervalo $100(1 - \alpha)\%$ para μ_V, em que $v = \frac{1}{2}\ln[(1 + r)/(1 - r)]$. Esse intervalo pode ser manipulado para produzir um IC para ρ.

Um intervalo de confiança $100(1 - \alpha)\%$ para ρ é

$$\left(\frac{e^{2c_1} - 1}{e^{2c_1} + 1}, \quad \frac{e^{2c_2} - 1}{e^{2c_2} + 1}\right)$$

em que c_1 e c_2 são os extremos esquerdo e direito, respectivamente, do intervalo (12.11).

Exemplo 12.19

O artigo "A study of a partial nutrient removal system for wastewater treatment plants" (*Water Research*, 1972: 1389-1397) relatou um método de remoção de nitrogênio que compreende o tratamento do sobrenadante de um digestor aeróbico. Tanto o nitrogênio afluente total x (mg/L) quanto a porcentagem y de nitrogênio removida foram registrados por 20 dias, com as estatísticas resultantes $\sum x_i = 285,90$, $\sum x_i^2 = 4\,409,55$, $\sum y_i = 690,30$, $\sum y_i^2 = 29\,040,29$ e $\sum x_i y_i = 10\,818,56$. O coeficiente de correlação amostral entre o nitrogênio afluente e a porcentagem de nitrogênio removida foi $r = 0,733$, o que resulta em $v = 0,935$. Com $n = 20$, um intervalo de confiança de 95% para μ_V é $(0,935 - 1,96/\sqrt{17}, 0,935 + 1,96/\sqrt{17}) = (0,460, 1,410) = (c_1, c_2)$. O intervalo de 95% para ρ é

$$\left[\frac{e^{2(0,46)} - 1}{e^{2(0,46)} + 1}, \frac{e^{2(1,41)} - 1}{e^{2(1,41)} + 1}\right] = (0,43, 0,89) \; ■$$

No Capítulo 5, advertimos que um coeficiente de correlação grande (próximo de 1 ou -1) significa apenas associação e não relação de causalidade. Isso se aplica tanto a ρ quanto a r.

EXERCÍCIOS Seção 12.5 (57–67)

57. O artigo "Behavioral effects of mobile telephone use during simulated driving" (*Ergonomics*, 1995: 2536-2562) relatou que, para uma amostra de 20 pessoas, o coeficiente de correlação amostral para x = idade e y = tempo decorrido desde que o indivíduo tirou sua carteira de habilitação (anos) foi 0,97. Por que você acha que o valor de r é tão próximo de 1? (O autor desse artigo apresentou seu argumento.)

58. O Teste de Oxidação do Óleo de Turbina (TOOT) e o Teste de Oxidação da Bomba de Rotação (TOBR) são dois diferentes procedimentos de avaliação da estabilidade à oxidação do óleo de turbina a vapor. O artigo "Dependence of oxidation stability of steam turbine oil on base oil composition" (*J. of the Society of Tribologists and Lubrication Engrs.*, out. 1997: 19-24) relatou as observações a seguir sobre x = tempo do TOOT (h) e y = tempo do TOBR (min) de 12 amostras de óleo.

TOOT	4 200	3 600	3 750	3 675	4 050	2 770
TOBR	370	340	375	310	350	200

TOOT	4 870	4 500	3 450	2 700	3 750	3 300
TOBR	400	375	285	225	345	285

a. Calcule e interprete o valor do coeficiente de correlação amostral (como o fizeram os autores do artigo).

b. Como o valor de r seria influenciado se tivéssemos representado x = tempo do TOBR e y = tempo do TOOT?

c. Como o valor de r seria influenciado se o tempo TOBR fosse expresso em horas?

d. Elabore gráficos normais de probabilidade e comente-os.

e. Teste as hipóteses para verificar se o tempo do TOBR e o tempo do TOOT estão relacionados linearmente.

59. A torção durante a rotação externa do quadril e a extensão pode explicar porque as rupturas labrais acetabulares ocorrem em atletas profissionais. O artigo "Hip rotational velocities during the full golf swing" (*J. of Sports Science and Med.*, 2009: 296-299) tratou a respeito de uma investigação em que a velocidade rotacional interna máxima do quadril (x) e a velocidade rotacional externa máxima do quadril (y) foram determinadas para uma amostra de 15 jogadores de golfe. Os dados fornecidos pelos autores do artigo foram usados para calcular as seguintes quantidades:

$$\sum(x_i - \bar{x})^2 = 64\,732{,}83, \sum(y_i - \bar{y})^2 = 130\,566{,}96,$$

$$\sum(x_i - \bar{x})(y_i - \bar{y}) = 44\,185{,}87$$

Os gráficos normais de probabilidade separados mostraram padrões lineares bastante substanciais.

a. Calcule uma estimativa pontual para o coeficiente de correlação populacional.

b. Realize um teste no nível de significância 0,01 para decidir se há relação linear entre as duas velocidades na população amostrada; sua conclusão deve ser fundamentada em um valor-P.

c. A conclusão de (b) teria mudado se você tivesse testado as hipóteses apropriadas para decidir se há uma associação linear positiva na população? E se um nível de significância de 0,05 tivesse sido usado em vez de 0,01?

60. As avaliações do movimento da cabeça são importantes porque os indivíduos, sobretudo os incapazes, podem operar auxílios de comunicação desta maneira. O artigo "Constancy of head turning recorded in healthy young humans" (*J. of Biomed. Engr.*, 2008: 428-436) relatou dados sobre as variações nos ângulos de inclinação máxima da cabeça nas direções anterior, posterior, direita e esquerda no sentido horário para 14 indivíduos selecionados aleatoriamente. Considere os dados a seguir sobre o ângulo médio de inclinação anterior máxima (AIAM) tanto no sentido horário como no sentido anti-horário.

Indivíduo:	1	2	3	4	5	6	7
h:	57,9	35,7	54,5	56,8	51,1	70,8	77,3
a-h:	44,2	52,1	60,2	52,7	47,2	65,6	71,4

Indivíduo:	8	9	10	11	12	13	14
h:	51,6	54,7	63,6	59,2	59,2	55,8	38,5
a-h:	48,8	53,1	66,3	59,8	47,5	64,5	34,5

a. Calcule uma estimativa pontual para o coeficiente de correlação populacional entre h AIAM e a-h AIAM ($\sum$h = 786,7, $\sum$a-h = 767,9, $\sum$h^2 = 45 727,31, $\sum$a-h^2 = 43 478,07, $\sum$h a-h = 44 187,87).

b. Presumindo uma normalidade bivariada (os gráficos normais de probabilidade das amostras h e a-h são razoavelmente retos), realize um teste no nível de significância 0,01 para decidir se há uma associação linear entre as duas variáveis na população (como os autores do trabalho citado fizeram). A conclusão seria a mesma se um nível de significância de 0,001 tivesse sido usado?

61. Os autores do artigo "Objective effects of a six months' endurance and strength training program in outpatients with congestive heart failure" (*Medicine and Science in Sports and Exercise*, 1999: 1102-1107) apresentaram uma análise de correlação para investigar a relação entre o nível máximo de lactato x e a resistência muscular y. Os dados a seguir foram reproduzidos de um gráfico desse artigo.

x	400	750	770	800	850	1 025	1 200
y	3,80	4,00	4,90	5,20	4,00	3,50	6,30

x	1 250	1 300	1 400	1 475	1480	1 505	2 200
y	6,88	7,55	4,95	7,80	4,45	6,60	8,90

S_{xx} = 36 9839, S_{yy} = 2 628 930,357, S_{xy} = 7 377,704. Um gráfico de dispersão mostra um padrão linear.

a. Verifique se existe uma correlação positiva entre o nível máximo de lactato e a resistência muscular na população da qual esses dados foram selecionados.

b. Se uma análise de regressão tivesse de ser realizada para prever a resistência muscular com base no nível de lactato, que proporção de variação observada na resistência poderia ser atribuída à relação linear aproximada? Responda a essa mesma pergunta se a regressão for usada para prever o nível de lactato com base na resistência – e responda a ambas as perguntas sem fazer nenhum cálculo de regressão.

62. Supõe-se que a concentração de hidrogênio seja um fator importante na porosidade de ligas de alumínio. O artigo "The reduced pressure test as a measuring tool in the evaluation of porosity/hydrogen content in Al–7 Wt Pct Si–10 Vol Pct SiC(p) metal matrix composite" (*Metallurgical Tran.*, 1993: 1857-

-1868) apresenta os dados a seguir sobre x = concentração e y = porosidade gasosa para uma determinada técnica de medição.

x	0,18	0,20	0,21	0,21	0,21	0,22	0,23
y	0,46	0,70	0,41	0,45	0,55	0,44	0,24

x	0,23	0,24	0,24	0,25	0,28	0,30	0,37
y	0,47	0,22	0,80	0,88	0,70	0,72	0,75

O Minitab apresenta o resultado a seguir em resposta ao comando Correlação:

```
Correlação entre concentração e porosidade = 0,449
```

a. Realize um teste usando o nível 0,05 para verificar se o coeficiente de correlação populacional é diferente de 0.

b. Se fosse realizada uma análise de regressão linear simples, qual porcentagem da variação observada na porosidade poderia ser atribuída à relação do modelo?

63. As propriedades físicas de seis amostras de tecido antichama foram investigadas no artigo "Sensory and physical properties of inherently flame-retardant fabrics" (*Textile Research*, 1984: 61-68). Use os dados a seguir e um nível de significância 0,05 para determinar se existe uma relação linear entre rigidez x (mg-cm) e espessura y (mm). O resultado do teste é surpreendente, levando em consideração o valor de r?

x	7,98	24,52	12,47	6,92	24,11	35,71
y	0,28	0,65	0,32	0,27	0,81	0,57

64. O artigo "Increases in steroid binding globulins induced by tamoxifen in patients with carcinoma of the breast" (*J. Endocrinology*, 1978, p. 219-226) apresenta dados sobre os efeitos da droga tamoxifen na alteração do nível de globulina ligada ao cortisol (*cortisol-binding globulin* – CBG) dos pacientes durante o tratamento. Com idade = x e ΔCBG = y, valores relevantes são $n = 26$, $\sum x_i = 1\,613$, $\sum(x_i - \bar{x})^2 = 3\,756{,}96$, $\sum y_i = 281{,}9$, $\sum(y_i - \bar{y})^2 = 465{,}34$, e $\sum x_i y_i = 16\,731$.

a. Calcule um IC de 90% para o coeficiente de correlação real ρ.

b. Teste H_0: $\rho = -0{,}5$ *versus* H_a: $\rho < -0{,}5$ no nível 0,05.

c. Em uma análise de regressão de y sobre x, que proporção da variação na alteração do nível de globulina ligada ao cortisol pode ser explicada pela variação na idade do paciente dentro da amostra?

d. Se você decidir realizar uma análise de regressão usando a idade como variável dependente, que proporção da variação na idade é explicada pela variação em ΔCBG?

65. A rigidez e a fibrosidade do aspargo são os principais determinantes de sua qualidade. Esse foi o objeto de estudo relatado em "Post-harvest glyphosphate application reduces toughening, fiber content, and lignification of stored asparagus spears" (*J. of the Amer. Soc. of Hort. Science*, 1988: 569-572). Esse artigo relatou os dados a seguir (retirados de um gráfico) sobre x = força de corte (kg) e y = porcentagem em fibra de peso seco.

$n = 18$, $\sum x_i = 1\,950$, $\sum x_i^2 = 251\,970$,
$\sum y_i = 47{,}92$, $\sum y_i^2 = 130{,}6074$, $\sum x_i y_i = 5\,530{,}92$

x	46	48	55	57	60	72	81	85	94
y	2,18	2,10	2,13	2,28	2,34	2,53	2,28	2,62	2,63

x	109	121	132	137	148	149	184	185	187
y	2,50	2,66	2,79	2,80	3,01	2,98	3,34	3,49	3,26

a. Calcule o valor do coeficiente de correlação amostral. Com base nesse valor, como você descreveria a natureza da relação entre as duas variáveis?

b. Se uma primeira amostra tiver um valor maior de força de corte do que uma segunda amostra, que porcentagem em fibra de peso seco tende a ser real para as duas amostras?

c. Se a força de corte for expressa em libras, o que acontecerá ao valor de r? Por quê?

d. Se o modelo de regressão linear simples fosse ajustado a esses dados, que proporção da variação observada na porcentagem em fibra de peso seco pode ser explicada pela relação do modelo?

e. Faça um teste no nível de significância 0,01 para verificar se existe uma associação linear positiva entre as duas variáveis.

66. Considere uma série temporal, isto é, uma sequência de observações $X_1, X_2, \ldots$ obtidas ao longo do tempo, com os valores observados $x_1, x_2, \ldots, x_n$. Suponha que essa série não mostre nenhuma tendência ascendente ou descendente no decorrer do tempo. Um pesquisador frequentemente deseja saber exatamente até que ponto os valores na série separados por um número específico de unidades de tempo estão fortemente relacionados. O *coeficiente de autocorrelação amostral com defasagem 1* r_1 é exatamente o valor do coeficiente de correlação amostral r dos pares $(x_1, x_2), (x_2, x_3), \ldots, (x_{n-1}, x_n)$, ou seja, pares de valores separados por uma unidade de tempo. De modo semelhante, o *coeficiente de autocorrelação amostral com defasagem 2* r_2 é r para os $n - 2$ pares $(x_1, x_3), (x_2, x_4), \ldots, (x_{n-2}, x_n)$.

a. Calcule os valores de r_1, r_2 e r_3 para os dados de temperatura do Exercício 82 do Capítulo 1 e comente.

b. De maneira semelhante ao coeficiente de correlação populacional ρ, sejam $\rho_1, \rho_2, \ldots$ para denotar os coeficientes de autocorrelação teóricos ou de longo prazo nas várias defasagens ("lags"). Se todos esses ρ forem 0, não haverá relação (linear) em qualquer defasagem. Nesse caso, se n for grande, cada R_i terá aproximadamente uma distribuição normal com média 0 e desvio padrão $1/\sqrt{n}$ e diferentes R_i serão quase independentes. Assim, H_0: $\rho_i = 0$ pode ser rejeitada no nível de significância de aproximadamente 0,05 se $r_i \geq 2/\sqrt{n}$ ou $r_i \leq -2/\sqrt{n}$. Se $n = 100$ e $r_1 = 0{,}16$,

$r_2 = -0{,}09$ e $r_3 = -0{,}15$, há alguma evidência de autocorrelação teórica nas primeiras três defasagens?

c. Se você estivesse testando simultaneamente as hipóteses nulas do item (b) para mais de uma defasagem, por que aumentar a constante de corte 2 na região de rejeição?

67. Uma amostra de $n = 500$ pares (x, y) foi coletada e um teste de H_0: $\rho = 0$ *versus* H_a: $\rho \neq 0$ foi realizado. O valor-*P* resultante foi calculado como sendo 0,00032.

a. Que conclusão seria apropriada no nível de significância 0,001?

b. Esse pequeno valor-*P* indica que existe uma relação fortemente linear entre *x* e *y* (um valor de ρ consideravelmente diferente de 0)? Explique.

c. Agora, forme uma amostra de $n = 10\,000$ pares (x, y) que resultaram em $r = 0{,}022$. Teste H_0: $\rho = 0$ *versus* H_a: $\rho \neq 0$ no nível 0,05. A diferença é estatisticamente significativa? Comente o significado prático de sua análise.

EXERCÍCIOS COMPLEMENTARES (68–87)

68. A avaliação de um depósito pode parecer simples em comparação com outras tarefas de avaliação. A avaliação de um depósito consiste em comparar um edifício que é, essencialmente, uma concha aberta a outros edifícios. No entanto, ainda há inúmeros atributos do depósito que são relatados de maneira plausível para o valor avaliado. O artigo "Challenges in appraising 'simple' warehouse properties" (Donald Sonneman, *The Appraisal Journal*, abr. 2001: 174-178) apresenta os dados a seguir sobre a altura do teto (pés), que determina o tamanho da pilha em que os produtos podem ser armazenados e o preço de venda ($) por pé^2.

Altura:	12	14	14	15	15	16	18	22	22	24
Preço:	35,53	37,82	36,90	40,00	38,00	37,50	41,00	48,50	47,00	47,50

Altura:	24	26	26	27	28	30	30	33	36
Preço:	46,20	50,35	49,13	48,07	50,90	54,78	54,32	57,17	57,45

a. Esse é o caso de a altura do teto e o preço de venda serem "deterministicamente" relacionados (isto é, o preço de venda é determinado completa e exclusivamente pela altura do teto)? [*Dica*: consulte os dados.]

b. Elabore um gráfico de dispersão dos dados. O que ele sugere?

c. Determine a equação da reta de mínimos quadrados.

d. Dê um ponto de previsão do preço quando a altura do teto for 27 pés e calcule o resíduo correspondente.

e. Qual porcentagem da variação observada no preço de venda pode ser atribuída à relação linear aproximada entre a altura do teto e o preço?

69. Consulte o exercício anterior, que fornece dados sobre as alturas do teto para uma amostra dos depósitos e os preços de venda correspondentes.

a. Estime a mudança média real no preço de venda associada a um aumento de um pé na altura do teto e o faça de uma maneira que transmita as informações sobre a precisão da estimação.

b. Estime a mudança média real no preço de venda para todos os depósitos tendo uma altura do teto de 25 pés e o faça de uma maneira que transmita as informações sobre a precisão da estimação.

c. Preveja o preço de venda para um único depósito cuja altura do teto é 25 pés e o faça de uma maneira que transmita as informações sobre a precisão da previsão. Como a previsão se compara com a estimativa de (b)?

d. Sem calcular nenhum intervalo, como seria a largura de um intervalo de previsão de 95% para o preço de venda quando a altura do teto é 25 pés em comparação com a largura de um intervalo de 95% quando a altura é 30 pés? Explique seu raciocínio.

e. Calcule e interprete o coeficiente de correlação amostral.

70. Cientistas forenses estão frequentemente interessados em fazer uma medida de algum tipo em um corpo (vivo ou morto) e, então, usar isso como base para deduzir algo a respeito da idade do corpo. Considere os dados a seguir sobre idade (anos) e % ácido d-aspártico (%DAA) de um determinado dente ("An improved method for age at death determination from the measurements of d-aspertic acid in dental collagen," *Archaeometry*, 1990: 61-70.)

Idade:	9	10	11	12	13	14	33	39	52	65	69
%DAA:	1,13	1,10	1,11	1,10	1,24	1,31	2,25	2,54	2,93	3,40	4,55

Suponha que um dente de outro indivíduo tenha 2,01%DAA. Pode ser o caso de o indivíduo ter menos de 22 anos? Essa pergunta era relevante para saber se o indivíduo poderia ou não receber uma sentença de morte por assassinato.

Uma estratégia aparentemente sensata é regredir a idade sobre %DAA e, então, calcular um IP para idade quando %DAA $= 2{,}01$. Contudo, é mais natural aqui olhar para a idade como a variável independente *x* e %DAA como a variável dependente *y*, portanto, o modelo de regressão é %DAA $= \beta_0 + \beta_1 x + \epsilon$. Após estimar os coeficientes de regressão, podemos substituir $y^* = 2{,}01$ na equação estimada e, então, resolver para uma previsão de idade $\hat{x}$. Esse uso "inverso" da reta de regressão é chamado de "calibração". Um IP para idade com nível de previsão de aproximadamente $100(1 - \alpha)\%$ é $\hat{x} \pm t_{\alpha/2,n-2} \cdot EP$, em que

$$EP = \frac{s}{\hat{\beta}_1}\left\{1 + \frac{1}{n} + \frac{(\hat{x} - \bar{x})^2}{S_{xx}}\right\}^{1/2}$$

Calcule esse IP para $y^* = 2{,}01$ e aborde a pergunta feita anteriormente.

71. Sejam s_x e s_y os desvios padrão amostrais dos x e y observados, respectivamente [portanto, $s_x^2 = \sum(x_i - \bar{x})^2/(n - 1)$ e pode-se afirmar algo semelhante em relação a s_y^2].

a. Mostre que uma expressão alternativa para a reta de regressão estimada $y = \hat{\beta}_0 + \hat{\beta}_1 x$ é

$$y = \bar{y} + r \cdot \frac{s_y}{s_x}(x - \bar{x})$$

b. Essa expressão para a reta de regressão linear pode ser interpretada como a seguir. Suponha que $r = 0{,}5$. Qual será, portanto, o y previsto para um x que esteja a 1 DP (unidades de s_x) acima da média dos x_i? Se r fosse 1, a previsão seria para y encontrar-se a 1 DP acima de sua média $\bar{y}$, mas já que $r = 0{,}5$, prevemos um y que está apenas 0,5 DP (0,5 unidade de s_y) acima de $\bar{y}$. Usando os dados do Exercício 64 para um paciente cuja idade está a 1 DP abaixo da idade média na amostra, quantos desvios padrão o ΔCBG previsto do paciente está acima ou abaixo da ΔCBG média da amostra?

72. O resultado do SAS apresentado a seguir baseia-se em dados extraídos do artigo "Evidence for and the rate of denitrification in the Arabian Sea" (*Deep Sea Research*, 1978: 431-435). As variáveis em estudo são x = nível de salinidade (%) e y = nível de nitrato (μM/L).

a. Qual é o tamanho da amostra n? [*Dica*: consulte os graus de liberdade para SQE].

b. Calcule uma estimativa pontual do nível de nitrato esperado quando o nível de salinidade é 35,5.

c. Parece haver alguma relação linear útil entre as duas variáveis?

d. Qual é o valor do coeficiente de correlação amostral?

e. Você usaria o modelo de regressão linear simples para tirar conclusões quando o nível de salinidade fosse 40?

73. A presença de ligas duras de carbetos em ligas de ferro-cromo produz uma excelente resistência à abrasão, o que as torna adequadas à manipulação de materiais na mineração e às indústrias de processamento de materiais. Os dados a seguir sobre x = teor de austenita retida (%) e y = perda abrasiva (mm³) em testes de desgaste de pinos usando granada (pedra) como abrasivo foram reproduzidos de um gráfico apresentado no artigo "Microstructure property relationships in high chromium white iron alloys" (*Intl. Materials Reviews*, 1996: 59-82).

Resultado do SAS para o Exercício 72

```
Variável dependente: NÍVEL DE NITRATO

                              Análise de variância
  Fonte         GL      Soma dos quadrados       Quadrado médio          Valor F           Prob > F

Modelo           1              64,49622             64,49622             63,309             0,0002
Erro             6               6,11253              1,01875
Total C          7              70,60875

           Raiz QME         1,00933        R²                0,9134
           Média dep.      26,91250        R²(ajustado)      0,8990
           C.V.             3,75043

                              Estimativas de parâmetro
                            Estimativa         Erro padrão           T para HO:
Variável         GL       de parâmetro                             Parâmetro = 0        Prob > |T|
INTERCEPTO        1         326,976038         37,71380243                 8,670            0,0001
SALINIDADE        1          -8,403964          1,05621381                -7,957            0,0002
```

Resultado do SAS para o Exercício 73

```
Variável dependente: PERDA ABRASIVA

                              Análise de variância
Fonte           GL      Soma dos quadrados       Quadrado médio          Valor F           Prob > F
Modelo           1               0,63690              0,63690             15,444             0,0013
Erro            15               0,61860              0,04124
Total C         16               1,25551

           Raiz QME         0,20308                 R²        0,5073
           Média Dep.       1,10765       R²(ajustado)        0,4744
           C.V.            18,33410

                              Estimativas de parâmetro
                            Estimativa         Erro padrão           T para HO:
Variável         GL       de parâmetro                             Parâmetro = 0        Prob > |T|
INTERCEPTO        1           0,787218          0,09525879                 8,264            0,0001
VOLAUST           1           0,007570          0,00192626                 3,930            0,0013
```

Use os dados e o resultado do SAS para responder às seguintes perguntas:

a. Que proporção da variação observada na perda abrasiva pode ser atribuída à relação do modelo de regressão linear simples?

b. Qual é o valor do coeficiente de correlação amostral?

c. Teste a utilidade do modelo de regressão linear simples usando $\alpha = 0{,}01$.

d. Estime a perda abrasiva quando o teor é 50% e execute essa tarefa de maneira que transmita informações sobre confiabilidade e precisão.

e. Que valor de perda por desgaste você preveria com um teor de 30% e qual é o valor do resíduo correspondente?

74. Os dados a seguir foram reproduzidos de um gráfico de dispersão apresentado no artigo "Urban emissions measured with aircraft" (*J. of the Air and Waste Mgmt. Assoc.*, 1998: 16--25). A variável de resposta é ΔNO_y e a variável explicativa é ΔCO.

ΔCO	50	60	95	108	135
ΔNO_y	2,3	4,5	4,0	3,7	8,2
ΔCO	210	214	315	720	
ΔNO_y	5,4	7,2	13,8	32,1	

a. Ajuste um modelo apropriado aos dados e avalie a sua utilidade.

b. Preveja o valor de ΔNO_y que resultaria de uma observação a mais quando ΔCO for 400. Faça os cálculos de maneira que transmita informações sobre precisão e confiabilidade. Será que ΔNO_y pode ser previsto com precisão? Explique.

c. O maior valor de ΔCO é bem maior que os outros valores. Essa observação parece ter tido um impacto significativo sobre a equação ajustada?

75. Os dados a seguir sobre x = taxa de consumo de óleo diesel pelo método de peso líquido e y = taxa medida pelo método de ionização química, ambos em g/h, foram reproduzidos de um gráfico apresentado no artigo "A new measurement method of diesel engine oil consumption rate" (*J. Society Auto Engr.*, 1985: 28-33).

x	4	5	8	11	12	16	17	20	22	28	30	31	39
y	5	7	10	10	14	15	13	25	20	24	31	28	39

a. Presumindo que x e y são relacionados pelo modelo de regressão linear simples, realize um teste para decidir se é plausível que na média a mudança na taxa medida pelo método de ionização química é idêntica à mudança na taxa medida pelo método de peso líquido.

b. Calcule e interprete o coeficiente de correlação amostral.

76. O "modo de mixidade" refere-se ao quanto da propagação da fratura é atribuível aos três modos de fratura convencionais de abertura, deslizamento e rasgo. Para os problemas planos, somente os dois primeiros modos estão presentes, e o ângulo do modo de mixidade é uma medida da extensão em que a propagação ocorre com o deslizamento em oposição à abertura. O artigo "Increasing allowable flight loads by improved structural modeling" (*AIAA J.*, 2006: 376-381) apresenta os dados a seguir sobre x = ângulo do modo de mixidade (graus) e y = resistência à fratura (N/m) para os painéis sanduíche usados na construção de aeronaves.

x	16,52	17,53	18,05	18,50	22,39	23,89	25,50	24.89
y	609,4	443,1	577,9	628,7	565,7	711,0	863,4	956.2
x	23,48	24,98	25,55	25,90	22,65	23,69	24,15	24.54
y	679,5	707,5	767,1	817,8	702,3	903,7	964,9	1 047,3

a. Obtenha a equação da reta de regressão estimada e discuta a extensão em que o modelo de regressão linear simples é uma forma razoável de relatar a resistência à fratura para o ângulo do modo de mixidade.

b. Os dados sugerem que a mudança média na resistência à fratura associada com um aumento de um grau no ângulo do modo de mixidade excede 50 N/m? Realize um teste apropriado das hipóteses.

c. Para fins de estimação precisa da inclinação da reta de regressão populacional, não teria sido preferível fazer observações nos ângulos 16, 16, 18, 18, 20, 20, 20, 20, 22, 22, 22, 22, 24, 24, 26 e 26 (novamente um tamanho de amostra de 16)? Explique seu raciocínio.

d. Calcule uma estimativa da resistência à fratura média verdadeira e também uma previsão da resistência da fratura tanto para um ângulo de 18 graus como para um ângulo de 22 graus; execute a tarefa de uma maneira que transmita as informações sobre confiabilidade e precisão e interprete e compare as estimativas e as previsões.

77. O artigo "Photocharge effects in dye sensitized Ag[Br,I] emulsions at millisecond range exposures" (*Photographic Sci. and Engr.*, 1981: 138-144) apresenta os dados a seguir sobre x = % de absorção de luz em 5 800 Å e y = pico de fotovoltagem.

x	4,0	8,7	12,7	19,1	21,4
y	0,12	0,28	0,55	0,68	0,85
x	24,6	28,9	29,8	30,5	
y	1,02	1,15	1,34	1,29	

a. Construa um gráfico de dispersão desses dados. O que ele sugere?

b. Supondo que o modelo de regressão linear simples seja apropriado, obtenha a equação da reta de regressão estimada.

c. Que proporção da variação observada na fotovoltagem de pico pode ser explicada pela relação do modelo?

d. Preveja o pico de fotovoltagem quando a % de absorção for 19,1 e calcule o valor do resíduo correspondente.

e. Os autores desse artigo afirmam que existe uma relação linear útil entre a % de absorção e o pico de fotovoltagem. Você concorda? Realize um teste formal.

f. Apresente uma estimativa da mudança no pico de fotovoltagem esperado, associada com um aumento de 1% na absorção de luz. A estimativa deve transmitir informações sobre a precisão da estimativa.

g. Repita o item (f) para o valor esperado do pico de fotovoltagem quando % da absorção de luz for 20.

78. Na Seção 12.4, apresentamos uma fórmula para $V(\hat{\beta}_0 + \hat{\beta}_1 x^*)$ e um IC para $\beta_0 + \beta_1 x^*$. Considerando $x^* = 0$, obtemos $\sigma^2_{\hat{\beta}_0}$ e um IC para β_0. Use os dados do Exemplo 12.11 para calcular o desvio padrão estimado de $\hat{\beta}_0$ e um IC de 95% para o intercepto *y* da reta de regressão verdadeira.

79. Mostre que SQE $= S_{yy} - \hat{\beta}_1 S_{xy}$, o que oferece uma fórmula de cálculo alternativa para SQE.

80. Suponha que *x* e *y* sejam variáveis positivas e que uma amostra de *n* pares resulte em $r \approx 1$. Se o coeficiente de correlação amostral for calculado para os pares (x, y^2), o valor resultante também será aproximadamente 1? Explique.

81. Reconsidere a situação do Exercício 73, em que x = teor de austenita retido usando uma granada abrasiva e y = perda abrasiva estavam relacionados por meio do modelo de regressão linear simples $Y = \beta_0 + \beta_1 x + \varepsilon$. Suponha que, para um segundo tipo de abrasivo, essas variáveis sejam também relacionadas por meio do modelo de regressão linear simples $Y = \gamma_0 + \gamma_1 x + \varepsilon$ e que $V(\epsilon) = \sigma^2$ para ambos os tipos de abrasivos. Se o conjunto de dados consistir em n_1 observações para o primeiro abrasivo e n_2 para o segundo e se SQE$_1$ e SQE$_2$ representarem as duas somas de quadrados do erro, então uma estimativa conjunta de σ^2 é $\hat{\sigma}^2 = (\text{SQE}_1 + \text{SQE}_2)/(n_1 + n_2 - 4)$. Considere que SQ$_{x1}$ e SQ$_{x2}$ representem $\sum(x_i - \bar{x})^2$ para os dados no primeiro e no segundo abrasivos, respectivamente. Um teste de H_0: $\beta_1 - \gamma_1 = 0$ (inclinações iguais) baseia-se na estatística

$$T = \frac{\hat{\beta}_1 - \hat{\gamma}_1}{\hat{\sigma}\sqrt{\dfrac{1}{\text{SQ}_{x1}} + \dfrac{1}{\text{SQ}_{x2}}}}$$

Quando H_0 é verdadeira, T tem uma distribuição t com $n_1 + n_2 - 4$ gl. Suponha que 15 observações usando o abrasivo alternativo forneçam SQ$_{x2}$ = 7 152,5578, $\hat{\gamma}_1 = 0{,}006845$ e SQE$_2$ = 0,51350. Usando esses valores com os dados do Exercício 73, realize um teste no nível 0,05 para verificar se a mudança esperada na perda abrasiva associada com um aumento de 1% no teor de austenita é idêntica para os dois tipos de abrasivo.

82. Verifique que a estatística *t* para o teste H_0: $\beta_1 = 0$ na Seção 12.3 é idêntica à estatística *t* na Seção 12.5 para o teste H_0: $\rho = 0$.

83. Use a fórmula para calcular SQE para demonstrar que $r^2 = 1 - \text{SQE/SQT}$.

84. Na biofiltragem de esgoto, o ar descarregado de uma instalação de tratamento passa através de uma membrana porosa úmida que faz com que os contaminantes dissolvam-se na água e sejam transformados em produtos inofensivos. Os dados a seguir sobre x = temperatura inicial (°C) e y = eficiência da remoção (%) serviram de base para a elaboração de um gráfico de dispersão apresentado no artigo "Treatment of mixed hydrogen sulfide and organic vapors in a rock medium biofilter" (*Water Environment Research*, 2001: 426-435).

Obs	Temp	% Remoção	Obs	Temp	% Remoção
1	7,68	98,09	17	8,55	98,27
2	6,51	98,25	18	7,57	98,00
3	6,43	97,82	19	6,94	98,09
4	5,48	97,82	20	8,32	98,25
5	6,57	97,82	21	10,50	98,41
6	10,22	97,93	22	16,02	98,51
7	15,69	98,38	23	17,83	98,71
8	16,77	98,89	24	17,03	98,79
9	17,13	98,96	25	16,18	98,87
10	17,63	98,90	26	16,26	98,76
11	16,72	98,68	27	14,44	98,58
12	15,45	98,69	28	12,78	98,73
13	12,06	98,51	29	12,25	98,45
14	11,44	98,09	30	11,69	98,37
15	10,17	98,25	31	11,34	98,36
16	9,64	98,36	32	10,97	98,45

As quantidades calculadas são $\sum x_i = 384{,}26$, $\sum y_i = 3\,149{,}04$, $\sum x_i^2 = 5\,099{,}2412$, $\sum x_i y_i = 37\,850{,}7762$ e $\sum y_i^2 = 309\,892{,}6548$.

a. Um gráfico de dispersão dos dados sugere que o modelo de regressão linear simples é apropriado?

b. Ajuste o modelo de regressão linear simples, obtenha uma previsão pontual da eficiência da remoção quando a temperatura = 10,50 e calcule o valor do resíduo correspondente.

c. Qual é o tamanho aproximado de um desvio típico de pontos no gráfico de dispersão em relação à reta de mínimos quadrados?

d. Que proporção da variação observada na eficiência da remoção pode ser atribuída à relação do modelo?

e. Estime o coeficiente de inclinação de maneira que transmita informações sobre confiabilidade e precisão, e interprete sua estimativa.

f. Numa conversa particular com os autores do artigo, eles revelaram que uma observação adicional não foi incluída no respectivo gráfico de dispersão: (6,53, 96,55). Que impacto tem essa observação adicional sobre a equação da reta dos mínimos quadrados e os valores de s e r^2?

85. Processos normais de criação de peixes em aquaculturas inevitavelmente deixam os peixes estressados, o que pode influenciar negativamente no crescimento, na reprodução, na qualidade da carne e na suscetibilidade a doenças. Esse estresse manifesta-se em níveis continuamente elevados de corticosteroides. O artigo "Evaluation of simple instruments for the measurement of blood glucose and lactate, and plasma protein as stress indicators in fish" (*J. of the World Aquaculture Society*, 1999: 276-284) apresenta um experimento no qual os peixes foram submetidos a uma situação de estresse, removidos e, em seguida, testados em vários horários. Os dados a seguir sobre x = tempo (min) e y = nível de glicose no sangue (mmol/L) foram reproduzidos de um gráfico.

x	2	2	5	7	12	13	17	18	23	24	26	28
y	4,0	3,6	3,7	4,0	3,8	4,0	5,1	3,9	4,4	4,3	4,3	4,4

x	29	30	34	36	40	41	44	56	56	57	60	60
y	5,8	4,3	5,5	5,6	5,1	5,7	6,1	5,1	5,9	6,8	4,9	5,7

Use os métodos desenvolvidos neste capítulo para analisar os dados e escreva um relatório sucinto, resumindo suas conclusões (suponha que os pesquisadores estejam particularmente interessados no nível de glicose 30 minutos após o estresse).

86. O artigo "Evaluating the BOD POD for assessing body fat in collegiate football players" (*Medicine and Science in Sports and Exercise*, 1999: 1350-1356) relata um novo dispositivo de deslocamento de ar (DDA) para medir a gordura do corpo. O procedimento habitual utiliza o dispositivo de pesagem hidrostática (PH), que mede a porcentagem de gordura do corpo por meio do deslocamento de água. Aqui são apresentados dados representativos reproduzidos de um gráfico desse artigo.

DDA	2,5	4,0	4,1	6,2	7,1	7,0	8,3	9,2	9,3	12,0	12,2
PH	8,0	6,2	9,2	6,4	8,6	12,2	7,2	12,0	14,9	12,1	15,3

DDA	12,6	14,2	14,4	15,1	15,2	16,3	17,1	17,9	17,9
PH	14,8	14,3	16,3	17,9	19,5	17,5	14,3	18,3	16,2

a. Use vários métodos para determinar se é plausível que as duas técnicas meçam em média a mesma quantidade de gordura.

b. Use os dados para desenvolver uma forma de prever uma medida PH com base em uma medida DDA e investigue a eficácia dessas previsões.

87. Uma investigação foi realizada para estudar a relação entre a velocidade (pé/s) e a taxa de passadas largas (número de passos por segundo) entre os corredores de maratona do sexo feminino. As quantidades resultantes incluíram
$n = 11$, $\sum(\text{velocidade}) = 205{,}4$,
$\sum(\text{velocidade})^2 = 3\,880{,}08$,
$\sum(\text{taxa}) = 35{,}16$, $\sum(\text{taxa})^2 = 112{,}681$,
e $\sum(\text{velocidade})(\text{taxa}) = 660{,}130$.

a. Calcule a equação da reta de mínimos quadrados que você usaria para prever a taxa de passadas largas com base na velocidade.

b. Calcule a equação da reta de mínimos quadrados que você usaria para prever a velocidade com base na taxa de passadas largas.

c. Calcule o coeficiente de determinação para a regressão da taxa de passadas largas sobre a velocidade do item (a) e para a regressão da velocidade sobre a taxa de passadas largas do item (b). Como eles estão relacionados?

Bibliografia

DRAPER, NORMAN; SMITH HARRY. *Applied regression analysis*. 3. ed. New York: Wiley, 1999. O mais competente e compreensivo livro sobre análise de regressão atualmete impresso.

NETER, JOHN; KUTNER MICHAEL; NACHTSHEIM CHRISTOPHER; WASSERMAN WILLIAM. *Applied linear statistical models*. 5. ed. Homewood, IL: Irwin, 2005. Os 14 capítulos são constituídos de um estudo inteligível e informativo sobre análise de regressão.

13 Regressão não linear e múltipla

Introdução

Segundo o modelo probabilístico estudado no Capítulo 12, o valor observado da variável dependente *Y* distingue-se da função de regressão linear $\mu_{Y \cdot x} = \beta_0 + \beta_1 x$ por um valor aleatório. Aqui, avaliamos duas formas de generalizar o modelo de regressão linear simples. A primeira é substituir $\beta_0 + \beta_1 x$ por uma função não linear de x e a segunda é usar uma função de regressão compreendendo mais de uma única variável independente. Depois de ajustar a função de regressão da forma escolhida aos dados fornecidos, obviamente é importante ter à disposição métodos para fazer inferências sobre os parâmetros do modelo escolhido. Antes de usar esses métodos, entretanto, o analista de dados primeiro verifica a validade do modelo escolhido. Na Seção 13.1, discutimos métodos, com base principalmente em uma análise gráfica dos resíduos (y observados menos y previstos), para checar a aplicabilidade de um modelo ajustado.

Na Seção 13.2, avaliamos as funções de regressão não linear de uma única variável independente x que são "intrinsecamente lineares". Com isso, queremos dizer que é possível transformar uma ou ambas as variáveis de modo que a relação entre as novas variáveis seja linear. Uma classe alternativa de relações não lineares é obtida pelo uso das funções de regressão polinomiais da forma $\mu_{Y \cdot x} = \beta_0 + \beta_1 x + \beta_2 x^2 + \cdots + \beta_k x^k$; esses modelos polinomiais são assunto da Seção 13.3. A análise de regressão múltipla envolve a construção de modelos para relacionar y com duas ou mais variáveis independentes. O foco da Seção 13.4 está em interpretar vários modelos de regressão múltipla e em compreender e usar os resultados de regressão de diversos softwares estatísticos. A última seção deste capítulo examina algumas extensões e armadilhas da modelagem por regressão múltipla.

13.1 Avaliando a adequação do modelo

Um gráfico de pares (x_i, y_i) observados é uma primeira etapa necessária para decidir sobre a forma de uma relação matemática entre x e y. É possível ajustar muitas funções que não sejam lineares ($y = b_0 + b_1 x$) aos dados, usando o princípio dos mínimos quadrados ou outro método de ajuste. Uma vez que uma função da forma escolhida é ajustada, é fundamental verificar o ajuste do modelo para confirmar se é de fato apropriado. Uma maneira de avaliar o ajuste é sobrepor um gráfico da função mais bem ajustada no gráfico de dispersão dos dados. Entretanto, qualquer inclinação ou curvatura da função mais bem ajustada pode obscurecer alguns aspectos do ajuste que devem ser investigados. Além disso, a escala no eixo vertical pode dificultar a avaliação sobre até que ponto os valores observados desviam das funções mais bem ajustadas.

Resíduos e resíduos padronizados

Uma abordagem mais eficaz de avaliar a adequação do modelo é calcular os valores ajustados ou preditos $\hat{y}_i$ e os resíduos $e_i = y_i - \hat{y}_i$ e, em seguida, dispor graficamente várias funções dessas quantidades calculadas. Examinamos então os gráficos para confirmar nossa opção de modelo ou para obter indicações de que o modelo não é apropriado. Suponha que o modelo de regressão linear simples seja correto e considere $y = \hat{\beta}_0 + \hat{\beta}_1 x$ a equação da reta de regressão estimada. Então, o i-ésimo resíduo é $e_i = y_i - (\hat{\beta}_0 + \hat{\beta}_1 x_i)$. Para derivar propriedades dos resíduos, considere $e_i = Y_i - \hat{Y}_i$ o i-ésimo resíduo como uma variável aleatória (v.a.) antes de as observações serem de fato feitas. Então,

$$E(Y_i - \hat{Y}_i) = E(Y_i) - E(\hat{\beta}_0 + \hat{\beta}_1 x_i) = \beta_0 + \beta_1 x_i - (\beta_0 + \beta_1 x_i) = 0 \tag{13.1}$$

Como $\hat{Y}_i$ (= $\hat{\beta}_0 + \hat{\beta}_1 x_i$) é uma função linear dos Y_j, então $Y_i - \hat{Y}_i$ também é (os coeficientes dependem dos x_j). Dessa forma, a normalidade dos Y_j implica que cada resíduo seja normalmente distribuído. Pode-se mostrar também que

$$V(Y_i - \hat{Y}_i) = \sigma^2 \cdot \left[1 - \frac{1}{n} - \frac{(x_i - \bar{x})^2}{S_{xx}}\right] \tag{13.2}$$

Substituindo σ^2 por s^2 e extraindo a raiz quadrada da Equação (13.2), obtemos o desvio padrão estimado de um resíduo.

Padronizemos agora cada resíduo subtraindo o valor médio (zero) e, em seguida, dividindo-o pelo desvio padrão estimado.

Os **resíduos padronizados** são dados por

$$e_i^* = \frac{y_i - \hat{y}_i}{s\sqrt{1 - \frac{1}{n} - \frac{(x_i - \bar{x})^2}{S_{xx}}}} \qquad i = 1, \ldots, n \tag{13.3}$$

Se, por exemplo, um determinado resíduo padronizado for 1,5, o resíduo em si será 1,5 desvio padrão (estimado) maior do que o que seria esperado do ajuste do modelo correto. Observe que as variâncias dos resíduos diferem entre si. Na verdade, como há um sinal – na frente de $(x_i - \bar{x})^2$, a variância de um resíduo diminui à medida que x_i se move para fora do centro $\bar{x}$ dos dados. Intuitivamente, isso é porque a reta de mínimos quadrados é puxada para a direção de uma observação cujo valor x_i encontra-se na extrema direita ou na extrema esquerda de outras observações na amostra. Os cálculos dos e_i^* podem ser tediosos, mas os softwares estatísticos mais amplamente usados fornecem esses valores e podem elaborar vários gráficos envolvendo esses valores.

Exemplo 13.1

O Exercício 19 no Capítulo 12 apresentou dados sobre x = taxa de liberação na área do queimador e y = emissões de NO_x. Aqui, reproduzimos esses dados e fornecemos os valores ajustados, os resíduos e os resíduos padronizados. A reta de regressão estimada é $y = -45{,}55 + 1{,}71x$ e $r^2 = 0{,}961$. Os resíduos padronizados não são um múltiplo constante dos resíduos porque as variâncias residuais diferem de algum modo umas das outras.

x_i	y_i	$\hat{y}_i$	e_i	e_i^*
100	150	125,6	24,4	0,75
125	140	168,4	−28,4	−0,84
125	180	168,4	11,6	0,35
150	210	211,1	−1,1	−0,03
150	190	211,1	−21,1	−0,62
200	320	296,7	23,3	0,66
200	280	296,7	−16,7	−0,47
250	400	382,3	17,7	0,50
250	430	382,3	47,7	1,35
300	440	467,9	−27,9	−0,80
300	390	467,9	−77,9	−2,24
350	600	553,4	46,6	1,39
400	610	639,0	−29,0	−0,92
400	670	639,0	31,0	0,99

■

Gráficos de diagnóstico

Os gráficos básicos recomendados por vários estatísticos para verificar a validade e utilidade do modelo são os seguintes:

1. e_i^* (ou e_i) no eixo vertical *versus* x_i no eixo horizontal
2. e_i^* (ou e_i) no eixo vertical *versus* $\hat{y}_i$ no eixo horizontal
3. $\hat{y}_i$ no eixo vertical *versus* y_i no eixo horizontal
4. Um gráfico normal de probabilidade dos resíduos padronizados.

Os Gráficos 1 e 2 são denominados **gráficos dos resíduos** (em relação à variável independente e aos valores ajustados, respectivamente), ao passo que o Gráfico 3 é de valores ajustados *versus* valores observados.

Se o Gráfico 3 apresentar pontos próximos à reta de 45° [inclinação +1 passando através da origem (0, 0)], então a função de regressão estimada fornecerá previsões precisas dos valores de fato observados. Portanto, o Gráfico 3 oferece uma avaliação visual sobre quão eficaz é o modelo para fazer previsões. Contanto que o modelo seja o correto, nenhum gráfico dos resíduos deve exibir padrões distintos. Os resíduos devem ser distribuídos aleatoriamente em torno de 0, de acordo com uma distribuição normal, de modo que todos, menos alguns poucos resíduos padronizados, devem ficar entre −2 e +2 (isto é, todos os resíduos, exceto alguns, devem ficar a até 2 desvios padrão do valor esperado 0). O gráfico dos resíduos padronizados *versus* $\hat{y}$ é, na verdade, uma combinação dos dois outros gráficos, mostrando implicitamente como os resíduos variam com x e como os valores ajustados se comparam com os valores observados. Este último gráfico é um dos mais frequentemente recomendados para a análise de regressão múltipla. O Gráfico 4 permite que o analista avalie a plausibilidade da suposição de que ϵ tem uma distribuição normal.

Exemplo 13.2 (continuação do Exemplo 13.1)

A Figura 13.1 apresenta um gráfico de dispersão dos dados e os quatro gráficos que acabamos de recomendar. O gráfico de $\hat{y}$ *versus* y confirma a impressão dada por r^2 de que x é eficaz para prever y e, além disso, indica que não existe nenhum y observado para o qual o valor previsto esteja extremamente longe da marca. Nenhum dos gráficos dos resíduos mostra um padrão incomum ou valores discrepantes. Há um resíduo padronizado ligeiramente fora do intervalo (−2, 2), mas isso não é novidade em uma amostra de tamanho 14. O gráfico normal de probabilidade dos resíduos padronizados é razoavelmente reto. Em resumo, os gráficos não nos deixam dúvidas sobre a aplicabilidade de uma relação linear simples ou o ajuste para os dados fornecidos.

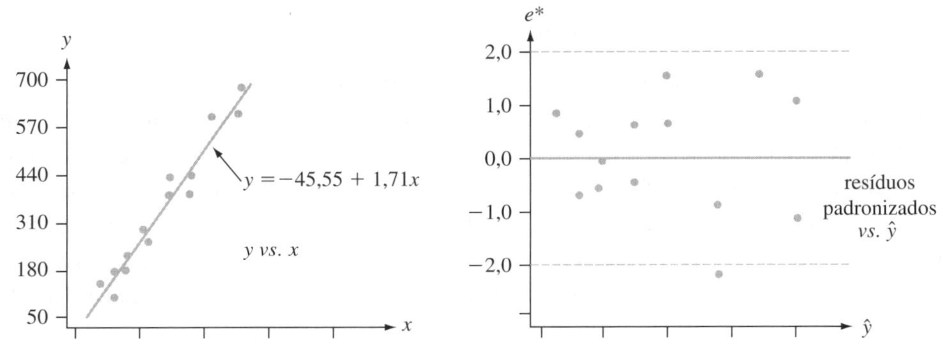

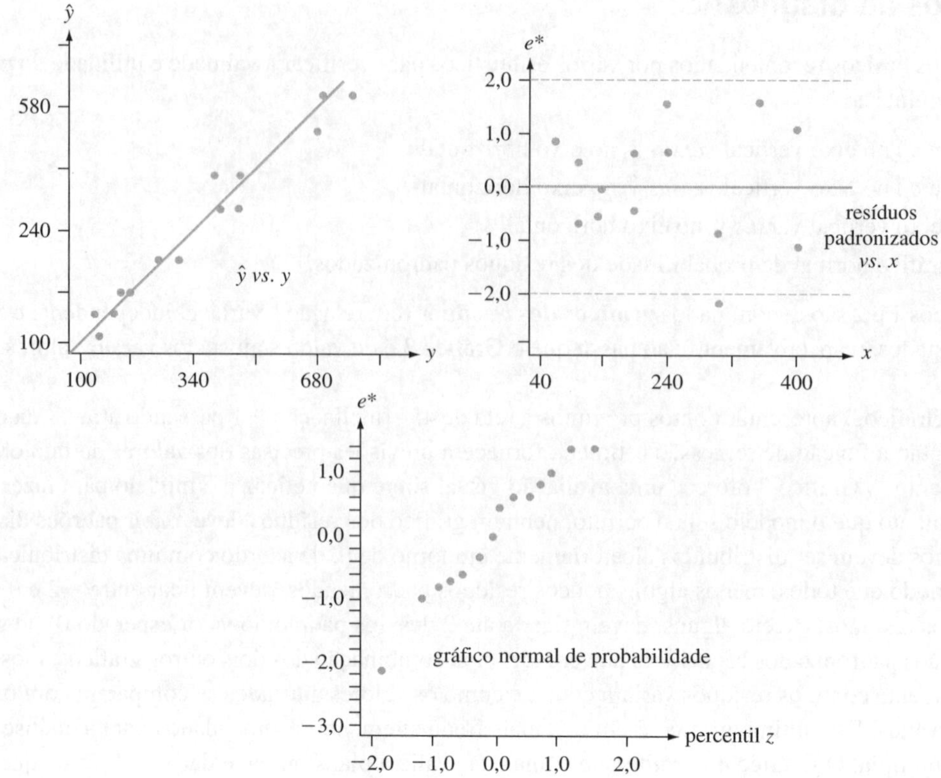

Figura 13.1 Gráficos para os dados do Exemplo 13.1.

Dificuldades e remediações

Embora nossa expectativa seja de que nossa análise gere gráficos como os da Figura 13.1, muito frequentemente os gráficos vão apresentar uma ou mais das seguintes dificuldades:

1. Uma relação probabilística não linear entre x e y é apropriada.
2. A variância de ϵ (e de Y) não é uma constante σ^2, mas depende de x.
3. O modelo selecionado se ajusta bem aos dados, exceto para alguns poucos valores discrepantes ou *outliers*, os quais podem ter influenciado substancialmente a escolha da função melhor ajustada.
4. O termo de erro ϵ não tem uma distribuição normal.
5. Quando o subscrito i indica a sequência temporal das observações, os ϵ_i exibem dependência ao longo do tempo.
6. Uma ou mais variáveis independentes de interesse foram omitidas do modelo.

A Figura 13.2 apresenta gráficos de resíduos correspondentes aos itens 1–3, 5 e 6. No Capítulo 4, discutimos padrões em gráficos normais de probabilidade que lançam dúvida sobre a suposição de uma distribuição normal subjacente. Observe que os resíduos dos dados da Figura 13.2(d) que contêm o ponto circulado não necessariamente proporiam, por si sós, análises adicionais; contudo, quando uma nova reta é ajustada com esse ponto excluído, essa nova reta difere consideravelmente da reta original. Esse tipo de comportamento é mais difícil de identificar na regressão múltipla. É mais provável surgir quando existe um único (ou muito poucos) ponto(s) de dados com valor(es) de variável independente bem afastado(s) dos dados restantes.

Indicamos a seguir, resumidamente, as remediações existentes para dificuldades desse tipo. Para uma discussão mais abrangente, é necessário consultar uma ou mais referências sobre análise de regressão. Se o gráfico dos resíduos for de alguma forma parecido com o da Figura 13.2(a), exibindo um padrão curvo, uma função não linear de x pode ser ajustada.

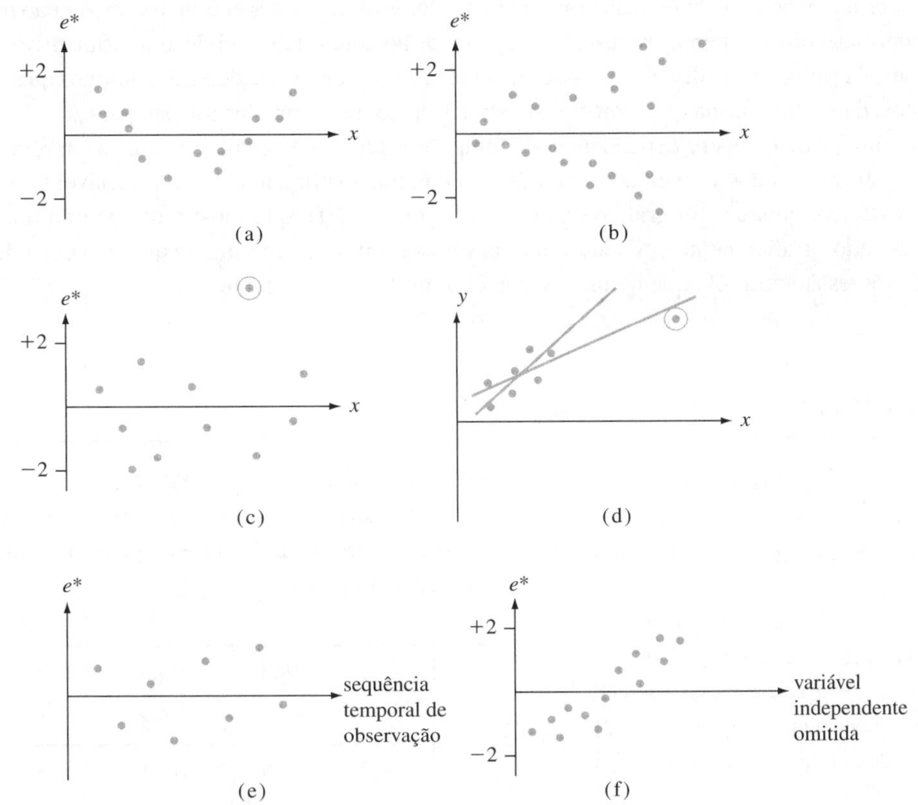

Figura 13.2 Gráficos que indicam anormalidade nos dados: (a) relação não linear; (b) variância não constante; (c) observação discrepante; (d) observação com grande influência; (e) dependência dos erros; (f) variável omitida.

O gráfico dos resíduos da Figura 13.2(b) sugere que, embora uma relação de linha reta possa ser razoável, a suposição de que $V(Y_i) = \sigma^2$ para cada i tem validade duvidosa. Quando as hipóteses do Capítulo 12 são válidas, é possível mostrar que, entre todos os estimadores não viciados de β_0 e β_1, os estimadores dos mínimos quadrados ordinários têm variância mínima. Esses estimadores dão o mesmo peso para cada (x_i, Y_i). Se a variância de Y aumentar com x, os Y_i para x_i grande devem receber um peso menor que aqueles com x_i pequeno. Isso sugere que β_0 e β_1 devem ser estimados minimizando-se

$$f_w(b_0, b_1) = \sum w_i[y_i - (b_0 + b_1 x_i)]^2$$

em que os w_i são pesos que diminuem à medida que x_i aumenta. Minimizando a Expressão (13.4), obtemos estimativas dos **mínimos quadrados ponderados**. Por exemplo, se o desvio padrão de Y for proporcional a x (para $x > 0$) – isto é, $V(Y) = kx^2$ –, então pode ser mostrado que os pesos $w_i = 1/x_i^2$ produzem melhores estimadores de β_0 e β_1. Os livros de John Neter et al. e S. Chatterjee e Bertram Price contém maiores detalhes (consulte a bibliografia do capítulo). Os mínimos quadrados ponderados são usados frequentemente por econometristas (economistas que usam métodos estatísticos) para estimar parâmetros.

Quando os gráficos ou outras evidências sugerem que o conjunto de dados contêm *outliers* ou pontos de grande influência no ajuste resultante, uma abordagem possível é omitir esses pontos afastados e recalcular a equação da regressão estimada. Isso com certeza seria correto se houvesse sido identificado que os *outliers* resultaram de erros durante o registro dos valores dos dados ou de erros experimentais. Se não for possível identificar nenhuma causa determinável para os *outliers*, continua sendo desejável descrever a equação estimada para os dois casos (omitindo e não omitindo os *outliers*). Além disso, outra abordagem é manter possíveis *outliers*, mas usar um princípio de estimativa que atribui um peso relativamente menor a esses valores, do que o princípio dos mínimos quadrados. Um desses princípios é conhecido por MDA (Mínimo Desvio Absoluto), que seleciona $\hat{\beta}_0$ e $\hat{\beta}_1$ de modo a minimizar $\sum |y_i - (b_0 + b_1 x_i)|$. Diferentemente das estimativas de mínimos quadrados, não existe nenhuma fórmula ideal para as estimativas MDA; os respectivos valores devem ser encontrados por meio de um procedimento de cálculo iterativo. Procedimentos desse tipo são também usados quando existe a suspeita de que os ϵ_i têm distribuição com "caudas pesadas", em vez de normais (tornando bem mais provável que valores discrepantes entrem na amostra do que na distribuição normal); procedimentos robustos de regressão são aqueles que produzem estimativas confiáveis para uma ampla variedade de distribuições de erros subjacentes. Os estimadores de mínimos quadrados não são robustos, da mesma forma que a média amostral $\overline{X}$ não é um estimador robusto para μ.

Quando um gráfico sugere dependência de tempo nos termos do erro, uma análise apropriada pode exigir a transformação dos y ou então um modelo que inclua explicitamente uma variável temporal. Por fim, é necessário examinar um gráfico como o da Figura 13.2(f), que mostra um padrão nos resíduos quando ilustrados graficamente em relação a uma variável omitida, que sugere que seja considerado um modelo de regressão múltipla que inclua a variável omitida anteriormente.

EXERCÍCIOS Seção 13.1 (1–14)

1. **a.** Expresse o i-ésimo resíduo $Y_i - \hat{Y}_i$ (em que $\hat{Y}_i = \hat{\beta}_0 + \hat{\beta}_1 x_i$) na forma $\sum c_j Y_j$, uma função linear dos Y_j. Em seguida, use as propriedades da variância para verificar que $V(Y_i - \hat{Y}_i)$ é dado pela Expressão (13.2).

b. É possível mostrar que $\hat{Y}_i$ e $Y_i - \hat{Y}_i$ (o i-ésimo valor previsto e o resíduo) são independentes entre si. Use essa constatação, a relação $Y_i = \hat{Y}_i + (Y_i - \hat{Y}_i)$ e a expressão de $V(\hat{Y})$ da Seção 12.4 para provar novamente a Expressão (13.2).

c. Quando x_i afasta-se mais de $\bar{x}$, o que ocorre com $V(\hat{Y}_i)$ e $V(Y_i - \hat{Y}_i)$?

2. Os valores x e os resíduos padronizados dos dados sobre o fluxo de cloro/taxa de ataque do Exercício 52 (Seção 12.4) são apresentados na tabela a seguir. Elabore um gráfico dos resíduos padronizados e fale sobre sua aparência.

x	1,50	1,50	2,00	2,50	2,50
e^*	0,31	1,02	−1,15	−1,23	0,23
x	3,00	3,50	3,50	4,00	
e^*	0,73	−1,36	1,53	0,07	

3. O Exemplo 12.6 apresenta os resíduos de uma regressão linear simples da quantidade de umidade y sobre a taxa de filtragem x.

a. Represente os resíduos graficamente em relação a x. O gráfico resultante sugere que uma função de regressão de linha reta é uma opção de modelo razoável? Explique seu raciocínio.

b. Usando $s = 0{,}665$, calcule os valores dos resíduos padronizados. Será que $e_i^* \approx e_i$ para $i = 1, ..., n$ ou os e_i^* não são tão próximos de serem proporcionais aos e_i?

c. Represente graficamente os resíduos padronizados em relação a x. O gráfico difere significativamente da aparência geral do gráfico do item (a)?

4. A resistência ao desgaste de determinados componentes do reator nuclear feitos de Zircaloy-2 é parcialmente determinada pelas propriedades da camada de óxido. Os dados a seguir foram apresentados em um artigo que propôs um novo método de teste não destrutivo para monitorar a espessura da camada ("Monitoring of oxide layer thickness on zircaloy–2 by the Eddy current test method", *J. of Testing and Eval.*, 1987:333-336). As variáveis são x = espessura da camada de óxido (μm) e y = resposta de corrente parasita ou de Foucault (unidades arbitrárias).

x	0	7	17	114	133
y	20,3	19,8	19,5	15,9	15,1
x	142	190	218	237	285
y	14,7	11,9	11,5	8,3	6,6

a. Os autores resumiram a relação fornecendo a equação da reta de mínimos quadrados como $y = 20{,}6 - 0{,}047x$. Calcule e represente graficamente os resíduos em relação a x e, em seguida, comente sobre a aplicabilidade do modelo de regressão linear simples.

b. Use $s = 0{,}7921$ para calcular os resíduos padronizados de uma regressão linear simples. Elabore um gráfico de resíduos padronizados e comente. Além disso, elabore um gráfico normal de probabilidade e comente.

5. Suponha que as variáveis x = distância de comutação e y = tempo de comutação estejam relacionadas de acordo com o modelo de regressão linear simples, com $\sigma = 10$.

a. Se $n = 5$ observações forem feitas nos valores de x $x_1 = 5, x_2 = 10, x_3 = 15, x_4 = 20$ e $x_5 = 25$, calcule os desvios padrão dos cinco resíduos correspondentes.

b. Repita o item (a) para $x_1 = 5, x_2 = 10, x_3 = 15, x_4 = 20$ e $x_5 = 50$.

c. Que significado têm os resultados dos itens (a) e (b) para os desvios da reta estimada em relação à observação feita no maior valor x amostrado?

6. O gráfico de dispersão a seguir é baseado nos dados fornecidos pelos autores no artigo "Spurious correlation in the USEPA rating curve method for estimating pollutant loads" (*J. of Environ. Engr.*, 2008: 610-618); aqui, a descarga está em pé^3/s diferente dos m^3/s usados no artigo. O ponto na extrema direita do gráfico corresponde à observação (140, 1 529,35). O resíduo padronizado resultante é 3,10. O Minitab sinaliza a observação com um R para um resíduo grande e um X para a observação potencialmente influente. Eis algumas informações sobre a inclinação estimada:

	Amostra completa	(140, 1 529,35) deletado
$\hat{\beta}_1$	9,9050	8,8241
$s_{\hat{\beta}_1}$	0,3806	0,4734

Essa observação parece ter tido um impacto significativo sobre a inclinação estimada? Explique.

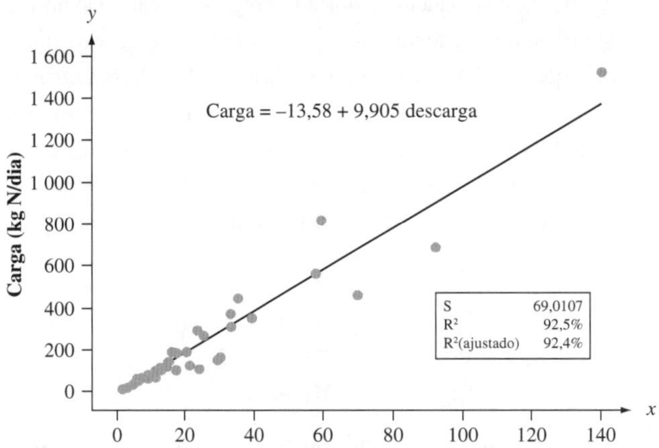

7. Os painéis sanduíche com núcleos de favo de mel são bastante utilizados em diversas aplicações estruturais aeroespaciais como fuselagens, *flaps* e lemes. O artigo "Core crush problem in manufacturing of composite sandwich structures: mechanisms and solutions" (*Amer. Inst. of Aeronautics and Astronautics J.*, 2006: 901-907) ajusta uma reta para os seguintes dados sobre x = espessura do painel (mm) e y = esmagamento (%):

x	0,246	0,250	0,251	0,251	0,254	0,262	0,264	0,270
y	16,0	11,0	15,0	10,5	13,5	7,5	6,1	1,7

x	0,272	0,277	0,281	0,289	0,290	0,292	0,293
y	3,6	0,7	0,9	1,0	0,7	3,0	3,1

a. Ajuste o modelo de regressão linear simples. Que proporção da variação observada no esmagamento pode ser atribuída à relação do modelo?

b. Elabore um gráfico de dispersão. O gráfico sugere que uma relação probabilística linear é apropriada?

c. Obtenha os resíduos e os resíduos padronizados e, em seguida, construa os gráficos desses resíduos. O que esses gráficos sugerem? Que tipo de função pode fornecer um melhor ajuste para os dados do que a linha reta?

8. O registro contínuo da taxa de batimentos cardíacos pode ser usado para obter informações sobre o nível de intensidade de exercício ou de esforço físico no trabalho, durante atividades esportivas ou durante outras atividades diárias. O artigo "The relationship between heart rate and oxygen uptake during non-steady state exercise" (*Ergonomics*, 2000: 1578-1592) relatou em um estudo que usou a taxa de batimentos cardíacos (BC) (x, como uma porcentagem da taxa máxima) para prever a absorção de oxigênio (VO_2) (y, como uma porcentagem da absorção máxima) durante exercícios físicos. Os dados a seguir foram reproduzidos de um gráfico no artigo.

BC	43,5	44,0	44,0	44,5	44,0	45,0	48,0	49,0
VO_2	22,0	21,0	22,0	21,5	25,5	24,5	30,0	28,0

BC	49,5	51,0	54,5	57,5	57,7	61,0	63,0	72,0
VO_2	32,0	29,0	38,5	30,5	57,0	40,0	58,0	72,0

Use um software estatístico para executar uma análise de regressão linear simples, observando principalmente se existe alguma observação incomum ou influente.

9. Considere os quatro conjuntos de dados (x, y) a seguir; os três primeiros têm os mesmos valores x, de modo que esses valores são listados apenas uma única vez (Frank Anscombe, "Graphs in statistical analysis", *Amer. Statistician*, 1973: 17--21):

Conjunto de Dados	1–3	1	2	3	4	4
Variável	x	y	y	y	x	y
	10,0	8,04	9,14	7,46	8,0	6,58
	8,0	6,95	8,14	6,77	8,0	5,76
	13,0	7,58	8,74	12,74	8,0	7,71
	9,0	8,81	8,77	7,11	8,0	8,84
	11,0	8,33	9,26	7,81	8,0	8,47
	14,0	9,96	8,10	8,84	8,0	7,04
	6,0	7,24	6,13	6,08	8,0	5,25
	4,0	4,26	3,10	5,39	19,0	12,50
	12,0	10,84	9,13	8,15	8,0	5,56
	7,0	4,82	7,26	6,42	8,0	7,91
	5,0	5,68	4,74	5,73	8,0	6,89

Para cada um desses quatro conjuntos de dados, os valores das estatísticas $\sum x_i$, $\sum x_i^2$, $\sum y_i$, $\sum y_i^2$ e $\sum x_i y_i$ são praticamente idênticos, de modo que todas as quantidades calculadas com base nesses cinco termos serão essencialmente idênticas para os quatro conjuntos – a reta de mínimos quadrados ($y = 3 + 0{,}5x$), SQE, s^2, r^2, intervalos t, estatísticas t e assim por diante. As estatísticas não apresentam nenhuma maneira de diferenciar os quatro conjuntos de dados. Com base no gráfico de dispersão e no gráfico dos resíduos de cada conjunto, fale sobre a aplicabilidade ou inadequação de ajustar um modelo de linha reta; inclua em seus comentários qualquer sugestão específica sobre como uma "análise de linha reta" deveria ser modificada ou qualificada.

10. a. Mostre que $\sum_{i=1}^{n} e_i = 0$ quando os e_i são os resíduos de uma regressão linear simples.

b. Os resíduos de uma regressão linear simples são independentes entre si, positivamente correlacionados ou negativamente correlacionados? Explique.

c. Mostre que $\sum_{i=1}^{n} x_i e_i = 0$ para os resíduos de uma regressão linear simples. [Esse resultado, juntamente ao item (a), mostra que existem duas restrições lineares nos e_i, resultando em uma perda de 2 gl quando os quadrados dos resíduos são usados para estimar σ^2.]

d. É verdade que $\sum_{i=1}^{n} e_i^* = 0$? Forneça uma prova ou um contraexemplo.

11. À medida que a temperatura do ar cai, as águas dos rios ficam supercongeladas, formando cristais de gelo. Esse gelo pode influenciar significativamente a hidráulica de um rio. O artigo "Laboratory study of anchor ice growth" (*J. of Cold Regions Engr.*, 2001: 60-66) descreve um experimento no qual a espessura do gelo (mm) foi examinada como uma função do tempo decorrido (h) sob circunstâncias específicas. Os dados a seguir foram lidos de um gráfico no artigo: $n = 33$; $x = 0{,}17, 0{,}33, 0{,}50, 0{,}67, ..., 5{,}50$; $y = 0{,}50, 1{,}25, 1{,}50, 2{,}75, 3{,}50, 4{,}75, 5{,}75, 5{,}60, 7{,}00, 8{,}00, 8{,}25, 9{,}50, 10{,}50, 11{,}00, 10{,}75, 12{,}50, 12{,}25, 13{,}25, 15{,}50, 15{,}00, 15{,}25, 16{,}25, 17{,}25, 18{,}00, 18{,}25, 18{,}15, 20{,}25, 19{,}50, 20{,}00, 20{,}50, 20{,}60, 20{,}50, 19{,}80$.

a. O valor r^2 resultante de um ajuste de mínimos quadrados é 0,977. Interprete esse valor e fale sobre a aplicabilidade da suposição de uma relação linear aproximada.

b. Os resíduos, relacionados na mesma ordem dos valores x, são

−1,03	−0,92	−1,35	−0,78	−0,68	−0,11	0,21
−0,59	0,13	0,45	0,06	0,62	0,94	0,80
−0,14	0,93	0,04	0,36	1,92	0,78	0,35
0,67	1,02	1,09	0,66	−0,09	1,33	−0,10
−0,24	−0,43	−1,01	−1,75	−3,14		

Represente os resíduos graficamente em relação ao tempo decorrido. O que o gráfico sugere?

12. a. Uma regressão linear poderia resultar nos resíduos 23, −27, 5, 17, −8, 9 e 15? Por quê?

b. Uma regressão linear poderia resultar nos resíduos 23, −27, 5, 17, −8, −12 e 2 correspondente aos valores x 3, −4, 8, 12, −14, −20 e 25? Explique. [*Dica*: consulte o Exercício 10.]

13. Lembre-se de que $\hat{\beta}_0 + \hat{\beta}_1 x$ tem uma distribuição normal, com valor esperado $\beta_0 + \beta_1 x$ e variância

$$\sigma^2 \left\{ \frac{1}{n} + \frac{(x - \bar{x})^2}{\sum(x_i - \bar{x})^2} \right\}$$

de modo que

$$Z = \frac{\hat{\beta}_0 + \hat{\beta}_1 x - (\beta_0 + \beta_1 x)}{\sigma \left(\dfrac{1}{n} + \dfrac{(x - \bar{x})^2}{\sum(x_i - \bar{x})^2} \right)^{1/2}}$$

tem uma distribuição normal padronizada. Se $S = \sqrt{\text{SQE}/(n-2)}$ for substituída por s, a variável resultante terá uma distribuição t com $n - 2$ gl. Por analogia, qual é a distribuição de qualquer resíduo padronizado? Se $n = 25$, qual é a probabilidade de um determinado resíduo padronizado ficar fora do intervalo (−2,50, 2,50)?

14. Se houver pelo menos um valor x em que mais de uma observação for feita, há um procedimento de teste formal para testar H_0: $\mu_{Y \cdot x} = \beta_0 + \beta_1 x$ para alguns valores β_0, β_1 (a função de regressão verdadeira é linear)

versus

H_a: H_0 não é verdadeira (a função de regressão real é não linear)

Suponha que se façam observações em $x_1, x_2, ..., x_c$. Considere que $Y_{11}, Y_{12}, ..., Y_{1n_1}$ representa as n_1 observações quando o $x = x_1$; ...; $Y_{c1}, Y_{c2}, ..., Y_{cn_c}$ representa as n_c observações quando $x = x_c$. Com $n = \sum n_i$ (número total de observações), SQE tem $n - 2$ gl. Dividimos SQE em duas partes, SQEP (erro puro) e SQFA (falta de ajuste), como a seguir:

$$\text{SQEP} = \sum_i \sum_j (Y_{ij} - \bar{Y}_{i\cdot})^2$$

$$= \sum \sum Y_{ij}^2 - \sum n_i \bar{Y}_{i\cdot}^2$$

$$\text{SQFA} = \text{SQE} - \text{SQEP}$$

As n_i observações em x_i contribuem com $n_i - 1$ gl para SQEP, de modo que o número de graus de liberdade de SQEP é $\Sigma_i(n_i - 1) = n - c$ e os graus de liberdade para SQFA são $n - 2 - (n - c) = c - 2$. Sejam QMEP = SQEP/$(n - c)$ e QMFA = SQFA/$(c - 2)$. Logo, é possível mostrar que, embora $E(\text{QMEP}) = \sigma^2$ independentemente de H_0 ser ou não verdadeira, $E(\text{QMFA}) = \sigma^2$ se H_0 for verdadeira e $E(\text{QMFA}) > \sigma^2$ se H_0 for falsa.

Estatística do teste: $F = \dfrac{\text{QMFA}}{\text{QMEP}}$.

Região de rejeição: $f \geq F_{\alpha, c-2, n-c}$

Os dados a seguir foram apresentados no artigo "Changes in growth hormone status related to body weight of growing cattle" (*Growth*, 1977: 241-247), com x = peso corporal e y = taxa de metabolização/peso corporal.

x	110	110	110	230	230	230	360
y	235	198	173	174	149	124	115

x	360	360	360	505	505	505	505
y	130	102	95	122	112	98	96

(Portanto, $c = 4$, $n_1 = n_2 = 3$, $n_3 = n_4 = 4$.)

a. Teste H_0 *versus* H_a ao nível 0,05 usando o teste de falta de ajuste que acabamos de descrever.

b. Um gráfico de dispersão dos dados sugere que a relação entre x e y é linear? Como isso se compara com o resultado do item (a)? [Foi usada no artigo uma função de regressão não linear.]

13.2 Regressão com variáveis transformadas

A necessidade de um modelo alternativo ao modelo probabilístico linear $Y = \beta_0 + \beta_1 x + \epsilon$ pode ser sugerida por um argumento teórico ou então examinando-se gráficos de diagnóstico de uma análise de regressão linear. Em ambos os casos, é desejável estabelecer um modelo cujos parâmetros possam ser facilmente estimados. Uma classe importante de modelos desse tipo é especificada por meio de funções "intrinsecamente lineares".

> **Definição**
>
> Uma função que relaciona y a x é **intrinsecamente linear** se, por meio de uma transformação em x e/ou y, essa função puder ser expressa como $y' = \beta_0 + \beta_1 x'$, em que x' = a variável independente transformada e y' = a variável dependente transformada.

Quatro das funções intrinsecamente lineares mais úteis são dadas na Tabela 13.1.

Em cada caso, a transformação apropriada é uma transformação logarítmica – logaritmo base 10 ou logaritmo natural (base e) – ou uma transformação recíproca. Gráficos representativos das quatro funções são exibidos na Figura 13.3.

Para uma relação do tipo exponencial, apenas y é transformado para conseguir linearidade, ao passo que, para uma relação do tipo potência, tanto x quanto y são transformados. Como a variável x está no exponente em uma relação exponencial, y aumenta (se $\beta > 0$) ou diminui (se $\beta < 0$) bem mais rapidamente à medida que x aumenta, em comparação ao que ocorre na função potência, embora em um curto intervalo de x valores seja difícil distinguir as duas funções. Exemplos de funções não intrinsecamente lineares são $y = \alpha + \gamma e^{\beta x}$ e $y = \alpha + \gamma x^{\beta}$.

Tabela 13.1 Funções intrinsecamente lineares úteis*

Função	Transformação(ões) para linearizar	Forma linear
a. Exponencial: $y = \alpha e^{\beta x}$	$y' = \ln(y)$	$y' = \ln(\alpha) + \beta x$
b. Potência: $y = \alpha x^{\beta}$	$y' = \log(y)$, $x' = \log(x)$	$y' = \log(\alpha) + \beta x'$
c. $y = \alpha + \beta \cdot \log(x)$	$x' = \log(x)$	$y = \alpha + \beta x'$
d. Recíproca: $y = \alpha + \beta \cdot \frac{1}{x}$	$x' = \frac{1}{x}$	$y = \alpha + \beta x'$

* Quando log (·) aparece, tanto a base 10 quanto a base e podem ser usadas.

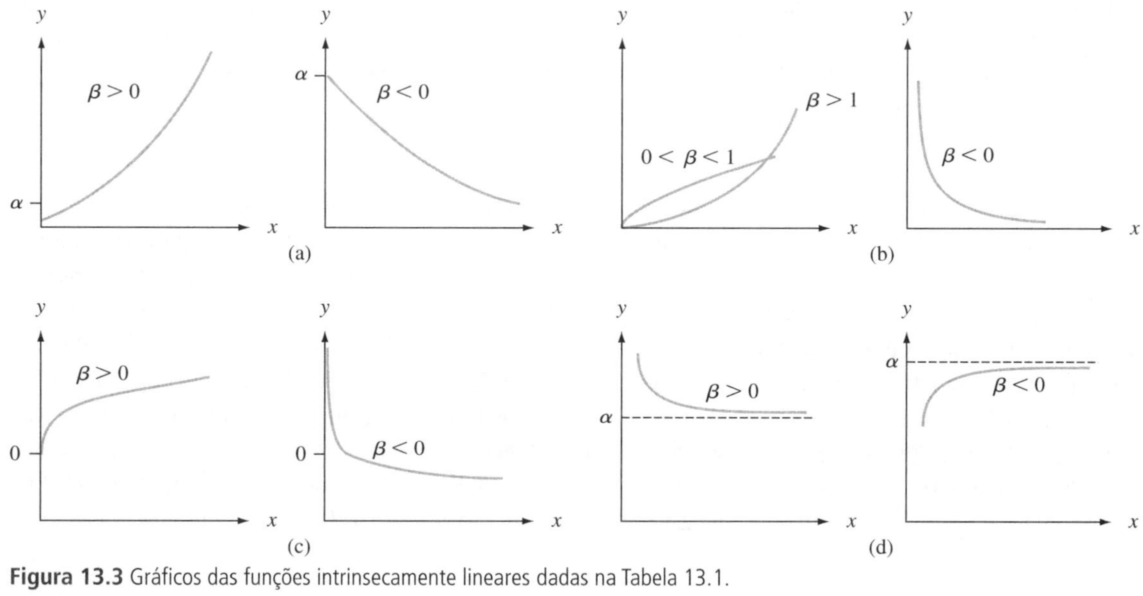

Figura 13.3 Gráficos das funções intrinsecamente lineares dadas na Tabela 13.1.

As funções intrinsecamente lineares conduzem-nos diretamente a modelos probabilísticos que, embora não lineares em x como uma função, têm parâmetros cujos valores são facilmente estimados por meio de mínimos quadrados ordinários.

Definição

Um modelo probabilístico que relacione Y a x é **intrinsecamente linear** se, por meio de uma transformação em Y e/ou em x, puder ser reduzido a um modelo probabilístico linear $Y' = \beta_0 + \beta_1 x' + \epsilon'$.

Os modelos probabilísticos intrinsecamente lineares que correspondem às quatro funções da Tabela 13.1 são os seguintes:

a. $Y = \alpha e^{\beta x} \cdot \epsilon$, um modelo exponencial multiplicativo, a partir do qual $\ln(Y) = Y' = \beta_0 + \beta_1 x' + \epsilon'$ com $x' = x$, $\beta_0 = \ln(\alpha)$, $\beta_1 = \beta$ e $\epsilon' = \ln(\epsilon)$.

b. $Y = \alpha x^{\beta} \cdot \epsilon$, um modelo potência multiplicativo, de forma que $\log(Y) = Y' = \beta_0 + \beta_1 x' + \epsilon'$ com $x' = \log(x)$, $\beta_0 = \log(x) + \epsilon$ e $\epsilon' = \log(\epsilon)$.

c. $Y = \alpha + \beta \log(x) + \epsilon$, de modo que $x' = \log(x)$ lineariza imediatamente o modelo.

d. $Y = \alpha + \beta \cdot 1/x + \epsilon$, de modo que $x' = 1/x$ produz um modelo linear.

Os modelos aditivos exponenciais e de potência $Y = \alpha e^{\beta x} + \epsilon$ e $Y = \alpha x^{\beta} + \epsilon$ não são intrinsecamente lineares. Note que tanto (a) quanto (b) requerem uma transformação em Y e, consequentemente, uma transformação na variável erro ϵ. De fato, se ϵ tiver uma distribuição lognormal (consulte o Capítulo 4) com $E(\epsilon) = e^{\sigma^2/2}$ e $V(\epsilon) = \tau^2$ independente de x, então, os modelos transformados tanto para (a) quanto para (b) irão satisfazer todas as suposições do Capítulo 12 no que diz respeito ao modelo probabilístico linear; isto, por sua vez, implica que todas as inferências para os parâmetros do modelo transformado baseadas nessas suposições serão válidas. Se σ^2 for pequeno, $\mu_{Y \cdot x} \approx \alpha e^{\beta x}$ em (a) ou αx^{β} em (b).

A maior vantagem de um modelo intrinsecamente linear é que os parâmetros β_0 e β_1 do modelo transformado podem ser estimados de imediato por meio do princípio de mínimos quadrados apenas substituindo x' e y' nas fórmulas de estimação:

$$\hat{\beta}_1 = \frac{\sum x_i' y_i' - \sum x_i' \sum y_i'/n}{\sum (x_i')^2 - (\sum x_i')^2/n}$$

$$\hat{\beta}_0 = \frac{\sum y_i' - \hat{\beta}_1 \sum x_i'}{n} = \bar{y}' - \hat{\beta}_1 \bar{x}' \tag{13.5}$$

Portanto, os parâmetros do modelo não linear original podem ser estimados transformando de volta $\hat{\beta}_0$ ou $\hat{\beta}_1$, se necessário. Uma vez que um intervalo de previsão para y' quando $x' = x'^*$ foi calculado, reverter a transformação dá um IP para o próprio y. Nos casos (a) e (b), quando σ^2 é pequeno, obtém-se um IC aproximado para $\mu_{Y \cdot x^*}$ calculando-se os antilogs dos limites no IC de $\beta_0 + \beta_1 x'^*$ (estritamente falando, ao calcular os antilogs, obtém-se um IC para a *mediana* da distribuição Y, isto é, para $\tilde{\mu}_{Y \cdot x^*}$. Pelo fato de a distribuição lognormal ter inclinação positiva, $\mu > \tilde{\mu}$; ambas são aproximadamente iguais se σ^2 estiver próximo de 0).

Exemplo 13.3

A equação de Taylor para o tempo de vida de uma ferramenta y como função do tempo de corte x expressa que $xy^c = k$ ou, de modo equivalente, que $y = \alpha x^{\beta}$. O artigo "The effect of experimental error on the determination of optimum metal cutting conditions" (*J. Eng. for Industry*, 1967: 315-322) observa que a relação não é exata (determinística) e que os parâmetros α e β devem ser estimados com base nos dados. Portanto, um modelo apropriado é o modelo potência multiplicativo $Y = \alpha \cdot x^{\beta} \cdot \epsilon$, o qual o autor ajusta aos dados a seguir, que consistem em 12 observações da vida útil de ferramenta de carbeto (Tabela 13.2). Além dos valores x, y, x' e y', são fornecidos os valores transformados previstos ($\hat{y}'$) e os valores previstos na escala original ($\hat{y}$, depois de transformados de volta).

As estatísticas para ajustar uma linha reta para os dados transformados são $\sum x_i' = 74{,}41200$, $\sum y_i' = 26{,}22601$, $\sum x_i'^2 = 461{,}75874$, $\sum y_i'^2 = 67{,}74609$ e $\sum x_i' y_i' = 160{,}84601$, portanto,

$$\hat{\beta}_1 = \frac{160{,}84601 - (74{,}41200)(26{,}22601)/12}{461{,}75874 - (74{,}41200)^2/12} = -5{,}3996$$

$$\hat{\beta}_0 = \frac{26{,}22601 - (-5{,}3996)(74{,}41200)}{12} = 35{,}6684$$

Os valores estimados de α e β, os parâmetros do modelo da função potência, são $\hat{\beta} = \hat{\beta}_1 = -5{,}3996$ e $\hat{\alpha} = e^{\hat{\beta}_0} = 3{,}094491530 \cdot 10^{15}$. Assim, a função de regressão estimada é $\hat{\mu}_{Y \cdot x} \approx 3{,}094491530 \cdot 10^{15} \cdot x^{-5{,}3996}$. Para retomar a equação de Taylor (estimada), ajuste $y = 3{,}094491530 \cdot 10^{15} \cdot x^{-5{,}3996}$, em que $xy^{0{,}185} = 740$.

Tabela 13.2 Dados para o Exemplo 13.3

	x	y	$x' = \ln(x)$	$y' = \ln(y)$	$\hat{y}'$	$\hat{y} = e^{\hat{y}'}$
1	600	2,35	6,39693	0,85442	1,12754	3,0881
2	600	2,65	6,39693	0,97456	1,12754	3,0881
3	600	3,00	6,39693	1,09861	1,12754	3,0881
4	600	3,60	6,39693	1,28093	1,12754	3,0881
5	500	6,40	6,21461	1,85630	2,11203	8,2650
6	500	7,80	6,21461	2,05412	2,11203	8,2650
7	500	9,80	6,21461	2,28238	2,11203	8,2650
8	500	16,50	6,21461	2,80336	2,11203	8,2650
9	400	21,50	5,99146	3,06805	3,31694	27,5760
10	400	24,50	5,99146	3,19867	3,31694	27,5760
11	400	26,00	5,99146	3,25810	3,31694	27,5760
12	400	33,00	5,99146	3,49651	3,31694	27,5760

A Figura 13.4(a) a seguir fornece um gráfico dos resíduos padronizados da regressão linear usando variáveis transformadas (para as quais $r^2 = 0{,}922$); não há nenhum padrão aparente no gráfico, embora um resíduo padronizado seja um pouco grande, e os resíduos parecem como os de uma regressão linear simples. A Figura 13.4(b) apresenta um gráfico de $\hat{y}$ *versus* y, que indica previsões satisfatórias na escala original.

Para obter o intervalo de confiança para a mediana do tempo de vida de uma ferramenta quando o tempo de corte é 500, transformamos $x = 500$ para $x' = 6{,}21461$. Então, $\hat{\beta}_0 + \hat{\beta}_1 x' = 2{,}1120$ e um IC de 95% para $\beta_0 + \beta_1(6{,}21461)$ é (da Seção 12.4) $2{,}1120 \pm (2{,}228)(0{,}0824) = (1{,}928, 2{,}296)$. O IC de 95% para $\tilde{\mu}_{Y \cdot 500}$ é, portanto, obtido calculando-se os antilogs: $(e^{1{,}928}, e^{2{,}296}) = (6{,}876, 9{,}930)$. Isso é verificado facilmente que para os dados transformados $s^2 = \hat{\sigma}^2 \approx 0{,}081$. Como isso é bem pequeno, (6,876, 9,930) é um intervalo aproximado para $\mu_{Y \cdot 500}$.

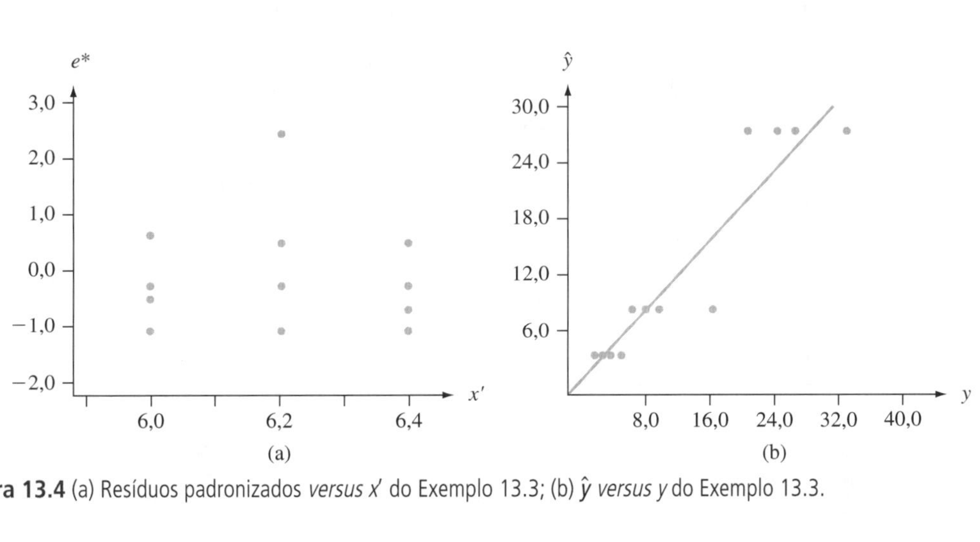

Figura 13.4 (a) Resíduos padronizados *versus* x' do Exemplo 13.3; (b) $\hat{y}$ *versus* y do Exemplo 13.3.

Exemplo 13.4

No artigo "Ethylene synthesis in lettuce seeds: its physiological significance" (*Plant Physiology*, 1972: 719--722), o volume de etileno em sementes de alface (y, em nL/g peso seco) foi investigado como uma função do tempo de exposição (x, em min) para um absorvente de etileno. A Figura 13.5 apresenta o gráfico de dispersão dos dados e um gráfico dos resíduos gerados a partir de uma regressão linear de y em x. Ambos os gráficos mostram um padrão curvado forte, sugerindo que uma transformação para atingir a linearidade é apropriada. Além disso, uma regressão linear fornece previsões negativas para $x = 90$ e $x = 100$.

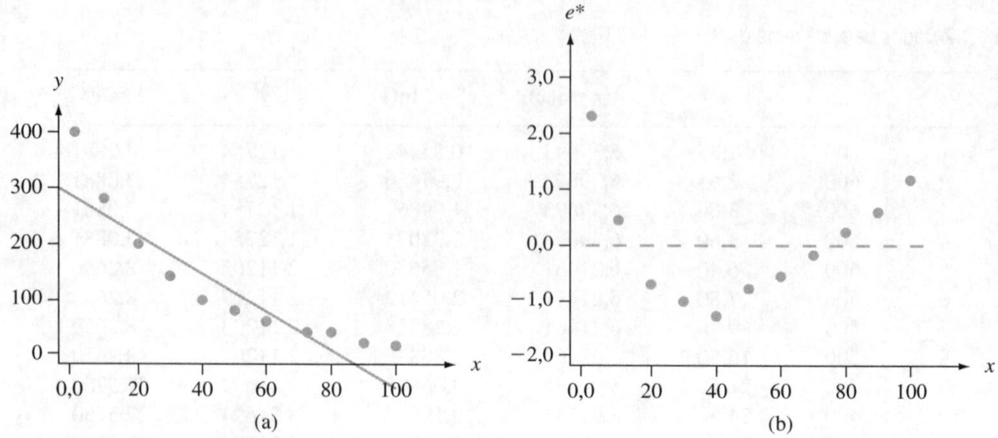

Figura 13.5 (a) Gráfico de dispersão; (b) gráfico dos resíduos de uma regressão linear para os dados no Exemplo 13.4.

O autor não apresentou nenhum argumento para um modelo teórico, mas seu gráfico de $y' = \ln(y)$ *versus* x mostra uma sólida relação linear, sugerindo que uma função exponencial fornecerá um bom ajuste aos dados. A Tabela 13.3 mostra os valores dos dados e outras informações a partir de uma regressão linear de y' sobre x. As estimativas dos parâmetros do modelo linear são $\hat{\beta}_1 = -0{,}0323$ e $\hat{\beta}_0 = 5{,}941$, com $r^2 = 0{,}995$. A função de regressão estimada para o modelo exponencial é $\hat{\mu}_{Y \cdot x} \approx e^{\hat{\beta}_0} \cdot e^{\hat{\beta}_1 x} = 380{,}32e^{-0{,}0323x}$. Os valores $\hat{y}_i$ preditos podem então ser obtidos substituindo-se x_i $(i = 1, ..., n)$ em $\hat{\mu}_{Y \cdot x}$ calculando-se $\hat{y}_i = e^{\hat{y}'_i}$, em que os $\hat{y}'_i$ são as previsões do modelo de linha reta transformado. A Figura 13.6 apresenta um gráfico de e'^* *versus* x (os resíduos padronizados de uma regressão linear) e um gráfico de $\hat{y}$ *versus* y. Esses gráficos sustentam a escolha de um modelo exponencial.

Tabela 13.3 Dados para o Exemplo 13.4

x	y	$y' = \ln(y)$	$\hat{y}'$	$\hat{y} = e^{\hat{y}'}$
2	408	6,01	5,876	353,32
10	274	5,61	5,617	275,12
20	196	5,28	5,294	199,12
30	137	4,92	4,971	144,18
40	90	4,50	4,647	104,31
50	78	4,36	4,324	75,50
60	51	3,93	4,001	54,64
70	40	3,69	3,677	39,55
80	30	3,40	3,354	28,62
90	22	3,09	3,031	20,72
100	15	2,71	2,708	15,00

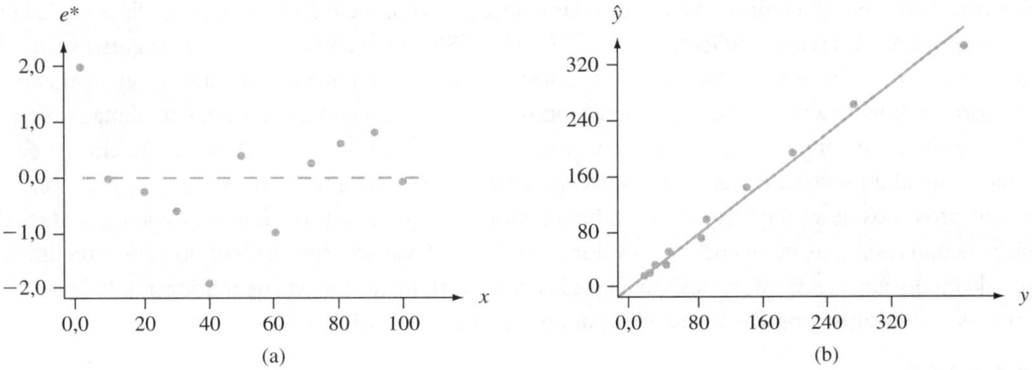

Figura 13.6 Gráfico dos resíduos padronizados: (a) (após a transformação) *versus* x; (b) $\hat{y}$ *versus* y para os dados no Exemplo 13.4. ■

Ao analisar os dados transformados, deve-se ter em mente os seguintes pontos:

1. Estimar β_1 e β_0 como em (13.5) e, em seguida, transformá-los de volta para obter estimativas dos parâmetros originais não equivale a usar o princípio dos mínimos quadrados diretamente no modelo original. Assim, para o modelo exponencial, podemos estimar α e β ao minimizar $\sum(y_i - \alpha e^{\beta x_i})^2$. Cálculos iterativos seriam necessários. No geral, $\hat{\alpha} \neq e^{\hat{\beta}_0}$ e $\hat{\beta} \neq \hat{\beta}_1$.
2. Se o modelo escolhido não for intrinsecamente linear, a abordagem resumida em (13.5) não poderá ser usada. Em vez disso, os mínimos quadrados (ou outro procedimento de ajuste) teriam de ser aplicados ao modelo não transformado. Assim, para o modelo exponencial $Y = \alpha e^{\beta x} + \epsilon$, os mínimos quadrados envolveriam a minimização $\sum(y_i - \alpha e^{\beta x_i})^2$. Tomar as derivadas parciais em relação a α e β resulta em um sistema de equações normais não lineares em α e β; esse sistema deve ser resolvido com o uso de um procedimento iterativo.
3. Quando o modelo linear transformado satisfaz todas as hipóteses relacionadas no Capítulo 12, o método dos mínimos quadrados fornece as melhores estimativas dos parâmetros transformados. Entretanto, as estimativas dos parâmetros originais talvez não sejam de forma alguma as melhores, embora possam ser razoáveis. Por exemplo, no modelo exponencial, o estimador $\hat{\alpha} = e^{\hat{\beta}_0}$ não será não viciado, apesar de que será o estimador de máxima verossimilhança de α se a variável de erro ϵ' for normalmente distribuída. Usar os mínimos quadrados diretamente (sem transformação) poderia oferecer estimativas melhores.
4. Se y tiver sido transformado e alguém desejar usar as fórmulas padrão para testar hipóteses ou construir IC, ϵ' deve ter no mínimo uma distribuição normal aproximada. Para confirmar isso, os resíduos da regressão transformada devem ser examinados.
5. Quando y é transformado, o valor r^2 da regressão resultante refere-se à variação nos y_i', explicada pelo modelo de regressão transformado. Embora um valor alto de r^2 indique aqui um bom ajuste do modelo não linear original estimado aos y_i observados, r^2 não se refere a essas observações originais. Talvez a melhor maneira de avaliar a qualidade do ajuste seja calcular os valores previstos $\hat{y}_i'$ usando o modelo transformado, transformá-los de volta à escala y original para obter $\hat{y}_i$ e, em seguida, representar $\hat{y}$ *versus* y graficamente. Um bom ajuste é, portanto, evidenciado por pontos próximos da reta de 45°. Poder-se-ia calcular $\text{SQE} = \sum(y_i - \hat{y}_i)^2$ como uma medida numérica da qualidade do ajuste. Quando o modelo era linear, comparamos isso com $\text{SQT} = \sum(y_i - \bar{y})^2$, a variação total em torno da reta horizontal na altura $\bar{y}$; isso levou ao r^2. No caso não linear, contudo, não é necessariamente informativo medir a variação total dessa maneira. Portanto, um valor r^2 não é tão útil quanto no caso linear.

Métodos de regressão mais gerais

Até agora, supusemos que $Y = f(x) + \epsilon$ (um modelo aditivo) ou que $Y = f(x) \cdot \epsilon$ (um modelo multiplicativo). No caso de um modelo aditivo, $\mu_{Y \cdot x} = f(x)$, de modo que estimar a função de regressão $f(x)$ implica estimar a curva de valores y médios. Às vezes, um gráfico de dispersão dos dados sugere que não existe nenhuma expressão matemática simples para $f(x)$. Os estatísticos desenvolveram recentemente métodos mais flexíveis que permitem que inúmeros padrões sejam modelados por meio do mesmo procedimento de ajuste. Um desses métodos é a **regressão local** (LOWESS ou LOESS, abreviaturas de *locally weighted scatter plot smoother – regressão localmente ponderada*). Considere (x^*, y^*) um par dos n pares (x, y) da amostra. O valor $\hat{y}$ correspondente a (x^*, y^*) é obtido ajustando-se uma reta usando apenas uma porcentagem específica dos dados (por exemplo, 25%) cujos valores x estão mais próximos de x^*. Além disso, em vez de usar os mínimos quadrados "ordinários", que fornecem o mesmo peso para todos os pontos, aqueles com valores x mais próximos de x^* recebem um peso bem maior que aqueles cujos valores x estão mais afastados. A altura da reta resultante acima de x^* é o valor ajustado $\hat{y}^*$. Esse processo é repetido para cada um dos n pontos, de modo que n retas diferentes são ajustadas (você certamente não vai querer fazer tudo isso à mão). Por fim, os pontos ajustados são conectados para gerar uma curva LOWESS.

Exemplo 13.5

Pesar grandes animais mortos encontrados em áreas selvagens frequentemente não é viável. Portanto, é desejável ter um método para estimar o peso a partir de várias características de um animal que possam ser facilmente determinadas. O Minitab dispõe de um conjunto de dados de várias características de uma amostra de $n = 143$ ursos selvagens. A Figura 13.7(a) exibe um gráfico de dispersão de y = peso *versus* x = distância ao redor do tórax (circunferência do tórax). À primeira vista, parece que uma única reta obtida dos mínimos quadrados ordinários poderia resumir eficazmente o padrão. A Figura 13.7(b) mostra a curva LOWESS produzida pelo Minitab usando uma distância de 50% [o ajuste em (x^*, y^*) é determinado pelos 50% mais próximos da amostra]. A curva parece consistir em dois segmentos de reta unidos acima de $x = 38$, aproximadamente. A reta mais inclinada está à direita de 38, indicando que o peso tende a aumentar mais rapidamente que a circunferência, no caso de circunferências acima de 38 polegadas.

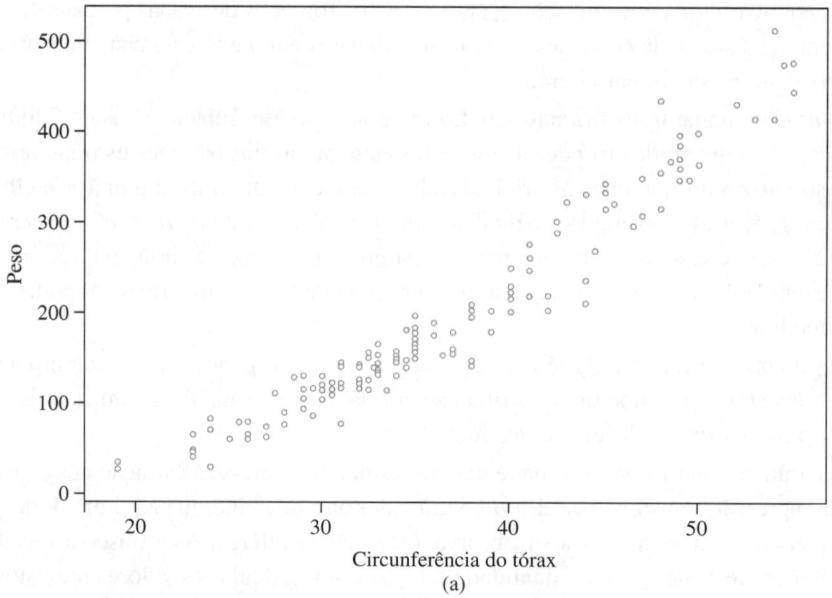

Figura 13.7(a) Um gráfico de dispersão do Minitab para os dados do peso de ursos.

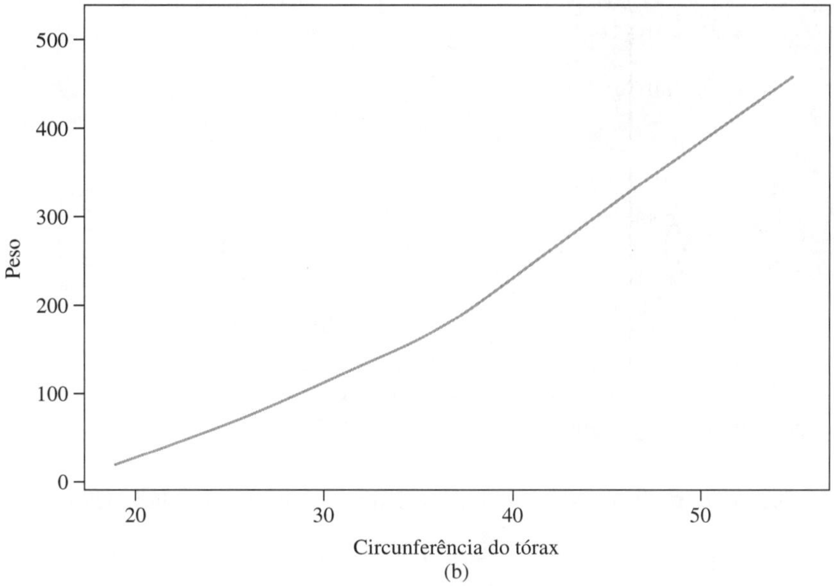

Figura 13.7(b) Uma curva LOWESS do Minitab para os dados do peso de ursos. ■

É complicado fazer outras inferências (por exemplo, obter um IC para um valor y médio) com base nesse tipo geral de modelo de regressão. A técnica do *bootstrap* mencionada anteriormente pode ser usada para esse propósito.

Regressão logística

O modelo de regressão linear simples é apropriado para relacionar uma resposta quantitativa para um preditor quantitativo x. Agora considere uma resposta dicotômica com valores possíveis 1 e 0 correspondendo ao sucesso e à falha. Seja $p = P(S) = P(Y = 1)$. Frequentemente, o valor de p irá depender do valor de alguma variável quantitativa x. Por exemplo, a probabilidade de um carro precisar de determinados serviços cobertos pela garantia pode muito bem depender da quilometragem do carro ou a probabilidade de evitar uma infecção de um determinado tipo pode depender da dosagem na inoculação. Em vez de usar apenas o símbolo p para a probabilidade de sucesso, agora usamos $p(x)$ para enfatizar a dependência dessa probabilidade em relação ao valor x. A equação de regressão linear simples $Y = \beta_0 + \beta_1 x + \epsilon$ não é mais apropriada para assumir o valor da média de cada lado da equação dada por

$$\mu_{Y \cdot x} = 1 \cdot p(x) + 0 \cdot (1 - p(x)) = p(x) = \beta_0 + \beta_1 x$$

Embora $p(x)$ seja uma probabilidade e, portanto, deva estar entre 0 e 1, $\beta_0 + \beta_1 x$ não precisam estar nesse intervalo.

Em vez de permitir que o valor médio de Y seja uma função linear de x, consideramos agora um modelo no qual alguma função do valor médio de Y é uma função linear de x. Em outras palavras, permitimos que $p(x)$ seja uma função de $\beta_0 + \beta_1 x$ em vez de $\beta_0 + \beta_1 x$ propriamente dita. Uma função que se mostrou muito útil em várias aplicações é a **função logit**

$$p(x) = \frac{e^{\beta_0 + \beta_1 x}}{1 + e^{\beta_0 + \beta_1 x}}$$

A Figura 13.8 mostra um gráfico de $p(x)$ para determinados valores de β_0 e β_1 com $\beta_1 > 0$. À medida que x aumenta, a probabilidade de sucesso aumenta. Para β_1 negativo, a probabilidade de sucesso seria uma função decrescente de x.

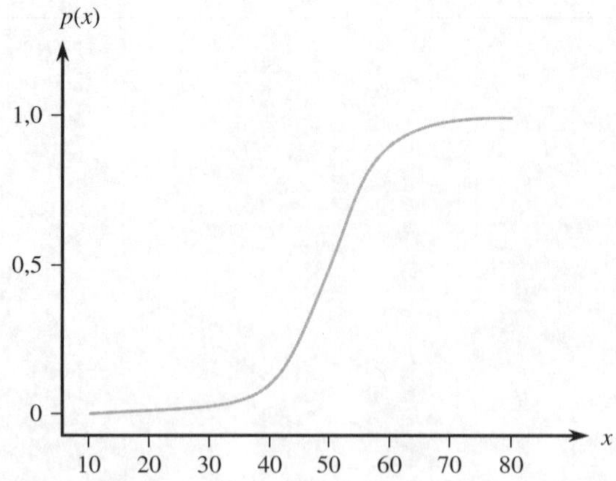

Figura 13.8 Um gráfico de uma função logit.

A *regressão logística* implica assumir que $p(x)$ está relacionada a x pela função logit. Uma álgebra simples mostra que

$$\frac{p(x)}{1 - p(x)} = e^{\beta_0 + \beta_1 x}$$

A expressão no lado esquerdo é denominada razão de *chances* ("odds"). Se $\dfrac{p(60)}{1 - p(60)} = 3$, por exemplo, quando $x = 60$, um sucesso é três vezes mais provável do que um fracasso. Percebemos agora que o logaritmo da razão das chances é uma função linear do preditor. Em particular, o parâmetro da inclinação β_1 é a mudança no log da razão de chances associada ao aumento de uma unidade em x. Isso implica que as chances propriamente ditas mudem pelo fator multiplicador e^{β_1} quando x aumenta em 1 unidade.

Ajustar a regressão logística aos dados amostrais exige que os parâmetros β_0 e β_1 sejam estimados. Frequentemente isso é feito usando a técnica de máxima verossimilhança descrita no Capítulo 6. Os detalhes são muito complicados, mas, felizmente, os softwares estatísticos mais populares executarão essa tarefa quando solicitados e fornecerão indicações quantitativas e ilustrativas sobre a qualidade do ajuste do modelo.

Exemplo 13.6

Eis os dados, na forma de uma representação em ramo e folha comparativa, da temperatura de lançamento e a incidência de falha de *O-rings* em 23 lançamentos de naves espaciais, antes do acidente da Challenger de 1986 (S = sim, houve falha; N = não, não houve falha). As observações do lado esquerdo do monitor tendem a ser menores que as do lado direito.

S		N	
873	5		
3	6	677789	Ramo: Dígitos da dezenas
500	7	002356689	Folha: Dígitos das unidades
	8	1	

A Figura 13.9 mostra o resultado do Minitab para uma análise de regressão logística e um gráfico da função logit estimada a partir do software R. Optamos por supor que p seja a probabilidade de falha. As falhas tendem a ocorrer em temperaturas mais baixas, de modo que o gráfico de $\hat{p}$ diminui à medida que a temperatura aumenta. A estimativa de β_1 e seu desvio padrão estimado são $\hat{\beta}_1 = -0{,}232$ e $s_{\hat{\beta}_1} = 0{,}1082$, respectivamente.

Presumimos que, aqui, o tamanho da amostra n é grande o suficiente, de modo que $\hat{\beta}_1$ tenha aproximadamente uma distribuição normal. Se $\beta_1 = 0$ (isto é, a temperatura não influencia na probabilidade de falha dos *O-rings*), a estatística do teste $Z = \hat{\beta}_1 / s_{\hat{\beta}}$ tem aproximadamente uma distribuição normal padronizada. O valor relatado desta razão é $z = -2{,}14$, com um valor-P bilateral correspondente de 0,032 (alguns pacotes de softwares relatam um valor qui-quadrado que é apenas z^2, com o mesmo valor-P). No nível de significância 0,05, rejeitamos a hipótese nula de que não há o efeito da temperatura.

Regressão logística binária: falha *versus* temperatura

Tabela de regressão logística

Previsor	Coef	EP Coef	Z	P	Razão das chances	IC 95% inferior	IC 95% superior
Constante	15,0429	7,37862	2,04	0,041			
temperatura	−0,232163	0,108236	−2,14	0,032	0,79	0,64	0,98

Testes de qualidade do ajuste

Método	Qui-quadrado	GL	P
Pearson	11,1303	14	0,676
Deviance	11,9974	14	0,607
Hosmer-Lemeshow	9,7119	8	0,286

Resumo de classificação $\hat{Y}$

Y	0	1
0	1,0000000	0,0000000
1	0,4285714	0,5714286

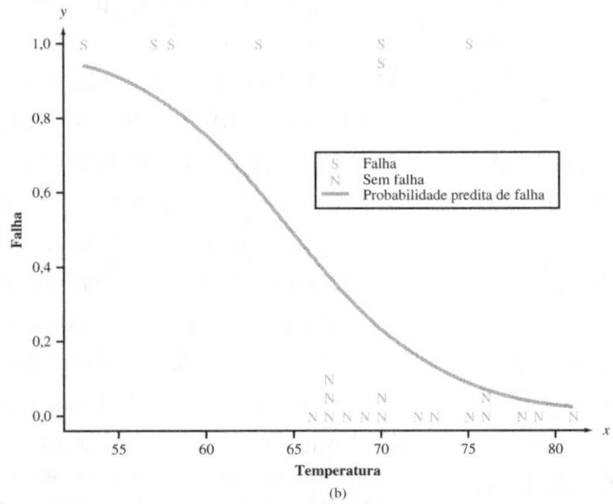

Figura 13.9 (a) Resultado da regressão logística do Minitab para Exemplo 13.6; (b) gráfico da função logística estimada e as probabilidades de classificação do software R.

As chances estimadas da falha para qualquer determinado valor de temperatura x são

$$\frac{p(x)}{1 - p(x)} = e^{15,0429 - 0,232163x}$$

Isso implica que a *razão das chances* (as chances de falha em uma temperatura de $x + 1$ divididas pelas chances de falha em uma temperatura de x) é

$$\frac{p(x+1)/[1 - p(x+1)]}{p(x)/[1 - p(x)]} = e^{-0,232163} = 0,7928$$

A interpretação é que, para cada grau adicional de temperatura, estimamos que as chances de falha irão diminuir por um fator de 0,79 (21%). Um IC de 95% para a razão de chances verdadeira também aparece no resultado. Além disso, o Minitab disponibiliza três maneiras diferentes de avaliar a falta de ajuste do modelo: os testes de Pearson, de deviance e de Hosmer-Lemeshow. Os valores-P grandes são consistentes com um bom modelo. Esses testes são úteis na regressão logística múltipla, em que há mais de um preditor no modelo, portanto, não há um único gráfico como o da Figura 13.9(b). Diversos gráficos diagnósticos também são disponibilizados.

O resultado do software R oferece informações com base na classificação de uma observação como uma falha caso o $p(x)$ estimado seja pelo menos 0,5 e, se o caso for outro, como uma não falha. Já que $p(x) = 0,5$ quando $x = 64,80$, três das sete falhas (S no gráfico) seriam classificadas erroneamente como não falhas (uma proporção de classificação errônea de 0,429), ao passo que nenhuma das observações de não falha seriam classificadas erroneamente. Uma melhor maneira de avaliar a possibilidade de classificação errônea é usar a *validação cruzada*: remova a primeira observação da amostra, estime o modelo, então classifique a primeira observação com base neste modelo estimado, e repita esse processo com cada uma das outras observações amostrais (portanto, uma observação amostral não afeta sua própria classificação).

A temperatura de lançamento para a missão *Challenger* foi de apenas 31°F. Essa temperatura é bem menor que qualquer valor na amostra, portanto, é perigoso extrapolar o modelo estimado. Entretanto, parece que, para uma temperatura tão baixa, a falha no *O-ring* é quase certa.

EXERCÍCIOS Seção 13.2 (15–25)

15. Nenhum aficionado por chips de *tortilla* gosta de chips engordurados, de modo que é fundamental identificar características do processo de produção que resultem em chips com uma textura atraente. Os dados a seguir sobre x = tempo de fritura e y = quantidade de umidade (%) foram apresentados no artigo "Thermal and physical properties of tortilla chips as a function of frying time" (*J. of Food Processing and Preservation*, 1995: 175-189).

x	5	10	15	20	25	30	45	60
y	16,3	9,7	8,1	4,2	3,4	2,9	1,9	1,3

a. Construa um gráfico de dispersão de y *versus* x e comente.

b. Construa um gráfico de dispersão de pares $(\ln(x), \ln(y))$ e comente.

c. Que relação probabilística entre x e y é sugerida pelo padrão linear no gráfico do item (b)?

d. Determine o valor da quantidade de umidade quando o tempo de fritura é 20, de uma maneira que transmita informações sobre confiabilidade e precisão.

e. Analise os resíduos do ajuste do modelo de regressão linear simples aos dados transformados e comente.

16. As cordas de fibra de poliéster estão sendo cada vez mais usadas como componentes de linhas de ancoragem para estruturas costeiras em águas profundas. Os autores do trabalho "Quantifying the residual creep life of polyester mooring ropes" (*Intl. J. of Offshore and Polar Exploration*, 2005: 223--228) usaram os dados a seguir como base para estudar como o tempo de ruptura (em h) dependia da carga (% da carga de ruptura):

x	77,7	77,8	77,9	77,8	85,5	85,5
y	5,067	552,056	127,809	7,611	0,124	0,077
x	89,2	89,3	73,1	85,5	89,2	85,5
y	0,008	0,013	49,439	0,503	0,362	9,930
x	89,2	85,5	89,2	82,3	82,0	82,3
y	0,677	5,322	0,289	53,079	7,625	155,299

Uma regressão linear do log(tempo) *versus* a carga foi ajustada. Os investigadores estavam particularmente interessados em estimar a inclinação da reta de regressão verdadeira relacionada a essas variáveis. Investigue a qualidade do ajuste, estime a inclinação e preveja o tempo para a ruptura quando a carga é 80, de um modo que transmita as informações sobre a confiabilidade e a precisão.

17. Suponha que x e y estejam relacionados de acordo com um modelo probabilístico exponencial $Y = \alpha e^{\beta x} \cdot \epsilon$, com $V(\epsilon)$ sendo uma constante independente de x (como no caso do modelo linear simples $Y = \beta_0 + \beta_1 x + \epsilon$). $V(Y)$ é uma constante independente de x (como no caso de $Y = \beta_0 + \beta_1 x + \epsilon$, em que $V(Y) = \sigma^2$)? Explique seu raciocínio. Desenhe um gráfico de dispersão como um protótipo resultante desse modelo. Responda às mesmas perguntas para o modelo potência $Y = \alpha x^{\beta} \cdot \epsilon$.

18. As falhas decorrentes de fadiga de alto ciclo em motores de avião de turbina a gás são um problema relevante. O artigo "Effect of crystal orientation on fatigue failure of single crystal nickel base turbine blade superalloys" (*J. of Engineering for Gas Turbines and Power*, 2002: 161-176) apresentou os dados a seguir e ajustou um modelo de regressão não linear a fim de prever a amplitude do esforço dos ciclos até a falha. Ajuste um modelo apropriado, investigue a qualidade desse ajuste e preveja a amplitude quando o número de ciclos até a falha = 5 000.

Obs	Ciclos até a falha	Amplitude do esforço	Obs	Ciclos até a falha	Amplitude do esforço
1	1 326	0,01495	11	7 356	0,00576
2	1 593	0,01470	12	7 904	0,00580
3	4 414	0,01100	13	79	0,01212
4	5 673	0,01190	14	4 175	0,00782
5	29 516	0,00873	15	34 676	0,00596
6	26	0,01819	16	114 789	0,00600
7	843	0,00810	17	2 672	0,00880
8	1 016	0,00801	18	7 532	0,00883
9	3 410	0,00600	19	30 220	0,00676
10	7 101	0,00575			

19. Testes de resistência térmica foram executados para investigar a relação entre a temperatura e o tempo de vida de fios esmaltados de poliéster ("Thermal endurance of polyester enameled wires using twisted wire specimens", *IEEE Trans. Insulation*, 1965: 38-44), gerando os dados a seguir:

Temperatura	200	200	200	200	200	200
Tempo de vida	5 933	5 404	4 947	4 963	3 358	3 878
Temperatura	220	220	220	220	220	220
Tempo de vida	1 561	1 494	747	768	609	777
Temperatura	240	240	240	240	240	240
Tempo de vida	258	299	209	144	180	184

a. Um gráfico de dispersão dos dados sugere uma relação probabilística linear entre o tempo de vida e a temperatura?

b. Que modelo é sugerido por uma relação linear entre os valores esperados do ln(tempo de vida) e 1/temperatura? Um gráfico de dispersão dos dados transformados parece consistente com a relação?

c. Estime os parâmetros do modelo sugerido no item (b). Que tempo de vida seria previsto para uma temperatura de 220?

d. Pelo fato de haver múltiplas observações em cada valor x, o método do Exercício 14 pode ser usado para testar a hipótese nula que expressa que o modelo sugerido no item (b) é correto. Execute um teste no nível 0,01.

20. O Exercício 14 apresentou dados sobre o peso do corpo x e a taxa de metabolismo/peso do corpo y. Considere as seguintes funções intrinsecamente lineares para especificar a relação entre as duas variáveis: (a) $\ln(y)$ *versus* x, (b) $\ln(y)$ *versus* $\ln(x)$, (c) y *versus* $\ln(x)$, (d) y *versus* $1/x$ e (e) $\ln(y)$ *versus* $1/x$. Utilize qualquer gráfico diagnóstico apropriado e analise para decidir qual dessas funções você selecionaria para especificar um modelo probabilístico. Explique seu raciocínio.

21. Um gráfico do artigo "Thermal conductivity of polyethylene: the effects of crystal size, density, and orientation on the thermal conductivity" (*Polymer Engr. and Science*, 1972: 204-208) sugere que o valor esperado da condutividade térmica y é uma função linear de $10^4 \cdot 1/x$, em que x é a espessura lamelar.

x	240	410	460	490	520	590	745	8 300
y	12,0	14,7	14,7	15,2	15,2	15,6	16,0	18,1

a. Estime os parâmetros da função de regressão e a própria função de regressão.

b. Preveja o valor da condutividade térmica quando a espessura lamelar é 500 Å.

22. Em cada um dos casos a seguir, determine se a função dada é intrinsecamente linear. Se sim, identifique x' e y' e, em seguida, explique como um termo de erro aleatório ϵ pode ser introduzido para gerar um modelo probabilístico intrinsecamente linear.

a. $y = 1/(\alpha + \beta x)$

b. $y = 1/(1 + e^{\alpha+\beta x})$

c. $y = e^{e^{\alpha+\beta x}}$ (uma curva de Gompertz)

d. $y = \alpha + \beta e^{\lambda x}$

23. Os dados a seguir sobre a taxa de combustão de massa x e comprimento da chama y são representativos dos dados apresentados no artigo "Some burning characteristics of filter paper" (*Combustion Science and Technology*, 1971:103-120):

x	1,7	2,2	2,3	2,6	2,7	3,0	3,2
y	1,3	1,8	1,6	2,0	2,1	2,2	3,0

x	3,3	4,1	4,3	4,6	5,7	6,1
y	2,6	4,1	3,7	5,0	5,8	5,3

a. Estime os parâmetros de um modelo de função potência.

b. Construa gráficos de diagnóstico para verificar se uma função potência é uma opção de modelo apropriada.

c. Teste H_0: $\beta = \frac{4}{3}$ *versus* H_a: $\beta < \frac{4}{3}$, usando um teste de nível 0,05.

d. Teste a hipótese nula que expressa que a mediana do comprimento da chama quando a taxa de combustão é 5,0 é duas vezes a mediana do comprimento da chama quando a taxa de combustão é 2,5 em relação à possibilidade de que isso não é verdadeiro.

24. O termo cifose refere-se a uma grave curvatura protuberante da coluna vertebral que necessita de cirurgia corretiva. Um estudo realizado para determinar os fatores de risco da cifose relatou as idades a seguir (meses) para 40 indivíduos no momento da cirurgia; os primeiros 18 indivíduos tiveram cifose e os 22 restantes, não.

Cifose	12	15	42	52	59	73
	82	91	96	105	114	120
	121	128	130	139	139	157
Sem cifose	1	1	2	8	11	18
	22	31	37	61	72	81
	97	112	118	127	131	140
	151	159	177	206		

Use o resultado da regressão logística do Minitab nas páginas 499 (abaixo) e 500 para determinar se a idade parece ter um impacto significativo sobre a existência da cifose.

25. O artigo "Acceptable noise levels for construction site offices" (*Building Serv. Engr. Res. Tech.*, 2009: 87-94) analisou as respostas de uma amostra com 77 indivíduos aos quais foi perguntado se um nível de ruído específico (dBA) em que ele/ela já havia sido exposto(a) era aceitável ou inaceitável. Eis os dados oferecidos pelos autores do artigo:

Tabela de regressão logística para o Exercício 24

```
                                                          Razões de              IC 95%
Preditor         Coef          DP          Z         P     chances      Inferior     Superior
Constante     -0,5727      0,6024      -0,95     0,342
Idade         0,004296     0,005849     0,73     0,463       1,00          0,99         1,02
```

Tabela de regressão logística para o Exercício 25

Preditor	Coef	DP	Z	P	Razões das chances	IC 95% Inferior	IC 95% Superior
Constante	23,2124	5,05095	4,60	0,000			
Nível de ruído	−0,359441	0,0785031	−4,58	0,000	0,70	0,60	0,81

Aceitável:

```
55,3 55,3 55,3 55,9 55,9 55,9 55,9 56,1 56,1 56,1 56,1
56,1 56,1 56,8 56,8 57,0 57,0 57,0 57,8 57,8 57,8 57,9
57,9 57,9 58,8 58,8 58,8 59,8 59,8 59,8 62,2 62,2 65,3
65,3 65,3 65,3 68,7 69,0 73,0 73,0
```

Inaceitável:

```
63,8 63,8 63,8 63,9 63,9 63,9 64,7 64,7 64,7 65,1 65,1
65,1 67,4 67,4 67,4 67,4 68,7 68,7 68,7 70,4 70,4 71,2
71,2 73,1 73,1 74,6 74,6 74,6 74,6 79,3 79,3 79,3 79,3
79,3 83,0 83,0 83,0
```

Interprete o resultado da regressão logística do Minitab e esboce um gráfico da probabilidade de um nível de ruído aceitável como uma função do nível.

13.3 Regressão polinomial

Os modelos não lineares da Seção 13.2, embora intrinsecamente lineares, envolviam funções da variável independente x que eram estritamente crescentes ou estritamente decrescentes. Em várias situações, o raciocínio teórico ou então um gráfico de dispersão dos dados sugerem que a função de regressão verdadeira $\mu_{Y \cdot x}$ tem um ou mais picos ou vales, isto é, pelo menos um mínimo ou máximo relativo. Em casos desse tipo, uma função polinomial $y = \beta_0 + \beta_1 x + \cdots + \beta_k x^k$ pode fornecer uma aproximação satisfatória para a função de regressão verdadeira.

Definição

O **modelo de regressão polinomial de *k*-ésimo grau** é

$$Y = \beta_0 + \beta_1 x + \beta_2 x^2 + \cdots + \beta_k x^k + \epsilon \tag{13.6}$$

em que ϵ é uma variável aleatória normalmente distribuída com

$$\mu_\epsilon = 0 \qquad \sigma_\epsilon^2 = \sigma^2 \tag{13.7}$$

Com base em (13.6) e (13.7), conclui-se imediatamente que

$$\mu_{Y \cdot x} = \beta_0 + \beta_1 x + \cdots + \beta_k x^k \qquad \sigma_{Y \cdot x}^2 = \sigma^2 \tag{13.8}$$

Traduzindo em palavras, o valor esperado de Y é um polinômio de k-ésimo grau de x, ao passo que a variância de Y, que controla a dispersão dos valores observados ao redor da função de regressão, é a mesma para cada valor de x. Acredita-se que os pares $(x_1, y_1), \ldots, (x_n, y_n)$ foram gerados independentemente do modelo (13.6). A Figura 13.10 ilustra o modelo quadrático e o modelo cúbico; pouquíssimas vezes, na prática, é necessário ir além de $k = 3$.

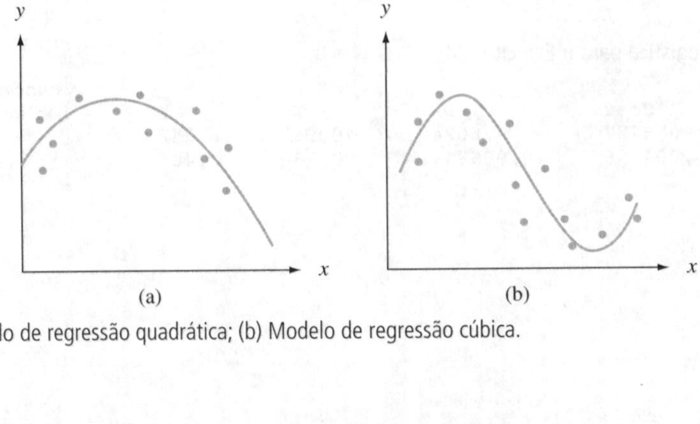

Figura 13.10 (a) Modelo de regressão quadrática; (b) Modelo de regressão cúbica.

Estimando parâmetros

Para estimar os β, considere uma função de regressão de teste $y = b_0 + b_1x + \cdots + b_kx^k$. Portanto, a qualidade do ajuste dessa função aos dados observados pode ser avaliada calculando-se a soma do quadrado dos desvios

$$f(b_0, b_1, \ldots, b_k) = \sum_{i=1}^{n}[y_i - (b_0 + b_1x_i + b_2x_i^2 + \cdots + b_kx_i^k)]^2 \qquad (13.9)$$

De acordo com o princípio de mínimos quadrados, as estimativas $\hat{\beta}_0, \hat{\beta}_1, ..., \hat{\beta}_k$ são aqueles valores de $b_0, b_1, ..., b_k$ que minimizam a Expressão (13.9). Deve-se observar que quando $x_1, x_2, ..., x_n$ são diferentes, há um polinômio de grau $n - 1$ que ajusta os dados perfeitamente, de modo que o valor minimizante de (13.9) é 0 quando $k = n - 1$. No entanto, em praticamente todas as aplicações, o modelo polinomial (13.6) com grande k é bastante irreal.

Para encontrar os valores que minimizam (13.9), tomamos as $k + 1$ derivadas parciais $\partial f/\partial b_0, \partial f/\partial b_1, ..., \partial f/\partial b_k$ e as igualamos a 0, gerando o sistema de equações normais para as estimativas. Como a função de teste $b_0 + b_1x + \cdots + b_kx^k$ é linear em $b_0, ..., b_k$ (embora não em x), as $k + 1$ equações normais são lineares nessas incógnitas:

$$\begin{aligned} b_0n + b_1\sum x_i + b_2\sum x_i^2 + \cdots + b_k\sum x_i^k &= \sum y_i \\ b_0\sum x_i + b_1\sum x_i^2 + b_2\sum x_i^3 + \cdots + b_k\sum x_i^{k+1} &= \sum x_iy_i \\ \vdots \qquad \vdots \qquad \vdots \\ b_0\sum x_i^k + b_1\sum x_i^{k+1} + \cdots + b_k\sum x_i^{2k} &= \sum x_i^ky_i \end{aligned} \qquad (13.10)$$

Todos os softwares estatísticos padrão resolverão automaticamente as equações em (13.10) e fornecerão as estimativas, bem como muitas outras informações[1].

Exemplo 13.7

O artigo "Residual stresses and adhesion of thermal spray coatings" (*Surface Engineering*, 2005: 35-40) considerou a relação entre a espessura (mm) dos revestimentos de NiCrAl depositados no substrato de aço inoxidável e na força de ligação correspondente (MPa). Os dados a seguir foram reproduzidos de um gráfico desse artigo:

Espessura	220	220	220	220	370	370	370	370	440	440
Força	24,0	22,0	19,1	15,5	26,3	24,6	23,1	21,2	25,2	24,0

Espessura	440	440	680	680	680	680	860	860	860	860
Força	21,7	19,2	17,0	14,9	13,0	11,8	12,2	11,2	6,6	2,8

O gráfico de dispersão na Figura 13.11(a) sustenta a escolha do modelo de regressão quadrática. A Figura 13.11(b) contém o resultado do Minitab de um ajuste desse modelo. Os coeficientes da regressão estimados são

$$\hat{\beta}_0 = 14{,}521 \qquad \hat{\beta}_1 = 0{,}04323 \qquad \hat{\beta}_2 = -0{,}00006001$$

dos quais a função de regressão estimada é

$$y = 14{,}521 + 0{,}04323x - 0{,}00006001x^2$$

A substituição dos valores x sucessivos 220, 220, …, 860 e 860 para essa função dá os valores previstos $\hat{y}_1 = 21{,}128, ..., \hat{y}_{20} = 7{,}321$ e os resíduos $y_1 - \hat{y}_1 = 2{,}872, ..., y_{20} - \hat{y}_{20} = -4{,}521$ resultam da subtração. A Figura 13.12 mostra um gráfico dos resíduos padronizados *versus* $\hat{y}$ e, também, um gráfico normal de probabilidade dos resíduos padronizados, sendo que ambos validam o modelo quadrático.

---

[1] Veremos na Seção 13.4 que a regressão polinomial é um caso especial de regressão múltipla, de modo que, em geral, usa-se um comando apropriado para esta última tarefa.

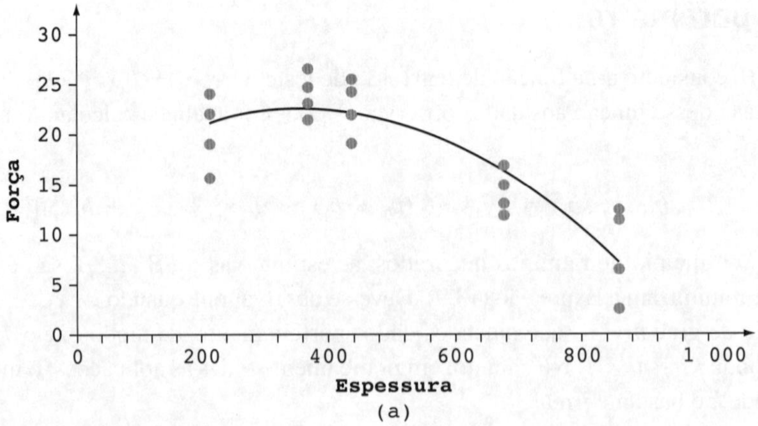

(a)

```
A equação de regressão é
Força = 14,5 + 0,0432 Espessura - 0,000060 (espessura)^2
Preditor             Coef           EP Coef          T         P
Constante          14,521             4,754       3,05     0,007
Espessura         0,04323           0,01981       2,18     0,043
(espessura)^2 -0,00006001        0,00001786      -3,36     0,004
S = 3,26937          R^2=78,0%      R^2(ajustado)= 75,4%
Análise de variância
Fonte              GL          SQ          QM          F         P
Regressão           2      643,29      321,65      30,09     0,000
Erro residual      17      181,71       10,69
Total              19      825,00
Valores preditos para novas observações
Novas
Obs       Ajuste    Ajuste EP           IC 95%                IP 95%
 1        21,136        1,167    (18,674, 23,598)     (13,812, 28,460)
 2        10,704        1,189    ( 8,195, 13,212)     ( 3,364, 18,043)
Valores dos preditores para novas observações
Novas
Obs              Espessura       (espessura)^2
 1                     500             250 000
 2                     800             640 000
```

(b)

Figura 13.11 Gráfico de dispersão dos dados do Exemplo 13.7 e do resultado do Minitab do ajuste do modelo quadrático.

Figura 13.12 Gráficos de diagnósticos para o ajuste do modelo quadrático aos dados do Exemplo 13.7. ■

$\hat{\sigma}^2$ e R^2

Para fazer maiores inferências, a variância do erro σ^2 deve ser estimada. Com $\hat{y}_i = \hat{\beta}_0 + \hat{\beta}_1 x_i + \cdots + \hat{\beta}_k x_i^k$, o i-ésimo resíduo é $y_i - \hat{y}_i$, e a soma dos quadrados dos resíduos (soma dos quadrados dos erros) é SQE $= \sum(y_i - \hat{y}_i)^2$. A estimativa de σ^2 é, então,

$$\hat{\sigma}^2 = s^2 = \frac{\text{SQE}}{n - (k+1)} = \text{QME} \tag{13.11}$$

em que o denominador $n - (k + 1)$ é usado porque $k + 1$ gl são perdidos na estimativa de $\beta_0, \beta_1, ..., \beta_k$.

Se, novamente, considerarmos SQT $= \sum(y_i - \bar{y})^2$, então SQE/SQT será a proporção da variação total dos y_i observados que não é explicada pelo modelo polinomial. A quantidade $1 -$ SQE/SQT, a proporção da variação explicada pelo modelo, é denominada **coeficiente de determinação múltipla** e é representada por R^2.

Considere ajustar um modelo cúbico aos dados no Exemplo 13.7. Como esse modelo inclui o quadrático como um caso especial, o ajuste será, no mínimo, tão adequado quanto o de um modelo quadrático. De um modo mais geral, com SQE_k = o erro da soma dos quadrados a partir de um polinômio de k-ésimo grau, $\text{SQE}_{k'} \leq \text{SQE}_k$ e $R^2_{k'} \geq R^2_k$ sempre que $k' > k$. Pelo fato de o objetivo da análise de regressão ser encontrar um modelo simples (relativamente poucos parâmetros) e que ao mesmo tempo ofereça um bom ajuste aos dados, um polinômio de grau mais alto talvez não especifique um modelo mais adequado do que um modelo de menor grau, apesar do respectivo valor R^2 mais alto. Para equilibrar o custo de usar mais parâmetros em relação ao ganho em R^2, vários estatísticos usam o **coeficiente de determinação múltipla ajustado**

$$R^2(\text{ajustado}) = 1 - \frac{n-1}{n-(k+1)} \cdot \frac{\text{SQE}}{\text{SQT}} = \frac{(n-1)R^2 - k}{n-1-k} \tag{13.12}$$

O R^2(ajustado) ajusta de modo crescente a proporção da variação não explicada [visto que a razão $(n-1)/(n-k-1)$ ultrapassa 1], o que resulta em $R^2(\text{ajustado}) < R^2$. Por exemplo, se $R^2_2 = 0{,}66$, $R^2_3 = 0{,}70$ e $n = 10$, então

$$R^2_2(\text{ajustado}) = \frac{9(0{,}66) - 2}{10 - 3} = 0{,}563 \qquad R^2_3(\text{ajustado}) = \frac{9(0{,}70) - 3}{10 - 4} = 0{,}550$$

Então o pequeno ganho em R^2 ao passar de um modelo quadrático para um modelo cúbico não é suficiente para compensar o custo de adicionar um parâmetro extra ao modelo.

Exemplo 13.8 (continuação do Exemplo 13.7)

As SQE e SQT frequentemente são encontradas em tabelas ANOVA produzidas por computador. A Figura 13.11(b) dá SQE = 181,71 e SQT = 825,00 para os dados da força de ligação, dos quais $R^2 = 1 - 181{,}71/825{,}00 = 0{,}780$ (por outro lado, $R^2 = \text{SQR/SQT} = 643{,}29/825{,}00 = 0{,}780$). Portanto, 78,0% da variação observada na força de ligação pode ser atribuída à relação do modelo. O R^2(ajustado) $= 0{,}754$, apenas uma pequena variação para menos em R^2. As estimativas de σ^2 e σ são

$$\hat{\sigma}^2 = s^2 = \frac{\text{SQE}}{n-(k+1)} = \frac{181{,}71}{20-(2+1)} = 10{,}69$$
$$\hat{\sigma} = s = 3{,}27$$

Além de calcular R^2 e R^2 (ajustado), deve-se examinar os gráficos de diagnóstico habituais para verificar se as suposições do modelo são válidas ou se modificações devem ser feitas. Há também um teste formal da utilidade do modelo, um teste F com base nas somas de quadrados da ANOVA. Já que a regressão polinomial é um caso especial de regressão múltipla, discutiremos esse teste na próxima seção.

Intervalos estatísticos e procedimentos de teste

Pelo fato de os y_i aparecerem nas equações normais (13.10) apenas no lado direito e de maneira linear, as estimativas resultantes $\hat{\beta}_0, \ldots, \hat{\beta}_k$ são funções lineares dos y_i. Logo, os estimadores são funções lineares dos Y_i, de modo que cada $\hat{\beta}_i$ tem uma distribuição normal. É possível mostrar que cada $\hat{\beta}_i$ é um estimador não viciado de β_i.

Seja $\sigma_{\hat{\beta}_i}$ o representante do desvio padrão do estimador $\hat{\beta}_i$. Esse desvio padrão tem a forma

$$\sigma_{\hat{\beta}_i} = \sigma \cdot \left\{ \begin{array}{l} \text{uma expressão complicada envolvendo } todos \\ x_j, x_j^2, \ldots, \text{e } x_j^k \end{array} \right\}$$

Felizmente, a expressão entre chaves foi programada em todos os softwares estatísticos mais frequentemente usados. O desvio padrão estimado de $\hat{\beta}_i$ resulta da substituição de s por σ na expressão para $\sigma_{\hat{\beta}_i}$. Esses desvios padrão estimados $s_{\hat{\beta}_0}, s_{\hat{\beta}_1}, \ldots,$ e $s_{\hat{\beta}_k}$ aparecem no resultado de todos os pacotes estatísticos mencionados anteriormente. Seja $S_{\hat{\beta}_i}$ o estimador de $\sigma_{\hat{\beta}_i}$ – isto é, a variável aleatória cujo valor observado é $s_{\hat{\beta}_i}$. Pode ser mostrado que a variável padronizada

$$T = \frac{\hat{\beta}_i - \hat{\beta}_i}{S_{\hat{\beta}_i}} \tag{13.13}$$

tem uma distribuição t com $n - (k + 1)$ gl. Isso conduz aos procedimentos inferenciais a seguir.

Um IC de $100(1 - \alpha)\%$ para β_i, o coeficiente de x^i na regressão polinomial, é

$$\hat{\beta}_i \pm t_{\alpha/2,n-(k+1)} \cdot s_{\hat{\beta}_i}$$

Um teste de H_0: $\beta_i = \beta_{i0}$ baseia-se no valor da estatística t

$$t = \frac{\hat{\beta}_i - \beta_{i0}}{s_{\hat{\beta}_i}}$$

O teste tem por base $n - (k + 1)$ gl e é unilateral superior, unilateral inferior ou bilateral, dependendo se a desigualdade em H_a é $>$, $<$ ou $\neq$.

Uma estimativa pontual de $\mu_{Y \cdot x}$ – isto é, de $\beta_0 + \beta_1 x + \cdots + \beta_k x^k$ – é $\hat{\mu}_{Y \cdot x} = \hat{\beta}_0 + \hat{\beta}_1 x + \cdots + \hat{\beta}_k x^k$. O desvio padrão estimado do estimador correspondente é muito complexo. Vários softwares fornecerão esse desvio padrão estimado para *qualquer valor* x quando o usuário solicitar. Isso, com a variável t padronizada apropriada, pode ser usado para justificar os procedimentos a seguir.

Seja x^* um valor particular de x. Um IC de $100(1 - \alpha)\%$ para $\mu_{Y \cdot x^*}$ é

$$\hat{\mu}_{Y \cdot x^*} \pm t_{\alpha/2,n-(k+1)} \cdot \begin{Bmatrix} \text{DP estimado de} \\ \hat{\mu}_{Y \cdot x^*} \end{Bmatrix}$$

Com $\hat{Y} = \hat{\beta}_0 + \hat{\beta}_1 x^* + \cdots + \hat{\beta}_k (x^*)^k$, $\hat{y}$ representando o valor calculado de $\hat{Y}$ para os dados especificados e $s_{\hat{Y}}$ representando o desvio padrão estimado da estatística $\hat{Y}$, a fórmula para o IC é mais parecida com a da regressão linear simples:

$$\hat{y} \pm t_{\alpha/2,n-(k+1)} \cdot s_{\hat{Y}}$$

Um IP de $100(1 - \alpha)\%$ para um valor futuro y a ser observado quando $x = x^*$ é

$$\hat{\mu}_{Y \cdot x^*} \pm t_{\alpha/2,n-(k+1)} \cdot \left\{ s^2 + \begin{pmatrix} \text{DP estimado} \\ \text{de } \hat{\mu}_{Y \cdot x^*} \end{pmatrix}^2 \right\}^{1/2} = \hat{y} \pm t_{\alpha/2,n-(k+1)} \cdot \sqrt{s^2 + s_{\hat{Y}}^2}$$

Exemplo 13.9 (continuação do Exemplo 13.8)

A Figura 13.11(b) mostra que $\hat{\beta}_2 = -0{,}00006001$ e $s_{\hat{\beta}_2} = 0{,}00001786$ (da coluna do erro padrão do coeficiente da parte superior do resultado). A hipótese nula H_0: $\beta_2 = 0$ afirma que, contanto que o preditor linear x esteja retido no modelo, o preditor quadrático x^2 não oferece nenhuma informação adicional. A alternativa relevante é H_a: $\beta_2 \neq 0$, e a estatística do teste é $T = \hat{\beta}_2 / S_{\hat{\beta}_2}$, com o valor calculado $-3{,}36$. O teste baseia-se em $n - (k + 1) = 17$ gl. A um nível de significância 0,05, a hipótese nula é rejeitada porque $-3{,}36 \leq -2{,}110 = -t_{0{,}025,\,17}$. A inclusão do preditor quadrático é justificada. A mesma conclusão resulta da comparação do valor-P 0,004 relatado com o nível de significância escolhido 0,05.

O resultado na Figura 13.11(b) também contém informações sobre a estimativa e previsão de $x = 500$ e $x = 800$. Principalmente, para $x = 500$,

$$\hat{y} = \hat{\beta}_0 + \hat{\beta}_1(500) + \hat{\beta}_2(500)^2 = \text{Ajuste} = 21{,}136$$
$$s_{\hat{Y}} = \text{DP estimado de } \hat{Y} = \text{EP ajuste} = 1{,}167$$

cujo IC de 95% para a força média quando a espessura = 500 é 21,136 ± (2,110) × (1,167) = (18,67, 23,60). Um IP de 95% para a força resultante de uma única ligação quando a espessura = 500 é 21,136 ± $(2{,}110)[(3{,}27)^2 + (1{,}167)^2]^{1/2}$ = (13,81, 28,46). Como antes, o IP é substancialmente mais amplo do que o IC porque s é grande em comparação ao ajuste QE. ■

Centralizando valores *x*

Para o modelo quadrático com função de regressão $\mu_{Y\cdot x} = \beta_0 + \beta_1 x + \beta_2 x^2$, os parâmetros β_0, β_1 e β_2 caracterizam o comportamento da função próximo de $x = 0$. Por exemplo, β_0 é a altura em que a função de regressão cruza o eixo vertical $x = 0$, ao passo que β_1 é a primeira derivada da função em $x = 0$ (taxa instantânea da mudança de $\mu_{Y\cdot x}$ em $x = 0$). Se todos os x_i ficarem distantes de 0, provavelmente não teremos informações precisas sobre os valores desses parâmetros. Considere $\bar{x}$ = média dos x_i para os quais serão feitas observações e examine o modelo

$$Y = \beta_0^* + \beta_1^*(x - \bar{x}) + \beta_2^*(x - \bar{x})^2 + \epsilon \qquad (13.14)$$

No modelo (13.14), $\mu_{Y\cdot x} = \beta_0^* + \beta_1^*(x - \bar{x}) + \beta_2^*(x - \bar{x})^2$ e os parâmetros agora descrevem o comportamento da função de regressão próximo ao centro $\bar{x}$ dos dados.

Para estimar os parâmetros de (13.14), simplesmente subtraímos $\bar{x}$ de cada x_i para obter $x_i' = x_i - \bar{x}$ e, em seguida, usamos os x_i' no lugar dos x_i. Um importante benefício disso é que os coeficientes de $b_0, \ldots, b_k$ nas equações normais (13.10) terão uma magnitude bem menor que no caso em que os x_i originais foram usados. Quando o sistema é solucionado por computador, essa centralização evita qualquer possível erro de arredondamento.

Exemplo 13.10

O artigo "A method for improving the accuracy of polynomial regression analysis" (*J. Quality Technology*, 1971: 149-155) relata os dados a seguir sobre x = temperatura de tratamento (°F) e y = resistência máxima de cisalhamento de um composto de borracha (psi), com $\bar{x}$ = 297,13:

x	280	284	292	295	298	305	308	315
x'	−17,13	−13,13	−5,13	−2,13	0,87	7,87	10,87	17,87
y	770	800	840	810	735	640	590	560

Uma análise por computador gerou os resultados mostrados na Tabela 13.4.

Tabela 13.4 Coeficientes estimados e desvios padrão para o Exemplo 13.10

Parâmetro	Estimativa	DP estimado	Parâmetro	Estimativa	DP estimado
β_0	−26.219,64	11.912,78	β_0^*	759,36	23,20
β_1	189,21	80,25	β_1^*	−7,61	1,43
β_2	−0,3312	0,1350	β_2^*	−0,3312	0,1350

A regressão estimada usando o modelo original é $y = -26\,219{,}64 + 189{,}21x - 0{,}3312x^2$, ao passo que, para o modelo centralizado, a função é $y = 759{,}36 - 7{,}61(x - 297{,}13) - 0{,}3312(x - 297{,}13)^2$. Essas funções estimadas são idênticas; a única diferença é que parâmetros diferentes foram estimados pelos dois modelos. Os desvios padrão estimados indicam que β_0^* e β_1^* foram mais precisamente estimados do que β_0 e β_1. Os parâmetros quadráticos são idênticos ($\beta_2 = \beta_2^*$), como pode ser visto ao comparar o termo x^2 em (13.14) com o modelo original. Enfatizamos novamente que o maior benefício da centralização é o ganho de precisão dos cálculos, não apenas nos modelos quadráticos, mas também em modelos de grau elevado. ■

O livro de Neter et al., relacionado na bibliografia deste capítulo, é uma excelente fonte para informações adicionais sobre regressão polinomial.

EXERCÍCIOS Seção 13.3 (26–35)

26. O artigo "Physical properties of cumin seed" (*J. of Agric. Engr. Res.*, 1996: 93-98) considerou uma regressão quadrática de y = densidade sobre x = quantidade de umidade. Os dados de um gráfico do artigo são apresentados a seguir, com o resultado do Minitab de ajuste quadrático.

```
A equação de regressão é
densidade = 403 + 16,2 quantumid - 0,706 (quantumid)²
Preditor         Coef        DP         T       P
Constante      403,24     36,45     11,06   0,002
quantumid      16,164     5,451      2,97   0,059
(quantumid)²  -0,7063     0,1852    -3,81   0,032
S = 10,15         R² = 93,8%  R²(ajustado) = 89,6%
Análise da variância

Fonte            GL      SQ        QM        F      P
Regressão         2    4637,7   2318,9   22,51  0,016
Erro residual     3     309,1    103,0
Total             5    4946,8

                                   DP            Resíd.
Obs.quantumid(quantumid)² Ajus  Ajus   Resid   Padro
 1        7,0     479,00 481,78  9,35   -2,78  -0,70
 2       10,3     503,00 494,79  5,78    8,21   0,98
 3       13,7     487,00 492,12  6,49   -5,12  -0,66
 4       16,6     470,00 476,93  6,10   -6,93  -0,85
 5       19,8     458,00 446,39  5,69   11,61   1,38
 6       22,0     412,00 416,99  8,75   -4,99  -0,97

         DP
Ajus.   Ajus.       IC 95.0%             IP 95,0%
491,10   6,52   (470,36, 511,83)   (452,71, 529,48)
```

a. Um gráfico de dispersão dos dados parece consistente com o modelo de regressão quadrática?

b. Que proporção da variação observada na densidade pode ser atribuída à relação do modelo?

c. Calcule um IC de 95% para a densidade média verdadeira quando a quantidade de umidade for 13,7.

d. A última linha do resultado é de uma solicitação para as informações de estimativa e previsão quando a quantidade de umidade for 14. Calcule um IP de 99% para a densidade média verdadeira quando a quantidade de umidade for 14.

e. O preditor quadrático parece fornecer informações úteis? Teste as hipóteses apropriadas ao nível de significância 0,05.

27. Em muitos problemas de regressão polinomial, em vez de ajustar uma regressão "centralizada" usando $x' = x - \bar{x}$, a precisão do cálculo pode ser melhorada ao se usar uma função da variável independente padronizada $x' = (x - \bar{x})/s_x$, na qual s_x é o desvio padrão dos x_i. Considere ajustar a regressão cúbica $y = \beta_0^* + \beta_1^* x' + \beta_2^*(x')^2 + \beta_3^*(x')^3$ aos dados a seguir, de um estudo da relação entre a eficiência do empuxo y dos foguetes de propulsão supersônica e o ângulo de semidivergência x do bocal do foguete ("More on correlating data," *CHEMTECH*, 1976: 266-270):

x	5	10	15	20	25	30	35
y	0,985	0,996	0,988	0,962	0,940	0,915	0,878

Parâmetro	Estimativa	DP estimado
β_0^*	0,9671	0,0026
β_1^*	−0,0502	0,0051
β_2^*	−0,0176	0,0023
β_3^*	0,0062	0,0031

a. Que valor de y seria previsto quando o ângulo de semidivergência fosse 20? Quando $x = 25$?

b. Qual é a regressão estimada de $\hat{\beta}_0 + \hat{\beta}_1 x + \hat{\beta}_2 x^2 + \hat{\beta}_3 x^3$ para o modelo "não padronizado"?

c. Use um teste de nível 0,05 para determinar se o termo cúbico deve ser excluído do modelo.

d. O que você pode dizer sobre a relação entre as SQE e R^2 nos modelos padronizado e não padronizado? Explique.

e. A SQE do modelo cúbico é 0,00006300, ao passo que a SQE de um modelo quadrático é 0,00014367. Calcule R^2 para cada modelo. A diferença entre ambos sugere que o termo cúbico pode ser excluído?

28. A viscosidade (y) de um óleo foi medida por um viscosímetro de cone em seis diferentes velocidades de cone (x). Supôs-se que um modelo de regressão quadrática era apropriado, e a regressão estimada resultante das observações foi

$$y = -113{,}0937 + 3{,}3684x - 0{,}01780x^2$$

a. Estime $\mu_{Y \cdot 75}$, a viscosidade esperada quando a velocidade é 75 rpm.

b. Que viscosidade é prevista para uma velocidade de cone de 60 rpm?

c. Se $\sum y_i^2 = 8\,386{,}43$, $\sum y_i = 210{,}70$, $\sum x_i y_i = 17\,002{,}00$ e $\sum x_i^2 y_i = 1\,419\,780$, calcule SQE $[= \sum y_i^2 - \hat{\beta}_0 \sum y_i - \hat{\beta}_0 \sum y_i - \hat{\beta}_1 \sum x_i y_i - \hat{\beta}_2 \sum x_i^2 y_i]$, s^2 e s.

d. Do item (c), SQT $= 8\,386{,}43 - (210{,}70)^2/6 = 987{,}35$. Usando o SQE calculado no item (c), qual é o valor calculado de R^2?

e. Se o desvio padrão estimado de $\hat{\beta}_2$ for $s_{\hat{\beta}_2} = 0{,}00226$, teste H_0: $\beta_2 = 0$ *versus* H_a: $\beta_2 \neq 0$ no nível 0,01 e interprete o resultado.

29. Os concretos refratários de alta alumina foram extensivamente estudados nos últimos anos por causa de suas vantagens significativas sobre outros tijolos refratários da mesma classe – produção e custos de aplicação inferiores, versatilidade e desempenho em altas temperaturas. Os dados a seguir sobre x = viscosidade (MPa . s) e y = fluxo livre (%) foram lidos em um gráfico do artigo "Processing of zero-cement self-flow alumina castables" (*The Amer. Ceramic Soc. Bull.*, 1998: 60-66):

x	351	367	373	400	402	456	484
y	81	83	79	75	70	43	22

Os autores do trabalho citado relataram essas duas variáveis usando um modelo de regressão quadrática. A regressão estimada é $y = -295{,}96 + 2{,}1885x - 0{,}0031662x^2$.

a. Calcule os valores preditos e os resíduos e, em seguida, SQE e s^2.

b. Calcule e interprete o coeficiente de determinação múltipla.

c. O DP estimado de $\hat{\beta}_2$ é $s_{\hat{\beta}_2} = 0{,}0004835$. O preditor quadrático pertence ao modelo de regressão?

d. O DP estimado de $\hat{\beta}_1$ é 0,4050. Use isso e as informações em (c) para obter os IC conjuntos para os coeficientes lineares e da regressão quadrática com um nível de confiança conjunto de (no mínimo) 95%.

e. O DP estimado de $\hat{\mu}_{Y\cdot 400}$ é 1,198. Calcule um IC de 95% para o fluxo livre médio verdadeiro quando a viscosidade = 400 e também um IP de 95% para o fluxo livre resultante de uma única observação feita quando a viscosidade = 400 e compare os intervalos.

30. Os dados a seguir foram extraídos do artigo "Effects of cold and warm temperatures on springback of aluminum-magnesium alloy 5083-H111" (*J. of Engr. Manuf.*, 2009: 427-431). A variável resposta é a resistência (MPa) e o preditor é a temperatura (°C).

x	−50	25	100	200	300
y	91,0	120,5	136,0	133,1	120,8

Eis o resultado do Minitab do ajuste do modelo de regressão quadrática (um gráfico no trabalho citado sugere que os autores fizeram isso):

```
Preditor           Coef      Coef QE        T      P
Constante        111,277       2,100    52,98  0,000
temp             0,32845     0,03303     9,94  0,010
(temp)²       -0,0010050   0,0001213    -8,29  0,014

S = 3,44398   R² = 98,1%        R²(ajustado) = 96,3%

Análise de variância

Fonte           GL       SQ       QM        F      P
Regressão        2  1245,39   622,69    52,50  0,019
Erro residual    2    23,72    11,86
Total            4  1269,11
```

a. Que proporção da variação observada na densidade pode ser atribuída à relação do modelo?

b. Realize um teste de hipóteses no nível de significância de 0,05 para decidir se o preditor quadrático fornece informações úteis sobre e acima das fornecidas pelo preditor linear.

c. Para um valor de resistência de 100, $\hat{y} = 134{,}07$, $s_{\hat{Y}} = 2{,}38$. Estime a resistência média verdadeira quando a temperatura for 100, de modo que transmita informações sobre precisão e confiabilidade.

d. Use as informações do item (c) para prever resistência para uma única observação a ser feita quando a temperatura for 100, de forma que transmita informações sobre confiabilidade e precisão. Em seguida, compare essa previsão com a estimativa obtida em (c).

31. Os dados a seguir sobre y = produção de energia (W) e x = diferença de temperatura (°K) foram fornecidos pelos autores do artigo "Comparison of energy and exergy efficiency for solar box and parabolic cookers" (*J. of Energy Engr.*, 2007: 53-62).

Os autores do artigo ajustam um modelo de regressão cúbica aos dados. Eis o resultado do Minitab desse ajuste.

```
A equação de regressão é

y = -134 + 12,7 x - 0,377 x**2 + 0,00359 x**3

Previsor          Coef     EP Coef       T      P
Constante     -133,787       8,048  -16,62  0,000
x              12,7423      0,7750   16,44  0,000
x**2          -0,37652     0,02444  -15,41  0,000
x**3         0,0035861   0,0002529   14,18  0,000

S = 0,168354   R² = 98,0%   R²(ajustado) = 97,7%
Análise de variância

Fonte           GL       SQ       QM       F      P
Regressão        3  27,9744   9,3248  329,00  0,000
Erro residual   20   0,5669   0,0283
Total           23  28,5413
```

a. Que proporção da variação observada na produção de energia pode ser atribuída à relação do modelo?

b. Ajustar um modelo quadrático aos dados resulta em R^2 = 0,780. Calcule o R^2(ajustado) para esse modelo e compare ao R^2(ajustado) para o modelo cúbico.

c. O preditor cúbico parece fornecer informações acerca de y sobre e acima das fornecidas pelos previsores lineares e quadráticos? Expresse e teste as hipóteses apropriadas.

d. Quando x = 30, $s_{\hat{Y}} = 0{,}0611$. Obtenha um IC de 95% para a produção de energia média verdadeira nesse caso, e também um IP de 95% para uma única produção de energia para ser observada quando a diferença de temperatura for 30. [*Dica*: $s_{\hat{Y}} = 0{,}611$.]

Dados para o Exercício 31

x	23,20	23,50	23,52	24,30	25,10	26,20	27,40	28,10	29,30	30,60	31,50	32,01
y	3,78	4,12	4,24	5,35	5,87	6,02	6,12	6,41	6,62	6,43	6,13	5,92

x	32,63	33,23	33,62	34,18	35,43	35,62	36,16	36,23	36,89	37,90	39,10	41,66
y	5,64	5,45	5,21	4,98	4,65	4,50	4,34	4,03	3,92	3,65	3,02	2,89

e. Interprete as hipóteses H_0: $\mu_{Y\cdot 35} = 5$ *versus* H_a: $\mu_{Y\cdot 35} \neq 5$ e realize um teste no nível de significância de 0,05 usando o fato de que quando $x = 35$, $s_{\hat{Y}} = 0{,}0523$.

32. Os dados a seguir estão em um subgrupo dos dados obtidos em uma experiência para estudar a relação entre x = pH do solo e y = A1. Concentração/EC ("Root responses of three *gramineae* species to soil acidity in an oxisol and an ultisol," *Soil Science*, 1973: 295-302):

x	4,01	4,07	4,08	4,10	4,18
y	1,20	0,78	0,83	0,98	0,65

x	4,20	4,23	4,27	4,30	4,41
y	0,76	0,40	0,45	0,39	0,30

x	4,45	4,50	4,58	4,68	4,70	4,77
y	0,20	0,24	0,10	0,13	0,07	0,04

Foi proposto um modelo cúbico no artigo, mas a versão do Minitab usada pelo autor do presente texto recusou-se a incluir o termo x^3 no modelo, afirmando que "x^3 está altamente correlacionado com outras variáveis de previsão". Para solucionar esse problema, $\bar{x} = 4{,}3456$ foi subtraído de cada valor x para obter $x' = x - \bar{x}$. Portanto, foi solicitada uma regressão cúbica para ajustar o modelo cuja função de regressão era

$$y = \beta_0^* + \beta_1^* x' + \beta_2^*(x')^2 + \beta_3^*(x')^3$$

Foi obtido o seguinte resultado produzido por computador:

Parâmetro	Estimativa	DP estimado
β_0^*	0,3463	0,0366
β_1^*	−1,2933	0,2535
β_2^*	2,3964	0,5699
β_3^*	−2,3968	2,4590

a. Qual é a regressão estimada para o modelo "centralizado"?

b. Qual é o valor estimado do coeficiente β_3 no modelo "descentralizado" com função de regressão $y = \beta_0 + \beta_1 x + \beta_2 x^2 + \beta_3 x^3$? Qual é a estimativa de β_2?

c. Usando o modelo cúbico, que valor de y seria previsto quando o pH do solo for 4,5?

d. Execute um teste para determinar se o termo cúbico deve ser mantido no modelo.

33. Os dados a seguir sobre y = concentração de glicose (g/L) e x = tempo de fermentação (dias) para uma determinado extrato de malte foram reproduzidos de um gráfico do artigo "Improving fermentation productivity with reverse osmosis" (*Food Tech.*, 1984: 92-96):

x	1	2	3	4	5	6	7	8
y	74	54	52	51	52	53	58	71

a. Verifique se o gráfico de dispersão dos dados é consistente com a escolha do modelo de regressão quadrática.

b. A regressão quadrática estimada é $y = 84{,}482 - 15\,875x + 1{,}7679x^2$. Preveja o valor da concentração de glicose para um tempo de fermentação de 6 dias e calcule o resíduo correspondente.

c. Usando SQE = 61,77, que proporção da variação observada pode ser atribuída à relação de regressão quadrática?

d. Os $n = 8$ resíduos padronizados com base no modelo quadrático são 1,91, −1,95, −0,25, 0,58, 0,90, 0,04, −0,66 e 0,20. Construa um gráfico de resíduos padronizados *versus* x e um gráfico normal de probabilidade. Os gráficos exibem alguma característica indesejável?

e. O desvio padrão estimado de $\hat{\mu}_{Y\cdot 6}$ – isto é, $\hat{\beta}_0 + \hat{\beta}_1(6) + \hat{\beta}_0 + \hat{\beta}_1(6) + \hat{\beta}_2(36)$ – é 1,69. Calcule um IC de 95% para $\hat{\mu}_{Y\cdot 6}$.

f. Calcule um IP de 95% para uma observação sobre concentração de glicose feita depois de seis dias de fermentação.

34. Os dados a seguir resultaram de um experimento para avaliar o potencial das sobras não queimadas das minas de carvão como meio para o desenvolvimento das plantas. As variáveis são x = cátions extraíveis com ácido e y = acidez de troca/capacidade de troca de cátions total ("Exchangeable acidity in unburnt colliery spoil", *Nature*, 1969: 161):

x	−23	−5	16	26	30	38	52
y	1,50	1,46	1,32	1,17	0,96	0,78	0,77

x	58	67	81	96	100	113
y	0,91	0,78	0,69	0,52	0,48	0,55

Padronizando a variável independente x para obter $x' = (x - \bar{x})/s_x$ e ajustando a regressão $y = \beta_0^* + \beta_1^* x' + \beta_2^*(x')^2$, obteve-se o seguinte resultado produzido por computador.

Parâmetro	Estimativa	DP estimado
β_0^*	0,8733	0,0421
β_1^*	−0,3255	0,0316
β_2^*	0,0448	0,0319

a. Estime $\mu_{Y\cdot 50}$.

b. Calcule o valor do coeficiente de determinação múltipla. [Consulte o Exercício 28(c).]

c. Qual é a regressão estimada $\hat{\beta}_0 + \hat{\beta}_1 x + \hat{\beta}_2 x^2$ usando a variável x não padronizada?

d. Qual é o desvio padrão estimado do $\hat{\beta}_2$ calculado no item (c)?

e. Execute um teste usando as estimativas padronizadas para determinar se o termo quadrático deve ser mantido no modelo. Repita usando as estimativas não padronizadas. Suas conclusões são diferentes?

35. O artigo "The respiration in air and in water of the limpets *patella caerulea* and *patella lusitanica*" (*Comp. Biochemistry and Physiology*, 1975: 407-411) propôs um modelo potência simples para a relação entre a taxa de respiração y e a temperatura x para *P. caerulea* no ar. Entretanto, um gráfico de ln(y) *versus* x exibe um padrão curvo. Ajuste o modelo potência quadrático $Y = \alpha e^{\beta x + \gamma x^2} \cdot \epsilon$ para os dados a seguir.

x	10	15	20	25	30
y	37,1	70,1	109,7	177,2	222,6

13.4 Análise de regressão múltipla

Na regressão múltipla, o objetivo é elaborar um modelo probabilístico que relacione uma variável dependente y a mais de uma variável independente ou preditora. Considere k como o número de variáveis preditoras ($k \geq 2$) e represente essas preditoras por $x_1, x_2, ..., x_k$. Por exemplo, ao tentar prever o preço de venda de uma casa, devemos ter $k = 3$ com x_1 = tamanho (pés^2), x_2 = idade (anos) e x_3 = número de cômodos.

Definição

O **modelo de regressão múltipla aditiva geral** é

$$Y = \beta_0 + \beta_1 x_1 + \beta_2 x_2 + \cdots + \beta_k x_k + \epsilon \tag{13.15}$$

em que $E(\epsilon) = 0$ e $V(\epsilon) = \sigma^2$. Além disso, para testar hipóteses e calcular IC ou IP, supõe-se que ϵ seja normalmente distribuído.

Considere $x_1^*, x_2^*, ..., x_k^*$ como os valores específicos de, $x_1, ..., x_k$. Portanto, (13.15) implica que

$$\mu_{Y \cdot x_1^*, \ldots, x_k^*} = \beta_0 + \beta_1 x_1^* + \cdots + \beta_k x_k^* \tag{13.16}$$

Logo, assim como $\beta_0 + \beta_1 x$ descreve o valor Y médio como uma função de x na regressão linear simples, a **regressão verdadeira** (ou **populacional**) $\beta_0 + \beta_1 x_1 + \cdots + \beta_k x_k$ fornece o valor esperado de Y como uma função de $x_1, ..., x_k$. Os β_i são os **coeficientes de regressão verdadeiros** (ou **populacionais**). O coeficiente de regressão β_1 é interpretado como a mudança esperada em Y associada com um aumento de uma unidade em x_1 *enquanto* $x_2, ..., x_k$ *são mantidos fixos*. Interpretações análogas valem para $\beta_2, ..., \beta_k$.

Modelos com interação e preditores quadráticos

Se um investigador tiver obtido observações sobre y, x_1 e x_2, um modelo possível é $Y = \beta_0 + \beta_1 x_1 + \beta_2 x_2 + \epsilon$. Entretanto, outros modelos podem ser elaborados formando preditores que são funções matemáticas de x_1 e/ou x_2. Por exemplo, com $x_3 = x_1^2$ e $x_4 = x_1 x_2$, o modelo

$$Y = \beta_0 + \beta_1 x_1 + \beta_2 x_2 + \beta_3 x_3 + \beta_4 x_4 + \epsilon$$

tem a forma geral de (13.15). Usualmente, além de alguns preditores poderem ser funções matemáticas de outros, eles são também altamente desejáveis no sentido de que o modelo resultante seja mais adequado para explicar a variação em y do que qualquer modelo que não disponha desses preditores. Essa discussão também mostra que a regressão polinomial é, na verdade, um caso especial de regressão múltipla. Por exemplo, o modelo quadrático $Y = \beta_0 + \beta_1 x + \beta_2 x^2 + \epsilon$ tem a forma de (13.15) com $k = 2$, $x_1 = x$ e $x_2 = x^2$.

Para o caso de duas variáveis independentes, x_1 e x_2, considere os quatro modelos derivados a seguir:

1. O modelo de primeira ordem:

$$Y = \beta_0 + \beta_1 x_1 + \beta_2 x_2 + \epsilon$$

2. O modelo de segunda ordem sem interação:

$$Y = \beta_0 + \beta_1 x_1 + \beta_2 x_2 + \beta_3 x_1^2 + \beta_4 x_2^2 + \epsilon$$

3. O modelo com preditores de primeira ordem e interação:

$$Y = \beta_0 + \beta_1 x_1 + \beta_2 x_2 + \beta_3 x_1 x_2 + \epsilon$$

4. O modelo completo de segunda ordem ou modelo quadrático completo:

$$Y = \beta_0 + \beta_1 x_1 + \beta_2 x_2 + \beta_3 x_1^2 + \beta_4 x_2^2 + \beta_5 x_1 x_2 + \epsilon$$

Compreender as diferenças entre esses modelos é um passo inicial fundamental na elaboração de modelos de regressão realistas, com base nas variáveis independentes em estudo.

O modelo de primeira ordem é a generalização mais direta da regressão linear simples. Ele expressa que, para um valor fixo de qualquer variável, o valor esperado de Y é uma função linear da outra variável e que a mudança esperada em Y para um aumento de uma unidade em x_1 (x_2) é β_1 (β_2) independentemente do nível de x_2 (x_1). Logo, se representarmos graficamente a função de regressão como uma função de x_1 para vários valores diferentes de x_2, obteremos como contornos da função de regressão um conjunto de retas paralelas, como ilustrado na Figura 13.13(a). A função $y = \beta_0 + \beta_1 x_1 + \beta_2 x_2$ especifica um plano em um espaço tridimensional; o modelo de primeira ordem expressa que cada valor observado da variável dependente corresponde a um ponto que se desvia verticalmente desse plano por um valor aleatório ϵ.

De acordo com o modelo de segunda ordem sem interação, se x_2 for fixo, a mudança esperada em Y para um aumento de 1 unidade em x_1 é

$$\beta_0 + \beta_1(x_1 + 1) + \beta_2 x_2 + \beta_3(x_1 + 1)^2 + \beta_4 x_2^2 \\ - (\beta_0 + \beta_1 x_1 + \beta_2 x_2 + \beta_3 x_1^2 + \beta_4 x_2^2) = \beta_1 + \beta_3 + 2\beta_3 x_1$$

Pelo fato de essa mudança esperada não depender de x_2, os contornos da função de regressão para diferentes valores de x_2 permanecem paralelos entre si. Entretanto, a dependência da mudança esperada em relação ao valor de x_1 significa que os contornos são agora curvas, e não linhas retas. Isso é ilustrado na Figura 13.13(b). Nesse caso, a superfície da regressão não é mais um plano em um espaço tridimensional, mas uma superfície curva.

Os contornos da função de regressão do modelo de primeira ordem com interação não são linhas retas paralelas. Isso ocorre porque a mudança esperada em Y, quando x_1 sofre um aumento de 1, é

$$\beta_0 + \beta_1(x_1 + 1) + \beta_2 x_2 + \beta_3(x_1 + 1)x_2 \\ - (\beta_0 + \beta_1 x_1 + \beta_2 x_2 + \beta_3 x_1 x_2) = \beta_1 + \beta_3 x_2$$

Essa mudança esperada depende do valor de x_2, de modo que cada linha de contorno deve ter um coeficiente angular diferente, como na Figura 13.13(c). A palavra *interação* reflete o fato de que uma mudança esperada em Y, quando uma variável aumenta em valor, depende do valor da outra variável.

Por fim, em relação ao modelo completo de segunda ordem, a mudança esperada em Y quando x_2 é mantido fixo e x_1 aumenta 1 unidade é $\beta_1 + \beta_3 + 2\beta_3 x_1 + \beta_5 x_2$, que é uma função tanto de x_1 quanto de x_2. Isso implica que os contornos da função de regressão são curvos e não paralelos entre si, como ilustrado na Figura 13.13(d).

Considerações semelhantes aplicam-se a modelos formados com base em mais de duas variáveis independentes. Em geral, a existência de termos de interação no modelo implica que a mudança esperada em Y depende não apenas da variável que está sendo aumentada ou diminuída, mas também dos valores de algumas das variáveis fixas. Como na ANOVA, é possível ter termos de interação de ordem superior (por exemplo, $x_1 x_2 x_3$), o que dificulta a interpretação do modelo.

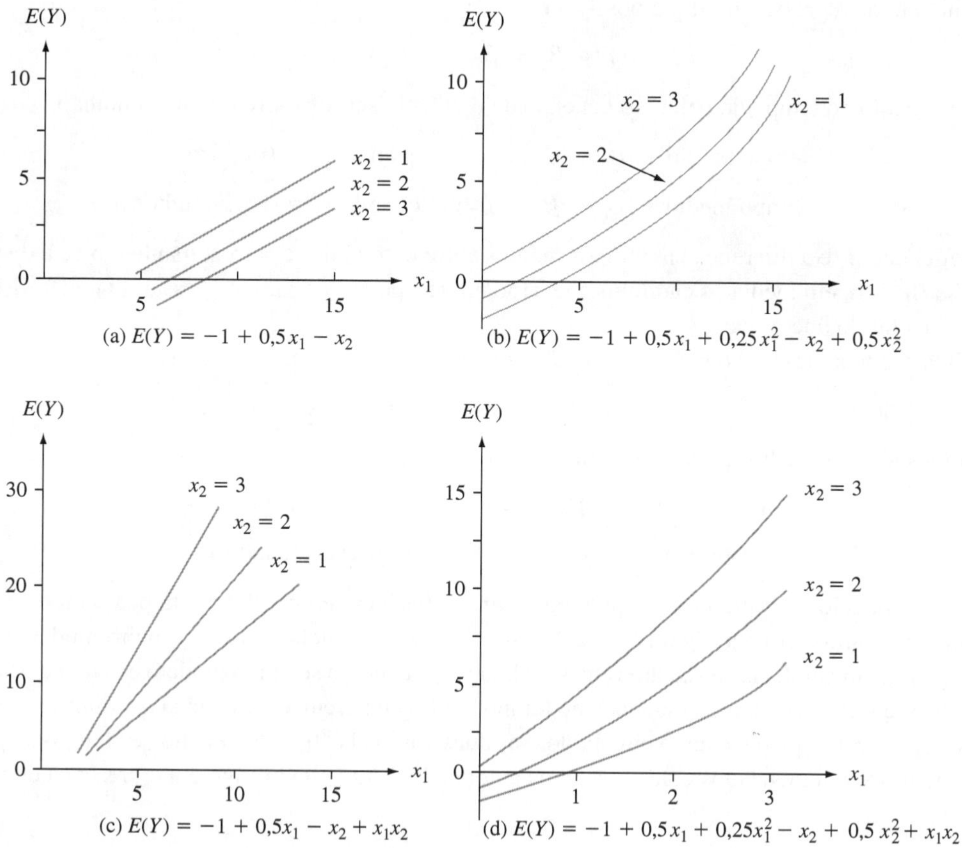

Figura 13.13 Contornos de quatro funções de regressão diferentes.

Observe que, se o modelo contiver interação ou preditores quadráticos, a interpretação genérica de β_i dada anteriormente não se aplicará usualmente. Isso ocorre porque, desse modo, não é possível aumentar x_i em 1 unidade e manter fixos os valores de todos os outros preditores.

Modelos com preditores para variáveis categóricas

Até aqui, avaliamos explicitamente a inclusão apenas de variáveis preditoras quantitativas (numéricas) em um modelo de regressão múltipla. Usando uma codificação numérica simples, variáveis qualitativas (categóricas), como o material usado nos mancais (alumínio ou cobre/chumbo) ou o tipo de madeira (pinho, carvalho ou nogueira), também podem ser incorporadas no modelo. Vamos nos voltar primeiro para o caso de uma variável dicotômica, aquela com apenas duas categorias possíveis – macho ou fêmea, fabricação americana ou estrangeira e assim por diante. Tendo qualquer dessas variáveis, associamos uma **variável *dummy*** ou **indicadora *x*** cujos valores possíveis 0 e 1 indicam que categoria é relevante para qualquer observação em particular.

Exemplo 13.11

O artigo "Estimating urban travel times: a comparative study" (*Trans. Res.*, 1980: 173-175) descreve um estudo que relaciona a variável dependente y = tempo de percurso entre locais em uma determinada cidade e a variável independente x_2 = distância entre os locais. Foram usados no estudo dois tipos de veículo, carros e caminhões. Considere

$$x_1 = \begin{cases} 1 & \text{se o veículo é um caminhão} \\ 0 & \text{se o veículo é um carro} \end{cases}$$

Um modelo de regressão múltipla possível é

$$Y = \beta_0 + \beta_1 x_1 + \beta_2 x_2 + \epsilon$$

O valor médio do tempo de percurso depende de o veículo ser um carro ou um caminhão:

$$\text{tempo médio} = \beta_0 + \beta_2 x_2 \qquad \text{quando } x_1 = 0 \text{ (carros)}$$

$$\text{tempo médio} = \beta_0 + \beta_1 + \beta_2 x_2 \quad \text{quando } x_1 = 1 \text{ (caminhões)}$$

O coeficiente β_1 é a diferença em tempos médios entre caminhões e carros, mantendo-se a distância fixa; se $\beta_1 > 0$, em média os caminhões levarão um tempo maior para atravessar qualquer distância em particular do que os carros.

Uma segunda possibilidade é um modelo com interação entre os preditores:

$$Y = \beta_0 + \beta_1 x_1 + \beta_2 x_2 + \beta_3 x_1 x_2 + \epsilon$$

Agora, os tempos médios para os dois tipos de veículo são

$$\text{tempo médio} = \beta_0 + \beta_2 x_2 \qquad \text{quando } x_1 = 0$$

$$\text{tempo médio} = \beta_0 + \beta_1 + (\beta_2 + \beta_3) x_2 \quad \text{quando } x_1 = 1$$

Para cada modelo, o gráfico do tempo médio *versus* distância é uma linha reta para ambos os tipos de veículo, como ilustrado na Figura 13.14. As duas retas são paralelas para o primeiro modelo (sem interação), mas, em geral, elas terão diferentes inclinações quando o segundo modelo estiver correto. Em relação a esse último modelo, a mudança no tempo médio de percurso, associada a 1 milha de distância a mais, depende do tipo de veículo envolvido – as duas variáveis "tipo do veículo" e "tempo de percurso" interagem. De fato, os dados coletados pelos autores do artigo citado sugerem a presença de interação.

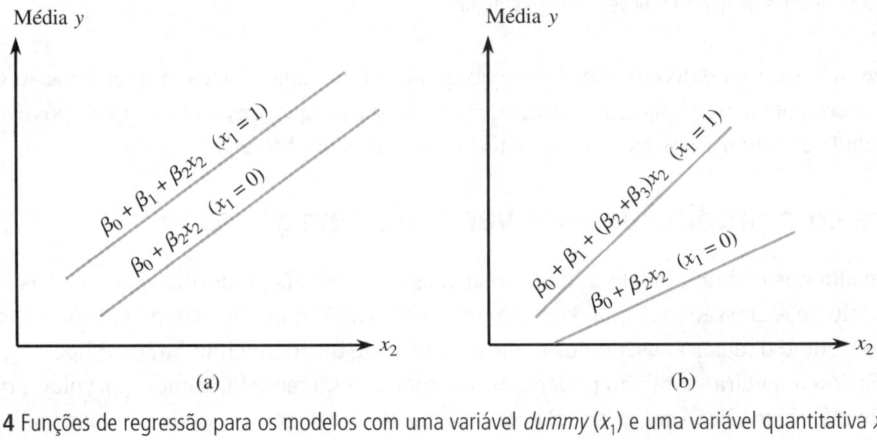

Figura 13.14 Funções de regressão para os modelos com uma variável *dummy* (x_1) e uma variável quantitativa x_2: (a) sem interação; (b) com interação.

Você poderia pensar que a forma de lidar com uma situação de três categorias é definir uma única variável numérica com valores codificados, tais como 0, 1 e 2, correspondendo às três categorias. Isso não está correto porque impõe uma ordenação nas categorias que não é necessariamente sugerida pelo contexto do problema. A abordagem correta para incorporar três categorias é definir *duas* diferentes variáveis *dummy*. Suponha, por exemplo, que y seja o tempo de vida de uma determinada ferramenta de corte, x_1 seja a velocidade do corte e que três marcas de ferramenta estão sendo investigadas. Portanto, considere

$$x_2 = \begin{cases} 1 & \text{se uma marca de ferramenta A for usada} \\ 0 & \text{caso contrário} \end{cases}$$

$$x_3 = \begin{cases} 1 & \text{se uma marca de ferramenta B for usada} \\ 0 & \text{caso contrário} \end{cases}$$

Quando uma observação de uma marca de ferramenta A é feita, $x_2 = 1$ e $x_3 = 0$, enquanto para uma marca de ferramenta B, $x_2 = 0$ e $x_3 = 1$. Uma observação feita sobre a ferramenta da marca C tem $x_2 = x_3 = 0$, e não é possível que $x_2 = x_3 = 1$, porque uma ferramenta não pode ser simultaneamente da marca A e da marca B. O modelo sem interação teria apenas os previsores x_1, x_2 e x_3. O modelo de interação a seguir permite que a mudança média no tempo de vida, associada com 1 unidade de aumento na velocidade, dependa da marca da ferramenta:

$$Y = \beta_0 + \beta_1 x_1 + \beta_2 x_2 + \beta_3 x_3 + \beta_4 x_1 x_2 + \beta_5 x_1 x_3 + \epsilon$$

A construção de uma figura como a Figura 13.14, com um gráfico para cada um dos três pares (x_2, x_3) possíveis, fornece três retas não paralelas (a não ser que $\beta_4 = \beta_5 = 0$).

De maneira geral, incorporar uma variável categórica com c categorias possíveis em um modelo de regressão múltipla requer o uso de $c - 1$ variáveis indicadoras (por exemplo, cinco marcas de ferramenta precisam usar quatro variáveis indicadoras). Logo, mesmo uma variável categórica pode adicionar várias preditoras a um modelo.

Estimando parâmetros

Os dados em uma regressão linear simples compreendem n pares $(x_1, y_1), ..., (x_n, y_n)$. Suponha que um modelo de regressão múltipla contenha duas variáveis preditoras, x_1 e x_2. Então, o conjunto de dados compreenderá n triplos $(x_{11}, x_{21}, y_1), (x_{12}, x_{22}, y_2), ..., (x_{1n}, x_{2n}, y_n)$. Aqui, o primeiro subscrito em x refere-se ao preditor e o segundo ao número da observação. De maneira geral, com k preditores, os dados compreenderão $n(k + 1)$-tuplas $(x_{11}, x_{21}, ..., x_{k1}, y_1), (x_{12}, x_{22}, ..., x_{k2}, y_2), ..., (x_{1n}, x_{2n}, ..., x_{kn}, y_n)$, em que x_{ij} é o valor do i-ésimo preditor x_i associado com o valor observado y_j. Supõe-se que as observações foram obtidas independentemente, de acordo com o modelo (13.15). Para estimar os parâmetros $\beta_0, \beta_1, ..., \beta_k$ usando o princípio de mínimos quadrados, calcule a soma do quadrado dos desvios dos y_j observados com base em uma função teste $y = b_0 + b_1 x_1 + \cdots + b_k x_k$:

$$f(b_0, b_1, ..., b_k) = \sum_j [y_j - (b_0 + b_1 x_{1j} + b_2 x_{2j} + \cdots + b_k x_{kj})]^2 \qquad (13.17)$$

As estimativas de mínimos quadrados são aqueles valores dos b_i que minimizam $f(b_0, ..., b_k)$. Tomando a derivada parcial de f em relação a cada $b_i (i = 0, 1, ..., k)$ e igualando todas as parciais a zero, obtemos o seguinte sistema de **equações normais**:

$$\begin{aligned}
&b_0 n + b_1 \sum x_{1j} + b_2 \sum x_{2j} + \cdots + b_k \sum x_{kj} = \sum y_j \\
&b_0 \sum x_{1j} + b_1 \sum x_{1j}^2 + b_2 \sum x_{1j} x_{2j} + \cdots + b_k \sum x_{1j} x_{kj} = \sum x_{1j} y_j \\
&\quad \vdots \qquad\qquad \vdots \qquad\qquad \vdots \\
&b_0 \sum x_{kj} + b_1 \sum x_{1j} x_{kj} + \cdots + b_{k-1} \sum x_{k-1j} x_{kj} + b_k \sum x_{kj}^2 = \sum x_{kj} y_j
\end{aligned} \qquad (13.18)$$

Essas equações são lineares nas incógnitas $b_0, b_1, ..., b_k$. Resolver (13.18) produz as estimativas de mínimos quadrados $\hat{\beta}_0, \hat{\beta}_1, ..., \hat{\beta}_k$. Isso é mais bem feito ao utilizar um pacote de software estatístico.

Exemplo 13.12

O artigo "How to optimize and control the wire bonding process: part II" (*Solid State Technology*, jan. 1991: 67-72) descreve um experimento realizado para avaliar o impacto das variáveis x_1 = força (gm), x_2 = potência (mW), x_3 = temperatura (°C) e x_4 = tempo (ms) sobre y = resistência de cisalhamento da ligação esférica (gm). Os dados[2] a seguir foram gerados para que sejam consistentes com as informações fornecidas no artigo:

[2] Do livro *Statistics engineering problem solving*, de Stephen Vardeman, uma excelente exposição da área coberta por nosso livro, embora em um nível mais elevado.

Observação	Força	Potência	Temperatura	Tempo	Resistência
1	30	60	175	15	26,2
2	40	60	175	15	26,3
3	30	90	175	15	39,8
4	40	90	175	15	39,7
5	30	60	225	15	38,6
6	40	60	225	15	35,5
7	30	90	225	15	48,8
8	40	90	225	15	37,8
9	30	60	175	25	26,6
10	40	60	175	25	23,4
11	30	90	175	25	38,6
12	40	90	175	25	52,1
13	30	60	225	25	39,5
14	40	60	225	25	32,3
15	30	90	225	25	43,0
16	40	90	225	25	56,0
17	25	75	200	20	35,2
18	45	75	200	20	46,9
19	35	45	200	20	22,7
20	35	105	200	20	58,7
21	35	75	150	20	34,5
22	35	75	250	20	44,0
23	35	75	200	10	35,7
24	35	75	200	30	41,8
25	35	75	200	20	36,5
26	35	75	200	20	37,6
27	35	75	200	20	40,3
28	35	75	200	20	46,0
29	35	75	200	20	27,8
30	35	75	200	20	40,3

Um software estatístico forneceu as seguintes estimativas de mínimos quadrados:

$$\hat{\beta}_0 = -37{,}48 \quad \hat{\beta}_1 = 0{,}2117 \quad \hat{\beta}_2 = 0{,}4983 \quad \hat{\beta}_3 = 0{,}1297 \quad \hat{\beta}_4 = 0{,}2583$$

Portanto, estimamos que 0,1297 gm seja a mudança média na resistência associada com um aumento de 1 grau na temperatura quando os outros três preditores são mantidos fixos; os outros coeficientes estimados são interpretados de maneira similar.

A regressão estimada é

$$y = -37{,}48 + 0{,}2117x_1 + 0{,}4983x_2 + 0{,}1297x_3 + 0{,}2583x_4$$

Uma preditora pontual da resistência resultante de uma força de 35 gm, potência de 75 mW, temperatura de 200 °C e tempo de 20 ms é

$$\hat{y} = -37{,}48 + (0{,}2117)(35) + (0{,}4983)(75) + (0{,}1297)(200) + (0{,}2583)(20) = 38{,}41 \text{ gm}$$

Essa é também uma estimativa pontual do valor médio da resistência para valores de força, potência, temperatura e tempo especificados. ■

R^2 e $\hat{\sigma}^2$

Os valores preditos ou ajustados, resíduos, e as diversas somas dos quadrados são calculados em uma regressão linear simples e polinomial. O valor predito $\hat{y}_1$ resulta da substituição dos valores dos diversos preditores da primeira observação na função de regressão estimada.

$$\hat{y}_1 = \hat{\beta}_0 + \hat{\beta}_1 x_{11} + \hat{\beta}_1 x_{21} + \cdots + \hat{\beta}_k x_{k1}$$

Os valores preditos remanescentes $\hat{y}_2, ..., \hat{y}_n$ vêm da substituição dos valores dos preditores da 2ª, 3ª, ..., e, finalmente, da n-ésima observação sobre a função estimada. Por exemplo, os valores dos 4 preditores para a última observação no Exemplo 13.12 são $x_{1,30} = 35$, $x_{2,30} = 75$, $x_{3,30} = 200$ e $x_{4,30} = 20$, portanto,

$$\hat{y}_{30} = -37{,}48 + 0{,}2117(35) + 0{,}4983(75) + 0{,}1297(200) + 0{,}2583(20) = 38{,}41$$

Os resíduos $y_1 - \hat{y}_1, ..., y_n - \hat{y}_n$ são as diferenças entre os valores observados e preditos. O último resíduo no Exemplo 13.12 é $40{,}3 - 38{,}41 = 1{,}89$. Quanto mais próximos os resíduos estiverem de 0, mais eficazmente a equação da regressão estimada fará previsões que correspondem às observações na amostra.

A soma dos quadrados dos erros ou dos resíduos é $\text{SQE} = \sum(y_i - \hat{y}_i)^2$. Novamente, é interpretado como uma medida de quanta variação nos valores y observados não é explicada por (não é atribuída à) relação do modelo. O número de gl associado ao SQE é $n - (k + 1)$ porque $k + 1$ gl são perdidos ao estimar os $k + 1$ coeficientes β. A soma de quadrados total, uma medida da variação total nos valores y observados, é $\text{SQT} = \sum(y_i - \bar{y})^2$. A soma de quadrados da regressão $\text{SQR} = \sum(\hat{y}_i - \bar{y})^2 = \text{SQT} - \text{SQE}$ é uma medida da variação explicada. Então o **coeficiente de determinação múltiplo R^2** é

$$R^2 = 1 - \text{SQE/SQT} = \text{SQR/SQT}$$

Isso é interpretado como a proporção da variação y observada que pode ser explicada pelo modelo de regressão múltipla ajustado para os dados.

Como não há ilustração preliminar dos dados da regressão múltipla análoga a um gráfico de dispersão para os dados bivariados, o coeficiente de determinação múltipla é nossa primeira indicação de o modelo escolhido ser bem-sucedido na explicação da variação de y. Infelizmente, há um problema com R^2: seus valores podem ser inflados pela adição de muitos preditores no modelo, mesmo se a maioria deles for bastante insignificante. Por exemplo, suponha que y seja o preço de venda de uma casa. Então, os preditores sensíveis incluem x_1 = tamanho do interior da casa, x_2 = tamanho do lote em que cada casa está, x_3 = número de quartos, x_4 = número de banheiros e x_5 = idade da casa. Agora, suponha que adicionemos x_6 = diâmetro da maçaneta dos guarda-roupas, x_7 = espessura da tábua de cortar da cozinha, x_8 = espessura do piso do pátio, e assim por diante. A menos que não tenhamos sorte na escolha dos preditores, usar $n - 1$ preditores (um menor do que o tamanho da amostra) produzirá $R^2 = 1$. Portanto, o objetivo na regressão múltipla não é simplesmente explicar a maioria da variação de y observada, mas fazer isso usando o modelo com relativamente poucos preditores e que sejam facilmente interpretados. Assim, é desejável o R^2(ajustado), como feito na regressão polinomial, para levar em consideração o tamanho do modelo:

$$R_a^2 = 1 - \frac{\text{SQE}/(n - (k + 1))}{\text{SQT}/(n - 1)} = 1 - \frac{n - 1}{n - (k + 1)} \cdot \frac{\text{SQE}}{\text{SQT}}$$

Como a proporção na frente de SQE/SQT excede 1, R_a^2 é menor que R^2. Além do mais, quanto maior o número de preditores k relativos ao tamanho da amostra n, menor R_a^2 será com relação a R^2. O R_a^2(ajustado) pode ser negativo, ao passo que o próprio R^2 deve ficar entre 0 e 1. Um valor de R_a^2 que é substancialmente menor que o próprio R^2 é um aviso de que o modelo pode conter preditores demais.

A raiz quadrada positiva de R^2 é chamada de *coeficiente de correlação múltiplo* e é representada por R. Pode-se mostrar que R é o coeficiente de correlação amostral calculado a partir dos pares $(\hat{y}_i, y_i)$ (isto é, use $\hat{y}_i$ no lugar de x_i na fórmula para r da Seção 12.5).

A SQE também é a base para estimar o parâmetro do modelo remanescente:

$$\hat{\sigma}^2 = s^2 = \frac{\text{SQE}}{n - (k + 1)} = \text{QME}$$

Exemplo 13.13

Determinados pesquisadores realizaram um estudo para verificar como várias características do concreto são influenciadas por x_1 = % pó de calcário e x_2 = razão água–cimento, gerando os dados a seguir ("Durability of concrete with addition of limestone powder", *Magazine of Concrete Research*, 1996: 131-137).

x_1	x_2	x_1x_2	Resistência à compressão em 28 dias MPa	Capacidade de adsorção (%)
21	0,65	13,65	33,55	8,42
21	0,55	11,55	47,55	6,26
7	0,65	4,55	35,00	6,74
7	0,55	3,85	35,90	6,59
28	0,60	16,80	40,90	7,28
0	0,60	0,00	39,10	6,90
14	0,70	9,80	31,55	10,80
14	0,50	7,00	48,00	5,63
14	0,60	8,40	42,30	7,43
			$\bar{y}$ = 39,317, SQT = 278,52	$\bar{y}$ = 7,339, SQT = 18,356

Considere primeiro a resistência à compressão como a variável dependente y. Ajustando o modelo de primeira ordem, obtemos

$$y = 84{,}82 + 0{,}1643x_1 - 79{,}67x_2, \text{ SQE } = 72{,}52 \text{ (gl = 6)}, R^2 = 0{,}741, R_a^2 = 0{,}654$$

ao passo que, incluindo um preditor de interação, obtemos

$$y = 6{,}22 + 5{,}779x_1 + 51{,}33x_2 - 9{,}357x_1x_2$$

$$\text{SQE} = 29{,}35 \text{ (gl = 5)} \qquad R^2 = 0{,}895 \qquad R_a^2 = 0{,}831$$

Com base nesse último ajuste, a predição da resistência à compressão, quando a % de calcário = 14 e a razão água/cimento = 0,60, é

$$\hat{y} = 6{,}22 + 5{,}779(14) + 51{,}33(0{,}60) - 9{,}357(8{,}4) = 39{,}32$$

O ajuste do modelo quadrático completo não produz praticamente nenhuma mudança no valor de R^2. No entanto, quando a variável dependente é a adsorção, os seguintes resultados são obtidos: $R^2 = 0{,}747$, quando são usados apenas dois preditores, 0,802, quando se adiciona o preditor da interação e 0,889 quando são usados os cinco preditores para a relação quadrática completa. ■

Em geral, $\hat{\beta}_i$ pode ser interpretado como uma estimativa da mudança média em Y associada com um aumento de 1 unidade em x_i, ao passo que os valores de todos os outros preditores mantêm-se fixos. Entretanto, às vezes é difícil ou mesmo impossível aumentar o valor de um preditor e, ao mesmo tempo, manter todos os outros fixos. Em tais situações, há uma interpretação alternativa dos coeficientes da regressão estimados. Para dar um exemplo concreto, suponha que $k = 2$ e que $\hat{\beta}_1$ seja a estimativa de β_1 na regressão de y em dois preditores, x_1 e x_2. Então,

1. Regrida y apenas em relação a x_2 (uma regressão linear simples) e represente os resíduos resultantes por $g_1, g_2, ..., g_n$. Esses resíduos representam a variação em y após a remoção ou o ajuste dos efeitos de x_2.
2. Regrida x_1 em relação a x_2 (ou seja, considere x_1 a variável dependente e x_2 a variável independente nessa regressão linear simples) e represente os resíduos por $f_1, ..., f_n$. Esses resíduos representam a variação em x_1 após a remoção ou o ajuste dos efeitos de x_2.

Agora considere representar graficamente os resíduos da primeira regressão em relação aos da segunda, ou seja, represente graficamente os pares $(f_1, g_1), ..., (f_n, g_n)$. O resultado é denominado *gráfico dos resíduos parciais* ou *gráfico dos resíduos ajustados*. Se uma reta de regressão for ajustada aos pontos nesse gráfico, a inclinação acabará sendo exatamente $\hat{\beta}_1$ (além disso, os resíduos dessa reta são exatamente os resíduos $e_1, ..., e_n$ da regressão múltipla de y sobre x_1 e x_2). Portanto, $\hat{\beta}_1$ pode ser interpretado como a mudança estimada em y associada com um aumento de 1 unidade em x_1 após a remoção ou ajuste dos efeitos de qualquer outro preditor do modelo. A mesma interpretação é válida para outros coeficientes estimados, independentemente do número de preditores no modelo (não há nada especial em $k = 2$; o argumento precedente permanece válido se y for regredido em relação a todos os preditores diferentes de x_1 na Etapa 1 e x_1 for regredido em relação a outros $k - 1$ preditores na Etapa 2).

Como exemplo, suponha que y seja o preço de venda de um prédio de apartamentos e que os preditores sejam o número de apartamentos, o tempo de vida, a área do terreno, o número de vagas na garagem e a área construída (pés^2). Talvez não seja sensato aumentar o número de apartamentos sem aumentar também a área construída. Entretanto, se $\hat{\beta}_5 = 16{,}00$, podemos dizer que um aumento de \$16 no preço de venda está associado a cada pé quadrado extra da área construída após o ajuste dos efeitos dos outros quatro preditores.

Um teste de utilidade do modelo

Quando os dados são multivariados, não existe nenhuma figura análoga a um gráfico de dispersão para indicar se um determinado modelo de regressão múltipla será considerado útil para explicar a variação de y observada. O valor de R^2 certamente transmite uma mensagem preliminar, mas esse valor é às vezes ilusório porque ele pode ser aumentado pelo uso de um número grande de preditores em relação ao tamanho da amostra. Por essa razão, é importante ter um teste formal para a utilidade do modelo.

O teste da utilidade do modelo é uma regressão linear simples envolvendo a hipótese nula H_0: $\beta_1 = 0$, segundo a qual não há nenhuma relação útil entre y e o preditor único x. Aqui, consideramos a afirmação de que $\beta_1 = 0, \beta_2 = 0, ..., \beta_k = 0$, o que diz que não há relação útil entre y e *qualquer* dos preditores k. Se no mínimo um desses β não for 0, o(s) preditor(es) correspondente(s) será(ão) útil(eis). O teste baseia-se em uma estatística que tem uma determinada distribuição F quando H_0 é verdadeira.

Hipótese nula: H_0: $\beta_1 = \beta_2 = \cdots = \beta_k = 0$

Hipótese alternativa: H_a: pelo menos um $\beta_i \neq 0 \quad (i = 1, ..., k)$

Valor da estatística do teste:
$$f = \frac{R^2/k}{(1 - R^2)/[n - (k + 1)]} = \frac{SQR/k}{SQE/[n - (k + 1)]} = \frac{QMR}{QME} \qquad (13.19)$$

em que SQR = soma de quadrados da regressão = SQT − SQE

Região de rejeição para o teste nível α: $f \geq F_{\alpha,k,n-(k+1)}$

Exceto por um múltiplo constante, a estatística do teste, neste caso, é $R^2/(1 - R^2)$, a razão entre a variação explicada e não explicada. Se a proporção da variação explicada for alta em relação à inexplicada, tenderemos naturalmente a rejeitar H_0 e a confirmar a utilidade do modelo. Contudo, se k for grande em relação a n, o fator $[(n - (k + 1))/k]$ diminuirá f consideravelmente.

Exemplo 13.14

Retornando aos dados sobre a resistência de cisalhamento da ligação do Exemplo 13.12, um modelo com $k = 4$ preditores foi ajustado, de modo que as hipóteses relevantes são

H_0: $\beta_1 = \beta_2 = \beta_3 = \beta_4 = 0$

H_a: pelo menos um desses quatro β não é 0

A Figura 13.15 mostra o resultado do software estatístico JMP. Os valores de s (Raiz do Erro Quadrático Médio), R^2 e R^2(ajustado) certamente sugerem um modelo útil. O valor da razão F de utilidade do modelo é

$$f = \frac{R^2/k}{(1 - R^2)/[n - (k + 1)]} = \frac{0{,}713959/4}{0{,}286041/(30 - 5)} = 15{,}60$$

Resposta:

Resumo do ajuste

R²	0,713959
R² (ajustado)	0,668193
Raiz do erro quadrático médio	5,157979
Média da resposta	38,40667
Observações	30

Estimativa dos parâmetros

Termo	Estimativa	Erro padrão	Razão t	Prob>|t|
Intercepto	−37,47667	13,09964	−2,86	0,0084
força	0,2116667	0,210574	1,01	0,3244
potência	0,4983333	0,070191	7,10	<0,0001
temperatura	0,1296667	0,042115	3,08	0,0050
tempo	0,2583333	0,210574	1,23	0,2313

Teste do modelo completo

Análise de variância

Fonte	GL	Soma de quadrados	Quadrados médios	Razão F
Modelo	4	1 660,1400	415,035	15,6000
Erro	25	665,1187	26,605	Prob>F
Total	29	2 325,2587		<0,0001

Figura 13.15 Resultado da regressão múltipla do JMP para os dados do Exemplo 13.14.

Esse valor também aparece na coluna Razão F da tabela ANOVA da Figura 13.15. O maior valor crítico F para o numerador 4 e o denominador 25 gl na Tabela A.9 do Apêndice é 6,49, que captura uma área de cauda superior de 0,001. Dessa forma, valor-$P < 0{,}001$. A tabela ANOVA no resultado do JMP mostra que o valor-$P < 0{,}0001$. Esse é um resultado altamente significativo. A hipótese nula deve ser rejeitada em qualquer nível de significância razoável. Concluímos que *existe* uma relação linear útil entre y e *pelo menos um* dos quatro preditores no modelo. Isso não significa que todos os quatro preditores são úteis; falaremos mais sobre isso subsequentemente.

Inferência em regressão múltipla

Antes de testar hipóteses, construir IC e fazer predições, a adequação do modelo deve ser avaliada e o impacto de qualquer observação incomum, investigada. Os métodos para fazer isso são descritos no final dessa seção e na próxima seção.

Pelo fato de cada $\hat{\beta}_i$ ser uma função linear dos y_i, o desvio padrão de cada $\hat{\beta}_i$ é o produto de σ e uma função dos x_{ij}. Uma estimativa de $s_{\hat{\beta}_i}$ desse DP é obtida substituindo-se s por σ. A função dos x_{ij} é bem complicada, mas todos os pacotes de software estatísticos padrões calculam e mostram os $s_{\hat{\beta}_i}$. As inferências a respeito de um único β_i são fundamentadas na variável padronizada

$$T = \frac{\hat{\beta}_i - \beta_i}{S_{\hat{\beta}_i}}$$

que tem uma distribuição t com $n - (k + 1)$ gl.

A estimativa pontual de $\mu_{Y \cdot x_1^*, \ldots, x_k^*}$, o valor esperado de Y quando $x_1 = x_1^*, \ldots, x_k = x_k^*$, é $\hat{\mu}_{Y \cdot x_1^*, \ldots, x_k^*} = \hat{\beta}_0 + \hat{\beta}_1 x_1^* + \cdots + \hat{\beta}_k x_k^*$. O desvio padrão estimado do estimador correspondente é, novamente, uma expressão complexa que compreende os x_{ij} da amostra. Contudo, softwares estatísticos apropriados farão esse cálculo quando solicitados. As inferências sobre $\hat{\mu}_{Y \cdot x_1^*, \ldots, x_k^*}$ têm por base padronizar os respectivos estimadores para obter uma variável t com $n - (k + 1)$ gl.

1. Um IC de $100(1-\alpha)\%$ para β_i, o coeficiente de x_i na função de regressão, é

$$\hat{\beta}_i \pm t_{\alpha/2,n-(k+1)} \cdot s_{\hat{\beta}_i}$$

2. Um teste para H_0: $\beta_i = \beta_{i0}$ usa o valor da estatística $t = (\hat{\beta}_i - \beta_{i0})/s_{\hat{\beta}_i}$ com base em $n - (k + 1)$ gl. O teste é unilateral superior, unilateral inferior ou bilateral, dependendo de a desigualdade de H_a ser $>$, $<$ ou $\neq$.
3. Um IC de $100(1-\alpha)\%$ para $\mu_{Y \cdot x_1^*, \ldots, x_k^*}$ é

$$\hat{\mu}_{Y \cdot x_1^*, \ldots, x_k^*} \pm t_{\alpha/2,n-(k+1)} \cdot \{\text{DP estimado de } \hat{\mu}_{Y \cdot x_1^*, \ldots, x_k^*}\} = \hat{y} \pm t_{\alpha/2,n-(k+1)} \cdot s_{\hat{Y}}$$

em que $\hat{Y}$ é a estatística $\hat{\beta}_0 + \hat{\beta}_1 x_1^* + \cdots + \hat{\beta}_k x_k^*$ e $\hat{y}$ é o valor calculado de $\hat{Y}$.
4. Um IP de $100(1-\alpha)\%$ para um valor y futuro é

$$\hat{\mu}_{Y \cdot x_1^*, \ldots, x_k^*} \pm t_{\alpha/2,n-(k+1)} \cdot \{s^2 + (\text{DP estimado de } \hat{\mu}_{Y \cdot x_1^*, \ldots, x_k^*})^2\}^{1/2}$$
$$= \hat{y} \pm t_{\alpha/2,n-(k+1)} \cdot \sqrt{s^2 + s_{\hat{Y}}^2}$$

Os intervalos simultâneos para os quais os níveis de confiança ou previsão simultâneos são controlados podem ser obtidos aplicando-se a técnica de Bonferroni.

Exemplo 13.15

A adsorção do solo e de sedimentos, quantidade que as substâncias químicas acumulam de forma condensada sobre a superfície, é uma importante característica que influencia a eficácia dos pesticidas e de várias substâncias agroquímicas. O artigo "Adsorption of phosphate, arsenate, methanearsonate, and cacodylate by lake and stream sediments: comparisons with soils" (*J. of Environ. Qual.*, 1984: 499-504) apresenta os dados a seguir (Tabela 13.5) sobre y = índice de adsorção de fosfato, x_1 = quantidade de ferro extraível e x_2 = quantidade de alumínio extraível.

Tabela 13.5 Dados para o Exemplo 13.15

Observação	x_1 = **Ferro extraível**	x_2 = **Alumínio extraível**	y = **Índice de adsorção**
1	61	13	4
2	175	21	18
3	111	24	14
4	124	23	18
5	130	64	26
6	173	38	26
7	169	33	21
8	169	61	30
9	160	39	28
10	244	71	36
11	257	112	65
12	333	88	62
13	199	54	40

O artigo propôs o modelo

$$Y = \beta_0 + \beta_1 x_1 + \beta_2 x_2 + \epsilon$$

Uma análise por computador gerou as seguintes informações:

Parâmetro $\hat{\beta}_i$	Estimativa $\hat{\beta}_i$	DP Estimado $s_{\hat{\beta}_i}$
β_0	−7,351	3,485
β_1	0,11273	0,02969
β_2	0,34900	0,07131

$R^2 = 0{,}948$ $\quad R^2(\text{ajustado}) = 0{,}938 \quad s = 4{,}379$

$\hat{\mu}_{Y\cdot 160,39} = \hat{y} = -7{,}351 + (0{,}11273)(160) + (0{,}34900)(39) = 24{,}30$

DP estimado de $\hat{\mu}_{Y\cdot 160,39} = s_{\hat{Y}} = 1{,}30$

Um IC de 99% para β_1, a mudança na adsorção esperada associada com um aumento de 1 unidade no ferro extraível enquanto o alumínio extraível se mantém fixo, exige $t_{0,005,13-(2+1)} = t_{0,005,10} = 3{,}169$. O IC é

$$0{,}11273 \pm (3{,}169)(0{,}02969) = 0{,}11273 \pm 0{,}09409 \approx (0{,}019,\ 0{,}207)$$

De maneira semelhante, um intervalo de 99% para β_2 é

$$0{,}34900 \pm (3{,}169)(0{,}07131) = 0{,}34900 \pm 0{,}22598 \approx (0{,}123,\ 0{,}575)$$

A técnica de Bonferroni implica que o nível de confiança simultâneo de ambos os intervalos é de 98%, no mínimo.

Um IC de 95% para $\mu_{Y\cdot 160,39}$, adsorção esperada quando o ferro extraível = 160 e o alumínio extraível = 39, é

$$24{,}30 \pm (2{,}228)(1{,}30) = 24{,}30 \pm 2{,}90 = (21{,}40,\ 27{,}20)$$

Um IP de 95% para um valor de adsorção futuro, a ser observado quando $x_1 = 160$ e $x_2 = 39$, é

$$24{,}30 \pm (2{,}228)\{(4{,}379)^2 + (1{,}30)^2\}^{1/2} = 24{,}30 \pm 10{,}18 = (14{,}12,\ 34{,}48)$$

Frequentemente, a hipótese de interesse tem a forma H_0: $\beta_i = 0$ para um determinado i. Por exemplo, depois de ajustar o modelo de quatro preditores no Exemplo 13.12, o pesquisador pode desejar testar H_0: $\beta_4 = 0$. De acordo com H_0, contanto que os preditores x_1, x_2 e x_3 permaneçam no modelo, x_4 não contém nenhuma informação útil a respeito de y. O valor da estatística do teste é a **razão t** $\hat{\beta}_i/s_{\hat{\beta}_i}$. Muitos pacotes de software estatísticos relatam a razão t e o valor-P correspondente para cada preditor incluído no modelo. Por exemplo, a Figura 13.15 mostra que, na medida em que a potência, a temperatura e o tempo forem mantidos no modelo, o preditor x_1 = força pode ser excluído.

Um teste *F* para *m* grupo de previsores O teste F de utilidade do modelo foi apropriado para testar se existem informações úteis sobre a variável dependente em *qualquer* um dos k preditores (isto é, se $\beta_1 = \cdots = \beta_k = 0$). Em muitas situações, primeiro constrói-se um modelo contendo k preditores e, em seguida, deseja-se saber se qualquer um dos preditores em um subgrupo particular fornece informações úteis sobre Y. Por exemplo, um modelo a ser usado para prever as notas de prova dos alunos deve incluir um grupo de variáveis como renda familiar e níveis educacionais e também outro grupo de variáveis com algumas características da escola, como tamanho da classe e gastos por aluno. Uma hipótese interessante é a de que os preditores das características da escola podem ser excluídos do modelo.

Vamos nomear os preditores como $x_1, x_2, ..., x_l, x_{l+1}, ..., x_k$, de modo que os últimos $k - l$ são os que vamos considerar excluir. As hipóteses são as seguintes:

H_0: $\beta_{l+1} = \beta_{l+2} = \cdots = \beta_k = 0$

(portanto, o modelo "reduzido" $Y = \beta_0 + \beta_1 x_1 + \cdots + \beta_l x_l + \epsilon$ está correto)

versus

H_a: pelo menos um entre $\beta_{l+1}, ..., \beta_k$ não é 0

(portanto, no modelo "completo" $Y = \beta_0 + \beta_1 x_1 + \cdots + \beta_k x_k + \epsilon$, pelo menos um dos últimos $k - l$ preditores fornece informações úteis)

O teste é realizado ajustando-se tanto o modelo completo quanto o reduzido. Pelo fato de o modelo completo conter não apenas os preditores do modelo reduzido, mas também alguns outros preditores, ele deve ajustar os dados tão bem quanto o modelo reduzido. Isto é, se deixarmos SQE_k ser a soma do quadrado dos resíduos para o modelo completo e SQE_l ser a soma correspondente para o modelo reduzido, então $\text{SQE}_k \leq \text{SQE}_l$. Intuitivamente, se SQE_k for bem menor que SQE_l, o modelo completo fornecerá um ajuste bem melhor que o do modelo reduzido; portanto, a estatística do teste apropriada deve então depender da redução $\text{SQE}_l - \text{SQE}_k$ na variação inexplicada.

SQE_k = variação inexplicada para o modelo completo

SQE_l = variação inexplicada para o modelo reduzido

Valor da estatística do teste: $f = \dfrac{(\text{SQE}_l - \text{SQE}_k)/(k - l)}{\text{SQE}_k/[n - (k + 1)]}$ (13.20)

Região de rejeição: $f \geq F_{\alpha,k-l,n-(k+1)}$

Exemplo 13.16

Os dados na Tabela 13.6 foram extraídos do artigo "Applying stepwise multiple regression analysis to the reaction of formaldehyde with cotton cellulose" (*Textile Research J.*, 1984: 157-165). A variável dependente y é a avaliação da impressão firme, uma medida quantitativa da resistência ao enrugamento. As quatro variáveis independentes usadas no processo de elaboração do modelo são x_1 = concentração de HCHO (formaldeído), x_2 = razão do catalisador, x_3 = temperatura de tratamento e x_4 = tempo de tratamento.

Tabela 13.6 Dados para o Exemplo 13.16

Observação	x_1	x_2	x_3	x_4	y	Observação	x_1	x_2	x_3	x_4	y
1	8	4	100	1	1,4	16	4	10	160	5	4,6
2	2	4	180	7	2,2	17	4	13	100	7	4,3
3	7	4	180	1	4,6	18	10	10	120	7	4,9
4	10	7	120	5	4,9	19	5	4	100	1	1,7
5	7	4	180	5	4,6	20	8	13	140	1	4,6
6	7	7	180	1	4,7	21	10	1	180	1	2,6
7	7	13	140	1	4,6	22	2	13	140	1	3,1
8	5	4	160	7	4,5	23	6	13	180	7	4,7
9	4	7	140	3	4,8	24	7	1	120	7	2,5
10	5	1	100	7	1,4	25	5	13	140	1	4,5
11	8	10	140	3	4,7	26	8	1	160	7	2,1
12	2	4	100	3	1,6	27	4	1	180	7	1,8
13	4	10	180	3	4,5	28	6	1	160	1	1,5
14	6	7	120	7	4,7	29	4	1	100	1	1,3
15	10	13	180	3	4,8	30	7	10	100	7	4,6

Considere o modelo completo que consiste em $k = 14$ preditores: $x_1, x_2, x_3, x_4, x_5 = x_1^2, \ldots, x_8 = x_4^2, x_9 = x_1x_2, \ldots, x_{14} = x_3x_4$ (todos os preditores de primeira e segunda ordens). A inclusão dos preditores de segunda ordem se justifica? Ou seja, o modelo reduzido que compreende apenas os preditores, x_1, x_2, x_3 e x_4 $(l = 4)$ deve ser usado? Segue o resultado do ajuste dos dois modelos:

Parâmetro	Estimativa para modelo reduzido	Estimativa para modelo completo
β_0	−0,9122	−8,807
β_1	0,16073	0,1768
β_2	0,21978	0,7580
β_3	0,011226	0,10400
β_4	0,10197	0,5052
β_5	—	−0,04393
β_6	—	−0,035887
β_7	—	−0,00003271
β_8	—	−0,01646
β_9	—	0,00588
β_{10}	—	0,002702
β_{11}	—	0,01178
β_{12}	—	−0,0006547
β_{13}	—	0,00242
β_{14}	—	0,002526
R^2	0,692	0,921
SQE	17,4951	4,4782

As hipóteses a serem testadas são

$$H_0: \beta_5 = \beta_6 = \cdots = \beta_{14} = 0$$

versus

$$H_a: \text{pelo menos um entre } \beta_5, ..., \beta_{14} \text{ não é } 0$$

Com $k = 14$ e $l = 4$, o valor crítico F para o teste com $\alpha = 0{,}01$ é $F_{0{,}01,10,15} = 3{,}80$. O valor da estatística do teste é

$$f = \frac{(17{,}4951 - 4{,}4782)/10}{4{,}4782/15} = \frac{1{,}3017}{0{,}2985} = 4{,}36$$

Já que $4{,}36 \geq 3{,}80$, H_0 é rejeitada. Concluímos que o modelo apropriado deve incluir no mínimo um dos preditores de segunda ordem. ■

Avaliando a adequação do modelo

Os resíduos padronizados na regressão múltipla resultam da divisão de cada resíduo pelo seu desvio padrão estimado; a fórmula para esses desvios padrão é significativamente mais complexa do que no caso da regressão linear simples. Recomendamos um gráfico normal de probabilidade dos resíduos padronizados como base para validar a hipótese de normalidade. Os gráficos dos resíduos padronizados *versus* cada preditor e *versus* $\hat{y}$ não devem mostrar qualquer padrão discernível. Os gráficos dos resíduos ajustados podem também ser úteis nessa tarefa. O livro de Neter et al. é uma referência extremamente útil.

Exemplo 13.17

A Figura 13.16 mostra um gráfico normal de probabilidade dos resíduos padronizados dos dados de adsorção e do modelo ajustado do Exemplo 13.15. A linearidade do gráfico não deixa praticamente nenhuma dúvida sobre a suposição de que o desvio aleatório ϵ seja normalmente distribuído.

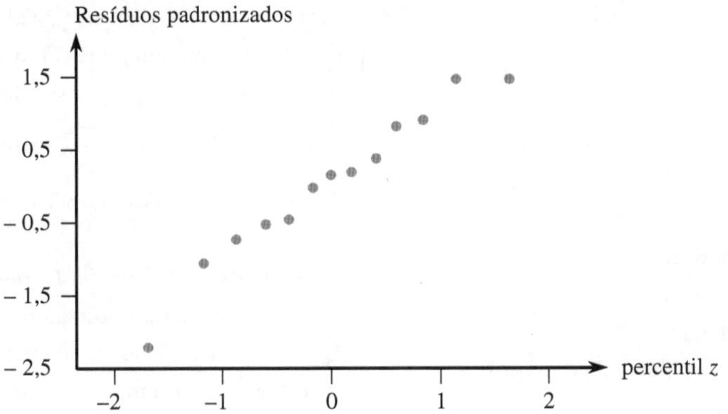

Figura 13.16 Um gráfico normal de probabilidade dos resíduos padronizados para os dados e o modelo do Exemplo 13.15.

A Figura 13.17 mostra os outros gráficos sugeridos para os dados de adsorção. Visto que há apenas 13 observações no conjunto de dados, não existe muita evidência de padrão em nenhum dos três primeiros gráficos, a não ser a de aleatoriedade. O ponto na parte inferior de cada um desses três gráficos corresponde à observação cujo resíduo é grande. Falaremos mais sobre essas observações subsequentemente. No momento, não há nenhuma razão convincente para uma ação corretiva.

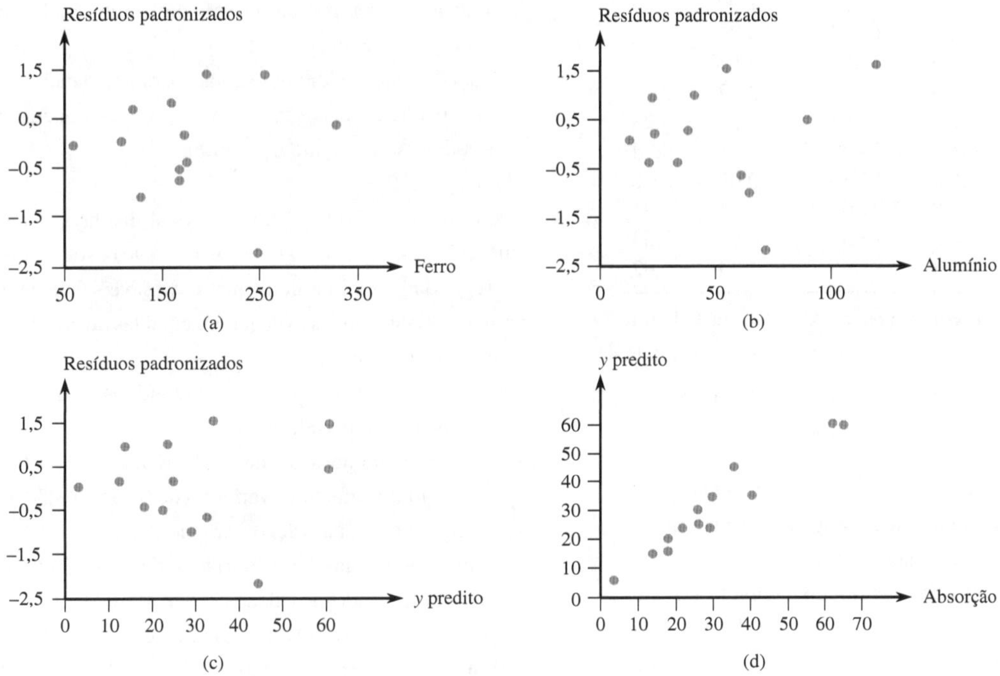

Figura 13.17 Gráficos de diagnóstico para os dados de absorção: resíduos padronizados *versus* x_1; (b) resíduos padronizados *versus* x_2; (c) resíduos padronizados *versus* $\hat{y}$; (d) $\hat{y}$ *versus* y.

EXERCÍCIOS Seção 13.4 (36–54)

36. A capacidade cardiorrespiratória é amplamente reconhecida como o principal componente do bem-estar físico global. A medição direta da entrada máxima de oxigênio (VO_2máx) é a única medida adequada dessa capacidade, mas sua medição direta toma muito tempo e é onerosa. Portanto, é desejável ter uma equação de previsão para VO_2máx em função de quantidades facilmente obtidas. Considere as variáveis

y = VO_2máx (L/min) x_1 = peso (kg)

x_2 = idade (anos)

x_3 = tempo necessário para caminhar 1 milha (min)

x_4 = frequência cardíaca no final da caminhada (batimentos/min)

Eis aqui um modelo possível, para os alunos do sexo masculino, consistente com as informações fornecidas no artigo "Validation of the rockport fitness walking test in college males and females" (*Research Quarterly for Exercise and Sport*, 1994: 152-158):

$$Y = 5{,}0 + 0{,}01x_1 - 0{,}05x_2 - 0{,}13x_3 - 0{,}01x_4 + \epsilon$$
$$\sigma = 0{,}4$$

a. Interprete β_1 e β_3.

b. Qual é o valor esperado de VO_2máx para um peso de 76 kg, idade de 20 anos, tempo de caminhada de 12 min e taxa de batimentos cardíacos de 140 batimentos/min?

c. Qual é a probabilidade de VO_2máx ficar entre 1,00 e 2,60 para uma única observação feita quando os valores dos preditores são tais como expressos no item (b)?

37. O artigo "The undrained strength of some thawed permafrost soils" (*Canadian Geotechnical J.*, 1979: 420-427) contém os dados a seguir sobre a resistência ao corte de solos arenosos sem drenagem (y, em kPa), profundidade (x_1, em m) e conteúdo de água (x_2, em %).

	y	x_1	x_2	$\hat{y}$	$y - \hat{y}$	e^*
1	14,7	8,9	31,5	23,35	−8,65	−1,50
2	48,0	36,6	27,0	46,38	1,62	0,54
3	25,6	36,8	25,9	27,13	−1,53	−0,53
4	10,0	6,1	39,1	10,99	−0,99	−0,17
5	16,0	6,9	39,2	14,10	1,90	0,33
6	16,8	6,9	38,3	16,54	0,26	0,04
7	20,7	7,3	33,9	23,34	−2,64	−0,42
8	38,8	8,4	33,8	25,43	13,37	2,17
9	16,9	6,5	27,9	15,63	1,27	0,23
10	27,0	8,0	33,1	24,29	2,71	0,44
11	16,0	4,5	26,3	15,36	0,64	0,20
12	24,9	9,9	37,8	29,61	−4,71	−0,91
13	7,3	2,9	34,6	15,38	−8,08	−1,53
14	12,8	2,0	36,4	7,96	4,84	1,02

Para calcular os valores preditos e os resíduos, foi ajustado um modelo quadrático completo, que gerou a regressão estimada

$$y = -151{,}36 - 16{,}22x_1 + 13{,}48x_2 + 0{,}094x_1^2 - 0{,}253x_2^2 + 0{,}492x_1x_2$$

a. Os gráficos de e^* *versus* x_1, e^* *versus* x_2 e e^* *versus* $\hat{y}$ sugerem que o modelo quadrático completo deve ser modificado? Justifique sua resposta.

b. O valor de R^2 para o modelo quadrático completo é 0,759. Teste as hipóteses nulas no nível 0,05 estabelecendo que não há nenhuma relação linear entre a variável dependente e qualquer um dos cinco preditores.

c. Pode-se mostrar que $V(Y) = \sigma^2 = V(\hat{Y}) + V(Y - \hat{Y})$. A estimativa de σ é $\hat{\sigma} = s = 6{,}99$ (com base no modelo quadrático completo). Primeiro obtenha o desvio padrão estimado de $Y - \hat{Y}$ e, em seguida, estime o desvio padrão de $\hat{Y}$ (isto é, $\hat{\beta}_0 + \hat{\beta}_1x_1 + \hat{\beta}_2x_2 + \hat{\beta}_3x_1^2 + \hat{\beta}_4x_2^2 + \hat{\beta}_5x_1x_2$) quando $x_1 = 8{,}0$ e $x_2 = 33{,}1$. Por fim, calcule um IC de 95% para a resistência média. [*Dica*: o que é $(y - \hat{y})/e^*$?]

d. Se ajustarmos o modelo de primeira ordem com a função de regressão $\mu_{Y \cdot x_1, x_2} = \beta_0 + \beta_1x_1 + \beta_2x_2$, resulta em SQE = 894,95. Usando o nível 0,05, teste a hipótese nula que expressa que todos os termos quadráticos podem ser excluídos do modelo.

38. Sejam y = vida útil de um mancal, x_1 = viscosidade do óleo e x_2 = carga. Suponha que o modelo de regressão múltipla que relaciona a vida útil à viscosidade e à carga seja

$$Y = 125{,}0 + 7{,}75x_1 + 0{,}0950x_2 - 0{,}0090x_1x_2 + \epsilon$$

a. Qual é o valor médio da vida útil quando a viscosidade é 40 e carga é 1 100?

b. Quando a viscosidade é 30, qual é a mudança na vida útil média associada ao aumento de uma unidade na carga? Quando a viscosidade é 40, qual é a mudança na vida útil média associada com um aumento de uma unidade na carga?

39. Sejam y = vendas em uma lanchonete (milhares de \$), x_1 = número de lanchonetes concorrentes no raio de 1 milha, x_2 = população no raio de 1 milha (milhares de pessoas) e x_3 uma variável indicadora que vale 1 se a lanchonete tiver *drive-thru* e 0 se não tiver. Suponha que o modelo de regressão verdadeiro seja:

$$Y = 10{,}00 - 1{,}2x_1 + 6{,}8x_2 + 15{,}3x_3 + \epsilon$$

a. Qual é o valor médio das vendas quando há 2 lojas concorrentes, 8 000 pessoas no raio de 1 milha e a lanchonete dispõe de *drive-thru*?

b. Qual é o valor médio das vendas para uma lanchonete que não dispõe de *drive-thru* e que tem três concorrentes e 5 000 pessoas no raio de 1 milha?

c. Interprete β_3.

40. O artigo "Readability of liquid crystal displays: a response surface" (*Human Factors*, 1983: 185-190) usou um modelo de regressão múltipla com quatro variáveis independentes para investigar a precisão de leitura em telas de cristal líquido. As variáveis eram

y = porcentagem de erro para os indivíduos lendo um monitor de cristal líquido de 4 dígitos

x_1 = nível de luminosidade da tela (variando de 0 a 122 cd/m^2)

x_2 = ângulo do caractere (variando de 0,025° a 1,34°)

x_3 = ângulo de visualização (variando de 0° a 60°)

x_4 = nível de luz ambiente (variando de 20 a 1500 lux)

O modelo ajustado aos dados foi $Y = \beta_0 + \beta_1x_1 + \beta_2x_2 + \beta_3x_3 + \beta_4x_4 + \epsilon$. Os coeficientes estimados resultantes foram $\hat{\beta}_0 = 1{,}52$, $\hat{\beta}_1 = 0{,}02$, $\hat{\beta}_2 = -1{,}40$, $\hat{\beta}_3 = 0{,}02$ e $\hat{\beta}_4 = -0{,}0006$.

a. Calcule uma estimativa da porcentagem de erro esperada quando $x_1 = 10$, $x_2 = 0{,}5$, $x_3 = 50$ e $x_4 = 100$.

b. Estime a porcentagem média de erro associada a um nível 20 para a luminosidade da tela, 0,5 para o ângulo do caractere, 10 para o ângulo de visão e 30 para o nível de luz ambiente.

c. Qual é a mudança esperada estimada na porcentagem de erro quando o nível de luz ambiente sofre um aumento de 1 unidade e todas as outras variáveis são fixadas nos valores fornecidos no item (a)? Responda para um aumento de 100 unidades no nível de luz ambiente.

d. Explique por que as respostas no item (c) não dependem dos valores fixos de x_1, x_2 e x_3. Sob que circunstâncias haveria essa dependência?

e. O modelo estimado foi baseado em observações, com SQT = 39,2 e SQE = 20,0. Calcule e interprete o coeficiente de determinação múltipla e, em seguida, realize o teste de utilidade do modelo usando $\alpha = 0{,}05$.

41. A capacidade dos ecologistas de identificar regiões de maior riqueza de espécies poderia ter um impacto sobre a preservação da diversidade genética, um objetivo importante da Estratégia Mundial para a Conservação. O artigo "Prediction of rarities from habitat variables: coastal plain plants on Nova scotian lakeshores" (*Ecology*, 1992: 1852-1859) usou uma amostra de $n = 37$ lagos para obter a regressão estimada

$$y = 3{,}89 + 0{,}033x_1 + 0{,}024x_2 + 0{,}023x_3 - 0{,}0080x_4 - 0{,}13x_5 - 0{,}72x_6$$

em que y = riqueza de espécies, x_1 = área da bacia hidrográfica, x_2 = largura da costa, x_3 = drenagem deficiente (%), x_4 = cor da água (total de unidades de cor), x_5 = areia (%) e x_6 = alcalinidade. O coeficiente de determinação múltipla relatado foi $R^2 = 0{,}83$. Realize um teste de utilidade do modelo.

42. Uma investigação sobre um processo de fundição gerou os dados a seguir sobre x_1 = temperatura da fornalha, x_2 = tempo de moldagem da matriz e y = diferença de temperatura na superfície de moldagem da matriz ("A multiple–objective decision–making approach for assessing simultaneous improvement in die life and casting quality in a die casting process", *Quality Engineering*, 1994: 371-383).

x_1	1 250	1 300	1 350	1 250	1 300	1 250	1 300	1 350	1 350
x_2	6	7	6	7	6	8	8	7	8
y	80	95	101	85	92	87	96	106	108

Aqui, é apresentado o resultado do Minitab do ajuste do modelo de regressão múltipla com os preditores x_1 e x_2.

```
A equação de regressão é
 diftemp = -200 + 0,210tempfor
                + 3,00 tempmold

Preditor        Coef         DP   razão t      p
Constante    -199,56      11,64    -17,14  0,000
tempfor     0,210000   0,008642     24,30  0,000
tempmold      3,0000     0,4321      6,94  0,000

s = 1,058   R² = 99,1%    R²(ajustado) = 98,8%

Análise de variância
FONTE          GL      SQ       QM       F      p
Regressão       2  715,50   357,75  319,31  0,000
Erro            6    6,72     1,12
Total           8  722,22
```

a. Execute o teste de utilidade do modelo.

b. Calcule e interprete um intervalo de confiança de 95% para β_2, o coeficiente de regressão populacional de x_2.

c. Quando $x_1 = 1\,300$ e $x_2 = 7$, o desvio padrão estimado de $\hat{Y}$ é $s_{\hat{Y}} = 0{,}353$. Calcule um intervalo de confiança de 95% para a temperatura média verdadeira quando a temperatura da fornalha é de 1 300 e o tempo de moldagem de matriz é de 7.

d. Calcule um intervalo de previsão de 95% para a diferença de temperatura resultante de uma única operação experimental com uma temperatura de fornalha de 1 300 e um tempo de moldagem de matriz de 7.

43. Um experimento realizado para investigar o efeito do número de mols de cobalto (x_1) e a temperatura de calcificação (x_2) na área de superfície de um catalisador de hidróxido ferro-cobalto (y) gerou os dados a seguir ("Structural changes and surface properties of $Co_xFe_{3-x}O_4$ Spinels", *J. of Chemical Tech. and Biotech.*, 1994: 161-170).

Resultado do SAS para o Exercício 43

```
Variável dependente: ÁREA DA SUPERFÍCIE

                       Análise da variância

  Fonte      GL   Soma de quadrados  Quadrado médio    Valor F     Prob>F
  Modelo      3         15223,52829      5074,50943     18,924     0,0001
  Erro       16          4290,53971       268,15873
 Total C     19         19514,06800

 EQM Raiz      16,37555            R²     0,7801
 Média dep     48,06000  R²(ajustado)     0,7389
 C.V.          34,07314

                     Estimativas de parâmetros

                                              Erro      T para H0:       Prob
 Variação          GL    Estimativa         padrão    Parâmetro = 0     > |T|
 Termo constante    1    185,485740    21.19747682            8,750    0,0001
 VOLCOB             1    -45,969466    10,61201173           -4,332    0,0005
 TEMP               1     -0,301503     0,05074421           -5,942    0,0001
 CONTEMP            1      0,088801     0,02540388            3,496    0,0030
```

x_1	0,6	0,6	0,6	0,6	0,6	1,0	1,0
x_2	200	250	400	500	600	200	250
y	90,6	82,7	58,7	43,2	25,0	127,1	112,3
x_1	1,0	1,0	1,0	2,6	2,6	2,6	2,6
x_2	400	500	600	200	250	400	500
y	19,6	17,8	9,1	53,1	52,0	43,4	42,4
x_1	2,6	2,8	2,8	2,8	2,8	2,8	
x_2	600	200	250	400	500	600	
y	31,6	40,9	37,9	27,5	27,3	19,0	

a. Presuma o valor da área de superfície em relação a um volume de cobalto de 2,6 e a temperatura de 250 e calcule o valor do resíduo correspondente.

b. Visto que $\hat{\beta}_1 = -46{,}0$, é apropriado concluir que, se o volume de cobalto sofrer um aumento de 1 unidade, mantendo-se fixos os valores dos outros preditores, é possível esperar que a área de superfície diminua em torno de 46 unidades? Explique seu raciocínio.

c. Parece haver uma relação linear útil entre y e os preditores?

d. Visto que o número de mols e a temperatura de calcificação permanecem no modelo, o preditor de interação x_3 fornece informações úteis sobre y? Expresse e teste as hipóteses apropriadas usando um nível de significância de 0,01.

e. O desvio padrão estimado de $\hat{Y}$ quando o número de mols é 2,0 e a temperatura de calcificação é 500 é $s_{\hat{Y}} = 4{,}69$. Calcule um intervalo de confiança de 95% para o valor médio da área de superfície sob essas circunstâncias.

44. O resultado de regressão do Minitab a seguir é fundamentado nos dados que apareceram no artigo "Application of design of experiments for modeling surface roughness in ultrasonic vibration turning" (*J. of Engr. Manuf.*, 2009: 641-652). A variável resposta é a rugosidade da superfície (μm) e as variáveis independentes são a amplitude de vibração (μm), profundidade do corte (mm), taxa de alimentação (mm/rev) e velocidade de corte (m/min), respectivamente.

a. Quantas observações havia no conjunto de dados?

b. Interprete o coeficiente de determinação múltipla.

c. Realize um teste de hipóteses para determinar se o modelo especifica uma relação útil entre a variável resposta e pelo menos um dos preditores.

d. Interprete o número 18,2602 que aparece na coluna Coef.

e. Em um nível de significância 0,1, qualquer um dos preditores pode ser eliminado do modelo se todos os outros preditores forem mantidos?

f. O DP estimado de $\hat{Y}$ quando os valores dos quatro preditores são 10, 0,5, 0,25 e 50, respectivamente, é 0,1178. Calcule um IC para a rugosidade média verdadeira e um IP para a rugosidade de uma única espécime, comparando os dois intervalos.

```
A equação de regressão é
Ra = -0,972 - 0,0312a + 0,557d + 18,3f + 0,00282v

Preditor        Coef     EP Coef       T        P
Constante    -0,9723      0,3923   -2,48    0,015
a           -0,03117     0,01864   -1,67    0,099
d             0,5568      0,3185    1,75    0,084
f            18,2602      0,7536   24,23    0,000
v           0,002822    0,003977    0,71    0,480

S = 0,822059     R² = 88,6%   R²(ajustado) = 88,0%

Fonte            GL      SQ      QM        F      P
Regressão         4  401,02  100,25   148,35  0,000
Erro residual    76   51,36    0,68
Total            80  452,38
```

45. Uma empresa de transporte de mercadorias por caminhão avaliou um modelo de regressão múltipla para relacionar a variável dependente y = tempo de percurso diário total de um de seus motoristas (horas) com os preditores x_1 = distância percorrida (milhas) e x_2 = número de entregas feitas. Suponha que a equação do modelo seja

$$Y = -0{,}800 + 0{,}060x_1 + 0{,}900x_2 + \epsilon$$

a. Qual é o valor médio do tempo de viagem quando a distância viajada é de 50 milhas e três entregas são feitas?

b. Como você interpretaria $\beta_1 = 0{,}060$, o coeficiente do preditor x_1? Qual é a interpretação de $\beta_2 = 0{,}900$?

c. Se $\sigma = 0{,}5$ hora, qual é a probabilidade de o tempo de percurso ser de pelo menos 6 horas quando três entregas são feitas e a distância percorrida é de 50 milhas?

46. Uma análise de regressão foi realizada para relacionar y = tempo de reparo de um sistema de filtragem de água (h), x_1 = tempo decorrido desde o serviço anterior (meses) e x_2 = tipo de reparo (1 se elétrico e 0 se mecânico), e gerou o modelo a seguir, baseado em $n = 12$ observações: $y = 0{,}950 + 0{,}400x_1 + 1{,}250x_2$. Além disso, SQT = 12,72, SQE = 2,09 e $s_{\hat{\beta}_2} = 0{,}312$.

a. Parece haver uma relação linear útil entre o tempo de reparo e os dois preditores do modelo? Realize um teste das hipóteses apropriadas usando um nível de significância de 0,05.

b. Visto que o tempo decorrido desde o último serviço permanece no modelo, o tipo de reparo fornece informações úteis sobre o tempo de reparo? Expresse e teste as hipóteses apropriadas usando um nível de significância de 0,01.

c. Calcule e interprete um IC de 95% para β_2.

d. O desvio padrão estimado de uma previsão do tempo de reparo, quando o tempo decorrido é igual a 6 meses e o tipo de reparo é elétrico, é 0,192. Preveja o tempo de reparo sob essas circunstâncias calculando um intervalo de previsão de 99%. O intervalo sugere que o modelo estimado fornecerá uma previsão precisa? Por quê?

47. O projeto eficaz de determinados tipos de incineradores de lixo municipais necessita de informações sobre o conteúdo de energia do lixo. Os autores do artigo "Modeling the energy content of municipal solid waste using multiple regression analysis" (*J. of the Air and Waste Mgmt. Assoc.*, 1996: 650--656) gentilmente nos forneceram os dados a seguir sobre y = conteúdo de energia (kcal/kg), as três variáveis de composição x_1 = % plásticos por peso, x_2 = % papel por peso e x_3 = % lixo por peso e a variável de análise adjacente x_4 = % umidade por peso para amostras de lixo obtidas de uma determinada região.

Obs	Plástico	Papel	Lixo	Água	Conteúdo de energia
1	18,69	15,65	45,01	58,21	947
2	19,43	23,51	39,69	46,31	1 407
3	19,24	24,23	43,16	46,63	1 452
4	22,64	22,20	35,76	45,85	1 553
5	16,54	23,56	41,20	55,14	989
6	21,44	23,65	35,56	54,24	1 162
7	19,53	24,45	40,18	47,20	1 466
8	23,97	19,39	44,11	43,82	1 656
9	21,45	23,84	35,41	51,01	1 254
10	20,34	26,50	34,21	49,06	1 336
11	17,03	23,46	32,45	53,23	1 097
12	21,03	26,99	38,19	51,78	1 266
13	20,49	19,87	41,35	46,69	1 401
14	20,45	23,03	43,59	53,57	1 223
15	18,81	22,62	42,20	52,98	1 216
16	18,28	21,87	41,50	47,44	1 334
17	21,41	20,47	41,20	54,68	1 155
18	25,11	22,59	37,02	48,74	1 453
19	21,04	26,27	38,66	53,22	1 278
20	17,99	28,22	44,18	53,37	1 153
21	18,73	29,39	34,77	51,06	1 225
22	18,49	26,58	37,55	50,66	1 237
23	22,08	24,88	37,07	50,72	1 327
24	14,28	26,27	35,80	48,24	1 229
25	17,74	23,61	37,36	49,92	1 205
26	20,54	26,58	35,40	53,58	1 221
27	18,25	13,77	51,32	51,38	1.138
28	19,09	25,62	39,54	50,13	1 295
29	21,25	20,63	40,72	48,67	1 391
30	21,62	22,71	36,22	48,19	1 372

Usando o Minitab para ajustar um modelo de regressão múltipla com as quatro variáveis anteriormente mencionadas como preditores do conteúdo de energia, obteve-se o seguinte resultado:

```
A equação de regressão é
 conteerg = 2 245 + 28,9 plásticos
                + 7,64 papel + 4,30 lixo
                -37,4 água

Preditor          Coef          DP          T          P
Constante       2244,9       177,9      12,62      0,000
plásticos       28,925       2,824      10,24      0,000
papel            7,644       2,314       3,30      0,003
lixo             4,297       1,916       2,24      0,034
água           -37,354       1,834     -20,36      0,000

s = 31,48       R² = 96,4%      R²(ajustado) = 95,8%

Análise de variância

Fonte           GL      SQ        QM          F          P
Regressão        4  664 931  166 233     167,71      0,000
Erro            25    24779      991
Total           29  689 710
```

a. Interprete os valores dos coeficientes de regressão estimados $\hat{\beta}_1$ e $\hat{\beta}_4$.

b. Expresse e teste as hipóteses apropriadas para determinar se o ajuste do modelo aos dados especifica uma relação linear útil entre o conteúdo de energia e pelo menos um entre os quatro preditores.

c. Dado que a % de plásticos, a % de papel e a % de água permanecem no modelo, a % de lixo fornece informações úteis sobre o conteúdo de energia? Expresse e teste as hipóteses apropriadas usando um nível de significância de 0,05.

d. Baseie-se no fato de que $s_{\hat{Y}} = 7{,}46$ quando $x_1 = 20$, $x_2 = 25$, $x_3 = 40$ e $x_4 = 45$ para calcular um intervalo de confiança de 95% para o conteúdo médio verdadeiro de energia sob essas circunstâncias. O intervalo resultante sugere que o conteúdo médio de energia foi estimado com precisão?

e. Use as informações fornecidas no item (d) para prever o conteúdo de energia de uma amostra de lixo com as características especificadas de uma maneira que transmita informações sobre precisão e confiabilidade.

48. Um experimento realizado para investigar os efeitos de uma nova técnica para desengomar fibras da seda foi descrito no artigo "Some studies in degumming of silk with organic acids" (*J. Society of Dyers and Colourists*, 1992: 79-86). Uma variável resposta de interesse foi y = perda de peso (%). Os investigadores fizeram observações sobre a perda de peso para diversos valores de três variáveis independentes: x_1 = temperatura (°C) = 90, 100, 110; x_2 = tempo do tratamento (min) = 30, 75, 120; x_3 = concentração de ácido tartárico (g/L) = 0, 8, 16. Nas análises de regressão, os três valores de cada variável foram codificados como −1, 0 e 1 respectivamente, gerando os dados a seguir (o valor $y_8 = 19{,}3$ foi indicado, mas nosso valor $y_8 = 20{,}3$ produziu um resultado de regressão idêntico ao reproduzido no artigo).

Obs	1	2	3	4	5	6	7	8
x_1	−1	−1	1	1	−1	−1	1	1
x_2	−1	1	−1	1	0	0	0	0
x_3	0	0	0	0	−1	1	−1	1
y	18,3	22,2	23,0	23,0	3,3	19,3	19,3	20,3

Obs	9	10	11	12	13	14	15
x_1	0	0	0	0	0	0	0
x_2	−1	−1	1	1	0	0	0
x_3	−1	1	−1	1	0	0	0
y	13,1	23,0	20,9	21,5	22,0	21,3	22,6

Um modelo de regressão múltipla com $k = 9$ preditores – $x_1, x_2, x_3, x_4 = x_1^2, x_5 = x_2^2, x_6 = x_3^2, x_7 = x_1x_2, x_8 = x_1x_3$ e $x_9 = x_2x_3$ – foi ajustado aos dados, resultando em $\hat{\beta}_0 = 21{,}967$, $\hat{\beta}_1 = 2{,}8125$, $\hat{\beta}_2 = 1{,}2750$, $\hat{\beta}_3 = 3{,}4375$, $\hat{\beta}_4 = -2{,}208$, $\hat{\beta}_5 = 1{,}867$, $\hat{\beta}_6 = -4{,}208$, $\hat{\beta}_7 = -0{,}975$, $\hat{\beta}_8 = -3{,}750$, $\hat{\beta}_9 = -2{,}325$, SQE = 23,379 e $R^2 = 0{,}938$.

a. Esse modelo indica uma relação útil? Expresse e teste as hipóteses apropriadas usando um nível de significância de 0,01.

b. O desvio padrão estimado de $\hat{\mu}_Y$ quando $x_1 = \cdots = x_9 = 0$ (isto é, quando a temperatura = 100, tempo = 75 e concentração = 8) é 1,248. Calcule um IC de 95% para a perda de peso esperada em relação aos valores especificados da temperatura, do tempo e da concentração.

c. Calcule um IP de 95% para um único valor de perda de peso a ser observado em relação aos valores 100, 75 e 8 de temperatura, tempo e concentração, respectivamente.

d. Ajustando o modelo com apenas x_1, x_2 e x_3 como preditores, obtemos $R^2 = 0{,}456$ e SQE = 203,82. Pelo menos algum dos preditores de segunda ordem fornece informações úteis adicionais? Expresse e teste as hipóteses apropriadas.

49. O artigo "The influence of temperature and sunshine on the alpha-acid contents of hops (*Agric. Meteor*. 1974: 375-382) relata os dados a seguir sobre a produção (y), temperatura média no período entre a data de floração do lúpulo e a data de colheita (x_1) e a porcentagem média de luz do sol durante o mesmo período (x_2) para a variedade Fuggles de lúpulo:

x_1	16,7	17,4	18,4	16,8	18,9	17,1
x_2	30	42	47	47	43	41
y	210	110	103	103	91	76

x_1	17,3	18,2	21,3	21,2	20,7	18,5
x_2	48	44	43	50	56	60
y	73	70	68	53	45	31

Apresentamos aqui um resultado parcial do Minitab proveniente do ajuste do modelo de primeira ordem $Y = \beta_0 + \beta_1 x_1 + \beta_2 x_2 + \epsilon$ usado nesse artigo:

```
Preditor        Coef        DP    razão t       P
Constante     415,11     82,52       5,03   0,000
Temp          -6,593     4,859      -1,36   0,208
Luz do sol    -4,504     1,071      -4,20   0,002
s = 24,45   R² = 76,8%   R²(ajustado) = 71,6%
```

a. Qual é $\hat{\mu}_{Y\cdot 18,9,43}$ e qual é o resíduo correspondente?

b. Teste H_0: $\beta_1 = \beta_2 = 0$ *versus* H_a: tanto β_1 quanto $\beta_2 \neq 0$ no nível 0,05.

c. O desvio padrão estimado de $\hat{\beta}_0 + \hat{\beta}_1 x_1 + \hat{\beta}_2 x_2$ quando $x_1 = 18{,}9$ e $x_2 = 43$ é 8,20. Use isso para obter um IC de 95% para $\mu_{Y\cdot 18,9,43}$.

d. Use as informações do item (c) para obter um IP de 95% para a produção em um experimento futuro, quando $x_1 = 18{,}9$ e $x_2 = 43$.

e. O Minitab relatou que um IP de 95% para a produção, quando $x_1 = 18$ e $x_2 = 45$, é (35,94, 151,63). Qual é o IP de 90% nessa situação?

f. Visto que x_2 está no modelo, você manteria x_1?

g. Quando o modelo $Y = \beta_0 + \beta_2 x_2 + \epsilon$ está ajustado, o valor resultante de R^2 é 0,721. Verifique que a estatística F para o teste H_0: $Y = \beta_0 + \beta_2 x_2 + \epsilon$ *versus* a hipótese alternativa H_a: $Y = \beta_0 + \beta_1 x_1 + \beta_2 x_2 + \epsilon$ satisfaz $t^2 = f$, em que t é o valor da estatística t do item (f).

50. a. Quando o modelo $Y = \beta_0 + \beta_1 x_1 + \beta_2 x_2 + \beta_3 x_1^2 + \beta_4 x_2^2 + \beta_5 x_1 x_2 + \epsilon$ é ajustado aos dados sobre lúpulo do Exercício 49, a estimativa de β_5 é $\hat{\beta}_5 = 0{,}557$ com desvio padrão estimado $s_{\hat{\beta}_5} = 0{,}94$. Teste H_0: $\beta_5 = 0$ *versus* H_a: $\beta_5 \neq 0$.

b. Cada razão t $\hat{\beta}_i/s_{\hat{\beta}_i}$ ($i = 1, 2, 3, 4, 5$) para o modelo do item (a) é menor que 2 em valor absoluto, embora $R^2 = 0{,}861$ para esse modelo. Seria correto extrair cada termo do modelo em virtude de sua pequena razão t? Explique.

c. Usando $R^2 = 0{,}861$ para o modelo do item (a), teste H_0: $\beta_3 = \beta_4 = \beta_5 = 0$ (que diz que todos os termos de segunda ordem podem ser excluídos).

51. O artigo "Analysis of the modeling methodologies for predicting the strength of air-jet spun yarns" (*Textile Res. J.*, 1997: 39-44) relatou um estudo realizado para relacionar a tenacidade da fibra (y, em g/tex) com a contagem de fibras (x_1, em tex), porcentagem de poliéster (x_2), pressão do primeiro bocal (x_3, em kg/cm²) e pressão do segundo bocal (x_4, em kg/cm²). A estimativa do termo constante na equação de regressão múltipla correspondente foi 6,121. Os coeficientes estimados dos quatro preditores foram –0,082, 0,113, 0,256 e –0,219, respectivamente, e o coeficiente de determinação múltipla foi 0,946.

a. Supondo que o tamanho da amostra tenha sido $n = 25$, expresse e teste as hipóteses apropriadas para determinar se o modelo ajustado especifica uma relação linear útil entre a variável dependente e no mínimo um entre os quatro previsores do modelo.

b. Novamente usando $n = 25$, calcule o valor de R^2(ajustado).

c. Calcule um intervalo de confiança de 99% para a tenacidade média verdadeira da fibra quando a contagem de fibras for 16,5, a fibra contiver 50% de poliéster, a pressão do primeiro bocal for 3 e a pressão do segundo bocal for 5, se o desvio padrão estimado da tenacidade prevista sob essas circunstâncias for 0,350.

52. A utilização da sacarose como fonte de carbono para a produção de substâncias químicas não é econômica. O melaço de beterraba é um substituto facilmente obtido e barato. O artigo "Optimization of the production of β-carotene from molasses by blakeslea trispora (*J. of Chem. Tech. and Biotech*. 2002: 933--943) realizou uma análise de regressão múltipla para relacionar a variável dependente y = quantidade de β-caroteno (g/dm³) com três preditores: quantidade de ácido linoleico, quantidade de querosene e quantidade de antioxidante (todos em g/dm³).

Obs	Linoleico	Querosene	Antioxidante	Betacaroteno
1	30,00	30,00	10,00	0,7000
2	30,00	30,00	10,00	0,6300
3	30,00	30,00	18,41	0,0130
4	40,00	40,00	5,00	0,0490
5	30,00	30,00	10,00	0,7000
6	13,18	30,00	10,00	0,1000
7	20,00	40,00	5,00	0,0400
8	20,00	40,00	15,00	0,0065
9	40,00	20,00	5,00	0,2020
10	30,00	30,00	10,00	0,6300
11	30,00	30,00	1,59	0,0400

Obs	Linoleico	Querosene	Antioxidante	Betacaroteno
12	40,00	20,00	15,00	0,1320
13	40,00	40,00	15,00	0,1500
14	30,00	30,00	10,00	0,7000
15	30,00	46,82	10,00	0,3460
16	30,00	30,00	10,00	0,6300
17	30,00	13,18	10,00	0,3970
18	20,00	20,00	5,00	0,2690
19	20,00	20,00	15,00	0,0054
20	46,82	30,00	10,00	0,0640

a. O ajuste do modelo completo de segunda ordem aos três preditores gerou $R^2 = 0{,}987$ e R^2(ajustado) $= 0{,}974$, ao passo que o ajuste do modelo de primeira ordem gerou $R^2 = 0{,}016$. O que você concluiria sobre esses dois modelos?

b. Para $x_1 = x_2 = 30$, $x_3 = 10$, um software estatístico relatou que $\hat{y} = 0{,}66573$, $s_{\hat{Y}} = 0{,}01785$, com base no modelo completo de segunda ordem. Preveja a quantidade de β-caroteno que resultaria de um único experimento realizado com os valores designados das variáveis independentes. Faça isso de uma maneira que lhe permita transmitir informações sobre precisão e confiabilidade.

53. Os *snowpacks* contêm um amplo espectro de poluentes que podem representar riscos ambientais. O artigo "Atmospheric PAH deposition: deposition velocities and washout ratios" (*J. of Environmental Engineering*, 2002: 186-195) teve enfoque nos depósitos de hidrocarbonetos policíclicos aromáticos (PAH). Os autores propuseram um modelo de regressão múltipla para relacionar a deposição ao longo de um período de tempo específico (y, em μg/m$_2$) com dois previsores muito complexos x_1 (μg-s/m$_3$) e x_2 (μg/m$_2$), definidos em função da concentração atmosférica dos PAH para várias espécies, do tempo total e da quantidade total de precipitação. Aqui são apresentados os dados sobre a espécie fluoranteno e o resultado correspondente do Minitab:

```
obs        x1          x2          flth
 1      92017   0,0026900        278,78
 2      51830   0,0030000        124,53
 3      17236   0,0000196         22,65
 4      15776   0,0000360         28,68
 5      33462   0,0004960         32,66
 6     243500   0,0038900        604,70
 7      67793   0,0011200         27,69
 8      23471   0,0006400         14,18
 9      13948   0,0004850         20,64
10       8824   0,0003660         20,60
11       7699   0,0002290         16,61
12      15791   0,0014100         15,08
13      10239   0,0004100         18,05
14      43835   0,0000960         99,71
15      49793   0,0000896         58,97
16      40656   0,0026000        172,58
17      50774   0,0009530         44,25
A equação de regressão é
flth = -33,5 + 0,00205 x1 + 29836 x2
Preditor         Coef     SE Coef       T       P
Constante      -33,46       14,90   -2,25   0,041
x1          0,0020548   0,0002945    6,98   0,000
x2             29 836      13 654    2,19   0,046
S = 44,28  R² = 92,3%  R²(ajustado) = 91,2%
```

```
Análise da variância
Fonte           GL       SQ        QM        F       P
Regressão        2  330 989   165 495    84,39   0,000
Erro residual   14   27 454     1 961
Total           16  358 443
```

Formule perguntas e execute análises apropriadas para tirar algumas conclusões.

54. O uso dos aços de alta resistência (AAR) em vez de ligas de alumínio e magnésio em estruturas de carrocerias automotivas reduz o peso do veículo. No entanto, o uso do AAR ainda é problemático por causa das dificuldades com a maleabilidade limitada, efeito mola (*springback*) elevado, dificuldades na articulação e vida útil reduzida. O artigo "Experimental investigation of springback variation in forming of high strength steels" (*J. of Manuf. Sci. and Engr.*, 2008: 1-9) fornece os seguintes dados: y = efeito mola do ângulo de abertura da parede e x_1 = pressão do suporte da lacuna (PSL). Três fornecedores de materiais diferentes e três regimes de lubrificação diferentes (sem lubrificação, lubrificante número 1 e lubrificante número 2) também foram utilizados.

a. Quais preditores você usaria em um modelo para incorporar o fornecedor e as informações e lubrificação além da PSL?

b. O resultado do Minitab a seguir veio do ajuste do modelo de (a) (os autores do artigo também usaram o Minitab; curiosamente, eles empregam um nível de significância de 0,06 em vários testes de hipóteses). Parece haver uma relação linear útil entre a variável resposta e pelo menos um dos preditores? Realize um teste apropriado das hipóteses.

c. Quando a PSL é 1 000, o material é do fornecedor 1 e nenhuma lubrificação é usada, $s_{\hat{Y}} = 0{,}524$. Calcule um IP de 95% para o efeito mola que resultaria de uma observação adicional feita sob essas condições.

d. A partir do resultado, parece que o regime de lubrificação pode não fornecer informações úteis. Uma regressão com os preditores correspondentes removidos resultou em SQE = 48,426. Qual é o coeficiente de determinação múltipla para esse modelo e o que você concluiria sobre a importância do regime de lubrificação?

e. Um modelo com previsores para PSL, fornecedor e regime de lubrificação, bem como preditores para interações entre PSL e fornecedor e regime de lubrificação, resultou no SQE = 28,216 e $R^2 = 0{,}849$. Esse modelo parece ser melhor que o modelo com apenas PSL e preditores para o fornecedor?

```
Preditor         Coef      EP Coef       T       P
Constante     21,5322       0,6782   31,75   0,000
PSL        -0,0033680    0,0003919   -8,59   0,000
Forn_1        -1,7181       0,5977   -2,87   0,007
Forn_2        -1,4840       0,6010   -2,47   0,019
Lub_1         -0,3036       0,5754   -0,53   0,602
Lub_2          0,8931       0,5779    1,55   0,133
S = 1,18413   R² = 77,5%   R²(ajustado) = 73,8%

Fonte           GL       SQ       QM       F       P
Regressão        5  144,915   28,983   20,67   0,000
Erro residual   30   42,065    1,402
Total           35  186,980
```

13.5 Outras questões em regressão múltipla

Nesta seção, abordamos inúmeras questões que podem surgir ao realizar uma análise de regressão múltipla. Veja as referências do capítulo para obter um tratamento mais abrangente de qualquer tópico em particular.

Transformações

Em geral, considerações teóricas sugerem uma relação não linear entre a variável dependente e duas ou mais variáveis independentes, ao passo que em outras circunstâncias os gráficos de diagnóstico propõem que seja usado algum tipo de função não linear. Frequentemente, uma transformação linearizará o modelo.

Exemplo 13.18

Um artigo em *Lubrication Engr.* ("Accelerated testing of solid film lubricants", 1972: 365-372) relata sobre uma pesquisa sobre o tempo de vida útil de lubrificantes de películas sólidas. Três conjuntos de testes de mancais foram realizados em uma película Mil–L–8937 em cada uma das combinações de três cargas (3 000, 6 000 e 10 000 psi) e três velocidades (20, 60 e 100 rpm) e a vida útil (horas) foi registrada para cada operação, como mostrado na Tabela 13.7.

Tabela 13.7 Dados sobre a vida útil do Exemplo 13.18

v	$c(\times 1\ 000s)$	V	v	$c(1\ 000s)$	V
20	3	300,2	60	6	65,9
20	3	310,8	60	10	10,7
20	3	333,0	60	10	34,1
20	6	99,6	60	10	39,1
20	6	136,2	100	3	26,5
20	6	142,4	100	3	22,3
20	10	20,2	100	3	34,8
20	10	28,2	100	6	32,8
20	10	102,7	100	6	25,6
60	3	67,3	100	6	32,7
60	3	77,9	100	10	2,3
60	3	93,9	100	10	4,4
60	6	43,0	100	10	5,8
60	6	44,5			

Esse artigo contém uma observação que afirma que uma distribuição lognormal é apropriada para V, visto que $\ln(V)$, como se sabe, segue uma lei normal (lembre-se do Capítulo 4, em que se diz que isso é o que define uma distribuição lognormal). O modelo que aparece é $V = (c/v^a c^b) \cdot \epsilon$, em que $\ln(V) = \ln(c) - a\ln(v) - b\ln(c) + \ln(\epsilon)$; portanto, com $Y = \ln(V)$, $x_1 = \ln(v)$, $x_2 = \ln(c)$, $\beta_0 = \ln(c)$, $\beta_1 = -a$ e $\beta_2 = -b$, temos um modelo de regressão linear múltipla. Depois de calcular $\ln(V_i)$, $\ln(v_i)$ e $\ln(c_i)$ para os dados, um modelo de primeira ordem nas variáveis transformadas gerou os resultados mostrados na Tabela 13.8.

Tabela 13.8 Coeficientes estimados e razões *t* para o Exemplo 13.18

Parâmetro β_i	Estimativa $\hat{\beta}_i$	DP estimado $s_{\hat{\beta}_i}$	$t = \hat{\beta}_i / s_{\hat{\beta}_i}$
β_0	10,8719	0,7871	13,81
β_1	−1,2054	0,1710	−7,05
β_2	−1,3979	0,2327	−6,01

O coeficiente de determinação múltipla (para o ajuste transformado) tem valor $R^2 = 0,781$. A função de regressão estimada para as variáveis transformadas é

$$\ln(V) = 10,87 - 1,21 \ln(v) - 1,40 \ln(c)$$

de modo que a função de regressão original é estimada como

$$V = e^{10,87} \cdot v^{-1,21} \cdot c^{-1,40}$$

A abordagem de Bonferroni pode ser usada para obter IC simultâneos para β_1 e β_2 e pelo fato de $\beta_1 = -a$ e $\beta_2 = -b$, os intervalos para a e b são, portanto, obtidos imediatamente. ■

Na Seção 13.2, o modelo de regressão logística foi introduzido para relacionar uma variável dicotômica y a um único preditor. Esse modelo pode ser facilmente estendido para incorporar mais de um previsor. A probabilidade se sucesso p agora é uma função dos preditores $x_1, x_2, ..., x_k$:

$$p(x_1, ..., x_k) = \frac{e^{\beta_0+\beta_1 x_1+...+\beta_k x_k}}{1 + e^{\beta_0+\beta_1 x_1+...+\beta_k x_k}}$$

Um software estatístico deve ser usado para estimar os parâmetros, calcular os desvios padrão relevantes e fornecer outras informações inferenciais.

Exemplo 13.19

Os dados foram obtidos a partir de 189 mulheres que deram à luz durante um determinado período no Bayside Medical Center em Springfield, MA, para identificar os fatores associados com baixo peso ao nascer. O resultado do Minitab a seguir veio de uma regressão logística na qual a variável dependente indicou se (1) sim ou não (0) uma criança tinha baixo peso ao nascer ($< 2\ 500$ g) e os preditores foram peso da mãe em seu último período menstrual, idade da mãe e uma variável indicadora para se (1) sim ou não (0) a mãe tinha fumado durante a gravidez.

Tabela de regressão logística

Preditor	Coef	EP Coef	Z	P	Razão de chance	IC 95% Inferior	Superior
Constante	2,06239	1,09516	1,88	0,060			
Peso	−0,01701	0,00686	−2,48	0,013	0,98	0,97	1,00
Idade	−0,04478	0,03391	−1,32	0,187	0,96	0,89	1,02
Fumo	0,65480	0,33297	1,97	0,049	1,92	1,00	3,70

Parece que a idade não é um preditor importante de baixo peso ao nascer, se os outros dois preditores forem mantidos. Os outros dois preditores parecem ser informativos. A estimativa pontual da razão de chances associada ao fumo é 1,92 [razão das chances de peso baixo ao nascer para uma fumante em relação às chances para uma não fumante, em que *chances* $= P(Y = 1)/P(Y = 0)$]; no nível de confiança de 95%, as chances para uma criança com peso baixo ao nascer poderia ser 3,7 vezes mais alta para uma fumante do que para uma não fumante. ■

Veja uma das referências desse capítulo para mais informações sobre regressão logística, incluindo métodos para avaliar a eficácia e a adequação do modelo.

Padronizando variáveis

Na Seção 13.3, consideramos transformar x em $x' = x - \bar{x}$ antes de ajustar um modelo polinomial. Em relação à regressão múltipla, especialmente quando os valores das variáveis são de grande magnitude, é vantajoso aprofundar essa codificação. Sejam $\bar{x}_i$ e s_i a média amostral e o desvio padrão amostral dos x_{ij} ($j = 1, ..., n$). Agora, vamos codificar cada variável x_i por $x_i' = (x_i - \bar{x}_i)/s_i$. A variável codificada x_i simplesmente expressa novamente qualquer valor x_i em unidades do desvio padrão acima ou abaixo da média. Portanto, se $\bar{x}_i = 100$ e $s_i = 20$, $x_i = 130$ torna-se $x_i' = 1,5$, porque 130 é 1,5 desvios padrão acima da média dos valores de x_i. Por exemplo, o modelo completo de segunda ordem codificado com duas variáveis independentes tem a função de regressão

$$E(Y) = \beta_0 + \beta_1\left(\frac{x_1 - \bar{x}_1}{s_1}\right) + \beta_2\left(\frac{x_2 - \bar{x}_2}{s_2}\right) + \beta_2\left(\frac{x_1 - \bar{x}_1}{s_1}\right)^2$$
$$+ \beta_4\left(\frac{x_2 - \bar{x}_2}{s_2}\right)^2 + \beta_5\left(\frac{x_1 - \bar{x}_1}{s_1}\right)\left(\frac{x_2 - \bar{x}_2}{s_2}\right)$$
$$= \beta_0 + \beta_1 x_1' + \beta_2 x_2' + \beta_3 x_3' + \beta_4 x_4' + \beta_5 x_5'$$

Os benefícios da codificação são (1) maior precisão numérica em todos os cálculos (em decorrência do menor número de erros de arredondamento por parte do computador) e (2) estimativa mais precisa, em comparação com os parâmetros do modelo não codificado, pelo fato de os parâmetros individuais do modelo codificado evidenciarem o comportamento da função de regressão próximo ao centro dos dados, e não próximo da origem.

Exemplo 13.20

O artigo "The value and the limitations of high-speed turbo-exhausters for the removal of tar-fog from carburetted water-gas" (*Soc. Chemical Industry J.*, 1946: 166-168) apresenta os dados (na Tabela 13.9) sobre y = volume de alcatrão (grãos/100 pés^3) de uma corrente de gás como uma função de x_1 = velocidade do rotor (rpm) e x_2 = temperatura de entrada do gás (°F). Além disso, esses dados são também investigados no artigo "Some aspects of nonorthogonal data analysis" (*J. of Quality Tech*. 1973: 67-79), que recomenda o modelo codificado descrito anteriormente.

Tabela 13.9 Dados para o Exemplo 13.20

Operação	y	x_1	x_2	x_1'	x_2'
1	60,0	2 400	54,5	−1,52428	−0,57145
2	61,0	2 450	56,0	−1,39535	−0,35543
3	65,0	2 450	58,5	−1,39535	0,00461
4	30,5	2 500	43,0	−1,26642	−2,22763
5	63,5	2 500	58,0	−1,26642	−0,06740
6	65,0	2 500	59,0	−1,26642	0,07662
7	44,0	2 700	52,5	−0,75070	−0,85948
8	52,0	2 700	65,5	−0,75070	1,01272
9	54,5	2 700	68,0	−0,75070	1,37276
10	30,0	2 750	45,0	−0,62177	−1,93960
11	26,0	2 775	45,5	−0,55731	−1,86759
12	23,0	2 800	48,0	−0,49284	−1,50755
13	54,0	2 800	63,0	−0,49284	0,65268
14	36,0	2 900	58,5	−0,23499	0,00461
15	53,5	2 900	64,5	−0,23499	0,86870
16	57,0	3 000	66,0	0,02287	1,08472
17	33,5	3 075	57,0	0,21627	−0,21141
18	34,0	3 100	57,5	0,28073	−0,13941
19	44,0	3 150	64,0	0,40966	0,79669
20	33,0	3 200	57,0	0,53859	−0,21141
21	39,0	3 200	64,0	0,53859	0,79669
22	53,0	3 200	69,0	0,53859	1,51677
23	38,5	3 225	68,0	0,60305	1,37276
24	39,5	3 250	62,0	0,66752	0,50866
25	36,0	3 250	64,5	0,66752	0,86870
26	8,5	3 250	48,0	0,66752	−1,50755
27	30,0	3 500	60,0	1,31216	0,22063
28	29,0	3 500	59,0	1,31216	0,07662
29	26,5	3 500	58,0	1,31216	−0,06740
30	24,5	3 600	58,0	1,57002	−0,06740
31	26,5	3 900	61,0	2,34360	0,36465

As médias e os desvios padrão são $\bar{x}_1 = 2\,991{,}13$, $s_1 = 387{,}81$, $\bar{x}_2 = 58{,}468$ e $s_2 = 6{,}944$, portanto $x_1' = (x_1 - 2\,991{,}13)/387{,}81$ e $x_2' = (x_2 - 58{,}468)/6{,}944$. Com $x_3' = (x'_1)^2$, $x_4' = (x_2')^2$, $x_5' = x_1' \cdot x_2'$ o ajuste do modelo de segunda ordem produz $\hat{\beta}_0 = 40{,}2660$, $\hat{\beta}_1 = -13{,}4041$, $\hat{\beta}_2 = 10{,}2553$, $\hat{\beta}_3 = 2{,}3313$, $\hat{\beta}_4 = -2{,}3405$ e $\hat{\beta}_5 = 2{,}5978$. A equação da regressão estimada é

$$\hat{y} = 40{,}27 - 13{,}40x'_1 + 10{,}26x'_2 + 2{,}33x'_3 - 2{,}34x'_4 + 2{,}60x'_5$$

Assim, se $x_1 = 3\,200$ e $x_2 = 57{,}0$, $x'_1 = 0{,}539$, $x'_2 = -0{,}211$, $x'_3 = (0{,}539)^2 = 0{,}2901$, $x'_4 = (-0{,}211)^2 = 0{,}0447$ e $x'_5 = (0{,}539)(-0{,}211) = -0{,}1139$, portanto

$$\hat{y} = 40{,}27 - (13{,}40)(0{,}539) + (10{,}26)(-0{,}211) + (2{,}33)(0{,}2901) \\ -(2{,}34)(0{,}0447) + (2{,}60)(-0{,}1139) = 31{,}16 \quad ■$$

Seleção de variáveis

Suponha que um investigador obtenha dados sobre uma variável resposta y e sobre os p candidatos preditores $x_1, ..., x_p$. Como um melhor modelo (de alguma forma) envolvendo um subgrupo desses previsores será selecionado? Lembre-se de que os preditores são adicionados um por um em um modelo, o SQE não pode aumentar (um modelo maior não pode explicar menos variação do que um menor) e, geralmente, irá diminuir, não obstante, talvez, por uma pequena quantidade. Portanto, não há mistério sobre qual modelo dá o maior valor R^2 – ele deve ser o que contém todos os preditores p. O que realmente queremos é um modelo envolvendo relativamente poucos preditores e que seja fácil de interpretar e usar, porém, que explique uma quantidade relativamente grande da variação y observada.

Para qualquer número fixo de preditores (por exemplo, 5), é razoável identificar o melhor modelo daquele tamanho como um com o maior valor R^2 – de maneira equivalente, o menor valor de SQE. A questão mais difícil diz respeito à seleção de um critério que permitirá uma comparação dos modelos de tamanhos diferentes. Usemos um subscrito k para representar uma quantidade calculada de um modelo contendo k preditores (por exemplo, SQE_k). Três critérios diferentes, cada um com uma simples função de SQE_k, são usados com bastante frequência.

1. R_k^2, o coeficiente de determinação múltipla de um modelo de k preditores. Pelo fato de R_k^2 sempre aumentar à medida que k aumenta (e nunca poder diminuir), não estamos interessados no k que maximiza R_k^2. Na verdade, desejamos identificar um k pequeno para o qual R_k^2 seja praticamente tão grande quanto R^2 para todos os previsores no modelo.
2. $\text{QME}_k = \text{SQE}_k/(n - k - 1)$, o quadrado médio do erro para um modelo de k preditores. Isso é frequentemente usado no lugar de R_k^2, porque, embora R_k^2 nunca diminua à medida que k aumenta, uma pequena diminuição em SQE_k obtida com um preditor adicional pode ser mais do que compensada por um decréscimo de 1 no denominador de QME_k. Portanto, o objetivo é encontrar o modelo que tenha o QME_k mínimo. Visto que o R_k^2 (ajustado) $= 1 - \text{QME}_k/\text{QMT}$, em que $\text{QMT} = \text{SQT}/(n - 1)$ é constante em k, a avaliação do R_k^2 (ajustado) é equivalente à avaliação de QME_k.
3. O raciocínio lógico do terceiro critério, C_k, é mais difícil de compreender, mas esse critério é amplamente usado pelos analistas de dados. Suponha que o modelo de regressão verdadeiro seja especificado por m preditores — ou seja,

$$Y = \beta_0 + \beta_1 x_1 + \cdots + \beta_m x_m + \epsilon \qquad V(\epsilon) = \sigma^2$$

de modo que

$$E(Y) = \beta_0 + \beta_1 x_1 + \cdots + \beta_m x_m$$

Experimente ajustar um modelo usando um subconjunto de k desses m preditores; para simplificar, suponha que usemos $x_1, x_2, ..., x_k$. Em seguida, solucionando o sistema de equações normais, obtemos as estimativas $\hat{\beta}_0, \hat{\beta}_1, ..., \hat{\beta}_k$ (mas não, obviamente, as estimativas de quaisquer β que correspondam aos preditores que não se encontram no modelo ajustado). O valor esperado verdadeiro $E(Y)$ pode ser, portanto, estimado por $\hat{Y} = \hat{\beta}_0 + \hat{\beta}_1 x_1 + \ldots + \hat{\beta}_k x_k$. Considere agora o **erro total esperado normalizado da estimativa**

$$\Gamma_k = \frac{E\left(\sum_{i=1}^{n} [\hat{Y}_i - E(Y_i)]^2\right)}{\sigma^2} = \frac{E(\text{SQE}_k)}{\sigma^2} + 2(k + 1) - n \qquad (13.21)$$

A segunda igualdade em (13.21) deve ser levada em conta porque exige um argumento de valor esperado enganoso. Portanto, um determinado subconjunto será interessante se seu valor Γ_k for pequeno. Infelizmente, contudo, $E(\text{SQE}_k)$ e σ^2 não são conhecidos. Para resolver isso, consideremos s^2 como a estimativa de σ^2 com base no modelo que inclui todos os preditores para os quais os dados estão disponíveis e definem

$$C_k = \frac{\text{SQE}_k}{s^2} + 2(k + 1) - n$$

Portanto, um modelo interessante é especificado por um subconjunto de preditores para os quais C_k é pequeno.

O número total de modelos que podem ser criados a partir dos preditores no conjunto de candidatos é 2_p (porque cada preditor pode ser incluído ou deixado de fora de qualquer modelo específico – um desses é o modelo que não contém preditores). Se $p \leq 5$, então não seria tão tedioso examinar todos os modelos de regressão possíveis envolvendo esses preditores pelo uso de qualquer bom pacote de software estatístico. Porém, o esforço computacional para ajustar todos os modelos possíveis torna-se proibitivo à medida que o tamanho do conjunto de candidatos aumenta. Diversos pacotes de software incorporam algoritmos que fazem uma triagem pelos modelos de vários tamanhos para poder identificar o melhor ou mais modelos de cada determinado tamanho. O Minitab, por exemplo, fará isso para $p \leq 31$ e permitirá que o usuário especifique o número de modelos de cada tamanho (1, 2, 3, 4 ou 5) que será identificado como tendo os melhores valores dos critérios. Você pode se perguntar por que queremos ir além do melhor modelo único de cada tamanho. A resposta é que o segundo ou o terceiro melhor modelo pode ser mais fácil de interpretar e usar do que o melhor modelo seria, ou pode ser mais satisfatório de uma perspectiva de adequação do modelo. Por exemplo, suponha que o conjunto de candidatos inclua todos os preditores de um modelo quadrático completo com base em cinco variáveis independentes. Então, o melhor modelo de três preditores pode ter os preditores x_2, x_4^2 e x_3x_5, ao passo que o segundo melhor modelo poderia ser aquele com os preditores x_2, x_3 e x_2x_3.

Exemplo 13.21

O artigo de avaliação crítica de Ron Hocking relacionado na bibliografia deste capítulo apresenta uma análise sobre os dados extraídos das edições de 1974 da revista *Motor Trend*. A variável dependente era y = consumo de gasolina por milha, havia $n = 32$ observações e os preditores para os quais foram obtidos dados eram x_1 = formato do motor (1 = reto e 0 = V), x_2 = número de cilindros, x_3 = tipo de transmissão (1 = manual e 0 = automática), x_4 = número de velocidades de transmissão, x_5= tamanho do motor, x_6= cavalo-vapor, x_7 = número de carcaças do carburador, x_8 = coeficiente de transmissão final, x_9 = peso e x_{10} = tempo em um quarto de milha. Na Tabela 13.10, apresentamos um resumo das informações dessa análise. Para cada k, a tabela descreve o subconjunto com SQE_k mínima; em ordem decrescente, a coluna de variáveis indica que a variável é adicionada ao passar de k para $k + 1$ (ao passar de $k = 2$ para $k = 3$, tanto x_3 quanto x_{10} são adicionadas, ao passo que x_2 é excluída). A Figura 13.18 apresenta gráficos de R_k^2, R_k^2(ajustado) e C_k em relação a k; esses gráficos são fundamentais como suporte visual para a seleção de um subconjunto. A estimativa de σ^2 é $s^2 = 6{,}24$, que é QME_{10}. Um modelo simples, mas altamente favorável a todos os critérios, é aquele que contém os previsores x_3, x_9 e x_{10}.

Tabela 13.10 Melhores subconjuntos para os dados de consumo de gasolina/milha do Exemplo 13.21

k = Número de previsores	Variáveis	SQE_k	R_k^2	R_k^2(ajustado)	C_k
1	9	247,2	0,756	0,748	11,6
2	2	169,7	0,833	0,821	1,2
3	3, 10, −2	150,4	0,852	0,836	0,1
4	6	142,3	0,860	0,839	0,8
5	5	136,2	0,866	0,840	1,8
6	8	133,3	0,869	0,837	3,4
7	4	132,0	0,870	0,832	5,2
8	7	131,3	0,871	0,826	7,1
9	1	131,1	0,871	0,818	9,0
10	2	131,0	0,871	0,809	11,0

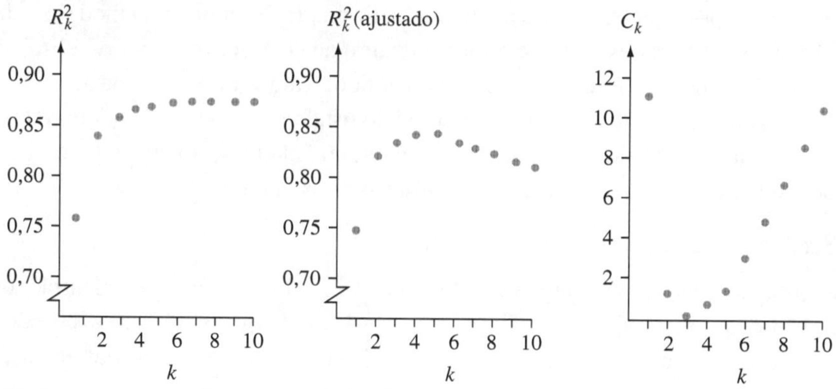

Figura 13.18 R_k^2 e C_k representam graficamente os dados do consumo de gasolina/milha. ■

Genericamente falando, quando se usa um subconjunto de k preditores ($k < m$) para ajustar um modelo, os estimadores $\hat{\beta}_0, \hat{\beta}_1, ..., \hat{\beta}_k$ serão influenciados por $\beta_0, \beta_1, ..., \beta_k$ e $\hat{Y}$ também será um estimador viciado para a $E(Y)$ verdadeira (tudo isso porque estão faltando $m - k$ preditores no modelo ajustado). Contudo, como medido pelo erro total esperado normalizado Γ_k, a precisão das estimativas baseadas em um subconjunto é maior do que a que seria obtida se fossem usados todos os preditores possíveis; fundamentalmente, essa maior precisão implica um custo, a introdução de um vício nos estimadores. Um valor de k para o qual $C_k \approx k + 1$ indica que o vício associado a este modelo de k preditores seria pequeno.

Exemplo 13.22

Os dados sobre a resistência de cisalhamento de ligação do Exemplo 13.12 contêm o valor de quatro diferentes variáveis independentes, x_1-x_4. Descobrimos que o modelo que compreende apenas essas quatro variáveis como preditores era útil, e não há nenhuma razão convincente para pensarmos em incluir preditores de segunda ordem. A Figura 13.19 apresenta a resposta à solicitação feita ao Minitab para que identificasse os dois melhores modelos de cada tamanho especificado.

O melhor modelo de dois preditores, com preditores de potência e temperatura, parece ser uma boa escolha em todos os casos: o R^2 é significativamente maior do que para os modelos com poucos preditores, ainda que quase tão grande quanto para qualquer modelo maior, o R^2(ajustado) alcançou praticamente seu valor máximo em relação a esses dados e C_2 é pequeno e próximo de $2 + 1 = 3$.

A resposta é a resistência

Variáveis	R²	R² (ajustado)	C-p	s	f	p	tem	tp
1	57,7	56,2	11,0	5,9289		X		
1	10,8	7,7	51,9	8,6045			X	
2	68,5	66,2	3,5	5,2070		X	X	
2	59,4	56,4	11,5	5,9136		X		X
3	70,2	66,8	4,0	5,1590		X	X	X
3	69,7	66,2	4,5	5,2078	X	X	X	
4	71,4	66,8	5,0	5,1580	X	X	X	X

(f = força; p = potência; temp = temperatura; tp= tempo)

Figura 13.19 Resultado da opção "melhores subconjuntos" do Minitab.

Regressão passo a passo (*stepwise regression*) Quando o número de preditores é muito grande para permitir a avaliação explícita ou implícita de todos os possíveis subconjuntos, vários procedimentos alternativos de seleção geralmente identificarão bons modelos. O procedimento mais simples é o método de **eliminação retroativa** (ER)(*backward elimination*). Esse método começa com o modelo no qual são usados todos os preditores em avaliação. Seja $x_1, ..., x_m$ o conjunto de todos esses preditores. Portanto, cada razão t $\hat{\beta}_1/s_{\hat{\beta}_i}(i = 1, ..., m)$ apropriada para o teste H_0: $\beta_i = 0$ *versus* H_a: $\beta_i \neq 0$ é examinada. Se a razão t com o menor valor absoluto for menor que uma constante t_{out} pré-especificada, ou seja, se,

$$\min_{i=1,...,m} \left| \frac{\hat{\beta}_i}{s_{\hat{\beta}_i}} \right| < t_{out}$$

então, o preditor correspondente a essa razão menor é eliminado do modelo. O modelo reduzido é, dessa forma, ajustado, as $m - 1$ razões t são novamente examinadas, e outro preditor é eliminado se corresponder à menor razão t absoluta inferior a t_{out}. Nesse sentido, o algoritmo continua até determinada etapa; todas as razões t absolutas são no mínimo t_{out}. O modelo usado é aquele que contém todos os preditores que não foram eliminados. O valor $t_{out} = 2$ em geral é recomendado, visto que a maioria dos valores $t_{0,05}$ são aproximadamente 2. Alguns softwares concentram-se nos valores-P, em vez de nas razões t.

Exemplo 13.23 (continuação do Exemplo 13.20)

Em relação ao modelo quadrático completo codificado, no qual y = volume de alcatrão, os cinco preditores possíveis são x_1', x_2', $x_3' = x_1'^2$, $x_4' = x_2'^2$ e $x_5' = x_1'x_2'$ (de modo que $m = 5$). Sem especificar t_{out}, o preditor com a menor razão t absoluta (com asterisco) foi eliminado em cada uma das etapas, gerando a sequência de modelos mostrada na Tabela 13.11.

Tabela 13.11 Resultados de eliminação retroativa para os dados do Exemplo 13.20

		|razão t|				
Etapas	**Preditores**	**1**	**2**	**3**	**4**	**5**
1	1, 2, 3, 4, 5	16,0	10,8	2,9	2,8	1,8*
2	1, 2, 3, 4	15,4	10,2	3,7	2,0*	—
3	1, 2, 3	14,5	12,2	4,3*	—	—
4	1, 2	10,9	9,1*	—	—	—
5	1	4,4*	—	—	—	—

Usando $t_{out} = 2$, o modelo resultante teria por base x_1', x_2' e x_3', visto que na Etapa 3 nenhum preditor poderia ser eliminado. É possível confirmar se cada subconjunto é de fato o melhor subconjunto do respectivo tamanho, embora isto não aconteça sempre. ■

Uma alternativa ao procedimento ER é a **seleção progressiva** (SP) (*forward selection*). A SP inicia-se sem parâmetro algum no modelo e experimenta ajustar o modelo sucessivamente com apenas x_1, apenas x_2, ..., e, por fim, apenas x_m. A variável que, quando ajustada, gera a maior razão t absoluta é introduzida no modelo contanto que essa razão ultrapasse a constante especificada t_{in}. Suponha que x_1 seja introduzido no modelo. Então, os modelos com (x_1, x_2), (x_1, x_3), ..., (x_1, x_m) são, por sua vez, considerados. O maior $|\hat{\beta}_j/s_{\hat{\beta}_j}|(j = 2, ..., m)$ especifica o preditor introduzido, de modo que esse valor máximo também exceda t_{in}. O processo continua até a etapa em que nenhuma razão t absoluta exceda t_{in}. Os preditores inseridos, portanto, especificam o modelo. O valor $t_{in} = 2$, em geral, é usado pelo mesmo motivo que $t_{out} = 2$ é usado na ER. Em relação aos dados sobre o volume de alcatrão, a SP gerou a sequência de modelos apresentada nas etapas 5, 4, ..., 1 da Tabela 13.11 e, desse modo, está de acordo com a ER. Isso nem sempre ocorre.

O procedimento retroativo mais amplamente usado é uma combinação de SP e ER, chamada de PR. Esse procedimento inicia-se com a seleção progressiva, adicionando variáveis ao modelo, mas depois de adicionar cada variável ele examina as variáveis anteriormente introduzidas para verificar se alguma deve ser eliminada. Por exemplo, se houvesse oito preditores em avaliação e o conjunto atual compreendesse x_2, x_3, x_5 e x_6 com x_5 tendo acabado de ser adicionado, as razões t $\hat{\beta}_2/s_{\hat{\beta}_2}$, $\hat{\beta}_3/s_{\hat{\beta}_3}$ e $\hat{\beta}_6/s_{\hat{\beta}_6}$ seriam examinadas. Se a menor razão absoluta for menor que t_{out}, a variável correspondente é eliminada do modelo (alguns pacotes de software baseiam suas decisões sobre $f = t^2$). A ideia por trás do procedimento PR é que, com a seleção progressiva, uma única variável pode estar relacionada com y de uma maneira mais significativa que duas ou mais variáveis individualmente, mas, mais tarde, a combinação dessas variáveis pode tornar redundante a variável única. Isso de fato ocorreu com os dados sobre o consumo de gasolina/milha do Exemplo 13.21, em que x_2 foi introduzido e subsequentemente extraído do modelo.

Embora na maioria das situações esses procedimentos de seleção automáticos identifiquem um bom modelo, não há nenhuma garantia de que serão gerados o melhor ou o mais próximo do melhor modelo. É necessário examinar minuciosamente os conjuntos de dados para os quais parecem haver relações significativas entre alguns dos possíveis preditores; falaremos mais sobre isso em breve.

Identificação de observações influentes

Na regressão linear simples, é fácil reconhecer uma observação cujo valor x é bem maior ou bem menor que outros valores x na amostra. Essa observação pode ter um grande impacto na equação de regressão estimada (se ela realmente depende da distância em que o ponto (x, y) está na linha determinada pelos outros pontos no gráfico de dispersão). Na regressão múltipla, é também desejável saber se os valores dos preditores de uma determinada observação são tais que ela tem o potencial de exercer grande influência sobre a equação estimada. Um método para identificar observações potencialmente influentes vale-se da constatação de que, pelo fato de cada $\hat{\beta}_i$ ser uma função linear de $y_1, y_2, ..., y_n$, cada valor y predito na forma $\hat{y} = \hat{\beta}_0 + \hat{\beta}_1 x_1 + \cdots + \hat{\beta}_k x_k$ é também uma função linear dos y_j. Em particular, os valores preditos correspondentes às observações amostrais podem ser escritos conforme a seguir:

$$
\begin{aligned}
\hat{y}_1 &= h_{11}y_1 + h_{12}y_2 + \cdots + h_{1n}y_n \\
\hat{y}_2 &= h_{21}y_1 + h_{22}y_2 + \cdots + h_{2n}y_n \\
&\vdots \\
\hat{y}_n &= h_{n1}y_1 + h_{n2}y_2 + \ldots + h_{nn}y_n
\end{aligned}
$$

Cada coeficiente h_{ij} é uma função apenas dos x_{ij} na amostra, e não dos y_j. É possível mostrar que $h_{ij} = h_{ji}$ e que $0 \leq h_{jj} \leq 1$.

Foquemos nos coeficientes da "diagonal" $h_{11}, h_{22}, ..., h_{nn}$. O coeficiente h_{jj} é o peso dado a y_j no cálculo do valor predito $\hat{y}_j$ correspondente. Essa quantidade pode ainda ser expressa como uma medida da distância entre o ponto $(x_{1j}, ..., x_{kj})$ no espaço k-dimensional e o centro dos dados $(\bar{x}_1., ..., \bar{x}_k.)$. Portanto, é natural caracterizar uma observação cujo h_{jj} é relativamente grande como uma que tenha potencialmente grande influência. A menos que haja uma perfeita relação linear entre os k preditores, $\sum_{j=1}^{n} h_{jj} = k + 1$, portanto, a média dos h_{jj} é $(k + 1)/n$. Alguns estatísticos sugerem que, se $h_{jj} > 2(k + 1)/n$, a j-ésima observação será citada como sendo potencialmente influente; outros usam $3(k + 1)/n$ como a linha de divisão.

Exemplo 13.24

Os dados a seguir foram apresentados no artigo "Testing for the inclusion of variables in linear regression by a randomization technique" (*Technometrics*, 1966: 695-699) e foram novamente analisados por Hoaglin e Welsch, em "The hat matrix in regression and ANOVA" (*Amer. Statistician*, 1978: 17-23). Os h_{ij} (os elementos abaixo da diagonal foram omitidos por simetria) resultam dos seguintes dados:

Número de vigas	**Gravidade específica (x_1)**	**Conteúdo de umidade (x_2)**	**Resistência (y)**
1	0,499	11,1	11,14
2	0,558	8,9	12,74
3	0,604	8,8	13,13
4	0,441	8,9	11,51
5	0,550	8,8	12,38
6	0,528	9,9	12,60
7	0,418	10,7	11,13
8	0,480	10,5	11,70
9	0,406	10,5	11,02
10	0,467	10,7	11,41

	1	**2**	**3**	**4**	**5**	**6**	**7**	**8**	**9**	**10**
1	0,418	−0,002	0,079	−0,274	−0,046	0,181	0,128	0,222	0,050	0,242
2		0,242	0,292	0,136	0,243	0,128	−0,041	0,033	−0,035	0,004
3			0,417	−0,019	0,273	0,187	−0,126	0,044	−0,153	0,004
4				0,604	0,197	−0,038	0,168	−0,022	0,275	−0,028
5					0,252	0,111	−0,030	0,019	−0,010	−0,010
6						0,148	0,042	0,117	0,012	0,111
7							0,262	0,145	0,277	0,174
8								0,154	0,120	0,168
9									0,315	0,148
10										0,187

Aqui, $k = 2$, portanto $(k + 1)/n = 3/10 = 0{,}3$; visto que $h_{44} = 0{,}604 > 2(0{,}3)$, o quarto ponto de dados é identificado como potencialmente influente. ■

Outra técnica para avaliar a influência da j-ésima observação que leva em conta y_j e igualmente os valores preditos envolve a exclusão da j-ésima observação do conjunto de dados e que se realize uma regressão com base nas observações remanescentes. Se os coeficientes estimados da regressão da "observação excluída" diferirem significativamente das estimativas baseadas nos dados completos, a j-ésima observação sem dúvida terá exercido um impacto substancial sobre o ajuste. Uma maneira de avaliar se os coeficientes estimados mudam significativamente é expressar cada mudança em relação ao desvio padrão estimado do coeficiente:

$$\frac{(\hat{\beta}_i \text{ antes da exclusão}) - (\hat{\beta}_i \text{ após a exclusão})}{s_{\hat{\beta}_i}} = \frac{\text{mudança em } \hat{\beta}_i}{s_{\hat{\beta}_i}}$$

Existem fórmulas computacionais eficientes que permitem que todas essas informações sejam obtidas da regressão em que "não há exclusão", de modo que as n regressões adicionais não são necessárias.

Exemplo 13.25 (continuação do Exemplo 13.24)

Experimente excluir separadamente as observações 1 e 6, cujos resíduos são os maiores, e a observação 4, na qual h_{jj} é grande. A Tabela 13.12 contém as informações pertinentes.

Tabela 13.12 Mudanças nos coeficientes estimados para o Exemplo 13.25

			Mudança quando o ponto j é excluído		
Parâmetro	**Estimativas sem exclusões**	**DP estimado**	$j = 1$	$j = 4$	$j = 6$
β_0	10,302	1,896	2,710	−2,109	−0,642
β_1	8,495	1,784	−1,772	1,695	0,748
β_2	0,2663	0,1273	−0,1932	0,1242	0,0329
		e_j:	−3,25	−0,96	2,20
		h_{jj}:	0,418	0,604	0,148

Para excluir tanto o ponto 1 quanto o ponto 4, a mudança em cada estimativa está no intervalo de 1–1,5 desvios padrão, que é razoavelmente significativa (isso não nos diz o que aconteceria se ambos os pontos fossem omitidos simultaneamente). Entretanto, em relação ao ponto 6, a mudança é de aproximadamente 0,25 desvio padrão. Portanto, os pontos 1 e 4, mas não o 6, poderiam muito bem ser omitidos no cálculo da equação da regressão.

Multicolinearidade

Em vários conjuntos de dados de regressão múltipla, os preditores $x_1, x_2, ..., x_k$ são altamente interdependentes. Considere o modelo usual

$$Y = \beta_0 + \beta_1 x_1 + \cdots + \beta_k x_k + \epsilon$$

com os dados $(x_{1j}, ..., x_{kj}, y_j)$ $(j = 1, ..., n)$ disponíveis para ajuste. Suponha que o princípio dos mínimos quadrados seja usado para regredir x_i sobre os outros preditores $x_1, ..., x_{i-1}, x_{i+1}, ..., x_k$, resultando em

$$\hat{x}_i = a_0 + a_1 x_1 + \cdots + a_{i-1} x_{i-1} + a_{i+1} x_{i+1} + \cdots + a_k x_k$$

Será possível mostrar que

$$V(\hat{\beta}_i) = \frac{\sigma^2}{\sum_{j=1}^{n}(x_{ij} - \hat{x}_{ij})^2} \tag{13.22}$$

Quando os valores x_i da amostra puderem ser preditos muito bem com base nos outros valores de predição, o denominador de (13.22) será pequeno, de modo que $V(\hat{\beta}_i)$ será bem grande. Se isso ocorrer com pelo menos um preditor, diz-se que os dados exibem **multicolinearidade**. A multicolinearidade em geral é sugerida por um resultado de regressão por computador no qual R^2 é grande, mas algumas das razões t $\hat{\beta}_i/s_{\hat{\beta}_i}$ são pequenas para preditores que, com base em informações anteriores e na intuição, parecem importantes. Outro indício de que existe multicolinearidade está relacionado com o valor de $\hat{\beta}_i$, cujo sinal é oposto ao que a intuição iria sugerir, o que indica que outro preditor ou conjunto de preditores está funcionando como "substituto" de x_i.

Uma avaliação da extensão da multicolinearidade pode ser obtida regredindo cada preditor sequencialmente sobre os $k - 1$ preditores remanescentes. Seja R_i^2 o valor do R^2 na regressão com a variável dependente x_i e os preditores $x_1, ..., x_{i-1}, x_{i+1}, ..., x_k$. Diz-se que a multicolinearidade severa está presente se $R_i^2 > 0{,}9$ para qualquer i. Alguns softwares estatísticos irão se recusar a incluir um preditor no modelo quando seu valor R_i^2 estiver bem perto de 1.

Infelizmente, não existe consenso entre os estatísticos sobre quais soluções são apropriadas quando a multicolinearidade está presente. Uma possibilidade é continuar a usar um modelo que inclua todos os preditores, mas estimar os parâmetros usando um princípio diferente dos mínimos quadrados. Veja uma referência deste capítulo para obter mais detalhes.

EXERCÍCIOS Seção 13.5 (55–64)

55. O artigo "Bank full discharge of rivers" (*Water Resources J.*, 1978: 1141-1154) apresenta os dados a seguir sobre a quantidade de descarga (q, em m^3/s), área de vazão (a, em m^2) e inclinação (declive) da superfície da água (b, em m/m), obtidos em inúmeras estações de planícies de inundação. Segue um subconjunto dos dados. O artigo propôs um modelo potência multiplicativo $Q = \alpha a^{\beta} b^{\gamma} \epsilon$.

q	17,6	23,8	5,7	3,0	7,5
a	8,4	31,6	5,7	1,0	3,3
b	0,0048	0,0073	0,0037	0,0412	0,0416
q	89,2	60,9	27,5	13,2	12,2
a	41,1	26,2	16,4	6,7	9,7
b	0,0063	0,0061	0,0036	0,0039	0,0025

a. Use uma transformação apropriada para tornar o modelo linear e, em seguida, estime os parâmetros de regressão para o modelo transformado. Por fim, estime α, β e γ (os parâmetros do modelo original). Qual seria sua previsão de quantidade de descarga em relação a uma área de vazão de 10 e inclinação de 0,01?

b. Sem de fato realizar nenhuma análise, como você ajustaria um modelo exponencial multiplicativo $Q = \alpha e^{\beta a} e^{\gamma b} \epsilon$?

c. Após a transformação para obter linearidade no item (a), o IC de 95% obtido de um resultado de computador para o valor da função de regressão transformada em relação a $a = 3{,}3$ e $b = 0{,}0046$ foi (0,217, 1,755). Obtenha um IC de 95% para $\alpha a^{\beta} b^{\gamma}$ quando $a = 3{,}3$ e $b = 0{,}0046$.

56. Em um experimento para estudar os fatores que influenciam a gravidade específica da madeira ("Anatomical factors influencing wood specific gravity of slash pines and the implications for the development of a high-quality pulpwood", *TAPPI*, 1964: 401-404), uma amostra de 20 madeiras adultas foi obtida e medidas foram tiradas do número de fibras/mm^2 no lenho jovem (x_1), número de fibras/mm^2 no lenho tardio (x_2), % lenho jovem (x_3), absorção de luz no lenho jovem (x_4) e absorção de luz no lenho tardio (x_5).

a. O ajuste da função de regressão $\mu_{Y \cdot x_1, x_2, x_3, x_4, x_5} = \beta_0 + \beta_1 x_1 + \cdots + \beta_5 x_5$ resultou em $R^2 = 0{,}769$. Os dados indicam que há uma relação linear entre a gravidade específica e pelo menos um dos preditores? Teste usando $\alpha = 0{,}01$.

b. Quando x_2 é retirado do modelo, o valor de R^2 permanece em 0,769. Calcule e R^2(ajustado) para o modelo completo e para o modelo com x_2 excluído.

c. Quando x_1, x_2 e x_4 são todos excluídos, o valor resultante de R^2 é 0,654. A soma de quadrados total é SQT = 0,0196610. Os dados sugerem que todos os x_1, x_2 e x_4 têm coeficientes zero no modelo de regressão verdadeiro? Teste as hipóteses apropriadas no nível 0,05.

d. A média e o desvio padrão de x_3 foram 52,540 e 5,4447, respectivamente, ao passo que os de x_5 eram 89,195 e 3,6660, respectivamente. Quando o modelo que envolve essas duas variáveis padronizadas foi ajustado, a equação de regressão estimada era $y = 0{,}5255 - 0{,}0236x_3' + 0{,}0097x_5'$. Que valor da gravidade específica você iria prever para uma amostra de madeira com % lenho jovem = 50 e % de absorção de luz no lenho tardio = 90?

e. O desvio padrão estimado do coeficiente estimado $\hat{\beta}_3$ de x_3' (isto é, para $\hat{\beta}_3$ do modelo padronizado) era 0,0046. Obtenha um IC de 95% para β_3.

f. Usando as informações dos itens (d) e (e), qual é o coeficiente estimado de x_3 no modelo não padronizado (usando apenas os preditores x_3 e x_5) e qual é o desvio padrão estimado do estimador dos coeficientes (isto é, $s_{\hat{\beta}_3}$ para $\hat{\beta}_3$ no modelo não padronizado)?

g. A estimativa de σ para o modelo de dois preditores é $s = 0{,}02001$, ao passo que o desvio padrão estimado de $\hat{\beta}_0 + \hat{\beta}_3 x_3' + \hat{\beta}_5 x_5'$ quando $x_3' = -0{,}3747$ e $x_5' = -0{,}2769$ (isto é, quando $x_3 = 50{,}5$ e $x_5 = 88{,}9$) é 0,00482. Calcule um IP de 95% para a gravidade quando % lenho jovem = 50,5 e % absorção de luz na absorção no lenho tardio = 88,9.

57. O resultado da regressão múltipla do Minitab para os dados sobre PAH do Exercício 53 na seção anterior incluiu as seguintes informações:

Observações incomuns

Obs	x1	flrt	ajuste	EP ajuste	Resíduo	Resíduo padroniz
6	243500	604,7	582,9	40,7	21,8	1,25X
7	67793	27,7	139,3	12,3	−111,6	−2,62R

R representa uma observação com um grande resíduo padronizado

X representa uma observação cujo valor X disponibiliza grande influência.

O que isso sugere sobre a aplicabilidade de se usar a equação ajustada apresentada anteriormente como base para inferências? Os pesquisadores na verdade excluíram a observação 7 e realizaram novamente a regressão. Isso faz sentido?

58. O artigo "Response surface methodology for protein extraction optimization of red pepper seed" (*Food Sci. and Tech.*, 2010: 226-231) fornece dados a respeito da variável resposta y = produção proteica (%) e das variáveis independentes x_1 = temperatura (°C), x_2 = pH, x_3 = tempo de extração (min) e x_4 = razão solvente/refeição.

a. Ajustando o modelo com os quatros x_i como preditores, obtém-se o seguinte resultado:

Preditor	Coef	EP Coef	T	P
Constante	−4,586	2,542	−1,80	0,084
x1	0,01317	0,02707	0,49	0,631
x2	1,6350	0,2707	6,04	0,000
x3	0,02883	0,01353	2,13	0,044
x4	0,05400	0,02707	1,99	0,058

Fonte	GL	SQ	QM	F	P
Regressão	4	19,8882	4,9721	11,31	0,000
Erro residual	24	10,5513	0,4396		
Total	28	30,4395			

Calcule e interprete os valores de R^2 e o R^2(ajustado). O modelo parece útil?

b. Ajustando o modelo de segunda ordem completo obtêm-se os seguintes resultados:

Preditor	Coef	EP Coef	T	P
Constante	−119,49	18,53	−6,45	0,000
x1	−0,1047	0,2839	−0,37	0,718
x2	28,678	3,625	7,91	0,000
x3	0,4074	0,1303	3,13	0,007
x4	0,2711	0,2606	1,04	0,316
(x1)²	−0,000752	0,002110	−0,36	0,727
(x2)²	−1,6452	0,2110	−7,80	0,000
(x3)²	0,0002121	0,0005275	0,40	0,694
(x4)²	−0,015152	0,002110	−7,18	0,000
x1x2	0,02150	0,02687	0,80	0,437
x1x3	0,000550	0,001344	0,41	0,688
x1x4	−0,000800	0,002687	−0,30	0,770
x2x3	−0,05900	0,01344	−4,39	0,001
x2x4	0,03900	0,02687	1,45	0,169
x3x4	0,002725	0,001344	2,03	0,062

S = 0,268703 R² = 96,7% R²(ajustado) = 93,4%

Fonte	GL	SQ	QM	F	P
Regressão	14	29,4287	2,1020	29,11	0,000
Erro residual	14	1,0108	0,0722		
Total	28	30,4395			

Pelo menos um dos preditores de segunda ordem parece ser útil? Realize um teste apropriado das hipóteses.

c. A partir do resultado em (b), uma conjectura razoável é que nenhum dos preditores envolvendo x_1 fornece informações úteis. Quando esses preditores são eliminados, o valor de SQE para o modelo de regressão é 1,1887. Isso sustenta a conjectura?

d. Eis o resultado da opção dos melhores subgrupos do Minitab, com apenas o único melhor subgrupo de cada tamanho identificado. Qual(is) modelo(s) você consideraria usar (considere checar a adequação do modelo)?

Resultado do Minitab para o Exercício 58

Vars	R²	R²(ajustado)	Cp de Mallows	S	x1	x2	x3	x4	1sqd	2sqd	3sqd	4sqd	x1x2	x1x3	x1x4	x2x3	x2x4	x3x4
1	52,7	50,9	174,4	0,73030		X												
2	67,9	65,4	112,5	0,61349								X					X	
3	77,7	75,0	73,1	0,52124		X				X								X
4	83,4	80,7	50,8	0,45835		X		X		X		X						
5	90,9	88,9	21,4	0,34731		X				X		X					X	X
6	94,6	93,1	7,9	0,27422		X	X	X		X		X				X		
7	95,8	94,4	4,7	0,24683		X	X			X		X				X	X	X
8	96,2	94,6	5,1	0,24137		X	X			X		X		X		X	X	X
9	96,4	94,7	6,1	0,23962		X	X	X		X		X		X		X	X	X
10	96,6	94,6	7,5	0,24132		X	X	X	X	X		X	X			X	X	X
11	96,6	94,4	9,4	0,24716	X	X	X	X		X	X	X	X			X	X	X
12	96,6	94,1	11,2	0,25328	X	X	X	X		X	X	X	X	X		X	X	X
13	96,7	93,8	13,1	0,26041	X	X	X	X	X	X	X	X	X	X		X	X	X
14	96,7	93,4	15,0	0,26870	X	X	X	X	X	X	X	X	X	X	X	X	X	X

59. A opção Melhor Regressão (*best regression*) do Minitab foi usada nos dados sobre a gravidade específica da madeira apresentados no Exercício 56, gerando o resultado a seguir. Qual(is) modelo(s) deveria(m) ser investigado(s) mais detalhadamente?

A variável resposta é gravidade específica do lenho jovem

Variávies	R^2	R^2 (ajustado)	C-p	s	f.l.j.	f.l.t.	%l.j.	a.l.l.j.	a.l.l.t.
1	56,4	53,9	10,6	0,021832			X		
1	10,6	5,7	38,5	0,031245					X
1	5,3	0,1	41,7	0,032155		X			
2	65,5	61,4	7,0	0,019975			X		X
2	62,1	57,6	9,1	0,020950		X	X		
2	60,3	55,6	10,2	0,021439	X		X		
3	72,3	67,1	4,9	0,018461	X		X		X
3	71,2	65,8	5,6	0,018807			X	X	X
3	71,1	65,7	5,6	0,018846		X	X		X
4	77,0	70,9	4,0	0,017353	X		X	X	X
4	74,8	68,1	5,4	0,018179		X	X	X	X
4	72,7	65,4	6,7	0,018919	X	X	X		X
5	77,0	68,9	6,0	0,017953	X	X	X	X	X

f.l.j. = fibra lenho jovem
f.l.t. = fibra de lenho tardio
%l.j. = % lenho jovem
a.l.l.j. = absorção de luz lenho jovem
a.l.l.t. = absorção de luz lenho tardio

60. Os dados a seguir processados no Minitab resultaram da aplicação dos métodos de eliminação retroativa e de seleção progressiva aos dados sobre a gravidade específica da madeira apresentados no Exercício 56. Para cada método, explique o que ocorreu a cada iteração do algoritmo.

```
A variável resposta é gravidade específica
do lenho jovem sobre 5 preditores, com N = 20

Etapa              1         2         3         4
Constante     0,4421    0,4384    0,4381    0,5179

f.l.j.       0,00011   0,00011   0,00012
Valor total     1,17      1,95      1,98

f.l.t.       0,00001
Valor total     0,12

%l.j.       -0,00531  -0,00526  -0,00498  -0,00438
Valor total    -5,70     -6,56     -5,96     -5,20

a.l.l.j.     -0,0018   -0,0019
Valor total    -1,63     -1,76

a.l.l.t.      0,0044    0,0044    0,0031    0,0027
Valor total     3,01      3,31      2,63      2,12

S             0,0180    0,0174    0,0185    0,0200
R²             77,05     77,03     72,27     65,50

Etapa              1         2
Constante     0,7585    0,5179

%l.j.       -0,00444  -0,00438
Valor total    -4,82     -5,20

a.l.l.t.                0,0027
Valor total               2,12

S             0,0218    0,0200
R²             56,36     65,50
```

61. Reveja os dados sobre a gravidade específica da madeira apresentados no Exercício 56. Os valores de R^2 a seguir resultaram da regressão de cada preditor sobre os outros quatro previsores (na primeira regressão, a variável dependente foi x_1 e os preditores foram x_2–x_5 etc.): 0,628, 0,711, 0,341, 0,403 e 0,403. A multicolinearidade parece ser um problema significativo? Explique.

62. Um estudo realizado para investigar a relação entre a variável resposta relativa a quedas de pressão em uma coluna de bolhas de uma chapa térmica e os preditores x_1 = velocidade do fluído superficial, x_2 = viscosidade do líquido e x_3 = tamanho da abertura da malha gerou os dados a seguir ("A cor-

Dados para o Exercício 62

Observação	Velocidade	Viscosidade	Abertura da malha	Resposta	Resíduos padronizados	h_{ii}
1	2,14	10,00	0,34	28,9	2,01721	0,202242
2	4,14	10,00	0,34	26,1	1,34706	0,066929
3	8,15	10,00	0,34	22,8	0,96537	0,274393
4	2,14	2,63	0,34	24,2	1,29177	0,224518
5	4,14	2,63	0,34	15,7	−0,68311	0,079651
6	8,15	2,63	0,34	18,3	0,23785	0,267959
7	5,60	1,25	0,34	18,1	0,06456	0,076001
8	4,30	2,63	0,34	19,1	0,13131	0,074927
9	4,30	2,63	0,34	15,4	−0,74091	0,074927
10	5,60	10,10	0,25	12,0	−1,38857	0,152317
11	5,60	10,10	0,34	19,8	−0,03585	0,068468
12	4,30	10,10	0,34	18,6	−0,40699	0,062849
13	2,40	10,10	0,34	13,2	−1,92274	0,175421
14	5,60	10,10	0,55	22,8	−1,07990	0,712933
15	2,14	112,00	0,34	41,8	−1,19311	0,516298
16	4,14	112,00	0,34	48,6	1,21302	0,513214
17	5,60	10,10	0,25	19,2	0,38451	0,152317
18	5,60	10,10	0,25	18,4	0,18750	0,152317
19	5,60	10,10	0,25	15,0	−0,64979	0,152317

relation of twophase pressure drops in screen-plate bubble column", *Canad. J. of Chem. Engr.*, 1993: 460-463). Os resíduos padronizados e os valores h_{ii} resultaram do modelo com apenas x_1, x_2 e x_3 como preditores. Existe alguma observação incomum?

63. Na tabela a seguir, apresentamos a menor SQE para cada um dos números k de preditores ($k = 1, 2, 3, 4$) de um problema de regressão no qual y = aquecimento cumulativo para o endurecimento do cimento, x_1 = % aluminato tricálcico, x_2 = % silicato tricálcico, x_3 = % ferrato de alumínio e x_4 = % silicato dicálcico.

Número *k* de preditores	Previsor(s)	SQE
1	x_4	880,85
2	x_1, x_2	58,01
3	x_1, x_2, x_3	49,20
4	x_1, x_2, x_3, x_4	47,86

Além disso, $n = 13$ e SQT = 2 715,76.

a. Use os critérios discutidos no texto para indicar um determinado modelo de regressão.

b. A seleção progressiva resultaria no melhor modelo de dois preditores? Explique.

64. Veja os dados sobre a descarga de água apresentados no Exercício 55 e considere $y = \ln(q)$, $x_1 = \ln(a)$ e $x_2 = \ln(b)$. Considere ajustar o modelo $Y = \beta_0 + \beta_1 x_1 + \beta_2 x_2 + \epsilon$.

a. Os h_{ii} resultantes são 0,138, 0,302, 0,266, 0,604, 0,464, 0,360, 0,215, 0,153, 0,214 e 0,284. Alguma observação parece ser influente?

b. Os coeficientes estimados são $\hat{\beta}_0 = 1{,}5652$, $\hat{\beta}_1 = 0{,}9450$ e $\hat{\beta}_2 = 0{,}1815$, e os desvios padrão correspondentes são $s_{\hat{\beta}_0} = 0{,}7328$, $s_{\hat{\beta}_1} = 0{,}1528$ e $s_{\hat{\beta}_2} = 0{,}1752$. O segundo resíduo padronizado é $e_2^* = 2{,}19$. Quando a segunda observação estiver omitida no conjunto de dados, os coeficientes estimados resultantes são $\hat{\beta}_0 = 1{,}8982$, $\hat{\beta}_1 = 1{,}025$ e $\hat{\beta}_2 = 0{,}3085$. Algumas dessas mudanças indicam que a segunda observação é influente?

c. A exclusão da quarta observação (por quê?) produz $\hat{\beta}_0 = 1{,}4592$, $\hat{\beta}_1 = 0{,}9850$ e $\hat{\beta}_2 = 0{,}1515$. Essa observação é influente?

EXERCÍCIOS COMPLEMENTARES (65–82)

65. Sabe-se que o tratamento do concreto é vulnerável a vibrações por choque, que podem provocar rachaduras ou danos imperceptíveis no material. Como parte de um estudo sobre os fenômenos da vibração, o artigo "Shock vibration test of concrete" (*ACI Materials J.*, 2002: 361-370) relatou os dados a seguir sobre a velocidade de pico da partícula (mm/s) e razão da velocidade do pulso ultrassônico antes e após um impacto em prismas de concreto.

Obs	vpp	Razão	Obs	vpp	Razão
1	160	0,996	16	708	0,990
2	164	0,996	17	806	0,984
3	178	0,999	18	884	0,986
4	252	0,997	19	526	0,991
5	293	0,993	20	490	0,993
6	289	0,997	21	598	0,993
7	415	0,999	22	505	0,993
8	478	0,997	23	525	0,990
9	391	0,992	24	675	0,991
10	486	0,985	25	1211	0,981
11	604	0,995	26	1036	0,986
12	528	0,995	27	1000	0,984
13	749	0,994	28	1151	0,982
14	772	0,994	29	1144	0,962
15	532	0,987	30	1068	0,986

As rachaduras transversais apareceram nos últimos 12 prismas, mas não se observou nenhuma rachadura nos primeiros 18 prismas.

a. Elabore um *boxplot* comparativo da vpp para os prismas que sofreram e que não sofreram rachaduras e comente. Em seguida, avalie a diferença entre a vpp média verdadeira para os prismas com e sem rachaduras de maneira que transmita informações sobre precisão e confiabilidade.

b. Os pesquisadores ajustaram o modelo de regressão linear simples ao conjunto de dados de 30 observações, sendo a vpp a variável independente e a razão a variável dependente. Use um software estatístico para ajustar vários modelos de regressão diferentes e faça inferências apropriadas.

66. Os autores do artigo "Long-term effects of cathodic protection on prestressed concrete structures" (*Corrosion*, 1997: 891-908) apresentaram um gráfico de dispersão de y = fluxo de permeação em estado constante (μA/cm^2) *versus* x = inverso da espessura da lâmina (cm^{-1}); foi usado como base um padrão linear significativo para que se pudesse obter uma conclusão considerável sobre o comportamento do material. A seguir é apresentado o resultado do Minitab do ajuste do modelo de regressão linear simples.

```
A equação de regressão é
fluxo = −0,398 + 0,260 invespessura

Preditor        Coef        DP    razão t       P
Constante    −0,3982    0,5051      −0,79   0,460
invespessura0,26042   0,01502      17,34   0,000

s = 0,4506   R² = 98,0%   R²(ajustado) = 97,7%

Análise de variância

Fonte        GL       SQ        QM        F       P
Regressão     1   61,050    61,050   300,64   0,000
Erro          6    1,218     0,203
Total         7   62,269
```

Obs	inves-pessura	fluxo	Ajuste	DP ajuste	Resíduo	Resíduo padr
1	19,8	4,3	4,758	0,242	-0,458	-1,20
2	20,6	5,6	4,966	0,233	0,634	1,64
3	23,5	6,1	5,722	0,203	0,378	0,94
4	26,1	6,2	6,399	0,182	-0,199	-0,48
5	30,3	6,9	7,493	0,161	-0,593	-1,41
6	43,5	11,2	10,930	0,236	0,270	0,70
7	45,0	11,3	11,321	0,253	-0,021	-0,06
8	46,5	11,7	11,711	0,271	-0,011	-0,03

a. Interprete a inclinação estimada e o coeficiente de determinação.

b. Calcule uma estimativa pontual do fluxo médio verdadeiro quando o inverso da espessura da lâmina é 23,5.

c. O modelo parece útil?

d. Preveja o fluxo quando o inverso da espessura é 45, de maneira que transmita informações sobre precisão e confiabilidade.

e. Investigue a adequação do modelo.

67. O artigo "Validation of the rockport fitness walking test in college males and females" (*Research Quarterly for Exercise and Sport*, 1994: 152-158) recomendou a seguinte equação de regressão estimada para o y = VO_2máx (L/min, medida da capacidade cardiorrespiratória) relacionado aos preditores x_1= gênero (feminino = 0, masculino = 1), x_2 = peso (lb), x_3 = tempo de caminhada de 1 milha (min) e x_4 = taxa de batimentos cardíacos no fim da caminhada (batimentos/min):

$$y = 3{,}5959 + 0{,}6566x_1 + 0{,}0096x_2$$
$$-0{,}0996x_3 - 0{,}0080x_4$$

a. Como você interpretaria o coeficiente estimado $\hat{\beta}_3 = -0{,}0996$?

b. Como você interpretaria o coeficiente estimado $\hat{\beta}_1 = 0{,}6566$?

c. Suponha que uma observação sobre um indivíduo do sexo masculino com peso de 170 lb, tempo de caminhada de 11 min e taxa de batimentos cardíacos de 140 bpm resultou em VO_2máx= 3,15. O que você presumiria de VO_2máx nessa situação e qual é o valor do resíduo correspondente?

d. Usando SQE = 30,1033 e SQT = 102,3922, que proporção da variação observada em VO_2máx pode ser atribuída à relação do modelo?

e. Adotando um tamanho de amostra de n = 20, realize um teste de hipóteses para determinar se o modelo escolhido especifica uma relação útil entre VO_2máx e pelo menos um dos preditores.

68. O reconhecimento de características dos modelos de superfície de peças complexas está se tornando cada vez mais importante no desenvolvimento de sistemas de projeto auxiliado por computador (*computer-aided design* – CAD) eficientes. O artigo "A computationally efficient approach to feature abstraction in design-manufacturing integration" (*J. of Engr. for Industry*, 1995: 16-27) contém um gráfico de $\log_{10}$ (tempo total de reconhecimento), em que o tempo é apresentado em segundos, *versus* $\log_{10}$ (número de bordas de uma peça), do qual foram reproduzidos os seguintes dados representativos:

Log(bordas)	1,1	1,5	1,7	1,9	2,0	2,1
Log(tempo)	0,30	0,50	0,55	0,52	0,85	0,98
Log(bordas)	2,2	2,3	2,7	2,8	3,0	3,3
Log(tempo)	1,10	1,00	1,18	1,45	1,65	1,84
Log(bordas)	3,5	3,8	4,2	4,3		
Log(tempo)	2,05	2,46	2,50	2,76		

a. Um gráfico de dispersão de log(tempo) *versus* log(bordas) indica uma relação linear aproximada entre essas duas variáveis?

b. Que modelo probabilístico para relacionar y = tempo de reconhecimento com x = número de bordas é subentendido pela relação de regressão linear simples entre as variáveis transformadas?

c. As quantidades calculadas com base nos dados são

$$n = 16 \quad \sum x_i' = 42{,}4 \quad \sum y_i' = 21{,}69$$
$$\sum (x_i')^2 = 126{,}34 \quad \sum (y_i')^2 = 38{,}5305$$
$$\sum x_i'y_i' = 68{,}640$$

Calcule as estimativas de parâmetro do modelo no item (b) e, em seguida, obtenha uma previsão pontual do tempo quando o número de bordas é 300.

69. O artigo "Sensitivity analysis of a 2.5 kW proton exchange membrane fuel cell stack by statistical method" (*J. of Fuel Cell Sci. and Tech.*, 2009: 1-6) usou a análise de regressão para investigar a relação entre a potência da célula de combustível (W) e as variáveis independentes x_1 = pressão de H_2 (psi), x_2 = fluxo de H_2 (stoc), x_3 = pressão do ar (psi) e x_4 = fluxo de ar (stoc).

a. Eis o resultado do Minitab a partir do ajuste do modelo com as variáveis independentes mencionadas acima como preditores (também ajustado pelos autores do artigo citado):

Preditor	Coef	EP Coef	T	P
Constante	1507,3	206,8	7,29	0,000
x1	-4,282	4,969	-0,86	0,407
x2	7,46	62,11	0,12	0,907
x3	-0,9162	0,6227	-1,47	0,169
x4	90,60	24,84	3,65	0,004

S = 4,6885 R^2 = 59,6% R^2(ajustado) = 44,9%

Fonte	GL	SQ	QM	F	P
Regressão	4	40048	10012	4,06	0,029
Erro residual	11	27158	2469		
Total	15	67206			

Parece haver uma relação linear útil entre a potência e, pelo menos, um dos preditores? Realize um teste de hipóteses apropriadas.

b. O ajuste do modelo com os preditores x_3, x_4 e a interação x_3x_4 apresentou R^2 = 0,834. Esse modelo parece útil? Um teste F pode ser usado para comparar esse modelo ao modelo de (a)? Explique.

c. O ajuste do modelo com preditores $x_1 - x_4$, bem como todas as interações de segunda ordem, forneceu R^2 = 0,960 (esse modelo também foi ajustado pelos investigadores). Parece que pelo menos um dos preditores de interação fornece informações úteis a respeito da potência sobre e além das que são fornecidas pelos preditores de primeira ordem?

Expresse e teste as hipóteses apropriadas usando um nível de significância de 0,05.

70. Um aluno de engenharia aeronáutica realizou um experimento para investigar como y = coeficiente de sustentação/arrasto está relacionado com as variáveis x_1 = posição de uma determinada superfície de sustentação dianteira em relação à asa principal e x_2 = disposição da cauda em relação à asa principal, obtendo os dados a seguir (*Statistics for Engineering Problem Solving*, p. 133):

x_1 (pol)	x_2 (pol)	y
−1,2	−1,2	0,858
−1,2	0	3,156
−1,2	1,2	3,644
0	−1,2	4,281
0	0	3,481
0	1,2	3,918
1,2	−1,2	4,136
1,2	0	3,364
1,2	1,2	4,018
		$\bar{y}$ = 3,428, SQT = 8,55

a. Ajustando-se o modelo de primeira ordem, obtém-se SQE = 5,18, ao passo que, incluindo $x_3 = x_1x_2$ como preditor, obtém-se SQE = 3,07. Calcule e interprete o coeficiente de determinação múltipla de cada modelo.

b. Realize um teste de utilidade do modelo usando $\alpha = 0,05$ para cada um dos modelos descritos no item (a). Por acaso algum dos resultados surpreendeu você?

71. Foram medidas a pressão atmosférica (psi) e a temperatura (°F) de um processo de compressão em um determinado dispositivo de cilindro com êmbolo, gerando os dados a seguir (de *Introduction to Engineering Experimentation*, Prentice-Hall, Inc., 1996: 153):

Pressão	20,0	40,4	60,8	80,2	100,4
Temperatura	44,9	102,4	142,3	164,8	192,2
Pressão	120,3	141,1	161,4	181,9	201,4
Temperatura	221,4	228,4	249,5	269,4	270,8
Pressão	220,8	241,8	261,1	280,4	300,1
Temperatura	291,5	287,3	313,3	322,3	325,8
Pressão	320,6	341,1	360,8		
Temperatura	337,0	332,6	342,9		

a. Você ajustaria o modelo de regressão linear simples aos dados e o usaria como base para prever a temperatura de acordo com a pressão? Justifique sua resposta.

b. Encontre um modelo probabilístico adequado e use-o para prever o valor da temperatura resultante de uma pressão de 200 da maneira mais informativa possível.

72. O artigo "An experimental study of resistance spot welding in 1 mm thick sheet of low carbon steel" *J. of Engr. Manufacture*, 1996: 341-348) abordou uma análise estatística cujo principal objetivo era estabelecer uma relação que pudesse explicar a variação na resistência à solda (y) relacionando a resistência às seguintes características do processo: corrente de solda (cs), tempo de solda (ts) e força do eletrodo (fe).

a. SQT = 16,18555. Ajustando o modelo de segunda ordem completo, obtém-se SQE = 0,80017. Calcule e interprete o coeficiente de determinação múltipla.

b. Supondo que $n = 37$, realize um teste de utilidade do modelo (a tabela ANOVA do artigo expressa que $n - (k + 1) = 1$, mas outras informações fornecidas contradizem essa afirmação e estão consistentes com o tamanho da amostra que sugerimos).

c. A razão F fornecida para a interação corrente e tempo foi 2,32. Se todos os outros preditores forem mantidos no modelo, esse preditor de interação pode ser eliminado? [*Dica*: como na regressão linear simples, uma razão F para um coeficiente é o quadrado de sua razão t.]

d. Os autores propuseram eliminar dois preditores de interação e um preditor quadrático, e sugeriram a equação estimada $y = 3,352 + 0,098\text{cs} + 0,222\text{ts} + 0,297\text{fe} - 0,0102(\text{ts})^2 - 0,037(\text{fe})^2 + 0,0128(\text{cs})(\text{ts})$.

Considere uma corrente de solda de 10 kA, um tempo de solda de 12 ciclos ca e uma força de eletrodo de 6 kN. Supondo que o desvio padrão estimado da resistência prevista nessa situação seja 0,0750, calcule um IP de 95% para a resistência. O intervalo sugere que o valor da resistência pode ser previsto com precisão?

73. Os dados a seguir sobre x = frequência (MHz) e y = potência de saída (W) de uma determinada configuração de *laser* foram reproduzidos de um gráfico apresentado no artigo "Frequency dependence in RF discharge excited waveguide CO_2 lasers" (*IEEE J. Quantum Electronics*, 1984: 509-514).

x	60	63	77	100	125	157	186	222
y	16	17	19	21	22	20	15	5

Uma análise realizada por computador forneceu as informações a seguir para um modelo de regressão quadrática: $\hat{\beta}_0 = -1,5127$, $\hat{\beta}_1 = 0,391901$, $\hat{\beta}_2 = -0,00163141$, $s_{\hat{\beta}_2} = 0,00003391$, SQE = 0,29, SQT = 202,88 e $s_{\hat{Y}} = 0,1141$ quando $x = 100$.

a. O modelo quadrático parece adequado para explicar a variação observada na potência de saída relacionando-a à frequência?

b. O modelo de regressão linear simples seria quase tão satisfatório quanto o modelo quadrático?

c. Na sua opinião, valeria a pena avaliar um modelo cúbico?

d. Calcule um IC de 95% para a potência de saída esperada quando uma frequência é de 100.

e. Use um IP de 95% para prever a energia de uma única operação experimental quando uma frequência é de 100.

74. A condutividade é uma importante característica do vidro. O artigo "Structure and properties of rapidly quenched Li_2O-Al_2O-Nb $_2O_5$ glasses" (*J. of the Amer. Ceramic Soc.*,

1983: 890-892) relata os dados a seguir sobre x = Li_2O conteúdo de um determinado tipo de vidro e y = condutividade em 500 K.

x	19	20	24	27	29	30
y	$10^{-8,0}$	$10^{-7,1}$	$10^{-7,2}$	$10^{-6,7}$	$10^{-6,2}$	$10^{-6,8}$
x	31	39	40	43	45	50
y	$10^{-5,8}$	$10^{-5,3}$	$10^{-6,0}$	$10^{-4,7}$	$10^{-5,4}$	$10^{-5,1}$

(Esse é um subconjunto dos dados que aparecem no artigo.) Proponha um modelo adequado para relacionar y com x, estime os parâmetros do modelo e presuma a condutividade em relação a um conteúdo de Li_2O igual a 35.

75. O efeito do manganês (Mn) sobre o crescimento do trigo é examinado no artigo "Manganese deficiency and toxicity effects on growth, development and nutrient composition in wheat" (*Agronomy J.*, 1984: 213-217). Um modelo de regressão quadrática foi usado para relacionar y = altura da muda (cm) com $x = \log_{10}$ (Mn adicionado), sendo μM as unidades de Mn adicionado. Os dados a seguir foram reproduzidos de um gráfico de dispersão apresentado nesse artigo:

x	−1,0	−0,4	0	0,2	1,0
y	32	37	44	45	46
x	2,0	2,8	3,2	3,4	4,0
y	42	42	40	37	30

Além disso, $\hat{\beta}_0 = 41{,}7422$, $\hat{\beta}_1 = 6{,}581$, $\hat{\beta}_2 = -2{,}3621$, $s_{\hat{\beta}_0} = 0{,}8522$, $s_{\hat{\beta}_1} = 1{,}002$, $s_{\hat{\beta}_2} = 0{,}3073$, e SQE = 26,98.

a. O modelo quadrático é útil para descrever a relação entre x e y? [*Dica*: a regressão quadrática é um caso especial de regressão múltipla com $k = 2$, $x_1 = x$ e $x_2 = x^2$.] Aplique um procedimento apropriado.

b. O preditor quadrático deve ser eliminado?

c. Estime a altura esperada para o trigo tratado com 10 μM de Mn usando um IC de 90%. [*Dica*: o desvio padrão estimado de $\hat{\beta}_0 + \hat{\beta}_1 + \hat{\beta}_2$ é 1,031.]

76. O artigo "Chemithermomechanical pulp from mixed high density hardwoods" (*TAPPI*, julho de 1988: 145-146) relata um estudo no qual foram obtidos os dados a seguir para relacionar y = área de superfície específica (cm^2/g) para x_1 = % de NaOH usada como tratamento químico prévio e x_2 = tempo de tratamento (min) para um lote de polpa.

x_1	x_2	y
3	30	5,95
3	60	5,60
3	90	5,44
9	30	6,22
9	60	5,85
9	90	5,61
15	30	8,36
15	60	7,30
15	90	6,43

Os resultados do Minitab a seguir foram obtidos de uma solicitação de ajuste do modelo $Y = \beta_0 + \beta_1 x_1 + \beta_2 x_2 + \epsilon$.

```
A análise de regressão é
ÁREA = 6,05 + 0,142 NaOH -0,0169 TEMPO

Preditor        Coef        DP   Razão t        p
Constante     6,0483    0,5208     11,61    0,000
NaOH         0,14167   0,03301      4,29    0,005
TEMPO      -0,016944  0,006601     -2,57    0,043

s = 0,4851   R² = 80,7%   R²(ajustado) = 74,2%

Análise da variância

Fonte       GL       SQ        QM       F       p
Regressão    2   5,8854    2,9427   12,51   0,007
Erro         6   1,4118    0,2353
Total        8   7,2972
```

a. Que proporção de variação observada na área de superfície específica pode ser explicada pela relação do modelo?

b. O modelo escolhido parece especificar uma relação útil entre a variável dependente e os preditores?

c. Se % de NaOH permanecesse no modelo, você sugeriria que o preditor *tempo de tratamento* fosse eliminado?

d. Calcule um IC de 95% para a mudança esperada na área de superfície específica associada a um aumento de 1% de NaOH, mantendo o tempo de tratamento fixo.

e. O Minitab relatou que o desvio padrão estimado de $\hat{\beta}_0 + \hat{\beta}_1(9) + \hat{\beta}_2(60)$ é 0,162. Calcule um intervalo de previsão para o valor da área de superfície específica a ser observado quando % NaOH = 9 e o tempo de tratamento = 60.

77. Um banho de amônia é um dos mais amplamente usados para depositar revestimentos de liga Pd–Ni. O artigo "Modelling of palladium and nickel in an ammonia bath in a rotary device" (*Plating and Surface Finishing*, 1997: 102-104) apresentou um estudo sobre como as características de composição do banho influenciam as propriedades do revestimento. Considere os dados a seguir sobre x_1 = concentração de Pd (g/dm^3), x_2 = concentração de Ni (g/dm^3), x_3 = pH, x_4 = temperatura (°C), x_5 = densidade de corrente catódica (A/dm^2) e y = conteúdo de paládio (%) do revestimento.

Obs	CONCPd	CONCNi	pH	temp	denscorr	CONTPd
1	16	24	9,0	35	5	61,5
2	8	24	9,0	35	3	51,0
3	16	16	9,0	35	3	81,0
4	8	16	9,0	35	5	50,9
5	16	24	8,0	35	3	66,7
6	8	24	8,0	35	5	48,8
7	16	16	8,0	35	5	71,3
8	8	16	8,0	35	3	62,8
9	16	24	9,0	25	3	64,0
10	8	24	9,0	25	5	37,7
11	16	16	9,0	25	5	68,7
12	8	16	9,0	25	3	54,1
13	16	24	8,0	25	5	61,6
14	8	24	8,0	25	3	48,0
15	16	16	8,0	25	3	73,2
16	8	16	8,0	25	5	43,3
17	4	20	8,5	30	4	35,0
18	20	20	8,5	30	4	69,6
19	12	12	8,5	30	4	70,0
20	12	28	8,5	30	4	48,2

(*continua no topo da próxima coluna*)

Obs	CONCPd	CONCNi	pH	temp	denscorr	CONTPd
21	12	20	7.5	30	4	56,0
22	12	20	9,5	30	4	77,6
23	12	20	8,5	20	4	55,0
24	12	20	8,5	40	4	60,6
25	12	20	8,5	30	2	54,9
26	12	20	8,5	30	6	49,8
27	12	20	8,5	30	4	54,1
28	12	20	8,5	30	4	61,2
29	12	20	8,5	30	4	52,5
30	12	20	8,5	30	4	57,1
31	12	20	8,5	30	4	52,5
32	12	20	8,5	30	4	56,6

a. Ajuste o modelo de primeira ordem com cinco preditores e avalie sua utilidade. Todos os preditores parecem importantes?

b. Ajuste o modelo completo de segunda ordem e avalie sua utilidade.

c. O grupo de preditores de segunda ordem (de interação e quadráticos) parecem fornecer informações mais úteis sobre *y* do que os preditores de primeira ordem? Realize um teste apropriado das hipóteses.

d. Os autores do artigo citado sugeriram que fossem usados todos os cinco preditores de primeira ordem mais o preditor extra $x_6 = (\text{pH})^2$. Ajuste esse modelo. Todos os seis preditores parecem importantes?

78. A fibra de coco é um material amigavelmente ecológico com grande potencial para uso em construções. O artigo "Seepage velocity and piping resistance of coir fiber mixed soils" (*J. of Irrig. and Drainage Engr.*, 2008: 485-492) incluiu diversas análises de regressão múltipla. Os autores do artigo forneceram gentilmente os dados a seguir sobre x_1 = conteúdo de fibra (%), x_2 = comprimento da fibra (mm), x_3 = gradiente hidráulico (nenhuma unidade fornecida) e y = velocidade de infiltração (cm/s).

Obs	cont	comp	grad	vel
1	0,0	0	0,400	0,027
2	0,0	0	0,716	0,050
3	0,0	0	0,925	0,080
4	0,0	0	1,098	0,099
5	0,0	0	1,226	0,107
6	0,0	0	1,427	0,140
7	0,0	0	1,709	0,178
8	0,0	0	1,872	0,200
9	0,5	50	0,380	0,022
10	0,5	50	0,774	0,040
11	0,5	50	1,056	0,060
12	0,5	50	1,329	0,111
13	0,5	50	1,598	0,158
14	0,5	50	1,799	0,188
15	1,0	50	0,410	0,026
16	1,0	50	0,577	0,038
17	1,0	50	0,748	0,049
18	1,0	50	0,927	0,060
19	1,0	50	1,090	0,070
20	1,0	50	1,239	0,088
21	1,0	50	1,496	0,111
22	1,0	50	1,744	0,134
23	1,0	50	1,915	0,145
24	1,5	50	0,444	0,014
25	1,5	50	0,821	0,037
26	1,5	50	1,141	0,058
27	1,5	50	1,474	0,082
28	1,5	50	1,581	0,112
29	1,5	50	1,983	0,144
30	1,0	25	0,462	0,028
31	1,0	25	0,705	0,059
32	1,0	25	0,987	0,084
33	1,0	25	1,154	0,101
34	1,0	25	1,479	0,150
35	1,0	25	1,786	0,194
36	1,0	25	1,957	0,218
37	1,0	40	0,419	0,030
38	1,0	40	0,705	0,050
39	1,0	40	0,979	0,068
40	1,0	40	1,226	0,091
41	1,0	40	1,470	0,126
42	1,0	40	1,744	0,168
43	1,0	60	0,436	0,034
44	1,0	60	0,650	0,051
45	1,0	60	0,889	0,068
46	1,0	60	1,222	0,093
47	1,0	60	1,477	0,112
48	1,0	60	1,726	0,139
49	1,0	60	1,983	0,173

(*continua no topo da próxima coluna*)

a. Eis o resultado do ajuste do modelo com os três x_i como preditores:

```
Preditor          Coef     EP coef       T      P
Constante  -0,002997    0,007639   -0,39  0,697
cont fib   -0,012125    0,007454   -1,63  0,111
comp fib  -0,0003020   0,0001676   -1,80  0,078
grad hid    0,102489    0,004711   21,76  0,000

S = 0,0162355  R² = 91,6%  R²(ajustado) = 91,1%

Fonte           GL        SQ        QM       F      P
Regressão        3  0,129898  0,043299  164,27  0,000
Erro residual   45  0,011862  0,000264
Total           48  0,141760
```

Como você interpretaria o número −0,0003020 na coluna Coef?

b. O conteúdo da fibra parece fornecer informações úteis sobre a velocidade, dado que o comprimento da fibra e o gradiente hidráulico permaneçam no modelo? Realize um teste apropriado das hipóteses.

c. Ajustando o modelo com apenas o comprimento da fibra e o gradiente hidráulico como preditores, obtêm-se os coeficientes de regressão estimada $\hat{\beta}_0 = -0{,}005315$, $\hat{\beta}_1 = -0{,}0004968$ e $\hat{\beta}_2 = 0{,}102204$ (as razões *t* para esses dois preditores são altamente significativas). Além disso, $s_{\hat{Y}} = 0{,}00286$ quando o comprimento da fibra = 25 e o gradiente hidráulico = 1,2. Há alguma evidência convincente de que a velocidade média verdadeira é outra além de 0,1 nessa situação? Vamos fazer um teste usando um nível de significância de 0,05.

d. Ajustando o modelo completo de segunda ordem (como os autores do artigo fizeram), resultou em SQE = 0,003579. Parece que pelo menos um dos preditores de interação fornece informações úteis sobre e além das que são fornecidas pelos preditores de primeira ordem? Teste as hipóteses relevantes.

79. O artigo "A statistical analysis of the notch toughness of 9% nickel steels obtained from production heats" (*J. of Testing and Eval.*, 1987: 355-363) relata os resultados de uma análise de regressão múltipla y = rigidez Charpy de um entalhe em V (joules) com as seguintes variáveis: x_1 = espessura da placa (mm), x_2 = conteúdo de carbono (%), x_3 = conteúdo de manganês (%), x_4 = conteúdo de fósforo (%), x_5 = conteúdo de enxofre (%), x_6 = conteúdo de silício (%), x_7 = conteúdo de níquel (%), x_8 = resistência (Pa) e x_9 = resistência à tração (Pa).

a. Os melhores subconjuntos possíveis exigiram que as variáveis fossem adicionadas na seguinte ordem: x_5, x_8, x_6, x_3, x_2, x_7, x_9, x_1 e x_4. Os valores de R_k^2, QME_k e C_k são os seguintes:

Nº de preditores	**1**	**2**	**3**	**4**
R_k^2	0,354	0,453	0,511	0,550
QME_k	2295	1948	1742	1607
C_k	314	173	89,6	35,7

Nº de preditores	**5**	**6**	**7**	**8**	**9**
R_k^2	0,562	0,570	0,572	0,575	0,575
QME_k	1566	1541	1535	1530	1532
C_k	19,9	11,0	9,4	8,2	10,0

Que modelo você recomendaria? Explique o raciocínio lógico por trás de sua escolha.

b. Os autores também avaliaram modelos de segunda ordem compreendendo os preditores x_j^2 e x_ix_j. As informações sobre o melhor dentre esses modelos, começando com as variáveis x_2, x_3, x_5, x_6, x_7 e x_8, são as seguintes (ao passar do melhor modelo de quatro preditores para o melhor modelo de cinco preditores, x_8 foi excluída e tanto x_2x_6 quanto x_7x_8 foram introduzidas; x_8 foi novamente introduzida em um estágio posterior):

Nº de preditores	**1**	**2**	**3**	**4**	**5**
R_k^2	0,415	0,541	0,600	0,629	0,650
QME_k	2079	1636	1427	1324	1251
C_k	433	109	104	52.4	16.5

Nº de preditores	**6**	**7**	**8**	**9**	**10**
R_k^2	0,652	0,655	0,658	0,659	0,659
QME_k	1246	1237	1229	1229	1230
C_k	14.9	11.2	8.5	9.2	11.0

Qual desses modelos você recomendaria e por quê? [*Observação*: os modelos baseados em oito das variáveis originais não apresentaram uma melhoria notável em relação aos que foram avaliados aqui.]

80. Uma amostra de $n = 20$ empresas foi selecionada e foram determinados os valores de y = preço da ação e $k = 15$ variáveis preditoras (como dividendo trimestral, lucros do ano anterior, quociente da dívida). Quando o modelo de regressão múltipla com esses 15 preditores foi ajustado aos dados, obteve-se um $R^2 = 0{,}90$.

a. O modelo parece especificar uma relação útil entre y e as variáveis preditoras? Realize um teste usando um nível de significância de 0,05. [*Dica*: o valor crítico F para o numerador 15 e para o denominador 4 gl é 5,86.]

b. Com base no resultado do item (a), um valor R^2 alto por si só sugere que o modelo seja útil? Sob que circunstâncias você suspeitaria de um modelo com um valor R^2 alto?

c. Com n e k especificados previamente, de que tamanho R^2 deveria ser para o modelo ser considerado útil ao nível de significância 0,05?

81. A exposição à poluição atmosférica diminui a expectativa de vida? Essa questão foi examinada no artigo "Does air pollution shorten lives?" (*Statistics and Public Policy*, Reading, MA, Addison-Wesley, 1977). Dados sobre

y = taxa de mortalidade total (mortes por 10 000)

x_1 = média de leitura de partícula suspensa (μg/m^3)

x_2 = menor leitura de sulfato ([μg/m^3] $\times$ 10)

x_3 = densidade populacional (pessoas/milha^2)

x_4 = (porcentagem de não brancos) $\times$ 10

x_5 = (porcentagem de pessoas acima de 65) $\times$ 10

para o ano de 1960 foram registrados para $n = 117$ áreas estatísticas metropolitanas selecionadas aleatoriamente. A regressão estimada é

$$y = 19{,}607 + 0{,}041x_1 + 0{,}071x_2 + 0{,}001x_3 + 0{,}041x_4 + 0{,}687x_5$$

a. Para esse modelo, $R^2 = 0{,}827$. Usando um nível de significância a 0,05, execute um teste de utilidade do modelo.

b. O desvio padrão estimado de $\hat{\beta}_1$ foi 0,016. Calcule e interprete um IC de 90% para β_1.

c. Visto que o desvio padrão estimado de $\hat{\beta}_4$ é 0,007, determine se a porcentagem de não brancos é uma variável importante no modelo. Use um nível de significância de 0,01.

d. Em 1960, os valores de x_1, x_2, x_3, x_4 e x_5 para a cidade de Pittsburgh (Estados Unidos) foram 166, 60, 788, 68 e 95, respectivamente. Use a regressão fornecida para prever a taxa de mortalidade de Pittsburgh. Como sua previsão se compara com a quantidade real de 1960 de 103 mortes por 10 000?

82. Visto que $R^2 = 0{,}723$ para o modelo contendo os preditores x_1, x_4, x_5 e x_8 e $R^2 = 0{,}689$ no modelo com os preditores x_1, x_3, x_5 e x_6, o que você pode dizer sobre R^2 no modelo contendo os preditores

a. x_1, x_3, x_4, x_5, x_6 e x_8? Explique.

b. x_1 e x_4? Explique.

Bibliografia

CHATTERJEE, SAMPRIT; HADI ALI . *Regression analysis by example*. 4. ed. New York: Wiley, 2006. Uma breve, mas informativa discussão dos tópicos selecionados, sobretudo multicolinearidade e o uso dos métodos de estimativa viciados.

DANIEL, CUTHBERT; WOOD FRED. *Fitting equations to data* 2. ed. New York: Wiley, 1980. Contém muitas ideias e métodos que evoluíram a partir da extensa experiência de consultoria dos autores.

DRAPER, NORMAN; SMITH HARRY. *Applied regression analysis* 3. ed. New York: Wiley, 1999. Consulte a bibliografia do Capítulo 12.

HOAGLIN, DAVID; WELSCH ROY. "The hat matrix in regression and ANOVA", *American Statistician*, 1978: 17-23. Descreve os métodos para detectar as observações influentes em um conjunto de dados de regressão.

HOCKING, RON. "The analysis and selection of variables in linear regression," *Biometrics*, 1976: 1-49. Uma excelente pesquisa desse tópico.

NETER, JOHN; KUTNER MICHAEL; NACHTSHEIM CHRISTOPHER; WASSERMAN WILLIAM. *Applied linear statistical models*. 5. ed. Homewood, IL: Irwin, 2004. Consulte a bibliografia do Capítulo 12.

14 Testes de qualidade do ajuste e análise de dados categorizados

Introdução

No tipo mais simples de situação considerada neste capítulo, cada observação em um exemplo é classificada como pertencendo a um número finito de categorias (por exemplo, o tipo sanguíneo pode pertencer a uma entre quatro categorias O, A, B ou AB). Com p_i indicando a probabilidade de que qualquer observação particular pertença a uma categoria i (ou a proporção da população que pertence à categoria i), desejamos testar a hipótese nula que especifique completamente os valores de todos os p_i (tal como H_0: $p_1 = 0{,}45$, $p_2 = 0{,}35$, $p_3 = 0{,}15$, $p_4 = 0{,}05$, quando houver quatro categorias). A estatística do teste baseia-se em quão diferentes os números observados nas categorias são dos números esperados correspondentes quando H_0 é verdadeira. Como a decisão será tomada pela comparação do valor da estatística do teste com o valor crítico da distribuição qui-quadrado, o procedimento é chamado teste da qualidade do ajuste qui-quadrado.

Algumas vezes, a hipótese nula especifica que os p_i dependem de um número menor de parâmetros sem especificar os seus valores. Por exemplo, com três categorias, a hipótese nula pode declarar que $p_1 = \theta^2$, $p_2 = 2\theta(1 - \theta)$ e $p_3 = (1 - \theta)^2$. Para um teste qui-quadrado ser realizado, os valores de quaisquer parâmetros não especificados devem ser estimados a partir dos dados amostrais. A Seção 14.2 desenvolve a metodologia para tal. Os métodos são então aplicados para testar a hipótese nula que defina que a amostra tem origem em uma família específica de distribuições, tais como a família de Poisson (com μ estimado a partir da amostra) ou uma família normal (com μ e σ estimados). Além disso, um teste com base em um gráfico normal de probabilidade é apresentado para a hipótese nula de normalidade da população.

Testes qui-quadrados para duas situações diferentes são considerados na Seção 14.3. Na primeira, a hipótese nula define que os p_i são os mesmos para várias populações diferentes. O segundo tipo de situação envolve obter uma amostra a partir de uma única população e classificar cada indivíduo em relação a dois fatores de categorias diferentes (tais como preferência religiosa e filiação a partido político). A hipótese nula nesta situação é a de que os dois fatores são independentes dentro da população.

14.1 Testes de qualidade do ajuste quando as probabilidades das categorias são completamente especificadas

Um experimento binomial consiste de uma sequência de ensaios independentes nos quais cada um pode produzir um de dois possíveis resultados, S (para sucesso) e F (para falha). A probabilidade de sucesso, indicada por p, é tida como constante de ensaio para ensaio, e o número n de ensaios é fixado pela definição do experimento. No Capítulo 8, apresentamos um teste z com uma amostra grande para testar H_0: $p = p_0$. Note que esta hipótese nula especifica $P(S)$ e $P(F)$, uma vez que, se $P(S) = p_0$, então $P(F) = 1 - p_0$. Indicando $P(F)$ por q e $1 - p_0$ por q_0, a hipótese nula pode ser escrita de forma alternativa como H_0: $p = p_0$, $q = q_0$. O teste z é bilateral quando a alternativa de interesse é $p \neq p_0$.

Um **experimento multinomial** generaliza um experimento binomial permitindo que cada ensaio resulte em um de k resultados possíveis, em que $k > 2$. Por exemplo, suponha que uma loja aceite três tipos diferentes de cartões de crédito. Um experimento multinomial resultará da observação do tipo de cartão de crédito utilizado – tipo 1, tipo 2 ou tipo 3 – para cada um dos próximos n clientes que pagarem com cartão de crédito. Em geral, faremos referência aos k possíveis resultados em qualquer realização de um experimento como categorias e p_i indica a probabilidade de um experimento resultar na categoria i. Se o experimento consiste da seleção de n indivíduos ou objetos de uma população e da categorização de cada um desses indivíduos, então p_i é a proporção da população que pertence à i-ésima categoria (um experimento será aproximadamente multinomial desde que n seja muito menor do que o tamanho da população).

A hipótese nula de interesse especificará o valor de cada p_i. Por exemplo, no caso $k = 3$, podemos ter H_0: $p_1 = 0{,}5$, $p_2 = 0{,}3$, $p_3 = 0{,}2$. A hipótese alternativa registrará que H_0 não é verdadeira – ou seja, pelo menos um dos p_i tem um valor diferente daquele definido por H_0 (neste caso, pelo menos dois devem ser diferentes, uma vez que a soma deles é igual a 1). O símbolo p_{i0} representará o valor de p_i especificado na hipótese nula. No exemplo acima, $p_{10} = 0{,}5$, $p_{20} = 0{,}3$ e $p_{30} = 0{,}2$.

Antes de o experimento multinomial ser realizado, o número de ensaios que resultarão na categoria i ($i = 1, 2, \ldots$, ou k) é uma variável aleatória – tal como o número de sucessos e o número de falhas em um experimento binomial são variáveis aleatórias. Essa variável aleatória será indicada por N_i e o seu valor, observado por n_i. Uma vez que cada ensaio resulta em exatamente uma das k categorias, $\sum N_i = n$ e o mesmo é verdadeiro para os n_i. Por exemplo, um experimento com $n = 100$ e $k = 3$ pode produzir $N_1 = 46$, $N_2 = 35$ e $N_3 = 19$.

Os números esperados de sucessos e de falhas em um experimento binomial são np e nq, respectivamente. Quando H_0: $p = p_0$, $q = q_0$ for verdadeira, os números esperados de sucessos e falhas serão np_0 e nq_0, respectivamente. Da mesma maneira, em um experimento multinomial, o número esperado de ensaios que resultam na categoria i é $E(N_i) = np_i$ ($i = 1, \ldots, k$). Quando H_0: $p_1 = p_{10}, \ldots, p_k = p_{k0}$ é verdadeira, esses valores esperados tornam-se $E(N_1) = np_{10}$, $E(N_2) = np_{20}, \ldots, E(N_k) = np_{k0}$. Para o caso de $k = 3$, $H_0 : p_1 = 0{,}5$, $p_2 = 0{,}3$, $p_3 = 0{,}2$ e $n = 100$, as frequências esperadas quando H_0 é verdadeira são $E(N_1) = 100(0{,}5) = 50$, $E(N_2) = 30$ e $E(N_3) = 20$. Os n_i e as frequências esperadas correspondentes são geralmente exibidos em um formato tabular, conforme mostrado na Tabela 14.1. Os valores esperados quando H_0 é verdadeira são mostrados logo abaixo dos valores observados. Os N_i e n_i são frequentemente chamados de *contagens observadas das células* (ou *frequências observadas das células*) e $np_{10}, np_{20}, \ldots, np_{k0}$ são as *contagens esperadas de células* correspondentes sob H_0.

Tabela 14.1 Contagens observadas e esperadas das células

Categoria	$i = 1$	$i = 2$	...	$i = k$	Total da linha
Observadas	n_1	n_2	...	n_k	n
Esperadas	np_{10}	np_{20}	...	np_{k0}	n

Por um lado, os n_i devem estar todos relativamente próximos dos np_{i0} correspondentes quando H_0 é verdadeira. Por outro lado, várias das contagens observadas podem diferir substancialmente das contagens esperadas quando os valores verdadeiros dos p_i diferirem significativamente do que a hipótese nula afirma. O procedimento de teste envolve o cálculo da discrepância entre os n_i e os np_{i0}, sendo H_0 rejeitada quando a discrepância for suficientemente grande. É natural basear uma medida de discrepância nos quadrados dos desvios $(n_1 - np_{10})^2, (n_2 - np_{20})^2, \ldots, (n_k - np_{k0})^2$. Uma maneira aparentemente sensata de combiná-los em uma medida geral é adicioná-los em conjunto para obter $\sum(n_i - np_{i0})^2$. No entanto, suponha que $np_{10} = 100$ e $np_{20} = 10$. Então, se $n_1 = 95$ e $n_2 = 5$, as duas categorias contribuem com os mesmos quadrados dos desvios para a medida proposta. Contudo, n_1 é apenas 5% menor do que seria esperado quando H_0 é verdadeira, enquanto n_2 é 50% menor. Para levar em consideração as magnitudes relativas dos desvios, cada quadrado do desvio é dividido pelo valor correspondente esperado.

Antes de fornecer uma descrição mais detalhada, devemos discutir um tipo de distribuição de probabilidade chamada *distribuição qui-quadrado*. Essa distribuição foi apresentada pela primeira vez na Seção 4.4 e utilizada no Capítulo 7 para obter um intervalo de confiança para a variância σ^2 de uma população que segue uma distribuição normal. A distribuição qui-quadrado tem um único parâmetro ν, chamado de número de graus de liberdade (gl) da distribuição, com valores possíveis 1, 2, 3, ... Analogamente ao valor crítico $t_{\alpha,\nu}$, para a distribuição t, $\chi^2_{\alpha,\nu}$ é o valor tal qual α da área sob a curva χ^2 com ν gl está localizado à direita de $\chi^2_{\alpha,\nu}$, (veja a Figura 14.1). Os valores selecionados de $\chi^2_{\alpha,\nu}$ são dados na Tabela A.7 do Apêndice.

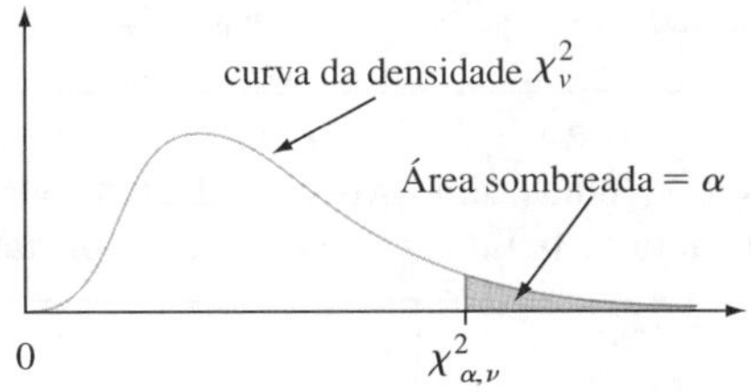

Figura 14.1 Um valor crítico para uma distribuição qui-quadrado.

> **Teorema**
>
> Se $np_i \geq 5$ para todo i ($i = 1, 2, \ldots, k$), a variável
>
> $$\chi^2 = \sum_{i=1}^{k} \frac{(N_i - np_i)^2}{np_i} = \sum_{\text{todas as células}} \frac{(\text{observado} - \text{esperado})^2}{\text{esperado}}$$
>
> tem aproximadamente uma distribuição qui-quadrado com $k - 1$ gl.

O fato de que gl $= k - 1$ é uma consequência da restrição $\sum N_i = n$. Embora haja k contagens observadas de células, uma vez que $k - 1$ são conhecidas, a remanescente é determinada unicamente. Ou seja, há somente $k - 1$ contagens "livremente determinadas" das células e, assim, $k - 1$ gl.

Se np_{i0} for substituído por np_i em χ^2, a estatística do teste resultante possui uma distribuição qui-quadrado quando H_0 é verdadeira. A rejeição de H_0 é apropriada quando $\chi^2 \geq c$ (pois grandes discrepâncias entre as contagens observadas e esperadas levam a um valor grande de χ^2) e a escolha $c = \chi^2_{\alpha,k-1}$ produz um teste com nível de significância α.

> Hipótese nula: H_0: $p_1 = p_{10}, p_2 = p_{20}, \ldots, p_k = p_{k0}$
>
> Hipótese alternativa: H_a: pelo menos um p_i não é igual a p_{i0}
>
> Valor da estatística do teste: $\chi^2 = \displaystyle\sum_{\text{todas as células}} \frac{(\text{observado} - \text{esperado})^2}{\text{esperado}} = \sum_{i=1}^{k} \frac{(n_i - np_{i0})^2}{np_{i0}}$
>
> Região de rejeição: $\chi^2 \geq \chi^2_{\alpha,k-1}$

Exemplo 14.1

Se concentramos nossa atenção em duas características diferentes de um organismo, cada uma controlada por um único gene, e cruzarmos uma família pura que tem genótipo *AABB* com uma família pura com genótipo *aabb* (letras maiúsculas indicam alelos dominantes e letras minúsculas, alelos recessivos), o resultado será *AaBb*. Se estes organismos da primeira geração são então cruzados entre si (um cruzamento di-híbrido), haverá quatro fenótipos dependendo do tipo de alelo dominante presente. As leis de Mendel sobre hereditariedade implicam que estes quatro fenótipos devem ter probabilidades $\frac{9}{16}$, $\frac{3}{16}$, $\frac{3}{16}$ e $\frac{1}{16}$ de surgirem em qualquer cruzamento di-híbrido dado.

O artigo "Linkage studies of the tomato" (*Trans. Royal Canadian Institute*, 1931: 1-19) informa os seguintes dados sobre os fenótipos de um cruzamento di-híbrido de tomates longos de folhas curtas com tomates anões de folhas com formato de batata. Há $k = 4$ categorias que correspondem aos quatro fenótipos possíveis, com a hipótese nula sendo

$$H_0\text{: } p_1 = \frac{9}{16},\ p_2 = \frac{3}{16},\ p_3 = \frac{3}{16},\ p_4 = \frac{1}{16}$$

As contagens esperadas de células são $9n/16$, $3n/16$, $3n/16$ e $n/16$ e o teste se baseia em $k - 1 = 3$ gl. O tamanho total da amostra foi $n = 1\,611$. Contagens observadas e esperadas de células são mostradas na Tabela 14.2.

Tabela 14.2 contagens observadas e esperadas das células para o Exemplo 14.1

	$i = 1$ Longos, folhas curtas	$i = 2$ Longos, folhas com formato de batata	$i = 3$ Anões, folhas curtas	$i = 4$ Anões, folhas com formato de batata
n_i	926	288	293	104
np_{i0}	906,2	302,1	302,1	100,7

A contribuição para χ^2 da primeira célula é

$$\frac{(n_1 - np_{10})^2}{np_{10}} = \frac{(926 - 906{,}2)^2}{906{,}2} = 0{,}433$$

As células 2, 3 e 4 contribuem com 0,658, 0,274 e 0,108, respectivamente, logo, $\chi^2 = 0{,}433 + 0{,}658 + 0{,}274 + 0{,}108 = 1{,}473$. Um teste com nível de significância 0,10 requer $\chi^2_{0,10,\,3}$, o número na linha 3 gl e coluna 0,10 da Tabela A.7 do Apêndice. Este valor crítico é 6,251. Como 1,473 é menor do que 6,251, H_0 não pode ser rejeitada mesmo neste nível elevado de significância. Os dados são bem consistentes com as leis de Mendel. ■

Embora tenhamos desenvolvido o teste qui-quadrado para situações nas quais $k > 2$, ele também pode ser utilizado quando $k = 2$. A hipótese nula neste caso pode ser estabelecida como H_0: $p_1 = p_{10}$, uma vez que as relações $p_2 = 1 - p_1$ e $p_{20} = 1 - p_{10}$ tornam a inclusão de $p_2 = p_{20}$ em H_0 redundante. A hipótese alternativa é H_a: $p_1 \neq p_{10}$. Estas hipóteses podem também ser testadas com a utilização de um teste estatístico z bilateral

$$Z = \frac{(N_1/n) - p_{10}}{\sqrt{\dfrac{p_{10}(1 - p_{10})}{n}}} = \frac{\hat{p}_1 - p_{10}}{\sqrt{\dfrac{p_{10}p_{20}}{n}}}$$

Surpreendentemente, os dois procedimentos de teste são completamente equivalentes. Isto se dá pois pode-se mostrar que $Z^2 = \chi^2$ e $(z_{\alpha/2})^2 = \chi^2_{1,\alpha}$, de modo que $\chi^2 \geq \chi^2_{1,\alpha}$ se, e somente se, $|Z| \geq z_{\alpha/2}$[1]. Se a hipótese alternativa for H_a: $p_1 > p_{10}$ ou H_a: $p_1 < p_{10}$, o teste qui-quadrado não pode ser usado. É preciso, então, reverter para um teste z unilateral superior ou inferior.

Como acontece com todos os procedimentos de teste, deve-se tomar cuidado para não confundir significância estatística com significância prática. Um χ^2 que exceda $\chi^2_{\alpha,k-1}$ pode ser um resultado de um tamanho amostral bastante grande em vez de quaisquer diferenças entre p_{i0} hipotéticos e verdadeiros. Portanto, se $p_{10} = p_{20} = p_{30} = \frac{1}{3}$, mas os p_i verdadeiros possuírem valores 0,330, 0,340 e 0,330, um valor grande de χ^2 certamente surgirá com um n suficientemente grande. Antes de rejeitar H_0, os $\hat{p}_i$ devem ser examinados a fim de verificar se eles sugerem um modelo diferente daquele da H_0 a partir de um ponto de vista prático.

Valores-*P* para testes qui-quadrado

Os testes qui-quadrado neste capítulo são todos unilateral superior, então concentraremos nossa atenção neste caso. Como o valor-*P* para um teste t unilateral superior é a área sob a curva t_ν à direita do t calculado, o valor-*P* para um teste qui-quadrado unilateral superior é a área sob a curva χ^2_ν à direita do χ^2 calculado. A Tabela A.7 do Apêndice fornece informações limitadas sobre os valores-*P*, pois apenas cinco valores críticos com cauda superior são tabelados para cada ν distinto. Temos, portanto, outra tabela no apêndice, análoga à Tabela A.8, que facilita a produção de valores-*P* mais precisos.

O fato de que as curvas t foram todas centradas em zero nos permite tabular as áreas de cauda da curva t de maneira relativamente compacta, com a margem esquerda fornecendo os valores que variam de 0,0 a 4,0 na escala t horizontal e várias colunas mostrando áreas de cauda superior correspondentes para vários gl. O movimento à direita das curvas qui-quadrado quando gl aumenta requer um tipo diferente de

[1] O fato de que $(z_{\alpha/2})^2 = \chi^2_{1,\alpha}$ é uma consequência da relação entre a distribuição normal padronizada e a distribuição qui-quadrado com 1 gl, se $Z \sim N(0, 1)$, então, Z^2 tem distribuição qui-quadrado com $\nu = 1$.

tabulação. A margem esquerda da Tabela A.11 do Apêndice mostra várias áreas de cauda superior: 0,100; 0,095; 0,090; . . . ; 0,005 e 0,001. Cada coluna da tabela se destina a um valor diferente de gl e as entradas da tabela mostram os valores no eixo qui-quadrado horizontal que captura estas áreas de cauda correspondentes. Por exemplo, movendo-se para baixo até a área de cauda 0,085 e atravessando para a coluna 4 gl, vemos que a área à direita de 8,18 sob a curva qui-quadrado de 4 gl é 0,085 (veja a Figura 14.2).

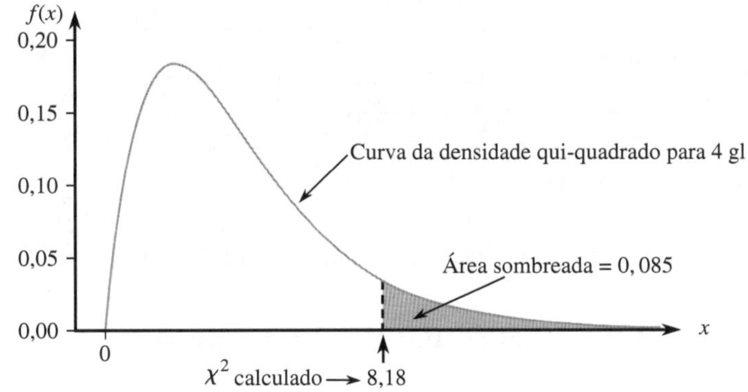

Figura 14.2 Um valor-*P* para um teste qui-quadrado unilateral superior.

Para capturar esta mesma área da cauda superior sob a curva 10 gl, devemos ir para 16,54. Na coluna 4 gl, a linha do topo mostra que, se o valor calculado da variável qui-quadrado for menor que 7,77, a área da cauda capturada (o valor-*P*) excederá 0,10. Similarmente, a última linha nesta coluna indica que, se o valor calculado exceder 18,46, a área da cauda será menor que 0,001 (valor-$P < 0{,}001$).

X^2 quando os P_i são funções de outros parâmetros

Às vezes, os p_i são hipoteticamente dependentes de um número menor de parâmetros $\theta_1, \ldots, \theta_m$ $(m < k)$. Então, uma hipótese específica envolvendo os θ_i produz p_{i0} específicos, que são, então, usados no teste χ^2.

Exemplo 14.2

Em um artigo sobre genética bastante conhecido ("The progeny in generations F_{12} to F_{17} of a cross between a yellow-wrinkled and a green-round seeded pea", *J. of Genetics*, 1923: 255-331), o estatístico G. U. Yule analisou os dados resultantes do cruzamento de ervilhas de jardim. Os alelos dominantes no experimento foram Y = cor amarela (*yellow*) e R = formato redondo (*round*), resultando no duplo dominante YR. Yule examinou 269 vagens com quatro sementes resultantes de um cruzamento di-híbrido e contou o número de sementes YR em cada vagem. Definindo *X* como o número de YR em uma vagem aleatoriamente selecionada, os valores de *X* possíveis são 0, 1, 2, 3, 4, que identificamos com as células 1, 2, 3, 4 e 5 de uma tabela retangular (ou seja, uma vagem com $X = 4$ produz um número observado na célula 5).

A hipótese de que as leis de Mendel funcionam e de que genótipos de sementes individuais dentro de uma vagem são independentes uns dos outros implica que *X* tem uma distribuição binomial com $n = 4$ e $\theta = \frac{9}{16}$. Desejamos, então, testar H_0: $p_1 = p_{10}, \ldots, p_5 = p_{50}$ em que

$$\begin{aligned} p_{i0} &= P(i - 1 \text{ YR entre 4 sementes quando } H_0 \text{ é verdadeira}) \\ &= \binom{4}{i-1} \theta^{i-1}(1-\theta)^{4-(i-1)} \qquad i = 1, 2, 3, 4, 5;\ \theta = \frac{9}{16} \end{aligned}$$

Os dados de Yule e os cálculos estão na Tabela 14.3, com as contagens esperadas de células $np_{i0} = 269p_{i0}$.

Tabela 14.3 Contagens observadas e esperadas das células para o Exemplo 14.2

Célula i	**1**	**2**	**3**	**4**	**5**
ervilhas/vagens YR	**0**	**1**	**2**	**3**	**4**
Observadas	16	45	100	82	26
Esperadas	9,86	50,68	97,75	83,78	26,93
$\frac{(\text{observadas} - \text{esperadas})^2}{\text{esperadas}}$	3,823	0,637	0,052	0,038	0,032

Assim, $\chi^2 = 3{,}823 + \cdots + 0{,}032 = 4{,}582$. Uma vez que $\chi^2_{0,01,k-1} = \chi^2_{0,01,4} = 13{,}277$, H_0 não é rejeitada no nível 0,01. A Tabela A.11 do Apêndice mostra que, pelo fato de $4{,}582 < 7{,}77$, o valor-P para o teste excede 0,10. H_0 não deve ser rejeitada em qualquer nível de significância razoável. ■

χ^2 quando a distribuição subjacente é contínua

Temos, até agora, trabalhado com a hipótese de que as k categorias são naturalmente definidas no contexto do experimento em consideração. O teste χ^2 também pode ser utilizado para checar se uma amostra provém de uma distribuição contínua subjacente específica. Vamos indicar por X a variável sendo amostrada e vamos supor que a f.d.p. suposta para X seja $f_0(x)$. Como na construção de uma distribuição de frequência no Capítulo 1, subdivida a escala de medida de X em k intervalos $[a_0, a_1)$, $[a_1, a_2)$, $\ldots$, $[a_{k-1}, a_k)$, em que o intervalo $[a_{i-1}, a_i)$ inclui o valor a_{i-1}, mas não a_i. As probabilidades das células especificadas por H_0 são, então,

$$p_{i0} = P(a_{i-1} \leq X < a_i) = \int_{a_{i-1}}^{a_i} f_0(x)\, dx$$

As células devem ser escolhidas de modo que $np_{i0} \geq 5$ para $i = 1, \ldots, k$. Geralmente, elas são selecionadas de forma que os np_{i0} sejam iguais.

Exemplo 14.3

Para verificar se o horário do início do trabalho de parto entre gestantes é uniformemente distribuído ao longo das 24 horas de um dia, podemos dividir um dia em k períodos, cada qual com duração de $24/k$. A hipótese nula afirma que $f(x)$ é a f.d.p. uniforme no intervalo [0, 24], de modo que $p_{i0} = 1/k$. O artigo "The hour of birth" (*British J. of Preventive and Social Medicine*, 1953: 43-59) informa 1 186 horários de início do trabalho de parto, categorizados em $k = 24$ intervalos de 1 hora com início à meia-noite, resultando em contagens de célula de 52, 73, 89, 88, 68, 47, 58, 47, 48, 53, 47, 34, 21, 31, 40, 24, 37, 31, 47, 34, 36, 44, 78 e 59. Cada contagem observada da célula é $1\,186 \cdot \frac{1}{24} = 49{,}42$ e o valor resultante de χ^2 é 162,77. Uma vez que $\chi^2_{0,01,23} = 41{,}637$, o valor calculado é altamente significativo e a hipótese nula é claramente rejeitada. Genericamente falando, fica a impressão de que é muito mais provável que o trabalho de parto inicie tarde da noite do que durante as horas diurnas. ■

Para testar se uma amostra provém de uma distribuição normal específica, os parâmetros fundamentais são $\theta_1 = \mu$ e $\theta_2 = \sigma$, e cada p_{i0} será uma função desses parâmetros.

Exemplo 14.4

Em uma determinada universidade, os exames finais devem durar 2 horas. O departamento de psicologia estruturou um exame final para um curso elementar que visava satisfazer os seguintes critérios: (1) o tempo real que se leva para completar o exame é normalmente distribuído, (2) $\mu = 100$ mín e (3) exatamente 90% de todos os estudantes terminarão dentro do período de 2 horas. Para verificar se este é realmente o caso, 120 estudantes foram selecionados aleatoriamente, e seus tempos de conclusão, registrados. Foi decidido que $k = 8$ intervalos seriam utilizados. Os critérios implicam que o 90° percentil da distribuição do tempo de conclusão é $\mu + 1{,}28\sigma = 120$. Como $\mu = 100$, isto implica que $\sigma = 15{,}63$.

Os oito intervalos que dividem a escala normal padrão em oito segmentos apropriadamente iguais são [0, 0,32), [0,32, 0,675), [0,675, 1,15) e [1,15, ∞) e suas quatro partes simétricas do outro lado de 0. Para $\mu = 100$ e $\sigma = 15{,}63$, estes intervalos se tornam [100, 105), [105, 110,55), [110,55, 117,97) e

[117,97, ∞). Portanto, $p_{i0} = \frac{1}{8} = 0{,}125$ ($i = 1, \ldots, 8$), então, cada contagem esperada da célula é $np_{i0} = 120(0{,}125) = 15$. As contagens observadas das células foram 21, 17, 12, 16, 10, 15, 19 e 10, resultando em um χ^2 de 7,73. Uma vez que $\chi^2_{0,10,7} = 12{,}017$ e 7,73 não é $\geq 12{,}017$, não há evidências para se concluir que os critérios não tenham sido atendidos. ■

EXERCÍCIOS Seção 14.1 (1–11)

1. Qual conclusão seria apropriada para um teste qui-quadrado unilateral superior em cada uma das seguintes situações?

a. $\alpha = 0{,}05$, gl $= 4$, $\chi^2 = 12{,}25$
b. $\alpha = 0{,}01$, gl $= 3$, $\chi^2 = 8{,}54$
c. $\alpha = 0{,}10$, gl $= 2$, $\chi^2 = 4{,}36$
d. $\alpha = 0{,}01$, $k = 6$, $\chi^2 = 10{,}20$

2. Fale o que for possível sobre o valor-*P* para um teste qui-quadrado unilateral superior em cada uma das seguintes situações:

a. $\chi^2 = 7{,}5$, gl $= 2$ **b.** $\chi^2 = 13{,}0$, gl $= 6$
c. $\chi^2 = 18{,}0$, gl $= 9$ **d.** $\chi^2 = 21{,}3$, gl $= 5$
e. $\chi^2 = 5{,}0$, $k = 4$

3. O tempo de resposta de um sistema de computador a uma requisição para um determinado tipo de informação é concebido para ter distribuição exponencial com parâmetro $\lambda = 1$ s (tal que, se X = tempo de resposta, a f.d.p. de X sob H_0 seja $f_0(x) = e^{-x}$ para $x \geq 0$).

a. Se você observou $X_1, X_2, \ldots, X_n$ e quis utilizar o teste qui-quadrado com cinco intervalos de classes tendo iguais probabilidades sob H_0, quais seriam os intervalos de classe resultantes?

b. Realize o teste qui-quadrado utilizando os seguintes dados resultantes de uma amostra aleatória de 40 tempos de resposta:

0,10	0,99	1,14	1,26	3,24	0,12	0,26	0,80
0,79	1,16	1,76	0,41	0,59	0,27	2,22	0,66
0,71	2,21	0,68	0,43	0,11	0,46	0,69	0,38
0,91	0,55	0,81	2,51	2,77	0,16	1,11	0,02
2,13	0,19	1,21	1,13	2,93	2,14	0,34	0,44

4. Suponha que, quando pombos-correio são desorientados de uma determinada maneira, eles não mostram preferência por uma direção específica de voo após a partida (tal que a direção X deva ser uniformemente distribuída no intervalo de 0° a 360°). Para realizar este teste, 120 pombos foram desorientados, soltos e a direção do voo de cada um foi registrada; os dados resultantes estão a seguir. Utilize o teste qui-quadrado no nível 0,10 para verificar se os dados sustentam a hipótese feita

Direção	0 ⊢ 45°	45 ⊢ 90°	90 ⊢ 135°
Frequência	12	16	17
Direção	135 ⊢ 180°	180 ⊢ 225°	225 ⊢ 270°
Frequência	15	13	20
Direção	270 ⊢ 315°	315 ⊢ 360°	
Frequência	17	10	

5. Um sistema de recuperação de informações tem dez localizações de armazenagem. Informações têm sido armazenadas na expectativa de que a proporção a longo prazo de solicitações de localização i seja dada por $p_i = (5{,}5 - |i - 5{,}5|)/30$. Uma amostra de 200 solicitações de recuperação forneceu as seguintes frequências para localizações de 1 a 10, respectivamente: 4, 15, 23, 25, 38, 31, 32, 14, 10 e 8. Utilize um teste qui-quadrado ao nível de significância 0,10 para decidir se os dados são consistentes com as proposições iniciais (utilize o valor-*P* aproximado).

6. O artigo "The gap between wine expert ratings and consumer preferences" (*Intl. J. of Wine Business Res.*, 2008: 335-351) estudou as diferenças entre avaliações de especialistas e consumidores considerando classificações de medalhas para vinhos, que podiam ser de ouro (O), prata (P) ou bronze (B). Três categorias foram, então, estabelecidas: 1. A avaliação é a mesma [(O,O), (B,B), (P,P)]; 2. A avaliação difere por uma medalha [(O,P), (P,O), (P,B), (B,P)]; e 3. A avaliação difere por duas medalhas [(O,B), (B,O)]. As frequências observadas para essas três categorias foram 69, 102 e 45, respectivamente. Na hipótese de avaliações de especialistas e de consumidores igualmente prováveis sendo atribuídas completamente ao acaso, cada um dos nove pares de medalhas tem probabilidade igual a 1/9. Realize um teste qui-quadrado apropriado usando um nível de significância de 0,10, primeiramente obtendo informações sobre o valor-*P*.

7. Criminologistas têm debatido com frequência se há uma relação entre as condições climáticas e a incidência de crime violento. O autor do artigo "Is there a season for homicide?" (*Criminology*, 1988: 287-296) classificou 1 361 homicídios de acordo com a estação, resultando nos dados a seguir. Teste a hipótese nula de proporções iguais usando $\alpha = 0{,}01$ utilizando a tabela qui-quadrado para dizer o que for possível sobre o valor-*P*.

Inverno	Primavera	Verão	Outono
328	334	372	327

8. O artigo "Psychiatric and alcoholic admissions do not occur disproportionately close to patients birthdays" (*Psychological Reports*, 1992: 944-946) concentra-se na existência de alguma relação entre a data de admissão do paciente para tratamento de alcoolismo e o seu aniversário. Assumindo um ano de 365 dias (ou seja, excluindo anos bissextos), na ausência de qualquer relação, a data de admissão do paciente é igualmente provável em qualquer um dos 365 possíveis dias. Os pesquisadores estabeleceram quatro categorias de admissão diferentes: (1) até 7 dias do aniversário; (2) entre 8 e 30 dias, inclusive, do aniversário; (3) entre 31 e 90 dias, inclusive, do aniversário; (4) mais de 90 dias do aniversário. Uma amostra de 200 pacientes teve frequências observadas de 11, 24, 69 e 96 para as categorias 1, 2, 3 e 4, respectivamente. Defina e teste as hipóteses relevantes utilizando um nível de significância de 0,01.

9. O artigo "Racial stereotypes in children's television commercials" (*J. of Adver. Res.*, 2008: 80-93) relatou as seguintes frequências com as quais personagens étnicos apareceram em comerciais gravados que foram ao ar em emissoras de televisão da Filadélfia.

Etnia:	Afro-americana	Asiática	Caucasiana	Hispânica
Frequência:	57	11	330	6

As proporções do censo 2000 para esses quatro grupos são 0,177, 0,032, 0,734 e 0,057, respectivamente. Os dados sugerem que as proporções em comerciais são diferentes das proporções do censo? Realize um teste das hipóteses apropriadas usando um nível de significância de 0,01 e também fale o que for possível sobre o valor-*P*.

10. a. Demonstre que outra expressão para a estatística qui-quadrado é

$$\chi^2 = \sum_{i=1}^{k} \frac{N_i^2}{np_{i0}} - n$$

Por que é mais eficiente calcular χ^2 utilizando esta fórmula?

b. Quando a hipótese nula é H_0: $p_1 = p_2 = \cdots = p_k = 1/k$ (isto é, $p_{i0} = 1/k$ para todo *i*), como a fórmula do item (a) pode ser simplificada? Utilize a expressão simplificada para calcular χ^2 para os dados de direção dos pombos do Exercício 4.

11. a. Tendo obtido uma amostra aleatória de uma população, você deseja utilizar um teste qui-quadrado para decidir se a distribuição populacional é normal padronizada. Se você baseia o teste em seis intervalos de classe tendo probabilidades iguais sob H_0, quais devem ser os intervalos de classe?

b. Se você deseja utilizar um teste qui-quadrado para testar H_0: a distribuição populacional é normal com $\mu = 0{,}5$, $\sigma = 0{,}002$ e o teste deve ser baseado em seis intervalos de classe equiprováveis (sob H_0), quais devem ser estes intervalos?

c. Utilize o teste qui-quadrado com os intervalos do item (b) para decidir, com base nos seguintes diâmetros dos 45 parafusos, se o diâmetro do parafuso é uma variável distribuída normalmente com $\mu = 0{,}5$ pol, $\sigma = 0{,}002$ pol.

0,4974	0,4976	0,4991	0,5014	0,5008	0,4993
0,4994	0,5010	0,4997	0,4993	0,5013	0,5000
0,5017	0,4984	0,4967	0,5028	0,4975	0,5013
0,4972	0,5047	0,5069	0,4977	0,4961	0,4987
0,4990	0,4974	0,5008	0,5000	0,4967	0,4977
0,4992	0,5007	0,4975	0,4998	0,5000	0,5008
0,5021	0,4959	0,5015	0,5012	0,5056	0,4991
0,5006	0,4987	0,4968			

14.2 Testes de qualidade do ajuste para hipóteses compostas

Na seção anterior, apresentamos um teste de qualidade do ajuste baseado em uma estatística χ^2 para decidir entre H_0: $p_1 = p_{10}, \ldots, p_k = p_{k0}$ e a H_a alternativa afirmando que H_0 não é verdadeira. A hipótese nula foi uma **hipótese simples** no sentido de que cada p_{i0} foi um número especificado, tal que as contagens esperadas de células quando H_0 era verdadeira foram números unicamente determinados.

Em muitas situações, há *k* categorias ocorrendo naturalmente, mas H_0 define apenas que p_i são funções de outros parâmetros $\theta_1, \ldots, \theta_m$, sem especificar os valores destes θ. Por exemplo, uma população pode estar em equilíbrio em relação às proporções dos três genótipos *AA*, *Aa* e *aa*. Com p_1, p_2 e p_3 indicando estas proporções (probabilidades), pode-se desejar testar

$$H_0: p_1 = \theta^2,\ p_2 = 2\theta(1 - \theta),\ p_3 = (1 - \theta)^2 \qquad (14.1)$$

em que θ representa a proporção do gene *A* na população. Esta hipótese é **composta**, pois saber que H_0 é verdadeiro não determina as probabilidades das células e contagens esperadas de células, mas apenas sua forma geral. Para realizar um teste χ^2, os θ_i desconhecidos devem primeiramente ser estimados.

Da mesma maneira, podemos estar interessados em testar para verificar se uma amostra provém de uma família particular de distribuições sem especificar qualquer membro específico da família. Para utilizar o teste χ^2 para verificar se a distribuição é de Poisson, por exemplo, o parâmetro μ deve ser estimado. Além disso, como há na realidade um número infinito de valores possíveis de uma variável de Poisson, estes valores devem ser agrupados tal que exista um número finito de células. Se H_0 define que a distribuição subjacente é normal, o uso de um teste χ^2 deve ser precedido por uma escolha de células e a estimativa de μ e σ.

χ^2 quando os parâmetros são estimados

Como dito antes, k indicará o número de categorias ou células e p_i indicará a probabilidade de uma observação cair na i-ésima célula. A hipótese nula agora define que cada p_i é uma função de um número pequeno de parâmetros $\theta_1, \ldots, \theta_m$ com os θ_i não especificados:

$$H_0: p_1 = \pi_1(\boldsymbol{\theta}), \ldots, p_k = \pi_k(\boldsymbol{\theta}) \qquad \text{em que } \boldsymbol{\theta} = (\boldsymbol{\theta}_1, \ldots, \boldsymbol{\theta}_m)$$

$$H_a: \text{a hipótese } H_0 \text{ não é verdadeira} \tag{14.2}$$

Por exemplo, para H_0 de (14.1), $m = 1$ (há apenas um θ), $\pi_1(\theta) = \theta^2$, $\pi_2(\theta) = 2\theta(1 - \theta)$ e $\pi_3(\theta) = (1 - \theta)^2$.

No caso de $k = 2$, há na verdade apenas uma única variável aleatória N_1 (desde que $N_1 + N_2 = n$), que tem uma distribuição binomial. A probabilidade conjunta em que $N_1 = n_1$ e $N_2 = n_2$ é, então,

$$P(N_1 = n_1, N_2 = n_2) = \binom{n}{n_1} p_1^{n_1} \cdot p_2^{n_2} \propto p_1^{n_1} \cdot p_2^{n_2}$$

na qual $p_1 + p_2 = 1$ e $n_1 + n_2 = n$. Para um k qualquer, a distribuição conjunta de $N_1, \ldots, N_k$ é a distribuição multinomial (Seção 5.1) com

$$P(N_1 = n_1, \ldots, N_k = n_k) \propto p_1^{n_1} \cdot p_2^{n_2} \cdot \cdots \cdot p_k^{n_k} \tag{14.3}$$

Quando H_0 é verdadeira, (14.3) torna-se

$$P(N_1 = n_1, \ldots, N_k = n_k) \propto [\pi_1(\theta)]^{n_1} \cdot \cdots \cdot [\pi_k(\theta)]^{n_k} \tag{14.4}$$

Para aplicar o teste qui-quadrado, $\boldsymbol{\theta} = (\theta_1, \ldots, \theta_m)$ deve ser estimado.

> **Método de estimação**
>
> Sejam $n_1, n_2, \ldots, n_k$ os valores observados de $N_1, \ldots, N_k$. Então, $\hat{\theta}_1, \ldots, \hat{\theta}_m$ são aqueles valores dos θ_i que maximizam (14.4).

Os estimadores resultantes $\hat{\theta}_1, \ldots, \hat{\theta}_m$ são os estimadores de máxima verossimilhança de $\theta_1, \ldots, \theta_m$; este princípio de estimativa foi discutido na Seção 6.2.

Exemplo 14.5

Em humanos, há um grupo sanguíneo, o grupo MN, que é composto por indivíduos que têm um dos três tipos sanguíneos M, MN e N. O tipo é determinado por dois alelos e não há dominância, então os três genótipos possíveis dão origem a três fenótipos. Uma população que consiste de indivíduos no grupo MN está em equilíbrio se

$$P(\text{M}) = p_1 = \theta^2$$
$$P(\text{MN}) = p_2 = 2\theta(1 - \theta)$$
$$P(\text{N}) = p_3 = (1 - \theta)^2$$

para algum θ. Suponha uma amostra a partir da qual uma população produza os resultados mostrados na Tabela 14.4.

Tabela 14.4 Contagens observadas para o Exemplo 14.5

Tipo	M	MN	N	
Observadas	125	225	150	$n = 500$

Então

$$[\pi_1(\theta)]^{n_1}[\pi_2(\theta)]^{n_2}[\pi_3(\theta)]^{n_3} = [(\theta^2)]^{n_1}[2\theta(1 - \theta)]^{n_2}[(1 - \theta)^2]^{n_3}$$
$$= 2^{n_2} \cdot \theta^{2n_1 + n_2} \cdot (1 - \theta)^{n_2 + 2n_3}$$

Maximizar essa expressão em relação a θ (ou, de maneira equivalente, maximizando o logaritmo natural desta quantidade, o que é mais fácil para diferenciar) produz

$$\hat{\theta} = \frac{2n_1 + n_2}{[(2n_1 + n_2) + (n_2 + 2n_3)]} = \frac{2n_1 + n_2}{2n}$$

Com $n_1 = 125$ e $n_2 = 225$, $\hat{\theta} = 475/1\,000 = 0{,}475$.

Uma vez que $\boldsymbol{\theta} = (\theta_1, \ldots, \theta_m)$ tiver sido estimado por $\hat{\boldsymbol{\theta}} = (\hat{\theta}_1, \ldots, \hat{\theta}_m)$, as contagens esperadas das células são os $n\pi_i(\hat{\theta})$. Agora, estes são usados no lugar dos np_{i0} da Seção 14.1 para especificar uma estatística χ^2.

> **Teorema**
>
> Sob condições gerais de "regularidade" em $\theta_1, \ldots, \theta_m$ e os $\pi_i(\boldsymbol{\theta})$, se $\theta_1, \ldots, \theta_m$ são estimados pelo método de máxima verossimilhança como descrito previamente e n é grande,
>
> $$\chi^2 = \sum_{\text{todas as células}} \frac{(\text{observado} - \text{esperado estimado})^2}{\text{esperado estimado}} = \sum_{i=1}^{k} \frac{[N_i - n\pi_i(\hat{\boldsymbol{\theta}})]^2}{n\pi_i(\hat{\boldsymbol{\theta}})}$$
>
> tem aproximadamente uma distribuição qui-quadrado com $k - 1 - m$ gl quando H_0 de (14.2) é verdadeira. Um teste aproximado de nível α de H_0 *versus* H_a deverá, então, rejeitar H_0 se $\chi^2 \geq \chi^2_{\alpha,\, k-1-m}$. Na prática, o teste pode ser usado se $n\pi_i(\hat{\boldsymbol{\theta}}) \geq 5$ para todo i.

Observe que *o número de graus de liberdade é reduzido pelo número de* θ_i estimados.

Exemplo 14.6 (Continuação do Exemplo 14.5)

Com $\hat{\theta} = 0{,}475$ e $n = 500$, as contagens esperadas estimadas de células são $n\pi_1(\hat{\theta}) = 500(\hat{\theta})^2 = 112{,}81$, $n\pi_2(\hat{\theta}) = (500)(2)(0{,}475)(1 - 0{,}475) = 249{,}38$ e $n\pi_3(\hat{\theta}) = 500 - 112{,}81 - 249{,}38 = 137{,}81$. Então,

$$\chi^2 = \frac{(125 - 112{,}81)^2}{112{,}81} + \frac{(225 - 249{,}38)^2}{249{,}38} + \frac{(150 - 137{,}81)^2}{137{,}81} = 4{,}78$$

Uma vez que $\chi^2_{0,05,\, k-1-m} = \chi^2_{0,05,\, 3-1-1} = \chi^2_{0,05,\, 1} = 3{,}843$ e $4{,}78 \geq 3{,}843$, H_0 é rejeitada. A Tabela A.11 do Apêndice mostra que o valor-$P \approx 0{,}029$. ■

Exemplo 14.7

Considere uma série de jogos entre dois times, I e II, que termina assim que um dos times tenha ganhado quatro jogos (sem possibilidade de empate). Um modelo de probabilidade simples para uma série assume que os resultados de jogos sucessivos são independentes e que a probabilidade de o time I ganhar qualquer jogo em particular é constante e igual a θ. Arbitrariamente, designamos I como o melhor time, de modo que $\theta \geq 0{,}5$. Qualquer série em particular pode, então, terminar após 4, 5, 6 ou 7 jogos. Sejam $\pi_1(\theta)$, $\pi_2(\theta)$, $\pi_3(\theta)$, $\pi_4(\theta)$ as probabilidades de terminar em 4, 5, 6 e 7 jogos, respectivamente. Então,

$$\begin{aligned}
\pi_1(\theta) &= P(\text{I vence em 4 jogos}) + P(\text{II vence em 4 jogos}) \\
&= \theta^4 + (1 - \theta)^4 \\
\pi_2(\theta) &= P(\text{I vence 3 dos 4 primeiros e o quinto}) \\
&\quad + P(\text{I perde 3 dos 4 primeiros e o quinto}) \\
&= \binom{4}{3}\theta^3(1 - \theta)\cdot\theta + \binom{4}{1}\theta(1 - \theta)^3\cdot(1 - \theta) \\
&= 4\theta(1 - \theta)[\theta^3 + (1 - \theta)^3] \\
\pi_3(\theta) &= 10\theta^2(1 - \theta)^2[\theta^2 + (1 - \theta)^2] \\
\pi_4(\theta) &= 20\theta^3(1 - \theta)^3
\end{aligned}$$

O artigo "Seven-game series in sports", escrito por Groeneveld e Meeden (*Mathematics Magazine*, 1975: 187-192), testou o ajuste deste modelo aos resultados das finais da Liga de Hóquei Nacional durante o período de 1943-1967 (quando os membros da liga eram estáveis). Os dados aparecem na Tabela 14.5.

Tabela 14.5 Contagens observadas e esperadas para o modelo simples

Célula	**1**	**2**	**3**	**4**	
Número de jogos realizados	**4**	**5**	**6**	**7**	
Frequência observada	15	26	24	18	$n = 83$
Frequência esperada estimada	16,351	24,153	23,240	19,256	

As contagens esperadas estimadas de células são $83\pi_i(\hat{\theta})$, em que $\hat{\theta}$ é o valor de θ que maximiza

$$\{\theta^4 + (1 - \theta)^4\}^{15} \cdot \{4\theta(1 - \theta)[\theta^3 + (1 - \theta)^3]\}^{26} \cdot \{10\theta^2(1 - \theta)^2[\theta^2 + (1 - \theta)^2]\}^{24} \cdot \{20\theta^3(1 - \theta)^3\}^{18} \tag{14.5}$$

Os métodos padrão de cálculo falham em produzir uma boa fórmula para a maximização do valor $\hat{\theta}$, então, deve-se utilizar métodos numéricos. O resultado é $\hat{\theta} = 0{,}654$ a partir do qual $\pi_i(\hat{\theta})$ e as contagens esperadas estimadas de células são calculadas. O valor calculado de χ^2 é 0,360 e (uma vez que $k - 1 - m = 4 - 1 - 1 = 2$) $\chi^2_{0,10,2} = 4{,}605$. Deste modo, não há razão para se rejeitar o modelo simples conforme aplicado aos *playoffs* da NHL.

O artigo citado também levou em consideração os dados da *World Series* para o período entre 1903 e 1973. Para o modelo simples, $\chi^2 = 5{,}97$, de forma que o modelo não parece apropriado. A razão sugerida para isto é que para o modelo simples

$$P\,(\text{séries com duração de seis jogos} \mid \text{séries com duração de pelo menos seis jogos}) \geq 0{,}5 \tag{14.6}$$

em que das 38 séries que realmente tiveram pelo menos seis jogos, apenas 13 tiveram exatamente seis. O seguinte modelo alternativo é então apresentado:

$$\pi_1(\theta_1, \theta_2) = \theta_1^4 + (1 - \theta_1)^4$$
$$\pi_2(\theta_1, \theta_2) = 4\theta_1(1 - \theta_1)[\theta_1^3 + (1 - \theta_1)^3]$$
$$\pi_3(\theta_1, \theta_2) = 10\theta_1^2(1 - \theta_1)^2\theta_2$$
$$\pi_4(\theta_1, \theta_2) = 10\theta_1^2(1 - \theta_1)^2(1 - \theta_2)$$

Os dois primeiros π_i são idênticos ao modelo simples, enquanto θ_2 é a probabilidade condicional de (14.6) (que pode agora ser qualquer número entre 0 e 1). Os valores de $\hat{\theta}_1$ e $\hat{\theta}_2$ que maximizam a expressão análoga à expressão (14.5) são determinados numericamente como $\hat{\theta}_1 = 0{,}614$, $\hat{\theta}_2 = 0{,}342$. Um resumo aparece na Tabela 14.6 e $\chi^2 = 0{,}384$. Uma vez que dois parâmetros são estimados, gl $= k - 1 - m = 1$ com $\chi^2_{0,10,1} = 2{,}706$, indicando um bom ajuste dos dados a este novo modelo.

Tabela 14.6 Contagens observadas e esperadas para o modelo mais complexo

Número de jogos realizados	**4**	**5**	**6**	**7**
Frequência observada	12	16	13	25
Frequência esperada estimada	10,85	18,08	12,68	24,39

Uma das condições sobre os θ_i no teorema é que eles são funcionalmente independentes uns dos outros. Ou seja, um único θ_i não pode ser determinado a partir do valor de outro θ_i, tal que m é o número estimado de parâmetros de funcionalidade independentes. Uma regra prática geral para graus de liberdade em testes qui-quadrado é a seguinte:

$$\chi^2 \text{ gl} = \begin{pmatrix}\text{contagens de células}\\ \text{determinadas livremente}\end{pmatrix} - \begin{pmatrix}\text{números de parâmetros}\\ \text{independentes estimados}\end{pmatrix}$$

Esta regra será utilizada em conexão com vários testes qui-quadrado diferentes na próxima seção.

Qualidade do ajuste para distribuições discretas

Muitos experimentos envolvem a observação de uma amostra aleatória $X_1, X_2, \ldots, X_n$, a partir de alguma distribuição discreta. Pode-se então desejar investigar se a distribuição em questão é um membro de uma família particular, tal como a família de Poisson ou a binomial negativa. No caso de ambas as distribuições de Poisson e binomial negativa, o conjunto de valores possíveis é infinito, então os valores devem ser agrupados em k subconjuntos antes que um teste qui-quadrado possa ser utilizado. Os agrupamentos devem ser feitos para que a frequência esperada em cada célula (grupo) seja pelo menos 5. A última célula corresponderá, então, aos valores de X de $c, c+1, c+2, \ldots$ para algum valor c.

Este agrupamento pode complicar consideravelmente o cálculo dos $\hat{\theta}_i$ e das contagens esperadas estimadas de células. Isto porque o teorema requer que os $\hat{\theta}_i$ sejam obtidos das contagens de células $N_1, \ldots, N_k$, em vez de valores de amostra $X_1, \ldots, X_n$.

Exemplo 14.8

A Tabela 14.7 apresenta dados de contagem sobre o número de plantas *Larrea divaricata* encontradas em cada um dos 48 quadrantes amostrados, como informado no artigo "Some sampling characteristics of plants and arthropods of the Arizona desert" (*Ecology*, 1962: 567-571).

Tabela 14.7 Contagens observadas para o Exemplo 14.8

Células	**1**	**2**	**3**	**4**	**5**
Número de plantas	**0**	**1**	**2**	**3**	**≥4**
Frequência	9	9	10	14	6

O autor do artigo ajusta uma distribuição de Poisson aos dados. Seja μ o parâmetro da Poisson e suponha por enquanto que as seis contagens na célula 5 foram realmente 4, 4, 5, 5, 6, 6. Então, tomando os valores da amostra por $x_1, \ldots, x_{48}$, nove dos x_i foram 0, nove foram 1 e assim por diante. A função de verossimilhança da amostra observada é

$$\frac{e^{-\mu}\mu^{x_1}}{x_1!}\cdot\cdots\cdot\frac{e^{-\mu}\mu^{x_{48}}}{x_{48}!} = \frac{e^{-48\mu}\mu^{\Sigma x_i}}{x_1!\cdot\cdots\cdot x_{48}!} = \frac{e^{-48\mu}\mu^{101}}{x_1!\cdot\cdots\cdot x_{48}!}$$

O valor de μ para o qual ela é maximizada é $\hat{\mu} = \sum x_i/n = 101/48 = 2{,}10$ (o valor informado no artigo).

Entretanto, $\hat{\mu}$ exigido para χ^2 é obtido pela maximização da Equação (14.4) em vez da função de verossimilhança da amostra toda. As probabilidades de célula são

$$\pi_i(\mu) = \frac{e^{-\mu}\mu^{i-1}}{(i-1)!} \qquad i = 1, 2, 3, 4$$

$$\pi_5(\mu) = 1 - \sum_{i=0}^{3}\frac{e^{-\mu}\mu^i}{i!}$$

então, o lado direito de (14.4) torna-se

$$\left[\frac{e^{-\mu}\mu^0}{0!}\right]^9\left[\frac{e^{-\mu}\mu^1}{1!}\right]^9\left[\frac{e^{-\mu}\mu^2}{2!}\right]^{10}\left[\frac{e^{-\mu}\mu^3}{3!}\right]^{14}\left[1 - \sum_{i=0}^{3}\frac{e^{-\mu}\mu^i}{i!}\right]^6$$

Não há uma boa fórmula para $\hat{\mu}$; a maximização do valor de μ, nesta última expressão, portanto, este deve ser obtido numericamente.

Como as estimativas dos parâmetros usualmente são mais difíceis de serem calculadas a partir de dados agrupados do que de amostras inteiras, elas são quase sempre calculadas utilizando-se o método anterior. Quando estes estimadores "completos" são utilizados na estatística qui-quadrado, a distribuição da estatística é alterada e o teste nível α não é mais especificado pelo valor crítico $\chi^2_{\alpha,k-1-m}$.

Teorema

Sejam $\hat{\theta}_1, \ldots, \hat{\theta}_m$ os estimadores de máxima verossimilhança de $\theta_1, \ldots, \theta_m$, baseados na amostra completa $X_1, \ldots, X_n$, e seja χ^2 a estatística baseada nestes estimadores. Então, o valor crítico c_α especifica um teste unilateral superior de nível α que satisfaz

$$\chi^2_{\alpha,k-1-m} \le c_\alpha \le \chi^2_{\alpha,k-1} \tag{14.7}$$

O procedimento de teste implicado por este teorema é o seguinte:

Se $\chi^2 \ge \chi^2_{\alpha,k-1}$, rejeite H_0.

Se $\chi^2 \le \chi^2_{\alpha,k-1-m}$, não rejeite H_0. (14.8)

Se $\chi^2_{\alpha,k-1-m} < \chi^2 < \chi^2_{\alpha,k-1}$, retarde o julgamento.

Exemplo 14.9 (Continuação do Exemplo 14.8)

Utilizando $\hat{\mu} = 2{,}10$, as contagens de célula esperadas estimadas são calculadas a partir de $n\pi_i(\hat{\mu})$, onde $n = 48$. Por exemplo,

$$n\pi_1(\hat{\mu}) = 48 \cdot \frac{e^{-2,1}(2,1)^0}{0!} = (48)(e^{-2,1}) = 5{,}88$$

De forma análoga, $n\pi_2(\hat{\mu}) = 12{,}34$, $n\pi_3(\hat{\mu}) = 12{,}96$, $n\pi_4(\hat{\mu}) = 9{,}07$ e $n\pi_5(\mu) = 48 - 5{,}88 - \cdots - 9{,}07 = 7{,}75$. Então,

$$\chi^2 = \frac{(9 - 5{,}88)^2}{5{,}88} + \cdots + \frac{(6 - 7{,}75)^2}{7{,}75} = 6{,}31$$

Como $m = 1$ e $k = 5$, no nível 0,05 precisamos de $\chi^2_{0,05,3} = 7{,}815$ e $\chi^2_{0,05,4} = 9{,}488$. Como $6{,}31 \le 7{,}815$, não rejeitamos H_0; ao nível de 5%, a distribuição de Poisson fornece um ajuste razoável aos dados. Observe que $\chi^2_{0,10,3} = 6{,}251$ e $\chi^2_{0,10,4} = 7{,}779$, portanto, no nível 0,10, teremos que retardar a avaliação se a distribuição de Poisson foi apropriada. ■

Algumas vezes, mesmo as estimativas de máxima verossimilhança baseadas na amostra inteira são difíceis de serem calculadas. Este é o caso, por exemplo, da distribuição binomial negativa de dois parâmetros (generalizada). Em tais situações, as estimativas pelo método dos momentos são frequentemente utilizadas e o χ^2 resultante comparado ao $\chi^2_{\alpha,k-1-m}$, embora não se saiba como o uso dos estimadores de momentos afeta o valor crítico verdadeiro.

Qualidade do ajuste para distribuições contínuas

O teste qui-quadrado pode também ser utilizado para verificar se uma amostra provém de uma família específica de distribuições contínuas, tais como a família exponencial ou a família normal. A escolha de células (intervalos de classe) é ainda mais arbitrária no caso contínuo do que no caso discreto. Para garantir que o teste qui-quadrado seja válido, as células devem ser escolhidas de maneira independente de observações de amostra. Uma vez escolhidas, é quase sempre difícil estimar parâmetros não especificados (tais como μ e σ no caso normal) a partir de contagens observadas de células, então, em vez disso, os estimadores de máxima verossimilhança são calculados baseados em amostras inteiras. O valor crítico c_α novamente satisfaz (14.7) e o procedimento de teste é dado por (14.8).

Exemplo 14.10

O Institute of Nutrition of Central America and Panama (INCAP) realizou estudos extensivos sobre dietas e projetos de pesquisa na América Central. Em um estudo publicado em novembro de 1964 no *American Journal of Clinical Nutrition* ("The blood viscosity of various socioeconomic groups in Guatemala"), medidas de colesterol total de soro para uma amostra de 49 índios de baixa renda da zona rural foram informadas como segue (em mg/L):

204 108 140 152 158 129 175 146 157 174 192 194 144 152 135 223 145
231 115 131 129 142 114 173 226 155 166 220 180 172 143 148 171 143
124 158 144 108 189 136 136 197 131 95 139 181 165 142 162

É plausível que o nível de colesterol no soro seja normalmente distribuído para esta população? Suponha que, previamente à amostragem, acreditava-se que os valores plausíveis para μ e σ eram de 150 e 30, respectivamente. Os sete intervalos de classe equiprováveis para a distribuição normal padrão são: $(-\infty, -1{,}07)$, $(-1{,}07, -0{,}57)$, $(-0{,}57, -0{,}18)$, $(-0{,}18, 0{,}18)$, $(0{,}18, 0{,}57)$, $(0{,}57, 1{,}07)$ e $(1{,}07, \infty)$, com cada extremidade fornecendo também a distância em desvios padrão em relação à média para qualquer outra distribuição normal.

Para $\mu = 150$ e $\sigma = 30$, estes intervalos são $(-\infty, 117{,}9)$, $(117{,}9, 132{,}9)$, $(132{,}9, 144{,}6)$, $(144{,}6, 155{,}4)$, $(144{,}6, 155{,}4)$, $(155{,}4, 167{,}1)$, $(167{,}1, 182{,}1)$ e $(182{,}1, \infty)$.

Para obter as probabilidades estimadas de células $\pi_1(\hat{\mu}, \hat{\sigma}), \ldots, \pi_7(\hat{\mu}, \hat{\sigma})$, primeiro precisamos dos estimadores de máxima verossimilhança $\hat{\mu}$ e $\hat{\sigma}$. No Capítulo 6, o estimador de máxima verossimilhança de σ foi mostrado como $[\sum(x_i - \bar{x})^2/n]^{1/2}$ (em vez de s), tal que $s = 31{,}75$,

$$\hat{\mu} = \bar{x} = 157{,}02 \qquad \hat{\sigma} = \left[\frac{\sum(x_i - \bar{x})^2}{n}\right]^{1/2} = \left[\frac{(n-1)s^2}{n}\right]^{1/2} = 31{,}42$$

Cada $\pi_i(\hat{\mu}, \hat{\sigma})$ é, então, a probabilidade de uma v.a. X normal com média 157,02 e desvio padrão 31,42 cair no i-ésimo intervalo de classe. Por exemplo,

$$\pi_2(\hat{\mu}, \hat{\sigma}) = P(117{,}9 \leq X \leq 132{,}9) = P(-1{,}25 \leq Z \leq -0{,}77) = 0{,}1150$$

então, $n\pi_2(\hat{\mu}, \hat{\sigma}) = 49(0{,}1150) = 5{,}64$. Contagens observadas e estimadas de células são mostradas na Tabela 14.8.

O χ^2 calculado é 4,60. Com $k = 7$ células e $m = 2$ parâmetros estimados, $\chi^2_{0,05,k-1} = \chi^2_{0,05,6} = 12{,}592$ e $\chi^2_{0,05,k-1-m} = \chi^2_{0,05,4} = 9{,}488$. Visto que $4{,}60 \leq 9{,}488$, uma distribuição normal fornece um ajuste bom aos dados.

Tabela 14.8 Contagens observadas e esperadas das células para o Exemplo 14.10

Célula	**$(-\infty, 117{,}9)$**	**(117,9, 132,9)**	**(132,9, 144,6)**	**(144,6, 155,4)**
Observadas	5	5	11	6
Esperadas estimadas	5,17	5,64	6,08	6,64

Célula	**(155.4, 167.1)**	**(167.1, 182.1)**	**$(182.1, \infty)$**
Observadas	6	7	9
Esperadas estimadas	7,12	7,97	10,38

Exemplo 14.11

O artigo "Some studies on tuft weight distribution in the opening room" (*Textile Research J.*, 1976: 567-573) informa os dados de acompanhamento da distribuição do peso de saída dos ramos X (mg) das fibras de algodão para o peso de entrada $x_0 = 70$.

Intervalo	**0–8**	**8–16**	**16–24**	**24–32**	**32–40**	**40–48**	**48–56**	**56–64**	**64–70**
Frequência observada	20	8	7	1	2	1	0	1	0
Frequência esperada	18,0	9,9	5,5	3,0	1,8	0,9	0,5	0,3	0,1

Os autores postularam uma distribuição exponencial truncada:

$$H_0: f(x) = \frac{\lambda e^{-\lambda x}}{1 - e^{-\lambda x_0}} \qquad 0 \leq x \leq x_0$$

A média desta distribuição é

$$\mu = \int_0^{x_0} xf(x)\,dx = \frac{1}{\lambda} - \frac{x_0 e^{-\lambda x_0}}{1 - e^{-\lambda x_0}}$$

O parâmetro λ foi estimado pela substituição de μ por $\bar{x} = 13{,}086$ e a equação resultante foi resolvida para obter $\hat{\lambda} = 0{,}0742$ (então $\hat{\lambda}$ é uma estimativa pelo método dos momentos e não um estimador de máxima verossimilhança). Assim, com $\hat{\lambda}$ substituindo λ em $f(x)$, as frequências esperadas estimadas de células como mostradas anteriormente são calculadas como

$$40\pi_i(\hat{\lambda}) = 40P(a_{i-1} \leq X < a_i) = 40\int_{a_{i-1}}^{a_i} f(x)\,dx = \frac{40(e^{-\hat{\lambda}a_{i-1}} - e^{-\hat{\lambda}a_i})}{1 - e^{-\hat{\lambda}x_0}}$$

em que $[a_{i-1}, a_i)$ é o i-ésimo intervalo de classe. Para obter contagens das células esperadas de pelo menos 5, as seis últimas células são combinadas para produzir contagens observadas de 20, 8, 7, 5 e contagens esperadas de 18,0; 9,9; 5,5; 6,6. O valor calculado de qui-quadrado é, então, $\chi^2 = 1{,}34$. Como $\chi^2_{0,05,\,2} = 5{,}992$, H_0 não é rejeitada, de modo que o modelo exponencial truncado fornece um bom ajuste.

Um teste especial para normalidade

Os gráficos de probabilidade foram introduzidos na Seção 4.6 como um método informal para avaliar a plausibilidade de qualquer distribuição populacional especificada como aquela a partir da qual a amostra dada foi selecionada. Quanto maior a linearidade do gráfico de probabilidade, mais plausível é a distribuição na qual o gráfico está baseado. Um gráfico normal de probabilidade é utilizado para verificar se *algum* membro de uma família de distribuição normal é plausível. Representemos os x_i da amostra quando ordenados do menor para o maior por $x_{(1)}, x_{(2)}, \ldots, x_{(n)}$. Então, o gráfico sugerido para a verificação da normalidade foi um gráfico dos pontos $(x_{(i)}, y_i)$, no qual $y_i = \Phi^{-1}((i - 0{,}5)/n)$.

Uma medida quantitativa da extensão dos agrupamentos de pontos em torno de uma reta é o coeficiente de correlação da amostra r introduzido no Capítulo 12. Considere o cálculo de r para os n pares $(x_{(1)}, y_1), \ldots, (x_{(n)}, y_n)$. Aqui, os y_i não são valores observados em uma amostra aleatória de uma população y, logo, propriedades desse r são bem diferentes daquelas descritas na Seção 12.5. Entretanto, é verdade que quanto mais r se desvia de 1, menos o gráfico de probabilidade se assemelha a uma linha reta (lembre-se de que um gráfico de probabilidade deve ter inclinação ascendente). Esta ideia pode ser estendida para produzir um procedimento de teste formal: rejeitar a hipótese de normalidade populacional se $r \leq c_\alpha$, em que c_α é um valor crítico escolhido para produzir o nível de significância desejado α. Ou seja, o valor crítico é escolhido de modo que, quando a distribuição de população é realmente normal, a probabilidade de se obter um valor r, que é no máximo c_α (e, assim, rejeitando incorretamente H_0), é o α desejado. Os desenvolvedores do software estatístico Minitab forneceram valores críticos para $\alpha = 0{,}10$, 0,05 e 0,01 em combinação com tamanhos diferentes de amostras. Estes valores críticos estão baseados em uma definição ligeiramente diferente dos y_i do que a previamente dada.

O Minitab também gerará um gráfico normal de probabilidade baseando-se nesses y_i. O gráfico terá uma aparência praticamente idêntica àquela com base nos y_i anteriores. Quando há vários $x_{(i)}$ empatados, o Minitab calcula o r usando a média dos y_i correspondentes como o segundo número em cada par.

Seja $y_i = \Phi^{-1}[(i - 0{,}375)/(n + 0{,}25)]$ e calcule o coeficiente de correlação da amostra de r para n pares $(x_{(1)}, y_1), \ldots, (x_{(n)}, y_n)$. O **teste Ryan-Joiner** de

H_0: a distribuição populacional é normal

versus

H_a: a distribuição populacional não é normal

consiste em rejeitar H_0 quando $r \leq c_\alpha$. Os valores críticos de c_α são dados na Tabela A.12 do Apêndice para vários níveis de significância α e tamanhos n de amostras.

Exemplo 14.12

A seguinte amostra de $n = 20$ observações de rigidez dielétrica de quebra de peças de resina epóxi apareceu anteriormente no Exemplo 4.30.

y_i	–1,871	–1,404	–1,127	–0,917	–0,742	–0,587	–0,446	–0,313	–0,186	–0,062
$x_{(i)}$	24,46	25,61	26,25	26,42	26,66	27,15	27,31	27,54	27,74	27,94
y_i	0,062	0,186	0,313	0,446	0,587	0,742	0,917	1,127	1,404	1,871
$x_{(i)}$	27,98	28,04	28,28	28,49	28,50	28,87	29,11	29,13	29,50	30,88

Realizou-se no Minitab o teste Ryan-Joiner e o resultado aparece na Figura 14.3. O valor da estatística do teste é $r = 0{,}9881$ e a Tabela A.12 do Apêndice fornece 0,9600 como o valor crítico que corresponde à área 0,10 sob a cauda inferior da curva de distribuição amostral r quando $n = 20$ e a distribuição em questão é realmente normal. Como $0{,}9881 > 0{,}9600$, a hipótese nula de normalidade não pode ser rejeitada mesmo para um nível de significância tão grande quanto 0,10.

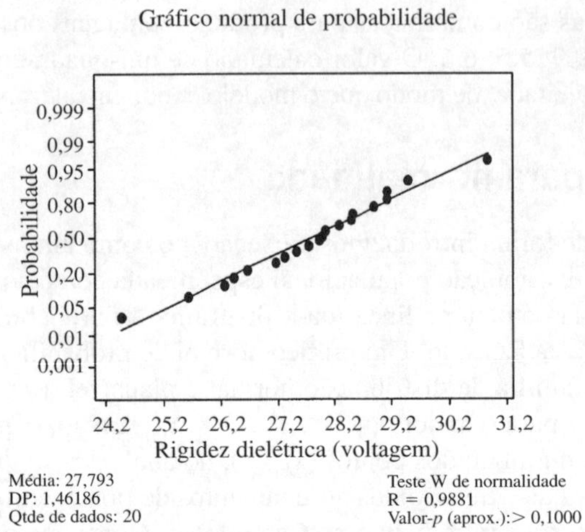

Figura 14.3 Resultado do Minitab do teste Ryan-Joiner para os dados do Exemplo 14.12.

EXERCÍCIOS Seção 14.2 (12–23)

12. Considere uma grande população de famílias nas quais cada uma tem exatamente três crianças. Se os sexos das três crianças em qualquer família são independentes uns dos outros, o número de meninos em uma família selecionada aleatoriamente terá uma distribuição binomial baseada em três ensaios.

a. Suponha que uma amostra aleatória de 160 famílias produza os resultados a seguir. Teste a hipótese relevante procedendo como no Exemplo 14.5.

Número de meninos	0	1	2	3
Frequência	14	66	64	16

b. Suponha que uma amostra aleatória de família em uma população não humana tenha resultado em frequências observadas de 15, 20, 12 e 3, respectivamente. O teste qui-quadrado poderia ser baseado no mesmo número de graus de liberdade do teste do item (a)? Explique.

13. Um estudo sobre a esterilidade da mosca das frutas ("Hybrid dysgenesis in *drosophila melanogaster:* the biology of female and male sterility", *Genetics*, 1979: 161-174) fornece os seguintes dados sobre o número de ovários desenvolvidos por cada mosca fêmea em uma amostra de tamanho 1 388. Um modelo para a esterilidade unilateral afirma que cada ovário se desenvolve com uma probabilidade p independentemente do outro ovário. Teste o ajuste deste modelo utilizando χ^2.

x = Números de ovários desenvolvidos	0	1	2
Contagem observada	1 212	118	58

14. O artigo "Feeding ecology of the red-eyed vireo and associated foliage-gleaning birds" (*Ecological Monographs*, 1971: 129-152) apresenta os dados associados à variável X = o número de saltos antes do primeiro voo e precedido de um voo. O autor, então, propôs e ajustou uma distribuição de probabilidade geométrica [$p(x) = P(X = x) = p^{x-1} \cdot q$ para, $x = 1, 2, \ldots$, em que $q = 1 - p$] para os dados. O tamanho total da amostra foi $n = 130$.

x	1	2	3	4	5	6	7	8	9	10	11	12
Número de vezes x observado	48	31	20	9	6	5	4	2	1	1	2	1

a. A verossimilhança é $(p^{x_1-1} \cdot q) \cdot \cdots \cdot (p^{x_n-1} \cdot q) = p^{\Sigma x_i - n} \cdot q^n$. Mostre que o estimador de máxima verossimilhança de p é dado por $\hat{p} = (\Sigma x_i - n)/\Sigma x_i$ e calcule $\hat{p}$ para os dados fornecidos.

b. Estime as contagens esperadas de células utilizando $\hat{p}$ do item (a) [contagens esperadas de células $= n \cdot (\hat{p})^{x-1} \cdot \hat{q}$ para $x = 1, 2, \ldots$] e teste o ajuste do modelo utilizando um teste χ^2 combinando as contagens para $x = 7, 8, \ldots$ e 12 dentro de uma única célula ($x \geq 7$).

15. O artigo a partir do qual os dados no Exercício 20 foram obtidos também forneceu os dados correspondentes à razão massa total/massa de tecido para tipos de tecido de alta qualidade.

1,15	1,40	1,34	1,29	1,36	1,26	1,22	1,40
1,29	1,41	1,32	1,34	1,26	1,36	1,36	1,30
1,28	1,45	1,29	1,28	1,38	1,55	1,46	1,32

O Minitab forneceu $r = 0{,}9852$ como o valor da estatística do teste de Ryan-Joiner e informou que o valor-$P > 0{,}10$. Você usaria o teste t de uma amostra para testar hipóteses a respeito do valor da razão média verdadeira? Por quê?

16. Em um experimento genético, os pesquisadores observaram 300 cromossomos de um tipo particular e contaram o número de cromátides irmãs trocadas em cada um ("On the nature of sister-chromatid exchanges in 5-bromodeoxyuridine substituted chromosomes", *Genetics*, 1979: 1251-1264). Um modelo de Poisson foi proposto para a distribuição do número de trocas. Teste o ajuste de uma distribuição de Poisson aos dados estimando primeiramente μ e, então, combinando as contagens para $x = 8$ e $x = 9$ em uma única célula.

x = Número de trocas	0	1	2	3	4	5	6	7	8	9
Contagens observadas	6	24	42	59	62	44	41	14	6	2

17. Um artigo em *Annals of Mathematical Statistics* informa os seguintes dados sobre o número de moluscos em cada 120 grupos de moluscos. A f.p. de Poisson fornece um modelo plausível para a distribuição do número de moluscos em um grupo? [*Dica*: adicione as frequências para 7, 8, . . . , 12 para estabelecer uma única categoria "≥ 7".]

Número de moluscos	0	1	2	3	4	5	6	7	8	9	10	11	12
Frequência	24	16	16	18	15	9	6	5	3	4	3	0	1

18. O artigo "A probabilistic analysis of dissolved oxygen–biochemical oxygen demand relationship in streams" (*J. Water Resources Control Fed.*, 1969: 73-90) informa dados sobre a taxa de oxigenação em córregos a 20°C em determinada região. A média e o desvio padrão da amostra foram calculados como $\bar{x} = 0{,}173$ e $s = 0{,}066$, respectivamente. Baseado na distribuição de frequência associada, pode-se concluir que a taxa de oxigenação é uma variável distribuída normalmente? Utilize o teste qui-quadrado no nível $\alpha = 0{,}05$.

Taxa (por dia)	Frequência
Abaixo 0,100	12
Entre 0,100 e menos que 0,150	20
Entre 0,150 e menos que 0,200	23
Entre 0,200 e menos que 0,250	15
0,250 ou mais	13

19. Cada farol de automóvel passa por uma inspeção anual que pode ser classificada em muito alta (*H*), muito baixa (*L*) ou apropriada (*N*). Verificando os dois faróis simultaneamente (e não fazendo distinção entre esquerda e direita), os resultados são dados em seis possibilidades *HH*, *LL*, *NN*, *HL*, *HN* e *LN*. Se as probabilidades (proporções de população) para a única direção do foco do farol são $P(H) = \theta_1$, $P(L) = \theta_2$ e $P(N) = 1 - \theta_1 - \theta_2$ e a classificação dos dois faróis independem uma da outra, as probabilidades dos seis resultados para uma seleção aleatória de um carro são as seguintes:

$$p_1 = \theta_1^2 \quad p_2 = \theta_2^2 \quad p_3 = (1 - \theta_1 - \theta_2)^2$$

$$p_4 = 2\theta_1\theta_2 \quad p_5 = 2\theta_1(1 - \theta_1 - \theta_2)$$

$$p_6 = 2\theta_2(1 - \theta_1 - \theta_2)$$

Utilize os dados correspondentes para testar a hipótese nula

$$H_0: p_1 = \pi_1(\theta_1, \theta_2), \ldots, p_6 = \pi_6(\theta_1, \theta_2)$$

na qual os $\pi_i(\theta_1, \theta_2)$s são dados anteriormente.

Resultado	*HH*	*LL*	*NN*	*HL*	*HN*	*LN*
Frequência	49	26	14	20	53	38

[*Dica*: escreva a verossimilhança como uma função de θ_1 e θ_2, calcule o logaritmo natural e então calcule $\partial/\partial\theta_1$ e $\partial/\partial\theta_2$, iguale-as a 0 e resolva para $\hat{\theta}_1, \hat{\theta}_2$.)

20. O artigo "Compatibility of outer and fusible interlining fabrics in tailored garments (*Textile Res. J.*, 1997: 137-142) fornece as seguintes observações de rigidez de dobramento (μN · m) para tipos de tecidos de média qualidade, a partir dos quais os resultados do Minitab correspondentes foram obtidos:

24,6	12,7	14,4	30,6	16,1	9,5	31,5	17,2
46,9	68,3	30,8	116,7	39,5	73,8	80,6	20,3
25,8	30,9	39,2	36,8	46,6	15,6	32,3	

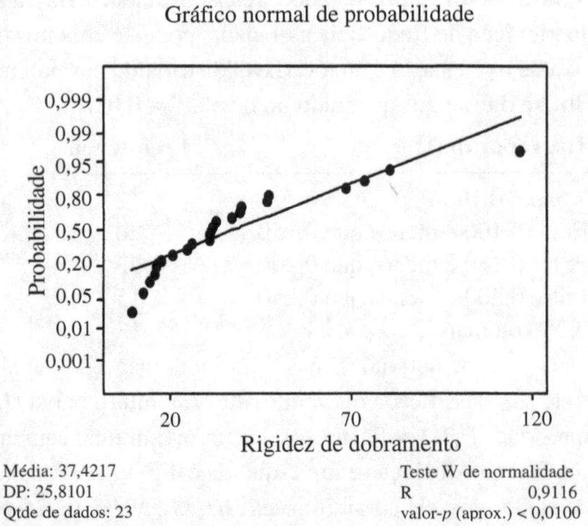

Você usaria um intervalo de confiança *t* de uma amostra para estimar a média verdadeira da rigidez de dobramento? Explique seu raciocínio.

21. Um determinado tipo de lanterna é vendido com quatro baterias incluídas. Uma amostra aleatória de 150 lanternas é obtida, e o número de baterias defeituosas em cada uma é determinado, resultando nos seguintes dados:

Número de componentes defeituosos	0	1	2	3	4
Frequência	26	51	47	16	10

Seja X o número de baterias defeituosas em uma amostra de lanternas selecionada aleatoriamente. Teste a hipótese nula de que a distribuição de X é Bin$(4, \theta)$. Isto é, com $p_i = P(i$ defeituosos), teste

$$H_0\text{: } p_i = \binom{4}{i}\theta^i(1-\theta)^{4-i} \qquad i = 0, 1, 2, 3, 4$$

[*Dica*: para obter o estimador de máxima verossimilhança de θ, escreva a função de verossimilhança (a função a ser maximizada) como $\theta^u(1-\theta)^v$, na qual os expoentes u e v são funções lineares das contagens de células. Então, tome o logaritmo natural, diferencie em relação a θ, iguale o resultado a 0 e resolva para $\hat{\theta}$.]

22. O artigo "A method for the estimation of alcohol in fortified wines using hydrometer baumé and refractometer brix" (*Amer. J. of Enol. and Vitic.*, 2006: 486-490) forneceu medições duplicadas em relação ao teor de álcool destilado (%) para uma amostra de 35 vinhos do porto. Aqui estão médias dessas medições duplicadas:

15,30 16,20 16,35 17,15 17,48 17,73 17,75 17,85 18,00
18,68 18,82 18,85 19,03 19,07 19,08 19,17 19,20 19,20
19,33 19,37 19,45 19,48 19,50 19,58 19,60 19,62 19,90
19,97 20,00 20,05 21,22 22,25 22,75 23,25 23,78

Use o teste de Ryan-Joiner para decidir, no nível de significância 0,05, se uma distribuição normal fornece um modelo plausível para o teor de álcool.

23. O artigo "Nonbloated burned clay aggregate concrete" (*J. of Materials*, 1972: 555-563) informa os seguintes dados sobre a resistência à flexão (psi) em amostras do concreto não inchado agregado com argila para 7 dias:

257 327 317 300 340 340 343 374 377 386
383 393 407 407 434 427 440 407 450 440
456 460 456 476 480 490 497 526 546 700

Teste no nível 0,10 para decidir se a resistência à flexão é uma variável normalmente distribuída.

14.3 Tabelas de contingência de dupla entrada

Nos cenários das Seções 14.1 e 14.2, as frequências observadas foram exibidas em uma única linha dentro de uma tabela retangular. Agora, estudaremos os problemas nos quais os dados também consistem em contagens ou frequências, mas a tabela de dados terá, agora, I linhas ($I \geq 2$) e J colunas, então, IJ células. Há duas situações comumente encontradas nas quais tais dados aparecem:

1. Há I populações de interesse, cada uma correspondendo a uma linha diferente da tabela e cada população é dividida nas mesmas J categorias. Uma amostra é tirada da i-ésima população ($i = 1, \ldots, I$) e as contagens são colocadas em células na i-ésima linha da tabela. Por exemplo, os clientes de cada uma das $I = 3$ cadeias de lojas de departamentos podem ter disponíveis as mesmas $J = 5$ formas de pagamento: dinheiro, cheque, cartão de crédito da loja, Visa e MasterCard.
2. Há uma população única de interesse, com cada indivíduo em uma população categorizado em relação a dois fatores diferentes. Há I categorias associadas ao primeiro fator e J categorias associadas ao segundo fator. Uma única amostra é tomada e o número de indivíduos que pertence a ambas as categorias i do fator 1 e categoria j do fator 2 é colocado na célula na linha i, coluna j ($i = 1, \ldots, I$; $j = 1, \ldots, J$). Como um exemplo, clientes que fazem uma compra podem ser classificados de acordo com ambos os departamentos nos quais a compra foi feita, com $I = 6$ departamentos e, de acordo com o método de pagamento, com $J = 5$, como em (1), citado anteriormente.

Seja n_{ij} o número de indivíduos na(s) amostra(s) que caem na (i, j)-ésima célula (linha i, coluna j) da tabela, ou seja, a (i, j)-ésima contagem de célula. A tabela que mostra os n_{ij} é chamada de uma **tabela de contingência de dupla entrada**; um protótipo é mostrado na Tabela 14.9.

Tabela 14.9 Uma tabela de contingência de dupla entrada

	1	2	...	j	...	J
1	n_{11}	n_{12}	...	n_{1j}	...	n_{1J}
2	n_{21}					$\vdots$
$\vdots$	$\vdots$					
i	n_{i1}	...		n_{ij}	...	
$\vdots$	$\vdots$					
I	n_{I1}	...				n_{IJ}

Nas situações do tipo 1, queremos investigar se as proporções nas diferentes categorias são as mesmas para todas as populações. A hipótese nula afirma que as populações são *homogêneas* em relação a essas categorias. Nas situações do tipo 2, investigamos se as categorias dos dois fatores ocorrem independentemente umas das outras na população.

Teste de homogeneidade

Suponha que cada indivíduo em cada uma das I populações pertence a exatamente uma das J categorias. Uma amostra de n_i indivíduos é tomada da i-ésima população; sejam $n = \sum n_i$ e

$$n_{ij} = \text{o número de indivíduos na } i\text{-ésima amostra que cai na categoria } j$$

$$n_{\cdot j} = \sum_{i=1}^{I} n_{ij} = \begin{array}{l}\text{o número total de indivíduos na}\\ \text{amostra } n \text{ que cai na categoria } j\end{array}$$

Os n_{ij} são registrados em uma tabela de contingência de dupla entrada com I linhas e J colunas. A soma dos n_{ij} na i-ésima linha é n_i e a soma das entradas na j-ésima coluna será denotada por $n_{\cdot j}$.

Considere

$$p_{ij} = \text{a proporção de indivíduos na população } i \text{ que caem na categoria } j$$

Assim, para a população 1, as J proporções são $p_{11}, p_{12}, \ldots, p_{1J}$ (cuja soma é 1) e da mesma maneira para as outras populações. A **hipótese nula de homogeneidade** afirma que a proporção de indivíduos na categoria j é a mesma para cada população e que isto é verdade para toda categoria, ou seja, para todo j, $p_{1j} = p_{2j} = \cdots = p_{Ij}$.

Quando H_0 é verdadeira, podemos usar $p_1, p_2, \ldots, p_J$ para denotar as proporções da população nas J categorias diferentes; essas proporções são comuns a todas as I populações. O número esperado de indivíduos na i-ésima amostra que cai na j-ésima categoria quando H_0 é verdadeira é, então, $E(N_{ij}) = n_i \cdot p_j$. Para estimar $E(N_{ij})$, devemos primeiro estimar p_j, a proporção na categoria j. Considerando o total de amostras de n indivíduos, os $N_{\cdot j}$ caem na categoria j, portanto, usamos $\hat{p}_j = N_{\cdot j}/n$ como o estimador (isto pode ser mostrado como o estimador de máxima verossimilhança de p_j). A substituição da estimativa $\hat{p}_j$ por p_j em $n_i p_j$ produz uma fórmula simples para as contagens esperadas estimadas sob H_0:

$$\hat{e}_{ij} = \text{contagem esperada estimada na célula } (i, j) = n_i \cdot \frac{n_{\cdot j}}{n}$$
$$= \frac{(\text{total da } i\text{-ésima linha})(\text{total } j\text{-ésima coluna})}{n} \tag{14.9}$$

A estatística do teste também tem a mesma forma das situações dos problemas anteriores. O número de graus de liberdade vem da regra prática geral. Em cada linha da Tabela 14.9 há $J - 1$ contagens de células determinadas livremente (cada tamanho n_i de amostra é fixo), portanto, há um total de $I(J - 1)$ células determinadas livremente. Parâmetros $p_1, \ldots, p_J$ são estimados, mas, como $\sum p_i = 1$, somente $J - 1$ destes são independentes. Assim, gl $= I(J - 1) - (J - 1) = (J - 1)(I - 1)$.

Hipótese nula: H_0: $p_{1j} = p_{2j} = \cdots = p_{Ij} \quad j = 1, 2, \ldots, J$

Hipótese alternativa: H_a: H_0 não é verdadeira

Valor da estatística do teste:

$$\chi^2 = \sum_{\text{todas as células}} \frac{(\text{observado} - \text{estimado esperado})^2}{\text{estimado esperado}} = \sum_{i=1}^{I} \sum_{j=1}^{J} \frac{(n_{ij} - \hat{e}_{ij})^2}{\hat{e}_{ij}}$$

Região de rejeição: $\chi^2 \geq \chi^2_{\alpha,(I-1)(J-1)}$

Informações acerca do valor-*P* podem ser obtidas conforme descrito na Seção 14.1. O teste pode ser aplicado de forma segura contanto que $\hat{e}_{ij} \geq 5$ para todas as células.

Exemplo 14.13

Uma empresa embala certo produto em latas de três tamanhos diferentes, cada uma utilizando uma linha de produção distinta. A maioria das latas atende às especificações, mas um engenheiro de controle de qualidade identificou as seguintes razões para não conformidade:

1. Mancha na lata
2. Rachadura na lata
3. Localização imprópria da aba de abrir
4. Falta da aba de abrir
5. Outros

Uma amostra de unidades não conformes é selecionada de cada uma das três linhas e cada unidade é classificada de acordo com o motivo para a não conformidade, resultando na seguinte tabela de contingência de dados:

		Motivo para não conformidade					
		Mancha	**Rachadura**	**Localização**	**Falta**	**Outros**	**Tamanho da amostra**
	1	34	65	17	21	13	150
Linha de Produção	**2**	23	52	25	19	6	125
	3	32	28	16	14	10	100
	Total	89	145	58	54	29	375

Os dados sugerem que as proporções que caem em várias categorias de não conformidade não são as mesmas para as três linhas? Os parâmetros de interesse são as várias proporções e as hipóteses relevantes são

H_0: as linhas de produção são homogêneas em relação às cinco categorias de não conformidade, ou seja, $p_{1j} = p_{2j} = p_{3j}$ para $j = 1, \ldots, 5$

H_a: as linhas de produção não são homogêneas em relação às cinco categorias

As frequências esperadas estimadas (assumindo homogeneidade) devem agora ser calculadas. Considere a primeira categoria de não conformidade para a primeira linha de produção. Quando as linhas são homogêneas,

o número esperado estimado considerando as 150 unidades selecionadas que estão manchadas

$$= \frac{(\text{total da primeira linha})(\text{total da primeira coluna})}{\text{total dos tamanhos amostrais}} = \frac{(150)(89)}{375} = 35{,}60$$

A contribuição da célula no canto superior esquerdo para χ^2 é, então,

$$\frac{(\text{observado} - \text{esperado estimado})^2}{\text{esperado estimado}} = \frac{(34 - 35{,}60)^2}{35{,}60} = 0{,}072$$

As outras contribuições são calculadas de maneira semelhante. A Figura 14.4 mostra a saída do Minitab para o teste qui-quadrado. A contagem observada é o número superior em cada célula e diretamente abaixo está a contagem esperada estimada. A contribuição de cada célula para χ^2 aparece abaixo das contagens e o valor da estatística do teste é $\chi^2 = 14{,}159$. Todas as contagens esperadas estimadas são pelo menos 5, de modo que combinar categorias é desnecessário. O teste está baseado em $(3 - 1)(5 - 1) = 8$ gl. A Tabela A.11 do Apêndice mostra que os valores que capturam as áreas de cauda superior de 0,08 e 0,075 sob a curva 8 gl são 14,06 e 14,26, respectivamente. Portanto, o valor-P está entre 0,075 e 0,08; o Minitab fornece o valor-$P = 0{,}079$. A hipótese nula de homogeneidade não deve ser rejeitada nos níveis usuais de significância de 0,05 ou 0,01, mas deve ser rejeitada para níveis α maiores que 0,10.

Contagens esperadas são impressas abaixo das contagens observadas

	mancha	rachadura	localização	falta	outros	Total
1	34	65	17	21	13	150
	35,60	58,00	23,20	21,60	11,60	
2	23	52	25	19	6	125
	29,67	48,33	19,33	18,00	9,67	
3	32	28	16	14	10	100
	23,73	38,67	15,47	14,40	7,73	
Total	89	145	58	54	29	375

```
Qui-quadrado = 0,072 + 0,845 + 1,657 + 0,017 + 0,169 + 1,498 + 0,278 +
       1,661 + 0,056 + 1,391 + 2,879 + 2,943 + 0,018 + 0,011 +
       0,664 = 14,159

gl = 8, p = 0,079
```

Figura 14.4 Saída do Minitab para o teste qui-quadrado do Exemplo 14.13. ■

Teste de independência

Abordaremos agora a relação entre dois fatores diferentes em uma única população. Cada indivíduo na população pertence a exatamente uma das I categorias associadas ao primeiro fator e exatamente uma das J categorias associadas ao segundo fator. Por exemplo, a população de interesse pode consistir de todos os indivíduos que assistem regularmente ao noticiário nacional na televisão, com o primeiro fator sendo a rede preferida (ABC, CBS, NBC ou PBS, portanto, $I = 4$) e o segundo fator a filosofia política (liberal, moderada ou conservadora, resultando em $J = 3$).

Para uma amostra de n indivíduos tomados da primeira população, seja n_{ij} o número entre os n que caem na categoria i do primeiro fator e na categoria j do segundo fator. Os n_{ij} são mostrados em uma tabela de contingência de dupla entrada com I linhas e J colunas. No caso de homogeneidade para I populações, os totais de linha foram fixados antecipadamente, e apenas os totais das J colunas são aleatórios. Agora, apenas o tamanho total da amostra é fixado, e ambos os $n_{i.}$ e os $n_{.j}$ são valores observados de variáveis aleatórias. Para estabelecer a hipótese de interesse, seja

p_{ij} = a proporção de indivíduos na população que pertencem à categoria i do fator 1 e categoria j do fator 2

= P(um indivíduo selecionado aleatoriamente cair simultaneamente na categoria i do fator 1 e categoria j do fator 2)

Então,

$$p_{i\cdot} = \sum_j p_{ij} = P(\text{um indivíduo selecionado aleatoriamente cair na categoria } i \text{ do fator 1})$$

$$p_{\cdot j} = \sum_i p_{ij} = P(\text{um indivíduo selecionado aleatoriamente cair na categoria } j \text{ do fator 2})$$

Lembre-se de que dois eventos, A e B, são independentes se $P(A \cap B) = P(A) \cdot P(B)$. *A hipótese nula diz que categoria de indivíduo em relação a um fator 1 é independente da categoria em relação ao fator 2.* Em símbolos, isto torna-se $p_{ij} = p_{i\cdot} \cdot p_{\cdot j}$ para todo par (i, j).

A contagem esperada na célula (i, j) é $n \cdot p_{ij}$, logo, quando a hipótese nula é verdadeira, $E(N_{ij}) = n \cdot p_{i.} \cdot p_{.j}$. Para obter uma estatística qui-quadrado, devemos, portanto, estimar os $p_{i.}(i = 1, \ldots, I)$ e $p_{.j}(j = 1, \ldots, J)$. As estimativas (por máxima verossimilhança) são

$$\hat{p}_{i.} = \frac{n_{i.}}{n} = \text{proporção da amostra para a categoria } i \text{ do fator 1}$$

e

$$\hat{p}_{.j} = \frac{n_{.j}}{n} = \text{proporção da amostra para a categoria } i \text{ do fator 2}$$

Isto fornece as contagens de células esperadas estimadas de maneira idêntica àquelas no caso da homogeneidade.

$$\hat{e}_{ij} = n \cdot \hat{p}_{i.} \cdot \hat{p}_{.j} = n \cdot \frac{n_{i.}}{n} \cdot \frac{n_{.j}}{n} = \frac{n_{i.} \cdot n_{.j}}{n}$$

$$= \frac{(\text{total da linha } i)(\text{total da coluna} j)}{n}$$

A estatística do teste é também idêntica àquela utilizada no teste para homogeneidade, assim como o número de graus de liberdade. Isto acontece porque o número das contagens de células determinadas livremente é $IJ - 1$, visto que apenas o total n é fixado antecipadamente. Existem I $p_{i.}$ estimados, mas apenas $I - 1$ são independentemente estimados desde que $\sum p_{i.} = 1$ e, de maneira semelhante, $J - 1 p_{.j}$ são independentemente estimados, portanto, $I + J - 2$ parâmetros são estimados independentemente. A regra prática, agora, produz gl $= IJ - 1 - (I + J - 2) = IJ - I - J + 1 = (I - 1) \cdot (J - 1)$.

Hipótese nula: H_0: $p_{ij} = p_{i.} \cdot p_{.j} \quad i = 1, \ldots, I; j = 1, \ldots, J$

Hipótese alternativa: H_a: H_0 não é verdadeira

Valor da estatística do teste:

$$\chi^2 = \sum_{\text{todas as células}} \frac{(\text{observado} - \text{estimado esperado})^2}{\text{estimado esperado}} = \sum_{i=1}^{I} \sum_{j=1}^{J} \frac{(n_{ij} - \hat{e}_{ij})^2}{\hat{e}_{ij}}$$

Região de rejeição: $\chi^2 \geq \chi^2_{\alpha,(I-1)(J-1)}$

Novamente, informações acerca do valor-*P* podem ser obtidas conforme descrito na Seção 14.1. O teste pode ser aplicado de forma segura contanto que $\hat{e}_{ij} \geq 5$ para todas as células.

Exemplo 14.14

Um estudo da relação entre as condições das instalações nos postos de gasolina e a agressividade na composição do preço da gasolina ("An analysis of price aggressiveness in gasoline marketing", *J. of Marketing Research*, 1970: 36-42) informa os dados correspondentes baseados em uma amostra de $n = 441$ postos. No nível 0,01, os dados sugerem que as condições das instalações e a política de preços são independentes umas das outras? Contagens observadas e estimadas de células são mostradas na Tabela 14.10.

Tabela 14.10 Contagens observadas e esperadas estimadas das células para o Exemplo 14.14

		Política de preços observada				Política de preços esperada			
		Agressiva	Neutra	Não agressiva	$n_{i.}$				
	Abaixo do padrão	24	15	17	56	17,02	22,10	16,89	56
Condição	Padrão	52	73	80	205	62,29	80,88	61,83	205
	Moderna	58	86	36	180	54,69	71,02	54,29	180
	$n_{.j}$	134	174	133	441	134	174	133	441

Assim,

$$\chi^2 = \frac{(24 - 17{,}02)^2}{17{,}02} + \cdots + \frac{(36 - 54{,}29)^2}{54{,}29} = 22{,}47$$

e porque $\chi^2_{0,01,4} = 13{,}277$, a hipótese de independência é rejeitada.

Concluímos que o conhecimento da política de preço de um posto fornece informação sobre as condições de instalação. Em particular, postos com uma política agressiva de preços parecem ser mais propensos a ter instalações abaixo do padrão do que os postos com uma política não agressiva ou neutra de preços. ■

Os modelos e métodos para a análise de dados nos quais cada indivíduo é categorizado em relação a três ou mais fatores (tabelas de contingência multidimensional) são discutidos em várias das referências deste capítulo.

EXERCÍCIOS Seção 14.3 (24-36)

24. A tabela de dupla entrada a seguir foi construída utilizando-se dados do artigo "Television viewing and physical fitness in adults" (*Research Quarterly for Exercise and Sport*, 1990: 315-320). O autor esperava determinar se o tempo gasto assistindo-se à televisão está associado com a condição cardiovascular. Os entrevistados foram questionados sobre seus hábitos de assistir à televisão e foram classificados como em boa condição física se sua pontuação estava na categoria excelente ou muito boa em um teste de caminhada. Incluímos os resultados do Minitab a partir de uma análise qui-quadrado. Os quatro grupos de TV corresponderam às diferentes quantidades de tempo por dia gastas assistindo à TV (0, 1-2, 3-4 ou 5 ou mais horas). Os 168 indivíduos representados na primeira coluna foram aqueles julgados em boas condições físicas. As contagens esperadas aparecem abaixo das contagens observadas e o Minitab mostra a contribuição para χ^2 a partir de cada célula. Determine e teste as hipóteses apropriadas, usando $\alpha = 0{,}05$.

```
              1          2      Total
1            35        147        182
          25,48     156,52
2           101        629        730
         102,20     627,80
3            28        222        250
          35,00     215,00
4             4         34         38
           5,32      32,68
Total       168       1032       1200

Qui-quadrado = 3,557 + 0,579 +
          0,014 + 0,002 +
          1,400 + 0,228 +
           0,328 + 0,053 = 6,161

gl = 3
```

25. Mostre que a estatística qui-quadrado para o teste de independência pode ser escrita na forma

$$\chi^2 = \sum_{i=1}^{I}\sum_{j=1}^{J}\left(\frac{N_{ij}^2}{\hat{E}_{ij}}\right) - n$$

Por que esta fórmula é mais eficiente para cálculos do que a fórmula da definição para χ^2?

26. Os dados a seguir resultaram de um experimento para o estudo dos efeitos da remoção das folhas na habilidade da fruta de um determinado tipo de amadurecer ("Fruit set, herbivory, fruit reproduction, and the fruiting strategy of *catalpa speciosa*" *Ecology*, 1980: 57-64):

Tratamento	Número de frutas maduras	Número de frutas abortadas
Controle	141	206
Duas folhas removidas	28	69
Quatro folhas removidas	25	73
Seis folhas removidas	24	78
Oito folhas removidas	20	82

Os dados sugerem que a chance do amadurecimento da fruta é afetada pelo número de folhas removidas? Enuncie e teste as hipóteses apropriadas no nível 0,01.

27. O artigo "Human lateralization from head to foot: sex- related factors" (*Science*, 1978: 1291-1292) apresenta uma amostra de homens destros e outra de mulheres destras; o texto informa o número de indivíduos cujos pés eram do mesmo tamanho, os que tinham o pé esquerdo maior do que o direito (uma diferença de meio número de calçado ou mais), ou os que tinham o pé direito maior do que o esquerdo.

	E > D	E = D	E < D	Tamanho da amostra
Homens	2	10	28	40
Mulheres	55	18	14	87

Os dados indicam que o sexo tem um efeito importante no desenvolvimento da assimetria do pé? Defina as hipóteses nula e alternativa apropriadas, calcule o valor de χ^2 e obtenha informação sobre o valor-*P*.

28. Uma amostra aleatória de 175 alunos da Cal Poly State University foi selecionada e o provedor de serviços de e-mail e a operadora de celulares foram determinados para cada um, resultando nos dados a seguir. Determine e teste as hipóteses apropriadas, usando a abordagem do valor-*P*.

		Fornecedor de celulares		
		ATT	**Verizon**	**Outro**
Provedor de e-mail	**Gmail**	28	17	7
	Yahoo	31	26	10
	Outro	26	19	11

29. Os dados a seguir sobre o grau de espiritualidade para amostras de cientistas naturais e sociais em universidades de pesquisa, bem como para uma amostra de graduados não acadêmicos foram citados no artigo "Conflict between religion and science among academic scientists" (*J. for the Scientific Study of Religion*, 2009: 276-292).

	Grau de espiritualidade			
	Alto	**Moderado**	**Baixo**	**Nulo**
C.N.	56	162	198	211
C.S.	56	223	243	239
G.N.A.	109	164	74	28

a. Há evidências substanciais para se concluir que os três tipos de indivíduos não são homogêneos no que diz respeito ao seu grau de espiritualidade? Expresse e teste as hipóteses apropriadas.

b. Considerando apenas os cientistas naturais e cientistas sociais, existem evidências para a não homogeneidade? Baseie sua conclusão em um valor-*P*.

30. Três configurações de modelos diferentes estão sendo consideradas para um componente particular. Há quatro possibilidades de modos de falha para o componente. Um engenheiro obteve os seguintes dados sobre o número de falhas em cada modo para cada uma das três configurações. A configuração tem algum efeito sobre o tipo de falha?

		Modo de falha			
		1	**2**	**3**	**4**
Configuração	**1**	20	44	17	9
	2	4	17	7	12
	3	10	31	14	5

31. Uma amostra aleatória de fumantes foi obtida e cada indivíduo foi classificado tanto em relação ao sexo quanto à idade na qual ele/ela começou a fumar. Os dados na tabela a seguir são consistentes com os resultados resumidos informados no artigo "Cigarette tar yields in relation to mortality in the cancer prevention study ii prospective cohort" (*British Med. J.*, 2004: 72-79).

		Sexo	
		Masculino	**Feminino**
Idade	**<16**	25	10
	16 – 17	24	32
	18 – 20	28	17
	>20	19	34

a. Calcule a proporção de indivíduos do sexo masculino em cada faixa etária e, então, faça o mesmo para os indivíduos do sexo feminino. Com base nessas proporções, aparentemente, pode haver uma associação entre o sexo e a idade na qual um indivíduo fuma pela primeira vez?

b. Faça um teste de hipóteses para decidir se existe uma associação entre os dois fatores.

32. Cada indivíduo em uma amostra aleatória de estudantes de ensino médio e de faculdade foi classificado de maneira cruzada em relação ao ponto de vista político e o uso de maconha, resultando nos dados mostrados na tabela de dupla entrada correspondente ("Attitudes about marijuana and political views", *Psychological Reports*, 1973: 1051-1054). Os dados sustentam a hipótese de que o ponto de vista político e o nível de utilização de maconha são independentes dentro da população? Teste a hipótese apropriada utilizando o nível de significância de 0,01.

		Nível de utilização		
		Nunca	**Raramente**	**Frequentemente**
Visões políticas	**Liberal**	479	173	119
	Conservadora	214	47	15
	Outra	172	45	85

33. Os dados a seguir referem-se a marcas em folhas em trevo branco encontradas em amostras selecionadas a partir de áreas de pastagens e jardins ("The biology of the leaf mark polymorphism in *trifolium repens* L.", *Heredity*, 1976: 306--325). Utilize um teste χ^2 para decidir se as proposições verdadeiras de marcas diferentes são idênticas para os dois tipos de regiões.

	Tipo de marca					Tam. da
	L	LL	Y + YL	O	Outros	amostra
Pastagens	409	11	22	7	277	726
Jardins	512	4	14	11	220	761

34. Suponha que no Exercício 32 cada estudante tenha sido categorizado em relação a ponto de vista político, uso de maconha e preferência religiosa, com as categorias deste último fator sendo protestante, católico e outros. Os dados podem ser mostrados em três diferentes tabelas de dupla entrada, cada uma correspondendo a uma categoria do terceiro fator. Com $p_{ijk} = P$(categoria política i, categoria maconha j e categoria religiosa k), a hipótese nula de independência de todos os três fatores afirma que $p_{ijk} = p_{i..}p_{.j.}p_{..k}$. Represente por n_{ijk} a frequência observada na célula (i, j, k). Mostre como estimar as contagens esperadas de células supondo que H_0 seja verdadeira ($\hat{e}_{ijk} = n\hat{p}_{ijk}$, portanto, os $\hat{p}_{ijk}$ devem ser determinados). Então, utilize a regra prática geral para determinar o número de graus de liberdade para a estatística qui-quadrada.

35. Suponha que, em um Estado com quatro regiões distintas, uma amostra aleatória de n_k eleitores seja obtida a partir da k-ésima região para $k = 1, 2, 3$ e 4. Cada eleitor é então classificado de acordo com qual candidato (1, 2 ou 3) ele ou ela preferem e de acordo com o registro do eleitor (1 = Dem., 2 = Rep., 3 = Indep.). Represente por p_{ijk} a proporção de eleitores na região k que pertencem à categoria do candidato i e categoria de registro j. A hipótese nula das regiões homogêneas é H_0: $p_{ij1} = p_{ij2} = p_{ij3} = p_{ij4}$ para todo i, j (ou seja, a proporção dentro da combinação candidato/registro é a mesma para todas as quatro regiões). Assumindo que H_0 seja verdadeira, determine $\hat{p}_{ijk}$ e $\hat{e}_{ijk}$ como funções dos n_{ijk}, observados e utilize a regra prática geral para obter o número de graus de liberdade para o teste qui-quadrado.

36. Considere a tabela 2 × 3 a seguir mostrando as proporções da amostra que caem em várias combinações de categorias (por exemplo, 13% daqueles na amostra que estavam na primeira categoria de ambos os fatores).

	1	2	3
1	0,13	0,19	0,28
2	0,07	0,11	0,22

a. Suponha que a amostra considerada seja de $n = 100$ pessoas. Utilize o teste qui-quadrado para independência com nível de significância 0,10.

b. Repita o item (a), supondo que o tamanho da amostra tenha sido $n = 1\ 000$.

c. Qual é o menor tamanho de amostra n para a qual estas proporções observadas resultarão na rejeição da hipótese de independência?

EXERCÍCIOS COMPLEMENTARES (37-49)

37. Você já se perguntou se os jogadores de futebol sofressem efeitos adversos ao cabecear a bola? Os autores do artigo "No evidence of impaired neurocognitive performance in collegiate soccer players" (*Amer. J. of Sports Med.*, 2002: 157-162) investigaram esta questão a partir de várias perspectivas.

a. O artigo informou que 45 dos 91 jogadores de futebol em sua amostra sofreram pelo menos uma concussão, 28 de 96 atletas não jogadores de futebol sofreram pelo menos uma concussão e apenas 8 de 53 estudantes revelaram o mesmo quadro. Analise estes dados e tire as conclusões apropriadas.

b. Para os jogadores de futebol, o coeficiente de correlação da amostra calculado a partir dos valores de x = exposição ao futebol (número total de temporadas jogadas antes de inscrever-se no estudo) e y = resultado em um teste de memória imediata foi $r = -0{,}220$. Interprete este resultado.

c. Aqui está um resumo das informações sobre resultados em um teste oral controlado de associação de palavras para jogadores de futebol e atletas não jogadores de futebol:

$n_1 = 26,\ \bar{x}_1 = 37{,}50,\ s_1 = 9{,}13$

$n_2 = 56,\ \bar{x}_2 = 39{,}63,\ s_2 = 10{,}19$

Analise estes dados e tire as conclusões apropriadas.

d. Considerando o número de concussões anteriores em não jogadores de futebol, os valores da média ± desvio padrão para os três grupos foram 0,30 ± 0,67; 0,49 ± 0,87 e 0,19 ± 0,48. Analise estes dados e tire as conclusões apropriadas.

38. A fase da lua tem alguma influência sobre o índice de natalidade? Cada um de 222 784 nascimentos ocorridos durante um período compreendendo 24 ciclos lunares completos foi classificado de acordo com a fase lunar. Os dados a seguir são consistentes com as quantidades resumidas que apareceram no artigo "The effect of the lunar cycle on frequency of births and birth complications" (*Amer. J. of Obstetrics and Gynecology*, 2005: 1462–1464).

Fase Lunar	Número de dias na fase	Número de nascimentos
Lua nova	24	7 680
Lua crescente	152	48 442
Quarto crescente	24	7 579
Lua crescente gibosa	149	47 814
Lua cheia	24	7 711
Lua minguante gibosa	150	47 595
Quarto minguante	24	7 733
Lua minguante	152	48 230

Determine e teste as hipóteses apropriadas para responder à pergunta proposta no início deste exercício.

39. Qualificações de treinadores de atletismo universitário titulares e assistentes de ambos os sexos foram comparadas no artigo "Sex bias and the validity of believed differences between male and female interscholastic athletic coaches" (*Re-*

search Quarterly for Exercise and Sport, 1990: 259-267). Cada pessoa em uma amostra aleatória de 2 225 treinadores e 1 141 treinadoras foi classificada de acordo com o número de anos de experiência como treinador para obter a tabela de dupla entrada correspondente. Há evidência suficiente para concluir que as proporções que caem nas categorias de experiência são diferentes para homens e mulheres? Use $\alpha = 0{,}01$.

	Anos de experiência				
Sexo	**1–3**	**4–6**	**7–9**	**10–12**	**13+**
Masculino	202	369	482	361	811
Feminino	230	251	238	164	258

40. Os autores do artigo "Predicting professional sports game outcomes from intermediate game scores" (*Chance*, 1992: 18-22) utilizaram um teste qui-quadrado para determinar se havia qualquer mérito na ideia de que os jogos de basquete não são decididos antes do último tempo, enquanto os de beisebol são decididos até o sétimo *inning*. Eles também consideraram o futebol americano e o hóquei no gelo. Os dados foram coletados de 189 jogos de basquete, 92 de beisebol, 80 de hóquei no gelo e 93 de futebol americano. Os jogos analisados foram amostrados aleatoriamente a partir de todos os jogos realizados durante a temporada de 1990 de beisebol e futebol americano e para a temporada de 1990-1991 de basquete e hóquei no gelo. Para cada jogo, o líder ao fim do jogo foi determinado e então foi observado se ele realmente acabou como vencedor. Estas informações estão resumidas na tabela a seguir.

Esporte	Líder ao fim do jogo vence	Líder ao fim do jogo perde
Basquete	150	39
Beisebol	86	6
Hóquei no gelo	65	15
Futebol americano	72	21

Os autores afirmam que "*O líder ao fim do jogo* é definido como o time que é líder após três quartos em basquete e futebol; dois períodos em hóquei no gelo; e sete *innings* em beisebol. O valor qui-quadrado em três graus de liberdade é 10,52 ($P < 0{,}015$)".

a. Defina a hipótese relevante e encontre uma conclusão utilizando $\alpha = 0{,}05$.

b. Você acredita que a sua conclusão no item (a) pode ser atribuída a um único esporte sendo uma anomalia?

41. O artigo "Birth order and political success" (*Psych. Reports*, 1971: 1239-1242) informa que, entre 31 candidatos a cargos políticos selecionados aleatoriamente que descendem de famílias com quatro filhos, 12 eram primogênitos, 11 eram filhos do meio e 8 eram caçulas. Utilize esses dados para testar a hipótese nula que um candidato a cargos políticos de tal família é igualmente provável a estar em qualquer uma das quatro posições ordinais.

42. Muita atenção tem sido dada à incidência de concussões entre atletas. Amostras separadas de jogadores de futebol, atletas não jogadores de futebol e não atletas foram selecionadas. A tabela a seguir resultou, então, da determinação do número de concussões que cada indivíduo informou em um questionário de histórico médico ("No evidence of impaired neurocognitive performance in collegiate soccer players," *Amer. J. of Sports Med.*, 2002: 157-162).

	Número de concussões			
	0	**1**	**2**	**≥ 3**
Futebol	45	25	11	10
Atletas não jogadores de futebol	68	15	8	5
Não atletas	45	5	3	0

A distribuição do número de concussões parece ser diferente para os três tipos de indivíduos? Realize um teste de hipóteses usando a abordagem do valor-*P*.

43. Em um estudo para investigar a extensão na qual os indivíduos estão alertas contra odores industriais em uma determinada região ("Annoyance and health reactions to odor from refineries and other industries in Carson, California", *Environment Research*, 1978: 119-132), uma amostra de indivíduos foi obtida a partir de cada uma das três diferentes áreas próximas às instalações industriais. Cada um foi perguntado se ele ou ela percebia odores (1) todo dia, (2) pelo menos uma vez por semana, (3) pelo menos uma vez por mês, (4) menos frequente que uma vez por mês ou (5) não sentiam odores, resultando nos dados e resultados do SPSS que estão na próxima página. Expresse e teste as hipóteses apropriadas.

44. Muitos compradores expressaram desagrado porque as lojas deixaram de colocar preços nos itens individuais. O artigo "The impact of item price removal on grocery shopping behavior" (*J. Marketing*, 1980: 73-93) informa sobre um estudo no qual cada comprador em uma amostra foi classificado por idade e se ele ou ela sentia a necessidade do preço no item. Com base nos dados correspondentes, a necessidade de o preço do item aparecer é independente da idade?

	Idade				
	<30	**30–39**	**40–49**	**50–59**	**≥60**
Número de pessoas na amostra	150	141	82	63	49
Número de pessoas que quer o preço no item	127	118	77	61	41

45. Represente por p_1 a proporção de sucessos em uma população particular. O valor da estatística do teste no Capítulo 8 para o teste H_0: $p_1 = p_{10}$ foi $z = (\hat{p}_1 - p_{10})/\sqrt{p_{10}p_{20}/n}$, em que $p_{20} = 1 - p_{10}$. Mostre que, para o caso $k = 2$, o valor da estatística do teste qui-quadrado da Seção 14.1 satisfaz $\chi^2 = z^2$. [*Dica*: primeiro mostre que $(n_1 - np_{10})^2 = (n_2 - np_{20})^2$.]

46. O torneio de basquete da NCAA inicia com 64 times que são divididos em quatro torneios regionais, cada um envolvendo 16 times. Estes, em cada região, são, então, classificados (determinados com cabeças de chave) de 1 a 16. Durante o período de 12 anos, de 1991 até 2002, o time no topo da classificação venceu seu torneio regional 22 vezes, o time classificado em segundo lugar venceu 10 vezes, o time classificado em terceiro lugar venceu 5 vezes e os 11 torneios regionais remanescentes foram vencidos pelos times classificados abaixo de 3. Represente por P_{ij} a probabilidade de que o time classificado como *i* em sua região seja vitorioso em seu jogo contra o time classificado como *j*. Uma vez que os P_{ij} estejam disponíveis, é possível calcular a probabilidade de que cada cabeça de chave particular vença seu torneio regional (um cálculo complicado porque o número de resultados no espaço amostral é um tanto grande). O artigo "Probability models for the NCAA regional basketball tournaments" (*American Statistician*, 1991: 35-38) propôs vários modelos diferentes para os P_{ij}.

a. Um modelo postulado $P_{ij} = 0{,}5 - \lambda(i - j)$ com $\lambda = 1/32$ (do qual $P_{16,1} = \lambda$, $P_{16,2} = 2\lambda$ etc.) Baseando-se nisto, *P*(cabeça de chave número 1 vence) = 0,27477, cabeça de chave número 2 vence) = 0,20834 e *P*(cabeça de chave número 3 vence) = 0,15429. Este modelo parece fornecer um bom ajuste para os dados?

b. Um modelo mais sofisticado tem probabilidades de jogos $P_{ij} = 0{,}5 + 0{,}2813625\,(z_i - z_j)$, em que os *z* são medidas de força relativa relacionadas com percentis normais padronizados [percentis para times sucessivos mais bem classificados estão mais próximos do que o caso dos times com a classificação mais baixa, e 0,2813625 garante que a variação de probabilidades seja a mesma como para o modelo no item (a)]. As probabilidades resultantes dos cabeças de chave 1, 2 ou 3 de vencer seus torneios regionais são 0,45883, 0,18813 e 0,11032, respectivamente. Avalie o ajuste deste modelo.

47. A tabela de frequência de dupla entrada correspondente aparece no artigo "Marijuana use in college" (*Youth and Society*, 1979: 323-334). Cada um dos 445 estudantes universitários foram classificados de acordo com a frequência no uso da maconha e o uso, pelos pais, de álcool e drogas psicoativas. Os dados sugerem que o uso pelos pais e estudantes são independentes na população a partir da qual a amostra foi tomada? Utilize o método do valor-*P* para chegar a uma conclusão.

		Nível padrão do uso de maconha		
		Nunca	**Ocasional**	**Regular**
Uso de álcool e drogas pelos pais	**Nenhum**	141	54	40
	Um	68	44	51
	Ambos	17	11	19

48. Os dígitos sucessivos em uma expansão decimal de π se comportam como se fossem selecionados de uma tabela de números aleatórios (ou provenientes de um computador gerador de números aleatórios)?

a. Represente por p_0 a grande quantidade de dígitos na expansão como igual a 0 e defina $p_1, \ldots, p_9$ de maneira semelhante. Qual hipótese a respeito destas proporções deve ser testada e qual é o gl para o teste qui-quadrado?

b. H_0 do item (a) não deve ser rejeitada para a sequência não aleatória 012. . . 901. . . 901. . . . Considere grupos não sobrepostos de dois dígitos e represente por p_{ij} a grande proporção de grupos para os quais o primeiro dígito é *i* e o segundo dígito é *j*. Qual hipótese sobre estas proporções

Resultado do SPSS para o Exercício 43

Tabulação cruzada: ÁREA POR CATEGORIA

CATEGORIA NA ÁREA	Contagem Freq. esp. % Linha % Coluna	1,00	2,00	3,00	4,00	5,00	Total da linha
	1,00	20	28	23	14	12	97
		12,7	24,7	18,0	16,0	25,7	33,3%
		20,6%	28,9%	23,7%	14,4%	12,4%	
		52,6%	37,8%	42,6%	29,2%	15,6%	
	2,00	14	34	21	14	12	95
		12,4	24,2	17,6	15,7	25,1	32,6%
		14,7%	35,8%	22,1%	14,7%	12,6%	
		36,8%	45,9%	38,9%	29,2%	15,6%	
	3,00	4	12	10	20	53	99
		12,9	25,2	18,4	16,3	26,2	34,0%
			4,0%	12,1%	10,1%	20,2%	53,5%
			10,5%	16,2%	18,5%	41,7%	68,8%
	Total da	38	74	54	48	77	291
	Coluna	13,1%	25,4%	18,6%	16,5%	26,5%	100,0%

Qui-quadrado	G.L.	Significância	Freq. esp. mín.	Células com freq. esp. < 5
70.64156	8	0,0000	12,405	Nenhuma

deve ser testada e qual é o gl para o teste qui-quadrado?

c. Considere grupos não sobrepostos de 5 dígitos. Um teste qui-quadrado de hipóteses apropriadas sobre os p_{ijklm} pode ser baseado nos primeiros 100 000 dígitos? Explique.

d. O artigo "Are the digits of π an independent and identically distributed sequence?" (*The American Statistician*, 2000: 12-16) considerou os primeiros 1 254 540 dígitos de π e forneceu os seguintes valores-*P* para tamanhos de grupo 1, . . . , 5: 0,572, 0,078, 0,529, 0,691, 0,298. O que você poderia concluir?

49. A sequência Fibonacci de números ocorre em diversos contextos científicos. Os dois primeiros números na sequência são 1, 1. Então, cada número sucessivo é a soma dos dois números anteriores: 1, 1, 1 + 1 = 2, 1 + 2 = 3, 2 + 3 = 5, 8, 13, 21, . . . O primeiro dígito de qualquer número nesta sequência pode ser 1, 2, . . . ou 9. As frequências dos primeiros dígitos para os 85 primeiros números na sequência são da seguinte forma: 25 (primeiros), 16 (segundos), 11, 7, 7, 5, 4, 6, 4. A distribuição dos primeiros dígitos na sequência Fibonacci parece ser consistente com distribuição da Lei de Benford, descrita no Exercício 21 do Capítulo 3? Expresse e teste as hipóteses relevantes.

Bibliografia

AGRESTI, ALAN, *An introduction to categorical data analysis*. 2. ed. New York: Wiley, 2007. Um excelente tratamento de diversos aspectos da análise de dados categóricos por um dos mais proeminentes pesquisadores nesta área.

EVERITT, B. S., *The analysis of contingency tables* 2. ed.. New York: Halsted Press,1992. Um levantamento compacto, porém informativo, de métodos para a análise de dados categóricos, expostos com uma quantidade mínima de matemática.

MOSTELLER, FREDERICK; ROURKE, RICHARD. *Sturdy statistics*, Reading, MA: Addison-Wesley, 1973. Contém vários capítulos de leitura agradável sobre os variados usos do qui-quadrado.

15 Procedimentos livres de distribuição

Introdução

Quando a população ou populações subjacentes não são normais, os testes *t* e *F* e os intervalos de confiança *t* dos Capítulos 7-13 terão em geral níveis reais de significância ou níveis de confiança diferentes dos níveis nominais (aqueles obtidos pelo experimentador por meio da escolha de, digamos, $t_{0,025}$, $F_{0,01}$ etc.) e α e $100(1-\alpha)\%$, embora a diferença entre os níveis real e nominal possa não ser grande quando o desvio da normalidade não for tão grande. Como os procedimentos *t* e *F* exigem a suposição de distribuição normal, eles não são procedimentos livres de distribuição, pois estão baseados em uma família paramétrica particular de distribuições (normal). Eles não são, portanto, procedimentos "não paramétricos".

Neste capítulo, descrevemos os procedimentos que são válidos [nível de significância real α ou nível de confiança $100(1-\alpha)\%$] simultaneamente para muitos tipos diferentes de distribuições subjacentes. Tais procedimentos são chamados de livres de distribuição ou não paramétricos. Procedimentos de teste de uma ou duas amostras são apresentados nas Seções 15.1 e 15.2, respectivamente. Na Seção 15.3, desenvolvemos intervalos de confiança livres de distribuição. A Seção 15.4 descreve os procedimentos ANOVA livres de distribuição. Esses procedimentos são todos concorrentes dos procedimentos paramétricos (*t* e *F*) descritos em capítulos anteriores, portanto, é importante comparar o desempenho dos dois tipos de procedimentos sob os modelos de população normal e não normal. Genericamente falando, os procedimentos livres de distribuição têm desempenho quase tão bom quanto seus concorrentes *t* e *F* quando a distribuição for normal, e frequentemente oferecem uma melhora considerável sob condições não normais.

15.1 O teste de postos com sinais de Wilcoxon

Um químico pesquisador realizou certo experimento químico um total de dez vezes sob condições idênticas, obtendo os seguintes valores ordenados da temperatura da reação:

$$-0{,}57 \quad -0{,}19 \quad -0{,}05 \quad 0{,}76 \quad 1{,}30 \quad 2{,}02 \quad 2{,}17 \quad 2{,}46 \quad 2{,}68 \quad 3{,}02$$

A distribuição de temperatura da reação é certamente contínua. Suponha que o pesquisador esteja disposto a assumir que a distribuição de temperatura da reação seja simétrica, ou seja, há um ponto de simetria tal que a curva de densidade à esquerda daquele ponto seja a imagem espelhada da curva de densidade à sua direita. Este ponto de simetria é a mediana da distribuição (e é também o valor médio μ desde que a média seja finita). A suposição de simetria pode, em um primeiro momento, parecer muito forte, mas lembre-se de que a distribuição normal é simétrica, portanto, a simetria é realmente uma suposição mais fraca do que a normalidade.

Vamos agora considerar o teste da hipótese nula de que a mediana da distribuição da temperatura de reação seja zero, ou seja, H_0: $\tilde{\mu} = 0$. Este resultado diz que uma temperatura de qualquer magnitude, por exemplo, 1,50, não é mais provável de ser positiva (+1,50) do que de ser negativa (−1,50). Um olhar geral sobre os dados sugere que esta hipótese não é muito convincente; por exemplo, a mediana amostral é 1,66, o que é muito maior do que a magnitude de qualquer uma das três observações negativas.

A Figura 15.1 mostra duas f.d.p. simétricas, uma para a qual H_0 é verdadeira e uma para a qual H_a é verdadeira. Quando H_0 é verdadeira, esperamos que as magnitudes das observações negativas no exemplo sejam comparáveis às magnitudes das observações positivas. Se, entretanto, H_0 for "grosseiramente" não verdadeira, como na Figura 15.1(b), então as observações de magnitude absoluta grande tenderão a ser positivas em vez de negativas.

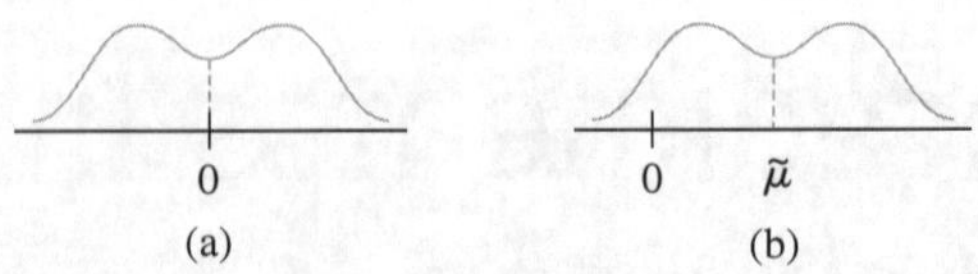

Figura 15.1 Distribuições para as quais (a) $\tilde{\mu} = 0$; (b) $\tilde{\mu} \gg 0$.

Para a amostra de dez temperaturas de reação, vamos, no momento, desconsiderar os sinais das observações e classificar as magnitudes absolutas de 1 a 10, com a menor magnitude sendo classificada com um posto 1, a segunda menor 2, e assim por diante. Em seguida, aplicamos o sinal de cada observação ao posto correspondente [portanto, alguns postos com sinal serão negativos (p. ex., −3), enquanto outros serão positivos (p. ex., 8)]. A estatística do teste será S_+ a soma dos postos com sinal positivo.

Magnitude absoluta	0,05	0,19	0,57	0,76	1,30	2,02	2,17	2,46	2,68	3,02
Posto	1	2	3	4	5	6	7	8	9	10
Posto com sinal	−1	−2	−3	4	5	6	7	8	9	10

$$s_+ = 4 + 5 + 6 + 7 + 8 + 9 + 10 = 49$$

Quando a mediana da distribuição é muito maior que 0, a maioria das observações com magnitudes absolutas grandes deve ser positiva, resultando em postos com sinais positivos e em um valor de s_+ grande. Por outro lado, se a mediana for 0, as magnitudes de observações com sinal positivo devem ser alternadas com aquelas de observações com sinais negativos, caso em que s_+ não será muito grande. Dessa forma, devemos rejeitar H_0: $\tilde{\mu} = 0$ em favor de H_a: $\tilde{\mu} > 0$ quando s_+ é "bastante grande" – a região de rejeição possui a forma $s_+ \geq c$.

O valor crítico c deve ser escolhido de modo que o teste tenha um nível de significância desejado (probabilidade de erro tipo I), como 0,05 ou 0,01. Para tanto, é necessário encontrar a distribuição da estatística do teste S_+ quando a hipótese nula é verdadeira. Considere $n = 5$, caso em que existem $2^5 = 32$ maneiras de aplicar sinais aos cinco postos 1, 2, 3, 4 e 5 (cada posto pode ter um sinal − ou um sinal +). O ponto-chave é que, quando H_0 é verdadeira, *qualquer grupo de cinco postos com sinais possui a mesma chance que qualquer outro grupo*. Isto é, a menor observação na magnitude absoluta é igualmente propensa a ser positiva ou negativa; o mesmo serve para a segunda menor observação na magnitude absoluta, e assim por diante. Portanto, o grupo −1, 2, 3, −4, 5 de postos com sinais tem exatamente a mesma probabilidade que o grupo 1, 2, 3, 4, −5 e tem exatamente a mesma probabilidade que qualquer uma das outras 30 possibilidades.

A Tabela 15.1 lista as 32 sequências de postos com sinais possíveis quando $n = 5$, juntamente com o valor s_+, para cada sequência. Isto fornece imediatamente a "distribuição nula" de S_+ exibida na Tabela 15.2. Por exemplo, a Tabela 15.1 mostra que três das 32 sequências possíveis têm $s_+ = 8$, então, $P(S_+ = 8 \text{ quando } H_0 \text{ é verdadeiro}) = \frac{1}{32} + \frac{1}{32} + \frac{1}{32} = \frac{3}{32}$. Note que a distribuição nula é simétrica em

Tabela 15.1 Sequências de possíveis postos com sinais para $n = 5$

Sequência					s_+	Sequência					s_+
−1	−2	−3	−4	−5	0	−1	−2	−3	+4	−5	4
+1	−2	−3	−4	−5	1	+1	−2	−3	+4	−5	5
−1	+2	−3	−4	−5	2	−1	+2	−3	+4	−5	6
−1	−2	+3	−4	−5	3	−1	−2	+3	+4	−5	7
+1	+2	−3	−4	−5	3	+1	+2	−3	+4	−5	7
+1	−2	+3	−4	−5	4	+1	−2	+3	+4	−5	8
−1	+2	+3	−4	−5	5	−1	+2	+3	+4	−5	9
+1	+2	+3	−4	−5	6	+1	+2	+3	+4	−5	10
−1	−2	−3	−4	+5	5	−1	−2	−3	+4	+5	9
+1	−2	−3	−4	+5	6	+1	−2	−3	+4	+5	10
−1	+2	−3	−4	+5	7	−1	+2	−3	+4	+5	11
−1	−2	+3	−4	+5	8	−1	−2	+3	+4	+5	12
+1	+2	−3	−4	+5	8	+1	+2	−3	+4	+5	12
+1	−2	+3	−4	+5	9	+1	−2	+3	+4	+5	13
−1	+2	+3	−4	+5	10	−1	+2	+3	+4	+5	14
+1	+2	+3	−4	+5	11	+1	+2	+3	+4	+5	15

Tabela 15.2 Distribuição nula de S_+ quando $n = 5$

s_+	0	1	2	3	4	5	6	7
$p(s_+)$	$\frac{1}{32}$	$\frac{1}{32}$	$\frac{1}{32}$	$\frac{2}{32}$	$\frac{2}{32}$	$\frac{3}{32}$	$\frac{3}{32}$	$\frac{3}{32}$
s_+	8	9	10	11	12	13	14	15
$p(s_+)$	$\frac{3}{32}$	$\frac{3}{32}$	$\frac{3}{32}$	$\frac{2}{32}$	$\frac{2}{32}$	$\frac{1}{32}$	$\frac{1}{32}$	$\frac{1}{32}$

relação a 7,5 [de forma mais geral, distribuída simetricamente sobre os valores possíveis $0, 1, 2, \ldots, n(n+1)/2$]. Esta simetria é importante para relacionar a região de rejeição de testes unilaterais inferiores e bilaterais àquelas de um teste da unilateral superior.

Para $n = 10$ existem $2^{10} = 1\,024$ sequências possíveis de postos com sinais, de modo que uma lista envolveria demasiado esforço. Cada sequência, entretanto, teria probabilidade $\frac{1}{1\,024}$ quando H_0 é verdadeira, da qual a distribuição de S_+ quando H_0 é verdadeira pode ser facilmente obtida.

Estamos, agora, em uma posição de determinar uma região de rejeição para testar H_0: $\tilde{\mu} = 0$ *versus* H_a: $\tilde{\mu} > 0$, que possui um nível de significância α adequadamente pequeno. Considere a região de rejeição $R = \{s_+: s_+ \geq 13\} = \{13, 14, 15\}$. Então,

$$\begin{aligned}\alpha &= P(\text{rejeitar } H_0 \text{ quando } H_0 \text{ é verdadeira})\\ &= P(S_+ = 13, 14, \text{ ou } 15 \text{ quando } H_0 \text{ é verdadeira})\\ &= \frac{1}{32} + \frac{1}{32} + \frac{1}{32} = \frac{3}{32}\\ &= 0{,}094\end{aligned}$$

de modo que $R = \{13, 14, 15\}$ especifique um teste com nível aproximado 0,1. A região de rejeição $\{14, 15\}$ tem $\alpha = 2/32 = 0{,}063$. Para a amostra $x_1 = 0{,}58$, $x_2 = 2{,}50$, $x_3 = -0{,}21$, $x_4 = 1{,}23$, $x_5 = 0{,}97$, a sequência de postos com sinais é $-1, +2, +3, +4, +5$, de forma que $s_+ = 14$ e no nível 0,063 H_0 seria rejeitada.

Descrição geral do teste

Como a distribuição subjacente é considerada simétrica, $\mu = \tilde{\mu}$, afirmaremos as hipóteses de interesse em termos de μ em vez de $\tilde{\mu}$[1].

> **Hipótese**
>
> $X_1, X_2, \ldots, X_n$ é uma amostra aleatória de uma distribuição de probabilidade contínua e simétrica com média (e mediana) μ.

Quando o valor hipotético de μ for μ_0, as diferenças absolutas $|x_1 - \mu_0|, \ldots, |x_n - \mu_0|$ devem ser classificadas da menor para a maior.

> Hipótese nula: H_0: $\mu = \mu_0$
>
> Valor da estatística do teste: $s_+ =$ a soma dos postos associados com os $(x_i - \mu_0)$ positivos
>
> | Hipótese alternativa | Região de rejeição para o teste nível α |
> |---|---|
> | H_a: $\mu > \mu_0$ | $s_+ \geq c_1$ |
> | H_a: $\mu < \mu_0$ | $s_+ \leq c_2$ onde $c_2 = n(n+1)/2 - c_1]$ |
> | H_a: $\mu \neq \mu_0$ | tanto $s_+ \geq c$ quanto $s_+ \leq n(n+1)/2 - c$ |
>
> em que os valores críticos c_1 e c obtidos da Tabela A.13 do Apêndice satisfazem $P(S_+ \geq c_1) \approx \alpha$ e $P(S_+ \geq c) \approx \alpha/2$ quando H_0 é verdadeiro.

[1] Se as caudas da distribuição forem "muito pesadas", como foi o caso com a distribuição de Cauchy, mencionada no Capítulo 6, então, μ não existirá. Em tais casos, o teste de Wilcoxon ainda será válido para testes concernentes a $\tilde{\mu}$.

Exemplo 15.1

Um fabricante de ferros elétricos, desejando testar a precisão do controle do termostato na marca de 500°F, instrui o engenheiro de teste para obter temperaturas vigentes naquela marca para 15 ferros utilizando um termopar. As medidas resultantes são as seguintes:

494,6 510,8 487,5 493,2 502,6 485,0 495,9 498,2
501,6 497,3 492,0 504,3 499,2 493,5 505,8

O engenheiro acredita que é razoável assumir que um desvio de temperatura a partir de 500°F de qualquer magnitude específica possa ser tanto positivo quanto negativo (a suposição de simetria), mas deseja proteger-se contra possíveis não normalidades da distribuição verdadeira de temperatura, portanto, decide utilizar o teste de postos com sinal de Wilcoxon para verificar se os dados sugerem fortemente a calibração incorreta do ferro.

As hipóteses são H_0: $\mu = 500$ *versus* H_a: $\mu \neq 500$, em que μ = a temperatura vigente média verdadeira na marca de 500°F. Ao subtrair 500 de cada x_i, obtemos

−5,6 10,8 −12,5 −6,8 2,6 −15,0 −4,1 −1,8 1,6 −2,7
−8,0 4,3 −0,8 −6,5 5,8

Os postos são obtidos pela ordenação desses valores do menor para o maior sem considerar o sinal.

Magnitude absoluta	0,8	1,6	1,8	2,6	2,7	4,1	4,3	5,6	5,8	6,5	6,8	8,0	10,8	12,5	15,0
Posto	1	2	3	4	5	6	7	8	9	10	11	12	13	14	15
Sinal	−	+	−	+	−	−	+	−	+	−	−	−	+	−	−

Assim, $s_+ = 2 + 4 + 7 + 9 + 13 = 35$. Da Tabela A.13 do Apêndice $P(S_+ \geq 95) = P(S_+ \leq 25) = 0{,}024$ quando H_0 é verdadeira, de modo que o teste bilateral com nível, de aproximadamente 0,05 rejeita H_0 quando $s_+ \geq 95$ ou ≤ 25 [o α exato é $2(0{,}024) = 0{,}048$]. Como $s_+ = 35$ não está na região de rejeição, não se pode concluir no nível 0,05 que μ seja algo que não 500. Mesmo no nível 0,094 (aproximadamente 0,1), H_0 não é rejeitada, já que $P(S_+ \leq 30) = 0{,}047$ implica que valores de s_+ entre 30 e 90 não são significativos naquele nível. O valor-*P* dos dados é, assim, maior do que 0,1. ■

Embora uma implicação teórica da continuidade da distribuição subjacente seja a de que os empates não ocorrerão, na prática eles frequentemente acontecem por causa da medida discreta dos instrumentos. Se houvesse vários valores de dados com a mesma magnitude absoluta, então poderia ser atribuída a média dos postos que eles receberiam se diferissem muito pouco uns dos outros. Por exemplo, se no Exemplo 15.1 $x_8 = 498{,}2$ for alterado para 498,4, então, dois valores diferentes de $(x_i - 500)$ teriam magnitude absoluta 1,6. Os postos a terem as médias calculadas seriam 2 e 3, então, para cada um seria atribuído o posto 2,5.

Observações pareadas

Quando os dados consistiam em pares $(X_1, Y_1), \ldots, (X_n, Y_n)$ e as diferenças $D_1 = X_1 - Y_1, \ldots, D_n = X_n - Y_n$ eram normalmente distribuídas, no Capítulo 9 utilizamos um teste *t* pareado para testar hipóteses a respeito da diferença esperada μ_D. Se não fizermos a suposição de normalidade, as hipóteses sobre μ_D podem ser testadas utilizando-se o teste de postos com sinais de Wilcoxon sobre os D_i desde que a distribuição das diferenças seja contínua e simétrica. *Se ambos X_i e Y_i têm distribuições contínuas que diferem apenas em relação às suas médias, então D_i terá uma distribuição simétrica contínua* (*não* é necessário que as distribuições *X* e *Y* sejam simétricas individualmente). A hipótese nula é H_0: $\mu_D = \Delta_0$ e a estatística do teste S_+ é a soma dos postos associados aos $(D_i - \Delta_0)$ positivos.

Exemplo 15.2

O jejum intermitente (JI) consiste em períodos repetitivos de jejum de curto prazo. Ele é de interesse potencial, pois pode oferecer uma ferramenta simples para intensificar a sensibilidade à insulina em indivíduos com resistência à insulina (a última aumenta a probabilidade de diabetes tipo 2 e doença cardíaca). O artigo "Intermittent fasting does not affect whole-body glucose, lipid, or protein metabolism" (*Amer.

J. of Clinical Nutr., 2009: 1244-1251) informou em um estudo no qual o gasto energético em repouso (kcal/d) foi determinado para uma amostra de $n = 8$ indivíduos em um regime de JI e em uma dieta padrão. Os autores do artigo gentilmente forneceram os seguintes dados:

Indivíduo	**1**	**2**	**3**	**4**	**5**	**6**	**7**	**8**
GER JI	1753,7	1604,4	1576,5	1279,7	1754,2	1695,5	1700,1	1717,0
GER padrão	1755,0	1691,1	1697,1	1477,7	1785,2	1669,7	1901,3	1735,3
Diferença	−1,3	−86,7	−120,6	−198,0	−31.0	25,8	−201,2	−18,3
Posto com sinal	−1	−5	−6	−7	−4	3	−8	−2

O artigo utilizou o teste de postos com sinais de Wilcoxon nas diferenças, a fim de decidir se existe alguma diferença entre o GER médio verdadeiro para a dieta do JI e para a dieta padrão. As hipóteses relevantes são

$$H_0\colon \mu_D = 0 \textit{ versus } H_a\colon \mu_D \neq 0$$

O valor da estatística do teste é claramente $s_+ = 3$ (apenas aquele posto com sinal é positivo). Para um teste bilateral, o valor-*P* é $2P(S_+ \leq 3$ quando H_0 é verdadeiro). No caso de $n = 8$, existem $2^8 = 256$ conjuntos possíveis de postos com sinais, todos os quais são igualmente prováveis quando a hipótese nula é verdadeira. Os conjuntos de postos com sinais que resultam em valores da estatística do teste pequenos ou menores que o valor 3 que vieram dos dados são os seguintes (apenas postos com sinais positivos são mostrados):

não há postos com sinais positivos ($s_+ = 0$); 1 ($s_+ = 1$); 2 ($s_+ = 2$); 1, 2 ($s_+ = 3$); 3 ($s_+ = 3$)

Logo, o valor-*P* é 2(5/256) = 0,039. A hipótese nula pode, portanto, ser rejeitada no nível de significância 0,05, mas não no nível 0,01. O artigo informou somente que valor-$P < 0{,}05$.

Eis uma saída do software R:

```
Teste de postos com sinais de Wilcoxon
dados: y
V = 3, valor-p = 0,03906
hipótese alternativa: localização verdadeira não é igual a 0
teste de postos com sinais de Wilcoxon com correção de continuidade
dados: y
V = 3, valor-p = 0,04232
hipótese alternativa: localização verdadeira não é igual a 0
```

Este último valor-*P* de 0,042, o qual o Minitab também informa, é baseado na aproximação normal descrita na próxima subseção juntamente com uma correção de continuidade. ■

Aproximação para amostras grandes

A Tabela A.13 do Apêndice fornece os valores críticos para testes de nível α somente quando $n \leq 20$. Para $n > 20$, pode ser demonstrado que S_+ tem aproximadamente uma distribuição normal com

$$\mu_{S_+} = \frac{n(n+1)}{4} \qquad \sigma^2_{S_+} = \frac{n(n+1)(2n+1)}{24}$$

quando H_0 é verdadeira.

A média e a variância resultam da percepção de que, quando H_0 é verdadeira (a distribuição simétrica é centrada em μ_0), então o posto i pode receber um sinal de + com a mesma probabilidade pode receber um sinal de −. Assim,

$$S_+ = W_1 + W_2 + W_3 + \cdots + W_n$$

em que

$$W_1 = \begin{cases} 1 & \text{com probabilidade } 0{,}5 \\ 0 & \text{com probabilidade } 0{,}5 \end{cases} \quad \cdots \quad W_n = \begin{cases} n & \text{com probabilidade } 0{,}5 \\ 0 & \text{com probabilidade } 0{,}5 \end{cases}$$

($W_i = 0$ é equivalente a dizer que o posto i está associado a um sinal de −, de modo que i não contribui com S_+.)

O S_+ é, então, uma soma de variáveis aleatórias e, quando H_0 é verdadeira, pode-se mostrar que esses W_i são independentes. A aplicação das propriedades do valor esperado e da variância fornece a média e a variância de S_+. Como os W_i não são identicamente distribuídos, nossa versão do Teorema Central do Limite não pode ser aplicada, mas há uma versão mais geral de tal teorema que pode ser utilizada para justificar a conclusão de normalidade. Unir esses resultados fornece a seguinte estatística do teste de amostra grande.

$$Z = \frac{S_+ - n(n+1)/4}{\sqrt{n(n+1)(2n+1)/24}} \tag{15.1}$$

Para as três alternativas-padrão, os valores críticos para o teste de nível α são os valores normais padrão z_α, $-z_\alpha$ e $\pm z_{\alpha/2}$.

Exemplo 15.3

Determinado tipo de viga de aço foi desenvolvido para ter uma resistência à compressão (lb/pol^2) de pelo menos 50 000. Para cada viga em uma amostra de 25 vigas, a resistência à compressão foi determinada e é fornecida na Tabela 15.3. Supondo que a resistência à compressão vigente seja distribuída simetricamente em relação ao valor médio verdadeiro, utilize o teste de Wilcoxon para decidir se a média verdadeira da resistência à compressão é menor do que o valor especificado – isto é, teste H_0: $\mu = 50\,000$ *versus* H_a: $\mu < 50\,000$ (favorecendo a alegação de que a resistência à compressão é de pelo menos 50 000).

Tabela 15.3 Dados para o Exemplo 15.3

$x_i - 50\,000$	Posto com sinal	$x_i - 50\,000$	Posto com sinal	$x_i - 50\,000$	Posto com sinal
−10	−1	−99	−10	165	+18
−27	−2	113	+11	−178	−19
36	+3	−127	−12	−183	−20
−55	−4	−129	−13	−192	−21
73	+5	136	+14	−199	−22
−77	−6	−150	−15	−212	−23
−81	−7	−155	−16	−217	−24
90	+8	−159	−17	−229	−25
−95	−9				

A soma dos postos com sinais positivos é $3 + 5 + 8 + 11 + 14 + 18 = 59$, $n(n + 1)/4 = 162{,}5$ e $n(n + 1)(2n + 1)/24 = 1\,381{,}25$, portanto,

$$z = \frac{59 - 162{,}5}{\sqrt{1\,381{,}25}} = -2{,}78$$

O teste unilateral inferior de nível 0,01 rejeita H_0 se $z \leq -2{,}33$. Como $-2{,}78 \leq -2{,}33$, H_0 é rejeitada em favor da conclusão de que a média verdadeira da resistência à compressão é menor do que 50 000. ■

Quando há empates nas magnitudes absolutas, tal que a média dos postos deve ser utilizada, ainda é correto padronizar S_+ subtraindo $n(n + 1)/4$, mas a seguinte fórmula corrigida para variância deve ser aplicada:

$$\sigma^2_{S_+} = \frac{1}{24}n(n+1)(2n+1) - \frac{1}{48}\sum(\tau_i - 1)(\tau_i)(\tau_i + 1) \tag{15.2}$$

na qual τ_i é o número de empates no i-ésimo conjunto de valores empatados e a soma é sobre todos os conjuntos de valores empatados. Se, por exemplo, $n = 10$ e os postos com sinais forem $1, 2, -4, -4, 4, 6, 7, 8{,}5, 8{,}5$ e 10, então, há dois conjuntos empatados com $\tau_1 = 3$ e $\tau_2 = 2$, de modo que a soma é $(2)(3)(4) + (1)(2)(3) = 30$ e $\sigma^2_{S_+} = 96{,}25 - 30/48 = 95{,}62$. O denominador em (15.1) deve ser substituído pela raiz quadrada de (15.2), apesar de, como este exemplo demonstra, a correção ser frequentemente insignificante.

Eficiência do Teste de postos com sinais de Wilcoxon

Quando a distribuição subjacente sendo amostrada é normal, tanto o teste *t* como o teste de postos com sinais pode ser utilizado para testar uma hipótese sobre μ. O teste *t* é o melhor teste em tal situação porque, entre todos os testes de nível α, este é o que tem o menor β. Como geralmente se acredita que há muitas situações experimentais nas quais a hipótese de normalidade pode ser razoavelmente aceita, assim como algumas nas quais não deveria ser, há duas questões que devem ser levadas em consideração para comparar os dois testes:

1. Quando a distribuição subjacente é normal (a "base" do teste *t*), quanto é perdido com a utilização do teste de postos com sinais?
2. Quando a distribuição subjacente não é normal, uma melhora significativa pode ser atingida pela utilização do teste de postos com sinais?

Se o teste de Wilcoxon não sofre muito em relação ao teste *t* na "base" anterior, e tem desempenho significativamente melhor do que o teste *t* para uma grande quantidade de outras distribuições, então haverá um forte argumento para a utilização do teste de Wilcoxon.

Infelizmente, não há uma resposta simples para estas duas questões. Refletindo, não é de se surpreender que o teste *t* possa ter um desempenho pobre quando a distribuição subjacente tem "caudas pesadas" (ou seja, quando os valores observados que caem longe de μ são relativamente mais prováveis do que quando sua distribuição é normal). Isto porque o comportamento do teste *t* depende da média amostral, que pode ser muito instável na presença de caudas pesadas. A dificuldade em fornecer respostas às duas questões é que β do teste de Wilcoxon é muito difícil de obter e estudar para *qualquer* distribuição subjacente e o mesmo pode ser dito do teste *t* quando a distribuição não é normal. Ainda que β fosse facilmente obtido, qualquer medida de eficiência dependeria claramente de qual distribuição subjacente fosse postulada. Várias medidas eficientes diferentes têm sido propostas pelos estatísticos; uma que muitos consideram confiável é chamada de **eficiência relativa assintótica** (ERA). A ERA de um teste em relação a outro é essencialmente o quociente dos tamanhos das amostras necessário para obter probabilidades de erro idênticas para os dois testes. Assim se a ERA de um teste em relação a um outro é igual a 0,5, então, quando o tamanho da amostra for grande, o tamanho da amostra do primeiro teste deverá ser o dobro do tamanho da amostra do segundo para que ele tenha um desempenho tão bom quanto este. Embora a ERA não caracterize o desempenho do teste para tamanhos da amostra pequenos, os resultados a seguir podem ser demonstrados como verdadeiros:

1. Quando a distribuição subjacente é normal, a ERA do teste de Wilcoxon em relação ao teste *t* é de aproximadamente 0,95.
2. Para qualquer distribuição, a ERA será de pelo menos 0,86, e para várias distribuições será muito maior do que 1.

Podemos resumir estes resultados dizendo que, em problemas com amostras grandes, o teste de Wilcoxon nunca é muito menos eficiente do que o teste *t* e poderia ser muito mais eficiente se a distribuição subjacente fosse distante da normal. Ainda que a questão esteja longe de ser resolvida no caso de tamanhos da amostra obtidos em muitos problemas práticos, estudos têm mostrado que o teste de Wilcoxon funciona razoavelmente bem e é, dessa maneira, uma alternativa viável ao teste *t*.

EXERCÍCIOS Seção 15.1 (1–9)

1. Reconsidere a situação descrita no Exercício 34 da Seção 8.2 e utilize o teste de Wilcoxon com $\alpha = 0{,}05$ para testar a hipótese relevante.
2. Aqui, novamente, estão os dados sobre a relação de despesa (%) para uma amostra de 20 fundos mútuos mistos de grandes capitais introduzida no Exercício 1.53:

```
1,03  1,23  1,10  1,64  1,30  1,27  1,25
0,78  1,05  0,64  0,94  0,86  1,05  0,75
0,09  0,79  1,61  1,26  0,93  0,84
```

   Um gráfico normal de probabilidade mostra um padrão nitidamente não linear, principalmente em função do único *outlier* em cada extremidade dos dados. Porém, um diagrama de pontos e o *boxplot* exibem uma simetria razoável. Supondo uma distribuição simétrica da população, os dados oferecem evidências convincentes para se concluir que a relação de despesa média da população excede 1%? Use o teste de Wilcoxon no nível de significância 0,1. [*Observação*: a relação de despesa média para a população dos 825 fundos é, na verdade, 1,08.]
3. Utilize a versão de amostras grandes do teste de Wilcoxon ao nível 0,05 de significância sobre os dados do Exercício 37 na Seção 9.3 para decidir se a diferença da média verdadeira entre as concentrações externas e internas excedem 0,20.

4. Uma amostra aleatória de 15 mecânicos automotivos certificados para trabalharem em um tipo determinado de carro foi selecionada e o tempo (em minutos) necessário para diagnosticar um problema em particular foi determinado, resultando nos dados a seguir:

30,6 30,1 15,6 26,7 27,1 25,4 35,0 30,8
31,9 53,2 12,5 23,2 8,8 24,9 30,2

Utilize o teste de Wilcoxon ao nível de significância 0,10 para decidir se os dados sugerem que a média verdadeira do tempo de diagnóstico é menor do que 30 minutos.

5. Ambos os métodos gravimétrico e espectrofotométrico estão sendo considerados para determinar o conteúdo de fosfato contido em um material em particular. Doze amostras do material são obtidas, cada uma é divida ao meio e uma determinação é feita em cada metade utilizando um dos dois métodos, resultando nos dados a seguir:

Amostra	1	2	3	4
Gravimétrico	54,7	58,5	66,8	46,1
Espectrofotométrico	55,0	55,7	62,9	45,5
Amostra	5	6	7	8
Gravimétrico	52,3	74,3	92,5	40,2
Espectrofotométrico	51,1	75,4	89,6	38,4
Amostra	9	10	11	12
Gravimétrico	87,3	74,8	63,2	68,5
Espectrofotométrico	86,8	72,5	62,3	66,0

Utilize o teste de Wilcoxon para decidir se uma técnica fornece um valor diferente para a média do que a outra para este tipo de material.

6. Reconsidere a situação descrita no Exercício 45 da Seção 9.3 e utilize o teste de Wilcoxon para testar as hipóteses apropriadas.

7. Os dados a seguir referem-se a um subconjunto das informações reportadas no artigo "Synovial fluid ph, lactate, oxygen and carbon dioxide partial pressure in various joint diseases" (*Arthritis and Rheumatism*, 1971: 476-477). As observações são valores de pH do fluido sinovial (que lubrifica juntas e tendões) tomados a partir de joelhos de indivíduos que sofrem de artrite. Supondo que a média verdadeira do pH para indivíduos que não têm artrite seja 7,39, teste no nível 0,05 para verificar se os dados indicam uma diferença entre os valores médio de pH para indivíduos com artrite e sem artrite.

7,02 7,35 7,34 7,17 7,28 7,77 7,09
7,22 7,45 6,95 7,40 7,10 7,32 7,14

8. Reconsidere os dados sobre o teor alcoólico de vinhos do porto do Exercício 14.22. Um gráfico normal de probabilidade lança algumas dúvidas sobre a suposição de normalidade da população. Entretanto, um diagrama de pontos apresenta uma simetria razoável e a média, mediana e média aparada de 5% são 19,257, 19,200 e 19,209, respectivamente. Utilize o teste de Wilcoxon no nível de significância 0,01 para decidir se existem evidências substanciais para se concluir que o teor médio verdadeiro excede 18,5.

9. Suponha que observações $X_1, X_2, \ldots, X_n$ sejam feitas em um processo nos tempo $1, 2, \ldots, n$. Com base nestes dados, desejamos testar

H_0: os X_i constituem uma sequência independente e identicamente distribuída

versus

H_a: X_{i+1} tende a ser maior que X_i para $i = 1, \ldots, n$ (uma tendência crescente)

Suponha que os X_i recebam postos de 1 a n. Então, quando H_a é verdadeira, postos mais altos tendem a ocorrer no fim da sequência, ao passo que, se H_0 é verdadeira, postos grandes e pequenos tendem a ocorrer misturados. Seja R_i o posto de X_i e considere a estatística do teste $D = \sum_{i=1}^{n}(R_i - i)^2$. Então, os valores pequenos de D sustentam a H_a (por exemplo, o menor valor é 0 para $R_1 = 10, R_2 = 2, \ldots, R_n = n$), portanto, H_0 deveria ser rejeitada em favor de H_a se $d \leq c$. Quando H_0 é verdadeira, qualquer sequência de postos tem probabilidade $1/n!$. Use isto para encontrar c para o qual o teste tenha um nível mais próximo de 0,10 possível no caso de $n = 4$. [*Dica*: liste as 4! sequências de postos, calcule d para cada uma e, então, obtenha a distribuição nula de D. Consulte o livro de Lehmann (na Bibliografia do capítulo), p. 290, para mais informações.]

15.2 O teste da soma dos postos de Wilcoxon

O teste t de duas amostras é baseado na suposição de que ambas as distribuições de população são normais. Todavia, há situações nas quais um pesquisador deseja utilizar um teste que seja válido mesmo se as distribuições subjacentes sejam não normais. Descrevemos agora este teste, chamado de **teste da soma dos postos de Wilcoxon**. Um nome alternativo para o procedimento é o teste de Mann-Whitney, embora a estatística do teste de Mann-Whitney seja algumas vezes expressa de maneira ligeiramente diferente daquela do teste de Wilcoxon. O procedimento do teste de Wilcoxon é livre de distribuição porque terá o nível desejado de significância para uma classe muito grande de distribuições subjacentes.

Suposições

Sejam $X_1, \ldots, X_m$ e $Y_1, \ldots, Y_n$ duas amostras aleatórias independentes de distribuições contínuas com médias μ_1 e μ_2, respectivamente. As distribuições X e Y têm a mesma forma e espalhamento, estando nos valores de μ_1 e μ_2 a única diferença possível entre as duas.

A hipótese nula H_0: $\mu_1 - \mu_2 = \Delta_0$ afirma que a distribuição X é deslocada pela quantia Δ_0 para a direita da distribuição Y.

Desenvolvimento do teste quando $m = 3$, $n = 4$

Considere primeiro o teste de H_0: $\mu_1 - \mu_2 = 0$. Se μ_1 é, na realidade, muito maior que μ_2, então, a maioria dos x observados cairá à direita dos y observados. No entanto, se H_0 for verdadeira, então, os valores observados das duas amostras devem estar misturados. A estatística do teste avalia o quanto misturadas estão as duas amostras.

Considere o caso de $m = 3$, $n = 4$. Então, se os três x observados estivessem à direita dos quatro y observados, isto forneceria uma forte evidência para se rejeitar H_0 em favor de H_a: $\mu_1 - \mu_2 \neq 0$, com uma conclusão semelhante sendo apropriada se os três x caírem abaixo dos quatro y. Suponha um conjunto de x e y em uma amostra combinada de tamanho $m + n = 7$ e atribua postos a estas observações da menor para a maior, com a menor recebendo posto 1 e a maior, posto 7. Se tanto a maioria dos maiores postos como a maioria dos menores postos fossem associadas com X observações, iríamos iniciar com o H_0 duvidoso. Isto sugere a estatística do teste

$$W = \text{a soma dos postos na amostra combinada associada às } X \text{ observações} \tag{15.3}$$

Para os valores de m e n sendo considerados, o menor valor possível de W é $w = 1 + 2 + 3 = 6$ (se todos os três x são menores do que todos os quatro y) e o maior valor possível é $w = 5 + 6 + 7 = 18$ (se todos os três x são maiores do que todos os quatro y).

Como exemplo, suponha que $x_1 = -3{,}10$, $x_2 = 1{,}67$, $x_3 = 2{,}01$, $y_1 = 5{,}27$, $y_2 = 1{,}89$, $y_3 = 3{,}86$ e $y_4 = 0{,}19$. Então, a amostra ordenada agrupada é $-3{,}10$, 0,19, 1,67, 1,89, 2,01, 3,86 e 5,27. Os X postos para esta amostra são 1 (para $-3{,}10$), 3 (para 1,67) e 5 (para 2,01), de modo que o valor calculado de W é $w = 1 + 3 + 5 = 9$.

O procedimento de teste baseado na estatística (15.3) é rejeitar H_0 se o valor de w calculado for "muito extremo", ou seja, $\geq c$ para o teste unilateral superior, $\leq c$ para o teste de unilateral inferior e tanto $\geq c_1$ quanto $\leq c_2$ para um teste bilateral. A(s) constante(s) crítica(s) c (c_1, c_2) deve(m) ser escolhida(s) tal que o teste tenha o nível de significância desejado α. Para verificar como isto deve ser feito, lembre-se de que, quando H_0 é verdadeira, todas as sete observações vêm da mesma população. Isto significa que, sob H_0, qualquer trinca possível de postos associados com os três x – tais como (1, 4, 5), (3, 5, 6) ou (5, 6, 7) – tem a mesma probabilidade que qualquer outra trinca de postos possível. Como há $\binom{7}{3} = 35$ possíveis trincas de postos, sob H_0 cada uma tem probabilidade $\frac{1}{35}$. A partir de uma lista de todas as 35 trincas de postos e o valor de w associado com cada uma, a distribuição de probabilidade de W pode ser imediatamente determinada. Por exemplo, há quatro trincas de postos que têm o valor de w igual a 11 – (1, 3, 7), (1, 4, 6), (2, 3, 6) e (2, 4, 5) –, portanto, $P(W = 11) = \frac{4}{35}$. O resumo da listagem e dos cálculos aparece na Tabela 15.4.

Tabela 15.4 Distribuição de probabilidade de $W(m = 3, n = 4)$ quando H_0 é verdadeira

w	6	7	8	9	10	11	12	13	14	15	16	17	18
$P(W = w)$	$\frac{1}{35}$	$\frac{1}{35}$	$\frac{2}{35}$	$\frac{3}{35}$	$\frac{4}{35}$	$\frac{4}{35}$	$\frac{5}{35}$	$\frac{4}{35}$	$\frac{4}{35}$	$\frac{3}{35}$	$\frac{2}{35}$	$\frac{1}{35}$	$\frac{1}{35}$

A distribuição da Tabela 15.4 é simétrica em relação ao valor $w = (6 + 18)/2 = 12$, que é o valor intermediário na lista ordenada de valores de W possíveis. Isto se dá pelo fato de as duas trincas de postos (r, s, t) (com $r < s < t$) e $(8 - t, 8 - s, 8 - r)$ possuírem valores de w simétricos em relação a 12, de modo que, para cada trinca com valor de w abaixo de 12, há uma trinca com valor de w acima de 12 na mesma quantidade.

Se a hipótese alternativa for H_a: $\mu_1 - \mu_2 > 0$, então H_0 deve ser rejeitada em favor de H_a para valores de W grandes. Escolhendo como a região de rejeição o conjunto de valores de $W\{17, 18\}$, $\alpha = P(\text{erro tipo I}) = P(\text{rejeite } H_0 \text{quando } H_0 \text{é verdadeira}) = P(W = 17 \text{ ou } 18 \text{ quando } H_0 \text{ é verdadeira}) = \frac{1}{35} + \frac{1}{35} = \frac{2}{35} = 0{,}057$; a região $\{17, 18\}$ especifica, portanto, um teste com nível de significância de aproximadamente 0,05. Da mesma maneira, a região $\{6, 7\}$, que é apropriada para H_a: $\mu_1 - \mu_2 < 0$, tem $\alpha = 0{,}057 \approx 0{,}05$. A região $\{6, 7, 17, 18\}$, que é apropriada para a alternativa bilateral, possui $\alpha = \frac{4}{35} = 0{,}114$. O valor de W para os dados fornecidos vários parágrafos atrás foi $w = 9$, que é muito próximo do valor médio 12, portanto, H_0 não seria rejeitada em qualquer nível α razoável para qualquer uma das três H_a.

Descrição geral do teste

A hipótese nula H_0: $\mu_1 - \mu_2 = \Delta_0$ é manipulada subtraindo Δ_0 de cada X_i e usando os $(X_i - \Delta_0)$ como os X_i foram usados anteriormente. Lembrando que, para cada inteiro positivo K, a soma dos primeiros inteiros K é $K(K + 1)/2$, o menor valor possível da estatística W é $m(m + 1)/2$, que ocorre quando os $(X_i - \Delta_0)$ estão todos à esquerda da amostra Y. O maior valor possível de W ocorre quando os $(X_i - \Delta_0)$ ficam inteiramente à direita dos Y; neste caso, $W = (n + 1) + \cdots + (m + n) =$ (soma dos primeiros $m + n$ inteiros) $-$ (soma dos primeiros n inteiros), que dá $m(m + 2n + 1)/2$. Assim como com o caso especial de $m = 3$, $n = 4$, a distribuição de W é simétrica em relação ao valor que está na metade do caminho entre os valores menor e maior; este valor intermediário é $m(m + n + 1)/2$. Por causa dessa simetria, probabilidades envolvendo valores críticos da cauda inferior podem ser obtidas a partir dos valores da cauda superior correspondentes.

Hipótese nula: H_0: $\mu_1 - \mu_2 = \Delta_0$

Valor da estatística do teste: $w = \sum_{i=1}^{m} r_i$ quando $r_i =$ posto de $(x_i - \Delta_0)$ na amostra combinada dos $m + n$ $(x - \Delta_0)$ e y

Hipótese alternativa	Região de rejeição
H_a: $\mu_1 - \mu_2 > \Delta_0$	$w \geq c_1$
H_a: $\mu_1 - \mu_2 < \Delta_0$	$w \leq m(m + n + 1) - c_1$
H_a: $\mu_1 - \mu_2 \neq \Delta_0$	tanto $w \geq c$ quanto $w \leq m(m + n + 1) - c$

Quando $P(W \geq c_1$ quando H_0 é verdadeiro$) \approx \alpha$, $P(W \geq c$ quando H_0 é verdadeiro$) \approx \alpha/2$.

Como W tem uma distribuição discreta, usualmente não existirá um valor crítico que corresponda exatamente a um dos níveis usuais de significância. A Tabela A.14 do Apêndice fornece os valores críticos de cauda superior para as probabilidades mais próximas de 0,05; 0,025; 0,01 e 0,005, a partir dos quais os testes unilaterais e bilaterais de nível 0,05 ou 0,01 podem ser obtidos. A tabela fornece informações somente para $m = 3, 4, \ldots, 8$ e $n = m, m + 1, \ldots, 8$ (isto é, $3 \leq m \leq n \leq 8$). Para valores de m e n que excedam 8, uma aproximação normal pode ser utilizada. Para utilizar a tabela para m e n pequenos, entretanto, *as amostras de X e Y devem ser rotuladas tal que $m \leq n$.*

Exemplo 15.4

A concentração de fluoreto urinário (partes por milhão) foi medida para uma amostra de pastagem de criação de gado em uma área previamente exposta à poluição de fluoreto e para uma amostra semelhante de pastagem em uma região não poluída:

Poluído	21,3	18,7	23,0	17,1	16,8	20,9	19,7
Não poluído	14,2	18,3	17,2	18,4	20,0		

Os dados indicam fortemente que a média verdadeira de concentração de fluoreto para o gado na região poluída é maior do que na região não poluída? Vamos usar o teste da soma dos postos de Wilcoxon ao nível $\alpha = 0{,}01$.

Os tamanhos da amostra neste caso são 7 e 5. Para obter $m \leq n$, identifique as observações não poluídas como os x ($x_1 = 14{,}2, \ldots, x_5 = 20{,}0$). Assim, μ_1 é a média verdadeira da concentração de fluoreto sem poluição e μ_2 é a média real da concentração com poluição. A hipótese alternativa é H_a: $\mu_1 - \mu_2 < 0$ (a poluição está associada a um aumento na concentração), de modo que um teste unilateral inferior é apropriado. Da Tabela A.14 do Apêndice com $m = 5$ e $n = 7$, $P(W \geq 47$ quando H_0 é verdadeiro$) \approx 0{,}01$. O valor crítico para o teste unilateral inferior é, portanto, $m(m + n + 1) - 47 = 5(13) - 47 = 18$; H_0 agora será rejeitada se $w \leq 18$. Segue a amostra ordenada agrupada; o W calculado é $w = r_1 + r_2 + \cdots + r_5$ (em que r_i é o posto de x_i) $= 1 + 5 + 4 + 6 + 9 = 25$. Uma vez que $25 > 18$, H_0 não é rejeitada no nível 0,01 (aproximadamente).

x	y	y	x	x	x	y	y	x	y	y	y
14,2	16,8	17,1	17,2	18,3	18,4	18,7	19,7	20,0	20,9	21,3	23,0
1	2	3	4	5	6	7	8	9	10	11	12

■

Teoricamente, a hipótese de continuidade de duas distribuições garante que todos os $m + n$, x e y observados terão valores diferentes. Na prática, entretanto, haverá frequentemente empates nos valores observados. Assim como no teste de postos com sinais de Wilcoxon, a prática comum em lidar com empates é atribuir cada uma das observações em um conjunto particular de empates à média dos postos que eles receberiam se diferissem muito ligeiramente um do outro.

Uma aproximação normal para *W*

Quando ambos m e n excedem 8, a distribuição de W pode ser aproximada por uma curva normal apropriada, e esta aproximação pode ser utilizada no lugar da Tabela A.14 do Apêndice. Para obter a aproximação, precisamos de μ_W e σ_W^2 quando H_0 é verdadeira. Neste caso, o posto R_i de $X_i - \Delta_0$ é igualmente propenso a ser qualquer um dos valores possíveis $1, 2, 3, \ldots, m + n$ (R_i possui uma distribuição uniforme discreta nos primeiros inteiros positivos $m+n$), de modo que $\mu_{R_i} = (m + n + 1)/2$. Uma vez que $W = \sum R_i$, isto dá

$$\mu_W = \mu_{R_1} + \mu_{R_2} + \cdots + \mu_{R_m} = \frac{m(m + n + 1)}{2} \tag{15.4}$$

A variância de R_i também é facilmente calculada por $(m + n + 1)(m + n - 1)/12$. No entanto, como os R_i não são variáveis independentes, $V(W) \neq mV(R_i)$. Usando o fato de que, para quaisquer dois inteiros distintos a e b entre 1 e $m + n$ inclusive, $P(R_i = a, R_j = b) = 1/[(m + n)(m + n - 1)]$ (dois inteiros estão sendo amostrados sem substituição), $\text{Cov}(R_i, R_j) = -(m + n + 1)/12$, que produz

$$\sigma_W^2 = \sum_{i=1}^{m} V(R_i) + \sum_{i \neq j}\sum \text{Cov}(R_i, R_j) = \frac{mn(m + n + 1)}{12} \tag{15.5}$$

O Teorema Central do Limite pode ser utilizado para concluir que, quando H_0 é verdadeira, a *estatística do teste*

$$Z = \frac{W - m(m + n + 1)/2}{\sqrt{mn(m + n + 1)/12}}$$

tem aproximadamente uma distribuição normal padrão. Esta estatística é utilizada em conjunto com os valores críticos z_α, $-z_\alpha$ e $\pm z_{\alpha/2}$ para testes unilaterais superior, inferior ou bilaterais, respectivamente.

Exemplo 15.5

O artigo "Histamine content in sputum from allergic and non-allergic individuals (*J. of Appl. Physiology*, 1969: 535-539) informa os seguintes dados sobre níveis de histamina na saliva (μg histamina/g saliva seca) para uma amostra de 9 indivíduos classificados como alérgicos e outra amostra de 13 indivíduos classificados como não alérgicos:

Alérgicos	67,6	39.6	1 651,0	100,0	65,9	1 112,0	31,0	102,4	64,7				
Não alérgicos	34,3	27,3	35,4	48,1	5,2	29,1	4,7	41,7	48,0	6,6	18,9	32,4	45,5

Os dados indicam que há uma diferença na média verdadeira do nível de histamina na saliva entre alérgicos e não alérgicos? Vamos seguir o exemplo dos autores do artigo e usar o teste de Wilcoxon.

Como ambos os tamanhos das amostras excedem 8, a aproximação normal é apropriada. A hipótese nula é H_0: $\mu_1 - \mu_2 = 0$ e postos observados dos x_i são $r_1 = 18$, $r_2 = 11$, $r_3 = 22$, $r_4 = 19$, $r_5 = 17$, $r_6 = 21$, $r_7 = 7$, $r_8 = 20$ e $r_9 = 16$, de modo que $w = \sum r_i = 151$. A média e a variância de W são fornecidas por $\mu_W = 9(23)/2 = 103,5$ e $\sigma_W^2 = 9(13)(23)/12 = 224,25$. Portanto,

$$z = \frac{151 - 103{,}5}{\sqrt{224{,}25}} = 3{,}17$$

A hipótese alternativa é H_a: $\mu_1 - \mu_2 \neq 0$, de modo que, no nível 0,01, H_0 é rejeitada se $z \geq 2{,}58$ ou $z \leq -2{,}58$. Como $3{,}17 \geq 2{,}58$, H_0 é rejeitada e concluímos que há uma diferença nos níveis médios verdadeiros de histamina na saliva. ■

Se houver empates nos dados, o numerador de Z é ainda apropriado, mas o denominador deveria ser substituído pela raiz quadrada da variância ajustada

$$\sigma_W^2 = \frac{mn(m + n + 1)}{12} - \frac{mn}{12(m + n)(m + n - 1)} \sum(\tau_i - 1)(\tau_i)(\tau_i + 1) \qquad (15.6)$$

em que τ_i é o número de empates no i-ésimo conjunto de valores de empates e a soma é em relação a todos os conjuntos de valores de empates. A menos que haja um grande número de empates, há pequenas diferenças entre as Equações (15.6) e (15.5).

Eficiência do teste da soma dos postos de Wilcoxon

Quando as distribuições que estão sendo amostradas são ambas normais com $\sigma_1 = \sigma_2$, e, portanto, têm as mesmas formas e espalhamentos, tanto o teste t combinado como o teste de Wilcoxon podem ser utilizados (o teste t de duas amostras assume a normalidade, mas não variâncias iguais, portanto, as suposições subjacentes de seu uso são mais restritivas em um sentido e menos em outro do que aquele para o teste de Wilcoxon). Nesta situação, o teste t combinado é o melhor entre todos os testes possíveis no sentido de minimizar β para qualquer α fixado. Entretanto, um pesquisador nunca pode estar absolutamente certo de que as suposições subjacentes são satisfeitas. É, portanto, relevante perguntar (1) o quanto é perdido com a utilização do teste de Wilcoxon em vez do teste t combinado quando as distribuições são normais com variâncias iguais e (2) como W se compara com T em situações não normais.

A noção da eficiência do teste foi discutida na seção anterior, em conexão com o teste t combinado de uma amostra e o teste de postos com sinais de Wilcoxon. Os resultados para os testes de duas amostras são os mesmos que os de uma amostra. Quando tanto a normalidade quanto as variâncias iguais estão presentes, o teste da soma dos postos é aproximadamente 95% tão eficiente quanto o teste t combinado em amostras grandes. Ou seja, o teste t fornecerá as mesmas probabilidades de erro que o teste de Wilcoxon utilizando tamanhos da amostra ligeiramente menores. Por outro lado, o teste de Wilcoxon será sempre pelo menos 86% tão eficiente quanto o teste t combinado, podendo ser ainda mais eficiente se as distribuições subjacentes forem bastante não normais, especialmente com caudas pesadas. A comparação do teste de Wilcoxon com o teste t não combinado para duas amostras é menos clara. O teste t não é reconhecido como o melhor teste em qualquer situação, portanto, parece seguro concluir que, na medida em que as distribuições de população têm formas e espalhamentos semelhantes, o comportamento do teste de Wilcoxon deve ser usado preferencialmente ao teste t de duas amostras.

Por fim, notamos que cálculos de β para o teste de Wilcoxon são um tanto difíceis. Isso ocorre porque a distribuição de W quando H_0 é falsa depende não apenas de $\mu_1 - \mu_2$, mas também das formas das duas distribuições. Para a maioria das distribuições subjacentes, a distribuição não nula de W é praticamente intratável. Esta é a razão por que os estatísticos desenvolveram a eficiência (assintótica relativa) para amostras grandes como um meio de comparação dos testes. Com os recursos de um software de computador atual, outra abordagem para o cálculo de β é a realização de um experimento de simulação.

EXERCÍCIOS Seção 15.2 (10–16)

10. Em um experimento para comparar o poder de colagem de duas colas diferentes, cada uma foi utilizada em cinco amostras, para grudar duas superfícies. A força necessária para separar tais superfícies foi determinada para cada amostra. Para a cola 1, os valores resultantes foram 229, 286, 245, 299 e 250, enquanto as observações da cola 2 foram 213, 179, 163, 247 e 225. Represente por μ_i o poder de colagem médio verdadeiro da cola tipo i. Use o teste da soma dos postos de Wilcoxon no nível 0,05 para testar H_0: $\mu_1 = \mu_2$ *versus* H_a: $\mu_1 > \mu_2$.

11. O artigo "A study of wood stove particulate emissions" (*J. of the Air Pollution Control Assoc.*, 1979: 724-728) relata os seguintes dados sobre o tempo de queima (em horas) para amostras de carvalho e pinheiro. Teste ao nível 0,05 para verificar se há qualquer diferença no tempo de queima médio verdadeiro para os dois tipos de madeira.

Carvalho	1,72	0,67	1,55	1,56	1,42	1,23	1,77	0,48
Pinheiro	0,98	1,40	1,33	1,52	0,73	1,20		

12. O processo de produção de um determinado tipo de filme "tempo-zero" (filme que inicia a revelação assim que uma foto é tirada) sofreu uma modificação. Devido ao fato de a modificação envolver custos extras, ela será incorporada ao processo somente se os dados da amostra indicarem fortemente uma diminuição no tempo médio verdadeiro de revelação maior do que 1 segundo. Supondo que as distribuições dos tempos de revelação diferem somente no que diz respeito à localização, utilize o nível 0,05 para o teste da soma dos postos de Wilcoxon nos dados a seguir para testar as hipóteses apropriadas.

Processo original	8,6	5,1	4,5	5,4	6,3	6,6	5,7	8,5
Processo modificado	5,5	4,0	3,8	6,0	5,8	4,9	7,0	5,7

13. Os dados a seguir são resultantes de um experimento, realizado em porquinhos-da-índia, durante o período de seis semanas, a fim de comparar os efeitos da vitamina C presente em suco de laranja e em ácido ascórbico sintético no comprimento dos ondontoblastos. ("The growth of the odontoblasts of the incisor tooth as a criterion of the vitamin c intake of the guinea pig", *J. Nutrition*, 1947: 491-504). Utilize o teste da soma dos postos de Wilcoxon ao nível 0,01 para decidir se o comprimento médio verdadeiro difere para os dois tipos de vitamina C ingeridos. Calcule também um valor P aproximado.

Suco de Laranja	8,2	9,4	9,6	9,7	10,0	14,5
	15,2	16,1	17,6	21,5		
Ácido Ascórbico	4,2	5,2	5,8	6,4	7,0	7,3
	10,1	11,2	11,3	11,5		

14. O artigo "Multimodal versus unimodal instruction in a complex learning environment" (*J. of Experimental Educ.*, 2002: 215–239) descreveu um experimento realizado para comparar o domínio por parte de estudantes de determinado software aprendido de duas formas diferentes. O primeiro método de aprendizagem (instrução multimodal) envolveu o uso de um manual visual. A segunda técnica (instrução unimodal) empregou um manual textual. Aqui estão pontuações de exames para os dois grupos no final do experimento (a designação aos grupos foi aleatória):
Os dados sugerem que a pontuação média verdadeira depende de qual método de aprendizagem é usado?

Método 1:	44,85	46,59	47,60	51,08	52,20	56,87	57,03	57,07	60,35
	60,82	67,30	70,15	70,77	75,21	75,28	76,60	80,30	81,23
Método 2:	39,91	42,01	43,58	48,83	49,07	49,48	49,57	49,63	50,75
	51,95	56,54	57,40	57,60	61,16	64,55	65,31	68,59	72,40

15. O artigo "Measuring the exposure of infants to tobacco smoke" (*New Engl. J. Med.*, 1984: 1075-1078) relata um estudo no qual várias medidas foram tomadas com base em duas amostras aleatórias: uma de crianças fumantes passivas; e outra, de crianças não expostas ao fumo. Os dados a seguir consistem em observações da concentração de cotanina, um dos principais metabólitos da nicotina, na urina (os valores correspondem a um subconjunto dos dados originais e foram obtidos a partir de um gráfico apresentado no artigo). Os dados sugerem que o nível médio verdadeiro de cotanina em crianças expostas ao fumo, comparado àquele em crianças não expostas, é superior a 25? Realize um teste ao nível de significância 0,05.

Não expostas	8	11	12	14	20	43	111	
Expostas	35	56	83	92	128	150	176	208

16. Reconsidere a situação descrita no Exercício 69 do Capítulo 9 e o resultado do Minitab correspondente (a letra grega eta é utilizada para indicar uma mediana).

```
Intervalo de confiança e teste de Mann-Whitney
Bom            N = 8          Mediana = 0,540
Fraco          N = 8          Mediana = 2,400
Estimativa pontual para ETA1-ETA2 é -1,155
IC de 95,9% para ETA1 - ETA2 é
(-3,160, -0,409)
W = 41,0
Teste de ETA1 = ETA2 vs ETA1 < ETA2 é significa-
tivo em 0,0027
```

a. Verifique se o valor da estatística do teste do Minitab está correto.

b. Realize um teste de hipóteses apropriado utilizando um nível de significância de 0,01.

15.3 Intervalos de confiança livres de distribuição

O método que utilizamos anteriormente para construir um intervalo de confiança (IC) foi o seguinte: iniciar com uma variável aleatória (Z, T, χ^2, F ou semelhante) que depende do parâmetro de interesse e da expressão para a probabilidade que envolva a variável, manipular as desigualdades da expressão para isolar os parâmetros entre as extremidades aleatórias e, finalmente, substituir os valores calculados para as variáveis aleatórias. Outro método geral para obter IC tira vantagem da relação entre os procedimentos de teste e os IC. Um IC de $100(1 - \alpha)\%$ para um parâmetro θ pode ser obtido a partir de um teste de nível α para H_0: $\theta = \theta_0$ *versus* H_a: $\theta \neq \theta_0$. Este método será utilizado para obter intervalos associados com o teste de postos com sinais de Wilcoxon e o teste da soma dos postos de Wilcoxon.

Para avaliar como novos intervalos são encontrados, reconsidere o teste t e intervalo t de uma amostra. Suponha que uma amostra aleatória de $n = 25$ observações de uma população normal produza $\bar{x} = 100$, $s = 20$. Então, um IC de 90% para μ é

$$\left(\bar{x} - t_{0,05,24} \cdot \frac{s}{\sqrt{25}},\ \bar{x} + t_{0,05,24} \cdot \frac{s}{\sqrt{25}}\right) = (93{,}16,\ 106{,}84) \qquad (15.7)$$

Agora, vamos mudar de assunto e testar hipóteses. Para H_0: $\mu = \mu_0$ *versus* H_a: $\mu \neq \mu_0$, o teste t ao nível 0,10 especifica que H_0 deve ser rejeitada se t for $\geq 1{,}711$ ou $\leq -1{,}711$, em que

$$t = \frac{\bar{x} - \mu_0}{s/\sqrt{25}} = \frac{100 - \mu_0}{20/\sqrt{25}} = \frac{100 - \mu_0}{4} \qquad (15.8)$$

Considere o valor nulo $\mu_0 = 95$. Então, $t = 1{,}25$, de modo que H_0 não é rejeitada. Assim, se $\mu_0 = 104$, então $t = -1$, portanto, H_0 não é rejeitada novamente. Entretanto, se $\mu_0 = 90$, então $t = 2{,}5$, portanto H_0 é rejeitada e se $\mu_0 = 108$, então $t = -2$, portanto, H_0 é novamente rejeitada. Considerando outros valores de μ_0 e a decisão resultante de cada um, surge a seguinte questão: *cada número contido no intervalo* (15.7) *especifica um valor de μ_0 para o qual o valor t de* (15.8) *leva à não rejeição de H_0, enquanto todo número fora do intervalo* (15.7) *corresponde a um t para o qual H_0 é rejeitada*. Isto é, para valores fixos de n, $\bar{x}$ e s, o conjunto de todos os valores de μ_0 para os quais testar H_0: $\mu = \mu_0$ *versus* H_a: $\mu \neq \mu_0$ resulta em não rejeição de H_0 é precisamente o intervalo (15.7).

Proposição

Considere um procedimento de teste ao nível α para testar H_0: $\theta = \theta_0$ *versus* H_a: $\theta \neq \theta_0$. Para valores amostrais fixos, seja A o conjunto de todos os valores θ_0 para os quais H_0 não é rejeitada. Então, A é um IC $100(1 - \alpha)\%$ para θ.

Existem certos exemplos patológicos nos quais o conjunto A definido na proposição não é um intervalo de valores θ, mas, em vez disso, o complemento de um intervalo ou algo ainda mais estranho. Mais precisamente, devemos substituir a noção de um IC por um conjunto de confiança. Nos casos de interesse, o conjunto A acaba sendo um intervalo.

O intervalo de postos com sinais de Wilcoxon

Para testar H_0: $\mu = \mu_0$ *versus* H_a: $\mu \neq \mu_0$ usando o teste de postos com sinais de Wilcoxon, em que μ é a média de uma distribuição simétrica contínua, os valores absolutos $|x_1 - \mu_0|, \ldots, |x_n - \mu_0|$ são ordenados do menor para o maior, com o menor recebendo posto 1 e o maior, posto n. Cada posto, então, recebe o sinal de seu $x_i - \mu_0$ associado, e a estatística do teste é a soma dos postos com sinais positivos. O teste bilateral rejeita H_0 se s_+ for $\geq c$ ou $\leq n(n+1)/2 - c$, em que c é obtido da Tabela A.13 do Apêndice, visto que o nível de significância α desejado é especificado. Para $x_1, \ldots, x_n$ fixados, o intervalo de postos com sinal $100(1 - \alpha)\%$ consistirá em todos os μ_0 para os quais H_0: $\mu = \mu_0$ não é rejeitada no nível α. Para identificar este intervalo, é conveniente expressar a estatística do teste S_+ de outra forma.

$$S_+ = \text{o número de médias dos pares, } (X_i + X_j)/2, \text{ com } i \leq j \text{ que são } \geq \mu_0 \qquad (15.9)$$

Ou seja, calculando a média entre cada x_j na lista e cada x_i à sua esquerda, incluindo $(x_j + x_j)/2$ (que vale exatamente x_j), e considerando o número destas médias que são $\geq \mu_0$, obtemos o valor de s_+. Ao caminhar da esquerda para a direita, na lista de valores da amostra, estamos simplesmente calculando a média de cada par de observações na amostra [novamente, incluindo $(x_j + x_j)/2$] exatamente uma vez, portanto, a ordem na qual as observações são listadas antes do cálculo da média não é importante. Não é difícil verificar a equivalência entre os dois métodos para calcular s_+. O número de médias de pares é $\binom{n}{2} + n$ (o primeiro termo é devido ao cálculo das médias de diferentes observações e o segundo, devido ao cálculo das médias de cada x_i com ele mesmo), que é igual a $n(n + 1)/2$. Se um grande número ou muito pouco dessas médias de pares são $\geq \mu_0$, H_0 é rejeitada.

Exemplo 15.6

As seguintes observações são valores da taxa metabólica cerebral para macacos reso: $x_1 = 4{,}51$, $x_2 = 4{,}59$, $x_3 = 4{,}90$, $x_4 = 4{,}93$, $x_5 = 6{,}80$, $x_6 = 5{,}08$, $x_7 = 5{,}67$. As 28 médias de pares são, em ordem crescente,

4,51	4,55	4,59	4,705	4,72	4,745	4,76	4,795	4,835	4,90
4,915	4,93	4,99	5,005	5,08	5,09	5,13	5,285	5,30	5,375
5,655	5,67	5,695	5,85	5,865	5,94	6,235	6,80		

Os primeiros e os últimos destes são representados na Figura 15.2.

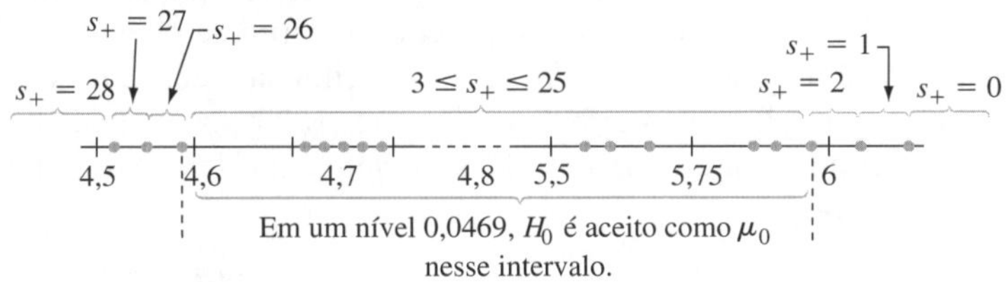

Figura 15.2 Gráfico dos dados do Exemplo 15.6.

Como S_+ é uma v.a. discreta, $\alpha = 0{,}05$ não pode ser obtido exatamente. A região de rejeição {0, 1, 2, 26, 27, 28} possui $\alpha = 0{,}046$, que fica o mais próximo possível de 0,05, de modo que o nível é aproximadamente 0,05. Assim, se o número de médias de pares $\geq \mu_0$ estiver entre 3 e 25, inclusive, H_0 não é rejeitada. A partir da Figura 15.2, o IC 95% (aproximado) para μ é (4,59, 5,94). ■

Em geral, uma vez que as médias dos pares são ordenadas da menor para a maior, as extremidades do intervalo de Wilcoxon são as duas médias "extremas". Mais precisamente, seja $\bar{x}_{(1)}$ a menor média dos pares, a segunda menor $\bar{x}_{(2)}, \ldots$, e a maior $\bar{x}_{(n(n+1)/2)}$.

> **Proposição**
>
> Se o teste de postos com sinais de Wilcoxon no nível α para H_0: $\mu = \mu_0$ *versus* H_a: $\mu \neq \mu_0$ for usada para rejeitar H_0 se $s_+ \geq c$ ou $s_+ \leq n(n + 1)/2 - c$, então um IC de $100(1 - \alpha)\%$ para μ é
>
> $$(\bar{x}_{(n(n+1)/2-c+1)}, \bar{x}_{(c)}) \tag{15.10}$$

Em palavras, o intervalo estende-se da d-ésima menor média de pares até a d-ésima maior média, em que $d = n(n + 1)/2 - c + 1$. A Tabela A.15 do Apêndice fornece os valores de c que correspondem aos níveis de confiança usuais para $n = 5, 6, ..., 25$.

Exemplo 15.7 (Continuação do Exemplo 15.6)

Para $n = 7$, um intervalo 89,1% (aproximadamente 90%) é obtido utilizando $c = 24$ (já que a região de rejeição {0, 1, 2, 3, 4, 24, 25, 26, 27, 28} tem $\alpha = 0{,}109$). O intervalo é $(\bar{x}_{(28-24+1)}, \bar{x}_{(24)}) = (\bar{x}_{(5)}, \bar{x}_{(24)})$ = (4,72, 5,85), estendendo-se da quinta menor até a quinta maior média dos pares. ■

A obtenção de um intervalo depende da existência de uma única amostra de uma distribuição simétrica contínua com média (mediana) μ. Quando os dados são pareados, o intervalo construído a partir das diferenças $d_1, d_2, \ldots, d_n$ é um IC para a diferença média (mediana) μ_D. Neste caso, não é necessária a condição de simetria das distribuições de X e Y; desde que as distribuições de X e Y apresentem a mesma forma, a distribuição $X - Y$ será simétrica e, portanto, é necessária apenas a condição de continuidade.

Para $n > 20$, a aproximação de amostra grande para o teste de Wilcoxon baseada na padronização de S_+ resulta em uma aproximação para c em (15.10). O resultado [para um intervalo $100(1 - \alpha)\%$] é

$$c \approx \frac{n(n+1)}{4} + z_{\alpha/2}\sqrt{\frac{n(n+1)(2n+1)}{24}}$$

A eficiência do intervalo de Wilcoxon relativa ao intervalo t é comparável à do teste de Wilcoxon, relativamente ao teste t. Em particular, para amostras grandes, quando a população considerada for normal, o intervalo de Wilcoxon tenderá a ser ligeiramente maior do que o intervalo t, mas, se a população for bastante não normal (simétrica, mas com caudas pesadas), então o intervalo de Wilcoxon tenderá a ser muito mais curto do que o intervalo t.

O intervalo da soma dos postos de Wilcoxon

O teste da soma dos postos de Wilcoxon para testar H_0: $\mu_1 - \mu_2 = \Delta_0$ é realizado combinando, primeiramente, os $(X_i - \Delta_0)$ e Y_j em uma amostra de tamanho $m + n$ e, em seguida, classificando-os do menor (posto 1) para o maior (posto $m + n$). A estatística do teste W é, então, a soma dos postos dos $(X_i - \Delta_0)$. Para a alternativa bilateral, H_0 é rejeitada se w for muito pequeno ou muito grande.

Para obter o IC associado para os x_i e y_j fixados, devemos determinar o conjunto de todos os valores de Δ_0 para os quais H_0 não é rejeitada. Isto pode ser mais facilmente realizado se a estatística do teste for expressada de uma maneira um pouco diferente. O menor valor possível de W é $m(m + 1)/2$, correspondente a todo $(X_i - \Delta_0)$ menor do que todo Y_j, e existem mn diferenças do tipo $(X_i - \Delta_0) - Y_j$. Por meio de manipulações, obtemos

$$\begin{aligned} W &= [\text{número de}(X_i - Y_j - \Delta_0) \geq 0] + \frac{m(m+1)}{2} \\ &= [\text{número de } (X_i - Y_j) \geq \Delta_0] + \frac{m(m+1)}{2} \end{aligned} \tag{15.11}$$

Assim, rejeitar H_0 se o número de $(x_i - y_j) \geq \Delta_0$ for muito pequeno ou muito grande é equivalente a rejeitar H_0 para w pequeno ou grande.

A Expressão (15.11) sugere que calculemos $x_i - y_j$ para cada i e j e ordenemos estas mn diferenças da menor para a maior. Então, se o valor nulo Δ_0 não for nem menor do que a maioria das diferenças, nem maior do que a maioria delas, H_0: $\mu_1 - \mu_2 = \Delta_0$ não é rejeitada. Variando Δ_0, é possível mostrar que um IC para $\mu_1 - \mu_2$ terá como sua menor extremidade um dos $(x_i - y_j)$ ordenados, da mesma forma que para a extremidade superior.

Proposição

Sejam $x_1, \ldots, x_m$ e $y_1, \ldots, y_n$ os valores observados em duas amostras independentes de distribuições contínuas que diferem apenas na localização (e não na forma). Com $d_{ij} = x_i - y_j$ e as diferenças ordenadas denotadas por $d_{ij(1)}, d_{ij(2)}, \ldots, d_{ij(mn)}$, a forma geral de um IC de $100(1 - \alpha)\%$ para $\mu_1 - \mu_2$ é

$$(d_{ij(mn-c+1)}, d_{ij(c)}) \tag{15.12}$$

em que c é a constante crítica para um teste bilateral da soma dos postos de Wilcoxon, ao nível α.

Observe que o tipo do intervalo da soma dos postos de Wilcoxon (15.12) é muito semelhante ao intervalo de postos com sinais de Wilcoxon (15.10); (15.10) utiliza as médias dos pares de uma amostra simples, enquanto (15.12) utiliza a diferença dos pares de duas amostras. A Tabela A.16 do Apêndice fornece os valores de c para valores selecionados de m e n.

Exemplo 15.8

O artigo "Some mechanical properties of impregnated bark board" (*Forest Products J.*, 1977: 31-38) relata os seguintes dados para resistência máxima à compressão (psi), para uma amostra de placas de madeira impregnadas com epóxi e para uma amostra de placas de madeira impregnados com outro polímero:

Epóxi (x)	10 860	11 120	11 340	12 130	14 380	13 070
Outros (y)	4 590	4 850	6 510	5 640	6 390	

Vamos obter um IC de 95% para a diferença das médias verdadeiras entre as resistências à compressão para as placas impregnadas de epóxi e para os outros tipos de placas.

A partir da Tabela A.16 do Apêndice, já que o tamanho da menor amostra é 5 e o tamanho da maior amostra é 6, $c = 26$ para um nível de confiança de aproximadamente 95%. Os d_{ij} aparecem na Tabela 15.5. Os cinco menores $d_{ij}[d_{ij(1)}, \ldots, d_{ij(5)}]$ valem 4 350, 4 470, 4 610, 4 730 e 4 830; e os cinco maiores d_{ij} valem (em ordem decrescente) 9 790, 9 530, 8 740, 8 480 e 8 220. Assim, o IC é $(d_{ij(5)}, d_{ij(26)}) = (4\,830, 8\,220)$.

Tabela 15.5 Diferenças para o intervalo da soma dos postos no Exemplo 15.8

	d_{ij}	**4 590**	**4 850**	y_j **5 640**	**6 390**	**6 510**
	10 860	6 270	6 010	5 220	4 470	4 350
	11 120	6 530	6 270	5 480	4 730	4 610
x_i	**11 340**	6 750	6 490	5 700	4 950	4 830
	12 130	7 540	7 280	6 490	5 740	5 620
	13 070	8 480	8 220	7 430	6 680	6 560
	14 380	9 790	9 530	8 740	7 990	7 870

■

Quando m e n são ambos grandes, a estatística do teste de Wilcoxon tem uma distribuição aproximadamente normal. Isto pode ser utilizado para obter uma aproximação de amostra grande para o valor c no intervalo (15.12). O resultado é

$$c \approx \frac{mn}{2} + z_{\alpha/2}\sqrt{\frac{mn(m+n+1)}{12}} \tag{15.13}$$

Assim como para o intervalo de postos com sinais, o intervalo da soma dos postos (15.12) é quase tão eficiente quanto o intervalo t; em amostras grandes, (15.12) tenderá a ser apenas um pouco maior do que o intervalo t quando as populações em estudo forem normais e pode ser consideravelmente menor do que o intervalo t, se as populações analisadas apresentarem caudas mais pesadas do que as populações normais.

EXERCÍCIOS Seção 15.3 (17–22)

17. Calcule o IC da soma dos postos de 90% para $\mu_1 - \mu_2$, utilizando os dados do Exercício 10.

18. Calcule o intervalo de postos com sinais de 99% para o pH médio verdadeiro μ (supondo simetria) usando os dados do Exercício 15.7. [*Dica*: tente calcular apenas aquelas médias de pares que tenham valores relativamente pequenos ou grandes (em vez das 105 médias).]

19. Um experimento foi realizado para comparar a capacidade de dois solventes diferentes para extrair creosoto impregnado em toras de madeira. Cada uma dentre oito toras foi dividida em dois segmentos e, então, um segmento foi selecionado aleatoriamente para aplicação do primeiro solvente, com o outro segmento recebendo o segundo solvente.

Tora	**1**	**2**	**3**	**4**	**5**	**6**	**7**	**8**
Solvente 1	3,92	3,79	3,70	4,08	3,87	3,95	3,55	3,76
Solvente 2	4,25	4,20	4,41	3,89	4,39	3,75	4,20	3,90

Calcule um IC usando um nível de confiança de cerca de 95% para a diferença entre a quantidade média verdadeira extraída usando o primeiro solvente e a quantidade média verdadeira extraída usando o segundo solvente.

20. As seguintes observações correspondem a quantidades de emissões de hidrocarbonetos, resultantes do uso de pneus descalibrados em rodovias, submetidos a uma carga de 522 kg, sob pressão de 228 kPa e na velocidade de 64 km/h, durante 6 horas ("Characterization of tire emissions using an indoor test facility", *Rubber Chemistry and Technology*, 1978: 7-25): 0,045, 0,117, 0,062 e 0,072. Que intervalos de confiança podem ser obtidos para este tamanho de amostra, utilizando o intervalo de postos com sinais? Selecione um nível de confiança apropriado e calcule o intervalo.

21. O artigo "The lead content and acidity of christchurch precipitation" (*N. Zeal. J. of Science*, 1980: 311-312) fornece os seguintes dados sobre a concentração de chumbo (μg/L) em amostras coletadas durante oito chuvas de verão diferentes: 17,0, 21,4, 30,6, 5,0, 12,2, 11,8, 17,3 e 18,8. Supondo que a distribuição do teor de chumbo seja simétrica, utilize o intervalo de postos com sinais de Wilcoxon para obter um IC de 95% para μ.

22. Calcule um IC de 99% para $\mu_1 - \mu_2$, utilizando os dados do Exercício 11.

15.4 ANOVA livre de distribuição

O modelo ANOVA de fator único do Capítulo 10 para comparar I populações ou tratamentos, assumido que, para $i = 1, 2, \ldots, I$, uma amostra aleatória de tamanho J_i foi selecionada a partir de uma população normal com média μ_i e variância σ^2. O enunciado pode ser escrito como

$$X_{ij} = \mu_i + \epsilon_{ij} \quad j = 1, \ldots, J_i; i = 1, \ldots, I \tag{15.14}$$

em que os ϵ_{ij} são independentes e distribuídos normalmente com média zero e variância σ^2. Embora a suposição de normalidade tenha sido necessária para a validade do teste F descrito no Capítulo 10, o próximo procedimento para testar a igualdade dos μ_i requer somente que os ϵ_{ij} tenham a mesma distribuição contínua.

O teste de Kruskal-Wallis

Seja $N = \sum J_i$, o número total de observações em um conjunto de dados e suponha que classifiquemos todas as N observações de 1 (o menor X_{ij}) até N (o maior X_{ij}). Quando H_0: $\mu_1 = \mu_2 = \cdots = \mu_I$ for verdadeira, todas as N observações originam-se da mesma distribuição, de forma que todos os postos $1, 2, \ldots, N$ para as I amostras são equiprováveis e esperamos que os postos estejam misturados nestas amostras. Se, entretanto, H_0 for falsa, então, algumas amostras consistirão, na sua maioria, em observações com postos pequenos na amostra combinada, enquanto outras consistirão, na sua maioria, em observações com postos elevados. Mais especificamente, se R_{ij} indica o posto de X_{ij}, entre as N observações e R_i e $\overline{R}_{i\cdot}$ indicam, respectivamente, o total e a média dos postos na i-ésima amostra, então, quando H_0 for verdadeira,

$$E(R_{ij}) = \frac{N+1}{2} \qquad E(\overline{R}_{i\cdot}) = \frac{1}{J_i}\sum_j E(R_{ij}) = \frac{N+1}{2}$$

A estatística do teste de Kruskal-Wallis é uma medida da extensão na qual os $\overline{R}_{i\cdot}$ desviam de seus valores esperados comuns $(N + 1)/2$ e H_0 é rejeitada se o valor calculado da estatística indicar uma discrepância muito grande entre as médias dos postos observados e dos esperados.

Estatística do teste

$$\begin{aligned} K &= \frac{12}{N(N+1)}\sum_{j=1}^{I} J_i\left(\overline{R}_{i\cdot} - \frac{N+1}{2}\right)^2 \\ &= \frac{12}{N(N+1)}\sum_{i=1}^{I}\frac{R_{i\cdot}^2}{J_i} - 3(N+1) \end{aligned} \tag{15.15}$$

A segunda expressão para K é uma fórmula de cálculo. Ela considera os totais dos postos ($R_{i\cdot}$), em vez das médias, e requer apenas uma subtração.

Se H_0 é rejeitada quando $k \geq c$, então c deve ser escolhido tal que o teste apresente nível α. Ou seja, c deve ser o valor crítico da cauda superior da distribuição de K quando H_0 é verdadeira. Sob H_0, cada atribuição possível de postos para as I amostras é equiprovável, portanto, teoricamente, todas as atribuições podem ser enumeradas, o valor de K determinado para cada uma e a distribuição nula obtida, contando-se o número de vezes que cada valor de K ocorre. Claramente, este cálculo é tedioso, portanto, embora existam tabelas de distribuição nula exata e valores críticos para pequenos valores dos J_i, utilizaremos a aproximação para "amostra grande" a seguir.

Proposição

Quando H_0 é verdadeira e

$$I = 3 \quad J_i \geq 6 \quad (i = 1, 2, 3)$$

ou

$$I > 3 \quad J_i \geq 5 \quad (i = 1, \ldots, I)$$

então, K tem aproximadamente uma distribuição qui-quadrada com $I - 1$gl. Isto implica que um teste com nível de significância de aproximadamente α rejeita H_0 se $k \geq \chi^2_{\alpha,I-1}$.

Exemplo 15.9

As observações a seguir (Tabela 15.6) sobre o índice de rigidez axial resultou de um estudo de estrutura de chapas de metal conectadas em cinco comprimentos de chapas diferentes – 4 pol, 6 pol, 8 pol, 10 pol e 12 pol – foram usadas ("Modeling joints made with light-gauge metal connector plates", *Forest Products J.*, 1979: 39-44).

Tabela 15.6 Dados e postos para o Exemplo 15.9

	i = 1 (4″):	309,2	309,7	311,0	316,8	326,5	349,8	409,5		
	i = 2 (6″):	331,0	347,2	348,9	361,0	381,7	402,1	404,5		
	i = 3 (8″):	351,0	357,1	366,2	367,3	382,0	392,4	409,9		
	i = 4 (10″):	346,7	362,6	384,2	410,6	433,1	452,9	461,4		
	i = 5 (12″):	407,4	410,7	419,9	441,2	441,8	465,8	473,4		
									$r_{i.}$	$\bar{r}_{i.}$
	i = 1:	1	2	3	4	5	10	24	49	7,00
	i = 2:	6	8	9	13	17	21	22	96	13,71
Postos	**i = 3:**	11	12	15	16	18	20	25	117	16,71
	i = 4:	7	14	19	26	29	32	33	160	22,86
	i = 5:	23	27	28	30	31	34	35	208	29,71

O valor calculado de K é

$$k = \frac{12}{35(36)}\left[\frac{(49)^2}{7} + \frac{(96)^2}{7} + \frac{(117)^2}{7} + \frac{(160)^2}{7} + \frac{(208)^2}{7}\right] - 3(36)$$

$$= 20,21$$

Ao nível 0,01, $\chi^2_{0,01,4} = 13,277$ e, como $20,12 \geq 13,277$, H_0 é rejeitada e concluímos que a rigidez axial esperada depende do comprimento das chapas. ■

Teste de Friedman para um experimento em blocos aleatorizados

Suponha que $X_{ij} = \mu + \alpha_i + \beta_j + \epsilon_{ij}$, em que α_i é o efeito do i-ésimo tratamento, β_j é o efeito do j-ésimo bloco e os ϵ_{ij} são obtidos independentemente a partir da mesma distribuição contínua (mas não necessariamente anormal). Então, para testar H_0: $\alpha_1 = \alpha_2 = \cdots = \alpha_I = 0$, a hipótese nula de não efeitos dos tratamentos, as observações são primeiro classificadas separadamente de 1 até I dentro de cada bloco e, então, a média dos postos $\bar{r}_{i.}$ é calculada para cada um dos I tratamentos. Quando H_0 é verdadeira, os $\bar{r}_{i.}$ devem ser próximos uns dos outros, como dentro de cada bloco todas as $I!$ atribuições de postos para tratamentos são igualmente prováveis. A estatística do teste de Friedman mede a discrepância entre o valor esperado $(I + 1)/2$ de cada média de postos e os $\bar{r}_{i.}$.

Estatística do teste

$$F_r = \frac{12J}{I(I+1)}\sum_{i=1}^{I}\left(\overline{R}_{i\cdot} - \frac{I+1}{2}\right)^2 = \frac{12}{IJ(I+1)}\sum R_{i\cdot}^2 - 3J(I+1)$$

Como no teste de Kruskal-Wallis, o teste de Friedman rejeita H_0 quando o valor calculado da estatística do teste é muito grande. Para os casos $I = 3, J = 2, \ldots, 15$ e $I = 4, J = 2, \ldots, 8$, o livro de Lehmann (veja a Bibliografia do capítulo) fornece os valores críticos para o teste unilateral superior. Por outro lado, mesmo para os valores moderados de J, a estatística do teste F_r tem aproximadamente uma distribuição qui-quadrada com $I - 1$ gl quando H_0 é verdadeira, de modo que H_0 pode ser rejeitada se $f_r \geq \chi^2_{\alpha,I-1}$.

Exemplo 15.10

O artigo "Physiological effects during hypnotically requested emotions" (*Psychosomatic Med.*, 1963: 334--343) informa os seguintes dados (Tabela 15.7) sobre o potencial da pele (mV) quando as emoções de medo, felicidade, depressão e calma são solicitadas a partir de cada um dos oito indivíduos.

Tabela 15.7 Dados e postos para o Exemplo 15.10

	Blocos (Indivíduos)									
x_{ij}	1	2	3	4	5	6	7	8		
Medo	23,1	57,6	10,5	23,6	11,9	54,6	21,0	20,3		
Felicidade	22,7	53,2	9,7	19,6	13,8	47,1	13,6	23,6		
Depressão	22,5	53,7	10,8	21,1	13,7	39,2	13,7	16,3		
Calma	22,6	53,1	8,3	21,6	13,3	37,0	14,8	14,8		
Postos	1	2	3	4	5	6	7	8	$r_{i\cdot}$	$r_{i\cdot}^2$
Medo	4	4	3	4	1	4	4	3	27	729
Felicidade	3	2	2	1	4	3	1	4	20	400
Depressão	1	3	4	2	3	2	2	2	19	361
Calma	2	1	1	3	2	1	3	1	14	196
										1 686

Assim,

$$f_r = \frac{12}{4(8)(5)}(1686) - 3(8)(5) = 6,45$$

Ao nível 0,05, $\chi^2_{0,05,3} = 7,815$, e por que $6,45 < 7,815$, H_0 não é rejeitada. Não há evidência de que o potencial médio da pele dependa de qual emoção é solicitada. ■

O livro de Myles Hollander e Douglas Wolfe (veja Bibliografia do capítulo) discute vários procedimentos de comparação associados com os testes de Kruskal-Wallis e de Friedman, assim como outros aspectos da ANOVA livre de distribuição.

EXERCÍCIOS Seção 15.4 (23–27)

23. Os dados correspondentes referem-se à concentração de isótopos radioativos de estrôncio-90 nas amostras de leite obtidas a partir de cinco indústrias de laticínios selecionadas aleatoriamente em cada uma de quatro diferentes regiões.

	1	6,4	5,8	6,5	7,7	6,1
Região	**2**	7,1	9,9	11,2	10,5	8,8
	3	5,7	5,9	8,2	6,6	5,1
	4	9,5	12,1	10,3	12,4	11,7

Teste ao nível 0,10 para verificar se a média verdadeira das concentrações de estrôncio-90 difere para pelo menos duas regiões.

24. O artigo "Production of gaseous nitrogen in human steady-state conditions" (*J. Applied Physiology*, 1972: 155-159) informa as seguintes observações sobre a quantidade de nitrogênio expirado (em litros) sob quatro regimes de alimentação: (1) jejum, (2) 23% de proteína, (3) 32% de proteína e (4) 67%

de proteína. Utilize o teste de Kruskal-Wallis ao nível 0,05 para testar a igualdade dos μ_i correspondentes.

1.	4,079	4,859	3,540	5,047	3,298
2.	4,368	5,668	3,752	5,848	3,802
3.	4,169	5,709	4,416	5,666	4,123
4.	4,928	5,608	4,940	5,291	4,674
1.	4,679	2,870	4,648	3,847	
2.	4,844	3,578	5,393	4,374	
3.	5,059	4,403	4,496	4,688	
4.	5,038	4,905	5,208	4,806	

25. Os dados a seguir sobre o nível de cortisol foram informados no artigo "Cortisol, cortisone, and 11-deoxycortisol levels in human umbilical and maternal plasma in relation to the onset labor" (*J. Obstetric Gynaecology British Commonwealty*, 1974: 737-745). As pessoas do experimento foram gestantes cujos bebês nasceram entre 38 e 42 semanas de gestação. Os indivíduos do grupo I escolheram ter seus bebês por cesariana antes do início do trabalho de parto, as do grupo 2 tiveram seus bebês por cesariana de emergência durante o parto induzido e o grupo 3 tiveram seus bebês por parto normal. Utilize o teste de Kruskal- Wallis ao nível 0,05 para testar a igualdade das médias das três populações.

Grupo 1	262	307	211	323	454	339
	304	154	287	356		
Grupo 2	465	501	455	355	468	362
Grupo 3	343	772	207	1048	838	687

26. Em um teste para determinar se o solo pré-tratado com pequenas quantidades de Básico-H torna o solo mais permeável à água, amostras de solo foram divididas em blocos e cada bloco recebeu um dos quatro tratamentos sob estudo. Os tratamentos foram (*A*) água com 0,001% de Básico-H derramada sobre o solo de controle, (*B*) água sem Básico-H sobre o solo de controle, (*C*) água com Básico-H derramada sobre o solo pré-tratado com Básico-H e (*D*) água sem Básico-H sobre o solo pré-tratado com Básico-H. Teste ao nível 0,01 para verificar se há qualquer efeito em decorrência dos diferentes tratamentos.

	Blocos				
	1	**2**	**3**	**4**	**5**
A	37,1	31,8	28,0	25,9	25,5
B	33,2	25,3	20,2	20,3	18,3
C	58,9	54,2	49,2	47,9	38,2
D	56,7	49,6	46,4	40,9	39,4
	6	**7**	**8**	**9**	**10**
A	25,3	23,7	24,4	21,7	26,2
B	19,3	17,3	17,0	16,7	18,3
C	48,8	47,8	40,2	44,0	46,4
D	37,1	37,5	39,6	35,1	36,5

27. Em um experimento para estudar a maneira pela qual diferentes anestésicos afetam a concentração de epinefrina no sangue, dez cães foram selecionados e a concentração foi medida enquanto eles estavam sob a influência dos anestésicos isoflurano, halotano e ciclopropano ("Sympathoadrenal e hemodynamic effects of isoflurane, halothane, and cyclopropane in dogs", *Anesthesiology*, 1974: 465-470). Teste ao nível 0,05 para verificar se há um efeito anestésico na concentração.

	Cão				
	1	**2**	**3**	**4**	**5**
Isoflurano	0,28	0,51	1,00	0,39	0,29
Halotano	0,30	0,39	0,63	0,38	0,21
Ciclopropano	1,07	1,35	0,69	0,28	1,24
	6	**7**	**8**	**9**	**10**
Isoflurano	0,36	0,32	0,69	0,17	0,33
Halotano	0,88	0,39	0,51	0,32	0,42
Ciclopropano	1,53	0,49	0,56	1,02	0,30

EXERCÍCIOS COMPLEMENTARES (28–36)

28. O artigo "Effects of a rice-rich versus potato-rich diet on glucose, lipoprotein, and cholesterol metabolism in noninsulindependent diabetics" (*Amer.: J. Clinical Nutr*., 1984: 598-606) fornece os dados correspondentes à taxa da síntese de colesterol para oito indivíduos diabéticos. Os indivíduos foram alimentados com uma dieta padronizada de batata ou arroz como as maiores fontes de carboidratos. Os participantes receberam ambas as dietas por períodos específicos de tempo, com a taxa de síntese de colesterol (mmol/dia) medida no final de cada período de dieta. A análise apresentada neste artigo utilizou um teste livre de distribuição. Utilize um teste com nível de significância 0,05 para determinar se a média verdadeira da taxa de síntese de colesterol difere significativamente para as duas fontes de carboidratos.

Taxa de síntese de colesterol

Indivíduo	1	2	3	4	5	6	7	8
Batata	1,88	2,60	1,38	4,41	1,87	2,89	3,96	2,31
Arroz	1,70	3,84	1,13	4,97	0,86	1,93	3,36	2,15

29. Táticas de venda que colocam o cliente sob pressão ou vendedores de porta em porta podem ser bastante desagradáveis. Muitas pessoas sucumbem a tais táticas, assinam um contrato de compra e depois se arrependem de suas ações. Em meados da década de 1970, a Federal Trade Commission implementou regras esclarecendo e estendendo os direitos dos compradores de cancelar tais contratos. Os dados a seguir são um subconjunto daqueles fornecidos no artigo "Evaluating the FTC cooling-off rule" (*J. Consumer Affairs*, 1977: 101-106). Observações individuais são as taxas de cancelamentos para cada um de nove vendedores durante 4 anos. Utilize um teste apropriado ao nível 0,05 para verificar se a média verdadeira da taxa de cancelamentos depende do ano.

	Vendedor								
	1	**2**	**3**	**4**	**5**	**6**	**7**	**8**	**9**
1973	2,8	5,9	3,3	4,4	1,7	3,8	6,6	3,1	0,0
1974	3,6	1,7	5,1	2,2	2,1	4,1	4,7	2,7	1,3
1975	1,4	0,9	1,1	3,2	0,8	1,5	2,8	1,4	0,5
1976	2,0	2,2	0,9	1,1	0,5	1,2	1,4	3,5	1,2

30. Os dados a seguir sobre a concentração de fósforo na superfície do solo para quatro diferentes tratamentos de solo apareceram no artigo "Fertilisers for lotus and clover establishment on a sequence of acid soils on the east otago uplands" (*N. Zeal. Zeal. J. Exptl. Ag.*, 1984: 119-129). Utilize um procedimento livre de distribuição para testar a hipótese nula da não diferença na média verdadeira da concentração de fósforo (mg/g) para os quatro tratamentos de solo.

Tratamento	**I**	8,1	5,9	7,0	8,0	9,0
	II	11,5	10,9	12,1	10,3	11,9
	III	15,3	17,4	16,4	15,8	16,0
	IV	23,0	33,0	28,4	24,6	27,7

31. Consulte os dados do Exercício 30 e calcule um IC de 95% para a diferença entre a média verdadeira das concentrações para os tratamentos II e III.

32. O estudo informado em "Gait patterns during choice ladder ascents" (*Human Movement Sci.*, 1983: 187-195) foi motivado para a conscientização pública do aumento da taxa de acidentes para indivíduos que sobem escadas. Um número de padrões de passos diferentes foi utilizado pelos indivíduos subindo em uma escada reta portátil de acordo com as instruções especificadas. Os tempos de subida para sete indivíduos que utilizaram um modo de andar lateral e seis indivíduos que utilizaram um modo de andar diagonal são fornecidos.

Lateral	0,86	1,31	1,64	1,51	1,53	1,39	1,09
Diagonal	1,27	1,82	1,66	0,85	1,45	1,24	

a. Realize um teste utilizando $\alpha = 0{,}05$ para verificar se os dados sugerem qualquer diferença na média verdadeira dos tempos de subida para os dois modos de andar.

b. Calcule um IC de 95% para a diferença entre a média verdadeira dos tempos dos modos de andar.

33. O **teste dos sinais** é um procedimento simples para testar hipóteses sobre uma mediana populacional assumindo apenas que a distribuição subjacente é contínua. Para ilustrar, considere a seguinte amostra de 20 observações do tempo de vida de um componente (h):

1,7	3,3	5,1	6,9	12,6	14,4	16,4
24,6	26,0	26,5	32,1	37,4	40,1	40,5
41,5	72,4	80,1	86,4	87,5	100,2	

Desejamos testar H_0: $\tilde{\mu} = 25{,}0$ *versus* H_a: $\tilde{\mu} > 25{,}0$. A estatística do teste é Y = o número de observações que excedem 25.

a. Considere rejeitar H_0 se $Y \geq 15$. Qual é o valor de α (a probabilidade do erro tipo I) para este teste? [*Dica*: pense em "sucesso" como o tempo de vida que excede 25,0. Então, Y é o número de sucessos na amostra.] Que tipo de distribuição Y tem quando $\tilde{\mu} = 25{,}0$?

b. Qual região de rejeição do tipo $Y \geq c$ especifica um teste com nível de significância tão próximo de 0,05 quanto possível? Use essa região para realizar o teste para os dados fornecidos.

[*Observação*: a estatística do teste é o número de diferenças $X_i - 25$ que tem sinais positivos, por isso o nome *teste dos sinais*.]

34. Consulte o Exercício 33 e considere um intervalo de confiança associado ao teste dos sinais, o **intervalo dos sinais**. As hipóteses relevantes agora são H_0: $\tilde{\mu} = \tilde{\mu}_0$ *versus* H_a: $\tilde{\mu} \neq \tilde{\mu}_0$. Vamos usar a seguinte região de rejeição: $Y \geq 15$ ou $Y \leq 5$.

a. Qual é o nível de significância para este teste?

b. O intervalo de confiança consistirá em todos os valores $\tilde{\mu}_0$ para os quais H_0 não é rejeitado. Determine o IC para os dados fornecidos e defina o nível de confiança.

35. Suponha que desejemos testar H_0: as distribuições X e Y são idênticas *versus* H_a: a distribuição x é menos dispersa do que a distribuição Y. A figura a seguir representa as distribuições X e Y para as quais H_a é verdadeira. O teste da soma dos postos de Wilcoxon não é apropriado nesta situação porque, quando H_a é verdadeira como ilustrado, os Y tenderão a ser as extremidades da amostra combinadas (resultando em postos pequenos e grandes para Y), portanto, a soma dos postos de X resultará em um valor W que não é grande nem pequeno.

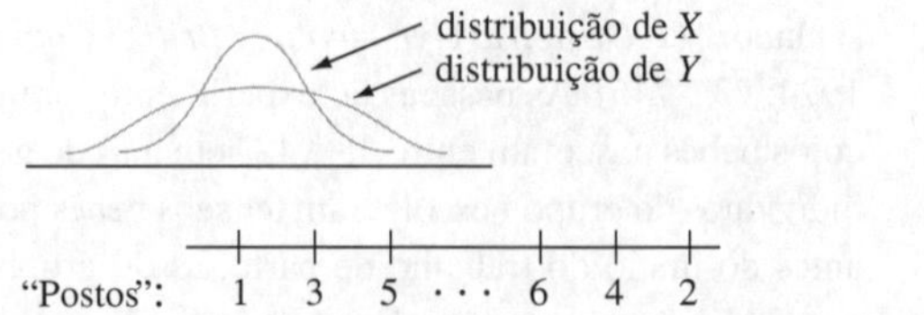

Considere modificar o procedimento para a atribuição de postos como segue: após a amostra combinada de $m + n$ observações ser ordenada, à menor observação é dado o posto 1, à maior observação é dado o posto 2, à segunda menor é dado o posto 3, à segunda maior é dado o posto 4 e assim por diante. Então, se H_a é verdadeira, como mostrado, os valores de X tenderão a estar no meio da amostra e, assim, receber postos altos. Represente por W' a soma dos postos de X e considere rejeitar H_0 em favor de H_a quando $w' \geq c$. Quando H_0 é verdadeira, todo o conjunto possível de postos de X tem a mesma probabilidade, portanto, W' *tem a mesma distribuição de* W *quando* H_0 *é verdadeira*. Assim, c pode ser escolhido da Tabela A.14 do Apêndice para produzir um teste de nível α. Os dados a seguir se referem à espessura do músculo medial para arteríolas de pulmões de crianças que morreram da síndrome da morte súbita infantil (x) e um grupo de crianças de controle (y). Realize o teste de H_0 *versus* H_a ao nível 0,05.

SMIR	4,0	4,4	4,8	4,9	
Controle	3,7	4,1	4,3	5,1	5,6

Consulte o livro de Lehmann (na Bibliografia do capítulo) para obter mais informações sobre este teste, chamado de teste de *Siegel-Tukey*.

36. O procedimento de classificação descrito no Exercício 35 é algo assimétrico, porque a menor observação recebe posto 1 enquanto a maior recebe posto 2 e assim por diante. Suponha que ambas, a menor e a maior, recebam o posto 1, a segunda menor e a segunda maior recebam posto 2 e assim sucessivamente, e seja W'' a soma dos postos de X. A distribuição nula de W'' não é idêntica à distribuição nula de W, portanto, tabelas diferentes são necessárias. Considere o caso de $m = 3$, $n = 4$. Liste todas as 35 possibilidades de ordenação dos três valores de X entre as sete observações (por exemplo, 1, 3, 7 ou 4, 5, 6), atribua postos da maneira descrita, calcule o valor de W'' para cada possibilidade e então tabele a distribuição nula de W''. Para o teste que rejeita se $w'' \geq c$, qual valor de c está associado a um nível de teste de aproximadamente 0,10? Este é o teste de *Ansari-Bradley*; para obter informações adicionais, veja o livro de Hollander e Wolfe, na Bibliografia do capítulo.

Bibliografia

HOLLANDER, MYLES; WOLFE DOUGLAS, *Nonparametric statistical methods*. 2. ed. Nova York: Wiley, 1999. Uma referência muito boa sobre métodos livres de distribuição com uma excelente coleção de tabelas.

LEHMANN, ERICH, *Nonparametrics: statistical methods based on ranks*. Nova York: Springer, 2006. Uma excelente discussão dos métodos livres de distribuição mais importantes, apresentada com vários comentários esclarecedores.

16 Métodos de controle de qualidade

Introdução

As características de qualidade dos produtos manufaturados receberam muita atenção dos engenheiros de projeto e pessoal de produção, assim como daqueles envolvidos com gerenciamento financeiro. Uma crença desenvolvida ao longo dos anos foi a de que níveis muito altos de qualidade e bem-estar econômico eram objetivos incompatíveis. Recentemente, entretanto, tem-se tornado aparente que níveis de qualidade crescente podem levar a um decréscimo dos custos, a um maior grau de satisfação do consumidor e, assim, a um aumento de lucratividade. Isto resultou na ênfase renovada nas técnicas de estatística para o desenvolvimento da qualidade dos produtos e para a identificação de problemas de qualidade em vários estágios da produção e distribuição.

Gráficos de controle[1] agora são utilizados extensivamente como uma técnica de diagnóstico para o monitoramento dos processos de produção e de serviços a fim de identificar instabilidade e circunstâncias não usuais. Depois de apresentar as ideias básicas na Seção 16.1, vários gráficos de controle diferentes são expostos nas próximas quatro seções. A base para a maioria deles recai em nosso trabalho anterior relacionado às distribuições de probabilidade de várias estatísticas, tais como a média amostral $\overline{X}$ e a proporção amostral $\hat{p} = X/n$.

Outra situação comumente encontrada no ambiente industrial envolve o cliente decidir se um lote de itens oferecido pelo fornecedor é de qualidade aceitável. Na última seção do capítulo, faremos um resumo breve de alguns métodos de amostragem de aceitação para decisão, baseados nos dados da amostra, sobre a aceitação ou rejeição de um lote.

Além de gráficos de controle e planos de amostragem de aceitação, os quais foram primeiramente desenvolvidos nas décadas de 1920 e 1930, os estatísticos e engenheiros têm apresentado recentemente vários métodos estatísticos novos para a identificação de tipos e níveis de insumos de produção que garantirão produtos de alta qualidade. Pesquisadores japoneses e, em particular, o engenheiro/estatístico G. Taguchi e seus discípulos tiveram muita influência neste aspecto e há agora uma grande quantidade de material conhecido como "métodos Taguchi". As ideias de planejamento de experimento e, sobretudo, experimentos fatoriais fracionários são os ingredientes-chave. Há ainda muita controvérsia na comunidade estatística sobre quais as formas de planejamento de experimento e métodos de análise mais adequadas às tarefas analisadas. O artigo exposto por George Box et. al., citado na Bibliografia do capítulo, fornece uma crítica informativa; no livro de Thomas Ryan há também uma boa fonte de informação.

16.1 Comentários gerais sobre gráficos de controle

Uma mensagem central em todo este livro tem sido a de que ocorrem variações naturais associadas a quaisquer características ou atributos de diferentes indivíduos ou objetos. Em um contexto de produção, não importa que as máquinas sejam cuidadosamente calibradas, fatores ambientais sejam controlados, materiais e outros insumos sejam monitorados e trabalhadores treinados, o diâmetro variará de parafuso para parafuso, algumas folhas de plástico serão mais fortes do que outras e algumas placas de circuito serão danificadas enquanto outras não, e assim por diante. Podemos pensar sobre tal variação aleatória natural como um ruído não controlável que faz parte natural do processo.

[1] N.R.T.: "Gráfico de controle" e "carta de controle" são sinônimos.

Há, entretanto, outras fontes de variação que podem ter um impacto pernicioso sobre a qualidade dos itens produzidos por alguns processos. Tais variações podem ser atribuídas a material contaminado, ajuste de máquinas incorreto, uso de ferramentas incomuns e coisas deste tipo. Estas fontes de variação têm sido chamadas de *causas atribuídas* na literatura sobre controle de qualidade. Os **gráficos de controle** fornecem um mecanismo para reconhecer situações em que as causas atribuídas podem afetar adversamente a qualidade do produto. Uma vez que o gráfico indica uma situação fora de controle, uma investigação pode ser iniciada para identificar as causas e providenciar ações corretivas.

Um elemento básico dos gráficos de controle é que as amostras do processo de interesse foram selecionadas em uma sequência de pontos no tempo. Dependendo do aspecto do processo sob investigação, alguma estatística, tal como a média amostral ou a proporção amostral dos itens com defeito, é escolhida. O valor desta estatística então é calculado para cada amostra. Um gráfico de controle tradicional resulta da marcação destes valores calculados ao longo do tempo, como ilustrado na Figura 16.1.

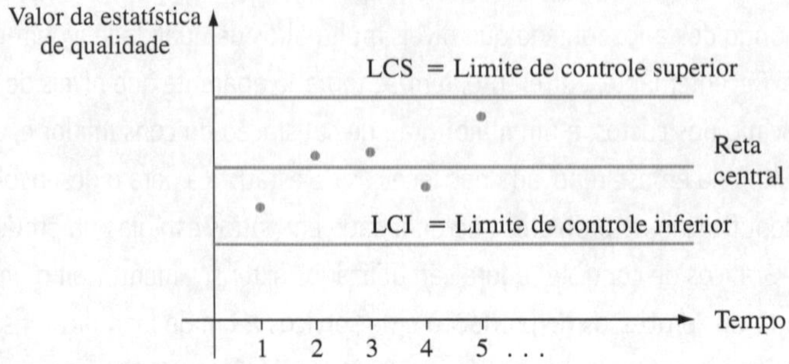

Figura 16.1 Um gráfico de controle prototípico.

Observe que, além dos próprios pontos marcados, o gráfico tem uma reta central e dois limites de controle. A base para a escolha de uma reta central é algumas vezes um valor-alvo ou especificação de projeto, por exemplo, um valor desejado do diâmetro de um mancal. Em outros casos, a altura da reta central é estimada a partir dos dados. Se todos os pontos sobre o gráfico caem entre os dois limites de controle, o processo é considerado sob controle. Ou seja, o processo é tido como operacional de maneira estável refletindo apenas a variação aleatória natural. Um "sinal" de estar fora de controle acontece se um ponto marcado cai fora dos limites. Isto é entendido como sendo provocado por alguma causa atribuída e a busca por tais causas é iniciada. Os limites são projetados tal que um processo sob controle gere uma quantidade mínima de alarmes falsos, enquanto um processo fora do controle mostre rapidamente um ponto fora dos limites.

Há uma forte analogia entre a lógica do gráfico de controle e nosso trabalho anterior em testes de hipótese. A hipótese nula aqui é a de que o processo está sob controle. Quando um processo sob controle produz um ponto *fora* dos limites de controle (um sinal fora de controle), ocorreu um erro tipo I. Por outro lado, um erro tipo II resulta quando um processo fora de controle produz um ponto *dentro* dos limites de controle. A escolha apropriada do tamanho da amostra e dos limites de controle (o último corresponde à especificação de uma região de rejeição no teste de hipótese) tornarão as probabilidades de erro adequadamente pequenas.

Enfatizamos que "sob controle" não é sinônimo de "alcança as especificações de projeto ou tolerância". A extensão da variação natural pode ser tal que a porcentagem de itens em não conformidade com a especificação seja muito maior do que pode ser tolerado. Em tais casos, uma reestruturação importante do processo será necessária para melhorar a capacitação do processo. Um processo sob controle é simplesmente aquele cujo comportamento em relação à variação é estável ao longo do tempo, não mostrando indicações de causas estranhas não usuais.

Softwares para gráficos de controle são agora facilmente encontrados. O jornal *Quality Progress* contém muitos anúncios de programas de computador para controle de qualidade estatísticos. Além disso, o SAS e o Minitab, entre outros programas de uso geral, têm recursos de controle de qualidade atrativos.

EXERCÍCIOS Seção 16.1 (1–5)

1. Um gráfico de controle para a espessura de folhas de aço laminado é baseado em um limite de controle superior de 0,0520 pol e um limite inferior de 0,0475 pol. Os dez primeiros valores da estatística de qualidade (neste caso $\overline{X}$, a espessura média amostral de $n = 5$ folhas amostrais) são 0,0506, 0,0493, 0,0502, 0,0501, 0,0512, 0,0498, 0,0485,

0,0500, 0,0505 e 0,0483. Construa a parte inicial do gráfico de controle de qualidade e comente sobre sua aparência.

2. Refira-se ao Exercício 1 e suponha que os dez valores mais recentes da estatística de qualidade sejam 0,0493, 0,0485, 0,0490, 0,0503, 0,0492, 0,0486, 0,0494, 0,0493 e 0,0488. Construa a porção relevante do gráfico de controle correspondente e comente sobre sua aparência.

3. Suponha que um gráfico de controle seja construído de modo que a probabilidade de um ponto cair fora dos limites de controle quando o processo está, na verdade, sob controle seja 0,002. Qual é a probabilidade de que dez pontos sucessivos (com base em amostras selecionadas independentemente) fiquem dentro dos limites de controle? Qual a probabilidade de que 25 pontos sucessivos estejam dentro dos limites de controle? Qual é o menor número de pontos sucessivos para os quais a probabilidade de observar pelo menos um ponto fora dos limites de controle exceda 0,10?

4. Uma rolha destinada ao uso em uma garrafa de vinho é considerada aceitável se seu diâmetro estiver entre 2,9 cm e 3,1 cm (de modo que o *limite de especificação inferior* é LEI = 2,9 e o *limite de especificação superior* é LES = 3,1).

a. Se o diâmetro da rolha for uma variável distribuída normalmente com valor médio de 3,04 cm e desvio padrão de 0,02 cm, qual é a probabilidade de que uma rolha selecionada aleatoriamente esteja dentro da especificação?

b. Se, em vez disso, o valor médio for 3,00 e o desvio padrão for 0,05, a probabilidade de conformidade com a especificação é menor ou maior que no item (a)?

5. Se uma variável do processo for distribuída normalmente, no longo prazo, praticamente todos os valores observados deverão estar entre $\mu - 3\sigma$ e $\mu + 3\sigma$, dando uma amplitude de processo de 6σ.

a. Com LEI e LES denotando respectivamente os limites de especificação inferior e superior, um *índice de capacidade de processo* comumente usado é $C_p = (\text{LES} - \text{LEI})/6\sigma$. O valor $C_p = 1$ indica um processo que é apenas marginalmente capaz de atender às especificações. De maneira ideal, C_p deve exceder 1,33 (um processo "muito bom"). Calcule o valor de C_p para cada um dos processos de produção de rolhas descritos no exercício anterior e comente.

b. O índice C_p descrito em (a) não leva em consideração a localização do processo. Uma medida de capacidade que envolve a média do processo é

$$C_{pk} = \text{mín}\{(\text{LES} - \mu)/3\sigma, (\mu - \text{LEI})/3\sigma\}$$

Calcule o valor de C_{pk} para cada um dos processos de produção de rolhas descritos no exercício anterior e comente. [*Observação*: na prática, μ e σ devem ser estimados a partir dos dados do processo; mostramos como fazer isto na Seção 16.2.]

c. Como C_p e C_{pk} são comparados entre si e quando eles são iguais?

16.2 Gráficos de controle para localização do processo

Suponha que as características de qualidade de interesse estejam associadas com uma variável cujos valores observados resultem de medidas realizadas. Por exemplo, a característica pode ser resistência de um fio elétrico (ohm), diâmetro interno das juntas de expansão de borracha moldada (cm) ou dureza de uma determinada liga (unidades Brinell). Um uso importante dos gráficos de controle é verificar se alguma medida de localização da distribuição da variável permanece estável ao longo do tempo. O gráfico mais popular para esta finalidade é o gráfico $\overline{X}$.

O gráfico $\overline{X}$ baseado em valores de parâmetro conhecidos

Como há incerteza em relação ao valor da variável para qualquer item particular ou espécime, indicamos essa variável *aleatória* (v.a.) por X. Considere que, para um processo sob controle, X tem uma distribuição normal com valor médio μ e desvio padrão σ. Então, se $\overline{X}$ indica a média amostral para uma amostra aleatória de tamanho n selecionada em um instante de tempo particular, sabemos que

1. $E(\overline{X}) = \mu$
2. $\sigma_{\overline{X}} = \sigma/\sqrt{n}$
3. $\overline{X}$ tem uma distribuição normal.

Segue que

$$P(\mu - 3\sigma_{\overline{X}} \le \overline{X} \le \mu + 3\sigma_{\overline{X}}) = P(-3{,}00 \le Z \le 3{,}00) = 0{,}9974$$

em que Z é uma v.a. normal padronizada[2]. Então, é altamente provável que, para um processo sob controle, a média amostral caia dentro de 3 desvios padrão ($3\sigma_{\overline{X}}$) da média do processo μ.

[2] O uso de gráficos baseados em limites de três desvios padrão é tradicional, mas as tradições não são invioláveis.

Considere primeiro o caso no qual os valores de ambos μ e σ são conhecidos. Suponha que em cada um dos pontos no tempo 1, 2, 3, . . . uma amostra aleatória de tamanho n esteja disponível. Sejam $\bar{x}_1, \bar{x}_2, \bar{x}_3, \ldots$ os valores calculados das médias amostrais correspondentes. Um gráfico $\bar{X}$ resulta da marcação destes $\bar{x}_i$ ao longo do tempo, ou seja, marcar no gráfico os pontos $(1, \bar{x}_1)$, $(2, \bar{x}_2)$, $(3, \bar{x}_3)$, e assim por diante e, então, desenhar retas horizontais ao longo de todo o gráfico sobre os limites

$$\text{LCI} = \text{limite de controle inferior} = \mu - 3 \cdot \frac{\sigma}{\sqrt{n}}$$

$$\text{LCS} = \text{limite de controle superior} = \mu + 3 \cdot \frac{\sigma}{\sqrt{n}}$$

Tal gráfico é frequentemente chamado de gráfico de controle 3-sigma. Qualquer ponto fora dos limites de controle sugere que o processo pode ter ficado fora de controle naquele momento, portanto, uma busca por causas atribuídas deve ser iniciada.

Exemplo 16.1

Uma vez por dia, três tipos de óleo de motor são selecionados aleatoriamente a partir do processo de produção e cada um é analisado para determinar a viscosidade. Os dados a seguir (Tabela 16.1) são para um período de 25 dias. Experimentos contínuos com este processo sugerem que, quando o processo está sob controle, a viscosidade de uma espécie é normalmente distribuída com média 10,5 e desvio padrão de 0,18. Assim, $\sigma_{\bar{X}} = \sigma/\sqrt{n} = 0{,}18/\sqrt{3} = 0{,}104$, portanto, os limites de controle 3 DP são

$$\text{LCI} = \mu - 3 \cdot \frac{\sigma}{\sqrt{n}} = 10{,}5 - 3(0{,}104) = 10{,}188$$

$$\text{LCS} = \mu + 3 \cdot \frac{\sigma}{\sqrt{n}} = 10{,}5 + 3(0{,}104) = 10{,}812$$

Tabela 16.1 Dados de viscosidade para o Exemplo 16.1

Dia	Observações de viscosidade			$\bar{x}$	s	Amplitude
1	10,37	10,19	10,36	10,307	0,101	0,18
2	10,48	10,24	10,58	10,433	0,175	0,34
3	10,77	10,22	10,54	10,510	0,276	0,55
4	10,47	10,26	10,31	10,347	0,110	0,21
5	10,84	10,75	10,53	10,707	0,159	0,31
6	10,48	10,53	10,50	10,503	0,025	0,05
7	10,41	10,52	10,46	10,463	0,055	0,11
8	10,40	10,38	10,69	10,490	0,173	0,31
9	10,33	10,35	10,49	10,390	0,087	0,16
10	10,73	10,45	10,30	10,493	0,218	0,43
11	10,41	10,68	10,25	10,447	0,217	0,43
12	10,00	10,60	10,71	10,437	0,382	0,71
13	10,37	10,50	10,34	10,403	0,085	0,16
14	10,47	10,60	10,75	10,607	0,140	0,28
15	10,46	10,46	10,56	10,493	0,058	0,10
16	10,44	10,68	10,32	10,480	0,183	0,36
17	10,65	10,42	10,26	10,443	0,196	0,39
18	10,73	10,72	10,83	10,760	0,061	0,11
19	10,39	10,75	10,27	10,470	0,250	0,48
20	10,59	10,23	10,35	10,390	0,183	0,36
21	10,47	10,67	10,64	10,593	0,108	0,20
22	10,40	10,55	10,38	10,443	0,093	0,17
23	10,24	10,71	10,27	10,407	0,263	0,47
24	10,37	10,69	10,40	10,487	0,177	0,32
25	10,46	10,35	10,37	10,393	0,059	0,11

Todos os pontos no gráfico de controle mostrados na Figura 16.2 estão entre os limites de controle, indicando o comportamento estável da média do processo ao longo do tempo (o desvio padrão e a amplitude de cada amostra serão utilizados na próxima subseção).

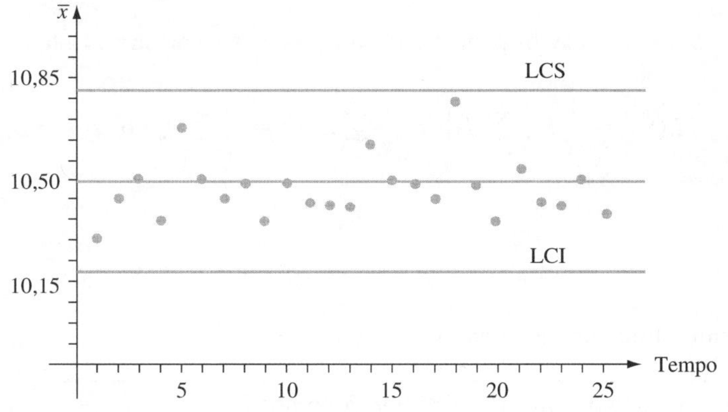

Figura 16.2 Gráfico $\bar{X}$ para os dados de viscosidade do Exemplo 16.1. ■

Gráficos $\bar{X}$ baseados em parâmetros estimados

Na prática, acontece frequentemente que os valores de μ e σ são desconhecidos, portanto, eles devem ser estimados a partir dos dados amostrais para se determinar os limites de controle. Isto é especialmente verdadeiro quando um processo está sujeito à análise de controle de qualidade pela primeira vez. Seja n o número de observações em cada amostra e k o número de amostras disponíveis. Valores típicos de n são 3, 4, 5 ou 6; recomenda-se que k seja, ao menos, 20. Supomos que as k amostras tenham sido coletadas durante um período quando o processo foi considerado sob controle. Mais será dito sobre esta suposição brevemente.

Com $\bar{x}_1, \bar{x}_2, \ldots, \bar{x}_k$ indicando as k médias amostrais calculadas, a estimativa usual de μ é simplesmente a média dessas médias:

$$\hat{\mu} = \bar{\bar{x}} = \frac{\sum_{i=1}^{k} \bar{x}_i}{k}$$

Existem dois métodos diferentes comumente utilizados para estimar σ: um baseado nos k desvios padrão da amostra e o outro baseado nas k amplitudes amostrais (lembre-se de que a amplitude amostral é a diferença entre a maior e a menor observações da amostra). Antes da grande disponibilidade de boas calculadoras e softwares estatísticos para computadores, a facilidade dos cálculos manuais era uma consideração importante, portanto, o método das amplitudes predominava. Entretanto, no caso de uma população com uma distribuição normal, o estimador não viciado de σ baseado em S é sabido como tendo variância menor do que aquela baseada na amplitude amostral. Os estatísticos dizem que o estimador anterior é mais *eficiente* do que este último. A perda em eficiência para o estimador é pequena quando n é muito pequeno, mas torna-se importante para $n > 4$.

Lembre-se de que o desvio padrão amostral não é um estimador não viciado para σ. Quando $X_1, \ldots, X_n$ é uma amostra aleatória de uma distribuição normal, pode-se mostrar (ver Exercício 6.31) que

$$E(S) = a_n \cdot \sigma$$

em que

$$a_n = \frac{\sqrt{2}\Gamma(n/2)}{\sqrt{n-1}\Gamma[(n-1)/2]}$$

e $\Gamma(\cdot)$ indica a função gama (veja a Seção 4.4). Segue uma tabulação de a_n para n selecionados:

n	3	4	5	6	7	8
a_n	0,886	0,921	0,940	0,952	0,959	0,965

Considere

$$\overline{S} = \frac{\sum_{i=1}^{k} S_i}{k}$$

em que $S_1, S_2, \ldots, S_k$ são os desvios padrão amostrais para as k amostras. Então,

$$E(\overline{S}) = \frac{1}{K} E\left(\sum_{i=1}^{k} S_i\right) = \frac{1}{k}\sum_{i=1}^{k} E(S_i) = \frac{1}{k}\sum_{i=1}^{k} a_n \cdot \sigma = a_n \cdot \sigma$$

Assim,

$$E\left(\frac{\overline{S}}{a_n}\right) = \frac{1}{a_n} E(\overline{S}) = \frac{1}{a_n} \cdot a_n \cdot \sigma = \sigma$$

logo, $\hat{\sigma} = \overline{S}/a_n$ é um estimador não viciado de σ.

Limites de controle baseados nos desvios padrão amostrais

$$\text{LCI} = \overline{\overline{x}} - 3 \cdot \frac{\overline{s}}{a_n\sqrt{n}}$$

$$\text{LCS} = \overline{\overline{x}} + 3 \cdot \frac{\overline{s}}{a_n\sqrt{n}}$$

em que

$$\overline{\overline{x}} = \frac{\sum_{i=1}^{k} \overline{x}_i}{k} \qquad \overline{s} = \frac{\sum_{i=1}^{k} s_i}{k}$$

Exemplo 16.2

Voltando aos dados de viscosidade do Exemplo 16.1, tínhamos $n = 3$ e $k = 25$. Os valores de $\overline{x}_i$ e s_i $(i = 1, \ldots, 25)$ aparecem na Tabela 16.1, da qual decorre que $\overline{\overline{x}} = 261{,}896/25 = 10{,}476$ e $\overline{s} = 3{,}834/25 = 0{,}153$. Com $a_3 = 0{,}886$, temos

$$\text{LCI} = 10{,}476 - 3 \cdot \frac{0{,}153}{0{,}886\sqrt{3}} = 10{,}476 - 0{,}299 = 10{,}177$$

$$\text{LCS} = 10{,}476 + 3 \cdot \frac{0{,}153}{0{,}886\sqrt{3}} = 10{,}476 + 0{,}299 = 10{,}775$$

Esses limites diferem um pouco dos limites anteriores baseados em $\mu = 10{,}5$ e $\sigma = 0{,}18$, pois agora $\hat{\mu} = 10{,}476$ e $\hat{\sigma} = \overline{s}/a_3 = 0{,}173$. Uma inspeção da Tabela 16.1 mostra que todo $\overline{x}_i$ está entre esses novos limites, então, novamente, nenhuma situação fora de controle está evidente. ■

Para obter uma estimativa de σ baseada na amplitude amostral, observe que, se $X_1, \ldots, X_n$ formam uma amostra aleatória de uma distribuição normal, então

$$\begin{aligned} R &= \text{amplitude}(X_1, \ldots, X_n) = \text{máx}(X_1, \ldots, X_n) - \text{mín}(X_1, \ldots, X_n) \\ &= \text{máx}(X_1 - \mu, \ldots, X_n - \mu) - \text{mín}(X_1 - \mu, \ldots, X_n - \mu) \\ &= \sigma\left\{\text{máx}\left(\frac{X_1 - \mu}{\sigma}, \ldots, \frac{X_n - \mu}{\sigma}\right) - \text{mín}\left(\frac{X_1 - \mu}{\sigma}, \ldots, \frac{X_n - \mu}{\sigma}\right)\right\} \\ &= \sigma \cdot \{\text{máx}(Z_1, \ldots, Z_n) - \text{mín}(Z_1, \ldots, Z_n)\} \end{aligned}$$

em que $Z_1, \ldots, Z_n$ são v.a. normais padronizadas independentes. Assim,

$$\begin{aligned} E(R) &= \sigma \cdot E(\text{amplitude de uma amostra normal padronizada}) \\ &= \sigma \cdot b_n \end{aligned}$$

logo, R/b_n é um estimador não viciado de σ.

Agora, indique as amplitudes para as k amostras no conjunto de dados de qualidade por $r_1, r_2, \ldots, r_k$. O argumento dado implica que a estimativa

$$\hat{\sigma} = \frac{\frac{1}{k}\sum_{i=1}^{k} r_i}{b_n} = \frac{\bar{r}}{b_n}$$

provém de um estimador não viciado para σ. Valores selecionados de b_n aparecem na tabela a seguir [seu cálculo é baseado na teoria estatística e na integração numérica para determinar $E(\text{mín}(Z_1, \ldots, Z_n))$ e $E(\text{máx}(Z_1, \ldots, Z_n))$].

n	3	4	5	6	7	8
b_n	1,693	2,058	2,325	2,536	2,706	2,844

Limites de Controle baseados nas amplitudes amostrais

$$\text{LCI} = \bar{\bar{x}} - 3 \cdot \frac{\bar{r}}{b_n\sqrt{n}}$$

$$\text{LCS} = \bar{\bar{x}} + 3 \cdot \frac{\bar{r}}{b_n\sqrt{n}}$$

em que $\bar{r} = \sum_{i=1}^{k} r_i/k$ e $r_1, \ldots, r_k$ são as k amplitudes amostrais individuais.

Exemplo 16.3 (Continuação do Exemplo 16.2)

A Tabela 16.1 produz $\bar{r} = 0{,}292$, de modo que $\hat{\sigma} = 0{,}292/b_3 = 0{,}292/1{,}693 = 0{,}172$ e

$$\text{LCI} = 10{,}476 - 3 \cdot \frac{0{,}292}{1{,}693\sqrt{3}} = 10{,}476 - 0{,}299 = 10{,}177$$

$$\text{LCS} = 10{,}476 + 3 \cdot \frac{0{,}292}{1{,}693\sqrt{3}} = 10{,}476 + 0{,}299 = 10{,}775$$

Estes limites são idênticos àqueles baseados em $\bar{s}$ e novamente cada $\bar{x}_i$ fica entre os limites. ■

Recalculando os limites de controle

Fizemos a suposição de que os dados amostrais utilizados para estimar μ e σ foram obtidos a partir de um processo sob controle. Suponha, entretanto, que um dos pontos sobre o gráfico de controle resultante fique fora dos limites de controle. Então, se uma causa atribuída para esta situação fora de controle puder ser encontrada e verificada, é recomendado que novos limites de controle sejam calculados depois de remover a amostra correspondente do conjunto de dados. Da mesma maneira, se mais de um ponto cair fora dos limites originais, novos limites devem ser determinados depois de eliminar qualquer ponto para o qual uma causa atribuída possa ser identificada e tratada. Pode acontecer que um ou mais pontos fiquem fora dos novos limites, caso em que o processo de remoção/recálculo deve ser repetido.

Características de desempenho dos gráficos de controle

Genericamente, um gráfico de controle será efetivo se fornecer pouquíssimos sinais fora de controle quando o processo estiver sob controle, mas mostrar um ponto fora dos limites de controle assim que o processo saia de controle. Uma avaliação da eficácia de um gráfico é baseada na noção de "probabilidades de erro". Suponha que a variável de interesse seja normalmente distribuída com σ conhecido (o mesmo valor para um processo sob controle ou fora de controle). Além disso, considere um gráfico de controle 3-sigma baseado no valor-alvo μ_0 com $\mu = \mu_0$ quando o processo está sob controle. Uma probabilidade de erro é

$$\alpha = P(\text{uma única amostra fornece um ponto fora dos limites de controle quando } \mu = \mu_0)$$
$$= P(\overline{X} > \mu_0 + 3\sigma/\sqrt{n} \text{ ou } \overline{X} < \mu_0 - 3\sigma/\sqrt{n} \text{ quando } \mu = \mu_0)$$
$$= P\left(\frac{\overline{X} - \mu_0}{\sigma/\sqrt{n}} > 3 \text{ ou } \frac{\overline{X} - \mu_0}{\sigma/\sqrt{n}} < -3 \text{ quando } \mu = \mu_0\right)$$

A variável padronizada $Z = (\overline{X} - \mu_0)/(\sigma/\sqrt{n})$ tem uma distribuição normal quando $\mu = \mu_0$, então

$$\alpha = P(Z > 3 \text{ ou } Z < -3) = \Phi(-3{,}00) + 1 - \Phi(3{,}00) = 0{,}0026$$

Se 3,09 em vez de 3 fosse utilizado para determinar os limites de controle (isto é comum na Grã-Bretanha), então

$$\alpha = P(Z > 3{,}09 \text{ ou } Z < -3{,}09) = 0{,}0020$$

O uso de limites 3-sigma torna altamente improvável que um sinal fora de controle resulte de um processo sob controle.

Agora suponha que o processo saia de controle porque μ foi deslocado para $\mu + \Delta\sigma$ (Δ pode ser positivo ou negativo); Δ é o número de desvios padrão pelo qual μ mudou. Uma segunda probabilidade de erro é

$$\beta = P\left(\begin{array}{c}\text{uma única amostra fornece um ponto dentro}\\ \text{dos limites de controle quando } \mu = \mu_0 + \Delta\sigma\end{array}\right)$$
$$= P(\mu_0 - 3\sigma/\sqrt{n} < \overline{X} < \mu_0 + 3\sigma/\sqrt{n} \text{ quando } \mu = \mu_0 + \Delta\sigma)$$

Agora, padronizamos primeiramente subtraindo $\mu_0 + \Delta\sigma$ de cada termo dentro dos parênteses e então dividindo por $\sigma/\sqrt{n}$:

$$\beta = P(-3 - \sqrt{n}\Delta < \text{v.a. normal padrão} < 3 - \sqrt{n}\Delta)$$
$$= \Phi(3 - \sqrt{n}\Delta) - \Phi(-3 - \sqrt{n}\Delta)$$

Essa probabilidade de erro depende de Δ, que determina o tamanho do deslocamento e do tamanho da amostra n. Em particular, para Δ fixado, β decresce quando n cresce (quanto maior a amostra, mais provável que resulte um sinal fora de controle) e para n fixo, β decresce quando $|\Delta|$ cresce (quanto maior a magnitude do deslocamento, mais provável que resulte um sinal fora de controle). A tabela a seguir fornece β para valores selecionados de Δ quando $n = 4$.

Δ	0,25	0,50	0,75	1,00	1,50	2,00	2,50	3,00
***β* quando *n* = 4**	0,9936	0,9772	0,9332	0,8413	0,5000	0,1587	0,0668	0,0013

Fica claro que um deslocamento pequeno provavelmente passe despercebido em uma única amostra.

Se 3 for substituído por 3,09 nos limites de controle, então α decresce de 0,0026 para 0,002, mas, para qualquer n e σ fixos, β crescerá. Esta é uma manifestação da relação inversa entre os dois tipos de probabilidades de erro no teste de hipóteses. Por exemplo, alterar 3 para 2,5 aumentará α e diminuirá β.

As probabilidades de erro discutidas anteriormente foram calculadas sob a suposição de que a variável de interesse fosse normalmente distribuída. Se a distribuição é apenas ligeiramente não normal, o efeito do Teorema Central do Limite implica que $\overline{X}$ terá aproximadamente uma distribuição normal mesmo quando n for pequeno e, neste caso, as probabilidades de erro afirmadas serão aproximadamente corretas. Obviamente, este não é mais o caso quando a distribuição da variável desvia-se consideravelmente da normalidade.

Uma segunda avaliação de desempenho utiliza o comprimento esperado ou médio do período necessário para observar um sinal fora de controle. Quando o processo está sob controle, esperaríamos observar várias amostras antes de ver uma cujo $\overline{x}$ fique fora dos limites de controle. Por outro lado, se um processo sai do controle, o número esperado de amostras necessárias para detectar isso deveria ser pequeno.

Seja p a probabilidade de que uma única amostra produza um valor $\overline{x}$ fora dos limites de controle, ou seja,

$$p = P(\overline{X} < \mu_0 - 3\sigma/\sqrt{n} \quad \text{ou} \quad \overline{X} > \mu_0 + 3\sigma/\sqrt{n})$$

Considere primeiro um processo sob controle, portanto $\overline{X}_1, \overline{X}_2, \overline{X}_3, \ldots$ são todos normalmente distribuídos com valor médio μ_0 e desvio padrão $\sigma/\sqrt{n}$. Defina uma v.a. Y como

$$Y = \text{o primeiro } i \text{ para o qual } \overline{X}_i \text{ fique fora dos limites de controle}$$

Se pensarmos em cada número da amostra como um ensaio e uma amostra fora de controle como um sucesso, então Y é o número de ensaios (independentes) necessários para observar um sucesso. Esse Y possui uma distribuição geométrica e mostramos no Exemplo 3.18 que $E(Y) = 1/p$. O acrônimo CMC (para *comprimento médio da corrida*) é muitas vezes usado no lugar de $E(Y)$. Como $p = \alpha$ para um processo sob controle, temos

$$\text{CMC} = E(Y) = \frac{1}{p} = \frac{1}{\alpha} = \frac{1}{0{,}0026} = 384{,}62$$

Substituir 3 nos limites de controle por 3,09 resultará em $= 1/0{,}002 = 500$.

Agora suponha que, em um instante de tempo particular, a média do processo seja deslocada para $\mu = \mu_0 + \Delta\sigma$. Se definirmos Y como o primeiro i subsequente ao deslocamento para o qual uma amostra gera um sinal fora de controle, é novamente verdade que CMC $= E(Y) = 1/p$, mas agora $p = 1 - \beta$. A tabela a seguir fornece CMC selecionados para um gráfico 3-sigma quando $n = 4$. Estes resultados mostram novamente a eficácia do gráfico em detectar deslocamentos grandes, mas também sua falta de habilidade de identificar rapidamente pequenos deslocamentos. Quando a amostragem é feita com pouca frequência, um grande número de itens é provavelmente produzido antes de um pequeno deslocamento em μ ser detectado. Os procedimentos CUSUM discutidos na Seção 16.5 foram desenvolvidos para corrigir esta deficiência.

Δ	0,25	0,50	0,75	1,00	1,50	2,00	2,50	3,00
CMC quando n = 4	156,25	43,86	14,97	6,30	2,00	1,19	1,07	1,0013

Regras suplementares para gráficos $\overline{X}$

A falta de habilidade dos gráficos $\overline{X}$ com limites 3-sigma para detectar rapidamente pequenos deslocamentos na média de processo tem levado os pesquisadores a desenvolverem procedimentos que forneçam melhores comportamentos a este respeito. Uma abordagem envolve a introdução de condições adicionais que façam com que um sinal fora de controle seja gerado. As condições a seguir foram recomendadas pela Western Eletric (então uma subsidiária da AT&T). Uma intervenção para tomar ações corretivas é apropriada quando uma dessas condições for satisfeita:

1. Dois de três pontos sucessivos ficam fora dos limites 2-sigma do mesmo lado da reta central.
2. Quatro de cinco pontos sucessivos ficam fora dos limites 1-sigma do mesmo lado da reta central.
3. Oito pontos sucessivos ficam do mesmo lado da reta central.

Um texto sobre Controle de Qualidade deve ser consultado para uma discussão sobre estas e outras regras suplementares.

Gráficos de controle robustos

A presença de *outliers* nos dados da amostra tende a reduzir a sensibilidade dos procedimentos de gráfico de controle quando os parâmetros devem ser estimados. Isto porque os limites de controle são movidos no sentido para fora da reta central, tornando mais difícil a identificação de pontos não usuais. *Não* queremos que as estatísticas, cujos valores são colocados no gráfico de controle, sejam resistentes a *outliers* porque isso mascararia qualquer sinal fora de controle. Por exemplo, colocar as medianas amostrais no gráfico de controle seria menos eficiente do que colocar $\bar{x}_1, \bar{x}_2, \ldots$ como é feito no gráfico $\overline{X}$.

O artigo "Robust control charts" por David M. Rocke (*Technometrics*, 1989: 173-184) apresenta um estudo de procedimentos para os quais os limites de controle estão baseados em estatísticas resistentes aos efeitos de *outliers*. Rocke recomenda limites de controle calculados a partir do *intervalo interquartil* (IQR), que é muito semelhante à variação quarta apresentada no Capítulo 1. Em particular,

$$\text{IQR} = \begin{cases} (2^\circ \text{ maior } x_i) - (2^\circ \text{ menor } x_i) & n = 4, 5, 6, 7 \\ (3^\circ \text{ maior } x_i) - (3^\circ \text{ menor } x_i) & n = 8, 9, 10, 11 \end{cases}$$

Para uma amostra aleatória de uma distribuição normal, $E(\text{IQR}) = k_n\sigma$; os valores de k_n são dados na tabela a seguir.

n	4	5	6	7	8
k_n	0,596	0,990	1,282	1,512	0,942

Os limites de controle sugeridos são

$$\text{LCI} = \bar{\bar{x}} - 3 \cdot \frac{\text{IQR}}{k_n\sqrt{n}} \qquad \text{LCS} = \bar{\bar{x}} + 3 \cdot \frac{\text{IQR}}{k_n\sqrt{n}}$$

Os valores de $\bar{x}_1, \bar{x}_2, \bar{x}_3, \ldots$ são colocados no gráfico. As simulações informadas no artigo indicam que o desempenho do gráfico com estes limites é superior ao do gráfico $\bar{X}$ tradicional.

EXERCÍCIOS Seção 16.1 (6–15)

6. No caso de conhecermos μ e σ, quais limites de controle são necessários para a probabilidade de um único ponto estar fora dos limites para um processo sob controle ser 0,005?

7. Considere o gráfico de controle baseado nos limites de controle $\mu_0 \pm 2{,}81\ \sigma/\sqrt{n}$.

a. Qual é o CMC quando o processo está sob controle?

b. Qual é o CMC quando $n = 4$ e a média do processo está deslocada para $\mu = \mu_0 + \sigma$?

c. Como os valores dos itens (a) e (b) podem ser comparados com os valores correspondentes para um gráfico 3-sigma?

8. A tabela no ínicio da próxima página fornece os dados do teor de umidade para amostras de um determinado tipo de tecido. Determine os limites de controle para um gráfico com reta central na altura 13,00 baseado em $\sigma = 0{,}600$, construa o gráfico de controle e comente sobre sua aparência.

9. Consulte os dados fornecidos no Exercício 6 e construa um gráfico de controle com uma reta central estimada e limites baseados no uso de desvios padrão amostrais para estimar σ. Há alguma evidência de que o processo esteja fora de controle?

10. Consulte os Exercícios 6 e 7 e agora aplique os limites de controle baseados no uso das amplitudes amostrais para estimar σ. O processo parece estar sob controle?

11. A tabela a seguir fornece médias amostrais e desvios padrão, cada um baseado em $n = 6$ observações do índice refratário do cabo de fibra óptica. Construa um gráfico de controle e comente sobre sua aparência. [*Sugestão*: $\sum\bar{x}_i = 2\ 317{,}07$ e $\sum s_i = 30{,}34$.]

Dia	$\bar{x}$	s	Dia	$\bar{x}$	s
1	95,47	1,30	13	97,02	1,28
2	97,38	0,88	14	95,55	1,14
3	96,85	1,43	15	96,29	1,37
4	96,64	1,59	16	96,80	1,40
5	96,87	1,52	17	96,01	1,58
6	96,52	1,27	18	95,39	0,98
7	96,08	1,16	19	96,58	1,21
8	96,48	0,79	20	96,43	0,75
9	96,63	1,48	21	97,06	1,34
10	96,50	0,80	22	98,34	1,60
11	97,22	1,42	23	96,42	1,22
12	96,55	1,65	24	95,99	1,18

12. Consulte o Exercício 11. Uma causa atribuída foi encontrada para o índice refratário médio amostral incomumente elevado no dia 22. Recalcule os limites de controle após excluir os dados desse dia. O que você poderia concluir?

13. Considere um gráfico de controle 3-sigma com uma reta central em μ_0 e baseado em $n = 5$. Sob a hipótese de normalidade, calcule a probabilidade de um único ponto cair fora dos limites de controle quando a média do processo real é

a. $\mu_0 + 0{,}5\sigma$

b. $\mu_0 - \sigma$

c. $\mu_0 + 2\sigma$

14. Aplique as regras suplementares sugeridas no texto aos dados do Exercício 8. Há quaisquer sinais fora de controle?

15. Calcule os limites de controle para os dados do Exercício 8 utilizando o procedimento robusto apresentado nesta seção.

Dados para o Exercício 8

Número da amostra	Observações do teor de umidade					$\bar{x}$	s	Amplitude
1	12,2	12,1	13,3	13,0	13,0	12,72	0,536	1,2
2	12,4	13,3	12,8	12,6	12,9	12,80	0,339	0,9
3	12,9	12,7	14,2	12,5	12,9	13,04	0,669	1,7
4	13,2	13,0	13,0	12,6	13,9	13,14	0,477	1,3
5	12,8	12,3	12,2	13,3	12,0	12,52	0,526	1,3
6	13,9	13,4	13,1	12,4	13,2	13,20	0,543	1,5
7	12,2	14,4	12,4	12,4	12,5	12,78	0,912	2,2
8	12,6	12,8	13,5	13,9	13,1	13,18	0,526	1,3
9	14,6	13,4	12,2	13,7	12,5	13,28	0,963	2,4
10	12,8	12,3	12,6	13,2	12,8	12,74	0,329	0,9
11	12,6	13,1	12,7	13,2	12,3	12,78	0,370	0,9
12	13,5	12,3	12,8	13,1	12,9	12,92	0,438	1,2
13	13,4	13,3	12,0	12,9	13,1	12,94	0,559	1,4
14	13,5	12,4	13,0	13,6	13,4	13,18	0,492	1,2
15	12,3	12,8	13,0	12,8	13,5	12,88	0,432	1,2
16	12,6	13,4	12,1	13,2	13,3	12,92	0,554	1,3
17	12,1	12,7	13,4	13,0	13,9	13,02	0,683	1,8
18	13,0	12,8	13,0	13,3	13,1	13,04	0,182	0,5
19	12,4	13,2	13,0	14,0	13,1	13,14	0,573	1,6
20	12,7	12,4	12,4	13,9	12,8	12,84	0,619	1,5
21	12,6	12,8	12,7	13,4	13,0	12,90	0,316	0,8
22	12,7	13,4	12,1	13,2	13,3	12,94	0,541	1,3

16.3 Gráficos de controle para variações do processo

Os gráficos de controle discutidos na seção anterior foram elaborados a fim de controlar a localização – ou seja, a tendência central – de um processo, sendo a média, em particular, uma medida de localização. É igualmente importante assegurar que um processo está sob controle em relação à variação. Na verdade, recomenda-se que o controle seja estabelecido sobre a variação *antes* de construir um gráfico $\overline{X}$ ou qualquer outro gráfico para controle da localização. Nesta seção, consideramos gráficos para variação com base no desvio padrão S da amostra e também gráficos baseados na amplitude amostral R. O primeiro é, em geral, preferido, pois o desvio padrão é um método mais eficiente de avaliação da variação do que a amplitude, mas os gráficos de R foram utilizados primeiro e tradições são difíceis de acabar.

O Gráfico *S*

Supomos, novamente, que k amostras independentemente selecionadas estão disponíveis, cada uma consistindo de n observações de uma variável distribuída normalmente. Denote os desvios padrão da amostra por $s_1, s_2, \ldots, s_k$, com $\bar{s} = \sum s_i/k$. Os valores $s_1, s_2, s_3, \ldots$ são representados em sequência em um gráfico S. A reta central do gráfico ficará na altura $\bar{s}$ e os limites 3-sigma necessitam determinar $3\sigma_S$ (assim como os limites 3-sigma de um gráfico $\overline{X}$ exigiram $3\sigma_{\overline{X}} = 3\sigma/\sqrt{n}$, com σ, então, estimado a partir dos dados).

Lembre-se de que, para qualquer v.a. Y, $V(Y) = E(Y^2) - [E(Y)]^2$ e que a variância amostral S^2 é um estimador não viciado de σ^2. Assim, $E(S^2) = \sigma^2$. Dessa forma,

$$V(S) = E(S^2) - [E(S)]^2 = \sigma^2 - (a_n\sigma)^2 = \sigma^2(1 - a_n^2)$$

em que os valores de a_n para $n = 3, \ldots, 8$ estão tabulados na seção anterior. O desvio padrão de S é, então,

$$\sigma_S = \sqrt{V(S)} = \sigma\sqrt{1 - a_n^2}$$

É natural estimar σ usando, $s_1, \ldots, s_k$, como foi feito na seção anterior, a saber, $\hat{\sigma} = \bar{s}/a_n$. Substituir $\hat{\sigma}$ por σ na expressão para σ_S fornece a quantidade usada para calcular os limites 3-sigma.

Os limites de controle 3-sigma para um gráfico de controle S são

$$\text{LCI} = \bar{s} - \frac{3\bar{s}\sqrt{1 - a_n^2}}{a_n}$$

$$\text{LCS} = \bar{s} + \frac{3\bar{s}\sqrt{1 - a_n^2}}{a_n}$$

A expressão para o LCI será negativa se $n \leq 5$ e, neste caso, é comum utilizar LCI = 0.

Exemplo 16.4

A Tabela 16.2 mostra as observações da resistência à tensão de folhas de plástico (a força, em psi, necessária para rasgar uma folha). Há $k = 22$ amostras, obtidas para instantes de tempo igualmente espaçados e $n = 4$ observações em cada exemplo. É fácil verificar que $\sum s_i = 51{,}10$ e $\bar{s} = 2{,}32$, portanto, o centro do gráfico S será em 2,32 (no entanto, já que $n = 4$, LCI = 0 e a reta central não estará equidistante aos limites de controle). Da seção anterior, $a_4 = 0{,}921$, a partir da qual o LCS é

$$\text{LCS} = 2{,}32 + 3(2{,}32)(\sqrt{1 - (0{,}921)^2})/0{,}921 = 5{,}26$$

Tabela 16.2 Dados de resistência à tensão para o Exemplo 16.4

Número da amostra	Observações				DP	Amplitude
1	29,7	29,0	28,8	30,2	0,64	1,4
2	32,2	29,3	32,2	32,9	1,60	3,6
3	35,9	29,1	32,1	31,3	2,83	6,8
4	28,8	27,2	28,5	35,7	3,83	8,5
5	30,9	32,6	28,3	28,3	2,11	4,3
6	30,6	34,3	34,8	26,3	3,94	8,5
7	32,3	27,7	30,9	27,8	2,30	4,6
8	32,0	27,9	31,0	30,8	1,76	4,1
9	24,2	27,5	28,5	31,1	2,85	6,9
10	33,7	24,4	34,3	31,0	4,53	9,9
11	35,3	33,2	31,4	28,0	3,09	7,3
12	28,1	34,0	31,0	30,8	2,41	5,9
13	28,7	28,9	25,8	29,7	1,71	3,9
14	29,0	33,0	30,2	30,1	1,71	4,0
15	33,5	32,6	33,6	29,2	2,07	4,4
16	26,9	27,3	32,1	28,5	2,37	5,2
17	30,4	29,6	31,0	33,8	1,83	4,2
18	29,0	28,9	31,8	26,7	2,09	5,1
19	33,8	30,9	31,7	28,2	2,32	5,6
20	29,7	27,9	29,1	30,1	0,96	2,2
21	27,9	27,7	30,2	32,9	2,43	5,2
22	30,0	31,4	27,7	28,1	1,72	3,7

O gráfico de controle resultante é mostrado na Figura 16.3. Todos os pontos marcados estão dentro dos limites de controle, sugerindo um comportamento de processo estável, em relação à variação.

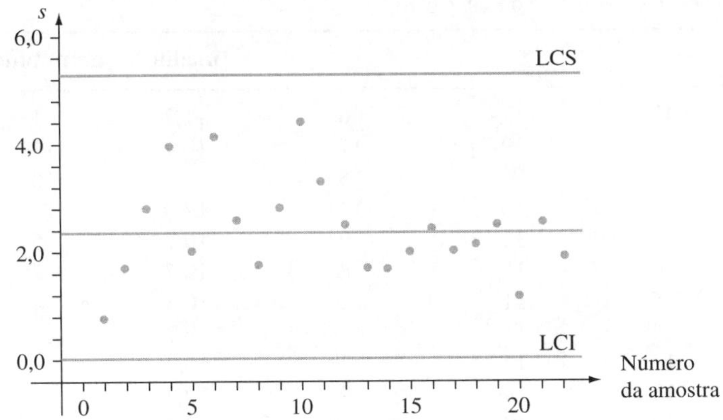

Figura 16.3 Gráfico *S* para dados de resistência à tensão para o Exemplo 16.4 ■

O gráfico *R*

Considere $r_1, r_2, \ldots r_k$ as k amplitudes amostrais e $\bar{r} = \sum r_i/k$. A reta central de um gráfico R ficará na altura $\bar{r}$. A determinação dos limites de controle requer σ_R, em que R indica a amplitude (antes de fazer as observações – como uma variável aleatória) de uma amostra aleatória de tamanho n de uma distribuição normal com valor médio μ e desvio padrão σ. Como

$$\begin{aligned} R &= \text{máx}(X_1, \ldots, X_n) - \text{mín}(X_1, \ldots, X_n) \\ &= \sigma\{\text{máx}(Z_1, \ldots, Z_n) - \text{mín}(Z_1, \ldots, Z_n)\} \end{aligned}$$

em que $Z_i = (X_i - \mu)/\sigma$ e os Z_i são v.a. normais padrão, segue que

$$\begin{aligned} \sigma_R &= \sigma \cdot \begin{pmatrix} \text{desvio padrão da amplitude da amostra aleatória de} \\ \text{tamanho } n \text{ de uma distribuição normal padronizada} \end{pmatrix} \\ &= \sigma \cdot c_n \end{aligned}$$

Os valores de c_n para $n = 3, \ldots, 8$ aparecem na tabela a seguir.

n	3	4	5	6	7	8
c_n	0,888	0,880	0,864	0,848	0,833	0,820

É comum estimar σ por $\hat{\sigma} = \bar{r}/b_n$, como discutido na seção anterior. Isto resulta em $\hat{\sigma}_R = c_n\bar{r}/b_n$ como o desvio padrão estimado de R.

Os limites 3-sigma para um gráfico R são

$$\begin{aligned} \text{LCI} &= \bar{r} - 3c_n\bar{r}/b_n \\ \text{LCS} &= \bar{r} + 3c_n\bar{r}/b_n \end{aligned}$$

A expressão para LCI será negativa se $n \leq 6$, neste caso LCI $= 0$ deverá ser utilizado.

Exemplo 16.5

Na engenharia de tecidos vivos, as células são semeadas em uma estrutura de suporte que, então, guia o crescimento de novas células. O artigo "On the process capability of the solid free-form fabrication: A case study of scaffold moulds for tissue engineering" (*J. of Engr. in Med.*, 2008: 377-392) utilizou diversos métodos de controle de qualidade para estudar um método de produzir essas estruturas de suporte. Uma característica incomum é que, em vez de subgrupos sendo observados ao longo do tempo, cada subgrupo resultou de uma dimensão de design diferente (μm). A Tabela 16.3 contém dados da Tabela 2 do artigo citado no desvio do alvo na orientação perpendicular (esses desvios são, na verdade, todos positivos – as vigas impressas exibem dimensões maiores do que aquelas desenvolvidas).

Tabela 16.3 Dados de desvio do alvo para o Exemplo 16.5

dim des				média	amplitude	des pad
200	12	17	6	11,7	11	5,51
250	6	9	17	10,7	11	5,69
300	5	9	15	9,7	10	5,03
350	19	6	11	12,0	13	6,56
400	9	14	9	10,7	5	2,89
450	9	15	8	10,7	7	3,79
500	8	11	12	10,3	4	2,08
550	4	14	11	9,7	10	5,13
600	11	14	7	10,7	7	3,51
650	13	9	9	10,3	4	2,31
700	10	14	8	10,7	6	3,06
750	8	9	4	7,0	5	2,65
800	14	7	9	10,0	7	3,61
850	7	9	12	9,3	5	2,52
900	14	5	8	9,0	9	4,58
950	10	12	10	10,7	2	1,15
1 000	7	11	15	11,0	8	4,00

A Tabela 16.3 produz $\sum r_i = 124$, do qual $\bar{r} = 7{,}29$. Como $n = 3$, LCI = 0. Com $b_3 = 1{,}693$ e $c_3 = 0{,}888$,

$$\text{LCS} = 7{,}29 + 3 \cdot (0{,}888)(7{,}29)/1{,}693 = 18{,}76$$

A Figura 16.4 mostra um gráfico R e um gráfico $\overline{X}$ do software Minitab (o artigo citado também inclui estes gráficos). Todos os pontos estão dentro dos limites de controle apropriados, indicando um processo sob controle tanto para localização quanto para variação.

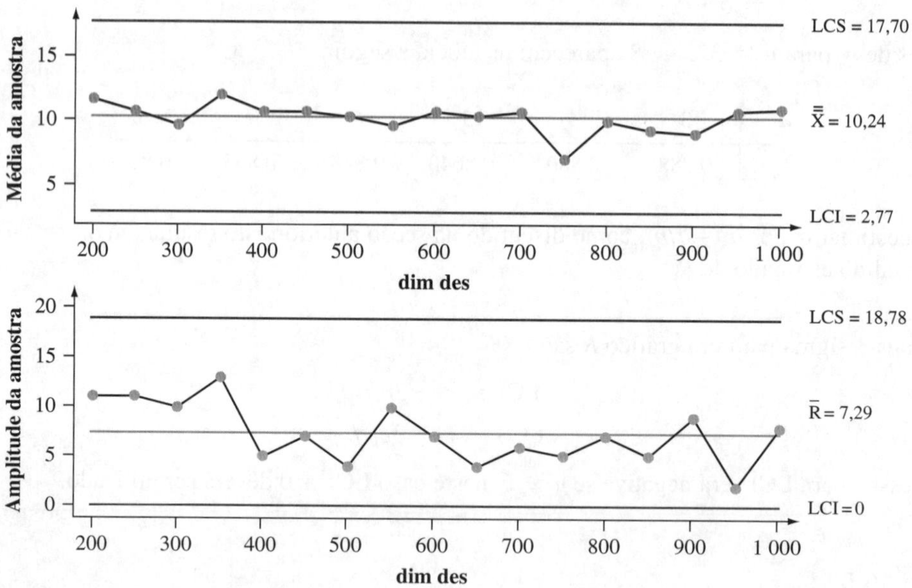

Figura 16.4 Gráficos de controle para os dados de desvio do alvo do Exemplo 16.5. ■

Gráficos baseados nos limites de probabilidade

Considere um gráfico $\overline{X}$ baseado no valor μ_0 sob controle (alvo) e σ conhecido. Quando a variável de interesse é normalmente distribuída e o processo está sob controle,

$$P(\overline{X}_i > \mu_0 + 3\sigma/\sqrt{n}) = 0{,}0013 = P(\overline{X}_i < \mu_0 - 3\sigma/\sqrt{n})$$

Ou seja, a probabilidade que um ponto sobre o gráfico tem de estar acima do LCS é de 0,0013, assim como é a probabilidade de aquele ponto estar abaixo de LCI (utilizando 3,09 no lugar de 3 resulta em 0,001 para cada probabilidade). Quando os limites de controle são baseados em estimativas de μ e σ, estas probabilidades serão aproximadamente corretas desde que n não seja tão pequeno e k seja, pelo menos, maior do que 20.

Em contrapartida, este *não* é o caso para um gráfico S com limites 3-sigma em que $P(S_i > \text{LCS}) = P(S_i < \text{LCI}) = 0{,}0013$, nem é verdadeiro para um gráfico R com limites 3-sigma em que $P(R_i > \text{LCS}) = P(R_i < \text{LCI}) = 0{,}0013$. Isto se dá pelo fato de nem S nem R ter uma distribuição normal mesmo quando a distribuição da população é normal. Em vez disso, ambos S e R têm distribuições assimétricas. O melhor que pode ser dito para os gráficos S e R 3-sigma é que em um processo sob controle é pouco provável produzir um ponto em qualquer instante particular que esteja fora dos limites de controle. Alguns autores têm defendido o uso de limites de controle para os quais a "probabilidade de excedência" para cada limite é aproximadamente 0,001. O livro *Statistical methods for quality improvement* (consulte a Bibliografia do capítulo) contém mais informações sobre este tópico.

EXERCÍCIOS Seção 16.3 (16–20)

16. Um fabricante de giz antialérgico instituiu um programa de controle de qualidade para monitorar a densidade do giz. Os desvios padrão amostrais da densidade para 24 subgrupos diferentes, cada um consistindo em $n = 8$ espécimes de giz, foram os seguintes:

0,204	0,315	0,096	0,184	0,230	0,212	0,322	0,287
0,145	0,211	0,053	0,145	0,272	0,351	0,159	0,214
0,388	0,187	0,150	0,229	0,276	0,118	0,091	0,056

Calcule os limites para um gráfico S, construa o gráfico e identifique os pontos fora de controle. Se há um ponto fora de controle, elimine-o e repita o processo.

17. Subgrupos de geradores são selecionados a cada hora de uma linha de montagem e a voltagem de saída de cada unidade é determinada.

a. Suponha que a soma dessas amplitudes amostrais resultantes para 30 subgrupos, cada um consistindo de quatro unidades, seja de 85,2. Calcule os limites de controle para um gráfico R.

b. Repita o item (a) se cada subgrupo consiste de oito unidades e a soma é 106,2.

18. Os dados a seguir sobre o desvio do alvo na orientação paralela são obtidos a partir da Tabela 1 do artigo citado no Exemplo 16.5. Por vezes, uma transformação dos dados é apropriada, em função da não normalidade ou da variação do subgrupo mudar sistematicamente com a média do subgrupo. Os autores do artigo citado sugerem uma transformação raiz quadrada para estes dados (a *família de transformações Box-Cox* é $y = x^\lambda$, então, aqui, $\lambda = 0{,}5$; o Minitab identificará o melhor valor de λ). Transforme os dados conforme sugerido, calcule os limites de controle para, gráficos $\bar{X}$, R e S e verifique a presença de quaisquer sinais fora de controle.

dim des		**observações**	
200	14	31	12
250	22	13	9
300	12	22	16
350	11	28	1
400	15	12	36
450	6	31	14
500	13	24	9
550	21	18	16
600	6	16	20
650	8	17	23
700	3	26	17
750	17	12	22
800	41	17	3
850	18	11	21
900	9	15	22
950	25	4	17
1 000	8	23	15

19. Calcule os limites de controle para um gráfico S a partir dos dados do índice refratário do Exercício 11. O processo parece estar sob controle com respeito à variabilidade? Por quê?

20. Quando S^2 é a variância amostral de uma amostra aleatória normalmente distribuída, $(n-1)S^2/\sigma^2$ tem uma distribuição qui-quadrada com $n - 1$ gl, então,

$$P\left(\chi^2_{0,999,n-1} < \frac{(n-1)S^2}{\sigma^2} < \chi^2_{0,001,n-1}\right) = 0{,}998$$

A partir do qual

$$P\left(\frac{\sigma^2\chi^2_{0,999,n-1}}{n-1} < S^2 < \frac{\sigma^2\chi^2_{0,001,n-1}}{n-1}\right) = 0{,}998$$

Isto sugere que um gráfico alternativo para o controle da variação do processo compreende na representação gráfica das variâncias amostrais e na utilização de limites de controle

$$\text{LCI} = \overline{s^2}\chi^2_{0,999,n-1}/(n-1)$$
$$\text{LCS} = \overline{s^2}\chi^2_{0,001,n-1}/(n-1)$$

Construa o gráfico correspondente para os dados do Exercício 11. [*Sugestão*: os valores críticos qui-quadrados das caudas inferior e superior para 5 gl são 0,210 e 20,515, respectivamente.]

16.4 Gráficos de controle para atributos

A expressão *dados de atributo* é utilizada na literatura de controle de qualidade para descrever duas situações:

1. Cada item produzido é defeituoso ou não defeituoso (conforme esteja ou não de acordo com as especificações).
2. Um único item pode ter um ou mais defeitos, e o número de defeitos é determinado.

No primeiro caso, um gráfico de controle está baseado na distribuição binomial; no segundo caso, a distribuição de Poisson é a base para o gráfico.

Gráfico *p* para a fração de defeituosos

Suponha que, quando um processo está sob controle, a probabilidade de que qualquer item particular tenha defeito é p (de maneira equivalente, p é a proporção a longo prazo dos itens com defeito para um processo sob controle) e que itens diferentes são independentes uns dos outros em relação às suas condições. Considere uma amostra de n itens obtidos em determinado momento e seja X o número de itens defeituosos e $\hat{p} = X/n$. Por X ter uma distribuição binomial, $E(X) = np$ e $V(X) = np(1 - p)$, logo,

$$E(\hat{p}) = p \qquad V(\hat{p}) = \frac{p(1-p)}{n}$$

Além disso, se $np \geq 10$ e $n(1 - p) \geq 10$, $\hat{p}$ tem uma distribuição aproximadamente normal.

No caso de p ser conhecido (ou um gráfico baseado no valor-alvo), os limites de controle são

$$\text{LCI} = p - 3\sqrt{\frac{p(1-p)}{n}} \qquad \text{LCS} = p + 3\sqrt{\frac{p(1-p)}{n}}$$

Se cada amostra consiste de n itens, o número de itens com defeito na i-ésima amostra é x_i e $\hat{p}_i = x_i/n$, então $\hat{p}_1, \hat{p}_2, \hat{p}_3, \ldots$ são representados no gráfico de controle.

Frequentemente, o valor de p deve ser estimado a partir dos dados. Suponha que k amostras, a partir das quais acredita-se que esteja um processo sob controle, estão disponíveis, e seja

$$\bar{p} = \frac{\sum_{i=1}^{k} \hat{p}_i}{k}$$

O $\bar{p}$ estimado é então usado no lugar de p nos limites de controle anteriormente mencionados.

> O gráfico p para a fração de itens defeituosos tem sua reta central na altura $\bar{p}$ e limites de controle
>
> $$\text{LCI} = \bar{p} - 3\sqrt{\frac{\bar{p}(1-\bar{p})}{n}}$$
>
> $$\text{LCS} = \bar{p} + 3\sqrt{\frac{\bar{p}(1-\bar{p})}{n}}$$
>
> Se LCI for negativo, ele será substituído por 0.

Exemplo 16.6

Uma amostra de 100 xícaras de um determinado conjunto de jantar foi selecionada em 25 dias sucessivos, e cada uma foi examinada em busca de defeitos. Os números resultantes de xícaras defeituosas e as proporções amostrais correspondentes são os seguintes:

Dia (i)	1	2	3	4	5	6	7	8	9	10	11	12	13
x_i	7	4	3	6	4	9	6	7	5	3	7	8	4
$\hat{p}_i$	0,07	0,04	0,03	0,06	0,04	0,09	0,06	0,07	0,05	0,03	0,07	0,08	0,04

Dia (i)	14	15	16	17	18	19	20	21	22	23	24	25
x_i	6	2	9	7	6	7	11	6	7	4	8	6
$\hat{p}_i$	0,06	0,02	0,09	0,07	0,06	0,07	0,11	0,06	0,07	0,04	0,08	0,06

Supondo que o processo estava sob controle durante este período, vamos estabelecer os limites de controle e construir um gráfico p. Desde que $\sum \hat{p}_i = 1{,}52$, $\bar{p} = 1{,}52/25 = 0{,}0608$ e

$$\text{LCI} = 0{,}0608 - 3\sqrt{(0{,}0608)(0{,}9392)/100} = 0{,}0608 - 0{,}0717 = -0{,}0109$$

$$\text{LCS} = 0{,}0608 + 3\sqrt{(0{,}0608)(0{,}9392)/100} = 0{,}0608 + 0{,}0717 = 0{,}1325$$

O LCI é, portanto, definido como 0. O gráfico de controle exibido na Figura 16.5 mostra que todos os pontos estão dentro dos limites de controle. Isto é consistente com um processo sob controle.

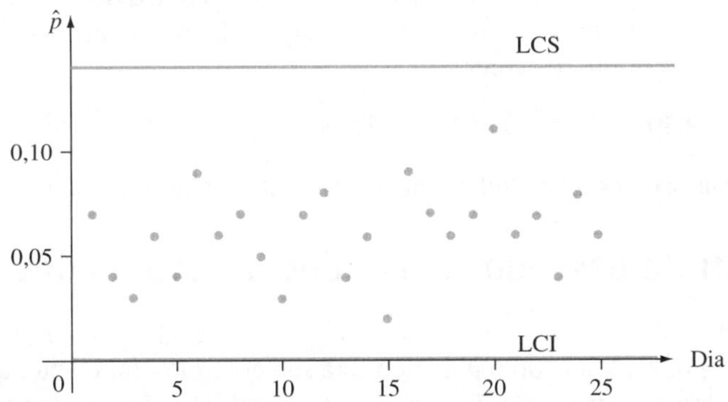

Figura 16.5 Gráfico de controle para os dados da fração de itens defeituosos do Exemplo 16.6 ■

O gráfico *c* para o número de defeitos

Consideraremos, agora, situações nas quais a observação em cada instante no tempo é o número de defeitos em uma unidade de algum tipo. A unidade pode consistir de um único item (por exemplo, um automóvel) ou um grupo de itens (por exemplo, rasgos em um conjunto de quatro pneus). No segundo caso, o tamanho do grupo é, por hipótese, o mesmo em cada instante do tempo.

O gráfico de controle para o número de defeitos está baseado na distribuição de probabilidades de Poisson. Lembre-se de que, se Y é uma variável aleatória de Poisson com parâmetro μ, então

$$E(Y) = \mu \qquad V(Y) = \mu \qquad \sigma_Y = \sqrt{\mu}$$

Além disso, Y tem uma distribuição aproximadamente normal quando μ é grande ($\mu \geq 10$ será suficiente para a maioria dos casos). Ademais, se $Y_1, Y_2, \ldots, Y_n$ forem variáveis de Poisson independentes com parâmetros $\mu_1, \mu_2, \ldots, \mu_n$, pode-se mostrar que $Y_1 + \cdots + Y_n$ possui uma distribuição de Poisson com parâmetro $\mu_1 + \cdots + \mu_n$. Em particular, se $\mu_1 = \cdots = \mu_n = \mu$ (a distribuição do número de defeitos por item é a mesma para cada item), então o parâmetro da Poisson é $n\mu$.

Seja μ o parâmetro da Poisson para o número de defeitos em uma unidade (é o número esperado de defeitos por unidade). No caso de μ conhecido (ou de um gráfico baseado em um valor-alvo),

$$\text{LCI} = \mu - 3\sqrt{\mu} \qquad \text{LCS} = \mu + 3\sqrt{\mu}$$

Com x_i indicando o número total de defeitos na i-ésima unidade ($i = 1, 2, 3, \ldots$), então pontos com alturas $x_1, x_2, x_3, \ldots$ são representados no gráfico. Frequentemente, o valor de μ deve ser estimado a partir dos dados. Como $E(X_i) = \mu$, é natural utilizar o $\mu = \bar{x}$ (baseado em $x_1, x_2, \ldots, x_k$).

O gráfico c para o número de defeitos em uma unidade tem reta central em $\bar{x}$ e

$$\text{LCI} = \bar{x} - 3\sqrt{\bar{x}}$$
$$\text{LCS} = \bar{x} + 3\sqrt{\bar{x}}$$

Se LCI for negativo, ele será substituído por 0.

Exemplo 16.7

Uma companhia produz painéis de metal que são conformados após terem sido inicialmente revestidos com uma mistura contendo cerâmica em pó. Algumas vezes aparecem defeitos na finalização destes painéis e a companhia deseja estabelecer um gráfico de controle para o número de defeitos. O número de defeitos em cada um dos 24 painéis amostrados em intervalos de tempo iguais são como segue:

7	10	9	12	13	6	13	7	5	11	8	10
13	9	21	10	6	8	3	12	7	11	14	10

com $\sum x_i = 235$ e $\hat{\mu} = \bar{x} = 235/24 = 9{,}79$. Os limites de controle são

$$\text{LCI} = 9{,}79 - 3\sqrt{9{,}79} = 0{,}40 \quad \text{LCS} = 9{,}79 + 3\sqrt{9{,}79} = 19{,}18$$

O gráfico de controle aparece na Figura 16.6. O ponto correspondente ao painel de número quinze está acima do LCS. Após investigação, descobriu-se que o revestimento utilizado sobre aquele painel possuía viscosidade excepcionalmente baixa (uma possível causa). Eliminar esta observação resulta em $\bar{x} = 214/23 = 9{,}30$ e novos limites de controle

$$\text{LCI} = 9{,}30 - 3\sqrt{9{,}30} = 0{,}15 \quad \text{LCS} = 9{,}30 + 3\sqrt{9{,}30} = 18{,}45$$

As 23 observações remanescentes ficam todas entre estes limites, indicando um processo sob controle. ■

Gráficos de controle baseados em dados transformados

Presume-se que o uso de limites de controle 3-sigma resulte em $P(\text{estatística} < \text{LCI}) \approx P(\text{estatística} > \text{LCS}) \approx 0{,}0013$ quando o processo está sob controle. Entretanto, quando p é pequeno, a aproximação normal para a distribuição de $\hat{p} = X/n$, em geral, não será muito precisa nas caudas extremas. A Tabela 16.4 fornece evidências deste comportamento para valores selecionados de p e n (o valor de p é utilizado para calcular os limites de controle). Em muitos casos, a probabilidade de que um único ponto caia fora dos limites de controle é muito diferente da probabilidade nominal de 0,0026.

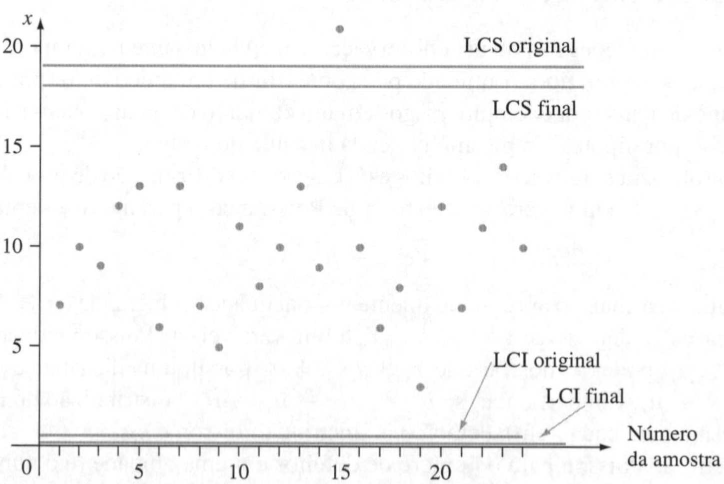

Figura 16.6 Gráfico de controle para os dados do número de defeitos do Exemplo 16.7.

Tabela 16.4 Probabilidades sob controle para um gráfico *p*

p	n	$P(\hat{p} < \text{LCI})$	$P(\hat{p} > \text{LCS})$	P(ponto fora de controle)
0,10	100	0,00003	0,00198	0,00201
0,10	200	0,00048	0,00299	0,00347
0,10	400	0,00044	0,00171	0,00215
0,05	200	0,00004	0,00266	0,00270
0,05	400	0,00020	0,00207	0,00227
0,05	600	0,00031	0,00189	0,00220
0,02	600	0,00007	0,00275	0,00282
0,02	800	0,00036	0,00374	0,00410
0,02	1000	0,00023	0,00243	0,00266

Esse problema pode ser remediado com a aplicação de uma transformação nos dados. Seja $h(X)$ uma função aplicada para transformar a variável binomial X. Então, $h(\cdot)$ deve ser escolhida tal que $h(X)$ tenha uma distribuição aproximadamente normal *e* que esta aproximação seja precisa nas caudas. Uma transformação recomendada é baseada na função arco-seno:

$$Y = h(X) = \text{arc sen}^{-1}(\sqrt{X/n})$$

Então, Y é aproximadamente normal com média $\text{arc sen}^{-1}(\sqrt{p})$ e variância $1/(4n)$; observe que a variância é independente de p. Seja $y_i = \text{arc sen}^{-1}(\sqrt{x_i/n})$. Então, os pontos no gráfico de controle ficam nas alturas $y_1, y_2, \ldots$ Para n conhecido, os limites de controle são

$$\text{LCI} = \text{arc sen}^{-1}(\sqrt{p}) - 3\sqrt{1/(4n)} \quad \text{LCS} = \text{arc sen}^{-1}(\sqrt{p}) + 3\sqrt{1/(4n)}$$

Quando p não é conhecido, $\text{arc sen}^{-1}(\sqrt{p})$ é substituído por $\bar{y}$.

Comentários semelhantes se aplicam à distribuição de Poisson quando μ é pequeno. A transformação sugerida é $Y = h(X) = 2\sqrt{X}$, que tem média $2\sqrt{\mu}$ e variância 1. Os limites de controle resultantes são $2\sqrt{\mu} \pm 3$ quando μ é conhecido e $\bar{y} \pm 3$, caso contrário. O livro *Statistical methods for quality improvement*, listado na Bibliografia do capítulo, discute estas questões com mais detalhes.

EXERCÍCIOS Seção 16.4 (21–28)

21. Durante 25 dias, 100 dispositivos eletrônicos de um determinado tipo foram selecionados aleatoriamente por dia e sujeitos a um severo teste de *stress* ao calor. O número total de itens que falharam no teste foi 578.

a. Determine os limites de controle para um gráfico *p* 3-sigma.

b. O número mais alto de itens falhos em determinado dia foi 39 e o menor número foi 13. Algum destes corresponde a um ponto fora de controle? Explique.

22. Uma amostra de 200 chips ROM de computador foi selecionada em cada um de 30 dias consecutivos e o número de chips fora de conformidade em cada dia foi como segue: 10, 18, 24, 17, 37, 19, 7, 25, 11, 24, 29, 15, 16, 21, 18, 17, 15, 22, 12, 20, 17, 18, 12, 24, 30, 16, 11, 20, 14, 28. Construa um gráfico *p* e examine-o para quaisquer pontos fora de controle.

23. Em algumas situações, os tamanhos de espécies amostradas variam e espera-se que espécies maiores tenham mais defeitos do que as menores. Por exemplo, tamanhos das amostras de tecidos inspecionados para detectar defeitos podem variar ao longo do tempo. Alternativamente, o número de itens inspecionados pode mudar com o tempo. Considere

$$u_i = \frac{\text{o número de defeitos observados no momento } i}{\text{tamanho da entidade inspecionada no momento } i} = \frac{x_i}{g_i}$$

em que "tamanho" pode referir-se à área, comprimento, volume ou simplesmente ao número de itens inspecionados. Então, um gráfico ***u*** apresenta os pontos $u_1, u_2, \ldots$, tem reta central $\bar{u}$ e os limites de controle para as i-ésimas observações são $\bar{u} \pm 3\sqrt{\bar{u}/g_i}$.

Painéis pintados foram examinados sequencialmente no tempo e, para cada um, o número de manchas em uma região de amostragem especificada foi determinado. A área de superfície (pés²) da região examinada variou de painel para painel. Os resultados são fornecidos a seguir. Construa um gráfico *u*.

Painel	Área examinada	Número de manchas
1	0,8	3
2	0,6	2
3	0,8	3
4	0,8	2
5	1,0	5
6	1,0	5
7	0,8	10
8	1,0	12
9	0,6	4
10	0,6	2
11	0,6	1
12	0,8	3
13	0,8	5
14	1,0	4
15	1,0	6
16	1,0	12
17	0,8	3
18	0,6	3
19	0,6	5
20	0,6	1

24. Consulte os dados do Exercício 22 e construa um gráfico de controle utilizando a transformação arco-sen^{-1}, como sugerido no texto.

25. As observações a seguir são números de defeitos em 25 espécimes de 1 jarda quadrada de cortes de tecido de determinado tipo: 3, 7, 5, 3, 4, 2, 8, 4, 3, 3, 6, 7, 2, 3, 2, 4, 7, 3, 2, 4, 4, 1, 5, 4, 6. Construa um gráfico c para o número de defeitos.

26. Para quais valores de $\bar{x}$ o LCI em um gráfico c é negativo?

27. Quando $n = 150$, qual é o menor valor de $\bar{p}$ para o qual o LCI em um gráfico p é positivo?

28. Construa um gráfico de controle para os dados do Exercício 25 usando a transformação sugerida no texto.

16.5 Procedimentos CUSUM

Um defeito do gráfico $\overline{X}$ tradicional é sua falta de habilidade para detectar uma mudança relativamente pequena em uma média de processo. Isto é com certeza uma consequência do fato de que, para um processo ser julgado como fora de controle em um momento específico, depende somente da amostra naquele instante, e não da história passada do processo. Os gráficos de controle e procedimentos de **soma acumulada** (CUSUM) foram projetados para corrigir este defeito.

Há duas versões equivalentes de um procedimento CUSUM para uma média de processo, uma gráfica e a outra computacional. A versão computacional é utilizada quase que exclusivamente na prática, mas a lógica por trás do procedimento é mais fácil de compreender considerando primeiro a forma gráfica.

A máscara V

Seja μ_0 um valor-alvo ou meta para a média de processo e sejam definidas as *somas acumuladas* por

$$S_1 = \bar{x}_1 - \mu_0$$

$$S_2 = (\bar{x}_1 - \mu_0) + (\bar{x}_2 - \mu_0) = \sum_{i=1}^{2}(\bar{x}_i - \mu_0)$$

$$\vdots$$

$$S_l = (\bar{x}_1 - \mu_0) + \cdots + (\bar{x}_l - \mu_0) = \sum_{i=1}^{l}(\bar{x}_i - \mu_0)$$

(na ausência de um valor-alvo, $\bar{\bar{x}}$ é utilizado no lugar de μ_0). Essas somas acumuladas são marcadas ao longo do tempo. Ou seja, no momento l, marcamos um ponto na altura S_l. No ponto do instante atual r, os pontos marcados são $(1, S_1)$, $(2, S_2)$, $(3, S_3)$, . . . , (r, S_r).

Agora, uma "máscara" em forma de V é sobreposta ao gráfico, como mostrado na Figura 16.7. O ponto 0, que está a uma distância d atrás do ponto no qual os dois braços da máscara se cruzam, é posicionado no ponto CUSUM atual (r, S_r). No instante r, o processo é julgado como fora de controle se qualquer um dos pontos marcados ficar fora da máscara V, tanto acima do braço superior quanto abaixo do braço inferior. Quando o processo está sob controle, os $\bar{x}_i$ variarão em torno do valor-alvo μ_0, portanto, S_i sucessivos deverão variar em torno de 0. Suponha, entretanto, que, em um tempo determinado, a média do processo se desloca para um valor maior do que o alvo. Daquele ponto em diante, as diferenças $\bar{x}_i - \mu_0$ tenderão a ser positivas, tal que S_l sucessivos crescerão e os pontos marcados migrarão para cima. Se um deslocamento ocorreu antes do ponto r no instante atual, há uma boa chance de que (r, S_r) seja substancialmente maior do que alguns outros pontos no gráfico de controle, caso em que esses outros pontos estarão abaixo do braço inferior da máscara. Da mesma maneira, um deslocamento para um valor menor do que o alvo resultará subsequentemente em pontos acima do braço superior da máscara.

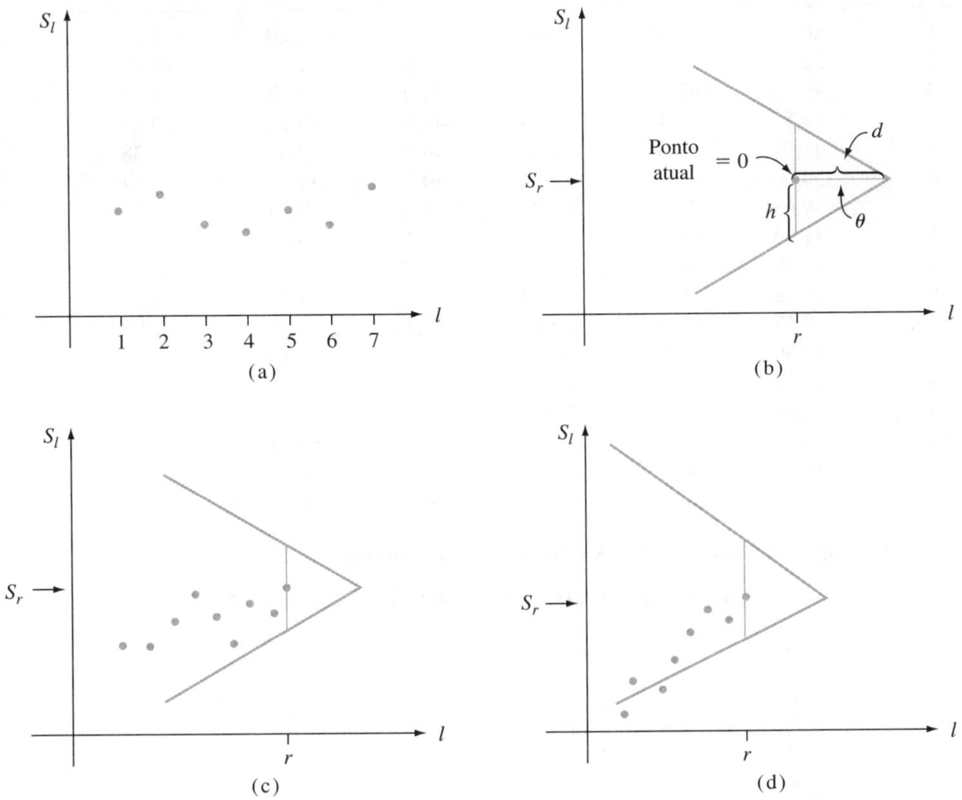

Figura 16.7 Gráficos CUSUM: (a) pontos sucessivos (l, S_l) em um gráfico CUSUM; (b) uma máscara V com $0 = (r, S_r)$; (c) um processo sob controle; (d) um processo fora de controle.

Qualquer máscara V particular é determinada pela especificação da "distância" d e o "semiângulo" θ, ou, de maneira equivalente, especificando d e a altura h do segmento reto vertical de 0 até o braço inferior (ou superior) da máscara. Um método para decidir qual máscara utilizar envolve especificar o tamanho de um deslocamento na média do processo, que é de interesse particular do pesquisador. Então, os parâmetros da máscara são escolhidos para resultar nos valores desejados de α e β, a probabilidade de alarme falso e a probabilidade de não detectar o deslocamento especificado, respectivamente. Um método alternativo compreende selecionar a máscara que produza valores especificados do CMC (comprimento médio da corrida) para um processo sob controle e também para um processo no qual a média tenha se deslocado em uma quantidade especificada. Depois do desenvolvimento computacional do procedimento CUSUM, ilustraremos o segundo método de construção.

Exemplo 16.8

Uma empresa de produtos de madeira produz carvão vegetal para churrasqueiras. Ela embala esses carvões em sacos de diversos tamanhos e supõe-se que o maior dentre eles contenha 40 lbs. A Tabela 16.5 mostra os pesos dos sacos de 16 amostras diferentes, cada qual de tamanho $n = 4$. As 10 primeiras foram extraídas de uma distribuição normal com $\mu = \mu_0 = 40$ e $\sigma = 0{,}5$. Começando pela décima primeira amostra, a média deslocou-se para cima para $\mu = 40{,}3$.

Tabela 16.5 Observações, $\bar{x}$ e somas acumuladas para o Exemplo 16.8

Número da amostra	Observações				$\bar{x}$	$\sum(\bar{x}_i - 40)$
1	40,77	39,95	40,86	39,21	40,20	0,20
2	38,94	39,70	40,37	39,88	39,72	−0,08
3	40,43	40,27	40,91	40,05	40,42	0,34
4	39,55	40,10	39,39	40,89	39,98	0,32
5	41,01	39,07	39,85	40,32	40,06	0,38
6	39,06	39,90	39,84	40,22	39,76	0,14
7	39,63	39,42	40,04	39,50	39,65	−0,21
8	41,05	40,74	40,43	39,40	40,41	0,20
9	40,28	40,89	39,61	40,48	40,32	0,52
10	39,28	40,49	38,88	40,72	39,84	0,36
11	40,57	40,04	40,85	40,51	40,49	0,85
12	39,90	40,67	40,51	40,53	40,40	1,25
13	40,70	40,54	40,73	40,45	40,61	1,86
14	39,58	40,90	39,62	39,83	39,98	1,84
15	40,16	40,69	40,37	39,69	40,23	2,07
16	40,46	40,21	40,09	40,58	40,34	2,41

A Figura 16.8 apresenta um gráfico $\overline{X}$ com limites de controle

$$\mu_0 \pm 3\sigma_{\overline{X}} = 40 \pm 3 \cdot (0{,}5/\sqrt{4}) = 40 \pm 0{,}75$$

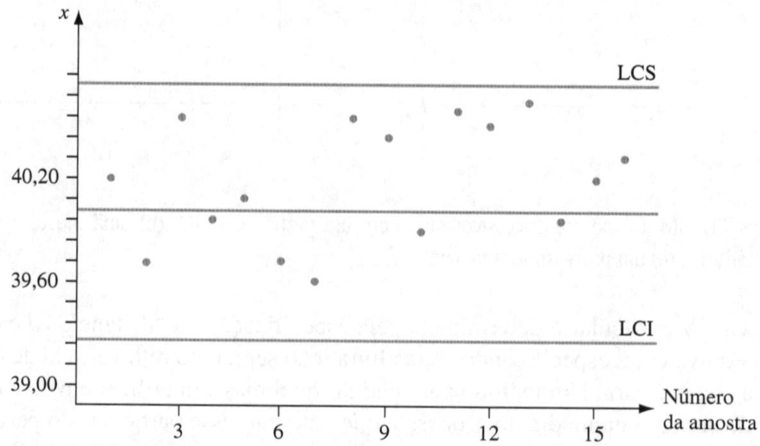

Figura 16.8 Gráfico de controle $\overline{X}$ para os dados do Exemplo 16.8.

Nenhum ponto do gráfico fica fora dos limites de controle. Este gráfico sugere um processo estável para o qual a média permaneceu no alvo.

A Figura 16.9 mostra gráficos CUSUM com uma máscara V particular sobreposta. O gráfico na Figura 16.9(a) é para o instante atual $r = 12$. Todos os pontos neste gráfico ficam dentro dos braços da máscara. Entretanto, a marcação para $r = 13$ mostrada na Figura 16.9(b) fornece um sinal fora de controle. O ponto que cai abaixo do braço inferior da máscara sugere um aumento no valor da média do processo. A máscara em $r = 16$ é ainda mais enfática em sua mensagem de fora de controle. Isto está em contraste marcante com o gráfico $\overline{X}$.

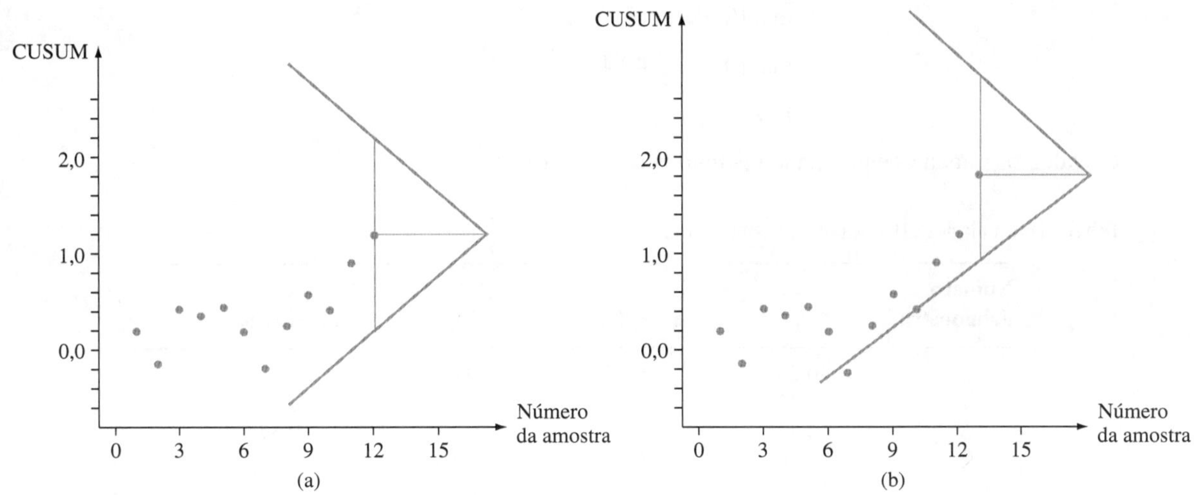

Figura 16.9 Gráficos CUSUM e máscaras V para os dados do Exemplo 16.8: (a) máscara V no tempo $r = 12$, processo sob controle; (b) máscara V no tempo $r = 13$, sinal fora de controle. ■

Uma versão computacional

A seguinte forma computacional do procedimento CUSUM é equivalente à descrição gráfica anterior.

Sendo $d_0 = e_0 = 0$, calculamos $d_1, d_2, d_3, \ldots$ e $e_1, e_2, e_3, \ldots$ de forma recursiva, usando as relações

$$\begin{aligned} d_l &= \text{máx}[0, d_{l-1} + (\bar{x}_l - (\mu_0 + k))] \\ e_l &= \text{máx}[0, e_{l-1} - (\bar{x}_l - (\mu_0 - k))] \end{aligned} \qquad (l = 1, 2, 3, \ldots)$$

Nesse caso, o símbolo k indica a inclinação do braço inferior da máscara V e seu valor é frequentemente tomado como $\Delta/2$ (em que Δ é o tamanho de um deslocamento em μ no qual a atenção é concentrada).

Se no instante atual r tanto $d_r > h$ ou $e_r > h$, o processo é julgado como fora de controle. A primeira desigualdade sugere que a média do processo deslocou-se para um valor maior do que o alvo, ao passo que $e_r > h$ indica um deslocamento para um valor menor.

Exemplo 16.9

Reconsidere os dados do carvão vegetal mostrados na Tabela 16.4 do Exemplo 16.8. O valor-alvo é $\mu_0 = 40$ e o tamanho de um deslocamento a ser rapidamente detectado é $\Delta = 0{,}3$. Assim,

$$k = \frac{\Delta}{2} = 0{,}15 \qquad \mu_0 + k = 40{,}15 \qquad \mu_0 - k = 39{,}85$$

de modo que

$$\begin{aligned} d_l &= \text{máx}[0, d_{l-1} + (\bar{x}_l - 40{,}15)] \\ e_l &= \text{máx}[0, e_{l-1} - (\bar{x}_l - 39{,}85)] \end{aligned}$$

Os cálculos dos primeiros d_l ocorrem da seguinte forma:

$$\begin{aligned} d_0 &= 0 \\ d_1 &= \text{máx}[0, d_0 + (\bar{x}_1 - 40{,}15)] \\ &= \text{máx}[0, 0 + (40{,}20 - 40{,}15)] \\ &= 0{,}05 \\ d_2 &= \text{máx}[0, d_1 + (\bar{x}_2 - 40{,}15)] \\ &= \text{máx}[0, 0{,}05 + (39{,}72 - 40{,}15)] \\ &= 0 \end{aligned}$$

$$\begin{aligned} d_3 &= \text{máx}[0, d_2 + (\bar{x}_3 - 40{,}15)] \\ &= \text{máx}[0, 0 + (40{,}42 - 40{,}15)] \\ &= 0{,}27 \end{aligned}$$

Os cálculos remanescentes estão resumidos na Tabela 16.6.

Tabela 16.6 Cálculos CUSUM para o Exemplo 16.9

Número da amostra	$\bar{x}_l$	$\bar{x}_l - 40.15$	d_l	$\bar{x}_l - 39.85$	e_l
1	40,20	0,05	0,05	0,35	0
2	39,72	−0,43	0	−0,13	0,13
3	40,42	0,27	0,27	0,57	0
4	39,98	−0,17	0,10	0,13	0
5	40,06	−0,09	0,01	0,21	0
6	39,76	−0,39	0	−0,09	0,09
7	39,65	−0,50	0	−0,20	0,29
8	40,41	0,26	0,26	0,56	0
9	40,32	0,17	0,43	0,47	0
10	39,84	−0,31	0,12	−0,01	0,01
11	40,49	0,34	0,46	0,64	0
12	40,40	0,25	0,71	0,55	0
13	40,61	0,46	1,17	0,76	0
14	39,98	−0,17	1,00	0,13	0
15	40,23	0,08	1,08	0,38	0
16	40,34	0,19	1,27	0,49	0

O valor $h = 0{,}95$ resulta em um procedimento CUSUM com propriedades desejáveis – alarmes falsos (sinais fora de controle incorretos) raramente ocorrem, contudo, um deslocamento de $\Delta = 0{,}3$ será usualmente detectado de forma bastante rápida. Com este valor de h, o primeiro sinal fora de controle inicia-se depois da décima terceira amostra disponível. Como $d_{13} = 1{,}17 > 0{,}95$, parece que a média deslocou-se para um valor maior do que o alvo. Esta é a mesma mensagem que aquela fornecida pela máscara V na Figura 16.9(b). ■

Para demonstrar equivalência, novamente, representa-se por r o ponto do instante atual, de modo que $\bar{x}_1, \bar{x}_2, \ldots, \bar{x}_r$ estejam disponíveis. A Figura 16.10 mostra uma máscara V com o ponto denominado 0 em (r, S_r). A inclinação do braço inferior, que indicamos por k, é h/d. Assim, os pontos no braço inferior acima de $r, r - 1, r - 2, \ldots$ estão nas alturas $S_r - h, S_r - h - k, S_r - h - 2k$, e assim por diante.

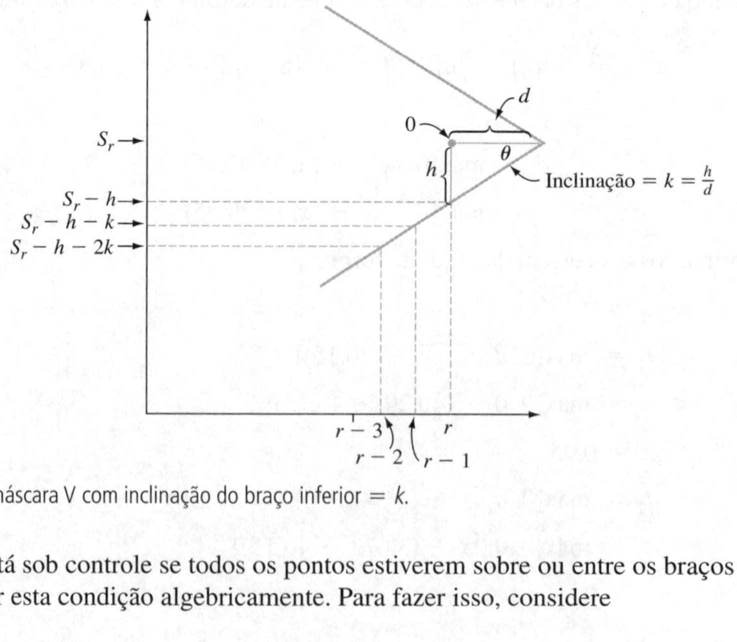

Figura 16.10 Uma máscara V com inclinação do braço inferior = k.

O processo está sob controle se todos os pontos estiverem sobre ou entre os braços da máscara. Desejamos descrever esta condição algebricamente. Para fazer isso, considere

$$T_l = \sum_{i=1}^{l} [\bar{x}_i - (\mu_0 + k)] \qquad l = 1, 2, 3, \ldots, r$$

As condições sob as quais todos os pontos estão sobre ou acima do braço inferior são

$$\begin{array}{ll} S_r - h \leq S_r & \text{(trivialmente satisfeito) i.e., } S_r \leq S_r + h \\ S_r - h - k \leq S_{r-1} & \text{i.e., } S_r \leq S_{r-1} + h + k \\ S_r - h - 2k \leq S_{r-2} & \text{i.e., } S_r \leq S_{r-2} + h + 2k \\ \vdots & \vdots \end{array}$$

Agora, subtraia rk de ambos os lados de cada desigualdade para obter

$$\begin{array}{ll} S_r - rk \leq S_r - rk + h & \text{i.e., } T_r \leq T_r + h \\ S_r - rk \leq S_{r-1} - (r-1)k + h & \text{i.e., } T_r \leq T_{r-1} + h \\ S_r - rk \leq S_{r-2} - (r-2)k + h & \text{i.e., } T_r \leq T_{r-2} + h \\ \vdots & \vdots \end{array}$$

Assim, todos os pontos marcados ficam sobre ou acima do braço inferior se, e somente se, $T_r - T_r \leq h$, $T_r - T_{r-1} \leq h$, $T_r - T_{r-2} \leq h$, e assim por diante. Isto é equivalente a

$$T_r - \text{mín}(T_1, T_2, \ldots, T_r) \leq h$$

De maneira semelhante, se considerarmos a hipótese

$$V_r = \sum_{i=1}^{r} [\bar{x}_i - (\mu_0 - k)] = S_r + rk$$

pode ser mostrado que todos os pontos ficam sobre ou abaixo do braço superior se, e somente se,

$$\text{máx}(V_1, \ldots, V_r) - V_r \leq h$$

Se, agora, considerarmos

$$d_r = T_r - \text{mín}(T_1, \ldots, T_r)$$
$$e_r = \text{máx}(V_1, \ldots, V_r) - V_r$$

vemos facilmente que $d_1, d_2, \ldots$ e $e_1, e_2, \ldots$ podem ser calculados recursivamente como já ilustrado. Por exemplo, a expressão para d_r segue da consideração de dois casos:

1. $\text{mín}(T_1, \ldots, T_r) = T_r$, de que $d_r = 0$
2. $\text{mín}(T_1, \ldots, T_r) = \text{mín}(T_1, \ldots, T_{r-1})$, de modo que

$$\begin{aligned} d_r &= T_r - \text{mín}(T_1, \ldots, T_{r-1}) \\ &= \bar{x}_r - (\mu_0 + k) + T_{r-1} - \text{mín}(T_1, \ldots, T_{r-1}) \\ &= \bar{x}_r - (\mu_0 + k) + d_{r-1} \end{aligned}$$

Como d_r não pode ser negativo, é a maior destas duas quantidades.

Planejando um procedimento CUSUM

Seja Δ o tamanho de um deslocamento em μ que seja rapidamente detectado utilizando um procedimento CUSUM[3]. É prática comum adotar $k = \Delta/2$. Suponha agora que um profissional de controle de qualidade especifique valores desejados de dois comprimentos médios de corridas:

[3] Isto contrasta com a notação anterior, em que Δ representou o número de desvios padrão pelo qual μ foi modificado.

1. CMC quando o processo está sob controle ($\mu = \mu_0$)
2. CMC quando o processo está fora de controle porque a média foi deslocada de Δ ($\mu = \mu_0 + \Delta$ ou $\mu = \mu_0 - \Delta$)

Um gráfico desenvolvido por Kenneth Kemp ("The use of cumulative sums for sampling inspection schemes", *Applied Statistics*, 1962: 23), chamado *nomograma*, pode, então, ser utilizado para determinar valores de h e n que alcancem os CMC especificados. O método para sua utilização é descrito no box correspondente. O valor de σ deve ser conhecido ou uma estimativa é utilizada em seu lugar.

Utilizando o nomograma de Kemp

1. Localize os CMC desejados nas escalas sob controle e fora de controle. Conecte estes dois pontos com uma reta.
2. Observe onde a reta cruza a escala k' e resolva para n utilizando a equação

$$k' = \frac{\Delta/2}{\sigma/\sqrt{n}}$$

Então, arredonde n para cima para o inteiro mais próximo.

3. Conecte o ponto sobre a escala k' com o ponto sobre a escala CMC sob controle utilizando uma segunda reta e observe onde esta reta cruza a escala h'. Então, $h = (\sigma/\sqrt{n}) \cdot h'$.

O valor $h = 0{,}95$ foi usado no Exemplo 16.9. Naquela situação, segue-se que o CMC sob controle é 500 e o CMC fora de controle (para $\Delta = 0{,}3$) é 7.

Exemplo 16.10

O valor-alvo para o diâmetro do núcleo interior de uma bomba hidráulica é 2,250 pol. Se o desvio padrão do diâmetro do núcleo é $\sigma = 0{,}004$, qual procedimento CUSUM produzirá um CMC sob controle de 500 e um CMC de 5 quando o diâmetro do núcleo médio se desloca em uma quantidade igual a 0,003 pol?

Conectando o ponto 500 sobre uma escala CMC sob controle ao ponto 5 sobre uma escala CMC fora de controle e estendendo a reta para a escala k' sobre a esquerda na Figura 16.11 resulta $k' = 0{,}74$. Desse modo,

$$k' = 0{,}74 = \frac{\Delta/2}{\sigma/\sqrt{n}} = \frac{0{,}0015}{0{,}004/\sqrt{n}} = 0{,}375\sqrt{n}$$

então

$$\sqrt{n} = \frac{0{,}74}{0{,}375} = 1{,}973 \quad n = (1{,}973)^2 = 3{,}894$$

O procedimento CUSUM deve, portanto, ser baseado no tamanho amostral $n = 4$. Agora, conectar 0,74 na escala k' a 500 na escala CMC sob controle resulta em $h' = 3{,}2$, de que

$$h = (\sigma/\sqrt{n}) \cdot (3{,}2) = (0{,}004/\sqrt{4})(3{,}2) = 0{,}0064$$

Um sinal fora de controle resulta tanto em $d_r > 0{,}0064$ ou $e_r > 0{,}0064$. ■

Discutimos os procedimentos CUSUM para determinar o controle do processo. Há também procedimentos CUSUM para controlar a variação de um processo e para dados de atributo. As referências do capítulo devem ser consultadas para obter-se informações sobre estes procedimentos.

EXERCÍCIOS Seção 16.5 (29–32)

29. Recepientes para um certo tratamento de tanques sépticos devem conter 16 oz de líquido. Uma amostra de cinco recepientes é selecionada a partir de uma linha de produção uma vez a cada hora e o conteúdo da média amostral é determinado. Considere os seguintes resultados: 15,992, 16,051, 16,066, 15,912, 16,030, 16,060, 15,982, 15,899, 16,038, 16,074, 16,029, 15,935, 16,032, 15,960, 16,055. Utilizando $\Delta = 0{,}10$ e $h = 0{,}20$, empregue a forma computacional do procedimento CUSUM para investigar o comportamento deste processo.

30. O valor-alvo para o diâmetro de determinado tipo de eixo do motor é 0,75 pol. O tamanho do deslocamento no diâmetro médio considerado importante de se detectar é 0,002 pol. Diâmetros médios amostrais para grupos sucessivos de $n = 4$ eixos são os seguintes: 0,7507, 0,7504, 0,7492, 0,7501, 0,7503, 0,7510, 0,7490, 0,7497, 0,7488, 0,7504, 0,7516, 0,7472, 0,7489, 0,7483, 0,7471, 0,7498, 0,7460, 0,7482, 0,7470, 0,7493, 0,7462, 0,7481. Utilize a forma computacional do procedimento CUSUM com $h = 0{,}003$ para verificar se a média do processo permanece sobre o alvo durante o tempo de observação.

31. O desvio padrão de determinada dimensão em uma peça de uma aeronave é 0,005 cm. Qual procedimento CUSUM fornece um CMC sob controle de 600 e um CMC fora de controle de 4 quando o valor médio da dimensão varia em 0,004 cm?

32. Quando o CMC fora de controle corresponde a um deslocamento de 1 desvio padrão na média do processo, quais são as características do procedimento CUSUM que têm CMC de 250 e 4,8 para as condições sob controle e fora de controle, respectivamente?

16.6 Amostragem de aceitação

Itens procedentes de um processo de produção são frequentemente enviados em grupos a outra empresa ou estabelecimento comercial. Um grupo poderá consistir de todas as unidades de uma produção, em um contêiner de navio, enviado em resposta a um pedido particular e assim por diante. O grupo de itens é usualmente chamado de *lote*, o remetente é denominado *produtor* e o destinatário do lote é o *consumidor*. Nosso objetivo será observar situações nas quais cada item é defeituoso ou não defeituoso, com p indicando a proporção das unidades com defeito em um lote. O consumidor deverá naturalmente querer aceitar o lote somente se o valor de p for aceitavelmente pequeno. A amostragem de aceitação é a parte da estatística aplicada que lida com métodos para decidir se o consumidor deve aceitar ou rejeitar um lote.

Até pouco tempo, os procedimentos de gráfico de controle e técnicas de amostragem de aceitação eram considerados pelos praticantes partes igualmente importantes da metodologia de controle de qualidade. Este não é mais o caso. A razão é que o uso de gráficos de controle e outras estratégias desenvolvidas recentemente oferecem a oportunidade de projetar a qualidade em um produto, enquanto a amostragem de aceitação está relacionada com o que já foi produzido e assim não fornece qualquer controle direto sobre a qualidade do processo. Isto remete ao especialista norte-americano em controle de qualidade, W. E. Deming, a principal força em persuadir os japoneses a fazerem uso substancial da metodologia de controle de qualidade, a questionar fortemente contra o uso da amostragem de aceitação em várias situações. Seguindo uma mesma linha de raciocínio, o livro recente escrito por Ryan (veja a Bibliografia do capítulo) dedica vários capítulos aos gráficos de controle e menciona a amostragem de aceitação somente de passagem. Como um reflexo desta ênfase, contentaremo-nos aqui com uma breve apresentação dos conceitos básicos.

Planos de amostragem única

O tipo mais direto de plano de amostragem de aceitação compreende a seleção de uma única amostra aleatória de tamanho n e a rejeição do lote se o número de defeitos na amostra exceder um valor crítico especificado c. Seja a v.a. X o número de itens com defeito em um lote e A, o evento em que o lote é aceito. Então, $P(A) = P(X \leq c)$ é uma função de p; quanto maior o valor de p, menor será a probabilidade de aceitação do lote.

Se o tamanho da amostra n é grande relativamente a N, $P(A)$ é calculado utilizando a distribuição hipergeométrica (o número de defeitos no lote é Np):

$$P(X \leq c) = \sum_{x=0}^{c} h(x; n, Np, N) = \sum_{x=0}^{c} \frac{\binom{Np}{x} \cdot \binom{N(1-p)}{n-x}}{\binom{N}{n}}$$

Quando n é pequeno em relação a N (a regra prática sugerida previamente foi $n \leqslant 0{,}05N$, mas alguns autores empregam a regra menos conservadora $n \leqslant 0{,}10N$), a distribuição binomial pode ser utilizada:

$$P(X \leq c) = \sum_{x=0}^{c} b(x; n, p) = \sum_{x=0}^{c} \binom{n}{x} p^x (1-p)^{n-x}$$

Finalmente, se $P(A)$ é grande somente quando p é pequeno (isto depende do valor de c), a aproximação de Poisson para a distribuição binomial é justificada:

$$P(X \leq c) \approx \sum_{x=0}^{c} p(x; np) = \sum_{x=0}^{c} \frac{e^{-np}(np)^x}{x!}$$

O comportamento de um plano de amostragem pode ser bem resumido por meio de representação gráfica de $P(A)$ como uma função de p. Tal gráfico é chamado **curva característica de operação (CCO)** para o plano.

Exemplo 16.11

Considere o plano de amostragem com $c = 2$ e $n = 50$. Se o tamanho do lote N exceder 1 000, a distribuição binomial pode ser usada. Isso fornece

$$P(A) = P(X \leq 2) = (1 - p)^{50} + 50p(1 - p)^{49} + 1255p^2(1 - p)^{48}$$

A tabela a seguir mostra $P(A)$ para os valores selecionados de p e a curva característica de operação (CCO) correspondente é mostrada na Figura 16.11.

p	0,01	0,02	0,03	0,04	0,05	0,06	0,07	0,08	0,09	0,10	0,12	0,15
$P(A)$	0,986	0,922	0,811	0,677	0,541	0,416	0,311	0,226	0,161	0,112	0,051	0,014

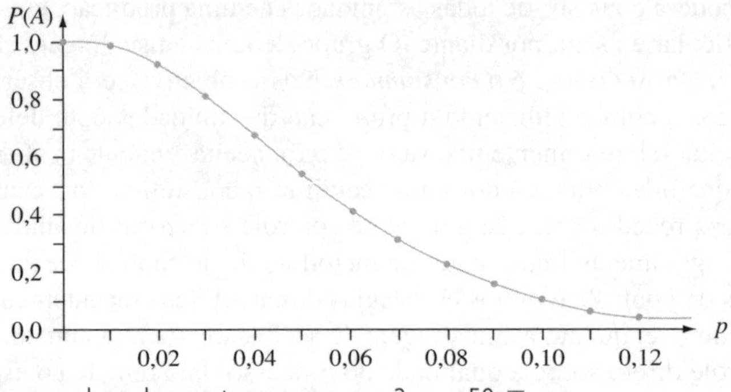

Figura 16.11 Curva CCO para o plano de amostragem com $c = 2$, $n = 50$ ■

A curva CCO para o plano do Exemplo 16.11 tem $P(A)$ próxima a 1 para p muito próximo a 0. Entretanto, em muitas aplicações, uma taxa de defeito de 8% [para a qual $P(A) = 0,226$] ou ainda 5% [$P(A) = 0,541$] deveria ser considerada excessiva, caso em que as probabilidades de aceitação são muito altas. Aumentando-se o valor crítico c enquanto se mantém n fixo resulta em um plano para o qual $P(A)$ aumenta em cada p (exceto 0 e 1), portanto, a nova curva CCO localiza-se acima da anterior. Isto é desejável para p próximo de 0, mas não para valores maiores de p. Manter c constante enquanto aumenta-se n fornece uma curva CCO mais baixa, o que é bom para p grande, mas não para p próximo a 0. Queremos uma curva CCO que seja mais alta para p muito pequeno e mais baixo para p grande. Isto pode ser alcançado aumentando-se n e ajustando c.

Planejando um plano de amostra única

Um plano de amostragem efetivo tem as seguintes características:

1. Tem uma probabilidade especificada alta de aceitar lotes que o produtor considera de boa qualidade.
2. Tem uma probabilidade especificada baixa de aceitar lotes que o consumidor considera de baixa qualidade.

Um plano deste tipo pode ser desenvolvido procedendo-se como a seguir. Vamos designar dois valores diferentes de p, um para o qual $P(A)$ é um valor especificado próximo a 1, e o outro para o qual $P(A)$ é um valor especificado próximo a 0. Esses dois valores de p, digamos p_1 e p_2, são frequentemente chamados **nível de qualidade aceitável** (NQA) e **porcentagem de tolerância a defeitos do lote** (PTDL). Ou seja, exigimos um plano para o qual

1. $P(A) = 1 - \alpha$ quando $p = p_1 =$ NQA (α pequeno)
2. $P(A) = \beta$ quando $p = p_2 =$ PTDL (β pequeno)

Isto é análogo a determinar um procedimento de teste de hipótese com a probabilidade de erro tipo I especificada α e a probabilidade de erro tipo II especificada β. Por exemplo, devemos ter

$$\text{NQA} = 0{,}01 \quad \alpha = 0{,}05 \ (P(A) = 0{,}95)$$

$$\text{PTDL} = 0{,}045 \ \beta = 0{,}10 \ (P(A) = 0{,}10)$$

Como X é discreto, devemos usualmente estar satisfeitos com valores de n e c que atendam aproximadamente a estas condições.

A Tabela 16.7 fornece informações a partir das quais n e c podem ser determinados no caso $\alpha = 0{,}05$, $\beta = 0{,}10$.

Tabela 16.7 Fatores para determinar n e c para um plano de amostragem única com $\alpha = 0{,}05$, $\beta = 0{,}10$

c	np_1	np_2	p_2/p_1	c	np_1	np_2	p_2/p_1
0	0,051	2,30	45,10	8	4,695	12,99	2,77
1	0,355	3,89	10,96	9	5,425	14,21	2,62
2	0,818	5,32	6,50	10	6,169	15,41	2,50
3	1,366	6,68	4,89	11	6,924	16,60	2,40
4	1,970	7,99	4,06	12	7,690	17,78	2,31
5	2,613	9,28	3,55	13	8,464	18,86	2,24
6	3,285	10,53	3,21	14	9,246	20,13	2,18
7	3,981	11,77	2,96	15	10,040	21,29	2,12

Exemplo 16.12

Vamos determinar um plano para o qual NQA $= p_1 = 0{,}01$ e PTDL $= p_2 = 0{,}045$. A razão entre p_2 e p_1 é

$$\frac{\text{PTDL}}{\text{NQA}} = \frac{p_2}{p_1} = \frac{0{,}045}{0{,}01} = 4{,}50$$

Este valor fica entre a razão 4,89 dada na Tabela 16.6, para a qual $c = 3$, e 4,06, para a qual $c = 4$. Uma vez que um desses valores de c é escolhido, n pode ser determinado dividindo-se o valor np_1 na Tabela 16.7 por p_1 ou por meio de np_2/p_2. Assim, quatro planos diferentes (dois valores de c e para cada dois valores de n) resultam em aproximadamente o valor especificado de α e β. Considere, por exemplo, o uso de $c = 3$ e

$$n = \frac{np_1}{p_1} = \frac{1{,}366}{0{,}01} = 136{,}6 \approx 137$$

Então,

$$\alpha = 1 - P(X \leq 3 \text{ quando } p = p_1) = 0{,}050$$

(a aproximação de Poisson com $\mu = 1{,}37$ também resulta em 0,050) e

$$\beta = P(X \leq 3 \text{ quando } p = p_2) = 0{,}131$$

O plano com $c = 4$ e n determinado a partir de $np_2 = 7{,}99$ tem $n = 178$, $\alpha = 0{,}034$ e $\beta = 0{,}094$. O tamanho amostral maior resulta em um plano com α e β menores que os valores especificados correspondentes. ■

O livro de Douglas Montgomery citado na Bibliografia do capítulo contém um gráfico a partir do qual c e n podem ser determinados para *quaisquer* α e β especificados.

Pode acontecer que o número de itens defeituosos na amostra chegue a $c + 1$ antes de todos os itens terem sido examinados. Por exemplo, no caso $c = 3$ e $n = 137$, pode ser que o item de número 125 examinado seja o quarto item com defeito, portanto, os 12 remanescentes não precisam ser examinados. Entretanto, geralmente recomenda-se que todos os itens sejam examinados mesmo quando isto ocorre de modo a fornecer um histórico de qualidade lote a lote e estimativas de p ao longo do tempo.

Planos de amostragem dupla

Em um plano de amostragem dupla, o número de itens com defeito, x_1, em uma amostra inicial de tamanho n_1, é determinado. Há, então, três possíveis cursos de ação: imediatamente aceitar o lote, imediatamente rejeitar o lote ou tirar uma segunda amostra de n_2 itens e rejeitar ou aceitar o lote dependendo do número total $x_1 + x_2$ de itens com defeito nas duas amostras. Apesar dos dois tamanhos da amostra, um plano específico é caracterizado por mais três números – c_1, r_1 e c_2 –, como segue:

1. Rejeitar o lote se $x_1 \geq r_1$.
2. Aceitar o lote se $x_1 \leq c_1$.
3. Se $c_1 < x_1 < r_1$, tirar uma segunda amostra; então aceitar o lote se $x_1 + x_2 \leq c_2$ e rejeitar, caso contrário.

Exemplo 16.13

Considere o plano de amostragem dupla com $n_1 = 80$, $n_2 = 80$, $c_1 = 2$, $r_1 = 5$ e $c_2 = 6$. Portanto, o lote será aceito se (1) $x_1 = 0, 1,$ ou 2; (2) $x_1 = 3$ e $x_2 = 0, 1, 2,$ ou 3; ou (3) $x_1 = 4$ e $x_2 = 0, 1,$ ou 2.

Assumindo que o tamanho do lote seja grande o suficiente para a aproximação binomial ser aplicada, a probabilidade $P(A)$ de aceitação do lote é

$$
\begin{aligned}
P(A) &= P(X_1 = 0, 1, \text{ou } 2) + P(X_1 = 3,\ X_2 = 0, 1, 2, \text{ou } 3) \\
&\quad + P(X_1 = 4, X_2 = 0, 1, \text{ou } 2) \\
&= \sum_{x_1=0}^{2} b(x_1; 80, p) + b(3; 80, p) \sum_{x_2=0}^{3} b(x_2; 80, p) \\
&\quad + b(4; 80, p) \sum_{x_2=0}^{2} b(x_2; 80, p)
\end{aligned}
$$

Novamente, o gráfico de $P(A)$ em função de p é a curva CCO do plano. A curva CCO para este plano aparece na Figura 16.12.

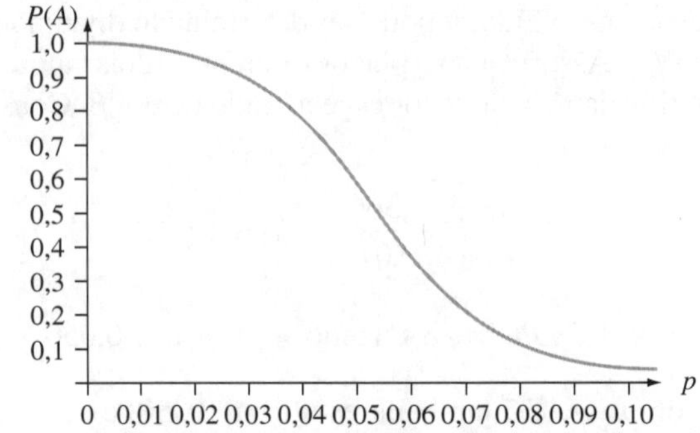

Figura 16.12 Curva CCO para o plano de amostragem dupla do Exemplo 16.13. ■

Um método padrão para desenvolver um plano de amostragem dupla envolve proceder como sugerido anteriormente para planos de amostragem simples. Especifique valores p_1 e p_2 com as probabilidades de aceitação correspondentes $1 - \alpha$ e β. Então, encontre um plano que satisfaça estas condições. O livro de Montgomery fornece tabelas similares à Tabela 16.6 para este fim nos casos de $n_2 = n_1$ e $n_2 = 2n_1$ com $1 - \alpha = 0{,}95$, $\beta = 0{,}10$. Tabulações muito mais extensivas de planos estão disponíveis em outras fontes.

Da mesma forma que na prática padrão com planos de amostragem simples, recomenda-se que todos os itens na primeira amostra sejam examinados mesmo quando o $(r_1 + 1)$-ésimo item defeituoso seja descoberto antes da inspeção do n_1-ésimo item. Entretanto, é comum terminar a inspeção da segunda amostra se o número de defeitos for suficiente para justificar a rejeição antes de todos os itens terem sido examinados. Isto é chamado de *redução* na segunda amostra. Sob redução, pode ser mostrado que o número esperado de itens inspecionados em um plano de amostragem dupla é menor do que o número de itens examinados em um plano de amostragem única quando as curvas CCO dos dois planos são muito parecidas. Essa é a maior virtude dos planos de amostragem dupla. Para obter mais informações sobre essas questões, assim como uma discussão de vários planos de amostragem múltiplos e sequenciais (o que compreende a seleção de itens para inspeção um por um em vez de em grupos), um livro sobre controle de qualidade deve ser consultado.

Inspeção de retificação e outros critérios de projeto

Em algumas situações, a inspeção por amostragem é realizada utilizando *retificação*. Para planos de amostragem simples, isso significa que cada item com defeito na amostra é substituído por um bom, e se o número de defeitos na amostra exceder o limite c de aceitação, *todos* os itens no lote são examinados e os itens bons são substituídos por quaisquer que estejam defeituosos. Seja N o tamanho do lote. Uma característica importante de um plano de amostragem com inspeção de retificação é a **qualidade de saída média**, indicada por QSM. Esta é a proporção de longo prazo de itens defeituosos entre aqueles enviados depois de o plano de amostragem ser empregado. Agora, os defeitos ocorrerão somente entre os $N - n$ itens não inspecionados em um lote julgado aceitável sobre as bases de uma amostra. Suponha, por exemplo, que $P(A) = P(X \leq c) = 0{,}985$ quando $p = 0{,}01$. Então, no longo prazo, 98,5% dos $N - n$ itens que não estão na amostra não serão inspecionados, dos quais esperamos que 1% esteja com defeito. Isto implica que o número esperado de defeitos em um lote selecionado aleatoriamente seja $(N - n) \cdot P(A) \cdot p = 0{,}00985(N - n)$. Dividindo essa expressão pelo número de itens em um lote resulta na qualidade de saída média:

$$\begin{aligned} \text{QSM} &= \frac{(N - n) \cdot P(A) \cdot p}{N} \\ &\approx P(A) \cdot p \qquad \text{se } N >> n \end{aligned}$$

Como QSM $= 0$ quando $p = 0$ ou $p = 1$ [$P(A) = 0$ no caso anterior], a seguir há um valor de p entre 0 e 1 para o qual o QSM é um máximo. O valor máximo de QSM é chamado **limite da qualidade de saída média, LQSM**. Por exemplo, para o plano com $n = 137$ e $c = 3$ discutido anteriormente, o LQSM $=$ 0,0142, o valor de QSM em $p \approx 0{,}02$.

Escolhas apropriadas de n e c produzirão um plano de amostragem para o qual o LQSM é um número pequeno especificado. Tal plano não é, entretanto, único, portanto, outra condição pode ser imposta. Frequentemente, esta segunda condição compreenderá a **inspeção total média** (ou seja, esperada), indicado por **IMT**. O número de itens inspecionados em um lote escolhido aleatoriamente é uma variável aleatória que assume o valor n com probabilidade $P(A)$ e N com probabilidade $1 - P(A)$. Assim, o número esperado de itens inspecionados em um lote selecionado aleatoriamente é

$$\text{ITM} = n \cdot P(A) + N \cdot (1 - P(A))$$

É uma prática comum selecionar um plano de amostragem que tem um LQSM especificado e, além disso, um ITM mínimo em um nível de qualidade particular p.

Planos de amostragem padronizados

Pode parecer que a determinação de um plano de amostragem que satisfaça simultaneamente vários critérios seja um tanto difícil. Felizmente, outros já deixaram a maior parte do trabalho pronto na forma de tabulações extensivas de tais planos. MIL STD 105D, desenvolvido pelos militares depois da Segunda Guerra Mundial, é o mais utilizado conjunto de planos. Uma versão civil, ANSI/ASQC Z1.4, é bastante semelhante à versão militar. Um terceiro conjunto de planos que é bastante popular foi desenvolvido pela Bell Laboratories antes da Segunda Guerra Mundial por dois estatísticos chamados Dodge e Romig. O livro de Montgomery (veja a Bibliografia do capítulo) contém uma introdução de leitura agradável para o uso destes planos.

EXERCÍCIOS Seção 16.6 (33–40)

33. Consulte o Exemplo 16.11, no qual um plano de amostragem única com $n = 50$ e $c = 2$ foi empregado.

a. Calcule QSM para $p = 0{,}01, 0{,}02, \ldots, 0{,}10$. O que isto sugere sobre o valor de p para o qual o QSM é um máximo e o LQSM correspondente?

b. Determine o valor de p para o qual o QSM é um máximo e o valor corresponde de LQSM. [*Dica*: use cálculo.]

c. Para $N = 2\ 000$, calcule o ITM para os valores de p dados no item (a).

34. Uma amostra de 50 itens deve ser selecionada de um lote que consiste de 5 000 itens. O lote será aceito se a amostra contiver no máximo um item com defeito. Calcule a probabilidade de o lote ser aceito para $p = 0{,}01, 0{,}02, \ldots, 0{,}10$ e esboce a curva CCO.

35. Consulte o Exercício 34 e considere o plano com $n = 100$ e $c = 2$. Calcule $P(A)$ para $p = 0{,}01, 0{,}02, \ldots, 0{,}05$, e esboce as duas curvas CCO no mesmo conjunto de eixos. Qual dos dois planos é preferível (desconsiderando o custo da amostragem) e por quê?

36. Desenvolva um plano de amostragem única para o qual NQA= 0,02 e PTDL = 0,07 no caso de $\alpha = 0{,}05$, $\beta = 0{,}10$. Após os valores de n e c terem sido determinados, calcule os valores obtidos de α e β para o plano.

37. Considere o plano de amostragem dupla para o qual ambos os tamanhos amostrais sejam 50. O lote é aceito depois da primeira amostra se o número de defeitos é no máximo 1, rejeitado se o número de defeitos for no mínimo 4 e rejeitado depois da segunda amostra se o número total de defeitos for 6 ou mais. Calcule a probabilidade de aceitação do lote quando $p = 0{,}01, 0{,}05$ e $0{,}10$.

38. Algumas fontes defendem um tipo ainda mais restritivo de plano de amostragem dupla no qual $r_1 = c_2 + 1$; ou seja, o lote é rejeitado se em qualquer estágio o número (total) de defeitos é pelo menos r_1 (veja o livro de Montgomery). Considere este tipo de plano de amostragem com $n_1 = 50$, $n_2 = 100$, $c_1 = 1$ e $r_1 = 4$. Calcule a probabilidade de aceitação do lote quando $p = 0{,}01, 0{,}05$ e $0{,}10$.

39. Considere o plano de amostra única com $c = 2$ e $n = 50$, conforme discutido no Exemplo 16.11, porém, agora suponha que o tamanho do lote seja $N = 500$. Calcule $P(A)$, a probabilidade de aceitação do lote, para $p = 0{,}01, 0{,}02, \ldots, 0{,}10$, usando a distribuição hipergeométrica. A aproximação binomial fornece resultados satisfatórios neste caso?

40. Considere o plano de amostra única que utiliza $n = 50$ e $c = 1$ quando $N = 2\,000$. Determine os valores de QSM e ITM para valores selecionados de p e represente graficamente cada um deles em relação a p. Determine também o valor de LQSM.

EXERCÍCIOS COMPLEMENTARES (41–46)

41. Observações de resistência (ohm) para subgrupos de um determinado tipo de registro forneceram o seguinte resumo de quantidades:

i	n_i	$\bar{x}_i$	s_i	i	n_i	$\bar{x}_i$	s_i
1	4	430,0	22,5	11	4	445,2	27,3
2	4	418,2	20,6	12	4	430,1	22,2
3	3	435,5	25,1	13	4	427,2	24,0
4	4	427,6	22,3	14	4	439,6	23,3
5	4	444,0	21,5	15	3	415,9	31,2
6	3	431,4	28,9	16	4	419,8	27,5
7	4	420,8	25,4	17	3	447,0	19,8
8	4	431,4	24,0	18	4	434,4	23,7
9	4	428,7	21,2	19	4	422,2	25,1
10	4	440,1	25,8	20	4	425,7	24,4

Construa limites de controle apropriados. [*Dica*: use $\bar{x} = \sum n_i \bar{x}_i / \sum n_i$ e $s^2 = \sum (n_i - 1)s_i^2 / \sum (n_i - 1)$].

42. O número de arranhões na superfície de cada uma de 24 placas de metal retangulares é determinado, produzindo os seguintes dados: 8, 1, 7, 5, 2, 0, 2, 3, 4, 3, 1, 2, 5, 7, 3, 4, 6, 5, 2, 4, 0, 10, 2, 6. Construa uma gráfico de controle apropriado e comente.

43. Os números seguintes são observações da resistência à tensão de amostras de tecido sintético selecionados de um processo de produção a intervalos de tempo iguais. Construa os gráficos de controle apropriados e comente (assuma que uma causa assinalável é identificável para quaisquer observações fora de controle).

1.	51,3	51,7	49,5	**12.**	49,6	48,4	50,0
2.	51,0	50,0	49,3	**13.**	49,8	51,2	49,7
3.	50,8	51,1	49,0	**14.**	50,4	49,9	50,7
4.	50,6	51,1	49,0	**15.**	49,4	49,5	49,0
5.	49,6	50,5	50,9	**16.**	50,7	49,0	50,0
6.	51,3	52,0	50,3	**17.**	50,8	49,5	50,9
7.	49,7	50,5	50,3	**18.**	48,5	50,3	49,3
8.	51,8	50,3	50,0	**19.**	49,6	50,6	49,4
9.	48,6	50,5	50,7	**20.**	50,9	49,4	49,7
10.	49,6	49,8	50,5	**21.**	54,1	49,8	48,5
11.	49,9	50,7	49,8	**22.**	50,2	49,6	51,5

44. Uma alternativa ao gráfico p para a fração de itens defeituosos é o gráfico np *para o número de itens defeituosos*. Este gráfico tem

$$\text{LCS} = n\bar{p} + 3\sqrt{n\bar{p}(1 - \bar{p})}, \quad \text{LCI} = n\bar{p} - 3\sqrt{n\bar{p}(1 - \bar{p})}$$

e o *número* de itens defeituosos de cada amostra é marcado no gráfico.

Construa este gráfico para os dados do Exemplo 16.6. O uso do gráfico np fornecerá sempre a mesma mensagem que a do uso de um gráfico p (ou seja, os dois gráficos são equivalentes)?

45. Observações sobre a resistência de corte para 26 subgrupos de soldas de ponto de teste, cada qual consistindo em seis soldas, produzem $\sum \bar{x}_i = 10\,980$, $\sum s_i = 402$ e $\sum r_i = 1\,074$. Calcule os limites de controle para quaisquer gráficos de controle relevantes.

46. Seja α um número entre 0 e 1 e defina uma sequência $W_1, W_2, W_3, \ldots$ por $W_0 = \mu$ e $W_t = \alpha\bar{X}_t + (1 - \alpha)W_{t-1}$ para $t = 1, 2, \ldots$ Substituindo para W_{t-1} sua representação em termos de $\bar{X}_{t-1}$ e W_{t-2}, então, substituindo por W_{t-2} e assim por diante, resulta em

$$W_t = \alpha\overline{X}_t + \alpha(1 - \alpha)\overline{X}_{t-1} + \ldots + \alpha(1 - \alpha)^{t-1}\overline{X}_1 + (1 - \alpha)^t\mu$$

O fato de que W_t depende não apenas de $\overline{X}_t$, mas também das médias de pontos anteriores de tempo, apesar de que com decréscimos de peso (exponencialmente), sugere que mudanças na média do processo serão mais rapidamente refletidas nos W_t do que nos $\overline{X}_t$ individuais.

a. Mostre que $E(W_t) = \mu$.

b. Considere $\sigma_t^2 = V(W_t)$ e mostre que

$$\sigma_t^2 = \frac{\alpha[1 - (1 - \alpha)^{2t}]}{2 - \alpha} \cdot \frac{\sigma^2}{n}$$

c. Um *gráfico de controle de média móvel ponderada exponencialmente* marca os W_t e utiliza limites de controle $\mu_0 \pm 3\sigma_t$ (ou $\overline{\overline{x}}$ no lugar de μ_0). Construa um gráfico desse tipo para os dados do Exemplo 16.9, utilizando $\mu_0 = 40$.

Bibliografia

BOX, GEORGE, SOREN BISGAARD e CONRAD FUNG, "An explanation and critique of taguchi's contributions to quality engineering", *Quality and Reliability Engineering International,* 1988: 123-131.

MONTGOMERY, DOUGLAS C., *Introduction to statistical quality control*. 6. ed. New York: Wiley, 2008. Esta é uma introdução abrangente a muitos aspectos do controle de qualidade no mesmo nível deste livro.

RYAN, THOMAS P. *Statistical methods for quality improvement*. 2. ed. Nova York: Wiley, 2000. Captura muito bem a essência moderna do controle de qualidade com exigências mínimas de conhecimento prévio por parte dos leitores.

VARDEMAN, STEPHEN B.; JOBE, J. MARCUS. *Statistical quality assurance methods for engineers*. New York: Wiley, 1999. Inclui os tópicos de qualidade tradicional e também material experimental pertinente a questões de qualidade; informal e competente.

Tabelas do apêndice

Tabela A.1 Probabilidades binomiais acumuladas

$$B(x; n, p) = \sum_{y=0}^{x} b(y; n, p)$$

a. $n = 5$

x \ p	**0,01**	**0,05**	**0,10**	**0,20**	**0,25**	**0,30**	**0,40**	**0,50**	**0,60**	**0,70**	**0,75**	**0,80**	**0,90**	**0,95**	**0,99**
0	0,951	0,774	0,590	0,328	0,237	0,168	0,078	0,031	0,010	0,002	0,001	0,000	0,000	0,000	0,000
1	0,999	0,977	0,919	0,737	0,633	0,528	0,337	0,188	0,087	0,031	0,016	0,007	0,000	0,000	0,000
2	1,000	0,999	0,991	0,942	0,896	0,837	0,683	0,500	0,317	0,163	0,104	0,058	0,009	0,001	0,000
3	1,000	1,000	1,000	0,993	0,984	0,969	0,913	0,812	0,663	0,472	0,367	0,263	0,081	0,023	0,001
4	1,000	1,000	1,000	1,000	0,999	0,998	0,990	0,969	0,922	0,832	0,763	0,672	0,410	0,226	0,049

b. $n = 10$

x \ p	**0,01**	**0,05**	**0,10**	**0,20**	**0,25**	**0,30**	**0,40**	**0,50**	**0,60**	**0,70**	**0,75**	**0,80**	**0,90**	**0,95**	**0,99**
0	0,904	0,599	0,349	0,107	0,056	0,028	0,006	0,001	0,000	0,000	0,000	0,000	0,000	0,000	0,000
1	0,996	0,914	0,736	0,376	0,244	0,149	0,046	0,011	0,002	0,000	0,000	0,000	0,000	0,000	0,000
2	1,000	0,988	0,930	0,678	0,526	0,383	0,167	0,055	0,012	0,002	0,000	0,000	0,000	0,000	0,000
3	1,000	0,999	0,987	0,879	0,776	0,650	0,382	0,172	0,055	0,011	0,004	0,001	0,000	0,000	0,000
4	1,000	1,000	0,998	0,967	0,922	0,850	0,633	0,377	0,166	0,047	0,020	0,006	0,000	0,000	0,000
5	1,000	1,000	1,000	0,994	0,980	0,953	0,834	0,623	0,367	0,150	0,078	0,033	0,002	0,000	0,000
6	1,000	1,000	1,000	0,999	0,996	0,989	0,945	0,828	0,618	0,350	0,224	0,121	0,013	0,001	0,000
7	1,000	1,000	1,000	1,000	1,000	0,998	0,988	0,945	0,833	0,617	0,474	0,322	0,070	0,012	0,000
8	1,000	1,000	1,000	1,000	1,000	1,000	0,998	0,989	0,954	0,851	0,756	0,624	0,264	0,086	0,004
9	1,000	1,000	1,000	1,000	1,000	1,000	1,000	0,999	0,994	0,972	0,944	0,893	0,651	0,401	0,096

c. $n = 15$

x \ p	**0,01**	**0,05**	**0,10**	**0,20**	**0,25**	**0,30**	**0,40**	**0,50**	**0,60**	**0,70**	**0,75**	**0,80**	**0,90**	**0,95**	**0,99**
0	0,860	0,463	0,206	0,035	0,013	0,005	0,000	0,000	0,000	0,000	0,000	0,000	0,000	0,000	0,000
1	0,990	0,829	0,549	0,167	0,080	0,035	0,005	0,000	0,000	0,000	0,000	0,000	0,000	0,000	0,000
2	1,000	0,964	0,816	0,398	0,236	0,127	0,027	0,004	0,000	0,000	0,000	0,000	0,000	0,000	0,000
3	1,000	0,995	0,944	0,648	0,461	0,297	0,091	0,018	0,002	0,000	0,000	0,000	0,000	0,000	0,000
4	1,000	0,999	0,987	0,836	0,686	0,515	0,217	0,059	0,009	0,001	0,000	0,000	0,000	0,000	0,000
5	1,000	1,000	0,998	0,939	0,852	0,722	0,403	0,151	0,034	0,004	0,001	0,000	0,000	0,000	0,000
6	1,000	1,000	1,000	0,982	0,943	0,869	0,610	0,304	0,095	0,015	0,004	0,001	0,000	0,000	0,000
7	1,000	1,000	1,000	0,996	0,983	0,950	0,787	0,500	0,213	0,050	0,017	0,004	0,000	0,000	0,000
8	1,000	1,000	1,000	0,999	0,996	0,985	0,905	0,696	0,390	0,131	0,057	0,018	0,000	0,000	0,000
9	1,000	1,000	1,000	1,000	0,999	0,996	0,966	0,849	0,597	0,278	0,148	0,061	0,002	0,000	0,000
10	1,000	1,000	1,000	1,000	1,000	0,999	0,991	0,941	0,783	0,485	0,314	0,164	0,013	0,001	0,000
11	1,000	1,000	1,000	1,000	1,000	1,000	0,998	0,982	0,909	0,703	0,539	0,352	0,056	0,005	0,000
12	1,000	1,000	1,000	1,000	1,000	1,000	1,000	0,996	0,973	0,873	0,764	0,602	0,184	0,036	0,000
13	1,000	1,000	1,000	1,000	1,000	1,000	1,000	1,000	0,995	0,965	0,920	0,833	0,451	0,171	0,010
14	1,000	1,000	1,000	1,000	1,000	1,000	1,000	1,000	1,000	0,995	0,987	0,965	0,794	0,537	0,140

(*continua*)

Tabela A.1 Probabilidades binomiais acumuladas (*continuação*)

$$B(x; n, p) = \sum_{y=0}^{x} b(y; n, p)$$

d. $n = 20$

	p														
x	**0,01**	**0,05**	**0,10**	**0,20**	**0,25**	**0,30**	**0,40**	**0,50**	**0,60**	**0,70**	**0,75**	**0,80**	**0,90**	**0,95**	**0,99**
0	0,818	0,358	0,122	0,012	0,003	0,001	0,000	0,000	0,000	0,000	0,000	0,000	0,000	0,000	0,000
1	0,983	0,736	0,392	0,069	0,024	0,008	0,001	0,000	0,000	0,000	0,000	0,000	0,000	0,000	0,000
2	0,999	0,925	0,677	0,206	0,091	0,035	0,004	0,000	0,000	0,000	0,000	0,000	0,000	0,000	0,000
3	1,000	0,984	0,867	0,411	0,225	0,107	0,016	0,001	0,000	0,000	0,000	0,000	0,000	0,000	0,000
4	1,000	0,997	0,957	0,630	0,415	0,238	0,051	0,006	0,000	0,000	0,000	0,000	0,000	0,000	0,000
5	1,000	1,000	0,989	0,804	0,617	0,416	0,126	0,021	0,002	0,000	0,000	0,000	0,000	0,000	0,000
6	1,000	1,000	0,998	0,913	0,786	0,608	0,250	0,058	0,006	0,000	0,000	0,000	0,000	0,000	0,000
7	1,000	1,000	1,000	0,968	0,898	0,772	0,416	0,132	0,021	0,001	0,000	0,000	0,000	0,000	0,000
8	1,000	1,000	1,000	0,990	0,959	0,887	0,596	0,252	0,057	0,005	0,001	0,000	0,000	0,000	0,000
9	1,000	1,000	1,000	0,997	0,986	0,952	0,755	0,412	0,128	0,017	0,004	0,001	0,000	0,000	0,000
10	1,000	1,000	1,000	0,999	0,996	0,983	0,872	0,588	0,245	0,048	0,014	0,003	0,000	0,000	0,000
11	1,000	1,000	1,000	1,000	0,999	0,995	0,943	0,748	0,404	0,113	0,041	0,010	0,000	0,000	0,000
12	1,000	1,000	1,000	1,000	1,000	0,999	0,979	0,868	0,584	0,228	0,102	0,032	0,000	0,000	0,000
13	1,000	1,000	1,000	1,000	1,000	1,000	0,994	0,942	0,750	0,392	0,214	0,087	0,002	0,000	0,000
14	1,000	1,000	1,000	1,000	1,000	1,000	0,998	0,979	0,874	0,584	0,383	0,196	0,011	0,000	0,000
15	1,000	1,000	1,000	1,000	1,000	1,000	1,000	0,994	0,949	0,762	0,585	0,370	0,043	0,003	0,000
16	1,000	1,000	1,000	1,000	1,000	1,000	1,000	0,999	0,984	0,893	0,775	0,589	0,133	0,016	0,000
17	1,000	1,000	1,000	1,000	1,000	1,000	1,000	1,000	0,996	0,965	0,909	0,794	0,323	0,075	0,001
18	1,000	1,000	1,000	1,000	1,000	1,000	1,000	1,000	0,999	0,992	0,976	0,931	0,608	0,264	0,017
19	1,000	1,000	1,000	1,000	1,000	1,000	1,000	1,000	1,000	0,999	0,997	0,988	0,878	0,642	0,182

e. $n = 25$

	p														
x	**0,01**	**0,05**	**0,10**	**0,20**	**0,25**	**0,30**	**0,40**	**0,50**	**0,60**	**0,70**	**0,75**	**0,80**	**0,90**	**0,95**	**0,99**
0	0,778	0,277	0,072	0,004	0,001	0,000	0,000	0,000	0,000	0,000	0,000	0,000	0,000	0,000	0,000
1	0,974	0,642	0,271	0,027	0,007	0,002	0,000	0,000	0,000	0,000	0,000	0,000	0,000	0,000	0,000
2	0,998	0,873	0,537	0,098	0,032	0,009	0,000	0,000	0,000	0,000	0,000	0,000	0,000	0,000	0,000
3	1,000	0,966	0,764	0,234	0,096	0,033	0,002	0,000	0,000	0,000	0,000	0,000	0,000	0,000	0,000
4	1,000	0,993	0,902	0,421	0,214	0,090	0,009	0,000	0,000	0,000	0,000	0,000	0,000	0,000	0,000
5	1,000	0,999	0,967	0,617	0,378	0,193	0,029	0,002	0,000	0,000	0,000	0,000	0,000	0,000	0,000
6	1,000	1,000	0,991	0,780	0,561	0,341	0,074	0,007	0,000	0,000	0,000	0,000	0,000	0,000	0,000
7	1,000	1,000	0,998	0,891	0,727	0,512	0,154	0,022	0,001	0,000	0,000	0,000	0,000	0,000	0,000
8	1,000	1,000	1,000	0,953	0,851	0,677	0,274	0,054	0,004	0,000	0,000	0,000	0,000	0,000	0,000
9	1,000	1,000	1,000	0,983	0,929	0,811	0,425	0,115	0,013	0,000	0,000	0,000	0,000	0,000	0,000
10	1,000	1,000	1,000	0,994	0,970	0,902	0,586	0,212	0,034	0,002	0,000	0,000	0,000	0,000	0,000
11	1,000	1,000	1,000	0,998	0,980	0,956	0,732	0,345	0,078	0,006	0,001	0,000	0,000	0,000	0,000
12	1,000	1,000	1,000	1,000	0,997	0,983	0,846	0,500	0,154	0,017	0,003	0,000	0,000	0,000	0,000
13	1,000	1,000	1,000	1,000	0,999	0,994	0,922	0,655	0,268	0,044	0,020	0,002	0,000	0,000	0,000
14	1,000	1,000	1,000	1,000	1,000	0,998	0,966	0,788	0,414	0,098	0,030	0,006	0,000	0,000	0,000
15	1,000	1,000	1,000	1,000	1,000	1,000	0,987	0,885	0,575	0,189	0,071	0,017	0,000	0,000	0,000
16	1,000	1,000	1,000	1,000	1,000	1,000	0,996	0,946	0,726	0,323	0,149	0,047	0,000	0,000	0,000
17	1,000	1,000	1,000	1,000	1,000	1,000	0,999	0,978	0,846	0,488	0,273	0,109	0,002	0,000	0,000
18	1,000	1,000	1,000	1,000	1,000	1,000	1,000	0,993	0,926	0,659	0,439	0,220	0,009	0,000	0,000
19	1,000	1,000	1,000	1,000	1,000	1,000	1,000	0,998	0,971	0,807	0,622	0,383	0,033	0,001	0,000
20	1,000	1,000	1,000	1,000	1,000	1,000	1,000	1,000	0,991	0,910	0,786	0,579	0,098	0,007	0,000
21	1,000	1,000	1,000	1,000	1,000	1,000	1,000	1,000	0,998	0,967	0,904	0,766	0,236	0,034	0,000
22	1,000	1,000	1,000	1,000	1,000	1,000	1,000	1,000	1,000	0,991	0,968	0,902	0,463	0,127	0,002
23	1,000	1,000	1,000	1,000	1,000	1,000	1,000	1,000	1,000	0,998	0,993	0,973	0,729	0,358	0,026
24	1,000	1,000	1,000	1,000	1,000	1,000	1,000	1,000	1,000	1,000	0,999	0,996	0,928	0,723	0,222

Tabela A.2 Probabilidades acumuladas da Poisson

$$F(x; \mu) = \sum_{y=0}^{x} \frac{e^{-\mu}\mu^y}{y!}$$

	μ									
x	**0,1**	**0,2**	**0,3**	**0,4**	**0,5**	**0,6**	**0,7**	**0,8**	**0,9**	**1,0**
0	0,905	0,819	0,741	0,670	0,607	0,549	0,497	0,449	0,407	0,368
1	0,995	0,982	0,963	0,938	0,910	0,878	0,844	0,809	0,772	0,736
2	1,000	0,999	0,996	0,992	0,986	0,977	0,966	0,953	0,937	0,920
3		1,000	1,000	0,999	0,998	0,997	0,994	0,991	0,987	0,981
4				1,000	1,000	1,000	0,999	0,999	0,998	0,996
5							1,000	1,000	1,000	0,999
6										1,000

	μ										
x	**2,0**	**3,0**	**4,0**	**5,0**	**6,0**	**7,0**	**8,0**	**9,0**	**10,0**	**15,0**	**20,0**
0	0,135	0,050	0,018	0,007	0,002	0,001	0,000	0,000	0,000	0,000	0,000
1	0,406	0,199	0,092	0,040	0,017	0,007	0,003	0,001	0,000	0,000	0,000
2	0,677	0,423	0,238	0,125	0,062	0,030	0,014	0,006	0,003	0,000	0,000
3	0,857	0,647	0,433	0,265	0,151	0,082	0,042	0,021	0,010	0,000	0,000
4	0,947	0,815	0,629	0,440	0,285	0,173	0,100	0,055	0,029	0,001	0,000
5	0,983	0,916	0,785	0,616	0,446	0,301	0,191	0,116	0,067	0,003	0,000
6	0,995	0,966	0,889	0,762	0,606	0,450	0,313	0,207	0,130	0,008	0,000
7	0,999	0,988	0,949	0,867	0,744	0,599	0,453	0,324	0,220	0,018	0,001
8	1,000	0,996	0,979	0,932	0,847	0,729	0,593	0,456	0,333	0,037	0,002
9		0,999	0,992	0,968	0,916	0,830	0,717	0,587	0,458	0,070	0,005
10		1,000	0,997	0,986	0,957	0,901	0,816	0,706	0,583	0,118	0,011
11			0,999	0,995	0,980	0,947	0,888	0,803	0,697	0,185	0,021
12			1,000	0,998	0,991	0,973	0,936	0,876	0,792	0,268	0,039
13				0,999	0,996	0,987	0,966	0,926	0,864	0,363	0,066
14				1,000	0,999	0,994	0,983	0,959	0,917	0,466	0,105
15					0,999	0,998	0,992	0,978	0,951	0,568	0,157
16					1,000	0,999	0,996	0,989	0,973	0,664	0,221
17						1,000	0,998	0,995	0,986	0,749	0,297
18							0,999	0,998	0,993	0,819	0,381
19							1,000	0,999	0,997	0,875	0,470
20								1,000	0,998	0,917	0,559
21									0,999	0,947	0,644
22									1,000	0,967	0,721
23										0,981	0,787
24										0,989	0,843
25										0,994	0,888
26										0,997	0,922
27										0,998	0,948
28										0,999	0,966
29										1,000	0,978
30											0,987
31											0,992
32											0,995
33											0,997
34											0,999
35											0,999
36											1,000

Tabela A.3 Áreas sob a curva normal padrão

$$\Phi(z) = P(Z \leq z)$$

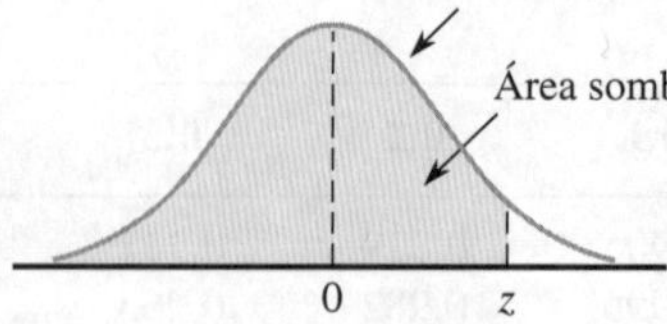

z	0,00	0,01	0,02	0,03	0,04	0,05	0,06	0,07	0,08	0,09
−3,4	0,0003	0,0003	0,0003	0,0003	0,0003	0,0003	0,0003	0,0003	0,0003	0,0002
−3,3	0,0005	0,0005	0,0005	0,0004	0,0004	0,0004	0,0004	0,0004	0,0004	0,0003
−3,2	0,0007	0,0007	0,0006	0,0006	0,0006	0,0006	0,0006	0,0005	0,0005	0,0005
−3,1	0,0010	0,0009	0,0009	0,0009	0,0008	0,0008	0,0008	0,0008	0,0007	0,0007
−3,0	0,0013	0,0013	0,0013	0,0012	0,0012	0,0011	0,0011	0,0011	0,0010	0,0010
−2,9	0,0019	0,0018	0,0017	0,0017	0,0016	0,0016	0,0015	0,0015	0,0014	0,0014
−2,8	0,0026	0,0025	0,0024	0,0023	0,0023	0,0022	0,0021	0,0021	0,0020	0,0019
−2,7	0,0035	0,0034	0,0033	0,0032	0,0031	0,0030	0,0029	0,0028	0,0027	0,0026
−2,6	0,0047	0,0045	0,0044	0,0043	0,0041	0,0040	0,0039	0,0038	0,0037	0,0036
−2,5	0,0062	0,0060	0,0059	0,0057	0,0055	0,0054	0,0052	0,0051	0,0049	0,0038
−2,4	0,0082	0,0080	0,0078	0,0075	0,0073	0,0071	0,0069	0,0068	0,0066	0,0064
−2,3	0,0107	0,0104	0,0102	0,0099	0,0096	0,0094	0,0091	0,0089	0,0087	0,0084
−2,2	0,0139	0,0136	0,0132	0,0129	0,0125	0,0122	0,0119	0,0116	0,0113	0,0110
−2,1	0,0179	0,0174	0,0170	0,0166	0,0162	0,0158	0,0154	0,0150	0,0146	0,0143
−2,0	0,0228	0,0222	0,0217	0,0212	0,0207	0,0202	0,0197	0,0192	0,0188	0,0183
−1,9	0,0287	0,0281	0,0274	0,0268	0,0262	0,0256	0,0250	0,0244	0,0239	0,0233
−1,8	0,0359	0,0352	0,0344	0,0336	0,0329	0,0322	0,0314	0,0307	0,0301	0,0294
−1,7	0,0446	0,0436	0,0427	0,0418	0,0409	0,0401	0,0392	0,0384	0,0375	0,0367
−1,6	0,0548	0,0537	0,0526	0,0516	0,0505	0,0495	0,0485	0,0475	0,0465	0,0455
−1,5	0,0668	0,0655	0,0643	0,0630	0,0618	0,0606	0,0594	0,0582	0,0571	0,0559
−1,4	0,0808	0,0793	0,0778	0,0764	0,0749	0,0735	0,0722	0,0708	0,0694	0,0681
−1,3	0,0968	0,0951	0,0934	0,0918	0,0901	0,0885	0,0869	0,0853	0,0838	0,0823
−1,2	0,1151	0,1131	0,1112	0,1093	0,1075	0,1056	0,1038	0,1020	0,1003	0,0985
−1,1	0,1357	0,1335	0,1314	0,1292	0,1271	0,1251	0,1230	0,1210	0,1190	0,1170
−1,0	0,1587	0,1562	0,1539	0,1515	0,1492	0,1469	0,1446	0,1423	0,1401	0,1379
−0,9	0,1841	0,1814	0,1788	0,1762	0,1736	0,1711	0,1685	0,1660	0,1635	0,1611
−0,8	0,2119	0,2090	0,2061	0,2033	0,2005	0,1977	0,1949	0,1922	0,1894	0,1867
−0,7	0,2420	0,2389	0,2358	0,2327	0,2296	0,2266	0,2236	0,2206	0,2177	0,2148
−0,6	0,2743	0,2709	0,2676	0,2643	0,2611	0,2578	0,2546	0,2514	0,2483	0,2451
−0,5	0,3085	0,3050	0,3015	0,2981	0,2946	0,2912	0,2877	0,2843	0,2810	0,2776
−0,4	0,3446	0,3409	0,3372	0,3336	0,3300	0,3264	0,3228	0,3192	0,3156	0,3121
−0,3	0,3821	0,3783	0,3745	0,3707	0,3669	0,3632	0,3594	0,3557	0,3520	0,3482
−0,2	0,4207	0,4168	0,4129	0,4090	0,4052	0,4013	0,3974	0,3936	0,3897	0,3859
−0,1	0,4602	0,4562	0,4522	0,4483	0,4443	0,4404	0,4364	0,4325	0,4286	0,4247
−0,0	0,5000	0,4960	0,4920	0,4880	0,4840	0,4801	0,4761	0,4721	0,4681	0,4641

(*continua*)

Tabela A.3 Áreas sob a curva normal padrão (*continuação*)

$\Phi(z) = P(Z \leq z)$

z	**0,00**	**0,01**	**0,02**	**0,03**	**0,04**	**0,05**	**0,06**	**0,07**	**0,08**	**0,09**
0,0	0,5000	0,5040	0,5080	0,5120	0,5160	0,5199	0,5239	0,5279	0,5319	0,5359
0,1	0,5398	0,5438	0,5478	0,5517	0,5557	0,5596	0,5636	0,5675	0,5714	0,5753
0,2	0,5793	0,5832	0,5871	0,5910	0,5948	0,5987	0,6026	0,6064	0,6103	0,6141
0,3	0,6179	0,6217	0,6255	0,6293	0,6331	0,6368	0,6406	0,6443	0,6480	0,6517
0,4	0,6554	0,6591	0,6628	0,6664	0,6700	0,6736	0,6772	0,6808	0,6844	0,6879
0,5	0,6915	0,6950	0,6985	0,7019	0,7054	0,7088	0,7123	0,7157	0,7190	0,7224
0,6	0,7257	0,7291	0,7324	0,7357	0,7389	0,7422	0,7454	0,7486	0,7517	0,7549
0,7	0,7580	0,7611	0,7642	0,7673	0,7704	0,7734	0,7764	0,7794	0,7823	0,7852
0,8	0,7881	0,7910	0,7939	0,7967	0,7995	0,8023	0,8051	0,8078	0,8106	0,8133
0,9	0,8159	0,8186	0,8212	0,8238	0,8264	0,8289	0,8315	0,8340	0,8365	0,8389
1,0	0,8413	0,8438	0,8461	0,8485	0,8508	0,8531	0,8554	0,8577	0,8599	0,8621
1,1	0,8643	0,8665	0,8686	0,8708	0,8729	0,8749	0,8770	0,8790	0,8810	0,8830
1,2	0,8849	0,8869	0,8888	0,8907	0,8925	0,8944	0,8962	0,8980	0,8997	0,9015
1,3	0,9032	0,9049	0,9066	0,9082	0,9099	0,9115	0,9131	0,9147	0,9162	0,9177
1,4	0,9192	0,9207	0,9222	0,9236	0,9251	0,9265	0,9278	0,9292	0,9306	0,9319
1,5	0,9332	0,9345	0,9357	0,9370	0,9382	0,9394	0,9406	0,9418	0,9429	0,9441
1,6	0,9452	0,9463	0,9474	0,9484	0,9495	0,9505	0,9515	0,9525	0,9535	0,9545
1,7	0,9554	0,9564	0,9573	0,9582	0,9591	0,9599	0,9608	0,9616	0,9625	0,9633
1,8	0,9641	0,9649	0,9656	0,9664	0,9671	0,9678	0,9686	0,9693	0,9699	0,9706
1,9	0,9713	0,9719	0,9726	0,9732	0,9738	0,9744	0,9750	0,9756	0,9761	0,9767
2,0	0,9772	0,9778	0,9783	0,9788	0,9793	0,9798	0,9803	0,9808	0,9812	0,9817
2,1	0,9821	0,9826	0,9830	0,9834	0,9838	0,9842	0,9846	0,9850	0,9854	0,9857
2,2	0,9861	0,9864	0,9868	0,9871	0,9875	0,9878	0,9881	0,9884	0,9887	0,9890
2,3	0,9893	0,9896	0,9898	0,9901	0,9904	0,9906	0,9909	0,9911	0,9913	0,9916
2,4	0,9918	0,9920	0,9922	0,9925	0,9927	0,9929	0,9931	0,9932	0,9934	0,9936
2,5	0,9938	0,9940	0,9941	0,9943	0,9945	0,9946	0,9948	0,9949	0,9951	0,9952
2,6	0,9953	0,9955	0,9956	0,9957	0,9959	0,9960	0,9961	0,9962	0,9963	0,9964
2,7	0,9965	0,9966	0,9967	0,9968	0,9969	0,9970	0,9971	0,9972	0,9973	0,9974
2,8	0,9974	0,9975	0,9976	0,9977	0,9977	0,9978	0,9979	0,9979	0,9980	0,9981
2,9	0,9981	0,9982	0,9982	0,9983	0,9984	0,9984	0,9985	0,9985	0,9986	0,9986
3,0	0,9987	0,9987	0,9987	0,9988	0,9988	0,9989	0,9989	0,9989	0,9990	0,9990
3,1	0,9990	0,9991	0,9991	0,9991	0,9992	0,9992	0,9992	0,9992	0,9993	0,9993
3,2	0,9993	0,9993	0,9994	0,9994	0,9994	0,9994	0,9994	0,9995	0,9995	0,9995
3,3	0,9995	0,9995	0,9995	0,9996	0,9996	0,9996	0,9996	0,9996	0,9996	0,9997
3,4	0,9997	0,9997	0,9997	0,9997	0,9997	0,9997	0,9997	0,9997	0,9997	0,9998

Tabela A.4 A Função gama incompleta

$$F(x;\alpha) = \int_0^x \frac{1}{\Gamma(\alpha)} y^{\alpha-1} e^{-y}\, dy$$

x \ α	1	2	3	4	5	6	7	8	9	10
1	0,632	0,264	0,080	0,019	0,004	0,001	0,000	0,000	0,000	0,000
2	0,865	0,594	0,323	0,143	0,053	0,017	0,005	0,001	0,000	0,000
3	0,950	0,801	0,577	0,353	0,185	0,084	0,034	0,012	0,004	0,001
4	0,982	0,908	0,762	0,567	0,371	0,215	0,111	0,051	0,021	0,008
5	0,993	0,960	0,875	0,735	0,560	0,384	0,238	0,133	0,068	0,032
6	0,998	0,983	0,938	0,849	0,715	0,554	0,394	0,256	0,153	0,084
7	0,999	0,993	0,970	0,918	0,827	0,699	0,550	0,401	0,271	0,170
8	1,000	0,997	0,986	0,958	0,900	0,809	0,687	0,547	0,407	0,283
9		0,999	0,994	0,979	0,945	0,884	0,793	0,676	0,544	0,413
10		1,000	0,997	0,990	0,971	0,933	0,870	0,780	0,667	0,542
11			0,999	0,995	0,985	0,962	0,921	0,857	0,768	0,659
12			1,000	0,998	0,992	0,980	0,954	0,911	0,845	0,758
13				0,999	0,996	0,989	0,974	0,946	0,900	0,834
14				1,000	0,998	0,994	0,986	0,968	0,938	0,891
15					0,999	0,997	0,992	0,982	0,963	0,930

Tabela A.5 Valores críticos para distribuições *t*

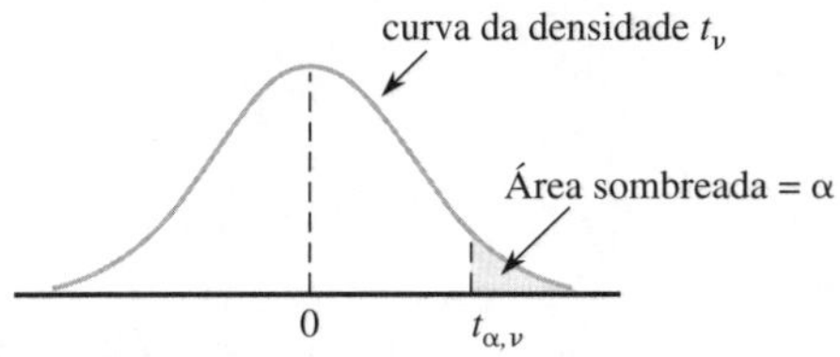

	α						
ν	**0,10**	**0,05**	**0,025**	**0,01**	**0,005**	**0,001**	**0,0005**
1	3,078	6,314	12,706	31,821	63,657	318,31	636,62
2	1,886	2,920	4,303	6,965	9,925	22,326	31,598
3	1,638	2,353	3,182	4,541	5,841	10,213	12,924
4	1,533	2,132	2,776	3,747	4,604	7,173	8,610
5	1,476	2,015	2,571	3,365	4,032	5,893	6,869
6	1,440	1,943	2,447	3,143	3,707	5,208	5,959
7	1,415	1,895	2,365	2,998	3,499	4,785	5,408
8	1,397	1,860	2,306	2,896	3,355	4,501	5,041
9	1,383	1,833	2,262	2,821	3,250	4,297	4,781
10	1,372	1,812	2,228	2,764	3,169	4,144	4,587
11	1,363	1,796	2,201	2,718	3,106	4,025	4,437
12	1,356	1,782	2,179	2,681	3,055	3,930	4,318
13	1,350	1,771	2,160	2,650	3,012	3,852	4,221
14	1,345	1,761	2,145	2,624	2,977	3,787	4,140
15	1,341	1,753	2,131	2,602	2,947	3,733	4,073
16	1,337	1,746	2,120	2,583	2,921	3,686	4,015
17	1,333	1,740	2,110	2,567	2,898	3,646	3,965
18	1,330	1,734	2,101	2,552	2,878	3,610	3,922
19	1,328	1,729	2,093	2,539	2,861	3,579	3,883
20	1,325	1,725	2,086	2,528	2,845	3,552	3,850
21	1,323	1,721	2,080	2,518	2,831	3,527	3,819
22	1,321	1,717	2,074	2,508	2,819	3,505	3,792
23	1,319	1,714	2,069	2,500	2,807	3,485	3,767
24	1,318	1,711	2,064	2,492	2,797	3,467	3,745
25	1,316	1,708	2,060	2,485	2,787	3,450	3,725
26	1,315	1,706	2,056	2,479	2,779	3,435	3,707
27	1,314	1,703	2,052	2,473	2,771	3,421	3,690
28	1,313	1,701	2,048	2,467	2,763	3,408	3,674
29	1,311	1,699	2,045	2,462	2,756	3,396	3,659
30	1,310	1,697	2,042	2,457	2,750	3,385	3,646
32	1,309	1,694	2,037	2,449	2,738	3,365	3,622
34	1,307	1,691	2,032	2,441	2,728	3,348	3,601
36	1,306	1,688	2,028	2,434	2,719	3,333	3,582
38	1,304	1,686	2,024	2,429	2,712	3,319	3,566
40	1,303	1,684	2,021	2,423	2,704	3,307	3,551
50	1,299	1,676	2,009	2,403	2,678	3,262	3,496
60	1,296	1,671	2,000	2,390	2,660	3,232	3,460
120	1,289	1,658	1,980	2,358	2,617	3,160	3,373
∞	1,282	1,645	1,960	2,326	2,576	3,090	3,291

Tabela A.6 Valores críticos de tolerância para distribuições de população normais

		Intervalos bilaterais						Intervalos unilaterais					
Intervalo de confiança		95%			99%			95%			99%		
% da população capturada		$\geq 90\%$	$\geq 95\%$	$\geq 99\%$	$\geq 90\%$	$\geq 95\%$	$\geq 99\%$	$\geq 90\%$	$\geq 95\%$	$\geq 99\%$	$\geq 90\%$	$\geq 95\%$	$\geq 99\%$
	2	32,019	37,674	48,430	160,193	188,491	242,300	20,581	26,260	37,094	103,029	131,426	185,617
	3	8,380	9,916	12,861	18,930	22,401	29,055	6,156	7,656	10,553	13,995	17,370	23,896
	4	5,369	6,370	8,299	9,398	11,150	14,527	4,162	5,144	7,042	7,380	9,083	12,387
	5	4,275	5,079	6,634	6,612	7,855	10,260	3,407	4,203	5,741	5,362	6,578	8,939
	6	3,712	4,414	5,775	5,337	6,345	8,301	3,006	3,708	5,062	4,411	5,406	7,335
	7	3,369	4,007	5,248	4,613	5,488	7,187	2,756	3,400	4,642	3,859	4,728	6,412
	8	3,136	3,732	4,891	4,147	4,936	6,468	2,582	3,187	4,354	3,497	4,285	5,812
	9	2,967	3,532	4,631	3,822	4,550	5,966	2,454	3,031	4,143	3,241	3,972	5,389
	10	2,839	3,379	4,433	3,582	4,265	5,594	2,355	2,911	3,981	3,048	3,738	5,074
	11	2,737	3,259	4,277	3,397	4,045	5,308	2,275	2,815	3,852	2,898	3,556	4,829
	12	2,655	3,162	4,150	3,250	3,870	5,079	2,210	2,736	3,747	2,777	3,410	4,633
	13	2,587	3,081	4,044	3,130	3,727	4,893	2,155	2,671	3,659	2,677	3,290	4,472
	14	2,529	3,012	3,955	3,029	3,608	4,737	2,109	2,615	3,585	2,593	3,189	4,337
	15	2,480	2,954	3,878	2,945	3,507	4,605	2,068	2,566	3,520	2,522	3,102	4,222
	16	2,437	2,903	3,812	2,872	3,421	4,492	2,033	2,524	3,464	2,460	3,028	4,123
Tamanho	**17**	2,400	2,858	3,754	2,808	3,345	4,393	2,002	2,486	3,414	2,405	2,963	4,037
da amostra n	**18**	2,366	2,819	3,702	2,753	3,279	4,307	1,974	2,453	3,370	2,357	2,905	3,960
	19	2,337	2,784	3,656	2,703	3,221	4,230	1,949	2,423	3,331	2,314	2,854	3,892
	20	2,310	2,752	3,615	2,659	3,168	4,161	1,926	2,396	3,295	2,276	2,808	3,832
	25	2,208	2,631	3,457	2,494	2,972	3,904	1,838	2,292	3,158	2,129	2,633	3,601
	30	2,140	2,549	3,350	2,385	2,841	3,733	1,777	2,220	3,064	2,030	2,516	3,447
	35	2,090	2,490	3,272	2,306	2,748	3,611	1,732	2,167	2,995	1,957	2,430	3,334
	40	2,052	2,445	3,213	2,247	2,677	3,518	1,697	2,126	2,941	1,902	2,364	3,249
	45	2,021	2,408	3,165	2,200	2,621	3,444	1,669	2,092	2,898	1,857	2,312	3,180
	50	1,996	2,379	3,126	2,162	2,576	3,385	1,646	2,065	2,863	1,821	2,269	3,125
	60	1,958	2,333	3,066	2,103	2,506	3,293	1,609	2,022	2,807	1,764	2,202	3,038
	70	1,929	2,299	3,021	2,060	2,454	3,225	1,581	1,990	2,765	1,722	2,153	2,974
	80	1,907	2,272	2,986	2,026	2,414	3,173	1,559	1,965	2,733	1,688	2,114	2,924
	90	1,889	2,251	2,958	1,999	2,382	3,130	1,542	1,944	2,706	1,661	2,082	2,883
	100	1,874	2,233	2,934	1,977	2,355	3,096	1,527	1,927	2,684	1,639	2,056	2,850
	150	1,825	2,175	2,859	1,905	2,270	2,983	1,478	1,870	2,611	1,566	1,971	2,741
	200	1,798	2,143	2,816	1,865	2,222	2,921	1,450	1,837	2,570	1,524	1,923	2,679
	250	1,780	2,121	2,788	1,839	2,191	2,880	1,431	1,815	2,542	1,496	1,891	2,638
	300	1,767	2,106	2,767	1,820	2,169	2,850	1,417	1,800	2,522	1,476	1,868	2,608
	∞	1,645	1,960	2,576	1,645	1,960	2,576	1,282	1,645	2,326	1,282	1,645	2,326

Tabela A.7 Valores críticos para distribuições qui-quadrado

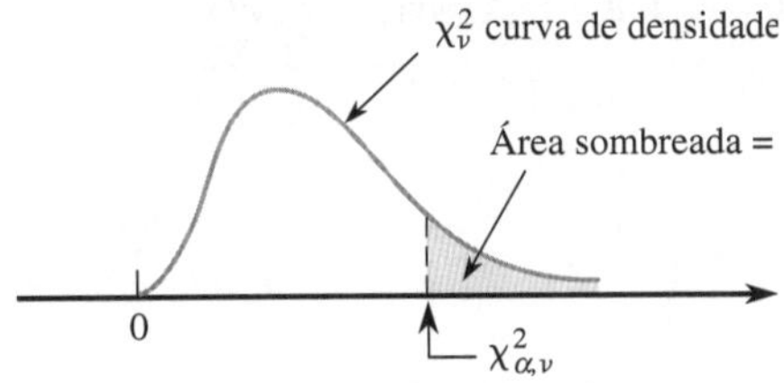

ν \ α	0,995	0,99	0,975	0,95	0,90	0,10	0,05	0,025	0,01	0,005
1	0,000	0,000	0,001	0,004	0,016	2,706	3,843	5,025	6,637	7,882
2	0,010	0,020	0,051	0,103	0,211	4,605	5,992	7,378	9,210	10,597
3	0,072	0,115	0,216	0,352	0,584	6,251	7,815	9,348	11,344	12,837
4	0,207	0,297	0,484	0,711	1,064	7,779	9,488	11,143	13,277	14,860
5	0,412	0,554	0,831	1,145	1,610	9,236	11,070	12,832	15,085	16,748
6	0,676	0,872	1,237	1,635	2,204	10,645	12,592	14,440	16,812	18,548
7	0,989	1,239	1,690	2,167	2,833	12,017	14,067	16,012	18,474	20,276
8	1,344	1,646	2,180	2,733	3,490	13,362	15,507	17,534	20,090	21,954
9	1,735	2,088	2,700	3,325	4,168	14,684	16,919	19,022	21,665	23,587
10	2,156	2,558	3,247	3,940	4,865	15,987	18,307	20,483	23,209	25,188
11	2,603	3,053	3,816	4,575	5,578	17,275	19,675	21,920	24,724	26,755
12	3,074	3,571	4,404	5,226	6,304	18,549	21,026	23,337	26,217	28,300
13	3,565	4,107	5,009	5,892	7,041	19,812	22,362	24,735	27,687	29,817
14	4,075	4,660	5,629	6,571	7,790	21,064	23,685	26,119	29,141	31,319
15	4,600	5,229	6,262	7,261	8,547	22,307	24,996	27,488	30,577	32,799
16	5,142	5,812	6,908	7,962	9,312	23,542	26,296	28,845	32,000	34,267
17	5,697	6,407	7,564	8,682	10,085	24,769	27,587	30,190	33,408	35,716
18	6,265	7,015	8,231	9,390	10,865	25,989	28,869	31,526	34,805	37,156
19	6,843	7,632	8,906	10,117	11,651	27,203	30,143	32,852	36,190	38,580
20	7,434	8,260	9,591	10,851	12,443	28,412	31,410	34,170	37,566	39,997
21	8,033	8,897	10,283	11,591	13,240	29,615	32,670	35,478	38,930	41,399
22	8,643	9,542	10,982	12,338	14,042	30,813	33,924	36,781	40,289	42,796
23	9,260	10,195	11,688	13,090	14,848	32,007	35,172	38,075	41,637	44,179
24	9,886	10,856	12,401	13,848	15,659	33,196	36,415	39,364	42,980	45,558
25	10,519	11,523	13,120	14,611	16,473	34,381	37,652	40,646	44,313	46,925
26	11,160	12,198	13,844	15,379	17,292	35,563	38,885	41,923	45,642	48,290
27	11,807	12,878	14,573	16,151	18,114	36,741	40,113	43,194	46,962	49,642
28	12,461	13,565	15,308	16,928	18,939	37,916	41,337	44,461	48,278	50,993
29	13,120	14,256	16,147	17,708	19,768	39,087	42,557	45,772	49,586	52,333
30	13,787	14,954	16,791	18,493	20,599	40,256	43,773	46,979	50,892	53,672
31	14,457	15,655	17,538	19,280	21,433	41,422	44,985	48,231	52,190	55,000
32	15,134	16,362	18,291	20,072	22,271	42,585	46,194	49,480	53,486	56,328
33	15,814	17,073	19,046	20,866	23,110	43,745	47,400	50,724	54,774	57,646
34	16,501	17,789	19,806	21,664	23,952	44,903	48,602	51,966	56,061	58,964
35	17,191	18,508	20,569	22,465	24,796	46,059	49,802	53,203	57,340	60,272
36	17,887	19,233	21,336	23,269	25,643	47,212	50,998	54,437	58,619	61,581
37	18,584	19,960	22,105	24,075	26,492	48,363	52,192	55,667	59,891	62,880
38	19,289	20,691	22,878	24,884	27,343	49,513	53,384	56,896	61,162	64,181
39	19,994	21,425	23,654	25,695	28,196	50,660	54,572	58,119	62,426	65,473
40	20,706	22,164	24,433	26,509	29,050	51,805	55,758	59,342	63,691	66,766

Para $\nu > 40$, $\chi^2_{\alpha,\nu} \approx \nu\left(1 - \frac{2}{9\nu} + z_\alpha\sqrt{\frac{2}{9\nu}}\right)^3$

Tabela A.8 Áreas caudais da curva t

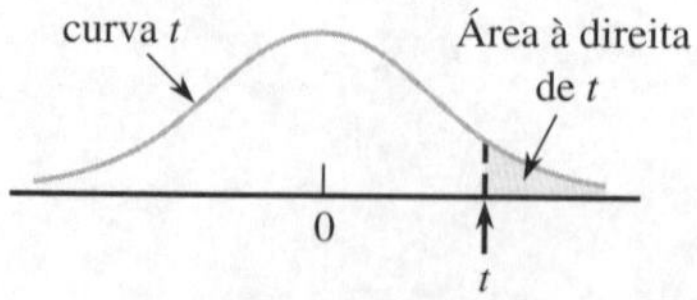

t \ ν	1	2	3	4	5	6	7	8	9	10	11	12	13	14	15	16	17	18
0,0	0,500	0,500	0,500	0,500	0,500	0,500	0,500	0,500	0,500	0,500	0,500	0,500	0,500	0,500	0,500	0,500	0,500	0,500
0,1	0,468	0,465	0,463	0,463	0,462,	0,462	0,462	0,461	0,461	0,461	0,461	0,461	0,461	0,461	0,461	0,461	0,461	0,461
0,2	0,437	0,430	0,427	0,426	0,425	0,424	0,424	0,423	0,423	0,423	0,423	0,422	0,422	0,422	0,422	0,422	0,422	0,422
0,3	0,407	0,396	0,392	0,390	0,388	0,387	0,386	0,386	0,386	0,385	0,385	0,385	0,384	0,384	0,384	0,384	0,384	0,384
0,4	0,379	0,364	0,358	0,355	0,353	0,352	0,351	0,350	0,349	0,349	0,348	0,348	0,348	0,347	0,347	0,347	0,347	0,347
0,5	0,352	0,333	0,326	0,322	0,319	0,317	0,316	0,315	0,315	0,314	0,313	0,313	0,313	0,312	0,312	0,312	0,312	0,312
0,6	0,328	0,305	0,295	0,290	0,287	0,285	0,284	0,283	0,282	0,281	0,280	0,280	0,279	0,279	0,279	0,278	0,278	0,278
0,7	0,306	0,278	0,267	0,261	0,258	0,255	0,253	0,252	0,251	0,250	0,249	0,249	0,248	0,247	0,247	0,247	0,247	0,246
0,8	0,285	0,254	0,241	0,234	0,230	0,227	0,225	0,223	0,222	0,221	0,220	0,220	0,219	0,218	0,218	0,218	0,217	0,217
0,9	0,267	0,232	0,217	0,210	0,205	0,201	0,199	0,197	0,196	0,195	0,194	0,193	0,192	0,191	0,191	0,191	0,190	0,190
1,0	0,250	0,211	0,196	0,187	0,182	0,178	0,175	0,173	0,172	0,170	0,169	0,169	0,168	0,167	0,167	0,166	0,166	0,165
1,1	0,235	0,193	0,176	0,167	0,162	0,157	0,154	0,152	0,150	0,149	0,147	0,146	0,146	0,144	0,144	0,144	0,143	0,143
1,2	0,221	0,177	0,158	0,148	0,142	0,138	0,135	0,132	0,130	0,129	0,128	0,127	0,126	0,124	0,124	0,124	0,123	0,123
1,3	0,209	0,162	0,142	0,132	0,125	0,121	0,117	0,115	0,113	0,111	0,110	0,109	0,108	0,107	0,107	0,106	0,105	0,105
1,4	0,197	0,148	0,128	0,117	0,110	0,106	0,102	0,100	0,098	0,096	0,095	0,093	0,092	0,091	0,091	0,090	0,090	0,089
1,5	0,187	0,136	0,115	0,104	0,097	0,092	0,089	0,086	0,084	0,082	0,081	0,080	0,079	0,077	0,077	0,077	0,076	0,075
1,6	0,178	0,125	0,104	0,092	0,085	0,080	0,077	0,074	0,072	0,070	0,069	0,068	0,067	0,065	0,065	0,065	0,064	0,064
1,7	0,169	0,116	0,094	0,082	0,075	0,070	0,065	0,064	0,062	0,060	0,059	0,057	0,056	0,055	0,055	0,054	0,054	0,053
1,8	0,161	0,107	0,085	0,073	0,066	0,061	0,057	0,055	0,053	0,051	0,050	0,049	0,048	0,046	0,046	0,045	0,045	0,044
1,9	0,154	0,099	0,077	0,065	0,058	0,053	0,050	0,047	0,045	0,043	0,042	0,041	0,040	0,038	0,038	0,038	0,037	0,037
2,0	0,148	0,092	0,070	0,058	0,051	0,046	0,043	0,040	0,038	0,037	0,035	0,034	0,033	0,032	0,032	0,031	0,031	0,030
2,1	0,141	0,085	0,063	0,052	0,045	0,040	0,037	0,034	0,033	0,031	0,030	0,029	0,028	0,027	0,027	0,026	0,025	0,025
2,2	0,136	0,079	0,058	0,046	0,040	0,035	0,032	0,029	0,028	0,026	0,025	0,024	0,023	0,022	0,022	0,021	0,021	0,021
2,3	0,131	0,074	0,052	0,041	0,035	0,031	0,027	0,025	0,023	0,022	0,021	0,020	0,019	0,018	0,018	0,018	0,017	0,017
2,4	0,126	0,069	0,048	0,037	0,031	0,027	0,024	0,022	0,020	0,019	0,018	0,017	0,016	0,015	0,015	0,014	0,014	0,014
2,5	0,121	0,065	0,044	0,033	0,027	0,023	0,020	0,018	0,017	0,016	0,015	0,014	0,013	0,012	0,012	0,012	0,011	0,011
2,6	0,117	0,061	0,040	0,030	0,024	0,020	0,018	0,016	0,014	0,013	0,012	0,012	0,011	0,010	0,010	0,010	0,009	0,009
2,7	0,113	0,057	0,037	0,027	0,021	0,018	0,015	0,014	0,012	0,011	0,010	0,010	0,009	0,008	0,008	0,008	0,008	0,007
2,8	0,109	0,054	0,034	0,024	0,019	0,016	0,013	0,012	0,010	0,009	0,009	0,008	0,008	0,007	0,007	0,006	0,006	0,006
2,9	0,106	0,051	0,031	0,022	0,017	0,014	0,011	0,010	0,009	0,008	0,007	0,007	0,006	0,005	0,005	0,005	0,005	0,005
3,0	0,102	0,048	0,029	0,020	0,015	0,012	0,010	0,009	0,007	0,007	0,006	0,006	0,005	0,004	0,004	0,004	0,004	0,004
3,1	0,099	0,045	0,027	0,018	0,013	0,011	0,009	0,007	0,006	0,006	0,005	0,005	0,004	0,004	0,004	0,003	0,003	0,003
3,2	0,096	0,043	0,025	0,016	0,012	0,009	0,008	0,006	0,005	0,005	0,004	0,004	0,003	0,003	0,003	0,003	0,003	0,002
3,3	0,094	0,040	0,023	0,015	0,011	0,008	0,007	0,005	0,005	0,004	0,004	0,003	0,003	0,002	0,002	0,002	0,002	0,002
3,4	0,091	0,038	0,021	0,014	0,010	0,007	0,006	0,005	0,004	0,003	0,003	0,003	0,002	0,002	0,002	0,002	0,002	0,002
3,5	0,089	0,036	0,020	0,012	0,009	0,006	0,005	0,004	0,003	0,003	0,002	0,002	0,002	0,002	0,002	0,001	0,001	0,001
3,6	0,086	0,035	0,018	0,011	0,008	0,006	0,004	0,004	0,003	0,002	0,002	0,002	0,002	0,001	0,001	0,001	0,001	0,001
3,7	0,084	0,033	0,017	0,010	0,007	0,005	0,004	0,003	0,002	0,002	0,002	0,002	0,001	0,001	0,001	0,001	0,001	0,001
3,8	0,082	0,031	0,016	0,010	0,006	0,004	0,003	0,003	0,002	0,002	0,001	0,001	0,001	0,001	0,001	0,001	0,001	0,001
3,9	0,080	0,030	0,015	0,009	0,006	0,004	0,003	0,002	0,002	0,001	0,001	0,001	0,001	0,001	0,001	0,001	0,001	0,001
4,0	0,078	0,029	0,014	0,008	0,005	0,004	0,003	0,002	0,002	0,001	0,001	0,001	0,001	0,001	0,001	0,001	0,000	0,000

(*continua*)

Tabela A.8 Áreas caudais da curva *t* (*continuação*)

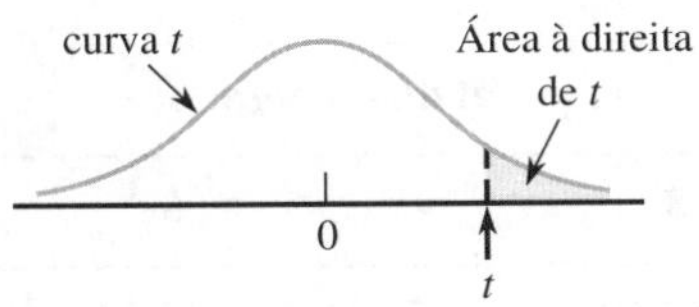

t \ ν	19	20	21	22	23	24	25	26	27	28	29	30	35	40	60	120	$\infty(=z)$
0,0	0,500	0,500	0,500	0,500	0,500	0,500	0,500	0,500	0,500	0,500	0,500	0,500	0,500	0,500	0,500	0,500	0,500
0,1	0,461	0,461	0,461	0,461	0,461	0,461	0,461	0,461	0,461	0,461	0,461	0,461	0,460	0,460	0,460	0,460	0,460
0,2	0,422	0,422	0,422	0,422	0,422	0,422	0,422	0,422	0,421	0,421	0,421	0,421	0,421	0,421	0,421	0,421	0,421
0,3	0,384	0,384	0,384	0,383	0,383	0,383	0,383	0,383	0,383	0,383	0,383	0,383	0,383	0,383	0,383	0,382	0,382
0,4	0,347	0,347	0,347	0,347	0,346	0,346	0,346	0,346	0,346	0,346	0,346	0,346	0,346	0,346	0,345	0,345	0,345
0,5	0,311	0,311	0,311	0,311	0,311	0,311	0,311	0,311	0,311	0,310	0,310	0,310	0,310	0,310	0,309	0,309	0,309
0,6	0,278	0,278	0,278	0,277	0,277	0,277	0,277	0,277	0,277	0,277	0,277	0,277	0,276	0,276	0,275	0,275	0,274
0,7	0,246	0,246	0,246	0,246	0,245	0,245	0,245	0,245	0,245	0,245	0,245	0,245	0,244	0,244	0,243	0,243	0,242
0,8	0,217	0,217	0,216	0,216	0,216	0,216	0,216	0,215	0,215	0,215	0,215	0,215	0,215	0,214	0,213	0,213	0,212
0,9	0,190	0,189	0,189	0,189	0,189	0,189	0,188	0,188	0,188	0,188	0,188	0,188	0,187	0,187	0,186	0,185	0,184
1,0	0,165	0,165	0,164	0,164	0,164	0,164	0,163	0,163	0,163	0,163	0,163	0,163	0,162	0,162	0,161	0,160	0,159
1,1	0,143	0,142	0,142	0,142	0,141	0,141	0,141	0,141	0,141	0,140	0,140	0,140	0,139	0,139	0,138	0,137	0,136
1,2	0,122	0,122	0,122	0,121	0,121	0,121	0,121	0,120	0,120	0,120	0,120	0,120	0,119	0,119	0,117	0,116	0,115
1,3	0,105	0,104	0,104	0,104	0,103	0,103	0,103	0,103	0,102	0,102	0,102	0,102	0,101	0,101	0,099	0,098	0,097
1,4	0,089	0,089	0,088	0,088	0,087	0,087	0,087	0,087	0,086	0,086	0,086	0,086	0,085	0,085	0,083	0,082	0,081
1,5	0,075	0,075	0,074	0,074	0,074	0,073	0,073	0,073	0,073	0,072	0,072	0,072	0,071	0,071	0,069	0,068	0,067
1,6	0,063	0,063	0,062	0,062	0,062	0,061	0,061	0,061	0,061	0,060	0,060	0,060	0,059	0,059	0,057	0,056	0,055
1,7	0,053	0,052	0,052	0,052	0,051	0,051	0,051	0,051	0,050	0,050	0,050	0,050	0,049	0,048	0,047	0,046	0,045
1,8	0,044	0,043	0,043	0,043	0,042	0,042	0,042	0,042	0,042	0,041	0,041	0,041	0,040	0,040	0,038	0,037	0,036
1,9	0,036	0,036	0,036	0,035	0,035	0,035	0,035	0,034	0,034	0,034	0,034	0,034	0,033	0,032	0,031	0,030	0,029
2,0	0,030	0,030	0,029	0,029	0,029	0,028	0,028	0,028	0,028	0,028	0,027	0,027	0,027	0,026	0,025	0,024	0,023
2,1	0,025	0,024	0,024	0,024	0,023	0,023	0,023	0,023	0,023	0,022	0,022	0,022	0,022	0,021	0,020	0,019	0,018
2,2	0,020	0,020	0,020	0,019	0,019	0,019	0,019	0,018	0,018	0,018	0,018	0,018	0,017	0,017	0,016	0,015	0,014
2,3	0,016	0,016	0,016	0,016	0,015	0,015	0,015	0,015	0,015	0,015	0,014	0,014	0,014	0,013	0,012	0,012	0,011
2,4	0,013	0,013	0,013	0,013	0,012	0,012	0,012	0,012	0,012	0,012	0,012	0,011	0,011	0,011	0,010	0,009	0,008
2,5	0,011	0,011	0,010	0,010	0,010	0,010	0,010	0,010	0,009	0,009	0,009	0,009	0,009	0,008	0,008	0,007	0,006
2,6	0,009	0,009	0,008	0,008	0,008	0,008	0,008	0,008	0,007	0,007	0,007	0,007	0,007	0,007	0,006	0,005	0,005
2,7	0,007	0,007	0,007	0,007	0,006	0,006	0,006	0,006	0,006	0,006	0,006	0,006	0,005	0,005	0,004	0,004	0,003
2,8	0,006	0,006	0,005	0,005	0,005	0,005	0,005	0,005	0,005	0,005	0,005	0,004	0,004	0,004	0,003	0,003	0,003
2,9	0,005	0,004	0,004	0,004	0,004	0,004	0,004	0,004	0,004	0,004	0,004	0,003	0,003	0,003	0,003	0,002	0,002
3,0	0,004	0,004	0,003	0,003	0,003	0,003	0,003	0,003	0,003	0,003	0,003	0,003	0,002	0,002	0,002	0,002	0,001
3,1	0,003	0,003	0,003	0,003	0,003	0,002	0,002	0,002	0,002	0,002	0,002	0,002	0,002	0,002	0,001	0,001	0,001
3,2	0,002	0,002	0,002	0,002	0,002	0,002	0,002	0,002	0,002	0,002	0,002	0,002	0,001	0,001	0,001	0,001	0,001
3,3	0,002	0,002	0,002	0,002	0,002	0,001	0,001	0,001	0,001	0,001	0,001	0,001	0,001	0,001	0,001	0,001	0,000
3,4	0,002	0,001	0,001	0,001	0,001	0,001	0,001	0,001	0,001	0,001	0,001	0,001	0,001	0,001	0,001	0,000	0,000
3,5	0,001	0,001	0,001	0,001	0,001	0,001	0,001	0,001	0,001	0,001	0,001	0,001	0,001	0,001	0,000	0,000	0,000
3,6	0,001	0,001	0,001	0,001	0,001	0,001	0,001	0,001	0,001	0,001	0,001	0,001	0,000	0,000	0,000	0,000	0,000
3,7	0,001	0,001	0,001	0,001	0,001	0,001	0,001	0,001	0,000	0,000	0,000	0,000	0,000	0,000	0,000	0,000	0,000
3,8	0,001	0,001	0,001	0,000	0,000	0,000	0,000	0,000	0,000	0,000	0,000	0,000	0,000	0,000	0,000	0,000	0,000
3,9	0,000	0,000	0,000	0,000	0,000	0,000	0,000	0,000	0,000	0,000	0,000	0,000	0,000	0,000	0,000	0,000	0,000
4,0	0,000	0,000	0,000	0,000	0,000	0,000	0,000	0,000	0,000	0,000	0,000	0,000	0,000	0,000	0,000	0,000	0,000

Tabela A.9 Valores críticos para distribuições F

		ν_1 = gl do numerador								
		1	**2**	**3**	**4**	**5**	**6**	**7**	**8**	**9**
1	**0,100**	39,86	49,50	53,59	55,83	57,24	58,20	58,91	59,44	59,86
	0,050	161,45	199,50	215,71	224,58	230,16	233,99	236,77	238,88	240,54
	0,010	4 052,20	4 999,50	5 403,40	5 624,60	5 763,60	5 859,00	5 928,40	5 981,10	6 022,50
	0,001	405 284	500 000	540 379	562 500	576 405	585 937	592 873	598 144	602 284
2	**0,100**	8,53	9,00	9,16	9,24	9,29	9,33	9,35	9,37	9,38
	0,050	18,51	19,00	19,16	19,25	19,30	19,33	19,35	19,37	19,38
	0,010	98,50	99,00	99,17	99,25	99,30	99,33	99,36	99,37	99,39
	0,001	998,50	999,00	999,17	999,25	999,30	999,33	999,36	999,37	999,39
3	**0,100**	5,54	5,46	5,39	5,34	5,31	5,28	5,27	5,25	5,24
	0,050	10,13	9,55	9,28	9,12	9,01	8,94	8,89	8,85	8,81
	0,010	34,12	30,82	29,46	28,71	28,24	27,91	27,67	27,49	27,35
	0,001	167,03	148,50	141,11	137,10	134,58	132,85	131,58	130,62	129,86
4	**0,100**	4,54	4,32	4,19	4,11	4,05	4,01	3,98	3,95	3,94
	0,050	7,71	6,94	6,59	6,39	6,26	6,16	6,09	6,04	6,00
	0,010	21,20	18,00	16,69	15,98	15,52	15,21	14,98	14,80	14,66
	0,001	74,14	61,25	56,18	53,44	51,71	50,53	49,66	49,00	48,47
5	**0,100**	4,06	3,78	3,62	3,52	3,45	3,40	3,37	3,34	3,32
	0,050	6,61	5,79	5,41	5,19	5,05	4,95	4,88	4,82	4,77
	0,010	16,26	13,27	12,06	11,39	10,97	10,67	10,46	10,29	10,16
	0,001	47,18	37,12	33,20	31,09	29,75	28,83	28,16	27,65	27,24
6	**0,100**	3,78	3,46	3,29	3,18	3,11	3,05	3,01	2,98	2,96
	0,050	5,99	5,14	4,76	4,53	4,39	4,28	4,21	4,15	4,10
	0,010	13,75	10,92	9,78	9,15	8,75	8,47	8,26	8,10	7,98
	0,001	35,51	27,00	23,70	21,92	20,80	20,03	19,46	19,03	18,69
7	**0,100**	3,59	3,26	3,07	2,96	2,88	2,83	2,78	2,75	2,72
	0,050	5,59	4,74	4,35	4,12	3,97	3,87	3,79	3,73	3,68
	0,010	12,25	9,55	8,45	7,85	7,46	7,19	6,99	6,84	6,72
	0,001	29,25	21,69	18,77	17,20	16,21	15,52	15,02	14,63	14,33
8	**0,100**	3,46	3,11	2,92	2,81	2,73	2,67	2,62	2,59	2,56
	0,050	5,32	4,46	4,07	3,84	3,69	3,58	3,50	3,44	3,39
	0,010	11,26	8,65	7,59	7,01	6,63	6,37	6,18	6,03	5,91
	0,001	25,41	18,49	15,83	14,39	13,48	12,86	12,40	12,05	11,77
9	**0,100**	3,36	3,01	2,81	2,69	2,61	2,55	2,51	2,47	2,44
	0,050	5,12	4,26	3,86	3,63	3,48	3,37	3,29	3,23	3,18
	0,010	10,56	8,02	6,99	6,42	6,06	5,80	5,61	5,47	5,35
	0,001	22,86	16,39	13,90	12,56	11,71	11,13	10,70	10,37	10,11
10	**0,100**	3,29	2,92	2,73	2,61	2,52	2,46	2,41	2,38	2,35
	0,050	4,96	4,10	3,71	3,48	3,33	3,22	3,14	3,07	3,02
	0,010	10,04	7,56	6,55	5,99	5,64	5,39	5,20	5,06	4,94
	0,001	21,04	14,91	12,55	11,28	10,48	9,93	9,52	9,20	8,96
11	**0,100**	3,23	2,86	2,66	2,54	2,45	2,39	2,34	2,30	2,27
	0,050	4,84	3,98	3,59	3,36	3,20	3,09	3,01	2,95	2,90
	0,010	9,65	7,21	6,22	5,67	5,32	5,07	4,89	4,74	4,63
	0,001	19,69	13,81	11,56	10,35	9,58	9,05	8,66	8,35	8,12
12	**0,100**	3,18	2,81	2,61	2,48	2,39	2,33	2,28	2,24	2,21
	0,050	4,75	3,89	3,49	3,26	3,11	3,00	2,91	2,85	2,80
	0,010	9,33	6,93	5,95	5,41	5,06	4,82	4,64	4,50	4,39
	0,001	18,64	12,97	10,80	9,63	8,89	8,38	8,00	7,71	7,48

(*continua*)

Tabela A.9 Valores críticos para distribuições *F* (*continuação*)

ν_1 = gl do numerador										
10	**12**	**15**	**20**	**25**	**30**	**40**	**50**	**60**	**120**	**1000**
60,19	60,71	61,22	61,74	62,05	62,26	62,53	62,69	62,79	63,06	63,30
241,88	243,91	245,95	248,01	249,26	250,10	251,14	251,77	252,20	253,25	254,19
6 055,80	6 106,30	6 157,30	6 208,70	6 239,80	6 260,60	6 286,80	6 302,50	6 313,00	6 339,40	6 362,70
605 621	610 668	615 764	620 908	624 017	626 099	628 712	630 285	631 337	633 972	636 301
9,39	9,41	9,42	9,44	9,45	9,46	9,47	9,47	9,47	9,48	9,49
19,40	19,41	19,43	19,45	19,46	19,46	19,47	19,48	19,48	19,49	19,49
99,40	99,42	99,43	99,45	99,46	99,47	99,47	99,48	99,48	99,49	99,50
999,40	999,42	999,43	999,45	999,46	999,47	999,47	999,48	999,48	999,49	999,50
5,23	5,22	5,20	5,18	5,17	5,17	5,16	5,15	5,15	5,14	5,13
8,79	8,74	8,70	8,66	8,63	8,62	8,59	8,58	8,57	8,55	8,53
27,23	27,05	26,87	26,69	26,58	26,50	26,41	26,35	26,32	26,22	26,14
129,25	128,32	127,37	126,42	125,84	125,45	124,96	124,66	124,47	123,97	123,53
3,92	3,90	3,87	3,84	3,83	3,82	3,80	3,80	3,79	3,78	3,76
5,96	5,91	5,86	5,80	5,77	5,75	5,72	5,70	5,69	5,66	5,63
14,55	14,37	14,20	14,02	13,91	13,84	13,75	13,69	13,65	13,56	13,47
48,05	47,41	46,76	46,10	45,70	45,43	45,09	44,88	44,75	44,40	44,09
3,30	3,27	3,24	3,21	3,19	3,17	3,16	3,15	3,14	3,12	3,11
4,74	4,68	4,62	4,56	4,52	4,50	4,46	4,44	4,43	4,40	4,37
10,05	9,89	9,72	9,55	9,45	9,38	9,29	9,24	9,20	9,11	9,03
26,92	26,42	25,91	25,39	25,08	24,87	24,60	24,44	24,33	24,06	23,82
2,94	2,90	2,87	2,84	2,81	2,80	2,78	2,77	2,76	2,74	2,72
4,06	4,00	3,94	3,87	3,83	3,81	3,77	3,75	3,74	3,70	3,67
7,87	7,72	7,56	7,40	7,30	7,23	7,14	7,09	7,06	6,97	6,89
18,41	17,99	17,56	17,12	16,85	16,67	16,44	16,31	16,21	15,98	15,77
2,70	2,67	2,63	2,59	2,57	2,56	2,54	2,52	2,51	2,49	2,47
3,64	3,57	3,51	3,44	3,40	3,38	3,34	3,32	3,30	3,27	3,23
6,62	6,47	6,31	6,16	6,06	5,99	5,91	5,86	5,82	5,74	5,66
14,08	13,71	13,32	12,93	12,69	12,53	12,33	12,20	12,12	11,91	11,72
2,54	2,50	2,46	2,42	2,40	2,38	2,36	2,35	2,34	2,32	2,30
3,35	3,28	3,22	3,15	3,11	3,08	3,04	3,02	3,01	2,97	2,93
5,81	5,67	5,52	5,36	5,26	5,20	5,12	5,07	5,03	4,95	4,87
11,54	11,19	10,84	10,48	10,26	10,11	9,92	9,80	9,73	9,53	9,36
2,42	2,38	2,34	2,30	2,27	2,25	2,23	2,22	2,21	2,18	2,16
3,14	3,07	3,01	2,94	2,89	2,86	2,83	2,80	2,79	2,75	2,71
5,26	5,11	4,96	4,81	4,71	4,65	4,57	4,52	4,48	4,40	4,32
9,89	9,57	9,24	8,90	8,69	8,55	8,37	8,26	8,19	8,00	7,84
2,32	2,28	2,24	2,20	2,17	2,16	2,13	2,12	2,11	2,08	2,06
2,98	2,91	2,85	2,77	2,73	2,70	2,66	2,64	2,62	2,58	2,54
4,85	4,71	4,56	4,41	4,31	4,25	4,17	4,12	4,08	4,00	3,92
8,75	8,45	8,13	7,80	7,60	7,47	7,30	7,19	7,12	6,94	6,78
2,25	2,21	2,17	2,12	2,10	2,08	2,05	2,04	2,03	2,00	1,98
2,85	2,79	2,72	2,65	2,60	2,57	2,53	2,51	2,49	2,45	2,41
4,54	4,40	4,25	4,10	4,01	3,94	3,86	3,81	3,78	3,69	3,61
7,92	7,63	7,32	7,01	6,81	6,68	6,52	6,42	6,35	6,18	6,02
2,19	2,15	2,10	2,06	2,03	2,01	1,99	1,97	1,96	1,93	1,91
2,75	2,69	2,62	2,54	2,50	2,47	2,43	2,40	2,38	2,34	2,30
4,30	4,16	4,01	3,86	3,76	3,70	3,62	3,57	3,54	3,45	3,37
7,29	7,00	6,71	6,40	6,22	6,09	5,93	5,83	5,76	5,59	5,44

(*continua*)

Tabela A.9 Valores críticos para distribuições *F* (*continuação*)

ν_2 = gl do denominador	α	ν_1 = gl do numerador: 1	2	3	4	5	6	7	8	9
13	**0,100**	3,14	2,76	2,56	2,43	2,35	2,28	2,23	2,20	2,16
	0,050	4,67	3,81	3,41	3,18	3,03	2,92	2,83	2,77	2,71
	0,010	9,07	6,70	5,74	5,21	4,86	4,62	4,44	4,30	4,19
	0,001	17,82	12,31	10,21	9,07	8,35	7,86	7,49	7,21	6,98
14	**0,100**	3,10	2,73	2,52	2,39	2,31	2,24	2,19	2,15	2,12
	0,050	4,60	3,74	3,34	3,11	2,96	2,85	2,76	2,70	2,65
	0,010	8,86	6,51	5,56	5,04	4,69	4,46	4,28	4,14	4,03
	0,001	17,14	11,78	9,73	8,62	7,92	7,44	7,08	6,80	6,58
15	**0,100**	3,07	2,70	2,49	2,36	2,27	2,21	2,16	2,12	2,09
	0,050	4,54	3,68	3,29	3,06	2,90	2,79	2,71	2,64	2,59
	0,010	8,68	6,36	5,42	4,89	4,56	4,32	4,14	4,00	3,89
	0,001	16,59	11,34	9,34	8,25	7,57	7,09	6,74	6,47	6,26
16	**0,100**	3,05	2,67	2,46	2,33	2,24	2,18	2,13	2,09	2,06
	0,050	4,49	3,63	3,24	3,01	2,85	2,74	2,66	2,59	2,54
	0,010	8,53	6,23	5,29	4,77	4,44	4,20	4,03	3,89	3,78
	0,001	16,12	10,97	9,01	7,94	7,27	6,80	6,46	6,19	5,98
17	**0,100**	3,03	2,64	2,44	2,31	2,22	2,15	2,10	2,06	2,03
	0,050	4,45	3,59	3,20	2,96	2,81	2,70	2,61	2,55	2,49
	0,010	8,40	6,11	5,19	4,67	4,34	4,10	3,93	3,79	3,68
	0,001	15,72	10,66	8,73	7,68	7,02	6,56	6,22	5,96	5,75
18	**0,100**	3,01	2,62	2,42	2,29	2,20	2,13	2,08	2,04	2,00
	0,050	4,41	3,55	3,16	2,93	2,77	2,66	2,58	2,51	2,46
	0,010	8,29	6,01	5,09	4,58	4,25	4,01	3,84	3,71	3,60
	0,001	15,38	10,39	8,49	7,46	6,81	6,35	6,02	5,76	5,56
19	**0,100**	2,99	2,61	2,40	2,27	2,18	2,11	2,06	2,02	1,98
	0,050	4,38	3,52	3,13	2,90	2,74	2,63	2,54	2,48	2,42
	0,010	8,18	5,93	5,01	4,50	4,17	3,94	3,77	3,63	3,52
	0,001	15,08	10,16	8,28	7,27	6,62	6,18	5,85	5,59	5,39
20	**0,100**	2,97	2,59	2,38	2,25	2,16	2,09	2,04	2,00	1,96
	0,050	4,35	3,49	3,10	2,87	2,71	2,60	2,51	2,45	2,39
	0,010	8,10	5,85	4,94	4,43	4,10	3,87	3,70	3,56	3,46
	0,001	14,82	9,95	8,10	7,10	6,46	6,02	5,69	5,44	5,24
21	**0,100**	2,96	2,57	2,36	2,23	2,14	2,08	2,02	1,98	1,95
	0,050	4,32	3,47	3,07	2,84	2,68	2,57	2,49	2,42	2,37
	0,010	8,02	5,78	4,87	4,37	4,04	3,81	3,64	3,51	3,40
	0,001	14,59	9,77	7,94	6,95	6,32	5,88	5,56	5,31	5,11
22	**0,100**	2,95	2,56	2,35	2,22	2,13	2,06	2,01	1,97	1,93
	0,050	4,30	3,44	3,05	2,82	2,66	2,55	2,46	2,40	2,34
	0,010	7,95	5,72	4,82	4,31	3,99	3,76	3,59	3,45	3,35
	0,001	14,38	9,61	7,80	6,81	6,19	5,76	5,44	5,19	4,99
23	**0,100**	2,94	2,55	2,34	2,21	2,11	2,05	1,99	1,95	1,92
	0,050	4,28	3,42	3,03	2,80	2,64	2,53	2,44	2,37	2,32
	0,010	7,88	5,66	4,76	4,26	3,94	3,71	3,54	3,41	3,30
	0,001	14,20	9,47	7,67	6,70	6,08	5,65	5,33	5,09	4,89
24	**0,100**	2,93	2,54	2,33	2,19	2,10	2,04	1,98	1,94	1,91
	0,050	4,26	3,40	3,01	2,78	2,62	2,51	2,42	2,36	2,30
	0,010	7,82	5,61	4,72	4,22	3,90	3,67	3,50	3,36	3,26
	0,001	14,03	9,34	7,55	6,59	5,98	5,55	5,23	4,99	4,80

(*continua*)

Tabela A.9 Valores críticos para distribuições *F* (*continuação*)

ν_1 = gl do numerador										
10	**12**	**15**	**20**	**25**	**30**	**40**	**50**	**60**	**120**	**1000**
2,14	2,10	2,05	2,01	1,98	1,96	1,93	1,92	1,90	1,88	1,85
2,67	2,60	2,53	2,46	2,41	2,38	2,34	2,31	2,30	2,25	2,21
4,10	3,96	3,82	3,66	3,57	3,51	3,43	3,38	3,34	3,25	3,18
6,80	6,52	6,23	5,93	5,75	5,63	5,47	5,37	5,30	5,14	4,99
2,10	2,05	2,01	1,96	1,93	1,91	1,89	1,87	1,86	1,83	1,80
2,60	2,53	2,46	2,39	2,34	2,31	2,27	2,24	2,22	2,18	2,14
3,94	3,80	3,66	3,51	3,41	3,35	3,27	3,22	3,18	3,09	3,02
6,40	6,13	5,85	5,56	5,38	5,25	5,10	5,00	4,94	4,77	4,62
2,06	2,02	1,97	1,92	1,89	1,87	1,85	1,83	1,82	1,79	1,76
2,54	2,48	2,40	2,33	2,28	2,25	2,20	2,18	2,16	2,11	2,07
3,80	3,67	3,52	3,37	3,28	3,21	3,13	3,08	3,05	2,96	2,88
6,08	5,81	5,54	5,25	5,07	4,95	4,80	4,70	4,64	4,47	4,33
2,03	1,99	1,94	1,89	1,86	1,84	1,81	1,79	1,78	1,75	1,72
2,49	2,42	2,35	2,28	2,23	2,19	2,15	2,12	2,11	2,06	2,02
3,69	3,55	3,41	3,26	3,16	3,10	3,02	2,97	2,93	2,84	2,76
5,81	5,55	5,27	4,99	4,82	4,70	4,54	4,45	4,39	4,23	4,08
2,00	1,96	1,91	1,86	1,83	1,81	1,78	1,76	1,75	1,72	1,69
2,45	2,38	2,31	2,23	2,18	2,15	2,10	2,08	2,06	2,01	1,97
3,59	3,46	3,31	3,16	3,07	3,00	2,92	2,87	2,83	2,75	2,66
5,58	5,32	5,05	4,78	4,60	4,48	4,33	4,24	4,18	4,02	3,87
1,98	1,93	1,89	1,84	1,80	1,78	1,75	1,74	1,72	1,69	1,66
2,41	2,34	2,27	2,19	2,14	2,11	2,06	2,04	2,02	1,97	1,92
3,51	3,37	3,23	3,08	2,98	2,92	2,84	2,78	2,75	2,66	2,58
5,39	5,13	4,87	4,59	4,42	4,30	4,15	4,06	4,00	3,84	3,69
1,96	1,91	1,86	1,81	1,78	1,76	1,73	1,71	1,70	1,67	1,64
2,38	2,31	2,23	2,16	2,11	2,07	2,03	2,00	1,98	1,93	1,88
3,43	3,30	3,15	3,00	2,91	2,84	2,76	2,71	2,67	2,58	2,50
5,22	4,97	4,70	4,43	4,26	4,14	3,99	3,90	3,84	3,68	3,53
1,94	1,89	1,84	1,79	1,76	1,74	1,71	1,69	1,68	1,64	1,61
2,35	2,28	2,20	2,12	2,07	2,04	1,99	1,97	1,95	1,90	1,85
3,37	3,23	3,09	2,94	2,84	2,78	2,69	2,64	2,61	2,52	2,43
5,08	4,82	4,56	4,29	4,12	4,00	3,86	3,77	3,70	3,54	3,40
1,92	1,87	1,83	1,78	1,74	1,72	1,69	1,67	1,66	1,62	1,59
2,32	2,25	2,18	2,10	2,05	2,01	1,96	1,94	1,92	1,87	1,82
3,31	3,17	3,03	2,88	2,79	2,72	2,64	2,58	2,55	2,46	2,37
4,95	4,70	4,44	4,17	4,00	3,88	3,74	3,64	3,58	3,42	3,28
1,90	1,86	1,81	1,76	1,73	1,70	1,67	1,65	1,64	1,60	1,57
2,30	2,23	2,15	2,07	2,02	1,98	1,94	1,91	1,89	1,84	1,79
3,26	3,12	2,98	2,83	2,73	2,67	2,58	2,53	2,50	2,40	2,32
4,83	4,58	4,33	4,06	3,89	3,78	3,63	3,54	3,48	3,32	3,17
1,89	1,84	1,80	1,74	1,71	1,69	1,66	1,64	1,62	1,59	1,55
2,27	2,20	2,13	2,05	2,00	1,96	1,91	1,88	1,86	1,81	1,76
3,21	3,07	2,93	2,78	2,69	2,62	2,54	2,48	2,45	2,35	2,27
4,73	4,48	4,23	3,96	3,79	3,68	3,53	3,44	3,38	3,22	3,08
1,88	1,83	1,78	1,73	1,70	1,67	1,64	1,62	1,61	1,57	1,54
2,25	2,18	2,11	2,03	1,97	1,94	1,89	1,86	1,84	1,79	1,74
3,17	3,03	2,89	2,74	2,64	2,58	2,49	2,44	2,40	2,31	2,22
4,64	4,39	4,14	3,87	3,71	3,59	3,45	3,36	3,29	3,14	2,99

(*continua*)

Tabela A.9 Valores críticos para distribuições *F* (*continuação*)

ν_2 = gl do denominador		ν_1 = gl do numerador								
	α	**1**	**2**	**3**	**4**	**5**	**6**	**7**	**8**	**9**
25	**0,100**	2,92	2,53	2,32	2,18	2,09	2,02	1,97	1,93	1,89
	0,050	4,24	3,39	2,99	2,76	2,60	2,49	2,40	2,34	2,28
	0,010	7,77	5,57	4,68	4,18	3,85	3,63	3,46	3,32	3,22
	0,001	13,88	9,22	7,45	6,49	5,89	5,46	5,15	4,91	4,71
26	**0,100**	2,91	2,52	2,31	2,17	2,08	2,01	1,96	1,92	1,88
	0,050	4,23	3,37	2,98	2,74	2,59	2,47	2,39	2,32	2,27
	0,010	7,72	5,53	4,64	4,14	3,82	3,59	3,42	3,29	3,18
	0,001	13,74	9,12	7,36	6,41	5,80	5,38	5,07	4,83	4,64
27	**0,100**	2,90	2,51	2,30	2,17	2,07	2,00	1,95	1,91	1,87
	0,050	4,21	3,35	2,96	2,73	2,57	2,46	2,37	2,31	2,25
	0,010	7,68	5,49	4,60	4,11	3,78	3,56	3,39	3,26	3,15
	0,001	13,61	9,02	7,27	6,33	5,73	5,31	5,00	4,76	4,57
28	**0,100**	2,89	2,50	2,29	2,16	2,06	2,00	1,94	1,90	1,87
	0,050	4,20	3,34	2,95	2,71	2,56	2,45	2,36	2,29	2,24
	0,010	7,64	5,45	4,57	4,07	3,75	3,53	3,36	3,23	3,12
	0,001	13,50	8,93	7,19	6,25	5,66	5,24	4,93	4,69	4,50
29	**0,100**	2,89	2,50	2,28	2,15	2,06	1,99	1,93	1,89	1,86
	0,050	4,18	3,33	2,93	2,70	2,55	2,43	2,35	2,28	2,22
	0,010	7,60	5,42	4,54	4,04	3,73	3,50	3,33	3,20	3,09
	0,001	13,39	8,85	7,12	6,19	5,59	5,18	4,87	4,64	4,45
30	**0,100**	2,88	2,49	2,28	2,14	2,05	1,98	1,93	1,88	1,85
	0,050	4,17	3,32	2,92	2,69	2,53	2,42	2,33	2,27	2,21
	0,010	7,56	5,39	4,51	4,02	3,70	3,47	3,30	3,17	3,07
	0,001	13,29	8,77	7,05	6,12	5,53	5,12	4,82	4,58	4,39
40	**0,100**	2,84	2,44	2,23	2,09	2,00	1,93	1,87	1,83	1,79
	0,050	4,08	3,23	2,84	2,61	2,45	2,34	2,25	2,18	2,12
	0,010	7,31	5,18	4,31	3,83	3,51	3,29	3,12	2,99	2,89
	0,001	12,61	8,25	6,59	5,70	5,13	4,73	4,44	4,21	4,02
50	**0,100**	2,81	2,41	2,20	2,06	1,97	1,90	1,84	1,80	1,76
	0,050	4,03	3,18	2,79	2,56	2,40	2,29	2,20	2,13	2,07
	0,010	7,17	5,06	4,20	3,72	3,41	3,19	3,02	2,89	2,78
	0,001	12,22	7,96	6,34	5,46	4,90	4,51	4,22	4,00	3,82
60	**0,100**	2,79	2,39	2,18	2,04	1,95	1,87	1,82	1,77	1,74
	0,050	4,00	3,15	2,76	2,53	2,37	2,25	2,17	2,10	2,04
	0,010	7,08	4,98	4,13	3,65	3,34	3,12	2,95	2,82	2,72
	0,001	11,97	7,77	6,17	5,31	4,76	4,37	4,09	3,86	3,69
100	**0,100**	2,76	2,36	2,14	2,00	1,91	1,83	1,78	1,73	1,69
	0,050	3,94	3,09	2,70	2,46	2,31	2,19	2,10	2,03	1,97
	0,010	6,90	4,82	3,98	3,51	3,21	2,99	2,82	2,69	2,59
	0,001	11,50	7,41	5,86	5,02	4,48	4,11	3,83	3,61	3,44
200	**0,100**	2,73	2,33	2,11	1,97	1,88	1,80	1,75	1,70	1,66
	0,050	3,89	3,04	2,65	2,42	2,26	2,14	2,06	1,98	1,93
	0,010	6,76	4,71	3,88	3,41	3,11	2,89	2,73	2,60	2,50
	0,001	11,15	7,15	5,63	4,81	4,29	3,92	3,65	3,43	3,26
1 000	**0,100**	2,71	2,31	2,09	1,95	1,85	1,78	1,72	1,68	1,64
	0,050	3,85	3,00	2,61	2,38	2,22	2,11	2,02	1,95	1,89
	0,010	6,66	4,63	3,80	3,34	3,04	2,82	2,66	2,53	2,43
	0,001	10,89	6,96	5,46	4,65	4,14	3,78	3,51	3,30	3,13

(*continua*)

Tabela A.9 Valores críticos para distribuições *F* (*continuação*)

ν_1 = gl do numerador										
10	**12**	**15**	**20**	**25**	**30**	**40**	**50**	**60**	**120**	**1000**
1,87	1,82	1,77	1,72	1,68	1,66	1,63	1,61	1,59	1,56	1,52
2,24	2,16	2,09	2,01	1,96	1,92	1,87	1,84	1,82	1,77	1,72
3,13	2,99	2,85	2,70	2,60	2,54	2,45	2,40	2,36	2,27	2,18
4,56	4,31	4,06	3,79	3,63	3,52	3,37	3,28	3,22	3,06	2,91
1,86	1,81	1,76	1,71	1,67	1,65	1,61	1,59	1,58	1,54	1,51
2,22	2,15	2,07	1,99	1,94	1,90	1,85	1,82	1,80	1,75	1,70
3,09	2,96	2,81	2,66	2,57	2,50	2,42	2,36	2,33	2,23	2,14
4,48	4,24	3,99	3,72	3,56	3,44	3,30	3,21	3,15	2,99	2,84
1,85	1,80	1,75	1,70	1,66	1,64	1,60	1,58	1,57	1,53	1,50
2,20	2,13	2,06	1,97	1,92	1,88	1,84	1,81	1,79	1,73	1,68
3,06	2,93	2,78	2,63	2,54	2,47	2,38	2,33	2,29	2,20	2,11
4,41	4,17	3,92	3,66	3,49	3,38	3,23	3,14	3,08	2,92	2,78
1,84	1,79	1,74	1,69	1,65	1,63	1,59	1,57	1,56	1,52	1,48
2,19	2,12	2,04	1,96	1,91	1,87	1,82	1,79	1,77	1,71	1,66
3,03	2,90	2,75	2,60	2,51	2,44	2,35	2,30	2,26	2,17	2,08
4,35	4,11	3,86	3,60	3,43	3,32	3,18	3,09	3,02	2,86	2,72
1,83	1,78	1,73	1,68	1,64	1,62	1,58	1,56	1,55	1,51	1,47
2,18	2,10	2,03	1,94	1,89	1,85	1,81	1,77	1,75	1,70	1,65
3,00	2,87	2,73	2,57	2,48	2,41	2,33	2,27	2,23	2,14	2,05
4,29	4,05	3,80	3,54	3,38	3,27	3,12	3,03	2,97	2,81	2,66
1,82	1,77	1,72	1,67	1,63	1,61	1,57	1,55	1,54	1,50	1,46
2,16	2,09	2,01	1,93	1,88	1,84	1,79	1,76	1,74	1,68	1,63
2,98	2,84	2,70	2,55	2,45	2,39	2,30	2,25	2,21	2,11	2,02
4,24	4,00	3,75	3,49	3,33	3,22	3,07	2,98	2,92	2,76	2,61
1,76	1,71	1,66	1,61	1,57	1,54	1,51	1,48	1,47	1,42	1,38
2,08	2,00	1,92	1,84	1,78	1,74	1,69	1,66	1,64	1,58	1,52
2,80	2,66	2,52	2,37	2,27	2,20	2,11	2,06	2,02	1,92	1,82
3,87	3,64	3,40	3,14	2,98	2,87	2,73	2,64	2,57	2,41	2,25
1,73	1,68	1,63	1,57	1,53	1,50	1,46	1,44	1,42	1,38	1,33
2,03	1,95	1,87	1,78	1,73	1,69	1,63	1,60	1,58	1,51	1,45
2,70	2,56	2,42	2,27	2,17	2,10	2,01	1,95	1,91	1,80	1,70
3,67	3,44	3,20	2,95	2,79	2,68	2,53	2,44	2,38	2,21	2,05
1,71	1,66	1,60	1,54	1,50	1,48	1,44	1,41	1,40	1,35	1,30
1,99	1,92	1,84	1,75	1,69	1,65	1,59	1,56	1,53	1,47	1,40
2,63	2,50	2,35	2,20	2,10	2,03	1,94	1,88	1,84	1,73	1,62
3,54	3,32	3,08	2,83	2,67	2,55	2,41	2,32	2,25	2,08	1,92
1,66	1,61	1,56	1,49	1,45	1,42	1,38	1,35	1,34	1,28	1,22
1,93	1,85	1,77	1,68	1,62	1,57	1,52	1,48	1,45	1,38	1,30
2,50	2,37	2,22	2,07	1,97	1,89	1,80	1,74	1,69	1,57	1,45
3,30	3,07	2,84	2,59	2,43	2,32	2,17	2,08	2,01	1,83	1,64
1,63	1,58	1,52	1,46	1,41	1,38	1,34	1,31	1,29	1,23	1,16
1,88	1,80	1,72	1,62	1,56	1,52	1,46	1,41	1,39	1,30	1,21
2,41	2,27	2,13	1,97	1,87	1,79	1,69	1,63	1,58	1,45	1,30
3,12	2,90	2,67	2,42	2,26	2,15	2,00	1,90	1,83	1,64	1,43
1,61	1,55	1,49	1,43	1,38	1,35	1,30	1,27	1,25	1,18	1,08
1,84	1,76	1,68	1,58	1,52	1,47	1,41	1,36	1,33	1,24	1,11
2,34	2,20	2,06	1,90	1,79	1,72	1,61	1,54	1,50	1,35	1,16
2,99	2,77	2,54	2,30	2,14	2,02	1,87	1,77	1,69	1,49	1,22

Tabela A.10 Valores críticos para distribuições da amplitude estudentizada

		m										
ν	α	2	3	4	5	6	7	8	9	10	11	12
5	0,05	3,64	4,60	5,22	5,67	6,03	6,33	6,58	6,80	6,99	7,17	7,32
	0,01	5,70	6,98	7,80	8,42	8,91	9,32	9,67	9,97	10,24	10,48	10,70
6	0,05	3,46	4,34	4,90	5,30	5,63	5,90	6,12	6,32	6,49	6,65	6,79
	0,01	5,24	6,33	7,03	7,56	7,97	8,32	8,61	8,87	9,10	9,30	9,48
7	0,05	3,34	4,16	4,68	5,06	5,36	5,61	5,82	6,00	6,16	6,30	6,43
	0,01	4,95	5,92	6,54	7,01	7,37	7,68	7,94	8,17	8,37	8,55	8,71
8	0,05	3,26	4,04	4,53	4,89	5,17	5,40	5,60	5,77	5,92	6,05	6,18
	0,01	4,75	5,64	6,20	6,62	6,96	7,24	7,47	7,68	7,86	8,03	8,18
9	0,05	3,20	3,95	4,41	4,76	5,02	5,24	5,43	5,59	5,74	5,87	5,98
	0,01	4,60	5,43	5,96	6,35	6,66	6,91	7,13	7,33	7,49	7,65	7,78
10	0,05	3,15	3,88	4,33	4,65	4,91	5,12	5,30	5,46	5,60	5,72	5,83
	0,01	4,48	5,27	5,77	6,14	6,43	6,67	6,87	7,05	7,21	7,36	7,49
11	0,05	3,11	3,82	4,26	4,57	4,82	5,03	5,20	5,35	5,49	5,61	5,71
	0,01	4,39	5,15	5,62	5,97	6,25	6,48	6,67	6,84	6,99	7,13	7,25
12	0,05	3,08	3,77	4,20	4,51	4,75	4,95	5,12	5,27	5,39	5,51	5,61
	0,01	4,32	5,05	5,50	5,84	6,10	6,32	6,51	6,67	6,81	6,94	7,06
13	0,05	3,06	3,73	4,15	4,45	4,69	4,88	5,05	5,19	5,32	5,43	5,53
	0,01	4,26	4,96	5,40	5,73	5,98	6,19	6,37	6,53	6,67	6,79	6,90
14	0,05	3,03	3,70	4,11	4,41	4,64	4,83	4,99	5,13	5,25	5,36	5,46
	0,01	4,21	4,89	5,32	5,63	5,88	6,08	6,26	6,41	6,54	6,66	6,77
15	0,05	3,01	3,67	4,08	4,37	4,59	4,78	4,94	5,08	5,20	5,31	5,40
	0,01	4,17	4,84	5,25	5,56	5,80	5,99	6,16	6,31	6,44	6,55	6,66
16	0,05	3,00	3,65	4,05	4,33	4,56	4,74	4,90	5,03	5,15	5,26	5,35
	0,01	4,13	4,79	5,19	5,49	5,72	5,92	6,08	6,22	6,35	6,46	6,56
17	0,05	2,98	3,63	4,02	4,30	4,52	4,70	4,86	4,99	5,11	5,21	5,31
	0,01	4,10	4,74	5,14	5,43	5,66	5,85	6,01	6,15	6,27	6,38	6,48
18	0,05	2,97	3,61	4,00	4,28	4,49	4,67	4,82	4,96	5,07	5,17	5,27
	0,01	4,07	4,70	5,09	5,38	5,60	5,79	5,94	6,08	6,20	6,31	6,41
19	0,05	2,96	3,59	3,98	4,25	4,47	4,65	4,79	4,92	5,04	5,14	5,23
	0,01	4,05	4,67	5,05	5,33	5,55	5,73	5,89	6,02	6,14	6,25	6,34
20	0,05	2,95	3,58	3,96	4,23	4,45	4,62	4,77	4,90	5,01	5,11	5,20
	0,01	4,02	4,64	5,02	5,29	5,51	5,69	5,84	5,97	6,09	6,19	6,28
24	0,05	2,92	3,53	3,90	4,17	4,37	4,54	4,68	4,81	4,92	5,01	5,10
	0,01	3,96	4,55	4,91	5,17	5,37	5,54	5,69	5,81	5,92	6,02	6,11
30	0,05	2,89	3,49	3,85	4,10	4,30	4,46	4,60	4,72	4,82	4,92	5,00
	0,01	3,89	4,45	4,80	5,05	5,24	5,40	5,54	5,65	5,76	5,85	5,93
40	0,05	2,86	3,44	3,79	4,04	4,23	4,39	4,52	4,63	4,73	4,82	4,90
	0,01	3,82	4,37	4,70	4,93	5,11	5,26	5,39	5,50	5,60	5,69	5,76
60	0,05	2,83	3,40	3,74	3,98	4,16	4,31	4,44	4,55	4,65	4,73	4,81
	0,01	3,76	4,28	4,59	4,82	4,99	5,13	5,25	5,36	5,45	5,53	5,60
120	0,05	2,80	3,36	3,68	3,92	4,10	4,24	4,36	4,47	4,56	4,64	4,71
	0,01	3,70	4,20	4,50	4,71	4,87	5,01	5,12	5,21	5,30	5,37	5,44
∞	0,05	2,77	3,31	3,63	3,86	4,03	4,17	4,29	4,39	4,47	4,55	4,62
	0,01	3,64	4,12	4,40	4,60	4,76	4,88	4,99	5,08	5,16	5,23	5,29

Tabela A.11 Áreas caudais da curva qui-quadrado

Área da cauda superior	$\nu = 1$	$\nu = 2$	$\nu = 3$	$\nu = 4$	$\nu = 5$
> 0,100	< 2,70	< 4,60	< 6,25	< 7,77	< 9,23
0,100	2,70	4,60	6,25	7,77	9,23
0,095	2,78	4,70	6,36	7,90	9,37
0,090	2,87	4,81	6,49	8,04	9,52
0,085	2,96	4,93	6,62	8,18	9,67
0,080	3,06	5,05	6,75	8,33	9,83
0,075	3,17	5,18	6,90	8,49	10,00
0,070	3,28	5,31	7,06	8,66	10,19
0,065	3,40	5,46	7,22	8,84	10,38
0,060	3,53	5,62	7,40	9,04	10,59
0,055	3,68	5,80	7,60	9,25	10,82
0,050	3,84	5,99	7,81	9,48	11,07
0,045	4,01	6,20	8,04	9,74	11,34
0,040	4,21	6,43	8,31	10,02	11,64
0,035	4,44	6,70	8,60	10,34	11,98
0,030	4,70	7,01	8,94	10,71	12,37
0,025	5,02	7,37	9,34	11,14	12,83
0,020	5,41	7,82	9,83	11,66	13,38
0,015	5,91	8,39	10,46	12,33	14,09
0,010	6,63	9,21	11,34	13,27	15,08
0,005	7,87	10,59	12,83	14,86	16,74
0,001	10,82	13,81	16,26	18,46	20,51
< 0,001	> 10,82	> 13,81	> 16,26	> 18,46	> 20,51

Área da cauda superior	$\nu = 6$	$\nu = 7$	$\nu = 8$	$\nu = 9$	$\nu = 10$
> 0,100	< 10,64	< 12,01	< 13,36	< 14,68	< 15,98
0,100	10,64	12,01	13,36	14,68	15,98
0,095	10,79	12,17	13,52	14,85	16,16
0,090	10,94	12,33	13,69	15,03	16,35
0,085	11,11	12,50	13,87	15,22	16,54
0,080	11,28	12,69	14,06	15,42	16,75
0,075	11,46	12,88	14,26	15,63	16,97
0,070	11,65	13,08	14,48	15,85	17,20
0,065	11,86	13,30	14,71	16,09	17,44
0,060	12,08	13,53	14,95	16,34	17,71
0,055	12,33	13,79	15,22	16,62	17,99
0,050	12,59	14,06	15,50	16,91	18,30
0,045	12,87	14,36	15,82	17,24	18,64
0,040	13,19	14,70	16,17	17,60	19,02
0,035	13,55	15,07	16,56	18,01	19,44
0,030	13,96	15,50	17,01	18,47	19,92
0,025	14,44	16,01	17,53	19,02	20,48
0,020	15,03	16,62	18,16	19,67	21,16
0,015	15,77	17,39	18,97	20,51	22,02
0,010	16,81	18,47	20,09	21,66	23,20
0,005	18,54	20,27	21,95	23,58	25,18
0,001	22,45	24,32	26,12	27,87	29,58
< 0,001	> 22,45	> 24,32	> 26,12	> 27,87	> 29,58

(*continua*)

Tabela A.11 Áreas caudais da curva qui-quadrado (*continuação*)

Área da cauda superior	$\nu = 11$	$\nu = 12$	$\nu = 13$	$\nu = 14$	$\nu = 15$
> 0,100	< 17,27	< 18,54	< 19,81	< 21,06	< 22,30
0,100	17,27	18,54	19,81	21,06	22,30
0,095	17,45	18,74	20,00	21,26	22,51
0,090	17,65	18,93	20,21	21,47	22,73
0,085	17,85	19,14	20,42	21,69	22,95
0,080	18,06	19,36	20,65	21,93	23,19
0,075	18,29	19,60	20,89	22,17	23,45
0,070	18,53	19,84	21,15	22,44	23,72
0,065	18,78	20,11	21,42	22,71	24,00
0,060	19,06	20,39	21,71	23,01	24,31
0,055	19,35	20,69	22,02	23,33	24,63
0,050	19,67	21,02	22,36	23,68	24,99
0,045	20,02	21,38	22,73	24,06	25,38
0,040	20,41	21,78	23,14	24,48	25,81
0,035	20,84	22,23	23,60	24,95	26,29
0,030	21,34	22,74	24,12	25,49	26,84
0,025	21,92	23,33	24,73	26,11	27,48
0,020	22,61	24,05	25,47	26,87	28,25
0,015	23,50	24,96	26,40	27,82	29,23
0,010	24,72	26,21	27,68	29,14	30,57
0,005	26,75	28,29	29,81	31,31	32,80
0,001	31,26	32,90	34,52	36,12	37,69
< 0,001	> 31,26	> 32,90	> 34,52	> 36,12	> 37,69

Área da cauda superior	$\nu = 16$	$\nu = 17$	$\nu = 18$	$\nu = 19$	$\nu = 20$
> 0,100	< 23,54	< 24,77	< 25,98	< 27,20	< 28,41
0,100	23,54	24,76	25,98	27,20	28,41
0,095	23,75	24,98	26,21	27,43	28,64
0,090	23,97	25,21	26,44	27,66	28,88
0,085	24,21	25,45	26,68	27,91	29,14
0,080	24,45	25,70	26,94	28,18	29,40
0,075	24,71	25,97	27,21	28,45	29,69
0,070	24,99	26,25	27,50	28,75	29,99
0,065	25,28	26,55	27,81	29,06	30,30
0,060	25,59	26,87	28,13	29,39	30,64
0,055	25,93	27,21	28,48	29,75	31,01
0,050	26,29	27,58	28,86	30,14	31,41
0,045	26,69	27,99	29,28	30,56	31,84
0,040	27,13	28,44	29,74	31,03	32,32
0,035	27,62	28,94	30,25	31,56	32,85
0,030	28,19	29,52	30,84	32,15	33,46
0,025	28,84	30,19	31,52	32,85	34,16
0,020	29,63	30,99	32,34	33,68	35,01
0,015	30,62	32,01	33,38	34,74	36,09
0,010	32,00	33,40	34,80	36,19	37,56
0,005	34,26	35,71	37,15	38,58	39,99
0,001	39,25	40,78	42,31	43,81	45,31
< 0,001	> 39,25	> 40,78	> 42,31	> 43,81	> 45,31

Tabela A.12 Valores críticos para o teste de normalidade Ryan-Joiner

		α		
		0,10	**0,05**	**0,01**
n	**5**	0,9033	0,8804	0,8320
	10	0,9347	0,9180	0,8804
	15	0,9506	0,9383	0,9110
	20	0,9600	0,9503	0,9290
	25	0,9662	0,9582	0,9408
	30	0,9707	0,9639	0,9490
	40	0,9767	0,9715	0,9597
	50	0,9807	0,9764	0,9664
	60	0,9835	0,9799	0,9710
	75	0,9865	0,9835	0,9757

Tabela A.13 Valores críticos para o teste de postos com sinais de Wilcoxon $P_0(S_+ \geq c_1) = P(S_+ \geq c_1 \text{ quando } H_0 \text{ é verdadeira})$

n	c_1	$P_0(S_+ \geq c_1)$
3	6	0,125
4	9	0,125
	10	0,062
5	13	0,094
	14	0,062
	15	0,031
6	17	0,109
	19	0,047
	20	0,031
	21	0,016
7	22	0,109
	24	0,055
	26	0,023
	28	0,008
8	28	0,098
	30	0,055
	32	0,027
	34	0,012
	35	0,008
	36	0,004
9	34	0,102
	37	0,049
	39	0,027
	42	0,010
	44	0,004
10	41	0,097
	44	0,053
	47	0,024
	50	0,010
	52	0,005
11	48	0,103
	52	0,051
	55	0,027
	59	0,009
	61	0,005
12	56	0,102
	60	0,055
	61	0,046
	64	0,026
	68	0,010
	71	0,005
13	64	0,108
	65	0,095
	69	0,055
	70	0,047
	74	0,024
	78	0,011
	79	0,009
	81	0,005
14	73	0,108
	74	0,097
	79	0,052
	84	0,025
	89	0,010
	92	0,005
15	83	0,104
	84	0,094
	89	0,053
	90	0,047
	95	0,024
	100	0,011
	101	0,009
	104	0,005
16	93	0,106
	94	0,096
	100	0,052
	106	0,025
	112	0,011
	113	0,009
	116	0,005
17	104	0,103
	105	0,095
	112	0,049
	118	0,025
	125	0,010
	129	0,005
18	116	0,098
	124	0,049
	131	0,024
	138	0,010
	143	0,005
19	128	0,098
	136	0,052
	137	0,048
	144	0,025
	152	0,010
	157	0,005
20	140	0,101
	150	0,049
	158	0,024
	167	0,010
	172	0,005

Tabela A.14 Valores críticos para o teste da soma dos postos de Wilcoxon

$P_0(W \geq c) = P(W \geq c \text{ quando } H_0 \text{ é verdadeira})$

m	n	c	$P_0(W \geq c)$
3	3	15	0,05
	4	17	0,057
		18	0,029
	5	20	0,036
		21	0,018
	6	22	0,048
		23	0,024
		24	0,012
	7	24	0,058
		26	0,017
		27	0,008
	8	27	0,042
		28	0,024
		29	0,012
		30	0,006
4	4	24	0,057
		25	0,029
		26	0,014
	5	27	0,056
		28	0,032
		29	0,016
		30	0,008
	6	30	0,057
		32	0,019
		33	0,010
		34	0,005
	7	33	0,055
		35	0,021
		36	0,012
		37	0,006
	8	36	0,055
		38	0,024
		40	0,008
		41	0,004
5	5	36	0,048
		37	0,028
		39	0,008
		40	0,004
	6	40	0,041
		41	0,026
		43	0,009
		44	0,004
	7	43	0,053
		45	0,024
		47	0,009
		48	0,005
	8	47	0,047
		49	0,023
		51	0,009
		52	0,005
6	6	50	0,047
		52	0,021
		54	0,008
		55	0,004
	7	54	0,051
		56	0,026
		58	0,011
		60	0,004
	8	58	0,054
		61	0,021
		63	0,01
		65	0,004
7	7	66	0,049
		68	0,027
		71	0,009
		72	0,006
	8	71	0,047
		73	0,027
		76	0,01
		78	0,005
8	8	84	0,052
		87	0,025
		90	0,01
		92	0,005

Tabela A.15 Valores críticos para o intervalo de postos com sinais de Wilcoxon $(\bar{x}_{(n(n+1)/2-c+1)}, \bar{x}_{(c)})$

n	Nível de confiança (%)	*c*	*n*	Nível de confiança (%)	*c*	*n*	Nível de confiança (%)	*c*
5	93,8	15	13	99,0	81	20	99,1	173
	87,5	14		95,2	74		95,2	158
6	96,9	21		90,6	70		90,3	150
	93,7	20	14	99,1	93	21	99,0	188
	90,6	19		95,1	84		95,0	172
7	98,4	28		89,6	79		89,7	163
	95,3	26	15	99,0	104	22	99,0	204
	89,1	24		95,2	95		95,0	187
8	99,2	36		90,5	90		90,2	178
	94,5	32	16	99,1	117	23	99,0	221
	89,1	30		94,9	106		95,2	203
9	99,2	44		89,5	100		90,2	193
	94,5	39	17	99,1	130	24	99,0	239
	90,2	37		94,9	118		95,1	219
10	99,0	52		90,2	112		89,9	208
	95,1	47	18	99,0	143	25	99,0	257
	89,5	44		95,2	131		95,2	236
11	99,0	61		90,1	124		89,9	224
	94,6	55	19	99,1	158			
	89,8	52		95,1	144			
12	99,1	71		90,4	137			
	94,8	64						
	90,8	61						

Tabela A.16 Valores críticos para o intervalo da soma dos postos de Wilcoxon

$(d_{ij(mn-c+1)}, d_{ij(c)})$

	Tamanho amostral menor							
	5		**6**		**7**		**8**	
Tamanho amostral maior	**Nível de confiança (%)**	*c*	**Nível de confiança (%)**	*c*	**Nível de confiança (%)**	*c*	**Nível de confiança (%)**	*c*
5	99,2	25						
	94,4	22						
	90,5	21						
6	99,1	29	99,1	34				
	94,8	26	95,9	31				
	91,8	25	90,7	29				
7	99,0	33	99,2	39	98,9	44		
	95,2	30	94,9	35	94,7	40		
	89,4	28	89,9	33	90,3	38		
8	98,9	37	99,2	44	99,1	50	99,0	56
	95,5	34	95,7	40	94,6	45	95,0	51
	90,7	32	89,2	37	90,6	43	89,5	48
9	98,8	41	99,2	49	99,2	56	98,9	62
	95,8	38	95,0	44	94,5	50	95,4	57
	88,8	35	91,2	42	90,9	48	90,7	54
10	99,2	46	98,9	53	99,0	61	99,1	69
	94,5	41	94,4	48	94,5	55	94,5	62
	90,1	39	90,7	46	89,1	52	89,9	59
11	99,1	50	99,0	58	98,9	66	99,1	75
	94,8	45	95,2	53	95,6	61	94,9	68
	91,0	43	90,2	50	89,6	57	90,9	65
12	99,1	54	99,0	63	99,0	72	99,0	81
	95,2	49	94,7	57	95,5	66	95,3	74
	89,6	46	89,8	54	90,0	62	90,2	70

	Tamanho amostral menor							
	9		**10**		**11**		**12**	
Tamanho amostral maior	**Nível de confiança (%)**	*c*	**Nível de confiança (%)**	*c*	**Nível de confiança (%)**	*c*	**Nível de confiança (%)**	*c*
9	98,9	69						
	95,0	63						
	90,6	60						
10	99,0	76	99,1	84				
	94,7	69	94,8	76				
	90,5	66	89,5	72				
11	99,0	83	99,0	91	98,9	99		
	95,4	76	94,9	83	95,3	91		
	90,5	72	90,1	79	89,9	86		
12	99,1	90	99,1	99	99,1	108	99,0	116
	95,1	82	95,0	90	94,9	98	94,8	106
	90,5	78	90,7	86	89,6	93	89,9	101

Tabela A.17 Curvas β para testes t

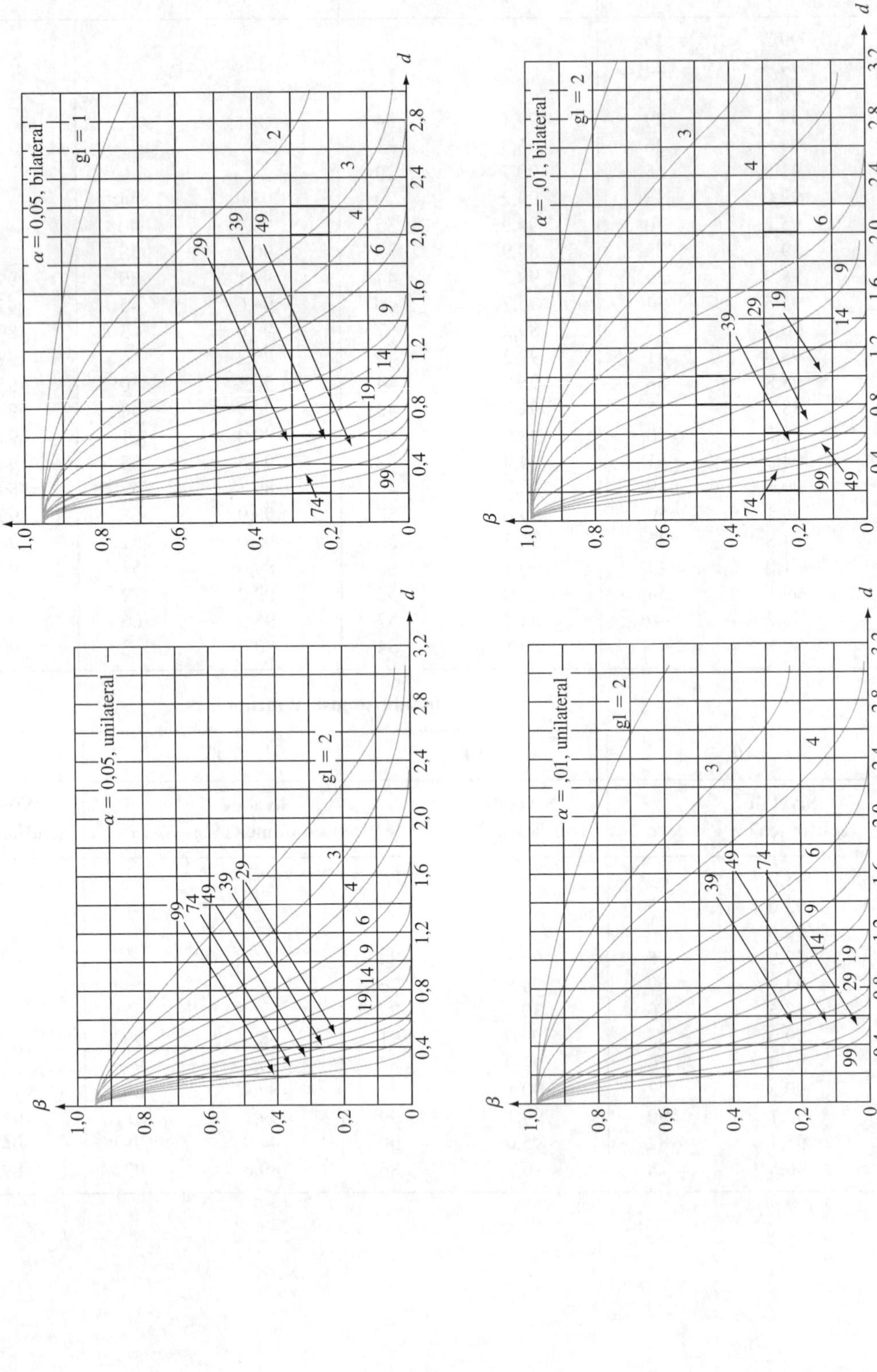

Respostas para os exercícios ímpares selecionados

Capítulo 1

1. **a.** Não. Todos os estudantes fazendo um grande curso de estatística que participam de um programa SI deste tipo.
   b. A aleatorização protege contra diversos desvios e ajuda a garantir que aqueles no grupo SI sejam semelhantes tanto quanto possível aos estudantes do grupo controle.
   c. Não haveria uma base sólida para avaliar a eficácia do SI (nada a que as pontuações no SI poderiam ser comparadas razoavelmente).

3. **a.** Qual é a probabilidade de mais da metade dos computadores amostrados precisar ou ter precisado do serviço de garantia? Qual é o número esperado entre os 100 que precisam do serviço de garantia? Qual é a probabilidade de o número precisando do serviço de garantia exceder o número esperado em mais de 10?
   b. Suponha que 15 dos 100 itens amostrados tenham precisado do serviço de garantia. Quão confiantes podemos ficar de que a proporção de *todos* esses computadores precisando do serviço de garantia está entre 0,08 e 0,22? A amostra fornece evidências convincentes para se concluir que mais de 10% de todos esses computadores precisam do serviço de garantia?

5. **a.** *Los Angeles Times, Oberlin Tribune, Gainesville Sun, Washington Post*
   b. Duke Energy, Clorox, Seagate, Neiman Marcus
   c. Vince Correa, Catherine Miller, Michael Cutler, Ken Lee
   d. 2,97, 3,56, 2,20, 2,97

7. Pode-se gerar uma amostra aleatória simples de todas as residências com uma única família na cidade ou uma amostra aleatória estratificada obtendo-se uma amostra aleatória simples de cada um dos 10 bairros. De cada uma das residências selecionadas, os valores de todas as variáveis desejáveis seriam determinados. Este seria um estudo enumerativo, pois existe uma população identificável finita de objetos a partir dos quais pode-se produzir a amostra.

9. **a.** Possível erro de medição, erro de gravação, diferenças nas condições ambientais no momento da medição, etc.
   b. Não é enumerativo. Não há estrutura de amostragem.

11.

6L	430
6H	769689
7L	42014202
7H	
8L	011211410342
8H	9595578
9L	30
9H	58

A lacuna nos dados - não há pontuações na década de 70.

13. **a.**

y	Freq.	Freq. rel.
0	17	0,362
1	22	0,468
2	6	0,128
3	1	0,021
4	0	0,000
5	1	0,021
	47	1,000

0,362, 0,638

b.

z	Freq.	Freq. rel.
0	13	0,277
1	11	0,234
2	3	0,064
3	7	0,149
4	5	0,106
5	3	0,064
6	3	0,064
7	0	0,000
8	2	0,043
	47	1,001

0,894, 0,830

15.

Am		Fr
	8	1
157020153504	9	00645632
9324	10	2563
6306	11	6913
058	12	325528
8	13	7
	14	
	15	8
2	16	

Ramo: Centenas e dezenas
Folha: Unidades

Valores representativos: abaixo de 100 para Am e abaixo de 110 para Fr. 162 é um outlier de Am e 158 é, talvez, um outlier de Fr.

17. **a.**
12 2 folha: unidades
12 445
12 6667777
12 889999
13 0001111111
13 2222222222233333333333333
13 44444444444444444455555555555555555555
13 6666666666667777777777
13 888888888888999999
14 0000001111
14 2333333
14 444
14 77
simetria
   b. Tem formato próximo ao de um sino, centro ≈ 135, dispersão não insignificante, sem lacunas ou outliers.

19. **a.** 0,99 (99%), 0,71 (71%)
   b. 0,64 (64%), 0,44 (44%)
   c. Falando de forma estrita, o histograma não é unimodal, mas está próximo de sê-lo com uma inclinação positiva moderada. Um tamanho de amostra muito maior provavelmente daria uma figura mais suave.

21. a.

N° fora de conformidade	Frequência	Freq. rel.
0	7	0,117
1	12	0,200
2	13	0,217
3	14	0,233
4	6	0,100
5	3	0,050
6	3	0,050
7	1	0,017
8	1	0,017
	60	1,001

b. 0,917, 0,867, 1 − 0,867 = 0,133

c. O histograma possui uma inclinação positiva substancial. Ele está centrado em algum lugar entre 2 e 3 e se dispersa um pouco em relação ao seu centro.

23.

Queixa	Freq.	Freq. rel
J	10	0,1667
F	9	0,1500
B	7	0,1167
M	4	0,0667
C	3	0,0500
N	6	0,1000
O	21	0,3500
	60	1,0001

25.

Classe	Freq.	Classe	Freq.
10 ⊢ 20	8	1,1 ⊢ 1,2	2
20 ⊢ 30	14	1,2 ⊢ 1,3	6
30 ⊢ 40	8	1,3 ⊢ 1,4	7
40 ⊢ 50	4	1,4 ⊢ 1,5	9
50 ⊢ 60	3	1,5 ⊢ 1,6	6
60 ⊢ 70	2	1,6 ⊢ 1,7	4
70 ⊢ 80	1	1,7 ⊢ 1,8	5
	40	1,8 ⊢ 1,9	1
			40

Original: inclinado positivamente;

Transformado: muito mais simétrico, não longe do formato de sino.

27. a. A observação 50 cai em um limite de classe.

b.

Classe	Freq.	Freq. rel.
0 ⊢ 250	9	0,18
50 ⊢ 100	19	0,38
100 ⊢ 150	11	0,22
150 ⊢ 200	4	0,08
200 ⊢ 300	4	0,08
300 ⊢ 400	2	0,04
400 ⊢ 500	0	0,00
500 ⊢ 600	1	0,02
	50	1,00

Um valor representativo (central) fica um pouco abaixo ou um pouco acima de 100, dependendo de como o centro é medido. Há uma grande variabilidade nos tempos de vida, especialmente nos valores na extremidade superior dos dados. Existem vários candidatos a outliers.

c.

Classe	Freq.	Freq. rel.
2,25 ⊢ 2,75	2	0,04
2,75 ⊢ 3,25	2	0,04
3,25 ⊢ 3,75	3	0,06
3,75 ⊢ 4,25	8	0,16
4,25 ⊢ 4,75	18	0,36
4,75 ⊢ 5,25	10	0,20
5,25 ⊢ 5,75	4	0,08
5,75 ⊢ 6,25	3	0,06
	50	1,00

Há muito mais simetria na distribuição dos valores ln(x) do que nos valores x em si, além de menos variabilidade. Não há mais lacunas ou outliers óbvios.

d. 0,38, 0,14

29. As amplitudes de classe não são iguais, de modo que a escala de densidade deve ser usada. As densidades para as seis classes são 0,2030, 0,1373, 0,0303, 0,0086, 0,0021 e 0,0009, respectivamente. O histograma resultante é unimodal com uma inclinação positiva bastante substancial.

31.

Classe	Freq.	Freq. acum.	Freq. rel. acum.
0 ⊢ 4	2	2	0,050
4 ⊢ 8	14	16	0,400
8 ⊢ 12	11	27	0,675
12 ⊢ 16	8	35	0,875
16 ⊢ 20	4	39	0,975
20 ⊢ 24	0	39	0,975
24 ⊢ 28	1	40	1,000

33. a. 640,5, 582,5

b. 610,5, 582,5

c. 591,2

d. 593,71

35. $\tilde{x} = 68{,}0$, $\bar{x}_{tr(20)} = 66{,}2$, $\bar{x}_{tr(30)} = 67{,}5$

37. $\bar{x}_{tr(10)} = 11{,}46$

39. a. $\bar{x} = 12{,}55$, $\tilde{x} = 12{,}50$, $\bar{x}_{tr(12,5)} = 12{,}40$. A exclusão da maior observação (18,0) faz que $\tilde{x}$ e $\bar{x}_{tr}$ sejam um pouco menores que $\bar{x}$.

b. Em, no máximo, 4,0

c. Não; multiplique os valores de $\bar{x}$ e $\tilde{x}$ pelo fator de conversão 1/2,2.

41. a. 0,7

b. Também 0,7

c. 13

43. a. $\bar{x} = 1{,}0297$, $\tilde{x} = 1{,}009$

b. 0,383

45. a. 1264,766, 35,564

b. 0,351, 0,593

47. $\bar{x} = 116{,}2$, $s = 25{,}75$. A magnitude de s indica uma quantidade substancial de variação ao redor do centro (um desvio "representativo" de aproximadamente 25).

49. a. 56,80, 197,8040

b. 0,5016, 0,708

51. a. Sim. 125,8 é um outlier extremo e 250,2 é um outlier moderado.

b. Além da presença de outliers, há uma assimetria positiva nos 50% centrais dos dados e, com exceção dos outliers, de forma geral. Com exceção dos dois outliers, parece haver uma quantidade pequena de variabilidade nos dados.

53. **a.** Mistos: 1,121, 1,050, 0,536
Crescimento: 1,244, 1,100, 0,448
b. Razões típicas são muito semelhantes para os dois tipos. Há um pouco mais de variabilidade na amostra dos Fundos Mistos, principalmente em função dos dois outliers (um moderado e um extremo). Para os Fundos Mistos, há uma simetria substancial nos 50% centrais, mas uma assimetria positiva no geral. Para os Fundos de Crescimento, há um desvio positivo substancial nos 50% centrais e uma assimetria positiva sutil no geral.

55. **a.** 33
b. Não
c. Uma assimetria positiva leve na metade central, mas bastante simétrico no geral. O grau de variabilidade parece ser substancial.
d. No máximo 32

57. **a.** $\bar{x} = 115{,}58$; os desvios são 10,82, 0,32, −0,98, −0,38, 0,22
b. 0,482, 0,694
c. 0,482
d. 0,482

59. **a.** ED: 0,4, 0,10, 2,75, 2,65;
Sem Ed: 1,60, 0,30, 7,90, 7,60
b. ED: 8,9 e 9,2 são outliers moderados e 11,7 e 21,0 são outliers extremos. Não existem outliers na amostra sem ED.
c. Quatro outliers para ED, nenhum para sem ED. Assimetria positiva substancial em ambas as amostras; menos variabilidade em ED (*fs* menor) e observações de sem ED tendem a ser um tanto maiores do que as observações de ED.

61. Outliers, tanto moderados quanto extremos, apenas às 6 a.m. Distribuições em outros horários são muito simétricas. A variabilidade aumenta um pouco até 14h. e, então, diminui levemente e o mesmo é verdadeiro para valores "típicos" de coeficiente de vapor de gasolina.

63. $\bar{x} = 64{,}89$, $\tilde{x} = 64{,}70$, $s = 7{,}803$, 4° inferior = 57,8, 4° superior = 70,4, $f_s = 12{,}6$. Um histograma consistindo em 8 classes começando em 52, cada uma com largura 4, é bimodal, mas perto de ser unimodal com inclinação positiva. Um boxplot não apresenta outliers, há uma inclinação negativa bastante sutil nos 50% centrais e o "bigode" superior é muito mais longo que o "bigode" inferior.
b. 0,9231, 0,9053
c. 0,48

65. **a.** $\bar{x}_{n+1} = (n\bar{x}_n + x_{n+1})/(n + 1)$ **c.** 12,53, 0,532

67. **a.** M: $\bar{x} = 3{,}64$, $\tilde{x} = 3{,}70$, $s = 0{,}269$, $f_s = 0{,}40$
F: $\bar{x} = 3{,}28$, $\tilde{x} = 3{,}15$, $s = 0{,}478$, $f_s = 0{,}50$
Os valores para pessoas do sexo feminino são frequentemente um pouco menores que os valores para pessoas do sexo masculino e mostram um pouco mais de variabilidade. Um boxplot de pacientes do sexo M apresenta inclinação negativa enquanto um boxplot de pacientes do sexo F apresenta inclinação positiva.
b. F: $\bar{x}_{tr(10)} = 3{,}24$ M: $\bar{x}_{tr(10)} = 3{,}652 \approx 3{,}65$

69. **a.** $\bar{y} = a\bar{x} + b$, $s_y^2 = a^2 s_x^2$ **b.** 189,14, 1,87

73. $\bar{x} = 0{,}9255$, $s = 0{,}0809$, $\tilde{x} = 0{,}93$, pequena quantidade de variabilidade, pouca assimetria

75. **a.** Os "resumos de cinco números" ($\tilde{x}$, os dois quartos, e a menor e a maior observações) são idênticos e não existem outliers, então, os três boxplots individuais são idênticos.
b. Diferenças na variabilidade, natureza das lacunas e existência de aglomerados para as três amostras.
c. Não. Os detalhes foram perdidos.

77. **c.** Profundidades representativas são muito semelhantes para os quatro tipos de solos – entre 1,5 e 2. Dados dos solos C e CL mostram muito mais variabilidade do que para os outros dois tipos. Os boxplots para os três primeiros tipos apresentam inclinação positiva substancial nos 50% centrais e no geral. O boxplot para o solo SYCL apresenta inclinação negativa nos 50% centrais e inclinação positiva sutil no geral. Por fim, existem múltiplos outliers para os três primeiros tipos de solos, incluindo outliers extremos.

79. **a.** A média, mediana e média aparada são praticamente idênticas, sugerindo uma quantidade substancial de simetria nos dados; o fato de que os quartis estão aproximadamente à mesma distância da mediana e de que a menor e a maior observações estão mais ou menos equidistantes do centro, oferece sustentação adicional para simetria. O desvio padrão é bastante pequeno em relação à média e à mediana.
b. Consulte os comentários de (a). Além disso, usando 1,5 (Q3 − Q1) como parâmetro, as duas maiores e as três menores observações são outliers moderados.

81. Um desvio positivo substancial (supondo unimodalidade)

83. **a.** Todos os pontos caem em uma linha de 45°. Pontos caem abaixo de uma linha de 45°.
b. Pontos caem bem abaixo de uma linha de 45°, indicando uma inclinação positiva substancial.

Capítulo 2

1. **a.** $\mathcal{S}$ = {1324, 3124, 1342, 3142, 1423, 1432, 4123, 4132, 2314, 2341, 3214, 3241, 2413, 2431, 4213, 4231}
b. A = {1324, 1342, 1423, 1432}
c. B = {2314, 2341, 3214, 3241, 2413, 2431, 4213, 4231}
d. $A \cup B$ = {1324, 1342, 1423, 1432, 2314, 2341, 3214, 3241, 2413, 2431, 4213, 4231},
$A \cap B$ não contém resultados (A e B são disjuntos),
A' = {3124, 3142, 4123, 4132, 2314, 2341, 3214, 3241, 2413, 2431, 4213, 4231}

5. **a.** $\mathcal{S}$ = {(1, 1, 1), (1, 1, 2), (1, 1, 3), (1, 2, 1), (1, 2, 2), (1, 2, 3), (1, 3, 1), (1, 3, 2), (1, 3, 3), (2, 1, 1), (2, 1, 2), (2, 1, 3), (2, 2, 1), (2, 2, 2), (2, 2, 3), (2, 3, 1), (2, 3, 2), (2, 3, 3), (3, 1, 1), (3, 1, 2), (3, 1, 3), (3, 2, 1), (3, 2, 2), (3, 2, 3), (3, 3, 1), (3, 3, 2), (3, 3, 3)} **b.** {(1, 1, 1), (2, 2, 2), (3, 3, 3)}
c. {(1, 2, 3), (1, 3, 2), (2, 1, 3), (2, 3, 1), (3, 1, 2), (3, 2, 1)}
d. {(1, 1, 1), (1, 1, 3), (1, 3, 1), (1, 3, 3), (3, 1, 1), (3, 1, 3), (3, 3, 1), (3, 3, 3)}

7. **a.** Existem 35 resultados em $\mathcal{S}$.
b. {*AABABAB, AABAABB, AAABBAB, AAABABB, AAAABBB*}

9. **a.** A = {SSF, SFS, FSS}

b. $B = \{SSF, SFS, FSS, SSS\}$
c. $C = \{SFS, SSF, SSS\}$
d. $C' = \{FFF, FSF, FFS, FSS, SFF\}$,
$A \cup C = \{SSF, SFS, FSS, SSS\}$,
$A \cap C = \{SSF, SFS\}$,
$B \cup C = \{SSF, SFS, FSS, SSS\} = B$,
$B \cap C = \{SSF, SFS, SSS\} = C$,

11. **a.** 0,07 **b.** 0,30 **c.** 0,57

13. **a.** 0,36 **b.** 0,64 **c.** 0,53
d. 0,47 **e.** 0,17 **f.** 0,75

15. **a.** .85 **b.** 0,15 **c.** 0,22 **d.** 0,35

17. **a.** Existem pacotes de software estatístico além do SPSS e do SAS.
b. 0,70 **c.** 0,80 **d.** 0,20

19. **a.** 0,10 **b.** 0,18, 0,19 **c.** 0,41 **d.** 0,59
e. 0,31 **f.** 0,69

21. **a.** 0,572 **b.** 0,879

23. **a.** 0,067 **b.** 0,400 **c.** 0,933 **d.** 0,533

25. **a.** 0,8841 **b.** 0,0435

27. **a.** 0,1 **b.** 0,7 **c.** 0,6

29. **a.** 676; 1.296 **b.** 17.576; 46.656
c. 456.976; 1.679.616 **d.** 0,942

31. 0,000394, 0,00394, 0,00001539

33. **a.** 1.816.214.400 **b.** 659.067.881.572.000 **c.** 9.072.000

35. **a.** 38.760, 0,0048 **b.** 0,0054
c. 0,9946 **d.** 0,2885

37. **a.** 243 **b.** 3 645 dias (cerca de 10 anos)

39. **a.** 0,0839 **b.** 0,24975

41. **a.** 10.000 **b.** 0,9876 **c.** 0,0333
d. 0,0337

43. **a.** 60 **b.** 10 **c.** 0,0456

45. **a.** 0,447, 0,500, 0,200 **b.** 0,400, 0,447 **c.** 0,211

47. **a.** 0,50 **b.** 0,50 **c.** 0,625
d. 0,375 **e.** 0,769

49. 0,087, 0,652, 0,261

51. **a.** 0,436, **b.** 0,581

53. 0,083

55. **a.** 0,126 **b.** 0,05 **c.** 0,1125
d. 0,2725 **e.** 0,5325 **f.** 0,2113

59. **a.** 0,21 **b.** 0,455 **c.** 0,264, 0,462, 0,274

61. 0,236

63. **b.** 0,54 **c.** 0,68 **d.** 0,74
e. 0,7941

65. **a.** 0,34, 0,40 **b.** 0,588 **c.** 0,50

67. 0,000329; muito desconfortável.

69. **a.** 0,578, 0,278, 0,144 **b.** 0, 0,457, 0,543

71. **a.** 0,300 **b.** 0,820 **c.** 0,146

73. $[2\pi(1 - \pi)]/(1 - \pi^2)$

75. 0,401, 0,722

77. **a.** $p(2 - p)$ **b.** $1 - (1 - p)^n$ **c.** $(1 - p)^3$
d. $0{,}9 + (1 - p)^3(0{,}1)$
e. $0{,}1(1 - p)^3/[0{,}9 + 0{,}1(1 - p)^3] = 0{,}0137$ para $p = 0{,}5$

81. **a.** 0,95

83. **a.** 0,10, 0,20 **b.** 0

85. 0,0059

87. **a.** 0,40 **b.** 0,571
c. Não: $0{,}571 \neq 0{,}65$, e também $0{,}40 \neq (0{,}65)(0{,}7)$
d. 0,733

89. **a.** 0,06235 **b.** 0,00421

91. **a.** 0,956 **b.** 0,994

93. 0,45, 0,32

95. **a.** 0,0083 **b.** 0,2 **c.** 0,2 **d.** 0,1074

97. 0,905

99. **a.** 0,333, 0,444 **b.** 0,150 **c.** 0,291

101. 0,926

103. $1/4 = P(A_1 \cap A_2 \cap A_3)$
$\neq P(A_1) \cdot P(A_2) \cdot P(A_3) = 1/8$

105. **a.** 0,883, 0,117 **b.** 23 **c.** 0,156

107. $1 - (1 - p_1)(1 - p_2) \cdot \cdots \cdot (1 - p_n)$

109. **a.** 0,018 **b.** 0,601

111. $P(\text{contratar \#1}) = 6/24$ para $s = 0$, $= 11/24$ para $s = 1$, $= 10/24$ para $s = 2$, e $= 6/24$ para $s = 3$, então $s = 1$ é melhor.

113. **a.** 0,0417 **b.** 0,375

Capítulo 3

1.a. $\{0, 1, \ldots, 12\}$; discreta **c.** $\{1, 2, 3, \ldots\}$; discreta
e. $\{0, c, 2c, \ldots, 10.000c\}$, onde c representa os *royalties* por livro; discreta **g.** $\{x: m \leq x \leq M\}$ onde m (M) é a mínima (máxima) tensão possível; contínua

3. Z = média de dois números, com valores possíveis 2/2, 3/2, . . . , 12/2; W = valor absoluta da diferença, com valores possíveis 0, 1, 2, 3, 4, 5

5. Não. No Exemplo 3.4, seja $Y = 1$ se, no máximo, três baterias forem examinadas e seja $Y = 0$, caso contrário. Então, Y possui apenas dois valores.

7. $x = 0$ para *FFF;* $x = 1$ para *SFF, FSF* e *FFS;* $x = 2$ para *SSF, SFS,* e *FSS;* e $x = 3$ para *SSS*

9. **a.** $\{2, 4, 6, 8, \ldots\}$, isto é, $\{2(1), 2(2), 2(3), 2(4), \ldots\}$, uma sequência infinita; discreta
b. $\{2, 3, 4, 5, 6, \ldots\}$, isto é, $\{1 + 1, 1 + 2, 1 + 3, 1 + 4, \ldots\}$, uma sequência infinita; discreta

11. $p(0) = 0{,}09$, $p(1) = 0{,}40$, $p(2) = 0{,}32$, $p(3) = 0{,}19$

13. **a.** 0,70 **b.** 0,45 **c.** 0,55
d. 0,71 **e.** 0,65 **f.** 0,45

15. **a.** (1, 2), (1, 3), (1, 4), (1, 5), (2, 3), (2, 4), (2, 5), (3, 4), (3, 5), (4, 5)
b. $p(0) = 0{,}3$, $p(1) = 0{,}6$, $p(2) = 0{,}1$
c. $F(x) = 0$ para $x < 0$, $= 0{,}3$ para $0 \leq x < 1$, $= 0{,}9$ para $1 \leq x < 2$ e $= 1$ para $2 \leq x$

17. **a.** 0,81 **b.** 0,162
c. Deve ser *A*; *AUUUA, UAUUA, UUAUA, UUUAA;* 0,00405

19. **a.** 1 234, 1 243, 1 324, . . . , 4 321
b. $p(0) = 9/24$, $p(1) = 8/24$, $p(2) = 6/24$, $p(3) = 0$, $p(4) = 1/24$

21. **b.** $p(x) = 0{,}301, 0{,}176, 0{,}125, 0{,}097, 0{,}079, 0{,}067, 0{,}058, 0{,}051, 0{,}046$ para $x = 1, 2, \ldots, 9$
c. $F(x) = 0$ para $x < 1$, $= 0{,}301$ para $1 \leq x < 2$, $= 0{,}477$ para $2 \leq x < 3, \ldots, = 0{,}954$ para $8 \leq x < 9$, $= 1$ para $x \geq 9$
d. 0,602, 0,301

23. **a.** 0,20 **b.** 0,33 **c.** 0,78 **d.** 0,53

25. **a.** $p(y) = (1 - p)^y \cdot p$ para $y = 0, 1, 2, 3, \ldots$

27. **a.** $p(4) = 0{,}45$, $p(6) = 0{,}40$, $p(8) = 0{,}15$, $p(x) = 0$ para $x \neq 4, 6$ ou 8 **c.** 0,55, 0,15

29. **a.** 6,45 **b.** 15,6475 **c.** 3,96 **d.** 15,6475

33. **a.** p **b.** Se X é uma v.a. Bernoulli, com f.p. dada por:

$$p(x) = \begin{cases} p & \text{se } x = 1, \\ 1 - \text{p} & \text{se x} = 0 \end{cases} \qquad 0 < p < 1$$

Então $E(x) = 0 \cdot p(0) + 1 \cdot p(1) = 0(1 - p) + 1 \cdot p = p$ e

$$V[X] = \sum_x (x - E(X))^2\, p(x) =$$
$$= (0 - p)^2 \cdot p(0) + (1 - p)^2 \cdot p(1) =$$
$$= p^2.\,(1 - p) + (1 - p)^2 p =$$
$$= (1 - p)[p^2 + p - p^2] = (1 - p)p$$
$$\therefore V[X] = (1 - p)p$$

c. p

35. $E[h_3(X)] = \$4{,}93$, $E[h_4(X)] = \$5.33$, então, 4 cópias é melhor.

37. 0,74, 0,8602, 0,85

39. 2,3, 0,81, 88,5, 20,25

41. $E(X) = (n + 1)/2$, $E(X^2) = (n + 1)(2n + 1)/6$, $V(X) = (n^2 - 1)/12$

43. $E(X - c) = E(X) - c$, $E(X - \mu) = 0$

47. **a.** 0,515 **b.** 0,218 **c.** 0,011 **d.** 0,480
e. 0,965 **f.** 0.000 **g.** 0,595

49. **a.** 0,017 **b.** 0,811, 0,425
c. 0,006, 0,902, 0,586

51. **a.** 6,25 **b.** 2,17 **c.** 0,030

53. **a.** 0,403 **b.** 0,787 **c.** 0,774

55. 0,1478

57. **a.** 0,354 **b.** 0,115 **c.** 0,918

59. $P(|X - \mu| \geq 2\sigma) = 0{,}042$ quando $p = 0{,}5$ e $= 0{,}065$ quando $p = 0{,}75$ comparado ao limite superior de 0,25. Usando $k = 3$ no lugar de $k = 2$, essas probabilidades são 0,002 e 0,004, respectivamente, enquanto o limite superior é 0,11.

61. Quando $p = 0{,}9$, a probabilidade é 0,99 para A e 0,9963 para B. Se $p = 0{,}5$, essas probabilidades são 0,75 e 0,6875, respectivamente.

63. A tabulação para $p > 0{,}5$ é desnecessária.

65. **a.** 20, 16 **b.** 70, 21

67. 0,407, independência

69. **a.** 0,114 **b.** 0,879 **c.** 0,121
d. Use a distribuição binomial com $n = 15$, $p = 0{,}10$

71. $nb(x; 6, 0{,}5)$, 6

73. **a.** $h(x; 10, 10, 20)$ **b.** 0,033 **c.** $h(x; n, n, 2n)$

75. **a.** $nb(x; 2, 0{,}5)$ **b.** 0,188 **c.** 0,688 **d.** 2, 4

77. **a.** $h(x; 15, 10, 20)$ para $x = 5, \ldots, 10$
b. 0,0325 **c.** 0,697

79. **a.** 0,932 **b.** 0,065 **c.** 0,068 **d.** 0,492
e. 0,251

81. **a.** 0,011 **b.** 0,441 **c.** 0,554, 0,459
d. 0,945

83. Poisson(5) **a.** 0,492 **b.** 0,133

87. **a.** 0,099 **b.** 0,135 **c.** 2

89. **a.** 4 **b.** 0,215
c. Ao menos $-\ln(0{,}1)/2 \approx 1{,}1513$ anos

91. **a.** 0,221 **b.** 6.800.000 **c.** $p(x; 20{,}106)$

93. **a.** 0,122, 0,809, 0,283 **b.** 12, 3,464
c. 0,530, 0,011

95. **b.** 3,114, 0,405, 0,636

97. $p(2) = p^2$, $p(3) = (1 - p)p^2$, $p(4) = (1 - p)p^2$, $p(x) = [1 - p(2) - \cdots - p(x - 3)](1 - p)p^2$ para $x = 5, 6, 7, \ldots$; 0,99950841

99. 0,991

101. **b.** $0{,}5\mu_1 + 0{,}5\mu_2$ **c.** $0{,}25(\mu_1 - \mu_2)^2 + 0{,}5(\mu_1 + \mu_2)$
d. 0,6 e 0,4 substituem 0,5 e 0,5, respectivamente.

103. 1,813, 3,05

105. **a.** $b(x; 15, 0{,}75)$ **b.** 0,686
c. 0,313 **d.** 11,25, 2,81 **e.** 0,310

107. **a.** 0,0029 **b.** 0,0767, 0,9702

109. **a.** 0,135 **b.** 0,00144 **c.** $\sum_{x=0}^{\infty}[p(x; 2)]^5$

111. 3,590

113. **a.** Não **b.** 0,0273

117. $\sum_{i=1}^{10}(p_{i+j+1} + p_{i-j-1})p_i$, onde $p_k = 0$ se $k < 0$ ou $k > 10$

119. **a.** $p(x; 2{,}5)$ **b.** 0,067 **c.** 0,109

121. **a.** 2,50 **b.** 3,1

Capítulo 4

1. **a.** 0,562 **b.** 0,438, 0,438 **c.** 0,071

3. **b.** 0,5 **c.** 0,6875 **d.** 0,6328

5. **a.** 0,375 **b.** 0,125 **c.** 0,297 **d.** 0,578

7. **a.** $f(x) = 0{,}1$ para $25 \leq x \leq 35$ e 0 caso contrário
b. 0,20 **c.** 0,40 **d.** 0,20

9. **a.** 0,25 **b.** 0,50 **c.** 0,4375

11. **a.** 0,25 **b.** 0,1875 **c.** 0,4375 **d.** 1,4142
e. $f(x) = x/2$ para $0 < x < 2$ **f.** 1,33
g. 0,222, 0,471 **h.** 2

13. **b.** 1,8(90° percentil para X) + 32
c. a(Xpercentil) + b

15. **a.**

$$F(x) = 0 \text{ para } x \leq 0, = 90\left[\frac{x^9}{9} - \frac{x^{10}}{10}\right] \text{ para } 0 < x < 1, = 1$$

para $x \geq 1$ **b.** 0,0107 **c.** 0,0107, 0,0107
d. 0,9036 **e.** 0,818, 0,111 **f.** 0,3137

17. **a.** $A + (B - A)p$ **b.** $E(X) = (A + B)/2$, $\sigma_X = (B - A)/\sqrt{12}$
c. $[B^{n+1} - A^{n+1}]/[(n + 1)(B - A)]$

19. **a.** 0,597 **b.** 0,369
c. $f(x) = 0{,}3466 - 0{,}25 \ln(x)$ para $0 < x < 4$

21. 314,79

23. 248, 3,60

25. 0, 1,814

27. **a.** 3 **b.** 0 para $x \leq 1$, $1 - x^{-3}$ para $x > 1$
c. 0,125, 0,088 **d.** 1,5, 0,866 **e.** 0,924

29. **a.** 2,14 **b.** 0,81 **c.** 1,17
d. 0,97 **e.** 2,41

31. **a.** 0, 0,5793, 0,5793 **b.** 0,3174, não
c. $< 87{,}6$ ou $> 120{,}4$

33. **a.** 0,9664 **b.** 0,2451 **c.** 0,1336

35. **a.** 0,3336 **b.** Aproximadamente 0
c. 0,5795 **d.** 6,524 **e.** 0,8028

37. 10, 0,2

39. **a.** 36,7 **b.** 22,225 **c.** 3,179

41. 0,002

43. **a.** 2,54 **b.** 1,34 **c.** −0,42

45. 7,3%

47. **a.** 0,9409 **b.** 0,9943

49. **a.** 0,1190, 0,6969 **b.** 0,0021 **c.** 0,7054
d. $> 5\,020$ ou $< 1\,844$ (usando $z_{0,0005} = 3{,}295$)
e. Normal, $\mu = 7{,}576$, $\sigma = 1{,}064$, 0,7054

51. 0,3174 para $k = 1$, 0,0456 para $k = 2$, 0,0026 para $k = 3$, em comparação com os limites de 1, 0,25 e 0,111, respectivamente.

53. **a.** Exatas: 0,212, 0,577, 0,573; Aproximadas: 0,211, 0,567, 0,596
b. Exatas: 0,885, 0,575, 0,017; Aproximadas: 0,885, 0,579, 0,012
c. Exatas: 0,002, 0,029, 0,617; Aproximadas: 0,003, 0,033, 0,599

55. 21,155

57. **b.** Normal, $\mu = 239$, $\sigma^2 = 12{,}96$

59. **a.** 1 **b.** 1 **c.** 0,982 **d.** 0,129

61. **a.** 0,480, 0,667, 0,147 **b.** 0,050, 0

63. **a.** $\cap A_i$ **b.** Exponencial com $\lambda = 0{,}05$
c. Exponencial com parâmetro $n\lambda$

65. **a.** 0,238 **b.** 0,238 **c.** 0,313 **d.** 0,653
e. 0,653 **f.** 0,713

67. **a.** 0,424 **b.** 0,567, $\tilde{\mu} < 24$ **c.** 60 **d.** 66

69. **a.** curta $\Rightarrow$ plano nº 1 é melhor, enquanto longa $\Rightarrow$ plano nº 2 é melhor
b. $1/\lambda = 10 \Rightarrow E[h_1(X)] = 100$, $E[h_2(X)] = 112{,}53$
$1/\lambda = 15 \Rightarrow E[h_1(X)] = 150$, $E[h_2(X)] = 138{,}51$

73. **a.** 0,826, 0,826, 0,0636 **b.** 0,664 **c.** 172,727

75. **b.** $[\Gamma(\alpha + \beta) \cdot \Gamma(m + \beta)]/[\Gamma(\alpha + \beta + m) \cdot \Gamma(\beta)]$, $\beta/(\alpha + \beta)$

77. **a.** 123,97, 117,373 **b.** 0,5517 **c.** 0,1587

79. **a.** 9,164, 0,385 **b.** 0,8790 **c.** 0,4247, assimetria
d. Não, já que $P(X < 17\,000) = 0{,}9332$

81. **a.** 149,157, 223,595 **b.** 0,9573 **c.** 0,0414
d. 148,41 **e.** 9,57 **f.** 125,90

83. $\alpha = \beta$

87. Sim, já que o padrão no gráfico é bastante linear.

89. Gráfico ln(x) *versus* percentil z. O padrão é reto, logo, uma distribuição populacional lognormal é plausível.

91. Sim

93. Sim

95. O padrão no gráfico é bastante linear; é bastante plausível que a resistência seja normalmente distribuída.

97. Há curvatura substancial no gráfico. O λ é um parâmetro de escala (assim como σ para a família normal).

99. **b.** $F(x) = 0$ para $x < -1$, $= (4x - x^3/3)/9 + \frac{11}{27}$ para $-1 \leq x \leq 2$ e $= 1$ para $x > 2$
c. Não. $F(0) < 0{,}5 \Rightarrow \tilde{\mu} > 0$
d. $Y \sim \text{Bin}(10, \frac{5}{27})$

101. **a.** $f(x) = x^2$ para $0 \leq x < 1$ e $= \frac{7}{4} - \frac{3}{4}x$ para $1 \leq x \leq \frac{7}{3}$ **b.** 0,917 **c.** 1,213

103. **a.** 0,9162 **b.** 0,9549 **c.** 1,3374

105. **a.** 0,3859 **b.** 0,0663 **c.** (72,97, 119,03)

107. **b.** $p(1 - \exp(-\lambda_1 x)) + (1 - p)(1 - \exp(-\lambda_2 x))$ para $x \geq 0$ **c.** $p/\lambda_1 + (1 - p)/\lambda_2$
d. $V(X) = 2p/\lambda_1^2 + 2(1 - p)/\lambda_2^2 - \mu^2$
e. 1, $CV > 1$ **f.** $CV < 1$

109. **a.** 0,368, 0,828, 0,460 **b.** 352,53
c. $1/\beta \cdot \exp[-\exp(-(x - \alpha)/\beta)] \cdot \exp(-(x - \alpha)/\beta)$
d. α **e.** $\mu = 201{,}95$, moda $= 150$, $\tilde{\mu} = 182{,}99$

111. **a.** μ **b.** Não **c.** 0 **d.** $(\alpha - 1)\beta$ **e.** $\nu - 2$

113. **a.** $F(y) = \frac{1}{48}(y^2 - y^3/18)$ para $0 \leq y \leq 12$
b. 0,259, 0,5, 0,241 **c.** 6, 43,2, 7,2
d. 0,518 **e.** 3,75

115. **a.** Exponencial com $\lambda = 1$
c. Gama com parâmetros α e $c\beta$

119. **b.** Seja $u_1, u_2, u_3, \ldots$ uma sequência de observações de uma distribuição Unif [0, 1] (uma sequência de números aleatórios). Então, com $x_i = (-0{,}1)\ln(1 - u_i)$ os x_i são observações de uma distribuição exponencial com $\lambda = 10$.

121. **a.** $(1/365)^3$ **b.** $(1/365)^2$ **c.** $0{,}000002145c\beta$

123. **a.** Lognormal **b.** 1 **c.** 2,72, 0,0185

125. $g(E(X)) \leq E(g(X))$

127. **a.** 710, 84,423, 0,684 **b.** 0,376

Capítulo 5

1. **a.** 0,20 **b.** 0,42 **c.** Ao menos uma mangueira está em uso em cada bomba; 0,70. **d.** $p_X(x) = 0{,}16$, 0,34, 0,50 para $x = 0, 1, 2$, respectivamente; $p_Y(y) = 0{,}24$, 0,38, 0,38 para $y = 0, 1, 2$, respectivamente; 0,50 **e.** Não; $p(0, 0) \neq p_X(0) \cdot p_Y(0)$

3. **a.** 0,15 **b.** 0,40 **c.** 0,22 **d.** 0,17, 0,46

5. **a.** $f(x_1, x_2, x_3)/f_{X_1,X_2}(x_1, x_2)$ **b.** $f(x_1, x_2, x_3)/f_{X_1}(x_1)$

7. **a.** 0,030 **b.** 0,120 **c.** 0,300 **d.** 0,380 **e.** Sim

9. **a.** 3/380.000 **b.** 0,3024 **c.** 0,3593
d. $10Kx^2 + 0{,}05$ para $20 \leq x \leq 30$ **e.** Não

11. **a.** $e^{-\mu_1 - \mu_2} \cdot \mu_1^x \cdot \mu_2^y/x!y!$ **b.** $e^{-\mu_1 - \mu_2} \cdot [1 + \mu_1 + \mu_2]$
c. $e^{-(\mu_1 + \mu_2)} \cdot (\mu_1 + \mu_2)^m/m!$; Poisson $(\mu_1 + \mu_2)$

13. **a.** 0,054 **b.** 0,00018

15. **a.** $F(y) = 1 - e^{-\lambda y} + (1 - e^{-\lambda y})^2 - (1 - e^{-\lambda y})^3$ para $y \geq 0$
b. $2/3\lambda$

17. **a.** 0,25 **b.** 0,318 **c.** 0,637
d. $f_X(x) = 2\sqrt{R^2 - x^2}/\pi R^2$ para $-R \leq x \leq R$; não

19. **a.** e^{-x-y} para $x \geq 0, y \geq 0$ **b.** 0,400 **c.** 0,594
d. 0,330

21. **a.** $K(x^2 + y^2)/(10Kx^2 + 0{,}05)$; $K(x^2 + y^2)/(10Ky^2 + 0{,}05)$
b. 0,556, 0,549 **c.** 25,37, 2,87

23. **a.** −0,1082 **b.** −0,0131

25. L^2

27. 0,15

29. $-\dfrac{2}{3}$

31. 0,25 horas

37. **a.**

$\bar{x}$	25	32,5	40	45	52,5	65
$p(\bar{x})$	0,04	0,20	0,25	0,12	0,30	0,09

b.

s^2	0	112,5	312,5	800
$p(s^2)$	0,38	0,20	0,30	0,12

41. **a.**

$\bar{x}$	1	1,5	2	2,5	3	3,5	4
$p(\bar{x})$	0,16	0,24	0,25	0,20	0,10	0,04	0,01

b. .85 **c.**

r	0	1	2	3
$p(r)$	0,30	0,40	0,22	0,08

45.

Proporção	0	0,1	0,2	0,3	0,4	0,5
Probabilidade	0,000	0,000	0,000	0,001	0,005	0,027

Proporção	0,6	0,7	0,8	0,9	1,0
Probabilidade	0,088	0,201	0,302	0,269	0,107

47. **a.** 0,6826 **b.** 0,1056

49. **a.** 0,9838 **b.** 0,8926

51. 0,7720

53. **a.** 0,0062 **b.** 0

55. **a.** 0,6026 **b.** 0,2981

57. 0,9616

59. **a.** 0,9986, 0,9986 **b.** 0,9015, 0,3970
c. 0,8357 **d.** 0,9525, 0,0003

61. **a.** 2 400 **b.** 1 205; independência **c.** 2 400, 41,77

63. **a.** 0,695 **b.** 4,0675 > 2,6775

65. **a.** 0,9232 **b.** 0,9660

67. 0,1588

69. **a.** 3,5, 2,27, 1,51 **b.** 15,4, 75,94, 8,71

71. **a.** 158, 430,25 **b.** 0,9788

73. **a.** Aproximadamente normal com média = 105, DP = 1,2649; Aproximadamente normal com média = 100, DP = 1,0142
b. Aproximadamente normal com média = 5, DP = 1,6213
c. 0,0068 **d.** 0,0010, sim

75. *b*, *c*. Qui-quadrado com $\nu = n$.

77. **a.** 3/81.250 **b.** $f_X(x) = k(250x - 10x^2)$ para $0 \leq x \leq 20$ e $= k(450x - 30x^2 + \frac{1}{2}x^3)$ para $20 < x \leq 30$; $f_Y(y)$ resulta da substituição de y por x em $f_X(x)$. Eles não são independentes.
c. 0,355 **d.** 25,969 **e.** 204,6154, −0,894
f. 7,66

79. ≈ 1

81. **a.** 0,6 **b.** $U = \rho X + \sqrt{1 - \rho^2}\, Y$

83. 97

85. 0,9973

89. **a.** 0,2, 0,5, 0,3 para $x = 12, 15, 20$; 0,10, 0,35, 0,55 para $y = 12, 15, 20$
b. 0,25 **c.** Não **d.** 33,35 **e.** 3,85

91. **a.** $\sigma_W^2/(\sigma_W^2 + \sigma_E^2)$ **b.** 0,9999

93. 26, 1,64

95. **a.** 400 min **b.** 70

Capítulo 6

1. **a.** 8,14, $\overline{X}$ **b.** 0,77, $\widetilde{X}$ **c.** 1,66, S
d. 0,148 **e.** 0,204, $S/\overline{X}$

3. **a.** $\hat{p} = 2\hat{\lambda} - 0{,}30 = 0{,}20$ **b.** $\hat{p} = (100\hat{\lambda} - 9)/70$

5. $N\bar{x} = 1.703.000$; $T - N\bar{d} = 1.591.300$;
$T \cdot (\bar{x}/\bar{y}) = 1.601.438{,}281$

7. **a.** 120,6 **b.** 1.206.000 **c.** 0,80 **d.** 120,0

9. **a.** 2,11 **b.** 0,119

11. **a.** 1,348, $\overline{X}$ **b.** 1,348, $\overline{X}$ **c.** 1,781, $\overline{X} + 1{,}28S$
d. 0,6736 **e.** 0,0846

15. **a.** $\hat{\theta} = \sum X_i^2/2n$ **b.** 74,505

17. **b.** 0,444

19. **b.** $\left[\dfrac{p_1q_1}{n_1} + \dfrac{p_2q_2}{n_2}\right]^{1/2}$ **c.** Use $\hat{p}_i = x_i/n_i$ e $\hat{q}_i = 1 - \hat{p}_i$ no lugar de p_i e q_i no item (b) para $i = 1, 2$.
d. −0,245 **e.** 0,041

21. **b.** $\hat{\alpha} = 5$, $\hat{\beta} = 28{,}0/\Gamma(1{,}2)$

23. **a.** $\hat{\theta} = \text{mín}(X_i)$, $\hat{\lambda} = n/\sum[X_i - \text{mín}(X_i)]$
b. 0,64, 0,202

25. **a.** 384,4, 18,86 **b.** 415,42

29. $\hat{\mu}_1 = \bar{x}$, $\hat{\mu}_2 = \bar{y}$, estimativa de $(\mu_1 - \mu_2)$ é $\bar{x} - \bar{y}$.

31. 1,0132

33. Com x_i = tempo entre o nascimento $i - 1$ e nascimento i, $\hat{\lambda} = 6/\sum_{i=1}^{6} ix_i = 0{,}0436$.

35. 29,5

Capítulo 7

1. 950, 0,8714

3. **a.** Mais estreito **b.** Não **c.** Não **d.** Não

5. **a.** (4,52, 5,18) **b.** (4,12, 5,00) **c.** 0,55 **d.** 94

7. Por um fator de 4; a largura é diminuída por um fator de 5.

9. **a.** $(\bar{x} - 1{,}645\sigma/\sqrt{n}, \infty)$; $(4{,}57, \infty)$
b. $(\bar{x} - z_\alpha \cdot \sigma/\sqrt{n}, \infty)$ **c.** $(-\infty, \bar{x} + z_\alpha \cdot \sigma/\sqrt{n})$; $(-\infty, 59{,}7)$

11. **a.** 99,5% **b.** 85% **c.** 2,96 **d.** 1,15

13. **a.** (608,58, 699,74) **b.** 189

15. $p < 0{,}273$ com 95% confiança; sim

17. 134,53

19. (0,513, 0,615)

21. **a.** 80% **b.** 98% **c.** 75%

23. **a.** $p > 0{,}044$ com 95% confiança.
b. Se a mesma fórmula for usada em amostra após amostra, no longo prazo, o valor real de p excederá cerca de 95% dos limites inferiores calculados.

25. **a.** 381 **b.** 339

27. $p < 0{,}273$ com 95% confiança; sim

29. Todos os 70%; (c), por ser o mais curto

31. **a.** 1,812 **b.** 1,753 **c.** 2,602 **d.** 3,747
e. 2,1716 (do Minitab) **f.** Cerca de 2,43

33. **a.** Quantidade razoável de simetria, sem outliers
b. Sim (com base em um gráfico normal de probabilidade)
c. (430,5, 446,1), sim, não

35. **a.** IC 95%: (23,1, 26,9)
b. IP 95%: (17,2, 32,8), cerca de 4 vezes mais larga

37. **a.** 2,228 **b.** 2,086 **c.** 2,845 **d.** 2,680
e. 2,485 **f.** 2,571

39. **a.** Sim **b.** (6,45, 98,01) **c.** (18,63, 85,83)

41. **a.** (0,888, 0,964) **b.** (0,752, 1,100)
c. (0,634, 1,218)

43. **a.** 18,307 **b.** 3,940 **c.** 0,95 **d.** 0,10

45. (3,6, 8,1); não

47. (73,6, 78,8) versus (75,1, 79,6)

49. **a.** Parece haver uma inclinação positiva sutil na metade central da amostra, porém, o "bigode" inferior é muito mais longo que o "bigode" superior. O grau de variabilidade é bastante substancial, embora não existam outliers.
b. Sim. O padrão de pontos em um gráfico normal de probabilidade é razoavelmente linear.
c. (33,53, 43,79)

51. **a.** (0,539, 0,581) **b.** 2 398
c. Não – 97,5%

53. (−0,84, −0,16)

55. **a.** IC 95%: (6,702, 9,456) **b.** (0,166, 0,410)

57. $(2t_r/\chi^2_{1-\alpha/2, 2r}, 2t_r/\chi^2_{\alpha/2, 2r}) = (65{,}3, 232{,}5)$

59. **a.** $(\text{máx}\,(x_i)/(1 - \alpha/2)^{1/n}, \ \text{máx}\,(x_i)/(\alpha/2)^{1/n})$
b. $(\text{máx}\,(x_i), \text{máx}\,(x_i)/\alpha^{1/n})$
c. (b); (4,2, 7,65)

61. 246

Capítulo 8

1. I: concluir que a usina não está em conformidade quando, na verdade, está; II: concluir que a usina está em conformidade quando, na verdade, não está.

5. H_0: $\sigma = 0{,}5$ *versus* H_a: $\sigma < 0{,}5$. I: concluir que a variabilidade na espessura é satisfatória quando, na verdade, não é. II: concluir que a variabilidade na espessura não é satisfatória quando, na verdade, é.

7. **b.** 0,0004, 0,menos que 0,01

9. **a.** R_1
b. I: julgar que uma das suas companhias é favorecida em detrimento da outra quando este não é o caso; II: julgar que nenhuma companhia é favorecida em detrimento da outra quando, na verdade, uma das duas realmente é preferida
c. 0,044
d. $\beta(0{,}3) = \beta(0{,}7) = 0{,}488$, $\beta(0{,}4) = \beta(0{,}6) = 0{,}845$
e. Rejeitar H_0 em favor de H_a

11. **a.** H_0: $\mu = 10$ versus H_a: $\mu \neq 10$ **b.** .01
c. 0,5319, 0,0078 **d.** 2,58
e. 10,1032 é substituído por 10,124, e 9,8968 é substituído por 9,876.
f. $\bar{x} = 10{,}020$, então H_0 não deve ser rejeitada.
g. $z \geq 2{,}58$ ou $\leq -2{,}58$

13. **a.** Sim **b.** Não **c.** Não
d. Sim **e.** Não **f.** Sim

15. **a.** 0,0301 **b.** 0,003 **c.** 0,004

17. **a.** Não, já que $2{,}44 < 2{,}539$ **b.** Sim, tipo II
c. 0,66 (do software)

19. **a.** $z = -2{,}27$ então, não rejeite H_0.
b. 0,2266 **c.** 22

21. **a.** $t_{0{,}025,12} = 2{,}179 > 1{,}6$, então, não rejeite H_0: $\mu = 0{,}5$.
b. $-1{,}6 > -2{,}179$, então, não rejeite H_0.
c. Não rejeite H_0.
d. Rejeitar H_0 em favor de H_a: $\mu \neq 0{,}5$.

23. $t = 2{,}24 \geq 1{,}708$, logo, H_0 deve ser rejeitada. Os dados sugerem uma contradição da crença anterior.

25. **a.** $z = -3{,}33 \leq -2{,}58$ então, rejeite H_0
b. 0,1056 **c.** 217

27. **a.** $\bar{x} = 0{,}750$, $\tilde{x} = 0{,}640$, $s = 0{,}3025$, $f_s = 0{,}480$. Um boxplot apresenta inclinação positiva substancial; não existem outliers.
b. Não. Um gráfico normal de probabilidade apresenta curvatura substancial. Não, já que n é grande.
c. $z = -5{,}79$; rejeite H_0 em qualquer nível de significância razoável; sim. **d.** 0,821

29. **a.** $z = 2{,}56 \geq 2{,}33$, então, rejeite H_0. **b.** 0,8413
c. 143 **d.** 0,0052

31. Não, já que $1{,}04 < 2{,}132$

33. **a.** Não, já que $1{,}19 < 1{,}796$
b. 0,30 (do software)

37. **a.** Não, já que $1{,}28 < 1{,}645$

b. I: dizer que mais de 20% são obesos quando este não é o caso; II: concluir que 20% são obesos quando a porcentagem real excede 20%.
c. 0,121

39. Não, não, sim. $R = \{5, 6, \ldots, 24, 25\}$, $\alpha = 0{,}098$, $\beta = 0{,}090$

41. **a.** $z = -1{,}0$, logo, não existem evidências suficientes para se concluir que $p < 0{,}25$; portanto, uso de tampas de rosca.
b. I: Não usar tampas de rosca quando seu uso é justificado; II: Usar tampas de rosca quando seu uso não é justificado.

43. **a.** $z = 3{,}07 \geq 2{,}58$, rejeitar H_0 e a premissa da companhia. **b.** 0,0332

45. $z = 3{,}67 \geq 2{,}58$, então, rejeitar H_0: $p = 0{,}40$. Não.

47. **a.** Rejeitar H_0. **b.** Rejeitar H_0. **c.** Não rejeitar H_0. **d.** Rejeitar H_0. (por pouco) **e.** Não rejeitar H_0.

49. **a.** 0,0778 **b.** 0,1841 **c.** 0,0250 **d.** 0,0066 **e.** 0,5438

51. $t \approx 1{,}9$, então, o valor-P $\approx 0{,}116$. H_0 não deve ser rejeitado.

53. Valor-$P > \alpha$, então, não rejeitar H_0; sem diferença aparente.

55. **a.** 0,040 **b.** 0,018 **c.** 0,130 **d.** 0,653 **e.** $< 0{,}005$ **f.** $\approx 0{,}000$

57. Não, já que o valor-$P = 0{,}2266$

59. **a.** Sim **b.** O valor-P excede um pouco 0,10, logo H_0: $\mu = 100$ não deve ser rejeitada e o concreto deve ser usado.

61. Valor-$P < 0{,}0004 < 0{,}01$, então H_0: $\mu = 5$ deve ser rejeitada em favor de H_a: $\mu \neq 5$.

63. **a.** 0,8980, 0,1049, 0,0014 **b.** Valor-$P \approx 0$. Sim. **c.** Não

65. $z = -3{,}12 \leq -1{,}96$, então H_0 deve ser rejeitada.

67. **a.** Para H_a: $\mu < \mu_0$, rejeitar H_0 se $2\sum x_i/\mu_0 \leq \chi^2_{1-\alpha,\,2n}$
b. Valor da estatística do teste $= 19{,}65 > 8{,}260$ logo, não rejeitar H_0.

69. **a.** Não, pois o valor-$P = 0{,}02 > 0{,}01$; sim, pois 45,31 excede substancialmente 20, porém, n é muito pequeno.
b. $\beta = 0{,}3$ (software)

71. **a.** Não; não
b. Não, pois $z = 0{,}44$ e valor-$P = 0{,}33 > 0{,}10$.

73. **a.** H_0: $\mu = 0{,}85$ versus H_a: $\mu \neq 0{,}85$
b. H_0 não pode ser rejeitada por α

75. **a.** $z = 1{,}64 < 1{,}96$, então H_0 não pode ser rejeitada; Tipo II
b. 0,10. Sim.

77. **a.** Aproximadamente 0,6; aproximadamente 0,2 (da Tabela A.17 do Apêndice) b. $n = 28$

79. Não, já que $z = 1{,}33 < 2{,}05$

81. Sim, já que $z = 4{,}4$ e valor-$P = 0 < 0{,}05$

83. **a.** $0{,}01 <$ valor-$P < 0{,}025$, então, não rejeitar H_0; sem contradição

85. Sim. $z = -3{,}32 \leq -3{,}08$, então, H_0 deve ser rejeitada.

87. **a.** Sim, $\alpha = 0{,}002$

Capítulo 9

1. **b.** Ele aumenta.

3. **a.** $z = 1{,}76 < 21{,}33$, então, não rejeitar H_0

5. **a.** $z = -2{,}90$, então, rejeitar H_0 **b.** 0,0019 **c.** 0,8212 **d.** 66

7. Não, já que o valor-P para um teste bilateral é 0,0602.

9. **a.** $-0{,}4$ h; ela não depende **b.** 0,0724, 0,2691 **c.** Não

11. Um IC de 95% é (0,99, 2,41).

13. 50

15. **a.** 6,2; sim **b.** $z = 1{,}14$, valor-$P \approx 0{,}25$, não **c.** Não **d.** Um IC de 95% é (10,0, 21,8).

17. **a.** 17 **b.** 21 **c.** 18 **d.** 26

19. $t = -1{,}20 > -t_{0{,}01,9} = -2{,}821$, então, não rejeitar H_0.

21. **a.** Centros praticamente idênticos, substancialmente mais variabilidade em observações do intervalo intermediário do que em observações do intervalo mais alto
b. $(-7{,}9, 9{,}6)$, com base em 23 gl; não

23. **b.** Não **c.** $t = -0{,}38 > -t_{\alpha/2,\,10}$ para qualquer α razoável, então, não rejeitar H_0 (valor-$P \approx 0{,}7$).

25. (0,3, 6,1), sim, sim

27. Sim; $-2{,}64 \leq -2{,}602$ então, rejeitar H_0

29. $t = -2{,}10$, gl $= 25$, valor-$P = 0{,}023$. No nível de significância 0,05, concluiríamos que o refrigerante de cola resulta em uma força média mais elevada, mas não no nível de significância 0,01.

31. **a.** IC de 99%: (0,33, 0,71) **b.** IC de 99%: $(-0{,}07, 0{,}41)$, então, 0 é um valor plausível da diferença.

33. Não $t = 1{,}33$, valor-$P = 0{,}094$, não rejeitar H_0

35. $t = -2{,}2$, gl $= 16$, valor-$P = 0{,}021 > 0{,}01 = \alpha$, então, não rejeitar H_0

37. **a.** $(-0{,}561, -0{,}287)$ **b.** Entre $-1{,}224$ e 0,376

39. **a.** Sim, por causa do padrão linear em um gráfico normal de probabilidade. **b.** Não, os dados estão pareados, as amostras não são independentes
c. $t = 3{,}66$, valor-$P = 0{,}001$ (não 0,003), mesma conclusão.

41. **a.** $(-3{,}85, 11{,}35)$ **b.** Sim. Como o valor-$P = 0{,}02$, no nível 0,05 pareceria haver um aumento, mas não no nível 0,01. **c.** (7,02, 10,06)

43. **a.** Não **b.** $-49{,}1$ **c.** 49,1

45. **a.** Sim
b. $t = 2{,}7$, valor-$P = 0{,}018 < 0{,}05 = \alpha$, então H_0 deve ser rejeitada.

47. **a.** IC de 95%: $(-2{,}52, 1{,}05)$; plausível que eles sejam idênticos
b. O padrão linear no gráfico normal de probabilidade implica que a normalidade da distribuição de diferença é plausível.

49. H_0 é rejeitada, pois $-4{,}18 \leq -2{,}33$

51. $(-0{,}35, 0{,}07)$

53. **a.** $z = 0{,}80 < 1{,}96$, então, não rejeitar H_0.
b. $n = 1211$

55. **a.** O IC para $\ln(\theta)$ é $\ln(\hat{\theta}) \pm z_{\alpha/2}[(m - x)/(mx) + (n - y)/(ny)]^{1/2}$. Calcular os antilogs dos limites inferior e superior fornece um IC para o próprio θ.
b. (1,43, 2,31); a aspirina é aparentemente benéfica.

57. Valor-$P = 0{,}4247$, então, H_0 não pode ser rejeitada.

59. $(s_2^2 F_{1-\alpha/2}/s_1^2,\ s_2^2 F_{\alpha/2}/s_1^2)$; (0,023, 1,99)

61. $f = 0{,}384$; como $0{,}167 < 0{,}384 < 3{,}63$, não rejeitar H_0.

63. $f = 2{,}85 \geq 2{,}08$, então, rejeitar H_0; aparentemente, há mais variabilidade no ganho de peso de dose baixa.

65. **a.** 3,69 **b.** 4,82 **c.** 0,207 **d.** 0,271

e. 4,30 **f.** 0,212 **g.** 0,95 **h.** 0,94

67. Não. $t = 3{,}2$, gl $= 15$, valor-$P = 0{,}006$, então, rejeite H_0: $\mu_1 - \mu_2 = 0$ usando $\alpha = 0{,}05$ ou 0,01.

69. Não, nem o teste t de duas amostras deve ser usado, pois um gráfico normal de probabilidade sugere que a distribuição da boa visibilidade não segue uma distribuição normal.

71. $(-299{,}3, 1517{,}9)$

73. Parecem diferir, já que gl $= 14$, $t = -5{,}19$, valor-$P = 0$.

75. $z > 0 \Rightarrow$ valor-$P > 0{,}5$, então H_0: $p_1 - p_2 = 0$ não pode ser rejeitada.

77. **a.** Não. $t = -2{,}84$, gl $= 18$, valor-$P \approx 0{,}012$
b. Não. $t = -0{,}56$, valor-$P \approx 0{,}29$

79. $t = 3{,}9$, valor-$P = 0{,}004$, então H_0 é rejeitada no nível 0,05 ou 0,01.

81. Sim, $t = -2{,}25$, gl $= 57$, valor-$P \approx 0{,}028$.

83. Não combinados: gl $= 15$, $t = -1{,}8$, valor-$P \approx 0{,}092$
Combinados: gl $= 24$, $t = -1{,}9$, valor-$P \approx 0{,}070$

85. **a.** Sim. $t = -6{,}4$, gl $= 57$ e valor-$P \approx 0$
b. $t = 1{,}1$, valor-$P = 0{,}14$ então, não rejeitar H_0.

87. Não, $z = 0{,}83$, valor-$P \approx 0{,}20$

89. 0,9015, 0,8264, 0,0294, 0,0000; QI médios reais; não

91. Sim; $z = 4{,}2$, valor-$P \approx 0$

93. **a.** $m = 141, n = 47$ **b.** $m = 240, n = 160$

95. $(-1{,}29, -0{,}59)$

Capítulo 10

1. $f = 51{,}3$, valor-$P = 0$, então, H_0 pode ser rejeitada em qualquer nível de significância razoável.

3. $f = 1{,}30 < 2{,}57 = F_{0{,}10,\,2,\,21}$, então valor-$P > 0{,}10$. H_0, não pode ser rejeitada em qualquer nível de significância razoável.

5. $f = 1{,}73 < 5{,}49 = F_{0{,}01,\,2,\,27}$, logo, os três graus não parecem diferir.

7. **a.** $f = 1{,}85 < 3{,}06 = F_{0{,}05,\,4,\,15}$, então, não rejeitar H_0.
b. valor-$P > 0{,}10$

9. $f = 3{,}96$ e $F_{0{,}05,\,3,\,20} = 3{,}10 < 3{,}96 < 4{,}94 = F_{0{,}01,3,20}$, então $0{,}01 <$ valor-$P < 0{,}05$. Portanto, H_0 pode ser rejeitada no nível de significância 0,05; aparentemente, há diferenças entre os grãos.

11. $w = 36{,}09$

3	1	4	2	5
437,5	462,0	469,3	512,8	532,1

As marcas 2 e 5 não parecem diferir, nem parece haver qualquer diferença entre as marcas 1, 3 e 4, porém, cada marca no primeiro grupo parece diferir significativamente de todas as marcas no segundo grupo.

13.

3	1	4	2	5
427,5	462,0	469,3	502,8	532,1

15. **a.** $f = 22{,}6$ e $F_{0{,}01,\,5,\,78} \approx 3{,}3$, então, rejeitar H_0.
b. $(-99{,}16, -35{,}64)$, $(29{,}34, 94{,}16)$

17. $(-0{,}029, 0{,}379)$

19. Qualquer valor de SQE entre 422,16 e 431,88 funcionará.

21. 14,18 17,94 18,00 18,00 25,74 27,67

23. **a.** $f = 3{,}75 \geq 3{,}10 = F_{0{,}05,\,3,\,20}$, logo, as marcas parecem diferir.
b. A normalidade é bastante plausível (um gráfico normal de probabilidade dos resíduos $x_{ij} - \bar{x}_{i.}$ apresenta um padrão linear).
c. 4 3 2 1 Apenas as marcas 1 e 4 parecem diferir significativamente.

25. **a.** Variâncias iguais e normalidade
b. SQTr $= 8{,}33$, SQE $= 77{,}79$, $f = 1{,}7$, H_0 não deve ser rejeitada (valor-$P > 0{,}10$)

27. arcsen $(\sqrt{x/n})$

31. Aproximadamente 0,62

33.

	1	2	3	4
1	–	2,88 ± 5,81	7,43 ± 5,81	12,78 ± 5,48
2	–	–	4,55 ± 6,13	9,90 ± 5,81
3	–	–	–	5,35 ± 5,81
4	–	–	–	–

4 3 2 1

35. **a.** $3{,}68 < 4{,}94$, então H_0 não é rejeitada.
b. $0{,}029 > 0{,}01$, então, novamente, H_0 não é rejeitada.

37. $(-3{,}70, 1{,}04)$, $(-4{,}83, -0{,}33)$, $(-3{,}77, 1{,}27)$, $(-3{,}99, 0{,}15)$. Apenas $\mu_1 - \mu_3$ entre esses quatro contrastes parece diferir significativamente de zero.

39. O IC é $(-0{,}144, 0{,}474)$, que inclui 0.

41. $f = 3{,}96 < 4{,}07$, então H_0: $\sigma_A^2 = 0$, não pode ser rejeitada.

43. $f = 8{,}44 > 6{,}49 = F_{0{,}001}$, então valor-$P < 0{,}001$ e H_0, deve ser rejeitada.

5 3 1 4 2 Este padrão sublinhado é um pouco difícil de interpretar.

45. Eles são idênticos.

Capítulo 11

1. **b.** Cada SQ é multiplicada por c^2, porém, f_A e f_B ficam inalterados.

3. **a.** $f_A = 105{,}3 \geq F_{0{,}01,3,9}$, então, conclua que há um efeito da taxa de gás; $f_B = 13{,}0$, então, conclua que há um efeito da taxa de líquido.
b. $w = 95{,}44$; 231,75 325,25 441,0 613,25, então, apenas as duas taxas mais baixas não diferem significativamente uma da outra.
c. $w = 95{,}44$, 336,75 382,25 419,25 473, logo, apenas as taxas mais baixa e mais alta parecem diferir significativamente uma da outra.

5. **a.** $f_A = 1{,}55$, então, não rejeitar H_{0A}.
b. $f_B = 2{,}98$, então, não rejeitar H_{0B}.

7. **a.**

Fonte	gl	SQ	QM	f
Tratamentos	2	28,78	14,39	1,04
Blocos	17	2 977,67	175,16	12,68
Erro	34	469,55	13,81	
Total	53	3 476,00		

A pontuação de adaptação média real não parece depender de qual tratamento é feito.
b. Sim; f_B é bastante grande, sugerindo grande variabilidade entre os indivíduos.

9.

Fonte	gl	SQ	QM	f	$F_{0{,}05}$
Tratamentos	3	81,19	27,06	22,4	3,01
Blocos	8	66,50	8,31		
Erro	24	29,06	1,21		
Total	35	176,75			

1	4	3	2
8,56	9,22	10,78	12,44

11. Um gráfico normal de probabilidade dos resíduos mostra um padrão linear substancial. Não há um padrão discernível em um gráfico dos resíduos *versus* os valores preditos.

13. $f_A = 2{,}56$, $F_{0{,}01,3,12} = 5{,}95$, então, parece não haver efeito devido ao ângulo de tração.

15. a. Aproximadamente 0,20, 0,43

b. Aproximadamente 0,30

17. $(-0{,}373, -0{,}033)$

19. a.

Fonte	gl	SQ	QM	f
Carvão	2	1,00241	0,50121	29,49
NaOH	2	0,12431	0,06216	3,66
Interação	4	0,01456	0,00364	0,21
Erro	9	0,15295	0,01699	
Total	17	1,29423		

O tipo do carvão parece afetar a acidez total.

b. Os carvões 1 e 3 não diferem significativamente um do outro, porém, ambos diferem significativamente do carvão 2.

21. a, b.

Fonte	gl	SQ	QM	f
A	2	22 941,80	11 470,90	22,98
B	4	22 765,53	5 691,38	5,60
AB	8	3 993,87	499,23	0,49
Erro	15	15 253,50	1 016,90	
Total	29	64 954,70		

H_{0A} e H_{0B} são rejeitadas.

23.

Fonte	gl	SQ	QM	f
A	2	11 573,38	5 786,69	$\frac{\text{QMA}}{\text{QMAB}} = 26{,}70$
B	4	17 930,09	4 482,52	$\frac{\text{QMB}}{\text{QME}} = 28{,}51$
AB	8	1 734,17	216,77	$\frac{\text{QMAB}}{\text{QME}} = 1{,}38$
Erro	30	4 716,67	157,22	
Total	44	35 954,31		

Uma vez que $F_{0{,}01,8,30} = 3{,}17$, $F_{0{,}01,2,8} = 8{,}65$ e $F_{0{,}01,4,30} = 4{,}02$, H_{0G} não é rejeitada, porém, H_{0A} e H_{0B} são rejeitadas.

25. a. $f_A = 3{,}76, f_B = 6{,}82, f_{AB} = 0{,}74$, e $F_{0{,}05,2,9} = 4{,}26$, então a quantidade de adição de fibra de carbono parece ser significativa.

b. $f_A = 6{,}54, f_B = 5{,}33, f_{AB} = 0{,}27$

27. a.

Fonte	gl	SQ	QM	f	$F_{0,05}$
A	2	14 144,44	7 072,22	61,06	3,35
B	2	5 511,27	2 755,64	23,79	3,35
C	2	244 696,39	122 348,20	1 056,27	3,35
AB	4	1 069,62	267,41	2,31	2,73
AC	4	62,67	15,67	0,14	2,73
BC	4	331,67	82,92	0,72	2,73
ABC	8	1 080,77	135,10	1,17	2,31
Error	27	3 127,50	115,83		
Total	53	270 024,33			

d. $Q_{0{,}05,3,27} = 3{,}51, w = 8{,}90$ e os três níveis diferem significativamente um do outro.

29.

Fonte	gl	SQ	QM	f
A	4	28,88	7,22	10,7
B	4	23,70	5,93	8,79
C	4	0,62	0,155	<1
Erro	12	8,10	0,675	
Total	24	61,30		

Uma vez que $F_{0{,}05,4,12} = 3{,}26$, tanto A quanto B são significativos.

31. A coluna do valor-P mostra que vários efeitos de interação são significativos no nível 0,01.

33.

Fonte	gl	SQ	QM	f
A	6	67,32	11,02	
B	6	51,06	8,51	
C	6	5,43	0,91	0,61
Erro	30	44,26	1,48	
Total	48	168,07		

$F_{0{,}05,6,30} = 2{,}42$, $f_C = 0{,}61$, então H_{0C} não é rejeitada.

35. a.

Fonte	gl	SQ	QM	f
A	2	12,896	6,448	1,04
B	1	100,041	100,041	16,10
C	3	393,416	131,139	21,10
AB	2	1,646	0,823	<1
AC	6	71,021	11,837	1,905
BC	3	1,542	0,514	<1
ABC	6	9,771	1,629	<1
Erro	72	447,500	6,215	
Total	95	1.037,833		

b. Nenhum efeito de interação é significativo.

c. Os efeitos principais do fator B e do fator C são significativos.

d. $w = 1{,}89$; apenas as máquinas 2 e 4 não diferem significativamente uma da outra.

37.

Fonte	gl	QM	f
A	2	2 207,329	2 259*
B	1	47,255	48,4*
C	2	491,783	503*
D	1	0,044	<1
AB	2	15,303	15,7*
AC	4	275,446	282*
AD	2	0,470	<1
BC	2	2,141	2,19
BD	1	0,273	<1
CD	2	0,247	<1
ABC	4	3,714	3,80
ABD	2	4,072	4,17*
ACD	4	0,767	<1
BCD	2	0,280	<1
$ABCD$	4	0,347	<1
Erro	36	0,977	
Total	71	93,621	

*Denota uma razão F significativa.

39. a. $\hat{\beta}_1 = 54{,}38$, $\hat{\gamma}^{AC}_{11} = -2{,}21$, $\hat{\gamma}^{AC}_{21} = 2{,}21$.

b.

Fonte	Contraste do Efeito	QM	f
A	1 307	71 177,04	436,7
B	1 305	70 959,34	435,4
C	529	11 660,04	71,54
AB	199	1 650,04	10,12
AC	−53	117,04	<1
BC	57	135,38	<1
ABC	27	30,38	<1
Erro		162,98	

41. SQA = 2,250, SQB = 7,840, SQC = 0,360, SQD = 52,563, SQE = 10,240, SQAB = 1,563, SQAC = 7,563, SQAD = 0,090, SQAE = 4,203, SQBC = 2,103, SQBD = 0,010, SQBE = 0,123, SQCD = 0,010, SQCE = 0,063, SQDE = 4,840. SQ Erro = somas das SQ de dois fatores = 20,568, Erro MS = 2,057, $F_{0,01,1,10}$ = 10,04, então, apenas o efeito principal D é significativo.

43.

Fonte	gl	SQ	f
A	1	0,436	<1
B	1	0,099	<1
C	1	0,109	<1
D	1	414,12	851
AB	1	0,003	<1
AC	1	0,078	<1
AD	1	0,017	<1
BC	1	1,404	3,62
BD	1	0,456	<1
CD	1	2,190	4,50
Erro	5	2,434	

$F_{0,05,1,5}$ = 6,61, então, apenas o efeito principal do fator D é considerado significativo.

45. **a.** 1: (1), *ab, cd, abcd;* 2: *a, b, acd, bcd;* 3: *c, d, abc, abd;* 4: *ac, bc, ad, bd.*

b.

Fonte	gl	SQ	f
A	1	12 403,125	27,18
B	1	92 235,125	202,13
C	1	3,125	0,01
D	1	60,500	0,13
AC	1	10,125	0,02
AD	1	91,125	0,20
BC	1	50,000	0,11
BD	1	420,500	0,92
ABC	1	3,125	0,01
ABD	1	0,500	0,00
ACD	1	200,000	0,44
BCD	1	2,000	0,00
Blocos	7	898,875	0,28
Error	12	5 475,750	
Total	31	111 853,875	

$F_{0,01,1,12}$ = 9,33, então, apenas os efeitos principais A e B são significativos.

47. **a.** *ABFG;* (1), *ab, cd, ce, de, fg, acf, adf, adg, aef, acg, aeg, bcg, bcf, bdf, bdg, bef, beg, abcd, abce, abde, abfg, cdfg, cefg, defg, acdef, acdeg, bcdef, bcdeg, abcdfg, abcefg, abdefg.* {*A, BCDE, ACDEFG, BFG*}, {*B, ACDE, BCDEFG, AFG*}, {*C, ABDE, DEFG, ABCFG*}, {*D, ABCE, CEFG, ABDFG*}, {*E, ABCD, CDFG, ABEFG*}, {*F, ABCDEF, CDEG, ABG*}, {*G, ABCDEG, CDEF, ABF*}. **b.** 1: (1), *aef, beg, abcd, abfg, cdfg, acdeg, bcdef;* 2: *ab, cd, fg, aeg, bef, acdef, bcdeg, abcdfg;* 3: *de, acg, adf, bcf, bdg, abce, cefg, abdefg;* 4: *ce, acf, adg, bcg, bdf, abde, defg, abcefg.*

49.

Fonte	SQ	f
A	136 640,02	1007,6
B	139 644,19	1029,8
C	24 616,02	181,5
D	20 377,52	150,3
AB	2 173,52	16,0
AC	2,52	<1
AD	58,52	<1
BC	165,02	1,2
BD	9,19	<1
CD	17,52	<1
ABC	42,19	<1
ABD	117,19	<1
ACD	188,02	1,4
BCD	13,02	<1
$ABCD$	204,19	1,5
Erro	4339,33	
Total	328 607,98	

$F_{0,05,1,32} \approx$ 4,15, então, apenas os quatro efeitos principais e a interação AB parecem ser significativos.

51.

Fonte	gl	SQ	QM	f
efeitos principais A	1	322,667	32,667	980,38
efeitos principais B	3	35,623	11,874	36,08
Interação	3	8,557	2,852	8,67
Erro	16	5,266	0,329	
Total	23	372,113		

$F_{0,05,3,16}$ = 3,24, logo, as interações parecem estar presentes.

53. Com base nos valores P na tabela ANOVA, os fatores estatisticamente significativos no nível α = 0,01 são o tipo de adesivo e o tempo de cura. O material condutor não tem um efeito estatisticamente significativo ou força de ligação. Não há interações significativas.

55. **a.** $\hat{\alpha}_1$ = 9,00, $\hat{\beta}_1$ = 2,25, $\hat{\delta}_1$ = 17,00, $\hat{\gamma}_1$ = 21,00, $(\widehat{\alpha\beta})_{11}$ = 0, $(\widehat{\alpha\delta})_{11}$ = 2,00, $(\widehat{\alpha\gamma})_{11}$ = 2,75, $(\widehat{\beta\delta})_{11}$ = 0,75, $(\widehat{\beta\gamma})_{11}$ = 0,50, $(\widehat{\delta\gamma})_{11}$ = 4,50

b. Um gráfico normal de probabilidade sugere que os efeitos principais A, C e D são muito importantes e, talvez, a interação CD. De fato, agrupar as 4 interação SQ de três fatores e a interação SQ de quatro fatores para obter uma SQE com base em 5 gl e, então, construir uma tabela ANOVA sugere que esses são os efeitos mais importantes.

57.

Fonte	gl	SQ	QM	f	$F_{0,01}$
A	2	67.553	33 777	11,37	5,49
B	2	72.361	36 181	12,18	5,49
C	2	442.111	221 056	74,43	5,49
AB	4	9.696	2 424	0,82	4,11
AC	4	6.213	1 553	0,52	4,11
BC	4	34.928	8 732	2,94	4,11
ABC	8	33.487	4 186	1,41	3,26
Erro	27	80.192	2 970		
Total	53	746.542			

Todos os efeitos principais são significativos, mas não há interações significativas.

59.

Fonte	gl	SQ	QM	f
A	1	30,25	30,25	6,72
B	1	144,00	144,00	32,00
C	1	12,25	12,25	2,72
AB	1	1 122,25	1 122,25	249,39
AC	1	1,00	1,00	0,22
BC	1	12,25	12,25	2,72
ABC	1	16,00	16,00	3,56
Erro	4	36,00	4,50	
Total	7			

Apenas o efeito principal para B e o efeito de interação AB são significativos em $\alpha = 0,01$.

61.

Fonte	gl	SQ	QM	f
A	4	285,76	71,44	0,594
B	4	227,76	56,94	0,473
C	4	2 867,76	716,94	5,958
D	4	5 536,56	1 384,14	11,502
Erro	8	962,72	120,34	$F_{0,05,4,8} = 3,84$
Total	24			

H_{0A} e H_{0B} não podem ser rejeitadas, enquanto H_{0C} e H_{0D} são rejeitadas.

Capítulo 12

1. **a.** Os diagramas a seguir baseiam-se na repetição de cada valor do ramo cinco vezes (uma para as folhas 0 e 1, uma segunda vez para as folhas 2 e 3, etc.).

17	0
17	2 3
17	4 4 5
17	6 7
17	
18	0 0 0 0 0 1 1
18	2 2 2 2
18	4 4 5
18	6
18	8

ramo: centenas e dezenas
folha: unidades

Não existem outliers, nem lacunas significativas e a distribuição tem um formato aproximado de sino com um grau razoavelmente alto de concentração ao redor do centro em aproximadamente 180.

0	8 8 9
1	0 0 0 0
1	3
1	4 4 4 4
1	6 6
1	8 8 8 9
2	1 1
2	
2	5
2	6
2	
3	0 0

ramo: unidades
folha: décimos

Um valor típico é cerca de 1,6 e há uma quantidade razoável de dispersão em torno deste valor. A distribuição é um tanto desviada na direção dos valores altos, dos quais os dois maiores podem ser candidatos a outliers.

b. Não, pois observações com valores x idênticos possuem valores y diferentes.

c. Não, porque os pontos não parecem se aproximar de uma linha ou curva simples.

3. **a.** $-0,01$, $-0,10$ **b.** 3,00, 2,50
c. 0,3627 **d.** 0,4641

5. **b.** Sim.
c. Aparentemente, há uma relação quadrática aproximada (os pontos caem próximos a uma parábola).

7. **a.** 5 050 **b.** 1,3 **c.** 130 **d.** -130

9. **a.** 0,095 **b.** $-0,475$ **c.** 0,830, 1,305
d. 0,4207, 0,3446 **e.** 0,0036

11. Sim. Sim.

13.

Conj. de dados	r^2	s
1	0,43	4,03
2	0,99	4,03
3	0,99	1,90

Mais eficaz: conjunto 3
Menos eficaz: conjunto 1

15. **a.**

2	9
3	3 3 5 5 6 6 6 7 7 8 8 9
4	1 2 2 3 5 6 6 8 9
5	1
6	2 9
7	9
8	0

Valor típico nos 40 inferiores, quantidade razoável de variabilidade, assimetria positiva, dois outliers potenciais.
b. Não
c. $y = 3,2925 + 0,10748x = 7,59$. Não; risco de extrapolação
d. 18,736, 71,605, 0,738, yes

17. **a.** $118,91 - 0,905x$; sim.
b. De acordo com nossa estimativa, a redução esperada na porosidade associada com um aumento de 1 pcf no peso unitário é 0,905%.
c. Previsão negativa, porém y não pode ser negativo.
d. $-0,52$, 049
e. 0,938, aproximadamente o tamanho de um desvio típico da reta de regressão estimada.
f. 0,974

19. **a.** $y = -45,5519 + 1,7114x$ **b.** 339,51
c. $-85,57$ **d.** Os $\hat{y}_i$ são 125,6, 168,4, 168,4, 211,1, 211,1, 296,7, 296,7, 382,3, 382,3, 467,9, 467,9, 553,4, 639,0, 639,0; uma reta de 45° através de (0, 0).

21. **a.** Sim, pois $r^2 = 0,972$

23. **a.** 16.213,64; 16.205,45
b. 414.235,71; sim, uma vez que $r^2 = 0,961$.

27. $\hat{\beta}_1 = \Sigma x_i Y_i / \Sigma x_i^2$

29. **a.** Sim; $r^2 = 0,985$ **b.** 368,89 **c.** 368,89

31. **a.** 0,893 **b.** 0,01837 **c.** $(-0,216, -0,136)$

33. $d = 1,20$, gl $= 13$, e $\beta \approx 0,1$.

35. **a.** (0,63, 2,44) é um IC de 95%.
b. Sim. $t \approx 3,6$, valor-$P \approx 0,004$
c. Não; extrapolação
d. (0,54, 2,82), não

37. **a.** Sim. $t = 7,99$, valor-$P \approx 0$. *Observação:* Há um outlier moderado, logo, o gráfico normal de probabilidade resultante não é inteiramente satisfatório.

b. Sim. $t = -5{,}8$, valor $P \approx 0$, então, rejeitar H_0: $\beta_1 = 1$ em favor de H_a: $\beta_1 < 1$

39. $f = 71{,}97$, $s_{\hat{\beta}_1} = 0{,}004837$, $t = 8{,}48$, valor-$P = 0{,}000$

43. **a.** (0,081, 0,133)
b. H_a: $\beta_1 > 0{,}1$, valor-$P = 0{,}277$, não

45. **a.** 45 está mais próximo de $\bar{x} = 45{,}18$
b. (46,28, 46,78)
c. (47,56, 49,84)

47. **a.** IP de 95% é (20,21, 43,69), não
b. (28,53, 51,92), pelo menos 90%

49. (431,3, 628,5)

51. **a.** (77,80, 78,38)
b. (76,90, 79,28), mesmo centro, porém mais amplo
c. mais amplo, uma vez que 115 está mais distante de $\bar{x}$
d. $t = -11$, valor-$P = 0$

53. (a) mais estreito que (b), (c) mais estreito que (d), (a) mais estreito que (c), (b) mais estreito que (d)

57. Se, por exemplo, 18 for a idade mínima de elegibilidade, então, para a maioria das pessoas $y \approx x - 18$.

59. **a.** 0,481
b. $t = 1{,}98$, valor-$P = 0{,}07$ então, no nível 0,01, não há associação linear.
c. No nível 0,01, não há associação linear positiva, mas, no nível 0,05, parece haver associação linear positiva.

61. **a.** $r = 0{,}748$, $t = 3{,}9$, valor-$P = 0{,}001$. Usando $\alpha = 0{,}05$ ou 0,01, sim
b. 0,560 (56%), o mesmo

63. $r = 0{,}773$, ainda $t = 2{,}44 < 2{,}776$; então H_0: $\rho = 0$ não pode ser rejeitada.

65. **a.** 0,966
b. A porcentagem do peso seco da fibra para o primeiro espécime tende a ser maior do que para o segundo.
c. Sem alteração **d.** 93,3%
e. $t = 14{,}9$, valor-$P \approx 0$, então, parece haver tal relação.

67. **a.** Rejeitar H_0
b. Não. valor-$P = 0{,}00032 \Rightarrow z \approx 3{,}6 \Rightarrow r \approx 0{,}16$, o que indica apenas uma relação fraca.
c. Sim, mas n muito grande $\Rightarrow \rho \approx 0{,}022$ então, não há significância prática.

69. **a.** IC de 95%: (0,888, 1,086)
b. IC de 95%: (47,730, 49,172)
c. IP de 95%: (45,378, 51,524)
d. Mais estreito para $x = 25$, uma vez que está mais próximo de $\bar{x}$
e. 0,981

71. **b.** 0,573

73. **a.** 0,507 **b.** 0,712
c. valor-$P = 0{,}0013 < 0{,}01 = \alpha$, então, rejeitar H_0: $\beta_1 = 0$ e concluir que há uma relação linear útil.
d. Um IC de 95% é (1,056, 1,275).
e. 1,0143, 0,2143

75. **a.** $t = -1{,}24 > -2{,}201$ então, não rejeitar H_0
b. 0,970

77. **a.** Uma relação linear substancial
b. $y = -0{,}08259 + 0{,}044649x$
c. 98,3%
d. 0,7702, −0,0902 **e.** Sim; $t = 19{,}96$
f. (0,0394, 0,0499) **g.** (0,762, 0,858)

81. $t = -1{,}14$ então, é plausível que $\beta_1 = \gamma_1$.

87. **a.** $y = 1{,}69 + 0{,}0805x$ **b.** $y = -20{,}40 + 12{,}2254x$
c. 0,984 para ambas as regressões

Capítulo 13

1. **c.** $V(\hat{Y}_i)$ aumenta e $V(Y_i - \hat{Y}_i)$ diminui.

3. **a.** Sim. **b.** −0,31, −0,31, 0,48, 1,23, −1,15, 0,35, −0,10, −1,39, 0,82, −0,16, 0,62, 0,09, 1,17, −1,50, 0,96, 0,02, 0,65, −2,16, −0,79, 1,74. Aqui, e/e^* vai de 0,57 a 0,65, então, e^* está próximo de e/s. **c.** Não

5. **a.** 6,32, 8,37, 8,94, 8,37 e 6,32 **b.** 7,87, 8,49, 8,83, 8,94 e 2,83 **c.** O desvio é provavelmente muito menor para os valores x do item (b).

7. **a.** 0,776 **b.** Talvez não, por causa da curvatura.
c. Curvatura substancial em vez de um padrão linear, implicando inadequação do modelo linear. Uma parábola (regressão quadrática) fornece um ajuste significativamente melhor.

9. Para o conjunto 1, a regressão linear simples é apropriada. Uma regressão quadrática é razoável para o conjunto 2. No conjunto 3, (13, 12,74) parece ser bastante inconsistente com os outros dados. A inclinação estimada para o conjunto 4 depende amplamente de uma única observação (19, 12,5) e as evidências para uma relação linear não são convincentes.

11. **a.** Cerca de 98% da variação observada na espessura são explicados pela relação.
b. Uma relação não linear

13. t com $n - 2$ gl; 0,02

15. **a.** Um padrão curvado **b.** Um padrão linear
c. $Y = \alpha x^{\beta} \cdot \epsilon$ **d.** Um IP de 95% é (3,06, 6,50).
e. Um resíduo padronizado, correspondente à terceira observação, é um tanto grande. Existem apenas dois resíduos padronizados positivos, porém os outros dois são essencialmente 0. Os padrões em um gráfico de resíduo padronizado e de um gráfico normal de probabilidade são pouco aceitáveis.

17. Para o modelo exponencial, $V(Y|x) = \alpha^2 e^{2\beta x}\sigma^2$, que depende de x. Um resultado semelhante mantém-se para o modelo de potência.

19. **a.** Não **b.** $Y' = \beta_0 + \beta_1 \cdot (1/t) + \epsilon'$, onde $Y' = \ln(Y)$, então $Y = \alpha e^{\beta/t} \cdot \epsilon$.
c. $\hat{\beta} = \hat{\beta}_1 = 3\,735{,}45$, $\hat{\beta}_0 = -10{,}2045$
$\hat{\alpha} = (3{,}70034) \cdot (10^{-5})$, $\hat{y}' = 6{,}7748$, $\hat{y} = 875{,}5$

21. **a.** $\hat{\mu}_{Y \cdot x} = 18{,}14 - 1\,485/x$ **b.** $\hat{y} = 15{,}17$

23. **a.** $\sum x_i' = 15{,}501$, $\sum y_i' = 13{,}352$, $\sum (x_i')^2 = 20{,}228$, $\sum x_i' y_i' = 18{,}109$, $\sum (y_i')^2 = 16{,}572$, $\hat{\beta}_1 = 1{,}254$, $\hat{\beta}_0 = -0{,}468$, $\hat{\alpha} = 0{,}626$, $\hat{\beta} = 1{,}254$ **c.** $t = -1{,}07$, então, não rejeitar H_0. **d.** H_0: $\beta = 1$, $t = -4{,}30$, então, rejeitar H_0.
d. SQE = 1,39587, SQPE = 1,36594 (usando valores transformados), $f = 0{,}33 < 8{,}68 = F_{0{,}01,1,15}$, então, não rejeitar H_0.

25. A razão z para β_1 é altamente significativa, indicando que a verossimilhança de um nível ser aceitável diminui conforme o nível aumenta. Estimamos que para cada aumento de 1

dBA no nível de barulho, as chances de aceitabilidade diminuem por um fator de 0,70.

27. **a.** 0,9671, 0,9407
b. $0{,}0000492x^3 - 0{,}000446058x^2 + 0{,}007290688x + 0{,}96034944$ **c.** $t = 2 < 3{,}182 = t_{0{,}025{,}3}$, logo, o termo cúbico deve ser excluído.
d. Idêntica **e.** 0,987, 0,994, sim

29. **a.** SQE $= 16{,}8$, $s = 2{,}048$ **b.** $R^2 = 0{,}995$
c. Sim. $t = -6{,}55$, valor-$P = 0{,}003$ (obtido do Minitab)
d. 98% níveis de confiança individuais $\Rightarrow$ nível de confiança conjunto $\geq 96\%$: (0,671, 3,706), (−0,00498, −0,00135)
e. (69,531, 76,186), (66,271, 79,446), usando o software

31. **a.** 0,980
b. 0,747, muito menos que 0,977 para o modelo cúbico.
c. Sim, já que $t = 14{,}18$, valor-$P = 0$.
d. (6,31, 6,57), (6,06, 6,81)
e. $t = -5{,}6$, valor $P = 0$

33. **b.** 52,88, 0,12 **c.** 0,895 **d.** Não
e. (48,54, 57,22) **f.** (42,85, 62,91)

35. $\hat{y} = 7{,}6883e^{0{,}1799x - 0{,}0022x^2}$

37. **a.** Não
b. $f = 5{,}04 \geq 3{,}69 = F_{0{,}05{,}5{,}8}$. Aparentemente, há uma relação linear útil. **c.** 6,16, 3,304, (16,67, 31,91)
d. $f = 3{,}44 < 4{,}07 = F_{0{,}05{,}3{,}8}$, então H_0: $\beta_3 = \beta_4 = \beta_5 = 0$ não pode ser rejeitada. Os termos quadráticos podem ser excluídos.

39. **a.** 77,3 **b.** 40,4

41. $f = 24{,}4 > 5{,}12 = F_{0{,}001{,}6{,}30}$, então valor-$P < 0{,}001$. O modelo escolhido parece ser útil.

43. **a.** 48,31, 3,69 **b.** Não. Se x_1 aumenta, x_3 ou x_2 deve mudar. **c.** Sim, já que $f = 18{,}924$, valor-$P = 0{,}001$.
d. Sim, usando $\alpha = 0{,}01$, uma vez que $t = 3{,}496$ e valor-$P = 0{,}003$.

45. **a.** 4,9 **b.** Quando o número de entregas se mantém fixo, a mudança média no tempo de viagem associada ao aumento de 1 milha na distância percorrida é de 0,060 h. Quando a distância percorrida se mantém fixa, a mudança média no tempo de viagem associada a uma entrega adicional é de 0,900 h. **c.** 0,9861

47. **b.** valor-$P = 0{,}000$, então, conclui-se que o modelo é útil.
c. Valor-$P = 0{,}034 \leq 0{,}05 = \alpha$, então, rejeitar H_0: $\beta_3 = 0$a % de lixo parece fornecer informações adicionais úteis.
d. (1479,8, 1531,1), precisão razoável
e. Um IP de 95% é (1435,7, 1575,2).

49. **a.** 96,8303, −5,8303 **b.** $f = 14{,}9 \geq 8{,}02 = F_{0{,}05{,}2{,}9}$ então, rejeitar H_0 e concluir que o modelo é útil. **c.** (78,28, 115,38) **d.** (38,50, 155,16) **e.** (46,91, 140,66) **f.** Não. Valor-$P = 0{,}208$, então H_0: $\beta_1 = 0$, não pode ser rejeitada.

51. **a.** $f = 87{,}6$, valor-$P = 0$, então, aparentemente, há uma relação linear útil entre y e ao menos um dos preditores.
b. 0,935 **c.** (9,095, 11,087)

55. **a.** A variável dependente é $\ln(q)$ e os preditores são $x_1 = \ln(a)$ e $x_2 = \ln(b)$; $\hat{\beta} = \hat{\beta}_1 = 0{,}9450$, $\hat{\gamma} = \hat{\beta}_2 = 0{,}1815$, $\hat{\alpha} = 4{,}7836$, $\hat{q} = 18{,}27$. **b.** Agora regrida $\ln(q)$ contra $x_1 = a$ e $x_2 = b$. **c.** (1,24, 5,78)

57. O impacto dessas duas observações deve ser investigado mais detalhadamente. Não inteiramente. A eliminação da observação nº 6 seguida por nova regressão também deve ser considerada.

59. O modelo com preditores x_1, x_3 e x_5

61. Não. Todos os valores de R^2 são muito menores que 0,9.

63.

k	R^2	R^2 ajustado	C_k
1	0,676	0,647	138,2
2	0,979	0,975	2,7
3	0,9819	0,976	3,2
4	0,9824		4

a. O modelo com $k = 2$ **b.** Não

65. **a.** As duas distribuições possuem quantidades similares de variabilidade, ambas são razoavelmente simétricas e não contêm outliers. A principal diferença é que a mediana dos valores com rachadura é aproximadamente 840, enquanto é aproximadamente 480 para os valores sem rachadura. Um IC t de 95% para a diferença entre as médias é (132, 557).
b. $r^2 = 0{,}577$ para o modelo de regressão linear simples, valor-P para a utilidade do modelo $= 0$, mas um resíduo padronizado é −4,11! Incluir um indicador para rachadura-sem rachadura não melhora o ajuste, nem incluir um indicador e preditor de interação.

67. **a.** Quando o gênero, peso e frequência cardíaca mantêm-se fixos, estimamos que a alteração média em VO2máx associada com um aumento de 1 minuto na tempo de caminhada seja de −0,0996.
b. Quando peso, tempo de caminhada e frequência cardíaca mantêm-se fixos, a estimativa de diferença média entre VO_2máx para indivíduos dos sexos masculino e feminino é de 0,6566. **c.** 3,669, −0,519 **d.** 0,706
e. $f = 9{,}0 \geq 4{,}89 = F_{0{,}01{,}4{,}15}$, então, aparentemente, há uma relação útil.

69. **a.** No nível de significância 0,05, sim, uma vez que $f = 4{,}06$ e valor-$P = 0{,}029$. **b.** Sim, pois $f = 20{,}1$ e $F_{0{,}05{,}3{,}12} = 3{,}49$. O teste F completo versus o reduzido não pode ser usado uma vez que os preditores neste modelo não são um subconjunto daqueles em (a).

71. **a.** Não, Há curvatura substancial no gráfico de dispersão.
b. A regressão cúbica produz $R^2 = 0{,}998$ e um IP de 95% de (261,98, 295,62) e o preditor cúbico parece ser importante (valor-$P = 0{,}001$). Uma regressão de y *versus* $h(x)$ possui $r^2 = 0{,}991$, porém, há um resíduo padronizado bastante grande e o gráfico dos resíduos padronizados não é satisfatório.

73. **a.** $f = 1783$ logo, o modelo parece útil.
b. $t = -48{,}1 \leq -6{,}689$, logo, mesmo no nível 0,001, o preditor quadrático deve ser mantido.
c. Não **d.** (21,07, 21,65) **e.** (20,67, 22,05)

75. **a.** $f = 30{,}8 \geq 9{,}55 = F_{0{,}01{,}2{,}7}$, logo, o modelo parece útil.
b. $t = -7{,}69$ e valor-$P < 0{,}001$ então, mantenha o preditor quadrático. **c.** (44,01, 47,91)

77. **a.** $R^2 = 0{,}802$, $f = 21{,}03$, valor-$P = 0{,}000$. pH é um candidato à exclusão. Observe que há um resíduo padronizado extremamente grande.

b. $R^2 = 0{,}920$, R^2 ajustado $= 0{,}774$, $f = 6{,}29$, valor-$P = 0{,}002$
c. $f = 1{,}08$, valor-$P > 0{,}10$, não rejeitar H_0: $\beta_6 = \cdots = \beta_{20} = 0$. O grupo de preditores de segunda ordem não parece ser útil.
d. $R^2 = 0{,}871$, $f = 28{,}50$, valor-$P = 0{,}000$ e agora os seis preditores são considerados importantes (o maior valor-P para qualquer razão t é 0,016); a importância de pH^2 foi mascarada no teste de (c). Note que existem dois resíduos padronizados muito grandes.

79. Existem várias opções razoáveis em cada caso.

81. **a.** $f = 106$, valor-$P \approx 0$ **b.** (0,014, 0,068)
c. $t = 5{,}9$, rejeitar H_0: $\beta_4 = 0$, a porcentagem de não brancos parece ser importante.
d. 99,514, $y - \hat{y} = 3{,}486$

Capítulo 14

1. **a.** Rejeitar H_0. **b.** Não rejeitar H_0.
c. Não rejeitar H_0. **d.** Não rejeitar H_0.

3. **a.** [0, 0,2231), [0,2231, 0,5108), [0,5108, 0,9163), [0,9163, 1,6094) e [1,6094, ∞) **b.** $\chi^2 = 1.25 < \chi^2_{\alpha,4}$ para qualquer razoável, então, a distribuição exponencial especificada é bastante plausível.

5. $\chi^2 = 6{,}61 < 14{,}684 = \chi^2_{0{,}10{,}9}$ então, não rejeitar H_0.

7. $\chi^2 = 4{,}03$ e valor-$P > 0{,}10$, então, não rejeitar H_0.

9. Sim, já que $\chi^2 = 19{,}6 > 11{,}344$, valor-$P = 0$

11. **a.** $(-\infty, -0{,}97)$, $[-0{,}97, -0{,}43)$, $[-0{,}43, 0)$, $[0, 0{,}43)$, $[0{,}43, 0{,}97)$, e $[0{,}97, \infty)$
b. $(-\infty, 0{,}49806)$, $[0{,}49806, 0{,}49914)$, $[0{,}49914, 0{,}5)$, $[0{,}5, 0{,}50086)$, $[0{,}50086, 0{,}50194)$ e $[0{,}50194, \infty)$
c. $\chi^2 = 5{,}53$, $\chi^2_{0{,}10{,}5} = 9{,}236$, então valor-$P > 0{,}10$, e a distribuição normal especificada é plausível.

13. $\hat{p} = 0{,}0843$, $\chi^2 = 280{,}3 > \chi^2_{\alpha,1}$ para qualquer α tabulado, logo, o modelo fornece um ajuste ruim.

15. Sim. A hipótese nula de uma distribuição de populacional normal não pode ser rejeitada.

17. $\hat{\mu} = 3{,}167$, do qual $\chi^2 = 103{,}98 >> \chi^2_{\alpha,k-1} = \chi^2_{\alpha,7}$ para qualquer α tabulado, então, a distribuição de Poisson fornece um ajuste muito ruim.

19. $\hat{\theta}_1 = (2n_1 + n_3 + n_5)/2n = 0{,}4275$, $\hat{\theta}_2 = 0{,}2750$, $\chi^2 = 29{,}1$, $\chi^2_{0{,}01{,}3} = 11{,}344$, então, rejeitar H_0.

21. A verossimilhança é proporcional a $\theta^{233}(1 - \theta)^{367}$, do qual $\hat{\theta} = 0{,}3883$. As contagens esperadas estimadas são 21,00, 53,33, 50,78, 21,50 e 3,41. Combinando as células 4 e 5 $\chi^2 = 1{,}62$, então, não rejeitar H_0.

23. O Minitab fornece $r = 0{,}967$ e uma vez que $c_{0{,}10} = 0{,}9707$ e $c_{0{,}05} = 0{,}9639$, $0{,}05 <$ valor-$P < 0{,}10$. Usando $\alpha = 0{,}05$ a normalidade é considerada plausível.

27. Sim. $\chi^2 = 44{,}98$ e valor-$P < 0{,}001$.

29. **a.** Sim, já que $\chi^2 = 213{,}2$, valor-$P = 0$.
b. Não em qualquer nível de significância razoável, uma vez que $\chi^2 = 3{,}1$, valor-$P > 0{,}10$.

31. **a.** Sim. M: 0,26, 0,25, 0,29, 0,20: F: 0,11, 0,18, 0,34, 0,37
b. Rejeitar H_0 no nível de significância 0,05 ou 0,01, uma vez que $\chi^2 = 12{,}1$ então $0{,}005 <$ valor-$P < 0{,}01$.

33. $\chi^2 = 23{,}18 \geq 13{,}277 = \chi^2_{0{,}01{,}4}$, então, H_0 é rejeitada. As proporções parecem ser diferentes.

35. $N_{ij.}/n$, $n_k N_{ij.}/n$, 24

37. **a.** Valor da estatística do teste = 19,2, valor-$P = 0$
b. Evidências de, na melhor das hipóteses, uma relação fraca; valor da estatística do teste = −2,13
c. Valor da estatística do teste = −0,98, valor-$P > 0{,}10$
d. Valor da estatística do teste= 3,3, $0{,}01 <$ valor-$P < 0{,}05$

39. Sim. $\chi^2 = 131$ e valor-$P > 0{,}001$

41. $\chi^2 = 3{,}65 < 5{,}992 = \chi^2_{0{,}05{,}2}$, então, H_0 não pode ser rejeitada.

43. Valor-$P = 0$, então, a hipótese nula de homogeneidade é rejeitada.

47. $\chi^2 = 22{,}4$ e valor-$P > 0{,}001$ então, a hipótese nula de independência é rejeitada.

49. Combinar 6 e 7 em uma categoria e 8 e 9 em outra fornece um teste que baseia-se em 6 gl para o qual $\chi^2 = 0{,}92$ e valor-$P > 0{,}9$!

Capítulo 15

1. $s_+ = 35$ e $14 < 35 < 64$, então, H_0 não pode ser rejeitada.

3. $s_+ = 442{,}5$, $z = 2{,}89 \geq 1{,}645$, então, rejeitar H_0.

5. Rejeitar H_0 se $s_+ \geq 64$ ou $s_+ \leq 14$. Como $s_+ = 72$, H_0 é rejeitada.

7. $s_+ = 18 \leq 21$, então, H_0 é rejeitada.

9.

d	0	2	4	6	8	10	12	14	16	18	20
$p(d)$	$\frac{1}{24}$	$\frac{3}{24}$	$\frac{1}{24}$	$\frac{4}{24}$	$\frac{2}{24}$	$\frac{2}{24}$	$\frac{2}{24}$	$\frac{4}{24}$	$\frac{1}{24}$	$\frac{3}{24}$	$\frac{1}{24}$

11. $w = 37$ e $29 < 37 < 61$, então, H_0 não pode ser rejeitada.

13. $z = 2{,}27 < 2{,}58$, então, H_0 não pode ser rejeitada.

15. $w = 39 \leq 41$, então H_0 é rejeitada

17. $(d_{ij(5)}, d_{ij(21)}) = (16, 87)$

19. $(-0{,}585, 0{,}025)$

21. $(\bar{x}_{(5)}, \bar{x}_{(32)}) = (11{,}15, 23{,}80)$

23. $k = 14{,}06 \geq 6{,}251$, então rejeitar H_0.

25. $k = 9{,}23 \geq 5{,}992$, então rejeitar H_0.

27. $f_r = 2{,}60 < 5{,}992$, então, não rejeitar H_0.

29. $f_r = 9{,}62 > 7{,}815 = \chi^2_{0{,}05{,}3}$, então, rejeitar H_0.

31. $(-5{,}9, -3{,}8)$

33. **a.** 0,021 **b.** $c = 14$ fornece $\alpha = 0{,}058$; $y = 12$, então, H_0 não pode ser rejeitada.

35. $w' = 26 < 27$, então, não rejeitar H_0.

Capítulo 16

1. Todos os pontos no gráfico caem entre os limites de controle.

3. 0,9802, 0,9512, 53

5. **a.** 1,67, 0,67 **b.** 1, 0,67
c. $C_{pk} \leq C_p$, = quando μ = (LSE + LIE)/2

7. **a.** 200 **b.** 4,78 **c.** 384,62 (maior), 6,30 (menor)

9. LCI = 12,20, LCS = 13,70. Não.

11. LCI = 94,91, LCS = 98,17. Parece haver um problema no 22° dia.

13. **a.** 0,0301 **b.** 0,2236 **c.** 0,6808

15. LCI = 12,37, LCS = 13,53

17. **a.** LCI = 0, LCS = 6.48
b. LCI = 0,48, LCS = 6,60

19. LCI = 0,045, LCS = 2,484. Sim, uma vez que todos os pontos estão dentro dos limites de controle.

21. **a.** LCI = 0,105, LCS = 0,357
b. Sim, uma vez que 0,39 > LCS.

23. Quando a área = 0,6, LCI = 0 e LCS = 14,6; quando área = 0,8, LCI = 0 e LCS = 13,4; quando a área = 1,0, LCI = 0 e LCS = 12,6.

25. LCI = 0, LCS = 10,1

27. $\bar{p} > 3/53$

29.

l:	1	2	3	4	5	6	7	8
d_l:	0	0,001	0,017	0	0	0,010	0	0
e_l:	0	0	0	0,038	0	0	0	0,054
l:	9	10	11	12	13	14	15	
d_l:	0	0,024	0,003	0	0	0	0,005	
e_l:	0	0	0	0,015	0	0	0	

Não há sinais fora de controle.

31. $n = 5$, $h = .00626$

33. **a.** 0,010, 0,018, 0,024, 0,027, 0,027, 0,025, 0,022, 0,018, 0,014, 0,011
b. 0,0477, 0,0274 **c.** 77,3, 202,1, 418,6, 679,9, 945,1, 1188,8, 1393,6, 1559,3, 1686,1, 1781,6

35. 0,9206, 0,6767, 0,4198, 0,2321, 0,1183; o plano com $n = 100$, $c = 2$ é preferível.

37. 0,9981, 0,5968 e 0,0688

39. Probabilidades hipergeométricas (calculadas em uma calculadora HP21S) são 0,9919, 0,9317, 0,8182, 0,6775, 0,5343, 0,4047, 0,2964, 0,2110, 0,1464 e 0,0994, enquanto as probabilidades binomiais são 0,9862, 0,9216, 0,8108, 0,6767, 0,5405, 0,4162, 0,3108, 0,2260, 0,1605 e 0,1117. A aproximação é satisfatória.

41. $\bar{\bar{x}} = 430{,}65$, $s = 24{,}2905$; para um gráfico S, LCS = 62,43 quando $n = 3$ e LCS = 55,11 quando $n = 4$; para um gráfico $\overline{X}$, LCI = 383,16 e LCS = 478,14 quando $n = 3$ e LCI = 391,09 e LCS = 470,21 quando $n = 4$.

43. Gráfico S: LCI = 0, LCS = 2,3020; porque $s_{21} = 2{,}931 >$ LCS, o processo parece estar fora de controle neste momento. Como uma causa atribuível é identificada, recalcule os limites após a exclusão: para um gráfico S LCI = 0 e LCS = 2,0529; para um gráfico, $\overline{X}$, LCI = 48,583 e LCS = 51,707. Todos os pontos em ambos os gráficos ficam entre os limites de controle.

45. Gráfico $\overline{X}$ com base em desvios padrão da amostra: LCI = 402,42, LCS = 442,20. Gráfico $\overline{X}$ com base em intervalos da amostra: LCI = 402,36, LCS = 442,26. gráfico S: LCI = 0,55, LCS = 30,37. gráfico R: LCI = 0, LCS = 82,75.

Glossário de símbolos/abreviações

Símbolo/ Abreviação	Descrição
n	tamanho da amostra
x	variável na qual observações são feitas
$x_1, x_2, \ldots, x_n$	observações da amostra em x
$\sum_{i=1}^{n} x_i$	soma de $x_1, x_2, \ldots, x_n$
$\bar{x}$	média amostral
μ	média populacional
N	tamanho da população quando a população é finita
$\tilde{x}$	mediana amostral
$\tilde{\mu}$	mediana populacional
$\bar{x}_{tr}$	média aparada
x/n	proporção de amostra
s^2	variância da amostra
s	desvio padrão amostral
σ^2, σ	variância e desvio padrão populacional
$n - 1$	graus de liberdade para uma amostra única
S_{xx}	soma do quadrados dos desvios da média amostral
f_s	dispersão quarta da amostra
$\mathcal{S}$	espaço amostral de um experimento
$A, B, C_1, C_2, \ldots$	diversos eventos
A'	complemento do evento A
$A \cup B$	união dos eventos A e B
$A \cap B$	interseção dos eventos A e B
$\varnothing$	o evento nulo (evento que não contém resultados)
$P(A)$	probabilidade do evento A
N	número de resultados igualmente prováveis
$N(A)$	número de resultados no evento A
n_1, n_2	número de maneiras de selecionar o 1º (2º) elemento de um par ordenado
$P_{k,n}$	número de arranjos de tamanho k de n entidades distintas
$\binom{n}{k}$	número de combinações de tamanho k de n entidades distintas
$P(A \mid B)$	probabilidade condicional de A dado que B tenha ocorrido
v.a.	variável aleatória
X	uma variável aleatória

Símbolo/ Abreviação	Descrição
$X(s)$	valor da va X associada com o resultado s
x	algum valor particular da va x
$p(x)$	distribuição de probabilidade (função de probabilidade) de uma va discreta X
pmf	função de probabilidade
$p(x; \alpha)$	f.p. com parâmetro α
$F(x)$	função distribuição acumulada de uma v.a.
fd	função distribuição acumulada
$a-$	maior valor X possível menor que a
$E(X), \mu_X, \mu$	média ou valor esperado da va X
$E[h(X)]$	valor esperado da função $h(X)$
$V(X), \sigma_X^2, \sigma^2$	variância da va X
σ_X, σ	desvio padrão da va X
S, F	sucesso/falha em um único ensaio de um experimento binomial
n	número de ensaios em um experimento binomial
p 5	probabilidade de sucesso em um único ensaio de um experimento binomial ou negativo binomial
$X \sim \text{Bin}(n, p)$	a va X segue uma distribuição binomial com parâmetros n e p
$b(x; n, p)$	f.p. binomial com parâmetros n e p
$B(x; n, p)$	função distribuição acumulada de uma v.a. binomial
M	número de sucessos em uma população dicotômica de tamanho N
$h(x; n, M, N)$	f.p. hipergeométrica com parâmetros n, M e N
r	números de sucessos desejados em um experimento binomial negativo
$nb(x; r, p)$	f.p. binomial negativa com parâmetros r e p
μ	parâmetro de uma distribuição de Poisson
$p(x; \mu)$	f.p. de Poisson

Símbolo/ Abreviação	Descrição
$F(x; \mu)$	f.d. de Poisson
Δt	comprimento de um intervalo de tempo curto
$o(\Delta t)$	quantidade que se aproxima de 0 mais rápido que Δt
α	parâmetro taxa de um processo de Poisson
$\alpha(t)$	função taxa de um processo de Poisson com taxa variável
f.d.p.	função de densidade de probabilidade
$f(x)$	função densidade de probabilidade de uma va contínua X
$f(x; A, B)$	f.d.p. uniforme no intervalo $[A, B]$
$F(x)$	função distribuição acumulada
$\eta(p)$	$100p$-ésimo percentil de uma distribuição contínua
$\widetilde{\mu}$	mediana de uma distribuição contínua
$f(x; \mu, \sigma)$	f.d.p. de uma va distribuída normalmente
$N(\mu, \sigma^2)$	distribuição normal com parâmetros μ e σ^2
Z	uma va normal padrão
curva Z	curva normal padrão
$\Phi(z)$	f.d. de uma va normal padrão
z_α	valor que captura a área da cauda superior a sob a curva z
λ	parâmetro de uma distribuição exponencial
$f(x; \lambda)$	f.d.p. exponencial
$\Gamma(\alpha)$	a função gama
$f(x; \alpha, \beta)$	f.d.p. gama com parâmetros α e β
gl	graus de liberdade
ν	número de gl para uma distribuição qui-quadrado
$f(x; \alpha, \beta)$	f.d.p. de Weibull com parâmetros α e β
$f(x; \mu, \sigma)$	f.d.p. lognormal com parâmetros μ e σ
$f(x; \alpha, \beta, A, B)$	f.d.p. beta com parâmetros α, β, A, B
θ_1, θ_2	parâmetros de localização e escala
$p(x, y)$	f.p. conjunta de duas v.a. discretas X e Y
$p_X(x), p_Y(y)$	f.p. marginais de X e Y, respectivamente
$f_X(x), f_Y(y)$	f.d.p. marginais de X e Y, respectivamente
$p(x_1, \ldots, x_n)$	f.p. conjunta das n v.a. $X_1, \ldots, X_n$
$f(x_1, \ldots, x_n)$	f.d.p. conjunta das n v.a. $X_1, \ldots, X_n$
$f_{Y\|X}(y\|x)$	f.d.p. condicional de Y dado que $X = x$
$p_{Y\|X}(y\|x)$	f.p. condicional de Y dado que $X = x$
$E(Y\|X = x)$	valor esperado de Y dado que $X = x$
$E[h(X, Y)]$	valor esperado da função $h(X, Y)$
$\text{Cov}(X, Y)$	covariância entre X e Y

Símbolo/ Abreviação	Descrição
$\text{Corr}(X, Y), \rho_{X,Y}, \rho$	coeficiente de correlação para X e Y
$\overline{X}$	a média amostral considerada como uma v.a.
S^2	a variância amostral considerada como uma v.a.
TCL	Teorema Central do Limite
θ	símbolo genérico para um parâmetro
$\hat{\theta}$	estimativa pontual ou estimador de θ
EVMNE	estimador (ou estimativa) de variância mínima não enviesada
$\hat{\sigma}_{\hat{\theta},s}$	desvio padrão estimado de $\hat{\theta}$
$x_1^*, \ldots, x_n^*$	amostra *bootstrap*
$\hat{\theta}^*$	estimativa de θ a partir de uma amostra *bootstrap*
mle	estimativa (ou estimador) de máxima verossimilhança
IC	intervalo de confiança
$100(1 - \alpha)\%$	nível de confiança para um IC
T	variável tendo uma distribuição t
ν	parâmetro graus de liberdade (gl) de uma distribuição t
t_ν	distribuição t com ν gl
$t_{\alpha,\nu}$	valor que captura a área da cauda superior α sob a curva de densidade t_ν
IP	intervalo de previsão
$\chi^2_{\alpha,\nu}$	valor que captura a área da cauda superior α sob a curva de densidade qui-quadrado com ν gl
H_0	hipótese nula
H_a	hipótese alternativa
α	probabilidade do erro tipo I
β	probabilidade do erro tipo II
μ_0	valor nulo em um teste com relação a μ
Z	estatística do teste baseada em uma distribuição normal padrão
μ'	valor alternativo de μ em um cálculo β
$\beta(\mu')$	probabilidade de erro tipo II quando $\mu = \mu'$
T	estatística do teste baseado na distribuição t
θ_0	valor nulo em um teste com relação a θ
p_0	valor nulo em um teste com relação a p
p'	valor alternativo de p em um cál culo β
$\beta(p')$	probabilidade de erro tipo II quando $p = p'$
Ω_0, Ω_a	conjuntos disjuntos de valores de parâmetro em um teste de razão de verossimilhança
m, n	tamanhos de amostra em problemas de duas amostras
Δ_0	valor nulo em um teste com relação a $\mu_1 - \mu_2$

Símbolo/ Abreviação	Descrição
Δ'	valor alternativo de $\mu_1 - \mu_2$ em um cálculo β
S_p^2	estimador combinado de σ^2
D_i	a diferença $X_i - Y_i$ para o par (X_i, Y_i)
$\bar{d}, s_D$	média das diferenças da amostral, desvio padrão amostral de diferenças para dados pareados
p	valor comum de p_1 e p_2 quando $p_1 = p_2$
F	v.a. tendo uma distribuição F
ν_1, ν_2	gl do numerador e do denominador para uma distribuição F
F_{α,ν_1,ν_2}	valor capturando a área α da cauda superior sob uma curva F com ν_1, ν_2 gl
ANOVA	análise de variância
I	número de populações em uma ANOVA de fator único
J	tamanho amostral comum quando tamanhos amostrais são iguais
X_{ij}, x_{ij}	j-ésima observação em uma amostra da i-ésima população
$\bar{X}_{i\cdot}$	média de observações na amostra da i-ésima população
$\bar{X}_{\cdot\cdot}$	média de todas observações em um conjunto de dados
QMTr	quadrado médio dos tratamentos
QME	quadrado médio dos erros
F	estatística do teste baseada na distribuição F
$x_{i\cdot}$	total de observações na i-ésima amostra
$x_{\cdot\cdot}$	total geral de todas as observações
SQT	soma de quadrados total
SQTr	soma de tratamento dos quadrados
SQE	soma de quadrados dos erros
m, ν	parâmetros para distribuição de variação de amplitude estudentizada
$Q_{\alpha,m,\nu}$	valor que captura a área da cauda superior α sob a curva de densidade da variação de amplitude estudentizada associada
μ	média das médias populacionais na ANOVA de fator único
$\alpha_1, \ldots, \alpha_I$	efeitos dos tratamentos em uma ANOVA de fator único
ϵ_{ij}	desvio de X_{ij} a partir de seu valor médio
$J_1, \ldots, J_I$	tamanhos de amostras individuais em uma ANOVA de fator único
n	número total de observações em um conjunto de dados de ANOVA de fator único
$A_1, \ldots, A_I$	efeitos aleatórios em uma ANOVA de fator único
A, B	fatores em uma ANOVA de dois fatores

Símbolo/ Abreviação	Descrição
K_{ij}	número de observações quando o fator A está no nível i e o fator B está no nível j
I, J	número de níveis dos fatores A e B, respectivamente
$\bar{X}_{i\cdot}, \bar{X}_{\cdot j}$	média de observações quando A (B) está no nível i (j)
μ_{ij}	resposta esperada quando A está no nível i e B está no nível j
α_i, β_j	efeito de A (B) no nível i (j)
f_A, f_B	razões F para testes de hipóteses sobre efeitos de fator
A_i, B_j	efeitos de fator em modelo de efeitos aleatórios
σ_A^2, σ_B^2	variâncias de efeitos de fator
K	tamanho amostral para cada par (i, j) de níveis
γ_{ij}	interação entre A e B nos níveis i e j
A_i, B_j, G_{ij}	efeitos em modelos de efeitos mistos ou aleatórios
$\alpha_i, \beta_j, \delta_k$	efeitos principais em uma ANOVA de três fatores
$\gamma_{ij}^{AB}, \gamma_{ik}^{AC}, \gamma_{jk}^{BC}$	interações de dois fatores em uma ANOVA de três fatores
γ_{ijk}	interação de três fatores em uma ANOVA de três fatores
I, J, K	número de níveis de A, B, C em uma ANOVA de três fatores
β_1, β_0	inclinação e intercepto da reta de regressão populacional
ε	desvio de Y a partir do valor de sua média regressão linear simples
σ^2	variância do desvio aleatório ϵ
$\mu_{Y\cdot x^*}$	valor médio de Y quando $x = x^*$
$\sigma_{Y\cdot x^*}^2$	variância de Y quando $x = x^*$
$\hat{\beta}_1, \hat{\beta}_0$	estimativas de mínimos quadrados de β_1 e β_0
S_{xy}	$\Sigma(x_i - \bar{x})(y_i - \bar{y})$
$\hat{y}_i$	valor predito de y quando $x = x_i$
SQE	soma dos quadrados dos erros (resíduos)
SQT	soma de quadrados total S_{yy}
r^2	coeficiente de determinação
$S_{\hat{\beta}_1}$	desvio padrão estimado de $\hat{\beta}_1$
r, R	coeficiente de correlação amostral
e_i^*	um resíduo padronizado
$\beta_i (i = 1, \ldots, k)$	coeficiente de x^i na regressão polinomial
$\hat{\beta}_i$	estimativa de mínimos quadrados de β_i
R^2	coeficiente de determinação múltipla
β_i^*	coeficiente em regressão polinomial centrada
β_i	coeficiente de regressão populacional do preditor x_i

Símbolo/ Abreviação	Descrição
$\hat{\beta}_i$	estimativa de mínimos quadrados de β_i
SQE_k, SQE_l	SQE para modelos completos e reduzidos, respectivamente
Γ_k	erro de estimação total esperado normalizado
C_k	estimativa de Γ_k
h_{ii}	coeficiente de y_i em $\hat{y}_i$
$\chi^2_{\alpha,\nu}$	valor que captura a área α da cauda superior sob a curva χ^2 com ν gl
χ^2	estatística do teste baseada em uma distribuição qui-quadrado
$p_{10}, \ldots, p_{k0}$	valores nulos para um teste qui-quadrado de uma H_0 simples
$\pi_i(\theta)$	probabilidade da categoria como uma função de parâmetros $\theta_1, \ldots, \theta_m$
I, J	número de populações e categorias em cada população ao se testar homogeneidade
I, J	números de categorias em cada um dos dois fatores ao se testar independência
n_{ij}	número de indivíduos na amostra a partir da população i que cai na categoria j
$n_{\cdot j}$	número total de indivíduos amostrados na categoria j
p_{ij}	proporção da população i na categoria j

Símbolo/ Abreviação	Descrição
$\hat{e}_{ij}$	contagem esperada estimada na célula i, j
n_{ij}	número na amostra caindo na categoria i do 1º fator e categoria j do 2º fator
p_{ij}	proporção da população na categoria i do 1º fator e categoria j do 2º fator
S_+	estatística de postos com sinais
W	estatística de soma de postos
K	estatística do teste de Kruskal-Wallis
R_{ij}	posto de X_{ij} entre todos as N observações no conjunto de dados
$\overline{R}_{i.}$	média de postos para observações na amostra a partir da população ou tratamento i
F_r	estatística do teste de Friedman
LCS	limite de controle superior
LCI	limite de controle inferior
C_p, C_{pk}	índices de capacidade de processo
R	amplitude amostral
CM	comprimento médio
IQR	intervalo interquartil
CUSUM	soma acumulada
CCO	curva característica de operação
VQA	nível de qualidade aceitável
PTDL	porcentagem de tolerância a defeitos no lote
QSM	qualidade média resultante
LQSM	limite de qualidade média resultante
ITM	número médio do total inspecionado

Índice remissivo